# 河南佛教史稿

【汉魏晋南北朝时期】

张德宗 著

中原出版传媒集团
中原传媒股份公司

大象出版社
· 郑州 ·

图书在版编目（CIP）数据

河南佛教史稿：汉魏晋南北朝时期／张德宗著.—
郑州：大象出版社，2020. 12
ISBN 978-7-5711-0833-5

Ⅰ. ①河…　Ⅱ. ①张…　Ⅲ. ①佛教史-河南-汉代-
魏晋南北朝时代　Ⅳ. ①B949. 2

中国版本图书馆 CIP 数据核字（2020）第 248115 号

# 河南佛教史稿

HENAN FOJIAO SHIGAO

**【汉魏晋南北朝时期】**

张德宗　著

---

出 版 人　汪林中
责任编辑　王大卫
责任校对　张迎娟　安德华　牛志远　毛　路　李婧慧
装帧设计　张　帆

---

出版发行　大象出版社（郑州市郑东新区祥盛街 27 号　邮政编码 450016）
　　　　　发行科　0371-63863551　总编室　0371-65597936
网　　址　www.daxiang.cn
印　　刷　洛阳和众印刷有限公司
经　　销　各地新华书店经销
开　　本　720 mm×1020 mm　1/16
印　　张　48. 5
字　　数　825 千字
版　　次　2020 年 12 月第 1 版　2020 年 12 月第 1 次印刷
定　　价　298. 00 元
若发现印、装质量问题，影响阅读，请与承印厂联系调换。
印厂地址　洛阳市高新区丰华路三号
邮政编码　471003　　　　　电话　0379-64606268

# 序　言

　　印度佛教传入中土，是中国古代中外文化交流史上发生的历时最长久、影响最深远的事件。

　　从两汉之际到南北朝分裂局面的结束，历时近六个世纪。在此历史时期之中，佛教从完全的异域宗教发展转变成为具有一定本土特质的宗教，在华夏大地开始扎下了根。其间它与中国传统社会、文化、思想、观念经历了多次的碰撞、冲突、互动、转化、吸取、融合，这既显示了佛教本身圆融会通的能力，也表现了中华文明博大包容的精神，而且它使中国传统的社会、文化、思想与观念都扩大了眼界，扩大了认识的深度和广度，从而丰富了自身的内容。

　　河南是中华文明的主要发源地之一，也是佛教在我国内地传播最早的地区之一，因其地处中原，四通八达，为佛教传入之后的发展提供了广阔的历史舞台。因此，在河南洛阳修建了第一座佛教寺院——白马寺，被人们尊称为"释源";中国佛教的译经事业诞生于河南洛阳,出现了第一部汉文佛经《四十二章经》,产生了第一批汉译佛教典籍;中土汉人在洛阳撰写出首部佛教著述,对译出的佛经进行注疏解说;规范出家佛教徒的传戒、受戒仪规制度首先在河南建立起来;第一位受戒并第一个西行求法的僧人朱士行出生在河南;最具中国特色的佛教宗派禅宗也是在河南形成,少林寺是公认的禅宗"祖庭";等等。所有这些都说明,河南的佛教历史在中国佛教史上占有极其重要的地位,值得深入地研究探讨。可惜的是,迄今为止,尚未有专门的河南佛教史著作面世,需要我们去努力填补空白。

拙著即以东汉魏晋南北朝时期的河南佛教历史为对象进行了全面的研究,试图向读者完整地呈现这一时期河南佛教的历史风貌与发展状况。

整个东汉魏晋南北朝时期,分裂之日较多,而统一之时较少。东汉末年以降,战乱频仍,身处乱世的社会民众更感觉到人生的无奈、命运的无常,需要精神上的慰藉。佛教所宣扬的教义、信仰恰恰迎合了他们的需要,自然会吸引人们的关注与追求,这一点我们今天可以从遗留下来的石窟、摩崖造像与造像碑上的题记中窥见一斑。当时的统治者大多也认识到佛教在巩固政权、维持秩序方面的有益作用,大力提倡佛教,个别崇信者甚至达到了无以复加的地步,如北齐之文宣帝。正是在上述两种背景之下,佛教才得以逐渐发展起来,至北魏以讫北齐,达到了中国佛教历史上的第一次兴盛。

考察东汉魏晋南北朝时期河南佛教的发展,它实际呈现出两条路径:一条是教理义学的发展,另一条是民众信仰实践的兴起。前者主要表现在经典的翻译与阐释,西行求法的肇始,与传统儒道思想的碰撞与交融,义理的讲说、研习与学派的出现等方面。后者则主要表现在净土信仰的兴起,民间佛教社团的涌现,寺院的兴建,石窟与摩崖造像的凿造以及造像碑的雕造等方面。

发展虽为两条路径,但其指向却都是本土化。从最初的黄老、浮屠并称,到用附会之法译经,到格义阐释佛理,到般若学与玄学交涉,在魏晋时期,佛教前行的每一步总是傍着传统道、儒的经典、思想;而随着南北朝时期佛教经典传译渐趋完备,又出现了众多以探索、研究某门经论或某些经论的义理为中心的学派,具有本土特色的佛教思想开始发展起来。在信仰实践方面,民间更出

河南佛教史稿

现佛教社团,创造出了独特的造像碑。

因此,拙著的结构即以上述问题区分章节,以本土化的转变作为主线。依照佛教历史发展的特点,又将整个东汉魏晋南北朝时期分为东汉与魏晋南北朝前后两个阶段,分别予以叙述。

拙著共分十六章。前六章叙述东汉时期的河南佛教,后十章叙述魏晋南北朝时期的河南佛教。在叙述东汉时期的河南佛教时,第一章首先对佛教传入中国内地,到达中原河南的具体时间与东汉时期河南佛教的初步发展情况进行了考察。在简要叙述两汉时期的社会、思想背景之后,笔者提出,佛教此时传入中国,面临着两个基本的问题:第一,中夏的统治阶级及民众如何看待它? 第二,它自身又该如何向中夏的统治阶级及民众表现自己? 第二章比较详细地考察了东汉时期河南的佛经翻译活动,其中特别介绍了中原信众在译经活动中的作用。第三章重点阐述东汉时期河南所译主要佛教经典——《四十二章经》,安世高所译《安般守意经》和《阴持入经》,支谶所译《般若道行品经》《般舟三昧经》和《兜沙经》的内容与思想,因为这是中国佛教思想的源头。第四章专门阐释东汉时期所译佛教经典中的戒律思想,因为戒律是修行实践佛法的基础,佛教将戒学、定学、慧学共称“三学”。第五章的考察重点是东汉时期佛教净土信仰在河南的滥觞。因为佛教之所以能在中国扎根、成长,最终融合于中国古代文化,绝不仅仅是由于博大精深的理论的召唤,更得益于其通俗、形象、易行的净土信仰的作用。第六章叙述东汉时期河南创建的佛教寺院,其中对中国第一古刹“释源祖庭”白马寺给予了专门关注。叙述魏晋南北朝时期的河南佛教,大体仍沿袭东汉时期河南佛教的叙述思路。第七章论述魏晋南北朝时期河南佛教的传播与发展,其中以较多的篇幅考察了北魏的佛教,并详细论述了北朝时期河南民间佛教社团的流行。第八章专门叙述西行求法的朱士行与宋云、惠生等河南僧俗。其中朱士行在古代交通极为艰难的情况下为追求真理而以一己之力毅然西行,为后人树立了不朽的榜样。第九章叙述魏晋南北朝时期河南的译经活动,其中专门探讨了有关《十地经论》翻译的历史公案。《放光般若经》是魏晋时期在河南译出的一部重要的大乘经典,因为它的译出而使大乘般若思想开始流行于中土,极大地推动了佛学的发展,第十章就《放光般若经》的主要内容及其思想进行了评析,就《放光般若经》译出后的流行情况进行了考察,其中对般若学思想与魏晋玄学的关涉专门进行了双向阐述。南北朝时期,随着佛教经典传译渐趋完备,中国的佛教思想开始发展起来,出现了众多以探索、研究某门经论或某些经论的义理为中心的学派,由此进一步推动了佛教在中国的传播与发展,并为隋唐时期佛教宗派的产生奠定了基础。因此,第十一章对于南北朝时期兴起的地论、三论与智度、成实、涅槃、毗昙、摄论等佛教学派逐一进行了研究。其中尤对兴起于河南的地论学派着墨甚多,涉及《十地经论》的主要内容与思想,地论学派的诞生与传承。中国佛教的禅学,不仅是一种修行实践,还形成了自己的理论体系——禅学,最终在河南兴起了禅宗。第十二章就对禅学在河南的发展轨迹进行了考察。第十三章与前面第五章的内容是同一主题,继续分析佛教信仰(净土信仰与法华信仰)在魏晋南北朝时期河南的流行状况。第十四章内容与第六章一致,继续考察魏晋南北朝时期河南创建的佛教寺院,其中专门叙述了禅宗祖庭少林寺的历史。第十五章与第十六章分别依据文物遗存及金石碑录研究北朝时期河南凿造的石窟、摩崖石刻与造像碑。笔者以为,上述内容基本涵盖了东汉魏晋南北朝时期河南佛教历史的各个方面,但挂一漏万,遗漏之处依旧在所难免,尚需笔者今后潜心继续深入努力。

拙著的撰写原则,对于历史发展过程的叙述,以史料为基础,以史实为根本,有一分材料说一分话。而对于佛典的内容与佛学的思想阐释,则始终抱着一种理解的态度,深入其中,努力做到客观评析。对于学界已有的定论,则用其共识;对于有分歧、争议的问题,本着百家争鸣的态度,直抒己见,以求抛砖引玉。

拙著的撰写过程,也是笔者学习的机会。面对汗牛充栋的大藏经,笔者深深感到了佛学的博大精深,它是两千五百多年以来中外佛教信徒对于人类思想宝库的不朽贡献,至今仍闪耀着真理的光芒。披阅河南佛教史上历代高僧的有关记载,不禁为他们的事迹所折服。如西行舍身求法的朱士行,曾被鲁迅先生赞誉为"中国的脊梁",钱穆先生也给予其高度的评价。今天,我们依然可以从这些榜样身上汲取到崇高的人格精神。唐太宗李世民曾说:"以铜为鉴,可正衣冠;以古为鉴,可知兴替;以人为鉴,可明得失。"(《新唐书·魏徵传》)考察河南历史上佛教与社会、经济、政治、文化诸方面的互动消长关系,总结其兴衰得失,无疑会加深我们对于河南悠久历史的了解与认识。

佛教之所以产生于印度,有其深刻的历史、社会与文化的根源,佛教传入中国并能够在华夏大地扎下根来影响至今,亦绝非偶然。如果深入探讨原因,那将会是一个很大的题目,但无论如何,两千多年来佛教已经有机地构成了中国历史、社会与文化的一部分,并渗透进我们民族的心理之中。今天,当你旅行于祖国大地,所参观的景点之中相当多的会是佛教文物,而当你与别人语言交流的时候,不知不觉之中就会有佛教词汇(包括成语、典故)脱口而出,这就是佛教之有形、无形的影响,而这种影响已然定格于历史长河之中。

河南佛教历史丰富、厚重,是中国佛教史的重要组成部分。目前笔者所完成的也只是全部河南佛教史的前半部分,但仅此已经耗费了笔者多年的心血。由于笔者学识浅薄、能力有限,所著也许不堪入方家之目,尚祈大德不吝赐教。

张德宗

2018 年 4 月 15 日

# 目　录

# 第一章
## 两汉之际佛教传入中原河南与
## 东汉时期河南佛教的初步发展

### 第一节　两汉之际佛教传入中原河南

佛教最初是印度的宗教，约诞生于公元前 6 世纪。

学术界一般认为，佛教传入中国，有陆、海两路，而传入中原河南，似应只有陆路。从现存中外交通史料和某些佛教文献推断，在公元前 2 世纪左右，佛教已经伴随着来自印度、西域的商人、移民传到中国现在的新疆地区，然后经过玉门关，沿着河西走廊传入中国内地，到达中原河南，由此逐渐深入到河南古代社会的各个阶层。

佛教传入中国内地，到达中原河南的具体时间，说法很多。早期，梁启超先生发表于 1921 年 8 月的《佛教之初输入》曾列举了四五种说法。① 而汤用彤先生之《汉魏两晋南北朝佛教史》列举佛教入华诸传说,则有十种之多。② 日本学者镰田茂雄先生所著《简明中国佛教史》与《中国佛教通史》(第一卷)则分别列举了六种佛教最早传到中国的主要传说与九种中国人自古已知佛的存在之说。③

杜继文先生主编的《佛教史》说:"学术界一般认为,汉哀帝元寿元年(前2年),大月氏王使臣伊存口授《浮屠经》,当为佛教传入汉地之始。"又说:"在佛教界,则普遍把汉明帝夜梦金人,遣使求法,作为佛教传入中国的开始。"④学术界和佛教界的两种观点实际涉及了对下述几条史料记载的认识。

第一条史料是《三国志》卷三十《乌丸鲜卑东夷传》篇末裴松之注所引鱼豢《魏略·西戎传》。文曰:

> 临儿国,《浮屠经》云其国王生浮屠。浮屠,太子也。父曰屑头邪,母云莫邪。浮屠身服色黄,发青如青丝,乳青毛,蛉赤如铜。始莫邪梦白象而孕,及生,从母左胁出,生而有结,堕地能行七步。此国在天竺城中。……昔汉哀帝元寿元年,博士弟子景卢受大月氏王使伊存口受《浮屠经》曰复立者其人也。《浮屠》所载临蒲塞、桑门、伯闻、疏问、白疏间、比丘、晨门,皆弟子号也。⑤

这是正史中第一次有关佛教传入中土内地的记载,也是现存关于佛教东传中土的最早文献记载。此前司马迁所撰《史记》与班固所撰《汉书》中均未言及佛教之事。所谓"复立",根据《世说新语·文学》中刘孝标所注当为"复豆"之误⑥,"复豆",即佛之音译。鱼豢,据《史通》记载,曹魏时京兆人,《魏略》系

① 梁启超著,吴松等点校:《饮冰室文集点校》第五集《佛教之初输入》,昆明:云南教育出版社2001年版,第2834—2835页。

② 汤用彤著:《汉魏两晋南北朝佛教史》(增订本),北京:北京大学出版社2011年版,第3—10页。

③ [日]镰田茂雄著,郑彭年译,力生校:《简明中国佛教史》,上海:上海译文出版社1986年版,第9—10页;[日]镰田茂雄著,关世谦译:《中国佛教通史》(第一卷),高雄:佛光出版社1985年版,第83—101页。

④ 杜继文主编:《佛教史》,南京:江苏人民出版社2006年版,第84—85页。其实,佛教界现在也已经把"伊存授经"确认为佛教传入中国之始。由中国佛教协会和中国宗教学会共同确认1998年为佛教传入中国2000年的纪念年。纪念活动由中国佛教协会主办,中国宗教学会协办。

⑤ 《三国志》卷三十《乌丸鲜卑东夷传》,北京:中华书局1959年版,第859页。

⑥ (南朝·宋)刘义庆撰,徐震堮著:《世说新语校笺》卷上《文学》,北京:中华书局1984年版,第116页。

其私撰著作。①

第二条史料为《牟子理惑论》的记载：

> 昔孝明皇帝梦见神人，身有日光，飞在殿前，欣然悦之。明日，博问群臣："此为何神？"有通人傅毅曰："臣闻天竺有得道者，号之曰佛，飞行虚空，身有日光，殆将其神也。"于是上悟，遣使者张骞、羽林郎中秦景、博士弟子王遵等十二人，于大月支写佛经四十二章，藏在兰台石室第十四间。时于洛阳城西雍门外起佛寺，于其壁画千乘万骑，绕塔三匝，又于南宫清凉台，及开阳城门上作佛像。明帝存时，预修造寿陵，陵曰"显节"，亦于其上作佛图像。时国丰民宁，远夷慕义，学者由此而滋。②

关于《牟子理惑论》的成书年代与作者真伪问题，近代学者意见不一。有关成书年代，大致可分为汉魏说与两晋说，前者以胡适、汤用彤、任继愈等为代表，后者以梁启超、吕澂等为代表。前者已为大多数学者所认可，笔者采信前者，以其为汉魏时期的著作。僧祐之《出三藏记集》卷六有《〈四十二章经〉序》③，其叙述与《牟子理惑论》基本相同，但作者不详，无法判断其撰写时间。

第三条史料是袁宏所撰《后汉纪》的记载：

> 初，帝梦见金人长大，项有日月光，以问群臣。或曰："西方有神，其名曰佛。其形长大。〔陛下所梦，得无是乎〕？"（而）〔于是遣使天竺〕问其道术，遂于中国而图其形像焉。④

文中的"帝"指孝明皇帝。袁宏，东晋时人。

如果我们把佛教传入中国内地看作是在某一个历史时间段内出现的事件，而非必须有某一个明确的时间点，那么上述三条史料的记载就并不矛盾了。

---

① 程千帆著：《史通笺记》之《外篇·古今正史》，北京：中华书局1980年版，第220页。
② （梁）僧祐编撰，刘立夫、胡勇译注：《弘明集》卷一《牟子理惑论》，北京：中华书局2011年版，第47页。
③ （梁）释僧祐撰，苏晋仁、萧錬子点校：《出三藏记集》卷六《〈四十二章经〉序》，北京：中华书局1995年版，第242页。
④ （东晋）袁宏撰，张烈点校：《两汉纪》下册《后汉纪》卷十《孝明皇帝纪下》，北京：中华书局2002年版，第187页。

第一，上述第一条史料中的西汉哀帝元寿元年为公元前 2 年，第二、第三两条史料所记为孝明皇帝时发生的事情，但均无具体年代。东汉孝明皇帝在位时间是从中元二年(57 年)二月至永平十八年(75 年)八月，所以第一条史料与第二、第三两条史料的时间间隔，长者不足八十年，短者近六十年。

第二，季羡林先生曾于 1947 年和 1989 年分别写过《浮屠与佛》和《再谈"浮屠"与"佛"》两文。季氏认为：释迦牟尼成了正等觉以后的名号在中文里先后有种种不同的译名，其中最古的四个译名分别为"浮屠""浮图""复豆"和"佛"。经过详细考证，季氏判断，"浮屠""浮图""复豆"诸称的来源是一种印度古代方言，而"佛"的来源是吐火罗文。进而，季氏认为，中文译名"浮屠"出现在前，"佛"字出现在后。[①]

以季氏的这个论断来看上述第一、第二与第三条史料记载，第一条史料中谓佛为"浮屠"和"复立(豆)"，而第二、第三两条史料中则为"佛"字——佛、佛经、佛像，显然，第一条史料出现的时间应当早于后两条史料。

第三，佛教在传入中国内地前早已在西域广泛流传，当是不争的历史事实。自张骞通西域以后，西域与中国内地往来不断，到西汉末哀帝时期，在西域东来的使臣和商人中，有一些佛教信徒，应是很自然的事情。他们中的某个人、某些人向西汉统治阶级中的成员介绍有关佛教的知识，也应当是很自然的事情。第一条史料所反映的正是这种情况。而第二、第三两条史料表明，东汉明帝时，朝廷中已有官员知道西方天竺有佛，如同中国的神一样，并且明帝当即就决定遣使西域求法，说明此时中夏的统治者对西方的佛教已非懵然无知，而是有了一定的了解。

事实上，后出之魏收所撰《魏书·释老志》在记载佛教传入的时候，总结了之前的有关史料，就把它看作一个发生、发展的过程：

> 及开西域，遣张骞使大夏还，传其旁有身毒国，一名天竺，始闻有浮屠之教。哀帝元寿元年，博士弟子秦景宪受大月氏王使伊存口授《浮屠经》。中土闻之，未之信了也。后孝明帝夜梦金人，项有日光，飞行殿庭，

---

① 季羡林：《浮屠与佛》《再谈"浮屠"与"佛"》，《季羡林文集》第七卷，南昌：江西教育出版社 1998 年版，第 1—14、345—350 页。

乃访群臣,傅毅始以佛对。帝遣郎中蔡愔、博士弟子秦景等使于天竺,写浮屠遗范。愔仍与沙门摄摩腾、竺法兰东还洛阳。中国有沙门及跪拜之法,自此始也。愔又得佛经《四十二章》及释迦立像。明帝令画工图佛像,置清凉台及显节陵上,经缄于兰台石室。愔之还也,以白马负经而至,汉因立白马寺于洛城雍门西。摩腾、法兰咸卒于此寺。①

其中,"中土闻之,未之信了也"一句,即连接了西汉哀帝和东汉明帝。事实上,近代以来,自梁启超先生开始,有关佛教传入中国内地时间问题的探讨,已经有九十年的历史了,依然无法确定一个具体的、明确的时间点。笔者以为,以后恐亦难以确定。而作为一个过程,我们说在公元前后、两汉之际,佛教传入中国内地,首先落脚于中原河南,应是一个历史事实,河南当是中国佛教文化的发源之地。任继愈先生在其《中国佛教史》第一卷中就说:

> 从现有史料分析,佛教在西汉末年已经西域传入中国内地,到东汉以后逐渐在社会上流行。因此,如果不断定具体年月而笼统地说佛教在两汉之际输入中国内地,也许更符合实际。②

佛教传入中国内地,是佛教历史上的一个重大事件,从此不但开创了汉传佛教的历史,也是佛教走向世界,成为世界性宗教的最重要步骤。

## 第二节　东汉时期河南佛教的初步发展

从两汉之际到东汉末年,其间约二百年,是佛教在中国的初传时期。佛教初传中国内地,可谓"人地两生",经历了一个长期的、反复的、曲折的、变形的发展过程,才最终在中国的大地上落户定居下来。

为说明初传时期中原河南佛教的发展状况,需先简要叙述一下两汉时期的社会、思想背景。

汉王朝是继秦王朝之后中国历史上第二个统一的、中央集权的王朝。其间由于王莽篡政、光武中兴,又分为西汉和东汉两个时期。西汉的都城为长

---

① 《魏书》卷一百一十四《释老志》,北京:中华书局1974年版,第3025—3026页。
② 任继愈主编:《中国佛教史》(第一卷),北京:中国社会科学出版社1981年版,第45页。

安,东汉的都城为洛阳。

西汉建立之初,社会经济一片破败景象。如司马迁所描述的那样:"汉兴,接秦之弊,丈夫从军旅,老弱转粮饷,作业剧而财匮,自天子不能具钧驷,而将相或乘牛车,齐民无藏盖。……而不轨逐利之民,蓄积余业以稽市物,物踊腾粜,米至石万钱,马一匹则百金。"①而时局方面,中央集权尚待巩固,地方诸王挟势并立,形同独立王国。北方匈奴的不时袭扰,也严重影响了社会的安宁。因此,对于刚刚取得政权的西汉统治者来说,最迫切需要解决的问题就是恢复经济与稳定秩序。强大的秦朝一夜倾覆给他们以深刻的教训,以致到汉武帝时,西汉君臣仍在思考秦亡的原因。如陆贾所言"秦非不欲治也,然失之者,乃举措太众、刑罚太极故也"②"道莫大于无为,行莫大于谨敬"③"逆取而以顺守之,文武并用"④等,就是他们通过总结历史而得出的基本结论。为此,从高祖、惠帝以至文景之世,都采用黄老学说作为指导思想。所谓黄老学说,是借用黄帝的名义,以老子学说为主,兼采其他各家精要的一种政治理论。其核心就是"无为""宽舒""中和"⑤。汉初实行黄老之术取得了积极的效果,经过六七十年的休养生息,社会财富充溢,国力增强,为西汉王朝鼎盛局面的出现奠定了基础。

而在思想观念方面,汉初的统治者又崇尚、迷信阴阳五行之说。阴阳五行之说,最早出现于西周,至战国后期形成体系,成为一家之学,谓之阴阳(五行)家,齐人邹衍为创始人。阴阳五行之说的主要观点有二:一是认为五行相生相胜;二是认为天人相与,亦即天人感应。阴阳五行之说先被秦朝所信奉,"始皇推终始五德之传,以为周得火德,秦代周德,从所不胜。方今水德之始,改年始,朝贺皆自十月朔。衣服旄旌节旗皆上黑。数以六为纪,符、法冠皆六寸,而舆六尺,六尺为步,乘六马。更名河曰德水,以为水德之始"⑥。刘邦起

---

① 《史记》卷三十《平准书》,北京:中华书局 1959 年版,第 1417 页。
② 王利器撰:《新语校注》卷上《无为》,北京:中华书局 1986 年版,第 62 页。
③ 《新语校注》卷上《无为》,第 59 页。
④ 《史记》卷九十七《陆贾传》,第 2699 页。
⑤ 《新语校注》卷上《无为》,第 59、64 页。
⑥ 《史记》卷六《秦始皇本纪》,第 237—238 页。

兵,虚构"斩白蛇"的神话而号召群众,也是受阴阳五行之说的影响。从《史记·封禅书》的记载中,还可以找到不少刘邦以阴阳五行之说而为其政权披上合法外衣的例证。

武帝时期,西汉进入极盛阶段,新的形势客观上要求转变统治思想。刘彻即位,开始重儒,数年之后,即完全转向儒学之道。其时,董仲舒为汉武帝建言:"《春秋》大一统者,天地之常经,古今之通谊也。……臣愚以为诸不在六艺之科孔子之术者,皆绝其道,勿使并进。邪辟之说灭息,然后统纪可一而法度可明,民知所从矣。"①这就是后世所谓的"罢黜百家,独尊儒术"。

虽然董氏向武帝建议"推明孔氏,抑黜百家"②,但此时所尊之儒已非先秦之儒的原貌,它已吸收了法家、道家特别是阴阳五行家及谶纬思想。这一点我们从《汉书·董仲舒传》中所记其奏议的内容就完全可以看出。《春秋繁露》是董氏的政治哲学著作,此书推崇公羊学,发挥"春秋大一统"之旨,阐述了以黄老之道与阴阳五行之学为骨架,以天人感应为核心的儒家神学理论。《汉书·五行志》称:"汉兴,承秦灭学之后,景、武之世,董仲舒治《公羊春秋》,始推阴阳,为儒者宗。"③说明董氏的儒学思想中,首推阴阳五行之说,其表现主要有三统说、灾异说与符瑞说。前者论证五行相生相胜之道,后两者则论证天人相与之理。与阴阳五行之说密切相联系的是谶纬思想,其主要观点是祥瑞灾异、占星望气、河图洛书无不是天人感应,昭示社会的吉凶祸福、治乱兴衰。故谶纬与阴阳五行之说的实质是一致的,都讲天命神授,五德终始。由此,当时盛行的今文经学与阴阳五行之说及谶纬相结合,充满了宗教神学的意味,方术流行,而儒士则几与方士相混淆。

就武帝本人而言,他一生之中,采用阴阳五行之说的活动颇多,如改正朔、易服色、信巫蛊、祠祀、封禅等。其宫中,还长期豢养一批为他炼制长生不老之药和招神致鬼的方士。

西汉末,王莽篡汉自立,就是利用阴阳五行之说与谶纬来为自己夺取皇

---

① 《汉书》卷五十六《董仲舒传》,北京:中华书局 1962 年版,第 2523 页。
② 《汉书》卷五十六《董仲舒传》,第 2525 页。
③ 《汉书》卷二十七上《五行志》,第 1317 页。

权大造舆论的。据《汉书·王莽传》记载，平帝死后当月，"武功长孟通浚井得白石，上圆下方，有丹书著石，文曰'告安汉公莽为皇帝'。符命之起，自此始矣"①。由此，阴阳五行之说又开始兴盛起来。其后还有齐郡临淄县昌兴亭长一夜数梦，见天公遣使告诉他："摄皇帝(即王莽)当为真。"又有石牛、石文、铜符帛图出现。② 更有无耻之徒作铜匮，署"天帝行玺金匮图"与"赤帝行玺某传予黄帝金策书"，书言王莽为真天子。③ 王莽就是在这种阴阳符命图谶的鼓噪之下登上新朝皇位的。即位后，王莽又遣五威将军王奇等十二人颁布《符命》四十二篇于天下，内分德祥、符命、福应三类，分述"文、宣之世黄龙见于成纪、新都，高祖考王伯墓门梓柱生枝叶之属""井石、金匮之属"及"雌鸡化为雄之属"，"大归言莽当代汉有天下云"。④ 以此宣传自己登基代汉的合法、正统与神圣性。但由于新朝之改制脱离时代要求，加剧了社会矛盾，给民众带来了更大的灾难，遂导致政权很快覆灭。《汉书》本传记载王莽死前一日，还在作法，口说："天生德于予，汉兵其如予何！"临死前逃跑时还怀抱着符命、威斗，⑤真是一个阴阳五行之说及符命谶纬的忠实而又愚蠢的信徒！

东汉开国皇帝刘秀尤崇信谶纬。先是以符瑞图谶起兵："地皇三年，南阳荒饥，诸家宾客多为小盗。光武避吏新野，因卖谷于宛。宛人李通等以图谶说光武云：'刘氏复起，李氏为辅。'"⑥后又以图谶称帝："行至鄗，光武先在长安时同舍生强华自关中奉《赤伏符》，曰'刘秀发兵捕不道，四夷云集龙斗野，四七之际火为主'。群臣因复奏曰：'受命之符，人应为大，万里合信，不议同情，周之白鱼，曷足比焉？今上无天子，海内淆乱，符瑞之应，昭然著闻，宜答天神，以塞群望。'"遂设坛场举行即位仪式。其即帝位之祝文中亦引谶记曰

---

① 《汉书》卷九十九上《王莽传》，第4078—4079页。
② 《汉书》卷九十九上《王莽传》，第4093页。
③ 《汉书》卷九十九上《王莽传》，第4095页。
④ 《汉书》卷九十九中《王莽传》，第4112页。
⑤ 《汉书》卷九十九下《王莽传》，第4190—4191页。"威斗者，以五石铜为之，若北斗，长二尺五寸，欲以厌胜众兵。既成，令司命负之，莽出在前，入在御旁。"(第4151页)说明威斗是一个体现阴阳五行符命思想的避邪祈吉之物。
⑥ 《后汉书》卷一上《光武帝纪》，北京：中华书局1965年版，第2页。

"刘秀发兵捕不道,卯金修德为天子"。① 晚年,起明堂、灵台、辟雍及北郊兆域之时,又"宣布图谶于天下"②。在用人行事方面,"是时帝方信谶,多以决定嫌疑"③。这方面的事例亦是不胜枚举。

由上所述我们可以看到,两汉之世,黄老、阴阳五行、谶纬、方术之类长期在社会上流行并一直为统治阶级所利用。至东汉末年,反抗的民众也学会了以黄老、阴阳五行、图谶、方术等作为向暴政进行斗争的武器,黄巾起义即为典型一例。巨鹿人张角以原始道教的平等精神为基础,创立"太平道",以画符诵咒行医治病为手段,提出"苍天已死,黄天当立,岁在甲子,天下大吉"的口号动员民众,自称"天公""地公""人公"将军。这些都体现了黄老、阴阳五行、图谶与方术之流的影响。

佛教在上述社会、思想的历史背景下传入中国,面临着两个基本的问题:其一,中土的统治阶级及民众如何看待它? 其二,它自身又该如何向中土的统治阶级及民众表现自己? 对于初传而来的佛教而言,前一个问题是被动的,后一个问题则是主动的,但二者又是紧密相连的。

虽然说西汉末年佛教已经被介绍到中国,但起初并未被中土之人所重视,遑论崇信。直到东汉明帝时,才开始有人信奉它,此人就是明帝的异母兄弟楚王刘英。《后汉书》卷四十二《光武十王列传》云:

> 英少时好游侠,交通宾客,晚节更喜黄老,学为浮屠斋戒祭祀。(永平)八年,诏令天下死罪皆入缣赎。英遣郎中令奉黄缣白纨三十匹……诏报曰:"楚王诵黄老之微言,尚浮屠之仁祠,洁斋三月,与神为誓,何嫌何疑,当有悔吝? 其还赎,以助伊蒲塞桑门之盛馔。"因以班示诸国中傅。④

无疑,楚王刘英是中国历史上有明确记载的第一位信奉佛教(浮屠)的皇亲贵族。但他信奉浮屠是和信奉黄老混淆在一起的,"喜黄老,学为浮屠斋戒祭祀"。"斋戒"是佛教所讲究的,刘英学佛,能持斋戒,说明他对佛教教义已

---

① 《后汉书》卷一上《光武帝纪》,第21—22页。
② 《后汉书》卷一下《光武帝纪》,第84页。
③ 《后汉书》卷二十八上《桓谭传》,第959页。
④ 《后汉书》卷四十二《光武十王列传》,第1428—1429页。

有所了解,而且态度虔诚。但"祭祀"却不是佛教的要求,反映的是中国传统文化的敬神、求神及祭拜祖先的习俗。由行"祭祀"一事我们可以看出东汉时期的统治阶级及民众对于初传而来的佛教的认识,他们将佛教视为当时社会上流行的黄老、阴阳五行、图谶、方术之类中的一种,把佛陀看作神祇。在明帝给刘英的诏书中,所谓"诵黄老之微言,尚浮屠之仁祠,洁斋三月,与神为誓",表达的也正是这种认识。从"其还赎,以助伊蒲塞桑门之盛馔"一句中,还可以看出晚年的刘英,结交了一批在当时很时髦但为数一定不会很多的居士(伊蒲塞)和和尚(桑门),并经常以"盛馔"来款待他们。而"因以班示诸国中傅"似表明明帝也在提倡楚王的做法。

楚王刘英的封地虽不在中原河南,但有关刘英信奉佛教的记载所反映的情况具有一般意义。

后来,刘英因广泛交通方士,并且"作金龟玉鹤,刻文字以为符瑞",遂被以"招聚奸猾,造作图谶"①,企图谋反罪而废,后自杀。史载受其牵连而或死或徙者达数千人。初传内地的佛教也随之受到了相当沉重的打击。自此以后的半个多世纪内,现存史料中虽然还有西域东来的沙门在京城内存在的记述,②但再未见到有关佛教传播的记载。

上述情况说明佛教初传中土之时是被统治阶级与信众当作一种方术而接受的。那么佛教自身又是如何向外部表现自己的呢?《牟子理惑论》作为中国佛教史上现存最早的护教著作,其中的阐述即可视为早期佛教的自我表述。

《牟子理惑论》称:"道有九十六种,至于尊大,莫尚佛道也。神仙之书,听之则洋洋盈耳,求其效,犹握风而捕影。"又说:"众道丛残,凡有九十六种,澹泊无为,莫尚于佛。"③自称"佛道",而且位列九十六种"道"之中,是九十六种道之中至尊至大的一种。佛道之所以尊大,是因为它追求"澹泊无为"。澹泊

---

① 《后汉书》卷四十二《光武十王列传》,第1429页。
② 东汉张衡之《西京赋》中云:"睒藐流眄,一顾倾城。展季桑门,谁能不营?"[(清)严可均辑:《全后汉文》卷五十二《西京赋》,商务印书馆1999年版,第542页;(梁)萧统编,(唐)李善注:《文选》卷二《西京赋》,中华书局1977年版,第49页下]"桑门"即沙门也。
③ 《弘明集》卷一《牟子理惑论》,第58、59页。

者,恬淡寡欲,不慕名利;无为者,依天命顺乎自然。这分明是道家的思想,却以此来解释佛家的教义。文中又说:"道之言'导'也,导人致于无为。"佛教之道的终极目的就是引导人们达于无为之境。无为之境又是什么表现呢?"牵之无前,引之无后,举之无上,抑之无下,视之无形,听之无声。……故谓之道。"①整个阐述完全是道家的语言和理论。

那么"佛"呢?《牟子理惑论》称:"佛者,谥号也。犹名三皇神、五帝圣也。佛乃道德之元祖,神明之宗绪。佛之言觉也。恍惚变化,分身散体,或存或亡,能小能大,能圆能方,能老能少,能隐能彰,蹈火不烧,履刃不伤,在污不染,在祸无殃,欲行则飞,坐则扬光,故号为佛也。"②佛就如同中国的"三皇神、五帝圣",具有无穷无尽的威力与无所不能的神通。其实,印度佛教在初创时期佛只是一位人世间的圣贤,并无任何神力,在其后的发展过程中,佛才逐渐被神化而法力无边。两汉之际,佛教初传中夏的时候,神化了的佛自然就与中国的神站在了同一个队列之中。

一篇《牟子理惑论》,向世人宣扬、阐释佛教之理,完全依据老子、孔子之言论。翻看其文,处处都是"《老子》曰""孔子曰""圣人云""《孝经》曰""子贡云",正如此文作者自己所言:"于是锐志于佛道,兼研《老子五千文》,含玄妙为酒浆,玩五经为琴簧。……遂以笔墨之间,略引圣贤之言证解之……"③充分说明佛教是把道家、儒家的思想理论作为自己依附、比较、吸收的对象。

袁宏所撰《后汉纪》在叙述有关楚王英的事件之后有一段关于佛教的论述,也比较全面地反映了人们对佛教的早期认识:

> 浮屠者,佛也。西域天竺有佛道焉。佛者,汉言觉,将悟群生也。其教以修善慈心为主,不杀生,专务清净。其精者号为沙门。沙门者,汉言息(心)〔也〕,盖息意去欲而归于无为也。又以为人死精神不灭,随复受形,生时所行善恶皆有报应。故所贵行善修道,以炼精神而不已,以至无(为)〔生〕而得为佛也。佛身长一丈六尺,黄金〔色〕,项中佩日月光,变

---

① 《弘明集》卷一《牟子理惑论》,第16页。
② 《弘明集》卷一《牟子理惑论》,第15页。
③ 《弘明集》卷一《牟子理惑论》,第9页。

化无方,无所不入,故能化通万物而大济群生。初,帝梦见金人长大,项有日月光,以问群臣。或曰:"西方有神,其名曰佛。其形长大。〔陛下所梦,得无是乎〕?"(而)〔于是遣使天竺〕问其道术,遂于中国而图其形像焉。有经数千万,以虚无为宗,苞罗精粗,无所不统,善为宏阔胜大之言,所求在一体之内,而所明在视听之外。世俗之人以为虚诞,然归于玄微,深远难得而测。故王公大人观死生报应之际,莫不瞿然自失。①

上面所述,既反映了当时人们对佛教的印象,也呈现了佛教自身的形象。

这里值得一提的是最晚于曹魏之时社会上流行的"老子化胡"说。鱼豢之《魏略·西戎传》记:"《浮屠》所载与中国《老子经》相出入,盖以为老子西出关,过西域之天竺,教胡。浮屠属弟子别号,合有二十九,不能详载,故略之如此。"②因有"老子化胡"说流行,后遂又出现《老子化胡经》。

一般认为,流行"老子化胡"说与出现《老子化胡经》是道教为贬低佛教而编造的,反映了佛道之争。但笔者却认为,流行"老子化胡"说与出现《老子化胡经》其实并不能同等看待。《老子化胡经》的出现确是佛道之争的产物,但那其实是汉魏以后的事情。而早期流行的"老子化胡"说则恐怕是佛教援道而立的尝试,恰与前面所提的两个根本问题相契合。鱼豢所谓"《浮屠》所载与中国《老子经》相出入"一句,不正是注脚吗?

在慧皎之《高僧传》卷九《佛图澄传》中,有当时的中书著作郎王度的一段上奏,其中言及佛教初传时期流行的一些情况:

佛出西域,外国之神,功不施民,非天子诸华所应祠奉。往汉明感梦,初传其道。唯听西域人得立寺都邑,以奉其神,其汉人皆不得出家。③

这说明,东汉之时,是严格控制汉人出家的。在这种限制下,除来内地的西域僧侣、商人之外,佛教只能在统治阶级上层之中流行,而且被视为一种道术。

但事实上,东汉时期,在洛阳城内外还是有汉人出家的。唐代道宣所著《集古今佛道论衡》卷甲转引《汉法本内传》的记载:

---

① 《后汉纪》卷十《孝明皇帝纪下》,第187页。
② 《三国志》卷三十《乌丸鲜卑东夷传》,第859—860页。
③ (梁)释慧皎撰,汤用彤校注:《高僧传》卷九《佛图澄传》,北京:中华书局1992年版,第352页。

（明帝永平十四年）时有司空、阳城侯刘峻与诸官人、士庶等千余人出家，及四岳诸山道士吕惠通等六百二十八人出家，阴夫人、王婕妤等与诸宫人、妇女等二百三十人出家。至月末已来，日日供设，种种行施，法衣、瓶器并出所司。便立十寺，七寺安僧在城邑外；三寺安尼在雒城内。汉兴佛法自此始焉。①

唐代法琳所著《破邪论》卷上亦引有与上述大致相同的记载：

（《汉法本内传》云：永平十四年正月）时司空、阳城侯刘善峻，官人、民庶及妇女等发心出家，四岳诸山道士吕惠通等六百二十人出家，五品已上九十三人出家，九品已上镇远将军姜苟儿等一百七十五人出家，京都治民张子尚等二百七十人出家，明帝后宫阴夫人、王婕妤等一百九十人出家，京都妇女阿潘等一百二十一人出家。十六日，帝共大臣文武数百人与出家者剃发。日日设供，夜夜燃灯，种种伎乐。比至三十日，法衣、瓶钵，悉皆施讫。即立十寺，城外七寺，城内三寺。七寺安僧，三寺安尼。汉之佛法，从此兴焉。②

《汉法本内传》，又作《法本内传》，凡五卷，撰著年代与撰者皆不详。记述东汉明帝永平年间（58—75 年）佛教之传入及与道教抗衡之事。本书现已佚失，部分文字散见于《广弘明集》《法苑珠林》《集古今佛道论衡》《续集古今佛道论衡》《破邪论》《佛祖统纪》等。唐之道宣、智升等人认为此书乃汉魏时的作品，但隋之前的文献并未记载此书。近代大家如梁启超、任继愈、汤用彤诸先生等则直斥其为"作伪""伪书"③。

《汉法本内传》的记载虽然不一定可信，但并不等于东汉一代就无任何汉人出家。《出三藏记集》卷十三《安玄传》记载：

汉灵帝末……玄与沙门严佛调共出《法镜经》，玄口译梵文，佛调笔受。理得音正，尽经微旨，郢匠之美，见述后代。

① 《中华大藏经》（以下简称《中华藏》）第 60 册《集古今佛道论衡》卷甲，第 759 页中。
② 《中华藏》第 62 册《破邪论》卷上，第 616 页中。
③ 《饮冰室文集点校》第五集《佛教之初输入》附录一《汉明求法说辩伪》，第 2837 页；《中国佛教史》（第一卷），第 98 页；《汉魏两晋南北朝佛教史》（增订本），第 16 页。

> 佛调,临淮人也。绮年颖悟,敏而好学,信慧自然,遂出家修道。通
> 译经典,见重于时。世称安侯、都尉、佛调三人传译,号为难继。佛调又
> 撰《十慧》,并传于世。安公称:"佛调出经,省而不烦,全本妙巧。"①

《高僧传》卷一的记载与此类似。所以,严佛调当为现存文献所见中国古代内地最早的出家人,时当灵帝之世。严佛调的籍贯临淮为今江苏盱眙、安徽凤阳一带,不是今河南之地,但他与安玄一起进行译经活动的地方则是在当时的都城洛阳。而且,我们推测,严佛调似应到洛阳接触到佛教之后才开始信奉佛教而出家为沙门的。

东汉末年,宗室刘志继位,是为桓帝。桓帝昏庸、凶残,但却是中国古代历史上有明确记载的第一位信奉佛教的皇帝。《后汉书·西域传》称:

> 楚王英始信其术,中国因此颇有奉其道者。后桓帝好神,数祀浮图、
> 老子,百姓稍有奉者,后遂转盛。②

《后汉书·孝桓帝纪》又谓:

> 前史称桓帝好音乐,善琴笙。饰芳林而考濯龙之宫,设华盖以祠浮
> 图、老子,斯将所谓"听于神"乎!③

《后汉书·襄楷传》亦记载襄楷向桓帝上疏称:

> 又闻宫中立黄老、浮屠之祠。此道清虚,贵尚无为,好生恶杀,省欲
> 去奢。今陛下嗜欲不去,杀罚过理,既乖其道,岂获其祚哉!或言老子入
> 夷狄为浮屠。浮屠不三宿桑下,不欲久生恩爱,精之至也。天神遗以好
> 女,浮屠曰:"此但革囊盛血。"遂不眄之。其守一如此,乃能成道。④

这些记载表明桓帝因"好神""听于神"而信奉佛教。但其信奉的方式同楚王刘英一样,也是将佛教与黄老混在一起,进行祭祀。由此说明直到东汉后期,在统治阶级与民众的眼里,佛教仍属黄老、方术一类。以至于著名的清代今文经学家宋翔凤干脆认为"汉代浮屠、黄老为一家"⑤。从上述第一条史料来

---

① 《出三藏记集》卷十三《安玄传》,第 511—512 页。
② 《后汉书》卷八十八《西域传》,第 2922 页。
③ 《后汉书》卷七《孝桓帝纪》,第 320 页。
④ 《后汉书》卷三十下《襄楷传》,第 1082 页。
⑤ (清)宋翔凤撰,梁运华点校:《过庭录》卷十二,北京:中华书局 1986 年版,第 200 页。

看,桓帝以后,中夏信奉佛教者逐渐增多。这一记载是符合历史实际的。

故僧祐在其《弘明集·后序》中总结说:

> 故知经流中夏,其来已久。逮明帝感梦,而傅毅称佛,于是秦景东使,而摄腾西至。乃图像于关阳之观,藏经于兰台之室。不讲深文,莫识奥义。是以楚王修仁洁之祠,孝桓建华盖之祭。法相未融,唯神之而已。①

自英王以至桓帝,时间过去大半个世纪,但记载仍然以黄老、浮屠并称,"设华盖以祠浮图、老子","宫中立黄老、浮屠之祠";襄楷将黄老、浮屠统而为一称为"此道""其道",可以想见此时人们对佛教性质的认识变化仍然不大,如僧祐所说"不讲深文,莫识奥义""法相未融,唯神之而已"。所谓"或言老子入夷狄为浮屠",是襄楷在上疏中引用当时的传说,把产生于古代印度的佛教说成是老子入夷狄教化的产物,明显意味着当时佛教处于依附道家的地位。但值得注意的是,此时佛教义理上的内容,已开始为当时的人们所初步认识和了解。襄楷所谓"此道清虚,贵尚无为,好生恶杀,省欲去奢"和"浮屠不三宿桑下,不欲久生恩爱"的说法,反映的就是佛教禁欲和仁慈的教义。洛阳是东汉的京城,襄楷上疏之事自然就发生在洛阳了。

许抗生先生对汉代佛教思想与黄老方术思想之间的关系以及这种关系的历史意义有一总结,非常中肯,引之如下,以作本节之结语:

> 汉代的佛教已经是汉代人所理解的佛教,它已大不同于印度的佛教,而是汉代黄老方术化了的佛教。这种佛教是初期的中国化的佛教,可以说当时的中国人尚缺乏对佛教的应有认识,完全是站在中国固有思想(主要是黄老方术思想)的立场,来看待和理解佛教的产物,还没有能真正了解佛教思想的精神实质,这也是佛教初传时期一种不可避免的现象。从某种意义上说,正由于印度佛教能与中国的黄老方术思想结合起来,实现了佛教的方术化,也才能使佛教得力于黄老方术而能在中国得到广泛流传的,所以汉代佛教在中国佛教史上应占有着一个重要地位。②

---

① 《弘明集》卷十四"后序",第343页。
② 许抗生著:《汉代佛教与黄老方术思想的结合》,《佛教的中国化》,北京:宗教文化出版社2008年版,第24页。

# 第二章
# 东汉时期河南的佛经翻译活动

　　佛教作为一种异域传入的宗教，它要想在中土落户生根，就必须让中土的统治阶级和社会民众了解、认识其教义、思想、戒律、历史等，这些都需要依赖自己的经典来完成。而要将自己的经典介绍给中土的统治阶级和社会民众的第一步，就是翻译。如僧祐所言：

　　　　原夫经出西域，运流东方，提挈万里，翻转胡汉。国音各殊，故文有同异；前后重来，故题有新旧。①

　　因此，佛教经典的汉译对于佛教能否扎根于古代中国具有十分重要的意义。我们可以肯定地说，如果没有经典的汉译，佛教不可能融入到古代中国的社会之中，并成为中国古代文化的重要组成部分。正如吕澂先生所言："中国佛

———————————

① 《出三藏记集》卷一《出三藏记集序》，第 2 页。

学学说的来源,基本上是依靠传译和讲习为媒介。"①

南宋法云编《翻译名义集》,其卷一开篇即谓:

夫翻译者,谓翻梵天之语转成汉地之言,音虽似别,义则大同。《宋僧传》云:如翻锦绣,背面俱华,但左右不同耳。译之言易也。谓以所有,易其所无,故以此方之经,而显彼土之法。《周礼》:掌四方之语,各有其官,东方曰"寄",南方曰"象",西方曰"狄鞮",北方曰"译"。今通西言而云"译"者,盖汉世多事北方,而译官兼善西语。故摩腾始至,而译《四十二章》,因称"译"也。②

关于"译"之解释以及佛经翻译的要求,《出三藏记集》也有一说:

夫神理无声,因言辞以写意;言辞无迹,缘文字以图音。故字为言蹄,言为理筌,音义合符,不可偏失。……是以宣领梵文,寄在明译。译者释也,交释两国,言谬则理乖矣。自前汉之末,经法始通,译音胥讹,未能明练。故"浮屠""桑门",遗谬汉史。音字犹然,况于义乎?……是以义之得失由乎译人,辞之质文系于执笔。或善胡义而不了汉旨,或明汉文而不晓胡意,虽有偏解,终隔圆通。若胡汉两明,意义四畅,然后宣述经奥,于是乎正。前古译人,莫能曲练,所以旧经文意,致有阻碍,岂经碍哉,译之失耳!③

周代之时,因与四方交往的需要,即已有了专职的译官。但可以肯定的是,当时的翻译活动主要是口译,故民间又把翻译人员称为"舌人"(《国语·周语中》)。自从佛教传入以后,一场大规模的书面翻译佛教经典的活动,就逐渐地在古代中国发展起来,其持续时间之长、规模之大、数量之多,在世界翻译史上恐怕都是绝无仅有的。

---

① 吕澂著:《吕澂佛学论著选集》卷五《中国佛学源流略讲》,济南:齐鲁书社1991年版,第2436页。
② 《中华藏》第84册《翻译名义集》卷一,第305页上。
③ 《出三藏记集》卷一《胡汉译经文字音义同异记》,第12—14页。

# 第一节 《四十二章经》——汉译佛经的起始

佛教经典的汉译活动起始的具体准确时间,至今已不可考。一般公认,随着佛教传入中国,译经的活动就开始了。而且,当时的河南应该是古代中国进行佛经翻译活动的起源地。根据《出三藏记集》卷二《新集撰出经律论录》的记载,东汉明帝时,首部翻译成汉文的佛教经典《四十二章经》即已产生。

关于《四十二章经》,近代以来,学者围绕其真伪曾展开过辩论。梁启超先生最早提出问题,他认为,该经"并非根据梵文原本比照翻译,实摄取群经精要,摹仿此土《孝经》《老子》,别撰成篇。质言之,则乃撰本而非译本也"①。吕澂先生谓其"不是最初传来的经,更不是直接的译本,而是一种经抄。就内容看,是抄自《法句经》,我们对出来的有二十八章,占全经的三分之二"②。黄忏华先生则认为它是后人伪作。③ 汤用彤先生反对这些说法,认为该经出世甚早,不是伪作。译本有二,第一个译本在东汉桓帝之前译出,文极朴质,早已亡失;第二个译本为吴支谦等所译本,行文优美,因得流传;后又迭经改窜,加入了大乘教理和老庄玄学思想。④ 胡适先生以为汤氏之说大致不误。⑤ 季羡林先生也赞同汤氏的意见。⑥ 陈垣先生则认为,后汉有该经译本抑或可信,但现存之《四十二章经》为汉译,则绝对不可信。⑦

镰田茂雄先生之《简明中国佛教史》介绍日本学者对于《四十二章经》的形成亦是见解不一。他本人则认为,因在襄楷的上疏中"已能看到和《四十二章经》的一节内容相似的文章了,因而其原稿也许是后汉末至三国之间写成的"。他又说:"不管怎样,《四十二章经》可能是东晋时代创作的。……若再

---

① 《饮冰室文集点校》第五集《佛教之初输入》附录二《〈四十二章经〉辩伪》,第 2837 页。
② 《吕澂佛学论著选集》卷五《中国佛学源流略讲》,第 2466 页。
③ 黄忏华著:《中国佛教史》,北京:东方出版社 2008 年版,第 11 页。
④ 《汉魏两晋南北朝佛教史》(增订本),第 19—27 页。
⑤ 欧阳哲生编:《胡适文集 5》之《胡适文存四集》卷二《〈四十二章经〉考》,北京:北京大学出版社 1998 年版,第 144 页。
⑥ 《季羡林文集》第七卷《再谈"浮屠"与"佛"》,第 351 页。
⑦ 陈垣著:《陈垣集》,北京:中国社会科学出版社 1995 年版,第 73 页。

确定年代,则可推定为齐末梁初(500年前后)在江南完成的。"①

现在,我国学术界已接受了上述汤、胡、季、陈诸学者的意见。

前引《出三藏记集》之《〈四十二章经〉序》和《弘明集》之《牟子理惑论》均没有说明《四十二章经》的译者为何人,但《出三藏记集》卷二在《四十二章经》下记载:

> 右一部,凡一卷。汉孝明帝梦见金人,诏遣使者张骞、羽林中郎将秦景到西域,始于月支国遇沙门竺摩腾,译写此经还洛阳,藏在兰台石室第十四间中。其经今传于世。②

记载明确了《四十二章经》的译者为竺摩腾(摄摩腾),但并没有说清竺摩腾是否随东汉使者来洛阳。且《出三藏记集》最后三卷所列诸僧传中亦无竺摩腾传。

但《高僧传》卷一开篇即为《摄摩腾传》,称:

> 汉永平中,明皇帝……遣郎中蔡愔、博士弟子秦景等,使往天竺,寻访佛法。愔等于彼遇见摩腾,乃要还汉地。腾誓志弘通,不惮疲苦,冒涉流沙,至乎雒邑。明帝甚加赏接,于城西门外立精舍以处之……有记云:腾译《四十二章经》一卷,初缄在兰台石室第十四间中。腾所住处,今雒阳城西雍门外白马寺是也。③

《摄摩腾传》之后,又有《竺法兰传》,记述竺法兰亦是《四十二章经》的译者:

> 愔于西域获经,(法兰)即为翻译《十地断结》《佛本生》《法海藏》《佛本行》《四十二章》等五部。移都寇乱,四部失本,不传江左。唯《四十二章经》今见在,可二千余言。④

对此,汤用彤先生称:

> 梁《高僧传》引记曰,腾(摄摩腾)译《四十二章经》一卷。又谓竺法兰译经五部,唯《四十二章经》尚行江左。是则《四十二章经》依慧皎言,乃摩

---

① 《简明中国佛教史》,第14页。
② 《出三藏记集》卷二《新集撰出经律论录》,第23页。
③ 《高僧传》卷一《摄摩腾传》,第1—2页。
④ 《高僧传》卷一《竺法兰传》,第3页。

腾、法兰二人共译也。隋《开皇三宝记》(《历代三宝记》之原名)引梁宝唱曰"是经竺法兰所译"。而梁僧祐作录则不著竺法兰之名,谓经乃竺摩腾译。是梁时于本经译出之人本无定说也。又《僧传》谓经在洛阳出,而僧祐谓于大月氏译讫还国,是梁时于本经译出之地亦无定说也。①

《四十二章经》的译者究竟是竺摩腾一人,还是竺摩腾、竺法兰二人,现在已无法考究,但《四十二章经》的译出地,现代学者已公认当不在中国内地,而在大月支。汤用彤先生说:

依上章所论,《牟子》所传虽有疑义,但决非全诬。若据其所言,斯经译于月氏,送至中夏也。②

季羡林先生肯定了汤氏的意见,并进一步认为,于大月支写佛经《四十二章经》时,大月支已经到了大夏,所以《四十二章经》第一个译本的原本语言是大夏文,而第二个译本的原始语言是中亚或新疆的某一种语言。③

其实,现存史料中,有些已经明确记载《四十二章经》是在大月支译出的,人们似乎注意不够。如前引《出三藏记集》卷二中《四十二章经》经名后的记载,请注意"译写此经还洛阳"一句,它已明确地表达出是先"译"而后"还"。

尽管《四十二章经》是在大月支译出的,但它传至中国内地的首站就是河南洛阳。

## 第二节　东汉时期河南的佛经翻译活动

据《出三藏记集》卷二《新集撰出经律论录》和卷十三僧传记载,东汉末,从汉桓帝到献帝的七十多年中,知名译者不计摄摩腾和竺法兰,为安世高、竺朔佛、支谶、支曜、严佛调、安玄和康孟详等七人,译成汉文的佛教经典不计《四十二章经》共有五十三部、七十三卷,另有汉地僧人著述一部一卷。而据《高僧传》卷一记载,此时的知名译者有摄摩腾、竺法兰、安清(安世高)、支楼

---

① 《汉魏两晋南北朝佛教史》(增订本),第19页。
② 《汉魏两晋南北朝佛教史》(增订本),第19页。
③ 《季羡林文集》第七卷《再谈"浮屠"与"佛"》,第351页。

迦谶(支谶)、竺朔佛、安玄、严佛调、支曜、康巨、康孟详、竺大力和昙果等十二人。道宣之《大唐内典录》卷一所记载的后汉知名的传译道俗与《高僧传》的记载相同,谓译成汉文的佛教经典共有三百三十四部、四百一十六卷,诸失译经一百二十五部、一百四十八卷。唐代智昇所著《开元释教录》卷一记载,从汉明帝永平十年(67年)至汉献帝延康元年(220年)间的知名译者亦是上述十二人,但所载译成汉文的佛教经典共有二百九十二部、三百九十五卷,到开元年间,尚存九十七部、一百三十一卷,已阙一百九十五部、二百六十四卷。

洛阳是东汉时期的京城,也是当时的佛教活动中心,所以中国内地最早的佛经翻译活动就是在洛阳进行的,而且到目前为止,我们所知的东汉时期的佛经翻译活动,全部都是在洛阳进行的,迄今尚未发现有在洛阳之外进行译经活动的史料记载。《高僧传》卷一所列四位东汉译者传的名称分别为"汉雒阳白马寺摄摩腾""汉雒阳白马寺竺法兰""汉雒阳安清""汉雒阳支楼迦谶",均带有"汉雒阳"三字,即为明证。

下面根据《出三藏记集》、《高僧传》、《历代三宝纪》(以下简称《三宝纪》)、《大唐内典录》(以下简称《内典录》)和《开元释教录》(以下简称《开元录》)诸本的记载,依次简要叙述这些知名译者的生平事迹和译经情况。

## 一、摄摩腾、竺法兰的事迹与译经活动

摄摩腾,又称竺摩腾、迦叶摩腾、竺摄摩腾、竺叶摩腾,沙门,中天竺人。《高僧传》卷一本传记述:

> 摄摩腾,本中天竺人。善风仪,解大、小乘经,常游化为任。……
>
> 汉永平中,明皇帝夜梦金人飞空而至,乃大集群臣以占所梦。通人傅毅奉答:"臣闻西域有神,其名曰'佛',陛下所梦,将必是乎。"帝以为然,即遣郎中蔡愔、博士弟子秦景等,使往天竺,寻访佛法。愔等于彼遇见摩腾,乃要还汉地。腾誓志弘通,不惮疲苦,冒涉流沙,至乎雒邑。明帝甚加赏接,于城西门外立精舍以处之,汉地有沙门之始也。但大法初传,未有归信,故蕴其深解,无所宣述,后少时卒于雒阳。有记云:腾译《四十二章经》一卷,初缄在兰台石室第十四间中。腾所住处,今雒阳城

西雍门外白马寺是也。①

依此记述,摄摩腾是在永平中(58—75 年)来到中原内地的,并未给出具体的时间,但《三宝纪》《内典录》则记载摄摩腾是在永平十年(67 年)随汉使蔡愔至雒阳或雒邑的。②

《出三藏记集》《高僧传》《三宝纪》《内典录》和《开元录》均谓摄摩腾译《四十二章经》一部一卷。关于《四十二章经》在中国佛经翻译历史上的地位,《高僧传》称它是"汉地见存诸经,唯此为始也"③。《三宝纪》《内典录》《开元录》更称它是汉地佛经之祖。④

竺法兰,沙门,中天竺人。《高僧传》卷一本传记述:

> 竺法兰,亦中天竺人,自言诵经论数万章,为天竺学者之师。时蔡愔既至彼国,兰与摩腾共契游化,遂相随而来。会彼学徒留碍,兰乃间行而至。既达雒阳,与腾同止,少时便善汉言。
>
> 愔于西域获经,(法兰)即为翻译《十地断结》《佛本生》《法海藏》《佛本行》《四十二章》等五部。移都寇乱,四部失本,不传江左。唯《四十二章经》今见在,可二千余言。汉地见存诸经,唯此为始也。
>
> ……兰后卒于雒阳,春秋六十余矣。⑤

由此可知,竺法兰在天竺当地名气非常大,被视为学者之师,欲来中国之时,受到学徒们的极力挽留,无奈只好从小路悄悄地出发。

《高僧传》记载竺法兰译经,计有《十地断结》《佛本生》《法海藏》《佛本行》与《四十二章经》等五部。《三宝纪》《内典录》均记载其译经五部十三卷,为《佛本行经》五卷、《十地断结经》四卷、《二百六十戒合异》二卷、《法海藏经》一卷、《佛本生经》一卷,同时又称,"初,共腾出《四十二章》"⑥。如果算上《四十二章经》,译经总数则应该是六部十四卷。《开元录》则记载其译经数四

---

① 《高僧传》卷一《摄摩腾传》,第 1 页。
② 《中华藏》第 54 册《三宝纪》卷二,第 160 页下;第 54 册《内典录》卷一,第 462 页下—463 页上。
③ 《高僧传》卷一《竺法兰传》,第 3 页。
④ 《中华藏》第 54 册《三宝纪》卷四,第 188 页上;第 54 册《内典录》卷一,第 463 页上;第 55 册《开元录》卷一,第 2 页下。
⑤ 《高僧传》卷一《竺法兰传》,第 3 页。
⑥ 《中华藏》第 54 册《三宝纪》卷四,第 188 页中;第 54 册《内典录》卷一,第 463 页上。

部十五卷:《十地断结经》八卷、《法海藏经》一卷、《佛本行经》五卷、《佛本生经》一卷,同时亦称"初,共腾译《四十二章经》"①。译经总数则是五部十六卷。值得注意的是,在《三宝纪》与《开元录》中,竺法兰所译经有两部还注明了译出时间,一部是《佛本行经》,译出时间为永平十一年(68 年);一部是《十地断结经》,译出时间为永平十三年(70 年)。② 这似乎是中国古代除《四十二章经》之外有明确年代记载的最早译出的两部佛教经典。

据记载,摄摩腾与竺法兰后均卒于洛阳。在今天的白马寺山门内大院东西两侧茂密的柏树丛中,各有一座坟冢,据说就是摄摩腾与竺法兰的墓,人称"二僧墓"。东边墓前石碑上刻"汉启道圆通摩腾大师墓",西边墓前石碑上刻"汉开教总持竺法大师墓","启道圆通"与"开教总持"是北宋徽宗赵佶追封的。在白马寺清凉台上还有二位高僧的塑像,寄托着中国佛教僧俗对二位高僧大德的无限敬仰之情。

## 二、安世高的事迹与译经活动

安世高,名清,字世高,沙门,安息国太子。因其"本既王种,名高外国",所以当时来中原的西域人又称他"安侯"。③《出三藏记集》卷十三本传称:

> 安清,字世高,安息国王正后之太子也。幼怀淳孝,敬养竭诚,恻隐之仁,爰及蠢类,其动言立行,若践规矩焉。加以志业聪敏,刻意好学,外国典籍,莫不该贯。七曜五行之象,风角云物之占,推步盈缩,悉穷其变。兼洞晓医术,妙善针脉,睹色知病,投药必济。乃至鸟兽鸣呼,闻声知心。于是俊异之名,被于西域,远近邻国,咸敬而伟之。世高虽在居家,而奉戒精峻,讲集法施,与时相续。后王薨,将嗣国位,乃深惟苦空,厌离名器。行服既毕,遂让国与叔,出家修道。④

其意是说,安世高自小品德仁孝,聪慧好学,博览国内外典籍,通晓天文、地

---

① 《中华藏》第 55 册《开元录》卷一,第 3 页上。
② 《中华藏》第 54 册《三宝纪》卷二,第 160 页下;第 55 册《开元录》卷一,第 3 页上。
③ 《出三藏记集》卷十三《安世高传》,第 510 页。
④ 《出三藏记集》卷十三《安世高传》,第 508 页。

理、医学、占卜以至鸟兽之声等。神异之名，远播西域各国。先为居士，持戒严谨，父王去世后，即将继承王位，因深感尘世苦空，待居丧期满，就让位与其叔，自己出家修道。安世高的这些事迹在三国时来华的西域僧人康僧会所撰《〈安般守意经〉序》中也有类似叙述：

> 有菩萨名安清字世高，安息王嫡后之子，让国与叔，驰避本土，翔而后进，遂处京师。其为人也，博学多识，贯综神模，七正盈缩；风气吉凶，山崩地动；针脉诸术，睹色知病；鸟兽鸣啼，无音不照。①

不过，这里所谓的"让国与叔，驰避本土"与前述"让国与叔，出家修道"，含义显然有所不同，"驰避本土"似乎涉及争夺王位的宫廷斗争。

安世高的佛学造诣很高，《出三藏记集》本传谓其"博综经藏，尤精阿毗昙学，讽持禅经，略尽其妙"②。"阿毗昙"与"禅经"即"禅数"之学，为小乘说一切有部的理论。

安世高在桓帝之初来到洛阳，从建和二年(148 年)开始译经，持续至灵帝建宁中(168—171 年)，前后达二十余年。③ 有关其译经的数量，各书记载不同，甚至一书之内的记述亦不相同。

《出三藏记集》卷二中所列安氏译经，按经名细目当为三十五部四十一卷，但细目后所记则称是三十四部四十卷，卷十三本传中又记述为三十五部，前后不一致。④《高僧传》中一称安氏"先后所出经论，凡三十九部"，又称按道安《经录》云安氏"译出三十余部经"⑤。《三宝纪》中前后两个数字亦不同：卷二记为一百七十四部一百八十八卷，卷四记为一百七十六部一百九十七卷。⑥《内典录》记安氏译经一百七十六部一百九十七卷，与《三宝纪》卷四所记一致。⑦《开元录》则记安氏译经九十五部一百一十五卷，其中当时已阙本四十一部，并评价以前之经录所载部数说："其《释道安录》、僧祐《出三藏记》、

---

① 《出三藏记集》卷六《〈安般守意经〉序》，第 244 页。
② 《出三藏记集》卷十三《安世高传》，第 508 页。
③ 《高僧传》卷一《安清传》，第 7 页。
④ 《出三藏记集》卷二《新集撰出经律论录》，第 23—26 页；卷十三《安世高传》，第 508 页。
⑤ 《高僧传》卷一《安清传》，第 5、7 页。
⑥ 《中华藏》第 54 册《三宝纪》卷二、卷四，第 161 页下、187 页下。
⑦ 《中华藏》第 54 册《内典录》卷一，第 462 页下。

慧皎《高僧传》等止云高译三十九部,《费长房录》便载一百七十六部。今以《房录》所载多是别生,从大部出,未可以为翻译正数。"①

对于上述各书所记安氏译经之数,汤用彤先生评论说:

以汉桓帝建和二年(148年)至灵帝建宁(168—171年)中二十余年,译出三十余部经(《僧传》引《安录》),数百万言(《祐录》十严佛调《十慧章句序》),或曰百余万言(《祐录》六谢敷《安般序》)。其《修行地道经》,乃译于永康元年(167年)。(《房录》三引《支愍度录》之言,又同书卷四言支曾为此经作序)其余经部数及时地均不可考。……《安录》中列其所译,似只三十五部四十卷(《祐录》二)。但旧译本常缺人名,安尝依据文体审定译人(参看《僧传·道安传》)。如《十二门经》,安公即只谓似其所出(《祐录》六)。因此不但《长房录》著录一百七十六部、《开元录》载九十五部实系臆造,即《高僧传》谓其译三十九部亦不可信也。②

吕澂先生亦说:

安世高译出的书,因为当时没有记载,确实部数已不可考。晋代道安编纂众经目录,才加以著录,列举所见过的安世高译本,共三十五部,四十一卷。其后历经散失,现存二十二部,二十六卷,名目如下:

一、《五十校计经》二卷。二、《五阴譬喻经》一卷。三、《七处三观经》一卷。四、《转法轮经》一卷。五、《积骨经》一卷。六、《八正道经》一卷。七、《一切流摄守因经》一卷。八、《四谛经》一卷。九、《本相猗致经》一卷。一〇、《是法非法经》一卷。一一、《人本欲生经》一卷。一二、《漏分布经》一卷。一三、《长阿含十报法经》二卷。一四、《杂经四十四篇》二卷。一五、《普法义经》一卷。一六、《法受尘经》一卷。一七、《大安般守意经》一卷。一八、《禅行法想经》一卷。一九、《九横经》一卷。二〇、《阿毗昙五法经》一卷。二一、《阴持入经》一卷。二二、《道地经》二卷。

在这些译籍里面,《七处三观经》大概在道安(312—385年)以后就成为两卷本,而误收《积骨经》和杂经四十四篇于内,未加区别;现经今人

---

① 《中华藏》第55册《开元录》卷一,第6页上—中、7页下。
② 《汉魏两晋南北朝佛教史》(增订本),第36—37页。

考订,特将那两种分列出去。另外,从翻译用语等对勘,《五阴譬喻经》《转法轮经》《法受尘经》《禅行法想经》四部是否世高所译,尚有问题。

又《四谛经》一种,道安也说它好像是世高所撰,但现勘是译本。①

依吕澂先生所言,道安时安世高所存二十二部经除去误收两部之外,仅余二十部,这其中尚包括有疑问的五部。吕澂先生又说:

> 关于安世高的翻译,历来各种经录的记载互有出入。到了隋代费长房《历代三宝纪》,漫无拣别地罗列名目达到一七六种之多。其中好些都没有确实的出处,只推测是世高在河西和江南旅途中随顺因缘从大部译出。后来《开元录》加以删除,还剩九十五部,而缺本几乎占一半,是非辨别,自然很难说,现在仍以道安目录所记载的为最可信。②

依吕澂前述,道安所列二十二部经中,尚有两部误收,何以“最可信”呢?智昇撰《开元录》是很下了一番功夫的,《宋高僧传》评价《开元录》“最为精要”“经法之谱,无出昇之右矣”,③很难说《开元录》之记载为不可信也!国内出版的《中华大藏经》中,署名安世高所译的佛经为五十四部五十九卷,这是流传两千余年至今的记录。

笔者以为,安世高所译佛经数量确已很难得出一个准确的结论,但可以明确的是,安氏是中国古代早期佛经翻译家中译经数量最多者。

在安世高所译众多佛教经典中,最具代表性的是《安般守意经》和《阴持入经》,都曾流行一时。在《三宝纪》卷二的记载中,还依《朱士行汉录》与《支敏度录》列出了其中六部佛经的译出时间:《五十校计经》《七处三观经》为元嘉元年(151 年),《普法义经》《内藏经》为元嘉二年(152 年),《人本欲生经》为永寿二年(156 年),《修行道地经》为永康元年(167 年)。④《开元录》的记载中亦依《朱士行汉录》《僧祐录》等记录了这六部经的译出时间,除《人本欲生经》记为永嘉二年外,其余均与《三宝纪》同。⑤ “永嘉”为冲帝年号,质帝曾

---

① 《吕澂佛学论著选集》卷五《中国佛学源流略讲》,第 2868—2869 页。

② 《吕澂佛学论著选集》卷五《中国佛学源流略讲》,第 2870 页。

③ (宋)赞宁撰,范祥雍点校:《宋高僧传》卷五《智昇传》,北京:中华书局 1987 年版,第 95 页。

④ 《中华藏》第 54 册《三宝纪》卷二,第 161 页下—162 页上。

⑤ 《中华藏》第 55 册《开元录》卷一,第 4 页中—6 页上。

沿用,总共前后仅一年,况安世高在冲、质之时尚未来中国内地,故《开元录》所记当误。

安世高译经有两种方法,一是"口解",一是"文传"。"口解"就是口译,由安世高口说所译佛经的内容并进行解释,然后由他人执笔成书,就像今天的讲演稿、讲义一样,在《出三藏记集》卷二所列安世高译经诸名录中有一部叫《阿含口解》即是这样翻译出来的,这部口译佛经另外还有三个名称:《阿含口解十二因缘经》《断十二因缘经》和《安侯口解》。"文传"就是笔译,安世高的翻译自然是以笔译为主。根据吕澂先生依东晋道安所说之研究,安世高译经还有一个特点,就是"还在译文里带着解释,所以道安说《十四意经》《九十八结经》好像是撰述"①。

在当时,人们对安世高的译经水平是非常认可的。《出三藏记集》及《高僧传》评价其译经:"义理明析,文字允正,辩而不华,质而不野,凡在读者,皆亹亹而不倦焉。"更称:"天竺国自称书为天书,语为天语,音训诡蹇,与汉殊异,先后传译,多致谬滥。唯世高出经,为群译之首。"②

道安曾为安世高所译多部佛经作注、作序,对其译经亦有"言古文悉,义妙理婉"③"辞旨雅密,正而不艳,比诸禅经,最为精悉"④"音近雅质,敦兮若朴,或变质为文,或因质不饰"⑤的评语,是为推崇之言,但同时又说"然世高出经,贵本不饰,天竺古文,文通尚质,仓卒寻之,时有不达"⑥,也不乏一些批评。道安所言,用"文""质"二字作为评判标准。"文"者,文饰、润饰、修饰;"质"者,质朴,意指直译,这是后人评价汉译佛经初期的译文形式与质量常用的评语。我们在以下叙述支谶、竺朔佛、支曜、康巨、康孟详诸人的译经情况时,所引评价还会看到类似的说法。现代学者对于安世高的译经水平也是给予充分肯定的,如吕澂先生说:

① 《吕澂佛学论著选集》卷五《中国佛学源流略讲》,第 2872 页。
② 《出三藏记集》卷十三《安世高传》,第 508、510 页;《高僧传》卷一《安清传》,第 5、6 页。《高僧传》作"唯高所出,为群译之首"。
③ 《出三藏记集》卷六《〈人本欲生经〉序》,第 250 页。
④ 《出三藏记集》卷六《〈大十二门经〉序》,第 254 页。
⑤ 《出三藏记集》卷十《〈道地经〉序》,第 367 页。
⑥ 《出三藏记集》卷六《〈大十二门经〉序》,第 254 页。

安世高的汉译佛典,可算是种创作,在内容和形式方面都有它的特色。就内容说,他很纯粹地译述出他所专精的一切。譬如,译籍的范围始终不出声闻乘,而又有目的地从大部阿含经中选译一些经典。就现存本看,出于《杂阿含》的五种,出于《中阿含》的六种,出于《长阿含》的一种,出于《增一阿含》的一种,这些都是和止观法门有联系的。至于译文形式,因为安世高通晓华语,能将原本意义比较正确地传达出来,所以僧祐称赞他说理明白,措辞恰当,不铺张,不粗俗,正到好处。但总的说来,究竟偏于直译。有些地方顺从原本结构,不免重复、颠倒,而术语的创作也有些意义不够清楚(如"受"译为"痛","正命"译为"直业治"等)。因此道安说世高的翻译力求保存原来面目,不喜修饰,骤然看到还有难了解的地方。①

其实,偏于直译的问题与不足是共性的,在汉译佛经的初期,实在是难以避免。

安世高在洛阳期间,除译经之外,也向信众宣讲佛教义理。由此有了一小批汉族知识分子与之从学而成为他的弟子,如南阳韩林、颍川皮业、会稽陈慧及临淮严佛调等。他们不但聆听安氏讲经说法,还撮取师说为之作注,如陈慧为《安般守意经》注义②;抑或对师之所未深说的内容予以阐述,如严佛调撰《沙弥十慧章句》③。

《出三藏记集》卷六所载东晋之谢敷所作《〈安般守意经〉序》中是这样记述当时信众踊跃听安氏讲经的情景的:

汉之季世,有舍家开士安清字世高,安息国王之太子也。审荣辱之浮寄,齐死生乎一贯。遂脱屣于万乘,抱玄德而游化,演道教以发蒙,表神变以谅之。于时俊义归宗,释华崇实者,若禽兽之从麟凤,鳞介之赴虬蔡矣。④

现存于大藏经中的《阴持入经》,其经文中所夹之注就是当时的学者"陈

---

① 《吕澂佛学论著选集》卷五《中国佛学源流略讲》,第 2870—2871 页。
② 《出三藏记集》卷六《〈安般守意经〉序》,第 244 页。
③ 《出三藏记集》卷十《〈沙弥十慧章句〉序》,第 368—369 页。
④ 《出三藏记集》卷六《〈安般守意经〉序》,第 247 页。

氏"所撰,经首有其《〈阴持入经〉序》,文中对当时安氏讲经之盛亦有描述:

> 安侯世高者,普见菩萨也。捐王位之荣,安贫乐道,夙兴夜寐,忧济
> 涂炭,宣敷三宝,光于京师。于时俊乂云集,遂致滋盛;明哲之士,靡不美
> 甘。……密睹其流,禀玩忘饥。①

序文开头即称"密伏自惟"云云,这里又有"密睹其流",故"密"当为"陈氏"之名或字,此人似曾亲听安氏宣敷三宝,以至"禀玩忘饥"。

至三国曹魏之初,又有康僧会从韩林、皮业、陈慧请问,并协助陈慧为《安般守意经》注义。② 其后至东晋,又有谢敷注《安般守意经》,道安撰《安般守意经解》《阴持入经注》《大、小十二门经注》《人本欲生经注撮解》《大道地经注》《九十八结解》《九十八结约通解》等,③支道林亦曾注《安般》,④这些都充分反映了安世高的影响。

汉灵帝末年,关、洛动荡扰乱,随之董卓火焚洛阳,迁都长安,洛阳的佛教遭到沉重打击。在此前后,安世高及其弟子避走江南。

从汉桓帝之初的建和二年(148 年)到汉灵帝之末的中平年间(184—189年),安世高在中原河南活动了近四十年之久。

### 三、支谶、竺朔佛的事迹与译经活动

支谶,又称支娄迦谶、支楼迦谶,沙门,月支国人。《出三藏记集》卷十三本传记述:

> 支谶本月支国人也。操行淳深,性度开敏,禀持法戒,以精勤著称。
> 讽诵群经,志存宣法,汉桓帝末,游于洛阳。以灵帝光和、中平之间,传译
> 胡文,出《般若道行品》《首楞严》《般舟三昧》等三经。又有《阿阇世王》
> 《宝积》等十部经……后不知所终。⑤

---

① 《中华藏》第 36 册《〈阴持入经〉序》,第 129 页中。
② 《出三藏记集》卷六《〈安般守意经〉序》,第 244 页。
③ 《出三藏记集》卷六《〈安般守意经〉序》,第 245—247 页;卷五《新集安公注经及杂经志录》,第 226—228 页。
④ 《高僧传》卷四《支遁传》,第 161 页。
⑤ 《出三藏记集》卷十三《支谶传》,第 511 页。

关于支谶来中原内地与译经的时间,各书记载不同。上述《出三藏记集》谓其于桓帝末(167年)游于洛阳,灵帝光和、中平间(178—189年)翻译佛经。《高僧传》谓支谶于灵帝时(168—189年)游于洛阳,光和、中平间(178—189年)译经。① 两书记载大体一致。《三宝纪》中关于支谶译经有两个时间记载:其一在卷二,桓帝建和元年(147年)条下记:"朱士行《汉录》云:支娄迦谶此年译《阿閦佛经》二卷。"其二在卷四,记:"(支谶)桓、灵帝世建和岁至中平年于洛阳译(经)。"两条记载均说明支谶译经活动始于建和,终于中平,那么其来中原内地的时间当在建和之前。②《内典录》的记载与《三宝纪》基本相同。③《开元录》则谓支谶桓、灵之代(146—189年)游于洛阳,从桓帝建和元年(147年)至灵帝中平三年(186年)在洛阳译经。④ 与《三宝纪》亦大体相同。若依《出三藏记集》《高僧传》的记述,支谶来中原内地的时间当晚于安世高,在洛阳的译经活动持续十余年。而按《三宝纪》《内典录》与《开元录》的记载,支谶来中原内地的时间则与安世高几乎同时,在洛阳的译经活动长达近四十年之久,与安世高相当。

有关支谶所译佛经的数量,各书记载亦不同。《出三藏记集》卷二记载为十四部二十七卷,卷十三本传中又称:"出《般若道行品》《首楞严》《般舟三昧》等三经。又有《阿閦世王》《宝积》等十部经……"两项合计支谶出经十三部。⑤《高僧传》中无准确数字,仅称:"出《般若道行》《般舟》《首楞严》等三经,又有《阿閦世王》《宝积》等十余部经,岁久无录。"⑥《高僧传》的记载将《出三藏记集》记述中的"等十部经"改为"等十余部经",多一"余"字。《三宝纪》《内典录》均记为二十一部六十三卷,⑦《开元录》则记为二十三部六十七卷。⑧ 吕澂先生认为:

① 《高僧传》卷一《支楼迦谶传》,第10页。

② 《中华藏》第54册《三宝纪》卷二、卷四,第161页下、192页中。

③ 《中华藏》第54册《内典录》卷一,第466页上。

④ 《中华藏》第55册《开元录》卷一,第4页上。

⑤ 《出三藏记集》卷二《新集撰出经律论录》,第27页;卷十三《支谶传》,第511页。

⑥ 《高僧传》卷一《支楼迦谶传》,第10页。

⑦ 《中华藏》第54册《三宝纪》卷四,第192页中;第54册《内典录》卷一,第466页上。

⑧ 《中华藏》第55册《开元录》卷一,第3页下。

支谶译籍现存九种,缺本四种。僧祐《出三藏记集》依据《别录》加了《光明三昧经》一卷,这是支曜译本的误记。费长房《历代三宝纪》又依各杂录加了《大集经》等八种,也都出于附会,不可信。①

支谶所译佛经,最主要的为《般若道行品经》《首楞严经》《般舟三昧经》三部。《出三藏记集》卷二在列出这三部佛经名录的同时,也分别记录了它们译出的具体时间:《般若道行品经》,光和二年(179 年)十月八日出;《首楞严经》,中平二年(185 年)十二月八日出;《般舟三昧经》,光和二年十月初八日出。②

《出三藏记集》《高僧传》本传评价支谶译经水平,皆引道安之言,谓:"凡此诸经,皆审得本旨,了不加饰,可谓善宣法要,弘道之士也。"《出三藏记集》卷七又记有支敏度之评价:"其博学渊妙,才思测微,凡所出经,类多深玄,贵尚实中,不存文饰","谶所译者辞质多胡音"。③

竺朔佛,又称竺佛朔,沙门,天竺人。《出三藏记集》卷十三有关其生平及译经情况的记载很简略:

> 沙门竺朔佛者,天竺人也。汉桓帝时,亦赍《道行经》来适洛阳,即转胡为汉。译人时滞,虽有失旨,然弃文存质,深得经意。朔又以灵帝光和二年于洛阳译出《般舟三昧经》,时谶为传言,河南洛阳孟福、张莲笔受。④

《高僧传》卷一的记述与之基本相同,唯姓名记为"竺佛朔","汉桓帝时"改为"汉灵之时"。⑤《三宝纪》《内典录》称竺朔佛于灵帝时来适洛阳,《开元录》述其生平,则谓竺佛朔"识性明敏,博综多能,以灵帝光和之初赍《道行》等经来适洛阳"⑥。

---

① 《吕澂佛学论著选集》卷五《中国佛学源流略讲》,第 2874 页。
② 《出三藏记集》卷二《新集撰出经律论录》,第 26 页。同书卷七《〈道行经〉后记》中亦记录《般若道行品经》的译出时间为光和二年十月八日,但《开元录》卷一则记录此经是在光和二年七月八日译出(《中华藏》第 55 册,第 3 页中),笔者认为,"十""七"恐为传抄之误。
③ 《出三藏记集》卷十三《支谶传》,第 511 页;《高僧传》卷一《支楼迦谶传》,第 10 页;《出三藏记集》卷七《合〈首楞严经〉记》,第 270 页。
④ 《出三藏记集》卷十三《支谶传》,第 511 页。
⑤ 《高僧传》卷一《支楼迦谶传》,第 10 页。
⑥ 《中华藏》第 54 册《三宝纪》卷四,第 193 页上;第 54 册《内典录》卷一,第 466 页下;第 55 册《开元录》卷一,第 8 页下。

关于竺朔佛的译经情况，《出三藏记集》卷二记其译《道行经》一部一卷，卷十三中除记其译《道行经》外，又称"朔又以灵帝光和二年于洛阳译出《般舟三昧经》"①，说明竺朔佛译经共两部。《高僧传》亦记其译《道行经》《般舟三昧经》两经。《三宝纪》《内典录》和《开元录》则记竺朔佛译经两部三卷：《道行经》一卷、《般舟三昧经》二卷。

在《道行经》的译出时间上，各本记述颇不一致。《出三藏记集》卷二说："汉桓帝时，天竺沙门竺朔佛赍胡本（《道行经》）至中夏。到灵帝时，于洛阳译出。"而卷十三本传又称："汉桓帝时，（竺朔佛）亦赍《道行经》来适洛阳，即转胡为汉。"②一个"即"字，表明《道行经》的译出时间当在汉桓帝时。《高僧传》则云："（竺朔佛）亦以汉灵之时，赍《道行经》来适雒阳，即转梵为汉。"③说明《道行经》的译出时间在汉灵帝时。《三宝纪》卷二在"灵帝（壬子）嘉（熹）平元年"条下记载："朱士行《汉录》云：竺佛朔此年于雒阳译《道行经》一卷。"卷四在《道行经》名下亦云："嘉（熹）平元年译，见朱士行《汉录》及《三藏记》。"④《内典录》亦记《道行经》"嘉（熹）平元年译，见朱士行《汉录》及《三藏记》"⑤。而《开元录》则记竺佛朔"以灵帝光和之初赍《道行》等经来适洛阳"，译出时间为光和二年（179年）十月八日。⑥

对于竺朔佛的译经水平，道安在所撰《〈道行经〉序》中说其译九十章《道行品》时，"因本顺旨，转音如已，敬顺圣言，了不加饰也"。结果是"经既抄撮，合成章指，音殊俗异，译人口传，自非三达，胡能一一得本缘故乎？由是《道行》颇有首尾隐者。古贤论之，往往有滞"⑦。《出三藏记集》卷十三本传亦称："译人时滞，虽有失旨，然弃文存质，深得经意。"⑧唯《三宝纪》中在此评价

① 《出三藏记集》卷二《新集撰出经律论录》，第26页；卷十三《支谶传》，第511页。
② 《出三藏记集》卷二《新集撰出经律论录》，第26页；卷十三《支谶传》，第511页。
③ 《高僧传》卷一《支楼迦谶传》，第10页。
④ 《中华藏》第54册《三宝纪》卷二、卷四，第162页上、193页上。
⑤ 《中华藏》第54册《内典录》卷一，第466页下。
⑥ 《中华藏》第55册《开元录》卷一，第8页下。
⑦ 《出三藏记集》卷七《〈道行经〉序》，第263—264页。
⑧ 《出三藏记集》卷十三《支谶传》，第511页。

之后又有:"光和中更译《般舟》……文少胜前。"①

## 四、严佛调的事迹、译经活动与著述

严佛调,又称严浮调,《出三藏记集》卷十三云:

> 佛调,临淮人也。绮年颖悟,敏而好学,信慧自然,遂出家修道。通译经典,见重于时。世称安侯、都尉、佛调三人传译,号为难继。佛调又撰《十慧》,并传于世。

又云:

> (安)玄与沙门严佛调共出《法镜经》,玄口译梵文,佛调笔受。理得音正,尽经微旨,郢匠之美,见述后代。②

临淮,今江苏盱眙、安徽凤阳一带。严佛调虽是临淮之人,但其译经活动却在洛阳,时间在汉灵帝之时(168—189 年)。

关于佛调是否出家,各本记述不一。《出三藏记集》称其"出家修道",《高僧传》和《开元录》均谓其为沙门,③但《三宝纪》和《内典录》则说他为清信士。④ 对此,《开元录》称:"据《僧祐录》及《高僧传》,合是沙门,《长房》等录云清信士者,非也。"⑤否定了《三宝纪》《内典录》的记载。若此,严佛调当是有史料记载的中国古代最早的内地汉人出家者。

关于佛调的译经情况,《出三藏记集》卷二记载:

> 《法镜经》一卷。安公云:出方等部。
>
> 《十慧经》一卷。或云《沙弥十慧》。
>
> 右二部,凡二卷。汉灵帝时,沙门严佛调、都尉安玄共译出。《十慧》是佛调所撰。⑥

《出三藏记集》卷十三本传云:

① 《中华藏》第 54 册《三宝纪》卷四,第 193 页上。
② 《出三藏记集》卷十三《安玄传》,第 511、512 页。
③ 《高僧传》卷一《安玄传》,第 11 页;《中华藏》第 55 册《开元录》卷一,第 9 页下。
④ 《中华藏》第 54 册《三宝纪》卷四,第 193 页中;第 54 册《内典录》卷一,第 467 页上。
⑤ 《中华藏》第 55 册《开元录》卷一,第 9 页下。
⑥ 《出三藏记集》卷二《新集撰出经律论录》,第 28 页。

（安）玄与沙门严佛调共出《法镜经》，玄口译梵文，佛调笔受。……佛调又撰《十慧》。并传于世。①

《高僧传》卷一本传的记述与《出三藏记集》卷十三所述完全相同。

比较上述两条记载，既有不同之处，又有相同之处。不同之处是，依前条所说，佛调与安玄共译出《法镜经》《十慧经》两部佛经，并说明《十慧经》又称《沙弥十慧》；而后条仅说佛调与安玄共译一部《法镜经》。相同之处是，两条都记录了佛调撰有《十慧》。

译与撰的含义是不同的，因此，上述记载所谓佛调与安玄共译之《十慧经》（《沙弥十慧》）和佛调所撰之《十慧》就应当不是同一部著作——前者是译出的佛经，后者则是撰写的著述。那么更进一步的问题是，两者之间究竟有没有关系呢？从名称上看，一称《十慧经》（《沙弥十慧》），一称《十慧》，显然是有关系的。

《出三藏记集》卷十保存有一篇《〈沙弥十慧章句〉序》文，撰者为严佛调。所谓"章句"，就是剖章析句，它是中国古代经学家们解说经义的一种方式。例如，《大学章句》《中庸章句》就是四书之《大学》《中庸》的注疏本。同理，《沙弥十慧章句》就是对《沙弥十慧》亦即《十慧经》的注疏。也就是说，佛调与安玄共译出《法镜经》、《十慧经》（《沙弥十慧》）两部佛典之后，佛调又对《十慧经》进行了注疏解说，撰写出了《沙弥十慧章句》，此书简称《十慧》或《十慧章句》。

若笔者上述分析无误，《沙弥十慧章句》应当是中国古代中原汉人最早的佛教著述，诞生于河南洛阳。《沙弥十慧章句》正文早已佚失，其内容已无法知晓，但《〈沙弥十慧章句〉序》今尚在，我们仍可以从中窥视佛调撰写《沙弥十慧章句》的缘由、目的以及该书的内容要点：

昔在佛世，经法未记，言出尊口，弟子诵习，辞约而义博，说鲜而妙深。佛既泥曰，微言永绝，犹谷水消竭，日月陨坠。于是众贤共使阿难演其所闻，凡所著出十二部经。其后高明各为注说，章句解故，或以十数。

① 《出三藏记集》卷十三《安玄传》，第512页。

有菩萨者,出自安息,字世高。韬弘稽古,靡经不综,愍俗童蒙,示以桥梁。于是汉邦敷宣佛法,凡厥所出数百万言。或以口解,或以文传,唯《沙弥十慧》,未闻深说。夫十者数之终,慧者道之本也,物非数不定,行非道不度。其文郁郁,其用亹亹,广弥三界,近观诸身。调以不敏,得充贤次,学未浃闻,行未中四,凤雁凶咎,遘和上忧,长无过庭善诱之教,悲穷自潜,无所系心。于是发愤忘食,因闲历思,遂作《十慧章句》。不敢自专,事喻众经,上以达道德,下以慰己志。创奥博尚之贤,不足留意;未升堂室者,可以启蒙焉。①

佛陀在世之时,佛法是口口相传的。佛陀涅槃后,信徒们让佛弟子阿难传其从佛所闻,从而出现了十二部经。其后先师们又对十二部经进行注释解说,章句之法往往分为十数。来自安息的安世高,学问博大,精通经典,来到中原内地之后,为了开导民众蒙昧,曾以口解或文传的方式,出数百万言来解释佛典,传播佛法,唯《沙弥十慧(经)》未闻深说。

什么是"十慧"呢?《出三藏记集》卷六有谢敷所作之《〈安般守意经〉序》,其中云"建十慧以入微"②,《安般守意经》为安世高所出,其主要内容之一是论述"安般守意"修行之禅法,此禅法为"十點"——数息、相随、止、观、还、净、四谛也,十慧即此"十點"。佛调认为,十慧对于沙弥禅定修行来说非常重要,而《沙弥十慧(经)》其文极富文采,行之使人不倦,其作用大者可以覆盖三界,近者有益个人修行,值得普及,用以启蒙。因此,佛调不揣孤陋,克服种种困难乃至灾殃,发愤忘食,旁征博引,对《沙弥十慧(经)》进行章句注说,撰出《沙弥十慧(经)章句》。

由末句"未升堂室者,可以启蒙"的叙述可以看出,《沙弥十慧(经)章句》就是一本阐述小乘佛教禅旨的蒙学著作。而且,"调以不敏,得充贤次,学未浃闻,行未中四"一句说明他曾经从学安世高,亦是安氏的弟子。

《三宝纪》记佛调出经七部十卷,所列经、卷如次:《古维摩诘经》二卷、《濡首菩萨无上清净分卫经》二卷(或一卷)、《慧上菩萨问大善权经》二卷(或一

---

① 《出三藏记集》卷十《〈沙弥十慧章句〉序》,第368—369页。
② 《出三藏记集》卷六《〈安般守意经〉序》,第246页。

卷)、《思意经》一卷、《内六波罗蜜经》一卷、《迦叶诘阿难经》一卷、《十慧经》一卷,并在《十慧经》下注:"佛调自撰出,并注序,亦云《沙弥十慧》。见僧祐、宝唱及《高僧传》等三录。"①《内典录》的记载与《三宝纪》相同。② 显然,费长房与道宣混淆了佛调所译《十慧经》(《沙弥十慧》)与所著《沙弥十慧章句》(《十慧》)的不同。

《开元录》记佛调译经如次:《濡首菩萨无上清净分卫经》二卷、《慧上菩萨问大善权经》二卷、《古维摩诘经》二卷、《思意经》一卷、《菩萨内习六波罗蜜经》一卷,共五部八卷。与《三宝纪》《内典录》相比较,删去了《迦叶诘阿难经》与《十慧经》,对此,智昇解释说:"又长房等录更有《迦叶诘阿难经》,亦云佛调所译。余亲见其本乃是诸经之抄,有数条事随众经录云出《杂譬喻》,安世高、聂承远录内并有此经,录家误也。既是别生抄经,不合为翻译正数。又有《沙弥十慧经》,云佛调自撰,并注序。既非圣言,又阙其本,今并删之。"③智昇因为"亲见其本",关于《迦叶诘阿难经》的判断是正确的;而有关《沙弥十慧经》的结论,则出现了与费长房和道宣同样的偏差。究其原因,《十慧经》与《沙弥十慧章句》很早就已失传,"阙其本"就难以得出正确的结论。

佛调译经的质量很高,《出三藏记集》称安玄与佛调共译之经,"理得音正,尽经微旨,郢匠之美,见述后代",又说佛调"通译经典,见重于时。世称安侯、都尉、佛调三人,传译号为难继。……安公称:'佛调出经,省而不烦,全本妙巧'"。④

无疑,严佛调在中国佛教历史上具有重要的地位。他是中国古代第一位本土诞生的佛经翻译家,在洛阳活动时,结识了东来的西域、天竺佛教徒,拜他们为师,参与他们的译经活动,虚心学习,逐渐精通胡梵语言,到后来,不但能独立翻译佛经,还能著述阐释佛教义理,为中外文化交流做出了不朽的贡献。

---

① 《中华藏》第 54 册《三宝纪》卷四,第 193 页中。
② 《中华藏》第 54 册《内典录》卷一,第 467 页上。
③ 《中华藏》第 55 册《开元录》卷一,第 9 页下。
④ 《出三藏记集》卷十三《安玄传》,第 511—512 页。

## 五、安玄、支曜、康巨、康孟详、昙果、竺大力诸人的事迹与译经活动

安玄,《出三藏记集》卷十三记其事迹:

> 安玄,安息国人也。志性贞白,深沉有理致。为优婆塞,秉持法戒,
> 毫厘弗亏,博诵群经,多所通习。汉灵帝末,游贾洛阳,有功,号骑都尉。
> 性虚静温恭,常以法事为己务。渐练汉言,志宣经典,常与沙门讲论道
> 义,世所谓都尉玄也。①

"游贾洛阳",说明安玄为安息国来洛阳的商人。游贾洛阳的时间,《高僧传》
《三宝纪》与《出三藏记集》一样,均记为灵帝末(189 年)。② 而《内典录》记为
灵帝光和四年(181 年),《开元录》则记为灵帝时(168—189 年)。③

关于安玄译经的情况,《出三藏记集》卷二记载其与严佛调共译《法镜经》
《十慧经》各一卷。卷十三与《高僧传》仅记与严佛调共译《法镜经》。《三宝
纪》卷二灵帝(庚酉)光和四年条下记"都尉安玄译《法镜经》二卷、《阿含口
解》一卷,于洛阳出,严佛调笔受";卷四亦记译经二部三卷:《法镜经》二卷,
《断十二因缘经》(或称《阿含口解十二因缘经》《阿含口解经》)一卷。④《内
典录》与《开元录》所记亦是《法镜经》二卷、《阿含口解十二因缘经》一卷,但
又注《法镜经》"或一卷"。⑤

支曜,其事迹各本所记均甚略。《出三藏记集》卷二在《成具光明经》名后
记"右一部,凡一卷,汉灵帝时支曜译出";卷十三称:"时又有支曜译出《成具
光明经》云。"《高僧传》卷一云:"又有沙门支曜、康巨、康孟详等,并以汉灵献
之间,有慧学之誉,驰于京雒。曜译《成具定意》《小本起》等……并言直理旨,
不加润饰。"《三宝纪》卷四仅称"西域沙门支曜灵帝世中平年于雒阳译"经十
一部十二卷。《内典录》卷一亦仅称"西域沙门支曜以灵帝世于雒阳译"经十
一部。《开元录》则云:"沙门支曜,西域人。博达群典,妙解幽微。以灵帝中

① 《出三藏记集》卷十三《安玄传》,第 511 页。
② 《高僧传》卷一《安玄传》,第 10 页;《中华藏》第 54 册《三宝纪》卷四,第 192 页下。
③ 《中华藏》第 54 册《内典录》卷一,第 466 页中;第 55 册《开元录》卷一,第 9 页上。
④ 《中华藏》第 54 册《三宝纪》卷二、卷四,第 162 页中、192 页下。
⑤ 《中华藏》第 54 册《内典录》卷一,第 466 页中;第 55 册《开元录》卷一,第 8 页下。

平二年乙丑于洛阳译《成具光明》等经十部。"①

依《开元录》所载,支曜译经如次:《成具光明定意经》一卷、《阿那律八念经》一卷、《马有三相经》一卷、《马有八态譬人经》一卷、《小道地经》一卷、《闻城十二因缘经》一卷、《大摩耶经》一卷、《赖吒和罗经》一卷、《小本起经》二卷、《堕落优婆塞经》一卷,共十部十一卷。与《三宝纪》《内典录》相比较,无《首至问佛十四事经》。智昇称:"《长房》等录又有《首至问佛十四事经》,余亲见其本,乃是经抄,已编别生录内,此删不载。"②

关于支曜的译经水平,仅有上述《高僧传》之评价"言直理旨,不加润饰"。

康巨,《出三藏记集》无记载。《高僧传》卷一记其为沙门,汉灵、献之间与支曜、康孟详等,"有慧学之誉,驰于京雒",译出《问地狱事经》,"言直理旨,不加润饰"。③《三宝纪》卷四记"外国沙门康巨,灵帝中平四年于洛阳"译出《问地狱事经》,并"言直理诣,不加润饰"。《内典录》所记与《三宝纪》同,但"外国沙门"写为"中国沙门",当抄录错误。《开元录》称其姓名为康臣,说:"沙门康臣(或作"巨"字,未详孰是),西域人。心存游化,志在弘宣。以灵帝中平四年丁卯于洛阳译《问地狱(事)经》,言直理诣,不加润饰。"④所译经为《问地狱事经》一部一卷。

康孟详,沙门,其祖辈为康居国人。与支曜一样,有慧学之誉,汉灵、献之间盛名京洛。

关于康孟详译经的情况,《出三藏记集》卷二谓其汉献帝建安中(196—220年)译出《中本起经》(或云《太子中本起经》)二卷。⑤《高僧传》卷一谓其译《中本起》及《修行本起》二部。⑥《三宝纪》卷四记其当献帝世(189—220

---

① 《出三藏记集》卷二《新集撰出经律论录》,第27页;卷十三《支谶传》,第511页。《高僧传》卷一《支楼迦谶传》,第11页。《中华藏》第54册《三宝纪》卷四,第193页中;第54册《内典录》卷一,第466页下;第55册《开元录》卷一,第9页中。

② 《中华藏》第55册《开元录》卷一,第9页中。

③ 《高僧传》卷一《支楼迦谶传》,第11页。

④ 《高僧传》卷一《支楼迦谶传》,第11页。《中华藏》第54册《三宝纪》卷四,第193页中;第54册《内典录》卷一,第467页上;第55册《开元录》卷一,第9页中。

⑤ 《出三藏记集》卷二《新集撰出经律论录》,第28页。

⑥ 《高僧传》卷一《支楼迦谶传》,第11页。

年)于洛阳译经六部九卷:《太子本起瑞应经》二卷、《兴起行经》二卷、《梵网经》二卷、《舍利弗目连游四衢经》一卷、《报福经》一卷、《四谛经》一卷。①《内典录》卷一亦记康孟详于献帝时在洛阳译经六部九卷,但所列细目仅五部,缺《舍利弗目连游四衢经》。②《开元录》卷一所记亦六部九卷,译经时间明确为献帝兴平元年(194年)至建安四年(199年)。③

康孟详译经的水平较之上述竺朔佛、支曜、康巨等人,已有很大的提高。《出三藏记集》卷十三本传载有道安的评价,谓"孟详出经,奕奕流便,足腾玄趣"④,说明其译本文辞相当雅驯,译笔也颇为流利。

昙果,《出三藏记集》无任何记载。《高僧传》卷一记载仅有"先是沙门昙果于迦维罗卫国得梵本,孟详共竺大力译为汉文"⑤一句,究竟所得梵本经经名是什么,没有交代。《三宝纪》的记述分两段,先称:"《中本起经》二卷,右一部二卷。释道安云:'沙门昙果于迦维罗卫国得此梵本,来至雒阳,建安十二年翻,康孟详度语。'"接着又称:"《修行本起经》二卷,右一经二卷,亦是昙果与康孟详于迦维罗卫国赍梵本来,沙门竺大力以建安二年三月于雒阳译,孟详度为汉文。"⑥据此可以确认的是,昙果从迦维罗卫国来洛阳共带来两部梵本佛经,一部为《中本起经》,一部为《修行本起经》。前经由昙果与康孟详一起于建安十二年(207年)译出,后经由竺大力与康孟详于建安二年(197年)三月一起译出。而"亦是昙果与康孟详于迦维罗卫国赍梵本来"一句颇让人费解:昙果由迦维罗卫国赍梵本来洛阳只可能发生过一次,那么他究竟是否与康孟详同行而来?《内典录》的记载则称:"《修行本起经》二卷,右一经二卷,建安二年二月沙门释昙果与竺大力、康孟详于迦维罗卫国赍梵本来,于雒阳译,孟详度为汉文。……又释道安《录》云:《中本起经》二卷,一云《太子中本起》,亦是沙门昙果于迦维罗卫国得此梵本,于雒阳以建安十二年翻,孟详

---

① 《中华藏》第54册《三宝纪》卷四,第193页下。
② 《中华藏》第54册《内典录》卷一,第467页上。
③ 《中华藏》第55册《开元录》卷一,第10页上。
④ 《出三藏记集》卷十三《安玄传》,第512页。
⑤ 《高僧传》卷一《支楼迦谶传》,第11页。
⑥ 《中华藏》第54册《三宝纪》卷四,第193页下。

度语。见《始兴录》及《长房录》。余以详公所译与前无异,故两别来由耳。"①《内典录》所述与上面所引《三宝纪》的叙述就又有区别了,按《内典录》所述,《修行本起经》的梵本是昙果与竺大力、康孟详三人一起从迦维罗卫国带来,又是三人共同翻译的,时间为建安二年(197 年)二月。而《开元录》的记载亦是两段,一段云:"《中本起经》二卷,右一部二卷,其本见在。沙门昙果,西域人,学该内外,解通真俗。于迦维罗卫国赍经梵本,届于洛阳,以献帝建安十二年丁亥译《中本起经》,康孟详度语。"又云:"《修行本起经》二卷,右一部二卷,其本见在。沙门竺大力,西域人,情好远游,无惮艰险,以献帝建安二年丁丑三月于洛阳译《修行本起经》。其经梵本亦是昙果与康孟详于迦维罗卫国赍来。康孟详度语。"②与《三宝纪》上面的两段记述一致。

或许,昙果就是与康孟详,甚至还与竺大力一起携梵本佛经由迦维罗卫国来到洛阳。也或许,昙果曾两次赍梵本由迦维罗卫国来洛阳,一次在建安二年(197 年)左右,与康孟详,甚至还有竺大力同行;一次在建安十二年(207 年)左右,独行。毕竟其间长达十年之久。

昙果所译经,依《三宝纪》与《开元录》所记为《中本起经》一部二卷。

竺大力,前述引有:"沙门竺大力,西域人,情好远游,无惮艰险,以献帝建安二年丁丑三月于洛阳译《修行本起经》。其经梵本亦是昙果与康孟详于迦维罗卫国赍来。康孟详度语。"其为"竺"姓,可能是天竺人。与康孟详共译《修行本起经》一部二卷。

## 六、东汉时期河南佛经翻译活动中汉族信众的作用

尽管东汉一代,河南佛经翻译活动的主角是天竺、西域东来的佛教信徒,但本土的汉族信众也起了相当的作用。

作用之一是直接参与佛经翻译过程。东汉时期在洛阳译经的知名译者除上述之外,还有两个河南汉族信众,分别叫孟福和张莲,他们承担笔受工

---

① 《中华藏》第 54 册《内典录》卷一,第 467 页上—中。
② 《中华藏》第 55 册《开元录》卷一,第 10 页上—中。

作,直接参与了支谶、竺朔佛等人的译经活动。

孟福,字元士,洛阳本地人;张莲,字少安,南阳人。有关他们的家世出身,史无记载,不得而知,但史料却明确记载:

> (竺佛)朔又以灵帝光和二年于洛阳译出《般舟三昧经》,时谶为传言,河南洛阳孟福、张莲笔受。①

此材料出自《出三藏记集》卷十三《支谶传》。《高僧传》卷一《支楼迦谶传》中亦有此记载。《出三藏记集》卷七中所存《〈般舟三昧经〉记》亦称:

> 《般舟三昧经》,光和二年十月八日,天竺菩萨竺朔佛于洛阳出。……时传言者月支菩萨支谶,授与河南洛阳孟福字元士,随侍菩萨张莲字少安笔受。令后普著。②

在张莲的名字前面有一"随侍菩萨"的荣誉称呼,说明张莲对佛经的汉译一定起了不小的作用。

同卷《〈道行经〉后记》中亦记载:

> 光和二年十月八日,河南洛阳孟元士,口授天竺菩萨竺朔佛,时传言译者月支菩萨支谶,时侍者南阳张少安、南海子碧……③

在《道行经》的翻译过程中,"侍者"除孟元士、张少安之外,还有一个南海子碧,这也是一个直接参与佛经翻译的汉族信众。"南海"当是此人的籍贯,而"子碧"是此人的名还是字? 此人姓什么? 一概不知。

《三宝纪》亦云:"支谶,桓、灵帝世建和岁至中平年于洛阳译,河南清信士孟福、张莲等笔受。"又云:"后光和中,(竺朔佛)更译《般舟》,谶为传语,孟福、张莲等笔受。"④《内典录》的记载与此同。而《开元录》则记载竺朔佛"以灵帝光和之初赍《道行》等经来适洛阳,转梵为汉……月支沙门支谶传语,河南孟福字元士,张莲字少安笔受"⑤。所以,孟福、张莲以及子碧在东汉译经活动中的作用不容忽视,他们是现存史料记载中最早直接参与佛经翻译活动的

---

① 《出三藏记集》卷十三《支谶传》,第511页。
② 《出三藏记集》卷七《〈般舟三昧经〉记》,第268页。
③ 《出三藏记集》卷七《〈道行经〉后记》,第264页。
④ 《中华藏》第54册《三宝纪》卷四,第192页中、193页上。
⑤ 《中华藏》第55册《开元录》卷一,第8页下。

河南信众。

作用之二是支持、帮助佛经翻译活动。前引《出三藏记集》卷七《〈道行经〉后记》，在"南海子碧"后尚有"劝助者孙和、周提立"一句。所谓"劝助"，其意就是鼓励、扶持。翻译佛经，一干译者、助译者需要衣食住行，需要书写的各种用品，这些都离不开经济上的资助。

从姓名上看，孙和、周提立二人肯定与孟福、张莲一样，是本土的汉族信众。尽管他们没有直接参加佛经翻译工作，但他们以钱物的支持维系了翻译活动的持续进行直至最终完成，其作用也是不可埋没的。正因为如此，才有译经后记中对于劝助者的记载。

### 七、东汉时期河南佛经翻译活动小结

东汉是佛经汉译的初期，距今已一千八百年左右。那时的高僧大德们所翻译的佛典，有不少在历史长河中已经佚失，流传下来的则被保存在大藏经中。《中华大藏经》集历代大藏经之大成，是目前国内保存佛经典籍最多的大藏经。以下就以《中华大藏经》中所保存的东汉译经来简要总结一下佛经汉译初期的基本情况。

《中华大藏经》中保存东汉一代所译佛经共一百部一百三十三卷，其中，同一部经别译本六部七卷，两人共译本六部九卷，失译人名共十五部二十六卷。

这些佛经，按译者区分，注明迦叶摩腾与竺法兰所共译的佛经为两部二卷，其中别译本一部一卷。按《开元录·入藏录》分类，属小乘经。①

注明安世高所译的佛经为五十七部六十二卷，其中别译本三部三卷。按《开元录·入藏录》的分类，九部为大乘经，一部为大乘律，四十二部为小乘经，两部为小乘律，三部属圣贤集传类。②

注明支谶所译的有十三部三十一卷，其中别译本一部一卷。按《开元

---

① 《中华藏》第55册《开元录》(别本)卷二十《小乘入藏录》，第472页下。
② 《中华藏》第55册《开元录》(别本)卷十九《大乘入藏录》，第425页上—446页中；第55册卷二十《小乘入藏录》，第468页中—481页上。

录·入藏录》的分类,十二部为大乘经,一部为圣贤集传类。①

注明支曜所译的佛典为五部五卷,按《开元录·入藏录》分类,一部为大乘经,三部为小乘经,一部为圣贤集传类。②

注明安玄、严佛调所译佛典各为两部,其中一部两人共译。按《开元录·入藏录》分类,各译的一部为大乘经,共译的一部为圣贤集传类。③

康孟详、竺大力、昙果所译佛典共五部九卷,其中别译本一部二卷。按《开元录·入藏录》的分类,全部属小乘经。④

注明失译人名而附后汉录的佛典共十五部二十六卷。按《开元录·入藏录》的分类,大乘经五部,小乘经三部,大乘律、小乘律各一部,小乘论一部,圣贤集传类四部。⑤

由以上对《中华大藏经》中所保存的东汉译经情况的叙述,我们可以看到,在佛经汉译初期的东汉,佛经翻译活动呈现如下特点:

第一,这一时期所译出的佛典,虽然数量不少,但分量差不多都很小,一卷数的居多。像安世高,所译五十七部佛典中,两卷数的仅有五部,其余的都是一卷数。支曜所译五部佛典,也全部是一卷数。唯支谶所译稍好,十三部佛典中,一卷数的七部,两卷数和三卷数的各两部,四卷数的一部,还有一部十卷数,这是东汉时期所译佛典中卷数最多的一部。

第二,这一时期所译出的佛典,种类比较齐全。《开元录·入藏录》将佛典分类为大乘经、律、论,小乘经、律、论,圣贤集传三大类七小类。而东汉时期所译出的佛典除无大乘论外,其余均有。

第三,这一时期的译人,除严佛调一人为内地汉人之外,其余均是天竺、

---

① 《中华藏》第 55 册《开元录》(别本)卷十九《大乘入藏录》,第 423 页中—442 页中;第 55 册卷二十《小乘入藏录》,第 480 页中。

② 《中华藏》第 55 册《开元录》(别本)卷十九《大乘入藏录》,第 439 页下—440 页上;第 55 册卷二十《小乘入藏录》,第 469 页上—471 页下、481 页上。

③ 《中华藏》第 55 册《开元录》(别本)卷十九《大乘入藏录》,第 424 页中、444 页下;第 55 册卷二十《小乘入藏录》,第 481 页上。

④ 《中华藏》第 55 册《开元录》(别本)卷二十《小乘入藏录》,第 468 页下—473 页中。

⑤ 《中华藏》第 55 册《开元录》(别本)卷十九《大乘入藏录》,第 431 页上—445 页下;第 55 册卷二十《小乘入藏录》,第 469 页中—481 页上。

西域东来内地的佛教徒。出现这种现象的原因在于,佛教来自天竺、西域,只有东来的天竺、西域之人才既熟悉佛经的内容、思想,又熟悉佛经的语言文字。这种情况在中国佛教翻译史上持续了一个很长的历史时期才有所改变。

第四,在这一时期的译人中,安世高所译佛经数量最多,支谶次之,这与历代佛教目录学著作如《出三藏记集》《三宝纪》《内典录》《开元录》等的记载是完全一致的。

第五,安世高所译佛经不仅数量最多,而且大多是小乘经典,而支谶所译则基本是大乘经典。

第六,安世高与支谶同一时期来到中原河南,由他们所译佛典的类别可知,在佛教初传中国内地的时候,小乘佛教的经典与大乘佛教的经典差不多同时被翻译过来。在古代印度,小乘佛教的出现早于大乘佛教很长一段历史时期,但它们传入中国内地的时间却几乎不分先后,这让古代的中国民众从一开始就能比较全面地接触这种异域的宗教。

至此,笔者也注意到,近现代一些中外学者对东汉之疑伪佛经、译者题署有误之佛经与失译佛经进行了认真的考辨,如近年出版的《东汉疑伪佛经的语言学考辨研究》即为成果卓著之一例。该书对安世高所译之《宝积三昧文殊师利菩萨问法身经》《佛说阿难问事佛吉凶经》《奈女祇域因缘经》《太子慕魄经》,支娄迦谶所译之一卷本《般舟三昧经》《杂譬喻经》,康孟详所译之《兴起行经》与失译之《大方便佛报恩经》《分别功德论》等九经进行了考辨。① 但疑伪之经、译者题署有误之经与失译之经毕竟数量很少,不足以改变上述特点。

汉译佛经,不仅仅是汉梵或汉胡两种语言文字之间的转换,更重要的是两种异质文化的碰撞、交流、融合。要把植根于印度古代文化土壤中的佛教的思想、观念和理论通过汉译佛经介绍给在中华文化土壤中成长起来的,并且此前对这种异域的思想、观念和理论闻所未闻的古代中国民众,让他们去认识、理解并且接受一种跨文化背景下的佛学,其实是一件很难的事情,尤其

---

① 方一新、高列过著:《东汉疑伪佛经的语言学考辨研究》之"前言",北京:人民出版社 2012 年版。

是在初传时期。正如任继愈先生所说：

> 一种新的宗教思想信仰，初到一个陌生的民族中间，并要求取得当地的群众的信任，不是一件容易的事。传教者要善于迎合当地群众的思想和要求，并且采取一些办法以满足他们的要求。理论在一个民族中实现的程度，决定于理论满足于这个民族的需要的程度。①

汉梵或汉胡之间的翻译转换，凡涉及思想、观念、理论的阐述，由于思维方式与思想方法的差别，往往很难在汉文中找到与原文概念范畴相一致的语言。当时的翻译家们汉译佛经，只得借助于中国传统文化核心的道、儒两家文化中固有的词汇、概念来译解佛经。这种附会的译经办法所译出的佛典，固然为古代中国民众理解、认识佛教、佛学提供了便利，但也极易造成人们对佛教、佛学的误解。

印度佛教的诞生、发展与其传入中土并不同步。佛教在印度大约诞生于公元前 6 世纪，而传入古代中国的时间在公元前后、两汉之际，到安世高与支谶于东汉桓帝时期来华并翻译佛经，其间前后有近七百年的时间。在如此长的历史过程中，印度佛学已经有了长足的发展和变化，不但小乘学说纷呈、部派林立，而且更产生了大乘佛教，大、小乘佛教各自都涌现出了数量众多的经典。当时的翻译家们汉译佛经，不可能按照佛教、佛学发展的前后次第译介，只能依自己的尊崇、喜好与熟悉程度来传译。这种混杂的翻译活动所产生的译经，其无序繁多的内容则增加了古代中国民众了解、认识佛教、佛学的困难。

---

① 任继愈著：《汉唐佛教思想论集》，北京：人民出版社 1998 年版，第 5—6 页。此为任继愈先生所写《中国佛教史》(第一卷)之序，但《中国佛教史》(第一卷)所载此序中的这段文字(第 5 页)有一字不同。

# 第三章
# 东汉时期河南所译主要佛教经典的
# 内容与思想

东汉一代，随着佛教经典在河南洛阳的不断译出，佛教思想首先译传到河南，并逐步传播到全国。

## 第一节 《四十二章经》的版本、内容、思想、时代印记及历史影响

### 一、《四十二章经》的版本流传

关于《四十二章经》的版本流传，兰天先生考释称：

《四十二章经》，历代均入藏，现存版本不下十种，若以文字出入较大为标准，大致可分为三个系列，即《再刻丽藏》本（简称《丽藏》本）、宋真宗注本和以江北刻经处本为代表的近代通行本。从历史顺序看，《丽藏》本所依的底本为《开宝藏》，是北宋初年蜀刻（983

年雕版完成），时代最早，应当是现存译本中最接近旧版本的一种。但由于近代发现并影印出唐大历十三年（778 年）怀素草书《四十二章经》，同宋真宗注本中经文相同，证明至少在唐代宗时即有本经的两个版本共流于世。至于近代通行的本子则以江北刻经处本为代表（经版现存于金陵刻经处，同《八大人觉经》《佛遗教经》合册称为《佛遗教三经》，并继续流通）。

　　三个版本的差异比较明显。突出地表现在三个方面：其一，经文组织结构的不同。……其二，章节开合的差异和每章题名的有无。其三，文字多寡的差异，而更重要的是由文字差异所表现出来的思想倾向的不同。①

尚荣先生译注《四十二章经》所作之"前言"中亦称：

　　本经有多种异本，现存主要的有五种：一、《丽藏》本；二、宋真宗注本；三、唐《宝林传》本；四、宋六和塔本；五、明了童补注宋守遂注本。近现代金陵刻经处将《佛遗教经》《佛说四十二章经》和《佛说八大人觉经》三经合在一起刊行。②

《中华大藏经》在《四十二章经》文后之"校勘记"中则说：

　　此经有两类本子：一类无注文，如底本《丽藏》本及其校本《石》《资》《碛》《普》《南》；一类有注文，如底本清藏本及其校本《径》。为保存资料，两本并录。又，《南》虽无注，但与《径》《清》诸本同有程辉佛教西来玄化应运略录、溥光《〈四十二章经〉序》、宋真宗注《〈四十二章经〉序》以及唐太宗题焚经台诗（并附注）等文，可参阅《清藏》本，不作详校。③

《中华大藏经》的校勘意见是以有无注文来区分《四十二章经》的版本的，认为它有两类本子：《高丽藏》所收《四十二章经》无注文，为一类。《房山石经》《资福藏》《碛砂藏》《普宁藏》《永乐南藏》④所收系《高丽藏》所收之校本，同属一类。有注文一类为《清藏》（又名《龙藏》《乾隆藏》）所收录之《四十二章

---

① 兰天：《〈四十二章经〉版本考释》，《人文杂志》2003 年第 5 期，第 151 页。
② 尚荣注：《〈四十二章经〉前言》，北京：中华书局 2010 年版，第 3 页。
③ 《中华藏》第 34 册《四十二章经》，第 573 页上。
④ 《南藏》有二，均为明代官刻。一称《初刻南藏》，又称《洪武藏》；一称《再刻南藏》，又称《永乐藏》。《永乐藏》是在《洪武藏》的基础上加以改编的。

经》。《径山藏》(又名《嘉兴藏》)为其校本,同属一类。《中华大藏经》又指出,《永乐南藏》虽与《高丽藏》同属无注文一类版本,但它又同《清藏》《径山藏》一类有注文的本子一样收录了宋真宗所注《〈四十二章经〉序》及其他相关资料。如此,前述兰天、尚荣先生所谓以"宋真宗注本"与《丽藏》本并列的意见,与此所说就不相符合。

《中华大藏经》收录的《四十二章经》有《丽藏》与《清藏》两个版本;《丽藏》本排列在前,称《四十二章经》;《清藏》本称《佛说四十二章经》,注为"别本"。本文以下叙述所引经文即主要以《丽藏》本为依。

## 二、《四十二章经》的主要内容及其所反映的佛教基本思想

《四十二章经》的内容是从小乘经典中辑录出来的佛教基本义理,属"经抄"性质。四十二段短短的经文,如同一本佛陀的语录,摄佛说一切因果——世间因果与出世间因果之大义,阐释佛法最基本的教义——"四谛"。

四谛,又称"四圣谛""四真谛"。"谛",本义审也,即审知事物的内在意义,引申为真实不虚的道理,亦即真理。四谛,即苦、集、灭、道等四种真理,为原始佛教的教义大纲,是佛陀最初说法的内容。故《四十二章经》首章即述:

> 佛言:辞亲出家为道,名曰沙门。常行二百五十戒,为四真道行,进志清净,成阿罗汉。①

"四真道"即四谛。对此,《清藏》本之《佛说四十二章经》开篇说得更明白:

> 尔时,世尊既成道已,作是思惟:离欲寂静,是最为胜,住大禅定,降诸魔道,今转法轮度众生。于鹿野苑中为憍陈如等五人转四谛法轮而证道果。②

佛陀成道之后,于鹿野苑为憍陈如等五位贤者初转法轮之说,即为"四谛"。这说明,《四十二章经》内容的主旨即是阐述"四谛"之说。

苦,即谓世俗一切,本质悉皆为苦,故《四十二章经》称:

> 人为道亦苦,不为道亦苦。惟人自生至老,自老至病,自病至死,其

---

① 《中华藏》第 34 册《四十二章经》,第 570 页上。
② 《中华藏》第 34 册《佛说四十二章经》(别本),第 577 页中。

苦无量。心恼积罪,生死不息,其苦难说。①

集,即谓世间人生诸苦之生起或一切痛苦之根源,乃是爱欲,爱欲危害极大。《四十二章经》言:

> 使人愚弊者,爱与欲也。②

> 人怀爱欲不见道。……爱欲交错,心中为浊,故不见道。③

> 爱欲莫甚于色,色之为欲,其大无外。④

灭,即谓断除相续不断之苦,寂灭苦之根源爱欲,以获得解脱自在,故《四十二章经》称:

> 人从爱欲生忧,从忧生畏。无爱即无忧,不忧即无畏。⑤

道,即谓灭苦解脱之道,乃正见、正思维、正语、正业等八正道,依次修行,达寂静、涅槃境界。《四十二章经》言:

> 辞亲出家为道,名曰沙门。常行二百五十戒,为四真道行,进志清净,成阿罗汉。阿罗汉者,能飞行变化,住寿命,动天地。次为阿那含。阿那含者,寿终魂灵上十九天,于彼得阿罗汉。次为斯陀含。斯陀含者,一上一还,即得阿罗汉。次为须陀洹。须陀洹者,七死七生,便得阿罗汉。⑥

《四十二章经》又说:

> 有沙门问佛:以何缘得道,奈何知宿命?佛言:道无形,知之无益,要当守志行。譬如磨镜,垢去明存,即自见形。断欲守空,即见道真,知宿命矣。⑦

沙门求教佛陀,如何得道而知宿命?佛陀回答说:道之真如之性同于虚空,所以没有形状相貌。但如果仅仅知道这个道理而不去学习、实行,知之也无益。

---

① 《中华藏》第 34 册《四十二章经》,第 572 页中。
② 《中华藏》第 34 册《四十二章经》,第 570 页中。
③ 《中华藏》第 34 册《四十二章经》,第 571 页上。
④ 《中华藏》第 34 册《四十二章经》,第 571 页中。
⑤ 《中华藏》第 34 册《四十二章经》,第 572 页上。
⑥ 《中华藏》第 34 册《四十二章经》,第 570 页上。
⑦ 《中华藏》第 34 册《四十二章经》,第 570 页下—571 页上。

必须通过不断地努力修证，使志行清净，常在禅寂，像磨镜一样，去垢见明。若达到断欲守空，即可得证道真，潜通宿命。"见道真"即得"一切智"亦即佛智，此为"最明"：

> 何者最明？心垢除，恶行灭，内清净无瑕，未有天地，逮于今日，十方所有未见之萌，得无不知、无不见、无不闻，得一切智，可谓明乎！①

《四十二章经》更进一步教导人们，断欲去爱、修行求道的过程是非常艰苦的，有很多困难，需要人们牢持其心，当守志行，精进努力，坚持不懈：

> 佛言：天下有五难，贫穷布施难，豪贵学道难，制命不死难，得睹佛经难，生值佛世难。②

《清藏》本之《佛说四十二章经》此段论述更将"五难"扩大至"二十难"：

> 佛言：天下有二十难：贫穷布施难，豪贵学道难，判命不死难，得睹佛经难，生值佛世难，忍色离欲难，见好不求难，有势不临难，被辱不瞋难，触事无心难，广学博究难，不轻未学难，除灭我慢难，会善知识难，见性学道难，对境不动难，善解方便难，随化度人难，心行平等难，不说是非难。③

《四十二章经》中还以许多譬喻来说明为道、行道的困难，鼓励信众坚持修行：

> 夫为道者，犹木在水，寻流而行。不左触岸，亦不右触岸；不为人所取，不为鬼神所遮；不为洄流所住，亦不腐败，吾保其入海矣！人为道，不为情欲所惑，不为众邪所诳，精进无疑，吾保其得道矣！④

> 人为道，譬如一人与万人战，被甲操兵，出门欲战。意怯胆弱，乃自退走。或半道还，或格斗而死，或得大胜还国高迁。夫人能牢持其心，精锐进行，不惑于流俗、狂愚之言者，欲灭恶尽，必得道矣！⑤

> 诸沙门行道，当如牛负行深泥中，疲极不敢左右顾，趣欲离泥，以自

---

① 《中华藏》第 34 册《四十二章经》，第 571 页上。
② 《中华藏》第 34 册《四十二章经》，第 570 页下。
③ 《中华藏》第 34 册《佛说四十二章经》（别本），第 579 页上—中。
④ 《中华藏》第 34 册《四十二章经》，第 571 页下。
⑤ 《中华藏》第 34 册《四十二章经》，第 572 页上。

苏息。沙门视情欲甚于彼泥,直心念道,可免众苦。①

《四十二章经》以浅显易懂的语言,既为中国古代的民众阐释了佛教最基本的苦、集、灭、道四谛教义,又为认识苦、集,实现灭、道指明了修证的道路,同时还反复说明念道、为道、行道、得道的艰难困苦,鼓励人们精进无疑、勇往直前地去努力奋斗,得无上智慧,达于"最明"的境界。

最后需要指出的是,《四十二章经》的主旨是阐述"四谛"之说,为信仰者设定的目标是"进志清净,成阿罗汉",体现的是小乘佛教的思想。但经中也隐含有一些大乘的观念,如:

> 佛言:饭凡人百,不如饭一善人;饭善人千,不如饭持五戒者一人;饭持五戒者万人,不如饭一须陀洹;饭须陀洹百万,不如饭一斯陀含;饭斯陀含千万,不如饭一阿那含;饭阿那含一亿,不如饭一阿罗汉;饭阿罗汉十亿,不如饭辟支佛一人;饭辟支佛百亿,不如以三尊之教,度其一世二亲;教亲千亿,不如饭一佛。学愿求佛,欲济众生也。②

"学愿求佛,欲济众生"反映的正是大乘的基本思想。

## 三、《四十二章经》的时代印记与历史影响

《四十二章经》在阐述佛教基本义理"四谛"的同时,还表达了一些和儒家、道家相同或相似的观点,反映出它的时代印记。如:

> 凡人事、天地、鬼神,不如孝其亲矣,二亲最神也。③
>
> 老者以为母,长者以为姊,少者为妹,幼者子,敬之以礼。④

表达的是儒家的孝亲伦理思想。

又如:

> 人愚吾以为不善,吾以四等慈护济之。重以恶来者,吾重以善往。

---

① 《中华藏》第 34 册《四十二章经》,第 572 页下。
② 《中华藏》第 34 册《四十二章经》,第 570 页下。
③ 《中华藏》第 34 册《四十二章经》,第 570 页下。
④ 《中华藏》第 34 册《四十二章经》,第 571 页下。

福德之气,常在此也。害气重殃,反在于彼。①

　　恶人害贤者,犹仰天而唾,唾不污天,还污己身;逆风坋人,尘不污彼,还坋于身。贤者不毁,祸必灭己也。②

　　夫人为道,务博爱。博哀施德莫大施。守志奉道,其福甚大。睹人施道,助之欢喜,亦得福报。③

这些有关善恶、福报的叙述与儒家的说教何其相似!

　　再如,《四十二章经》结尾之处谓佛言:

　　吾视诸侯之位如过客,视金玉之宝如砾石,视纨素之好如弊帛。④

这则与道家有关名利的观点相通。

　　作为以汉族民众为说教对象、第一次出现在中国内地的汉文佛经《四十二章经》,在宣扬印度佛教思想理论的时候,为了达到宣传的效果,用附会道家和儒家语言、概念的办法来兼顾汉民族传统思想文化心理,的确是难能可贵的。或许,这就是印度佛学向中国佛学转变的滥觞。

　　《四十二章经》问世后,在当时上层社会影响甚大,对佛教在中国内地的初传起到了重要作用。前述襄楷上疏汉桓帝,谓"浮屠不三宿桑下,不欲久生恩爱,精之至也",又谓"天神遗以好女,浮屠曰:'此但革囊盛血。'遂不眄之",即和《四十二章经》中"日中一食,树下一宿,慎不再矣。使人愚弊者,爱与欲也"⑤"天神献玉女于佛,欲以试佛意、观佛道。佛言:'革囊众秽,尔来何为?'"⑥完全吻合,说明襄楷曾看到过《四十二章经》。

　　两千多年来,由于《四十二章经》文字短小雅致,平易简明,一直被视为修习佛学的入门之书,影响深远,流传至今。民国 15 年(1926 年)太虚大师曾在北京(当时称北平)作过一次关于《四十二章经》的讲录。对于《四十二章经》的特色,太虚大师概括为四点,评价极高:

---

① 《中华藏》第 34 册《四十二章经》,第 570 页中。
② 《中华藏》第 34 册《四十二章经》,第 570 页中—下。
③ 《中华藏》第 34 册《四十二章经》,第 570 页下。
④ 《中华藏》第 34 册《四十二章经》,第 572 页下。
⑤ 《中华藏》第 34 册《四十二章经》,第 570 页中。
⑥ 《中华藏》第 34 册《四十二章经》,第 571 页下。

甲、辞最简驯："此经于诸经中文辞最为约易。以佛教初入中土，译者希以简括之文字摄多量之义蕴，故每章字句力求简寡；拟于儒家之《论语》，道家之《老子》。文章气息因之雅驯，异于后世直译诸经。"

乙、义最精富："《四十二章》包括大小乘一切教义无所不摄，即此可知法要，无待外求，恐复无征，试寻章旨……凡三藏十二部义及后世古德方便宣说诸义，皆不离此经。"

丙、译最古真："此经是佛教东来第一法宝，后世经论译名多自此出……其名词义蕴之精，后世译家不能逾越。"

丁、传最平易："此经开端即出经义，最为直截了当，异乎余经。"太虚大师总结说：《四十二章》"文简、义富、书古、传洁，故不但研大法者味其精蕴，即读古书者亦可资其讽咏；文字又少，即作学校课本亦佳"。①

## 第二节　安世高所译主要佛教经典的内容与思想

### 一、安世高的"禅数"之学

安世高和支谶作为佛教初传时期的两大佛经翻译家，他们的佛教思想影响了他们的译经兴趣，进而也影响了初传时期佛教义学的传入和中国佛教思想的形成。

根据《出三藏记集》的有关记载，安世高的佛教思想来自小乘佛教上座部说一切有部的理论。该书卷十三本传称安世高："博综经藏，尤精阿毗昙学，讽持禅经，略尽其妙。"②卷六所保存的由道安撰写的几篇序文中，也对安世高有类似的评价："昔汉氏之末，有安世高者，博闻稽古，特专阿毗昙学。其所出经，禅数最悉"③，"安世高善开禅数"④，"其所敷宣，专务禅观"⑤。这表明安

---

① 释太虚著，《太虚大师全书》编委会编集：《太虚大师全书》第三卷《三乘共学·〈四十二章经〉讲录》，北京：宗教文化出版社、国家图书馆文献缩微复制中心2005年版，第218—221页。

② 《出三藏记集》卷十三《安世高传》，第508页。

③ 《出三藏记集》卷六《安般注序》，第245页。

④ 《出三藏记集》卷六《〈十二门经〉序》，第253页。

⑤ 《出三藏记集》卷六《〈阴持入经〉序》，第248页。

世高所精、所专的佛学为"禅"与"阿毗昙",二者合称即为"禅数"。吕澂先生说:

> 从学说方面看,安世高所译小乘上座部的经,重点是放在"禅数"上……小乘,特别是上座系统最讲究"禅数",他们认为戒定慧三学中,戒是根本,实践就是定与慧,定指"禅",慧即是了解"数"。所谓"数",即"数法",指毗昙而言。毗昙即阿毗达磨,有种种译法,一般译为"对法",也可以译为"数法"。叫它"数法"是因为它:一、释经的名数分别:经中的法相繁多,名目不一,要将它整理分类,一般就以数为分类的标准,把相关联的法分成一类,然后依序数的次第列为一法、二法、三法等等,这种分类办法叫作"增一",在毗昙中占着极为重要的位置。二、对于法的诸门分别:即对某一法,既归于这一类,又可归于另一类,如地水火风,既在四大中讲,也在六界中讲;对于某一法在此处讲,在彼处亦讲,这就叫"数数分别",也与数相关。总之,凡阿毗达磨都与数有关系,所以叫数法。安世高所译,除"数"之外就是"禅"。……所谓"禅数",就是把禅与对法结合起来说的。①

"禅","禅那""禅定"之简称,为梵文 *dhyāna* 之音译,又作驮衍那。意译作静虑、思维修习等,指宁静安详地思考,或谓运用思维活动的修持,或谓止他想而系念专注于一境,亦即专思寂想、澄神审虑——静坐敛心,物我两忘,正思审虑,悟解、体认佛教之真理以达智慧之境界。这里,静即定,虑即慧。禅定并不专属佛教,释迦牟尼就是通过禅定而创立了佛教。大乘、小乘、外道、凡夫虽共修禅定,但禅定的目的及思维的对象各异。小乘禅,即以解脱业报轮回,成就阿罗汉为目的而修之禅。

"数",事数,又作法数,指带有数字之佛教名词,如三界、四谛、五阴、八正道、十二因缘、三十七道品等。事数为阿毗昙之研究形式与研究特点,故"数"亦指阿毗昙。"阿毗昙",梵文 *abhidharma* 之音译,又作阿毗达磨、阿鼻达磨,简称毗昙,意译为对法、大法等。毗昙乃指对佛之说法内容及其言教方法的

---

① 《吕澂佛学论著选集》卷五《中国佛学源流略讲》,第 2478—2479 页。

阐释,亦即对佛陀教法的研究——对结集佛陀所说之经典的要义予以分别、整理,进行解说、阐释,从简单的归纳以至广说名相事数,故称对法。简言之,毗昙就是对佛说法的解释。或者说,毗昙是解说和论证佛学义理的一种体裁,目的在于启发人们成就佛教智慧。

事实上,毗昙的产生时间很早,可以直溯至佛陀在世的时代。吕澂先生就说:

> 佛尝自作对法,所以真实毗昙,应上推至佛所自说者。世传佛说毗昙,由迦旃延那撰集,呈佛印可(见《分别功德论》及《撰集三藏传》),即所谓九分毗昙也(《智论》谓之毗勒)。①

毗昙的研究特点,或法数分类,或诸门解析,以后渐成定式。至部派佛教时,此研究形式为部派阐释本派教法所利用,由此一些有力的部派成立各自的阿毗昙——阐释教法之论著,成为佛教经、律、论三藏文献之中的论藏。现存小乘各部阿毗昙论藏种类颇多,较有组织者,在汉传佛教中则有说一切有部之身、足七论(身论——《发智论》,足论——《集异门足论》《法蕴足论》《施设足论》《识身足论》《界身足论》《品类足论》),对毗昙的发展贡献最大,亦深刻影响后来的大乘诸宗,因此,毗昙之论藏又成为说一切有部理论的代名词。

说一切有部毗昙之论藏多以数字分类编排典籍,解释名相,归纳义理,故别称"数论""数法"。且说一切有部一派特重"心所","心所"亦称"心数","心所"不一,数量不少,故亦称"数学"。

既然安世高所精通、擅长的毗昙与禅即说一切有部的"禅数"之学。"其所出经,禅数最悉",亦即他所翻译的佛经也主要集中在禅数方面。

安世高所译有关禅数之学的佛经中最具代表性的是《安般守意经》和《阴持入经》。

## 二、《安般守意经》

《安般守意经》,亦称《大安般守意经》,是早期汉译小乘禅经中影响最大

---

① 《吕澂佛学论著选集》卷二《阿毗昙心论颂讲要》,第676页。

的一部。我们先考察《安般守意经》的译本。因为关于其译本的流传,诸家经录的记载颇不一致。

《出三藏记集》卷二著录安世高译出《安般守意经》一卷,并注:"《安录》云,《小安般经》。"又另记安世高译出《大安般经》一卷。① 依此而言,安氏所译带有"安般"名称的经共两部:一部称《安般守意经》,依道安所云亦称《小安般经》;另一部为《大安般经》。

隋法经等所撰《众经目录》卷三记载安世高译《大安般经》与《安般守意经》各一卷。② 与《出三藏记集》记载相同,唯未说明《安般守意经》亦称《小安般经》。

《三宝纪》卷四列安世高所译经中有:"《安般守意经》二卷(或一卷。道安云《小安般》。见朱士行《汉录》及僧祐、李廓《录》同)。"又记:"《大安般经》一卷(或二卷。道安注解,见《祐录》。或云《大安般集经》)。"③与《出三藏记集》及《法经录》的记载比较,一是卷数有变化;二是说《大安般经》或称《大安般集经》,道安曾对此经予以注解。

隋仁寿年翻经沙门及学士等所撰《众经目录》卷一中,又记安世高译出《大安般经》一卷(或二卷),《安般守意经》一卷(或二卷)。④ 与《三宝纪》一样记载了卷数的变化,但未说明《安般守意经》亦名《小安般经》。

至唐代,静泰所撰《众经目录》(以下简称《静泰录》)卷一记载安世高译出"《大安般经》一卷(一名《守意》,或二卷、三十纸)","《大安般经》一卷(或二卷、二十纸,失本)"。⑤《静泰录》中,安氏所译带有"安般"名称的两经均被称为《大安般经》,但其注释又说明:一前经"一名《守意》"。也就是说,前经即《安录》所云之《小安般经》。二前经三十纸,后经二十纸。显然前经较后经篇幅多、分量重。三后经"失本"。"失本"即经本佚失,那么静泰究竟看到过后经没有? 若见到,何来失本? 若未见到,后经二卷二十纸的数据又从何

---

① 《出三藏记集》卷二《新集撰出经律论录》,第23、25页。
② 《中华藏》第54册《众经目录》卷三《小乘修多罗藏录》,第105页中、下。
③ 《中华藏》第54册《三宝纪》卷四,第188页下、189页上。
④ 《中华藏》第54册《众经目录》卷一《小乘经本》,第371页中。
⑤ 《中华藏》第54册《众经目录》卷一《小乘经单本》,第412页上。

而来？

在《内典录》卷一的著录之中，又列安世高所译"安般"两经，并无一部失本："《大安般守意经》二卷(道安云：《小安般》。见士行、僧祐、李廓《录》)。《大安般经》一卷(道安注，见僧祐《录》)。"①原来亦名《小安般(经)》的《安般守意经》名称上加一"大"字，成《大安般守意经》，而非上述《静泰录》所云两经均称《大安般经》；同时也与上述《三宝纪》卷四记载一样，说明道安注解过《大安般经》。

唐明佺等所撰《大周刊定众经目录》卷七记载："《大安般守意经》一部二卷(或一卷、四十五纸)，右后汉代安世高译，出《长房录》；《大安般经》一部二卷(或一卷、二十纸)，右后汉代安世高译，出《内典录》。"②但上引《长房录》(《三宝纪》)记载中，《安般守意经》并无"大"字，亦无"四十五纸"记述；上引《内典录》记载中，《大安般经》既无"二卷"亦无"二十纸"记述。在前引诸家经录中，仅有《静泰录》中有"纸"之数量的记述，两相比较，《大安般经》均记为二十纸，但《安般守意经》，静泰记为三十纸，明佺则记为四十五纸。

《开元录》卷一著录安世高译出"《大安般守意经》二卷(或一卷。或无"守意"字。或直云《安般》。安公云《小安般》兼注解。《祐录》别载《大安般》一卷，《房录》更载《安般》一卷，并重也。见士行、僧祐、李廓三《录》)"。卷十三又记："《大安般守意经》二卷(亦直云《大安般经》。安公：《小安般》。或一卷)，后汉安息三藏安世高译(又大周等《录》更有《大安般经》一卷，亦云安世高译。勘其文句，即是《安般守意经》上卷。文既全同，故不重载)。"③

以上经录中，《开元录》的记述最为详尽，而且其意见与前面诸经录的记载完全相左。其中最根本的不同是，在智昇看来，《出三藏记集》以降诸经录所列安氏译出两部"安般"经(依《出三藏记集》称为《安般守意经》，亦即《小安般经》与《大安般经》)，实际是重复的("并重也")。他经过亲自"勘其文

---

① 《中华藏》第 54 册《内典录》卷一，第 463 页中。
② 《中华藏》第 54 册《大周刊定众经目录》卷七《小乘单译经目》，第 779 页上。
③ 《中华藏》第 55 册《开元录》卷一《总括群经录》，第 5 页上；第 55 册《开元录》卷十三《有译有本录·声闻三藏录》，第 281 页中。

句",发现《大安般经》与《安般守意经》上卷文字完全相同,所以《开元录》就不再重复列出("文既全同,故不重载"),完全推翻了《出三藏记集》以来的传统记载。学者们公认,智昇之《开元录》在现存各经录中,撰写最为精要,由此可见一斑。

其后又出之圆照所撰《贞元新定释教目录》,即以智昇的意见为标准而记录安世高译出:"《大安般守意经》二卷(或一卷。或无"守意"字。或云《安般经》。安公云《小安般》兼注解及制序。《祐录》别载《大安般》一卷,《房录》更载一卷,重也。见士行、僧祐、李廓三《录》)。"①

现今有学者根据上述《大周刊定众经目录》所述纸本与《开元录》卷一等著录,"可推断出二十纸的本子可能是安世高的原译本,即道安所说的《小安般经》;而四十五纸本则可能是注解本,即僧祐所说的《大安般经》。最晚在开元年间,仅有注解本流传,其名为《大安般守意经》,这就是现存的本子……"②

这个推断值得商榷:其一,关于"纸"数记载,除《大周刊定众经目录》所记四十五纸与二十纸之外,尚有《静泰录》所记之三十纸与二十纸。其二,所谓"最晚在开元年间,仅有注解本流传"的断语不确,依《开元录》卷十三所记,其时两个译本智昇都看到了,否则何来"勘其文句,即是《安般守意经》上卷"的说法?其三,上述诸经录在记载安氏两部"安般"经时,僧祐最初所记之《安般守意经》(亦即道安所云的《小安般经》),其名称变化,曾有或加"大"字,或简称《守意》,或无"守意"字等;而僧祐最初所记之《大安般经》,其名称变化,虽曾著录或云《大安般集经》,但始终未见加"守意"二字。其四,依智昇的意见,僧祐所记之《大安般经》与僧祐所记之《安般守意经》(亦即道安所云的《小安般经》)是重复的,《大安般经》只是《安般守意经》的上卷部分。其五,《三宝纪》《内典录》均著录道安为《大安般经》注解,而智昇注称:"安公云《小安般》兼注解。"这是说道安为《安般守意经》注解。既然智昇判断《大安般经》与《安般守意经》"文既全同"之后,在其《开元录》中不再重载,仅著录《安般守意经》,出现上述注称也是很自然的了。

---

① 《中华藏》第 55 册《贞元新定释教目录》卷一《总集群经录》,第 548 页下。

② 赖永海主编:《中国佛教通史》(第一卷),南京:江苏人民出版社 2010 年版,第 255 页。

但《开元录》之前诸经录记安世高译两部"安般"经,以及两部"安般"经的种种差别,说明至晚从《出三藏记集》问世时起,《安般守意经》在社会上就可能一直流行着两个底本,又由这两个底本而出现多种抄本。例如,保存于日本河内长野市天野山金刚寺的书写于镰仓时代(1185—1333 年)的《安般守意经》即与现行本文字差异较大,①是多种抄本之一。由此也可以看出《安般守意经》流传之久远与影响之广泛。

由上述经录记载可知,《安般守意经》译出后,东晋之道安曾为之注解。但事实上,自汉末三国至东晋,除道安之外,至少还有两家也曾为《安般守意经》作过注解。一是安氏的弟子陈慧与再传弟子康僧会。《出三藏记集》卷六所保存的康僧会之《〈安般守意经〉序》中记述:"陈慧注义,余助斟酌。非师不传,不敢自由也。"②说明陈慧与康僧会此次为《安般守意经》注义,完全忠实于师说。东晋时,著名隐士谢敷也曾为《安般守意经》作注解,《出三藏记集》卷六亦存有谢敷所撰之《〈安般守意经〉序》,其云:"此《安般》典,其文虽约,义关众经,自浅至精,众行具举,学之先要,孰逾者乎!……敷染习沉冥,积罪历劫,生与佛乖,弗睹神化。虽以微祚,得禀遗典,而情想繁芜,道根未固。仰欣圣轨,未一暂履,夕惕战惧,怒焉如惛。是以诚心讽诵,以钟识习,每遭明睿,辄咨凝滞。然冥宗已远,义训小殊,乃采集英彦,戢而载焉。虽粗闻大要,未悟者众。于是复率愚思,推捡诸数,寻求明证,遂相继续,撰为注义。并抄撮《大安般》《修行》诸经事相应者,引而合之,或以隐显相从,差简搜寻之烦。经道弘深,既非愚浅所能裁衷,又辞意鄙拙,万不畅一,祇僧理秽,敢云足以阐融妙旨乎?实欲私记所识,以备遗忘而已耳。傥有览者,愿亮不逮,正其愚谬焉。"③这说明,谢敷之注解《安般守意经》,是"抄撮《大安般》《修行》诸经事相应者,引而合之",另有其特色。

以下叙述《安般守意经》的内容及其所反映的小乘佛教思想。

① [日]落合俊典(方广锠译):《写本一切经的资料价值》,《世界宗教研究》2000 年第 2 期,第126—131 页。

② 《出三藏记集》卷六《〈安般守意经〉序》,第 244 页。

③ 《出三藏记集》卷六《〈安般守意经〉序》,第 247 页。

"安般守意"是一种禅法，《安般守意经》的内容主要就是讲述这种禅法。

"安般"，全称安那般那、阿那阿波那，梵文 ānāpāna 的音译。分别而言，"安"——安那(āna)，意为入息(吸气)；"般"——般那(apāna)，意为出息(呼气)。合而言之，"安般"就是入出息，即呼吸之意。本经即谓："何等为安？何等为般？安名为入息，般名为出息，念息不离，是名为安般。"①"守意"，"守"者，守护、守持、控制；"意"者，心识、意识、思维、意念。合而言之，"守意"即谓专注一心，控制思维意念活动；亦谓消除内心中的散乱浮躁，排除意识里的妄想杂念，敛心而入正定意境。因此，"守意"与"念"、与"禅定"的含义非常相近。简而言之，守意就是止意。本经即云："道人行安般守意，欲止意。……守意者，欲得止意。"②

谢敷所撰《〈安般守意经〉序》对"意"之活动与《安般守意经》所云"守意"之作用有如下阐释：

> 夫意也者，众苦之萌基，背正之元本。荒迷放荡，浪逸无涯，若狂夫之无所丽；爱恶充心，耽昏无节，若夷狄之无君。微矣哉，即之无像，寻之无朕，则毫末不足以喻其细；迅矣哉，偾踬惚恍，晌匝宇宙，则奔电不足以比其速。是以弹指之间九百六十转，一日一夕十三亿想。念必向报，成生死栽。一身所种，滋蔓弥劫。凡在三界倒见之徒，溺丧渊流，莫能自反。正觉慈愍，开示慧路，防其终凶之源渐，塞其恣欲之微兆，为启安般之要径，泯生灭以冥寂。申道品以养恬，建十慧以入微，萦九神之逸足，防七识之洪流，故曰守意也。③

意识是有情萌生各种痛苦的基础，是众生向善恶不同方向发展的根本。意识非常之小，毫末不足以喻其细，但意识活动又非常快，奔电不足以比其速。意识所产生的欲念必然招感业报，使人生死轮回。而守意——通过修行实践，觉悟缘起，控制意识，防范各种妄想欲念的产生，培养恬静寡欲的思想，泯绝

---

① 《中华藏》第 36 册《佛说大安般守意经》卷上，第 108 页上。关于"安""般"之含义，亦有与此相反的解释。如西晋之竺法护所译《修行道地经》卷五《数息品》(《中华藏》第 51 册，第 297 页下) 中即云："何谓为安？何谓为般？出息为安，入息为般。"

② 《中华藏》第 36 册《佛说大安般守意经》卷上，第 108 页上—中。

③ 《出三藏记集》卷六《〈安般守意经〉序》，第 245—246 页。

生灭,追求冥寂真空之理,证得解脱,进入涅槃境界,是开启安般的重要路径。

因此,"安般守意"这种禅法,即以"安般"达"守意",亦即止意——通过控制呼吸,实现精神的统一。正如吕澂先生所说:

> 禅法也有种种,其中一种叫"安般守意",后来也译作"持息念"——"安"指入息(吸),"般"指出息(呼),"持息"就是控制呼吸,"念"就是说专注一心。"守意"既指"念"而言,也即当作"持"解。总之,这种禅既要求有意识地控制呼吸,同时又要求专注一心,思想集中,此即上座系的十念之一。安世高为甚么特别注意这一念(念息)呢? 一方面因为它简单,在印度就极为流行;另方面,中国的道家也讲究吐纳、食气等养生之术,它很适合中国人的口味,所以他在翻译时就突出地予以介绍。①

吕澂先生所谓"禅法也有种种",实际是指小乘七方便中的"五停心观",亦即"五门禅",它是汉魏两晋以至南北朝时期最流行的五种禅法,"安般守意"即为其一,谓之数息观,又称安般观、持息念、念安般等。其余四观则分别为不净观、慈悲观、缘起观、界分别观。

那么讲"安般守意"禅法的因缘亦即原因是什么呢? 经中称:"有四因缘:一者用不欲痛故;二者用避乱意故;三者用闭因缘,不欲与生死会故;四者用欲得泥洹道故也。"②一是不欲受苦;二是避免意念躁乱;三是闭塞因缘,不与生死流转会合;四是获得入于涅槃之道。

现存《安般守意经》译本分为上、下二卷。大体言之,卷上论述"安般守意"禅法,卷下则主要阐述"三十七品经"。需要说明的是,由于此经流传两千多年,经过历代的抄写、注解,遂使其中不少地方文意不通,释义不一;结构松散混乱,前后交错,某些段落与前后似缺乏逻辑关系;文体亦不一致,其中一小部分内容采取"问""报"亦即问答的形式叙述,颇显突兀。《丽藏》的雕造者当时已经看出这一问题,在经末有一专门说明,谓:"此经按经首序及见经文,似是书者之错,经、注不分而连书者也,义当节而注之,然往往多有不可分

---

① 《吕澂佛学论著选集》卷五《中国佛学源流略讲》,第 2478—2479 页。
② 《中华藏》第 36 册《佛说大安般守意经》卷上,第 110 页上。

处,故不敢擅节,以遗后贤焉。"①

《安般守意经》卷上开篇即对"安般守意"作出非常详细的释说：

安为身,般为息,守意为道。守者为禁,亦谓不犯戒;禁者,亦为护;护者,遍护一切无所犯;意者,息意,亦为道也。安为生,般为灭,意为因缘,守者为道也。安为数,般为相随,守意为止也。安为念道,般为解结,守意为不堕罪也。安为避罪,般为不入罪,守意为道也。安为定,般为莫使动摇,守意莫乱意也。安般守意,般名御意,至德无为也。安为有,般为无,意念有不得道,意念无不得道,亦不念有,亦不念无,是应空定,意随道行。有者谓万物,无者谓疑,亦为空也。安为本因缘,般为无处所,道人知本无所从来,亦知灭无处所,是为守意也。

安为清,般为净,守为无,意名为,是清净无为也;无者谓活,为者谓生,不复得苦,故为活也。安为未,般为起,已未起便为守意,若已意起便为守意,若已起意便走,为不守,当还,故佛说安般守意也。安为受五阴,般为除五阴,守意为觉因缘,不随身、口、意也。守意者,无所著为守意,有所著不为守意。何以故? 意起复灭故,意不复起为道,是为守意。守意莫令意生。生因有死,为不守意,莫令意死。有死因有生,意亦不死,是为道也。②

这些释说,发挥的成分很大,但也确实让读者对"安般守意"的概念、意义及作用有了比较明确的认识与理解。

接下来,本经就论述"安般守意"的"十黠"与"六事"："安般守意有十黠,谓:数息、相随、止、观、还、净、四谛,是为十黠成,谓合三十七品经为行成也。"③"黠",智慧义。"十黠"之中的前六项——数息、相随、止、观、还、净,为"守意六事"。"守意六事"与"四谛"等十慧组成并成就了"安般守意"修行之禅法,进而再结合三十七品经的修行而使"行成"。"行"者,本义谓动作、行为,这里则指为到达悟境所作的修行或行法,抑或指为达到菩提而于身、口、

---

① 《中华藏》第 36 册《佛说大安般守意经》卷下,第 125 页上。
② 《中华藏》第 36 册《佛说大安般守意经》卷上,第 106 页中—下。
③ 《中华藏》第 36 册《佛说大安般守意经》卷上,第 106 页下。

意所作之善行;"成"者,完成、成功也。这里就把"守意六事""四谛"与"三十七品经"联系起来了,表明它们之间是一种相续相成的关系,这也就是本经卷下专述"三十七品经"的原因。

再接下来,本经就对六事的类别、作用以及彼此的关系进行了多方面的阐释:

> 守意六事,为有内外。数、随、止是为外,观、还、净是为内。随道也。何以故? 念息相随,止、观、还、净,欲习意近道故。离是六事,便随世间也。数息为遮意,相随为敛意,止为定意,观为离意,还为一意,净为守意。用人不能制意,故行此六事耳。何以故数息? 用意乱故。何以故不得? 用不识故。何以故不得禅? 用不弃习尽、证行道故也。数息为地,相随为梨(犁),止为轭,观为种,还为雨,净为行,如是六事乃随道也。数息断外,相随断内,止为止罪,行观却意,不受世间(为)还,念断为净也。意乱当数息,意定当相随,意断当行止,得道意当观,不向五阴当还,无所有当为净也。多事当数息,少事当相随,家中意尽当行止,畏世间当观,不欲世间为还,念断为净也。何以故数息? 不欲堕五阴故。何以故相随? 欲知五阴故。何以故止? 欲观五阴故。何以故观阴? 欲知身本故。何以故知身本? 欲弃苦故。何以故为还? 厌生死故。何以故为净? 分别五阴不受故。便堕黠慧八种道,得薊为得所愿也。行息时为堕数,相随时为堕念,止时为堕定,观时为堕净,还时为堕意,净时为堕道,亦为堕行也。

> 数息为四意止,相随为四意断,止为四神足念,观为五根、五力,还为七觉意,净为八行也。……①

此段经文既有浅显易懂的譬喻,又有理论上的阐释,代表了佛教传入中土之早期在教理上所能够达到的高度。所谓"数息为遮意……故行此六事耳",即说"数息"是为了遮止意之躁乱,"相随"是为了聚敛意于专注,"止"是令意定住于一境,"观"是为了脱离俗世间意识之支配,"还"是为了回转唯一的"道

---

① 《中华藏》第 36 册《佛说大安般守意经》卷上,第 107 页上—中。

意","净"则是为了坚守"道意"而不动摇。因为人们不能控制自己的意念活动,所以才修行此安般六事。又所谓"何以故数息?不欲堕五阴故。……便堕黠慧八种道,得荔为得所愿也",其中之"五阴",又称"五蕴"。"蕴",积聚、类别之意,"五蕴"即指色、受(痛痒)、想(思想)、行(生死)、识等五种类别的积聚。这五种类别的积聚构成了世间万物,包括人、我之身心。换言之,人、我之身心乃由色、受、想、行、识等假和合而成。数息的目的,就是不希望堕于五阴——为此,需要通过相随认知五阴;通过止来观察五阴之各种性相,进而认识人身之本原,认清了人身本原之后,就会厌恶生死轮回,抛弃五阴,脱离痛苦,由此便可以进入智慧之八正道,这就是修行所希望达到的理想境界。文中所言之"堕",有坠入、进入、随顺、随行诸义。文末所言之"荔",其本义是指将写在竹简帛上的契约从中剖开,双方各执一半以为凭证,这里则指"授记""受荔","得荔"即指未来世必证果成佛。至于所谓"数息为四意止……净为八行也",其意从字面上看是说数息、相随、止、观、还、净等守意六事与四意止、四意断、四神足、五根、五力、七觉意、八行等三十七品经一一照应适配,实际上是要说明安般守意与三十七品经之修行法门完全一致。本经高度评价"守意六事"的作用,甚至称其为佛之"六洁意"①——六种洁净的意念,可见"守意六事"的作用之大。

安世高再传弟子康僧会所撰《〈安般守意经〉序》,亦对"六事"有一解释,依其自称"非师不传,不敢自由也",说明其释义还是比较符合安氏的思想的:

> 夫安般者,诸佛之大乘,以济众生之漂流也。其事有六,以治六情。情有内外,眼、耳、鼻、口、身、心,谓之内矣;色、声、香、味、细滑、邪念,谓之外也。经曰诸海十二事,谓内外六情之受邪行,犹海受流,饿夫梦饭,盖无满足也。②

这里所谓的"大乘",其意是高度评价"安般"的作用,并非指大小乘。

依本经的主旨,在"守意六事"之中,数息是基础,最为关键。因此经中用大量的篇幅阐释数息:

---

① 《中华藏》第36册《佛说大安般守意经》卷上,第110页中。
② 《出三藏记集》卷六《〈安般守意经〉序》,第242页。

数息有三事：一者当坐行；二者见色当念非常、不净；三者当晓瞋恚、疑、嫉，令过去也。数息乱者，当识因缘所从起，当知是内意。一息乱者，是外意过，息从外入故；二息乱者，是内意过，息从中出故。三、五、七、九属外意，四、六、八、十属内意。嫉、瞋恚、疑，是三意在内；煞（杀）、盗、淫、两舌、恶口、妄言、绮语是七意及余事属外也。得息为外，不得息为内，息从意生，念息合为一数。息至尽数为一，亦非一，意在外息未尽故。……数息所以先数入者，外有七恶，内有三恶。用少不能胜多，故名先数入也。数息不得者，失其本意故。本意谓非常、苦、空、非身；失是意堕颠倒故，亦为失师。师者，初坐时，第一入息得身安，便次第行。为失其本意，故不得息也。数息意常当念非常、苦、空、非身，计息出亦灭，入亦灭，已知是得道，疾当持非常恐意，得是意即得息也。入息出息所以异者，出息为生死阴，入息为思想阴；有时出息为痛痒阴，入息为识阴。用是为异，道人当分别是意也。入息者为不受罪，出息者为除罪，守意者为离罪；入息者为受因缘，出息者为到因缘，守意者为不离因缘也。数息不得，有三因缘：一者罪到，二者行不手（守），三者不精进也。入息短，出息长，无所从念为道，意有所念为罪，罪恶在外不在内也。数息时，有离意，为喘息长，得息为喘息短。不安行息为长，定为短。念万物为长，息无所念为短。息未至十息，坏，复更数，为长息，得十息，为短息。得息为短，何以故？止不复数故。得息亦为长，何以故？息不休故为长也。喘息长自知，喘息短自知。谓意所在自为知长短。意觉长短为自知，意不觉长短，为不自知也。①

这段经文主要论述了数息的作用和意义，分析了造成数息乱与不得的原因，以及如何正确数息的方法等。其中所谓"数息不得，有三因缘"的说法在本经另一处地方又总结为四因缘：

数息不得，亦有四因缘：一者用念生死校计故，二者用饮食多故，三者用疲极故，四者用坐不得更罪地故。此四事来皆有相：坐数息，忽念他

① 《中华藏》第36册《佛说大安般守意经》卷上，第107页下—108页上。

事,失息意,是为念校计相;骨节尽痛,不能久坐,是为食多相;身重意瞪瞢,但欲睡眠,是为疲极相;四面坐不得一息,是为罪地相。①

数息达不到预期作用的四个原因:一是因为意念生死,筹算计较;二是因为饮食多;三是因为疲倦至极;四是因为禅定时坐非其地,难以除罪。产生四因都有相状表现:坐禅数息,忽然念想他事,失去守息的意念,是意念转向筹算计较的相状;骨节尽痛,不能久坐,是饮食多的相状;身体沉重,头脑昏沉,只想睡眠,是极度疲倦的相状;四面辗转,坐而不得一息,是罪地的相状。而前述三因缘,则谓"罪到"——罪的到来,"行不守"——行念而不守其念,"不精进"——不努力精进。两相比较,意义大体相同,但四因缘说似更细致明确。

特别值得注意的是文中所提出的"十息"问题。"十息",即数息入定的时候,出入息以十计数,从一数至十,周而复始,直至意止,是为正确的数息方法。那么为什么要以十计数而有"十息"呢?本经答曰:

> 道人数福,何以故正为十?一意起为一,二意起为二,数终于十,至十为竟,故言十数为福。复有罪者,用不能坏息,故为罪。亦谓意生死不灭,堕世间已,不断世间事,为罪也。六情为六事,痛痒、思想、生死、识,合为十事,应内十息;煞(杀)、盗、淫、两舌、恶口、妄言、绮语、嫉妒、嗔恚、痴,应外十息。谓止不行也。②

修道的人进行数息实际是在数福,之所以以十计数而有"十息",是为了对治由眼、耳、鼻、舌、身、意等六情与受、想、行、识等四阴合为的十事,也为了对治杀、盗、淫、两舌、恶口、妄言、绮语、嫉妒、嗔恚、痴等十恶。灭除十事相应于内十息,灭除十恶则相应于外十息,十息使十事、十恶均止而不行即为福。与福相对的是罪——如果不能将息坏灭,就是罪。也就是说,意念生死而不坏灭,堕于世间,而且不断世间事,此即为罪。这就把数息与福罪之说联系起来。有关的论述在本经卷下还有出现:

> 坐禅数息,即时定意,是为今福;遂安隐不乱,是为未来福;益久续复安定,是为过去福也。坐禅数息,不得定意,是为今罪;遂不安隐乱意起,

---

① 《中华藏》第36册《佛说大安般守意经》卷上,第110页上。
② 《中华藏》第36册《佛说大安般守意经》卷上,第109页中。

是为当来罪;坐禅益久遂不安定,是为过去罪也。亦有身过、意过,身直数息不得,是为意过;身曲数息不得,是为身过也。坐禅自觉得定意,意喜为乱意,不喜为道意。①

对这段经文中所使用的"坐禅"一词,郭朋先生给予了很高的评价,他说:"这应该是中国佛教思想史上最早出现的'坐禅'一词。安世高之被视为中国佛教思想史上禅观之学的最早的倡始人,确乎是有其历史原因的。"②

如果数息过程中,出现"过"或"减"的现象,亦即超过十息或不及十数的问题,则是"两恶":"何等为两恶?莫过十息,莫减十数。……问:何等为莫过十数,莫减十数?报:息以尽未数是为过,息未尽便数是为减。失数亦恶,不及亦恶,是为两恶。"③数息是为了专注一心、止意入定。在入出息时如果逾十数而仍不止,或未至十数即止,换言之,若十息已尽尚未再数,或十息未尽而再数,说明修行者内心仍未专一,尚有散乱妄想,是为"两恶"。除去"两恶",使数息实现"至十息为持",亦即控制好了呼吸,这才是入定的最初一步,谓之"外禅";更进一步"念身不净、随空"才能达到"内禅"。④

本经又云:"数息断外,相随断内。数从外入,为断外,亦欲离外因缘;数从中出,为欲离内因缘。外为身离,内为意离。身离、意离,是为相随,出入息是为二事也。数息为欲断内外因缘。何等为内外?谓眼、耳、鼻、口、身、意为内,色、声、香、味、细滑、念为外也。"⑤

"外禅""内禅"和"外因缘""内因缘"与前述"应外十息""应内十息"含义是一样的。

本经在阐释数息时,又提出"十六胜即时自知"的问题。谓:

何等为十六胜即时自知?喘息长即自知,喘息短即自知,喘息动身即自知,喘息微即自知,喘息快即自知,喘息不快即自知,喘息止即自知,喘息不止即自知,喘息欢心即自知,喘息不欢心即自知,内心念万物已去

---

① 《中华藏》第 36 册《佛说大安般守意经》卷下,第 119 页下—120 页上。

② 郭朋著:《中国佛教思想史》(上卷),北京:社会科学文献出版社 1994 年版,第 101—102 页。

③ 《中华藏》第 36 册《佛说大安般守意经》卷上,第 108 页中。

④ 《中华藏》第 36 册《佛说大安般守意经》卷上,第 108 页下。

⑤ 《中华藏》第 36 册《佛说大安般守意经》卷上,第 109 页上。

不可复得喘息自知,内无所复思喘息自知,弃捐所思喘息自知,放弃躯命喘息自知,不放弃躯命喘息自知。是为十六即时自知也。①

"十六胜",通称十六特胜法,又作十六胜行法、十六行念出入息法,是安般守意禅法亦即数息观中最为殊胜的十六种观法。通俗地说,"十六胜"就是佛教将由数息之观想活动所引发的生理、心理变化,以及由这些变化作用而使人产生的宗教体验分为十六个次第。有关十六胜的具体内容、顺序、解释,佛教各家说法不尽相同。本经所谓"十六胜即时自知",意在强调,在数息的整个过程中都要"即时自知",把安般守意这一禅定过程始终置于觉察明晰的心理状态。

由上述我们不难看出,本经所谓的"数息",其实有狭、广两方面的含义。狭义而言,数息为六事之一,指以十息来正确地掌握出入息,实现专注一心,从而顺利地进入第二事"相随";但广义而言,数息还要知"内意""外意",还要"意常当念非常、苦、空、非身",还要"念身不净",还要"十六胜即时自知",等等,这其实已经包含了止、观、还、净等四事,特别是第四事"观"的作用。安般守意这种禅法后来之所以被称为数息观,原因就在于此。

在重点阐释数息之后,本经又对相随、止、观、还、净等其余五事分别进行了一定的阐释,此不赘述。

在本经的卷下中,还论述了安般守意过程中,存在"十八恼"的问题:

> 安般守意有十八恼,令人不随道:一为爱欲,二为瞋恚,三为痴,四为戏乐,五为慢,六为疑,七为不受行相,八为受他人相,九为不念,十为他念,十一为不满念,十二为过精进,十三为不及精进,十四为惊怖,十五为强制意,十六为忧,十七为匆匆,十八为不度意行爱,是为十八恼。②

"恼",即烦恼。十八种烦恼干扰影响着安般守意的修行,使人不能随顺于道。"十八恼"之中的"爱欲""瞋恚""痴""戏乐""慢""疑""不念""过精进""不及精进""惊怖""忧""匆匆""不度意行爱"等十三恼的含义,比较容易理解,而"不受行相""受他人相""他念""不满念""强制意"等五恼的含义则不易理

---

解,本经又专门进行了解释,谓:

> 不受行相者,谓不观三十二物,不念三十七品经,是为不受行相;受
> 他人相者,谓未得十息便行相随,是为受他人相;他念者,入息时念出息,
> 出息时念入息,是为他念;不满念者,谓未得一禅便念二禅,是为不满念;
> 强制意者,谓坐乱意不得息,当经行读经,以乱不起,是为强制意也。①

"不受行相"就是指不观身有三十二种不净物,不念想三十七品经;"受他人
相"就是指尚未达到十息,便行相随;"他念"是指入息时念出息,出息时念入
息;"不满念"是指尚未达到一禅便想念二禅;"强制意"则是指所坐散乱,意不
能得息,此刻应当依"经"而行,通过诵读"经"而令散乱不起。

康僧会之《〈安般守意经〉序》,用"四禅"联系"六事",为我们概括"安般
守意"的基本思想。所谓"四禅",依康僧会所说,当指安般守意过程中的四个
阶段,而"六事"则是安般守意过程中不同阶段所应达到的不同状态。"六事"
和"四禅"是紧密相连、互相配合的。

一禅实现"数息",其过程与应达到的状态是:"是以行寂,系意著息,数一
至十,十数不误,意定在之。小定三日,大定七日,寂无他念,泊然若死,谓之
一禅。禅,弃也,弃十三亿秽念之意。"②就是把意识完全集中到数一至十的呼
吸次数上,使意识完全系定在十数之上,捐弃多达十三亿之种种污秽杂念,最
终获得内心的宁静清澈,亦即"寂无他念,泊然若死"。

二禅实现"相随",其过程与应达到的状态是:"已获数定,转念著随,蠲除
其八,正有二意,意定在随,由在数矣。"就是进一步把意识从数一至十转向随
顺呼吸,集中到一呼一吸的运行之上,最终达于"垢浊消灭,心稍清净,谓之二
禅也"。③

三禅实现"止",其过程与应达到的状态是:"又除其一,注意鼻头,谓之止
也。得止之行,三毒、四趣、五阴、六冥诸秽灭矣。"就是更进一步把注意力从
一呼一吸转向鼻头,使意识专注其上,这样便可以排除内心的一切杂念,最终

---

① 《中华藏》第36册《佛说大安般守意经》卷下,第119页中。
② 《出三藏记集》卷六《〈安般守意经〉序》,第243页。
③ 《出三藏记集》卷六《〈安般守意经〉序》,第243页。

达于"行寂止意,悬之鼻头,谓之三禅也"。①

四禅实现"观",其过程与应达到的状态是:"还观其身,自头至足,反覆微察,内体污露,森楚毛竖,犹睹脓涕。于斯具照天地人物,其盛若衰,无存不亡。"也就是在前面修行的基础上进一步反观自身,明了人身无非虚幻之相,由此洞察人生,认识到无存不亡,最终达于"信佛三宝,众冥皆明,谓之四禅也"。②

继而,"摄心还念,诸阴皆灭,谓之还也"。亦即还从观身转返"守意",使"五阴"假相归于灭失。再进一步,则"秽欲寂尽,其心无想,谓之净也",亦即当一切意欲念想寂灭尽除,进入无思无想的境界之时,就可以得到威力无比、无所不能的"神通"——"得安般行者,厥心即明,举眼所观,无幽不睹。往无数劫,方来之事,人物所更,现在诸刹。其中所有世尊法化,弟子诵习,无遐不见,无声不闻。恍惚仿佛,存亡自由,大弥八极,细贯毛牦,制天地,住寿命,猛神德,坏天兵,动三千,移诸刹,入不思议,非梵所测,神德无限,六行之由也"③。

《安般守意经》卷下主要阐释"三十七品经"问题。

"三十七品经"是"三十七道品"的早期译称。道品,为梵文意译,又作觉支、菩提分。"三十七道品"是佛教为追求智慧,进入涅槃境界而设定的三十七种修行方法,又称三十七觉支、三十七菩提分、三十七品道法等。三十七种修行方法归类分为七科:第一为"四念处",在本经中称为"四意止";第二为"四正勤",在本经中称为"四意断""四意念断";第三为"四如意足",在本经中称为"四神足""四神足念";第四为"五根",有信根、精进根、念根、定根和慧根,在本经中精进根、念根和慧根称为能根、识根和黠根;第五为"五力",分别有信力、精进力、念力、定力和慧力,在本经中精进力和慧力称为进力和黠力;第六为"七觉分",在本经中称为"七觉意",分别为觉意、法(识)觉意、力觉意、爱觉意、息觉意、定觉意和守觉意;第七为"八正道",在本经中称作"八

① 《出三藏记集》卷六《〈安般守意经〉序》,第243页。
② 《出三藏记集》卷六《〈安般守意经〉序》,第243页。
③ 《出三藏记集》卷六《〈安般守意经〉序》,第243—244页。

行",分别为正见、正思维、正语、正业、正命、正精进、正念与正定。本经中其称呼前后不一,或称直身、直语、直心、直见、直行、直治、直意与直定①,或称直念、直语、直观、直见、直行、直治、直意与直定②,或称直见、直治、直语、直业、直业治、直精进、直念与直定③。

前述卷上即云:"安般守意有十黠,谓:数息、相随、止、观、还、净、四谛,是为十黠成,谓合三十七品经为行成也","数息为四意止,相随为四意断,止为四神足念,观为五根、五力,还为七觉意,净为八行也"。④ 表明守意六事与三十七品经间是一种相续相成的关系。卷下开篇又说:

> 出息入息自觉,出息入息自知。当时为觉,以后为知。觉者,谓觉息长短;知者,谓知息生灭、粗细、迟疾也。出息、入息觉尽止者,谓觉出入息欲报时为尽,亦计万物身生复灭。止者,谓意止也。见观空者,行道得观不复见身,便堕空无所有者,谓意无所著。意有所著因为有。断六入,使得贤明。贤谓身,明谓道也。知出何所、灭何所者,譬如念石,出石入木,石便灭,五阴亦尔。出色入痛痒,出痛痒入思想,出思想入生死,出生死入识,已分别是,乃堕三十七品经也。⑤

正确地修行数息,当时能感觉到自己气息的长短,是为"觉";而能了知自己气息的生灭、粗细、快慢,就称为"知"。显然,在止意的过程中,"知"要高于"觉"。"出息、入息觉尽止",此谓能正确地觉察出入息即将转换的时刻为"尽",此时意则"止";也可以说能计较万物诸身生而复灭为"尽",此时意亦"止"。而"见观空",则谓修行获得观念,不再见到身体的存在,便悟入空无所有,此时意便不会再有任何的执著。反之,如果意有所执著,那就是因为有——还能看到身体的存在。断灭"六入",便获得贤明。所谓贤,即指身;所谓明,即指道。"六入"又作"六处",指眼、耳、鼻、舌、身、意等六根,或指色、声、香、味、触、法等六境。六根为内六入,六境为外六入,总称十二入,亦作十

---

① 《中华藏》第 36 册《佛说大安般守意经》卷下,第 120 页下—121 页上。
② 《中华藏》第 36 册《佛说大安般守意经》卷下,第 121 页中—下。
③ 《中华藏》第 36 册《佛说大安般守意经》卷下,第 124 页上。
④ 《中华藏》第 36 册《佛说大安般守意经》卷上,第 106 页下、107 页中。
⑤ 《中华藏》第 36 册《佛说大安般守意经》卷下,第 118 页上。

二处。六根、六境相互涉入而生六识,故称入;六根、六境为产生六识之所依,故称处。修行数息与三十七品经的目的就是灭除五阴。灭除五阴,就要分别五阴,知晓其出于何处,灭于何处——出现色而入于受,出现受而入于想,出现想而入于行,出现行而入于识,此分别即"知出何所、灭何所",也就随之"堕"入三十七品经的修行。

更进一步,本经又提出了行数息即为行三十七品经的观点:

> 行数息亦为行三十七品经。问:何以故为行三十七品经?报:数息为堕四意止。何以故?为四意止亦堕四意断,用不待念故;为四意断。亦堕四神足,用从信故,为神足也。数息为堕信根,用信佛意喜故生信根;亦堕能根,用坐行故为堕能根;亦堕识根,用知谛故为识根;亦堕定根,用意安故为定根;亦堕黠根,用离痴意解结故为黠根也。数息亦堕信力,用不疑故为信力;亦堕进力,用精进故为进力;亦堕念力,用余意不能攘故为念力;亦堕定力,用一心故为定力;亦堕黠力,用前分别四意止、断、神足故为黠力也。数息亦堕觉意,用识苦故为觉意;亦堕法觉意,用知道因缘故为法识觉意;亦堕力觉意,用弃恶故为力觉意;亦堕爱觉意,用贪乐道故为爱觉意;亦堕息意觉,用意止故为息意觉;亦堕定觉意,用不念故为定觉意;亦堕守觉意,用行不离故为守觉意也。数息亦堕八行,用意正,故入八行。定意、慈心念净法,是为直身;至诚语、软语、直语、不还语,是为直语;黠在意、信在意、忍辱在意,是为直心……数息亦堕直见,用谛观故为直见;亦堕直行,用向道,故为直行;亦堕直治,用行三十七品经,故为直治;亦堕直意,用念谛,故为直意;亦堕直定,用意白净、坏魔兵,故为直定。是为八行。何等为魔兵?谓色、声、香、味、细滑,是为魔兵,不受是为坏魔兵。[①]

这段论述条分缕析地将"行数息亦为行三十七品经"的理由剖解出来,其主旨在于说明,三十七种修行方法中的每一种修行都离不开数息,数息是所有禅法修行的基础。

---

① 《中华藏》第36册《佛说大安般守意经》卷下,第120页中—121页上。

再往下,本经就集中对三十七品经之七科进行了阐释:

三十七品应敛。设自观身、观他人身,止淫,不乱意,止余意;自观痛痒,观他人痛痒,止瞋恚;自观意,观他人意,止痴;自观法,观他人法,得道。是名为四意止也。

避身为避色,避痛痒为避五乐,避意为避念;避法不堕愿业治生,是名为四意念断也。识苦者,本为苦;为苦者,为有身;从苦为因缘起者,所见万物。苦习者,本为苦,从苦为因缘生尽者,万物皆当败坏。为增苦习,复当为堕八道中。道人当念是八道,是名为四为、四收苦,得四神足念也。

信佛意喜,是名为信根,为自守行法;从谛身意受,是名能根,为精进;从谛念遂谛,是名识根,为守意;从谛一意,从谛一意止,是名定根,为正意;从谛观谛,是名黠根,为道意。是名为五根也。

从谛信不复疑,是名信力;弃贪行道,从谛自精进,恶意不能败精进,是名进力;恶意欲起,当即时灭,从谛是意,无有能坏意,是名念力;内外观从谛以定,恶意不能坏善意,是名定力;念四禅从谛得黠,恶意不能坏黠意,是名黠力。念出入尽复生,是名为五力也。

从谛念谛,是名为觉意,得道意;从谛观谛,是名法,名法识觉意,得生死意;从谛身意持,是名力觉意,持道不失为力;从谛足喜谛,是名爱觉意,贪道法行道;行道法从谛,意得休息,是名息意觉;已息安隐,从谛一念意,是名定觉意;自知意以安定,从谛自在,意在所行从观,是名守意觉。从四谛观意,是名为七觉意也。

从谛守谛,是名直信道;从谛直从行谛,是为直从行念道。从谛身意持,是名直治法;不欲堕四恶者,谓四颠倒。从谛念谛,是名直意;不乱意,从谛一心意,是名直定。为一心上头,为三法意行,俱行以声、身、心。如是佛弟子八行,是名四禅,为四意断也。第一行为直念,属心,常念道。第二行为直语,属口,断四意。第三行为直观,属身,观身内外。第四行为直见,信道。第五行为直行,不随四恶,谓四颠倒。第六行为直治,断余意。第七行为直(意),不堕贪欲。第八行为直定,正心,是为八行佛。

辟支佛、阿罗汉所不行也。①

其中所云之"八道"指四意止与四意念断,"四为""四收苦"亦分别指四意止、四意念断,唯"谛""意"之含义多种,理解起来就比较困难。

十二因缘是佛教哲学理论的基础之一,十二因缘即无明(痴)、行、识、名色、六处(六入)、触、受、爱、取、有、生、老死。佛教认为,它们是构成有情生存的十二种条件,其间的关系相依相待,各前者为后者生起之因,此有故彼有,此生故彼生,前者若灭,后者亦灭,共同反映了世间万事万物的缘起轮回。本经论述中也多处涉及这个基本教义。卷上在阐释数息时说:"行息以得定,不复觉气出入,便可观。一当观五十五事,二当观身中十二因缘也。"②当数息达到专注一心时,不再觉知气息的出入,此时便可进行观察:一是观察五十五事,二是观察身中的十二因缘。

五十五事所指,本经没有说明。但在安氏所译《大道地经·五十五观章》中有详细论述,谓"行道者当为五十五因缘自观身"③。这即说明,五十五事就是人身之五十五种状况。这与"身中十二因缘"的含义是一致的。

本经卷上在阐释"还"时,又云:

> 人皆贪爱五阴,得苦痛便不欲,是为还五阴也。……出息入息受五阴相者,谓意邪念疾辄还正,以生觉断,为受五阴相。言受者,谓受不受相也。以受五阴相,知起何所、灭何所。灭者为十二因缘。人从十二因缘生,亦从十二因缘死。不念者,为不念五阴也。知起何所、灭何所,谓善恶因缘起,便复灭。亦谓身,亦谓气生灭。念便生,不念便死,意与身同等,是为断生死道。在是生死间,一切恶事皆从意来也。④

人人都贪爱五阴,由此得苦痛后便不再欲求,此即为还五阴。意若入邪念,应当迅疾返还到正念上去,用数息所生起的觉悟来断灭它,此即为"受五阴相"。"受"者,领纳之意,为外界影响于人的生理、情绪、思想等所产生的痛痒、苦

---

① 《中华藏》第 36 册《佛说大安般守意经》卷下,第 121 页上—下。
② 《中华藏》第 36 册《佛说大安般守意经》卷上,第 109 页中。
③ 《中华藏》第 51 册《道地经》,第 407 页中。
④ 《中华藏》第 36 册《佛说大安般守意经》卷上,第 111 页下。

乐、忧喜、好恶等主观感受，由此会引起一系列爱欲活动。前引之经文中已经谈到了要灭除五阴，就要分别五阴以"知出何所、灭何所"，这里又谈"以受五阴相，知起何所、灭何所"，含义是相同的。前引经文中讲从"出色入痛痒"以至最后"出生死入识"①，是为分别五阴，之后便堕入"三十七品经"修行，最后实现灭五阴，这里又讲因为"人从十二因缘生，亦从十二因缘死"，所以灭的是"十二因缘"，意义还是相同的。接下来，又一次提出"知起何所、灭何所，谓善恶因缘起，便复灭。亦谓身，亦谓气生灭"，这里所谓的"善恶因缘"与前面的"五阴""十二因缘"，其意亦是一致的。

卷下又称：

> 问：何等为思惟无为道？报：思为校计，惟为听，无谓不念万物，为者如说行，道为得，故言思惟无为道也。思为念，惟为分别白黑，黑为生死，白为道。道无所有，已分别无所有，便无所为，故言思惟无为道。若计有所为、所著，为非思惟。思亦为物，惟为解意，解意便知十二因缘事。亦谓思为念，惟为计也。②

"思惟无为道"，实际就是修行数息观。这段经文为了深入阐释"思惟无为道"，对"思惟"逐字分析，多方释义，其细致入微之处，颇令人惊叹！其目的在于通过如此的精细分析，最终将数息观与十二因缘联系起来。

在本经卷下之阐述中，还有一些内容涉及其他的禅法观门。如云："观他人身，为见色肥白，黛眉赤唇。见肥当念死人胀，见白当念死人骨，见眉黑当念死人正黑，见朱唇当念血正赤。校计身诸所有，以得是意，便转不复爱身也。"③这显系五停心观中的不净观的主旨。

本经结尾，又将三十七品经与十二部经联系起来阐述：

> 十二部经都皆堕三十七品经中，譬如万川四流皆归大海。三十七品经为外，思惟为内。思惟生道，故为内。道人行道，分别三十七品经，是为拜佛也。三十七品经亦堕世间，亦堕道。讽经口说，是为世间；意念是

---

① 《中华藏》第 36 册《佛说大安般守意经》卷下，第 118 页上。
② 《中华藏》第 36 册《佛说大安般守意经》卷下，第 118 页上—中。
③ 《中华藏》第 36 册《佛说大安般守意经》卷下，第 122 页下。

为应道。持戒为制身,禅为散意。行从愿,愿亦从行,行道所向意不离,意至佛,意不还也。亦有从次第行得道,亦有不从次(第)行得道。谓行四意止、断、神足,五根,五力,七觉意,八行,是为从次第;畏世间、恶身,便一念从是得道,是为不从次第。道人能得三十七品行意,可不顺从数息、相随、止也。身、口七事,心、意、识各有十事,故为三十七品。四意止、断、神足属外;五根、五力属内;七觉意、八行得道也。①

十二部经,或称十二分教、十二分圣教、十二分经,乃指将佛陀所说之全部教法,依其叙述形式和内容而分的十二种类别。有:契经,以散文形式所记载的佛陀说教,又称长行,即一般所说之经;应颂,以偈颂重复阐释契经所说之教法,故又称重颂;记别,本为教义解说,后来特指佛陀对弟子的未来所作的证言,故又称授记;讽颂,亦以偈颂来记述佛陀之说教,但与应颂的区别在于,应颂是重述契经之义,而讽颂则是以颂文颂出教义,故又称孤起;自说,佛陀未待弟子发问而自行开示的教说;因缘,记载佛陀说法教化之因缘,诸经序品即其内容;譬喻,以譬喻宣说佛法教义;本事,记载本生谭以外佛陀与弟子前生之行谊,此外诸经开卷所云"佛如是说",亦属此类;本生,记载佛陀前生修行之种种大悲行;方广,宣说广大深奥之佛法教义;希法,记载佛陀与弟子种种希有之事,又称未曾有法;论议,记载佛陀论议抉择诸法体性,分别明了其义。十二部经大小乘共通,代表了佛教的所有教法、教义、思想、理论。上述这段论述提出十二部经亦即全部佛法教义如万川四流皆归大海一样,均反映于三十七品经亦即三十七种修行法门。又说三十七品经为外,自心的思维为内;修行者通过自己正确的思维,产生道心;进而又正确分别三十七品经,就是拜佛。这不仅大大提高了三十七品经的作用,而且也反映了佛教对于修行实践活动的高度重视。此经文中所述"亦有从次第行得道,亦有不从次第行得道"云云,可视为后来佛教顿渐二教之滥觞。

安世高所译《安般守意经》是佛教初传汉地时期代表小乘佛教思想的典型经典,正如郭朋先生所言:"一个数息观,在它的实践过程中,实际上同全部

---

① 《中华藏》第36册《佛说大安般守意经》卷下,第124页中。

小乘佛教的基本教义都发生了关系,这真可谓以一概全了。"①

数息观,亦即安般观,既是最早介绍到中土的佛教禅观,也是小乘佛教中最古老的一种修行禅法。《增一阿含经》卷一《十念品》中记载:"世尊告诸比丘:'当修行一法,当广布一法,便成神通。除诸乱想,获沙门果,自致涅槃。云何为一法?所谓念安般。当善修行,当广演布,便成神通。去诸乱想,获沙门果,自致涅槃。'"②所谓的"十念"依次为念佛、念法、念众、念戒、念施、念天、念休息、念安般、念身非常、念死。"念安般"位列第八。

大乘佛教亦对安般禅持积极肯定的态度,大乘佛教中观派的重要论著《大智度论》在阐释《大品般若》所提出的"八念"中,第七念即为"念入出息",论曰:"次第念安那般那。念安那般那,能灭诸恶觉,如雨淹尘,见息出入,知身危脆;由息入出,身得存立。是故念入出息。"③其余七念依次为念佛、念法、念僧、念戒、念舍、念天、念死。

大小乘佛典均把安般禅列为重要的修行科目,无疑证明了安般禅在佛教禅学中的重要地位。然而其能够早在东汉末年即传入中原并长期独立流行,自应归功于安世高译出《安般守意经》。

### 三、《阴持入经》

在叙述《阴持入经》的主要内容与思想之前,先谈一下本经的文体结构。

关于佛经的文体结构,印度亲光菩萨等所造、玄奘所译《佛地经论》卷一云:

> 于此经中总有三分:一教起因缘分,二圣教所说分,三依教奉行分。总显己闻及教起时,别显教主及教起处、教所被机,即是教起所因所缘,故名教起因缘分;正显圣教所说法门品类差别,故名圣教所说分;显彼时众闻佛圣教欢喜奉行,故名依教奉行分。④

---

① 《中国佛教思想史》(上卷),第 103 页。
② 《中华藏》第 32 册《增一阿含经》卷一《十念品》,第 6 页上—中。
③ 《中华藏》第 25 册《大智度论》卷二十二《释初品中八念义之余》,第 493 页上—中。
④ 《中华藏》第 27 册《佛地经论》卷一,第 1 页下。

其意是说,《佛地经》之结构分为三部分,依次称"教起因缘分""圣教所说分""依教奉行分"。"教起因缘分"是要证明佛陀确曾说过此经,内容可以信赖。其中说明了"己闻"——确曾听闻过佛陀讲说此经;"教起时"——讲此经的时间;"教主"——讲经说法者,亦即佛陀;"教起处"——讲此经的地点;"教所被机"——讲此经时的受众以及发起此经的机缘;等等。"圣教所说分"则是指此经所阐述的内容。"依教奉行分"是说受众听经之后的欢喜、奉行。

历代佛教人士都认为,道安亦曾提出"三分科经"说,谓经之结构依次分为序分、正宗分、流通分三部分。序分又作序说,述说一经教说产生之由来,大体分为信、闻、时、主、处、众、因缘诸事,亦即所谓以"如是我闻"或"闻如是"开头,以下接着交代讲经的时间,讲经者,讲经的地点,听讲的弟子、菩萨、比丘,以及讲经的原因,等等。正宗分又作正宗说,论述一经之宗旨,正确显示所说之法门。流通分又作流通说,叙说听讲的弟子赞叹经法之功德、奉行修持本经之利益等,如经末云"闻佛所说,皆大欢喜,信受奉行"或"佛说是已,皆欢喜受"等。不难看出,道安之"三分科经"与印度亲光菩萨释《佛地经》科判彼经以为三分不谋而合。

而《阴持入经》开卷即谓"佛经所行示教诫,皆在三部"云云,以亲光菩萨与道安所言之三分科经方法来考察其结构,并无序分(教起因缘分),经末亦无流通分。故周叔迦先生说:"此经乃汉安世高所译,似节录《毗昙》诸论而未周备,故安公云世高所出残经也。……名虽曰经,而首无'如是我闻'等。文曰:佛经行示教诫,皆在三部。据此文句,应是论藏所摄。"①

叙述《阴持入经》的主要内容及其思想,需要先释"阴""持""入"。

"阴""持""入",均为小乘佛教最基本的概念。

"阴",梵文 *skandha* 之意译,音译作"塞建陀",后来改译作"蕴",有积集、聚集、类别之义。本经将人身的构成分为五类:色、痛、想、行、识,谓之"五阴"②,其中"痛"后来又改译为"受"。本经开篇即有一段论述,对"五阴"作了

---

① 周叔迦著:《周叔迦佛学论著全集》第五册《释家艺文提要》,北京:中华书局 2006 年版,第 1884 页。

② 《中华藏》第 36 册《阴持入经》卷上,第 129 页下。

深入的阐释：

> （五阴）名为十现色入。十现色入为何等？一眼，二色，三耳，四声，五鼻，六香，七舌，八味，九身，十乐，是为十现色入，是名为色种。痛种为何等？痛种为身六痛：一眼知痛，二耳知痛，三鼻知痛，四舌知痛，五身知痛，六心知痛，是为身六痛，名为痛种。思想种为何等？思想种为身六思想：一色想，二声想，三香想，四味想，五更想，六法想，是为身六思想，名为思想种。（行种）为何等？行种名为身六更：一色所更，二声所更，三香所更，四味所更，五通所更，六法所更，是为身六更，是名为行种。识种为何等？识种名为身六识：眼识、耳识、鼻识、舌识、身识、心识，是为身六识，是为识种。名为五阴种。①

"持"，梵文 dhātu 之意译，音译作"驮都"，后来改译为"界"，有层、基础、要素、分类、种类、范畴、境界诸义。《阴持入经》将人身之中所依之根，亦即能发生认识之功能的感官，所缘之境，亦即感官所感觉认识之对象，与能依之识，亦即由感官与所认识之对象相涉而产生的意识，分为六组三类十八种，谓之"十八本持"：

> 有十八本持。十八本持为何等？一眼，二色，三识，四耳，五声，六识，七鼻，八香，九识，十舌，十一味，十二识，十三身，十四更，十五识，十六心，十七法，十八识，是名为十八本持。②

"十八本持"之中依次每三种一组：眼、色、识为一组，耳、声、识为一组，鼻、香、识为一组，舌、味、识为一组，身、更、识为一组，心、法、识为一组，共六组。每组的第一种，即眼、耳、鼻、舌、身与心统为"六根"，为所依之根；第二种，即色、声、香、味、更与法统为"六境"，为所缘之境；由眼、耳、鼻、舌、身和心所产生的眼识、耳识、鼻识、舌识、身识与心识统为"六识"，为能依之识。

"入"，梵文 āyatana 之意译，音译作"阿耶怛那"，后来改译作"处"，其意思为涉入、趋入。有十二入：

> 亦有十二入。何等为十二？自身六，外有六。自身六为何等？一为

---

① 《中华藏》第 36 册《阴持入经》卷上，第 129 页下—130 页上。
② 《中华藏》第 36 册《阴持入经》卷上，第 130 页中。

眼、耳、鼻、舌、身、心，是为自身六入。外有六为何等？色、声、香、味、更、法。是为十二入。①

在上述"十八本持"中，眼、耳、鼻、舌、身、心称为"六根"，这里又称"自身六入"，即"内六入"；色、声、香、味、更、法在"十八本持"中称为"六境"，这里又称为"外六入"，合称"十二入"，亦称"十二处"。入者，涉入也；处者，所依也。因为六根、六境相互涉入而生六识，故称入；或谓六根、六境为生六识之所依，故称处。佛家之所以在"六根""六境"名称之外又有内外"六入"或"六处"之称，在于强调以六根为所依、六境为所缘，根、境相涉为能生长心、心所作用之处所，亦即能产生意、意识的地方。

"五阴""十八本持"和"十二入"都是佛教关于人生本质和人生意义的基本判断。顾名思义，《阴持入经》的主要内容就是详细分析"阴""持""入"等小乘佛教的基本概念，目的在于以此统一观察人生及有情世界。所以，《阴持入经》在上述有关"五阴""十八本持""十二入"的论述之后都有这么一段话，谓：

> 一切从何知？为非常、苦、空、非身。是从是知，亦有二知：一从慧知，二从断知。从慧解知为何等？为非常、苦、空、非身，是为从慧知。从断知为何等？爱欲已断，是为从断知。②

由佛家对阴、持、入等名相的分析可知，因为人之身体由五阴构成，所以"我"为假有（非身）、为空，因而人生无常（非常），又因为人们暗昧，有爱欲之心，由此造成了人生的痛苦。这种所谓的"知"不是一般的了解、知晓，而是慧、悟，亦即对人、我与世间万物之本质皆苦的原因有了彻底的认识，从而断绝一切世俗烦恼而成就的智慧、觉悟。本经又把这种"知"分为两类：一为"慧知"，闻法、思考而来之慧；二为"断知"，断绝爱欲而来之慧。

除分析阴、持、入等小乘基本概念外，本经还谈了"四谛"与三十七品经法。

---

① 《中华藏》第36册《阴持入经》卷上，第130页下。
② 《中华藏》第36册《阴持入经》卷上，第130页下。此引文位于"十二入"论述之后，"五阴""十八本持"两段论述之后的文字与此稍有不同。

关于"四谛"，《阴持入经》是这样说的：

> 有四谛，苦、习、尽、道。苦名为要，语身亦念；习名为要，痴亦所世间
> 爱；尽名为要，慧亦解脱；道名为要，止亦观。①

"苦""习""尽""道"是早期佛典翻译的用语，后来通行的译文，"苦""道"未变，"习""尽"分别改为"集""灭"。这段引文简要解释了"苦""习""尽""道"的概念。结尾之"止亦观"，即前述《安般守意经》所说的"守意六事"，即"止观"修行法门。根据隋朝智𫖮所著《摩诃止观》卷三上的解释，止、观各有三义。止，一为息义，即止息，意思是烦恼妄想寂然而停息；二为停义，即停止义，意思是缘心谛理，系念现前而停住不动；三为对不止止义，即对不止而明止，意思是说，无明与法性不二，然称无明为不止，称法性为止，此乃就相待亦即相对而言，为以不止而明止。观，一为贯穿义，谓利用智慧以穿灭烦恼；二为观达义，谓观智通达以契会真如；三为对不观观义，亦即对不观而明观，谓无明与法性不二，然称无明为不观，称法性为观，此乃就相待而论，为以不观而明观。② 简而言之，止观即指定慧二法，彼此不可分离，相辅相成而完成修持佛道。本经把不明五阴、四谛之理的世间烦恼与痛苦归纳为"九品"之相，其中"痴"相与"爱"相尤为重要，是九品的根本，被称为"二本"。③ 与之相应，本经即提出来以止观对治痴爱。卷上结尾处即称：

> 一切天下人有二病。何等为二？ 一为痴，二为爱。是二病故，佛现
> 二药。何等为二？ 一为止，二为观。若用二药，为愈二病，令自证，贪爱
> 欲不复贪，念意得解脱。痴已解，令从慧得解脱。④

卷下开头处又继续说：

> 彼爱欲药为何等？ 为止。爱已解，意已解，病便愈。彼痴药为何等？
> 为观。痴已却解，从慧解脱为病愈。如是佛说。如是二法，当知一为字，
> 二为色。二法当舍，一为痴，二为爱。二法当自知，一为慧，二为解脱。

---

① 《中华藏》第 36 册《阴持入经》卷上，第 131 页上。

② 《中华藏》第 94 册《摩诃止观》卷三上，第 717 页上—中。

③ 《中华藏》第 36 册《阴持入经》卷上，第 134 页下。

④ 《中华藏》第 36 册《阴持入经》卷上，第 137 页上。

二法可行,一为止,二为观。①

止者,止息一切境界散乱之相;观者,分别因缘生灭之相,亦即止心一处让爱欲妄想寂然停息,运用智慧观照以穿灭痴爱烦恼,最终从痴爱无明之中解脱出来。本经卷下中还反复说"止观双俱行""双相连行""双随行",②其意在强调说明止观之间有着不可分离的关系。

关于"三十七品经"法,本经卷上称:

> 亦有三十七品经法:四意止、四意断、四神足、五根、五力、七觉意、贤者八种道行,是为三十七品经法。过佛亦有是,现在佛亦有是,未来佛亦有是,辟支佛亦从是得度世道,佛弟子亦从是。是为度世无为道。③

这段话的前半部分是数说三十七品经法之七科组成,后半部分则是说三十七品经法的作用——"度世无为道"。度即渡、出,度世谓出世、出世间、离世间,度脱三世迷界之事。无为,无造作之意,亦即非由因缘所造作,离生灭变化而绝对常住之法,故又称无为法。道,这里可以有两种理解,一谓断绝世间烦恼而成就涅槃之智慧;一谓通往涅槃之路,为求涅槃果之所依,乃意谓通达佛教生命解脱之法的修行法则。

本经卷下,对"戒法"问题也作了论述,提出"戒法十一本":

> 彼为戒法十一本:一为已持戒无悔,二为已不悔令得喜意,三为已有喜令爱生,四为已意得爱为身得猗,五为已身得猗便得乐,六为已意得乐便得正止,七为已意得正止便知如有,八为已知如有便寂然,九为已寂然便得离,十为已得离便得解脱,十一为已得解脱便见慧。有慧便知生死已尽,道行已毕,所作行已竟,不复还受苦。④

从内容上看,"戒法十一本"的次第与止观修习的顺序是完全一致的,显然,提出十一本戒法的目的就是保证止观修习的正确、顺利进行,最终获得解脱,达于涅槃。至此,在本经中,有关佛教戒、定、慧三学的内容已经全部显现。

---

① 《中华藏》第 36 册《阴持入经》卷下,第 141 页中。
② 《中华藏》第 36 册《阴持入经》卷下,第 147 页上—中。
③ 《中华藏》第 36 册《阴持入经》卷上,第 131 页上。
④ 《中华藏》第 36 册《阴持入经》卷下,第 143 页下—144 页上。

晋世道安曾撰《〈阴持入经〉序》,谓:

> 阴持入者,世之深病也。驰骋人心,变德成狂,耳聋口爽,耽醉荣宠,
> 抱痼投冥,酸号三趣。其为病也,犹癫疾焉,入骨彻髓,良医拱手;犹癫蹶
> 焉,来则冥然,莫有所识。①

又说:

> 阴入之弊,人莫知苦,是故先圣照以止观,阴结日损,成泥洹品。自
> 非知机,其孰能与于此乎! 从首至于九绝,都是四十五药也。以慧断知,
> 入三部者,成四谛也。十二因缘讫净法部者,成四信也。其为行也,唯神
> 矣,故不言而成;唯妙矣,故不行而至。统斯行者,则明白四达,立根得
> 眼,成十力子,绍胄法王,奋泽大千。若取证则拔三结,住寿成道,径至应
> 真。此乃大乘之舟楫,泥洹之关路。②

这两段话,前一段是说"阴持入"为人生与有情世界之深病,如癫疾、癫蹶一
般,造成了人生无穷无尽、入骨彻髓之苦;后一段则是说《阴持入经》所阐述的
理论是佛法用以消除"阴持入"之弊,实现住寿成道、径至应真的舟楫与关路。
至于道安所说的大乘之义,《阴持入经》经义无此,但它反映道安之时,中国佛
教已由小乘向大乘转变。

需要指出的是,尽管《阴持入经》和《安般守意经》都是小乘有部阿毗昙经
典,但两经论述的侧重点是不一样的。《阴持入经》主要进行的是小乘教理上
的阐述,属于数学、数法亦即慧学范围,而《安般守意经》则主要是叙述小乘禅
法止观法门的修行,归于定学范畴。除《安般守意经》和《阴持入经》外,根据
《出三藏记集》卷二的记载,安世高有关"禅数"之学的译经很多,如大小《十二
门经》《阿毗昙五法经》《七法经》《五法经》《五十校计经》《思惟经》《禅行法
想经》《十四意经》《十二因缘经》《阿毗昙九十八结经》等。其余则多是《阿含
经》的部分异译,这部分异译亦与阿毗昙交涉甚多。如《人本欲生经》,它是
《长阿含》之《大缘方便经》的异译,其内容同样是法数阐释,涉及十二因缘、四
谛、五阴、七识止、八解脱等诸法。因此,安世高的译经,将小乘佛教"三学"之

---

① 《出三藏记集》卷六《〈阴持入经〉序》,第248页。
② 《出三藏记集》卷六《〈阴持入经〉序》,第248—249页。

中的定、慧二学的基本内容都介绍到了中国内地,戒学也有所涉及。

### 四、《安般守意经》与《阴持入经》的翻译方法

值得注意的是,和《四十二章经》一样,安世高在《安般守意经》和《阴持入经》的翻译上也采取了附会的方法,大量地采用了当时中国传统文化思想,尤其是道家的名词术语。以下我们来举一些比较突出的例子。

第一个例子是以"非身"翻译"无我"。《安般守意经》卷上称:

> 数息不得者,失其本意故。本意谓非常、苦、空、非身。失是意堕颠倒故,亦为失师……为失其本意,故不得息也。数息,意常当念非常、苦、空、非身,计息出亦灭,入亦灭。已知是得道疾,当持非常,恐意得是意,即得息也。①

《阴持入经》卷上亦称:

> 是从何知?为非常、苦、空、非身。从是知亦有二知:一为慧知,二为断知。从慧知为何等?为非常、苦、空、非身,是为从慧知。从断知为何等?爱欲已断,是为从断知。②

"无我"是佛教的根本教义之一,称"诸法无我",为三法印之一,谓"无我印"。"我"在佛教的思想理论中,既有物质的层面——肉身,也包括精神的层面——意识、灵魂,即有情众生生存、存在的物心两面。佛教主张"无我",乃是基于诸法缘起无常的道理,认为一切事物并非有固定之实体存在而永远不变,认为一切之存在皆属因缘生因缘灭,亦即相依相关的关系,旨在破除人们对"自我"之物质肉身和精神灵魂的执著,让人们认识到,"我"之物心两面,都不过是由五蕴假和合而成,舍此并没有一个常住不变的真实生命主体可言,这就是"无我",又称"我空"。而将"无我"译为"非身",仅仅是对"我"之外在物质肉身的否定,而没有涉及"我"之内在精神灵魂的问题,这其实是为精神灵魂的存在留出了的空间。安氏之弟子陈慧为《阴持入经》作注,对其师之有关思想有一个很明确的解释:

---

① 《中华藏》第 36 册《佛说大安般守意经》卷上,第 107 页下—108 页上。
② 《中华藏》第 36 册《阴持入经》卷上,第 130 页上。

　　师云:五阴种,身也。身有六情,情有五阴。有习眼为好色,转中色,转恶色,转三色。色有五阴,并习合为十八事。六情各然,凡为百八结。灭此生彼,犹谷种朽于下,栽受身生于上。人犹无气,春生夏长,秋萎冬枯,百谷草木,丧于土上,无气潜隐,禀身于下;春气之节,至卦之和,无气悄躬于下,禀身于上。有识之灵,及草木之栽,与无气相含,升降废兴,终而复始,轮转三界,无有穷极。故曰种也。①

这里所谓的"种",陈慧解释为:"种,栽也,谓六欲兴,即身栽生。"②五阴为种以为身,身有六情,犹如元气,如草木,生长萎枯,终而复始,无有穷极,所以陈慧又说:"魂灵以六情为根本。人之身受由教树轮转无休,故曰本也。"③意思就是说身体虽灭而灵魂不灭。

　　显然,"无我"译为"非身",尽管没有准确、完整地表达出佛教的思想理论,但它却比较契合中国古代传统宗教观念中对于精神、意识、灵魂乃至鬼神存在的认知,有利于中国古代民众接受外来的佛教思想。

　　第二个例子是以"宿命(对)"翻译"业报"。《安般守意经》卷下称:

　　问:设使宿命对来到,当何以却? 报:行数息、相随、止、观、还、净,念三十七品经能却难。宿命对不可却,数息行三十七品经,何以故能却? 报:用念道故消恶。设使数息、相随、止、观、还、净不能灭恶,世间人皆不得道。用消恶故得道,数息、相随、止、观、还、净,行三十七品经尚得作佛,何况罪对?④

　　"业报","业"与"报"之并称。"业",造作之义,音译作"羯磨",意谓人之行为、行动、作用、意志等身心活动,若与因果关系结合,则指由过去之身心活动延续下来所形成的力量,故又称"业力"。"报",结果之义,故又可称"果""果报"。"业报"为佛教的重要基本概念,意为业之报应或业之果报,谓由人之身、口、意之善恶业因所必招感之苦乐果报,或指业因与果报,又作业果。

----

　　① 《中华藏》第 36 册《阴持经》卷上,第 130 页上。卷尾"校勘记"谓本卷底本为金藏广胜寺本。文中四处"无气"在《大正新修大藏经》(以下简称《大正藏》)第 33 册《阴持入经注》卷上之中均作"元气"。

　　② 《中华藏》第 36 册《阴持入经》卷上,第 129 页下。

　　③ 《中华藏》第 36 册《阴持入经》卷上,第 129 页下。

　　④ 《中华藏》第 36 册《佛说大安般守意经》卷下,第 120 页中。

佛教认为,人们所出现的一切苦乐现状、有情之生死流转,既不是偶然的,也不是无因无缘的,完全系由众生在此之前的善恶之业力所造成的结果。换言之,即由善恶之业因,感苦乐之果报。从本质上讲,佛教的"业报"所反映的是一种主张个人应本其自由意志而面向未来、积极精进、努力改变的思想。而"宿命"的观点,与佛教之"业报"思想是完全对立的。"宿",安之义;"命",即命运。"宿命"之观点所反映的是一种安于命运的思想,相信一切事情都是由人无法控制的力量所促成的,相信世间所发生的每一件事情都是由超自然的力量预先安排而注定的,人们对此无能为力,不可抗拒,只能听天由命。中国古代传统思想中的"生死有命,富贵在天"的说法,反映的就是这种"宿命"观点。

第三个例子是将"安般守意"翻译为"清净无为"。《安般守意经》卷上称:

> 安为清,般为净,守为无,意名为,是清净无为也。无者谓活,为者谓生,不复得苦,故为活也。①

安般守意之义,前已叙述。而"清净无为"是道家语,意为一切听其自然,人力不必强求。显然,安般守意与清净无为之义,相去甚远,而这里能逐字对应地予以比附,简直令人匪夷所思!

此外,在《安般守意经》中,安世高还称佛教修行者为"道人",修行佛教就是"行道",悟解佛教就是"入道""得道",与道家相比附。

安世高使用这些附会的译法,原因可能比较多,但其中之一显然是为了迎合汉族民众的传统心理,有利于佛教教义和佛教思想在中国内地的初期传播。这也就是当时的人们把浮屠和黄老混为一谈的原因之一。

《安般守意经》和《阴持入经》译出后,在当时曾产生了很大的影响,风靡一时。到魏晋时期,中国佛教思想界分为两大系统,其一即为安世高之小乘"禅数"之学,另一系统为我们下面将要叙述到的支谶的大乘般若学。安世高小乘"禅数"之学的重要经典即为《安般守意经》和《阴持入经》。

---

① 《中华藏》第 36 册《佛说大安般守意经》卷上,第 106 页下。

当时,安世高有弟子韩林、皮业、陈慧等,韩林和皮业的籍贯分别是河南南阳和颍川,这说明安世高当时在中原河南已经有了一小批弟子、信徒。据《出三藏记集》卷六记载,韩林、皮业、陈慧他们"信道笃密,执德弘正,忞忞进进,志道不倦"。其后,吴地康僧会又从韩林、皮业、陈慧受学,"从之请问,规同矩合,义无乖异",又与陈慧共同为《安般守意经》注解经义,"非师不传,不敢自由也"。① 至东晋,道安还为《安般守意经》《阴持入经》《人本欲生经》等经作注,谢敷、支道林亦为《安般守意经》作注,这说明安世高的小乘"禅数"之学自汉末以至魏晋,连绵不绝,但现存史料未见韩林、皮业两人的活动踪迹,也未见"禅数"之学在河南的传播情况记载。

## 第三节　支谶所译主要佛教经典的内容与思想

支谶译经的兴趣主要集中在大乘佛教经典方面,涉及"般若""宝积""华严""方等"等经类,其中最重要的就是介绍般若学说和思想。一般都认为,"般若"类经典是大乘佛教中较早出现的经类,甚至可以说,印度大乘佛教的形成就是以"般若"类经典的出现为主要标志的。据《出三藏记集》记载,支谶的主要译著有《般若道行品经》《般舟三昧经》和《首楞严经》等,这些均为"般若"类经典,不但包含了般若的理论,也包含了般若的修行实践。以下我们来分别简要叙述《般若道行品经》《般舟三昧经》《首楞严经》和《兜沙经》的主要内容及其所反映的大乘佛教思想。

### 一、《般若道行品经》

《般若道行品经》,十卷三十品,或称《摩诃般若波罗蜜经》《道行般若经》《道行般若波罗蜜经》等,为大乘佛教"般若"类经典最早的汉译本,也是中土般若学的嚆矢。其译出时间为汉灵帝光和二年(179 年)。

"般若",大乘佛教教义之一,亦译作"波若""般罗若""班若""钵若""钵

---

① 《出三藏记集》卷六《〈安般守意经〉序》,第 244 页。

罗若"等,梵文 *prajñā* 的音译,意译为"慧""智慧""明""智""黠慧"等。在佛教义理中,般若又经常和"波罗蜜"连用。"波罗蜜",又作波罗蜜多,梵文 *pāramitā* 音译,有到达彼岸、终了、圆满诸义,谓自生死迷界之此岸到解脱涅槃之彼岸,或谓能度诸法之广远,或谓能究竟一切自行化他之事,故意译为"到彼岸""度无极""度""事究竟"等。般若与波罗蜜连用,般若即为般若波罗蜜(智度)之略称。后秦鸠摩罗什所译龙树之《大智度论》中有一系列关于般若意义的阐释,例如:

> 问曰:云何名般若波罗蜜? 答曰:诸菩萨从初发心求一切种智于其中间,知诸法实相慧是般若波罗蜜……是般若波罗蜜在佛心中变名为一切种智……诸法实相即是般若波罗蜜。①

> 何以故名般若波罗蜜者? 般若者,秦言智慧。一切诸智慧中最为第一、无上、无比、无等,更无胜者,穷尽到边,如一切众生中无为第一,一切诸法中涅槃为第一,一切众中比丘僧第一。②

> 所谓有般若在世,则为佛在。所以者何? 般若波罗蜜是诸佛母,诸佛以法为师,法者即是般若波罗蜜。③

这说明,般若在大乘佛教中有着非常重要的地位。佛教认为,般若是一种超越世俗认识,完全领悟、掌握了佛法的无上智慧。这个无上智慧,既包括修行所要达到的目标,也包括观察一切事物的准则。

本经的主要内容就是论述遵循佛道修行而得佛法无上智慧——般若。

本经开篇,说佛在罗阅祇耆阇崛山中主持菩萨大会,委托弟子须菩提、舍利弗说法,专门阐述般若的内容、菩萨学习般若的意义及学习般若的方法。舍利弗说:

> 欲学阿罗汉法,当闻般若波罗蜜,当学、当持、当守;欲学辟支佛法,当闻般若波罗蜜,当学、当持、当守;欲学菩萨法,当闻般若波罗蜜,当学、

① 《中华藏》第 25 册《大智度论》卷十八,第 420 页中。
② 《中华藏》第 25 册《大智度论》卷四十三,第 793 页下。
③ 《中华藏》第 26 册《大智度论》卷一〇〇,第 688 页下。

当持、当守。何以故？般若波罗蜜法甚深，菩萨如学。①

说明般若是声闻乘（阿罗汉法）、缘觉乘（辟支佛法）和菩萨乘（菩萨法）等三乘的通法，指明当闻、当学、当持、当守般若是修行佛法的最高境界。

卷二《功德品》中，佛陀说：

> 过去时怛萨阿竭、阿罗呵、三耶三佛，皆从般若波罗蜜中出为人中之将，自致成作佛，如是出生；甫当来怛萨阿竭、阿罗呵、三耶三佛，悉从般若波罗蜜中出为人中之将，自致成作佛；复如十方无央数佛国今现在诸佛，亦从般若波罗蜜中出为人中之将，自致成作佛。②

又说：

> 皆从般若波罗蜜中学，得成萨芸若，成法德，用是故，得佛出生须陀洹道、斯陀含道、阿那含道、阿罗汉道、辟支佛道。③

"怛萨阿竭""阿罗呵（"呵"又作"诃"）""三耶三佛"，均为如来十大名号之一。"萨芸若"，梵文的音译，又作"萨芸然""萨般若""萨婆若"，意译为"一切智"，即佛智。"须陀洹道""斯陀含道""阿那含道"与"阿罗汉道"，依次为沙门四果，亦即声闻乘（阿罗汉法）四果。佛陀所言依然强调般若是三乘的通法，从般若中修行成佛法，即得佛智，过去之佛、现在之佛与未来之佛都是从般若中修行出来的。

在卷八《累教品》中，佛陀反复对阿难说：

> 有慈心佛恩德、欲报佛恩具足供养者，汝设有慈心于佛者，当受持般若波罗蜜，当恭敬作礼供养。设有是行，汝悉为供养佛报恩，以汝为恭敬过去、当来、今现在佛已。汝慈孝于佛，恭敬思念于佛，不如恭敬于般若波罗蜜，慎莫亡失一句！……若有不欲离于佛、离于经、离于比丘僧，亦不欲离于过去、当来、今现在佛者，不当远离般若波罗蜜，是佛所教。……若有受般若波罗蜜持护，是为持过去、当来、今现在佛教法。何以

---

① 《中华藏》第 7 册《道行般若经》卷一《道行品》，第 890 页中。
② 《中华藏》第 7 册《道行般若经》卷二《功德品》，第 908 页中。
③ 《中华藏》第 7 册《道行般若经》卷二《功德品》，第 910 页上。

故？过去、当来、今现在佛，皆从般若波罗蜜出生。①

卷九《萨陀波伦菩萨品》中，佛陀又说：

> 有大法名般若波罗蜜，若有行者，若有守者，得佛疾。汝当求索是大法，汝闻是法，若行、若守，佛所有功德，汝悉当得之；得佛三十二相、八十种好，汝悉当得之；汝悉当持经法教十方天下人。②

般若是佛教的无上大法，是它造就了过去、未来和现在的一切佛。得它，就能获得极大的功德，得到一切智慧，普度十方天下之人。所以，菩萨欲成佛道就必须求索、行守般若。这就是菩萨学习般若的意义。

与小乘佛教相比，大乘佛教的显著特点之一就是提倡多佛崇拜，如上述所引《功德品》中佛陀所言"十方无央数佛国今现在诸佛"。但大乘又认为，般若的地位高于诸佛，凌驾于诸佛之上，是诸佛母，诸佛以般若为师。

关于菩萨学习般若的方法，大乘佛教将其归为修行"六波罗蜜"。所谓"六波罗蜜"，即菩萨所必须实践的六种修行，又称六度，分别指"檀（布施）波罗蜜""尸（持戒）波罗蜜""羼提（忍辱）波罗蜜""惟逮（精进）波罗蜜""禅（禅定）波罗蜜"与"般若（智慧）波罗蜜"。卷二《功德品》中，佛陀说："其受般若波罗蜜者，为悉受六波罗蜜。"③卷八《累教品》中佛陀又说："菩萨欲得佛道者，当学六波罗蜜。何以故？六波罗蜜是诸菩萨摩诃萨母。"④还专门对阿难说："嘱累汝六波罗蜜。六波罗蜜者，佛不可尽经法之藏，过去、当来、今现在佛，皆从六波罗蜜出生。"⑤

在卷七《善知识品》中，记述有佛陀与须菩提的一段对话，很好地反映了佛教对于六波罗蜜的重视：

> 须菩提问佛："菩萨摩诃萨善知识，当何以知之？"
>
> 佛语须菩提："……若有说般若波罗蜜者，教人入是经中，是菩萨摩

---

① 《中华藏》第 7 册《道行般若经》卷九《累教品》，第 981 页下—982 页上。
② 《中华藏》第 7 册《道行般若经》卷九《萨陀波伦菩萨品》，第 985 页上—中。
③ 《中华藏》第 7 册《道行般若经》卷二《功德品》，第 900 页下。
④ 《中华藏》第 7 册《道行般若经》卷九《累教品》，第 982 页上。
⑤ 《中华藏》第 7 册《道行般若经》卷九《累教品》，第 982 页上。

诃萨善知识,六波罗蜜是菩萨摩诃萨善知识,当作是知。六波罗蜜是舍怛罗,六波罗蜜是道,六波罗蜜是护,六波罗蜜是一,六波罗蜜是将。过去怛萨阿竭、阿罗诃、三耶三佛,皆从六波罗蜜出;甫当来怛萨阿竭、阿罗诃、三耶三佛,皆从六波罗蜜出;今现在十方阿僧祇刹怛萨阿竭、阿罗诃、三耶三佛,亦皆从六波罗蜜出,成萨芸若。"①

"摩诃萨",又作"摩诃萨埵",菩萨或大士之通称。"阿僧祇刹",又作"阿僧""阿僧祇""阿僧祇耶"等,为印度数目之一,指无量数或极大数,即无数。佛陀所言是说六波罗蜜乃菩萨欲成佛道所实践的善知识,过去诸佛是从六波罗蜜中实践修行而成的,现在的十方无数之佛也都是从六波罗蜜中实践修行而成就佛智的,未来诸佛也要从六波罗蜜中实践修行而成。

但六波罗蜜之中,最核心、最重要的还是般若波罗蜜:

> 阿难白佛言:"无有说檀波罗蜜者,亦不说尸波罗蜜,亦不说羼提波罗蜜,亦不说惟逮波罗蜜,亦不说禅波罗蜜,亦无有说是名者,但共说般若波罗蜜者,何以故? 天中天!"佛语阿难:"般若波罗蜜于五波罗蜜中最尊,云何? 阿难! 不作布施,当何缘为檀波罗蜜萨芸若? 不作诚,当何缘为尸波罗蜜? 不作忍辱,当何缘为羼提波罗蜜? 不作精进,当何缘为惟逮波罗蜜? 不作一心,当何缘为禅波罗蜜? 不作智慧,当何缘为般若波罗蜜萨芸若?"阿难言:"如是,天中天! 不行布施不为檀波罗蜜萨芸若,不行诚不为尸波罗蜜,不行忍辱不为羼提波罗蜜,不行精进不为惟逮波罗蜜,不行一心不为禅波罗蜜,不行智慧不为般若波罗蜜萨芸若,为非般若波罗蜜。"佛言:"如是,阿难! 般若波罗蜜于五波罗蜜中最尊。譬如极大地,种散其中,同时俱出,其生大株。如是,阿难! 般若波罗蜜者是地,五波罗蜜者是种,从其中生,萨芸若者从般若波罗蜜成。"②

以大地与种子的关系来比喻般若波罗蜜与其他五波罗蜜的关系,种子播撒大地,从大地之中而生,形容五波罗蜜皆由般若波罗蜜之中而出。在卷三《泥犁品》中,又记载佛陀弟子舍利弗对释提桓因所说:"五波罗蜜者,亦如盲无所

---

① 《中华藏》第7册《道行般若经》卷七《善知识品》,第964页中—下。
② 《中华藏》第7册《道行般若经》卷二《功德品》,第905页中—下。

见,离般若波罗蜜者。如是欲入萨芸若中,不知当如行?般若波罗蜜者,即五波罗蜜之护,悉与眼目;般若波罗蜜是护,令五波罗蜜各得名字。"①说般若波罗蜜如同眼睛一样,为其他五波罗蜜护卫导航,离开了般若波罗蜜,其余五波罗蜜盲无所见,连名字也不会有,失去了任何意义。

因为般若是佛教无上大法,所以本经中有许多赞美般若的经文。例如,在卷二《功德品》中,释提桓因对佛陀说:"欲得极大宝者,当从大海索之;欲得萨芸若珍宝成怛萨阿竭、阿罗呵、三耶三佛者,当从般若波罗蜜中索之。"②其他的佛陀弟子如舍利弗也有类似的赞美。③

本经结尾之卷十《嘱累品》中记载,佛陀以手反复抚摸阿难的肩膀,再三叮嘱他坚持不懈地修行般若、崇敬般若、广说般若、护持般若:

> 我(嘱)累汝阿难是般若波罗蜜,何以故?是经,阿难!怛萨阿竭、阿罗呵、三耶三佛,过去、当来、今现在无有尽经藏,是经镇诸法,悉从是经中出诸所有。阿难!怛萨阿竭、阿罗呵、三耶三佛,过去、当来、今现在所为人民说经,所出不可计经卷,种种异慧,若干种经卷,所见人民若干种所喜,各各随所行人民道经所入慧所说,过去、当来、今现在所说是一切,皆从是般若波罗蜜藏中出诸所有经法。阿难!若干种所见相,种种所行,若干种根,若干种黠,若干种痴,若干种慧,人民辈所求尽所求慧,怛萨阿竭悉都卢,阿难!悉从般若波罗蜜中出,悉知现如是。阿难!般若波罗蜜是怛萨阿竭、阿罗呵、三耶三佛母,是诸慧明,是我身,皆从是中出,从是中出出。
>
> 佛语:阿难!汝敬我所语、敬我法,若敬爱承事我,汝自敬身于佛,汝有慈于佛,汝有孝于佛,一切恭敬于佛所,汝持是慈孝恭敬于般若波罗蜜中。
>
> ……汝以亲近持佛藏,作是谛念:是般若波罗蜜当谛取,莫得失一字。佛般泥洹后,汝当护是经莫令减少,当持授与菩萨摩诃萨是诸佛

---

① 《中华藏》第 7 册《道行般若经》卷三《泥犁品》,第 920 页上。
② 《中华藏》第 7 册《道行般若经》卷二《功德品》,第 905 页中。
③ 《中华藏》第 7 册《道行般若经》卷三《泥犁品》,第 919 页下—920 页上。

经藏。

> ……阿难！我般泥洹后，都卢三千大千国界其中人民，汝悉教入经法中，悉令成就得阿罗汉道。日日教乃尔所人，如是一切若百劫，悉为说经令般泥洹。虽尔，汝常不具足承事我，汝不如持是般若波罗蜜中一句教菩萨学，如是为具足承事佛已，为具足供养。①

"都卢"，即全部。"泥洹"，即涅槃，或作般涅槃。这段引文颇长，由于历史上的反复传抄，不少地方今天读起来已不大通顺，但表达还是非常明确的——般若是诸佛之母，是智慧的渊薮，是佛法的总汇，是教化大千世界有情众生成就佛道的唯一法门。因此，佛弟子一定要恭敬护持好般若，绝不能亡失一字。

在本经中，对大乘般若理论的主要内容，都基本作了阐释，汉地民众第一次接触到了这些来自异域的异质思想。

般若理论的核心是"缘起性空"思想。

"缘起"之说，其实并不为般若理论所独有，它是佛教区别于世界上其他宗教或古今任何哲学的根本特征。从佛教诞生之日起，"缘起"说就是佛教教理的典型代表。在原始佛教时期，法印为"缘起"说的基础，而十二因缘、四圣谛和八正道则是"缘起"之说的形态。但当时，原始佛教教理于原始经典《阿含经》中并无组织或统一的理论，只是片段性的教示，由此，因为教理理解、解释的不同，导致佛教分裂为部派。各部派均有自己一派对原始佛教教理的注解、组织与阐释，一些有力的部派成立了各自的阿毗昙论书。发展至部派佛教后期，论书与原始佛教经典的关系渐行渐远，遂逐渐产生经典所无之阿毗昙这一独特学说，这种学说采用一种与实践无关的存在论来考察一切事物。在原始佛教时期，所有教理均系作为实践修行基础的理论，并无与实践修行无关的论说，十二因缘和四谛本身就具有极强的实践性。换言之，"缘起"之说作为佛教的根本特征就意味着佛教自诞生之日起，实践修行即为其信仰的基本活动。而部派佛教后期的阿毗昙论书却不再重视具有实践意义的教理，脱离了实践修行来空而论道，背离了佛教兴起的本来意义。大乘佛教的出

---

① 《中华藏》第 7 册《道行般若波罗蜜经》卷十《嘱累品》，第 999 页上—1000 页上。

现，主要起因就在于反对部派佛教以无关于实践修行之存在论为中心的流于形式的学术性争论，提倡佛教回归本来之实践信仰。般若作为大乘佛教中最早产生的理论，"缘起"之说自然为其应有之义。本经卷十《昙无竭菩萨品》中，记述有昙无竭菩萨为萨陀波伦菩萨说般若，其中就反复举例，以譬喻来论述"缘起"之说。例如，他举箜篌为例说：

> ……譬如箜篌，不以一事成。有木，有柱，有弦，有人摇手鼓之，其音调好自在，欲作何等曲。贤者欲知佛音声亦如是。菩萨有本初发意，世世行作功德，世世教授，世世问佛事，合会是事乃成佛身，佛音声亦如是。其法皆从因缘起，亦不可从菩萨行得，亦不可离菩萨行得，亦不可从佛身得，亦不可离佛身得。贤者欲知佛身音声，共合会是事乃得佛耳。①

他还举"工吹长箫""鼓""画师""天上殿舍""山中响声"等为例，最终说明：

> 贤者欲知成佛身如是，因缘所作，用数百千事乃共合成。有菩萨之行，有功德，有劝助德，令十方人使安隐，具足菩萨愿者，欲知成佛身者如是。贤者欲知佛为人故，分布经无数授与人，各各使行禅三昧思惟，分别为人说经，各各使学，如是，诸天人民闻之，莫不欢欣。……贤者欲知过去、当来、今现在诸佛，皆从数千万事各各有因缘而生。菩萨当作是念，当作是习，当作是守，菩萨作是行得佛疾。②

上述说教中所谓之"合会""合成"，其意即和合，表达"缘起"之说的因缘和合思想。由此说教可知，佛教认为，"缘起"非一事、二事可成，需用数百千事共合成，说明"缘起"之说不是一个简单的道理，而是无上正觉，亦即般若智慧。

卷九《不可尽品》的开篇记载佛陀与须菩提的对话，反复阐释"十二因缘不可尽"，更表达了大乘般若理论对"缘起"之说的进一步发展：

> 须菩提白佛言："般若波罗蜜不可尽，譬如虚空亦不可尽。菩萨当何因思惟般若波罗蜜？"佛语须菩提："色不可尽，当作是思惟般若波罗蜜；痛痒思想生死识不可尽，当作是思惟般若波罗蜜；十二因缘不可尽，当作是思惟般若波罗蜜。"佛语须菩提："菩萨当作是思惟般若波罗蜜，菩萨当

---

① 《中华藏》第 7 册《道行般若波罗蜜经》卷十《昙无竭菩萨品》，第 997 页中。
② 《中华藏》第 7 册《道行般若波罗蜜经》卷十《昙无竭菩萨品》，第 998 页中—下。

作是思惟十二因缘,适得其中。菩萨初坐树下时,不共法思惟十二因缘,是时萨芸若智慧悉具足。"佛语须菩提:"若有菩萨行般若波罗蜜时,思惟十二因缘不可尽,作是思惟者,出过罗汉、辟支佛道,去正住佛道。菩萨不作是思惟,行般若波罗蜜及思惟十二因缘不可尽,设不作是思惟者,便道中得罗汉、辟支佛。菩萨不中道还者,用思惟般若波罗蜜,思惟行摩诃沤和拘舍罗故。"佛语须菩提:"菩萨行般若波罗蜜时,思惟视十二因缘不可尽,作是视十二因缘,所视法生者、灭者皆有因缘,法亦无有作者。作是思惟十二因缘行般若波罗蜜时,不见色,不见痛痒思想生死识,不见佛境界,无有所因法见佛境界,是为菩萨行般若波罗蜜。"①

在大乘产生之前,虽然十二因缘已为"缘起"之说的中心思想,但对于"法"——世间一切事物是否均由因缘而生,特别是和合的各种因缘自身是否亦由因缘而生,并没有给出彻底的解释,这即是"十二因缘不可尽"的问题。而大乘般若理论之"法生者、灭者皆有因缘",即明确地认为,一切法,亦即世间所有事物,无论大小,无论物质、精神,均由因缘和合而生,概莫能外。大乘般若理论甚至将此点作为大、小乘佛法的一个重要区别,彻底认识便能去正住佛道,自利利他具足,求无上菩提,修六度万行,度一切众生;而认识不清则只能道中得罗汉、辟支佛,即只能得声闻乘、缘觉乘而不能得佛乘,唯自利无利他,唯度己无度人。

在"缘起"之说的基础上,大乘般若理论进一步认为,因为诸法因缘和合而成,所以没有究竟的自性,这就是"性空"。在佛教看来,"性"指事物之实体、本体,亦即自性、体性,它与"相"相对,"相"为事物之形相、相状,亦即形象、状态。而"空"与"有"相对,音译作舜若,意译为空无、空虚、空净、空寂、非有、本无等。其意为存在之物,皆无自体、实体,亦即谓一切事物均虚幻不实——诸法皆空。

自佛教诞生之日起,"空"的观念就已经出现,原始佛教时期甚至已经对"空"的概念进行了初步分类,谓之"三空":内空、外空、内外空。② 部派佛教

① 《中华藏》第7册《道行般若波罗蜜经》卷九《不可尽品》,第982页下—983页上。
② 《中华藏》第31册《中阿含经》卷四十九《双品大空经》,第879页下。

时期,"空"的观念得到充实完善,有"六空"之说,并且已经对各空的含义进行了系统阐释:

> 何谓空定?如比丘、一切法,若一处法,思惟空知空解空受空。以何义空?以我空,我所亦空,如是不放逸,观得定心住正住,是名空定。复次,空定六空:内空、外空、内外空、空空、大空、第一义空。何谓内空?如比丘、一切内法,若一处内法,思惟空知空解空受空。以何义空?以我空,我所亦空,常空,不变易空,如是不放逸,观得定心住正住,是名内空。何谓外空?如比丘、一切外法,若一处外法,思惟空知空解空受空。以何义空?以我空,我所亦空,如是不放逸,观得定心住正住,是名外空。云何内外空?如比丘、一切内外法,若一处内外法,思惟空知空解空受空。以何义空?以我空,我所亦空,如是不放逸,观得定心住正住,是名内外空。何谓空空?如比丘,成就空定,行比丘思惟空知空解空受空。以何义空?以我空,我所亦空,常空,不变易空,如是不放逸,观得空定心住正住,是名空空。何谓大空?如比丘、一切法,思惟空知空解空受空。以何义空?以我空,我所亦空,如是不放逸,观得定心住正住,是名大空。何谓第一义空?第一谓涅槃,如比丘,思惟涅槃空知空解空受空。以何义空?以我空,我所亦空,常空,不变易空,如是不放逸,观得定心住正住,是名第一义空。如是六空,是名空定。①

但"空"的观念并不被所有小乘部派所重视。例如,说一切有部即认为,诸法存在,三世实有,亦即执名相而为实有。又如,犊子、法上、正量诸部,肯定主观我体之存在,亦肯定现象界诸法之存在,认为法我俱有。而经量、化地、大众、鸡胤、法藏诸部,还有北山住、西山住等派,则主张过去与未来之法无体,唯有现在为实有之法。大乘佛教兴起后,"空"的观念被进一步丰富创新,达到了登峰造极的地步。《般若经》是大乘佛教中形成最早的一类经典,其所宣扬的般若理论的根本思想和基本标志就是"空"的思想。"性空"之说,诸法皆空,表明大乘排斥小乘有部之存在论,更彻底地阐明空(无我)之教义。

---

① 《中华藏》第 49 册《舍利弗阿毗昙论》卷十六《非问分道品》,第 688 页下—689 页上。

可以说,般若理论之"缘起性空"思想是大乘学说的基础。

在本经中,有相当多的篇幅论述"性空"之说,阐释般若的意义、核心和本质就是"性空"——本无。

卷一《道行品》中,佛陀对须菩提说:"菩萨摩诃萨心念如是:我当度不可计阿僧祇人悉令般泥洹,如是悉般泥洹,是法无不般泥洹一人也。何以故?本无故。"①说明大乘般若,因其本质"本无",可以度不可计无数之人超越生死,达于涅槃。卷三《泥犁品》中,佛陀又对须菩提说:"知般若波罗蜜空无所有,无近无远,是故为菩萨摩诃萨般若波罗蜜。"②再次说明菩萨所修行之般若的本质为"空无所有"。

在卷五《照明品》中,佛陀又多次对须菩提宣教诸法皆空的思想:

> 何谓知识?知识之本无。何所是本无?是欲有所得者,是亦本无,怛萨阿竭亦本无,因慧如住。何谓所本无?世间亦是本无。何所是本无者?一切诸法亦本无。如诸法本无,须陀洹道亦本无,斯陀含道亦本无,阿那含道亦本无,阿罗汉道、辟支佛道亦本无,怛萨阿竭亦复本无,一本无,无有异,无所不入,悉知一切。是者,须菩提!般若波罗蜜即是本无。怛萨阿竭因般若波罗蜜,自致成阿耨多罗三耶三佛,照明持世间,是为示现。怛萨阿竭因般若波罗蜜,悉知世间本无,无有异。如是,须菩提!怛萨阿竭悉知本无尔,故号字为佛。③

"阿耨多罗三耶三佛",即"阿耨多罗三藐三佛陀",梵文音译,简称"三耶三佛""三藐三佛陀"等,意为无上正等觉者,系佛陀之尊称。在大乘佛法看来,所谓"知识",即般若,其本质为本无:一切诸法本无,声闻乘(须陀洹道、斯陀含道、阿那含道、阿罗汉道)本无,缘觉乘(辟支佛道)本无,佛陀(怛萨阿竭)之所以修成无上正等正觉之"佛",亦是因般若而悉知世间本无。

> 所说诸法不可知不可见者,谓诸法悉空,以是故不可知;诸法不可护持,以是故不可得见。诸法不可知、不可见者,皆从般若波罗蜜。如是,

---

① 《中华藏》第7册《道行般若波罗蜜经》卷一《道行品》,第893页上。
② 《中华藏》第7册《道行般若波罗蜜经》卷三《泥犁品》,第920页中。
③ 《中华藏》第7册《道行般若波罗蜜经》卷五《照明品》,第941页上—中。

须菩提！诸法不可知、不可见，为从般若波罗蜜出怛萨阿竭成阿惟三佛示现持世间。故色为不可见，痛痒思想生死识亦不可见，是者般若波罗蜜示现持世间。①

"阿惟三佛"，又作"阿毗三佛""阿毗三佛陀"，梵文音译，意译为现等觉，指成就正觉之人，亦即佛。因为诸法皆空，所以诸法不可知不可见，而知诸法皆空不可知不可见，即为般若智慧，可修行成佛。该卷《本无品》中，佛陀还有类似的教示。②

同品中，须菩提对佛陀还提出了"般若波罗蜜甚深，难晓难了难知"的问题，③那么，般若"甚深"的含义是什么呢？在卷六《怛竭优婆夷品》中，佛陀连续给须菩提讲了几段话，非常深入地阐释了般若"甚深"的含义即空，并涉及"甚深"之般若与诸法、涅槃的关系："何等为深？空为深，无相、无愿、无识、无所从生灭泥洹是为限。……诸法甚深，色痛痒思想生死识甚深。何等为色痛痒思想生死识甚深？如本无，色痛痒思想生死识本无尔，故甚深。……甚深与般若波罗蜜相应，当思惟念作是住学，如般若波罗蜜教菩萨随是行，当思惟念如中教应行一日，是菩萨为却几劫生死。……菩萨所识，若求深般若波罗蜜，乐于空，乐无所有，乐尽，乐无常，念是为不离般若波罗蜜，如是菩萨得功德不可计阿僧祇。……诸法悉空，不可尽、不可计。经无有各各慧，无有各各异，怛萨阿竭但分别说耳。空不可尽、不可量，是想，是愿，是识，是生，是欲，是灭，是泥洹，随所喜，作是为说，作是现示，作是为教。"④

卷九《萨陀波伦菩萨品》与卷十《昙无竭菩萨品》中，佛陀向须菩提等弟子讲述了萨陀波伦菩萨孜孜不倦求索般若波罗蜜的事迹：

很久以前，有萨陀波伦菩萨，梦中有天人告诉他："你当求索大法！"但醒后求索而不得，异常苦恼愁忧，以致日日啼哭，由此得名号"常啼"（"萨陀波伦"意译即"常啼"）。此刻他又听到声报菩萨在虚空中对他说：不要再哭了，

---

① 《中华藏》第 7 册《道行般若波罗蜜经》卷五《照明品》，第 942 页上。
② 《中华藏》第 7 册《道行般若波罗蜜经》卷五《本无品》，第 946 页中—下。
③ 《中华藏》第 7 册《道行般若波罗蜜经》卷五《本无品》，第 947 页中。
④ 《中华藏》第 7 册《道行般若波罗蜜经》卷六《怛竭优婆夷品》，第 953 页上—954 页上。

有大法名般若,若有修行、守护者,就能很快证得佛果,你当去求索此法。你闻听了此法,依照修行、守护,就会得到佛所有的功德——三十二相八十种好,你还应当持此大法去教诲十方天下之人。于是萨陀波伦就问:怎样才能求索到般若大法? 往哪里去求索? 如何得之? 声报菩萨说:你不要休息,排除一切欲望杂念,无视一切恐怖诱惑,一直东行,即可得般若大法。

东行中,萨陀波伦感到不知要走多远才能求得般若,于是又哭了起来。正在哭时,虚空中出现了身有金色、放十亿光炎、有三十二相的化佛。化佛告诉他:你只要精进而求,很快就会得到般若大法。萨陀波伦听后很高兴,就请化佛为他讲解般若智慧的主旨。化佛告诉他:"诸经法无所说教,如虚空无形,本无端绪,如泥洹无有异;诸经法如泥洹无有异,无所从生,无形住;诸经法无所从生,无形计,如幻无形,如水中见影;诸经法如水中影现,如梦中所见等无有异;诸经法如梦中所见等无有异,佛声音都卢见如是,当随是经法教。"①

化佛还告诉他:你东行二万里,到揵陀越国去向昙无竭菩萨求学般若,他会做你的老师,为你解说般若智慧。于是萨陀波伦历经种种艰险磨难,排除外道邪魔干扰,终于来到了揵陀越国,拜昙无竭菩萨为师,跟随他学习般若智慧。昙无竭从十五个方面为萨陀波伦讲经说法。为了能让萨陀波伦全面、正确地理解、掌握般若佛性之理,昙无竭的讲经说法采用了多种方法,其中包括譬喻如幻喻、梦喻、化喻、虚空喻等:

> 空本无所从来,去亦无所至,佛亦如是;无想本无所从来,去亦无所至,佛亦如是;无处所本无所从来,去亦无所至,佛亦如是;无所从生本无所从来,去亦无所至,佛亦如是;无形本无所从来,去亦无所至,佛亦如是;幻本无所从来,去亦无所至,佛亦如是;野马本无所从来,去亦无所至,佛亦如是;梦中人本无所从来,去亦无所至,佛亦如是;泥洹本无所从来,去亦无所至,佛亦如是;想像本无所从来,去亦无所至,佛亦如是;无有生、无有长本无所从来,去亦无所至,欲知佛亦如是;无所适本无所从

---

① 《中华藏》第 7 册《道行般若波罗蜜经》卷九《萨陀波伦菩萨品》,第 985 页下—986 页上。

来,去亦无所至,欲知佛亦如是;虚空本无所从来,去亦无所至,欲知佛亦如是;经果本无所从来,去亦无所至,欲知佛亦如是;本端本无所从来,去亦无所至,欲知佛亦如是。①

其后,昙无竭坐般若之台不动不摇深入地思考般若智慧七年,萨陀波伦亦不坐不卧地坚持修行般若七年。七年之后,昙无竭举行大会,与四万亿菩萨共坐,用七昼夜的时间为萨陀波伦及诸菩萨宣讲般若"性空"之义。② 本经记述昙无竭宣讲般若"性空"之义的文字很长,此不赘引。

经中记载,佛陀在讲述过这个事迹之后,即对须菩提等说:"如是比,昙无竭菩萨为萨陀波伦菩萨说般若波罗蜜所入处,如是说昼夜七日。"③即在佛陀看来,昙无竭昼夜七日所阐释的般若"性空"之义,非常全面、完整、深入。

笔者以为,昙无竭的这段说教与之前化佛所说,是本经的核心和精华。

在东汉时期的佛经翻译史上,《般若道行品经》的译出是一件很重要的事情,影响十分深远。吕澂先生评价说:

> 对于以后义学发生影响最大的莫过于《道行经》。这因为大乘学说本来以般若的缘起性空思想为基础,由这部经的译出便有了趋入大乘的途径。又因为当时思想界里有道家道常无名,为天地始等一类说法,恰好做了接受般若理论的准备……从此《道行》成为研究佛家学说特别是般若理论的入门之籍。只因它译文过于简略,好多义理难得彻底了解,引起了朱士行的西行求法,而后和《道行》同源异流的《大品般若》(但在魏晋的义学家都将《大品般若》看作《道行》的母本)陆续有各种异本的译传,愈加丰富了般若学说的内容,但是《道行》始终被重视着。④

事实上,晋代以后,《般若道行品经》颇为流行,如吕澂所言"始终被重视着",东晋之名僧支遁、道安、竺僧敷等均有注疏。《出三藏记集》卷五记道安

---

① 《中华藏》第 7 册《道行般若波罗蜜经》卷九《萨陀波伦菩萨品》,第 989 页上—中。
② 《中华藏》第 7 册《道行般若波罗蜜经》卷十《昙无竭菩萨品》,第 995 页中—996 页中。
③ 《中华藏》第 7 册《道行般若波罗蜜经》卷十《昙无竭菩萨品》,第 996 页中。
④ 《吕澂佛学论著选集》卷五《中国佛学源流略讲》,第 2875—2876 页。

撰《道行品集异注》一卷,卷十二又记支遁撰《道行指归》,道安亦撰《道行指归》。① 《高僧传》卷五竺僧敷本传称:"竺僧敷,未详氏族。学通众经,尤善《放光》及《道行波若》。……后又著《放光》《道行》等义疏。"②

需要补充的是,根据《出三藏记集》卷二记载,支谶所译佛典中,还有一部叫《伅真陀罗经》(又称《伅真陀罗所问宝如来三昧经》《佛说伅真陀罗所问如来三昧经》),其内容也有一部分是阐述般若理论的,有必要在这里一并予以介绍。

现存《伅真陀罗经》分上、中、下三卷。其卷中开始,先说伅真陀罗王恳请佛陀与诸菩萨、比丘僧前往他的宫殿香山接受七日供养。在那里,佛陀为诸菩萨、比丘僧说法,所讲内容就是有关菩萨奉行波罗蜜亦即修行六度的问题。佛陀先说菩萨奉行檀波罗蜜(布施)、尸波罗蜜(持戒)、羼提波罗蜜(忍辱)、精进波罗蜜(精进)、禅波罗蜜(禅定)各应有三十二事,最后,佛陀谈到奉行般若波罗蜜的三十二事:

> 菩萨行般若波罗蜜,凡有三十二事。何谓三十二事?一者欲得佛诸经法无厌时,是为高明。二者随次念诸经法,是为高明。三者智慧解黠,是为高明。四者所因法不灭智慧,是为高明。五者入黠守解五阴,是为高明。六者以黠慧承经法解于本端,是为高明。七者阿伊檀拘舍罗持智慧解,是为高明。八者十二因缘拘舍罗稍稍觉知,是为高明。九者四谛拘舍罗悉知是灭,是为高明。十者稍稍入慧拘舍罗制不随泥洹,是为高明。十一者内观皆悉晓知,是为高明。十二者故受化生死当悉晓知,是为高明。十三者诸经法无所从生悉当晓知,是为高明。十四者一切人本端无形本自净,随世间习俗而入度十方人,是为高明。十五者一切法为一法耳,本端者泥洹也,是为高明。十六者一切境界为一境界耳。何以故?本自空故,是为高明。十七者一切佛为一佛耳。何以故?法身所入不可计故,是为高明。十八者一切事不悉见说。何以故?各各有字拘舍

---

① 《出三藏记集》卷五《新集安公注经及杂经志录》,第 227 页;卷十二《宋明帝敕中书侍郎陆澄撰法论目录序》,第 431—432 页。

② 《高僧传》卷五《竺僧敷传》,第 196—197 页。

罗悉当知,是为高明。十九者无所罣碍获智慧,不可计十方天下人来问悉能报,是为高明。二十者悉得诸经法未尝有忘用得陀邻尼故,是为高明。二十一者悉觉诸魔事,觉者当即远离,是为高明。二十二者一切法如幻,譬如人假著龙躯须史脱去一切无所有亦如是,是为高明。二十三者如梦中所见及水中影深山音响,一切法皆如是,是为高明。二十四者一切法皆空,本无所从来故,是为高明。二十五者十方天下人心所念智慧悉至悉知其本,是为高明。二十六者持沤和拘舍罗威神之力入泥洹后复来出现生死,是为高明。二十七者空无想无愿,一切法随教悉见度脱,是为高明。二十八者本端定无定无所见一切法悉了其本。何故? 一切法无所持无所著,是为高明。二十九者悉得明无有痴冥,悉得智慧光焰,为十方天下人说经法悉度脱,是为高明。三十者一切生死本无所从来,去亦无所至,悉晓知随习俗入,而为十方人说法更生更死示现如是,是为高明。三十一者四事不护智慧悉至遍皆悉知,是为高明。三十二者为十方人说经法,从次第随人所喜乐为说之,当自制心自护智慧,悉具足成就,诸佛悉遥见,是高才为菩萨持佛威神为悉拥护。是般若波罗蜜三十二事清净如是。①

所谓行般若波罗蜜三十二事,实质就是对般若"缘起性空"意义的正确理解。

与支谶翻译《般若道行品经》同时,竺朔佛也在洛阳译出了《道行经》一卷。《出三藏记集》卷二《新集撰出经律论录》中记载:

> 《道行经》一卷[安公云:《道行品经》者,《般若》抄也,外国高明者所撰。安公为之序注。]

> 右一部,凡一卷。汉桓帝时,天竺沙门竺朔佛赍胡本至中夏。到灵帝时,于洛阳译出。②

这段史料中,方括号中的文字为僧祐所注。注文虽然不长,但内容很丰富:第一,它说道安认为,竺朔佛所译之《道行经》,不是直接的译本,而是《般若》之"抄",亦即经抄,在《般若》翻译的基础上又进行了选择、编排,也可以谓之"编

---

① 《中华藏》第 16 册《佛说伅真陀罗所问宝如来三昧经》卷中,第 433 页中—434 页上。
② 《出三藏记集》卷二《新集撰出经律论录》,第 26 页。

译"。第二,"安公为之序注",是说道安为《般若》著有《序》《注》。《三宝纪》卷八载有道安撰《道行集异注》一卷,即此。但此注已佚,其序尚存,称《〈道行经〉序》,保存在《出三藏记集》卷七中,又称《〈道行般若经〉序》,列于诸大藏经般若部中所载支谶《道行般若经》前。该序谓:

> 佛泥日后,外国高士抄九十章为《道行品》。桓灵之世,朔佛贵诣京师,译为汉文。因本顺旨,转音如已,敬顺圣言,了不加饰也。然经即抄撮,合成章指,音殊俗异,译人口传,自非三达,胡能一一得本缘故乎?由是《道行》颇有首尾隐者。古贤论之,往往有滞。①

也是在说竺朔佛所译的《道行经》为经抄,还说此经内容不全,让人难以理解。本来当时的佛经翻译就是大量地采用"转音",即"梵音"或"胡语"的音译,译理晦涩不尽,又因为是经抄,肯定进行了删削,"颇有首尾隐者","隐者"就是格碍,文句简略,意义未周,自然论之"往往有滞",难以通达。在《出三藏记集》卷二《新集条解异出经录》中,还记载:

> 《般若经》
>
> 支谶出《般若道行品经》　十卷
>
> 〔又〕出《古品遗日说般若》　一卷
>
> 竺佛朔出《道行经》　一卷(《道行》者,《般若》抄也)
>
> 朱士行出《放光经》　二十卷(一名《旧小品》)
>
> 竺法护更出《小品经》　七卷
>
> 卫士度抄《摩诃般若波罗蜜道行经》　二卷
>
> 昙摩蜱出《摩诃钵罗若波罗蜜经》　五卷(一名《长安品经》)
>
> 鸠摩罗什出《新大品》　二十四卷
>
> 〔又〕《小品》　七卷
>
> 右一经七人异出。②

还是在说竺朔佛所译的《道行经》为《般若》之经抄。

有一些学者认为,支谶和竺朔佛所译为同一译本,换言之,是支谶和竺朔

---

① 《出三藏记集》卷七《〈道行经〉序》,第263—264页。
② 《出三藏记集》卷二《新集条解异出经录》,第65—66页。

佛合译了《般若经》。产生这个判断所依据的史料主要是《出三藏记集》卷七中所载之《〈道行经〉后记》，该后记未详作者，全文为：

> 光和二年十月八日，河南洛阳孟元士，口授天竺菩萨竺朔佛，时传言译者月支菩萨支谶，时侍者南阳张少安、南海子碧，劝助者孙和、周提立。
>
> 正光二年九月十五日，洛阳城西菩萨寺中沙门佛大写之。①

笔者认为，全文寥寥数语，文字又不通顺，恐其间有佚失，应不足为据。而同卷中所载道安之《〈道行经〉序》，实际上已经把这个问题说得很清楚了。按道安所说，当有三个译本：一个是朔佛译本，一个是朱士行所求译出《放光品》本，一个是"支谶全本"②。

其后，三国吴之支谦译《大明度无极经》（四卷）、后秦鸠摩罗什译《小品般若波罗蜜经》（十卷）和唐之玄奘译《大般若经》第四会，它们与支谶所译《般若道行品经》大体为同本异译，均为《小品般若》③。

## 二、《般舟三昧经》

《般舟三昧经》的主要内容则是阐述随同大乘般若性空理论发展起来的大乘修行实践，亦即大乘禅法、禅定——"般舟三昧"。

般舟三昧，佛教教义名词，梵文 *pratyutpanna-samādhi* 的音译。其中，"般舟"意为"佛立""常行""出现"；"三昧"意为"定""等持"，心力集中，专注一境，亦即"禅定"。故般舟三昧意译即为"佛现前定""佛立三昧""常行三昧""般舟定""诸佛现前三昧"等，是佛教最早流传至中原的大乘禅法、禅定之一，它是指在一特定期间，如七日至九十日内，通过修行三昧，使心安住于一境之寂静状态，这样就可使十方诸佛显现面前，从而通达佛之智慧，达于佛之境界。故《般舟三昧经》又名《十方现在佛悉在前立定经》。

在叙述本经的主要内容之前，需要先谈一下其版本问题。

据《开元录》卷十一记载，本经"前后七译，四译本阙"，当时尚存的"同本

---

① 《出三藏记集》卷七《〈道行经〉后记》，第264页。
② 《出三藏记集》卷七《〈道行经〉序》，第263—264页。
③ 《中华藏》第55册《开元录》卷十一，第223页中。

异译"还有三经:"《般舟三昧经》三卷(或加"大"字。或二卷),后汉月支三藏支娄迦谶译(第一译)。《拔陂菩萨经》一卷(一名《拔波》),《僧祐录》云:安公古典经(是《般舟经》初四品异译。第五出。今附汉录)。《大方等大集贤护经》五卷(亦直云《贤护经》。或六卷),隋天竺三藏阇那崛多等译(第七译)。"①此三经至今仍收录在诸大藏经中。

　　此三经中,独《拔陂菩萨经》未注明译者。翻检《开元录》卷一之著录,同样未注明译者,仅在经名之下注:"或为《拔波》。《安录》云《颰披陀菩萨经》。安公云:出方等部,是《般舟经》初四品异译,第五出。"②较上述记载多一别名《颰披陀菩萨经》。《出三藏记集》卷三的著录亦未注明译者,仅称:"《颰披陀菩萨经》一卷(安公云,出方等部中)。"③但后世的一些大藏经中却注明译者为支谶。笔者以为,《拔陂菩萨经》译出后,至迟到《出三藏记集》问世时,已不知译者,而后一直到唐中期《开元录》成书时,仍不详译者。部分大藏经中注明此经译者为支谶,当是后人所加。至于何时所加,尚需考证。

　　《般舟三昧经》在《中华大藏经》《大正藏》等收录中,又有两个版本:一为一卷本,一为三卷本,均署名后汉月支三藏支娄迦谶译。前者篇幅较短,仅有八品;后者篇幅较大,共有十六品,数量约是前者的两倍之多。为什么会出现这种情况呢? 学者们的意见不一。

　　任继愈先生之《中国佛教史》称:

　　　　《般舟三昧经》在《大正藏》中有三个译本,即《佛说般舟三昧经》一卷、《般舟三昧经》三卷、《拔陀菩萨经》一卷,都题支娄迦谶译。据近人研究,三卷本可能是竺法护译,最后的一卷本失译。总之,都是东晋之前的译本……这三个译本,文字虽有详略,但内容大同小异……④

赖永海先生之《中国佛教通史》则说:

　　　　关于支娄迦谶翻译《般舟三昧经》之事,各种文献记载不一。僧祐在

---

　　① 《中华藏》第55册《开元录》卷十一,第230页下。
　　② 《中华藏》第55册《开元录》卷一,第12页中。
　　③ 《出三藏记集》卷三《新集安公古异经录》,第92页。
　　④ 《中国佛教史》(第一卷),第366页。

《出三藏记集》卷二于支娄迦谶名下仅仅记载《般舟三昧经》或称《大般舟三昧经》一卷(也作二卷)……而现存署名支娄迦谶翻译的三卷本《般舟三昧经》并不见于僧祐经录。因此有人认为三卷本可能是竺法护译,但属于推测。依译语来考察,现存的三卷本,与支谶的译语相近,作为支谶所译,是近代学者所能赞同的。现存的一卷本,部分与三卷本的文句相合,但"涅槃""总持"等译语及序文,都不可能是汉代译语,而近于晋代的译品。也许现存三卷本经过后人修订。①

印顺大师也说:

> 依译语来考察,现存的三卷本,与支谶的译语相近,作为支谶所译,是近代学者所能赞同的(与《开元释教录》说相合)。现存的一卷本,部分与三卷本的文句相合,但"涅槃""总持"等译语及序文,都不可能是汉译的,近于晋代的译品。②

两种意见对立,但其实又都无法提出完全肯定的意见。究其原因在于年代久远,依现存的史料不足以得出一个肯定的意见。印顺大师在其《初期大乘佛教之起源与开展》中曾有一个有关史料的考察,他说:

> 依《出三藏记集》"新集经论录",有支谶所译的《般舟三昧经》一卷。在"新集异出经录"中,《般舟三昧经》有二本:支谶译出的,二卷;竺法护译出的,二卷。支谶所译的,一卷或作二卷,可能是传写的笔误。作为支谶与竺法护所译的二本,当时是有本可据的。隋法经《众经目录》,在"众经一译"中,"《般舟三昧经》二卷,晋世竺法护译"。"众经异译"中,"《般舟三昧经》一卷,是后十品,后汉世支谶别译"。所说的《般舟三昧经》二本,显然与《出三藏记集》相合。支谶的一卷本,注明为"是后十品",虽略有错误,但确是现存的一卷本。古代的传说,是以一卷本为支谶译,二卷(今作三卷)本为竺法护译的。《开元释教录》断定现存的三卷(或二卷)本,是支谶译,而支谶的一卷本,是缺本。这样,竺法护所译的二卷本,也

---

① 《中国佛教通史》(第一卷),第268页。
② 印顺著:《初期大乘佛教之起源与开展》(下),《印顺法师佛学著作全集》第十七卷,北京:中华书局2009年版,第716页。

就成为缺本了。①

因此,印顺大师才有上述的意见。

对比一卷本和三卷本《般舟三昧经》,从品名上看,一卷本的全部八品,品名上有七品与三卷本的完全相同,还有一品仅有一字之差。从文字内容上看,一卷本与三卷本还是有所差异的,差异之处就在于三卷本中增加了大乘般若性空的内容,因而所表达的思想也发生了变化。印顺大师说:

> 一卷本的念佛三昧,以思想来说,是唯心如幻,近于唯识学的。但三卷本所增多的,如《无著品》、《羼罗耶佛品》、《请佛品》(《贤护经·甚深品》)部分,都近于般若空义。……所以,这是在唯心如幻的观想基础上,称念佛三昧为空三昧,与般若思想相融和。从法数说,从思想说,三卷本是依一卷本而再纂集完成的。②

近年来,一些从事古汉语研究的学者从语言现象角度上,完全否定了一卷本《般舟三昧经》为支谶所译。例如,汪维辉先生著《从语言角度论一卷本〈般舟三昧经〉非支谶所译》,③方一新等先生也说:"我们考察了一卷本《般舟三昧经》的词汇和语法,这些语言现象表明,一卷本《般舟三昧经》极有可能是西晋以后的一部译经,不可能是支娄迦谶的译经。"又说:"从词汇、语法等现象来看,一卷本《般舟三昧经》和三卷本《般舟三昧经》这两部经与可靠的支娄迦谶译经以及东汉佛经是有差异的。但其译者及翻译年代的确定还有待进一步考察……"④

语言学家的意见值得重视,但其否定意见尚不能完全成立。笔者以为,第一,既然现存最早的佛典文献目录《僧祐录》只记载《般舟三昧经》为一卷、二卷,三卷本并不见于著录,而且《僧祐录》是在道安《综理众经目录》的基础上又引用之前各家的佛经目录,倘若三卷本在此之前曾经存在或存名,不会

---

① 《初期大乘佛教之起源与开展》(下),第715—716页。

② 《初期大乘佛教之起源与开展》(下),第718页。

③ 汪维辉:《从语言角度论一卷本〈般舟三昧经〉非支谶所译》,《语言学论丛》第三十五辑,北京:商务印书馆2007年版,第303—322页。

④ 《东汉疑伪佛经的语言学考辨研究》,第191、200页。

不予以著录记载。第二，三卷本较一卷本增多了品名章节，增加了大乘般若性空的内容。所以一卷本的译出似可能在前，三卷本或是在一卷本的基础上扩充而来，如印顺所言"依一卷本而再纂集完成的"，或是后译出来的。第三，在中国佛教历史上，后人对前经进行增添修改的现象较多，不排除一卷本、三卷本都经过后人的修改。因为经过后人的修改，所以经文中出现后世的词汇、语法也就不足为奇了。

以下以一卷本《般舟三昧经》为主来简要叙述《般舟三昧经》的主要内容。

概而言之，本经的内容就是以佛陀应颰陀和（又作跋陀和、颰披陀）菩萨之请而说法的形式来展开述说修持般舟三昧之法的。

本经开篇《问事品》，说佛陀在罗阅祇加邻竹园中与大菩萨、比丘等无央数众相会，颰陀和菩萨问佛陀："菩萨当行何等法得智慧，如巨海揽万流？"①接着，颰陀和向佛陀提出了一系列的问题，一共有二十四个之多：

> 云何行，博达众智，所闻悉解而不疑？云何行，自识宿命所从来生？云何行，得长寿？云何行，常在大姓家生，父母、兄弟、宗亲知识无不爱敬？云何行，得端正颜好美艳？云何（行），得高才，与众绝异，智慧通达，无所不包？云何行，功立相满，自致成佛，威神无量，成佛境界，庄严国土？云何行，降魔怨？云何行，而得自在，所愿不违？云何行，得入总持门？云何行，得神足，遍至诸佛土？云何行，得勇猛，如师子无所畏，一切魔不能动？云何行，得佛圣性，诸经法悉受持，皆了知而不忘？云何行，得自足，离谀谄，不著三处？云何行，得无罣碍，持萨云若教，不失佛意？云何行，得人信？云何行，得八种声入万亿音？云何行，得具足相好？云何行，得彻听？云何行，得道眼睹未然？云何行，得十力正真慧？云何行，心一等念十方诸佛悉现在前？云何行，知四事之本无？云何行，便于此间见十方无数佛土，其中人民、天龙、鬼神及蠕动之类，善恶归趣皆了知？所问如是，当云何行，愿佛说之，释一切疑。②

这些问题，涉及面非常广泛，从世俗的愿望和追求，如长寿、富贵、和睦、美貌、

---

① 《中华藏》第11册《佛说般舟三昧经》（别本），第460页上。
② 《中华藏》第11册《佛说般舟三昧经》（别本），第460页上—中。

才能等,到出家的修行与成佛,如降魔怨、得自在、得总持、得神足、得勇猛、得佛圣性等,无所不有,希望佛陀都能够给予圆满的解答。于是佛陀就告诉颰陀和:"有三昧名十方诸佛悉在前立,能行是法,汝之所问悉可得也。……有三昧名定意,菩萨常当守习持,不得复随余法,功德中最第一。"①佛陀为颰陀和指明说有一种方法,或者说有一种修行能够实现他的所有愿望和追求,这就是"诸佛悉在前立",此为"功德中最第一"的方法和修行。在接下来的《行品》中,佛陀又告诉颰陀和如何获得这种方法,亦即如何进行这种修行:

> 菩萨欲疾得是定者,常立大信,如法行之,则可得也。勿有疑想如毛发许。是定意法名为菩萨超众行。②

首先要"常立大信",亦即要树立虔诚、坚定的信仰,不能有丝毫如毛发般些许的疑惑和动摇。因而这种法门也就被称为"菩萨超众行","超众"者,超凡出众。接着,该经有一长达一百六十二句的三字偈,全面说明"菩萨超众行"的理论要求、实施措施与修行过程。这一百六十二句的三字偈中,最重要的内容有三段:

> 立一念,信是法,随所闻,念其方,宜一念,断诸想,立定信,勿狐疑,精进行,勿懈怠,勿起想,有与无。③

> 弃爱欲,履清净,行无为,断诸欲,舍乱意,习定行,学文慧,必如禅,除三秽,去六入,绝淫色,离众受。④

> 了身本,犹如幻,勿受阴,勿入界。阴如贼,四如蛇,为无常,为恍惚,无常主。了本无,因缘会,因缘散,悉了是,知本无。加慈哀,于一切,施贫穷,济不还。是为定,菩萨行,至要慧,起众智。⑤

第一段的主旨依然是强调虔诚、坚定的信仰,这是实现"佛现前定"的根本保证。第二段的中心是讲述修行的内容和禅定的要求。第三段的内容在整个偈语中的地位最为重要,它明确了理论内容和要求,显现了大乘般若理论之

---

① 《中华藏》第11册《佛说般舟三昧经》(别本),第460页中—下。
② 《中华藏》第11册《佛说般舟三昧经》(别本),第460页下。
③ 《中华藏》第11册《佛说般舟三昧经》(别本),第460页下。
④ 《中华藏》第11册《佛说般舟三昧经》(别本),第461页上。
⑤ 《中华藏》第11册《佛说般舟三昧经》(别本),第461页上—中。

性空思想。

之后佛陀再次告诉颰陀和：

> 持是行法，便得三昧，现在诸佛悉在前立。其有比丘、比丘尼、优婆塞、优婆夷，如法行持戒完具，独一处止，念西方阿弥陀佛今现在，随所闻当念，去此千亿万佛刹，其国名须摩提，一心念之，一日一夜，若七日七夜，过七日已后见之。①

其意是说，只要你专心致志，一心念西方阿弥陀佛，最多七日七夜之后，你的念想就可以实现，你就可以在自己的面前得见十方诸佛和佛境。

> 譬如人梦中所见，不知昼夜，亦不知内外。不用在冥中有所蔽碍故不见。颰陀和！菩萨当作是念时，诸佛国境界中，诸大山，须弥山，其有幽冥之处，悉为开辟，无所蔽碍。是菩萨不持天眼彻视，不持天耳彻听，不持神足到其佛刹，不于此间终生彼间，便于此坐见之。②

如同梦幻一般，十方诸佛、佛国境界都完完全全地展现在你的面前，其中所有幽冥之处，悉为开辟，无所蔽碍，不需要天眼、天耳、神足就能看到、听到、达到。

上述经文中"譬如人梦中所见""菩萨当作是念""不于此间终生彼间，便于此坐见之"等几句话很耐人寻味，由此我们会问：这种般舟三昧所达到的"佛现前"究竟是真实的，还是虚幻的？换句话说，是真的把"佛"召唤到了面前，还是"念"所产生的"佛"的幻象？佛陀的回答是这样的：

> 欲得见十方诸现在佛者，当一心念其方，莫得异想，如是即可得见。……菩萨闻佛名字，欲得见者，常念其方，即得见之。……闻经大欢喜，作是念：佛从何所来？我为到何所？自念佛无所从来，我亦无所至；自念欲处、色处、无色处，是三处意所作耳，我所念即见。心作佛，心自见，心是佛心，佛心是我身。心见佛，心不自知心，心不自见心。心有想为痴，心无想是涅槃。是法无可乐者，设使念为空耳，无所有也。菩萨在三昧中立者，所见如是。佛尔时说偈言：心者不自知，有心不见心，心起

---

想则痴,无心是涅槃。是法无坚固,常立在于念,以解见空者,一切无
想愿。①

这就讲得很明白了:"佛现前"是"念"之所致,因思念而显现。所念即见,出现
的只是一种幻象,而非是"佛"真正地来到面前。而"念"之产生,在于"心"之
作用,所以"佛"是"心"所造,心作佛,心自见。但这个造"佛"之"心"不是凡
心,而是"佛心"——因为凡心有想——能够产生想法、意识,是为痴心;"佛
心"无想——否定所有的想法和意识,是为涅槃,是为"空",无所有。菩萨三
昧禅定,修行的就是此一法门,面前见到的就是这种并不实在的十方诸佛和
佛国境界。这确确实实如印顺大师所言"唯心如幻"。而且,"是法无可乐者,
设使念为空耳,无所有也",这已经与大乘般若性空思想相协调了。

有关大乘般若性空思想的论述,三卷本之《般舟三昧经》较一卷本论述更
清晰。如一卷本之《行品》中称:

> 佛言:"菩萨于此间国土念阿弥陀佛,专念故得见之。"即问:"持何法
> 得生此国?"阿弥陀佛报言:"欲来生者当念我名,莫有休息则得来生。"佛
> 言:"专念故得往生。常念佛身有三十二相、八十种好,巨亿光明彻照,端
> 正无比。在菩萨僧中说法,不坏色。何以故?色痛痒思想生死识魂神地
> 水火风,世间天上,上至梵摩诃梵不坏色。用念佛故得是三昧。"佛告飚
> 陀和:"是菩萨三昧谁证者?我弟子摩诃迦叶、因坻达、须真天子。及时
> 知者,有行得者,是为证也。如是飚陀和,欲得见十方诸现在佛者,当一
> 心念其方莫得异想,如是即可得见。"②

同样的内容,三卷本之《行品》则称:

> (佛告飚陀和:)"菩萨于是间国土闻阿弥陀佛,数数念,用是念故见
> 阿弥陀佛。"见佛已从问:"当持何等法生阿弥陀佛国?"尔时,阿弥陀佛
> 语:"是菩萨言欲来生我国者,常念我数数,常当守念,莫有休息,如是得
> 来生我国。"佛言:"是菩萨用是念佛故,当得生阿弥陀佛国。常念如是,

① 《中华藏》第 11 册《佛说般舟三昧经》(别本),第 461 页下—462 页中。
② 《中华藏》第 11 册《佛说般舟三昧经》(别本),第 461 页下。

佛身有三十二相,悉具足,光明彻照,端政无比,在比丘僧中说经,说经不坏败色。何等为不坏败色？痛痒思想生死识魂神地水火风,世间天上,上至梵摩诃梵,不坏败色。用念佛故,得空三昧,如是为念佛。"

佛告飚陀和："菩萨于三昧中谁当证者？我弟子摩诃迦叶、因坻达菩萨、须真天子及时知是三昧者,有行得是三昧者,是为证。何等为证？证是三昧,知为空定。"

佛告飚陀和："乃往去时,有佛名须波日,时有人行出入大空泽中,不得饭食饥渴而卧出,便于梦中得香甘美食,饮食已其觉腹中空,自念一切所有皆如梦耶。"佛言："其人用念空故,便逮得无所从生法乐,即逮得阿惟越致。如是飚陀和,菩萨其所向方闻现在佛,常念所向方,欲见佛即念佛。不当念有,亦无我所立,如想空,当念佛立,如以珍宝致琉璃上,菩萨如是见十方无央数佛清净……"①

对比两段经文可以看出,标注着重号的文字均是三卷本增添的有关般若"空"义的内容。

这样的般若"空"义内容在三卷本中还有很多,可谓比比皆是,兹举二三例,可见一斑。《无著品》中云："诸法空,如泥洹,亦不坏,亦不腐,亦不坚,亦不在是间,亦不在彼边。无有想,不动摇。"②又有佛颂偈称："一切诸法无色漏,离想者空无想空,绝去淫欲则脱心,有解此者得三昧。精进奉行求佛道,常听诸法本清净,无得行求无不求,于是三昧不难得。观察所有如虚空,道意寂然审第一,无想无作亦无闻,是为解了尊佛道。见一切色无想念,眼无所著无往来,常观诸佛等如空,已度世间诸所求。"③《羼罗耶佛品》中又云："佛告飚陀和：'是菩萨当念佛,当见佛,当闻经,不当有著。何以故？佛本无,是法无所因。何以故？本空无所有,各各行自念。是法中无所取,是法无所著,如空等,甚清净。是法人所想,了无所有,法无所有,故所因者,空耳如泥洹。是

---

① 《中华藏》第 11 册《般舟三昧经》卷上《行品》,第 424 页下—425 页上。
② 《中华藏》第 11 册《般舟三昧经》卷中《无著品》,第 437 页下。
③ 《中华藏》第 11 册《般舟三昧经》卷中《无著品》,第 438 页上。

法无所有,本无,是法无所从来,亦无所从去,人本无。是法不著者近,有著者远。'"①余者不一一赘举。

### 三、《首楞严经》

支谶所译的《首楞严经》,也是一部很重要的佛经。《首楞严经》全称《首楞严三昧经》,简称《楞严经》,二卷。僧祐著《出三藏记集》时,已记载当时此经已阙。我们现在只能从经名上来大致分析一下支谶所译此经的内容。

"首楞严三昧",佛教教义名词,梵文 śūraṅgama-samādhi 的音译,亦作"首楞严定""首楞伽摩""首楞严三摩地""首楞伽摩三摩提"等,略称"首楞严",意译"健行三昧""健行定""健相定""勇健定""勇伏定"等,即坚固摄持诸法之三昧,为佛教一百零八种三昧亦称百八三昧之一。

《玄应音义》卷二十三谓:"首楞伽摩,此云健行定,亦言健相。旧云首楞严也。"②

《出三藏记集》卷七所载《首楞严三昧经注序》云:"首楞严三昧者,晋曰'勇猛伏定意'也。谓十住之人志当而功显,不为而务成。"③

《大智度论》卷四十七亦谓:

> 云何名首楞严三昧? 知诸三昧行处是名首楞严三昧。④

> 首楞严三昧者,秦言健相,分别知诸三昧行相多少深浅,如大将知诸兵力多少;复次,菩萨得是三昧,诸烦恼魔及魔人无能坏者。譬如转轮圣王主兵宝将,所往至处,无不降伏。⑤

因此,顾名思义,支谶所译《首楞严经》为说大乘禅观的著作,其内容当是论述十住之菩萨所能得之禅定。和"般舟三昧"一样,这种禅定也是最早传入中国内地的大乘禅定之一。大乘禅定,就是般若的实践,"般舟三昧"是让人专心

---

① 《中华藏》第 11 册《般舟三昧经》卷中《羼罗耶佛品》,第 444 页下。
② 王华权、刘景云编撰,徐时仪审校:《一切经音义三种校本合刊索引》上册《玄应音义》卷二十三,上海:上海古籍出版社 2010 年版,第 477 页。
③ 《出三藏记集》卷七《首楞严三昧经注序》,第 268 页。
④ 《中华藏》第 25 册《大智度论》卷四十七,第 849 页下。
⑤ 《中华藏》第 25 册《大智度论》卷四十七,第 852 页下—853 页上。

念佛,即可实现诸佛现前;而"首楞严三昧"则意味着,得到这种禅定,可以健行如飞,为追求成佛的行动增添力量,使追求成佛的目标更加容易实现。

自东汉支谶以来,《首楞严经》先后曾有八种译本,现通行后秦鸠摩罗什译本(二卷),其余皆佚。

## 四、《兜沙经》

支谶所译之《兜沙经》,是现存数十种华严类佛典中最早的汉译本,也是华严类佛典最早形成的经典。

《兜沙经》,又称《佛说兜沙经》,一卷,不分品,全经篇幅短小,仅有两千五百字左右。此经流传至东晋时,已不明译者为何人,道安根据译文风格,认定"似支谶出也"①。

《兜沙经》的内容先是叙述释迦牟尼在摩揭陀国初成佛后,十方世界菩萨聚集释迦牟尼佛前,提出种种问题,列举菩萨修行的十个名目。继而一一介绍了东方、南方、西方、北方、东北方、东南方、西南方、西北方、下方与上方等十方极远不可计量佛刹中的十位佛以及从是佛刹来至释迦牟尼佛前作礼的菩萨。一一列举了如来十号之名称。随后,讲述了佛放光明的宏伟壮丽情景。最后,又记述了释迦文佛分身而产生十亿佛的景象。

从《兜沙经》的内容来看,有两个突出的特点:

第一,阐述了"十数"之法的思想。"兜沙",梵文之义为"十"。本经名为《兜沙经》,顾名思义,就是叙述与十数目有关的佛法。所以,在《兜沙经》中,处处可以看到以十开头的名词,如十方人民、十佛刹尘、十方泥洹慧、十亿大海、十亿须弥山、十亿佛等;看到以"十"计数的诸佛诸法,如东方、南方、西方、北方、东北方、东南方、西南方、西北方、下方、上方等十方极远不可计佛刹有佛;看到以十句排比的经文,亦即十句式经文,如:

> 现我等菩萨十法住,现我等菩萨十法所行,现我等菩萨十法悔过经,现我等菩萨十道地,现我菩萨十镇,现我等菩萨十居处所愿,现我菩萨十

---

① 《出三藏记集》卷二《新集撰出经律论录》,第27页。

點，现我菩萨十三昧，现我菩萨十飞法，现我菩萨十印。①

《兜沙经》之所以用十数目来构造术语，计数诸佛诸法，排比经文，目的在于形容、显现佛法受众数量之众多、佛法传播地域之广大、佛法内容之丰富、佛法教义之深厚。

《兜沙经》对于十数目的重视与强调，使十数目逐渐被赋予了一种宗教象征意义，最终深刻地影响了大乘华严类经典的形成，成为华严宗教义特色之一。

魏道儒先生认为，《兜沙经》对十的创造性运用集中体现在两个方面：

> 其一，严格以十为计量单位组织经文、论述教义、表达思想。《兜沙经》在行文方面，动辄采用十句排比，在涉及某个问题时，往往从十个方面或分十个小节来论述。以后的华严类经典由此发展下去，每个问题包括十个方面，每个方面又有十个部分，自觉地采用十进制来组织整个经文。……其二，《兜沙经》严格以十为计量单位列举菩萨修行的名目、阶段或内容，使菩萨修行理论有了新的整体框架。②

吕澂先生更认为：

> 《兜沙经》的十数目字的产生，还反映大乘思想出现的社会条件与阶级根源。印度对外贸易一向发达，贵霜王朝从西北印同西方交涉，使得这种对外贸易，到一世纪，格外活跃，而案达罗王朝统一印度之后，在这一基础上又前进了一步。由于贸易发达，计算方法就要求提高，因而引起了数学的发展。在此之前，印度计算进位方法无一定规则，一般是用七进法，例如，讲到"极微"展转积成粗重时，即以七进法算出的。到了这一时期，则改用了十进法，还规定出十法数字符号。以前计算到十数时空位加一点，用"·"表示；这时发明了"〇"，用"〇"代替了。"〇"名"舜若"（空），还是空，不过也等于一个数字。这种变化，今天看来，不值一说，但当时却是一个大的发明。它通过贸易，经波斯、阿拉伯传到西欧，

① 《中华藏》第 13 册《佛说兜沙经》，第 652 页下。
② 魏道儒著：《华严学与禅学》，北京：宗教文化出版社 2011 年版，第 9 页。

发展成为世界通用的阿拉伯数字。我们从《兜沙经》里看到以十法为等级，就是反映了科学上的这一进步。这也说明大乘的产生与商业发展是有联系的。同时也可确定《兜沙经》的写作时间，不能早于公元一世纪。至于"○"也代表一个数字，与大乘认为空也有用处的思想，有一定的关系。①

第二，阐述了佛之分身与十方有佛思想。小乘佛学认为，每一世间只能有一个佛，不能同时有两个佛。从过去九十一劫开始，曾先后有过六佛出世，这六佛分别名毗婆尸、尸弃、毗舍婆、拘楼孙、拘那含与迦叶。现世唯一的佛是释迦牟尼佛。未来又会有弥勒佛出世。这种理论，严重地限制了人们修行成佛，不利于佛教的发展和传播。而大乘佛学则宣传三世十方有无数佛，提倡诸佛并存、多佛崇拜，扩大了成佛的时空，为一切有情众生成佛提供了可能和机会。但在众多大乘经典里，有关诸佛并存的理论依据并不完全一致，前述般若学说认为，诸佛皆从般若波罗蜜中出生而并存，般若波罗蜜是诸佛之母。但《兜沙经》的叙述则说，是释迦牟尼佛的分身产生了十亿佛：

> 佛分身，悉遍至十亿小国土。一一小国土，皆有一佛，凡有十亿佛，皆与诸菩萨共坐十亿小国土。诸天人民，皆悉见佛。诸菩萨、诸天人民，皆持佛威神。②

魏道儒先生这样评论《兜沙经》这段经文：

> 无数同时存在的佛都是释迦牟尼的分身……以此作为多佛并存的依据。释迦牟尼的分身形成了同时存在的多佛，多佛又统一于释迦牟尼。这样一来，佛的"分身"说就成为《兜沙经》把释迦崇拜与多佛崇拜结合起来的理论纽带。释迦牟尼处于诸佛的至尊地位，标志着没有违背早期佛教以来唯崇释迦为现存佛的根深蒂固的传统；而无数佛同时并存，又与多佛崇拜的大乘思潮步调一致，从而突破了部派佛学的藩篱。然而，在释迦牟尼之上，《兜沙经》没有再设立一个非人格化的最高崇拜对

---

① 《吕澂佛学论著选集》卷四《印度佛学源流略讲》，第2045—2046页。
② 《中华藏》第13册《佛说兜沙经》，第654页中。

象,这又是华严类经典与般若类经典的一大区别。①

吕澂先生则认为:

> 这部经对大乘学的贡献是,扩大了成佛的范围,把成佛的修行方法推广到一切有情,这种思想就超过了部派佛学。部派佛学只承认现在世界有一个释迦牟尼佛,过去曾有六佛,将来有弥勒佛,佛的出世有先后,不能同时有两个佛。这样,对人们的成佛有极大的限制。《兜沙经》打破了这一限制,认为在空间上同时有无量无边的国土布于十方,即可以有无量无边的佛,即使大家一时成佛,也安排得下。所以十方成佛的思想,是此经很特出的主张。②

所以,尽管《兜沙经》的篇幅很短,但它被支谶译出,在中国佛教史上却有着很重要的意义,标志着大乘华严学说的传入,其内容相当于后来大部《华严经》中序分之《如来名号品》与部分《光明觉品》。

## 五、支谶的译经方法

支谶的译经和安世高的译经虽然从内容上分属大乘与小乘经典两个系统,但两人的译经方法则完全一样,都是采取附会的办法。例如,在《般若道行品经》中,支谶把大乘佛教一个最重要的基本概念"性空",亦即"如性"或"实相"译成"本无"。"无"是中国道家的一个现成用语,是道家哲学的本质特征之一。老子最先提出"无"的概念。《道德经》说:"无名,天地之始。有名,万物之母。"(一章)"天下万物生于有,有生于无。"(十一章)又说:"有之以为利,无之以为用。"(十一章)认为"有"所以能为利,是因为"无"的作用,"无"比"有"更为根本。庄子亦以"虚无"论"道",说:"泰初有无,无有无名。"(《庄子·外篇·天地》)认为作为宇宙本原的"无"就是"无有";又说:"万物出乎无有。有不能以有为有,必出乎无有,而无有一无有。"(《庄子·杂篇·庚桑楚》)"无有"就是纯然一无所有。庄子更提出了"无无"(《庄子·外

---

① 《华严学与禅学》,第 7 页。
② 《吕澂佛学论著选集》卷四《印度佛学源流略讲》,第 2044—2045 页。

篇·知北游》)的概念来否定了一切,认为"无无"是最高的境界、绝对虚无的境界。支谶把"如性"译成"本无",对此,吕澂先生有一段很精辟的评论,他说:

> 关于"如性"这一概念,当初译为"本无"。现在考究起来,这是经过一番斟酌的。"如性"这个概念来自《奥义书》,并非佛家所独创,表示"就是那样",只能用直观来体认。印度人已习惯地使用了这一概念,可是从中国的词汇中根本找不到与此相应的词。因为我国古代的思想家比较看重实在,要求概念都含有具体的内容,所以没有这类抽象含义的词。所谓"如性"即"如实在那样",而现实的事物常是以"不如实在那样"地被理解,因而这一概念就有否定的意思:否定不如实在的那一部分。所以"如性"也就是"空性",空掉不如实在的那一部分。印度人的思想方法要求,并不必否定了不实在的那部分以表示否定,只要概念具有否定的可能性时就表示出来了。所以佛家进一步把这一概念叫作"自性空""当体空"。从这个意义上说,译成"本无"原不算错,而且"无"字也是中国道家现成的用语。要是了解"本无"的来历,本来不会产生误解。但这种用意只有译者本人了解,译出以后,读者望文生义,就产生了很大的错误。最初把这一概念同老子说的"无"混为一谈,以后联系到宇宙发生论,把"本"字理解为"本末"的"本",认为万物是从无而产生。这一误解并未因它的译名重新订正而有所改变。例如,以后"本无"改译成"如如""真如"等,反而错上加错,以至于认为是真如生一切。这种不正确的看法,代代相传,直到现在。①

这就是附会的结果。事实上,附会之译法就是魏晋时期发展出现的所谓"格义"——"以经中事数,拟配外书,为生解之例"②的发端。

---

① 《吕澂佛学论著选集》卷五《中国佛学源流略讲》,第2438—2440页。
② 《高僧传》卷四《法雅传》,第152页。

# 第四章
# 东汉时期所译佛教经典中的戒律思想

戒,梵文音译作"尸罗"。在佛教思想里,戒之本义指人的习近、本性,亦即行为、习惯、性格、道德等,故善恶习惯均可称为戒——善戒、恶戒,然一般限指善戒。善戒又称净戒,特指为出家人与在家信徒所制定的具有防非止恶清净功用的戒规——戒法规律,亦即戒律①。戒律是修行实践佛法的基础,所以佛教非常重视戒律,将戒学与定学、慧学共称三学,大乘更列持戒为六度之一。在佛经三藏中,律藏即为诠说戒学之经典。佛教初传中土的东汉时期,在洛阳所译的佛教经典中,也有一小部分律藏,这些律藏的主要内容所反映的就是中国最早的戒律思想,值得关注。

---

① 严格地说,戒与律应有所区别。戒,系信徒以自发之心遵守规律;律,则是以他律规范信徒之身心行为。

# 第一节　《四十二章经》中的戒律思想

《四十二章经》为汉地经祖,尽管《四十二章经》篇幅短小,但其中已包含了不少的佛教戒律思想:

> 辞亲出家为道,名曰沙门。常行二百五十戒,为四真道行,进志清净,成阿罗汉。①

这里所说的"二百五十戒",又称具足戒、具戒、大戒,意为完全圆满戒,即佛制比丘、比丘尼所必须遵守的戒律,共有二百五十条。但比丘、比丘尼之具足戒的数目、内容,不尽相同,各部派之间亦略有出入,然大体皆以二百五十条为基本之数。《四十二章经》虽然提出了"二百五十戒"之名,但并没有进一步说明"二百五十戒"的内容。

《四十二章经》又称:

> 众生以十事为善,亦以十事为恶。身三、口四、意三。身三者,杀、盗、淫;口四者,两舌、恶骂、妄言、绮语;意三者,嫉、恚、痴。不信三尊,以邪为真。优婆塞行五事不懈退,至十事必得道也。②

"以十事为善,亦以十事为恶",即"十善十恶"。"十善",身、口、意三业中所行的十种善行为,又作十善业道、十善道等;反之,身、口、意所行的十种恶行为,称为"十恶",又作十恶业道等。十善十恶之说,见诸于许多大小乘经典。因为佛教认为十善具有止恶行善之意,故亦称十善戒,又作十善法戒、十根本戒等;又因为佛教认为十善为顺理之正法,故又有十善正法之名。

《四十二章经》还称:

> 饭凡人百不如饭一善人,饭善人千不如饭持五戒者一人,饭持五戒者万人不如饭一须陀洹……学愿求佛欲济众生也。③

这里又提出了"五戒"。佛教认为,五戒是远离一切恶法,生长一切善法的基

---

① 《中华藏》第 34 册《佛说四十二章经》,第 570 页上。
② 《中华藏》第 34 册《佛说四十二章经》,第 570 页中。
③ 《中华藏》第 34 册《佛说四十二章经》,第 570 页下。

础,严持五戒,即为得一切戒的根本。所以五戒是佛教最基本的戒律,是佛教一切戒律的基础,凡佛教信徒,即使不出家者(优婆塞、优婆夷),也要具足受持五戒,因为这是做人的基本准则。

作为反映中国佛教思想萌芽、对中国佛教发展具有奠基作用的《四十二章经》,在阐释佛法最基本的教义——"四谛"之时,对于佛教的戒律思想也进行了初步的介绍和说明,提出的"二百五十戒""十善""十恶""五戒"等,均为佛教戒律的一些最基本的概念。

王建光之《中国律宗通史》总结《四十二章经》的律学思想有如下几个特点:一是强调持戒的重要性;二是既重视沙门的外在规范,也重视内在的自律和自省;三是带有明显的"格义"特征;四是形象地说明持戒的意义和必要性。该书又说:

> 从戒律观上看,该经说明了持戒而行对于出家求道的意义,但仅限形象的描述、比喻和意义的说明,而无佛理的解释和思想的探究。①

其实,由于历史的局限,在佛教初传中土的那个时代,佛理的解释和思想的探究反而不如形象的描述、比喻和意义的说明更有效果和作用。

## 第二节　安世高所译佛经中的戒律思想

前述安世高所译五十七部佛经中有三部属于戒律学经典,它们分别为《佛说舍利弗悔过经》《佛说犯戒罪报轻重经》和《大比丘三千威仪》。其中《佛说舍利弗悔过经》为大乘系统的戒律学经典,《佛说犯戒罪报轻重经》与《大比丘三千威仪》为小乘系统的戒律学经典。

《佛说舍利弗悔过经》,一卷,主要内容为佛陀在罗阅祇耆阇崛山中与千二百五十比丘和菩萨千人共坐时,弟子舍利弗问:"若有善男子、善女人意欲求佛道,若前世为恶,当何用悔之乎?"②佛陀从忏悔、随喜、劝请等三个方面进行了解答:

---

① 王建光著:《中国律宗通史》,南京:凤凰出版社2008年版,第45—46页。
② 《中华藏》第25册《佛说舍利弗悔过经》,第88页上。

　　　　若有善男子、善女人欲求阿罗汉道者,欲求辟支佛道者,欲求佛道者,欲知去来之事者,常以平旦、日中、日入、人定、夜半、鸡鸣时,澡漱整衣服,又手礼拜十方自在,所向当悔过。①

"悔过"即忏悔,悔谢罪过以求原谅。如何忏悔呢?每昼夜六次洗漱更衣恭敬地在十方佛面前告白自己"从无数劫以来所犯过恶,至今世所犯淫妷、所犯瞋怒、所犯愚痴"②,表示悔过道歉,以期达到灭罪灭恶的目的。经中还逐一列举了这些罪恶的内容,如煞(杀)生、行盗、欺人、两舌、骂詈、妄言、嫉妒、贪饕、不信(教)、不信作善得善作恶得恶,还有"不孝父母,不孝于师,不敬于善友,不敬于善沙门道人,不敬长老,轻易父母,轻易于师父,轻易求阿罗汉道者,轻易求辟支佛道者,若诽谤嫉妒之。见佛道言非,见恶道言是,见正言不正,见不正言正"③,等等。"愿从十方诸佛求哀悔过,令某等今世不犯此过妷,令某等后世亦不被此过妷。所以从十方诸佛求哀者何? 佛能洞视彻听,不敢于佛前欺,某等有过恶,不敢覆藏,从今以后皆不敢复犯。"④

又说:

　　　　若有善男子、善女人,各当日三稽首为十方现在诸佛作礼。……愿十方诸佛听某等所言:天下人民、蜎飞蠕动之类所作好恶,若布施者,若持道勤力不毁经戒者,若慈心念人民者,若作善无量者,若施于菩萨及诸比丘僧者,若施凡夫及贫穷者,下至禽兽慈哀者,某等劝其作善,助其欢喜。……诸过去菩萨未成佛者,奉行六波罗蜜,所作善,行檀波罗蜜布施,行尸波罗蜜不犯道禁,行羼提波罗蜜忍辱,行精进波罗蜜精进,行禅波罗蜜一心,行般若波罗蜜智慧,成六波罗蜜。诸过去若菩萨奉行六波罗蜜,某等劝乐助其欢喜,诸当来菩萨奉行六波罗蜜者,某等劝乐助其欢喜,今现在菩萨奉行六波罗蜜者,某等劝乐助其欢喜。某等诸所得福,皆布施天下十方人民、父母、蜎飞蠕动之类、两足之类、四足之类、多足之类,皆令得

①　《中华藏》第 25 册《佛说舍利弗悔过经》,第 88 页上。
②　《中华藏》第 25 册《佛说舍利弗悔过经》,第 88 页上。
③　《中华藏》第 25 册《佛说舍利弗悔过经》,第 88 页中。
④　《中华藏》第 25 册《佛说舍利弗悔过经》,第 88 页中—下。

佛福,得辟支。①

"劝其作善,助其欢喜"与"劝乐助其欢喜"即为随喜,随喜者,谓见他人行善,自己随之心生欢喜。而随喜之大,莫若奉行六波罗蜜。

又说:

> 若有善男子、善女人当昼夜各当三过稽首为十方佛拜言,愿听某等所言:十方佛已得佛不说经,今某等劝勉,使为诸天人民、蜎飞蠕动之类说经,使脱于泥犁、禽兽、薜荔、愚痴、贫穷,至令得泥洹道。②

劝勉十方佛转法论,为诸天人民、蜎飞蠕动之类说经,度脱一切,即是劝请。

当弟子舍利弗再问:"若有善男子、善女人欲求佛道者,当何以愿为得之?"③佛陀回答说:

> 若有善男子、善女人。当昼夜各三稽首为十方佛拜言,愿十方诸佛听:……某等取诸学道以来所得福德,皆集聚合会,以持好心施与天下十方人民、父母、蜎飞蠕动之类,皆令得其福。有余少所,令某得之,令某等作佛道、行佛经。诸未度者,某当度之;诸未脱者,某等当脱之;诸未得泥洹者,某等当令得泥洹。④

这里所谓的"取诸学道以来所得福德,皆集聚合会,以持好心施与天下十方人民、父母、蜎飞蠕动之类,皆令得其福",称为"回向"。回向者,回转趣向,即以自己所修之一切善根功德(如忏悔功德、随喜功德、劝请功德),回转布施给有情众生,使众生离苦得乐,与众生同成佛道。

以上所述就是本经的主要内容。它反映的是大乘初期的修行者,主要是在家的信众中流行的通俗易行的念佛修行法门——在十方佛前,修忏悔行、劝请行、随喜行,以回向佛道作结。

此经至南朝梁时,又由来华之扶南国沙门僧伽婆罗重译,称《菩萨藏经》(一卷)。需要说明的是,在《出三藏记集》卷二中,此经记为竺法护太安二年

---

① 《中华藏》第 25 册《佛说舍利弗悔过经》,第 88 页下—89 页中。
② 《中华藏》第 25 册《佛说舍利弗悔过经》,第 89 页中。
③ 《中华藏》第 25 册《佛说舍利弗悔过经》,第 89 页下。
④ 《中华藏》第 25 册《佛说舍利弗悔过经》,第 89 页下。

（303 年）译出，而安世高所译经之名录中并无此经；①但《开元录》记此经"亦直云《悔过经》"，安世高所译为初出，竺法护所译为第二出。②

《佛说犯戒罪报轻重经》，一卷，篇幅很短，主要内容是说佛陀在王舍城迦兰陀竹园，尊者目连向他询问有关无惭无愧、轻慢佛语的出家比丘、比丘尼违反戒律遭何种业报的问题：

> 若比丘、比丘尼，无惭愧心，轻慢佛语，犯众学戒，如是犯波罗提提舍尼、波夜提、偷兰遮、僧伽婆尸沙、波罗夷，得几所不饶益罪，唯愿解说。③

目连的问题中，共提出了犯众学、波罗提提舍尼、波夜提、偷兰遮、僧伽婆尸沙、波罗夷等六种违反戒律之罪。

众学，全称众多学法，音译称式叉迦罗尼、尸沙迦罗尼，为有关修行僧人衣、食、住、行的细则戒法，统称恶作、恶语。四分律总其规定有百条之多。因其法数目众多，比较难持，应经常习学，故称众学，或称百众学、应当学。犯之属于轻罪。此外，众学有异称为突吉罗，唐之法砺所撰《四分律疏》解释："若就所防彰目，应言众突吉罗篇，今隐其所防，治行受称，故名为学，式叉言学，迦罗尼名应当。"④其意是说，突吉罗系就防患未然的方面而命名，众学（式叉迦罗尼）则是从对治已犯戒之情况而言之，二者虽名称不同，实为一事。此罪很轻，只须对一人忏悔（违反之时）或对自心忏悔（未犯之时）。

波罗提提舍尼，梵文音译，又作波罗底提舍尼，或单称提舍尼，意译为对他说、向彼悔、各对应说、悔过法等。犯此戒时，必须向其他清净僧尼发露忏悔，也是轻罪之一。

波夜提，梵文音译，又作波逸提，意译为堕。其一为舍堕，谓僧人有超过自己应有衣钵之数量，或有以不法行为所得之物。犯此戒，应将超过之衣钵或不法所得之物归还物主或由僧团没收（即舍之意），且该僧人还须在僧众面前（四人以上）忏悔，若不忏悔，则死后必堕三恶道（即堕之意）。又一为单堕，

---

① 《出三藏记集》卷二《新集撰出经律论录》，第 23—26、37 页。
② 《中华藏》第 55 册《开元录》卷一、卷二，第 4 页下、31 页上。
③ 《中华藏》第 41 册《佛说犯戒罪报轻重经》，第 966 页上。
④ 《卍新纂续藏经》（以下简称《续藏经》）第 41 册《四分律疏》卷六，第 677 页中。

谓僧人犯说谎(小妄语)及杀畜生等戒,于共住僧中忏悔,即可求得清净。犯之亦为一种轻罪。

偷兰遮,梵文音译,又作偷兰遮耶、偷罗遮,意译为大罪、重罪、粗罪、粗恶、大障善道等,为欲犯如下述之僧残与波罗夷等重罪而未遂之诸罪,或谓除突吉罗之外的一切重罪。可分为方便偷兰与独头偷兰两种:方便偷兰又作从生偷兰,为欲犯僧残罪或波罗夷罪而行方便,但罪行终未成立;独头偷兰又作自性偷兰、根本偷兰,谓罪过已经完遂成就,能断善根。犯此戒,依情况而分上品罪、中品罪与下品罪,忏悔范围不同。

僧伽婆尸沙,梵文音译,意译为僧残、众余、众决断等。犯此戒者,属重罪,如同仅存咽喉,犹有残命,得赖僧众为其行忏悔之法以除其罪,故名僧残。处罚的办法是,先将犯者传至僧众面前,予以警诫,告之以所犯之罪名与事实,如能坦白悔过,施以六夜摩那埵之灭罪法。所谓六夜摩那埵,即六夜间另外别住,褫夺种种僧人权利。六夜摩那埵结束之后,犯者还需在众僧(二十人以上)面前告白忏悔,方能恢复僧人资格与僧人权利。如不能坦白,加罚相当日数之别住,再受六夜摩那埵。

波罗夷,梵文音译,意译为极恶、重禁、堕、断头、弃等,又称根本罪、边罪,是戒律中的根本极恶戒。僧尼犯此戒之罪,从此失去比丘、比丘尼资格,而被教团逐出,永远弃于佛门之外,谓之破门,死后必堕地狱,如同斩首断头之刑,不可复生。又善法名自,恶法名他,犯此戒而堕落,致恶法战胜善法,故亦称他胜罪。

佛陀给予目连的回答是:无惭无愧、轻慢佛语的出家比丘、比丘尼犯上述诸戒,所遭业报都是堕入泥犁——地狱之中,但因为罪有轻重,堕泥犁中的年数也不相同。最轻者,"犯众学戒,如四天王天寿五百岁,堕泥犁中,于人间数九百千岁"。最重者,"犯波罗夷,如他化自在天寿十六千岁,堕泥犁中,于人间数九百二十一亿六十千岁"①。其他则介于上述年数之间。

后出的《四分律》及其注疏将违犯比丘、比丘尼具足戒之罪分为"五犯

---

① 《中华藏》第 41 册《佛说犯戒罪报轻重经》,第 966 页上、中。

聚"①或"六聚"②,以类聚犯戒之相。"五犯聚"或"六聚"之内容就是上述目连所问之六种犯戒之名。

《佛说犯戒罪报轻重经》至北宋又由法天重译,谓之《目连所问经》(一卷)。在《出三藏记集》卷四所载"未见其本"的阙经中也有《目连所问经》(一卷),译者佚名,似亦应为一异译本。

《大比丘三千威仪》,又称《大比丘三千威仪经》《大比丘威仪经》《大僧威仪经》《三千威仪》等,二卷,是安氏所译几部律典中篇幅最大的一部,也是佛教初传中土时的一部重要律典。

所谓"大比丘",是安氏在经中所说的舍离烦恼,永处闲静清凉的"上出家者"。"威仪"一词,出自先秦典籍《诗经·大雅·抑》,云:"抑抑威仪,维德之隅";"敬慎威仪,维民之则";"慎尔出话,敬尔威仪,无不柔嘉"。《中庸》第二十七章又有:"优优大哉!礼仪三百,威仪三千,待其人而后行。"佛教出家僧众,其日常起居、坐卧进退中所应持守的庄严态度、威德形象、礼仪要求、行事准则甚多,以至有"三千威仪,八万细行"之说。一般而言,戒重而威仪轻,但若广义而言,佛法制教之戒,皆无非威仪之义。"三千"威仪,但云其数量之多,实则总数不过一千三百八十余条。由上述可知,《大比丘三千威仪》的内容就是阐述舍离烦恼,永处闲静清凉的大比丘日常所应遵守的威仪规则。

《大比丘三千威仪》开篇即称:

> 佛弟子者有二种:一者在家,二者出家。……出家者,行有始终上、中、下业。下出家者,先以十戒为本,尽形受持,虽舍家眷,属因缘执作于俗人等,是出家于具戒者,故是在家,是名下出家。其中出家者,次应舍执作缘务,具受八万四千向道因缘,虽舍作业缘务,身口行意业,未能具足清净,心结犹存,未得出要,上及不足,下比有余,是名中出家。上出家者,根心猛利,次应舍结使缠缚;舍结使缠缚者,要得禅定慧力;得禅定慧力,心得解脱;得解脱者,名净身口意业,出于缘务烦恼之家,永处闲静清

---

① 《中华藏》第 41 册《四分律》卷五十九,第 113 页中。
② 《大正藏》第 40 册《四分律删繁补阙行事钞》卷中《篇聚名报篇》,第 48 页中。

凉之室,是名上出家。①

述及此,本经开始引出佛弟子优波离就中出家者如何修行成永处闲静清凉之室的大比丘而请教佛陀的主题:

> 中出家者,始受具戒,沙门仪法未能周悉,要须依止长宿有德行者。

是以优波离问佛:成就几法尽令不依止耶?②

"依止",依存而止住,依赖于有力、有德者之处而不离。"长宿",年长而素有声望者。因为中出家者,刚刚受持具足戒,对于沙门的威仪戒法还不能全面地熟悉掌握,必须依赖于有声望、有德行的长者,受其监督学习威仪戒法。佛教中,有依止阿阇梨,又作依止师,比丘新剃度后,依止其他先辈比丘而受其监督学习佛法,禀受三藏。这里的"长宿有德行者"即依止师。

佛陀的回答是:

> 凡成就二十五法,不依止。广而言之,二十五法取要言之,但能知二部戒为本,今但成就十法。③

先说成就了"二十五法"即可不依止长宿有德行者,但接着又说,"二十五法"要而言之,若能知二部戒为本,并因之成就"十法",也即可不依止。

以下佛陀逐一列举了"十法"之名,即知戒、知是罪非罪、知轻知重、知有残无残罪、知一制、知二制、知偏制、知一切制、知布萨羯磨、知请岁羯磨,并简要介绍了它们的内容。从介绍的内容上来看,这十法都是佛法对于出家者对戒律应有的正确认识与自觉践行的基本要求。

佛陀随后说:

> 若成就十法不知上事者,虽满五岁若过,尽令依止宿长有德者,若不依止,日日犯突吉罗。若知上下十法者,若满五岁得离依止师。离依止师已,当学作师法。满十岁当得度人,若不知五法,尽令不得度人。……若有五法成就,满十岁,得与人作和上。若不知事者,终身不得度人,度

---

① 《中华藏》第 42 册《大比丘三千威仪》卷上,第 794 页上。
② 《中华藏》第 42 册《大比丘三千威仪》卷上,第 794 页上。
③ 《中华藏》第 42 册《大比丘三千威仪》卷上,第 794 页上—中。

人者得突吉罗罪。①

佛陀的回答包含了三层意思。第一层是说如果不知道上述"十法",虽满五岁——法岁、法腊,即受具足戒之后的年数——也必须随依止师继续学习威仪戒法,否则就会天天犯突吉罗戒罪。而能正确认识与自觉践行"十法",满五岁即可离开依止师。第二层是说离开依止师之后,还应当学习"作师法"。第三层是说在前面的基础之上,满十岁并知"五法"即可度人。若不知"五法",则终身不得度人,否则也犯突吉罗罪。所谓"五法",分别是:"一者广利二部戒;二者能决弟子疑罪;二(三)者弟子远方,力能使弟子来;四者能破弟子恶邪见,及教诫勿使作恶;五者若弟子病,能好看,视如父养子。"②

更进一步,佛陀回答说:

　　既离依止,已得度人,度人者当与徒众者应知聚众法。③

若得度人,则必然有徒众,则必然徒众相聚,而徒众相聚应当知"聚众法"。"聚众法"为四知:知说戒与知戒事,知说戒事,知羯磨,知会坐。"若众中不知上四法,不得一处住,应当请知法人来;若请不能得,应举众依他知法众住。若不请、不依他知法众住者,举众得突吉罗罪。"④

以下,佛陀又先后逐一叙述了徒众相聚所应遵守的净身口、净衣食之法,叙述了出家人业务法,叙述了如何度人授人具足戒,叙述了种种应忏、应作、应行、不应止等,叙述了卧起欲出户五事、澡嗽五事、用杨枝五事、刮舌五事、取袈裟着时五事、绕塔五事、当念五事、暮入户五事、欲上床五事、在床上五事、经行五事、卧五事、夜起读经五事、在寺中五事、饭时五事、不应作礼五事、露着泥洹僧十事、着三法衣五事、持钵五事、澡钵五事、持户钥五事、行至人家读经五事、比丘至郡国县长吏三事应往七事不应往、上高座读经五事、坐五事、不应说经五事、禅带五事、问经五事,叙述了和上当有十五德,叙述了染法衣五事、着法衣五事、行到时着法衣五事、不应着僧伽梨三事、曝法衣五事、浣

①　《中华藏》第 42 册《大比丘三千威仪》卷上,第 795 页上。
②　《中华藏》第 42 册《大比丘三千威仪》卷上,第 795 页上。
③　《中华藏》第 42 册《大比丘三千威仪》卷上,第 795 页上。
④　《中华藏》第 42 册《大比丘三千威仪》卷上,第 795 页中。

河南佛教史稿

法衣五事、沐浴剃头报五事、欲出行报五事、入浴室二十五事、入温室二十五事、入堂室五事，叙述了十二头陀法，还叙述了持锡杖二十五事、应往优婆塞家五事、比丘为优婆夷说经五事、新至比丘十德、待新至比丘十事、依止阿阇梨教弟子十五事、弟子依止阿阇梨五事、贤者比丘不应畜七种药、比丘欲起沙弥法五事、不应与沙弥共居三事、受人寄沙弥五事、比丘僧饭时五事、受案五事、饭食上澡漱五事、饭上十事、比丘持宾捷澡槃二十五事、当用手巾五事、若着僧伽梨时持手巾五事、作钵泥僧摩波利直月直日摩摩德直岁当行德数、钵泥僧摩波利十五德、营事维那饭时于堂中当行二十五德、待新至比丘七事、教人市买五事、买肉五事、教人汲水五事、教人破薪五事、教人择米五事、澡釜五事、教人炊米五事、择菜五事、作羹五事、教人澡案一切食具五事、揵椎五事、起坐当过白和上阿阇梨已受直日五事、扫塔上五事、扫塔下五事、扫除五事、洒地五事、捡灯五事、烧香着佛前三事、具香炉三事、摩摩德十五德、直岁十德、都摩波利揵椎五事、都摩波利二十五德、当会揵椎、踞坐五事、正坐五事、布萨时入众五事、至舍后二十五事、不应用水十事、阴起五事有罪五事无罪等诸事。经尾还叙述了比丘着绛、皂、木兰、青、黄五色袈裟之有关规定。

　　从以上所说诸事名称可以看出，这些都是比丘日常活动与行为举止之事，佛陀对这些活动与举止都进行了细琐而又周全的规范，说明佛教极重视出家信徒的日常修行威仪，出家信徒的修行就是从自己身边一点一滴开始的。

　　《大比丘三千威仪》虽然篇幅很长，但其中没有任何戒律理论的阐述，完全是出家僧众日常行为准则的汇集，第一次向中国民众全面介绍了佛教出家信徒的日常活动与行为举止，有助于古代中国民众对于佛教直观、感性的了解与认识。正如王建光先生所言："它对于规范中国早期佛教、使僧众如法而行、息世讥嫌，促进佛教的扎根和发展都有着重要的意义。"①

　　在安氏所译小乘经典中，还有一部阿含类经《佛说阿含正行经》，其中的内容也主要是佛陀为诸比丘说"五戒"。本经开篇佛陀即对诸比丘言：

　　　　人身中有五贼，牵人入恶道。何等五贼？一者色，二者痛痒，三者思

---

① 《中国律宗通史》，第49页。

想,四者生死,五者识,是五者,人所常念。……是五者,皆属心,心为本。①

"五贼"即五阴。佛教中有"五阴魔"之说,谓五阴能使有情众生受种种障害,而这里的"五贼"能"牵人入恶道",故"五贼"就是"五阴魔"。"五贼"产生的根源在于"心",以心为本。佛陀因此告诉诸比丘:"诸比丘欲求道者,当端汝心。"②如何端正此心呢? 就是精进:

> 第一精进者,即得阿罗汉道;第二精进者,自致阿那含道;第三精进者,得斯陀含道;第四精进者,得须陀洹道。虽不能大精进者,当持五戒:一不杀,二不盗,三不两舌,四不淫妷,五不饮酒。③

精进的最低要求就是五戒,严持五戒,是为得佛法的基础。与五戒相配合,佛陀还为诸比丘列出了一系列的行为准则:

> 无得阴构作恶,无得诤讼;见金银当如视土;无得妄证人入罪法;无得传人恶言、转相斗语言,无得中伤人意,不闻莫言闻,不见莫言见;行道常当低头视地,虫无得蹈杀;无得自贪人妇女,无得形相人妇女;坐自思惟,去贪爱之心。乃得为道耳。④

此外,如前所述,安氏在其《阴持入经》卷下中,也对"戒法"的问题进行了论述,提出来了"戒法十一本",称:

> 彼为戒法十一本:一为已持戒无悔,二为已不悔令得喜意,三为已有喜令爱生,四为已意得爱为身得猗,五为已身得猗便得乐,六为已意得乐便得正止,七为已意得正止便知如有,八为已知如有便寂然,九为已寂然便得离,十为已得离便得解脱,十一为已得解脱便见慧。有慧便知生死已尽,道行已毕,所作行已竟,不复还受苦。⑤

安氏提出"戒法十一本"的目的就是保证止观修习的正确、顺利进行,最终获

---

① 《中华藏》第 36 册《佛说阿含正行经》,第 196 页上。
② 《中华藏》第 36 册《佛说阿含正行经》,第 196 页上。
③ 《中华藏》第 36 册《佛说阿含正行经》,第 196 页中—下。
④ 《中华藏》第 36 册《佛说阿含正行经》,第 197 页上。
⑤ 《中华藏》第 36 册《阴持入经》卷下,第 143 页下—144 页上。

得解脱,达于涅槃境地。

根据有关经录的记载,安氏当时还译有以下律典:

《义决律》,一卷(或二卷)。《出三藏记集》记:"或云《义决律法行经》。安公云,此……经出《长阿含》。今阙。"①但查今本《长阿含经》所含三十部经,没有经名与《义决律》相似者。北宋赞宁之《大宋僧史略》谓:"汉灵帝建宁三年庚戌岁,安世高首出《义决律》一卷,次有《比丘诸禁律》一卷。"②北宋高承之《事物纪原》亦谓:"汉灵帝建宁三年,安世高首出《义决律》二卷,次有《比丘诸禁律》。"③说明安世高所译律典中似又有《比丘诸禁律》(一卷),但《比丘诸禁律》在《出三藏记集》卷四中已被列入"失译杂经录"内,④在法经之《众经目录》卷六中又被编入"此方诸德抄集"内。⑤ 不知赞宁、高承之说所出。

根据《开元录》记载,安氏还译有《法律三昧经》,一卷,"初出,见《法上录》";《恒水经》,一卷,"初出,亦云《恒水不说戒经》,见《法上录》。《宝唱录》云《恒水诫经》"。⑥

## 第三节  《法镜经》《受十善戒经》《沙弥尼戒经》中的戒律思想

《法镜经》,一卷(或二卷),根据《出三藏记集》和《高僧传》的记载,为安玄译,严佛调笔受,或谓安玄与严佛调共译,属大乘经典。此经的主要内容为佛陀(在本经中译作"众祐")在舍卫国(在本经中译作"闻物国")祇陀林(在本经中译作"胜氏之树")给孤穷精舍(在本经中译作"给孤独聚园")应郁伽(在本经中译作"甚")长者(在本经中译作"理家")之请为居家开士和去家开士敷演菩萨戒行。开者,开达、明、解也;士,则士夫也,谓修道者、修菩萨行

---

① 《出三藏记集》卷二《新集撰出经律论录》,第24页。

② 《大正藏》第54册《大宋僧史略》卷上"译律"条,第237页下。

③ (宋)高承撰,金圆、许沛藻点校:《事物纪原》卷七《道释科教部·戒律》,北京:中华书局1989年版,第386页。

④ 《出三藏记集》卷四《新集续撰失译杂经录》,第138页。

⑤ 《中华藏》第54册《众经目录》卷六,第132页上。

⑥ 《中华藏》第55册《开元录》卷一,第5页下、6页上。

者、沙门有德解者。居家开士即居士,去家开士即出家者。

佛教认为,佛法犹如大明之镜,能鉴照有情众生,丝毫不爽,故称法镜。如《法镜经·前序》云:"群生贤圣,竞于清净,称斯道曰大明,故曰法镜。"①《法镜经·后序》又云:"夫不照明镜,不见己之形;不赞圣经,不见己之情。情有真伪,性有柔刚,志有纯猛,意有暗明,识有浅深,不能一同。不睹圣典,无以自明。佛故著经,名曰法镜。以授某等开士之上首,传教天下。有识贤良,学者通达,行者志正,疾得无上之圣。"②

对于开士居家为道者,佛陀首先提出了自归于佛、法、僧:

> 开士居家为道者,当以自归于佛,自归于法,自归于众。彼以自归之德本,变为无上正真道。③

所谓"自归于"就是自心归于。再进一步,佛陀又就开士居家为道者自归于佛法僧分别提出了"修治四法":

> 开士以修治四法为自归于佛。何谓四?一曰道意者终而不离,二曰所受者终而不犯,三曰大悲哀者终而不断,四曰异道者终而不为也。是为四法,开士居家者,自归于佛为如是也。……修治四法为自归于法。何谓四?一曰诸法言之士以承事追随之;二曰所闻法以恭敬之;三曰已闻法本末思惟之;四曰如其所闻法,随其能为人分别说之。是为四法,开士居家者,自归于法为如是也。……修治四法为自归众。何谓四?一曰末下要生弟子之道,而意以喜一切敏;二曰示以为积聚物以法积聚而化之;三曰以有依恃有决定众,而不依恃弟子之众;四曰求索弟子之德,不以其德度而度也。是为四法,开士居家者,自归于众为如是也。④

所谓"修治四法",亦即四种修行对治的行为规范。更进一步,佛陀又提出了开士居家当以自奉持戒事作为修道的方法:

> 奉持戒事,谓是奉持五戒事也:是以为不好煞生,不加刀杖蠕动之

---

① 《中华藏》第 9 册《法镜经》,第 707 页中。
② 《中华藏》第 9 册《法镜经》,第 718 页上。
③ 《中华藏》第 9 册《法镜经》,第 708 页中。
④ 《中华藏》第 9 册《法镜经》,第 708 页下—709 页上。

类,不以娆固人;是以不好盗窃人物,自有财而知足,他人财不以思,至于几微草秽之属,不与终而不取;是以为不好欲之邪行,自有妻而知足,他妇女不喜眼视也,意常以自患己,思念欲都为苦,如使生欲念,自于其妻,则以观恶露,以恐怖之念,劳为欲之事……是以为不当好妄言,以谛言诚言,以不为诈性,以不败心如有诚,如其所见问而说之,慎护经法,不用躯命,故以妄言;是以不当好饮酒,以不醉不迷惑不急疾。……是以理家,开士以其所修学之德本,变为无上正真道,若以善修慎护斯五戒矣。①

而对于去家开士,佛陀提出了修菩萨行的六种"四净戒事":

> 去家开士者,有四净戒:一曰造圣之典,二曰慕乐精进德,三曰不与家居去家者从事,四曰不谀谄山泽居。是为去家开士者四净戒事也。复有四净戒事,何谓四? 以守慎身身无罣碍,以守慎言言无罣碍,以守慎心心无罣碍,去离邪疑造一切敏意。是为去家开士者四净戒事。复有四净戒事,何等为四? 一曰以自识知,二曰以不自贡高,三曰以不形相人,四曰以不谤毁人。是为去家开士者四净戒事也。复有四净戒事,何谓为四? 一曰已可诸阴为幻法,二曰以可诸情为法情,三曰以可诸入为虚聚,四曰不随方俗之仪式。是为理家去家开士者四净戒事。复有四净戒事,何等为四? 一曰以不自计我,二曰远离是我有,三曰断绝常在除,四曰以下因缘法。是为去家开士者四净戒事。复有四净戒事,何谓四? 一曰以解空,二曰以无想不怖,三曰以大悲众人,四曰以为可非身。是为去家开士者四净戒事。②

何谓"净戒事"呢? 佛陀释说:"彼以为常闻净定以故。"③也就是说,以上述六种四事为常闻则能达于净定,或谓依此六种四事戒法得生诸禅定。佛陀更进一步阐释说:

> 何谓此净定? 以通一切法,不为余事意行。为有决意,为一端意,为不错忤意,为以不往意,为不驰意,为自身住止意,不与情欲从事意,为以

---

① 《中华藏》第 9 册《法镜经》,第 709 页下—710 页上。
② 《中华藏》第 9 册《法镜经》,第 716 页下—717 页上。
③ 《中华藏》第 9 册《法镜经》,第 717 页上。

观幻之法，我若幻法情亦然。以无复行，便无可存，已履彼正，是谓正定。①

去家开士修菩萨戒行常闻上述六种四事，令心"决意"——专注于佛法，或谓"一端意"——一心一意于佛法，由此达于不散乱精神之作用与凝然寂静之状态。

《法镜经》的篇幅虽然不长，但它第一次在中国民众面前比较全面地介绍了大乘菩萨戒的内容，涉及所有三聚净戒——摄律仪戒、摄善法戒、饶益有情戒等。

《法镜经》的同本异译有保存在《大宝积经》卷八十二中的由曹魏时期的康僧铠所译之《郁伽长者会》与竺法护所译之《郁迦罗越问菩萨行经》。

《受十善戒经》，失译者。此经一卷，但分为"十恶业品"和"十施报品"两部分，前一部分篇幅较小。

前述《四十二章经》之戒律思想，谓其首次提出了十善十恶问题，而本经则是第一次全面、系统地论述十善戒问题。

本经开篇谓佛陀在舍卫国祇陀林须达长者美称夫人精舍中与诸大比丘聚会，佛陀告诉弟子舍利弗等说：

> 今为汝等说除十恶不善业报。谛听谛受，一心忆持，慎莫忘失。十恶业者：一煞生业，二偷盗业，三淫欲业，四妄语业，五两舌业，六恶口业，七绮语业，八贪欲业，九瞋恚业，十愚痴业。②

佛陀接着说：舍利弗，从今后，你应当普教众生，让他们清净身、口、意三业，归依于佛法僧，让那些善男子优婆塞、善女人优婆夷求受十善业戒及八戒法。有关十善业戒，佛陀谓：

> 持身如佛，持身如法，持身如僧，身三业者：一不煞生，二不偷盗，三不淫欲。③

> 持口如佛，持口如法，持口如僧，口四业者：一不妄语，二不两舌，三

---

① 《中华藏》第9册《法镜经》，第717页上。
② 《中华藏》第24册《受十善戒经》，第798页中。
③ 《中华藏》第24册《受十善戒经》，第798页下。

不恶口,四不绮语。①

　　持心如佛,持心如法,持心如僧,意三业者:一者贪欲,二者瞋恚,三者愚痴。②

有关八戒法,佛陀谓:

　　八戒斋者,是过去、现在诸佛如来为在家人制出家法:一者不煞;二者不盗;三者不淫;四者不妄语;五者不饮酒;六者不坐高广大床;七者不作倡伎乐故往观听,不着熏衣;八者不过中食。③

十善业戒,即十善、十善业,乃人之身、口、意所行之十种善行为,又作十善业道、十善道。反之,身、口、意所行之十种恶行为,称为十恶,又称十恶业、十恶业道、十不善业道等。八戒,又作八戒斋、八支斋、八斋戒、八关斋戒等,为优婆塞、优婆夷于一日一夜中学习出家所守之戒,故又称一日戒。

佛陀又强调说:"若受十善,不持八戒,终不成就;若毁八戒,十善俱灭。"④说明受持八戒是修行十善的基础。受持八戒所获得的功德是:

　　不堕地狱,不堕饿鬼,不堕畜生,不堕阿修罗。常生人中,正见出家,得涅槃道。若生天上,恒生梵天,值佛出世,请转法轮,得阿耨多罗三藐三菩提。⑤

而且佛陀还详述了如何受持八戒法:

　　八戒法者,应当至心坚持八戒,归依于佛,持心如佛;归依于法,持心如法;归依于僧,持心如僧,如是三说。归依佛竟,归依法竟,归依僧竟,如是三说。大德忆念,从今清旦至明清旦,欲受八戒,唯愿大德慈愍听许。⑥

上述为本经前一部分"十恶业品"的主要内容,这是本经内容的重点所在。本经后一部分"十施报品"的内容是佛陀为舍利弗等逐一详述十恶业报之相。如杀生有十种恶报:生刀山焰炽地狱中,生剑林地狱中,生镬汤地狱

---

① 《中华藏》第 24 册《受十善戒经》,第 799 页上。
② 《中华藏》第 24 册《受十善戒经》,第 799 页上。
③ 《中华藏》第 24 册《受十善戒经》,第 799 页中。
④ 《中华藏》第 24 册《受十善戒经》,第 799 页上。
⑤ 《中华藏》第 24 册《受十善戒经》,第 799 页下。
⑥ 《中华藏》第 24 册《受十善戒经》,第 799 页中。

中,生铁床地狱中,生铁山地狱中,生铁网地狱中,生赤莲花地狱中,生五死五活地狱中,生毒蛇林地狱中,生铁械枷锁地狱中等。实际上,本经中佛陀只讲述了杀生、偷盗、淫欲、妄语、两舌、恶口、绮语等前七恶之果报。在本经结束时,佛陀再次向弟子舍利弗等重申了破除十恶业、受持十善戒的重要意义,希望舍利弗等发扬光大十善戒的羯磨法门:

> 佛告舍利弗:若有受持此十善戒,破十恶业,上生天上为梵天王,下生世间作转轮王,十善教化,永与地狱三恶道别,譬如流水至涅槃海。若有毁犯十善戒者,堕大地狱,经无量世,受诸苦恼。舍利弗,汝好受持十善戒羯磨法,破十不善业。①

羯磨,有二义。第一义为"业""造作"之音译。指所作、事、行为、意志等身心活动,含有善恶、苦乐果报之意味,换言之,谓身、口、意三业发生之后,将会引起连续不断的因果报应。第二义为"作法办事"。指生善灭恶之作法,其内容有四:法(羯磨之作法)、事(有关羯磨之事实)、人(与羯磨有关之人)、界(进行羯磨之场所)。这里当指第二义。

《沙弥尼戒经》,一卷,失译者。由经名可知,此经为专说沙弥尼戒律。

沙弥尼,指初出家受持十诫而未受具足戒之女子,音译作"室利摩拏理迦""室罗摩拏理迦"等,意译为"勤策女""息慈女"。为佛教出家五众(比丘、比丘尼、式叉摩那、沙弥、沙弥尼)之一,亦为七众(出家五众加在家二众优婆塞、优婆夷)之一,与沙弥、式叉摩那合称三小众。

本经篇幅很小,开篇并未像其他经典那样,先说佛陀与菩萨、比丘众在某处集会,菩萨、比丘众提问,佛陀演说,由此引出内容主题。此经开篇即称:

> 沙弥尼初戒,不得杀生。慈愍群生,如父母念子,加哀蠕动,犹如赤子。何谓不杀?护身口意。身不杀人物、蚑行、喘息之类,而不手为,亦不教人。见杀不食,闻杀不食,疑然不食,为我杀不食。口不说言当杀当害报怨,亦不得言死快杀快,某肥某瘦,某肉多好,某肉少也。意亦不念当有所贼杀,于某快乎,某畜肥某瘦,哀诸众生,如己骨髓,如父,如母,如

---

① 《中华藏》第24册《受十善戒经》,第805页下。

子,如身,等无差特。普等一心,常志大乘,是为沙弥尼始学戒也。①

以上是为沙弥尼第一戒。接着又分述沙弥尼其余九戒内容:

不得盗窃,一钱以上草叶毛米,不得取也。②

不得淫逸……身不行淫,目不淫视,耳不淫听,鼻不淫香,口不淫言,心不存欲。③

不得两舌恶言……不见莫言见,不闻莫言闻,见恶不传,闻恶不宣。

不得饮酒,不得嗜酒,不得尝酒。④

不得持香华自熏饰衣被,履缕不得五色,不得以众宝自璎珞,不得着锦绣绫罗绮縠。⑤

不得坐金银高床,绮绣锦被、宝綩綖,不得念之。

不得听歌舞音乐声,拍手鼓节,不得自为,亦不教人。

不得积聚珍宝,不得手取,不得教人。⑥

食不失时,常以时食,不得失度,过日中后不得复食。⑦

接下来阐述受持沙弥尼十戒的意义:

沙弥尼已受十戒,原道思纯,能行是十事,五百戒自然具足。……沙弥尼如是能备十戒之本,其五百戒皆悉周满,可逮神通,无所不达。……沙弥尼如是能尊十戒,五百戒则为举矣。……沙弥尼如是若能具十戒者,五百之戒自然普备。⑧

沙弥尼如能完全很好地受持十戒、遵从十戒、完具十戒,自然就会为比丘尼五百戒奠定圆满的基础。

经尾处再一次对沙弥尼的日常行为提出了一些具体要求,如,“沙弥尼常尊三宝,敬师和上,过于父母百千万倍。父母一世,和上度无极无限。念报反

---

① 《中华藏》第41册《沙弥尼戒经》,第416页中。
② 《中华藏》第41册《沙弥尼戒经》,第416页中。
③ 《中华藏》第41册《沙弥尼戒经》,第416页中—下。
④ 《中华藏》第41册《沙弥尼戒经》,第416页下。
⑤ 《中华藏》第41册《沙弥尼戒经》,第416页下—417页上。
⑥ 《中华藏》第41册《沙弥尼戒经》,第417页上。
⑦ 《中华藏》第41册《沙弥尼戒经》,第417页中。
⑧ 《中华藏》第41册《沙弥尼戒经》,第417页中—下。

复,不造反逆。常厌秽身,如人闭狱,堕坠溷厕。不贪女身,不娆色欲"①。又如,"沙弥尼行路,不得与男子共行同道相随,不得与男子沙门比房同寺。各各别异,法之大节焉"②,并要求沙弥尼"常自克责,见善思及,见恶自察"③。而且,其中又涉及了佛法的一些基本教义,如称:"当解本无,犹如幻化","生死如泡,识如幻非我,因缘合成,无缘则无"。④

《开元录·小乘入藏录》谓《沙弥尼戒经》为小乘律,但经文中也反映出一些大乘思想。如经末称:

> 求大乘者,了一切空,如幻化梦影响野马芭蕉深山之响。缘对而生,本无所有。信色如影,痛痒如芭蕉,思想如野马,生死如泡,识如幻非我,因缘合成,无缘则无,独来独去,无一随者。欲为道者,权慧为父母,乐法为兄弟,不离深义,以为和上;慈悲喜护,谛住正法,以为男女;六度无极,以为伴党;神通之慧,以为车乘;不违经戒,思惟空义,以为屋宅。……若作沙弥尼求和上者,当得好聪明智慧,奉顺法者,世世能度人,譬若有船,完具牢坚,在所能度,至于彼岸。⑤

---

① 《中华藏》第 41 册《沙弥尼戒经》,第 417 页下。
② 《中华藏》第 41 册《沙弥尼戒经》,第 418 页上。
③ 《中华藏》第 41 册《沙弥尼戒经》,第 418 页上。
④ 《中华藏》第 41 册《沙弥尼戒经》,第 417 页下。
⑤ 《中华藏》第 41 册《沙弥尼戒经》,第 417 页下—418 页上。

# 第五章
# 东汉时期佛教净土信仰在河南的滥觞

任继愈先生主编的《中国佛教史》说:

在佛教体系中,既有深奥晦涩的宗教哲学理论,也有通俗形象的关于对佛、菩萨、鬼神崇拜信仰的内容。前者是以其独特的思辨方式论证现实世界虚幻不实,充满痛苦,劝人们追求佛教所虚构的至高圆满的精神境界,接受相应的修行方法和处世态度,后者则以极其粗俗的形式向人们宣传在现实世界之上存在着神通广大、威力无穷的佛、菩萨和极乐世界,并教给人们请求佛、菩萨帮助摆脱苦难,获得福祥的祈祷方术。这二者相辅相成,互为补充。①

---

① 任继愈主编:《中国佛教史》(第三卷),北京:中国社会科学出版社1988年版,第566页。

其实,佛教传入中国,之所以能够在中国扎根、生长,最终融合于中国古代文化,不仅仅是其博大精深的理论的召唤,更得益于其通俗形象、简单易行的信仰的作用。博大精深的佛学理论以独特的思辨方式,从人生问题着手,论证现实世界虚幻不实,充满痛苦和烦恼,引导人们通过修行精进,追求解脱,彻底摆脱一切苦恼。但理论的接受需要文化知识的基础,而在中国古代,民众受教育的程度低下,所以佛教深奥的理论只能在皇亲贵族、官僚士大夫中产生作用和影响,很难影响到社会上的一般民众。社会大众所能接受的只能是通俗、形象、易行的佛教信仰——通俗的说教、形象的崇拜与易行的祈祷,因为这些契合了他们的文化水平和认知能力,使他们感觉能够从这种信仰中获得帮助,以摆脱社会与人生的苦难,得到一种寄托感、安全感、满足感和幸福感。在中国古代长期流行的净土信仰就是这样一种通俗、形象、易行的佛教信仰,其思想滥觞于东汉时期的中原河南。

## 第一节　净土信仰的基本内容

在佛教思想里,有两个世界之说:一个是所谓的"净土"世界,相对而言,还有一个所谓的"秽土"世界。佛教认为,有情众生所居住的现实世界叫娑婆世界,是一个充满烦恼浊恶、污秽不堪的世界,谓之"五浊恶世"。姚秦之鸠摩罗什所译《佛说阿弥陀经》即谓:

> 释迦牟尼佛……能于娑婆国土、五浊恶世劫浊、见浊、烦恼浊、众生浊、命浊中,得阿耨多罗三藐三菩提,为诸众生说是一切世间难信之法。①

"五浊",又作"五滓",指减劫——人类寿命次第减短之时代中所起的五种滓浊。《法苑珠林》卷九十八有《五浊部》,引《菩萨地持经》《阿毗达磨俱舍释论》《持人菩萨所问经》《阿毗达磨顺正理论》等诸经典解释"五滓"之含义,如所引《菩萨地持经》卷七《方便处菩提品》便说:

> 所谓五浊者:一曰命浊,二曰众生浊,三曰烦恼浊,四曰见浊,五曰劫

---

① 《中华藏》第 18 册《佛说阿弥陀经》,第 677 页下。

浊。谓今世短寿,人极百岁,是名命浊。若诸众生不识父母,不识沙门婆罗门及宗族尊长,不修义理,不作所作,不畏今世后世恶业果报,不修惠施,不作功德,不修斋法,不持禁戒,是名众生浊。若此众生增非法贪,刀剑布施,器仗布施,诤讼斗乱,谄曲虚诳妄语,摄受邪法,及余恶不善法生,是名烦恼浊。若于今世,法坏法没,像法渐起,邪法转生,是名见浊。若饥馑劫起,疾病劫起,刀兵劫起,是名劫浊。①

而"净土"就是清净之土,也就是没有秽垢和邪恶的庄严世界。它是菩提修成之清净处所,亦即佛所居之处所,也是诸佛菩萨为度化一切有情众生,在因地发广大本愿力所成就者建立之庄严世界。正如圣凯法师所言:"净土是诸佛于因地行菩萨道,生起净佛国土成就众生之誓愿,无量永劫积功累德以建立之庄严清净世界。"②

"净土"全称清净土、清净国土、庄严刹土,又称净界、净国、净方、净世界、净妙土、妙土、佛国、佛刹等。

陈扬炯先生称:"净土思潮渊源于印度。部派佛教后期,佛陀被逐渐神化,产生了众多的本生故事。大乘佛教兴起时,从本生故事中演化出'自利利他'的本愿思想,激荡的本愿思想汇成了净土思潮。"③所以"净土"之说仅在大乘经典中宣教,代表着大乘的理想,而小乘无此说,因此印顺大师说:"大乘佛法的兴起,与净土念佛法门有密切的关系。原则上说,大乘是不离念佛与往生净土的。"④

"净土"之说分为广义与狭义。大乘佛教认为,得涅槃之诸佛各在其净土教化众生,故凡有佛所住之处即为净土,有十方三世一切诸佛菩萨,也就有十方无量的净土,其所依经典不同,名称亦各异。常见有弥勒净土、弥陀净土、阿閦净土、维摩净土等。而释迦牟尼佛的示现成道,其宏愿就在于净化人间,期将娑婆秽土转化为清净国土,这亦属于净土思想的范畴,是为广义。而狭

① (唐)释道世著,周叔迦、苏晋仁校注:《法苑珠林校注》卷九十八《五浊部》,北京:中华书局2003年版,第2814页。

② 圣凯:《四大净土比较研究》,戒幢佛学教育网。

③ 陈扬炯著:《中国净土宗通史·序言》,南京:凤凰出版社2008年版,第1页。

④ 《初期大乘佛教之起源与开展》(下),第647页。

义的"净土"则专指弥陀净土,亦即西方极乐世界,或称西方净土。

印顺大师说:"在初期大乘佛法兴起声中,西方阿弥陀佛净土,东方阿閦佛净土,也流传起来。"①印顺大师所说,表明弥陀净土与阿閦净土是初期大乘净土思想的两大流传,这不仅仅是针对古代印度与西域当时的情况而言,也反映了大乘传入中国时的状况。根据《开元录》卷一的记载,支谶所译大乘经典中即有《佛说无量清净平等觉经》(二卷)与《阿閦佛国经》(二卷),②前者为《大宝积经》第五会《无量寿如来会》之异译本,叙述西方阿弥陀佛净土;后者为《大宝积经》第六会《不动如来会》之异译本,叙述东方阿閦佛净土。还有,支谶所译《般舟三昧经》中也宣扬了阿弥陀佛净土信仰,说一个人只要专心思念西方阿弥陀佛,经一昼夜或七天七夜,就会在禅定中见到阿弥陀佛。这说明,在大乘传入中原河南之初,随着有关"净土"之说的佛典在洛阳的译出,佛教净土信仰思想也就滥觞于河南。

## 第二节 弥勒净土信仰的滥觞

弥勒是《阿含经》中提到的唯一菩萨,弥勒净土信仰是中国古代佛教主要的净土信仰之一,而且先于阿弥陀佛、观世音菩萨等最早为社会民众所崇信,尤盛行于南北朝时期乃至唐代高宗、武则天之时。东汉时,有关弥勒的神话,随着有关经典的译出,也开始出现在中原民众的面前。

传统观点认为,"弥勒"为梵文 *Maitreya* 的音译,音译作"梅呾丽耶""梅怛俪药"等。但季羡林先生经考证认为,"弥勒"一名来自吐火罗文 *Metrak* 音译。而且,在汉译佛典中,"弥勒"与意译"慈氏"同时出现于汉传佛教的最早时期——后汉、三国之时,而"梅呾利耶"等出现较晚,直到唐代才出现,且多出现于注疏和词书中,出现于译经中者极少。③

---

① 《初期大乘佛教之起源与开展》(下),第647页。

② 有关《无量清净平等觉经》的译者,史料记载不一。《开元录》卷一记其为支谶所译,但其前之经录有作竺法护所译,亦有作魏之白延(帛延)所译。见《出三藏记集》卷二、《内典录》卷二、《三宝纪》卷五与卷六、《古今译经图纪》卷一与卷二等。

③ 见《季羡林文集》第十二卷《梅呾利耶与弥勒》,第240—242页。

依后出之有关经典如《弥勒下生经》《弥勒上生经》等所记载,弥勒出生于婆罗门家庭,后为佛家弟子,先于佛入灭,上生兜率天宫,住于兜率天宫内院,以菩萨身为天人说法。兜率天,为欲界六天中之第四天,《普曜经》记载说,兜率天有一大天宫,名曰"高幢"①,富丽堂皇,庄严殊胜,被信众称为兜率净土。自唐代玄奘著述开始,兜率天宫又有了内外众之分,且"内众"优于"外众",因之玄奘临终之际,愿往生弥勒所居兜率天宫"内众"之中。② 进而,窥基、怀感之著述又将兜率天宫内外众的观念发展成为内外院之说,③此后,兜率分为内外两院、归依兜率即期生兜率内院的说法就逐渐流行普及至社会民众之中。内院为补处菩萨弥勒的住所,往生内院,永无退转;而外院为天众欲乐之处,不易闻法,不免轮回。佛陀释尊曾授记预言,当其寿四千岁(约人间五十七亿六千万年)灭尽之时,弥勒菩萨又会从兜率天宫下生人间,于龙华树下成佛,继释尊之后宣说佛法,教化众生。因其补佛空缺而成佛,故称作补处菩萨,亦即候补佛,或谓未来佛。释迦牟尼在成佛之前亦曾作为补处菩萨而住在兜率天宫,后下生人间而成佛。据《弥勒下生经》记载,弥勒成佛之后于华林园初会说法,九十六亿人得阿罗汉,第二大会说法,使九十四亿人得阿罗汉,第三大会说法,又使九十二亿人得阿罗汉,④在人间建立了佛国净土。

因为弥勒的事迹之中有上生与下生两段经历,所以弥勒信仰就包括了上生信仰和下生信仰两个内容。上生信仰就是信仰现今正于兜率天说法之弥勒菩萨,希望自己往生兜率天,与弥勒菩萨同会于兜率净土,在那里听闻弥勒菩萨说法而成道;而下生信仰则是信仰将来下生此世界的弥勒成佛之后,于龙华树下三会说法,救度万亿众生,希望自己将来亦能生此世界,听弥勒佛说法而成就菩提。

东汉时期,在河南译出的佛教经典中,已经有了弥勒事迹的记述。

---

① 《中华藏》第15册《普曜经》卷一《说法门品》,第357页下。

② (唐)玄奘、辩机原著,季羡林等校注:《大唐西域记校注(上)》卷五"阿逾陀国"条,北京:中华书局2000年版,第452页;(唐)慧立、彦悰著,孙毓棠、谢方点校:《大慈恩寺三藏法师传》卷十,北京:中华书局2000年版,第222页。

③ 《中华藏》第99册《观弥勒菩萨上生兜率天经疏》卷下,第467页中;《大正藏》第47册《释净土群疑论》卷四,第53页上。

④ 《中华藏》第18册《佛说弥勒下生成佛经》,第736页上—中。

根据《三宝纪》卷四、《开元录》卷一记载,安世高所译佛典中有《大乘方等要慧经》一卷,又称《佛说大乘方等要慧经》,为《大宝积经》第四十一会《弥勒菩萨问八法会》之异译本,是为早期叙述弥勒活动的经典。此经内容很短,全文录下:

> 闻如是:一时佛游于舍卫国。尔时,弥勒菩萨叉手白佛言:"世尊!我欲小有所问,若世尊听所问者,乃敢陈之。"佛言:"若有所疑便问,吾当为汝解说,使意欢喜。"弥勒问言:"云何菩萨摩诃萨不退转法,于大乘有进而不耗减行菩萨道并降伏魔怨,如其状貌,悉逮教知诸法相之根,不厌于生死,自有正慧不从他受,疾成无上一切智地?"世尊赞曰:"善哉!善哉!所问随顺,甚善大佳!吾当为汝解说:菩萨所得之行逾于所问,谛听善思念之。"于是弥勒受教,一心静听。佛告弥勒菩萨:"有八法具足,疾逮得无上一切智地。何谓为八?一者,内性清净;二者,所行成就;三者,所施成就;四者,所愿成就;五者,慈成就;六者,悲成就;七者,善权成就;八者,智慧成就。是为八,菩萨疾逮得无上一切智。"弥勒菩萨及众会皆欢喜。①

由此可以看出,此经的内容很单纯,就是讲弥勒菩萨虚心地向佛陀请教,菩萨摩诃萨应该如何做才能够在行菩萨道之时,降伏一切妖魔,明了诸法自体之相,得到"无上一切智",亦即无上正等正觉,而永不退转?佛陀回答弥勒菩萨说,菩萨八法具足,也就是修行八种方法,成就八种方法,即可以得到无上正等正觉。哪八种方法呢?佛陀为之一一列出:一者,内性清净,就是始终保持自己内心的清净,不动转,亦无所挂碍;二者,所行成就,就是成就"所行",亦即成就圆满自己的修行实践,坚持修行而不动摇;三者,所施成就,就是成就"所施",亦即成就圆满自己的布施供养;四者,所愿成就,就是成就"所愿",亦即成就圆满自己所发追求佛果菩提之誓愿,追求救济众生、度化有情之誓愿;五者,慈成就,就是成就"慈"心,亦即成就圆满自己的大慈之心,身做慈事,口说慈语,意存慈念,博爱一切有情众生;六者,悲成就,就是成就"悲"心,亦即成就圆满自己的大悲之心,对有情之痛苦产生感同身受之悲情,对众生之苦

---

① 《中华藏》第9册《佛说大乘方等要慧经》,第973页中。

难心怀悲悯之心,并尽己一切所能去帮助他们脱离苦海;七者,善权成就,就是成就"善权",亦即成就圆满自己顺应众生之能力与素质,而运用善良巧妙之法、种种之方便——化他之说法、方法而教化、救度众生;八者,智慧成就,就是成就智慧,亦即成就圆满自己的般若。显然,此经已经开始表现出弥勒崇拜。

安世高所译佛典中还有一《佛说长者子制经》,一卷,又名《长者子制经》《制经》,其中也提到了弥勒佛。这部经的内容也很单纯,就是讲述一位名字叫制的豪贵子弟求佛、成佛的故事。

一天清晨,佛陀与五百沙门入城乞食,来到一豪贵人家门口。此家男主人已殁,余一子,叫制。制见佛陀身相端正绝妙,遂与母亲商量要布施饮食。其母悭贪,制多次哀求均不肯,只好拿自己的饭食,并拿了自己的好衣服,上供于佛陀。佛陀为了考察他的诚心,经三次请求,方才接受了供养。佛陀对制说:"今天,你降伏了自己所有的吝啬和贪心,布施佛衣食,这可以让你心中的愿望都得到满足。"制很欢喜,对佛陀说:"我的心愿是,既不求作天王,也不求生生世世的富贵,只希望得到如同佛一样的智慧光明。"佛陀说:"很好!让你实现你的心愿吧!"此时,虚空中的帝释天王听了制的话后,为了进一步考验他,就在佛陀的身后合掌说:"你今天用一点小小的衣食布施给佛,就想要求成佛,那是不可能的。恐怕经十劫、百劫、千劫、万劫、亿劫,你都难以作佛。"制说:"我不是因为仅用一顿衣食的供养就想成佛,我会常常护持善心,精进不懈,求佛的心终不停止,所以一定能成佛。"天王继续问难制,制都一一予以很好的回答。当制说:"就算阎浮利地界充满了大火,大火一直烧到天上,要我不断地投身跳入其中,我为了作佛,也终不停止。"天王说:"你让阎浮利地界充满大火,会杀死其中的无数有情众生的。你这样说是口说恶言,心起恶念,死后当堕入地狱中,哪里还能成佛呢?"此刻,制回答天王说:"世间一切有情众生,我持慈心,皆付弥勒佛。弥勒佛自当度脱之。我求佛道会不止。"最终,制通过了天王的考察。随后,佛陀便告诉制说:

汝前后所承事凡六万佛,汝常当愿求作佛,汝常持心精进承事诸佛。

却后二百亿万劫,汝不复更地狱、饿鬼、畜生中。却后二百亿万劫竟,汝

> 当作遮迦越王，当有十亿小国皆属汝，汝当领四天下，当飞行，汝所行当
> 正寿尽，当上生第七梵天、第四兜术天，天上寿尽当复下生作遮迦越王。
> 寿尽当复上生第七梵天，如是上下百亿万劫竟，汝当作佛，字须弥迦罗，
> 当度脱天上天下人民。汝生下地，当照万二千亿天地，上至二十八天上，
> 天地皆为大动，夜明如日出，人民皆寿七千亿岁。……汝作佛时，当再会
> 说经，一会时有六千亿沙门皆得阿罗汉，第二会说经时，有四千亿沙门皆
> 得阿罗汉。当尔时，人民无有偷盗者，男子、女人皆同一心，无有恶者。
> 亦无山林、溪谷，地皆平正。人民无有疾病、忧苦，皆安乐，所居皆自守。
> 天日三雨，栽淹尘土。人欲议语，皆大聚会。夏月则不暑，冬月则不寒，
> 皆得中适。汝教授精舍名为难提陀，若有男子、女人，持戒、布施与佛、辟
> 支佛、阿罗汉，求作佛者，皆可得佛道，不可不求。八方上下，无有能穷极
> 者。佛智慧如是，天下人不知生所从来，亦不知死趣何道。①

我们可以看到，制后来的经历颇与弥勒的事迹相似：上生兜率天，下生成佛、
大会说法、人间净土等，已经初步体现出了弥勒信仰的一些基本内涵，显现了
弥勒信仰的基本轮廓。

支谶所译《般若道行品经》中也有关于弥勒事迹的一些内容。在《般若道
行品经》的开篇即称：

> 佛在罗阅祇耆阇崛山中，摩诃比丘僧不可计，诸弟子舍利弗、须菩提
> 等，摩诃萨菩萨无央数，弥勒菩萨、文殊师利菩萨等。月十五日说戒时，
> 佛告须菩提："今日菩萨大会，因诸菩萨故，说般若波罗蜜，菩萨当是
> 学成。"②

卷五《不可计品》又有：

> 若复有菩萨从兜术天上来生是间，或从弥勒菩萨闻是深经中慧，今
> 来生是间，持是功德今逮得深般若波罗蜜。若复有菩萨，前世佛时闻深
> 般若波罗蜜不问中慧，来生是间，闻深般若波罗蜜心便有疑，不信乐，不

---

① 《中华藏》第 19 册《佛说长者子制经》，第 114 页上—115 页下。
② 《中华藏》第 7 册《道行般若经》卷一《道行品》，第 890 页上。

问中慧。何以故？前世有疑故。①

卷六《怛竭优婆夷品》又有：

> 须菩提言："弥勒菩萨近前，在旦暮当补佛处，是故知，当从问。"舍利
> 弗白弥勒菩萨："我所问，须菩提言弥勒菩萨能解之。"弥勒言："如我字弥
> 勒当解乎？当以色痛痒思想生死识解慧乎？持是身解耶？若空、若色痛
> 痒思想生死识解慧，色痛痒思想生死识空，无力当所解，是法了不见也，
> 亦不见当所解者，是法了不见，当得阿耨多罗三耶三菩者。"舍利弗言：
> "弥勒菩萨所说为得证？"弥勒言："不也，我所说法不得证。"舍利弗便作
> 是念：弥勒菩萨所入慧甚深。何以故？常行般若波罗蜜以来大久远矣。②

除了上述三段记述，卷三《沤和拘舍罗劝助品》也有一段有关弥勒菩萨与须菩
提的讨论对话，因篇幅太长，此不赘引。

《般若道行品经》是宣说般若理论的大乘经典，弥勒是未来代释尊说教之
补佛，从上述三段经文中可以看出，弥勒不但参加了佛陀所召开的专门阐述
般若的菩萨大会，而且此时他已经从般若中出，亦即行般若久远，逮得深般若
波罗蜜。随着般若学说的广泛传播，这种弥勒崇拜也逐渐为社会民众所了解
和认可。

支谶所译《佛说伅真陀罗所问宝如来三昧经》卷上、卷下也有四段经文提
及弥勒及其事迹，卷上一句谓："复有菩萨，名曰弥勒。"③卷下一段称："佛谓
阿难：'诸夫人因是欢喜，为我作礼而自发心合会功德，寿终已后，离于母人，
当得男子，便生兜术天上，当与弥勒相见，讲议菩萨之事，弥勒佛时皆当供
养。'"④还有一段称："佛语弥勒、提无离菩萨：'我从阿僧祇劫而行菩萨道，今
以法而相属，累令得久住。'弥勒菩萨谓提无离菩萨：'佛般泥洹已后，吾等当
护是法，当教告人广说其事。后世若有菩萨有功德者，当还得是经卷，我等当
劝助而拥护之；若后世其逮得是经者，有书讽诵读皆得安隐，当知弥勒、提无

---

① 《中华藏》第7册《道行般若经》卷五《不可计品》，第943页下。
② 《中华藏》第7册《道行般若经》卷六《怛竭优婆夷品》，第955页上—中。
③ 《中华藏》第16册《佛说伅真陀罗所问宝如来三昧经》卷上，第414页上。
④ 《中华藏》第16册《佛说伅真陀罗所问宝如来三昧经》卷下，第444页中。

离菩萨之所拥护。'"①又有一段说:"弥勒、提无离菩萨及阿难问佛:'是法为何等? 当云何行?'佛言:'是名伅真陀罗所问诸波罗蜜解诸法宝品。'佛说是经,弥勒、提无离菩萨、比丘僧、诸天人、犍陀罗、鬼、神、龙,莫不欢喜,前为佛作礼而去。"②

上述卷上一句是记载弥勒位列于参加佛陀在罗阅祇耆阇崛山中集会的七万三千菩萨之中;卷下一段提及了上生兜率天,与弥勒相会;第三段讲述了在释尊涅槃之后,弥勒要继续护持佛法、宣说佛法;第四段则点明了佛法与诸波罗蜜的关系,也描绘了之后兴起的弥勒信仰的轮廓。

在佛教经典中,有一种"譬喻"经,顾名思义,就是以譬喻的形式来宣说、彰显佛教义理,教化民众,属佛教十二部经之第七类。最早的汉译《杂譬喻经》是支谶所译,其中第一则故事就是讲弥勒下生信仰的:

> 昔有比丘,聪明智慧。时病危顿,弟子问曰:"成应真未?"答曰:"未得,不还未也。"问曰:"和上道高名远,何以不至乎?"和上告曰:"已得频来,二果未通。"问之:"已得频来,碍何等事,不至真人?"答曰:"欲睹弥勒佛时三会二百八十亿人得真人时,及诸菩萨不可限载。弥勒如来,巨身至尊,长百六十丈。其土人民皆桃华色,人民皆寿八万四千岁。土地平正,衣食自然,阎浮土地,广长各三十万里。意欲见此,不取真人。弥勒佛时,二尊弟子,一曰杂施,二曰数数,复欲见之,知何如我。"弟子复问:"从何闻此?"和上答曰:"从佛经闻。"弟子白曰:"生死勤苦,弥勒设有异法,当往待之乎?"答曰:"无异。""六度、四等、四恩、四谛,宁有异乎?"答曰:"不也。""设使一等,彼此无异,何为复待? 今受佛恩,反归弥勒! 亦可取度,不须待彼。"和上言:"止! 卿且出去,吾当思惟。"弟子适出,未到户外,已成真人。弟子还曰:"何乎?"师曰:"已成真人。"弟子礼曰:"咄叱之顷,已成果证!"③

此外,康孟详所译《兴起行经》(又称《佛说兴起行经》)卷下有"尔时有一

---

① 《中华藏》第 16 册《佛说伅真陀罗所问宝如来三昧经》卷下,第 451 页下。

② 《中华藏》第 16 册《佛说伅真陀罗所问宝如来三昧经》卷下,第 452 页上—中。

③ 《中华藏》第 51 册《杂譬喻经》,第 892 页中—下。

比丘,名曰弥勒,时病不行……尔时病比丘弥勒者,则今弥勒菩萨是"①。失译者之《受十善戒经·十恶业品》有"优婆塞某甲、优婆夷某甲,汝今应当一心数息,系念在前,过去七佛、现在释迦牟尼尊佛及弥勒等未来诸佛"②。《大方便佛报恩经》卷一中也提到了"弥勒菩萨"。③

以上就是东汉时期所译佛经中出现弥勒的大致记载。需要说明的是,与弥陀、阿閦只出现在大乘经典中不同,弥勒这个人物形象在部派佛教时期的原始佛教经典中已经出现。例如,瞿昙僧伽提婆所译之《中阿含经》卷十三《王相应品说本经》记载:

> 佛告诸比丘:"未来久远人寿八万岁时,当有佛,名弥勒如来、无所著、等正觉、明行成为、善逝、世间解、无上士、道法御、天人师,号佛、众祐。犹如我今已成如来、无所著、等正觉、明行成为、善逝、世间解、无上士、道法御、天人师,号佛、众祐。彼于此世,天及魔、梵、沙门、梵志,从人至天,自知自觉,自作证成就游;犹如我今于此世,天及魔、梵、沙门、梵志,从人至天,自知自觉,自作证成就游。彼当说法,初妙、中妙、竟亦妙,有义有文,具足清净,显现梵行;犹如我今说法,初妙、中妙、竟亦妙,有义有文,具足清净,显现梵行。彼当广演流布梵行,大会无量,从人至天,善发显现;犹如我今广演流布梵行,大会无量,从人至天,善发显现。彼当有无量百千比丘众,犹如我今无量百千比丘众。"
>
> 尔时,尊者弥勒在彼众中。于是,尊者弥勒即从坐起,偏袒着衣,叉手向佛白曰:"世尊!我于未来久远人寿八万岁时,可得成佛,名弥勒如来、无所著、等正觉、明行成为、善逝、世间解、无上士、道法御、天人师,号佛、众祐;如今世尊,如来、无所著、等正觉、明行成为、善逝、世间解、无上士、道法御、天人师,号佛、众祐。我于此世,天及魔、梵、沙门、梵志,从人至天,自知自觉,自作证成就游;如今世尊于此世,天及魔、梵、沙门、梵志,从人至天,自知自觉,自作证成就游。我当说法,初妙、中妙、竟亦妙,

---

① 《中华藏》第36册《佛说兴起行经》卷下《佛说食马麦宿缘经》,第90页上。

② 《中华藏》第24册《受十善戒经》,第798页下。

③ 《中华藏》第22册《大方便佛报恩经》卷一《序品》,第571页中。

有义有文,具足清净,显现梵行;如今世尊说法,初妙、中妙、竟亦妙,有义有文,具足清净,显现梵行。我当广演流布梵行,大会无量,从人至天,善发显现;如今世尊广演流布梵行,大会无量,从人至天,善发显现。我当有无量百千比丘众,如今世尊无量百千比丘众。"①

佛陀向众比丘预言,未来当人寿八万岁之时,会有一个叫弥勒如来的佛出世。佛陀告诉大家,出世的弥勒如来佛与他一样,得无上正等正觉,为众生说无上妙法,有无量数的比丘信众。当佛陀说这段话的时候,弥勒就在听佛陀说法的众比丘之中。待佛陀说完之后,弥勒就站起来向佛陀表示,他得无上正等正觉成佛之后,一定要像佛陀一样,为众生说无上妙法,救度无量数的比丘信众。佛陀听了之后很高兴,感叹道:"善哉!善哉!弥勒,汝发心极妙!"②于是,他让随侍在身旁的阿难取来"金缕织成衣"亲自授与弥勒,并告诉弥勒:

> 弥勒!汝从如来取此金缕织成之衣,施佛、法、众。所以者何?弥勒,诸如来、无所著、等正觉,为世间护,求义及饶益,求安隐快乐!③

所谓"为世间护",就是希望弥勒继佛陀之后继续宣扬佛法,教化救度众生,建立佛国净土。

又例如,在竺佛念所译之《长阿含经》卷六《转轮圣王修行经》中也记载了佛陀的教诲:

> 八万岁时人,女年五百岁始出行嫁。时,人当有九种病,一者寒,二者热,三者饥,四者渴,五者大便,六者小便,七者欲,八者饕餮,九者老。时,此大地坦然平整,无有沟坑、丘墟、荆棘,亦无蚊、虻、蛇、蚖、毒虫。瓦石、沙砾变成琉璃。人民炽盛,五谷平贱,丰乐无极。是时,当起八万大城,村城邻比,鸡鸣相闻。当于尔时,有佛出世,名为弥勒如来,至真、等正觉,十号具足;如今如来十号具足。彼于诸天、释、梵、魔、若魔、天、诸沙门、婆罗门、诸天、世人中,自身作证;亦如我今于诸天、释、梵、魔、若魔、天、沙门、婆罗门、诸天、世人中,自身作证。彼当说法,初言亦善,中

---

① 《中华藏》第 31 册《中阿含经》卷十三《王相应品说本经》,第 459 页上—下。
② 《中华藏》第 31 册《中阿含经》卷十三《王相应品说本经》,第 459 页下。
③ 《中华藏》第 31 册《中阿含经》卷十三《王相应品说本经》,第 460 页中。

下亦善，义味具足，净修梵行；如我今日说法，上中下言，皆悉真正，义味具足，梵行清净。彼众弟子有无数千万，如我今日弟子数百。彼时，人民称其弟子号曰"慈子"，如我弟子号曰"释子"。①

佛陀这段话所表达的意思与上述《中阿含经》的内容完全一样。在《增一阿含经》中，也有有关弥勒的内容，卷十九《等趣四谛品》中就记载弥勒来到佛陀的居所，向佛陀请教："菩萨摩诃萨成就几法，而行檀波罗蜜，具足六波罗蜜，疾成无上正真之道？"②菩萨修行六度而成就无上正等正觉所应遵循的方法有哪些？

有关弥勒的记载，在《阿含经》中还有很多。那么小乘与大乘均尊奉弥勒的区别在哪里呢？季羡林先生解释说："小乘只礼拜弥勒，而大乘则狂热地崇拜，这是两乘之间的一个重要区别。"③

为什么会出现这种现象？季羡林先生在总结大乘佛教八项特点——无神论——一神论的形成、菩萨理想、救世主思想、引进女神、有了佛像、功德可以转让、居士佛教、由自力到他力——的基础上认为，"弥勒与上列八项都有联系。在某种意义上，他是唯一的神；他在无数的菩萨中是一个特殊的菩萨；在小乘中他只是一个未来佛，通过弥勒 cult 他成了一个救世主；他有像；他通过自己的功德最终普渡众生，使众生皆大欢喜，来了一个最大的大团圆；他是他力的典型代表。总之，大乘特点几乎都体现在他身上。实际上，他就是这些特点的产物"④。

## 第三节　弥陀净土信仰的滥觞

弥陀净土，就是阿弥陀佛所居住的净土。阿弥陀佛是西方极乐世界的教主，略称弥陀，意译无量。在梵文中，阿弥陀佛有两个名号，分别意译为"无量

①　《中华藏》第 31 册《长阿含经》卷六《转轮圣王修行经》，第 77 页上。
②　《中华藏》第 31 册《增一阿含经》卷十九《等趣四谛品》，第 201 页下—202 页上。
③　《季羡林文集》第十一卷《吐火罗文〈弥勒会见记〉译释》，第 70 页。
④　《季羡林文集》第十一卷《吐火罗文〈弥勒会见记〉译释》，第 75 页。

寿"与"无量光",谓此佛寿命无数,妙光无边,或谓寿命无量,光明无量。一佛而有不同义之二名,为其他诸佛所未见。

根据《开元录》卷一的记载,记述西方阿弥陀佛净土的汉文佛经最早是由安世高在洛阳所译,谓之《无量寿经》,二卷,但此译本已佚;其后,支谶又在洛阳译出《佛说无量清净平等觉经》,此经又称《无量清净经》《平等觉经》,亦二卷。① 传世至今的即支谶所译此经,不过现存本已为四卷。根据此经卷一记载,阿弥陀佛原为过去久远劫世的一位国王,发菩萨意,欲求无上正真道最正觉,遂弃王位而出家为比丘,法号"昙摩迦留",意译作"法宝藏"。法宝藏比丘为人高才、智慧、勇猛,无能逾者,与世绝异,于世自在王佛(世饶王佛)处修行,未久即得天眼彻视,悉自见二百一十亿诸佛国,亦即诸佛之净土。乃发殊胜之二十四大愿奉行之,精进、勇猛、勤苦求索,如是历无央数劫,不断积聚功德,终于愿行圆满,自致得作佛,名"无量清净觉最尊",又名"无量清净佛",亦即阿弥陀佛。其智慧、勇猛、光明无比,焰照千万佛国。他所发二十四愿分别为:

> 我作佛时,令我国中无有地狱、禽兽、饿鬼、蜎飞蠕动之类,得是愿乃作佛。不得从是愿,终不作佛。……令我国中人民有来生我国者,从我国去,不复更地狱、饿鬼、禽兽、蠕动。有生其中者,我不作佛。……人民有来生我国者,不一色类金色者,我不作佛。……人民有来生我国者,天人、世间人有异者,我不作佛。……人民有来生我国者,皆自推所从来生本末、所从来十亿劫宿命。不悉知念所从来生,我不作佛。……人民有来生我国者,不悉彻视,我不作佛。……人民有来生我国者,不悉知他人心中所念者,我不作佛。……我国中人民不悉飞者,我不作佛。……我国中人民不悉彻听者,我不作佛。……我国中人民有爱欲者,我不作佛。……我国中人民住止尽般泥洹。不尔者我不作佛。……我国诸弟子,令八方上下各千亿佛国中诸天人民、蠕动之类,作缘一觉大弟子,皆禅一心,共数我国中诸弟子,住至百亿劫无能数者。不尔者我不作佛。……

---

① 《中华藏》第 55 册《开元录》卷一,第 3 页中、5 页下。

令我光明胜于日月、诸佛之明百亿万倍,照无数天下窈冥之处皆常大明;诸天人民、蠕动之类见我光明,莫不慈心作善来生我国。不尔者我不作佛。……令八方上下无数佛国诸天人民、蠕动之类,令得缘一觉果证弟子坐禅一心,欲共计知我年寿几千万亿劫,令无能知寿涯底者。不尔者我不作佛。……人民有来生我国者,除我国中人民所愿,余人民寿命无有能计者。不尔者我不作佛。……国中人民皆使莫有恶心。不尔者我不作佛。……令我名闻八方上下无数佛国,诸佛各于弟子众中,叹我功德国土之善,诸天人民、蠕动之类闻我名字,皆悉踊跃来生我国。不尔者我不作佛。……诸佛国人民有作菩萨道者,常念我净洁心,寿终时我与不可计比丘众,飞行迎之,共在前立,即还生我国作阿惟越致。不尔者我不作佛。……他方佛国人民,前世为恶,闻我名字,反正为道,欲来生我国,寿终皆令不复更三恶道,则生我国在心所愿。不尔者我不作佛。……我国诸菩萨不一生等,置是余愿功德。不尔者我不作佛。……我国诸菩萨不悉三十二相者,我不作佛。……我国诸菩萨,欲共供养八方上下无数诸佛,皆令飞行;欲得万种自然之物,则皆在前持用。供养诸佛,悉遍已后,日未中则还我国。不尔者我不作佛。……我国诸菩萨欲饭时,则七宝钵中生自然百味饮食在前;食已,钵皆自然去。不尔者我不作佛。……我国诸菩萨说经行道不如佛者,我不作佛。①

法宝藏比丘发如此二十四大宏愿,在愿行圆满之后,不但自致得作阿弥陀佛,而且在西方报得极乐净土,迄今仍一直在彼土说法,接引一切念佛之众生往生西方净土。因此,阿弥陀佛又称接引佛。在佛教造像中,阿弥陀佛通常以观音菩萨、大势至菩萨为其胁侍,三尊并排,谓之西方三圣。

《佛说无量清净平等觉经》卷一记佛陀高度赞颂阿弥陀佛(无量清净佛)之光明,云:

> 佛称誉无量清净佛光明:"无量清净佛光明极善,善中明好甚快无比,绝殊无极也。无量清净佛光明殊好,胜于日月之明百亿万倍也。无

---

① 《中华藏》第 9 册《佛说无量清净平等觉经》卷一,第 512 页下—513 页下。

量清净佛光明,诸佛光明中之极明也。无量清净佛光明,诸佛光明中之极好也。无量清净佛光明,诸佛光明中之极雄杰也。无量清净佛光明,诸佛光明中之快善也。无量清净佛光明,诸佛光明中之王也。无量清净佛光明,诸佛光明中之最极尊也。无量清净佛光明,诸佛光明中之寿明无极。无量清净佛光明,焰照诸无央数天下幽冥之处皆常明。诸有人民、蜎飞蠕动之类,莫不见无量清净佛光明;见无量清净佛光明,莫不慈心欢喜者。世间诸有淫逸、瞋怒、愚痴,见无量清净佛光明,莫不作善者。诸泥犁、禽兽、薜荔、考掠、勤苦之处,见无量清净佛光明至,皆休止不得复治,死后莫不得解脱忧苦者也。无量清净佛光明,名闻八方上下、无穷、无极、无央数佛国,诸天人民莫不闻知。闻知者,莫不得过度者。"佛言:"我不独称誉无量清净佛光明也,八方上下、无央数诸佛、辟支佛、菩萨、阿罗汉,所称誉皆如是。"佛言:"其有人民善男子善女人,闻无量清净佛声,称誉光明,如是朝暮,常称誉其光明明好,至心不断绝,在心所欲愿往生无量清净佛国,可得为诸菩萨、阿罗汉所尊敬,智慧勇猛。若其然后作佛者,亦当复为八方、上下、无央数辟支佛、菩萨、阿罗汉所称誉光明,亦当复如是。则众比丘僧、诸菩萨、阿罗汉,诸天帝王、人民,闻之皆欢喜踊跃,莫不赞叹者。"①

经文中所言"无量清净佛国",即阿弥陀佛净土,而"愿往生无量清净佛国"即表现出了一种崇敬阿弥陀佛净土的信仰思想。经中又记载:

佛告阿难:"无量清净佛作佛已来,凡十八劫,所居国名须摩提,正在西方,去是阎浮利地界千亿万须弥山佛国。其国地皆自然七宝。……诸八方上下众宝中精,都自然之合会共化生耳。……其国中无有须弥山,其日月星辰,第一忉天王,第二忉利天,皆在虚空中。其国土无有大海水,亦无小海水,无江河、恒水也,亦无山林、溪谷,无有幽冥之处。其国七宝地皆平正,无有泥犁、禽兽、饿鬼、蜎飞蠕动之类也,无阿须伦诸龙鬼神也。终无有大雨时,亦无春夏秋冬也,亦无有大寒,亦不大热,常和调

---

① 《中华藏》第 9 册《佛说无量清净平等觉经》卷一,第 514 页中—515 页上。

中,适甚快善无比。皆有万种自然之物。百味饮食,意欲有所得,则自然在前;意不用者,则自然化去。比如第六天上自然之物,恣若自然,则皆随意。其国中悉诸菩萨、阿罗汉,无有妇女。寿命极寿,寿亦无央数劫。女人往生者,则化生皆作男子。但有菩萨、阿罗汉无央数,悉皆洞视彻听,悉遥相见,遥相瞻望,遥相闻语声,悉皆求道善者,同一种类无有异人也。其诸菩萨、阿罗汉,面目皆端正,清洁绝好,悉同一色,无有偏丑恶者。诸菩萨、阿罗汉,皆才猛黠慧。其所衣服,皆衣自然之衣。都心中所念,常念道德。其所欲语言,便皆豫相知意。其所念言道,常说正事。其国中诸菩萨、阿罗汉,自共相与语言,辄说经道,终不说他余之恶。其语言音响,如三百钟声,皆相敬爱,无有相憎者。皆自以长幼上下,先后言之。都共往会以义而礼,转相敬事如兄如弟。以仁履义,不妄动作、言语,而诚转相教,令不相违戾。转相承受,皆心洁净无所贪慕,终无有淫逸瞋怒之心、愚痴之态也,无有邪心念妇女意也。悉智慧勇猛,和心欢乐,好喜经道,皆自知其前世所从来生亿万劫世时宿命、善恶、存亡,现在却知无极。[①]

其意是说,法宝藏修成阿弥陀佛以来,已历十八劫,所居之须摩提国——须摩提,又作须阿提,梵文音译,意译为妙意、好意、安乐,即谓阿弥陀佛之净土,位于离此人间世界——阎浮利地界千万亿佛土之西方。这是一个非常美好的世界:七宝之地,旷荡平正,气候温和,四季如春,风调雨顺,物产丰饶,供给充裕。在此极乐净土居住者,悉皆菩萨、阿罗汉,悉皆求道善者,他们人人寿命无限,面目端正,清洁绝好,才猛黠慧,常念道德,好喜经道,以仁履义,以义而礼,互相敬爱,长幼有序,如兄如弟,和心欢乐,皆心洁净,无所贪慕,无有邪心。此西方极乐世界,吸引一切众生念佛往生之。

支谶所译《般舟三昧经》亦有关于念佛往生西方极乐世界的记载。一卷本《佛说般舟三昧经》云:

> 佛告飚陀和:"……其有比丘、比丘尼、优婆塞、优婆夷,如法行持戒

---

[①] 《中华藏》第 9 册《佛说无量清净平等觉经》卷一,第 515 页上—516 页上。

完具,独一处止,念西方阿弥陀佛,今现在随所闻当念,去此千亿万佛刹,其国名须摩提,一心念之,一日一夜,若七日七夜,过七日已后见之……"

…………

佛言:"菩萨于此间国土念阿弥陀佛,专念故得见之。"即问:"持何法得生此国?"阿弥陀佛报言:"欲来生者,当念我名,莫有休息,则得来生。"佛言:"专念故得往生,常念佛身有三十二相、八十种好,巨亿光明彻照,端正无比……"①

三卷本《般舟三昧经》则云:

佛言:"……其有比丘、比丘尼、优婆塞、优婆夷,持戒完具,独一处止,心念西方阿弥陀佛,今现在随所闻当念,去是间千亿万佛刹,其国名须摩提。在众菩萨中央说经一切,常念阿弥陀佛。"

佛告飚陀和:"……若沙门、白衣,所闻西方阿弥陀佛刹,当念彼方佛,不得缺戒,一心念,若一昼夜,若七日七夜。过七日以后,见阿弥陀佛于觉不见,于梦中见之。……是菩萨摩诃萨,不持天眼彻视,不持天耳彻听,不持神足到其佛刹,不于是间终,生彼间佛刹乃见,便于是间坐,见阿弥陀佛,闻所说经悉受得,从三昧中悉能具足,为人说之。……菩萨于是间国土闻阿弥陀佛,数数念,用是念故,见阿弥陀佛。"见佛已从问:"当持何等法生阿弥陀佛国?"

尔时,阿弥陀佛语是菩萨言:"欲来生我国者,常念我数数,常当守念,莫有休息,如是得来生我国。"佛言:"是菩萨用是念佛故,当得生阿弥陀佛国。常当念如是佛身,有三十二相,悉具足,光明彻照,端政无比……"②

两个译本所叙述内容完全相同,文辞互有详略,都是说,只要你不休息,昼夜一心念阿弥陀佛,经过七日之后,你就能见到阿弥陀佛,并能往生须摩提佛国。而且,《出三藏记集》卷七所载之《〈般舟三昧经〉记》中也说:"后有写者,皆得南无佛。"③

---

① 《中华藏》第11册《佛说般舟三昧经》(别本),第461页中—下。
② 《中华藏》第11册《般舟三昧经》卷上《行品》,第424页。
③ 《出三藏记集》卷七《〈般舟三昧经〉记》,第268页。

在《出三藏记集》卷四《新集续撰失译杂经录》中，还录有《阿弥陀佛偈》（一卷）与《后出阿弥陀佛偈》（一卷）二经，注明"今并有其本"，①但未说明译出时代。在《开元录》卷一的记载中，此二经被列为汉代失源之经，并注明《阿弥陀佛偈》系"初出"，阙本；《后出阿弥陀佛偈经》"或无'经'字，第二出"，见在。②《后出阿弥陀佛偈经》一直保存到现在。此经既是东汉时所译，虽然失译者，但译经地点当在洛阳无疑。这是汉译佛经中专门介绍、宣传有关弥陀净土信仰思想的早期经典：

> 惟念法比丘，乃从世饶王，发愿喻诸佛，誓二十四章。
>
> 世世见诸佛，姟数无有量，不废宿命行，功德遂具成。
>
> 世界名清净，得佛号无量，国界平夷易，丰乐多上人。
>
> 宝树若干种，罗列丛相生，本茎枝叶花，种种各异香。
>
> 顺风日三动，翕习如花生，堕地如手布，杂厕上普平。
>
> 一切无诸山，海水及诸源，但有河水流，音响如说经。
>
> 天人入水戏，在意所欲忘，令水齐胳肩，意愿随念得。
>
> 佛寿十方沙，光明普无边，菩萨及弟子，不可算称量。
>
> 若欲见彼佛，莫疑亦莫望，有疑在胎中，不合五百年。
>
> 不疑生基坐，又手无量前，愿欲遍十方，须叟则旋还。
>
> 惟念彼菩萨，姟劫作功勤，本行如此致，得号憺世尊。
>
> 佛兴难得值，须叟会难闻，讲说士难遇，受学人难得。
>
> 若后遭末世，法欲衰微时，当共建拥护，行佛无欲法。
>
> 佛能说此要，各各勤思行，受此无量福，世世稽首行。③

此经以偈言形式，叙述了弥陀发二十四愿修行，矢志求索，历无央数劫，积聚功德，终于愿行圆满成佛，内容简练完整，与《无量清净平等觉经》所叙述基本无异。

又，《出三藏记集》卷四尚录有《作佛形像经》（一卷）一经，其名之下注：

---

① 《出三藏记集》卷四《新集续撰失译杂经录》，第 175、176、180 页。

② 《中华藏》第 55 册《开元录》卷一，第 10 页中、下。

③ 《中华藏》第 18 册《后出阿弥陀佛偈经》，第 659 页上。

"或云《优填王作佛形像经》,或云《作像因缘经》。"①《开元录》卷一记其亦为汉代失源之经,经名下注:"一名《优填王作佛形像经》,一名《作像因缘经》,与《造立形像福报经》同本。"②翻检《中华大藏经》,有《佛说作佛形像经》,又有《佛说造立形像福报经》,均一卷,译者不明,为同本异译,前经记为"阙译人名,出后汉录",即《出三藏记集》卷四、《开元录》卷一所录之经。此经叙述年仅十四岁的优填王发愿在"佛去后,我恐不复见佛,我欲作佛形像,恭敬承事之",佛陀即为王一一说造像之甚深功德,谓:"作佛形像,后世得福,无有穷极尽时,不可复称数。四天下江、海水,尚可斗量、枯尽;作佛形像,其得福过于四天下江、海水十倍。后世所生,为人所敬护。"此经结尾称:"佛告王:'作善者,作佛形像,其得福祐,如是不唐。'其王欢喜,前为佛作礼,以头面著佛足。王、群臣皆为佛作礼而去。寿终皆生阿弥陀佛国。"③所谓"寿终皆生阿弥陀佛国",表现的也正是弥陀净土信仰思想。

## 第四节　阿閦佛净土信仰的滥觞

阿閦佛净土,就是阿閦佛所居净土。阿閦佛为东方现在佛之名,略称阿閦,又称阿閦鞞佛、阿刍鞞耶佛等,意译为无动佛、不动佛、无怒佛、无瞋恚佛。

根据《出三藏记集》卷二与《开元录》卷一记载,最早将阐述东方阿閦佛净土信仰的佛经翻译成汉文的是支谶,此经名《阿閦佛国经》,又称《阿閦佛刹诸菩萨学成品经》,或云《阿閦佛经》,译出时间为桓帝建和元年(147 年),一卷,或二卷。④ 现存本二卷。

《阿閦佛国经》卷上《发意受慧品》记载,东方去此千佛刹,有阿比罗提世界,在此世界中有佛名"大目如来无所著等正觉",为诸菩萨说法及六度无极之行。其时有一比丘就大目如来受记,闻法后对大目如来说:"我欲如菩萨结

---

① 《出三藏记集》卷四《新集续撰失译杂经录》,第 127 页。

② 《中华藏》第 55 册《开元录》卷一,第 10 页中。

③ 《中华藏》第 19 册《佛说作佛形像经》,第 332 页中—333 页中。

④ 《出三藏记集》卷二《新集撰出经律论录》,第 27 页;《中华藏》第 55 册《开元录》卷一,第 3 页中。

愿学所当学者。"①乃要发无上正真道意,发愿断瞋恚、断觉意、断淫欲,乃至成最正觉。大目如来欢喜,因其发愿无瞋恚故而赐号"阿閦"。经多劫修行之后,遂于此东方阿比罗提世界之七宝树下成佛。现今阿閦如来仍在彼土说法,劝赞欲往生此东方阿比罗提世界者,当行六度及发愿。

阿比罗提世界,梵文音译,又作阿维罗提世界。"阿比",无比、殊胜之义;"罗提",喜之义。阿比罗提世界意译即为欢喜世界、妙喜世界、妙乐世界、妙善世界,是阿閦如来所居之东方妙喜净土。

有关东方妙喜净土的情景,佛陀是这样为舍利弗描述的:

> 阿閦如来刹中无有三恶道。……一切人皆行善事。其地平正,生树木,无有高下,无有山陵、溪谷,亦无有砾石、崩山。……其佛刹无有三病。……其佛刹人一切皆无有恶色者,亦无有丑者,……其佛刹人民,皆悉无有牢狱拘闭之事,一切皆无有众邪异道。其刹中树木常有花实,人民皆从树取五色衣被,众共用著之。

> ……人民所著衣香,辟如天华之香;其饭食香,美如天树香,无有绝时。诸人民著无央数种种衣被。其佛刹人民随所念食,即自然在前。……其刹人民随所念欲得何食,即自然在前。人民无有贪于饮食者。……其佛刹人民所卧起处,以七宝为交露精舍,满无有空缺处。其浴池中有八味水,人民众共用之,其水转相灌注。诸人民终不失善法行。……人民以七宝为床,上布好綩綖,悉福德致自然为坐。……其刹中人民饭食胜于天人饭食,其食色香味,亦胜天人所食。其刹中无有王,但有法王佛天中天。

> ……阿閦如来佛刹有八味水,是诸人民所为,悉共用之。人民意念,欲令自然浴池有八味水满其中,用人民故,即自然有浴池,有八味水满其中;意念欲令水转流行,便转流行;意欲令灭不现,即灭不现。其佛刹亦不大寒,亦不大热。风徐起,甚香快,是风用诸天龙,人民故随所念风便起。若一人念,欲令风起自吹,风即独吹之。意念不欲令风起,风便不

---

① 《中华藏》第9册《阿閦佛国经》卷上《发意受慧品》,第616页下。

起。风起时不动人身,风随人所念起。……阿閦如来佛刹女人意欲得珠玑、璎珞者,便于树上取著之;欲得衣被者,亦从树上取衣之。……阿閦佛刹女人妊身产时,身不疲极,意不念疲极,但念安隐,亦无有苦。其女人一切亦无有诸苦,亦无有臭处、恶露。……阿閦佛刹人民无有治生者,亦无有贩卖往来者,人民但共同快乐、安定、寂行,其佛刹人不著爱欲淫逸,以因缘自然受乐。……阿閦佛刹无有日月光明所照,亦无有窈冥之处,……用阿閦如来无所著等正觉光明皆照三千大千世界常明。譬如绞露精舍,闭门坚,风不得入,……持摩尼宝著其中,其珠便以光明照其中,诸人民昼夜承其光明。……绞露精舍者,谓是阿比罗提世界也,摩尼宝者,谓是阿閦如来也;摩尼宝光明者,谓是阿閦如来之光明也;精舍中人者,谓是阿閦佛刹中人民安乐者也。①

这段描述阿比罗提世界亦即东方妙喜净土情景的经文,尽管叙述中有不少重复、颠倒之处,语句也多有不通顺的地方,但它所描绘的情景还是很清楚的。这又是一个与西方极乐净土一样的美妙世界:土地平正,无有高下,也无砾石、崩山,长满树木,常有花实,气候温和,风随人念,无有日月,只用阿閦如来之光明照三千大千世界常明。这里的人民皆无有恶色者,亦无有丑者,生活快乐、安定,不从淫欲之事,无有牢狱拘闭之事,无有众邪异道,不需要为生计奔波。人们从树上取来五色衣被使用,饭食香美,胜于天人饭食,随所念即自然出现在前,所卧起处,以七宝为床,浴池中有八味之水。这里的妇女亦无有一切诸苦,就连妊娠生产之时,也没有痛苦,想要珠玑、璎珞等首饰用品,即可从树上取之,等等。最后,佛陀把阿比罗提世界比之为自己昔时在句潭弥国大丛树间所居之交露精舍,谓阿閦如来即其中之摩尼宝珠,而摩尼宝珠所发之光明即阿閦如来所发之光明,精舍中人即是阿閦净土中的人民。

前述支谶所译《般若道行品经》卷六《怛竭优婆夷品》中也有一段关于往生阿閦净土与阿閦净土情况的记载:

是时有优婆夷从坐起,前至佛所,为佛作礼,长跪白佛言:"我闻是不

---

① 《中华藏》第9册《阿閦佛国经》卷上《阿閦佛刹善快品》,第622页中—623页下。

恐不怖,必降恐怖之处,索阿耨多罗三耶三菩,得阿惟三佛已当说经。"佛笑,口中金色光出,优婆夷即持金华散佛上,持佛威神,华皆不堕地。阿难从坐起,更被袈裟,前为佛作礼,长跪问佛言:"佛不妄笑,既笑当有所说。"佛言:"是怛竭优婆夷,却后当来世名星宿劫,是中有佛名金华佛,是优婆夷后当弃女人身,更受男子形,却后当生阿閦佛刹,从阿閦佛刹去,复到一佛刹,从一佛刹复生一佛刹,如是无终极……"阿难心念:"如阿閦佛刹诸菩萨会者,是为佛会耳。"佛知阿难心所念,佛言:"是诸菩萨会者,悉度生死已。是优婆夷后当作金华佛,度不可计阿罗汉令般泥洹。是时佛刹中,无有禽兽、盗贼,无有断水浆若谷贵、病疫者,其余恶事悉无有。"①

这段经文,是叙说一信女在佛陀面前发愿修行般若,历劫世而不渝,最终弃女人身,受男子形,往生阿閦佛刹亦即阿閦净土,成金华佛。经文的最后为我们简要地描述了阿閦净土"恶事悉无有"的情景。

## 第五节　维摩诘信仰的滥觞

维摩诘,简称维摩,梵语音译,亦译作毗摩罗诘利帝、毗摩罗诘等,意译为无垢称、灭垢鸣、净名,是佛经《维摩诘经》中主人公的名字。相传此人为佛陀在家弟子,乃中天竺毗耶离(又译作毗舍离)大城之长者——年高德劭之人,他虽在尘世,但十分精通大乘佛教教义,机智善辩,修为高远,虽出家弟子犹有不能及者。《维摩诘经》的内容就是讲述维摩诘的事迹。如在姚秦之鸠摩罗什所译此经中是这样介绍维摩诘的:

尔时,毗耶离大城中有长者,名维摩诘。已曾供养无量诸佛,深植善本;得无生忍,辩才无碍;游戏神通,逮诸总持;获无所畏,降魔劳怨;入深法门,善于智度;通达方便,大愿成就;明了众生心之所趣,又能分别诸根利钝;久于佛道,心已纯淑,决定大乘;诸有所作,能善思量;住佛威仪,心

---

① 《中华藏》第 7 册《道行般若波罗蜜经》卷六《怛竭优婆夷品》,第 955 页下—956 页上。

大如海,诸佛咨嗟。弟子、释、梵、世主所敬。欲度人故,以善方便居毗耶离。资财无量,摄诸贫民;奉戒清净,摄诸毁禁;以忍调行,摄诸恚怒;以大精进,摄诸懈怠;一心禅寂,摄诸乱意;以决定慧,摄诸无智。虽为白衣,奉持沙门清净律行;虽处居家,不著三界;示有妻子,常修梵行;现有眷属,常乐远离;虽服宝饰,而以相好严身;虽复饮食,而以禅悦为味;若至博弈戏处,辄以度人。受诸异道,不毁正信。虽明世典,常乐佛法;一切见敬,为供养中最;执持正法,摄诸长幼;一切治生谐偶,虽获俗利,不以喜悦;游诸四衢,饶益众生;入治政法,救护一切;入讲论处,导以大乘;入诸学堂,诱开童蒙;入诸淫舍,示欲之过;入诸酒肆,能立其志。若在长者,长者中尊,为说胜法;若在居士,居士中尊,断其贪著;若在刹利,刹利中尊,教以忍辱;若在婆罗门,婆罗门中尊,除其我慢;若在大臣,大臣中尊,教以正法;若在王子,王子中尊,示以忠孝;若在内官,内官中尊,化政宫女;若在庶民,庶民中尊,令兴福力;若在梵天,梵天中尊,诲以胜慧;若在帝释,帝释中尊,示现无常;若在护世,护世中尊,护诸众生。长者维摩诘,以如是等无量方便,饶益众生。其以方便,现身有疾,以其疾故,国王、大臣、长者、居士、婆罗门等,及诸王子,并余官属无数千人,皆往问疾。其往者,维摩诘因以身疾,广为说法。①

按照经文的叙述,维摩居士所表现的这些美德,表明他早已悟道成佛,久远以来对于菩提之道早已纯熟。维摩居士之所以还留在尘世,就是为了以六度救度众生。为了教化,维摩居士现身有病,对来探视的众人广为说法。《维摩诘经》的内容就是由此展开的:因为维摩居士有病在家,佛陀就先后派舍利弗、大目犍连、大迦叶、须菩提、富楼那弥多罗尼子、摩诃迦旃延、阿那律、优波离、罗睺罗、阿难等十大弟子代表他去探视维摩,这些弟子都一一述说了自己亲历过的维摩的善言善行功德,认为自己去了之后难以胜任与维摩论辩佛法,皆曰"不任诣彼问疾",也就是不敢去。之后,佛陀又遍问自己的五百弟子,但个个都向佛陀说其本缘,称述维摩所言,没有一个愿意去。接着,佛陀又询问

---

① 《中华藏》第 15 册《维摩诘所说经》卷上《方便品》,第 834 页下—835 页中。

弥勒、光严童子、持世菩萨、长者子善德等,他们也都不敢去。最后,佛陀就指派文殊师利菩萨代表他去探视维摩。文殊答应前往,但他告诉佛陀说:

> 世尊,彼上人者,难为酬对。深达实相,善说法要,辩才无滞,智慧无碍,一切菩萨法式悉知,诸佛秘藏,无不得入,降伏众魔,游戏神通,其慧方便,皆已得度。虽然当承佛圣旨诣彼问疾。①

文殊说:我虽然答应去,但其实心里很为难。因为维摩不但修行圆满、大彻大悟,而且深达实相,善说法要,辩才无滞,智慧无碍。我去探视他的病,他要与我论辩,恐怕我也难以应对。而在场的众菩萨认为文殊去探望维摩,与他共谈,必说妙法,所以有八千菩萨、五百声闻、百千天人愿随文殊一同前去看望维摩,其实就是要听他们说法。

在维摩的住处,文殊与维摩以种种问答,揭示了空、无相等大乘佛教深义,阐说了不可思议之解脱法门。之后,维摩与文殊及众菩萨又一起回到佛陀说法之处,佛陀与维摩及众菩萨又继续进行关于佛事、佛法、佛土、修持、尽无尽解脱法门等问题的讨论。其后,当佛陀告诉舍利弗等众菩萨:维摩灭于东方阿閦佛妙喜世界之后,来生我们这个世界,这又引起了舍利弗等众菩萨的疑问:维摩为什么要抛舍清净庄严的世界,而愿意来到我们这个众生愚痴的不净多害世界呢? 维摩本人即以太阳光芒照耀可以除去一切幽冥而不会被幽冥所侵袭为例回答说:大乘菩萨也是这样,化身转生到不清净的世界是为了教化众生;虽在不清净的世界,但并不会为众生的愚痴黑暗所污染,而只会帮助众生消除烦恼黑暗。维摩是大乘佛教所赞赏的一个光辉典范,《维摩诘经》的主旨就是以维摩为榜样,基于般若空之思想,阐扬大乘菩萨之实践道,在现实世界建立起"唯心净土"。其实,此主旨在《维摩诘经》的开篇《佛国品》中已经总结出来:

> 佛言:"宝积! 众生之类,是菩萨佛土。所以者何? 菩萨随所化众生而取佛土,随所调伏众生而取佛土,随诸众生应以何国入佛智慧而取佛土,随诸众生应以何国起菩萨根而取佛土。所以者何? 菩萨取于净国,

---

① 《中华藏》第15册《维摩诘所说经》卷中《文殊师利问疾品》,第844页中。

皆为饶益诸众生故。譬如有人，欲于空地造立宫室，随意无碍，若于虚空，终不能成。菩萨如是，为成就众生故，愿取佛国；愿取佛国者，非于空也。宝积当知，直心是菩萨净土，菩萨成佛时，不谄众生来生其国；深心是菩萨净土，菩萨成佛时，具足功德众生来生其国；菩提心是菩萨净土，菩萨成佛时，大乘众生来生其国；布施是菩萨净土，菩萨成佛时，一切能舍众生来生其国；持戒是菩萨净土，菩萨成佛时，行十善道满愿众生来生其国；忍辱是菩萨净土，菩萨成佛时，三十二相庄严众生来生其国；精进是菩萨净土，菩萨成佛时，勤修一切功德众生来生其国；禅定是菩萨净土，菩萨成佛时，摄心不乱众生来生其国；智慧是菩萨净土，菩萨成佛时，正定众生来生其国。四无量心是菩萨净土，菩萨成佛时，成就慈悲喜舍众生来生其国；四摄法是菩萨净土，菩萨成佛时，解脱所摄众生来生其国；方便是菩萨净土，菩萨成佛时，于一切法方便无碍众生来生其国；三十七道品是佛净土，菩萨成佛时，念处、正勤、神足、根、力、觉、道众生来生其国；回向心是菩萨净土，菩萨成佛时，得一切具足功德国土；说除八难是菩萨净土，菩萨成佛时，国土无有三恶八难。自守戒行，不讥彼阙，是菩萨净土；菩萨成佛时，国土无有犯禁之名，十善是菩萨净土；菩萨成佛时，命不中夭，大富梵行，所言诚谛，常以软语，眷属不离，善和诤讼，言必饶益，不嫉不恚，正见众生来生其国。如是，宝积！菩萨随其直心，则能发行；随其发行，则得深心；随其深心，则意调伏；随意调伏，则如说行；随如说行，则能回向；随其回向，则有方便；随其方便，则成就众生；随成就众生，则佛土净；随佛土净，则说法净；随说法净，则智慧净；随智慧净，则其心净；随其心净，则一切功德净。是故，宝积！若菩萨欲得净土，当净其心，随其心净，则佛土净。"①

这段经文的最后一句"心净，则佛土净"，是全经的精华，对后世的影响很大，成为中国古代"唯心净土"观念的源头之一。

和《般若经》一样，《维摩诘经》也是早期大乘佛教的经典之一，而且，它也

---

① 《中华藏》第 15 册《维摩诘所说经》卷上《佛国品》，第 833 页下—834 页中。

是在东汉时期即被翻译过来,翻译者为严佛调——中国古代最早的汉人出家者。根据相关经录的记载,《维摩诘经》之汉译本,先后有七译,存世三种。其中,东汉一译,已佚;魏晋南北朝五译,存二佚三;唐一译,存。东汉一译即严佛调,所译称《古维摩诘经》,二卷。严佛调译出此经后,或值灵帝之末,关洛扰乱,加之当时佛教信仰者寡,经本流传不广,未曾引起人们的兴趣,很早就失传了,以至于后世对严佛调究竟是否译出过《维摩诘经》颇有些疑问。但从隋之费长房《三宝纪》著录开始,以至有唐一代之诸佛教目录学者,及至南宋志磐之《佛祖统纪》,均坚持严佛调译出《古维摩诘经》。玄奘之弟子窥基所著《说无垢称经疏》卷一(本)又谓:"此经前后,虽复七翻。严佛调汉翻于白马,支恭明吴译于武康,法护、林兰、蜜多三士东西两晋各传本教,罗什翻于秦朝,和上畅于唐。曰:除罗什外,或名《维摩诘经》,或云《无垢称经》,或云《说维摩诘经》,或云《说无垢称经》,或云《毗摩罗诘经》,唯罗什法师独云《维摩诘所说经》,仍云一名《不可思议解脱(经)》。"①中唐道液所撰集之《净名经关中释抄》卷上亦谓:"此经翻传,总有六译。第一,后汉刘氏灵帝代临淮清信士严佛调于雒阳白马寺译,二卷,名《古维摩诘经》;第二,吴朝孙氏太皇帝月支国优婆塞支谦于武康译,三卷,名《维摩诘所说不思法门经》;第三,西晋司马氏武帝沙门竺法护,西域人,解三十六国语,于雒阳译,一卷,名《维摩诘所说法门经》;第四,东晋惠帝西域沙门竺寂兰元康六年于雒阳译,三卷,名《毗摩罗诘经》;第五,后秦姚兴弘始八年,三藏沙门鸠摩罗什于常安大寺译,三卷,名《维摩诘所说经》,即今所释之本是也;第六,唐三藏沙门玄奘贞观二十一年于长安大慈恩寺译,六卷,名《无垢称经》。"②

笔者认为,东汉时,严佛调在洛阳译出《古维摩诘经》是可信的;但此经名曰《古维摩诘经》,恐非原来的经名,当为后人所称。

佛教净土信仰,亦即或求生西方极乐世界,或往生东方妙喜净土,或追求弥勒净土、维摩净土等,始于两晋时期,但其思想的传入则发端于东汉之时的河南。

① 《大正藏》第38册《说无垢称经疏》卷一(本),第1001页下。
② 《大正藏》第85册《净名经关中释抄》卷上,第503页上。

# 第六章
# 东汉时期河南创建的佛教寺院

## 第一节　佛寺名称在汉地的演变

　　佛教寺院是佛教信徒尊崇佛像、佛塔、佛经等佛教圣物的殿堂，是弘扬佛法、宣传佛教义理和传承佛教仪式的场所，是出家佛教徒居住、修行的地方，概而言之，是佛教文化的载体与媒介。如上所述，佛教初传中国内地，河南洛阳为其活动中心，因此，内地最早的佛教寺院也是以洛阳为中心而创建的。后赵中书著作郎王度就曾说："往汉明感梦，初传其道。唯听西域人得立寺都邑，以奉其神……"①说的就是准许西域来中原内地的僧侣在"都邑"——京师洛阳建立佛寺。《魏书·释老志》亦称："自洛中构白马寺，盛饰佛图，

_____

① 《高僧传》卷九《佛图澄传》，第 352 页。

画迹甚妙,为四方式。"①也是明确说,佛教传入中国内地之后,在洛阳建立了第一所寺院——白马寺,而且成为以后各地佛寺建设的式样。

在考察东汉初传时期河南的佛教寺院创建情况之前,我们先探寻一下有关佛教寺院名称在汉地的演变。《大宋僧史略》卷上"创造伽蓝"条称:

> 经像来思,僧徒庢止,次原爱处,必宅净方,是以法轮转须依地也,故立寺宇焉。腾、兰二人角力既胜,明帝忻悦,初于鸿胪寺延礼之。鸿胪寺者,本礼四夷远国之邸舍也。寻令别择洛阳西雍门外盖一精舍,以白马驮经夹故,用白马为题也。寺者,释名曰寺,嗣也,治事者相嗣续于其内也。本是司名,西僧乍来,权止公司,移入别居,不忘其本,还标寺号,僧寺之名始于此也。僧伽蓝者,译为众园,谓众人所居,在乎园圃,生殖之所,佛弟子则生殖道芽圣果也。故经中有迦兰陀竹园、祇树给孤独园,皆是西域之寺舍也……后魏太武帝始光元年,创立伽蓝,为招提之号,隋炀帝大业中,改天下寺为道场,至唐复为寺也。
>
> 案灵裕法师寺诰,凡有十名寺:一曰寺(义准释名);二曰净住(秽浊不可同居);三曰法同舍(法食二同界也);四曰出世舍(修出离世俗之所也);五曰精舍(非粗暴者所居);六曰清净园(三业无染处也);七曰金刚刹(刹土坚固,道人所居);八曰寂灭道场(祇园有莲华藏世界,以七宝庄严,谓之寂灭道场,卢舍那佛说华严于此);九曰远离处(入其中者,去烦惑远,与寂灭乐近故);十曰亲近处(如行安乐行,以此中近法故也)。此土十名依祇洹图经,释相各有意致,如彼寺诰也。今义如六种:一名窟,如后魏凿山为窟,安置圣像及僧居,是也(今洛阳龙门天竺寺有石窟,有如那罗延金刚佛窟等,是);二名院(今禅宗住持多用此名也);三名林(律曰:住一林。经中有逝多林也);四曰庙(如《善见论》中瞿昙庙);五兰若(无院相者);六普通(今五台山有多所也)。②

从赞宁的叙述里我们可以得知,佛教寺院的称呼很多,常见的有寺、伽蓝、精舍、众园、招提、道场、窟、院、庙、兰若等,以"寺"为主要称呼。之所以以"寺"

---

① 《魏书》卷一百一十四《释老志》,第 3029 页。
② 《大正藏》第 54 册《大宋僧史略》卷上"创造伽蓝"条,第 236 页下—237 页上。

为主要称呼,按赞宁的解释,寺本是官署(公司)名称。佛教初传中国时,摄摩腾、竺法兰来到洛阳后,明帝最初将他们安排在政府接待四夷外国宾客的官署鸿胪寺中,其后,虽然又另建精舍安置他们,但西僧"移入别居,不忘其本,还标寺号,僧寺之名始于此也"。《事物纪原》也说:"汉明帝于东都城门外,立精舍以处摄摩腾、竺法兰,即白马寺也。腾始自西域,以白马驮经来,初止鸿胪寺,遂取寺名,并置白马寺,即僧寺之始也。隋炀帝改曰'道场',后复曰'寺'。"①赞宁和高承关于佛寺之名是从鸿胪寺之名而来的解释实际是有些问题的,因为《汉书》和《后汉书》叙述两汉官职、官署,有"大鸿胪""鸿胪"之称,而无"鸿胪寺"之连称,至北齐,始置鸿胪寺。

其实,在早期的记载中,佛教寺院又多被称为"祠"。例如,袁宏《后汉纪》卷十记载:"(楚王)英好游侠,交通宾客,晚节喜黄、老,修浮屠祠。"②前引《后汉书》卷四十二亦谓:"英少时好游侠,交通宾客,晚节更喜黄老,学为浮屠斋戒祭祀。(明帝永平)八年,诏令天下死罪皆入缣赎。英遣郎中令奉黄缣白纨三十匹诣国相……国相以闻。诏报曰:'楚王诵黄老之微言,尚浮屠之仁祠,洁斋三月,与神为誓,何嫌何疑,当有悔吝? 其还赎,以助伊蒲塞桑门之盛馔。'"③又如,前引《后汉书》记载,桓帝"设华盖以祠浮图、老子";襄楷向桓帝上疏亦称"又闻宫中立黄老、浮屠之祠"④。再如,《三国志》卷四十九记载:"笮融者,丹杨人……乃大起浮图祠,以铜为人,黄金涂身,衣以锦采,垂铜槃九重,下为重楼阁道,可容三千余人,悉课读佛经……"⑤该书卷六十四又记载:"(孙)綝意弥溢,侮慢民神,遂烧大桥头伍子胥庙,又坏浮屠祠,斩道人。"⑥上述《三国志》所记笮融之事,在《后汉书》中也有记载:"大起浮屠寺,上累金盘,下为重楼,又堂阁周回,可容三千许人,作黄金涂像,衣以锦彩。每浴佛,辄多设饮饭……"⑦但"大起浮图祠"已成"大起浮屠寺"。

---

① 《事物纪原》卷七《僧寺》,第 368 页。
② 《后汉纪》卷十《孝明皇帝纪下》,第 186 页。
③ 《后汉书》卷四十二《光武十王列传》,第 1428 页。
④ 《后汉书》卷七《孝桓帝纪》,第 320 页;卷三十下《襄楷传》,第 1082 页。
⑤ 《三国志》卷四十九《刘繇传》,第 1185 页。
⑥ 《三国志》卷六十四《诸葛滕二孙濮阳传》,第 1449 页。
⑦ 《后汉书》卷七十三《陶谦传》,第 2368 页。

而且,早期中国佛教寺院建筑格局完全仿照印度佛寺以佛塔为中心,佛塔是佛寺最主要的建筑,有塔就成佛寺。上述笮融所建浮屠寺即是以一高塔为中心:"垂铜槃九重,下为重楼阁道","上累金盘,下为重楼,又堂阁周回"。又如,慧皎《高僧传》卷一《康僧会传》中记载康僧会在吴地初建佛教寺院的情况。僧会告诉孙权:"如来迁迹,忽逾千载,遗骨舍利,神曜无方,昔阿育王起塔,乃八万四千。夫塔寺之兴,以表遗化也。"这就告诉我们,阿育王起塔,即谓之"塔寺"。孙权叹服僧会,也是"即为建塔,以始有佛寺,故号建初寺"。① 北魏杨衒之之《洛阳伽蓝记》卷二记载:"永熙元年(532 年)平阳王入篡大业,始造五层塔一所。……诏中书侍郎魏收等为寺碑文。"②也是建塔即为寺。因此,早期以至唐代记载佛教寺院的著作有的就称为《塔寺记》或《寺塔记》,如慧皎《高僧传》卷一《安世高传》所引昙京之《塔寺记》,还有保存至今的唐段成式之《寺塔记》。此外,早期,佛塔音译常作"浮图""佛图",所以一些史料上记载佛寺也常以"浮图""佛图"代称。

## 第二节　东汉时期河南创建的佛寺

### 一、中国第一古刹白马寺

白马寺是佛教传入中国内地后所营建的第一所寺院,号"释源祖庭""中国第一古刹"。

前述《弘明集》卷一《牟子理惑论》记载,汉孝明皇帝遣使西域求佛法回来后,"于洛阳城西雍门外起佛寺"。郦道元之《水经注》卷十六谓:

> (谷水)南出逮西阳门,旧汉氏之西明门也,亦曰雍门矣。旧门在南,太和中以故门邪出,故徙是门,东对东阳门。谷水又南逮白马寺东,昔汉明帝梦见大人,金色,项佩白光。以问群臣。或对曰:西方有神名曰佛,形如陛下所梦,得无是乎? 于是发使天竺,写致经像,始以榆檖盛经,白马

---

① 《高僧传》卷一《康僧会传》,第 16 页。
② (北魏)杨衒之著,杨勇校笺:《洛阳伽蓝记校笺》卷二《城东》,北京:中华书局 2006 年版,第 103 页。

负图,表之中夏。故以白马为寺名。此榆檄后移在城内愍怀太子浮图中,近世复迁此寺。然金光流照,法轮东转,创自此矣。①

《魏书·释老志》更明确称:

> (孝明)帝遣郎中蔡愔、博士弟子秦景等使于天竺,写浮屠遗范。愔仍与沙门摄摩腾、竺法兰东还洛阳。中国有沙门及跪拜之法,自此始也。愔又得佛经《四十二章》及释迦立像。明帝令画工图佛像,置清凉台及显节陵上,经缄于兰台石室。愔之还也,以白马负经而至,汉因立白马寺于洛城雍门西。摩腾、法兰咸卒于此寺。②

《高僧传》卷一开篇分别为摄摩腾和竺法兰的传记,而摄摩腾和竺法兰的名前即冠有"汉雒阳白马寺"。

北魏杨衒之《洛阳伽蓝记》卷四记载:

> 白马寺,汉明帝所立也。(佛入中国之始。)寺在西阳门外三里御道南。帝梦金神长丈六,项背日月光明,胡人号曰佛。遣使向西域求之,乃得经像焉。(时白马负经而来,因以为名。)③

上述《魏书·释老志》和《洛阳伽蓝记》的记载表明,白马寺的得名是为了纪念白马负经自西域而来,由此佛法东传至汉地。而且《三宝纪》《内典录》和《开元录》均记载,当时洛阳建白马寺之后,"诸州竞立,报白马恩"④。意思是说,洛阳建白马寺之后,很多地方为了纪念白马负经东来,也都建立了以"白马"命名的佛寺。这在现存的文献中还时时可以看到。

以白马命名佛寺,还有另外一种传说。《高僧传》卷一《摄摩腾传》中又称:

> 相传云:外国国王尝毁破诸寺,唯招提寺未及毁坏。夜有一白马绕塔悲鸣,即以启王,王即停坏诸寺。因改"招提"以为"白马"。故诸寺立

---

① (北魏)郦道元著,陈桥驿校证:《水经注校证》卷十六,北京:中华书局 2007 年版,第 399 页。

② 《魏书》卷一百一十四《释老志》,第 3025—3026 页。

③ 《洛阳伽蓝记校笺》卷四《城西》,第 171 页。

④ 《中华藏》第 54 册《三宝纪》卷四,第 187 页中;第 54 册《内典录》卷一,第 462 页中;第 55 册《开元录》卷一,第 2 页下。

名多取则焉。①

关于白马寺建立的时间,《三宝纪》卷二记载:

> (明帝永平)甲子七(年),是年帝梦金人飞来殿庭,即佛像、经法应也,命使西行,寻求佛经。
>
> …………
>
> (明帝永平)丁卯十(年),使还,得迦叶摩腾来到洛阳,即翻《四十二章经》,以白马驮经来,即起白马寺。②

"即起"一词似乎表明白马寺是在永平十年(67年)赴西域求法的汉使返回洛阳之后马上就修建了。《洛阳市志》即持此观点,认为白马寺初创于东汉永平十一年(68年):"现存白马寺的清代《佛说四十二章经》刻石说,汉使梵僧以白马驮载佛经佛像返回洛阳,时在永平十年丁卯十二月三十日,已是公元68年了。僧徒们一般将它作为白马寺的始创年。"③

现嵌于白马寺大雄殿外、殿门东侧壁间,初录于后唐长兴三年(932年),北宋真宗天禧五年(1021年)重立的《摩腾入汉灵异记》碑记述:

> 己巳之岁四月八日,孝明皇帝驾幸鸿胪卿寺,谒二三藏,问对数次,弥加礼重。……皇帝遂敕所司,令禀三藏制度,崇建浮图。自是年三月一日起□,至庚午岁十二月八日,厥功告毕。凡九层,高五百尺,岌若岳峙,塔□齐云,寺通白马。④

己巳之岁,应是永平十二年(69年)。该年四月八日,孝明帝驾幸鸿胪寺,会见被安置在这里的摄摩腾、竺法兰,而后诏令有关部门依照摩腾与法兰所提供的样式建造佛塔。佛塔工程于次年(庚午年,永平十三年)三月一日开建,至十二月八日完成,高九层。依此,永平十二年四月的时候,摄摩腾、竺法兰尚在鸿胪寺,才开始有创建白马寺塔的诏令;到永平十三年年底佛塔建好,白马寺才真正创立起来。

---

① 《高僧传》卷一《摄摩腾传》,第2页。
② 《中华藏》第54册《三宝纪》卷二,第160页下。
③ 《洛阳市志》第十五卷《白马寺志·龙门石窟志》,郑州:中州古籍出版社1996年版,第3、9页。
④ 《洛阳市志》第十五卷《白马寺志·龙门石窟志》,第62—63页。

《高僧传》谓：

> 腾誓志弘通，不惮疲苦，冒涉流沙，至乎雒邑。明帝甚加赏接，于城西门外立精舍以处之……腾所住处，今雒阳城西雍门外白马寺是也。①

前述《大宋僧史略》卷上"创造伽蓝"条称：

> 腾、兰二人角力既胜，明帝忻悦，初于鸿胪寺延礼之。鸿胪寺者，本礼四夷远国之邸舍也。寻令别择洛阳西雍门外盖一精舍，以白马驮经夹故，用白马为题也。②

以上均说明摄摩腾与竺法兰来洛阳后，并没有马上修建寺院，而是先被安置在朝廷接待外国宾客的鸿胪邸舍之内，不久又专门在西雍门外建立精舍作为他们的住处。这个精舍以佛塔为中心，具备了佛教寺院的形态，以白马为题，谓之"白马寺"。至于什么时候称为白马寺，并没有明确记载。

无论是永平十一年初创，还是永平十二年动议、永平十三年建成，白马寺为佛教传入中国内地后建立起来的第一所寺院，应当是毫无疑问的，称之为"释源祖庭""中国第一古刹"，当之无愧！日本学者大谷胜真、镰田茂雄等人认为前述《三国志》所载笮融所建造的佛寺"可以说是中国佛教最古的寺院"③，与史料记载不符。

关于白马寺的历史沿革，《洛阳市志》有一简要总结称：

> 白马寺由东汉初创迄今，已经历 10 多个朝代，绵延近 2000 年。其间，王朝更迭，兵燹战乱，人世沧桑，风蚀雨剥，白马寺不但屡兴屡毁，其建筑格局与样式，亦随之发生了重大变化。隋唐以降，寺院所奉宗派，或散见于文献，或镌刻于碑碣，钟磬相续，传灯有属。从一定意义上说，白马寺的兴衰变迁是中国佛教史的缩影。④

东汉时的白马寺，现在地面上已无任何遗迹可寻。根据《魏书·释老志》所载："自洛中构白马寺，盛饰佛图，画迹甚妙，为四方式。凡宫塔制度，犹依

---

① 《高僧传》卷一《摄摩腾传》，第 1—2 页。
② 《大正藏》第 54 册《大宋僧史略》卷上"创造伽蓝"条，第 236 页下。
③ 《简明中国佛教史》，第 21 页。
④ 《洛阳市志》第十五卷《白马寺志·龙门石窟志》，第 10 页。

天竺旧状而重构之,从一级至三、五、七、九。世人相承,谓之'浮图',或云'佛图'。"①所谓"凡宫塔制度,犹依天竺旧状而重构之",说明早期的白马寺是完全按照印度的佛教建筑样式创建的。

东汉末年,兵连祸结。《后汉书》记载,(初平元年)董卓挟持汉献帝迁都长安,行前,"悉烧宫庙官府居家,二百里内无复孑遗"②,白马寺亦难逃厄运。这是白马寺首次遭到破坏。

曹魏时期,在东汉洛阳废墟之上,重新营建洛阳宫城,遂使昔日旧都得以逐渐恢复,白马寺此时也应被重建。曹魏嘉平(249—254 年)时,有昙柯迦罗在白马寺翻译戒律的记载,③足证白马寺已经完全恢复。

西晋代魏,政权平稳更替,洛阳建筑一如旧观。根据《出三藏记集》记载,晋武帝之世,寺庙图像崇于京邑,④其中自然包括白马寺。然好景不长,西晋末年的"永嘉之乱"又使洛阳尽属战场。永嘉三年(309 年)九月,刘聪等带兵进攻洛阳至西明门(即东汉之雍门)下,东海王司马越在此拒战,⑤白马寺正当攻守前线;永嘉五年(311 年)六月,刘曜、王弥等攻入洛阳,再次焚烧宫庙,⑥白马寺再次遭到严重破坏。

在北魏孝文帝迁都洛阳之后,佛教活动呈现空前兴盛的局面,白马寺在此时期又恢复发展兴盛起来。《洛阳伽蓝记》卷四"白马寺"条记载:"寺上经函,至今犹存,常烧香供养之。经函时放光明,耀于堂宇,是以道俗礼敬之,如仰真容。"⑦说明东汉时在白马寺译出的佛经,至北魏时依然保存,为道俗所供养礼敬。

《洛阳伽蓝记》还记载:

> 浮图前柰林蒲萄,异于余处,枝叶繁衍,子实甚大。柰林实重七斤,

① 《魏书》卷一百一十四《释老志》,第 3029 页。
② 《后汉书》卷七十二《董卓传》,第 2327 页。
③ 《中华藏》第 55 册《开元录》卷一,第 14 页上。
④ 《出三藏记集》卷十三《竺法护传》,第 518 页。
⑤ 《晋书》卷五《孝怀帝纪》,第 119 页。
⑥ 《晋书》卷五《孝怀帝纪》,第 123 页。
⑦ 《洛阳伽蓝记校笺》卷四《城西》,第 171 页。

蒲萄实伟于枣,味并殊美,冠于中京。帝至熟时,常诣取之。或复赐宫人,宫人得之,转饷亲戚,以为奇味。得者不敢辄食,乃历数家。京师语曰:"白马甜榴,一实直牛。"①

奈林,即石榴,因石榴为奈属,故石榴也可称作奈。这条记载生动地记述了白马寺内种植的石榴、葡萄个大味美,闻名京城的情景。

北魏末,洛阳再遭劫难。"天平元年(534 年),迁都邺城,洛阳余寺四百二十一所。"②南梁大同四年(东魏元象元年,538 年)七月,"(侯)景悉烧洛阳内外官寺民居,存者什二三"③,但此次白马寺幸免于乱,残存下来。

隋唐两代,佛教进入鼎盛阶段,白马寺再一次恢复发展起来。武周垂拱元年(685 年),武则天敕修白马寺,这是白马寺历史上规模最大的一次修复工程。《旧唐书·薛怀义传》载:"垂拱初,(薛怀义)说则天于故洛阳城西修故白马寺,怀义自护作,寺成,自为寺主。……怀义后厌入宫中,多居白马寺,刺血画大像,选有膂力白丁度为僧,数满千人。"④又据《张庭珪墓志》载:"薛怀义建伪阁,殚万家之产。"⑤此次修复使白马寺空前豪华壮观,寺内僧人达三千余人。白马寺内现仍保留有唐代建筑的遗迹、遗物。据考古勘测,寺院后部清凉台的夯土地基约为现存高台平面面积的三倍;今砖砌高台的西侧,紧贴砖台之基,留存有四个边长为 1.55 米的方形石础,即应为唐代所建高阁的柱础。⑥ "安史之乱"对东都洛阳的破坏极为严重,白马寺亦在其列。《旧唐书》记述:"回纥至东京,以贼平,恣行残忍,士女惧之,皆登圣善寺及白马寺二阁以避之。回纥纵火焚二阁,伤死者万计,累旬火焰不止。"⑦其后,洛阳长期陷入战乱兵火之中。《资治通鉴》记载:"孙儒据东都月余,烧宫室、官寺、民居,

① 《洛阳伽蓝记校笺》卷四《城西》,第 171—172 页。

② 《洛阳伽蓝记校笺》卷五《城北》,第 244 页。

③ (宋)司马光编著:《资治通鉴》卷一百五十八"梁武帝大同四年"条,北京:中华书局 1956 年版,第 4893 页。

④ 《旧唐书》卷一百八十三《薛怀义传》,北京:中华书局 1975 年版,第 4741—4742 页。

⑤ 《张庭珪墓志》,全称《唐故赠工部尚书张公墓志铭》,由唐代著名书法家徐浩撰文并书丹。1977 年 7 月出土于伊川县高山坡头寨村东,现藏伊川县文管所。

⑥ 《洛阳市志》第十五卷《白马寺志·龙门石窟志》,第 14 页。

⑦ 《旧唐书》卷一百九十五《回纥》,第 5204 页。

大掠席卷而去,城中寂无鸡犬。"①白马寺当时的惨状可想而知。

五代之时,白马寺曾被修葺,香火继燃,但也遭受过战争破坏。白马寺内保存的《重修祖庭释源大白马禅寺佛殿记》中即记载:"至丙午(946 年)岁次,规模废坏。"②

北宋初,宋太宗曾敕修白马寺。此次重修由翰林学士苏易简于淳化二年(991 年)四月撰《白马寺记》记之。③ 此记刻碑题为《重修西京白马寺记》,至今仍保存在白马寺山门内庭院西侧,备载寺之兴废,始末甚详。此前,北宋名将李继勋及其三个儿子约在太祖开宝年间,施己净财,在白马寺东又建伽蓝一区,称"东白马寺"。其中建木浮图一座,九层,高五百余尺。④ 崇宁二年(1103 年),宋徽宗下牒文,追赐摄摩腾为"启道圆通大法师",竺法兰为"开教总持大法师",并敕西京白马寺等"今后每遇圣节,各许进奉功德疏",⑤显示了白马寺的重要地位。根据元纳新之《河朔访古记》记载,北宋末钦宗靖康年间(1126—1127 年),白马寺又遭金人焚烧,毁于兵火。⑥ 另据现存寺内的《大金重修洛阳东白马寺塔记》记载:"丙午岁(宋钦宗靖康元年,1126 年)之末,遭劫火一炬,寺与浮图俱废,唯留余址。"⑦这里所记虽指东白马寺,但由此也可想见白马寺当时的状况。

金代,白马寺有所恢复。金世宗大定十五年(1175 年),在原东白马寺木塔的旧基之上,又重建一砖浮图,十三层,高一百六十尺。⑧

元初,对白马寺又进行了一次长达二纪(二十四年)之久的全面修葺,并

---

① 《资治通鉴》卷二百五十六"僖宗光启元年"条,第 8324 页。

② 《洛阳市志》第十五卷《白马寺志·龙门石窟志》,第 76 页。

③ 曾枣庄、刘琳主编:《全宋文》卷一百六十八《白马寺记》,上海:上海辞书出版社,合肥:安徽教育出版社,2006 年版,第 8 册,第 316—317 页。《全宋文》注此文载《古今图书集成》职方典卷四百四十一,又见雍正《河南通志》卷五十、《金石萃编》卷一百二十五等。对照雍正《河南通志》卷五十所载,文字有所不同。

④ 《洛阳市志》第十五卷《白马寺志·龙门石窟志》,《重修释迦舍利塔记》,第 66 页。

⑤ 《洛阳市志》第十五卷《白马寺志·龙门石窟志》,《崇宁二年刻石》,第 64 页。

⑥ (元)纳新撰:《河朔访古记》卷下,文渊阁四库全书(电子版),上海:上海人民出版社,香港:迪志文化出版有限公司,1999 年版,第 2 页。

⑦ 《洛阳市志》第十五卷《白马寺志·龙门石窟志》,《重修释迦舍利塔记》,第 66 页。

⑧ 《洛阳市志》第十五卷《白马寺志·龙门石窟志》,《重修释迦舍利塔记》,第 66 页。

赐田以为恒产。元纳新之《河朔访古记》记载：

> 逮国朝至元七年(1270年)，世祖皇帝从帝师帕克巴(旧作八思巴，今改正)之请，大为兴建。门庑堂殿、楼阁台观，郁然天人之居矣！庭中一巨碑，龟趺螭首，高四丈余，碑首刻曰"大元重修释源大白马寺赐田功德之碑"。……碑曰："圣上大德改元之四年(1300年)冬十月，释源大白马寺告成。诏以护国仁王寺水陆田在怀、孟六县者千六百顷充此恒产，永为皇家子孙祈福之地。"①

所谓"门庑堂殿、楼阁台观，郁然天人之居"，具体就是："为殿九楹，法堂五楹，前三其门，傍翼阁、云房、精舍、斋庖、库厩，以次完具，位置尊严，绘塑精妙。盖与都城万安、兴教、仁王三大刹比绩焉。"②

元代，白马寺的地位很高，四代住持均由皇帝赐封。其中行育(龙川和尚)为女真人，姓纳合氏，得度于金、元名僧万松行秀，受业于华严宗名僧善柔。曾被封为"扶宗宏教大师""护法大师""释源宗主"等，并总摄江淮诸路僧事，深得帝师、大宝法王帕克巴(八思巴)器重。龙川和尚墓志于1978年在白马寺西侧出土，这是白马寺的重要考古收获之一，为研究佛教尤其是白马寺历史提供了重要参考资料。龙川之后继任的住持文才(松堂和尚)也是元代的一位华严名僧，由龙川、文才所宗来看，当时的白马寺以奉信华严宗为主。

明代，白马寺香火继续兴盛。洪武、正德、嘉靖年间曾多次重修白马寺。其中，嘉靖三十四年(1555年)春至次年冬的大规模整修，大体上奠定了今日白马寺的规模和布局，在白马寺沿革史上意义重大。明末，洛阳又遭战乱破坏，白马寺虽岿然独存而金粉零星，土木凋残。

清初康熙年间，在洛阳知县高镐支持和如琇和尚主持下，又较大规模地重修了白马寺。以后光绪、宣统年间，也屡有部分重修。

20世纪30年代初，上海佛教会德浩法师受太虚大师委请，住锡白马寺，开始重新修缮白马寺。1933年，一位信众将一尊高约九十厘米的白玉佛敬奉

---

① 《河朔访古记》卷下，第2页。
② 《河朔访古记》卷下，第4页；《洛阳市志》第十五卷《白马寺志·龙门石窟志》，《大元重修释源大白马寺赐田功德之碑》，第70页。

给白马寺,被供于毗卢阁内,至今仍存寺内。全面抗战爆发后,中州大地处于战乱兵火之中,白马寺再度败落,墙颓殿倾,野草没膝,一片荒凉景象,一直持续到新中国成立前夕。

中华人民共和国成立之后,政府曾先后于1952年、1954年、1959年拨款重修白马寺。1961年,国务院确定白马寺为第一批全国重点文物保护单位。"文化大革命"中,白马寺惨遭破坏,佛像被砸,经卷被烧。据《洛阳市志》记载,当时共砸毁历代佛像九十一尊,焚烧佛经五万五千八百八十四卷,其中有极为珍贵的三十余片"贝叶经"(为缅甸所赠)也化作灰烬。① 1972年,为迎接柬埔寨西哈努克亲王访问白马寺,国家决定全面修复白马寺。此次重修,前后持续十年之久,翻修主要殿阁,彩绘天棚、梁、架、斗拱,油漆门窗、殿柱,塑造佛像,贴金涂彩,培植花木,砌阶修路,使千年古刹面貌一新。1973年,周恩来总理亲批将北京故宫慈宁宫大佛堂的全部佛像及其附件共二千三百多件元、明、清时期的文物调拨给白马寺,其中的三世佛、弥勒佛、二天将与十八罗汉现在已成为白马寺的镇寺之宝。1979年6月1日,修葺一新的白马寺山门重启,正式对外开放。1984年,根据国务院有关文件的精神,白马寺交由僧人管理,恢复宗教活动场所。1987年,对山门、大佛殿、天王殿作了维修加固。1990年,白马寺又扩建齐云塔院,创建了河南省第一座比丘尼道场。

白马寺现存的建筑群,包括以五座殿堂为主体的多重庭院和以齐云塔为中心的塔院两部分。现存历代碑刻约四十方,其中宋代四方,金代一方,元代三方,明代八方,清代二十方,对于了解白马寺与洛阳地区的历史变迁弥足珍贵。

白马寺自创建以来,历代曾有众多高僧大德在寺内主持佛事、布法传道、翻译疏解佛教典籍,在推动佛教在中国的广泛传播、深入发展过程中,起到了直接的重要的作用。据《洛阳市志》"择其古籍有载或有碑可考、具有影响者"统计所列,在白马寺活动过的汉魏晋时期高僧有摄摩腾、竺法兰、安清、支娄迦谶、昙柯迦罗、康僧铠、昙谛、帛延、竺法护等,南北朝时期高僧有佛陀扇多、

---

① 《洛阳市志》第十五卷《白马寺志·龙门石窟志》,第19页。

慧光、宝公等，唐代高僧有达摩掬多、法明、道岸、少康、觉救等，宋金元时期高僧有净慧、景遵、栖岩彦公、龙川、文才、慧觉、宝严、慧印、福裕、法洪等，明清时期高僧有无谭禅师、定太、圆朗、智永、智玄、福庵寿公、如琇、正觉、宗宣、法阔等。①

## 二、南北朝与隋唐文献所记载的汉代河南佛寺

在东汉都城洛阳，除白马寺外，皇帝宫中也有佛寺。前引《后汉书》卷三十下《襄楷传》记载襄楷向桓帝上疏称："又闻宫中立黄老、浮屠之祠。"这个"浮屠之祠"也许规模很小，是一个微缩的佛寺，但装饰得一定很精致华丽，"设华盖以祠浮图"。②

除此而外，当时的洛阳还有其他的佛寺。《出三藏记集》卷七《〈道行经〉后记》记载：

> 光和二年十月八日，河南洛阳孟元士。口授天竺菩萨竺朔佛，时传言译者月支菩萨支谶，时侍者南阳张少安、南海子碧，劝助者孙和、周提立。正光二年九月十五日，洛阳城西菩萨寺中沙门佛大写之。③

此文中所谓"正光"年号有误，因为东汉末至魏晋十六国时期均无此年号。此年号是北魏孝明帝的年号，起于520年，讫于525年，不但晚于《出三藏记集》的成书时间，而且连《出三藏记集》的作者僧祐此时也已去世。根据文字内容，判断其形成时间应在东汉末《道行经》译出后不久。如果此判断成立，那就表明东汉末在洛阳城西还有一个菩萨寺。

《出三藏记集》卷七《〈般舟三昧经〉记》又记载：

> 《般舟三昧经》，光和二年十月八日，天竺菩萨竺朔佛于洛阳出。菩萨法护。时传言者月支菩萨支谶，授与河南洛阳孟福字元士，随侍菩萨张莲字少安笔受。令后普著。在建安十三年于佛寺中校定，悉具足。后

---

① 《洛阳市志》第十五卷《白马寺志·龙门石窟志》，第22—32页。
② 《后汉书》卷三十下《襄楷传》，第1082页；卷七《孝桓帝纪》，第320页。
③ 《出三藏记集》卷七《〈道行经〉后记》，第264页。

有写者,皆得南无佛。又言,建安(十)三年岁在戊子,八月八日于许昌寺校定。①

佛经在洛阳译出后,又"在建安十三年于佛寺中校定"。根据文意,这个佛寺似在洛阳,但又不会是白马寺,因为若在白马寺校定,一定会直接记明。"于许昌寺校定",这个"许昌寺"当不是洛阳的佛寺,而应当是位于许昌的佛寺。

唐代道宣之《集神州三宝感通录》卷上引《汉法本内传》谓:

> 魏明帝洛城中,本有三寺。其一在宫之西,每系幡刹头,辄斥见宫内,帝患之,将毁除坏。时外国沙门居寺,乃赍金盘盛水以贮舍利,五色光明腾焰不息。帝叹曰:非夫神效,安得尔乎? 乃于道东造周间百间,名为官佛图精舍云。②

魏明帝曹叡在位时间为 226 年至 239 年,当东汉灭亡不久。"本有三寺",一个"本"字,表明这三寺是旧有的,汉末时就已存在。《汉法本内传》其书为伪书,所载佛道斗法之内容,完全为无稽之谈,但洛阳城在魏明帝之前的汉末已有三座佛教寺院的说法,还是大致可信的:其一,魏明帝欲毁宫西之寺的记载,亦见于《魏书·释老志》;其二,前述白马寺、菩萨寺为汉末洛阳佛寺,加上此处所载宫西之寺,恰为三寺,而且这三寺均在当时洛阳城西部,正当天竺、西域佛教僧侣和信徒东来洛阳停留的便捷之处。

此外,《水经注》卷二十三引:

> 《续述征记》曰:……汳水又东迳梁国睢阳县故城北,而东历襄乡坞南。《续述征记》曰:西去夏侯坞二十里,东一里,即襄乡浮图也。汳水迳其南,汉熹平中某君所立。死因葬之,其弟刻石树碑,以旌厥德。隧前有狮子、天鹿,累砖作百达柱八所,荒芜颓毁,凋落略尽矣。③

汳水即汴水,睢阳县故城,在今商丘市睢阳区南。说明东汉灵帝熹平年间(172—178 年)有人在今商丘附近建有佛塔。

---

① 《出三藏记集》卷七《〈般舟三昧经〉记》,第 268 页。
② 《中华藏》第 60 册《集神州三宝感通录》卷上,第 940 页中。
③ 《水经注校证》卷二十三,第 557 页。

### 三、遗迹、碑刻、考古与宋元以来文献所记载的汉代河南佛寺

根据遗迹、碑刻、考古及宋元明清及近现代文献,河南创建于东汉时期的佛教寺院还有:

1.巩义慈云寺。慈云寺位于今巩义市东南约 15 公里处的青龙山中,地属大峪沟镇民权村,和白马寺、少林寺相距不远。

关于慈云寺的历史,成书于清雍正九年(1731 年)的《河南通志》卷五十《寺观》记载:"慈云寺,在巩县青龙山内。汉明帝时西僧摩腾、竺法兰创建。"①《乾隆一统志》卷一百六十三的记载与此相同。② 李述武修,(清)张九钺纂之《乾隆巩县志》卷十六称:"汉慈云寺,寺碑:汉明帝时西僧摩腾、竺法兰创建。"③

景日昣之《说嵩》卷二的记述较详:

> 青龙山之麓曰慈云寺,汉明帝时西僧摩腾、竺法兰创建。魏时凿石为招提,曰净土,亦曰石窟寺,峻峭无夷址。岩高数十仞,多垒门欹壁,嵌空悬虚。石玲珑透辟,隙窦窈窱,如蚀如穿,如叠如镂。大者如屋如舫,砥平坦溜,如经琢磨。依窟置扉为佛堂,为静室,如负扆然。高下参差,如叠重楼,如倚雉堞。时有飞霞挂崖,晴云幕洞,寂虚空灵,诚婆娑净土矣。④

卷二十一又记述:

> 慈云寺在嵩阴巩属,与嵩之法王、洛之白马同始于汉,为西僧摩腾、竺法兰所创建,在达磨四百年之前。⑤

目前,在慈云寺内保存有一百多通明清时期的碑铭和刻石,其中一通于

---

① (清)孙灏纂修:《河南通志》卷五十《寺观》,扬州:江苏广陵古籍刻印社 1987 年版,据清雍正刻本影印,第 7 册,第 16 页。

② 《大清一统志》(《乾隆一统志》)卷一百六十三,文渊阁四库全书本(电子版),上海:上海人民出版社,香港:迪志文化出版有限公司,1999 年版,第 35 页。

③ (清)李述武修,(清)张九钺纂,程莉、杨扬校点:《乾隆巩县志》卷十六,郑州:中州古籍出版社 2008 年版,第 290 页。

④ (清)景日昣撰:《说嵩》卷二《太室北麓》,《嵩岳文献丛刊》第三册,郑州:中州古籍出版社 2003 年版,第 40—41 页。

⑤ 《说嵩》卷二十一《释氏》,《嵩岳文献丛刊》第三册,第 436 页。

明英宗天顺四年(1460年)四月由赐进士第、中顺大夫、河南府知府、汉中虞廷玺撰文,朝议大夫、广东左参议、洛阳杨铭书写所立的《重修青龙山慈云禅寺碑铭》称:

> 汉明帝永平七年,有僧摄摩腾、竺法兰,始创白马寺于洛阳城东。既而云游此山,因其山川之秀,遂开慈云禅寺……至于三藏禅师,奉勒重修庄严宝地,自兹以往,或兴或废,修置不一……少林共祖,白马同乡。

另一通立于明代宗景泰元年(1450年)的由当时慈云寺住持僧觉顺撰文的《青龙山重修慈云寺碑铭》亦称:

> 古刹慈云号释源,汉明梦感至西天……竺法兰摩腾三藏宣,后显大唐并宋帝,重修至正至元年,大明建立如来殿。

根据上述记载可以基本判定,慈云寺创建于东汉明帝时期,与白马寺、法王寺等同属中原最早出现的一批佛寺。近年来巩义市文物保护研究所在对慈云寺遗址的考古发掘调查中,发现了汉代建筑遗存,也证实了这一判断。慈云寺的山门以内第一重殿的地面堆压在三层以上,最下一层为汉砖铺地砌成的地面,至今保存完好;还发现了南北朝之北齐时的佛教石刻、唐代的泥塑佛像、宋代的琉璃瓦和方塔、元代的石雕铭文等。2007年8月,中国佛教协会会长兼中国佛学院院长一诚大和尚根据慈云寺现存的古碑拓片内容,郑重地为慈云寺题写"释源祖庭"四字,说明了中国佛教界对慈云寺历史地位的认可。①

2013年,慈云寺石刻以其历史价值而被国务院公布为第七批全国重点文物保护单位。

2.登封法王寺。法王寺位于登封城北7公里处的太室山南麓玉柱峰下,背依嵩岭,合抱如椅,溪水潺流,景色秀丽,被古人称为"嵩山第一胜地"。明傅梅之《嵩书》卷三记载:

> 大法王寺,在县北十里,嵩山之南麓。备考志传,乃汉明帝永平十四年创建。魏明帝青龙二年,车驾驻跸,更名"护国寺"。晋惠帝永康元年,前增建一寺,名曰"法华(寺)"。元魏孝文帝避暑于此。隋文帝仁寿二

---

① 孙修身、赵玉安、席延昭:《河南省巩义市慈云寺调查记述》,《敦煌研究》1999年第3期,第20—29页;于茂世:《释源祖庭慈云寺》,《大河报》2007年9月20日、21日、24日、25日、26日和27日。

年,创建舍利塔,又名"舍利寺"。唐太宗贞观三年,敕补佛像,赐庄安禅僧,名曰"功德寺"。玄宗开元十八年更名"御容寺",代宗大历元年重修,又更名"文殊师利广德法王寺"。五代后唐,因废坏之余,分为五院,仍历代旧称,曰护国,曰法华,曰舍利,曰功德,曰御容。至宋初,五院僧愿合居,仁宗庆历八年增置殿阁、僧寮,重造佛像,赐名"嵩山大法王寺"。金、元与本朝俱因之。寺背负嵩岭,如倚左右高峰张两翼,如卫俯瞰二熊诸山,排列如拱。真天下形胜之区也。①

雍正《河南通志》卷五十《寺观》称:

> 法王寺,在登封县城北嵩山南麓,汉永平十四年创建。唐贞观中,太宗敕增佛像。开元中,改名"功德(寺)"。宋庆历中,复改今名。②

清代洪亮吉等纂修的《登封县志》引傅梅《嵩书》的记述,有所减略:

> 汉明帝永平十四年嵩山建大法王寺,魏明帝青龙二年更名护国寺,晋惠帝永康元年于护国寺左建法华寺,隋文帝仁寿二年建舍利塔,更名舍利寺,唐太宗贞观三年(629年)更名功德寺,开元时更名御容寺,大历间更名法王寺,后唐时因废坏之余,分为五院,仍历代护国、法华、舍利、功德、御容旧称。③

又引登封《旧志》记载:

> (法王寺)在县北十里玉柱峰右,汉永平间建。宋仁宗赐名东都大法王寺,元、明仍之。寺左有峡,为嵩门待月处。殿前石墀有金莲花,相传二祖说法地涌金莲,即其地也。背负嵩岭,合抱如倚,俯瞰二熊诸山,排列如拱,当为嵩高第一胜处。④

《说嵩》亦称:

> (法王)寺于嵩刹为最古,建于汉永平。佛法初入时,在达磨四百年

---

① (明)傅梅撰:《嵩书》卷三《寺院》,《嵩岳文献丛刊》第一册,郑州:中州古籍出版社2003年版,第47页。

② 《河南通志》卷五十《寺观》,第17页。

③ (清)洪亮吉、陆继萼等纂修:《登封县志》卷十二《伽蓝记》,成文出版社据清乾隆五十二年刊本影印,1976年版,第339页。

④ 《登封县志》卷十二《伽蓝记》,第340页。

近年编纂的《登封市志》记载：

> 据《嵩书》载，法王寺建于东汉明帝永平十四年（71年）。三国魏明帝青龙二年（234年）更名护国寺，晋惠帝永康元年（300年）在护国寺前增建法华寺，隋文帝仁寿二年（602年）因建舍利塔更名舍利寺，唐太宗贞观三年（629年）敕命补修佛像更名功德寺，唐玄宗开元十八年（730年）更名御容寺，代宗大历间（766—779年）重修复名法王寺。五代后唐时分为5院，仍沿用护国、法华、舍利、功德、御容旧称。宋仁宗庆历八年（1048年）又将五院合而为一，赐名"嵩山大法王寺"。元、明以后仍沿用"嵩山法王寺"旧名。法王寺是中国建寺最早的寺院。清景日昣《说嵩》载，东汉永平八年（65年），帝闻西域有神，其名曰佛，遂遣使西天求经。永平十年（67年），使臣携佛经和高僧摄摩腾归汉，安置于接待四方宾客的鸿胪寺。因摄摩腾来时以白马负经，后将鸿胪寺改为白马寺，这是寺的起源。之后摄摩腾到嵩山创建真正意义上的寺院法王寺。由此，法王寺创建虽比白马寺晚3年，但从正统的寺院而言，法王寺是最早的佛寺，在中国乃至世界佛教史上都占有重要地位。②

《登封市志》还记载：明清时法王寺走向衰落。清末到民国时，由于社会动荡，法王寺损毁严重，至中华人民共和国成立时，仅存天王殿、大雄殿、地藏殿与大雄殿两侧厢房。"文化大革命"中，法王寺又遭破坏，寺周围一些塔被毁。20世纪80年代初，文物部门开始对法王寺进行整修。1987年后，僧人释延佛募资6000余万元，重建了法王寺山门、厢房，新建了金刚殿、未来佛殿、西方圣人殿、藏经阁及钟鼓楼，使法王寺成为一座拥有七进院落的宏大佛寺。③

　　法王寺现存唐塔四座、元塔一座、清塔一座。其中法王寺大塔为河南现存30多座唐塔中最高大的寺塔，15层，高约35.7米，塔身下部略瘦长，无基座，显得秀丽挺拔，继承了北魏时期密檐式砖塔的建筑技法，是唐塔中的精

---

① 《说嵩》卷三《太室南麓一》，《嵩岳文献丛刊》第三册，第56页。
② 《登封市志》卷四《文物古迹》，郑州：中州古籍出版社2008年版，第214页。
③ 《登封市志》卷四《文物古迹》，第214页。

品。此塔在《登封市志》中被称为"法王寺舍利塔"。该志据《嵩书》记述,认为塔建于隋文帝仁寿二年。又称亦有认为其建于唐代的,原因是其塔形似唐塔。① 另一座唐塔为单层方形亭阁式砖塔,造型相当华丽,高 12 米,2000 年对其地宫进行了发掘,出土珍贵文物 20 余件,还发现一跌坐真身坐像,虽然残损严重,但这是河南省至今发现的唯一一尊真身坐化像,尤为珍贵。元塔为密檐式六角七级仿木结构砖塔,是河南现存元塔中雕刻最为华丽、保存最为完整的一座。法王寺还有唐、宋、金、元、明、清古碑数十通,也很珍贵。

2001 年 6 月,法王寺塔被国务院公布为第五批全国重点文物保护单位。

3.宝丰龙兴寺。龙兴寺位于宝丰县城西北 21 公里处的前营乡大店头村西部。清乾隆《续河南通志》卷十七《寺观》称"训狐寺",有简略记载。② 唯《宝丰县志》记述最为详尽:

> 该寺创建于东汉末年。龙兴寺为其本名;隋开皇年间,邑境东南曹镇亦建龙兴寺,为区分二者之别,原龙兴寺称北龙兴寺;因宝丰县在唐宋时代名龙兴县,隶属汝州,故亦称汝州龙兴寺;元延祐之后,北龙兴寺又称训狐寺,盖因寺在训狐山之故。寺院坐北向南,门对石河,殿宇建筑依山就势,北高南低,错落有致,占地约 40 余亩。唐"画圣"吴道子,曾于天宝年间在该寺华严小殿作画两壁:东壁作维摩示疾文殊来问、天女散花;西壁作太子游四门、释迦降魔成道。入宋废坠。宋绍圣元年(1094 年)4 月,时守汝州的苏辙(字子由),捐百缣新修龙兴寺吴道子壁画,"不逾月坚完如新"。恰时,苏轼至汝,并游览新修的吴道子壁画,苏轼即兴赋《子由新修汝州龙兴寺吴画壁》一诗,赞吴画之奇绝和其弟子由修复之功绩。明洪武二十四年(1391 年),重建大殿;正统五年(1440 年),建伽蓝殿、僧堂、门庑;天顺五年(1461 年)扩建;弘治三年(1490 年)重修地楼殿;清道光间,再建门楼。寺北半里许,有大塔 1 座,小塔 2 座,大塔高 6 丈,7 级,底部直径 6 丈。寺东和尚墓地,有坟丘数百个。1947 年县境解放前夕,

① 《登封市志》卷四《文物古迹》,第 257 页。

② (清)阿思哈、嵩贵纂修:《续河南通志》卷十七《舆地志·寺观》,扬州:江苏广陵古籍刻印社据清乾隆刻本影印,1987 年版,第 27 页。

有和尚 1 人,尚存上过殿、下过殿、大佛殿、地楼殿、西佛(铁佛)殿、地藏王殿(后大殿)、广生殿、皇姑殿等殿宇 30 余间,散碑 6 块。现存殿宇 21间,均改作民房,且年久失修,倾圮已甚,碑碣无存。①

4.温县福智寺。清雍正《河南通志》卷五十《寺观》记载:"福智寺,在温县杨门村,创自东汉,唐太宗重修,元至正年间重修,明洪武末修葺,置僧纲司于其内。皇清顺治年间复增修。"②清乾隆之《怀庆府志》亦记载:"福智寺,在杨门村。东汉时建,唐太宗命鄂供重修,元至正、明洪武间叠修,国朝顺治中增修。"③

5.荥阳正国寺。《河南通志》卷五十《寺观》记载:"在汜水县虎牢之地。汉明帝创建,元末毁于兵。今其地为演武场。"④汜水县故地在今荥阳市西北汜水镇。

6.通许开国寺。《续河南通志》卷十七《寺观》记载:"在通许县治□□里,汉创,祀广□□。"⑤

7.通许延徽寺。《续河南通志》卷十七《寺观》记载:"在通许县大青岗,创于汉。"⑥

8.泌阳清凉寺。《泌阳县志》第三十篇第二章记述:"县内佛教,相传是东汉光和三年(180 年)传入。初来者为洛阳白马寺史姓沙弥(法号无考),云游化缘到县境东部,发现铜山孤峰秀丽,怪石嶙峋,峭壁如劈,风景幽雅,遂结庵而居。其人积极宣传佛义,弘扬佛法,广结善缘,收徒授业。到建安十五年(210 年),善男信女捐工捐料,在铜山北坡半山腰处,经两年建成清凉寺,这是县境内第一座佛寺。"⑦

---

① 宝丰县史志编纂委员会编:《宝丰县志》第二十一编第八章"文物古迹",北京:方志出版社1996 年版,第 693—694 页。

② 《河南通志》卷五十《寺观》,第 12 页。

③ (清)布颜、杜琼纂修,焦作市地方志办公室、泌阳市人民政府整理:《怀庆府志》,郑州:中州古籍出版社据乾隆重刊本校注,2013 年版,第 214 页。

④ 《河南通志》卷五十《寺观》,第 32 页。

⑤ 《续河南通志》卷十七《舆地志·寺观》,第 2 页。

⑥ 《续河南通志》卷十七《舆地志·寺观》,第 2 页。

⑦ 泌阳县地方史志编纂委员会编:《泌阳县志》第三十篇第二章"宗教",郑州:中州古籍出版社1994 年版,第 641 页。

　　东汉距今已一千八百年左右，年代久远，由于天灾人祸的原因，那个时代创建的佛教寺院基本无存，最好的也就是后代原址复建。我们只能根据遗迹、碑刻、考古和后世的文献记载来考察东汉时期中原河南的佛教寺院的创建情况。但可以肯定的是，中原河南是中国内地最早创建佛教寺院的地区。

　　述及至此，还想再补充几句。笔者在写作的过程中，发现一些有关地方佛教历史的著述中，著者缺乏严肃、认真的学术态度，为了显示本地佛教历史之久远，不经严格考察，甚至仅凭一些道听途说就将本地某些寺院的创建年代说成是东汉时期。例如近年出版的《南阳佛教历史》一书，一方面称"佛教传入南阳始于东晋元帝末、明帝初年间（永昌年间），即公元 322 年左右"，另一方面又说本地区南召圣井寺"始建于东汉明帝十七年（74 年）"，南阳市北郊豫山禅寺"始建于东汉建安初年（189 年）"，邓州佛慧寺"距今已有两千多年历史"，方城白马寺为"张骞在博望封侯以后，在所住的府地北 300 多米处建了一座'金神庙'，可以说是中国最早供奉外来神金神（即浮屠）的庙宇，一直到东汉明帝，皇帝正式认可佛教后，才改金神庙为古白马寺"，西峡重阳寺"建于汉朝末年"等等。① 这些说法缺乏历史依据，在一定程度上误导了广大读者。

---

　　① 杨光才、崔德锐等编著：《南阳宗教文化》，北京：宗教文化出版社 2010 年版，第 3、50、53、56、58 页。

# 第七章
# 魏晋南北朝时期河南佛教的传播发展

220年(东汉献帝延康元年),曹操病逝,其子曹丕继魏王位,七月,曹丕称帝代汉,定国号为"魏",史称曹魏,中国历史开始进入魏晋南北朝时期。

魏晋南北朝时期长达360余年,其间,政权更迭频繁,在中国历史上是一个分裂割据、战乱不息、社会动荡的时代。正是在这个时代,佛教开始全面地深入地在中国内地传播、发展,其内在表现形态为吸收印度佛教,消化佛教义理;而外部环境又恰逢汉末传统儒家观念分崩离析和魏晋玄学的兴起,这就为佛教的传播、发展创造了良好的思想、文化条件,提供了适宜的社会土壤。

# 第一节　曹魏时期河南佛教的传播发展

曹魏政权建立后,据有黄河流域和辽东等地。设五都,东有谯县,西有西安,南有许昌,北有邺县,首都为洛阳。因此,河南成为当时曹魏政权的重点统治地区,地跨司、豫、荆、兖四州。杨晨《三国会要》卷十称:"所恃内充府库,外制四夷者,惟兖、豫、司、冀而已。"①曹魏政权统治初期,文帝曹丕和明帝曹叡较有作为,采取了一些恢复生产、发展经济的措施,政治较为清明,国力有所增强。

东汉以来,统治阶级喜好黄老神仙道术,以致到东汉末,祠祀流行泛滥。例如,城阳景王刘章以有功于汉,在其封国内立祠,封国内诸郡争相仿效,济南尤盛,至东汉末,济南一地就有六百余祠。曹操任济南相时,坚决"禁断淫祀"②,"皆毁坏祠屋,止绝官吏民不得祠祀"。及至曹操掌握朝政之后,"遂除奸邪鬼神之事,世之淫祀由此遂绝"。③ 他甚至还将道术方士"悉所招致",集中管理,"诚恐斯人之徒,接奸宄以欺众,行妖慝以惑民"。④ 到文帝曹丕时,又在黄初五年(224年)十二月下诏称:"叔世衰乱,崇信巫史,至乃宫殿之内,户牖之间,无不沃酹,甚矣其惑也。自今,其敢设非祀之祭,巫祝之言,皆以执左道论,著于令典。"⑤佛教当时也被人们视为一种神仙道术,因此,曹魏之时佛教在河南的发展肯定也受到了一些影响。但根据现存南朝宋、齐间之陆澄所著《法论目录序》的记载,曹操被列为弘扬佛法的人物:"魏祖答孔,是知英人开尊道之情。"⑥"魏祖",即谓曹操;"孔"指孔融,孔融字文举;"英人",智慧和才能超群的人,这里还是指曹操;"尊道",就是尊佛。所谓"魏祖答孔",即《法论目录序》中所记载的魏武帝所撰《答孔文举书》⑦。此书信已佚,具体内容

---

① （清）杨晨著：《三国会要》卷十《职官下》引《杜恕传》，北京：中华书局1956年版，第182页。

② 《三国志》卷一《魏书·武帝纪》，第4页。

③ 《三国志》卷一《魏书·武帝纪》，第4页。

④ 《三国志》卷二十九《华佗传》引曹植《辩道论》，第805页。

⑤ 《三国志》卷二《魏书·文帝纪》，第84页。

⑥ 《出三藏记集》卷十二《宋明帝敕中书侍郎陆澄撰法论目录序》，第429页。

⑦ 《出三藏记集》卷十二《宋明帝敕中书侍郎陆澄撰法论目录序》，第446页。

我们已不得而知,但从"英人开尊道之情"一句可知,魏武帝曹操对待佛教的态度应该是尊重的。僧祐在其《弘明集·后序》中也说:

> 故知经流中夏,其来已久。逮明帝感梦,而傅毅称佛,于是秦景东
> 使,而摄腾西至。乃图像于关阳之观,藏经于兰台之室。不讲深文,莫识
> 奥义。是以楚王修仁洁之祠,孝桓建华盖之祭。法相未融,唯神之而已。
> 至魏武英鉴,书述妙化;孙权雄略,崇造塔寺。①

"魏武英鉴,书述妙化",意思也是说曹操著有阐述佛法的"书"。此"书"是否就是上面所说的《答孔文举书》,已不可知,但在僧祐来看,曹操对佛教的态度是积极的。唐之神清撰、慧宝注之《北山录》卷三也称:"魏曹操,字孟德,为汉相。以汉室微弱,挟天子令诸侯,而谋分霸,不暇崇显吾教也。然虽不能弘赞其风,而亦终不蔽其道也。"②这种说法应当是可信的。

关于魏明帝对待佛教的态度,《魏书·释老志》有一记载:

> 魏明帝曾欲坏宫西佛图。外国沙门乃金盘盛水,置于殿前,以佛舍
> 利投之于水,乃有五色光起,于是帝叹曰:"自非灵异,安得尔乎?"遂徙于
> 道东,为作周阁百间。佛图故处,凿为蒙汜池,种芙蓉于中。③

这条史料反映,魏明帝曹叡起初并不信佛,曾打算毁坏"宫西佛图"。外国沙门在殿前施展的道术,震惊了曹叡,曹叡从此信奉佛教,不敢再毁佛图,只是将它迁徙到道东,并加以扩建,而佛图原址,修为蒙汜池,种芙蓉于其中。

在曹魏统治集团中,最笃信佛教的是曹操之子、曹丕之弟曹植。曹植是建安时期最负盛名的作家,其一生活动范围大致在河南、河北、山东、安徽等地,以河南为主。关于曹植对待佛教的态度,道宣曾说:"植每读佛经,辄流连嗟玩,以为至道宗极也。"④曹植著有《辩道论》,专门批判道教所谓的长生不老为"虚妄之词""眩惑之说"⑤,虽全篇并未涉及佛教,但其观点与佛教的观念相似,所以后世佛典将该论作为护法之作而收录。曹植对于中国佛教的最

---

① 《弘明集·后序》,第 343 页。
② 《大正藏》第 52 册《北山录》卷三,第 587 页上。
③ 《魏书》卷一百一十四《释老志》,第 3029 页。
④ 《中华藏》第 62 册《广弘明集》卷五,第 988 页下。
⑤ 《中华藏》第 62 册《广弘明集》卷五,第 988 页下。

大贡献在于他改造"梵呗",被后世视为中国佛教音乐的创始人。

"呗",梵文音译"呗匿"(又作"婆陟""婆师")之略,意译为止息、赞叹。以音韵屈曲升降,能契于曲,为讽咏之声。梵呗者,即天竺以短偈形式赞唱佛与菩萨功德的颂歌,又称呗赞、梵声、梵响、梵天之响、梵天之赞等,故道世之《法苑珠林》称:"寻西方之有呗,犹东国之有赞。赞者从文以结章,呗者短偈以流颂。比其事义,名异实同。是故经言:以微妙音声,歌赞于佛德。斯之谓也。"①湛然之《法华文句记》亦称:"经云:呗者,或云呗匿,此云赞颂,西方本有。"②慧皎在其《高僧传》卷十三《经师》篇末论曰:

> 夫篇章之作,盖欲申畅怀抱,褒述情志。咏歌之作,欲使言味流靡,辞韵相属。故《诗序》云:情动于中,而形于言。言之不足,故咏歌之也。然东国之歌也,则结韵以成咏;西方之赞也,则作偈以和声。虽复歌赞为殊,而并以协谐钟律,符靡宫商,方乃奥妙。故奏歌于金石,则谓之以为乐;设赞于管弦,则称之以为呗。夫圣人制乐,其德四焉:感天地,通神明,安万民,成性类。如听呗,亦其利有五:身体不疲,不忘所忆,心不懈倦,音声不坏,诸天欢喜。……自大教东流,乃译文者众,而传声盖寡。良由梵音重复,汉语单奇。若用梵音以咏汉语,则声繁而偈迫;若用汉曲以咏梵文,则韵短而辞长。是故金言有译,梵响无授。③

又曰:

> 然天竺方俗,凡是歌咏法言,皆称为呗。至于此土,咏经则称为转读,歌赞则号为梵呗。昔诸天赞呗,皆以韵入弦绾。五众既与俗违,故宜以声曲为妙。④

慧皎所论的大意是说,天竺的"呗"与中国的"乐"本质都是歌赞——咏歌或赞歌,不同之处在于,中国的"乐"是结韵成咏,而天竺的"呗"是作偈和声。造成这种状况的原因是两国的语言不同,"梵音重复,汉语单奇。若用梵音以咏汉

---

① 《法苑珠林校注》卷三十六《呗赞篇·述意部》,第1165页。
② 《中华藏》第94册《法华文句记》卷五中,第403页中。
③ 《高僧传》卷十三,第507页。
④ 《高僧传》卷十三,第508页。

语,则声繁而偈迫;若用汉曲以咏梵文,则韵短而辞长"。所以当佛教传入中国之后,梵文佛经可以翻译成汉文佛经,但梵音赞歌却无法直接转变成汉语咏歌。而佛教的传播和修行又离不开声曲,因为以歌咏的形式并伴之以管弦来宣传佛教教义,是很容易吸引民众的,这就需要对天竺梵呗予以改造。改造天竺梵呗的第一人就是曹植。最早记载曹植感鱼山梵声而制呗的为南朝之刘义庆(403—444 年),其所著《宣验记》称:

> 陈思王姓曹,名植,字子建,魏武帝第四子。十岁善文艺,私制转七声。植曾游渔山,于岩谷间闻诵经声,远谷流美,乃效之而制其声。[1]

其后,《高僧传》亦称:

> 自大教东流,乃译文者众,而传声盖寡……是故金言有译,梵响无授。始有魏陈思王曹植,深爱声律,属意经音。既通般遮之瑞响,又感鱼山之神制。于是删治《瑞应本起》,以为学者之宗。传声则三千有余,在契则四十有二。[2]

> 原夫梵呗之起,亦兆自陈思。始著《太子颂》及《睒颂》等,因为之制声。吐纳抑扬,并法神授。[3]

道宣也说:

> 植字子建,魏武帝第四子也,初封东阿郡王,终后谥为陈思王也。幼含珪璋,十岁能属文,下笔便成,初无所改。世间术艺,无不毕善。邯郸淳见而骇服,称为天人也。植每读佛经,辄流连嗟玩,以为至道宗极也。遂制转读七声,升降曲折之响,故世之讽诵,咸宪章焉。尝游鱼山,闻空中梵天之赞,乃摹而传于后则。[4]

《法苑珠林》卷三十六亦有类似记述,但更为形象生动:

> 魏时陈思王曹植,字子建,魏武帝第四子也。幼含珪璋,十岁属文,下笔便成,初不改定。世间术艺,无不毕善。邯郸淳于见而骇服,称为天

---

① 《中华藏》第 94 册《法华文句记》卷五中,第 403 页中—下。
② 《高僧传》卷十三,第 507 页。
③ 《高僧传》卷十三,第 508—509 页。
④ 《中华藏》第 62 册《广弘明集》卷五,第 988 页下。

人。植每读佛经,辄流连嗟玩,以为至道之宗极也。遂制转赞七声,升降曲折之响,世人讽诵,咸宪章焉。尝游鱼山,忽闻空中梵天之响,清雅哀婉,其声动心,独听良久,而侍御皆闻。植深感神理,弥悟法应。乃摹其声节,写为梵呗。撰文制音,传为后式。梵声显世,始于此焉。其所传呗凡有六契。①

鱼山,坐落于山东东阿县城东南20公里处的黄河北岸,属泰山余脉。当时曹植被封为东阿王,鱼山在其封地之内,当是常来之处。因为曹植音乐造诣非常深厚,又笃信佛教,所以在鱼山闻听了空中梵响,清扬哀婉,细听良久,深有所悟,乃摹其音声节拍,制作曲谱,写成"鱼山梵呗"。"鱼山梵呗"将音乐旋律与偈诗梵语的音韵及汉字发音的高低相配合,使佛经在唱诵时天衣无缝,解决了用梵音咏汉语声繁而偈迫与以汉曲讽梵文偈颂韵短而辞长的问题。从此,中国佛教有了具有自己特色的音声佛事。"鱼山梵呗",或曰"鱼山呗",是中国最早的佛教音乐。今鱼山西侧,有一石壁,上书"闻梵"两字。相传,此处便是曹植当年闻听梵天之乐的地方;在"闻梵"处的下方,有一石洞,名曰"梵音洞",据说当年曹植听到的梵乐就是从这个洞中传出来的。

曹魏时期,在法律上仍然限制汉人出家。后赵之著作郎王度曾说:

佛出西域,外国之神,功不施民,非天子诸华所应祠奉。往汉明感梦,初传其道。唯听西域人得立寺都邑,以奉其神,其汉人皆不得出家。魏承汉制,亦修前轨。②

唐初之傅奕亦说:

至于汉、魏,皆无佛法,君明臣忠,祚长年久。汉明帝假托梦想,始立胡神,西域桑门,自传其法。西晋以上,国有严科,不许中国之人,辄行髡发之事。③

然而,实际上由于统治者并不排斥,甚至还崇信佛教,佛教依然在社会上继续流行传播。一方面,一批接一批的天竺、西域僧人游化洛阳,在洛阳进行

---

① 《法苑珠林校注》卷三十六《呗赞篇·赞叹部》,第1171页。
② 《高僧传》卷九《佛图澄传》,第352页。《晋书》卷九十五《佛图澄传》亦有类似记载。
③ 《旧唐书》卷七十九《傅奕传》,第2715—2716页。

翻译佛经活动,见于僧传的有昙柯迦罗、康僧铠、昙帝(谛)、帛延等;另一方面,根据史料记载,已经有少数汉族信徒出家修行成为沙门。

但需要指出的是,当时这些出家修行的汉族沙门只是剃发披服,并未举行传戒、受戒仪式,也因人数不够,未能形成僧伽教团,大概只用三归五戒共相传受而已。如《释氏要览》卷上所说:"佛法初到……凡出家者,惟受三归戒故。"①《大宋僧史略》亦说:"原其汉魏之僧也,虽剃染成形,而戒法未备,于时二众唯受三归。后汉永平至魏黄初以来,大僧、沙弥曾无区别。"②《佛祖统纪》亦说:"汉魏以来,二众唯受三归,大僧、沙弥,曾无区别。"③

本来佛教初创,经法在先,然后因事结戒,方有律教,"至于中夏闻法,亦先经而后律"④。当时佛法初传中国,虽然如前所述东汉时已有少量的律典译出,其中的戒律观与戒律思想也已介绍给了中国民众,但有关出家的传戒、受戒之仪规并未传入。这些汉族信徒没有正式履行佛教有关出家的仪规程序,以为只要把头发剪去,披上僧衣,显得与众不同就是佛教的出家沙门了,而且他们出家后的不少行为也不合佛法的要求。"先是比丘出家,特剪发而已,未有律仪,凡斋忏法事,如祠祀状。"⑤"于时魏境虽有佛法,而道风讹替,亦有众僧未禀归戒,正以剪落殊俗耳。设复斋忏,事法祠祀。"⑥"未有律仪""未禀归戒"就说明出家没有进行传戒、受戒的仪式;"凡斋忏法事,如祠祀状""设复斋忏,事法祠祀",更说明当时这些所谓的出家僧人对于佛教的认识还是停留在黄老神仙道术的误区,把佛教的斋忏法事搞得像传统的祭祀活动一样。

自曹魏黄初至正元初(220—254年),印度沙门昙柯迦罗、康僧铠与安息国沙门昙帝先后来到洛阳,译出有关传戒、受戒仪规的律典,又立羯磨法受戒,使中国古代佛教从此走上了逐步完善的发展道路。《高僧传》卷一《昙柯迦罗传》记述:

---

① 《大正藏》第54册《释氏要览》卷上,第273页中。
② 《大正藏》第54册《大宋僧史略》卷上"立坛得戒"条,第238页中。
③ (宋)志磐撰,释道法校注:《佛祖统纪校注》卷三十六《法运通塞志》,上海:上海古籍出版社2012年版,第814页。
④ 《出三藏记集》卷三,第116页。
⑤ 《佛祖统纪校注》卷三十六《法运通塞志》,第813页。
⑥ 《高僧传》卷一《昙柯迦罗传》,第13页。

迦罗既至,大行佛法。时有诸僧共请迦罗译出戒律,迦罗以律部曲制,文言繁广,佛教未昌,必不承用。乃译出《僧祇戒心》,止备朝夕。更请梵僧立羯磨法受戒。中夏戒律始自于此。①

"戒心"亦即"戒本",故《僧祇戒心》,又称《僧祇戒》《僧祇戒本》。佛教的戒律非常多,姚秦时佛陀耶舍与竺佛念所共译的《四分律》就达六十卷之多。迦罗所译《僧祇戒心》仅一卷,说明它是从广律中选译出的最基本的条文。尽管如此,这是中国古代佛教戒律之始,意义重大。根据《开元录》的记载,《僧祇戒心》译出时间为嘉平二年(250年),地点在洛阳白马寺。其后,康僧铠又于嘉平四年(252年)在洛阳白马寺译出《四分杂羯磨》。《四分杂羯磨》又称《昙无德律部羯磨》,一卷。接着,"善学律藏,妙达幽微"的昙谛,又在正元元年(254年)译出《四分杂羯磨》的异译本《昙无德羯磨》。《昙无德羯磨》又称《羯磨》,一卷,出昙无德律。②

据《佛祖统纪》卷三十六记载:

> 正元元年(254年)……昙摩迦罗乃上书乞行受戒法,……十人受戒羯磨法,沙门朱士行为受戒之始。③

这说明到曹魏嘉平、正元之时,规范佛教信徒出家为僧的传戒、受戒仪规制度才开始传入中土("译出《僧祇戒心》"),并首先在河南洛阳建立并实施起来("请梵僧立羯磨法受戒""乞行受戒法""十人受戒羯磨法"——羯磨法即受戒法)。朱士行是中土第一位经过正式的传戒、受戒仪式而出家的僧人。因此,从此意义上说,佛教此时才最终完成了经律论三藏、戒定慧三学在中土的全面传入。

曹魏时期,佛教在河南的活动除仍以洛阳为中心之外,也已逐渐扩散发展至其他地方,例如许昌、陈留。《出三藏记集》卷七《〈放光经〉记》记载:

> 惟昔大魏颍川朱士行,以甘露五年出家学道为沙门。出塞西至于阗国,写得正品梵书胡本九十章,六十万余言。以太康三年遣弟子弗如檀,

---

① 《高僧传》卷一《昙柯迦罗传》,第13页。
② 《中华藏》第55册《开元录》卷一,第13页下—14页中。
③ 《佛祖统纪校注》卷三十六《法运通塞志》,第814页。

晋字法饶,送经胡本至洛阳。住三年,复至许昌。二年后至陈留界仓垣水南寺。以元康元年五月十五日,众贤者共集议,晋书正写。……至太安二年十一月十五日,沙门竺法寂来至仓垣水北寺求经本。写时捡取现品五部并胡本,与竺叔兰更共考校书写,永安元年四月二日讫……①

一部从于阗国传来的梵书胡本佛经,送至洛阳三年之后又被送到许昌,在许昌停了两年之后再送至陈留之仓垣,最终在仓垣被翻译出来,然后又进行了考校。表明许昌与陈留当时也都是佛教的活动之地。

根据上述记载,陈留之仓垣一地当时至少有两座佛寺——水南寺与水北寺,称其为佛教的活动之地,当不虚名。至于许昌,据《出三藏记集》卷七《〈般舟三昧经〉记》记载,东汉末年,许昌可能已有佛寺。到了曹魏之初,昙柯迦罗来中原时,不仅去了洛阳,也曾到过许昌。唐之靖迈所著《古今译经图纪》卷一记载:

沙门昙柯迦罗者,此云法时,印度人也。……以文帝黄初三年岁次壬寅,游化许、洛,睹魏境僧众,全无律范。②

"游化许、洛",就是到过许昌、洛阳。唐之定宾所作《四分律疏饰宗义记》卷三(本)也记载:

至魏文帝丕(曹操子也)黄初三年岁次壬寅,有中天竺沙门昙摩迦罗(或云柯罗),此云法时,游至许昌(黄初二年改许县为许昌)。其人……诵大小乘经及诸毗尼。来至许昌,观魏境僧众,全无律范。③

这也是说昙柯迦罗到过许昌,而且明确昙柯迦罗是在许昌看到了中原僧众全无律范。北宋之契嵩所著《传法正宗记》卷八亦记载有此事,而且更为详尽:

中印度沙门昙摩迦罗者,以魏黄初壬寅之三年,至乎许昌。初视僧威仪不整,颇叹之,谓其不识法律。当时许昌有僧曰光璨者,贤于其众,能善遇之,乃礼而问迦罗曰:"师于西国所见何者胜师?乃以何法住持?幸以见教。"迦罗曰:"西土凡有二大胜僧,一曰摩挐罗,二曰鹤勒那,我皆

---

① 《出三藏记集》卷七《〈放光经〉记》,第264—265页。
② 《中华藏》第54册《古今译经图纪》卷一,第911页下—912页上。
③ 《续藏经》第42册《四分律疏饰宗义记》卷三(本),第35页中—下。

礼遇。二大士者,皆传正法,以法住持,预其众者,寡不庄整。然二大士俱得圣道,而异德皆不可测。摩挐罗者,始于那提国,以神通力一鼓其腹,乃能威伏百万恶象;及其出家,教化于西印度,于其国辨塔指泉,皆有验效(事具其本传)。鹤勒那乃其继世之弟子也,大兴佛事于中天竺国;及其寂灭,四众焚之,将分去其舍利,鹤勒那复能示现,说偈诫之。不容其分(偈亦具其本传)。"光璨曰:"其灭度久耶? 近乎?"迦罗曰:"十二年矣。"光璨曰:"西国岁历颇与此同乎?"迦罗曰:"号谓虽异,而气候不别也。"遂说五天竺之历数云云。迦罗寻亦西还,光璨即传其事。后之为僧传者,得以书之。①

按契嵩的记述,昙柯迦罗不仅去了许昌,在许昌看到当地的僧众威仪不整,叹其不识法律,而且还向当地高僧光璨介绍了印度的有关情况。昙柯迦罗曾到过许昌当是不争的事实。那么昙柯迦罗为什么要去许昌呢? 只可能有一个答案:当时的许昌为又一处佛教活动之地。

## 第二节　西晋时期河南佛教的传播发展

魏咸熙二年(265年),司马炎逼迫元帝曹奂禅位,代魏称帝,改国号为晋,史称"西晋"。西晋仍以洛阳为首都,中原河南为其统治腹地,当时在中原河南设司、豫二州和十六个郡国治所。太康元年(280年),晋武帝灭吴,又重建统一国家。但平吴之后,晋武帝自以为天下太平,怠于政事,耽于游宴,典章紊乱,请托公行,又大封同姓诸侯王,致使这些宗室诸王能够割据称雄,最后酿成"八王之乱"的悲剧。"八王之乱"尚未结束,"五胡乱华"又接踵而来,西晋维持统一局面不过二十多年。

和曹魏之时相比,西晋时的佛教开始有了比较大的发展。因为当时曾出现过短暂的统一局面,中原河南与西域的来往比较畅通密切,所以此时有更

---

① 《中华藏》第78册《传法正宗记》卷八,第395页中—下。《中华藏》之《传法正宗记》底本选清藏本,此本有两个"卷第八",本处所引用为后一个"卷第八"。《中华藏》本卷之校勘记称:"此卷与上卷同属千字文卷号'百八',应为一卷,但清藏分割为二卷,故出现两个'卷第八'。"

多的天竺、西域僧侣东来中原内地,他们以西晋之首都洛阳为活动中心,建立寺院,翻译佛经,传播佛理。又由于当时社会政治动荡不安,玄学广泛流行,这就为佛教的滋长提供了适宜的土壤和养分。再加上西晋皇室、贵族、官僚热心奉佛护法,所以在西晋的统治范围之内,尤其是河南境内,佛教开始比较广泛地、深入地传播发展。

西晋四帝中,前两帝最为信仰佛教。唐法琳所著之《辩正论》卷三《十代奉佛篇》记载:

> 晋世祖武皇帝,龙颜奇伟,盛明革运,大弘佛事,广树伽蓝;晋惠帝,归心妙道,契意玄宗,仍于洛下造兴圣寺,供养百僧。①

晋武帝司马炎在位时间长达二十五年之久,晋惠帝司马衷在位也近十八年。他们二人都热心奉佛,这就使佛教在西晋统治时期获得了一个比较长时间的稳定发展。按《辩正论》所述,晋武帝与晋惠帝作为奉佛帝王,其主要事迹就是广树伽蓝、供养百僧。所以西晋一代,佛寺的数量有了很大的增加,其中又有不少皇家亲自营造的寺院,而佛寺数量的增加也就标志着出家僧尼人数的增多。《辩正论》卷三记载:"西晋二京,合寺一百八十所……僧尼三千七百余人。"②当时,长安地位远不如洛阳,所以,一百八十所佛寺与三千七百多僧尼之中,洛阳当占大半以上。

西晋第三帝怀帝司马炽对佛教的态度大概不如武帝、惠帝,《辩正论》之《十代奉佛篇》中没有关于他奉佛的记载,但其在位时间不长,仅仅七八年而已。后来汉(前赵)之刘聪攻克洛阳,俘获怀帝,武帝之孙司马邺即位,都于长安,是为晋愍帝。晋愍帝也是一个虔诚的佛教信徒。

西晋的士族官僚中,奉佛的风气也很盛行。《佛祖统纪》卷三十六记载:

> 泰始二年(266 年),侍中荀勖于洛阳造金像佛菩萨十二身放大光明,都人竞集瞻礼。③

---

① 《中华藏》第 62 册《辩正论》卷三《十代奉佛篇上》,第 492 页中。
② 《中华藏》第 62 册《辩正论》卷三《十代奉佛篇上》,第 492 页中。
③ 《佛祖统纪校注》卷三十七《法运通塞志》,第 816 页。

据《晋书·荀勖传》记载,荀勖为颍川颍阴人①,颍川颍阴即今河南许昌。此人初仕曹魏,入晋后,深受武帝信任,官至尚书令,为西晋初政坛上的重要人物。其曾一次造金像佛菩萨十二身,自然就轰动整个京师洛阳。西晋官僚信仰佛教之流行,也由此可见一斑。叙及至此,再补充一事——由荀勖造金像佛菩萨所引起的二百四十多年之后的一起舍宅为寺的事件。据《洛阳伽蓝记》记载,北魏时洛阳城内昭仪尼寺南有宜寿里,内有苞信县令段晖宅。"地下常闻钟声。时见五色光明,照于堂宇,晖甚异之。遂掘光所,得金像一躯,可高三尺,并有二菩萨。跌坐上铭云:'晋泰始二年五月十五日侍中中书监荀勖造。'晖遂舍宅为光明寺。"②而《佛祖统纪》记述此事发生在北魏宣武帝延昌四年(515年)。③

西晋一代,在民众社会生活层面上,佛教的因素也在逐渐增多,如法会超度、供养僧众、持斋、义诊等。根据记载,这些现象在当时的河南都已存在。唐道宣之《集神州三宝感通录》卷下记载有西晋佛经翻译家、汲郡(今河南卫辉市)卫士度与其母和老师阖(阙)公则的事迹:

> 阖公则者,赵人,恬放萧然,惟勤法事。晋武时死于洛邑,同志为设会于白马寺。其夕转经,空中闻唱萨声,仰视,一人形器光丽,曰:我是阖公则也,生西方安乐界,与诸上人来此听经。合堂惊出,咸共见之。时卫士度,汲郡苦行居士,师于则。母亦笃信,常饭僧。日将中,忽空中下钵,正落母前,乃则钵也,有饭盈满,香气充堂,皆得饱满,七日不饥。④

《法苑珠林》卷四十二《感应缘》也有同样的记载:

> 晋阙公则,赵人也。恬放萧然,唯勤法事。晋武之世,死于洛阳。道俗同志,为设会于白马寺中,其夕转经,宵分闻空中有唱赞声。仰见一人,形器壮伟,仪服整丽,乃言曰:我是阙公则,今生西方安乐世界,与诸菩萨共来听经。合堂惊跃,皆得睹见。时复有汲郡卫士度,亦苦行居士

① 《晋书》卷三十九《荀勖传》,北京:中华书局1974年版,第1152页。
② 《洛阳伽蓝记校笺》卷一《城内》,第54页。
③ 《佛祖统纪校注》卷三十九《法运通塞志》,第880页。
④ 《中华藏》第60册《集神州三宝感通录》(别本)卷下,第1025页上—中。

也，师于公则，其母又甚信向，诵经长斋。家常饭僧，时日将中，母出斋堂与诸尼僧逍遥眺望，忽见空中有一物下，正落母前，乃则钵也，有饭盈焉，馨气充勃。阖堂肃然，一时礼敬。母自分行斋，人食之皆七日不饥。此钵犹云尚存此土。度善有文辞，作《八关忏文》，晋末斋者尚用之。①

关于空中落下钵饭，《法苑珠林》卷三十六引《异苑》又有一种记载：

> 司州卫士度母常诵经长斋，非道不行。曾出自斋堂，众僧未食，俱望见云中有一物下。既落其前，乃是大钵，满中香饭。举座肃然，一时敬礼。母自分赋斋，人皆七日不饥。②

空中落钵饭的两个叙述，应是一个故事的不同版本。故事也许荒诞，但设会追荐、诵经长斋与家常饭僧等这些佛事活动在西晋已开始深入到河南民众生活之中去，当是不争的事实。而且卫士度还为在家俗弟子即优婆塞、优婆夷二众于一日一夜受持出家之八关斋戒写了忏文，此忏文大概因为写得好，写得标准，所以直到晋末一直为斋戒者所使用。由此反映了佛教在当时社会上的流传程度。

佛教僧侣还主动参加各种活动，以此扩大佛教在社会上的影响。如武帝太康九年（288年），洛阳发生了大规模的瘟疫，死者相继，沙门诃罗竭持咒治疗，效果很好，"十差八九"。③

反映佛教在当时社会上流传程度的另一个重要表现就是妇女正式受戒出家现象的出现。

宗教信仰是不分性别的。自佛教传入中国以来，其思想不但会影响男性，也会影响女性。由于社会风俗原因，也许佛教思想影响男性在前，但思想的传播不会为性别所限制。前引《汉法本内传》记述汉明帝时，佛教与道教抗衡斗法，一批男女出家皈依佛门，正反映了在汉代已有女性佛教信徒并有女性出家为尼。曹魏时期，佛教传戒、受戒仪规的传入，不但规范了佛教信徒的

---

① 《法苑珠林校注》卷四十二，第1326页。

② 《法苑珠林校注》卷三十六，第1155页。

③ 《高僧传》卷十《诃罗竭传》，第370页。《佛祖统纪校注》卷三十七《法运通塞志》亦有记载，但略有不同：名字诃罗竭作呵罗竭，谓其为西域沙门（《高僧传》记为樊阳或襄阳人），治法为"持咒法加水"，疗效则"所遇者皆差"等（第818页）。

出家活动,其后也促进了佛教信徒的出家活动。西晋末东晋初,出现了中国历史上第一位通过传戒、受戒仪式而出家为尼的女性——净捡。《比丘尼传》所记的第一位比丘尼即为净捡:

> 净捡,本姓仲,名令仪,彭城人也。父诞,武威太守。捡少好学,早寡,家贫,常为贵游子女教授琴书。闻法信乐,莫由咨禀。后遇沙门法始,经道通达,晋建兴中,于宫城西门立寺,捡乃造之。始为说法,捡因大悟,念及强壮,以求法利,从始借经,遂达旨趣。他日谓始曰:"经中云:比丘、比丘尼,愿见济度。"始曰:"西域有男女二众,此土其法未具。"捡曰:"既云比丘、比丘尼,宁有异法?"始曰:"外国人云,尼有五百戒,便应是异。当为问和上。"和上云:"尼戒大同细异,不得其法,必不得授。尼有十戒,得从大僧受,但无和上,尼无所依止耳。"捡即剃落,从和上受十戒。同其志者二十四人,于宫城西门共立竹林寺,未有尼师,共咨净捡,过于成德。
>
> 和上者,西域沙门智山也。住罽宾国,宽和有智思,雅习禅诵。晋永嘉末,来达中夏,分卫自资,语必弘道。时信浅薄,莫知祈禀。建武元年,还反罽宾。后竺佛图澄还,述其德业,皆追恨焉。
>
> 捡蓄徒养众,清雅有节,说法教化,如风靡草。晋咸康中,沙门僧建于月支国得《僧祇尼羯磨》及《戒本》。升平元年二月八日,洛阳请外国沙门昙摩羯多,为立戒坛。晋沙门释道场,以《戒因缘经》为难,云其法不成,因浮舟于泗,捡等四人同坛止,从大僧以受具戒。晋土有比丘尼,亦捡为始也。当其羯磨之日,殊香芬馥,阖众同闻,莫不欣叹,加其敬仰。善修戒行,志学不休。信施虽多,随得随散,常自后己,每先于人。到升平末,忽复闻前香,并见赤气,有一女人,手把五色花,自空而下。捡见欣然,因语众曰:"好持后事,我今行矣。"执手辞别,腾空而上,所行之路,有似虹蜺,直属于天。时年七十矣。①

由上述可知,净捡出家为尼,最终受具足戒正式成为比丘尼所花费的时间很长:从西晋建兴(313—317年)中开始从沙门法始处听法,并阅读佛教经典,领

---

① (梁)释宝唱著,王孺童校注:《比丘尼传校注》卷一《净捡尼传》,北京:中华书局 2006 年版,第1—2页。

会佛法旨趣,提出出家愿望;至东晋建武元年(317 年)之前,又从罽宾国和上智山受沙弥尼十戒;再至东晋升平元年(357 年),从外国沙门昙摩羯多受具戒正式成为比丘尼,时间前后长达四十余年。受具足戒正式成为比丘尼其时,净捡已 66 岁高龄,四年之后,净捡即去世。

而且,净捡的上述活动大多是在河南洛阳进行的:从沙门法始听法读经是在洛阳,从和上智山受沙弥尼戒是在洛阳,而且受戒之后又与同志在洛阳宫城西门共立竹林寺进行修行,最终的受具足戒仪式原定也是在洛阳举行。

与净捡同受沙弥尼十戒的妇女有二十四人之多,与净捡同受具足戒的也有四位女性。说明当时佛教思想已深入社会女性阶层,女性出家修行已经比较普遍。

根据《比丘尼传》的记载,东晋废帝时,洛阳又有一尼道馨,开中国古代比丘尼讲经之始:

> 竺道馨,本姓羊,太山人也。志性专谨,与物无忤。沙弥时,常为众使,口恒诵经。及年二十,诵《法华》《维摩》等经。具戒后,研求理味,蔬食苦节,弥老弥至。住洛阳东寺,雅能清谈,尤善《小品》,贵在理通,不事辞辩,一州道学所共师宗。比丘尼讲经,馨其始也。①

《佛祖统纪》卷三十七亦记载:

> (废帝太和)三年(368 年),洛阳东寺尼道馨为众说《法华》《维摩》,听者如市。②

但需要说明的是,尽管西晋一代四帝中有三帝被《辩正论》列为奉佛,此时,从东汉、曹魏以来所一直规定的汉人不得出家的禁令依然存在,③到十六国之后赵时,才最终予以废除。

---

① 《比丘尼传校注》卷一《道馨尼传》,第 25 页。
② 《佛祖统纪校注》卷三十七《法运通塞志》,第 825 页。
③ 《法苑珠林校注》卷二十八《晋居士抵世常》记载:"太康中禁晋人作沙门。"《集神州三宝感通录》卷下亦有此记载。

## 第三节　十六国时期的河南佛教

建武元年(317年),西晋灭亡,北方进入十六国时期。河南先是前赵和后赵两个政权角逐的主要战场,兵连祸结,民不聊生。之后基本是在后赵政权的统治之下。后赵以洛阳为南都,建立行台,后又改称洛州。在许昌设豫州。二州下设十六个郡。351年,后赵灭亡,河南大部分地区又在冉魏政权的控制之下。冉魏政权非常短命,仅仅存在两年,352年即被前燕所灭。当时,前秦控制洛阳以西的河南地区。南方的东晋政权,欲乘北方的割据战乱,收复中原失地,河南遂成为前燕、前秦和东晋三方互相争夺的战场。后东晋北伐失败,前燕占据中原河南大部分地区,设洛、豫、荆三州,置十五郡。但前燕统治期间,河南的社会形势很不安定。370年,前秦又一举灭掉前燕,奄有其地,并逐渐统一了中国北方。在前秦统治期间,河南的地位仅次于关中地区。383年,前秦进攻东晋,经淝水之战,前秦被东晋大败,由此,前秦政权土崩瓦解,降服前秦的各少数民族首领纷纷独立,中国北方地区重新出现了分裂割据、战乱不已的局面。当时,河南曾分别在后燕、后秦、东晋等政权统治之下。十六国时期前后百余年,百余年间,中原地区由于战乱,社会经济遭到严重破坏,人口锐减,土地荒芜,一片凋敝景象。但佛教此时却一直在发展之中。其中原因就在于,像走马灯一样轮流占有北方的少数民族统治者大多信奉佛教并大力倡导扶持。例如,后赵皇帝石虎在历史上是非常残暴的,但由于他信服西域高僧佛图澄的神通而尊崇佛教。在《高僧传》卷九佛图澄传中,有石虎与其著作郎王度关于如何对待佛教的一段对话,其中石虎的态度颇具代表性:

(佛图)澄道化既行,民多奉佛,皆营造寺庙,相竞出家,真伪混淆,多生愆过。虎下书问中书曰:"佛号世尊,国家所奉,里闾小人无爵秩者,为应得事佛与不。又沙门皆应高洁贞正,行能精进,然后可为道士。今沙门甚众,或有奸宄避役,多非其人,可料简详议。"伪中书著作郎王度奏曰:"夫王者郊祀天地,祭奉百神,载在祀典,礼有尝飨。佛出西域,外国之神,功不施民,非天子诸华所应祠奉。往汉明感梦,初传其道,唯听西域人得立寺都邑，以奉其神，其汉人皆不得出家。魏承汉制，亦修前轨。今大赵受命，率由旧章，华戎制异，人神流别。外不同内，飨祭殊礼，华夏服祀，不宜杂错。国家可断赵人悉不听诣寺烧香礼拜，以遵典礼。其百辟卿士，下逮众隶，例皆禁之。其有犯者，与淫祠同罪。其赵人为沙门者，还从四民之服。"伪中书令王波同度所奏。虎下书曰："度议云：佛是外国之神，非天子诸华所可宜奉。朕生自边壤，忝当期运，君临诸夏。至于飨祀，应兼从本俗。佛是戎神，正所应奉。夫制由上行，永世作则，苟事无亏，何拘前代。其夷赵百蛮，有舍其淫祀，乐事佛者，悉听为道。"①

王度作为汉族官僚，以佛是外国之神为理由，反对佛教在中原地区的传播，其他的汉族官僚也都赞成他的意见。石虎则回答说："朕生自边壤，忝当期运，君临诸夏。至于飨祀，应兼从本俗。佛是戎神，正所应奉。夫制由上行，永世作则。苟事无亏，何拘前代。"你说佛是外国之神，我也来自中原之外，按你们汉族的观念也是外国之地，所以佛就是我们的"本俗"，正应该信奉。其实，石虎自己心里也清楚，来自印度的佛教与他本人所属的羯族，风马牛不相及。他之所以这样说，其实是曲折地表达一个入主中原的少数民族统治者对于自诩文化发达的汉族官僚的不满，就是要从佛的身上找到一种自我民族观念的慰藉。石虎所谓"佛号世遵，国家所奉"，说明其时尊崇佛教已经成为国策；由此，"乐事佛者，悉听为道"，表明自汉、魏、晋以来汉人长期不得出家的禁令此时终于正式予以废除。

十六国时期之初，佛图澄对于包括今河南在内的整个北方地区的佛教发展起到了很大的推动作用。

佛图澄，本姓帛，《高僧传》卷九本传谓其西域人，《晋书》卷九十五本传谓其天竺人。② 汤用彤先生考证："传曰竺佛图澄者，西域人也，本姓帛氏。按《世说》注，引澄别传，曰不知何许人也。唐封氏《闻见录》，谓内邱县有碑。后赵光初五年所立也。碑云：大和上佛图澄愿者，天竺大国罽宾小王之元子。

---

① 《高僧传》卷九《佛图澄传》，第 352 页。

② 《高僧传》卷九《佛图澄传》，第 345 页；《晋书》卷九十五《佛图澄传》，第 2485 页。

本姓湿。所言湿者,思润里国,泽被无外,是以号之为是湿云云,均与传所说不同。"①尚永琪先生则认为:西域东来的"帛"姓僧人,均来自龟兹国,他们要么是身份很明确的龟兹王族成员,要么就是与龟兹王室有密切关系的人物。所以佛图澄当为西域龟兹国人,"佛图"与"帛""白"是同词的不同译语。②

佛图澄在西域名气很大,咸称得道。西晋怀帝永嘉四年(310 年)来到洛阳,志弘佛教大法。"欲于洛阳立寺,值刘曜寇斥洛台,帝京扰乱,澄立寺之志遂不果。乃潜泽草野,以观世变。"其人"善诵神咒,能役使鬼物,以麻油杂胭脂涂掌,千里外事,皆彻见掌中,如对面焉,亦能令洁斋者见。又听铃音以言事,无不效验"③,颇有神异功能。佛图澄就是凭借着他的这些神异功能,取得了后赵两代统治者石勒、石虎的崇信。《高僧传》佛图澄本传记载:

> 时石勒屯兵葛陂,专以杀戮为威,沙门遇害者甚众。澄悯念苍生,欲以道化勒,于是杖策到军门。勒大将军郭黑略素奉法,澄即投止略家,略从受五戒,崇弟子之礼。略后从勒征伐,辄预克胜负。勒疑而问曰:"孤不觉卿有出众智谋,而每知行军吉凶,何也?"略曰:"将军天挺神武,幽灵所助。有一沙门术智非常,云将军当略有区夏,已应为师。臣前后所白,皆其言也。"勒喜曰:"天赐也。"召澄问曰:"佛道有何灵验?"澄知勒不达深理,正可以道术为征,因而言曰:"至道虽远,亦可以近事为证。"即取应器盛水,烧香咒之。须史生青莲花,光色曜目,勒由此信服。澄因而谏曰:"夫王者德化洽于宇内,则四灵表瑞。政弊道消,则彗孛见于上。恒象著见,休咎随行。斯乃古今之常征,天人之明诫。"勒甚悦之,凡应被诛余残,蒙其益者十有八九,于是中州胡晋略皆奉佛。④

葛陂,在今河南新蔡县西北。严格地说,佛图澄的这些神异功能并不符合佛教的戒法。东晋所出《沙弥十戒法并威仪》中就曾明确规定:

---

① 汤用彤著:《理学·佛学·玄学》,北京:北京大学出版社 1991 年版,第 88 页。
② 尚永琪著:《胡僧东来——汉唐时期的佛经翻译家和传播人》,兰州:兰州大学出版社 2012 年版,第 51、62 页。
③ 《高僧传》卷九《佛图澄传》,第 345 页。
④ 《高僧传》卷九《佛图澄传》,第 345—346 页。

沙弥之戒,尽形寿。不得学习奇技、巫医、蛊道,时日卜筮、占相吉凶,仰观历数、推步盈虚,日月薄蚀、星宿变怪,山崩地动、风雨旱涝,岁熟不熟、有疫无疫。一不得知、不得论说,国家政事平量优劣,出军行师攻伐胜负。犯斯戒非沙弥也。①

而佛图澄恰恰就用佛教所禁止的这些神异功能来宣传佛法,即所谓"澄知勒不达深理,正可以道术为征"。石勒、石虎信服佛图澄,并非出于对佛法的深刻认识与真正皈依,而是因为佛图澄的道术产生了神异的作用。"以道术为征",寥寥数字,说透了佛图澄的手法,他就是利用道术这一手段来宣扬佛教的因果报应、生死轮回、慈悲众生等教义,既警示、约束了石勒、石虎的作为,又在乱世中以一种特殊的手段实现了弘法。"中州胡晋略皆奉佛",则概括地反映了佛教由于佛图澄依靠后赵统治者而在中原河南获得流行发展的情景,如前述所引,其时"道化既行,民多奉佛,皆营造寺庙,相竞出家"。

石勒尊称佛图澄为"大和上",谓其为"国之神人","由是勒诸稚子,多在佛寺中养之。每至四月八日,勒躬自诣寺灌佛,为儿发愿"。② 而石虎即位后,倾心事澄,有重于勒,专门下书曰:

> 和上国之大宝,荣爵不加,高禄不受,荣禄匪及,何以旌德?从此已往,宜衣以绫锦,乘以雕辇。朝会之日,和上升殿,常侍以下,悉助举舆。

> 太子诸公,扶翼而上。主者唱大和上至,众坐皆起,以彰其尊。③

又敕司空李农:"旦夕亲问,太子诸公五日一朝,表朕敬焉。"④由此可见佛图澄在后赵两代统治者心中的地位。

在《高僧传》中,还记载有石虎与佛图澄的一段关于佛法的对话:

> 虎常问澄:"佛法云何?"澄曰:"佛法不杀。""朕为天下之主,非刑杀无以肃清海内。既违戒杀生,虽复事佛,诅获福耶?"澄曰:"帝王之事佛,当在心体恭心顺,显畅三宝,不为暴虐,不害无辜。至于凶愚无赖,非化

---

① 《中华藏》第 41 册《沙弥十戒法并威仪》,第 326 页中。
② 《高僧传》卷九《佛图澄传》,第 348 页。
③ 《高僧传》卷九《佛图澄传》,第 349 页。
④ 《高僧传》卷九《佛图澄传》,第 349 页。

所迁,有罪不得不杀,有恶不得不刑。但当杀可杀,刑可刑耳。若暴虐恣意,杀害非罪,虽复倾财事法,无解殃祸。愿陛下省欲兴慈,广及一切,则佛教永隆,福祚方远。"①

石虎虽不能完全听从佛图澄的劝诫意见,但暴行还是能有所收敛的。至佛图澄临终前,他还在以佛法劝导、告诫、警示石虎:

> 出生入死,道之常也。修短分定,非人能延。道重行全,德贵无怠。苟业操无亏,虽亡若在。违而获延,非其所愿。今意未尽者,以国家心存佛理,奉法无斁。兴起寺庙,崇显壮丽,称斯德也,宜享休祉。而布政猛烈,淫刑酷滥,显违圣典,幽背法诫,不自惩革,终无福祐。若降心易虑,惠此下民,则国祚延长,道俗庆赖,毕命就尽,没无遗恨。②

对此,《高僧传》评价说:

> 二石凶强,虐害非道,若不与澄同日,孰可言哉?但百姓蒙益,日用而不知耳。③

在后赵政权所统治的包括中原河南在内的整个中国北方地区,佛图澄名声极高,说明佛图澄以一种另类的手法宣传佛教,其实际效果相当不错,很适合那个特殊时代环境的需要。佛教的发展也因佛图澄而势头强盛,如《高僧传》所言:

> 受业追游,常有数百,前后门徒,几且一万。所历州郡,兴立佛寺八百九十三所,弘法之盛,莫与先矣。④

受业追游者之中,不乏著名者:

> 佛调、须菩提等数十名僧,皆出自天竺、康居。不远数万之路,足涉流沙,诣澄受训。樊沔释道安、中山竺法雅并跨越关河,听澄讲说。皆妙达精理,研测幽微。⑤

其中,佛图澄对于道安的指导,于中国佛教思想史而言,实具极大的历史意

---

① 《高僧传》卷九《佛图澄传》,第351页。
② 《高僧传》卷九《佛图澄传》,第355页。
③ 《高僧传》卷九《佛图澄传》,第356页。
④ 《高僧传》卷九《佛图澄传》,第356页。
⑤ 《高僧传》卷九《佛图澄传》,第356页。

义。而在所历州郡兴立佛寺,河南境内的数量当不在少数。

西域龟兹国盛行女子出家为尼的习俗,比丘尼在当地占相当重要的地位,因此,来自龟兹的佛图澄对于包括中原河南在内的北方地区的女子出家为比丘尼的发展也有重要的影响和推动。

据《比丘尼传》卷一记载,后赵石虎的外兵郎徐仲,其女儿安令首"幼聪敏好学,言论清绮,雅性虚淡,不乐人间,从容闲静,以佛法自娱,不愿求娉",也就是不愿意出嫁而要求出家。无奈之下,徐仲求教于佛图澄,佛图澄让他回家洁斋三日再来。三日之后,徐仲再来,佛图澄以茵支子磨麻油涂抹于徐仲右掌,让他自己观看。徐仲见一沙门在大众中说法,形状似女,便将看到的情景告诉了佛图澄。佛图澄对他说,这个说法的沙门就是你女儿的前世之身,你若能顺从她的志愿,你和全家都会得到荣华富贵。于是徐仲回去后就同意女儿出家了。安令首剪发从佛图澄及净捡尼受戒为比丘尼,还建立了建贤寺。安令首出家后,"博览群籍,经目必诵,思致渊深,神照详远。一时道学,莫不宗焉,因其出家者二百余人。又造五六精舍,匪惮勤苦,皆得修立",石虎很敬佩她,就擢升其父为黄门侍郎、清河太守。[①] 由于佛图澄巧妙而有力的帮助,使安令首终于实现了出家为尼的夙愿,由此又带动了二百多位妇女追随其出家,而石虎正是由于安令首在佛教传播方面的功绩,才提拔了安令首的父亲。这从一个侧面反映了当时社会对于佛教传播发展的认可。

后赵之后,河南不但失去了政治中心的地位,更成为兵家争夺之地,有关佛教发展的史料记载很少。

## 第四节　北魏时期的河南佛教

### 一、北魏迁都洛阳之前的佛教发展

东晋元熙二年(420年),刘裕代东晋而立,建立宋朝,史称"刘宋"。而早在十六国后期,由鲜卑拓跋部建立的魏国政权在灭亡后燕之后,已经占有黄

---

① 《比丘尼传校注》卷一《安令首尼传》,第 7 页。

河北岸地区,史称"北魏"。从此,中国开始了南北朝时期。南北朝初期,河南分别在北朝之北魏和南朝刘宋、萧齐和萧梁的统治之下,双方为争夺中原地区,征战长达八十余年,最终,北魏占有了全部中原河南之地。而且,北朝时期,北魏享国时间最长,代表了南北朝时期北方社会、政治与思想文化发展的主流。在此期间,河南的佛教发展开始进入到了一个兴盛时期。

鲜卑拓跋部起自塞外,与西域隔绝,莫能往来,所以对佛教的了解相对较晚。据《魏书·释老志》记载,至魏晋之际,与中原王朝通聘,才开始"备究南夏佛法之事"。十六国末,道武帝拓跋珪立国之后,"平中山,经略燕赵,所径郡国佛寺,见诸沙门、道士,皆致精敬,禁军旅无有所犯。帝好黄老,颇览佛经。但天下初定,戎车屡动,庶事草创,未建图宇,招延僧众也"。后道武帝遣使致书泰山高僧僧朗,并赠送礼物。天兴元年(398 年),道武帝下诏称:"夫佛法之兴,其来远矣。济益之功,冥及存没,神踪遗轨,信可依凭。"①充分肯定了佛教的作用。是岁,在平城建五级佛图及佛殿、讲堂、禅堂等。皇始(396—398 年)中,赵郡有沙门法果,诚行精至,道武帝闻其名,诏以礼征赴京师,后来就任命法果为"道人统"——"绾摄僧徒"之僧官。② 随之,又建立了中央一级的僧务管理机构——监福曹,"道人统"即为其主官。③ 这是中国古代北方地区最早设置的僧官和僧务管理机构。表明当时佛教僧众在社会上已经有了一定的数量和势力,官方需要对其进行管理。

明元帝继之,亦好黄老,又崇佛法,在京城四方建立佛像,还令沙门"敷导民俗",④亦即用僧人以佛法来引导民俗。

太武帝拓跋焘即位之初,"亦遵太祖、太宗之业,每引高德沙门,与共谈论。于四月八日,舆诸佛像,行于广衢,帝亲御门楼,临观散花,以致礼敬"。但随着太武帝锐志武功,以平定诸割据政权为先,"虽归宗佛法,敬重沙门,而

---

① 《魏书》卷一百一十四《释老志》,第 3030 页。
② 《魏书》卷一百一十四《释老志》,第 3030 页。
③ 谢重光所著《中古佛教僧官制度和社会生活》(商务印书馆 2009 年版),谢重光、白文固所著《中古僧官制度史》(青海人民出版社 1990 年版)认为,监福曹设立的时间大约为皇始元年(396 年)或天兴二年(399 年)。
④ 《魏书》卷一百一十四《释老志》,第 3030 页。

未存览经教,深求缘报之意"。① 在极力排斥佛教的道教领袖寇谦之与司徒崔浩的影响之下,以关中沙门卷入盖吴叛乱为借口,发动了禁灭佛教运动,这是中国历史上"三武一宗"灭法之始,沉重打击了北魏佛教。

文成帝即位后,又明令重兴佛教,准"诸州郡县,于众居之所,各听建佛图一区,任其财用,不制会限。其好乐道法,欲为沙门,不问长幼,出于良家,性行素笃,无诸嫌秽,乡里所明者,听其出家。率大州五十,小州四十人,其郡遥远台者十人。各当局分,皆足以化恶就善,播扬道教也"。于是,"天下承风,朝不及夕,往时所毁图寺,仍还修矣。佛像经论,皆复得显"。② 其时,又任命西域罽宾国沙门师贤道人统。和平初(460年)师贤卒,昙曜代之,道人统更名为"沙门统"。在当时的实际称呼中,沙门统有时又称为"沙门都统",甚至称为"昭玄沙门都统"。按现在可以考知的北魏中央沙门统,自昙曜以下有僧显、惠深、僧暹、僧敬等。③ 自文成帝开始,北魏的佛教又逐步恢复、发展起来。

献文帝拓跋弘即位,对佛教"敦信尤深,览诸经论,好老庄。每引诸沙门及能谈玄之士,与论理要"。其践祚改元之年号"天安"即来源于七年前南朝刘宋孝武帝刘骏于丹阳中兴寺设斋的一个灵感事件,如汤用彤先生所言:"盖(献文帝)自以继天安人自许,并引南朝神话自重也。"④又建永宁寺,造释迦立像等。他做了六年多皇帝即禅位为太上皇,移居北苑崇光宫览习佛教经籍,又在北苑之西山建"鹿野佛图",与禅僧们一起习禅修行。⑤

## 二、孝文帝迁都洛阳后河南佛教的兴盛

北魏延兴五年(471年),拓跋宏即位,史称孝文帝。孝文帝是中国古代一位具有重大历史影响的人物,他推崇中原文化,于太和十七年至十八年(493—494年),以南伐的名义,迁都洛阳。进一步进行改革,大兴儒学,移风

---

① 《魏书》卷一百一十四《释老志》,第3032、3033页。
② 《魏书》卷一百一十四《释老志》,第3036页。
③ 《中古佛教僧官制度和社会生活》,第57—58页。
④ 《魏书》卷一百一十四《释老志》,第3037页;《汉魏两晋南北朝佛教史》(增订本),第280页。
⑤ 《魏书》卷一百一十四《释老志》,第3038页。

易俗。诏立国子、太学与四门小学;以汉语为"正音",禁止使用鲜卑语;令鲜卑贵族一律改穿汉服;改拓跋复姓为"元"姓,并按汉族门阀制度定鲜卑贵族姓族等级,推行门阀统治;禁止鲜卑同姓相婚,提倡鲜卑贵族与汉人通婚;规定凡已迁至洛阳的鲜卑贵族,一律以洛阳为籍贯;等等。迁都和汉化改革,不但加速了北方少数民族与汉民族的融合,也使遭受战乱的中原河南地区的经济恢复和发展起来,以洛阳为中心的中原河南地区遂成为北魏的重要统治地区。

孝文帝除在政治、经济、文化上的作为之外,对佛教也表现出了一种极大的热忱,不仅他个人笃信佛法,而且以其特殊的身份与地位,制定相关的政策,极大地促进了北朝佛教的传播、发展与兴盛。

关于孝文帝笃信佛教,《南齐书》有一概括性的记述,谓:"(元)宏尤精信,粗涉义理,宫殿内立浮图。"①孝文帝精信佛法,决不是偶然的。其祖母冯太后与其父献文帝崇信佛教,元宏自幼耳濡目染,自然深受他们的影响。献文帝之佛教信仰,上面已述,而冯太后之佛教态度,更有其家族渊源——冯太后为北燕皇帝冯弘之后人,北燕为十六国后期北方佛教兴隆之地,可与河西地区并列,当时北燕政权崇信佛教,冠绝一时。太武帝灭燕,将冯太后的姑姑征入宫内,为左昭仪;文成帝即位后,选冯太后为贵人,后立为皇后。此后,冯太后的两个侄女又先后成为孝文帝的皇后。因此,冯氏家族是北魏中期而后最为显赫的外戚,他们对北魏的佛教发展影响至深,诚如汤用彤先生所言:"魏世宫闱佛法之盛,盖必得力于燕之冯氏也。"②宏即位时,年仅五岁,因为年纪小,先是献文帝虽为太上皇仍一度主政,献文帝死后朝政又长期由冯太后当权,这就更进一步地确立了孝文帝时期的崇佛倡佛政策。

孝文帝崇佛倡佛的表现是多方面的。

第一是崇敬、延揽、优待高僧。从文化传播的角度来看,僧侣在宗教体系中居于核心地位,起着极其重要的作用。因此,孝文帝的崇佛倡佛首先表现出的就是崇敬、延揽和优待高僧大德。他曾下《帝听诸法师一月三入殿诏》,

---

① 《南齐书》卷五十七《魏虏传》,北京:中华书局 1972 年版,第 991 页。
② 《汉魏两晋南北朝佛教史》(增订本),第 282 页。

将邀请高僧大德入宫著为定制:

> 门下:崇因赞业,莫若宗玄。禅神染志,谁先英哲? 故周旦著其朋之语,释迦唱善知之文。然则,位尊者以纳贤为贵,德优者以亲仁为尚。朕虽寡昧,能无庶几也? 先朝之世,经营六合,未遑内范,遂令皇庭阙高邈之容,紫闼简超俗之仪。于钦善之理、福田之资,良为未足。将欲令懿德法师时来相见,进可餐禀道味,退可饰光朝廷。其敕殿中听:一月三入,人数、法讳,别当牒付。①

据《魏书·释老志》记载,太和十九年(495 年)四月,孝文帝专门巡幸徐州白塔寺,他对跟随的诸王及侍官解释来白塔寺的原因说:

> 此寺近有名僧嵩法师,受《成实论》于罗什,在此流通。后授渊法师,渊法师授登、纪二法师。朕每玩《成实论》,可以释人染情,故至此寺焉。②

《魏书·释老志》又记载:

> 又有西域沙门名跋陀,有道业,深为高祖所敬信。诏于少室山阴,立少林寺而居之,公给衣供。③

跋陀又称佛陀,《续高僧传》卷十六有传,谓:

> 佛陀禅师,此云觉者,本天竺人。学务静摄,志在观方。……游历诸国,遂至魏北台之恒安焉。时值孝文敬隆诚至,别设禅林,凿石为龛,结徒定念,国家资供,倍加余部,而征应潜著,皆异之非常人也。……后随帝南迁,定都伊洛,复设静院,敕以处之。而性爱幽栖,林谷是托,屡往嵩岳,高谢人世。有敕就少室山为之造寺,今之少林是也,帝用居处。④

由此记载可知,孝文帝曾先后为佛陀禅师建造了三个寺院,一个"别设禅林,凿石为龛",亦即石窟寺,在北台恒安(今山西大同);一个是"静院",在洛阳;一个是"就少室山为之造寺",即今之少林寺,在嵩山。

《魏书·释老志》还记载:

---

① 《中华藏》第 63 册《广弘明集》卷二十四,第 262 页上。
② 《魏书》卷一百一十四《释老志》,第 3039—3040 页。
③ 《魏书》卷一百一十四《释老志》,第 3040 页。
④ (唐)道宣撰,郭绍林点校:《续高僧传》卷十六《佛陀传》,北京:中华书局 2014 年版,第 563—564 页。

（太和）二十一年五月，诏曰："罗什法师可谓神出五才，志入四行者也。今常住寺，犹有遗地，钦悦修踪，情深遐远，可于旧堂所，为建三级浮图。又见逼昏虐，为道殄躯，既暂同俗礼，应有子胤，可推访以闻，当加叙接。"①

对于故去的鸠摩罗什法师，孝文帝专门下诏褒奖，一是要在他生前的寺院内建一三级浮图，以示纪念，二是要按照俗礼，寻访罗什的子嗣，准备加以任用。

对于亡故的高僧，孝文帝下诏施帛、设斋，表示悼念。上述登法师去世，孝文帝"甚悼惜之，诏施帛一千匹。又设一切僧斋，并命京城七日行道"。又下诏称："朕师登法师奄至徂背，痛悼摧恸，不能已已。比药治慎丧，未容即赴，便准师义，哭诸门外。"②《广弘明集》卷二十四还保存有两篇孝文帝为徐州高僧僧逞、慧纪逝世所发布的诏书。僧逞曾应诏入京进宫说法，被孝文帝任命为徐州道人统，闻其卒，孝文帝下《赠徐州僧统并设斋诏》，谓：

徐州道人统僧逞，风识淹道，器尚伦雅；道业明博，理味渊澄。清声懋誉，早彰于徐沛；英怀玄致，风流于谯宋。比唱法北京，德芬道俗；应供皇筵，美敷辰宇。仁睿之良，朕所嘉重。依因既终，致兹异世。近忽知问，悲恒于怀。今路次宛濮，青泗岂遥，怆然念德，又增厥心。可下徐州施帛三百匹，以供追福。又可为设斋五千人。③

慧纪生前亦曾入京进宫说法，卒后，又有《帝为慧纪法师亡施帛设斋诏》，称：

徐州法师慧纪，凝量贞远，道识淳虚。英素之操，超然世外；综涉之功，斯焉罕伦。光法彭方，声懋华裔；研论宋壤，宗德远迩。爰于往辰，唱谛鹿苑；作匠京缁，延赏贤丛。倏矣死魔，忽歼良器。闻之悲哽，伤恸于怀。可救徐州施帛三百匹，并设五百人斋，以崇追益。④

对于南朝的高僧，孝文帝也非常敬仰，极力予以延揽。《高僧传》卷八记

---

① 《魏书》卷一百一十四《释老志》，第 3040 页。
② 《魏书》卷一百一十四《释老志》，第 3040 页。
③ 《中华藏》第 63 册《广弘明集》卷二十四，第 262 页中。
④ 《中华藏》第 63 册《广弘明集》卷二十四，第 262 页中—下。

载有一个比较典型的事例:南齐京师太昌寺释僧宗为义学高僧,"善《大涅槃》及《胜鬘》《维摩》等,每至讲说,听者将近千余。妙辩不穷,应变无尽"。但此人又"任性放荡,亟越仪法。得意便行,不以为碍。守检专节者,咸有是非之论",以致文惠太子准备治其罪。孝文帝"遥挹风德,屡致书并请开讲"。① 也就是闻其声誉,屡屡致书问候,并邀请他北上来魏国讲经说法,但最终因南齐皇帝禁止其外出而未成。

第二是大力兴建寺院。孝文帝时期兴建寺院颇多。前期在平城,可考者有鹿野、建明、思远、报德诸寺。鹿野寺即上述鹿野佛图,是在孝文帝践位后为其父献文帝修行所居所建;建明寺是承明元年(476 年)八月下诏所建;思远寺是太和三年(479 年)八月所起;报德寺则是太和四年(480 年)正月罢畜鹰鹞之所以其地所建。② 迁都洛阳之后,又再建了报德寺,还定《都城制》,规划在洛阳城内再建永宁寺。

前述孝文帝还曾先后为佛陀禅师一个僧人建造了三个寺院,先是平城的"别设禅林,凿石为龛",然后是洛阳的"静院",最后则是少林寺。

第三是整饬僧务,加强对僧众的管理与控制。在孝文帝之前,北魏统治者已有一些管理僧尼的法令,谓之"僧禁",但过于简略。孝文帝为了进一步加强对佛教僧众的管理,于太和十七年(493 年)颁布了《僧制》,此时正是迁都洛阳的前后。《僧制》又称《僧尼制》,由当时的沙门统僧显刊定,共四十七条,这是中国古代历史上产生的第一部专门管理佛教僧众的法律。为此,孝文帝颁布《立僧尼制诏》曰:

> 自象教东流,千龄已半。秦汉俗华,制禁弥密。故前世英人,随宜兴例,世轻世重,以禅玄奥。先朝之世,尝为僧禁,小有未详,宜其修立。近见沙门统僧显等白云,欲更一刊定。朕聊以浅识,共详至典,事起忽忽,触未详究,且可设法一时,粗救世殿,须立白一同,更厘厥衷。③

僧尼不但有专门的法律予以约束,还有专职的官员、机构实施管理。约

---

① 《高僧传》卷八《僧宗传》,第 328 页。
② 《魏书》卷一百一十四《释老志》,第 3039 页;卷七《高祖纪上》,第 147、148 页。
③ 《中华藏》第 63 册《广弘明集》卷二十四,第 262 页上。

太和二十一年(497年),孝文帝将中央僧务管理机构监福曹改名为昭玄寺,①备有官属,除主官为沙门统外,尚有副职称都维那,其下还有属吏。根据谢重光先生的研究,北魏时,除在中央建立僧务管理机构昭玄寺外,又在各州、郡、县建立了沙门曹,为昭玄寺下属的地方僧务管理机构,州、郡沙门曹的官员分别称州统、州维那、郡统、郡维那,县一级也有维那僧职(县维那),从而形成了一个比较完备的僧官系统。而且,寺院的僧职(上座、寺主、维那)也被明确纳入到僧官系统中。② 从上到下的一整套管理机构,有效地控制了僧尼的活动。

孝文帝作为世俗的统治者,其精信佛教的根本目的是让佛教更好地为自己的统治服务,因此,尽管自己身体力行地支持佛教发展,但对于佛教发展中出现的可能危害统治利益的事情,又毫不犹豫地严加管束与禁绝。

《魏书·高祖纪》记载,延兴二年(472年)四月,孝文帝下诏:"沙门不得去寺,浮游民间,行者仰以公文。"③而在《释老志》中有此诏书的详文:

> 延兴二年夏四月,诏曰:"比丘不在寺舍,游涉村落,交通奸猾,经历年岁。令民间五五相保,不得容止。无籍之僧,精加隐括,有者送付州镇,其在畿郡,送付本曹。若为三宝巡民教化者,在外赍州镇维那文移,在台者赍都维那等印牒,然后听行。违者加罪。"④

按照这个诏令所述,沙门浮游民间,存在的根本问题就是"交通奸猾",也就是与社会上不安分之人相勾结,从事违法破坏活动。宗教势力倘若与作奸谋乱者相朋比,以左道邪说煽动蛊惑民众,其危害大矣! 这其中,还可能会有"无籍"问题,即未经官府批准而私自剃度出家之僧尼。无籍僧尼在官府僧尼管理机构那里没有登记名籍,完全脱离了政府的控制,其成分复杂,可能藏奸宄,是为祸乱之源。诏令所提出的管束与禁绝办法是,让民户之间相互担保监督,实行连坐,不得容纳收留浮游沙门;若发现有"无籍"僧尼,则要扭送当

---

① 《中古佛教僧官制度和社会生活》《中古僧官制度史》研究认为,监福曹改名为昭玄的时间已难以确定,有可能在太和二十一年,也不排除和平初(460年)昙曜为道人统后,"道人统"更名为"沙门统"的同时。

② 《中古佛教僧官制度和社会生活》,第59—60页。

③ 《魏书》卷七《高祖纪上》,第137页。

④ 《魏书》卷一百一十四《释老志》,第3038页。

地官府,以此达到消灭非法活动于萌芽之中的目的。与此同时还规定,"若为三宝巡民教化者",也就是想要在社会上进行有益于统治阶级利益的佛法宣传活动的僧尼,则必须随身携带政府职能部门发给的"文移"或"印牒"。不言而喻的是,要得到政府职能部门的"文移"或"印牒",肯定是要经过申请、审查、批准诸环节,完全处在政府的掌控之内。

《魏书·释老志》在记述上述诏书之后,紧接着又有一个关于不得随意兴建寺院的诏令,称:

> 内外之人,兴建福业,造立图寺,高敞显博,亦足以辉隆至教矣。然无知之徒,各相高尚,贫富相竞,费竭财产,务存高广,伤杀昆虫含生之类。苟能精致,累土聚沙,福钟不朽。欲建为福之因,未知伤生之业。朕为民父母,慈养是务。自今一切断之。①

依此诏令所说,民间不得随意兴建寺院的原因是"贫富相竞,费竭财产,务存高广,伤杀昆虫含生之类"。一个是竞相造寺,费竭财产,也就是妨碍了社会正常的生活与生产;一个是在造寺中伤害了有生命之物,违背了佛法的初旨。

第四是在全国普遍建立支持佛教发展的僧祇户与佛图户制度。建立僧祇户与佛图户,最初的动议是在文成帝(高宗)时由沙门统昙曜提出的。《魏书·释老志》记述:

> 昙曜奏:平齐户及诸民,有能岁输谷六十斛入僧曹者,即为"僧祇户",粟为"僧祇粟",至于俭岁,赈给饥民。又请民犯重罪及官奴以为"佛图户",以供诸寺扫洒,岁兼营田输粟。高宗并许之。于是僧祇户、粟及寺户,遍于州镇矣。②

所谓"平齐户",即平齐郡民户,亦称"平齐民"。北魏统治者在征服今山东各地之后,徙青、齐两地之居民于都城平城(今山西大同)附近,立平齐郡于平城西北,下治怀宁县、归安县两县。这就是平齐户的来历,他们是昙曜所建议创立的僧祇户之最初的基本组成部分之一。而佛图户的基本组成部分则是被判重罪者及"官奴"。

---

① 《魏书》卷一百一十四《释老志》,第3038页。
② 《魏书》卷一百一十四《释老志》,第3037页。

依北魏"内律"的规定,"僧祇户不得别属一寺",僧祇户每年所纳之僧祇粟——六十斛谷入于僧曹。僧曹是国家管理僧务的机关,这就是说,僧祇粟是由国家控制掌握的。僧祇粟的用途按官方所说有二:"山林僧尼,随以给施;民有窘弊,亦即赈之。"①即平时作为支持僧尼、寺院活动的经费,灾荒之年则用以赈灾解困,把支持佛教发展与荒年赈灾结合起来。但实际上,僧祇粟的功用恐还主要在于保障僧尼的日常生活与佛事活动,保障规模浩大的寺院建设与维修工程。除此而外,赈灾解困的作用大概很难真正实现:

> (永平)四年夏,诏曰:"僧祇之粟,本期济施,俭年出贷,丰则收入。山林僧尼,随以给施;民有窘弊,亦即赈之。但主司冒利,规取赢息,及其征责,不计水旱,或偿利过本,或翻改券契,侵蠹贫下,莫知纪极。细民嗟毒,岁月滋深。非所以矜此穷乏,宗尚慈拯之本意也。自今已后,不得专委维那、都尉,可令刺史共加监括。尚书检诸有僧祇谷之处,州别列其元数,出入赢息,赈给多少,并贷偿岁月,见在未收,上台录记。若收利过本,及翻改初券,依律免之,勿复征责。或有私债,转施偿僧,即以丐民,不听收检。后有出贷,先尽贫穷,征债之科,一准旧格。富有之家,不听辄贷。脱仍冒滥,依法治罪。"②

由此诏书所罗列的种种问题,就可以看出僧祇粟赈灾解困的实际效果。

至孝文帝承明元年(476年)之时,连很偏远的凉州地区的军户也经昙曜奏报二百家一次而成为僧祇户,③说明此时僧祇户已在北魏境内全面出现。

第五是重视佛学义理。北朝时期,佛教信徒的行教方式,可大体归为"习禅"与"义解"两类。历来治南北朝佛史者,多言当时南北佛风异趣,南朝崇义理,北朝重禅修。如汤用彤先生所总结说:"北朝之初,佛教与道安、罗什时代大异其趣。禅师玄高、昙曜,实执僧界之牛耳。由是盛行净土念佛,又偏重戒律,并杂以方术阴阳之神教。凡汉代佛法之残余,似多流行于北。至若义学,

---

① 《魏书》卷一百一十四《释老志》,第3041页。
② 《魏书》卷一百一十四《释老志》,第3041页。
③ 《魏书》卷一百一十四《释老志》,第3042页。

在北朝初叶,盖蔑如也。"①王永平先生分析说:"究其根源,在于自两晋之际以降,北方玄学名士群体相继南迁,江左成为玄学文化之中心地,东晋南朝之思想、学术及社会风尚,无不深受玄风之沾溉与浸润。就佛教而言,南朝高僧与士大夫交往,必具玄化名士之气息,以致出现玄、佛合流之风尚。而北方地区在玄风南被后,论辩风尚衰歇,学风日趋保守。"②到孝文帝时,这种情况已逐渐发生转变,转变的原因在于孝文帝重视佛教义学。

表现之一是孝文帝本人精通佛理,有讲说之才。《魏书·高祖纪》称:"(孝文帝)雅好读书,手不释卷。《五经》之义,览之便讲,学不师受,探其精奥。史传百家,无不该涉。善谈《庄》《老》,尤精释义。"③唐道宣之《释迦方志》卷下亦称其对于佛典"手不释卷,顷便为讲"④。

前引《南齐书》谓孝文帝"粗涉义理",《魏书》这里又说孝文帝"善谈《庄》《老》,尤精释义",两种说法差别颇大,究竟哪种说法较为准确呢? 愚见以为,《南齐书》的作者萧子显为南朝之梁人,其所言带有对北朝的轻视与偏见。《魏书》所述,反映了孝文帝对于儒家学说无不熟悉,诸子百家多所涉猎,既有玄学修养,又精通佛学义理,是一位在文化上汉化程度很高的少数民族帝王。依《魏书·释老志》所载,孝文帝的父亲献文帝在玄、佛两方面的造诣就很深:"览诸经论,好老庄。每引诸沙门及能谈玄之士,与论理要",已非一般水平。

表现之二是孝文帝采取了各种措施来倡导义学。为提倡讲说佛学义理,曾专门下《帝令诸州众僧安居讲说诏》,以为定制。其文曰:

> 门下:凭玄归妙,固资冥风。餐慧习慈,实钟果智。故三炎检摄道之恒规,九夏温诠法之嘉猷。可敕诸州:令此夏安居清众,大州三百人,中州二百人,小州一百人,任其数处讲说。皆僧祇粟供备。若粟鲜徒寡不充此数者,可令昭玄量减还闻。其各钦旌贤匠,良推睿德,勿致滥浊,惰

---

① 《汉魏两晋南北朝佛教史》(增订本),第459页。
② 王永平:《北魏孝文帝崇佛之表现及其对佛教义学之倡导》,《学习与探索》2010年第1期,第207—214页。
③ 《魏书》卷七《高祖纪下》,第187页。
④ 《中华藏》第52册《释迦方志》卷下,第682页下。

兹后进。①

从诏书的内容来看,孝文帝是要以僧祇粟作为供备,利用夏安居的三个月时间(农历四月十六至七月十五)在全境诸州僧尼中普遍推行讲说活动,让僧众讲论佛经,阐发佛理,以检验僧众掌握佛法的情况。

孝文帝本人也经常与僧人一起讨论佛义,探究佛理。《洛阳伽蓝记》记载:北魏迁都洛阳不久,宫殿尚未建成,孝文帝暂住金墉城(三国魏明帝所建,位于当时洛阳城之西北角)。城西有王南寺,孝文帝曾多次去此寺与僧人们论议探讨佛教义理。② 而前引《帝听诸法师一月三入殿诏》,则反映了孝文帝诏请高僧进入宫廷讲论义学,并著为定制。

因为历史的原因,当时的徐州是北魏境内的义学重镇,颇受孝文帝的关注。前述孝文帝曾专程去巡幸徐州白塔寺,就是因为罗什的著名弟子僧嵩法师长期居于此寺流通《成实论》,蜚声南北;其后嵩传《成实论》于僧渊,僧渊又授《成实论》予昙度、慧纪、道登诸人,皆为一时之名僧。据《高僧传》卷八本传记述,僧渊法师"少好读书。进戒之后,专攻佛义",从僧嵩受《成实论》《毗昙》,"学未三年,功逾十载,慧解之声,驰于遐迩"。③ 昙度,《高僧传》卷八本传称:"游学京师,备贯众典,《涅槃》《法华》《维摩》《大品》,并探索微隐,思发言外。"之后又到徐州,从僧渊更受《成实论》,遂"精通此部,独步当时"。孝文帝遣使征请,到平城之后,"大开讲席,(元)宏致敬下筵,亲管理味。于是停止魏都,法化相续,学徒自远而至,千有余人"。撰有《成实论大义疏》八卷,盛传北土。④ 慧纪,通数论,亦为孝文帝所重,前述其生前曾应孝文帝征请入京进宫说法,死后孝文帝又下施帛设斋诏。道登,善《涅槃》《法华》,《续高僧传》卷六本传称其"闻徐州有僧药者,雅明经论,挟策从之,研综《涅槃》《法花》《胜鬘》。后从僧渊学究《成论》。年造知命,誉动魏都,北土宗之"。在孝文帝多次征请之下,道登终于受请来到洛阳,"及到洛阳,君臣僧尼莫不宾礼。魏

---

① 《中华藏》第63册《广弘明集》卷二十四,第262页中。
② 《洛阳伽蓝记校笺》之《原序》,第3页。
③ 《高僧传》卷八《僧渊传》,第303页。
④ 《高僧传》卷八《昙度传》,第304页。

主邀登昆季,策授荣爵。以其本姓不华,改'芮'为'耐'。讲说之盛,四时不辍"。①《魏书·释老志》亦记载说道登"雅有义业,为高祖眷赏,恒侍讲论。曾于禁内与帝夜谈"②。所谓"义业",就是说道登的义学造诣很深,因此才能"恒侍讲论",长期地陪侍在孝文帝身边,为之讲论佛理。孝文帝以道登为师,尊崇有加,以至于道登曾恃宠干预朝政。③

表现之三是孝文帝还注意吸收南朝的佛教义学成就。其一是邀请南朝高僧北上魏国讲经说法,前述致书南齐京师太昌寺释僧宗即为一例。其二是通过使臣来进行义学交流。据《高僧传》卷八记载,南齐京师中兴寺释僧钟,曾从学寿春导公,妙善《成实》《三论》《涅槃》《十地》等经论。永明初,孝文帝遣使李道固来聘,与僧钟会于中兴寺内。"(南齐)帝以钟有德声,敕令酬对,往复移时,言无失厝。日影小晚,钟不食,固曰:'何以不食。'钟曰:'古佛道法,过中不餐。'固曰:'何为声闻耶。'钟曰:'应以声闻得度者,故现声闻。'时人以为名答。"④李道固名彪,道固为其字,《魏书》卷六十二有传,谓其曾六度衔命出使南齐。使臣交聘,一般是进行外交事务活动,在外交事务活动之外又专门与义学高僧会面,自然是交流、研讨佛学义理。

根据《魏书·释老志》的记载,"高祖时,沙门道顺、惠觉、僧意、惠纪、僧范、道弁、惠度、智诞、僧显、僧义、僧利,并以义行知重"⑤,说明孝文帝一代,北魏境内义学高僧人才辈出,可谓"道学如林,师匠百数"⑥。

在孝文帝亲力亲为地推动之下,北魏的义学逐渐兴盛起来。故汤用彤先生说:"北朝义学之兴,约在孝文帝之世。……其后洛中乃颇讲佛义,而终则在东魏北齐,邺城称为学海焉。"⑦当时的河南,《法华》《维摩》《涅槃》诸经颇为流行,其内容可常见于龙门石窟、巩县石窟之造像题材。

---

① 《续高僧传》卷六《道登传》,第194—195页。
② 《魏书》卷一百一十四《释老志》,第3040页。
③ 《魏书》卷八十九《高遵传》,第1921页。
④ 《高僧传》卷八《僧钟传》,第306—307页。
⑤ 《魏书》卷一百一十四《释老志》,第3040页。
⑥ 《续高僧传》卷六《道登传》,第194页。
⑦ 《汉魏两晋南北朝佛教史》(增订本),第459页。

### 三、宣武帝时期河南佛教的持续兴盛

继孝文帝之后的世宗宣武帝元恪,也是一位非常敬信佛教的帝王,为繁荣当时的佛教做了很多事情。

第一是在京师洛阳修建了很多佛寺。这些佛寺中,除一般寺院,还有尼寺、石窟寺以及专门接待西域僧侣的寺院。

即位之初的景明年间(500—504 年),宣武帝先在洛阳城南修建了景明寺。根据《洛阳伽蓝记》卷三的记载,该寺"前望嵩山、少室,却负帝城。青林垂影,绿水为文,形胜之地,爽垲独美。山悬堂观,一千余间。复殿重房,交疏对雷,青台紫阁,浮道相通。虽外有四时,而内无寒暑。房檐之外,皆是山池,竹松兰芷,垂列阶墀,含风团露,流香吐馥"①。又在城内修建了尼寺——瑶光寺,此寺"有五层浮图一所,去地五十丈。仙掌凌虚,铎垂云表,作工之妙,埒美永宁。讲殿尼房,五百余间,绮疏连亘,户牖相通,珍木香草,不可胜言"②。瑶光寺离皇宫苑囿很近,建筑又如此精美,成为北魏皇后出家入道的首选寺院:孝文帝废后冯氏因其姐冯昭仪"潜构百端"而被废为庶人,遂为练行尼,"后终于瑶光佛寺。"③宣武帝皇后高氏在皇帝驾崩之后出家为尼,"居瑶光寺,非大节庆,不入宫中"。神龟元年外出觐母,当时"天文有变,灵太后欲以后当祸,是夜暴崩……丧还瑶光佛寺"。④ 武泰初(528 年),孝明帝皇后胡氏出家入道,"遂居于瑶光寺"。⑤

还在洛阳城南龙门山伊水河畔以大同灵岩寺石窟即云冈石窟为范本,为父母高祖孝文皇帝与文昭皇太后营建了功德石窟寺两所。龙门石窟最早开凿于太和初年前后,由民众自发开始。太和十七年(493 年)孝文帝迁都洛阳之后,北魏的许多皇室贵族也开始在龙门开窟造像。此时,宣武帝也加入到了这个开凿行列。据《魏书·释老志》记述:

---

① 《洛阳伽蓝记校笺》卷三《城南》,第 124 页。
② 《洛阳伽蓝记校笺》卷一《城内》,第 46 页。
③ 《魏书》卷十三《皇后列传》,第 332 页。
④ 《魏书》卷十三《皇后列传》,第 336—337 页。
⑤ 《魏书》卷十三《皇后列传》,第 340 页。

景明初,世宗诏大长秋卿白整准代京灵岩寺石窟,于洛南伊阙山,为高祖、文昭皇太后营石窟二所。初建之时,窟顶去地三百一十尺。至正始二年中,始出斩山二十三丈。至大长秋卿王质,谓斩山太高,费功难就,奏求下移就平,去地一百尺,南北一百四十尺。永平中,中尹刘腾奏为世宗复造石窟一,凡为三所。从景明元年至正光四年六月已前,用功八十万二千三百六十六。①

以上述所记计算可知,从景明元年(500 年)至正光四年(523 年)的二十三四年间,不管风霜,无论雨雪,每天都有近百名工匠在那里不间断地劳作——开山凿洞、镌刻造像。

位于洛阳城南的永明寺,则是宣武帝于永平二年(509 年)诏建的专门用于接待各国来华僧侣的寺院。②《洛阳伽蓝记》卷四记述:

> 时佛法经像,盛于洛阳,异国沙门,咸来辐辏,负锡持经,适兹乐土。世宗故立此寺以憩之。房庑连亘,一千余间。庭列修竹,檐拂高松,奇花异草,骈阗阶砌。百国沙门,三千余人。西域远者,乃至大秦国,尽天地之西垂……③

北魏京师洛阳常有外国沙门三千多人,由此可见洛阳不仅是北魏的政治中心,也一跃成为当时中国最繁盛的佛教中心。外国沙门踊跃东来,不仅兴盛了洛阳的佛教,也促进了洛阳的经济发展与城市建设,使洛阳成为当时中国最繁荣的国际商业大都会。"自葱岭已西,至于大秦,百国千城,莫不欢附。商胡贩客,日奔塞下,所谓尽天地之区已。乐中国土风,因而宅者,不可胜数。是以附化之民,万有余家。门巷修整,阊阖填列。青槐荫陌,绿柳垂庭,天下难得之货,咸悉在焉。"④

第二是继续规范僧众管理。据《魏书·释老志》记载,永平元年(508 年)秋,宣武帝发布诏书,谓:

---

① 《魏书》卷一百一十四《释老志》,第 3043 页。
② 《佛祖统纪校注》卷三十九《法运通塞志》,第 880 页。
③ 《洛阳伽蓝记校笺》卷四《城西》,第 200 页。
④ 《洛阳伽蓝记校笺》卷三《城南》,第 145 页。

缁素既殊,法律亦异。故道教彰于互显,禁劝各有所宜。自今已后,众僧犯杀人已上罪者,仍依俗断,余犯悉付昭玄,以内律僧制治之。①

僧众犯法,除杀人以上罪者仍按世俗法律惩治之外,其余均交付僧务管理机构昭玄寺依僧律予以处置。次年(509年)冬,沙门统惠深上言,又提出了八条加强僧众管理的建议:

僧尼浩旷,清浊混流,不遵禁典,精粗莫别。辄与经律法师群议立制:诸州、镇、郡维那、上坐、寺主,各令戒律自修,咸依内禁,若不解律者,退其本次。又,出家之人,不应犯法,积八不净物。然经律所制,通塞有方。依律,车牛净人,不净之物,不得为己私畜。唯有老病年六十以上者,限听一乘。又,比来僧尼,或因三宝,出贷私财。缘州外。又,出家舍著,本无凶仪,不应废道从俗。其父母三师,远闻凶问,听哭三日。若在见前,限以七日。或有不安寺舍,游止民间,乱道生过,皆由此等。若有犯者,脱服还民。其有造寺者,限僧五十以上,启闻听造。若有辄营置者,处以违敕之罪,其寺僧众摈出外州。僧尼之法,不得为俗人所使。若有犯者,还配本属。其外国僧尼来归化者,求精检有德行合三藏者听住,若无德行,遣还本国,若其不去,依此僧制治罪。②

宣武帝接受了惠深的建议。这些新的规定补充、完善了孝文帝时所制定的《僧制》,进一步加强了对佛教与佛教徒的管理。

但事实上,法律规定是一套,实际执行又是另一套,特别是对于中高级僧官一类,宣武帝总是百般庇护。《魏书·释老志》中记载有永平年间的这样一件事情:尚书令高肇上奏,反映都维那僧暹、僧频等"进违成旨,退乖内法,肆意任情,奏求逼召",强迫前述凉州二百家僧祇户迁徙,致使五十余人弃子丧生,或自缢,或溺水,含怨自杀,而家属行号巷哭,叫诉无所。对此事件,高肇说:"悠悠之人,尚为哀痛,况慈悲之士,而可安之?"要求将"违旨背律,谬奏之

---

① 《魏书》卷一百一十四《释老志》,第3040页。另《佛祖统纪校注》卷三十九记载:"景明二年(501年),诏僧犯杀人依俗格断,余犯悉付昭玄都统,以内律僧制判之。"与《魏书·释老志》所记永平元年之诏令内容相同,不知所依。

② 《魏书》卷一百一十四《释老志》,第3040—3041页。

愆"的僧暹、僧频等交付昭玄寺依僧律予以处理。但宣武帝却下诏说："暹等特可原之"。① 五十余条人命竟然换不来对僧暹、僧频等僧官的一个小小的处分！由此可见当时僧律的实际执行状况，也可知在封建僧官的管理之下，僧祇户的命运是多么悲惨！

第三是重视佛经翻译。根据《续高僧传》卷一《菩提流支传》记载，来自北天竺的菩提流支是宣武帝一代最著名的译经僧。本传称其：

> 遍通三藏，妙入总持，志在弘法，广流视听，遂挟道宵征，远莅葱左，以魏永平之初来游东夏。宣武皇帝下敕引劳，供拟殷华，处之永宁大寺，四事将给，七百梵僧，敕以流支为译经之元匠也。②

所谓"译经之元匠"，亦即译经工作的总领。组织七百梵僧一起译经，该是一个多么大的规模啊！本传又记述：

> 先时流支奉敕创翻《十地》，宣武皇帝命章一日，亲对笔受，然后方付沙门僧辩等，讫尽论文。佛法隆盛，英俊蔚然，相从传授，孜孜如也。帝又敕清信士李廓撰《众经录》。③

《十地》即《十地经论》，世亲著。世亲为古印度大乘瑜伽行派的创始人，《十地经论》为其所制百余部大乘经论之一，其内容系注释《十地经》(《华严经·十地品》早期别译)经义。对于此论的翻译，宣武帝每天都要第一个审阅新译之稿，"亲对笔受"，充分说明了他对译经的重视。又下诏让李廓撰《众经录》，便利译出佛经的流传。

第四是宣宗本人与孝文帝一样，喜欢讲说佛法，笃好佛理。《魏书·释老志》记载："世宗笃好佛理，每年常于禁中，亲讲经论，广集名僧，标明义旨。沙门条录，为《内起居》焉。上既崇之，下弥企尚。"④《魏书·世宗纪》亦称其："雅爱经史，尤长释氏之义，每至讲论，连夜忘疲。"⑤《起居注》本来是用来记录皇帝每天言行活动的，而沙门条录，为《内起居》，则是由僧人专门记录宣武

---

① 《魏书》卷一百一十四《释老志》，第3042页。
② 《续高僧传》卷一《菩提流支传》，第13—14页。
③ 《续高僧传》卷一《菩提流支传》，第15页。
④ 《魏书》卷一百一十四《释老志》，第3042页。
⑤ 《魏书》卷八《世宗纪》，第215页。

帝日常的佛理讲说与佛事活动,可见宣武帝佛理讲说与佛事活动的频繁。

对于宣武帝醉心佛教经典,连治国理政所必需的儒家经籍也不屑一读的情况,当时就有官员提出了批评。《魏书·裴延俊传》记载:

> 时世宗专心佛典,不事坟籍,延俊上疏谏曰:"臣闻有尧文思,钦明稽古;妫舜体道,慎典作圣。汉光神睿,军中读书;魏武英规,马上玩籍。先帝天纵多能,克文克武,营迁谋伐,手不释卷。良以经史义深,补益处广,虽则劬劳,不可暂辍。斯乃前王之美实,后王之水镜,善足以遵,恶足以戒也。陛下道悟自深,渊鉴独得,升法座于宸闱,释觉善于日宇,凡在听瞩,尘蔽俱开。然《五经》治世之模,六籍轨俗之本,盖以训物有渐,应时匪妙,必须先粗后精,乘近即远。伏愿经书玄览,孔释兼存,则内外俱周,真俗斯畅。"①

话说得虽然很委婉,但意思表达得非常明确,就是希望宣武帝不要只是沉迷于释典佛理,还要循序渐进、由浅及深地学习那些可以用来治理国家社会的经史典籍。

《魏书》卷七十二还记载,有官员因宣武帝广访得失而上谠言表,谓应"绝谈虚穷微之论,简桑门无用之费。以存元元之民,以救饥寒之苦"②,矛头直指佛理讲说与佛事活动。

在孝文帝、宣武帝的带动、倡导之下,终北魏一代,佛理研习之风不衰,士大夫好谈论已成风气,而且达到了相当高的水平。魏末之李同轨即是典型一例。据《魏书》记述,李同轨此人"学综诸经,多所治通,兼读释氏,又好医术"。永熙二年(533年),"出帝幸平等寺,僧徒讲说,敕同轨论难,音韵闲朗,往复可观,出帝善之"。东魏兴和(539—542年)中,李同轨出使南朝萧梁,梁武帝萧衍"深耽释学,遂集名僧于其爱敬、同泰二寺,讲《涅槃》《大品经》,引同轨预席,衍兼遣其臣并共观听。同轨论难久之,道俗咸以为善"③。南朝之义学历史悠久,积淀甚深,梁武帝所集名僧,又肯定是国内顶尖一流,在这样的南朝

---

① 《魏书》卷六十九《裴延俊传》,第1528—1529页。
② 《魏书》卷七十二《阳尼附传》,第1604页。
③ 《魏书》卷三十六《李顺传》,第848、849页。

皇家讲说佛经法会上,一位北朝来的官员竟能与众僧论难多时,并最终获得
道俗听众的一致赞赏,可见其义学造诣之深。

第五是举办"行像"活动。

宣武帝之时,为了进一步推动佛教的普及,官方每年农历四月初八佛诞
日都要在京师洛阳组织举行大规模的佛像巡游活动,用以表达对佛陀的敬仰
崇信之意,谓之"行像",成为当时的风俗。关于行像活动的整体情景,《洛阳
伽蓝记》卷三"景明寺"条记述:

> 时世好崇福,四月七日,京师诸像,皆来此寺。尚书祠部曹录像凡有
> 一千余躯。至八日,以次入宣阳门,向阊阖宫前受皇帝散花。于时金花
> 映日,宝盖浮云,幡幢若林,香烟似雾。梵乐法音,聒动天地。百戏腾骧,
> 所在骈比。名僧德众,负锡为群。信徒法侣,持花成薮。车骑填咽,繁衍
> 相倾。时有西域胡沙门见此,唱言佛国。①

景明寺为宣武帝所建,成为行像活动的集合出发会场。行像活动的高潮又是
在皇宫之阊阖宫前受皇帝散花。如此规模盛大的活动,万人空巷,争相观看,
仿佛全民盛节,其教化影响之深远,不难想象。《洛阳伽蓝记》还记述了一些
寺院佛像的精美与参加行像活动时的具体情况:

长秋寺,有一六牙白象负释迦像,"庄严佛事,悉用金玉,作工之异,难可
具陈。四月四日,此像常出,辟邪、师子导引其前。吞刀吐火,腾骧一面。彩
幢上索,诡谲不常。奇伎异服,冠于都市。像停之处,观者如堵。迭相践跃,
常有死人"。②

昭仪尼寺,"寺有一佛二菩萨,塑工精绝,京师所无也。四月七日常出诣
景明。景明三像,恒出迎之。伎乐之盛,与刘腾相比"。③

宗圣寺,"有像一躯,举高三丈八尺;端严殊特,相好毕备,士庶瞻仰,目不
暂瞬。此像一出,市井皆空,炎光辉赫,独绝世表。妙伎杂乐,亚于刘腾。城

---

① 《洛阳伽蓝记校笺》卷三《城南》,第124—125页。
② 《洛阳伽蓝记校笺》卷一《城内》,第44页。
③ 《洛阳伽蓝记校笺》卷一《城内》,第53页。

东士女,多来此寺观看也"。①

景兴尼寺,"有金像辇,去地三丈,施宝盖,四面垂金铃七宝珠,飞天伎乐,望之云表。作工甚精,难可扬榷。像出之日,常诏羽林一百人举此像。丝竹杂伎,皆由旨给"。②

由于宣武帝尊崇佛教,推动了当时中国北方佛教的大发展。根据《魏书·释老志》的记载,至宣武帝后期延昌(512—515年)中,"天下州郡僧尼寺,积有一万三千七百二十七所,徒侣逾众"③。"徒侣逾众",并未明确说明数量。而元之念常所集《佛祖历代通载》卷十则明确记载:"比及延昌,州郡凡一万三千余寺,僧至二百万。"④河南作为北魏统治的中心地区,其寺院之数与僧尼之众肯定在其中占有很大的比例。

## 四、北魏皇族、外戚、官僚及宦官的佞佛崇法

北魏皇后、皇太后佞佛崇法的情况,在历史上也非常引人注目。根据夏毅辉先生的研究,北魏见于史书的三十一位皇后中,有七位出家为尼。⑤ 其中,孝文帝的大小冯后,都曾出家为尼。宣武高皇后和灵皇后胡氏及其侄女、孝明皇后胡氏最后也都出家入道。北魏一代,宣武灵皇后胡氏与佛教的关系最为密切,对北魏后期佛教的发展兴盛影响极大。

灵皇后胡氏,安定临泾(今甘肃镇原县)人,家中世代信佛。胡氏本人,"性聪悟,多才艺,姑既为尼,幼相依托,略得佛经大义"⑥。

延昌四年(515年),宣武帝病逝,其子元诩即位,年仅五岁,是为孝明帝。宣武灵皇后胡氏被尊为皇太后,即灵太后(或称胡太后),开始临朝称制,掌握实权。次年,亦即熙平元年(516年),灵太后开始在洛阳大兴土木,亲自奠基修建永宁寺。《魏书·释老志》记载:"肃宗(即孝明帝)熙平中,于城内太社

① 《洛阳伽蓝记校笺》卷二《城东》,第76页。
② 《洛阳伽蓝记校笺》卷二《城东》,第82页。
③ 《魏书》卷一百一十四《释老志》,第3042页。
④ 《中华藏》第82册《佛祖历代通载》卷十,第916页中。
⑤ 夏毅辉:《北朝皇后与佛教》,《学术月刊》1994年第11期,第65—73页。
⑥ 《魏书》卷十三《宣武灵皇后胡氏传》,第338页。

西,起永宁寺。灵太后亲率百僚,表基立刹。佛图九层,高四十余丈。"①

　　"永宁"一词,当源自《尚书·周书·吕刑》:"一人有庆,兆民赖之,其宁惟永。"孔传曰:"天子有善,则兆民赖之,其乃安宁长久之道。"后常用之作为歌颂帝王德政之词语。早在迁都洛阳之前的献文帝天安二年(467年),北魏统治者在当时的都城平城(今山西大同市)已修建过一所永宁寺。《魏书·释老志》记载:"于时起永宁寺,构七级佛图,高三百余尺,基架博敞,为天下第一。"②此后,北魏统治者的很多佛事活动甚至政治活动如度僧、设斋、赦死罪囚、设会、行道听讲、施舍等都在这所皇家寺院里进行。孝文帝迁都洛阳后,一开始就规划在都城内再建一所永宁寺,为此还预留了建设用地,地点在皇宫前阊阖门南一里御道西,位置极佳。据《魏书·释老志》引其时司空公、尚书令、任城王澄在神龟元年(518年)冬的奏章中称:"故都城制云,城内唯拟一永宁寺地,郭内唯拟尼寺一所,余悉城郭之外。"③由此我们可以看出,"永宁寺"在北魏统治者的心目中,不仅是宗教场所,还具有非同寻常的政治象征意义。但由于种种原因,孝文帝和宣武帝在世的时候,都没有能顾上复建永宁寺。

　　永宁寺,包括永宁寺塔的修建,前后共花费了三年多的时间。《魏书·张熠传》记述:"永宁寺塔大兴,经营务广,灵太后曾幸作所,凡有顾问,熠敷陈指画,无所遗阙,太后善之。"④说明灵太后在修建期间曾多次至工地了解佛塔设计与施工情况。在修建过程中,至神龟二年(519年)八月,永宁寺尚有"容像未建"⑤,亦即尚未完全竣工。但灵太后已是迫不及待,立即亲临视察,躬登九层佛塔。建成的永宁寺是当时洛阳城内最为宏大、壮观的寺院,形制类同皇宫。据《洛阳伽蓝记》记述:

　　　(永宁寺)中有九层浮图一所,架木为之,举高九十丈。有刹复高十丈,合去地一千尺。去京师百里,已遥见之。初,掘基至黄泉下,得金像

---

① 《魏书》卷一百一十四《释老志》,第3043页。
② 《魏书》卷一百一十四《释老志》,第3037页。
③ 《魏书》卷一百一十四《释老志》,第3044页。
④ 《魏书》卷七十九《张熠传》,第1766页。
⑤ 《魏书》卷六十七《崔光传》,第1495页。

三十躯,太后以为信法之征,是以营造过度也。刹上有金宝瓶,容二十五石。宝瓶下有承露金盘三十重,周匝皆垂金铎。复有铁锁四道,引刹向浮图四角;锁上亦有金铎,铎大小如一石瓮子。浮图有九级,角角皆悬金铎,合上下有一百二十铎。浮图有四面,面有三户六窗,户皆朱漆。扉上有五行金铃,其十二门二十四扇,合有五千四百枚。复有金环铺首。殚土木之功,穷造形之巧,佛事精妙,不可思议,绣柱金铺,骇人心目。至于高风永夜,宝铎和鸣,铿锵之声,闻及十余里。浮图北有佛殿一所,形如太极殿。中有丈八金像一躯,中长金像十躯,绣珠像三躯,金织成像五躯,玉像二躯。作功奇巧,冠于当世。①

上述引文中,出现最多的是"金"字,共有十余处,由此可见永宁寺之奢华!故《魏书·释老志》称:"其诸费用,不可胜计。"②

除修建永宁寺外,灵太后还为自己的亡父亡母分别在洛阳城南、城东修建了秦太上公寺与秦太上君寺,以祈求冥福。据《洛阳伽蓝记》卷三记载,秦太上公寺有二,在景明寺南一里,东西相邻。西寺为灵太后所立,东寺为其妹妹所建,并为父追福,时人称之为"双女寺"。此二寺:

> 并门邻洛水,林木扶疏,布叶垂阴。各有五层浮图一所,高五十丈。素彩画工,比于景明。至于六斋,常有中黄门一人监护,僧舍衬施供具,诸寺莫及焉。③

而灵太后所修建之秦太上君寺:

> 中有五层浮图一所,修刹入云,高门向街,佛事庄饰,等于永宁。诵室禅堂,周流重叠,花林芳草,遍满阶墀。常有大德名僧讲一切经,受业沙门亦有千数。④

由"素彩画工,比于景明"与"佛事庄饰,等于永宁"两句,即可知秦太上公寺与秦太上君寺的奢靡程度!

---

① 《洛阳伽蓝记校笺》卷一《城内》,第 11—12 页。
② 《魏书》卷一百一十四《释老志》,第 3043 页。
③ 《洛阳伽蓝记校笺》卷三《城南》,第 131 页。
④ 《洛阳伽蓝记校笺》卷二《城东》,第 88 页。

宣武末年,天下州郡佛寺已有一万三千多所,灵太后仍不满足,又于神龟元年(518 年),诏诸郡继续增建寺院,而且还定出了一个标准:"立五级浮图"。① 故《魏书》记述曰:

> 灵太后锐于缮兴,在京师则起永宁、太上公等佛寺,功费不少,外州各造五级佛图。又数为一切斋会,施物动至万计。百姓疲于土木之功,金银之价为之踊上,削夺百官事力,费损库藏,兼曲费左右,日有数千。②

灵太后佞佛所为,役使无度,劳民伤财,已经严重影响了政权的安危。为此,司徒公、侍中、尚书令元澄曾上表婉言告诫:

> 凡所营造,自非供御切须,戎仗急要,亦宜微减,以务阜积,庶府无横损,民有全力。……章台丽而楚力衰,阿宫壮而秦财竭,存亡之由,灼然可睹。愿思前王一同之功,畜力聚财,以待时会。③

"章台丽而楚力衰,阿宫壮而秦财竭",所言可谓一针见血! 而针对当时存在的百姓为避役多绝户为沙门的普遍现象,司徒长兼主簿李玚更是直言:

> 礼以教世,法导将来,迹用既殊,区流亦别。故三千之罪,莫大不孝,不孝之大,无过于绝祀。然则绝祀之罪,重莫甚焉。安得轻纵背礼之情,而肆其向法之意也? 正使佛道,亦不应然,假令听然,犹须裁之以礼。一身亲老,弃家绝养,既非人理,尤乖礼情,埋灭大伦,且阙王贯。交缺当世之礼,而求将来之益,孔子云"未知生,焉知死",斯言之至,亦为备矣。安有弃堂堂之政,而从鬼教乎! 又今南服未静,众役仍烦,百姓之情,方多避役。若复听之,恐捐弃孝慈,比屋而是。④

谓佛教为"鬼教",简直石破天惊! 由此激怒了沙门都统僧暹等,他们以玚之所言为谤毁佛法,向灵太后哭诉告状。面对灵太后的责难,李玚自我辩护说:

> 窃欲清明佛法,使道俗兼通,非敢排弃真学,妄为訾毁。且鬼神之名,皆通灵达称,自百代正典,叙三皇五帝,皆号为鬼。天地曰神祇,人死

---

① 《佛祖统纪校注》卷三十九《法运通塞志》,第 880 页。
② 《魏书》卷十九中《元澄传》,第 480 页。
③ 《魏书》卷十九中《元澄传》,第 480 页。
④ 《魏书》卷五十三《李孝伯附传》,第 1177 页。

日鬼。《易》曰"知鬼神之情状",周公自美,亦云"能事鬼神",《礼》曰"明则有礼乐,幽则有鬼神"。是以明者为堂堂,幽者为鬼教。佛非天非地,本出于人,应世导俗,其道幽隐,名之为鬼,愚谓非谤。且心无不善,以佛道为教者,正可未达众妙之门耳。

这段辩解,引经据典,颇为精彩,居然说服了灵太后。《魏书》记载:"灵太后虽知场言为允,然不免遑等之意,犹罚场金一两。"①

根据《魏书》记载,当时还有一位高级武官——都督冀定瀛三州诸军事、骠骑大将军、冀州刺史、仪同三司李崇亦上表要求减佛寺功材以修学校。表称:

> 臣以为当今四海清平,九服宁晏,经国要重,理应先营……但事不两兴,须有进退。以臣愚量,宜罢尚方雕靡之作,颇省永宁土木之功,并减瑶光材瓦之力,兼分石窟镌琢之劳,及诸事役非急者,三时农隙,修此数条。使辟雍之礼,蔚尔而复兴;讽诵之音,焕然而更作。美榭高墉,严壮于外;槐宫棘宇,显丽于中。道发明令,重遵乡饮,敦进郡学,精课经业。……诚知佛理渊妙,含识所宗,然比之治要,容可小缓。苟使魏道熙绵,元首唯康,尔乃经营,未为晚也。②

看到李崇的上表之后,灵太后虽令曰"省表,具悉体国之诚。配飨大礼,为国之本,比以戎马在郊,未遑修缮。今四表晏宁,年和岁稔,当敕有司别议经始"③,但实际上毫无更张,依然热衷佛事,崇佛佞佛。

不仅皇后(皇太后)佞佛崇法,皇子、公主、外戚、官僚热诚奉佛的表现也十分突出。

如《佛祖统纪》卷三十九记载:

> (太和十九年)京兆王太子兴久病,祈佛获愈,愿舍王爵求出家,表十上乃许,赐名僧懿。敕皇太子以四月八日为落发于嵩岳寺。④

---

① 《魏书》卷五十三《李孝伯附传》,第1177—1178页。
② 《魏书》卷六十六《李崇传》,第1472页。
③ 《魏书》卷六十六《李崇传》,第1472页。
④ 《佛祖统纪校注》卷三十九《法运通塞志》,第879页。

京兆王太子兴在《魏书》中称太兴,《魏书》对太兴出家一事记载更为详尽:

> 初,太兴遇患,请诸沙门行道,所有资财,一时布施,乞求病愈,名曰
> "散生斋"。及斋后,僧皆四散,有一沙门方云乞斋余食。太兴戏之曰:
> "斋食既尽,唯有酒肉。"沙门曰:"亦能食之。"因出酒一斗,羊脚一只,食
> 尽犹言不饱。及辞出后,酒肉俱在,出门追之,无所见。太兴遂佛前乞
> 愿,向者之师当非俗人,若此病得差,即舍王爵入道。未几便愈,遂请为
> 沙门,表十余上,乃见许。时高祖南讨在军,诏皇太子于四月八日为之下
> 发,施帛二千匹。既为沙门,更名僧懿,居嵩山。太和二十二年终。①

孝文帝当时正在南征途中,专门为太兴出家一事下诏:定四月初八佛诞之日
为出家的日子,又让皇太子为之下发,并施帛二千匹,还亲自为他取法号僧
懿。说明孝文帝对太兴出家十分重视。是为皇子舍王爵而出家入道的事例。

又如孝文帝之季女长乐公主,孝明帝孝昌元年(525年)死于洛阳,其墓志
铭称之:"好学罔倦,该柱下之妙说,核七篇之幽旨,驰法轮于金陌,开灵光于
宝树。"②说明长乐公主也是一位虔诚的佛教信徒。

在《洛阳伽蓝记》中,由皇族诸王出资兴建佛寺,或舍宅而为佛寺的记载
很多。如高阳王寺为高阳王元雍之宅,在元雍被害之后,由家人舍宅所立。③
龙华寺为广陵王元羽所立。④ 明悬尼寺为彭城武宣王元勰所立。元勰笃信佛
教,京师闻名。据《北史》记载:永平元年(508年)九月,当他被高肇枉杀后,
消息传出,恰逢"景明、报德寺僧鸣钟欲饭,忽闻勰薨,二寺一千余人皆嗟痛,
为之不食,但饮水而斋"⑤。由此可见他在佛教僧众中的声望之高。追圣寺为
北海王元详所立。⑥ 以上元雍、元羽、元勰与元详均为献文帝之子,孝文帝之
兄弟。平等寺、大觉寺均为孝文帝之子、广平武穆王元怀舍宅所立。⑦ 宣忠寺

---

① 《魏书》卷十九上《景穆十二王传》,第443—444页。
② 洛阳文物工作队:《魏故司空渤海郡开国公高猛夫人长乐长公主(瑛)墓志铭》,《洛阳出土历代墓志辑绳》,北京:中国社会科学出版社1991年版,第45页。
③ 《洛阳伽蓝记校笺》卷三《城南》,第155页。
④ 《洛阳伽蓝记校笺》卷三《城南》,第143页。
⑤ 《洛阳伽蓝记校笺》卷二《城东》,第70页;《北史》卷十九《献文六王传》,第707页。
⑥ 《洛阳伽蓝记校笺》卷三《城南》,第143页。
⑦ 《洛阳伽蓝记校笺》卷二《城东》,第101页;卷四《城西》,第199页。

为城阳王元徽舍宅所立。① 追先寺，原为东平王元略之宅，元略死后由嗣王元景式舍宅为寺，②等等。在皇族诸王中，创建佛寺最多的是孝文帝之子、宣武帝之弟、清河文献王元怿，他共兴建了三座佛寺，分别为景乐尼寺、冲觉寺、融觉寺。其中冲觉寺是舍宅而立，其余两座则是出资兴建。元怿死后，其弟、汝南王元悦又对景乐尼寺进行了重修。③

城阳王长寿之次子元鸾不但自己佞佛，造寺无度，在任定州刺史时，还强迫当地的老百姓和他一起修建寺院，出钱出力，害得老百姓怨声载道，以致宣武帝不得不专门下诏：

> 鸾爱乐佛道，修持五戒，不饮酒食肉，积岁长斋。缮起佛寺，劝率百姓，共为土木之劳，公私费扰，颇为民患。世宗闻而诏曰："鸾亲唯宗懿，作牧大州，民物殷繁，绥宁所属，宜克己厉诚，崇清树惠，而乃骤相征发，专为烦扰，编户嗷嗷，家怀嗟怨。北州土广，奸乱是由，准法寻愆，应加肃黜。以鸾戚属，情有未忍，可遣使者，以义督责，夺禄一周，微示威罚也。"④

宣武帝的诏书一方面承认元鸾的所作所为已经让"编户嗷嗷，家怀嗟怨"，担心引起老百姓的反抗叛乱；另一方面又说因为元鸾是皇族，不忍心严厉处理，仅派遣使者"以义督责，夺禄一周，微示威罚"。

外戚中，文成帝文明皇后冯氏家族与宣武帝灵皇后亦即后来的灵太后胡氏家族是两个奉佛的家族。文明皇后冯氏之兄冯熙，史载其人：

> 为政不能仁厚，而信佛法，自出家财，在诸州镇建佛图精舍，合七十二处，写一十六部一切经。延致名德沙门，日与讲论，精勤不倦，所费亦不赀。而在诸州营塔寺多在高山秀阜，伤杀人牛。有沙门劝止之，熙曰："成就后，人唯见佛图，焉知杀人牛也。"其北邙寺碑文，中书侍郎贾元寿之词。高祖频登北邙寺，亲读碑文，称为佳作。⑤

---

① 《洛阳伽蓝记校笺》卷四《城西》，第 167 页。
② 《洛阳伽蓝记校笺》卷四《城西》，第 193 页。
③ 《洛阳伽蓝记校笺》卷一《城内》，第 50—51 页；卷四《城西》，第 163 页；卷四《城西》，第 197 页。
④ 《魏书》卷十九下《景穆十二王传》，第 510 页。
⑤ 《魏书》卷八十三上《冯熙传》，第 1819 页。

一个为政不能仁厚的皇亲贵族,却又崇信佛法,用搜刮来的民脂民膏,先后在各地建起了七十二座佛寺,又抄写了十六部大藏经。其七十二座佛寺之一的北邙寺,碑文由中书侍郎贾元寿撰写,孝文帝常来此寺游览,亲读碑文,赞为佳作。其任洛州刺史时于太和三年(479年)十月出资所抄写的佛经流传至敦煌,至今仍存的尚有《杂阿毗昙心经》卷第六,饶宗颐先生谓其"末有题记甚长,共十一行,字极佳",并重录了题记全文。① 冯熙还经常延请高僧大德给他讲经论道,孜孜不倦,花费亦无数。为了在各州风景秀美之处营造塔寺,甚至不惜杀伤百姓人家的耕牛,当有沙门对这类事进行劝阻时,冯熙竟恬不知耻地说:"塔寺营造完成之后,别人只会看到我建起的佛寺,谁还会知道我曾滥杀过别人的牛呢?"笃信佛法而所作所为又完全与佛教的精神背道而驰。

灵太后之父胡国珍,《魏书》本传记载:

> 国珍年虽笃老,而雅敬佛法,时事斋洁,自强礼拜。至于出入侍从,犹能跨马据鞍。神龟元年四月七日,步从所建佛像,发第至阊阖门四五里。八日,又立观像,晚乃肯坐。劳热增甚,因遂寝疾。灵太后亲侍药膳。十二日薨,年八十。②

一位八十岁的老者,雅敬佛法,四月初七——佛诞前一日,步行四五里之远跟随自己所造的佛像;第二天——四月初八佛诞日,又站立一天观看洛阳城内的行像活动,一直到晚上才肯坐下来休息,由此而劳累过度,四天之后便离开人世。

灵太后的从姑(父亲的叔伯姐妹)亦笃信佛教,在洛阳城内建立了一座颇有名气的尼寺——胡统寺,该寺:"宝塔五重,金刹高耸,洞房周匝,对户交疏,朱柱素壁,甚为佳丽。其寺诸尼,帝城名德,善于开导,工谈义理,常入宫与太后说法。其资养缁流,从无比也。"③灵太后的从姑更出家为尼,居于此寺。据《魏书·皇后列传》记载:

① 饶宗颐著:《北魏冯熙与敦煌写经》,《饶宗颐史学论著选》,上海:上海古籍出版社1993年版,第482—483页。

② 《魏书》卷八十三下《胡国珍传》,第1834页。

③ 《洛阳伽蓝记校笺》卷一《城内》,第57页。

后姑为尼,颇能讲道,世宗初,入讲禁中。积数岁,讽左右称后姿行,世宗闻之,乃诏入披庭为承华世妇。……既诞肃宗,进为充华嫔。①

这就说明,灵太后之所以能够进宫,完全是她出家为尼的从姑的功劳。宣武帝初,灵太后之从姑就已经经常出入禁中,为皇帝讲经说法。利用这个机会,她不断地向皇帝称颂其侄女的容姿德行。经过数年的不懈努力,宣武帝终于被打动,诏灵太后入宫,先封她为"承华世妇",待生下儿子孝明帝之后,又封她为"充华嫔"。讲经说法尚有如此作用,亦可谓千古奇观矣!

官僚之中,裴植一家可算是奉佛的典范。据《魏书·裴叔业传》记载:

（裴植）少而好学,览综经史,尤长释典,善谈理义。……其母年逾七十,以身为婢,自施三宝,布衣麻菲,手执箕帚,于沙门寺洒扫。植弟瑜、粲、衍并亦奴仆之服,泣涕而从,有感道俗。诸子各以布帛数百赎免其母。于是出家为比丘尼,入嵩高,积岁乃还家。……（粲）性好释学,亲升讲座,虽持义未精,而风韵可重。②

《佛祖统纪》也记载:

裴植母夏侯氏,年逾七十,以身自施三宝为婢,供寺扫洒,三子瑜、粲、衍并亦奴服,泣涕以从,各以布帛赎免之。其后母竟出家为尼,入嵩高山,积岁乃还家。植官度支尚书,瑜等皆至刺史,母临终遗令以沙门礼葬。粲深好释学,每升座讲说,听者服其理辩。③

大臣崔光也是一位虔诚的佛教信徒。《魏书·崔光传》称其:

崇信佛法,礼拜读诵,老而逾甚,终日怡怡,未曾恚忿。曾于门下省昼坐读经,有鸽飞集膝前,遂入于怀,缘臂上肩,久之乃去。道俗赞咏诗颂者数十人。每为沙门朝贵请讲《维摩》《十地经》,听者常数百人,即为二经义疏三十余卷。④

在北魏众多奉佛的人群之中,宦官可谓是一个特别的群体。根据《洛阳

---

① 《魏书》卷十三《皇后列传》,第337页。
② 《魏书》卷七十一《裴叔业传》,第1570—1573页。
③ 《佛祖统纪校注》卷三十九《法运通塞志》,第880页。
④ 《魏书》卷六十七《崔光传》,第1499页。

伽蓝记》的记载,宦官在京师洛阳所建佛寺有:长秋寺、昭仪尼寺、魏昌尼寺、景兴尼寺、王典御寺、凝玄寺等六所。《洛阳伽蓝记》卷四"王典御寺"条称:

> 王典御寺,阉官王桃汤所立也。(时阉官伽蓝皆为尼寺,唯桃汤所建僧寺,世人称之英雄。)①

这条史料颇有意味。为什么北魏时期宦官们在洛阳所建六所佛寺中除王典御寺,其余五所均为尼寺? 为什么宦官王桃汤因为造了王典御寺这样一所僧寺,就被世人称为英雄? 对此,刘淑芬所著《中古的佛教与社会》有比较深入的研究。她认为这其中的原因是:"由于阉官和尼寺关系密切,因此他们自己兴造佛寺时,所建的也多是尼寺,这或许和佛教律典中'黄门不得出家为僧'的规定也有所关联。""这也和他们没有完整的男形有关,而使得他们倾向于建造尼寺。"而"王桃汤建造僧寺之举,显然超出一般宦官所见所为,故称之为'英雄'"。其中,刘淑芬所谓"阉官和尼寺关系密切"是说,"由于尼寺是皇后和嫔妃参拜礼佛的场所,因此在后妃身旁的阉官自然容易和尼寺有较密切的关系"。②

宦官所造六所佛寺,座座精美,而且多以伎乐百戏闻名洛阳城。

其一,长秋寺,刘腾所立:

> (寺)中有三层浮图一所,金盘灵刹,曜诸城内。作六牙白象负释迦在虚空中。庄严佛事,悉用金玉,作工之异,难可具陈。四月四日,此像常出,辟邪、师子导引其前。吞刀吐火,腾骧一面。彩幢上索,诡谲不常。奇伎异服,冠于都市。像停之处,观者如堵。迭相践跃,常有死人。③

其二,昭仪尼寺,宦官共立:

> 寺有一佛二菩萨,塑工精绝,京师所无也。四月七日常出诣景明,景明三像恒出迎之。伎乐之盛,与刘腾相比。④

其三,景兴尼寺,亦宦官共立:

---

① 《洛阳伽蓝记校笺》卷四《城西》,第171页。
② 刘淑芬著:《中古的佛教与社会》,上海:上海古籍出版社2008年版,第54、56、57页。
③ 《洛阳伽蓝记校笺》卷一《城内》,第44页。
④ 《洛阳伽蓝记校笺》卷一《城内》,第53页。

（寺）有金像辇,去地三丈,施宝盖,四面垂金铃七宝珠,飞天伎乐,望之云表。作工甚精,难可扬榷。像出之日,常诏羽林一百人举此像。丝竹杂伎,皆由旨给。①

其四,王典御寺,王桃汤所立:

（寺）门有三层浮屠一所,工逾昭仪。宦者招提,最为入室。至于六斋,常击鼓歌舞也。②

其五,凝玄寺,贾璨所立:

（该寺）地形高显,下临城阙,房庑精丽,竹柏成林,实是净行息心之所也。王公卿士,来游观为五言者,不可胜数。③

至于魏昌尼寺,《洛阳伽蓝记》中没有关于此寺情景的具体描述,但既然杨衒之将其记录于书中,肯定为一"大伽蓝"④,而且创建此寺的宦官、瀛洲刺史李次寿,赐爵魏昌伯,"所在受纳,家产巨万"⑤,其所立佛寺肯定颇具规模,当不会比上述佛寺差。

宦官们所建佛寺之所以座座精美,而且不惜花费来进行伎乐百戏表演,这与当时的宦官受宠而聚敛了大量财产有关。依杨衒之所言:"太后临朝,阉寺专宠,宦者之家,积金满堂。"⑥太后即灵太后。当时的宦官之中,最受灵太后宠用的为刘腾。此人在洛阳城内西阳门内御道北之延年里的宅第,"屋宇奢侈,梁栋逾制,一里之间,廊庑充溢。堂比宣光殿,门匹乾明门。博敞弘丽,诸王莫及也"⑦。所以他才能在兴建长秋寺的时候,极尽奢华之能事。

## 五、北魏后期私营佛寺与私度僧尼的泛滥

宣武帝之后继位的孝明帝元诩依然非常崇佛。《魏书》记载由于他过崇佛法,以致不亲视朝,不理政事,就连郊庙之事,亦多委有司。就此,谏官张普

---

① 《洛阳伽蓝记校笺》卷二《城东》,第82页。
② 《洛阳伽蓝记校笺》卷四《城西》,第171页。
③ 《洛阳伽蓝记校笺》卷五《城北》,第209页。
④ 《洛阳伽蓝记校笺》之《原序》中称:"今之所录,止大伽蓝。"(第2页)
⑤ 《魏书》卷九十四《李坚传》,第2026页。
⑥ 《洛阳伽蓝记校笺》卷一《城内》,第53页。
⑦ 《洛阳伽蓝记校笺》卷一《城内》,第40页。

惠曾上疏称：

> 伏惟陛下重晖纂统，钦明文思，天地属心，百神仁望，故宜敦崇祀礼，咸秩无文。而告朔朝庙，不亲于明堂；尝禘郊社，多委于有司。观射游苑，跃马骋中，危而非典，岂清跸之意。殖不思之冥业，损巨费于生民。减禄削力，近供无事之僧；崇饰云殿，远邀未然之报。昧爽之臣，稽首于外；玄寂之众，遨游于内。愆礼忤时，人灵未穆。愚谓从朝夕之因，求祇劫之果，未若先万国之忻心，以事其亲，使天下和平，灾害不生者也。伏愿淑慎威仪，万邦作式，躬致郊庙之虔，亲纡朔望之礼，释奠成均，竭心千亩，明发不寐，洁诚禋祼。孝悌可以通神明，德教可以光四海，则一人有喜，兆民赖之。然后精进三宝，信心如来。道由礼深，故诸漏可尽；法随礼积，故彼岸可登。量撤僧寺不急之华，还复百官久折之秩。已兴之构，务从简成；将来之造，权令停息。仍旧亦可，何必改作。庶节用爱人，法俗俱赖。[①]

尽管张普惠所言并非要根本解决崇佛痼疾，仅仅是建议适当有所节制，但依然未能起到任何作用。

上有所好，下必甚焉。其时，在以宣、灵、孝为首的统治阶级带动下，北魏境内佛教的发展呈现出一种无度的状态。其主要表现就是私营佛寺与私度僧尼的泛滥，已经达到了无法遏制的地步。

私营佛寺的情况，京师洛阳尤甚。本来，孝文帝迁都洛阳时，曾颁布《都城制》，严格规划了京师的佛寺建设，明确规定：城内只能建永宁一寺，郭内只能建尼寺一所，其余的则必须建在城郭之外。但至宣武帝景明之初，法令开始被破坏，城郭内出现了规划之外的寺院。虽然宣武帝又重申了城内不得造立浮图、僧尼寺舍的规定，但由于"俗眩虚声，僧贪厚润"，俗众为建寺的虚名假誉所迷惑，僧人贪图于建寺所带来的丰厚利益，"虽有显禁，犹自冒营"，终究未能制止住私建之风，有关的法令继续遭到破坏。正始三年（506年），沙门统惠深向宣武帝提出了一个承认现状，下不为例的建议："营就之寺，不忍移毁，求自今已后，更不听立。"获得了批准。这个新规定反而更加激发了民众

---

① 《魏书》卷七十八《张普惠传》，第1737—1738页。

修建佛寺的热情,结果是"后来私谒,弥以奔竞",愈发兴盛起来。到永平二年(509年),惠深等又拟定了新的"条制"上奏给宣武帝,建议"自今已后,欲造寺者,限僧五十已上,闻彻听造。若有辄营置者,依俗违敕之罪,其寺僧众,摈出外州"。① 但它依然没有能够些许减缓民众营造佛寺的狂潮,十年之后,亦即孝明帝神龟元年(518年)之时,司空公、尚书令、任城王元澄上奏称:

> 尔来十年,私营转盛,罪摈之事,寂尔无闻。岂非朝格虽明,恃福共毁,僧制徒立,顾利莫从者也。不俗不道,务为损法,人而无厌,其可极乎!②

"罪摈之事,寂尔无闻",惠深等所制定的新条制成一纸空文。造成这种局面的根本原因是利益,"当由利引其心,莫能自止"③。

那么"私营转盛"究竟是一种什么样的状况呢? 元澄说:

> 然比日私造,动盈百数。或乘请公地,辄树私福;或启得造寺,限外广制。如此欺罔,非可稍计。……所以披寻旧旨,研究图格,辄遣府司马陆昶、属崔孝芬,都城之中及郭邑之内检括寺舍,数乘五百,空地表刹,未立塔宇,不在其数。民不畏法,乃至于斯! 自迁都已来,年逾二纪,寺夺民居,三分且一。……今之僧寺,无处不有。或比满城邑之中,或连溢屠沽之肆,或三五少僧,共为一寺。梵唱屠音,连檐接响,像塔缠于腥臊,性灵没于嗜欲,真伪混居,往来纷杂。下司因习而莫非,僧曹对制而不问。④

元澄既研究了有关政策法令的演变,又派属下在京师进行了实地调查。按其调查的结果,"私营转盛"的表现是"比日私造,动盈百数",达到的程度是"数乘五百,空地表刹,未立塔宇,不在其数"——洛阳城内外佛寺的数量,不包括那些规模较小、未立塔宇的寺院,已经达到五百;"寺夺民居,三分且一"——民宅的三分之一已经被寺院侵占。他更进一步说:"非但京邑如此,天下州、镇僧寺亦然。侵夺细民,广占田宅……"⑤

---

① 《魏书》卷一百一十四《释老志》,第3044页。
② 《魏书》卷一百一十四《释老志》,第3044页。
③ 《魏书》卷一百一十四《释老志》,第3045页。
④ 《魏书》卷一百一十四《释老志》,第3044—3045页。
⑤ 《魏书》卷一百一十四《释老志》,第3045页。

元澄从北魏曾经有过的历史经验教训出发,更深一步地提出私营佛寺泛滥可能会给政权带来的心腹之患:

> 往在北代,有法秀之谋;近日冀州,遭大乘之变。皆初假神教,以惑众心,终设奸诳,用逞私悖。太和之制,因法秀而杜远;景明之禁,虑大乘之将乱。始知祖宗睿圣,防遏处深。履霜坚冰,不可不慎。①

元澄还检讨了以往法令实施的教训,认为:"设令在于必行,立罚贵能肃物。令而不行,不如无令。罚不能肃,孰与亡罚。顷明诏屡下,而造者更滋,严限骤施,而违犯不息者,岂不以假福托善,幸罪不加。人殉其私,吏难苟劾。"为此强调:"今宜加以严科,特设重禁,纠其来违,惩其往失。"②

最后,元澄提出了自己的治理方案,其内容有两方面,一是如何解决过去已经违法建成的佛寺,二是如何禁绝私营新的佛寺:

> 如臣愚意,都城之中,虽有标榜,营造粗功,事可改立者,请依先制。在于郭外,任择所便。其地若买得,券证分明者,听其转之。若官地盗作,即令还官。若灵像既成,不可移撤,请依今敕,如旧不禁,悉令坊内行止,不听毁坊开门,以妨里内通巷。若被旨者,不在断限。郭内准此商量。其庙像严立,而逼近屠沽,请断旁屠杀,以洁灵居。虽有僧数,而事在可移者,令就闲敞,以避隘陋。如今年正月赦后造者,求依僧制,案法科治。若僧不满五十者,共相通容,小就大寺,必令充限。其地卖还,一如上式。自今外州,若欲造寺,僧满五十已上,先令本州表列,昭玄量审,奏听乃立。若有违犯,悉依前科。州郡已下,容而不禁,罪同违旨。③

元澄的治理方案获得孝明帝批准,但"未几,天下丧乱,加以河阴之酷,朝士死者,其家多舍居宅,以施僧尼,京邑第舍,略为寺矣。前日禁令,不复行焉"。④ 客观局势的发展使元澄的治理方案终成空谈泡影。

和私营佛寺相表里的是私度僧尼。私度僧尼泛滥的情况大体有以下几种表现:一是突破规定的度额;二是所度选拔非人;三是听任奴婢出家。灵太后在掌权不久的熙平二年(517 年)春即针对上述问题下令:

> 年常度僧,依限大州应百人者,州郡于前十日解送三百人,其中州二百人,小州一百人。州统、维那与官及精练简取充数。若无精行,不得滥采。若取非人,刺史为首,以违旨论,太守、县令、纲僚节级连坐,统及维那移五百里外异州为僧。自今奴婢悉不听出家,诸王及亲贵,亦不得辄启请。有犯者,以违旨论。其僧尼辄度他人奴婢者,亦移五百里外为僧。僧尼多养亲识及他人奴婢子,年大私度为弟子,自今断之。有犯还俗,被养者归本等。寺主听容一人,出寺五百里,二人千里。私度之僧,皆由三长罪不及已,容多隐滥。自今有一人私度,皆以违旨论。邻长为首,里、党各相降一等。县满十五人,郡满三十人,州镇满三十人,免官,僚吏节级连坐。私度之身,配当州下役。①

如此严厉的法令,也终未能有效遏制私度之风,如《魏书·释老志》所说:"时法禁宽褫,不能改肃也。"②

其后,由于政治腐败,战乱不已,赋役繁重,使"所在编民,相与入道,假慕沙门,实避调役"。根据《魏书·释老志》的记载,孝明帝正光年间(520—525年)以后,僧尼大众有二百万之多,佛寺三万有余。③ 仅就三万多佛寺而言,这究竟是一个什么样的状况呢? 第一,与前述宣武帝延昌(512—515 年)中有僧尼寺数一万三千七百二十七所相比,十余年间佛寺的数量翻了一番还多;第二,根据《通典》记载,当时北魏总户数为三百三十七万五千三百六十八④,全国平均每百户有一佛寺。以至于《魏书·释老志》感叹说:"猥滥之极,自中国之有佛法,未之有也。"⑤

武泰元年(528 年)初,孝明帝死,元子攸与大臣尔朱荣相勾结而继位,是

---

① 《魏书》卷一百一十四《释老志》,第 3042—3043 页。
② 《魏书》卷一百一十四《释老志》,第 3043 页。
③ 《魏书》卷一百一十四《释老志》,第 3048 页。
④ (唐)杜佑撰,王文锦、王永兴、刘俊文、徐庭云、谢方点校:《通典》卷七《食货七·历代盛衰户口》,北京:中华书局 1988 年版,第 147 页。
⑤ 《魏书》卷一百一十四《释老志》,第 3048 页。

为孝庄帝。孝庄帝本人也是一个虔诚的佛教徒。其时,北魏内乱不断,短短两年多的时间,包括灵太后、尔朱荣在内的一批又一批皇亲贵族被杀,到530年,孝庄帝也被杀于晋阳城内的佛寺。孝庄帝之后,又先后有元晔、元恭、元朗、元脩等如走马灯似的相继在位,政局混乱不堪,战事兵连祸结,佛教也随之衰败。

## 第五节 东魏、北齐与北周时期的河南佛教

北魏最终分裂为东魏、西魏。东魏迁都邺城,邺城遗址位于今河北省南部紧邻河南省境的临漳县西南漳河两岸,广义上说,魏晋南北朝时期邺城的范围还包括今河南安阳市的北、中部地区。当时邺城的佛教活动很多都是在今天河南境内发生发展的,所以在本书中,涉及邺城的佛教史实也予以叙述。当时中原河南的大部分地区归东魏政权统治。东魏之后为北齐,北齐占有河南大部,仍都邺城。西魏之后为北周,北周占有河南西、南部分地区。河南又成为北齐和北周争夺的主要战场。北周建德六年(577年),北周灭齐,又一次统一了中国北方。

东魏迁都邺城,大批佛教僧侣随之北去,洛阳佛教繁盛的局面烟消云散,邺都开始成为北方佛教的中心之一。东魏一代仅一帝(孝静帝)十七年。有关佛教的发展情况,缺乏明确资料。但《北齐书·杜弼传》有一段记载,足以间接说明有关情况:

（杜弼）奉使诣阙,魏帝（孝静帝）见之于九龙殿,曰:"……闻卿精学,聊有所问。经中佛性、法性为一为异?"弼对曰:"佛性、法性,止是一理。"诏又问曰:"佛性既非法性,何得为一?"对曰:"性无不在,故不说二。"诏又问曰:"说者皆言法性宽,佛性狭,宽狭既别,非二如何?"弼又对曰:"在宽成宽,在狭成狭,若论性体,非宽非狭。"诏问曰:"既言成宽成狭,何得非宽非狭?若定是狭,亦不能成宽。"对曰:"以非宽狭,故能成宽狭,宽狭

所成虽异,能成恒一。"上悦称善。乃引入经书库,赐《地持经》一部,帛一百匹。①

同传还记载,武定六年(548 年)四月:

> 魏帝集名僧于显阳殿讲说佛理,弼与吏部尚书杨愔、中书令邢邵、秘书监魏收等并侍法筵。敕弼升师子座,当众敷演。昭玄都僧达及僧道顺并缁林之英,问难锋至,往复数十番,莫有能屈。②

孝静帝本人既亲自和大臣讨论佛教义理,就佛性、法性问题进行商榷,又集僧众于内殿一起讲说佛理,问难辩论,由此可以想见这一时期的佛教政策与佛教发展。

正是在这个基础之上,北齐一代,佛教又有了很大的发展。

首先是文宣帝高洋。文宣帝高洋在历史上的表现非常典型,《北齐书》谓其:"始则存心政事,风化肃然,数年之间,翕斯致治。其后纵酒肆欲,事极猖狂,昏邪残暴,近世未有。"③但他对佛教却始终表现出了一种极大的热情。即位的第二年,即天保二年(551 年)就下诏敕住在定州(今河北定州市)的著名禅学僧人僧稠赴邺都。

僧稠,俗姓孙,祖籍昌黎(今河北昌黎县),后居钜鹿瘿陶(今河北宁晋县)。出家前,孝信知名,备通经史,被征为太学博士。二十八岁时出家。以禅学、禅法闻名当世。

僧稠起初并不想去,但在文宣帝的坚请之下,方才成行。到邺都,文宣帝亲自出郊迎请,扶接进入内殿。僧稠为文宣帝宣说佛学义理,谓"三界本空,国土亦尔,荣华世相,不可常保",并传授禅法,由此文宣帝成为一个虔诚的佛教信徒,断酒禁肉,放舍鹰鹞,去官畋渔;又断天下屠杀,敕民斋戒;还大起寺塔,度僧尼满于诸州。④ 其后文宣帝还对僧稠说:"愿师安心道念,弟子敢为外护檀越,何如?"⑤"檀越"者,施主也。天保三年(552 年),文宣帝在邺都西南

---

① 《北齐书》卷二十四《杜弼传》,北京:中华书局 1972 年版,第 348 页。
② 《北齐书》卷二十四《杜弼传》,第 350 页。
③ 《北齐书》卷四《帝纪·文宣高洋》,第 69 页。
④ 《续高僧传》卷十六《僧稠传》,第 576 页;《中华藏》第 62 册《辩正论》卷三,第 499 页中。
⑤ 《续高僧传》卷十六《僧稠传》,第 576 页。

八十里龙山之阳专门建云门寺请僧稠居住,还让他兼任石窟大寺主。因僧稠以习禅著名,为了弘扬禅法,文宣帝又于国内诸州置禅寺,选取定、慧兼优者予以传授,由国家保证供给,禅法因而大行于包括中原河南在内的北方地区。更甚者,文宣帝为了讨好僧稠,曾一度打算废除佛教义学的弘传讲说而尽习禅法,遭到僧稠的坚决反对。为了支持佛教的发展,文宣帝还决定,把国储分为三份,一份作为国家经费,一份皇帝自用,一份为佛、法、僧三宝之用。《续高僧传》高度评价说:"自尔彻情归向,通古无伦,佛化东流,此焉盛矣。"①对于僧稠本人,文宣帝每月都致书问候;有关事务,无论大小,均亲加存问;命内官随时送医送药,关心疾苦;常率羽卫,去山中看望。

当印度僧人那连提黎耶舍来到邺都时,文宣帝又礼遇隆重,"安置天平寺中,请为翻经三藏。殿内梵本千有余甲,敕送于寺。处以上房,为建道场。供穷珍妙,别立厨库,以表尊崇"。②

那连提黎耶舍,又作那连耶舍、那连提耶舍,意译"尊称",北印度乌场国人,姓释迦,刹帝利种姓。十七岁出家,寻访名师,备闻正教,通晓大小乘。后为礼佛圣迹而周游诸国。准备归国时,值突厥之乱,西路不通,返乡意绝,遂于天保七年(556 年)到达邺都。他从天保八年(557 年)至天统四年(568 年),共在天平寺译出经典七部五十一卷。后那连提黎耶舍被授昭玄都,俄转为昭玄统。

值得提出的是,那连提黎耶舍还非常热心各项慈善公益事业。《开元录》记载:

> 所获兵(供)禄不专自资,好起慈惠,乐兴福业。设供饭僧,施诸贫乏、狱囚、系畜,咸将济之。市闾内所多造义井,亲自漉水,津给众生。又于汲郡西山建立三寺,依泉旁谷,制极山美。又收养厉疾,男女别坊,四事供承,务令周给。③

"厉(疠)疾",即疫病,流行性传染病。中国古代,麻风病即称"厉"(疠),

---

① 《续高僧传》卷十六《僧稠传》,第 576 页。
② 《中华藏》第 55 册《开元录》卷六,第 133 页上。
③ 《中华藏》第 55 册《开元录》卷六,第 133 页上—中。

对此,现代医学专家多有论述。① 汲郡,今河南卫辉市一带。那连提黎耶舍于汲郡西山建立三寺,除进行正常的佛事活动之外,还作为收养、隔离、治疗病人的病院,男女别坊,四事供承,务令周给,既起到了隔离作用,又保证了生活、医疗无虞。这是中国古代最早出现的麻风病院,而且是由佛教僧人兴建的,体现了佛教"利乐有情"的理想与慈悲。

对于地论学南道一派的领军人物法上,文宣帝更是"事之如佛,凡所吐言,无不承用"。天保年间国置十统,亦即设置十名昭玄寺主官沙门统时,文宣帝亲笔任命法上为大统,位居十统之首;文宣帝又下诏以法上为戒师,为帝、后、皇族授菩萨戒;文宣帝还经常将自己的头发置于地上,让法上践踏。②

由上述可知,对于僧稠、那连提黎耶舍、法上这样的高僧大德的尊崇,文宣帝已经达到了无以复加的地步。不仅如此,他甚至连梵本佛经也表现出非常崇敬的态度。《开元录》记述:

> 文宣重法殊异,躬礼梵本,顾谓群臣曰:"此乃三宝洪基,故我偏敬。"
> 其奉信推诚为如此也。③

所谓"偏敬",就是特别地崇敬,以至于达到了一种非常过分的地步。

根据《佛祖历代通载》卷十记载,天保六年(555 年)九月,文宣帝曾敕佛、道二教在宫内进行过一次"角法",十月乙卯朔日,文宣帝亲自到场观看、评判,结果佛教大胜。文宣帝遂下诏禁止道教,要求道徒改迷归正,剃度出家。"由是齐境道流遂绝矣。"④关于要求道徒剃度出家一事,《三宝纪》卷九亦记载:"(高)洋实明敏,迹见似狂,遣道士剃头,未从者遂戮。"⑤"迹见似狂"四字生动形象地刻画了文宣帝奉佛佞佛的表现。

文宣帝在位一共十年(550—559 年),《辩正论》卷三总结说:"十年之中,

---

① 赵天恩:《中国古代麻风史概述》,《中国麻风皮肤病杂志》2011 年 1 月第 27 卷第 1 期,第73—74 页。

② 《续高僧传》卷八《法上传》,第 261、263 页。

③ 《中华藏》第 55 册《开元录》卷六,第 133 页上。

④ 《中华藏》第 82 册《佛祖历代通载》卷十,第 928 页中—929 页上。

⑤ 《中华藏》第 54 册《三宝纪》卷九,第 264 页上。

佛法大盛。"①"大盛"究竟是一种什么样的繁盛景象呢？我们可以用几条有关北齐全境和都城邺下的僧侣数、寺院数的记载来说明。

有关北齐全境的僧尼数、寺院数的记载有两条：

其一，《佛祖历代通载》卷十：

> （北齐）十余年间，教法中兴，僧至二百余万，寺院凡四万余所。②

《续高僧传》卷八《法上传》中，亦间接记述其时有僧尼二百余万，四万余寺，③
与《佛祖历代通载》的记载一致。

其二，《佛祖统纪》卷五十四：

> 北齐，文宣，僧尼四百万人，寺四万所。④

有关邺都的僧尼数、寺院数的记载有《续高僧传》卷十《靖嵩传》：

> 属高齐之盛，佛教中兴，都下大寺略计四千，见住僧尼仅将八万，讲席相距，二百有余，在众常听，出过一万……⑤

和前述北魏后期的情况相比，就全境而言，僧尼之数，按《佛祖历代通载》与《续高僧传》的记载，与北魏孝明帝正光之后的僧尼数相当；而若按《佛祖统纪》的记载，则多出一倍。寺院之数，则较正光年间之后的寺院数量多出一万多所。根据《隋书·地理志》记载，北齐"州九十有七，郡一百六十，县三百六十五，户三百三万"⑥。另据《通典·食货志》记载，北齐灭国时，"有户三百三万二千五百二十八，口二千万六千八百八十"⑦。这样，我们就很容易地算出：就全国而言，若按县计，当时每县平均有寺院近一百一十个，僧尼五千五百至一万一千人左右；若按户计，平均每七十五户左右有一所寺院，每户负担僧尼0.66至1.32人；若按人口计，每五至十人中就有一人为僧尼。就都城来说，北魏都城洛阳后期有大小寺院一千三百六十七所，而邺下仅"大寺"就有四千所

---

① 《中华藏》第 62 册《辩正论》卷三，第 499 页中。
② 《中华藏》第 82 册《佛祖历代通载》卷十，第 929 页中。
③ 《续高僧传》卷八《法上传》，第 261 页。
④ 《佛祖统纪校注》卷五十四《历代会要志》，第 1270 页。
⑤ 《续高僧传》卷十《靖嵩传》，第 337 页。
⑥ 《隋书》卷二十九《地理志上》，北京：中华书局 1973 年版，第 807 页。
⑦ 《通典》卷七《食货七·历代盛衰户口》，第 147 页。

之多。北魏后期时洛阳有户十九万九千余,估计邺城人口不会超过洛阳,若此,按北魏洛阳户数计,则当时邺下不到 50 户即有 1 所寺院,每户负担僧尼 0.4 人。

由此,我们可以十分肯定地说,北齐中期佛教之盛较北魏后期更甚。

东魏、北齐时期,从中央到地方,都出现了僧官员额扩充的现象。根据谢重光先生的研究,在东魏的中央僧官机构昭玄寺中,最少曾有三统并立亦即同时设置三位主官沙门统的现象,并推知其时沙门统还可能在三名以上。而北齐文宣帝天保年间更置昭玄十统,再任命其中一人为大统,余为通统;地方僧官的员额也在扩充,出现了一州设两名沙门统和五名沙门都(都维那)的情况。① 根据《续高僧传》卷八的记载,其时昭玄一曹,大小官吏竟达五十多人。② 而高敏依据存世的长葛《禅静寺刹前铭敬史君之碑》碑阴题名研究更发现,当地(颍州)沙门都竟有六人之多;各寺院还均设有"法师"一职,甚至不止一员;州级僧官中还设有"大律师"一员作为诸法师的上级。③ 东魏、北齐僧官员额的扩充泛滥,一方面可能出于当时僧尼之数量猛增、僧务顿趋殷繁的实际需要,另一方面也肯定延续了魏末以来为解决国家财政困难而卖官鬻爵的做法。《魏书·食货志》记载有孝庄帝时期出卖各级僧官的明码标价:

> 庄帝初,承丧乱之后,仓廪虚罄,遂班入粟之制。……诸沙门有输粟四千石入京仓者,授本州统,若无本州者,授大州都;若不入京仓,入外州郡仓者,三千石,畿郡都统,依州格;若输五百石入京仓者,授本郡维那,其无本郡者,授以外郡;粟入外州郡仓七百石者,京仓三百石者,授县维那。④

北周武帝灭齐后,在齐境继续执行灭佛政策。佛教在中国北方、在中原河南遭受了一次沉重的打击。根据《佛祖历代通载》的记载,武帝灭佛,共毁

---

① 《中古佛教僧官制度和社会生活》,第 74—77 页。

② 《续高僧传》卷八《法上传》,第 261 页。

③ 高敏:《从〈金石萃编〉卷 30〈敬史君碑〉看东魏、北齐的僧官制度》,《南都学坛》(哲学社会科学版)2001 年第 2 期,第 14—17 页。

④ 《魏书》卷一百一十《食货志》,第 2861 页。

寺院四万余所,三百万僧侣悉令还俗。①

581 年,外戚杨坚废北周静帝而自立,改国号为隋。589 年,隋又灭南朝陈,南北朝时代结束,中国重新归于统一。

## 第六节　北朝时期河南民间佛教社团的流行

北朝时期,自孝文帝迁都洛阳之后,历东魏、北齐,至北周武帝灭佛前,河南的佛教一直十分繁荣兴盛。其时,佛教已经深入到社会的各个角落,各阶层的人们纷纷出家为僧尼,在家的信徒亦与日俱增,全社会开窟造像、立塔建寺蔚然成风。与此同时,在民间还兴起了一种由来自同一地域(如同一城镇,或同一坊巷,或同一村落,或同一族姓等)的佛教信众因共同的信仰而自发组成的宗教团体组织,谓之"邑",其成员一般称作"邑子"。如龙门石窟莲花洞内南壁上现存有刻于北魏正光六年(525 年)的《像主苏胡仁合邑十九人等造释迦像记》,文曰:"像主苏胡仁合邑十九人等造释迦一区,仰为皇帝陛下,诸邑子等复愿七世父母、所生父母、因缘眷属一时成佛。"②

中国古代以"邑"表示地域,为会意字,其甲骨文字形,上为口,表疆域,下为跪着的人形,表人口,合起来表示城邑,本义为国,以后泛指侯国、都邑、城镇乃至有居民聚居之地。与"邑"字组成的词组亦多与地域有关,如邑人(乡邑中的人)、邑子(同乡、同邑之人)、邑庠(县学)、邑屋(村舍)、邑落(村落)、邑党(乡党)、邑邻(邻里)。北朝时期流行的民间佛教结社团体组织称作"邑",即说明了它是一种地域性的组织。

北朝时期的民间佛教社团组织除称为"邑"之外,亦或称"邑义""邑宜""邑仪""邑社""法义""法仪"等。如,现存登封的东魏天平二年(535 年)雕

---

① 《中华藏》第 82 册《佛祖历代通载》卷十,第 929 页下。

② 《洛阳市志》第十五卷,第 234 页。(清)陆增祥编:《八琼室金石补正》卷十三(《石刻史料新编》第一辑第 6 册,台北:新文丰出版公司 1982 年版,第 4203 页上)也记载有此造像记,标题作《苏胡仁十九人等题记》。

造的"嵩阳寺造像碑",其碑铭序中有"率诸邑义缮立天宫"①;位于龙门石窟古阳洞北壁、刻于永平三年(510年)的《邑师慧敢等二十三人造弥勒像记》,文曰:"邑子等廿三上为七世、所生父母,邑宜兄弟敬造弥勒像一躯"②;古阳洞内刻于神龟二年(519年)的《赵阿欢等造像记》,文曰:"……是以阙□赵阿欢诸邑卅二人……故各竭家财,造弥勒像一区,借同此福缘,邑仪光著,道根扶疏,□外增万吉,置侍龙花之期"③;荥阳大海寺出土的孝昌元年(525年)雕造的"道晗造像碑"之造像记中亦有"愿诸邑仪己身、眷属"④;现藏河南博物院的北齐天保三年(552年)雕造的"宋显伯造像碑"之造像记中有"邑社宋显伯等卅余人"⑤;偃师出土的正光四年(523年)雕造的"翟兴祖造像碑"之造像记中有"此下法义卅人等,建造石像一区"⑥;洛阳出土的正光五年(524年)雕造的"刘根造像碑"之造像记中亦有"影附法义之众遂至卅一人有余"⑦;"法仪"一词则见于龙门石窟莲花洞内所刻《元□□廿余人题记》⑧。

"邑义"之"义",表示结义,说明这些佛教信众因共同的信仰而组成"邑"的时候,多按照仪轨在佛像前焚香祈祷、建斋立誓,显现了一种结义的性质,故称之"邑义"。

"邑宜"之"宜"与"邑仪"之"仪",其义同于"义",三者通用。⑨

"邑社"之"社",即指结社,集体性的组织与团体。

"法义"之"法",当为佛法,因崇奉佛法而结义的团体谓之"法义""法

---

① (清)王昶著:《金石萃编》卷三十,《石刻史料新编》第一辑第1册,台北:新文丰出版公司1982年版,第525页上。

② 《洛阳市志》第十五卷,第232—233页。

③ 《金石萃编》卷二十八,《石刻史料新编》第一辑第1册,第508页下。《八琼室金石补正》卷十三(《石刻史料新编》第一辑第6册,第4200页上)也记载有此造像记,标题作《赵阿欢卅五人题》,刻写年代为神龟三年(520年);《洛阳市志》第十五卷记录此造像题记名称作《邑师惠感造像记》,时代为神龟二年,同《金石萃编》(第235页)。

④ 河南博物院编,王景荃主编:《河南佛教石刻造像》,郑州:大象出版社2009年版,第100页。

⑤ (清)陆耀遹纂:《金石续编》卷二,《石刻史料新编》第一辑第4册,台北:新文丰出版公司1982年版,第3039页下。

⑥ 《河南佛教石刻造像》,第85页。

⑦ 《河南佛教石刻造像》,第90页。

⑧ 《八琼室金石补正》卷十三,《石刻史料新编》第一辑第6册,第4206页上。

⑨ 李文生、孙新科:《龙门石窟佛社造像初探》,《世界宗教研究》1995年第3期,第42—50页。

仪"。郝春文认为,从时间上看,"法义"的出现比"邑""邑义"要晚一些;李文生、孙新科依现存的龙门石窟佛社造像记也指出,"邑""邑宜""邑仪"等出现的时间要比"法仪(义)"早一些。①

除上述这些称呼之外,当时民间组织的佛教社团似还有一个称呼——"义会"。《续高僧传》卷六法贞本传记述:法贞住魏洛下之居广德寺,善《成实论》,与僧建齐名。"贞乃与建为义会之友,道俗斯附,听众千人,随得俸施,造像千躯,分布供养。"②这就是说,僧贞与僧建二人一同参加了一个名为"义会"的佛教社团,这个团体内僧俗达千人之多,僧贞、僧建为这些僧俗讲经说法,用所得布施造像千躯,分布在各处供养。无独有偶,孝文帝延兴初年由西域来华僧人吉迦夜翻译、刘孝标笔受的《杂宝藏经》卷五中有这么一段经文:"尔时,舍卫国有佛诸弟子、女人作邑会,数数往至佛边⋯⋯"③这里所出现的"邑会"一词显然是当时社会现实的反映。

根据《出三藏记集》的记载,汉地民间最早自发成立的佛教团体出现在公元五世纪初,由道安的弟子慧远所创建。该书卷十五记述:

> ⋯⋯(慧)远乃于精舍无量寿像前,建斋立誓,共期西方。其文曰:
>
> 惟岁在摄提,秋七月戊辰朔,二十八日乙未,法师释慧远,贞感幽冥,宿怀特发。乃延命同志,息心清信之士百有二十三人,集于庐山之阴,般若台精舍阿弥陀像前,率以香华,敬荐而誓焉。惟斯一会之众,夫缘化之理既明,则三世之传显矣;迁感之数既符,则善恶之报必矣。⋯⋯今幸以不谋,而金心西境,⋯⋯然其景绩参差,功福不一,虽晨祈云同,夕归悠隔,即我师友之眷,良可悲矣。是以慨焉。胥命整襟法堂,等施一心,亭怀幽极,誓兹同人,俱游绝域。④

"岁在摄提","摄提","摄提格"之简称,岁阴名,中国古代岁星纪年法中的十二辰之一,相当于干支纪年中的寅年。"岁在摄提",说明慧远的佛教社团创

---

① 　郝春文:《东晋南北朝时期的佛教结社》,《历史研究》1992 年第 1 期,第 90—105 页;李文生、孙新科:《龙门石窟佛社造像初探》,《世界宗教研究》1995 年第 3 期,第 42—50 页。
② 　《续高僧传》卷六《僧贞传》,第 206—207 页。
③ 　《中华藏》第 51 册《杂宝藏经》卷五,第 696 页上;第 55 册《开元录》卷六,第 126 页中。
④ 　《出三藏记集》卷十五《慧远传》,第 567—568 页。

立于摄提格年,根据慧远的生平活动,当为东晋安帝元兴元年(壬寅年,402年)。

依《出三藏记集》的记述,慧远所创建的佛教团体当时并无任何称谓,仅记之为"会"。那么慧远所创立的"会",与后来译出的《杂宝藏经》中出现的舍卫国男女佛弟子所作的"邑会",与僧贞、僧建在洛阳所参加的"义会",应当是性质相同——为共同信仰而组织的佛教社团。

根据现存的资料,河南境内的民间佛教社团最早出现的时间在公元五世纪后期。龙门石窟古阳洞南壁保存的《孙秋生等造像记》,雕刻时间为孝文帝太和七年(483年),[①]这是迄今在河南境内所看到的由民间佛教社团进行造像活动留下的最早题记。清武亿所撰《偃师金石遗文记》中保存的当地以都邑主杨安都为首的合邑五十人造碑像记与原藏登封会善寺、现存河南博物院的"宋始兴一百人造像碑",是现存北朝民间佛教社团雕造佛教造像碑遗留下的最晚的文字和实物,时间分别在北齐后主武平七年(576年)四月与十一月,[②]表明北朝时期河南的民间佛教社团一直存续到北齐末年,前后发展、流行至少近百年。

王景荃先生主编的《河南佛教石刻造像》一书,比较完整地收集了北朝时期河南的佛教石刻造像。笔者根据此书的记录对当时民间佛教社团分布的地区进行了统计:北魏时期的二十八个石刻造像之中,明确由民间佛教社团雕造的为十七个,分布在郑州、荥阳、洛阳、偃师、新乡、辉县、淇县、修武、沁阳、博爱等地,还有五六个或因无造像记,或因残破,或因剥蚀不清而无法判断;东魏时期的七个石刻造像中,全部由民间佛教社团雕造,分布在登封、新郑、荥阳、巩县、滑县、新乡等地;北齐、北周时期的四十四个石刻造像中,明确由民间佛教社团雕造的为二十四个,分布在新郑、登封、洛阳、洛宁、偃师、孟津、禹州、襄城、焦作、沁阳、浚县等地,还有十二三个或因无造像记,或因残

---

① 《金石萃编》卷二十七,《石刻史料新编》第一辑第1册,第486页下。

② (清)武亿撰:《偃师金石遗文记》,国家图书馆善本金石组编:《先秦秦汉魏晋南北朝石刻文献全编》(二),北京:北京图书馆出版社2003年版,第499页;《八琼室金石补正》卷二十二,《石刻史料新编》第一辑第6册,第4349—4350页。

破,或因剥蚀不清而无法判断。此外,著名的"龙门二十品"亦即龙门石窟的二十则北魏时期的造像题记中,有四品即为民间佛教社团所刻。由此可以看出,北朝时期河南的民间佛教社团广泛存在于豫北、豫西与豫中诸地区。

北朝时期河南民间佛教社团的规模不等,依现存的造像题记题名来看,其成员人数悬殊。李文生、孙新科说:"龙门石窟北朝佛社的规模一般都不大,小的仅有 4 至 8 人,大的多达 200 人,多数在 10 余人至 30 余人之间。"①而根据记载,当时豫北地区的淇县曾出现过成员达五百多人的民间佛教社团,这个社团曾从永熙二年(533 年)至武定元年(543 年),历时十一年精心雕造了一通"高三丈余,广三尺余,厚尺余"、被清代著名金石学家顾燮光誉为"河朔魏碑之冠"的造像碑,矗立在该地浮山封崇寺。② 原存新乡鲁堡村百官寺,现藏河南博物院的"鲁思明造像碑",其造像记云:"于是近者不劝而来,远方自乐而至,合邑千人,共……八绣像一区,合有千佛、人中石像两区,宝车一乘……",③表明雕造此造像碑的民间佛教社团成员人数更高达千人之多。

北朝时期民间佛教社团的建立原因大致可分为两类:

一类是为了开窟、造像、起塔、建寺及立碑而由人倡议临时组织起来的,窟、像、塔、寺、碑竣工之后,社团的使命完成,也就自行解散,寿命较短。参加这类社团很容易,只要愿意缴纳一定的钱财,即可成为成员,在所造窟、像、塔、碑上刻上姓名。如位于今新安县城北西沃村所在的青要山北麓、黄河南岸崖壁之上的西沃石窟,有摩崖造像,亦有洞窟,开凿于北魏后期孝明帝孝昌初年(525 年),完成于节闵帝普泰初年(531 年),前后历时约六年。根据石窟现存的多则题记可知,整个石窟是由以王进达为首所组织的邑义开凿完成的,但王进达所组织的邑义并非同一个团体。其 1 号窟窟门东立颊刻题记云:

□□□□五日壬申邑主王进达杜显宗□□□□□□合二百人等造

① 李文生、孙新科:《龙门石窟佛社造像初探》,《世界宗教研究》1995 年第 3 期,第 42—50 页。

② 顾燮光撰:《河朔访古新录》卷六,《石刻史料新编》第二辑第 12 册,台北:新文丰出版公司 1979 年版,第 8915 页上。

③ 《河南佛教石刻造像》,第 213 页。

窟发愿文……是以邑主王进达唯那廿七人都合二百人等……①

其2号窟窟内西壁刻题记云：

> 唯大魏普太元年岁次辛亥四月庚子朔廿九日□邑老韩法胜邑老杨
> 众兴邑正王进达都合三十四人等造石窟像一区愿文……是以邑老韩法
> 胜众兴邑正王进达合卅人等……②

显然，上述两则题记中所记述的邑义当为两个团体，前者有成员二百人，是专门为开凿1号窟而组织起来的；后者有成员三十四人（或三十人），是专门为开凿2号窟而组织起来的。

另一类是由某种共同的净土信仰而组织起来，除造像、起塔、建寺、立碑之外，还有经常性的诵经、供养、斋会、公益慈善等活动。如原存滑县、雕造于东魏兴和四年（542年）的"李氏合邑造像碑"，其造像颂文云：

> 开三为级小之心，演一为接大之则。虚心冥照，理无不统。深是如
> 来，处有不有，居无不无者矣。……然今季末李次、李显族百余人，……
> 于是□契齐心同发洪愿，即于村中造寺一区，僧坊四周，讲堂已就，建塔
> 陵云，灵图岳峻。……复于村南二里，大河北岸，万路交过，水陆俱要。
> ……于路旁造石井一口，种树两十根以息渴乏。由斯建立，遐途称善。
> □前生优，信心弥著，重福轻珍，复竭家玩，次造天宫浮图四区、交龙石碑
> 像一躯。③

"开三为级小之心，演一为接大之则"来自《法华经》的"开会"思想。开，开除；会，会入。对小乘的"开"除方便，使"会"入大乘真实，亦即开除声闻、缘觉、菩萨三乘之方便教，而会入真实之一乘教法，谓之"开会"。这说明李氏合邑这个民间佛教社团以法华思想为共同信仰，不断地从事各项功德活动，先

---

① 河南省古代建筑保护研究所（执笔：陈平）：《河南新安西沃石窟勘测报告》，《文物》1997年第10期，第64—74、82页；贺玉萍：《北魏洛阳石窟文化研究》（开封：河南大学出版社2010年版）之《题记汇录》，《邑主王进达二百人等造像记》（序号171）中将"是以邑主"作"是以邑正"（第280页）。

② 河南省古代建筑保护研究所（执笔：陈平）：《河南新安西沃石窟勘测报告》，《文物》1997年第10期，第64—74、82页；《北魏洛阳石窟文化研究》之《题记汇录》，《三十四人等造像记》（序号181）中将"邑老"作"邑先"（第282页）。

③ 《河南佛教石刻造像》，第157、159页。

在村中造寺,建僧坊、讲堂、宝塔;接着在村南二里处造石井一口,种树二十株,以便往来商旅;其后又造天宫浮图四区、交龙石碑像一躯。这一类社团存在的时间就相当长。

北朝时期河南民间佛教社团成员的成分相当复杂,其主体为俗家弟子,多数亦有出家的僧尼参加。在俗家弟子之中,既有大小文武官吏,更多的则是普通民众,有男人,有妇女,甚至还有奴仆。如《赵阿欢等造像记》文后之供养人题名中有"奴赵胡扶"①。从龙门石窟所遗存的造像记中可以看出,当时还有个别社团甚至完全由妇女组成。②

北魏是一个少数民族入主中原的政权,因此,在当时河南民间佛教社团中不光有汉族民众,亦有少数民族人氏,甚至还有西域胡人。如"翟兴祖造像碑"上的供养人题名,其中有不少非汉族姓名,如"纥豆邻俟地拔""沮渠显遵""郎阿各仁""支僧安""斛斯康德""乙弗苌洛""纥豆陵俟拔"等。③ 对此,李献奇先生说:这些都是其他族属的姓氏。如复姓"斛斯",本高车斛斯部,归魏后以部为名,或云本代北斛粟氏所改;"沮渠",羯族,出自匈奴左渠之后,以官为氏;"乙弗"为鲜卑吐谷浑之支族;"纥豆邻"亦作"纥豆陵""纥通陵",汉大鸿胪卿窦章之后因避窦武之乱,亡入鲜卑拓跋部,其后在穆帝时被命为纥豆陵氏;"支"姓,本月支胡人,以国为姓。关于"郎阿各仁",王景荃认为当为藏族人之姓名。李献奇还认为,该碑供养人题名中的石、卢、兰、刘等姓氏可能是鲜卑贵族的"九姓帝族""勋臣八姓"汉化了的姓氏。④ 北魏自孝文帝迁都洛阳之后,在京师及其附近地区自然定居了大量的少数民族。洛阳当时又是一个国际大都市,大量的西域商人和僧侣也长年聚集于此。这些少数民族与西域商人、僧侣以及当地的汉民族共同生活在一起,因都信奉佛教而共同组织起佛教社团"邑",在邑主的带领下共同捐资造像,进行宗教活动,从一个侧面说明了当时各族人民的友好交往,共同的佛教信仰促进了民族融合。

---

① 《金石萃编》卷二十八,《石刻史料新编》第一辑第 1 册,第 508 页下。
② 李文生、孙新科:《龙门石窟佛社造像初探》,《世界宗教研究》1995 年第 3 期,第 42—50 页。
③ 《河南佛教石刻造像》,第 89 页。
④ 李献奇:《北魏正光四年翟兴祖等人造像碑》,《中原文物》1985 年第 2 期,第 21—26 页;《河南佛教石刻造像》,第 89 页。

总之,北朝时期河南的各类佛教信众自发结成宗教社团时,并不以身份的区别、地位的高低、财产的多寡、性别的差异与民族的不同等为限制,共同的佛教信仰是维系社团组织的唯一条件,鲜明地体现了佛教的众生平等思想。

根据现存的造像记记载,民间佛教社团的成员除一般称作"邑子"外,还有很多其他的称呼,名衔多达几十种甚至更多。这些称呼大体可以分为两类:一类是社团首领或表明在社团内地位较高的称呼,如邑主、邑义主、大邑主、都邑主、大都邑主、政(正)邑主、副邑主、檀越主、都福主、寺主、上坐、维那、唯那、惟那、唯那主、都维那、都唯那、都惟那、邑师、邑师父、禅师主、大邑师、都邑师、化主、化生主、劝化主、元心劝化主、邑中正、邑正、邑忠正、中正、都邑中正、都中正、邑老、邑先、邑母等;一类为一般僧俗成员的称呼,如清信士、清信女、清信、比丘、比丘尼、沙弥、佛弟子、佛子等。

以下根据有关资料与学者的已有研究对河南北朝民间佛教社团内部成员的主要称呼及其地位、作用作一简要考察。

邑主,或称邑义主,是北朝民间佛教社团中最常见的首领称呼之一。根据郝春文的研究,邑主源于寺院的寺主,在有的佛社,甚至将邑主称为寺邑主。[1] 大邑主、都邑主、大都邑主等,地位或高于邑主,抑或对邑主的尊崇;而副邑主,其地位低于邑主(正邑主)。邑主一般由俗家弟子担任,但也有僧人担任的情况,如现藏河南博物院的"周荣祖造像碑",其造像记中就记述有"□光寺僧大都邑主法分"。[2] 也有女性担任邑主的情况,如现存新乡小宋佛村之"西明寺造像碑",其造像题名中有"都邑主清信女赵阿满""邑主清信女郭阿日"等。[3]

檀越主,此称呼仅见于凿造西沃石窟的佛教社团。前述,西沃石窟是由以王进达为首领所组织的邑义开凿的。在该石窟 1 号窟窟门西壁上刻有"比丘昙远、比丘惠生、檀越主韩走光、檀越主王荣贵、都邑主王进达、都邑主杜显

---

① 郝春文:《东晋南北朝佛社首领考略》,《北京师范学院学报》1991 年第 3 期,第 49—58 页。

② 《河南佛教石刻造像》,第 302—304 页。

③ 《河南佛教石刻造像》,第 61 页。

宗"之题记。① "檀越"系梵语音译，即施主，其另一音译为"檀那"。佛家很看重檀越施主，认为其有"五功德"，受人敬仰，智慧远出众人之上；命终之后，或生天上，或生人中，在天为天所敬，在人为人尊贵。② 上述题记中，两位檀越主的名字列于高僧之后而位于都邑主之前，正符合佛经所称，表明他们在社团之中地位很高，虽然不是邑义造像活动的领导者、组织者，但对造像活动的经济支持一定是巨大的。

都福主，此称呼现仅见于雕造"鲁思明造像碑"的社团。鲁碑正面碑身上部刻供养人像三排，上排左右对刻四组，人物形象高大。其中左边第一组主人身躯又最为高大，头戴笼冠，长须飘然，着褒衣博带，有一个仆人手擎伞盖紧随，还有一个童子手捧花蕾侍立其旁，上下刻仙鹤与卧鹿、狐狸，榜题"东西二寺都福主鲁文字"。其后三组与右边四组主人身躯较前者低矮，身旁也没有捧花童子。中、下排供养人像左右对刻六组，形象、装束同上排，人物身躯更小。碑之造像铭记文字虽然残损甚多，但其意还是比较清楚的，像法时期唯有造像才能弘法，于是在"摩诃上士"鲁文字的主持下，合邑千人进行造像活动，鲁氏七十五岁去世后，其子鲁思明又继续带领社团民众造像。③ 这里，鲁文字有两个头衔，一是"摩诃上士"，一是"东西二寺都福主"。摩诃上士是指笃信佛法，修行能力特优的上根之人，而东西二寺都福主应是指长期布施供养东西二寺的檀越（檀那）主。

寺主、上座（上坐），均为寺院中统领僧众、职掌事务的僧职。有此种僧职的僧人参加社团后在社团中的地位都比较高，如"宋显伯造像碑"上所刻题名，广福寺主僧宝与上座比丘尼惠藏、上座比丘尼僧津的名字就相当靠前。④但需要指出的是，前述邑主之别称寺邑主有时也略称寺主，多为俗家弟子，如"鲁思明造像碑"的题名中有"寺主鲁相举"即为一例。⑤

---

① 河南省古代建筑保护研究所（执笔：陈平）：《河南新安西沃石窟勘测报告》，《文物》1997 年第 10 期，第 64—74、82 页。

② 《中华藏》第 32 册《增一阿含经》卷二十四《善聚品》，第 273 页下—274 页上。

③ 《河南佛教石刻造像》，第 212—213 页。

④ 《金石续编》卷二，《石刻史料新编》第一辑第 4 册，第 3039 页下。

⑤ 《河南佛教石刻造像》，第 212 页。

维那(唯那、惟那、唯那主、都维那、都唯那、都惟那),依郝春文的研究,维那是北朝佛教社团中流行最广的首领,来源于僧官的维那。① 社团中的维那,或是正首领,但受僧官维那的影响,也常是副首领,有时候似乎又成为一般的成员。例如,现存焦作市博物馆的一件北朝造像碑趺,其上所刻社团成员题名中,有维那混列在邑子中间,表明其地位同于一般邑子。② 也有僧人、妇女担任维那的情况。③ 本来,维那为都维那的略称,但在一些社团中,都维那的地位似又高于维那。唯那主的地位高于维那。④ 另外,从现存的造像记来看,还有社团中的成员称"邑主都唯那",集两个首领称呼于一身。⑤

邑师,或称邑师父,社团中地位较高的僧人,源于佛教寺院的法师,是社团内的法师,负责向社团成员讲经说法进行教化,指导社团的供养三宝活动,是社团的精神领袖。⑥ 但在个别社团中,亦有邑师为活动的组织者,例如,原存于偃师的北齐"平等寺僧道略造像碑",其上所刻社团成员的题名中,既有都邑主、邑主,又有都维那等,但造像记中却称邑师比丘僧道略领导邑义三百余人等敬造神碑、尊像,邑师在这里起到了社团主事人的作用。⑦ 大邑师、都邑师的地位或高于邑师,抑或仅仅表示尊崇。

禅师主,此称呼仅见于雕造"翟兴祖造像碑"的社团。在翟碑的造像题名中刻:"禅师主徐玄明、后面像主刘伏生、邑师比丘僧法润、邑师比丘僧谨……"⑧既有禅师主,又有邑师,禅师主排在邑师之前,而且从名字上看,禅师主亦非僧人。郝春文的研究中未见提禅师主,但提到禅师,并将之归为由邑师演变而来的。⑨ 但这里的禅师主不应与邑师类同,所以有关作用不清;但既然排在邑师前面,说明地位较高。

---

① 郝春文:《东晋南北朝佛社首领考略》,《北京师范学院学报》1991年第3期,第49—58页。
② 《河南佛教石刻造像》,第372页。
③ 《河南佛教石刻造像》,第164、288页。
④ 《河南佛教石刻造像》,第92页。
⑤ 《河南佛教石刻造像》,第164页。
⑥ 郝春文:《东晋南北朝佛社首领考略》,《北京师范学院学报》1991年第3期,第49—58页。
⑦ (清)严可均辑:《全北齐文》卷九,北京:商务印书馆1999年版,第107页;《河南佛教石刻造像》,第262页。
⑧ 《河南佛教石刻造像》,第88页。
⑨ 郝春文:《东晋南北朝佛社首领考略》,《北京师范学院学报》1991年第3期,第49—58页。

化主,或称化生主、劝化主、元心劝化主,社团内劝化信徒布施入社或襄助造像或举办斋会之人,源于寺院中专司行走市井街坊,劝檀化越随力布施以供养三宝者。但化主一职在北朝民间佛教社团中并不多见,依郝春文的统计,仅约有16%的社团设有此职。① 大概是劝化的事情完全可以由邑主、维那、邑师这些社团首领来完成。

邑中正,或称邑忠正、中正,简称邑正,其名源于南北朝时期职官中的"中正"一职。在社团中,邑中正的地位一般并不高,大约仅比一般的成员高一些。都邑中正、都中正之称,大约比邑中正的地位又略高一些。但也有例外,如前述西沃石窟的一则题记:

> 唯大魏普太元年岁次辛亥四月庚子朔廿九日□邑老韩法胜邑老杨众兴邑正王进达都合三十四人等造石窟像一区愿文……是以邑老韩法胜众兴邑正王进达合卅人等……②

这个社团的邑正为造像活动的组织者,似相当于邑主。

邑老,顾名思义,当指社团中年老德高者,源于寺院中之耆旧长老,虽不负责具体社团事务,但因其资望而地位较高。邑先之名,在社团中比较少见,但在"宋显伯造像碑"上所刻的题名中,有四位地方官吏(河内郡前功曹王贫、旨授洛阳令盖僧坚、旨授野王令张暎族与前白□从事曹忻)冠以邑先的称呼,③其含义似应类同邑老。

比丘、比丘尼、沙弥,社团中的男女僧众。清信士,皈依佛法的俗家弟子,或简称清信,清信女则专指俗家女弟子。佛弟子,简称佛子,谓皈依佛法的弟子。在社团的造像碑题名中,有"清信士佛弟子"连一起放在人名前面,甚至还有"清信佛弟子邑主"的连称。④

邑母,在社团中少见,但现藏于河南博物院的东魏"道俗九十人造像碑"

---

① 郝春文:《东晋南北朝佛社首领考略》,《北京师范学院学报》1991年第3期,第49—58页。

② 河南省古代建筑保护研究所(执笔:陈平):《河南新安西沃石窟勘测报告》,《文物》1997年第10期,第64—74、82页;"邑老"在《北魏洛阳石窟文化研究》之《题记汇录》中作"邑先",序号181(第282页)。

③ 《金石续编》卷二,《石刻史料新编》第一辑第4册,第3040页上。其中"前白□从事曹忻"在王景荃之《河南佛教石刻造像》中作"前温县从事曹忻"(第188页)。

④ 《河南佛教石刻造像》,第233页。

上所刻的供养人像榜题中,除邑主、都维那、邑师、比丘之外,十余名女性的名字前均冠以邑母之称,近二十名男性的名字前则冠以邑子之称,①说明邑母专指社团的女性成员,抑或称呼年老德高的女性。

由上述考察可知,北朝河南民间佛教社团成员的名称名目繁多,同样的名称,其在社团中的地位、作用又悬殊。这完全是因为当时各地组织佛教社团完全是民众的自发行为,并无一定之规,最多是后来组织的社团仿照之前产生的社团,然后根据自己的实际加以变通,所以才出现了这种复杂的情况。

北朝河南民间佛教社团的兴起与流行并非偶然,乃是以佛教的净土信仰深入民众为基础的。前述慧远集一百二十三位笃信佛法的僧俗之士于庐山之阴创"会"的目的就是——"乃于精舍无量寿像前,建斋立誓,共期西方""惟斯一会之众……而金心西境""胥命整襟法堂,等施一心,亭怀幽极,誓兹同人,俱游绝域",概而言之,就是要团结志同道合者共投西方无量寿(阿弥陀)佛净土。北朝河南民间佛教社团的兴起、流行与慧远创"会"的思想基础是一脉相承的。翻检北朝遗留至今的由民间佛教社团所造的像碑,其龛内所雕,除释迦佛外,或弥勒佛,或阿弥陀佛,或观世音,或西方三圣(阿弥陀佛与观世音、大势至菩萨),或维摩诘经变,或七佛,或释迦、多宝二佛等,触目皆是。其碑铭、颂文或造像记,内称"同登我净"("嵩阳寺造像碑")、"同生安养"("李氏合邑造像碑")、"龙华初唱,俱得正觉"("道俗九十人造像碑")、"弥勒三会"、"弥勒下济"("鲁思明造像碑")、"弥勒下生,恒为导首"("平等寺韩永义造像碑")"普升净土"、"同登净乡"("平等寺僧道略造像碑")等,亦比比皆是。②

追求来世的净土,今世就要积福行善,积福行善是佛教的基本思想。福者,功德、福德也,即能够获得世间、出世间幸福之行为,亦即福业也。善者,契合佛法之思想、行为。本质上,福业即行善,福、善无二,福德为行善所获之果报。佛教经典中有关修行福、善的论述非常之多,不胜枚举。

依佛法实行积福行善的途径就是布施。布施之义乃是以慈悲之心而施

---

福利于他人,原为佛陀劝导优婆塞等之行法,本意以衣、食等物施与大德与贫穷者。在大乘佛教兴起之后,布施成为般若六波罗蜜之一,其意义也随之扩大——由单纯的财施更增加法施与无畏施,成为一种施与他人以财物、体力、智慧等,为他人造福成智而求得累积功德,以至解脱的修行方法。

布施之中,可以获得大功德的是供奉三宝,造立经像塔寺,其中尤以建造佛像为最。自东汉以来,陆续译出的佛教大乘经典,就不断地宣扬建造佛像的功德,开始逐步影响中原的佛教信众。

最早有关建造佛像功德的论述见于支谶的两部主要译著《般若道行品经》与《般舟三昧经》。

《般若道行品经》卷十《昙无竭菩萨品》记载有昙无竭菩萨与萨陀波伦菩萨的对话,其中专门谈到佛涅槃后作佛形像的功德:

> 昙无竭菩萨语萨陀波伦菩萨言:"贤者明听!……譬如佛般泥洹后,有人作佛形像,人见佛形像,无不跪拜供养者。其像端正姝好,如佛无有异,人见莫不称叹,莫不持华香、缯彩供养者。贤者呼佛,神在像中耶?"萨陀波伦菩萨报言:"不在中,所以作佛象者,但欲使人得其福耳。……佛般泥洹后念佛故作像,欲使世间人供养得其福。"①

一卷本《般舟三昧经》之《四事品》亦云:

> 菩萨……复有四事,疾得是三昧:一者作佛形像,用成是三昧故;二者持好素写是三昧;三者教自贡高人内佛道中;四者常护佛法,是为四。②

根据《出三藏记集》卷四《新集续撰失译杂经录》中的记载,东汉时还译出过一部《作佛形像经》,译者失名。此经叙述佛至拘盐惟国传法,年仅十四岁的优填王欢喜恭敬迎佛。他问佛:"佛去后,我恐不复见佛,我欲作佛形像,恭敬承事之。后当得何等福?愿佛哀为我说之,我欲闻知。"佛即为优填王说造像之功德。佛首先告诉年少的优填王,"汝所问大善",然后一一列出了作佛形像所得之福,最后,佛总结说:

> 作佛形像,后世得福,无有穷极尽时,不可复称数。四天下江、海水

---

① 《中华藏》第 7 册《道行般若经》卷十《昙无竭菩萨品》,第 997 页中—下。
② 《中华藏》第 11 册《般舟三昧经》(别本),第 462 页中。

尚可斗量、枯尽,作佛形像,其得福过于四天下江、海水十倍。后世所生,为人所敬护。作佛形像,譬若天雨水,人有好舍,无所畏。

作佛形像,后世死,不复更泥犁、禽兽、薜荔恶道中生。其有人见佛形像,以慈心又手,自归于佛塔、舍利者,死后百劫不复入泥犁、禽兽、薜荔中,死即生天上。天上寿尽,复来下生世间,为富家作子,宝奇物不可胜数,然后会当得佛泥洹道。①

西晋时,竺法护译《贤劫经》,其中也论述了作佛形像的功德问题:

菩萨复有四事,疾逮斯定,何谓为四? 一曰作佛形像,坐莲华上,若摸画壁缯氎布上,使端政好,令众欢喜,由得道福。②

至东晋时,《作佛形像经》再次被译出。再译本称《造立形像福报经》,名称上更加指明主题。比较前后两个译本,文字大同小异,当为同本异译,唯后本结尾处多两段偈语,分别为优填王赞佛偈与佛之答偈,重复了前面的重点内容。

此时,由来华天竺僧佛陀跋陀罗所译《观佛三昧海经》中也述及造佛形像的功德福报:

佛告阿难:汝从今日持如来语遍告弟子,佛灭度后,造好形像,令身相足,亦作无量化佛色像及通身光及画佛迹,以微妙彩及颇梨珠安白毫处,令诸众生得见是相,但见此相,心生欢喜,此人除却百亿那由他恒河沙劫生死之罪。③

"那由他"为梵语音译,又作"那由多",为印度数量名称,相当于千亿。

该经还记述:

时优填王恋慕世尊,铸金为像。闻佛当下,象载金像来迎世尊。……尔时金像从象上下,犹如生佛,足步虚空,足下雨华,亦放光明,来迎世尊。时铸金像合掌又手,为佛作礼。尔时世尊,亦复长跪合掌向像。……尔时世尊而语像言:汝于来世大作佛事,我灭度后,我诸弟子以付嘱

---

① 《中华藏》第19册《佛说作佛形像经》,第332页中—333页上。
② 《中华藏》第21册《贤劫经》卷一《四事品》,第339页上。
③ 《中华藏》第22册《佛说观佛三昧海经》卷六《观四威仪品》,第527页中。

汝。空中化佛异口同音咸作是言：若有众生于佛灭后造立形像，幡花众香，持用供养，是人来世必得念佛清净三昧。①

至姚秦之时，鸠摩罗什译出《法华经》，其中再次详述了造像的功德：

> 若人为佛故，建立诸形像，刻雕成众相，皆已成佛道。或以七宝成，鍮石赤白铜，白镴及铅锡，铁木及与泥，或以胶漆布，严饰作佛像，如是诸人等，皆已成佛道。彩画作佛像，百福庄严相，自作若使人，皆已成佛道。乃至童子戏，若草木及笔，或以指爪甲，而画作佛像，如是诸人等，渐渐积功德，具足大悲心，皆已成佛道。

《法华经》在谈论诸佛灭度后造像的功德的同时，还叙述了供养舍利、起塔建寺及供养佛像的功德。②

上述佛典之中关于造像功德的思想一次又一次地影响着中原的佛教信众，特别是《法华经》，它是北朝时期最为流行的佛典之一，对当时社会的影响很大。因此，北魏之时，供奉三宝特别是建造佛像的观念已经深入到中原佛教信众的思想之中，开窟、造像、起塔、建寺、立碑成为当时的一种社会风气。对此，汤用彤先生曾评论说："北朝上下之奉信，特以广建功德著称。"③又说："北朝法雨之普及，人民崇福之热烈，可于造像一事见之。……其时人民立塔造像，风尚普遍。……其宗旨自在求福田利益：或愿证菩提，希能成佛；或冀生安乐土，崇拜弥陀；或求生兜率，得见慈氏（弥勒）。或于事先预求饶益；或于事后还报前愿；或愿生者富贵；或愿出征平安；或愿病患除灭……"④在《洛阳伽蓝记》中，有关皇帝、皇后、皇族、官僚、贵族、宦官乃至西域胡人，或造立塔寺，或舍宅为寺的记载，俯拾皆是。而对于普通的信众来说，由于个体家庭经济实力的限制，很难以个体家庭之力完成开窟、造像、起塔、建寺、立碑之事，唯有与街坊四邻、村落乡亲联合组织起来，用大家的力量来共同完成积福行善的活动，以实现祈求佛佑来世的心愿。这应是北朝河南民间佛教社团流

---

① 《中华藏》第 22 册《佛说观佛三昧海经》卷六《观四威仪品》，第 531 页中。
② 《中华藏》第 15 册《妙法莲花经》卷一《方便品》，第 516 页中—下。
③ 《汉魏两晋南北朝佛教史》（增订本），第 278 页。
④ 《汉魏两晋南北朝佛教史》（增订本），第 285 页。

行的重要原因之一。

前述北朝河南民间佛教社团的兴起与流行,是以佛教的净土信仰深入社会民众为基础,但更深层的考察则会发现,两晋以降的社会动荡、战乱频仍,实乃促进佛教净土信仰扎根社会、深入民众的根本原因。如清代著名学者王昶所言:

> 按造像立碑,始于北魏,讫于唐之中叶。大抵所造者释伽、弥陀、弥勒及观音、势至为多。或刻山崖,或刻碑石,或造石窟,或造佛堪(或作龛,或作碰。)或造浮图。其初不过刻石,其后或施以金,涂彩绘。其形模之大小广狭,制作之精粗不等。……尝推其故,盖自典午之初,中原板荡,继分十六国,沿及南北朝魏齐周隋,以迄唐初,稍见平定。……民生其间,荡析离居,迄无宁宇。几有"尚寐无讹""不如无生"之叹。而释氏以往生西方极乐净土,上升兜率天宫之说诱之。故愚夫愚妇相率造像,以冀佛佑。百余年来,浸成风尚。释氏谓弥陀为西方教主,观音、势至又能率念佛人归于净土,而释伽先说此经,弥勒则当来次补佛处。故造像率不外此。①

所谓"典午""司马"之隐语,这里指两晋。身处乱世之民众对于人生的无奈、命运的无常,需要精神上的慰藉,而佛教所宣扬的教义与信仰恰恰迎合了他们的需要,自然会吸引人们的关注与追求。

以下我们通过流传至今的北朝造像记来考察一下当时河南民间佛教社团进行造像及起塔建寺等活动的有关情况。

位于龙门石窟古阳洞南壁之《孙秋生等造像记》云:

> 大魏太和七年,新城县功曹孙秋生、新城县功曹刘起祖二百人等敬造石像一区。②

辉县出土、雕造于北魏景明二年(501年)的"皇甫德造像碑"之题记云:

---

① 《金石萃编》卷三十九《北朝造像诸碑总论》,《石刻史料新编》第一辑第1册,第670页下—671页上。

② 《金石萃编》卷二十七,《石刻史料新编》第一辑第1册,第486页下;《洛阳市志》第十五卷中,"大魏太和七年"作"大代太和七年"(第280页)。

清□□佛弟子□□□□□□□□人造释迦像一区。①

雕造于北魏景明四年(503年)的"张难扬造像碑"之题记云：

下张村合邑捌拾人为皇帝造石像一躯。②

位于龙门石窟古阳洞北壁的《邑师慧敢等二十三人造弥勒像记》云：

永平三年闰月五日,邑子等廿三上为七世、所生父母,邑宜兄弟敬造弥勒像一区,愿愿从心所求。③

雕造于北魏神龟元年(518年)的"吴晏子造像碑"之题记云：

合邑子五十人造石像一区。④

《赵阿欢等造像记》记载：

各竭家财,造弥勒像一区,借同此福缘,邑仪光著……⑤

"翟兴祖造像碑"之造像记中有：

此下法义卅人等,建造石像一区,菩萨、立侍、崇宝塔一基。⑥

《刘根造像碑记》记载：

……影附法义之众遂至卅一人有余,各竭己家珍并劝一切,仰为皇帝陛下皇太后中宫眷属士官僚庶法界有形,敬造三级砖浮图一区。⑦

《道啥造像碑记》云：

节简己家珍,造石像壹躯。⑧

原存沁阳复背村的"释迦多宝造像碑"之造像记云：

普泰元年岁次壬亥八月戊戌朔,敬造多宝石像一区、释迦木像一区、白玉多宝弥勒杂事三区、观音金像一区、旃檀□□三相杂事像一区、涅槃经半部……法华经半部、金光明经一部、金刚般若经一部、十地经一部……观经一

---

① 《河南佛教石刻造像》,第29页。
② 《河南佛教石刻造像》,第35页。
③ 《洛阳市志》第十五卷,第232—233页。
④ 《河南佛教石刻造像》,第65页。
⑤ 《金石萃编》卷二十八,《石刻史料新编》第一辑第1册,第508页下。
⑥ 《河南佛教石刻造像》,第85—87页。
⑦ 《河南佛教石刻造像》,第90页。
⑧ 《河南佛教石刻造像》,第100页。

部、初教一部、恩室经一部。①

"李氏合邑造像碑"之造像颂文记载：

> 于是□契齐心同发洪愿，即于村中造寺一区，僧坊四周，讲堂已就。……复于村南二里大河北岸，万路交过，水陆俱要。沧海之滨，攸攸伊洛之客亦届迳春温之苦渴，涉夏暑之炎暎，愍兹行流，故于路旁造石井一口，种树两十根以息渴乏。……复竭家玩，次造天宫浮图四区，交龙石碑像一躯。②

《道俗九十人造像碑记》记载：

> 有清信士合道俗九十人等发心超猛，志乐菩提，造石像一区，举高七尺……③

《张永洛造像碑记》云：

> 合邑等敬造石像一区。④

雕造于北齐天保五年(554年)之"赵庆祖造像碑"，其造像记称：

> ……劝觉石像村乡宿善三百余人，不谋同辞，遂于龙门赵村建立真容，工巧匠能，世无所并……⑤

保存在登封的"刘碑寺造像碑"，雕造于北齐天保八年(557年)，其造像记中称：

> ……采石金山，远求名匠，奇思罕闻，巧殊世外。四挟灵鹫之显，西据王舍之阳，派流济济。建像一区，构基三泉，首腾霄月，真容凝然，化流无寻，光耀十方，空空遍满。⑥

襄城出土、雕造于北齐天保十年(559年)之"高海亮造像碑"，其造像记称：

> ……建立天宫石像一坯，乃是采石珉峰，访功不日不就，雕容奇丽，妙

① 《河南佛教石刻造像》，第129页。
② 《河南佛教石刻造像》，第159页。
③ 《河南佛教石刻造像》，第164页。
④ 《河南佛教石刻造像》，第168页。
⑤ 《河南佛教石刻造像》，第195页。
⑥ 《河南佛教石刻造像》，第206页。

夺真形……①

襄城出土、雕造于北齐天统四年（568年）之"张伏惠造像碑"，其造像记称：

> ……遂相劝率信行之徒，各减家珍，远召名匠，敬造石像一躯。②

襄城出土、雕造于北齐天统五年（569年）之"张啖鬼造像碑"，其造像记记载：

> 有广州德广郡高阳县人张啖鬼、张伏恭一百人等，……各割舍奇珍，采匠京都。左盼溪州城，右观龙山，南抵岭武，北据汝水。东西路侧，敬造天宫一区。……飞级梵境，状若虚空之起堂阁；素像众相，有似释迦之应重兴。灵花杂草，植供圣心。高桐弱柳，荫影衢路。义井滂池，充济一切。③

《鲁思明造像碑记》记载：

> ……遂舍伽蓝地甫区立寺，置僧……田。于是近者不劝而来，远方自乐而至，合邑千人共……八绣像一区，合有千佛人中石像两区，宝车一乘，龙……建宝塔三区……④

《平等寺僧道略造像碑记》记载：

> ……遂能共邑义三百余人等，托志菩提，建崇弘愿。石出兰田，求工班尔，敬造神碑一所，尊像八堪。⑤

浚县出土、雕造于北齐武平三年（572年）的"佛时寺四面造像碑"，其造像题记云：

> 是以通识大士刘度□率诸汲邑等一百人俱发菩提，兴崇□□，敬造四面石像一区。⑥

《周荣祖造像碑记》记载：

---

① 《河南佛教石刻造像》，第221页。
② 《河南佛教石刻造像》，第248页。
③ 《河南佛教石刻造像》，第198页。
④ 《河南佛教石刻造像》，第213页。
⑤ 《河南佛教石刻造像》，第262页。
⑥ 《河南佛教石刻造像》，第284页。

……□去天保年中诸邑等共发善心,兴立此意,即舍家珍,造钟一口。……然□至武平年中,合邑等孝行曾臣□,挺义门之训,为存亡父母,乃采石荆山之阳,□□独照之巧,又愿造石碑像壹区。①

由上述记载可以看出,造像无疑是北朝时期河南民间佛教社团最主要的活动。其他供奉三宝的活动还有起塔、建寺、造钟、斋会、刻(写)经等。除此而外,由上述记载还可以看到,当时的社团还进行了一些公益慈善活动,如修桥、补路、植树、掘井之类。《金石萃编》卷三十一中保存有一《武德于府君等义桥石像之碑(记)》,从内容上可知,该碑系专门为纪念东魏武定七年(549年)怀州(今河南沁阳)长史于子建等郡县官吏与当地寺院、民众近三百人共同修复沁水木桥而"运石立碑敬镌图像"所立。依碑文记述,参加修建义桥的寺院竟有杨膺寺、金城寺、雍城寺、恒安寺、苟塚寺、朱营寺、管令寺、乐善寺、普泰寺等九所,且指明杨膺寺为"发善之源,以为桥主",此义桥"七月六日经始","助福者比肩,献义者联毂,人百其功,共陈心力,至廿四日所□便讫"②。说明当地社团在寺院的带领之下亦将公益慈善事业作为积德行善、利益众生之功德的一个重要方面,积极踊跃地参加有关活动。

当时,社团热衷于公益慈善事业,是受福田观念的影响。福田,谓可生福德、功德之田。佛教认为,凡敬侍三宝、父母、悲苦者,犹如农民耕田播种能有收获一般,即可得福,则三宝、父母、悲苦者即为福田。福田观念是积福行善思想的一部分,早期译出的《大方便佛报恩经》卷三中即提出"父母众僧是一切众生种二福田","众僧者出三界之福田,父母者三界内最胜福田";卷五中又提出二种福田——有所求而为者的有作福田与无所求而为者的无作福田。③ 西晋时,释法立、法炬在洛阳共同译出《诸德福田经》,经中进一步提出七种福田:

佛告天帝:"复有七法,广施名曰福田,行者得福,即生梵天。何谓为七? 一者,兴立佛图、僧房、堂阁;二者,园果、浴池、树木清凉;三者,常施

---

① 《河南佛教石刻造像》,第 304 页。

② 《金石萃编》卷三十一,《石刻史料新编》第一辑第 1 册,第 550 页下—551 页下。

③ 《中华藏》第 22 册《大方便佛报恩经》卷三、卷五,第 599 页上、615 页中。

医药,疗救众病;四者,作牢坚船,济度人民;五者,安设桥梁,过度羸弱;六者,近道作井,渴乏得饮;七者,造作圊厕,施便利处。是为七事,得梵天福。"①

《诸德福田经》流行于当时的社会,对民众影响极大。

当社团进行上述造像、起塔、建寺、造钟、斋会乃至修桥、补路、植树、掘井等功德活动之时,其成员们还会有一些功德主一类的头衔。如像主、光明主、塔主、天宫主、义井主、桥主、施地主、地主、供养主、斋主、香炉主、香花主、香火主、典坐、坐主等,这些功德主头衔显现在社团的造像记中,更是名目细致繁多,让人眼花缭乱。如像主,就有都像主、金像主、大像主、副像主、佛主、释迦像主、释迦佛主、无量寿像主、阿弥陀像主、弥勒像主、弥勒主、观世音像主、维摩像主、药师佛主、定光佛主、思维像主、多宝像主、多宝佛主、菩萨主、左相(箱)菩萨主、右相(箱)菩萨主、阿难主、迦叶主、狮子主、堪主等众多名称,冠有这些头衔的社团成员意味着他(她)们在造像活动中出资较多、认捐了建造某一尊像或某一佛龛的费用;如光明主,就又有开光明主、开佛光明主、开大像光明主、开佛主、七佛光明主、弥勒光明主、菩萨光明主、双开菩萨光明主等称呼,冠有这类头衔者与开光仪式有关;如塔主,就有浮图主、造塔主等,这类头衔与起塔活动有关;如斋主,就有大斋主、开大斋主、斋场主、八开斋主、起像斋主等,这类头衔则与举行斋会有关。而供养主、香炉主、香花主、香火主、典坐、坐主等,则与各种供养、斋会、法会的仪式、场所的众多事务管理有关。

北朝时期河南民间佛教社团的兴起与发展,是这一时期佛教迅速向世俗社会各阶层渗透的结果。北周武帝灭佛,虽沉重地打击了民间佛教社团,但之前的流行说明它是佛教深入社会之过程的必然产物,具有顽强的生命力。随着隋朝的建立,河南民间佛教社团再一次发展起来。

---

① 《中华藏》第20册《佛说诸德福田经》,第614页中。

# 第八章
# 西行求法的肇始

　　佛教自两汉之际传入中国内地之后以至曹魏时代，两百多年间，始终表现出的是一种单向的运动，即天竺和西域的佛教徒东来中国内地传播佛法，还没有中国人西去西域和天竺求取佛法。随着时间的推移，这种单向的运动已不能适应佛教在中国的发展成长，因为在这种单向运动的情况下，中国的佛教僧众、学者只能被动地通过天竺和西域的佛教徒传来的佛经，接受一个不完全的甚至不准确的佛法。中国的佛教僧众、学者渴求获取真经，弄清佛法的本来面目，全面准确地认识佛教。要实现这个目的，唯一的方法只能是自己走出去，亲自到西方去，到佛教的诞生之地、兴盛之地去求法取经。由此，在曹魏时代，在当时的中原河南开始了中国历史上波澜壮阔、绵延数百年的西行求法活动。

## 第一节 中国佛教历史上西行求法的第一人——朱士行

朱士行是中土第一位经过正式的传戒、受戒仪式而出家的僧人,他也是中国佛教历史上西行求法的第一人。

朱士行,又称朱仕行、朱士衡,①颍川(郡治在今河南许昌东)人。具体的生卒时间不详,②只知其生活于魏晋之际,西行求法后没有再返回中原,最终卒于西域于阗国,终年八十。其生平事迹,《出三藏记集》和《高僧传》中有三条比较详细的史料记载,现分别列出。

其一,《出三藏记集》卷七《〈放光经〉记》:

> 惟昔大魏颍川朱士行,以甘露五年出家学道为沙门,出塞西至于阗国,写得正品梵书胡本九十章,六十万余言。以太康三年遣弟子弗如檀,晋字法饶,送经胡本至洛阳。住三年,复至许昌。二年后至陈留界仓垣水南寺,以元康元年五月十五日,众贤者共集议,晋书正写。时执胡本者,于阗沙门无罗叉,优婆塞竺叔兰口传,祝太玄、周玄明共笔受。正书九十章,凡二十万七千六百二十一言。时仓垣诸贤者等,大小皆劝助供养,至其年十二月二十四日写都讫。经义深奥,又前后写者参校不能善悉。至太安二年十一月十五日,沙门竺法寂来至仓垣水北寺求经本。写时捡取现品五部并胡本,与竺叔兰更共考校书写,永安元年四月二日讫,于前后所写校最为差定,其前所写可更取校。晋胡音训畅义难通,诸开士大学文生书写供养讽诵读者,愿留三思,恕其不逮也。③

其二,该书卷十三《朱士行传》载:

> 朱士行,颍川人也。志业清粹,气韵明烈,坚正方直,劝沮不能移焉。少怀远悟,脱落尘俗,出家以后,便以大法为己任。常谓入道资慧,故专

---

① 《出三藏记集》卷七《〈道行经〉序》,第264页;《中华藏》第55册《开元录》卷二,第33页中、下。

② 孟楠:《中原西行求法第一人——朱士行》(《新疆大学学报》哲学社会科学版,1993年第1期,第54—65页)一文推测朱士行生年当在234年(曹魏明帝青龙二年),卒年大约在314年(西晋愍帝建兴二年)。

③ 《出三藏记集》卷七《〈放光经〉记》,第264—265页。

务经典。初天竺朔佛，以汉灵帝时出《道行经》，译人口传，或不领，辄抄撮而过，故意义首尾颇有格碍。士行常于洛阳讲《小品》，往往不通。每叹此经大乘之要，而译理不尽，誓志捐身，远求《大品》。遂以魏甘露五年，发迹雍州，西渡流沙。既至于阗，果写得正品梵书，胡本九十章，六十万余言。遣弟子不如檀，晋言法饶，凡十人，送经胡本还洛阳。未发之间，于阗小乘学众遂以白王云："汉地沙门欲以婆罗门书惑乱正典，王为地主，若不禁之，将断大法，聋盲汉地。王之咎也！"王即不听赍经。士行愤慨，乃求烧经为证。王欲试验，乃积薪殿庭，以火燔之。士行临阶而誓曰："若大法应流汉地者，经当不烧；若其无应，命也如何！"言已投经，火即为灭，不损一字，皮牒如故。大众骇服，称其神感，遂得送至陈留仓垣水南寺。河南居士竺叔兰，善解方言，译出为《放光经》二十卷。士行年八十而卒。依西方阇维法，薪尽火灭，而尸骸犹全。众咸惊异，乃咒曰："若真得道，法当毁坏。"应声碎散，遂敛骨起塔焉。①

《高僧传》卷四亦有《朱士行传》，所述朱士行事迹完全相同，唯竺叔兰译经过程更为详细：

> 时河南居士竺叔兰，本天竺人，父世避难，居于河南。兰少好游猎，后经暂死，备见业果。因改励专精，深崇正法，博究众音，善于梵汉之语。又有无罗叉比丘，西域道士，稽古多学，乃手执梵本，叔兰译为晋文，称为《放光波若》，皮牒故本，今在豫章。至太安二年，支孝龙就叔兰一时写五部，校为定本。时未有品目，旧本十四匹缣，今写为二十卷。②

上述文献，虽然其中夹杂着一些宗教灵验传说之类的东西，但记载的内容还是基本可信的。唯朱士行出家、西行求法及送经东归的具体时间，记述有些含混不清。

依《出三藏记集》之《〈放光经〉记》谓，士行"以甘露五年出家学道为沙门"，而《出三藏记集》和《高僧传》之《朱士行传》又均称："遂以魏甘露五年，发迹雍州，西渡流沙。"似士行出家当年即西行求法。今人的一些著作也是这

---

① 《出三藏记集》卷十三《朱士行传》，第515—516页。
② 《高僧传》卷四《朱士行传》，第146页。

样判断的,如潘桂明先生之《中国佛教思想史稿》即称:"他于魏甘露五年(260年)出家,曾因在洛阳讲《小品》(指《道行般若经》),感觉文句艰涩,难以贯通,故于同年从雍州(治所在今陕西西安西北)出发,西渡流沙,抵达于阗(今新疆和田一带)……"①日本学者镰田茂雄之《简明中国佛教史》与《中国佛教通史》关于朱士行西行求法取经的具体时间有两个叙述。前一书称:"公元二五○年左右,汉族僧朱士行为了求得《大品般若经》的原本,去于阗取经。……于甘露五年到达于阗。"②后一书则说:"朱士行为了求大品(《高僧传》卷四作大本),遂于曹魏甘露五年由雍州启程前往西域。"③《简明中国佛教史》写作、出版在前,作者的研究结论改变也是很正常的,但按照《中国佛教通史》的意见,亦是甘露五年前往西域。笔者认为,这些叙述似乎存在问题。依《出三藏记集》和《高僧传》两书之《朱士行传》记载,朱士行出家以后,便以大法为己任,故专务经典,常于洛阳讲《小品》,往往不通,每叹此经大乘之要,而译理不尽,誓志捐身,远迎《大品》,然后才有西行求法。对于一个僧人来说,经历这么多事情需要一个过程,短短一年之内似乎完不成。

另外,《出三藏记集》之《〈放光经〉记》谓朱士行于甘露五年西行求法,在于阗写得正品梵书胡本九十章六十万余言,以太康三年(282年)遣弟子弗如檀(法饶),送经胡本至洛阳。依此,其间共历时二十二年之久,从常理上看,花费的时间又似乎太长了一些。而《出三藏记集》和《高僧传》之《朱士行传》,就没有记述法饶送经回到洛阳的具体时间。

《佛祖统纪》尽管成书较晚,但书中有两条记载,可供参考:

> 正元元年……昙摩迦罗乃上书乞行受戒法……十人受戒羯磨法,沙门朱士行为受戒之始。④

> (甘露)五年,颍川沙门朱士行,讲《道行般若经》,每叹译理未周,乃发迹长安,至于阗国,得梵本《般若》,国禁不传东土。士行请验以火,无

---

① 潘桂明著:《中国佛教思想史稿》(第一卷·上),南京:江苏人民出版社2009年版,第74页。
② 《简明中国佛教史》,第30页。
③ 《中国佛教通史》(第一卷),第188页。
④ 《佛祖统纪校注》卷三十六《法运通塞志》,第814页。

损,王信异,乃许其传,士行即寄经东归,因名《放光般若》。①

这两条记载,说朱士行出家于正元元年(254年),而西行则是六年之后的甘露五年。至于阗国得梵本,经过与国王验火无损之后,即寄经东归。"即"者,立即也。

从前述记载看,朱士行当时西行求法的具体目的就是到西域于阗求取真实、完整的大乘般若经典(大品或大本般若)。如前所说,《小品般若》早在汉末即由支谶及竺朔佛译出,朱士行看到的即是他们的译本。限于时代的局限,译本存在很多问题,主要是文句简略,意义未周。魏晋时代,般若学流行,朱士行也加入到了这股学习、传播般若的队伍之中。在学习、传播般若的过程中,朱士行感觉支谶及竺朔佛的译本"文章隐质,诸未尽善",译文过于简略,义理难以彻底了解,由此使人产生很多困惑,影响了般若教义的传播。因此下决心西行,不畏一切艰险,去西域于阗国求取般若真经。

朱士行为什么要去西域于阗而不是去其他什么地方例如天竺求取般若真经呢? 汉唐之时,于阗是丝绸之路西域南道之大国,也是大小乘佛教的学术中心与传播中心,当时流行于中原的大乘经典与思想,许多就来自于阗,于阗声名远扬。在朱士行的心目中,到于阗就一定能求得大乘般若真经。天遂人愿,朱士行终于在于阗找到了梵本《般若经》,全经九十章,六十余万字(二万余颂)。随后,朱士行克服了于阗国小乘教派的阻挠,派遣弟子们将求得的梵本《般若经》护送回洛阳。大概当时、当地没有合适的翻译者,几年之后,该经才在陈留(今河南开封市境内)水南寺由竺叔兰、无罗叉等人译出,称为《放光般若经》(亦称《放光般若波罗蜜经》《放光摩诃般若经》《摩诃般若放光经》《放光波若》《放光般若》《放光》等),分为二十卷九十品,汉字达二十万七千六百二十一言之多。其后,竺叔兰、支孝龙、竺法寂等人又对此经进行了校订。《放光经》和较之稍早几年由竺法护译出的《光赞》(又称《光赞般若》)已属大品《般若》,这是最早传入中国内地的两部大品《般若》经典。

《放光般若经》和《光赞经》这两部般若经典的译出,极大地推动了当时般

---

① 《佛祖统纪校注》卷三十六《法运通塞志》,第815页。

若学的流行和发展。在此经的翻译过程中,仓垣地区的僧众就给予了大力的协助,"时仓垣诸贤者等,大小皆劝助供养",说明他们对此经的译出寄予了很高的期望。结果不负众望,当此经译出时,立即引起了极大的轰动。僧祐称:

> 《放光》寻出,大行华京,息心居士翕然传焉。中山支和上遣人于仓垣断绢写之,持还中山。中山王及众僧城南四十里幢幡迎经。①

其影响之大,可以想见。正如吕澂先生所说,当时凡有心讲习般若的都将此经奉为圭臬,"一时学者像帛法祚、支孝龙、竺法蕴、康僧渊、竺法汰、于法开等,或者加以注疏,或者从事讲说,都借着《放光》来弘扬般若学说"。②

在那个时代众多学习、传播般若经典的僧众之中,朱士行之所以能够名垂青史,关键就在于他是一位誓志捐身追求真理的人。吕澂先生说:

> 从汉僧西行求法的历史上看,朱士行可说是创始的人。那时去西域的道路十分难走,又没有人引导,士行只凭一片真诚,竟达到了目的,他这种为法热忱是可以和后来的法显、玄奘媲美的。③

钱穆先生说:

> 这些冒着道路艰险,远往求法的人,几乎全都是私人自动前往,极少由国家政府资助奉派。他们远往印度的心理,也绝对不能与基督徒礼拜耶路撒冷,回教徒谒麦加,或蒙古喇嘛参礼西天相拟并视。虽则他们同样有一股宗教热忱,但更重要的还是由于他们对于探求人生真理的一种如饥如渴的精神所激发。他们几于纯粹为一种知识的追求,为一种指示人生最高真理的知识之追求,而非仅仅为心灵之安慰与信仰之宣泄。他们的宗教热忱,绝不损伤到他们理智之清明。这许多远行求法的高僧,当他们回国时,莫不携回了更多重要的佛教经典。④

鲁迅先生也说:

> 我们自古以来,就有埋头苦干的人,有拼命硬干的人,有为民请命的

---

① 《出三藏记集》卷七《合〈放光〉〈光赞〉略解序》,第266页。
② 《吕澂佛学论著选集》卷五《中国佛学源流略讲》,第2883页。
③ 《吕澂佛学论著选集》卷五《中国佛学源流略讲》,第2882页。
④ 钱穆著:《中国文化史导论》(修订本),北京:商务印书馆1994年版,第147—148页。

人,有舍身求法的人……虽是等于为帝王将相作家谱的所谓"正史"也往往掩不住他们的光耀,这就是中国的脊梁。①

朱士行正是吕澂先生、钱穆先生和鲁迅先生所说的这许许多多西行求法高僧的创始人,他开启了中国人向西方学习的大门。从此以后,在丝绸之路上不但有东来的天竺、西域的佛教徒,西行求法的中国僧众也络绎不绝,这种双向交流,为其后南北朝以至隋唐时期佛教的繁荣奠定了重要的基础。

西晋初晋武之世(265—290年),竺法护也曾西行求法,携带大批梵文经本还归中夏,自敦煌至西安,后到洛阳,又往江右,沿路传译。他在洛阳所译出的三部经典之中,有两部的梵文原本就是他自己带回来的。

## 第二节　宋云、惠生的西行活动

魏晋南北朝时期,魏晋之时,有朱士行的个人西行求法,而北朝北魏孝明帝之时,又有一次官方派遣的西行活动。

以下我们来考察北魏后期所发生的这次官方派遣的西行活动。

首先考察有关此次西行活动的当事人及其出使起讫时间。

早期的历史文献——《洛阳伽蓝记》和《魏书》两书对这次西行活动均有记载但又不完全一致。

先看《洛阳伽蓝记》的记载。此书卷五称:

> 闻义里有敦煌人宋云宅,云与惠生俱使西域也。(神龟元年十一月冬,太后遣崇立寺比丘惠生向西域取经,凡得一百七十部,皆是大乘妙典。)②

按此记述,此次西行活动的当事人为宋云和惠生,别无他人。出使的时间为神龟元年(518年)十一月。返回的时间,在上文之后,此书逐一详细地记述了

---

① 鲁迅著:《鲁迅全集》卷六《且介亭杂文·中国人失掉自信力了吗?》,北京:人民文学出版社2005年版,第119页。

② 《洛阳伽蓝记校笺》卷五《城北》,第209页。

宋云、惠生的行程,最后云:"至正光三年二月,始还天阙。"①从神龟元年(518年)十一月出发至正光三年(522年)二月回来,前后历时三年零四个月。卷五结尾又称:"衒之按:惠生《行记》,事多不尽录,今依《道荣传》、宋云《家记》,故并载之,以备缺文。"②说明《洛阳伽蓝记》的记载直接取自惠生、宋云所著及道荣传记。

宋云、惠生为《洛阳伽蓝记》所记之此次官方派遣出使者,那么道荣又是何许人?不少学者认为,道荣应为道药。③ 道药之事迹,据道宣之《释迦方志》卷下记载:"后魏太武末年,沙门道药从疏勒道入,经悬度到僧伽施国。及返,还寻故道。著《传》一卷。"④此处之道药似即道荣,因为他也曾西行,又著有《传》。若然,则道荣的生活年代早于宋云、惠生。但也有学者认为道荣可能是北魏末北齐之高僧法上十二岁时出家所投之师道药;还有学者认为道荣(药)曾跟宋云、惠生一同西行。⑤

《魏书》的《西域传·嚈哒》记载:

> 熙平中,肃宗遣王伏子统宋云、沙门法力等使西域,访求佛经。时有沙门慧生者亦与俱行,正光中还。慧生所经诸国,不能知其本末及山川里数,盖举其略云。⑥

《释老志》又记载:

> 熙平元年,诏遣沙门惠生使西域,采诸经律。正光三年冬,还京师。所得经论一百七十部,行于世。⑦

《魏书》的前一条记载称此次出使西域者为王伏子统宋云、沙门法力,还有沙门惠生。"王伏子统",当是北魏的官职名称。后一条记载仅说出使西域者为沙门惠生,未言及宋云、法力。出使的时间,前一条称熙平中,后一条称熙平

---

① 《洛阳伽蓝记校笺》卷五《城北》,第216页。
② 《洛阳伽蓝记校笺》卷五《城北》,第216页。
③ 广中智之著:《汉唐于阗佛教研究》,乌鲁木齐:新疆人民出版社2013年版,第90页;余太山:《宋云、惠生西使的若干问题》,载《早期丝绸之路文献研究》,北京:商务印书馆2013年版,第76页。
④ 《中华藏》第52册《释迦方志》卷下,第675页下。
⑤ 《汉唐于阗佛教研究》,第90页;《续高僧传》卷八《法上传》,第260页。
⑥ 《魏书》卷一百二《西域传·嚈哒》,第2279页。
⑦ 《魏书》卷一百一十四《释老志》,第3042页。

元年(516年)。孝明帝熙平年号起于516年初,终于518年二月,一共两年零两个月。所谓熙平中,应指517年,与熙平元年相差一年。为什么同一书关于同一事件的记述会出现如此明显的不同呢?《魏书·西域传》卷后"校勘记"述:"诸本目录此卷注'阙'字,卷末有宋人校语(殿本入《考证》)云:'魏收书《西域传》亡,此卷全写《北史·西域传》(卷九七)而不录安国以后。'"①即原来由魏收所书之《魏书·西域传》已佚,今本《魏书·西域传》全文取自《北史·西域传》。但实际上,对比《北史·西域传》与《魏书·西域传》,还是有个别字词不同,仅就前引一段而言,《魏书·西域传》中所云"肃宗遣王伏子统宋云"在《北史·西域传》中作"明帝遣剿伏子统宋云"②,即有一词一字不同。

与《洛阳伽蓝记》所记宋云、惠生的出使时间神龟元年(518年)相比,《魏书》所记熙平元年早两年,《北史》所记熙平中(517年)早一年。《北史》成书于唐初。考隋唐以后文献关于宋云、惠生西行求法出使时间的记载,基本不外神龟元年、熙平元年或熙平中三说。如《三宝纪》称:"孝明立,宣武子,改熙平元。造永宁寺,遣沙门慧生使西域。"③《释迦方志》称:"后魏神龟元年,敦煌人宋云及沙门道生等,从赤岭山傍铁桥至乾陀卫国雀离浮图……"④此处所谓"道生"亦即惠生,《续高僧传·玄奘传》亦作道生。⑤《通典》记载:"孝明帝熙平中,遣伏子统宋云使西域。"⑥《太平寰宇记》称:"后魏孝明帝熙平中,遣王伏子统宋云等使西域。"⑦《资治通鉴》记述:"(神龟元年)魏胡太后遣使者宋云与比丘惠生如西域求佛经。"⑧但亦有文献所记在三说之外,如《佛祖统纪》则称:"正光二年(521年),敕宋云、沙门法力等往西天求经。"⑨

宋云、惠生出使西域返回洛阳的时间,上引《魏书》前一条(取自《北

---

① 《魏书》卷一百二《西域传》,第2282页。
② 《北史》卷九十七《西域传》,第3231页。
③ 《中华藏》第54册《三宝纪》卷三,第175页上。
④ 《中华藏》第52册《释迦方志》卷下,第675页下。
⑤ 《续高僧传》卷四《玄奘传》,第101页。
⑥ 《通典》卷一百九十三《边防九·嚈哒》,第5259页。
⑦ (宋)乐史撰,王文楚等点校:《太平寰宇记》卷一百八十三《西戎四·嚈哒》,北京:中华书局2007年版,第3499页。
⑧ 《资治通鉴》卷一百四十八,第4640页。
⑨ 《佛祖统纪校注》卷三十九《法运通塞志·北魏》,第881页。

史·西域传》)记为正光中,后一条记为正光三年(522 年)。正光年号,起于
520 年七月,终于 525 年六月,前后六年。所谓正光中与正光三年,基本一致,
与《洛阳伽蓝记》所记年份相吻合,只是月份不符,一个记为年初二月,另一个
记为当年冬。按《魏书》与《北史》所记之起讫时间,此次出使西域,前后历时
六年或五年之久。其他文献所载,与《洛阳伽蓝记》《魏书》《北史》基本一致。
如《三宝纪》记为正光三年,《资治通鉴》亦记为正光三年。① 唯《佛祖统纪》记
为正光四年,②不知何据。

综上所述可知,北魏孝明帝时派遣出使西域的当事人有宋云和沙门惠
(慧、道)生、法力三人。其实,此次出使西域,应当是一个使团,宋云、惠生是
使团的负责人,肯定还带了不少随行人员。

西行求法活动的起讫,就出发时间而言,或许是熙平年间(熙平元年或熙
平中)下诏,之后还要有一个准备的过程,至神龟元年十一月才真正动身出
发。归国回到洛阳的时间为正光三年,或是年二月,或是年冬。笔者以为,当
以《洛阳伽蓝记》的记载为最可信。原因是:首先,《洛阳伽蓝记》的成书时间
最早,杨衒之著《洛阳伽蓝记》时离宋云、惠生出使西域活动尚不足三十年时
间;其次,《洛阳伽蓝记》中有关宋云、惠生西行活动的记述,直接取自当事者
所撰写的《行记》。

其次是考察宋云、惠生西行活动的目的。

我们根据上述引文可知,宋云、惠生出使西域的目的是访求大乘佛经,归
国时带回了一百七十部大乘经典。但《洛阳伽蓝记》中又记述:

> 宋云于是与惠生出城外,寻如来教迹。③

> 惠生初发京师之日,皇太后敕付五色百尺幡千口,锦香袋五百枚,王
> 公卿士幡二千口。惠生从于阗至乾陀罗,所有佛事处,悉皆流布,至此顿
> 尽,惟留太后百尺幡一口,拟奉尸毗王塔。④

---

① 《中华藏》第 54 册《三宝纪》卷三,第 175 页上;《资治通鉴》卷一百四十九,第 4670 页。
② 《佛祖统纪校注》卷三十九《法运通塞志·北魏》,第 881 页。
③ 《洛阳伽蓝记校笺》卷五《城北》,第 212 页。
④ 《洛阳伽蓝记校笺》卷五《城北》,第 215 页。

这说明他们西域之行的另一个目的是朝礼佛迹。从《洛阳伽蓝记》卷五的记载中我们可以看出,宋云、惠生一路上朝觐了很多佛陀圣迹,如佛晒衣处、如来履石之迹、如来苦行投身饿虎之处、如来剥皮为纸折骨为笔处、如来舍头施人处、如来挑眼施人处、如来为尸毗王救鸽之处等,还礼拜了沿途不少佛教寺院,贡奉彩幡、香袋,甚至捐舍奴婢以供洒扫,更割舍行资创造浮图。① 其中值得专门一述的是宋云、惠生礼拜雀离浮图的所见所闻:

> 复西南行六十里,至乾陀罗城,东南七里有雀离浮图。《道荣传》云:"城东四里。"推其本源,乃是如来在世之时,与弟子游化此土,指城东曰:"我入涅槃后二百年,有国王名迦尼色迦,此处起浮图。"佛入涅槃后二百年来,果有国王字迦尼色迦,出游城东,见四童子累牛粪为塔。可高三尺,俄然即失。《道荣传》云:"童子在虚空中,向王说偈。"王怪此童子,即作塔笼之。粪塔渐高,挺出于外,去地四百尺然后止。王始更广塔基三百余步。《道荣传》云:"三百九十步。"从此构木,始得齐等。《道荣传》云:"其高三丈,悉用文木为陛,阶砌栌拱,上构众木,凡十三级。"上有铁柱高三百尺,金盘十三重,合去地七百尺。《道荣传》云:"铁柱八十八尺,八十围,金盘十五重,去地六十三丈二尺。"施功既讫,粪塔如初。在大塔南三步。……雀离浮图自作以来,三经天火所烧,国王修之,还复如故。父老云:"此浮图天火七烧,佛法当灭。"……塔内佛事,悉是金玉,千变万化,难得而称。旭日始开,则金盘晃朗;微风渐发,则宝铎和鸣。西域浮图,最为第一。②

迦尼色迦,又作迦腻色迦。据范祥雍先生之《洛阳伽蓝记校注》卷五注释引足立喜六《法显传考证》(何张合译本九〇页)称:"腻迦王为罽腻迦王,又名迦腻色迦(Kaniska)王。西历元年左右,统一国内,创建犍陀罗国。其领地西至大夏,东达恒河,北连葱岭,南界印度河口,声势赫奕,与阿育王并称,印度名王也。伊笃信佛教,努力于佛教之发扬,佛典之整理……阿育王时代之佛教,流布南海,而为所谓南方佛教。罽腻迦王时代之佛教,流布至中央亚细亚、中国

---

① 《洛阳伽蓝记校笺》卷五《城北》,第 212—215 页。
② 《洛阳伽蓝记校笺》卷五《城北》,第 214—215 页。

及日本,而为北方佛教。"①所谓南方佛教、北方佛教,亦即小乘佛教与大乘佛教。在印度佛教史上,迦尼色迦王与阿育王并称为护持佛法之二王,而迦尼色迦王所修之雀离浮图也是古代印度最著名的佛教建筑之一。"西域浮图,最为第一",表明雀离浮图之壮观宏丽在当时的西域地区独占鳌头。法显、玄奘西行求法时,也都朝拜过此塔。《续高僧传·玄奘传》还记述:"元魏灵太后胡氏奉信情深,遣沙门道生等赍大幡长七百余尺往彼挂之,脚才及地,即斯塔也。"②杨勇先生评价雀离浮图说:"此是佛教中最伟大之塔。"③

《洛阳伽蓝记》还记述:

> 十月之初至嚈哒国。……(国王)见大魏使人,再拜跪受诏书。④
>
> 十二月初入乌场国。……国王见宋云云:"大魏使来,膜拜受诏书。"⑤
>
> 宋云诣军通诏书。(乾陀罗国)王凶慢无礼,坐受诏书。宋云见其远夷不可制,任其倨傲,莫能责之。⑥

以上材料说明宋云他们出使西域还有一个经营西域的外交目的。

从西汉开始,中原王朝即经营西域。元魏经营西域始于太武帝拓跋焘。⑦其后,北魏经营西域的态度时有变化,但与西域诸国的往来从未中断。北魏经营西域,目的在"通西域,可以振威德于荒外,又可致奇货于天府"⑧。根据余太山先生研究,"由于力不从心,北魏经营西域的方式与两汉有很大的不同,亦即以报使往来为主,而不是以军事征服和行政管理为主。北魏和西域诸国的报使往来规模空前,且尽管形势变化,未尝中断。这可以认为是北魏西域经营的主要特色"⑨。宋云、惠生的出使即是北魏后期与西域诸国报使往来之中最著名、最重要的一次。

---

① 范祥雍校注:《洛阳伽蓝记校注》卷五《城北》,上海:上海古籍出版社1978年新1版,第338页。

② 《续高僧传》卷四《玄奘传》,第101页。

③ 《洛阳伽蓝记校笺》卷五《城北》,第237页。

④ 《洛阳伽蓝记校笺》卷五《城北》,第211页。

⑤ 《洛阳伽蓝记校笺》卷五《城北》,第212页。

⑥ 《洛阳伽蓝记校笺》卷五《城北》,第213页。

⑦ 《魏书》卷一百二《西域传》,第2259—2260页。

⑧ 《魏书》卷一百二《西域传》,第2259页。

⑨ 余太山著:《两汉魏晋南北朝与西域关系史研究》,北京:商务印书馆2011年版,第230页。

上述乾陀罗国王凶慢无礼，坐受诏书。接下来宋云与国王的一番对话，可以间接反映出当时的元魏与西域诸国之间的关系：

　　　　宋云初谓王是夷人，不可以礼责，任其坐受诏书；及亲往复，乃有人情，遂责之曰："山有高下，水有大小，人处世间，亦有尊卑；嚈哒、乌场王并拜受诏书，大王何独不拜？"王答曰："我见魏王则拜；得书坐读，有何可怪？世人得父母书，犹自坐读；大魏如我父母，我亦坐读书，于理无失。"云无以屈之。①

再次是考察宋云、惠生西行的路线。

关于宋云、惠生西行的路线，中外学者已经做了大量深入的研究工作，成绩斐然，但仍存在一些不同的意见。② 笔者依《洛阳伽蓝记》卷五之叙述，考察历史文献，根据前贤研究意见，辅以考古成果与最新地理信息，描绘出宋云、惠生西行的大致行踪：

神龟元年十一月冬，宋云、惠生自京师洛阳出发，西行四十日至赤岭。赤岭即今青海日月山，在青海西宁市湟源县西南40公里。为当时北魏之西部边界，设有关防。从赤岭西行二十三日，渡流沙。范祥雍谓："此流沙当指青海境内之沙漠地。"杨勇谓："流沙在敦煌之西，古曰沙洲，亦称沙河。以其风沙流漫故名。"③至吐谷浑国。吐谷浑，辽东鲜卑种，立国于今青海、甘肃一带，位于祁连山脉和黄河上游谷地。从吐谷浑西行三千五百里，至鄯善城。鄯善，按《魏书·西域传》所述为古楼兰国。④学者认为其在罗布泊南，或谓在北，范祥雍录黄文弼《罗布淖尔考古记绪论》第二章之意见以为其述"明白可信"。余太山谓："鄯善城在今罗布泊西南，最可能位于今若羌县治附近之且尔乞都克古城。"⑤从鄯善西行一千六百四十里，至左末城。左末，或作且末、沮末、沮沫，皆译音之异。《魏书·西域传》谓其在鄯善西。⑥且末

────────

　① 《洛阳伽蓝记校笺》卷五《城北》，第214页。

　② 如(清)丁谦著《宋云求经记地理考证》(载丁谦撰:《浙江图书馆丛书》第2集，民国4年浙江图书馆刻本)、[法]沙畹(Emmanuel-èdouard Chavannes)著《宋云行纪笺注》(Voyage de Song Yun dans L'Udyana et le Gandhara.518—522)(冯承钧译注，载《禹贡半月刊》第4卷第1期、第6期及《西域南海史地考证译丛》第6编)、张星烺编注《中西交通史料汇编》第6册(中华书局1979年版)第98节附注3种、周祖谟著《洛阳伽蓝记校释》(上海书店出版社2000年版)、范祥雍著《洛阳伽蓝记校注》、杨勇著《洛阳伽蓝记校笺》、余太山《宋云、惠生西使的若干问题》(载《早期丝绸之路文献研究》)等。

　③ 《洛阳伽蓝记校注》卷五《城北》，第261页；《洛阳伽蓝记校笺》卷五《城北》，第219页。

　④ 《魏书》卷一百二《西域传》，第2261页。

　⑤ 《洛阳伽蓝记校注》卷五《城北》，第264页；《宋云、惠生西使的若干问题》，载《早期丝绸之路文献研究》，第67页。

　⑥ 《魏书》卷一百二《西域传》，第2262页。

古城位于今且末县城西南约六公里之老车尔臣河岸台地上。**从左末城西行一千二百七十五里至末城。**丁谦考："末城即《梁书》末国，在且末西南千余里，乃汉精绝国地。"张星烺注："末城不可考。"周祖谟谓："此所称之末城，他书未载，以其地望考之，殆在今尼雅之于阗附近。"①尼雅遗址位于今新疆和田地区民丰县城以北一百五十公里的尼雅河下游之三角洲，塔克拉玛干大沙漠腹心地区。二十世纪初，英国探险家斯坦因（Marc Aurel Stein）首次发现尼雅遗址；1995 年，中日两国考古学家对尼雅遗址进行了大规模的科学考察，取得了近一个世纪以来最为丰硕的成果，被评为当年全国"十大考古发现"之一。**从末城西行二十二里至捍麼城。**丁谦考："捍麼城即汉扞弥国，今曰克里雅城，近设于阗县于此。惟《汉书》言精绝西至扞弥四百六十里，玄奘《西域记》亦言四百余里；原作二十二里，误。"②这里需要特别指出的是，所谓"扞弥"，在《汉书·西域传上》中作"扞弥"③，"扞"与"扞"非一字，音亦不同。周祖谟谓："往者斯坦因于阗探险，研究其位置，约在今和阗东北五十五哩地方，当塔里木流域之南……"④**从捍麼城西行八百七十八里，至于阗国。**于阗国，一般认为其位于今新疆和田地区。和田原为和阗，1959 年 9 月改。

**神龟二年（519 年）七月二十九日，进入朱驹波国。**丁谦考："朱驹波，《魏书》作朱居波，又作悉居半……在今叶尔羌西南绰洛克朗吉尔台迤西山麓间。"余太山谓："朱驹波国，应即《魏书·西域传》所见悉居半国，多以为应位于叶城（Karghalik）附近。今案，该国似应求诸 Karghalik 之西 Asgan-sal 河谷，更确切地说应在叶尔羌与 Asgan-sal 河汇合地点以上 Kosrāb 附近的河谷。"⑤**八月初，进入汉盘陀国界。**丁谦考："今为塔什库尔干城，近设蒲犁县于此。"余太山谓："一般认为位于今 Tāshkurghān。"⑥蒲犁县，民国 2 年（1913 年）置，1954 年废，成立塔什库尔干塔吉克自治县。塔县位于新疆西南部，西北、西南、南分别与塔吉克斯坦、阿富汗、巴基斯坦三国相连。**西行六日，登葱岭山。**葱岭，即帕米尔高原。**复西行三日，至钵盂城。**钵盂，又作钵猛、钵孟。丁谦考："钵猛城当在今博勒根回庄处。"周祖谟谓："钵盂，其地未详，盖在今之 Onkul 等地。"余太山谓："钵盂城，一本作'钵孟城'，地望不详。"⑦**三日至不可依山。**丁谦考："不可依山今为克里克山口（山口，岭也）。"周祖谟谓："不可依山，即小帕米尔地带。"而余太山谓："不可依山，具体地点不详。"⑧**九月中旬进入钵和国。**周祖谟谓："据近人所考，当为今和罕（Wakhan）南山间一带。"余太山谓："钵和国应即《魏书·西域传》

---

① 《洛阳伽蓝记校注》卷五《城北》，第 268 页；《洛阳伽蓝记校释》卷五《城北》，第 185 页。

② 《洛阳伽蓝记校注》卷五《城北》，第 268—269 页。

③ 《汉书》卷九十六上《西域传上》，第 3880 页。

④ 《洛阳伽蓝记校释》卷五《城北》，第 186—187 页。

⑤ 《洛阳伽蓝记校注》卷五《城北》，第 279 页；《宋云、惠生西使的若干问题》，载《早期丝绸之路文献研究》，第 69—70 页。

⑥ 《洛阳伽蓝记校注》卷五《城北》，第 281 页；《宋云、惠生西使的若干问题》，载《早期丝绸之路文献研究》，第 70 页。

⑦ 《洛阳伽蓝记校注》卷五《城北》，第 284 页；《洛阳伽蓝记校释》卷五《城北》，第 191 页；《宋云、惠生西使的若干问题》，载《早期丝绸之路文献研究》，第 70 页。

⑧ 《洛阳伽蓝记校注》卷五《城北》，第 285 页；《洛阳伽蓝记校释》卷五《城北》，第 191 页；《宋云、惠生西使的若干问题》，载《早期丝绸之路文献研究》，第 70 页。

所见伽倍国。一说伽倍在 Wakhan 之东部,钵和乃指 Wakhan 之全部。"①Wakhan 现译作瓦罕,为一山谷走廊,谓之瓦罕走廊( Wakhan Corridor),又称阿富汗走廊,是阿富汗巴达赫尚省至我国新疆的一条东西向的狭长山谷地带,西起阿姆河上游的喷赤河及其支流帕米尔河,东接我国新疆塔什库尔干塔吉克自治县。走廊东西长约 300 公里,南北最窄处仅 15 公里,最宽处约 75 公里。中阿两国在瓦罕走廊东端相毗邻,边界线长 92.45 公里。历史上,此地曾为中国领土,是中华文明与印度文明相互交流的重要通道,为古代丝绸之路的一部分。**十月初至嚈哒国。**嚈哒,《魏书·西域传》作嚈哒,称其为"大月氏之种类也,亦曰高昌之别种,其原出于塞北。自金山而南,在于阗之西,都乌许水南二百余里,去长安一万一百里"②。余太山谓:"系游牧部族,自塞北迁入中亚后,以吐火罗斯坦为统治中心。"③**十一月初入波斯国。**沙畹笺:"按此国非西亚之波斯( Le Perse)而为 Zebák 与 Tchiteral 间之一小国,Marquart( *Eransahr* p.245)已早言之。此国在《北史》中名波知。"余太山谓:"波知国,亦见《魏书·西域传》,一说应求诸 Wakhan 西南、Zēbak 和 Chitrāl 之间。"④**十一月中旬⑤入赊弥国,此国渐出葱岭。**赊弥,丁谦考:"赊弥,《魏书》作商弥,在波知南,今喀里库特城地。自此顺苏瓦特西河下行,故曰渐出葱岭。"余太山谓:"赊弥,可能就是《汉书·西域传上》所见双靡,位置应在 Chitrāl 和 Mastuj 之间。"⑥**十二月初入乌场国。**张星烺注:"乌场国,《魏书·西域传》作乌苌国,玄奘《西域记》作乌仗那国;……乌场之领土,依时代而变迁,大概今之斯瓦脱河( Swat R.。按即沙笺之 Svat)沿岸,即其中心也。"周祖谟亦称:"其领域当今 Swat 河沿岸。"⑦斯瓦脱(斯瓦特)河为巴基斯坦西北部河流,全长约 320 公里,源于兴都库什山南坡之舒希山口,由融雪与冰川供水。南流,然后转向西,再向西南进入白夏瓦(白沙瓦)平原,最后注入喀布尔河。**在乌场国,宋云、惠生去王城北、东南及西南朝拜佛迹,其中去西南五百里,又有善特山。**余太山谓:"善特山,一般认为位于 Mekha-Sanda,今 Shahbaz Garhi 东北。"⑧Shahbaz Garhi(沙赫巴兹格里)位于巴基斯坦开伯尔–普赫图赫瓦省(原名西北边境省)马尔丹地区。

**正光元年(520 年)四月中旬,入乾陀罗国。**乾陀罗国,丁谦考:"本部在阿富汗东境,地图之干达马克城是也。"周祖谟谓:"其国在乌场之西,包有今巴基斯坦白沙瓦(Peshawar)附近之地。"余太山谓:"乾陀

---

① 《洛阳伽蓝记校释》卷五《城北》,第 194 页;《宋云、惠生西使的若干问题》,载《早期丝绸之路文献研究》,第 70 页。

② 《魏书》卷一百二《西域传》,第 2279 页。

③ 《宋云、惠生西使的若干问题》,载《早期丝绸之路文献研究》,第 70—71 页。

④ 《洛阳伽蓝记校注》卷五《城北》,第 296 页;《宋云、惠生西使的若干问题》,载《早期丝绸之路文献研究》,第 71 页。

⑤ 此处杨勇本作"十二月中旬"(第 211 页),误,当为十一月中旬,因为下文又有"十二月初入乌场国"(第 212 页)。周祖谟本与范祥雍本即作"十一月中旬"(第 197、297 页)。

⑥ 《洛阳伽蓝记校注》卷五《城北》,第 301 页;《宋云、惠生西使的若干问题》,载《早期丝绸之路文献研究》,第 71 页。

⑦ 《洛阳伽蓝记校注》卷五《城北》,第 306 页;《洛阳伽蓝记校释》卷五《城北》,第 199 页。

⑧ 《宋云、惠生西使的若干问题》,载《早期丝绸之路文献研究》,第 72 页。

罗（Gandhāra）国，在今喀尔河中下游。"①又西行五日复西行三日，至辛头大河。张星烺注："辛头大河即印度斯河。"余太山谓："辛头（Sindhu）大河，指印度河。"②印度河是巴基斯坦的主要河流。河名出自梵文Sindhu（信度）之拉丁语式拼法 Indus——"河流"之意，全长约 2900 公里，发源于我国青藏高原冈底斯山，源头称狮泉河，最终汇入阿拉伯海。复西行三日，至佛沙伏城。丁谦考："佛伏沙（丁谦改作佛伏沙，云："原作佛沙伏，倒误。"）即《佛国记》佛楼沙，《魏书》作富楼沙，《西域记》作跋虏沙，在印度河西，地图作白沙威尔。"张星烺注："佛伏沙城即《西域记》之跋虏沙城。恭尼翰少将指定为今巴罗村（Palo-dheri）。丁谦谓即《魏书》之富楼沙，今图之白沙威尔（Peshawar），误矣。"余太山谓："今白沙瓦东北之 Shahbaz Garhi。"③复西行一日至如来挑眼施人处，又复西行一日，乘船渡一深水。周祖谟谓："宋云所渡之水，沙畹云即在 Kabul 与 Swat 两水汇流处之下游。"④Kabul 水，即喀布尔河。复西南行六十里，至乾陀罗城。乾陀罗城，周祖谟谓："今之 Peshawar 地。"余太山谓："位于今白沙瓦（Peshāwar）。"⑤前述雀离浮图即在此城东南七里。又西北行⑥七日，渡一大水，至如来为尸毗王救鸽之处。周祖谟谓："宋云此次所渡大水，殆仍为 Kābul 河。尸毗王救鸽处，《法显行传》谓在宿呵多国（Svāta）。"余太山谓："如来为尸毗王救鸽处，在《法显传》所见宿呵多国。今曼格勒城西南跨 Swāt 河两岸之地，称为 Swāt，当即宿呵多故地。"⑦惠生在乌场国二年，至正光三年二月始还天阙洛阳。

以上即为依《洛阳伽蓝记》卷五所载宋云、惠生西行的大致行踪。余太山先生列有一简要路线，并注现代地名，可让人一目了然：

> 洛阳—赤岭（日月山）—吐谷浑王治（铁卜卡古城遗址）—鄯善国王治（且尔乞都克古城）—左末城（今且末县西南）—末城（地望不详）—捍麼城（Uzun Tati）—于阗国（今和阗附近）—朱驹波（Karghalik 之西）—汉

---

① 《洛阳伽蓝记校注》卷五《城北》，第 320 页；《洛阳伽蓝记校释》卷五《城北》，第 209 页；《宋云、惠生西使的若干问题》，载《早期丝绸之路文献研究》，第 72 页。

② 《洛阳伽蓝记校注》卷五《城北》，第 331 页；《宋云、惠生西使的若干问题》，载《早期丝绸之路文献研究》，第 72 页。

③ 《洛阳伽蓝记校注》卷五《城北》，第 326、332 页；《宋云、惠生西使的若干问题》，载《早期丝绸之路文献研究》，第 72 页。

④ 《洛阳伽蓝记校释》卷五《城北》，第 214 页。

⑤ 《洛阳伽蓝记校释》卷五《城北》，第 214 页；《宋云、惠生西使的若干问题》，载《早期丝绸之路文献研究》，第 73 页。

⑥ 杨勇本（第 241 页）、周祖谟本（第 220 页）与范祥雍本（第 341 页）均引沙畹云："按当作东北行。"

⑦ 《洛阳伽蓝记校释》卷五《城北》，第 220 页；《宋云、惠生西使的若干问题》，载《早期丝绸之路文献研究》，第 73 页。

盘陀国（Tāshkurghān）—钵盂城（地望不详）—钵和国（Wakhan）—嚈哒国（Kunduz 附近）—波知国—赊弥国（Chitrāl 和 Mastuj 之间）—乌场国（Uddiyāna）—善特山（Mekha-Sanda）—乾陀罗国（Gandhāra）与罽宾国（Kāshmīra）间某处—如来舍头施人处（Taxila）—佛沙伏城（Varsapura）—如来挑眼施人处（Puṣkalāvatī）—乾陀罗城（Purasapura）—如来为尸毗王救鸽处（Swāt）。①

由上述可以看出，宋云、惠生的西行与前述朱士行的西行相比，有以下四点不同：

第一，朱士行的西行，仅仅到了于阗国，也就是今天我国的新疆；且他未能返回故土，最终留在了异乡。而宋云、惠生的西行，走得更远，周游了西域诸国，足迹到达了今天的塔吉克斯坦、阿富汗、巴基斯坦等国及克什米尔地区，并最终返回了中原河南。

第二，朱士行西行的目的单一，仅仅求取一部大乘真经。而宋云、惠生的西行，肩负的使命有三项之多，除求取多达一百七十部大乘经典之外，还有朝觐佛迹、礼拜佛寺与经营西域的外交任务。最后一项并非佛教事务，而是官方的报使往来。②

第三，今天的巴基斯坦乃古印度文明的兴起之地，也是早期佛教特别是大乘佛教的起源之地与兴盛之地。宋云、惠生西行达于此处，较之朱士行更全面、更深入地认识了古代西域的风土民俗，感受到了佛法的精神与魅力。

第四，朱士行的西行完全是个人行为，仅凭个人对佛法的一腔真诚，仅凭个人对信仰的矢志不渝，心甘情愿、义无反顾地去追求真理。在西行求法的过程中，物质准备肯定远远不足。而宋云、惠生的西行则是官方派遣，所以准备了差不多两年，西行时带走了大量的钱物，随行人员也不少。较之朱士行

---

① 《宋云、惠生西使的若干问题》，载《早期丝绸之路文献研究》，第 73 页。

② 笔者前述，宋云、惠生出使西域，应当是一个使团，他们是使团的负责人。余太山则认为，宋云和惠生因所负使命不同，虽然启程时间相同，行程也可能一致，但却是分别受诏，分属两个不同的使团（《宋云、惠生西使的若干问题》，载《早期丝绸之路文献研究》，第 65—66 页）。而颜世明又认为，惠生出使时间在熙平元年（516 年），宋云西使时间在神龟元年（518 年）。（颜世明：《宋云、惠生行记研究》，《青海民族大学学报》2016 年第 4 期，第 105—131 页）说明他也不认为宋云与惠生同属一个使团。

私人前往,物质条件自然优越得多。但当时西去路途之艰难困苦,无论公派私行,都是必须面临与经历的。

最后,再简要谈谈《洛阳伽蓝记》卷五有关宋云、惠生西行事迹记录的取材问题。

《洛阳伽蓝记》卷五在结束宋云、惠生西行的叙述之后,紧接着有杨衒之的一句按语,称:

> 衒之按:惠生《行记》,事多不尽录,今依《道荣传》、宋云《家记》,故并载之,以备缺文。①

这句按语表明,杨衒之详细记述宋云、惠生的西使,其材料来源有三:一是《惠生行记》,一是《宋云家记》,一是《道荣传》。翻检《隋书·经籍志二》,记有《慧生行传》一卷,②应即此《惠生行记》;《旧唐书·经籍上》和《新唐书·艺文二》均有宋云《魏国已西十一国事》一卷,③似即此《宋云家记》。今此二书均已不存。而《道荣传》,正史根本未著录,惟前引《释迦方志》卷下之记载谓道药(即道荣)"著《传》一卷"④。其书今亦不传。幸赖《洛阳伽蓝记》为后人保存了《惠生行记》《宋云家记》与《道荣传》三书的部分内容,实乃一大历史幸事。

《洛阳伽蓝记》所保存的三书的部分内容,已成为研究古代中外文化交流史、中外交通史及西域佛教史的珍贵史料,历来受到中外学者们的高度重视,研究者代有其人。

学界一般认为,《洛阳伽蓝记》所保存的三书的部分内容,其文本结构之主体为《宋云家记》,故惯以"宋云行纪"称之。如余太山先生即认为,《洛阳伽蓝记》之中的"有关记述应以《宋云家纪》为主,而非《惠生行纪》为基础"。为此,余太山举出三则理由。更进一步,余太山甚至认为,《洛阳伽蓝记》的记述"依据的只是《宋云家纪》和《道荣传》","没有证据表明衒之摘录了《惠生行

---

① 《洛阳伽蓝记校笺》卷五《城北》,第 216 页。
② 《隋书》卷三十三《经籍志二》,第 985 页。
③ 《旧唐书》卷四十六《经籍上》,第 2016 页;《新唐书》卷五十八《艺文二》,北京:中华书局 1975 年版,第 1505 页。《新唐书》中"已西"作"以西"。
④ 《中华藏》第 52 册《释迦方志》卷下,第 675 页下。

纪》的内容"。① 对此,有学者提出不同意见。如吴晶通过分析杨衒之的自述、《洛阳伽蓝记》的叙事惯例、《北史》作者李延寿的评论及"宋云行纪"各部分篇幅的差异,认为"宋云行纪"的文本主体应为《惠生行纪》,而非传统观点认为的《宋云行纪》。② 近年来,又有学者提出,"由杨衒之按语知其以《惠生行记》为基本史料,以《宋云家记》弥补缺略之文"③。

　　以笔者浅识,衒之按语说明,《洛阳伽蓝记》卷五记述宋云、惠生西使,当是以《惠生行记》《宋云家记》与《道荣传》三者为依据材料,且以《惠生行记》为基础,不尽录之处则以《宋云家记》与《道荣传》为补充。若没有摘录《惠生行记》的任何内容,杨衒之何必在《洛阳伽蓝记》中提及此书呢? 同时,纵观《洛阳伽蓝记》卷五所载宋云、惠生西使事迹,瞻仰佛迹与礼拜佛寺之有关情景的叙述尤为详细,而报使往来之外交活动的叙述则相对简略,恰恰证明其底本主要来自《惠生行记》。

---

① 《宋云、惠生西使的若干问题》,载《早期丝绸之路文献研究》,第74—78页。
② 吴晶:《〈宋云惠生行纪〉文本构成新证》,《西域研究》2011年第3期,第9—13页。
③ 颜世明:《宋云、惠生行记研究》,《青海民族大学学报》2016年第4期,第105—131页。

# 第九章
# 魏晋南北朝时期河南的佛经翻译活动

## 第一节　曹魏时期河南的译经活动

曹魏时期,自文帝曹丕黄初元年(220年)至元帝曹奂咸熙二年(265年),凡经五帝四十六年。根据《开元录》卷一的记载,共译出佛教经典一十二部,合计一十八卷。知名的译者,有昙柯迦罗、康僧铠、昙帝、白延、安法贤五人,①其中前四人的译经活动明确记载都是在河南洛阳进行的。

### 一、昙柯迦罗的事迹与译经

昙柯迦罗,又称昙摩迦罗,《高僧传》卷一本传记其事迹:

---

① 《中华藏》第55册《开元录》卷一,第13页下。

　　昙柯迦罗，此云法时，本中天竺人，家世大富，常修梵福。迦罗幼而才悟，质像过人，读书一览，皆文义通畅。善学《四围陀论》，风云星宿图谶运变，莫不该综。自言天下文理，毕己心腹。至年二十五，入一僧坊看，遇见《法胜毗昙》，聊取览之，茫然不解，殷勤重省，更增昏漠，乃叹曰："吾积学多年，浪志坟典，游刃经籍，义不再思，文无重览。今睹佛书，顿出情外，必当理致钩深，别有精要。"于是贵卷入房，请一比丘略为解释，遂深悟因果，妙达三世，始知佛教宏旷，俗书所不能及。乃弃舍世荣，出家精苦，诵大小乘经及诸部毗尼。

　　常贵游化，不乐专守，以魏嘉平中，来至洛阳。于时魏境虽有佛法，而道风讹替。亦有众僧未禀归戒，正以剪落殊俗耳。设复斋忏，事法祠祀。迦罗既至，大行佛法。时有诸僧共请迦罗译出戒律，迦罗以律部曲制，文言繁广，佛教未昌，必不承用。乃译出《僧祇戒心》，止备朝夕。更请梵僧立羯磨法受戒。中夏戒律，始自于此。迦罗后不知所终。①

《四围陀论》，印度古代婆罗门教的重要经典。宋法天所译《金刚针论》云："如婆罗门言：众典之内，《四围陀》正。""婆罗门执《四围陀论》是万法本，亦号真如。"②"善学《四围陀论》"，说明迦罗在皈依佛教之前是一名婆罗门教徒，精通婆罗门教经典。"毗尼"，梵语"律"之音译，说明迦罗在信奉佛法之后，通晓佛教大小乘经典，尤精各部戒律。

依《高僧传》上述，迦罗来洛阳的时间为齐王嘉平（249—254年）中，而《开元录》明确记为文帝黄初三年（222年），③前后相差三十年左右。

诸本均述"迦罗既至，大行佛法"。如何大行佛法呢？迦罗做了两件事情：其一，应诸僧所请，译出一部律藏经典——《僧祇戒心》。《僧祇戒心》，《三宝纪》作《魏僧祇戒本》，《开元录》与《内典录》作《僧祇戒本》，均注明一部一卷，属部派佛教大众部系之戒本。其译出的具体时间、地点，依《开元录》卷一

①　《高僧传》卷一《昙柯迦罗传》，第12—13页。
②　《中华藏》第63册《金刚针论》，第1009页下、1010页中。
③　《中华藏》第55册《开元录》卷一，第14页上。

记载,"齐王芳嘉平二年(250年)庚午于洛阳白马寺出"①。其二,"更请梵僧立羯磨法受戒",此为中国古代佛教首立羯磨法传戒,亦即依律传戒之始,意义非常重要,如《高僧传》所称"中夏戒律,始自于此",奠定了中国古代佛教戒律基础。

## 二、康僧铠、昙帝、白延、安法贤诸人的事迹与译经

康僧铠,《高僧传》卷一记述:

> 时又有外国沙门康僧铠者,亦以嘉平之末来至洛阳,译出《郁伽长者》等四部经。②

谓康僧铠为"外国沙门",未详国籍。而《三宝纪》《内典录》与《开元录》则称康僧铠为"天竺国沙门""印度人"。但从其姓"康"来看,也可能先辈为康居国人。《开元录》卷一更称康僧铠"广学群经,义畅幽旨"③,说明他的佛学造诣较高。

关于康僧铠的译经情况,上述《高僧传》谓其译出《郁伽长者》等四部经。《三宝纪》《内典录》记其于齐王嘉平年间于洛阳白马寺译出《郁伽长者所问经》二卷与《无量寿经》二卷,共二部。④《开元录》则谓康僧铠于嘉平四年(252年)在洛阳白马寺译出《郁伽长者所问经》一卷、《无量寿经》二卷与《四分杂羯磨》一卷,共三部四卷,其本并在。对于《高僧传》《三宝纪》《内典录》所记康僧铠译经数量的差异,《开元录》称:"《高僧传》中云译四部,不具显名。竺道祖《魏晋录》,僧祐、宝唱《梁代录》等及长房、道宣、靖迈三录并云二部,余二既不显名,校阅未见。今更得一部,余欠一经,捡亦未获。"⑤

智昇所得康僧铠译出的《四分杂羯磨》为一部律藏经典,亦称《昙无德律部杂羯磨》,或称《昙无德杂羯磨》《四分羯磨》,其内容主要叙述佛教僧团的各

---

① 《中华藏》第55册《开元录》卷一,第14页上。
② 《高僧传》卷一《昙柯迦罗传》,第13页。
③ 《中华藏》第55册《开元录》卷一,第14页中。
④ 《中华藏》第54册《三宝纪》卷五,第204页上;第54册《内典录》卷二,第476页上。
⑤ 《中华藏》第55册《开元录》卷一,第14页中。

种活动仪式规范。

　　昙帝,亦称昙谛、昙无谛,意译"法实",安息国沙门。其人"善学律藏,妙达幽微"。依《开元录》,他于曹魏高贵乡公正元元年(254 年)游至洛阳,住白马寺,译出《昙无德羯磨》一部一卷。① 此经是上述康僧铠所译《四分杂羯磨》的异译,为姚秦时佛陀耶舍与竺佛念所译六十卷本《四分律》的早期节译本。这三个译本现均在。在《中华藏》中,《昙无德羯磨》称《羯磨》,经名下题"沙门昙谛集",又题"出昙无德律"。② 近年,有汉语史研究学者从文献学、词汇学与文化学三方面综合考证,认为《昙无德羯磨》非曹魏时所译,最早亦在西晋以后;极有可能就是刘宋元嘉之末的释昙谛在求那跋摩《四分比丘尼羯磨》的基础上,再从《昙无德律》中摘抄出"比丘羯磨"拼凑而成的。③

　　白延,又称帛延,西域僧人。《高僧传》称其"才明有深解",《开元录》谓其"才明盖世,深解逾伦",④意思是才华出众,佛法的造诣很深。关于其译经的情况,《出三藏记集》卷二记载其魏高贵乡公(254—260 年)时译出《首楞严经》二卷、《叉须赖经》("叉"或作"又")一卷和《除灾患经》一卷共三部,卷十三又记其在魏正始之末(249 年)译经三部。⑤《高僧传》卷一记其在魏甘露(256—260 年)中译出《无量清净平等觉经》等凡六部,⑥未列各经名称。《三宝纪》《内典录》均记载白延甘露年中在洛阳白马寺译经六部八卷,比《出三藏记集》《高僧传》所列多《菩萨修行经》与《平等觉经》各一卷,并注明《无量清净平等觉经》为二卷。⑦ 而依《开元录》记载,白延于高贵乡公甘露三年(258 年)游化洛阳,在白马寺译出五部佛经。较《三宝纪》《内典录》所载,少一部《平等觉经》,对此智昇解释说:"长房等录又有《平等觉经》一卷,亦云白延所

---

① 《中华藏》第 55 册《开元录》卷一,第 14 页中。

② 《中华藏》第 41 册《羯磨》,第 511 页中。

③ 颜洽茂、卢巧琴:《失译、误题之经年代的考证——以误题曹魏昙谛译〈昙无德羯磨〉为例》,《浙江大学学报》(人文社会科学版),2009 年第 5 期,第 178—185 页。

④ 《高僧传》卷一《昙柯迦罗传》,第 13 页;《中华藏》第 55 册《开元录》卷一,第 14 页下。

⑤ 《出三藏记集》卷二《新集撰出经律论录》,第 31 页;卷十三《安玄传》,第 512 页。

⑥ 《高僧传》卷一《昙柯迦罗传》,第 13 页。

⑦ 《中华藏》第 54 册《三宝纪》卷五,第 204 页中—下;第 54 册《内典录》卷二,第 476 页中。但《三宝纪》仅列出五部经名,缺《首楞严经》。

出。今以此经即是《无量清净平等觉经》,但名有广略,故不复存也。"①

安法贤,《开元录》卷一云:

> 沙门安法贤,西域人。艺业克深,慧解尤峻。振锡游邦,自远而至,译《罗摩伽》等经二部。群录并云魏世,不辩何帝之年。②

智昇的意思是说,当时的各本《经录》都记载说安法贤是在曹魏之时来中原内地的,但具体是哪个皇帝、哪一年,都不详。是否来到洛阳或中原河南之地,也没有记载。

## 第二节　西晋时期河南的译经活动

西晋时期,起武帝司马炎泰始元年(265 年)至愍帝司马邺建兴四年(316年),凡经四帝五十二年。根据《开元录》卷二记载,译经者十二人,所出经戒集等及新旧集失译诸经总三百三十部,合计五百九十卷。③ 当时在中原河南从事译经活动的知名译者有竺法护、安法钦、无罗叉、竺叔兰、法立、法炬、聂承远与聂道真父子等。

### 一、竺法护的事迹与译经

竺法护,音译名为竺昙摩罗刹。其先祖为月氏国人,本姓支氏,故又称支法护。④ 世居敦煌郡。《出三藏记集》卷十三记述其事迹:

> (法护)年八岁出家,事外国沙门竺高座为师,诵经日万言,过目则能。天性纯懿,操行精苦,笃志好学,万里寻师。是以博览六经,涉猎百家之言,虽世务毁誉,未尝介于视听也。是时晋武帝之世,寺庙图像,虽崇京邑,而方等深经,蕴在西域。护乃慨然发愤,志弘大道。遂随师至西域,游历诸国。外国异言,三十有六种,书亦如之,护皆遍学,贯综诂训,

---

① 《中华藏》第 55 册《开元录》卷一,第 14 页下。
② 《中华藏》第 55 册《开元录》卷一,第 14 页下。
③ 《中华藏》第 55 册《开元录》卷二,第 27 页中一下。
④ 《出三藏记集》卷七《合〈首楞严经〉记》,第 270 页。

音义字体,无不备晓。遂大赍胡本,还归中夏。自敦煌至长安,沿路传译,写为晋文。所获大小乘经《贤劫》《大哀》《正法华》《普耀》等凡一百四十九部。孜孜所务,唯以弘通为业,终身译写,劳不告惓。经法所以广流中华者,护之力也。①

《开元录》卷二有关法护事迹的记述与《出三藏记集》基本相同,但在"事外国沙门竺高座为师"后又有"遂称竺姓"一句,②说明法护随师而姓"竺"。

有关法护的译经情况,《出三藏记集》前后所记不同,与《高僧传》《三宝纪》《开元录》的记载亦不同。

上述《出三藏记集》卷十三中记法护译经"凡一百四十九部",而在卷二中,先列法护译经九十五部二百零六卷,是为"今并有其经",后又列法护译经六十四部一百一十六卷,谓其"今阙"。两项合计当为一百五十九部三百二十二卷,但书中却将合计数记为"合二件,凡一百五十四部,合三百九卷"③,此合计数既与一百五十九部三百二十二卷相差五部十三卷,又与卷十三所记一百四十九部相差五部。

《高僧传》卷一记法护译经数为一百六十五部。④《开元录》卷二记法护出经数为一百七十五部三百五十四卷。⑤ 而《三宝纪》与《内典录》则记法护译经二百一十部三百九十四卷。⑥ 对此,《开元录》评论说:

> 今详检群录,护所出经多少不定。《长房录》中其数弥众,今细寻括,多是别生等经,有非护公所出,不可足为正译之数,今为实录。⑦

但无论如何,法护是自佛教传入中国以来至鸠摩罗什来华之前最伟大的佛经翻译家,也是中国自有佛法以来至两晋时期为止,译经数量最多的一位大师,所译经典,以种类齐全、影响广泛深远著称,正如上述僧祐所称赞:"经法所以广流中华者,护之力也。"

---

① 《出三藏记集》卷十三《竺法护传》,第 518 页。
② 《中华藏》第 55 册《开元录》卷二,第 32 页上。
③ 《出三藏记集》卷二《新集撰出经律论录》,第 38、43 页。
④ 《高僧传》卷一《竺昙摩罗刹(竺法护)传》,第 23 页。
⑤ 《中华藏》第 55 册《开元录》卷二,第 32 页上。
⑥ 《中华藏》第 54 册《三宝纪》卷六,第 220 页下;第 54 册《内典录》卷二,第 485 页中。
⑦ 《中华藏》第 55 册《开元录》卷二,第 32 页下。

有关史料记载,法护在洛阳的译经活动时间可以确定的是太康十年(289年)四月至永熙元年(290年)八、九月间,此时他一直住在洛阳白马寺。太康十年(289年)四月八日译出《文殊师利净律经》一卷①,《出三藏记集》卷七记载译经情况:"沙门竺法护于京师,遇西国寂志诵出此经。经后尚有数品,其人忘失,辄宣现者,转之为晋。更得其本,补令具足。太康十年四月八日,白马寺中,聂道真对笔受,劝助刘元谋、傅公信、侯彦长等。"②同年十二月二日又译出《魔逆经》一卷,③《出三藏记集》卷七记述译经情况:"月支菩萨法护手执梵书,口宣晋言,聂道真笔受,于洛阳城西白马寺中始出。折显元写,使功德流布,一切蒙福度脱。"④次年八月又进行了《正法华经》(十卷)的校对、讲诵工作,《出三藏记集》卷八记述有关情况:"永熙元年八月二十八日,比丘康那律于洛阳写《正法华品》竟。时与清戒界节优婆塞张季博、董景玄、刘长武、长文等手执经本,诣白马寺对,与法护口校古训,讲出深义。以九月大斋十四日,于东牛寺中施檀大会,讲诵此经,竟日尽夜。无不咸欢,重已校定。"⑤《法华经》是印度大乘佛教的重要经典之一,在姚秦鸠摩罗什译出《妙法莲华经》之前,竺法护所译的《正法华经》在当时的中国佛教界影响最大,前述竺道潜、于法开及竺法崇、竺法义(竺道潜之弟子)等均以精研《正法华经》而知名。

根据这个时间阶段,法护在洛阳白马寺译出的佛经还有:《离垢施女经》一卷,译出时间与《魔逆经》同日;《法没尽经》一卷,译出时间为太熙元年(290年)二月七日;《宝髻经》二卷,译出时间为永熙元年(290年)七月十四日;《给孤独明德经》一卷,译出时间为太熙元年末⑥。《法没尽经》或云《空寂菩萨所问经》;《宝髻经》一名《菩萨净行经》,又称《宝结菩萨经》,或云《宝髻菩萨所问经》;《给孤独明德经》又称《给孤独氏经》。⑦

① 《出三藏记集》卷二《新集撰出经律论录》,第34页。
② 《出三藏记集》卷七《〈文殊师利净律经〉记》,第277—278页。
③ 《出三藏记集》卷二《新集撰出经律论录》,第34页。
④ 《出三藏记集》卷七《〈魔逆经〉记》,第274页。
⑤ 《出三藏记集》卷八《〈正法华经〉后记》,第304页。
⑥ 西晋武帝"太熙"年号始于正月改元,当年四月武帝崩,惠帝即位,又改元"永熙",故太熙不应有年末。
⑦ 《出三藏记集》卷二《新集撰出经律论录》,第33、34、38、41页。

关于法护译经的水平,《高僧传》卷一本传引有道安的评价:

> 安公云:"护公所出,若审得此公手目,纲领必正,凡所译经,虽不辩
> 妙婉显,而宏达欣畅,特善无生,依慧不文,朴则近本。"其见称若此。①

《出三藏记集》卷七保存有道安所著《合〈放光〉〈光赞〉略解序》,其中也有安公对法护所译《光赞经》的评价,称:

> 《光赞》,护公执胡本,聂承远笔受,言准天竺,事不加饰。悉则悉矣,
> 而辞质胜文也。每至事首,辄多不便,诸反覆相明,又不显灼也。②

显然,法护译经采取的是直译方式,虽然保证了忠实于胡本,但在汉语表达上却颇有欠缺,正因为如此,才有下面将要谈到的聂承远的笔受之功。事实上,在法护的译经活动中,有一批像聂承远一样的本土信众先后为其笔受删校,参正文句,保证了法护的译经水平,他们的贡献不可埋没,如聂承远及其子聂道真、竺法首、陈士伦、孙伯虎、虞世(士)雅、康殊、帛法炬、赵文龙、法乘等。③

法护一生,除不懈译经之外,还坚持向社会各阶层传播佛法:

> 后立寺于长安青门外,精勤行道。于是德化四布,声盖远近,僧徒千
> 数,咸来宗奉。……于是四方士庶,闻风响集,宣隆佛化,二十余年。④

惠帝西奔,关中萧条,百姓流移,法护率其门徒避乱东下,至河南洛阳渑池患病去世,享年七十八岁。⑤

## 二、安法钦、无罗叉、竺叔兰的事迹与译经

安法钦,《开元录》记述:

> 沙门安法钦,安息国人。学瞻众经,幽监无滞。以武帝太康二年辛

---

① 《高僧传》卷一《竺昙摩罗刹(竺法护)传》,第24页。

② 《出三藏记集》卷七《合〈放光〉〈光赞〉略解序》,第266页。

③ 《高僧传》卷一《竺昙摩罗刹(竺法护)传》,第24页;《中华藏》第55册《开元录》卷二,第32页中;《出三藏记集》卷七《普曜经〉记》《贤劫经〉记》《阿维越致遮经〉记》,第267、268、274页。

④ 《出三藏记集》卷十三《竺法护传》,第518—519页。

⑤ 汤用彤之《理学·佛学·玄学》一书中有《读慧皎〈高僧传〉札记竺法护卒于何地何年》一文,对法护卒地卒年进行了考证,认为凉土或为法护晚年所在地;据《普曜经〉记》,永嘉二年(308年)法护尚在天水寺(第79—80页)。

丑讫惠帝光熙元年景（丙）寅于洛阳译《道神足》等经五部。①

武帝太康二年（281年）至惠帝光熙元年（306年）前后共二十六年，其间安法钦一直在洛阳活动，先后译出了《道神足无极变化经》（亦名《合道神足经》）四卷、《阿育王传》（或称《大阿育王传》《大阿育王经》）七卷、《文殊师利现宝藏经》（亦称《示现宝藏经》）二卷、《阿阇世王经》二卷、《阿难目佉经》一卷等五部十六卷经典。

无罗叉，又称无叉罗，西域于阗国沙门。武、惠之时在河南活动。他在译经方面的贡献就是译出了朱士行西行求法所得之《放光般若经》二十卷（或三十卷）。《出三藏记集》卷七保存有《〈放光经〉记》，记述有关情况：

> 惟昔大魏颍川朱士行，以甘露五年出家学道为沙门，出塞西至于于阗国，写得正品梵书胡本九十章，六十万余言。以太康三年遣弟子弗如檀，晋字法饶，送经胡本至洛阳。住三年，复至许昌。二年后至陈留界仓垣水南寺，以元康元年五月十五日，众贤者共集议，晋书正写。时执胡本者，于阗沙门无罗叉，优婆塞竺叔兰口传，祝太玄、周玄明共笔受。正书九十章，凡二十万七千六百二十一言。时仓垣诸贤者等，大小皆劝助供养，至其年十二月二十四日写都讫。②

相同的记载亦见于《开元录》。从记载来看，《放光般若经》是由无罗叉、竺叔兰两人于元康元年（291年）共同译出的，其中还有两位汉族知识分子佛教信徒祝太玄、周玄明担任其笔受。

根据《出三藏记集》卷七《〈放光经〉记》的记载，《放光般若经》译出十二三年之后，又经过了一次修订：

> （《放光经》）经义深奥，又前后写者参校不能善悉。至太安二年十一月十五日，沙门竺法寂来至仓垣水北寺求经本。写时捡取现品五部并胡本，与竺叔兰更共考校书写，永安元年四月二日讫，于前后所写校最为差定，其前所写可更取校。③

---

① 《中华藏》第55册《开元录》卷二，第33页中。
② 《出三藏记集》卷七《〈放光经〉记》，第264—265页。
③ 《出三藏记集》卷七《〈放光经〉记》，第265页。

修订的主要原因是《放光经》经义深奥，译者、助译者未能准确地、全面地理解并表达出（"善悉"）其思想。前述《放光经》的译出历时七个多月，此次修订则花费了四个多月，说明了修订的认真程度，也表明了修订后的《放光经》的质量程度之好。

由上述可知，在《放光般若经》的译出与修订过程中，有一个人参与始终，那就是竺叔兰。

竺叔兰，《出三藏记集》卷十三有传，记其家世与本人成长云：

> 竺叔兰，本天竺人也。祖父娄陀，笃志好学，清简有节操。时国王无道，百姓思乱，有贱臣将兵，得罪惧诛，以其国豪，呼与共反。娄陀怒曰："君出于微贱，而任居要职，不能以德报恩，而反为逆谋乎？我宁守忠而死，不反而生也！"反者惧谋泄，即杀之而作乱。娄陀子达摩尸罗，齐言法首，先在他国。其妇兄二人，并为沙门。闻父被害，国内大乱，即与二沙门奔晋，居于河南，生叔兰。叔兰幼而聪辩，从二舅谘受经法，一闻而悟，善胡汉语及书，亦兼诸文史。①

竺叔兰是侨居中原洛阳的第二代天竺移民，天竺的家庭背景、亲属的佛法熏陶与汉地的人文环境三者使其"谘受经法，一闻而悟，善胡汉语及书，亦兼诸文史"，成为沟通梵汉佛教文化的使者。年轻时，叔兰性格轻躁，游猎无度，游猎时曾折断过右臂。饮酒至五六斗方畅。曾死而复苏，自言在阴间见祖父、两舅及本人业果，因而"改节修慈，专志经法"，成为一位虔诚的居士。奠定叔兰在中国佛教史上的地位的事情就是上述他先与无罗叉合译，后又与竺法寂一起修订了《放光般若经》。此外，他还在洛阳自译出《异维摩诘经》（三卷）和《首楞严经》（二卷）两部。

关于叔兰译经的水平，《出三藏记集》谓其"既学兼胡汉，故译义精允"②，评价非常高。叔兰晚年，因战乱避地荆州，后无疾而终。

---

① 《出三藏记集》卷十三《竺叔兰传》，第519—520页。
② 《出三藏记集》卷十三《竺叔兰传》，第520页。

### 三、法立、法炬、聂承远与聂道真父子的事迹与译经

法立,又称释法立,沙门,籍贯不详。《出三藏记集》卷二记载其与法炬共译《法句喻》《福田》二经,卷十三除重复此记载外,又云:"法立又访得胡本,别译出百余首,未及缮写,会病而卒。寻值永嘉扰乱,湮灭不存。"①《高僧传》卷一述晋惠帝末年(306年),沙门法立再译出《法句经》五卷,并云:"立又别出小经近四(百)许首,值永嘉末乱,多不复存。"②而《三宝纪》与《内典录》均记惠帝时(290—306年)法立与法炬等在洛阳合译出四经十三卷:《楼炭经》六卷、《大方等如来藏经》一卷、《法句本末经》五卷、《诸德福田经》一卷。③《开元录》则记法立与法炬等合译经四部十二卷,其称:"沙门释法立,不知何许人也。智道弘拔,悟物为先。于惠帝代共法炬等于洛阳译《诸德福田》等经四部。"四经与上列无异,唯《法句譬喻经》(即《法句本末经》)由五卷记为四卷。④ 对比《出三藏记集》卷二与《三宝纪》《内典录》《开元录》所述法立与法炬共译经数,并不一致,前述为二部,后述为四部。

法炬,又称法巨、释法炬、帛法炬,沙门,籍贯亦不详。《出三藏记集》卷二列《楼炭经》六卷、《大方等如来藏经》一卷、《法句本末经》四卷与《福田经》一卷,谓此四部凡十二卷经为"晋惠、怀帝时沙门法炬译出。其《法句喻》《福田》二经,炬与沙门法立共译出"。卷七有《〈普曜经〉记》,其中称:永嘉二年五月,竺法护翻译《普曜经》时,帛法炬为笔受者之一。卷十三又云:"惠怀之际,有沙门法炬者,不知何许人也。译出《楼炭经》。"⑤《高僧传》卷一记载:"沙门法巨著笔,其辞小华也。"⑥意思是说,法炬译经,文笔有一定的文采。《三宝纪》卷六与《内典录》卷二列释法炬译经一百三十二部一百四十二卷,谓为惠帝时

① 《出三藏记集》卷二《新集撰出经律论录》,第44页;卷十三《竺法护传》,第519页。
② 《高僧传》卷一《维祇难传》,第22页。
③ 《中华藏》第54册《三宝纪》卷六,第223页中;第54册《内典录》卷二,第488页上。
④ 《中华藏》第55册《开元录》卷二,第35页下—36页上。
⑤ 《出三藏记集》卷二《新集撰出经律论录》,第44页;卷七《〈普曜经〉记》,第267页;卷十三《竺法护传》,第519页。
⑥ 《高僧传》卷一《维祇难传》,第22页。

所出,称:"初,炬共法立同出,立死后,炬又自出。"①而《开元录》则记释法炬自译经四十部五十卷,称:"沙门释法炬,亦未详氏族。器量高峙,游化在怀。于惠帝代,初与法立共出经。法立没后,炬遂自译《优填王》等经四十部。"对于《三宝纪》《内典录》所记载法炬自译经数,智昇评论说:"长房等录更有诸经并云炬出,今以皆是别生之经,录家误上,今并删之。"②

聂承远与聂道真父子,居士,籍贯不详,当为本土信众无疑。他们活动于长安、洛阳两地。《出三藏记集》卷二列《超日明经》二卷为聂承远所译,并称:"晋武帝时,沙门竺法护先译梵文,而辞义烦重。优婆塞聂承远整理文偈,删为二卷。"卷十三《竺法护传》中又记此事,说:"初护于西域得《超日明经》胡本,译出颇多繁重。时有信士聂承远,乃更详正文偈,删为二卷,今之所传经是也。承远明练有才理,笃志法务,护公出经,多参正焉。"③由上述记载可知,聂承远是一位虔诚而又精通经传、一心弘法的佛教徒,曾长期参与法护的译经工作,参正文句,执笔详校,为法护译经的重要助手,有笔受之功。最初法护所译之《超日明经》,词句烦琐,幸赖聂承远详定删正,方行于世。除《超日明经》外,据《三宝纪》卷六、《内典录》卷二的记载,聂承远以法护初译本"文义隐质,理句未圆"而又更整文偈、删改而出的佛经还有《迦叶诘阿难经》一卷与《越难经》一卷。④但《开元录》卷二仅记惠帝时聂承远自译《越难经》一卷,并称:"长房等录云承远更译《迦叶诘阿难经》,此乃《杂譬喻》抄,非是别翻。"⑤法护之外,聂承远还参与过其他译人的译经活动,如天竺僧昙摩罗察在长安青门内白马寺中口授译出《须真天子经》时,聂承远即为笔受者之一。⑥

聂道真,少时随父受学,以护为师,耳濡目染,亦善梵学。《高僧传》对于他们父子两人的文学修养水平给予了高度的评价,称:"此君父子,比辞雅便,

---

① 《中华藏》第54册《三宝纪》卷六,第225页中;第54册《内典录》卷二,第489页下。《内典录》的文字稍异。
② 《中华藏》第55册《开元录》卷二,第36页下。
③ 《出三藏记集》卷二《新集撰出经律论录》,第43页;卷十三《竺法护传》,第519页。
④ 《中华藏》第54册《三宝纪》卷六,第221页下;第54册《内典录》卷二,第486页下。
⑤ 《中华藏》第55册《开元录》卷二,第37页下。
⑥ 《出三藏记集》卷七《〈须真天子经〉记》,第267页。

无累于古。"①《开元录》亦称："清信士聂道真,即承远息,父子清悟,皆以度语为业。从武帝太康初至怀帝永嘉末,其间询禀谘承法护笔受之外,及护殁后,真遂自译《无垢施应辩》等经二十四部。诚师护公,真当其称,颇善文句,辞义分炳。"②从武帝太康初(280年)至怀帝永嘉末(313年),其间共三十多年,聂道真一方面与其父一起协助法护译经,共职掌笔受,另一方面也自译佛经;法护去世后,聂道真仍继续自译经典,踏踏实实地做到了以度语为业,亦即终身以翻译佛经为己任。关于其自译经数,《三宝纪》卷六与《内典录》均记为五十四经六十六卷,③但《开元录》卷二仅记为二十四部三十六卷,称其余"并是别生抄经,故删之"。④

## 四、帛远与卫士度的事迹与译经

根据《高僧传》卷一的记载,西晋时期还有帛远与卫士度两位知名译者,他们的籍贯在今河南境内,也应当记录入河南佛教史之中。

帛远,又称白远,字法祖,本姓万氏,河内(今河南沁阳市)人。"祖少发道心,启父出家,辞理切至,父不能夺,遂改服从道。祖才思俊彻,敏朗绝伦,诵经日八九千言,研味《方等》,妙入幽微。世俗坟素,多所该贯。乃于长安造筑精舍,以讲习为业,白黑宗禀,几且千人。……祖既博涉多闲,善通梵汉之语,尝译《惟逮》《弟子本》《五部僧》等三部经,又注《首楞严经》,又有别译数部小经,值乱零失,不知其名。"⑤其译经地似在关陇一带。

卫士度,优婆塞,司州汲郡(治所在今河南卫辉市)人。"陆沈寒门,安贫乐道,常以佛法为心",在晋惠帝之世(290—306年)译出《道行般若经》二卷。⑥ 对卫士度所译此经,智昇之《开元录》有不同的意见:"《长房》等录云:优婆塞卫士度于惠帝代出《摩诃般若波罗蜜道行经》二卷,云从旧《道行》中删

---

① 《高僧传》卷一《竺昙摩罗刹(竺法护)传》,第24页。
② 《中华藏》第55册《开元录》卷二,第38页上—中。
③ 《中华藏》第54册《三宝纪》卷六,第222页下;第54册《内典录》卷二,第487页中。
④ 《中华藏》第55册《开元录》卷二,第38页上、中。
⑤ 《高僧传》卷一《帛远传》,第26—27页。
⑥ 《高僧传》卷一《帛远传》,第28页。

改略出(《僧祐录》云、众录并云:《道行经》二卷,卫士度略出),既取旧经删略,即非梵本别翻。"①其译经地不详。

## 第三节 北魏、东魏时期河南的译经活动

北魏以及东魏时期的译经情况,《开元录》卷六总结说:

> 始从道武帝皇始元年景(丙)申(即东晋太元二十一年也),终东魏孝靖帝武定八年庚午,凡一十三帝一百五十五年(五帝都恒安,至孝文帝太和十八年南迁,七帝都洛阳,一主都邺),缁素一十二人。所译经、论、传等,总八十三部二百七十四卷(于中七十三部二百五十五卷见在,一十部一十九卷阙本)。②

具体译经人员和译经情况:

> 沙门释慧觉,一部一十三卷,集、经;沙门释昙曜,三部七卷,经、传;沙门吉迦夜,五部一十九卷,经、论、传、集;沙门昙摩流支,三部八卷,经;沙门释法场,一部一卷,经;沙门勒那摩提,三部九卷,论;沙门菩提留支,三十部一百一卷,经、论;沙门佛陀扇多,一十部一十一卷,经、论;婆罗门瞿昙(般若流支),一十八部九十二卷,经、戒、论;王子月婆首那,三部七卷,经;沙门毗目智仙,五部五卷,论;沙门达磨菩提,一部一卷,论。③

孝文帝太和十八年(494 年)迁都洛阳之前,北魏政权的政治中心在今山西北部,此时的译经活动主要不在中原河南。而迁都之后,洛阳就再一次成为北魏翻译佛教经典的重镇。东魏以邺城为都,译经活动的中心就又转移到了邺城。上述十二位译者中,前三位,亦即慧觉、昙曜和吉迦夜未见在河南活动;后四位,即瞿昙般若流支、月婆首那、毗目智仙和达磨菩提的译经活动在邺城;其余五位,亦即昙摩流支、法场、勒那摩提、菩提留支与佛陀扇多曾在河南洛阳进行过译经活动。

---

① 《中华藏》第 55 册《开元录》卷二,第 38 页下。
② 《中华藏》第 55 册《开元录》卷六,第 125 页中。
③ 《中华藏》第 55 册《开元录》卷六,第 125 页中—下。

## 一、昙摩流支、法场的事迹与译经

昙摩流支,《开元录》卷六记述:

> 沙门昙摩流支,魏云法希,亦云法乐,南印度人。弃家入道,偏以律藏传名,弘道为务,感物而动。宣武帝世游化洛阳,以景明二年辛巳至正始四年丁亥为宣武帝译《信力》等经三部,沙门道宝笔受。①

昙摩流支在洛阳为宣武帝所译三经的具体情况,《三宝纪》《内典录》与《开元录》所记一致:《信力入印法门经》五卷,正始元年(504 年)出;《如来庄严智慧光明入一切佛境界经》(亦名《如来入一切佛境界经》)二卷,景明二年(501 年)于白马寺出;《金色王经》一卷,正始四年(507 年)出。②

法场,《开元录》卷六记述:"沙门释法场,未详何许人也。亦以宣武帝时于洛阳译《辩意经》一部。"③《续高僧传》卷一亦记:"时又有沙门法场,于洛阳译《辩意长者问经》一卷,虽阙传对,而是正文,见法上《录》。"④《辩意长者所问经》,亦名《辩意长者子所问经》《辩意长者子经》《长者辩意经》。

## 二、勒那摩提、菩提留支与佛陀扇多的事迹与译经

勒那摩提,或云婆提,《续高僧传》卷一记述:

> 中天竺僧勒那摩提,魏云宝意,博赡之富,理事兼通。诵一亿偈,偈有三十二字。尤明禅法,意存游化。以正始五年初届洛邑……⑤

依此记载,勒那摩提是在宣武帝正始五年(508 年)时刚刚来到洛阳。《开元录》卷六的记载同此。⑥ 但《全唐文》卷九〇四有《大法师行记》一文,其中记载:

> 暨大魏太和廿二年,□(当为"中")天竺优迦城有大法师名勒那麼

---

① 《中华藏》第 55 册《开元录》卷六,第 126 页下。
② 《中华藏》第 54 册《三宝纪》卷九,第 267 页下;第 54 册《内典录》卷四,第 556 页中;第 55 册《开元录》卷六,第 126 页中—下。
③ 《中华藏》第 55 册《开元录》卷六,第 126 页下。
④ 《续高僧传》卷一《菩提流支传》,第 17 页。
⑤ 《续高僧传》卷一《菩提流支传》,第 16 页。
⑥ 《中华藏》第 55 册《开元录》卷六,第 127 页上。

提,□□(当为"魏言")宝意,兼□□乘,备照五明,求道精勤,圣贤未简,而悲矜苦海,志存传化。遂从彼中□持《十地论》,振斯东夏,授此土沙□□(当为"门慧")光禅师。①

说明早在孝文帝太和二十二年(498年),勒那摩提已在洛阳向慧光传授《十地经论》了。

关于勒那摩提译经的情况,《三宝纪》卷九与《内典录》均记其在洛阳译经六部二十四卷:《毗耶婆问经》二卷、《龙树菩萨和香(方)》一卷、《十地经论》十二卷、《宝积经论》四卷、《究竟一乘宝性论》四卷与《法华经论》一卷。②《续高僧传》卷一记其"译《十地》《宝积论》等大部二十四卷"③。"大部"一词意义不明,对比《三宝纪》,"大部"当为"六部"。而《开元录》卷六则记勒那摩提译出《妙法莲华经论》(亦名《法华经论》)一卷、《究竟一乘宝性论》(亦称《宝性分别七乘增上论》)四卷和《宝积经论》四卷,共三部九卷。④

菩提留支,又作菩提流支,《续高僧传》卷一留支本传记述:

菩提流支,魏言道希,北天竺人也。遍通三藏,妙入总持,志在弘法,广流视听。遂挟道宵征,远莅葱左,以魏永平之初来游东夏。宣武帝下敕引劳,供拟殷华,处之永宁大寺,四事将给,七百梵僧,敕以流支为译经之元匠也。⑤

所谓"敕以流支为译经之元匠",就是宣武帝任命菩提留支为译经工作的总负责人。根据当时人李廓所撰《众经录》的记述,"三藏法师流支房内,经论梵本可有万夹。所翻新文,笔受稿本,满一间屋"⑥。这充分表现了一个译经大师的风貌。

菩提留支的译经工作受到宣武帝的高度重视,《续高僧传》留支本传中记载:"先时流支奉敕创翻《十地》,宣武皇帝命章一日,亲对笔受,然后方付沙门

---

① (清)董诰等编:《全唐文》卷九〇四《大法师行记》,北京:中华书局1983年版,第9435页下。
② 《中华藏》第54册《三宝纪》卷九,第268页下;第54册《内典录》卷四,第557页中。
③ 《续高僧传》卷一《菩提流支传》,第16页。
④ 《中华藏》第55册《开元录》卷六,第126页下—127页上。
⑤ 《续高僧传》卷一《菩提流支传》,第13—14页。
⑥ 《续高僧传》卷一《菩提流支传》,第15—16页。

僧辩等,讫尽论文。"①

菩提留支的译经工作,从宣武帝永平二年(509年)一直持续到孝静帝天平二年(535年),前后长达二十六年之久。关于其译经数量,《续高僧传》留支本传称:

> 帝又敕清信士李廓撰《众经录》。……其录云:"三藏流支自洛及邺,爰至天平,二十余年,凡所出经三十九部一百二十七卷。"即《佛名》《楞伽》《法集》《深密》等经,《胜思惟》《大宝积》《法华》《涅槃》等论是也,并沙门僧朗、道湛及侍中崔光等笔受,具列唐贞观《内典录》。②

翻检《内典录》,所记菩提留支译经数即为三十九部,一百二十七卷。③ 而《开元录》则刊定菩提留支共译经三十部,一百零一卷。其中明确记载在洛阳译出的经论有《金刚般若波罗蜜经》一卷、《弥勒菩萨所问经》一卷、《胜思惟梵天所问经》六卷、《深密解脱经》五卷、《入楞伽经》十卷、《大萨遮尼乾子所说经》十卷、《佛名经》十二卷、《法集经》六卷、《差摩婆帝受记经》一卷、《不增不减经》一卷、《十地经论》十二卷、《弥勒菩萨所问经论》五卷、《金刚般若波罗蜜经论》三卷、《胜思惟梵天所问经论》四卷、《无量寿经论》一卷等。④

《续高僧传》卷一菩提留支本传谓其到洛阳后被宣武帝安置在永宁寺译经,此说有误。因为永宁寺是在宣武帝之后的孝明帝熙平初年(516年)才修建的。而且从《开元录》所列菩提留支译出诸经论名录下的注释记录中我们可以看到,他在洛阳的译经活动,并没有固定在一个地点。例如,《金刚般若波罗蜜经》,"永平二年于胡相国译";《弥勒菩萨所问经》,"于赵欣宅译";《大萨遮尼乾子所说经》,"正光元年于洛阳为司州牧汝南王于第出";《佛名经》,"正光年于胡相国第译";《十地经论》,"永平元年四月于太极紫亭译";《弥勒菩萨所问经论》,"是在洛阳赵欣宅"出;《胜思惟梵天所问经论》,"普泰元年于洛阳元桃汤宅出"。当然,也有菩提留支在永宁寺译经的记录:《无量寿经

---

① 《续高僧传》卷一《菩提流支传》,第15页。
② 《续高僧传》卷一《菩提流支传》,第15页。
③ 《中华藏》第54册《内典录》卷四,第557页上。
④ 《中华藏》第55册《开元录》卷六,第127页中—128页上。

论》,"永安二年于洛阳永宁寺出"。① 永安为孝庄帝的年号,其时永宁寺已建成十余年了。

由于菩提留支的译经活动长达二十多年,为其笔受者也有相当的人数。除前述宣武帝亲自笔受,沙门僧朗、道湛及侍中崔光笔受之外,还有觉意、僧辩、昙琳等人。②

佛陀扇多,《续高僧传》卷一记述:

> 又有北天竺僧佛陀扇多,魏言觉定,从正光元年至元象二年,于洛阳白马寺及邺都金华寺译出《金刚上味》等经十部。③

《开元录》又记载:

> 沙门佛陀扇多,魏言觉定,北印度人。神悟聪敏,内外博通,特善方言,尤工艺术。以孝明帝正光六年乙巳至孝靖帝元象二年己未于洛阳白马寺及邺都金花寺译《十法》等经十部,沙门昙林等笔受。④

两条记载比较,佛陀扇多的译经开始时间一为正光元年,一为正光六年,当是"元""六"抄写之误。

根据《开元录》的记载,佛陀扇多在洛阳翻译的佛经有《如来师子吼经》一卷(正光六年出)、《金刚上味陀罗尼经》一卷(正光六年出)和《摄大乘论》二卷(普泰元年出)等。⑤

## 三、《十地经论》翻译的历史公案

在勒那摩提、菩提留支以及佛陀扇多之间,有关《十地经论》的翻译,还有一桩历史公案。

根据参与《十地经论》译事的侍中崔光所撰《〈十地经论〉序》记载:

> 大魏皇帝,俊神天凝,玄情汉远,杨(扬)治风于宇县之外,敷道化于

---

① 《中华藏》第 55 册《开元录》卷六,第 127 页中—128 页上。
② 《中华藏》第 55 册《开元录》卷六,第 127 页中—128 页上。
③ 《续高僧传》卷一《菩提流支传》,第 16 页。
④ 《中华藏》第 55 册《开元录》卷六,第 130 页上。
⑤ 《中华藏》第 55 册《开元录》卷六,第 129 页下—130 页上。

千载之下，每以佛经为游心之场，释典为栖照之囿。搜隐访缺，务乎照杨（扬），有教必申，无籍不备。以永平元年岁次玄枵四月上日，命三藏法师北天竺菩提流支，魏云道希，中天竺勒那摩提，魏云宝意，及传译沙门北天竺伏陀扇多，并义学缁儒一十余人，在太极紫庭，译出斯论十有余卷。斯二三藏，并以迈俗之量，高步道门，群藏渊部，罔不研揽，善会地情，妙尽论旨。皆手执梵文，口自敷唱，片辞只说，辩诣蔑遗。于时，皇上亲纡玄藻，飞翰轮首。臣寮僧徒，毗赞下风。四年首夏，翻译周讫。①

这个记载叙述得很明确：第一，《十地经论》的翻译是由北魏宣武帝下令进行的；第二，主译者第一位是菩提留支，第二位是勒那摩提，传译者是佛陀扇多，还有十余名僧俗（义学缁儒）助译，宣武帝与臣僚们亦参与其事；第三，译经的时间为永平元年（508年）四月至永平四年（511年）四月（首夏），前后历时三年；第四，译经的地点是在皇宫内的太极紫庭殿。因为崔光是《十地经论》译事的参与者，所以他的记载当是最可信的。

但就在当时，有关《十地经论》的翻译过程，已经出现了种种不同的说法，这些说法来自李廓、杨衒之和释宝唱的记载。李廓、杨衒之和释宝唱与勒那摩提、菩提留支、佛陀扇多和崔光等人差不多同时代，或稍晚一点。李廓奉敕撰有《魏世众经目录》一卷，一般称《李廓录》；杨衒之撰有《洛阳伽蓝记》五卷；释宝唱奉敕撰有《梁世众经目录》四卷，一般称《宝唱录》。有关的不同说法大致有：

其一，《三宝纪》卷九所列菩提留支译经名录内有：

> 《十地经论》十二卷，《李廓录》云："初译。宣武皇帝御亲于大殿上，一日自笔受，后方付沙门僧辩讫了。"②

这是说，根据《李廓录》的记载，《十地经论》是由菩提留支一人翻译出来的。《三宝纪》所引《李廓录》的记载，也见于道宣的《内典录》卷四。而在道宣的《续高僧传》卷一中，他干脆省去了"《李廓录》云"，直接说："先时流支奉敕创

---

① 《中华藏》第26册《十地论》之《〈十地论〉序》，第694页下。
② 《中华藏》第54册《三宝纪》卷九，第268页上。

翻《十地》,宣武皇帝命章一日,亲对笔受,然后方付沙门僧辩等,讫尽论文。"①《开元录》卷六所载菩提留支小传中亦有相同的记述。

其二,《洛阳伽蓝记》卷四"融觉寺"条记载:

> (菩提)流支解佛义知名,西土诸夷,号为罗汉。晓魏言及隶书,翻《十地》《楞伽》及诸经论二十三部。②

这是说,杨衒之也认为,《十地经论》是由菩提留支一人翻译的。

其三,《续高僧传》卷一《菩提流支传》谓:

> 当翻经日,于洛阳内殿,流支传本,余僧参助。其后三德(谓勒那摩提、菩提流支和佛陀扇多)乃徇流言,各传师习,不相询访。帝以弘法之盛,略叙曲烦,敕三处各翻,讫乃参校。其间隐没,互有不同,致有文旨时兼异缀,后人合之,共成通部。见宝唱等《录》。③

这是说,根据《宝唱录》的记载,《十地经论》初译的时候,以菩提留支为主译,勒那摩提和佛陀扇多参加,后来三人发生矛盾,遂各自翻译,再由后人合成。

其四,《三宝纪》卷九勒那摩提所译经名录内有:

> 已上二论(指《十地经论》《宝积经论》),菩提流支并译。且二德争名,不相询访,其间隐没,互有不同,致缀文言,亦有异处。后人始合。见《宝唱录》载。④

这是说,根据《宝唱录》的记载,《十地经论》初译的时候,是勒那摩提与菩提留支并译,后他们二人争名,遂各自单独翻译,再由后人合成。

降至隋唐,除重复上述说法之外,又有新的说法,更是让人无所适从,莫衷一是。

《三宝纪》卷九勒那摩提事迹记述中称:

> 梁武帝世,中天竺国三藏法师勒那摩提,或云婆提,魏言宝意,正始五年来在洛阳殿内译。初,菩提流支助传,后以相争,因各别译。沙门僧

---

① 《中华藏》第 54 册《内典录》卷四,第 557 页上;《续高僧传》卷一《菩提流支传》,第 15 页。
② 《洛阳伽蓝记校笺》卷四《城西》,第 197 页。
③ 《续高僧传》卷一《菩提流支传》,第 16 页。
④ 《中华藏》第 54 册《三宝纪》卷九,第 268 页下。

朗、觉意、侍中崔光等笔受。①

费长房这里所说显然是指翻译《十地经论》一事。按此说，是以勒那摩提为主译，菩提留支助译。但《三宝纪》卷十二法上事迹记述中又称：

> 《十地论》《金刚般若论》，并是僧佉弟婆薮槃豆造，至后魏宣武帝时，三藏法师菩提留支始翻。②

这也是费长房的说法，若按此说，又是菩提留支一人翻译《十地经论》。

《续高僧传》卷二十二《慧光传》谓：

> 勒那初译《十地》，至后合翻，事在别传。光时预沾其席，以素习方言，通其两诤，取舍由悟，纲领存焉。自此《地论》流传……③

这是道宣的说法。按此说，先是以勒那摩提为主译，其后合翻，慧光参加了翻译工作，是最后的合成定稿者。但《续高僧传》卷七《道宠传》又称：

> 魏宣武帝崇尚佛法，天竺梵僧菩提留支初翻《十地》在紫极殿，勒那摩提在太极殿一，各有禁卫，不许通言。校其所译，恐有浮滥，始于永平元年，至四年方讫。及勘雠之，惟云"有不二不尽"，那云"定不二不尽"，一字为异，通共惊美，若奉圣心。④

按此说，菩提留支和勒那摩提当时分别在皇宫内的两个殿内翻译，结果所译仅有一字之异。这又是道宣的另一种说法。

上述种种说法，大都是仅仅针对《十地经论》的译者不同而言，而道宣的第二种说法更增加了有关译文的差异。翻检《十地经论》，其卷二经文偈颂中仅有"自体本来空，有不二不尽"一句，而其论释称：

> 偈言自体本来空，智自空故。云何同相一切诸法如说自体空？自体空者，可如是，取如兔角耶不也；可如是，取异此空智更有异空耶不也；可如是，取有彼此自体彼此转灭耶不也。云何取此自体空？有不二不尽如是取。此句显离三种空摄：一离谤摄，二离异摄，三离尽灭摄。有二种

---

① 《中华藏》第54册《三宝纪》卷九，第268页下。
② 《中华藏》第54册《三宝纪》卷十二，第313页中。
③ 《续高僧传》卷二十二《慧光传》，第822页。
④ 《续高僧传》卷七《道宠传》，第245页。

颂:一、有不二不尽;二、定不二不尽。此颂虽异,同明实有,若非实有,不得言定。此云何定? 此定能灭诸烦恼故,是名同相。①

论释中确有"有二种颂:一、有不二不尽;二、定不二不尽"之言,但这里所谓的"有二种颂",显然是指梵文经典中原来"有二种颂",存在一字之差,而不是说在翻译成汉文的时候出现的"一字为异"的两种译文。从语言学的角度来看,不同的人将同一部著作由一种语言翻译成另外一种语言,语句译文只有一字之差,古今中外,还从未见过。

赖永海先生主编之《中国佛教通史》对《十地经论》翻译过程进行了深入的研究,通过确认"别译本"的存在,考察现存《十地经论》的翻译水平,探讨诸资料的真实可信度,推测《十地经论》的翻译过程是:

> 勒那摩提主译、菩提流支助传《十地经论》卷一,最后由菩提流支全部译出。《宝唱录》记载为"二人别译,后人始合",成为后世误解的根源。于是,在隋末地论学派南北二道的争论中,为各自法系之争而推波助澜,出现了"三人共译说""一字为异""三人别译,后人合之""慧光合翻"等传说。②

笔者赞同赖永海先生的推测。在现有史料的情况下,这也许是最合乎逻辑的结论。

---

① 《中华藏》第 26 册《十地论》卷二,第 711 页中。
② 《中国佛教通史》(第三卷),第 294 页。

# 第十章
# 魏晋时期河南流行的
# 大乘般若经典及其般若学思想

## 第一节　魏晋时期河南流行的大乘般若经典

魏晋时期，大乘般若学一直是当时佛教义学的主流。佛教作为异域外来宗教，其学说思想在中国内地的传播、流行，首先依赖于经典的翻译，般若学思想的传播、流行也是如此。早在汉末，支谶在洛阳译出了《道行般若经》《首楞严经》和《般舟三昧经》，竺朔佛也在洛阳译出了《道行经》，这些都属于"般若"类佛教经典。这些"般若"类佛典的译出，为魏晋之时河南兴起、流行般若学思想奠定了一定的理论基础。

三国时，吴之支谦，又在江南译出《大明度无极经》，由此，研究般若学的风气开始兴起。支谦，又名支越，字恭明，大月支人。汉灵帝时，其祖父率族人数百归化，官拜率善中郎将,家族定居洛阳。支谦就是在洛阳成长起来的。他自幼聪慧,通晓六国语言,受业支亮,饱览群籍,精究经旨,综习伎艺,时人呼之为"智囊"。献帝末,因中原大乱,遂避乱入东南。后颇受吴王孙权礼遇,拜为博士,使辅导东宫太子。在吴地,支谦从黄武元年(222 年)至建兴(252—253 年)中之三十余年间,译出了包括《大明度无极经》在内的一批大乘经典。《大明度无极经》,凡六卷三十品,现存。"大明",为摩诃般若之意,"度无极"即波罗蜜之意译。此经与支谶所译之《般若道行品经》为同本异译。而支谦的老师支亮又是支谶的弟子,因此,从学术传承上来看,支谦继承的就是支谶的大乘佛学思想,也就是大乘般若学思想。

其后,在玄学的影响之下,大乘般若学说蔚然成风。东汉末年支谶、竺朔佛与三国支谦诸人所译的般若经典已无法满足研习者的需求,渴望有内容更完整、译意更准确、语言更顺畅的般若经典出现,已成为当时佛教信众乃至玄学名士的迫切愿望。朱士行的西行求法正是在这种历史背景下产生的。《光赞经》与《放光般若经》两部大乘般若经典的相继译出,给当时的般若学者提供了更为广阔、更为深入的研究空间,成为一代般若学说的理论源泉。其中尤以在河南陈留译出的《放光般若经》更为重要,成为流行一时的大乘般若经典。

关于《光赞经》与《放光般若经》的传译诸情况,道安著《合〈放光〉〈光赞〉略解序》及《道行经序》有比较详细的说明。《合〈放光〉〈光赞〉略解序》称:

《放光》《光赞》同本异译耳。其本俱出于阗国持来,其年相去无几。《光赞》,于阗沙门祇多罗以泰康七年赍来,护公以其年十一月二十五日出之。《放光分》,如檀以泰康三年于阗为师送至洛阳,到元康元年五月乃得出耳。先《光赞》来四年,后《光赞》出九年也。[1]

《放光》,于阗沙门无叉罗执胡,竺叔兰为译,言少事约,删削复重,事事显炳,焕然易观也。而从约必有所遗于天竺辞及腾每大简焉。

《光赞》,护公执胡本,聂承远笔受,言准天竺,事不加饰。悉则悉矣,

---

[1] 此处所谓"后《光赞》出九年"不准确。九年当指《放光》由如檀以太康三年(282 年)为师送至洛阳至其元康元年(291 年)译出。

而辞质胜文也。每至事首,辄多不便,诸反覆相明,又不显灼也。考其所出,事事周密耳。互相补益,所悟实多。恨其寝逸凉土九十一年,几至泯灭,乃达此邦也。斯经既残不具,并《放光》寻出,大行华京,息心居士翕然传焉。中山支和上遣人于仓垣断绢写之,持还中山。中山王及众僧城南四十里幢幡迎经。其行世如是,是故《光赞》人无知者。昔在赵魏,迸得其第一品,知有兹经,而求之不得。至此,会慧常、进行、慧辩等将如天竺,路经凉州,写而因焉。展转秦雍,以晋泰元元年五月二十四日乃达襄阳。①

《〈道行经〉序》称:

> 仕行耻此,寻求其本,到于阗乃得。送诣仓垣,出为《放光品》。斥重省删,务令婉便,若其悉文,将过三倍。善出无生,论空特巧,传译如是,难为继矣。……假无《放光》,何由解斯经乎?②

道安的记述告诉我们,尽管《放光般若经》与《光赞经》的原本都来自西域于阗,又系同本异译,但它们译出后所产生的影响,却是无法同日而语的:

其一,就译出后的命运而言,《光赞经》自西晋初武帝太康七年(286年)译出后,不知何种原因,"寝逸凉土九十一年",在凉州闲置而无人知晓,直至东晋中期之后孝武帝太元元年(376年),已经残缺不全的《光赞经》才被赴天竺而路经凉州的中土僧人发现并抄写后辗转送至内地。而《放光般若经》于西晋元康元年(291年)在中原河南译出后立即声名远扬,不仅轰动京师洛阳,甚至远传至河北中部地区,以后更传至全国。

其二,就翻译方法而言,《光赞经》偏重直译。所谓"言准天竺,事不加饰。悉则悉矣,而辞质胜文也",也就是说,翻译出来的佛经"有许多佛经文句是从梵本原文逐字逐句译过来的,因而异常难懂。如果不与梵文原文对照,简直不知所云"③。而《放光般若经》则偏向意译。所谓"言少事约,删削复重,事事显炳,焕然易观也",所谓"斥重省删,务令婉便",也就是并不完全按照梵书

---

① 《出三藏记集》卷七《合〈放光〉〈光赞〉略解序》,第265—266页。
② 《出三藏记集》卷七《〈道行经〉序》,第264页。
③ 《季羡林文集》第四卷《玄奘与〈大唐西域记〉——校注〈大唐西域记〉前言》,第205页。

胡本原文一字一句地照译出来，而是采取"概括全文要点，翻译实质内容，省略重复修饰"的方法进行翻译，使经义更为明确，脉络更为清晰，经文更易理解。李炜先生将此种译法称为略译。① 当时道安对于此种译法就比较欣赏，如他所说："传译如是，难为继矣。……假无《放光》，何由解斯经乎？"

其三，就翻译过程而言，《光赞经》的翻译由竺法护执胡本，聂承远笔受，译出后似没有再进行过校订。而《放光般若经》由无叉罗执胡，竺叔兰口传，祝太玄、周玄明共笔受翻译之后，十二年后又进行了两次校订：第一次，"至太安二年（303年），支孝龙就叔兰一时写五部，校为定本。时未有品目，旧本十四匹缣，今写为二十卷"②，这说明，《放光般若经》刚译出时，未有品目，未分卷数，篇幅有十四匹缣之长。支孝龙的此次校订，将它写为五部二十卷。第二次，"至太安二年十一月十五日，沙门竺法寂来至仓垣水北寺求经本。写时捡取现品五部并胡本，与竺叔兰更共考校书写，永安元年（304年）四月二日讫，于前后所写校最为差定，其前所写可更取校"③。这次校订共进行了四个多月，竺法寂与竺叔兰一起，以现品五部——亦即支孝龙所写五部为基础，参阅胡本，重新考校书写。经过这两次认真的校订，应该说解决了"经义深奥，又前后写者参校不能善悉"④的问题，《放光般若经》的译文质量无疑达到了当时的最佳水平。

其四，就内容篇幅而言，《光赞经》虽与《放光般若经》同本异译，但篇幅很短，只有二十七品，仅相当于《放光般若》九十品中的最初三十品。《放光般若》无疑为当时的般若学者提供了一个比较完整、丰富的研究依据。

因以上种种，《放光般若经》是西晋一代译出的最重要的也是当时最流行的佛教经典。从东汉的《道行般若经》在河南洛阳译出到西晋的《放光般若经》在河南陈留译出，我们完全可以说，中国佛教的大乘般若学说是从河南诞生的。

---

① 李炜著：《早期汉译佛经的来源与翻译方法初探》，北京：中华书局2011年版，第185—186页。
② 《高僧传》卷四《朱士行传》，第146页。
③ 《出三藏记集》卷七《〈放光经〉记》，第265页。
④ 《出三藏记集》卷七《〈放光经〉记》，第265页。

## 第二节 《放光般若经》的主要内容及其所反映的佛教思想

《放光般若经》二十卷九十品,在当时所译出的佛教经典中,属于部头比较大的著作。之所以名为《放光般若经》,是因为翻译者视其为佛菩萨所发出的能遍照一切地方而无所障碍的智慧光芒。佛教认为,佛菩萨所发出的光芒,具有破除世间黑暗、彰显事物真理的不可思议的作用。佛之光芒,分为常光与现起光。常光,又称圆光,为恒常发自佛身、永不磨灭之光,一般为一寻或一丈;现起光,又称神通光、放光,为佛菩萨应机教化而发出之光。与支谶所译的小品《道行般若经》相比,大品《放光般若经》的内容更丰富,对大乘思想的阐述也更明确。

郭朋先生之《中国佛教思想史》说:《般若》经的内容,"一字以蔽之曰'空'!"①这是他对《般若》各经内容的总结,《放光般若经》自然也在其列。因为"缘起性空",特别是"性空""诸法皆空"是般若学说的核心,所以《放光般若经》中所阐述的最重要的思想就是"诸法皆空"的理论。细读《放光般若经》二十卷九十品,几乎无卷无品不涉及"皆空"之义。

那么究竟什么是"空"呢?本经《甚深品》有一关于"空"的定义:

空者为是不可尽,为是不可数,为是不可量。空者不可数、不可量亦不可平相。②

所谓"不可平相",就是说无法评论其形象状态。

本经卷一和卷四中,分别把"空"分类为十四空与十八空。卷一《放光品》中记载,佛陀称:

菩萨摩诃萨欲住内空、外空、大空、最空、空空、有为空、无为空、至竟空、无限空、所有空、自性空、一切诸法空、无所猗空、无所有空,欲知是空事法者,当学般若波罗蜜。③

---

① 《中国佛教思想史》(上卷),第120页。
② 《中华藏》第7册《放光般若经》卷十三《甚深品》,第175页下。
③ 《中华藏》第7册《放光般若经》卷一《放光品》,第4页中。

对于这十四空的含义,经中没有再作进一步的解释。而在卷四《问摩诃衍品》中,佛陀又列出了十八空,并且逐一进行了阐释:

> 复有摩诃衍,内空、外空乃至有无空是也。何等为内空?内法是谓眼耳鼻舌身意。眼本空,不著垢,亦不坏。何以故?本性尔。耳耳本空,鼻鼻本空,舌舌本空,身身本空,意意本空,亦不著垢,亦不坏。何以故?本性尔。是为内空。何等为外空?谓色声香味细滑法。色本空,亦不著垢,亦不坏。何以故?色本性尔。声香味细滑法皆尔。何以故?本性空故。是为外空。何等为内外空?内六衰、外六衰,是为内外法。以外法故内法空,以内法故外法空,亦不著亦不坏。何以故?本性尔。是为内外空。何等为空空?诸法之空,持诸法空空于空,是为空空。何等为大空?八方上下皆空,是为大空。何等为最空?泥洹是不著不坏,是为最空。何等为有为空?从不著不坏本至三界空,是为有为空。何等为无为空?不生不灭,住于不异,从不著不坏皆空。何以故?本空故。是为无为空。何等至竟空?所可不得边际者,是为至竟空。何等为不可得原空?诸可来者不知所从来,无有处故,是为无有原空。何等为无作空?于诸法无所弃,是为无作空。何等为性空?诸法所有性及有为、无为性,非罗汉、辟支佛、诸佛世尊所不作,是为性空。何等为诸法空?诸法者,谓五阴、十二衰、十八性、有为法、无为法,是为诸法。从不著不坏至诸法之性,是为诸法空。何等为自相空?色相所受相,是所持相,为想所有相,便有所觉相,是识。乃至有为、无为相,从有为、无为相至诸法皆悉空,是为(自)相空。何等为无所得空?从无著无坏至无所得,法亦无所得,是为无所得空。何等为无空?于中无所见,是为无空。何等为有空?诸法无有偶者,于诸合会中皆无有实,是为有空。何等为有无空?于诸聚会中亦无有实,是为有无空。①

用今天的话来说,内空是指人的感官(六根)——眼、耳、鼻、舌、身、意为"空"。为什么人的感官(六根)为空呢?佛陀的阐释是:"本空,不著垢,亦不坏。何

---

① 《中华藏》第7册《放光般若经》卷四《问摩诃衍品》,第44页下—45页中。

以故？本性尔。"意思是说，它们本来就是空的——"本空"，所以既不附着烦恼——"不著垢"，"著"，附着；"垢"，烦恼之异名，污秽心之垢物，也不会坏灭，这是它们空的本性所决定的——"本性尔"。外空指人的感官（包括思维）所感觉的外在对象（六境）——色、声、香、味、细滑、法为"空"，这也是本性空所决定的。内外空谓人的感官与感官所感觉的外在对象（总为十二处）合在一起为"空"。空空谓一切事物为"空"，而且此"空"观亦为"空"，不可执著。大空指事物所处之方位——东西南北四面八方为"空"。最空，后称第一义空，谓涅槃亦为"空"，因为涅槃为佛教的最高理想、第一要义。有为空，谓有为法——由因缘和合所造作的一切处于相互联系、生灭变化之中的现象、事物之三界（欲界、色界、无色界），为迷妄之有情众生在生灭变化流转境界之三个阶段为"空"。无为空，谓无为法——非由因缘所造作，离生灭变化而绝对常住之法之无生、灭、住三相亦为"空"。至竟空，后称毕竟空，谓所有事物均为"空"，终不可得。不可得原空，又称无有原空、无始空，为一切事物均无开端、来处、始处，其来处、始处、开端为"空"。无作空，谓所有事物皆悉是"空"，但"空"非他作亦非自作。性空，谓一切事物之性，无论总性、别性，无论有为法之性、无为法之性，均为"空"，并非声闻、辟支、诸佛所作。诸法空，谓五蕴、十二处、十八界诸法皆"空"。自相空，谓所有事物的各种可被人感知的现象或表象皆"空"。无所得空，又称不可得空，谓诸法本来性空，所以求之而不可得、无所得，故名之"空"。无空，又称无法空，谓诸法本无，于其中无所见，因此本无之法即"空"。有空，又称有法空，谓因缘和合而生之诸法虽有自性相，并不实有，亦为"空"。有无空，又称无有空、无法有法空，谓综合有法、无法来看，也并不实有，亦为"空"。

　　尽管这十八空在内容上不无重复之处，在层次上亦有混乱的地方，但和原始佛教时期之"三空"说、部派佛教时期之"六空"说相比较，说明大乘般若理论在对"空"的认识上，在吸收原始佛教、部派佛教有关理论的基础上又有了很大的发展；和同为阐述般若理论的《道行般若经》相比较，有关"空"的思想也更深入、更完备。应该说，这"十八空"已经比较细致、全面地涵盖了佛教欲破邪见的种种方面。所以本经中借舍利弗口总结说："弟子所有智慧，从须陀洹至声闻、辟支佛，上至菩萨、诸佛世尊，是诸众智不相违背，无所出生，其实皆空，无有差别，不出不生。"①大小乘的所有智慧，其核心"其实皆空"，也即所谓"诸法皆空"。

"大乘"是《放光般若经》中所阐释的第二个重要思想。对此，本经是从摩诃衍、菩萨、般若、僧那僧涅及三乘功德五个方面进行论述的。

第一，摩诃衍。摩诃衍，摩诃衍那之略称，即大乘之梵语 *mahā-yāna* 音译，又作上衍、上乘、胜乘、第一乘，意为大乘教法。在本经中，佛陀阐释摩诃衍的本质说：

> 若法性中有所有者，不为摩诃衍；以法性无所有故，为摩诃衍。假令如、真际、不可思议体有所有者，亦不为摩诃衍；以如、真际、不可思议体无所有故，为摩诃衍。须菩提！若六波罗蜜有所有者，不为摩诃衍；以六波罗蜜无所有故，为摩诃衍，出过诸天、龙、阿须伦、世间人民上。若内外空及有无空有所有者，不为摩诃衍；以内外空及有无空无所有故，为摩诃衍，出过诸天、阿须伦、世间人民上。若三十七品及十八法有所有者，不为摩诃衍；用三十七品及佛十八法无所有故，为摩诃衍，出过诸天、阿须伦、世间人民上。须菩提！若八辈地法、须陀洹法、斯陀含法、阿那含法、阿罗汉法、辟支佛法、阿惟三佛法、佛法有所有者，不为摩诃衍；用八辈法从须陀洹至佛法无所有故，为摩诃衍，出过诸天、阿须伦、世间人民上。须菩提！若八辈从须陀洹、斯陀含、阿那含、阿罗汉、辟支佛、阿惟三佛、佛有所有者，不为摩诃衍；用种性从须陀洹上至佛无所有故，为摩诃衍，出过诸天、阿须伦、世间人民上。须菩提！若诸天、阿须伦、世间人民有所有者，不为摩诃衍；用诸天、阿须伦、世间人民无所有故，为摩诃衍，出过其上。须菩提！若有菩萨摩诃萨从初发意乃至佛坐，中间诸可所作发意以来有所有者，不为摩诃衍；用菩萨摩诃萨初发意以来乃至佛坐，无所有故，为摩诃衍，出过诸天、阿须伦、世间人民上。②

按佛陀所言，大乘教法摩诃衍的本质为"无所有"，无论法性、如、真际、六波罗

① 《中华藏》第 7 册《放光般若经》卷一《假号品》，第 7 页中。
② 《中华藏》第 7 册《放光般若经》卷五《叹衍品》，第 60 页中—61 页上。

蜜,还是三十七品及佛十八法,乃至佛法、佛都是"无所有",而"无所有"不过就是"空"的另外一种表达罢了。

《合聚品》中记载佛陀又说:

> 所谓摩诃衍,六波罗蜜、五阴、十二衰、十八性、三十七品,乃至佛十八法、三脱门、善法、漏法、有为法、无为法、苦习尽道法,欲界、形界、无形界,内空、外空、所有空、无所有空,诸三昧门、陀邻尼门、佛十八法,如是如来所说法、教律、法性及如、真际、不可思议性、泥洹。一切诸法亦不合亦不散,亦无有形亦不可见,亦无有对,一相一相者所谓无有相。以是故,须菩提! 汝所说摩诃衍教与般若波罗蜜,其义顺从,不相违错。所以者何? 摩诃衍与般若波罗蜜无别无异,摩诃衍与三十七品至十八法亦复不别。摩诃衍则佛法,佛法则摩诃衍,是事一、无有二,亦不相违背。须菩提! 以是故说摩诃衍教者,则为说般若波罗蜜。①

这里,佛陀还是在说,所谓摩诃衍,亦即如来所说一切法、法性、如、真际、泥洹等,其特征是亦不合亦不散,亦无有形亦不可见,亦无有对、无有相,本质都是"空"。因此,摩诃衍与般若波罗蜜没有差别——"无别无异",与三十七品乃至佛十八法也没有差别,摩诃衍就是佛法,说摩诃衍教法就是说般若波罗蜜,它们所要阐述的内容完全一致——"其义顺从,不相违错",所以,摩诃衍、佛法、般若波罗蜜实质上完全是一回事——"是事一、无有二,亦不相违背"。

第二,菩萨。菩萨,菩提萨埵之略称。菩提,觉、智、道之意;萨埵,有情、众生之意。梵语为 bodhi-sattva,意译作道众生、道心众生、觉有情、大觉有情等,意指以智上求无上菩提,以悲下化有情众生,修诸波罗蜜行,于未来成就佛果之修行者,如本经中所言:"菩萨者,是天上天下之大士。"②其最突出、最典型的表现就是利他——教化、度脱世间一切众生。

《治地品》称:

> "云何菩萨得欢喜乐?"佛言:"教授众生以是为乐。""云何菩萨不舍众生?"佛言:"欲救一切故。""云何菩萨而有大悲?"佛言:"菩萨心念:

---

① 《中华藏》第 7 册《放光般若经》卷五《合聚品》,第 64 页中。
② 《中华藏》第 7 册《放光般若经》卷十九《无形品》,第 256 页上。

'我当为一一众生故,在地狱中恒边沙劫代受勤苦,一一众生皆得佛道令般泥洹。'以是劝乐是为大悲。"①

《嘱累品》又称:

一菩萨之德,出过一切诸罗汉、辟支佛上。何以故？是菩萨自欲成阿耨多罗三耶三菩,复劝助安慰一切众生,复欲令成阿耨多罗三耶三菩。②

因为菩萨不但追求自己的觉悟,获无上正等正觉,而且要教授、劝助、度脱一切众生,使之觉悟,获无上正等正觉,所以,"一菩萨之德,出过一切诸罗汉、辟支佛上",充分说明了菩萨大乘利他的重要意义。因此,《摩诃衍品》又说:

菩萨大乘,是菩萨乘,是大乘。游诸佛刹,净佛国土,育养众生。……菩萨为众生故,随其所应而变其形像,不得一切智终不离菩萨乘。逮一切智已,便能转法轮,非罗汉、辟支佛及诸天龙阅叉阿须伦及世间人所能转。③

《了本品》亦记载:

佛告须菩提:"菩萨摩诃萨发意言:'我当受无央数生死作精进行,我当为众生故舍一切所有,我当等心于一切众生,我当以三乘度脱众生当令般泥洹,亦不见众生般泥洹。我当觉诸法无所从生,常当以萨云若慧意行六波罗蜜。我当学当救济一切。'须菩提！是为菩萨发金刚意,便为大众最上首。菩萨复发意言:'我当为泥犁、薜荔中罪人所受苦痛,我当为众生代受无央数劫苦痛,尽令众生于无余泥洹而般泥洹,然后我自为身作善本,亿百千劫乃成阿耨多罗三耶三菩。'须菩提！是为菩萨发金刚意于大众而为上首。菩萨当为妙意,以妙意故于众生为上首。从初发意已来,亦不当生淫怒痴意,亦不当娆众生,亦不起声闻、辟支佛意,是为菩萨摩诃萨妙意而为大众作上首。……菩萨常当起护念于众生、亦不舍众生。……菩萨行般若波罗蜜,住于诸法空,为大众作导,亦无所倚、亦无

① 《中华藏》第7册《放光般若经》卷四《治地品》,第52页下。
② 《中华藏》第7册《放光般若经》卷十五《嘱累品》,第201页上。
③ 《中华藏》第7册《放光般若经》卷三《摩诃衍品》,第38页中。

所得。菩萨住于三十七品及佛十八法,为大众作上首,无所倚而无所见。菩萨行般若波罗蜜,住于行如金刚三昧,乃至尽虚空际无所染,逮解脱三昧,便为大众作上首,而无所得亦无所倚。须菩提! 菩萨住于是法地故,便能为众生而作上首,是故名为摩诃萨。"①

"摩诃萨",摩诃萨埵之略称,即菩萨。"上首",大众之中智德俱优、位居最上者、引领大众者。这里即指菩萨,谓菩萨愿大、行大、度众生大,居于世间诸众生中最上。

第三,般若。般若为般若波罗蜜之简称,大智慧之义,亦即超越世俗认识、完全掌握了佛法的无上智慧。般若居于大乘教法的核心地位。前述《道行般若经》时,已详述其中专门阐述般若的内容、菩萨学习般若的意义及学习般若的方法。在《放光般若经》中,有关的内容更多。例如开篇《放光品》中记载:

> 佛知众会已定,告舍利弗言:"菩萨摩诃萨当习行般若波罗蜜。"舍利弗白佛言:"欲逮知一切诸法,当云何行般若波罗蜜?"佛告舍利弗:"菩萨摩诃萨行般若波罗蜜者,未曾不布施,有财、有施、有受者,为行檀波罗蜜;知罪、知福,为行尸波罗蜜;不起恚意,为行羼提波罗蜜;身口常精进,意不懈怠,为行惟逮波罗蜜;于六情无所味,为行禅波罗蜜。"佛告舍利弗:"菩萨摩诃萨行般若波罗蜜,定意不起,当具四意止、四意断、四神足、五根、五力、七觉意、贤圣八品道,当具足空三昧、无相三昧、无愿三昧,具足四禅、四等、四无形三昧,具八解禅、得九次第禅;当复知九相:新死相、筋缠束薪相、青瘀相、脓相、血相、食不消相、骨节分离相、久骨相、烧焦可恶相;已知诸相,当念佛、志法、志比丘僧,志在施戒,志在安般守意,志在无常、苦、空、无我人想、无所乐想、无生灭想、无道想、无尽想、无所起想、善想、法想,豫知一切众生之意。是谓为慧。便得觉意三昧、无畏三昧,有想有畏、无想无畏、亦无想亦无畏。所不知根,当知、已知。当知欲过八患,却十二衰,具足佛十力、十八法、四无所畏、四无碍慧、大慈大悲。觉知一切菩萨慧者,当习般若波罗蜜。菩萨摩诃萨欲具足萨云若、离于

---

① 《中华藏》第 7 册《放光般若经》卷三《了本品》,第 35 页中—第 36 页上。

生死习绪者，当学般若波罗蜜。①

在这个总述之后，佛陀开始了他的长篇关于菩萨应从哪些方面"当学般若波罗蜜"的教诲，据笔者统计，以"当学般若波罗蜜"为标志，佛陀共讲了五十三个方面，可见范围之广泛。

在《嘱累品》中记载有佛陀对弟子阿难的一番很长的教诲，反复叮嘱说：

"阿难！我所说诸法，除般若波罗蜜，悉亡悉失，其过可可耳。汝持是深般若波罗蜜，若忘失一句、舍一句、忘一句，汝过甚多。……以是深般若波罗蜜嘱累汝，当善持善受善讽诵念。若有善男子、善女人受持般若波罗蜜、讽诵守行者，则为受持过去当来现在诸佛之道。若有善男子、善女人以名华名香、缯盖幢幡用供养我者，当供养般若波罗蜜。其有供养般若波罗蜜者，以为供养过去当来今现在诸佛已。若有善男子、善女人闻说深般若波罗蜜，于中起恭敬意者，则为供养过去当来今现在诸佛已。阿难！汝若恭敬慈于我者，当恭敬慈于般若波罗蜜。若书是般若波罗蜜时，亦当恭敬，慎莫失一句。……如我今于三界中尊，般若波罗蜜亦复是尊！……当宣语诸天、龙神、诸世间人，普令闻知：诸不欲舍如来三宝者、不欲弃去来今佛道者，慎莫弃舍般若波罗蜜，是者则我道之法御。若有善男子、善女人受持般若波罗蜜、讽诵读习念守行者，转复教人演其中义、分别解说者，是人疾得阿耨多罗三耶三菩，得萨云然不久。何以故？阿难！诸佛如来道者，皆出般若波罗蜜中，诸去来今佛皆从般若波罗蜜中出。……菩萨欲得般若波罗蜜者，当学六波罗蜜。何以故？阿难！六波罗蜜者，菩萨之母，生诸菩萨故。诸学六波罗蜜者，皆当于中成阿耨多罗三耶三菩。……六波罗蜜者，是诸如来、无所著、等正觉之法藏；六波罗蜜者，无尽之藏。诸去来今佛转法轮教化众生者，皆以六波罗蜜为藏。诸去来今佛，皆于六波罗蜜中学成阿耨多罗三耶三菩。诸去来今佛诸弟子，皆学六波罗蜜而般泥洹，甫当般泥洹者亦当学是六波罗蜜。阿难！汝若教三千大千刹土中为弟子者说法，皆令成就得阿罗汉，虽有

① 《中华藏》第7册《放光般若经》卷一《放光品》，第3页中—下。

是教,未为我弟子之教。不如以般若波罗蜜一句,如法教菩萨令学,是则为我弟子之教。阿难! 我属所说三千大千国土,教满中人皆令得罗汉行,行六波罗蜜,所作功德宁为多不?"阿难言:"甚多。世尊!"佛言:"阿难! 不如我弟子说般若波罗蜜一日教诸菩萨;若不能一日,日中可;不能至日中,食时可;不能至食时,弹指顷;其福胜度尔所罗汉。"①

将三千大千世界之中的人们个个都教诲度脱成罗汉,其功德尚不如以般若教诲弹指顷间,由此可见般若对于大乘佛教的重要意义。

本经在言说般若时,还提出了受持般若即得现世之德,亦当得度世之德:

奉行般若波罗蜜者,终不中毒死,终不枉横水火中死,皆当尽其寿命而终。若有县官事往至县官,终无有能得其便者。何以故? 皆是讽诵般若波罗蜜威神之力。若是善男子、善女人,若至国王所,若大子群臣,所语可国王大子意,及诸群臣无不喜者。何以故? 用是善男子、善女人行大慈大悲,以四等意向众生故。是为现世之德。②

未曾离是十善功德,亦未曾离四禅、四等及四空定、六波罗蜜、三十七品、佛十八法;初不离是法,终不生三恶趣,受身完具,诸根具足;终不生贫穷之家,终不于工师家生,亦不生于凡品之家;常当具足三十二大士之相,所生诸佛国常当化生,终不离菩萨神通愿,欲从一佛国至一佛国,恭敬礼事诸佛世尊,常欲听受诸佛上法,欲教化众生、净佛国土。是故,拘翼! 善男子、善女人受持般若波罗蜜,讽诵读念当守习行,不离萨云若意,至成阿耨多罗三耶三菩,初不断绝。是为后世度世之德。③

既得现世之德,亦得度世之德,是为诸善功德具足。

卷一《假号品》中又记载,舍利弗问佛陀:"菩萨云何与般若波罗蜜相应?"所谓"相应",即契合。对此问题,佛陀也作了一番很长的阐述:

菩萨当知色与空合,是为应般若波罗蜜;当知痛想行识与空合,是为应般若波罗蜜。当知眼耳鼻舌身意与空合;当知色声香味细滑识法与空

---

① 《中华藏》第 7 册《放光般若经》卷十五《嘱累品》,第 200 页上—201 页上。
② 《中华藏》第 7 册《放光般若经》卷七《持品》,第 94 页中。
③ 《中华藏》第 7 册《放光般若经》卷七《持品》,第 94 页中—下。

合;眼色识、耳声识、鼻香识、舌味识、身细滑识、法性识亦尔,是为应。当知苦、习、尽、道四谛之法亦与空合;当知十二因缘……亦与空合;当知一切诸法——有为法、无为法——亦与空合;当知本性亦与空合,是为应般若波罗蜜。如是,舍利弗! 菩萨摩诃萨知七空合。何谓七? 上七事是也。知此七事与般若波罗蜜相应者,亦不见五阴合,亦不见不合;亦不见生五阴法,亦不见灭五阴法;亦不见著五阴法,亦不见断五阴法;亦不见色与痛合,亦不见痛与想合,亦不见想与识合,亦不见识与行合。所以者何? 初不见有法与法合者,性本空故。舍利弗! 用色空故为非色,用痛想行识空故为非识。色空故无所见,痛空故无所觉,想空故无所念,行空故无所行,识空故不见识。何以故? 色与空等无异。所以者何? 色则是空,空则是色,痛想行识则亦是空,空则是识。亦不见生,亦不见灭,亦不见著,亦不见断,亦不见增,亦不见减,亦不过去当来今现在,亦无五阴,亦无色声香味细滑法,亦无眼耳鼻舌身意,亦无十二因缘,亦无四谛,亦无所逮得,亦无须陀洹、斯陀含、阿那含、阿罗汉、辟支佛,亦无佛,亦无道。如是,舍利弗! 菩萨摩诃萨行般若波罗蜜,当作是念,当作是知,当作是应。作是行者,亦不见应,亦不见不应。于六波罗蜜亦不见合于五阴法乃至身法,亦不见合与不合;三十七品、佛十种力、四无所畏及佛十八法乃至萨云若法,亦不见应与不应。是故,舍利弗! 当知菩萨与般若波罗蜜相应。复次,舍利弗! 菩萨摩诃萨行般若波罗蜜,不与空合,不与无相、无愿合,无相、无愿不与空合。所以者何? 空亦不见合,亦不不合,无相、无愿亦复如是,是为应般若波罗蜜。舍利弗! 菩萨行般若波罗蜜,度空法相已。亦不与五阴合,亦不不合。过去色亦不与过去色合,亦不见过去色;当来色亦不与当来色合,亦不见当来色;现在色亦不与现在色合,亦不见现在色。痛想行识亦复如是。所以者何? 去来今三世,名皆空故。作是合者,为应般若波罗蜜。①

文中之"应",即上述"相应"。佛陀这段阐述的核心是教导菩萨如何去认识般

---

① 《中华藏》第7册《放光般若经》卷一《假号品》,第8页上—9页上。

若波罗蜜的"空"的本质。因为"性本空故",所以诸法"亦不见生,亦不见灭,亦不见著,亦不见断,亦不见增,亦不见减,亦不过去当来今现在",甚至"亦无佛,亦无道",因为"去来今三世,名皆空故",所以菩萨行般若波罗蜜,不过是"度空法相"而已。

第四,僧那僧涅。僧那僧涅为梵语音译,意译作弘誓大愿。玄应《一切经音义》卷三称:"僧那僧涅应云摩诃僧那僧涅陀,旧译云:摩诃言大,僧那言铠,僧涅言著,亦云庄饰,故名著大铠。《大品经》云大誓庄严是也。"①意思是说,菩萨行六波罗蜜度脱一切众生的弘誓大愿无比庄严,如同披上铠甲一般,所向披靡,至成佛身。上述引文中有所谓菩萨发"金刚意",即与此意义完全相同。本经中有两处记述比较详细地解释了菩萨之僧那僧涅的意义。

其一,《问僧那品》记述:

是时邠耨文陀尼子白佛言:"世尊! 我当说所以为摩诃萨者。"佛言:"汝乐欲说者便说之。"邠耨言:"菩萨为大功德所缠络,乘于大乘,以是故谓为摩诃萨。"舍利弗问邠耨言:"何等为菩萨摩诃萨以大功德所缠络而为摩诃萨?"邠耨报言:"菩萨摩诃萨不为齐限于人故,住檀波罗蜜而为布施,普为一切众生故;行檀波罗蜜,尸、羼、惟逮、禅、般若波罗蜜,普为众生故,作谦苦行。菩萨成僧那僧涅不限众生,亦不言:'我当限度若干人,不能度余人。'亦不言:'我当教若干人至道。'亦不言:'我不能教余人。'菩萨为众生故,起大誓愿言:'我自当具足六波罗蜜,亦当教他人使具足六波罗蜜。'菩萨行檀波罗蜜所布施应萨云若,意愿意:'持是功德,与一切众生俱,共得阿耨多罗三耶三菩。'"②

菩萨之所以为摩诃萨者,就是因为具有僧那僧涅之大誓愿、大功德;而僧那僧涅之所以为大誓愿、大功德,就是因为追求普为众生,与一切众生共得无上正觉。

其二,《僧那僧涅品》记述:

尔时须菩提白佛言:"何等为菩萨摩诃萨僧那僧涅?"佛告须菩提:"六波罗蜜、三十七品、内外空及有无空、佛十八法及一切智,被诸功德之

① 《中华藏》第56册《一切经音义》卷三,第855页中。
② 《中华藏》第7册《放光般若经》卷三《问僧那品》,第36页下—37页上。

铠成佛身,光彻三千大千刹土;复以光普遍十方恒边沙佛国土,便为六反震动,三千大千刹土复六反震动。十方恒边沙佛国土菩萨,已受是光明住于檀波罗蜜,以大乘之铠便能变化三千大千刹土化为琉璃。自变其形为遮迦越王,布施一切,随其所欲,饥渴与饮食,欲得衣者与衣,欲得香华医药布施种种,随众人身所便乐,尽给与之。作是布施已,便为众生说六波罗蜜行。众生闻菩萨教已,至得阿耨多罗三耶三菩,不离六波罗蜜行。是为菩萨被大乘之铠。"①

菩萨具足僧那僧涅,即如被六波罗蜜、三十七品、内外空,及有无空、佛十八法及一切智诸功德之铠甲,即如被大乘之铠甲。

本经《梦中行品》还记载了佛陀详述的有关菩萨行六波罗蜜度脱一切众生之弘誓大愿的具体内容:

> 复次,须菩提! 菩萨行檀波罗蜜时,若见有众生有饥渴者,衣不盖形、孤贫穷厄不能自存者,当起大哀愿:"我得阿耨多罗三耶三菩阿惟三佛时,使我境界无有是辈困苦之类,使我佛土所有衣服、饮食之具,如四天上,如忉利天、第六天王所有饮食、衣服自然。"……菩萨作是行者,便为具足檀波罗蜜。复次,须菩提! 菩萨行尸波罗蜜,若见众生有不慈意、残煞众命、邪见疑网、犯十恶者,见有短命、多病少威、丑无颜色、形残羸劣、极下贱者,起大悲意:"使我奉行尸波罗蜜,我得佛时,使我境内无有是辈。"菩萨如是,为具足戒,疾得阿惟三佛不久。……复次,须菩提! 菩萨行般若波罗蜜时,若见众生有犯恶者、若俗若道离正见者、行无道之事者、言无报者、言便断者、言有众生者,作是见已,起大愿言:"我当勤力行六波罗蜜,净佛国土,教化众生。我作佛时,令我国中无有是辈邪见之事。"菩萨如是,为具足般若波罗蜜,疾近萨云然。复次,须菩提! 菩萨行六波罗蜜时,若见众生在于三际——一者直见际,二者邪见际,三者亦不在邪亦不在正见际——"是以我当勤力行六波罗蜜,教化众生,净佛国土。我作佛时,令我国人不见邪见,不闻邪见之声。"菩萨如是,是为具足

---

① 《中华藏》第7册《放光般若经》卷三《僧那僧涅品》,第38页下。

六波罗蜜,疾近萨云然。……复次,须菩提! 菩萨行六波罗蜜时,若见四姓——刹利、梵志、田家工师、长吏将师,发意愿言:"我当勤力行六波罗蜜,教化众生,净佛国土。我作佛时,令我国中无有四姓,淳以一姓。"菩萨如是,为具足六波罗蜜,疾近萨云然。……复次,须菩提! 菩萨行六波罗蜜时,若见众生有种种色,发意愿言:"我当勤力行六波罗蜜,教化众生,净佛国土。我作佛时,令我国人无若干色,皆悉端正得第一色。"菩萨如是,为具足六波罗蜜,疾近萨云然。……复次,须菩提! 菩萨行六波罗蜜时,见四种生——卵生、湿生、胎生、化生,发意愿言:"我当勤力行六波罗蜜,教化众生,净佛国土。我作佛时,令我国中无有三生,等一化生。"菩萨如是,为具足六波罗蜜,疾近萨云然。……①

佛陀的这段教诲很长,上面所引仅为部分,但已足以看出菩萨度脱一切众生的僧那僧涅之宏大。其中"若见四姓——刹利、梵志、田家工师、长吏将师""若见众生有种种色"而"令我国中无有四姓,淳以一姓""令我国人无若干色,皆悉端正得第一色",正反映了印度延续两千多年至今尚存在的种姓问题。

第五,三乘功德。三乘分别为声闻乘、缘觉乘、菩萨乘。三乘之中的声闻、缘觉二乘的功德唯自利而不利他,亦即只追求个体的觉悟,故为小乘修行;而菩萨乘的功德自利、利他二行具足圆满,勇猛精进求菩提,度脱一切众生,属大乘修行。

卷一《假号品》记载有佛陀与弟子舍利弗的一段对话,专门讨论三乘功德:

舍利弗白佛言:"唯,世尊弟子所有智慧,从须陀洹至声闻、辟支佛,上至菩萨、诸佛世尊,是诸众智不相违背,无所出生,其实皆空,无有差别,不出不生。其实空者无有差特优劣,云何世尊言'行般若波罗蜜菩萨一日之念,出过声闻、辟支佛上'乎?"佛告舍利弗:"所以出彼上者,是菩萨行般若波罗蜜一日之念言:'我当以道法因缘,当为众生觉一切法,度脱众生。'云何,舍利弗! 诸声闻、辟支佛,颇有是念不耶?"舍利弗言:

---

① 《中华藏》第 7 册《放光般若经》卷十三《梦中行品》,第 177 页下—179 页中。

"唯，世尊！诸声闻、辟支佛初无是念。""是故，舍利弗！当作是知、当作是念：诸声闻、辟支佛所有之智，欲比菩萨之智，百分千分巨亿万倍不可为比。复次，舍利弗！声闻、辟支佛颇作是念言：'我当行六波罗蜜，教授众生、净佛国土、具足佛十种力、四无所畏、四无碍慧，具足佛十八法，当成阿惟三佛。使不可计阿僧祇人令得泥洹。'颇有是念不？"舍利弗言："唯，世尊！无有是念。"佛言："菩萨能尔。菩萨行六波罗蜜，具足十八法，成阿惟三佛，当度脱一切众生。舍利弗！譬如萤火虫不作是念言：'我光明照阎浮提，普令大明。'如是，舍利弗！诸声闻、辟支佛亦无是念言：'我当行六波罗蜜，具足十八法，成阿惟三佛，度脱众生。'舍利弗！譬如日出遍照阎浮提，莫不蒙明者。如是菩萨行六波罗蜜，具足十八法，成阿惟三佛，度不可计一切众生。"①

虽然大小乘佛法的智慧不相违背，本质都是"空"，而且大乘之"空"与小乘之"空"并无优劣之分，但大乘——菩萨乘——因为菩萨行般若，换言之，以六度为乘，自利、利他具足，目的在于求无上菩提，发愿教授一切众生，度脱一切众生，为众生觉悟一切法，修六度万行；而小乘——声闻、辟支佛二乘无此念头愿望，唯求自利、自度，亦即仅仅追求个人的觉悟、解脱。

《劝助品》又记载有弥勒菩萨对须菩提所讲的一段评价大小乘功德的话：

菩萨摩诃萨所作劝助福祐之像，与众生共为阿耨多罗三耶三菩，无所希望，出过众生。诸声闻、辟支佛所作劝助福佑者上。一切众生，发声闻、辟支佛乘者，所作布施福佑之像，持戒自守，一心福像，不如是菩萨摩诃萨劝助之福与众生俱，共为阿耨多罗三耶三菩，其福最尊，为最第一，具足无有过上者，所作劝助皆为众生成阿耨多罗三耶三菩。何以故？罗汉、辟支佛所作布施之福，持戒自守，但欲自调，但欲自净，但欲自度；念三十七品，念三脱门，但以自调而欲自度。菩萨但欲调众生，欲净众生，欲度众生，劝助众生为阿耨多罗三耶三菩。②

弥勒这段议论的意思与上段讨论完全一样。依然是说，大乘佛法的目的是菩

① 《中华藏》第7册《放光般若经》卷一《假号品》，第7页中—下。
② 《中华藏》第7册《放光般若经》卷八《劝助品》，第110页中—下。

萨摩诃萨"与众生共为阿耨多罗三耶三菩",也就是菩萨"调众生""净众生""度众生""劝助众生"共同追求无上正等正觉。而小乘之罗汉、辟支佛只是"持戒自守","自调""自净""自度",实现个体的解脱。两相比较,大乘佛法的追求因为是"劝助众生为阿耨多罗三耶三菩",无疑"最尊""最第一""具足无有过上者"。显然,劝助众生与否,也是大小乘佛法的一种区别。因此,在弥勒说过之后,须菩提感慨道:"劝助为尊,最为无上,最为具足!"①"持是劝助功德求阿耨多罗三耶三菩,其功德最上,无过是者。"②

《诸法等品》又记载有佛陀讲给弟子须菩提的一段话,其中说:

> 菩萨为众生故,发阿耨多罗三耶三菩,从发意以来行六波罗蜜,但为一切,不自为身。菩萨起阿耨多罗三耶三菩意者,但为众生故,以众生无所有,以众生有众生想,不见有见想,不知有知想。是故,菩萨于颠倒中拔出众生,于甘露地断诸习想。须菩提! 菩萨行般若波罗蜜以沤和拘舍罗,于诸法无所入,建立众生于无所入……③

菩萨发阿耨多罗三耶三菩意,行般若波罗蜜,目的是"但为一切,不自为身",亦即不为自身,但为众生,于无明颠倒之中拔出众生,使众生断灭习想达于涅槃境界"甘露地"。再次体现了大乘佛法普度众生的利他精神。

因为诸法皆空,所以万法皆是假名,亦即一切事物,无论是物质的还是精神的,都非实有,都没有实在的内容,所能表现出来的也就只是一个假名、假号而已。万法皆是假名是《放光般若经》中所阐述的第三个重要思想,本经中对此进行了反复的言说论述。

《无见品》中佛陀告诉弟子舍利弗说:

> 菩萨行般若波罗蜜者,不见有菩萨,亦不见字,亦不见般若波罗蜜。悉无所见,亦不见不行者。何以故? 菩萨空,字亦空,空无有五阴。……五阴则是空,空则是五阴。何以故? 但字耳,以字故名为道,以字故名为菩萨,以字故名为空,以字故名为五阴。其实亦不生亦不灭,亦无著亦无

---

① 《中华藏》第7册《放光般若经》卷八《劝助品》,第111页上。
② 《中华藏》第7册《放光般若经》卷八《劝助品》,第112页上。
③ 《中华藏》第7册《放光般若经》卷二十《诸法等品》,第268页下—269页上。

断。菩萨作如是行者,亦不见生亦不见灭,亦不见著亦不见断。何以故？但以空为法立名,假号为字耳。菩萨行般若波罗蜜,不见诸法之字,以无所见故无所入。①

《假号品》中佛陀又告诉舍利弗说：

> 行般若波罗蜜菩萨当作是观：菩萨者,但字耳,佛亦字耳,般若波罗蜜亦字耳,五阴者亦字耳。舍利弗！一切有言吾我者亦皆字耳,索吾我亦无有吾我,亦无众生、亦无所生、亦无生者、亦无自生,无人无生、无作无造,亦无成者、亦无受者、亦无授者,无见无得。何以故？一切诸法无所有,用空故。是故菩萨于一切字法都无所见,于无所见中复不有见。菩萨作是行般若波罗蜜,除诸佛,过一切诸声闻、辟支佛上,用无所有空故。何以故？一切不见所入处故。②

《行品》中又记载佛陀对弟子须菩提说：

> 般若波罗蜜、菩萨及字,亦不在内,亦不在外,亦不在两间中止。……譬如字众生为众生,言我人,言生是男是士是夫,是作是知是觉。……设是名法,但著名字,亦不生亦不灭,从久远以来但共传字耳。……所谓般若波罗蜜,所谓菩萨及菩萨字,但著字法,从久远以来但行其字,亦不生亦不灭。须菩提！譬如所有色痛想行识,但著字法,从久远以来因缘合为数。诸因缘合数法,亦不生亦不灭也。所谓般若波罗蜜,所谓菩萨及菩萨字,亦复如是。……

> 所谓眼耳鼻舌身意,从久远以来但著字法,亦不生亦不灭。色声香味细滑法,亦复如是,亦不内亦不外,亦不生亦不灭,从久远以来但著字法。般若波罗蜜、菩萨及字,亦不内亦不外,亦不在两中间止。……

> 譬如内身所有名为头,字为颈、肩、臂、脊、肋、髀、腨、肠、脚,是法亦不生亦不灭,亦不内亦不外,亦不两中间止。所谓般若波罗蜜、菩萨及(字),亦复如是。……

> 譬如外诸所有草木,字枝叶、茎节,从久远以来但著名字,是字亦不

---

① 《中华藏》第7册《放光般若经》卷一《无见品》,第6页下。
② 《中华藏》第7册《放光般若经》卷一《假号品》,第7页上。

生亦不灭,亦不内亦不外。所谓般若波罗蜜、菩萨及字,亦复如是。……

譬如过去诸佛世尊,从来久远,因字如住。是字亦不生亦不灭,亦不内亦不外。须菩提! 譬如梦、响、幻、热时之炎,如如来所化,皆著字数法。所谓般若波罗蜜,所谓菩萨及字,亦不生亦不灭,亦不内亦不外,亦不两中间止。①

卷五《不可得三际品》又以很长的篇幅专门阐述万法皆是假名。此品开头,围绕"菩萨摩诃萨无有端绪、无有边际、亦无有底"②,亦即菩萨无始、无终、无形,或曰无生、无灭、无相,也就是"空"而产生"我都卢不见有菩萨,当为何谁说般若波罗蜜,当教何谁"③的问题,弟子须菩提与舍利弗在佛陀面前进行了讨论。须菩提首先说:"所谓菩萨,菩萨但字耳。"④接着,须菩提又说:"空及五阴、菩萨等无异,是三事一、无有二。"⑤经过一番论述,须菩提先说:"五阴如虚空,虚空亦无边,亦无际,亦不可量,亦无有底,但以名字为虚空耳。"⑥最终,须菩提告诉舍利弗:

如所问,何以故但以字为菩萨者,字法但以名字假号为菩萨耳。以是故,但字为菩萨也。色痛想行识亦复假号有字耳。诸有名者亦无色痛想行识。何以故? 空无有真名故。若使空者非是菩萨,是故言但以字为菩萨耳。复次,舍利弗! 六波罗蜜者但字耳,六波罗蜜亦非字,字亦非六波罗蜜。何以故? 字、菩萨、诸波罗蜜,俱等不可见故。是以菩萨但以假号为字耳。舍利弗! 内外空、有无空,亦但以字著耳。字亦非空,空亦非字。何以故? 字、空——内外空乃至有无空俱不可见故。舍利弗! 是故但以字为菩萨耳。舍利弗! 三十七品至十八法,亦假名与字耳。诸三昧门、陀邻尼门,亦复如是;乃至萨云若,普皆如是。⑦

因为菩萨的本质,五阴、六波罗蜜的本质为空,所以只能以文字为菩萨,为五

---

① 《中华藏》第7册《放光般若经》卷二《行品》,第20页上—下。
② 《中华藏》第7册《放光般若经》卷五《不可得三际品》,第64页中—下。
③ 《中华藏》第7册《放光般若经》卷五《不可得三际品》,第64页下。
④ 《中华藏》第7册《放光般若经》卷五《不可得三际品》,第64页下。
⑤ 《中华藏》第7册《放光般若经》卷五《不可得三际品》,第65页上。
⑥ 《中华藏》第7册《放光般若经》卷五《不可得三际品》,第65页中。
⑦ 《中华藏》第7册《放光般若经》卷五《不可得三际品》,第66页上—中。

阴、六波罗蜜的名或号。但又因为菩萨为空,五阴、六波罗蜜的本质为空,所以这个文字,这个名号就不可能是菩萨、五阴、六波罗蜜,也就只能是个假名、假号。既然是假名、假号,其文字就不是菩萨,就不是五阴、六波罗蜜。况且就连用作假名、假号之文字的本质也是空的,如《本无品》中须菩提对佛陀所说:"不见诸法终始,云何当为菩萨作字言菩萨耶?世尊!是字必不住,亦不不住。所以者何?是字亦不见,亦不可得。"①因之,"但以字为菩萨","但"者,暂且也,暂且以文字命名为菩萨,为五阴、六波罗蜜,为三十七品至十八法,为诸三昧门、陀邻尼门,乃至为萨云若。

《沤惒品》又记载:

> 须菩提言:"世尊!若诸法不当别,如来云何言是色、是痛、是想、是行、是识?云何说是内法、是外法,是善、是恶,是漏、是非漏,是道、是俗,是生、是死,是有为法、是无为法?世尊!如是诸法将无分别。"佛言:"不也。但以名字数示众生,欲使解耳,亦无所分别。"②

对于须菩提的问题——既然诸法本质上没有任何分别,为什么还要分别言说色、痛、想、行、识,分别言说内法、外法、善、恶、漏、非漏、道、俗、生、死、有为法、无为法呢——佛陀的回答仅仅一句话:我也知道诸法本质没有分别,"但"分别用文字、名号来言说,目的是为了让众生更好地理解、领会佛法。

在卷十八《住二空品》与《超越法相品》中,佛陀再次对弟子须菩提重申:

> 如来无所著等正觉,善于诸法、善于文字已,教化众生。如来说法不离文字,诸法亦不离文字。③

> 名字者不真,假号为名,假号为五阴,假名为人、为男、为女,假名为五趣及有为、无为法,假名为须陀洹、斯陀含、阿那含、阿罗汉、辟支佛、三耶三佛。④

《放光般若经》上述万法皆是假名的思想是从般若学说"性空"亦即"诸法

---

① 《中华藏》第 7 册《放光般若经》卷二《本无品》,第 24 页上。
② 《中华藏》第 7 册《放光般若经》卷十六《沤惒品》,第 217 页中。
③ 《中华藏》第 7 册《放光般若经》卷十八《住二空品》,第 244 页下。
④ 《中华藏》第 7 册《放光般若经》卷十八《超越法相品》,第 247 页上。

皆空"的理论中派生出来的。同样,为了正确地阐述般若学说"诸法皆空"的理论,《放光般若经》又从其中派生出诸法如梦如幻如化的思想——"菩萨摩诃萨见诸法皆空,如梦、如幻、如炎、如响、如影、如化"①,甚至断言:"一切诸法皆如梦耳,无有诸法不如梦者。"②这是《放光般若经》中所阐释的第四个重要思想,有关的论述也相当多。

《本无品》记载,须菩提对佛陀说:

> 五阴如梦、如响、如光、如影、如幻、如炎、如化,终始不可得,寂静,不生不灭,终始不著不断,终始及如法性之法真际,终始皆不可见。③

在《问幻品》中又有佛陀与弟子须菩提关于"幻"的一番对话:

> 佛告须菩提:"……五阴与幻有异无? 眼耳鼻舌身意、色声香味细滑法、十八性与幻有异不?"须菩提对曰:"无有异。世尊!"佛言:"三十七品、佛十八法,空、无相、无愿及道,与幻有异不?"须菩提答曰:"无有异。世尊! 五阴则是幻,幻则是五阴;十二衰及十八性皆是幻,三十七品及佛十八法亦是幻,幻则十八法。"④

《随真知识品》中又记载有佛陀对须菩提说:

> 何以故,诸法过者如空,一趣不复还? 何以故,空亦无来亦无去,诸法所至亦无有相、亦无有愿? 何以故,相、愿一过不复还? 故相、愿亦不来,亦不去。诸法所至,亦无所至、亦无有行、亦无有生、亦无有灭、亦无有著、亦无有断,如梦、如幻、如响、如影、如化、如焰。诸法亦如是,一去亦不复还。何以故,化者亦无去亦无有来? 须菩提! 诸法所至,无有边际,亦不复还;诸法亦不动,亦不不动;诸法亦不来,亦不去;诸法亦不合,亦不散;诸法无我、无命、无寿。⑤

在《超越法相品》中又有须菩提与佛陀一段关于诸法如幻如化的讨论:

> 须菩提白佛言:"世尊! 诸五阴皆如幻耶?"佛言:"如是,如是!"须菩

---

① 《中华藏》第7册《放光般若经》卷五《不可得三际品》,第67页上。
② 《中华藏》第7册《放光般若经》卷十九《有无品》,第264页中。
③ 《中华藏》第7册《放光般若经》卷二《本无品》,第24页中。
④ 《中华藏》第7册《放光般若经》卷三《问幻品》,第32页中。
⑤ 《中华藏》第7册《放光般若经》卷十二《随真知识品》,第158页下—159页上。

提白佛言："若诸法如化，世尊！化者亦无有色、亦无有痛、亦无想、亦无行、亦无识，亦无著、亦无断，亦不于五趣有脱，菩萨摩诃萨有何等奇特事？"佛言："于须菩提意云何？我本为菩萨时，颇见从五趣中得度脱众生者不？"须菩提报言："不见有所说。"佛言："于三界不见有众生，何况当有五趣、当有所度！何以故？菩萨观知诸法如幻如化。"须菩提言："若菩萨观知诸法如幻如化者，用何等故行六波罗蜜、四禅、四等、四空定，为何等故行三十七品而净佛土，教化众生？"佛告须菩提："若众生自知诸法如幻如化者，菩萨终不于阿僧祇劫谦苦行菩萨之道。须菩提！以众生不能自知如幻如化，故菩萨谦苦行六波罗蜜，净佛国土，教化众生。"须菩提白佛言："世尊！假令诸法如梦、如幻、如化、如响、如热时之焰，于何许有众生，菩萨行般若波罗蜜而拔济众生？"佛言："众生者，但共缚于名字数，著于无端绪。是故菩萨摩诃萨行般若波罗蜜，于名字相拔济之。"须菩提白佛言："何等为名字相？"佛告须菩提："名字者不真，假号为名，假号为五阴，假名为人、为男、为女，假名为五趣及有为、无为法，假名为须陀洹、斯陀含、阿那含、阿罗汉、辟支佛、三耶三佛。"①

诸法之所以如梦、如响、如光、如影、如幻、如炎、如化，在于其本质为"空"——不可得、不可见、无所取、不可持、无有见、无有生、无有灭、无有著、无有断，等等，但其又有假名之称。

《放光般若经》言说诸法如梦如幻如化问题，或谓众生因为无明，执著于诸法这些如梦、如响、如光、如影、如幻、如炎、如化之相而以为实有，如《无有相品》中佛陀所说："诸凡愚夫于梦幻诸法皆著颠倒"②，以致造成善恶之报，受罪福于三界；或谓菩萨以诸法如梦、如响、如光、如影、如幻、如炎、如化为譬喻，行般若波罗蜜而以此教化、救度众生，让众生认识到诸法如梦如幻如化表象背后的"空"之本质，不再有人法二执——一不知五阴假和合产生有情众生，而妄执人我为实我；二不知五阴之法为虚幻不实之"空"，而妄执法我为实体。在此基础上，《放光般若经》又进一步提出了如梦如幻如化诸法的作用与

---

① 《中华藏》第7册《放光般若经》卷十八《超越法相品》，第246页中—247页上。

② 《中华藏》第7册《放光般若经》卷十七《无有相品》，第237页下。

意义的问题。例如,《沤惒品》中就专门讨论了化佛的意义:

> 佛言:"如来逮正觉耳,亦不住有为性,亦不住无为性。譬如如来化作如来,亦无所住,亦来亦去,亦住亦坐,亦复行六波罗蜜,亦能行禅,亦行四等、四无形禅,能行五通、三十七品,能行三脱门,行内外空及有无空,亦行八解脱、九次第禅、十力、四无所畏、佛十八法,亦能转法轮。此化佛复化作无央数人,化佛语人言:'有度,有众生,有三际。'"佛问须菩提:"是化佛所化,颇有三际、众生不?"须菩提言:"不也。世尊!"佛告须菩提:"是故,如来无所著等正觉,知诸法如化,无所度脱。菩萨于般若波罗蜜当作是行,当作是知。"须菩提言:"如世尊言,诸法如化。如来所化身与如来身,有何等异? 有何等差别?"佛言:"亦无有异,亦无有差别。何以故? 如来亦有所作,化亦有所作。"复问:"无有如来,化独能有所作耶?"佛言:"能有所作。""云何? 世尊!"佛告须菩提:"过去有佛名须扇头(须扇头者,晋言极净如来),彼佛世时,人无有行菩萨道者。时佛现般泥洹,作化佛,留住一劫。行佛事一劫已,后彼化佛授应菩萨行者别复般泥洹,人皆呼般泥洹,不知是化。"佛言:"化亦无生,亦无泥洹。须菩提! 菩萨行般若波罗蜜者,当解诸法如化。"须菩提言:"世尊! 若化所作、如来所作无有差别者,所作功德云何毕施之恩? 若供养化佛、供养如来,彼供养者,至般泥洹其福尽灭不?"佛言:"如我为一切天及人作福田,化如来亦复是一切之福田,等无有异。"佛言:"置是供养如来、化如来所作功德,若有人慈意常念佛,其福至,毕苦乃尽。"佛言:"置是慈意之福,若人但以一把之花散虚空中,须史念佛,其福亦复至于毕苦。"佛言:"置是散花之福,但有人能称南无佛者,其功德福亦至于毕苦。须菩提! 施如来之福,甚大弘普。须菩提! 当作是知,诸法皆等,化佛及佛无有差别。菩萨当作是行般若波罗蜜,当解诸法之法,亦不当灭,亦不当舍,是般若波罗蜜法,亦不当别,乃至诸法亦当如是。"①

因为诸法如化、诸法皆等,所以如来身与如来所化身、佛与化佛之间,没有任

---

① 《中华藏》第7册《放光般若经》卷十六《沤惒品》,第216页下—217页中。

何的不同,如来为一切天及人作福田,化如来亦为一切天及人作福田。因此,供养如来与供养化如来的功德是完全一样的。

沤和拘舍罗是《放光般若经》中所阐述的第五个重要思想,在本经中,有关的论述亦很多。

沤和拘舍罗,梵语之音译,十波罗蜜之一,又作沤惒拘舍罗、沤和俱舍罗、沤波拘舍罗、伛和拘舍罗等,意译为方便善巧、善巧方便、善权方便、权假方便、方便胜智等,谓佛菩萨巧妙施设种种事,示现种种相,以摄化、救度众生。如本经所说:"菩萨摩诃萨行般若波罗蜜,以沤惒拘舍罗行,教化众生,净佛国土,具足萨云若慧,逮得阿耨多罗三耶三菩,转于法轮,是为菩萨行般若波罗蜜。"①"菩萨行般若波罗蜜,但以沤惒拘舍罗为众生说法。众生现在尚不自见,何况有得道、已得、方当得者。是故,舍利弗!菩萨行般若波罗蜜,以沤惒拘舍罗为众生说法。"②"菩萨行六波罗蜜,意念言:'以三界众生皆著四颠倒,当以沤惒拘舍罗而度脱之。'"③

佛教认为,沤和拘舍罗是一种积极向上的发展方法,其重要意义之一就是为诱引众生入于真实法而权设之法门;换言之,佛菩萨随顺众生根机之钝、中、利,而用种种方法施予化益;更通俗地说,就是佛菩萨根据众生习性之中产生善恶作业之力的程度,恰当地、巧妙地施用种种方便之法来进行启发、诱导、劝化,使之觉悟。如本经中所谓:"随其所安,救济众生。或以布施摄取众生;或以戒,或以忍,或以精进摄取众生;或以禅,或以智慧摄取众生,随其所善而教之。"④或谓:"当知菩萨教化众生……随其所能而为说法,皆令众生离于颠倒……"⑤或谓:"菩萨以受贤圣无漏之法,善权变形,教化众生。"⑥或谓:"菩萨如是,以沤和拘舍罗祐利众生,随类而入,而教化之。"⑦或谓:"菩萨摩诃萨者,善于大方便。所以者何?谓菩萨具足贤圣无漏之慧,所在所在随其

---

① 《中华藏》第 7 册《放光般若经》卷十七《无倚相品》,第 234 页上。

② 《中华藏》第 7 册《放光般若经》卷十九《无形品》,第 256 页上。

③ 《中华藏》第 7 册《放光般若经》卷十六《沤惒品》,第 211 页上。

④ 《中华藏》第 7 册《放光般若经》卷十七《无有相品》,第 236 页上。

⑤ 《中华藏》第 7 册《放光般若经》卷十八《住二空品》,第 245 页中。

⑥ 《中华藏》第 7 册《放光般若经》卷十九《毕竟品》,第 261 页上。

⑦ 《中华藏》第 7 册《放光般若经》卷十九《毕竟品》,第 261 页上。

习俗形貌之法,安立众生,而为作本。"①或谓:"菩萨行般若波罗蜜当学神通,已得神通,便能祐利一切众生,以天眼见恒沙国土,尽见众生,悉知其意,随高下应而为说法,或说六波罗蜜,或说泥洹法。"②类似的经文不胜枚举。

大乘佛法非常重视沤和拘舍罗的作用,以至于认为菩萨是否以沤和拘舍罗行般若波罗蜜,其结果将会导致菩萨能否最终得阿耨多罗三耶三菩——无上正等正觉:

> 菩萨摩诃萨行般若波罗蜜,于色痛想行识不作相行,亦不言五阴有常、无常,于五阴亦不作苦、乐行,亦不作是我所、非我所行,于五阴不作空、无相、无愿行,于五阴亦不作寂静行。以是故……以五阴空为非五阴,五阴不离空,空不离五阴;五阴则是空,空则是五阴。六波罗蜜、三十七品及佛十八法皆空。假令空者,亦不离十八法,十八法亦不离空。菩萨如是行般若波罗蜜,则为是沤惒拘舍罗。菩萨作是行般若波罗蜜,便成阿耨多罗三耶三菩。③

> 菩萨复不以沤惒拘舍罗行般若波罗蜜,处于眼耳鼻舌身意分别六情,复分别十八性,复住于三十七品及佛十八法,各分别计校作色求,亦复不能脱生老病死苦。是菩萨尚不能逮声闻、辟支佛地证,况欲得阿耨多罗三耶三菩?是事不然。以是故,当知菩萨行般若波罗蜜无沤惒拘舍罗。④

不仅如此,大乘佛法还认为,菩萨想要具足沤和拘舍罗也并非一件容易的事情,只有菩萨所作功德不可计量时方能具足沤和拘舍罗:

> 尔时须菩提白佛言:"唯,世尊!菩萨摩诃萨发意以来,为几时能具足行沤惒拘舍罗乃如是?"佛告须菩提:"是菩萨摩诃萨发意以来不可计阿僧祇劫。"须菩提言:"世尊!能行沤惒拘舍罗菩萨摩诃萨者,为供事几佛?"佛告须菩提:"是菩萨已供事如恒边沙佛以来,乃能逮得是沤惒拘舍

---

① 《中华藏》第 7 册《放光般若经》卷十九《毕竟品》,第 261 页中。
② 《中华藏》第 7 册《放光般若经》卷十九《毕竟品》,第 262 页上—中。
③ 《中华藏》第 7 册《放光般若经》卷三《空行品》,第 30 页下。
④ 《中华藏》第 7 册《放光般若经》卷三《空行品》,第 30 页中—下。

罗。"须菩提言:"世尊! 是菩萨作何等功德,乃能具足沤想拘舍罗?"佛言:"菩萨所作功德,常具足六波罗蜜,于施、于戒、于忍、于进、于禅、于智,于六德中无有不具足者,以是故能行沤想拘舍罗。"须菩提言:"世尊! 甚奇甚特! 是菩萨所作功德不可计量,乃能逮是沤想拘舍罗。"佛言:"如是,如是,须菩提! 甚可奇特,乃能具足沤想拘舍罗……"①

经历"不可计阿僧祇劫"——无量数劫,"已供事如恒边沙佛"——已经供养如恒河之沙那样多的佛,"常具足六波罗蜜",方为所作功德不可计量!

因此,在本经经文中,一些地方干脆将般若或菩萨摩诃萨与沤和拘舍罗直接连在一起使用,谓"六波罗蜜沤想拘舍罗""般若波罗蜜沤想拘舍罗""菩萨摩诃萨沤想拘舍罗",充分表明了沤和拘舍罗的重要性。

菩萨行般若,以沤和拘舍罗为众生说法,其所阐述之理无出真俗二谛范围。故本经说:"菩萨摩诃萨于二谛为众生说法。"②因此,真俗二谛是《放光般若经》中所阐述的第六个重要思想。

为什么菩萨要于真俗二谛中为众生说法呢?《住二空品》中有一段佛陀与须菩提的对话对此进行了解释:

> 须菩提白佛言:"世尊! 法性、真际、及如不转还者,五阴及如、真际、法性,为有异耶? 有为、无为及道、有漏、无漏,复有异耶?"佛言:"不也,须菩提! 五阴及如、真际、法性、有为、无为及道,等无有异。"复问:"世尊! 假令五阴及如乃至有为、无为等无有异者,云何有善恶之报及五道生死? 云何有三乘之法耶?"佛言:"以众生习于世谛故,便有道之名号;于第一最要义者,无有分数。何以故? 是法常寂,无所分别,亦无所说;五阴亦无生灭,亦无著断,用本空、末空故。"须菩提白佛言:"世尊! 若习世谛便有道名者,一切凡夫皆为是道、是三乘耶?"佛告须菩提:"一切凡夫尽知习谛及道谛者,若知是者当知是道;若使凡夫不知者,亦无道处,亦无道报。"③

---

① 《中华藏》第 7 册《放光般若经》卷十六《沤想品》,第 210 页中。
② 《中华藏》第 7 册《放光般若经》卷十九《无形品》,第 256 页上。
③ 《中华藏》第 7 册《放光般若经》卷十八《住二空品》,第 245 页下。

五阴及如、真际、法性、有为、无为及道，"等无有异"——平等而没有什么不同，本质都为无生无灭之空。了知此等空无之理，是为真谛，亦称胜义谛、第一义谛，本经中称第一义、第一最要义等，为出世间之真理。然而此空性之作用又必须于假现的事物上显现保持，方能由其相依相待之关系而产生认识作用。了知此种假名之法，是为俗谛，亦称世俗谛、世谛，为世间之真理。世间一切凡夫众生所能知者，仅为俗谛，因为俗谛所包含的思想、观念是可以通过语言、文字来表达的，而语言、文字、思想、观念本身亦属俗谛。俗谛虽为不究竟之法，但可以借之理解、趋近究竟之法真谛，因为真谛"是法常寂，无所分别，亦无所说""亦无生灭，亦无著断，用本空、末空故"，所以不借语言、文字、思想、观念等俗谛，则无从向世间凡夫众生解说出世间之真谛；而无法了知真谛，即无法证得涅槃。菩萨为众生说法，真俗二谛缺一不可。其实，真俗二谛若从谛理内容而言，确实有别；但若以真实智慧观照，则二谛之理不二，这是二谛缺一不可的原因之所在。

本经《了本品》中把真俗二谛所涵盖的诸法分为善法、恶法，记法、未记法，俗法、道法，有漏法、无漏法，有为法、无为法，并做了详细解释：

> 世俗善法者，谓孝顺父母、供养沙门道人者，育养长老、施诸福事、约身守节、精勤念善、意崇方便、修行十善。有俗内想、腐败想、青瘀想、血想、食不消想、乱想、骨想、半燋想、四禅、四等、四无形禅想，佛想、法想、比丘僧想、戒想、施想、天想、精勤想、安般想、身想、死想。须菩提！是谓世间善法。何等为世俗恶法？杀、盗、淫、怒、恶口、妄言、绮语、嫉妒、邪见，是为世俗恶法。何等为记法？若善法，若不善法，是为记法。何等为未记法？未有身口意，未有四大，未有五阴、十八性、十二衰，是为未记法。何等为世俗法？五阴、十二衰、十八性、十善、四禅、四等、四无形禅，是谓世俗法。何等为道法？三十七品、三解脱门、三根、三三昧、解脱摄意、八解脱门、九次第禅、十八空、佛十力、四无所畏、佛十八法，是为道法。何等为漏法？五阴、十二衰、十八性、十二因缘、四禅、四无形禅，是为漏法。何等为无漏法？三十七品、佛十八法，是为无漏法。何等为有为法？欲界、形界、无形界，三十七品乃至佛十八法，是为有为法。何等

为无为法？无为法者，不生亦不灭，不终亦不始，常住而不改，淫、怒、痴尽，如、无有异、法性及真际，是谓无为法。菩萨摩诃萨当于是空相之法，无所著而不倾动，觉诸法而不二。①

那么菩萨究竟如何于真俗二谛中为众生说法呢？本经中有两处谈布施问题，可予说明：

《问观品》称：

> 菩萨住于布施，若有沙门、婆罗门，若有贫穷、疾病、形残，随其所索城国、珍宝、衣被、饮食、妻子、眷属、头目、肌肉、髓脑、骨血，一切所有，皆给与之。所可与者有所依倚，作是念言："我与，彼受，我不嫉他人与。"言："我是施主。"言："我与一切。"言："我随佛教。"……虽布施，有三碍意。何等为三？有我想，有彼想，有施想，是为三碍。是为世俗布施。何以故名为世俗布施？以不能离世俗，亦不出世俗事故，是为世俗布施。何等为道施？以三事净。何等为三？菩萨布施，亦不自见，亦不见受者，不望其报，是为菩萨于三事净。……世俗有所依，道无所依。②

《住二空品》中又称：

> 何等为菩萨行般若波罗蜜，以法布施摄取众生？布施有二：一者道施，二者俗施。何等俗法施？世俗所说所施行者，谓为不净。欲得四禅、四等、四无形定及余凡夫所行善法，是名为世俗法施。作是俗法施已，便教众生令离世俗，以沤恕拘舍罗安立于道法贤圣果报。何等为贤圣道法、贤圣果报？贤圣法者，谓三十七品及三脱门；贤圣果者，从须陀洹至罗汉、辟支佛。……住于无限之冥为诸法作明，是名为菩萨，因俗之法施而续道法之施。……是菩萨断于众生世俗之施，以沤恕拘舍罗安住于萨云若。……何等为菩萨道法之施？凡人所不能及者，所谓三十七品及三脱门、八惟无、九次第禅、佛十力、四无所畏、四无碍慧、佛十八法、三十二大士之相、八十种好、诸陀邻尼门，是名为道法施，非是俗法，是为菩萨甚奇特、未曾有之法，以爱意摄取众生，持六波罗蜜——布施、持戒、忍辱、

---

① 《中华藏》第7册《放光般若经》卷三《了本品》，第35页上—中。
② 《中华藏》第7册《放光般若经》卷五《问观品》，第70页上—中。

精进、一心、智慧，以和颜悦色摄取众生。何以故？六波罗蜜皆摄持诸善法数。云何菩萨饶益于人摄取众生？常以六波罗蜜摄持众生，以四事饶益一切：一者惠施，二者仁爱，三者利人，四者等义，是为四事。菩萨以是四事救济众生。①

布施，即以慈悲心而施福利与他人。原为佛陀劝导在家信众之行法，本义乃以衣、食施与大德及贫穷者。大乘佛法将布施列为六波罗蜜之一，扩大其意义，成为一种以财物、体力、智慧等施与他人，为他人造福成智而求得累积功德以至解脱的修行方法。上述第一段引文，是说世俗财施，因其有三碍意——我想、彼想、施想，故不净，有所依，是为俗谛；而道施，亦即道法施，以三事净——不自见、不见受者、不望其报，故无所依，是为真谛。第二段引文则专说法施。法施又分世俗法施与道法施，前者为俗谛，后者为真谛。世俗法施与世俗财施一样，亦不净。但菩萨要劝助众生、摄持众生，必须先行世俗财施、法施，而后再用沤和拘舍罗之方法续以道施，亦即文中所说，菩萨以惠施、仁爱、利人、等义四事饶益一切、救济众生。

事实上，上述《放光般若经》中所阐述的所谓万法假名、诸法如幻、沤和拘舍罗与于真俗二谛中说法四者是紧密相连的。因为大乘般若理论的核心是"性空"——"诸法皆空"——世界上的万事万物不生不灭、不著不断、不合不散、不增不减、无有形无有相，那么佛菩萨要向有情众生宣扬佛法教义，就必然面临着如何言说"空"的问题。言说的方法就是以假名定义诸法之概念，以文字区分诸物之差别，根据宣扬对象的根机钝利，用沤和拘舍罗的方法，巧妙施设种种譬喻，多方巧说种种道理，劝助、诱导一切众生觉悟。从谛理而言，所谓万法假名、诸法如幻与沤和拘舍罗，均是于俗谛中着手，而趋近真谛。对此，《放光般若经》中也多次予以阐释。例如，《无见品》记述：

佛告舍利弗："菩萨或有父母、无妻子；或有菩萨从初发意作童男行，至成作佛不娶妻色；或有菩萨以沤惒拘舍罗于五欲中示现，发阿耨多罗三耶三菩意出家。舍利弗！譬如幻师，善于幻法，化作五乐色欲，于中自

①《中华藏》第7册《放光般若经》卷十八《住二空品》，第244页上一下。

恣,共相娱乐。于意云何,是幻师所作,宁有所服食者不?"舍利弗言:"不也,世尊!幻无所有。""如是,舍利弗!菩萨以沤恕拘舍罗示现有欲,于色欲中育养一切,无所沾污——观欲如火,譬如怨家;说欲之恶,志常秽之。菩萨虽在欲中示现,常作是念:'行权菩萨尚作是意,何况新学发意者乎?'"舍利弗白佛言:"菩萨当云何行般若波罗蜜?"佛告舍利弗:"菩萨行般若波罗蜜者,不见有菩萨,亦不见字,亦不见般若波罗蜜。悉无所见,亦不见不行者。何以故?菩萨空,字亦空,空无有五阴。……五阴则是空,空则是五阴。何以故?但字耳。以字故名为道,以字故名为菩萨,以字故名为空,以字故名为五阴。其实亦不生亦不灭,亦无著亦无断。菩萨作如是行者,亦不见生亦不见灭,亦不见著亦不见断。何以故?但以空为法立名,假号为字耳。菩萨行般若波罗蜜,不见诸法之字,以无所见故无所入。"①

《超越法相品》又记述:

佛告须菩提:"……菩萨行般若波罗蜜,若见法有离法性者,终不发阿耨多罗三耶三菩。菩萨行般若波罗蜜,诸法之性则是道。是故,菩萨行般若波罗蜜,知诸法则是法性,无名之法以名教授,从五阴至道,皆以名号法数字说之。须菩提!譬如幻师持一镜,现若干种像,若男、若女、若马、若象、若庐馆、若浴池,于中示现若干种坐,氍毹、毹毵、绫缝、帐幔、香华、伎乐、种种食饮之具,以名伎乐娱乐众人;复现六波罗蜜,于中现四大姓,现有须弥山,有三十三天,于中现诸声闻、辟支佛,现诸新发意行六波罗蜜菩萨;复现十住一生补处菩萨,现诸菩萨游戏于五通,现有净佛国土,教化众生,现有行三昧三摩提以自娱乐;复现有行佛十力、四无所畏、大慈大悲,现有佛身相具足者。中有愚痴之士称叹言:'快哉!是人所作甚奇特,能食饮若干亿万人皆令欢喜,现若干种像世尊相好。'中或有知者,便大笑言:'是幻师所作乃尔,以空无所有法,以无端绪之法,乐众人令使有端绪、相无形与作形相。'"佛言:"菩萨行般若波罗蜜,不见有法离法性者。以沤恕拘舍罗为众生说法,亦不见众生,亦不见其处。自行六

---

① 《中华藏》第7册《放光般若经》卷一《无见品》,第6页中—下。

波罗蜜,劝人习六波罗蜜,见有行者代其欢喜;自行十善,劝人令行,见行十善者赞叹代其欢喜;自行五戒,劝人令持,见有持者赞叹代其欢喜;自持八斋,劝人令持,见有持者赞叹代其欢喜;自行四禅、四等、四空定,劝人令行,见有行者赞叹代其欢喜;自行三十七品、三脱门及四无所畏、佛十力、佛十八法,劝人令行,见有行者赞叹代其欢喜。"佛告须菩提言:"法性前、以后及中间,无有增减,是故菩萨摩诃萨为众生故,谦苦行菩萨之行。若法性前、后及中间有异者,菩萨终不以沤惒拘舍罗广宣法性,教授众生。"①

这段引文在阐释万法假名、诸法如幻与沤和拘舍罗三者关系之时,是以"法性"为基础相联系的。所谓法性,就是诸法之性——一切法所具有的特性。在《放光般若经》中,对法性的论述也很多,这是此经所阐释的第七个重要思想。

《假号品》中说:"行般若波罗蜜菩萨,不见有法与法性别者,亦不见合,亦不念言法性作若干差别。"②这是说法性无差别相。

《叹衍品》中说:"若法性中有所有者,不为摩诃衍;以法性无所有故,为摩诃衍。"③这是说法性无所有。

《不可得三际品》中又说:"法性及如、真际不可思议性,皆无有端绪,空寂不真,是故菩萨端绪不可得见。"④这则是说法性空寂不真。

《舍利品》又说:"般若波罗蜜及法性亦无有二。"⑤这则是说法性与般若波罗蜜不二。

《无作品》与《法上品》更说:"般若波罗蜜,亦不持无为法有所与,亦不弃有为法。何以故?有佛、无佛,法性住如故,法性者则是法身,亦不以忘住,亦不以损住。"⑥"莫以色身而观如来。如来者,法性。法性者,亦不来亦不去,诸如来亦如是,无来无去。"⑦这则是说法性就是如来,就是法身。

---

① 《中华藏》第 7 册《放光般若经》卷十八《超越法相品》,第 248 页下—249 页中。
② 《中华藏》第 7 册《放光般若经》卷一《假号品》,第 10 页上。
③ 《中华藏》第 7 册《放光般若经》卷五《叹衍品》,第 60 页中。
④ 《中华藏》第 7 册《放光般若经》卷五《不可得三际品》,第 65 页中。
⑤ 《中华藏》第 7 册《放光般若经》卷七《舍利品》,第 98 页下。
⑥ 《中华藏》第 7 册《放光般若经》卷九《无作品》,第 129 页中—下。
⑦ 《中华藏》第 7 册《放光般若经》卷二十《法上品》,第 276 页中。

《超越法相品》还记述：

> 须菩提白佛言："菩萨学般若波罗蜜、行般若波罗蜜，假令各各分别，知是诸法如是，则为不分别法性、色身。"佛报言："若有异法离于法性者，是色身、法性则为有别。何以故？须菩提！如来及如来弟子，不见有法离于法性、与法性有别者，虽不见不处，法无有二离法性者。"佛告须菩提："菩萨行般若波罗蜜，当作是学法性。"须菩提白佛言："世尊！菩萨学法性者为无所学。"佛告须菩提："菩萨学法性者为尽学一切诸法。何以故？一切诸法皆是法性。"须菩提白佛言："何以故？诸法皆是法性，诸有为法皆是法性。""是故，须菩提！菩萨学般若波罗蜜者，为学法性。"须菩提白佛言："假令诸法皆是法性，菩萨用何等故行六波罗蜜？何以故行四禅、四等、四空定？云何行三十七道品、三脱门、八惟无、九次第禅、十力、四无所畏？何以故学佛十八法，学六通、三十二相，学成就八十种好？何以故学生四姓家？何以故学生四天上，从第四天至三十三天？何以故从初发意至第十地？何以故学三乘，净佛国土，教化众生，学陀邻尼门，学辩才？何以故学菩萨道，学诸法如，知一切众事，法性中无有是若干分数？世尊！将无菩萨行颠倒事。所以者何？法性亦非五阴，法性亦不离五阴，法性则是五阴，五阴则是法性。"佛告须菩提："如是，如是！须菩提！如汝所言，法性则是五阴，五阴则是法性。须菩提！菩萨行般若波罗蜜，若见法有离法性者，终不发阿耨多罗三耶三菩。菩萨行般若波罗蜜，诸法之性则是道。是故，菩萨行般若波罗蜜，知诸法则是法性，无名之法以名教授，从五阴至道皆以名号法数字说之。"①

这是本经中有关法性阐释最集中的部分之一，内容涉及法性诸性质：法不离法性、诸法皆是法性、学般若就是学法性、学法性就是尽学一切诸法、法性就是五阴、五阴就是法性、法性是道等。

在其后的《信本际品》中，还记述有佛陀对须菩提所说的一大段话，也是阐释法性的性质，而且是最根本的性质——一切诸法性皆空：

---

① 《中华藏》第7册《放光般若经》卷十八《超越法相品》，第248页上—下。

佛告须菩提言："……一切诸法性皆空。空法中，亦无有众生，亦无有正法，亦无有非法。若诸法性不空者，菩萨不于空法中成阿耨多罗三耶三菩，为空性说法，说五阴性空，是故菩萨行般若波罗蜜说五阴性空。以十八性空，以十二缘起性空故，为众生说法，说四禅、四等、四空定，说三十七品性空，说三脱门，说八惟无、九次第禅空、四无碍慧、四无所畏，说十八空、佛十八法、大慈大悲、八十种好空。以是故为众生说法，说声闻、辟支、佛道，说萨云若，说诸本习垢尽，以是空性说法。若内空、外空及有无空。是性不空者，菩萨终不以空性说法。若内空、外空及有无空，非是性空者，为坏败空矣！空不可坏，亦不可上尊。何以故？空亦无有处、亦不无处，亦不来、亦不往，是故法常住无有增减，无有起灭，无著无断。菩萨住是法者，为成阿耨多罗三耶三菩，亦不见法有所逮，亦不不有所逮，亦不无所逮，是为法之常住。菩萨行般若波罗蜜者，见诸法性皆空，于阿耨多罗三耶三菩终不转还。何以故？不见诸法罣碍，当何从有狐疑？阿耨多罗三耶三菩者，性空，无有众生，亦不见众生处，亦不见有吾我、寿命及知见事，亦不见五阴，乃至八十种好，亦无所见……"①

尽管《放光般若经》与《道行般若经》分属大、小品般若，完全是两个不同的本子，不仅详略上差距很大，结构上有出入，内容上也不同，但两经结尾倒数第二、三品均讲述佛陀向须菩提等述说萨陀波伦菩萨东行二万里去香氏国向法上菩萨（"香氏国""法上"在《道行经》中分别音译为"揵陀越国""昙无竭"）追求般若波罗蜜的事迹，连品名也基本相同。前者称《萨陀波伦品》和《法上品》，后者称《萨陀波伦菩萨品》与《昙无竭菩萨品》，反映了无论大小品般若，其本质的一致。《放光般若经》这两品通过萨陀波伦菩萨追求般若波罗蜜的事迹，对经中所阐述的缘起性空、万法假名、诸法如幻与沤和拘舍罗等思想进行了归纳与总结。尤其是法上菩萨对萨陀波伦的讲经说法，所阐述的思想内容非常丰富，基本囊括了大乘佛法般若的所有概念与要义。②

---

① 《中华藏》第7册《放光般若经》卷十八《信本际品》，第251页上—下。
② 《中华藏》第7册《放光般若经》卷二十《法上品》，第276页上—277页上。

# 第三节 《放光般若经》译出后的流行

《放光般若经》的译出，轰动一时，成为当时最流行的佛教经典。吕澂对此经译出后的流行有一个很高的评价总结：

> （《放光般若》）译出仍不完全，但对于当时的义学影响却很大，所以翻译之后即风行京华，凡有心讲习的都奉为圭臬。中山的支和上（名字不详）使人到仓垣断绢誊写，取回中山之时，中山王和僧众具备幢幡，出城四十里去迎接，可谓空前盛况。一时学者像帛法祚、支孝龙、竺法蕴、康僧渊、竺法汰、于法开等，或者加以注疏，或者从事讲说，都借着《放光》来弘扬般若学说。①

以下我们就依吕澂先生所说来简要介绍一下帛法祚、支孝龙、竺法蕴、康僧渊、竺法汰、于法开等学者借着《放光般若经》弘扬般若学说的情况。

帛法祚，俗姓万，河内（今河南沁阳市）人，其父万威达为当地名儒，其兄帛远（字法祖）为名震一时的僧人，僧俗弟子近千人。《高僧传》卷一称帛法祚："少有令誉，被博士征，不就。年二十五出家，深洞佛理，关陇知名。……注《放光般若经》及著《显宗论》等。"②放弃了到洛阳担任太学博士，追随其兄帛远出家，献身于弘扬佛法的事业。永嘉之乱以后，帛远西赴秦州（今甘肃天水市），而帛法祚则到梁州（今陕西汉中市）传播大乘般若学说，知名一方。后因不从梁州刺史逼其还俗为之效命而被杀害。

支孝龙，淮阳（今河南淮阳县）人。生卒年不详，但根据其事迹，可大致判断与朱士行同时或略晚一些。《高僧传》卷四记载其：

> 少以风姿见重，加复神彩卓荦，高论适时。常披味《小品》，以为心要。陈留阮瞻、颍川庾凯，并结知音之交，世人呼为八达。时或嘲之曰："大晋龙兴，天下为家，沙门何不全发肤，去袈裟，释胡服，被绫罗？"龙曰："抱一以逍遥，唯寂以致诚。剪发毁容，改服变形，彼谓我辱，我弃彼荣。

---

① 《吕澂佛学论著选集》卷五《中国佛学源流略讲》，第 2883 页。
② 《高僧传》卷一《帛远传》，第 27 页。

故无心于贵而愈贵,无心于足而愈足矣。"其机辩适时,皆此类也。

      时竺叔兰初译《放光经》,龙既素乐无相,得即披阅,旬有余日,便就开讲。后不知所终矣。①

文字虽然不长,但包含的信息却很丰富:

其一,表明支孝龙和朱士行一样,也是一位大乘般若学说的弘扬者。"常披味《小品》,以为心要",说明在《放光经》译出之前,支孝龙即已对小品般若有了很深入的学习、理解,而当竺叔兰等译出《放光般若经》之后,支孝龙便得披阅,旬日之后即开始讲经说法,传授般若学说。

其二,"八达"为魏晋尚玄名士团体之称,支孝龙作为僧人能跻身其中,说明支氏的佛学思想与当时兴起的玄学相通,为时人所推崇。

竺法蕴,为竺法潜的高足,有关其记载很少,仅《高僧传》卷四《竺法潜传》有一句记述,称"竺法蕴悟解入玄,尤善《放光波若》"②。

康僧渊,本西域人,出生于长安。《高僧传》卷四有其传,谓康僧渊"貌虽梵人,语实中国,容止详正,志业弘深,诵《放光》《道行》二《波若》,即《大》《小品》也"。东晋成帝之时,渡江去江西南昌。③

竺法汰,东莞(今山东沂水县)人。《高僧传》卷五有传。少与道安同学,同师事佛图澄。与道安避难行至河南新野,道安命法汰下京,法汰于是率弟子昙一、昙二等四十余人,沿江东下。曾在荆州与道恒就般若"性空"思想的不同理解展开过激烈的辩论。当时道恒常执"心无义"而大行荆土,而法汰却认为"心无义"为邪说,应须破之,乃大集名僧,先后令昙一、慧远难之,据经引理,析驳纷纭。法汰到建康之后,深受晋简文帝敬重,请他开讲《放光般若经》。《高僧传》本传记载:"开题大会,帝亲临幸,王侯公卿,莫不毕集。汰形解过人,流名四远,开讲之日,黑白观听,士女成群。及谘禀门徒,以次骈席,三吴负帙至者千数。"④可以想见当时的影响之大。法汰还就《放光般若经》

①　《高僧传》卷四《支孝龙传》,第 149 页。
②　《高僧传》卷四《竺法潜传》,第 157 页。
③　《高僧传》卷四《康僧渊传》,第 150—151 页。
④　《高僧传》卷五《竺法汰传》,第 193 页。

著有《义疏》，并与郗超书《论本无义》，皆流行于当世。

于法开，生年、籍贯均不详，事于法兰为弟子。《高僧传》卷四有传，谓其"深思孤发，独见言表。善《放光》及《法华》"，精通般若理论。有弟子于法威，也是般若名家。晋哀帝时，屡被诏征，"乃出京讲《放光经》，凡旧学抱疑，莫不因之披释"。①

除上述学者外，根据有关史料记载，还有竺法潜、于法道、道安、竺僧敷、道立、慧远、慧静、鸠摩罗什等人也都直接借着《放光般若经》来弘扬般若学说。

竺法潜，俗姓王，琅邪（今山东临沂市）人，为竺法蕴师。据《高僧传》卷四本传记载，其年十八出家，事中州刘元真为师。"至年二十四，讲《法华》《大品》，既蕴深解，复能善说。故观风味道者，常数盈五百。"晋永嘉初避乱过江之后，受到晋元帝、晋明帝及大臣们的敬重。哀帝好重佛法，频遣两使殷勤征请，法潜"即于御筵开讲《大品》，上及朝士并称善焉"。② 这里所谓的《大品》，即指《放光般若经》与《光赞经》。

于法道，《高僧传》卷四记载，其"与（于法）兰同时比德……以义解驰声矣"③。卷五《昙戒传》又记载，昙戒"闻于法道讲《放光经》，乃借衣一听，遂深悟佛理，废俗从道"④。

道安是东晋时代的著名僧人，其活动区域相当广泛。中年辗转期间，曾在今河南豫西之南北进行修学、传教活动。《高僧传》卷五本传记载：

> 安以石氏之末，国运将危，乃西适牵口山。迨冉闵之乱，人情萧素，安乃谓其众曰："今天灾旱蝗，寇贼纵横，聚则不立，散则不可。"遂复率众入王屋、女休山。顷之，复渡河依陆浑，山木食修学。俄而慕容俊逼陆浑，遂南投襄阳，行至新野，谓徒众曰："今遭凶年，不依国主，则法事难立，又教化之体，宜令广布。"咸曰："随法师教。"⑤

---

① 《高僧传》卷四《于法开传》，第167—168页。
② 《高僧传》卷四《竺法潜传》，第156页。
③ 《高僧传》卷四《于法兰传》，第167页。
④ 《高僧传》卷五《昙戒传》，第204页。
⑤ 《高僧传》卷五《道安传》，第178页。

《出三藏记集》卷十五亦有此记载。王屋山在今河南济源,陆浑为今河南嵩县北部地名,新野即今河南南阳市所属县。其时,正是道安的佛学研习从以小乘禅学为主向大乘般若学说转变的阶段。他研究大乘般若学说最初所依据的般若经典文本一个是《道行般若经》,一个就是《放光般若经》。道安很推崇《放光般若经》,在《〈道行经〉序》中说:"假无《放光》,何由解斯经乎? 永谢先喆,所蒙多矣。"①《光赞经》道安见得很晚,根据《出三藏记集》卷七的记载,此经东晋孝武帝太元元年(376 年)五月才到达襄阳道安处。在深入对比研究《放光般若经》和《光赞经》之后,道安又写出了《合〈放光〉〈光赞〉略解》,其《序》至今仍保存在《出三藏记集》中。②《高僧传》本传记载:"安在樊沔十五载,每岁常再讲《放光波若》,未尝废阙。"③在襄阳的十五年间,每年两次讲授《放光般若经》,坚持不断,说明道安对于《放光般若经》的研究之深、理解之新,"四方学士,竞往师之"④,可见当时法席之盛。

道安对《放光般若经》的研究还影响了他的不少弟子,如释僧富,"及听安公讲《放光经》,遂有心乐道,于是剃发,依安受业"⑤,即为一例。慧远的情况也与之相似。

竺僧敷,未详氏族。《高僧传》卷五称其:

学通众经,尤善《放光》及《道行波若》。西晋末乱,移居江左,止京师瓦官寺,盛开讲席,建邺旧僧莫不推服。……时异学之徒,咸谓心神有形,但妙于万物,随其能言,互相摧压。敷乃著《神无形论》,以有形便有数,有数便有尽,神既无尽,故知无形矣。时仗辩之徒,纷纭交诤,既理有所归,惬然信服。后又著《放光》《道行》等义疏。⑥

道立,《高僧传》卷五有传,谓其"少出家,事安公为师,善《放光经》。……后随安入关,隐覆舟山,岩居独处,不受供养。每潜思入禅,辄七日不起,如此

① 《出三藏记集》卷七《〈道行经〉序》,第 264 页。
② 《出三藏记集》卷七《合〈放光〉〈光赞〉略解序》,第 266 页。
③ 《高僧传》卷五《道安传》,第 181 页。
④ 《高僧传》卷五《道安传》,第 179 页。
⑤ 《高僧传》卷十二《僧富传》,第 448 页。
⑥ 《高僧传》卷五《竺僧敷传》,第 196—197 页。

者数矣。后夏初忽出山,鸠集众僧,自为讲《大品》"①。

慧远精于般若性空之学是公认的,虽然在有关他的记载中没有直接提到过《放光般若经》,但《放光般若经》对于慧远的影响是显而易见的:"时沙门释道安立寺于太行恒山,弘赞像法,声甚著闻,远遂往归之。一面尽敬,以为真吾师也。后闻安讲《波若经》,豁然而悟,乃叹曰:'儒道九流,皆糠秕耳。'便与弟慧持,投簪落彩,委命受业。"依前所述,这里所说的《波若经》,应当就是《放光般若经》,或是合《放光般若经》与《道行般若经》。此外,慧远二十四岁时即讲说般若"实相义",其所依般若经典也当主要是《放光般若经》。② 还有,慧远曾著《法性论》,现已佚失,但这部论著作于他见到罗什译出的《摩诃般若经》和《大智度论》之前,可见他的法性思想也当深受《放光般若经》中法性思想的影响。

慧静,俗姓王,东阿人。《高僧传》卷七本传称:

> 少游学伊洛之间,晚历徐兖。容貌甚黑,而识悟清远。时洛中有沙门道经,亦解迈当世,与静齐名,而耳甚长大,故时人语曰:"洛下大长耳,东阿黑如墨。有问无不酬,有酬无不塞。"静至性虚通,澄审有思力,每法轮一转,辄负帙千人,海内学宾,无不必集。诵《法华》《小品》,注《维摩》《思益》,著《涅槃略记》《大品旨归》及《达命论》,并诸法师诔。多流传北土,不甚过江。宋元嘉中卒,春秋六十余矣。③

鸠摩罗什亦十分重视《放光般若经》。他翻译《摩诃般若经》时"执旧经,以相雠校"④,亦即在参照《放光般若经》的基础上进行的。鸠摩罗什译出《摩诃般若经》后,《放光般若经》仍然为一些学者所研习,如鸠摩罗什之弟子,号称"解空第一"的僧肇在其所著的《肇论》中就多次引用《放光般若经》中的观点,作为自己立论的重要论据。

《放光般若经》于元康元年(291年)译出后虽然立即轰动一时,风行京师

---

① 《高僧传》卷五《道立传》,第203页。
② 《高僧传》卷六《慧远传》,第211—212页。
③ 《高僧传》卷七《慧静传》,第270页。
④ 《高僧传》卷二《鸠摩罗什传》,第52页。

洛阳,流行河南、河北,但好景不长,十余年之后爆发的"永嘉之乱"严重影响了它在中原地区的传播。然而"永嘉之乱"所造成的"衣冠南渡"却又使《放光般若经》远传至南方各地,如湖北襄阳,江西庐山,江苏建康,浙东会稽、剡山等地区,并在那里兴盛起来。东晋时期对于般若学思想的深入研究、阐释,出现了六家七宗。六家七宗之所指,几种史籍所述不一,依汤用彤先生所考,六家分别为本无(道安)、即色(支道林)、识含(于法开)、幻化(道壹)、心无(支愍度、竺法蕴、道恒)与缘会(于道邃),七宗则是加上本无宗所分出之本无异宗(竺法深、竺法汰)。① 前述即有道安、于法开、竺法蕴、竺法汰的简略事迹,有关他们所宗思想的内容差别,此不赘述。

汤氏以为,"六家七宗,盖均中国人士对于性空本无之解释也"②。诞生于中原河南的大乘般若学说最终在中国各地,特别是在南方开出了绚丽之花,结出了丰硕之果。对于六家七宗的出现,汤氏给予了极高的评价:

> 道安时代,《般若》本无,异计繁兴,学士辈出,是佛学在中夏之始盛。西方教理登东土学术之林,其中关键,亦在乎兹。③

潘桂明先生也说:

> 中国佛教有了晋代的六家七宗,才会有南北朝的学派分流;有了南北朝的学派分流,才会有隋唐的宗派并立。从六家七宗对般若思想的理解和发挥看出,当时佛教学者辈出,佛学歧义繁兴,呈现出学术的自由争鸣气象,预示着佛学发展新阶段的到来。④

## 第四节　般若学与魏晋玄学的关涉

前述西晋初《放光般若经》译出后,风行一时,般若学借《放光般若经》的风行而在两晋时期获得了广泛传播。

---

① 《汉魏两晋南北朝佛教史》(增订本),第152—153页。
② 《汉魏两晋南北朝佛教史》(增订本),第153页。
③ 《汉魏两晋南北朝佛教史》(增订本),第153页。
④ 潘桂明:《般若学六家七宗述论》,《佛学研究》2003年00期,第134页。

潘桂明先生说:"佛教在中国的流传和发展,始终与中国传统的哲学思想、文化观念相联系。"①当时风行的大乘般若思想与魏晋时期兴起并流行的玄学的关涉正体现了这一论断。

东汉末年以来,政治黑暗,统治阶级内部争权夺利,腐败不堪,社会矛盾重重,战乱频仍,时局动荡。在意识形态上居统治地位的今文经学和谶纬神学,丝毫无助于解决当时社会政治的现实问题。在这种情况下,当时的社会观念、社会道德和社会思想都发生了巨大的变化,如干宝在其《晋纪总论》所总结的那样:

> 风俗淫僻,耻尚失所,学者以庄老为宗而黜六经,谈者以虚薄为辩而贱名俭,行身者以放浊为通而狭节信,进仕者以苟得为贵而鄙居正,当官者以望空为高而笑勤恪。是以目三公以萧杌之称,标上议以虚谈之名,刘颂屡言治道,傅咸每纠邪正,皆谓之俗吏,其倚杖虚旷,依阿无心者,皆名重海内。②

由此,玄学兴起、流行,以至发展、兴盛,成为当时社会的主流思想。

一般认为,玄学的兴起始于曹魏正始年间,流行至西晋末年为前一阶段;晋室南迁后,玄风随之南渡,继续发展至南朝,是为后一阶段。前一阶段又分为正始、竹林和元康三个时期。正始时期,玄学诞生,其代表人物为何晏、王弼;竹林时期的代表人物为嵇康、阮籍;元康时期的代表人物为向秀、郭象、裴颜、欧阳建。此八人中,有半数籍贯为今河南:何晏,南阳宛人;阮籍,陈留人;向秀,河内怀人;郭象,河南洛阳人。而且,这些玄学代表人物主要活动的区域也在今河南境内。

魏晋玄学以三玄(《周易》《老子》《庄子》)为宗,就本末有无、自然名教、本静末动、言意之辩、万物独化、才性、圣人有情无情、声无哀乐等哲理问题问难析理,反复辩论,谓之清谈,涉及哲学本体论、知识论、伦理学、美学以及语言哲学等多个领域,其中本末有无为玄学清谈的中心问题。而这个问题恰与大乘般若之"缘起性空""诸法皆空"思想相似或相通,两者关涉,大乘般若思想

---

① 潘桂明:《般若学六家七宗述论》,《佛学研究》2003 年 00 期,第 134 页。
② 《文选》卷四十九《晋纪总论》,第 692 页下—693 页上。

遂借玄学之流行而发展起来。正如道安在《戒因缘经鼻奈耶序》中所总结的：

> 经流秦土，有自来矣。随天竺法门所持来之经，遇而便出，于十二部，毗曰罗部最多。以斯邦人，庄老教行，与方等经兼忘相似，故因风易行也。①

"十二部"即"十二部经"，其中之一为方广经，又称方等经，专谓大乘经典。方广者，理正为方，言富为广；方等者，理方正而平等，均言佛陀宣说之义理广大而平等。方广、方等音译作毗曰罗、毗佛略、毗富罗等。道安的这个总结就是把当时般若思想的流行原因归结于与庄老思想(即指魏晋玄学)的相似。

汤用彤先生亦说：

> 释家性空之说，适有似于老庄之虚无。佛之涅槃寂灭，又可比于老庄之无为。②

又说：

> 而其(指般若)所以盛之故，则在当时以《老》《庄》《般若》并谈。玄理既盛于正始之后，《般若》乃附之以光大。③

汤氏所谓的"似于""比于"与道安所谓的"相似"其意不二，因此也把般若的流行归之于老庄玄理的盛行，说明古今学者的判断是一致的。

因为大乘般若理论与玄学思想上的相似性，所以在魏晋时代这个历史舞台上，两者之间的交流、影响、促进，在中国古代思想史上展现了绚丽灿烂的一幕。

首先，我们来看大乘般若学对于玄学的影响。

学者普遍认为，反映何晏早期玄学思想的代表作为《无名论》。《无名论》的内容主要是阐释本体与现象的关系，现存《无名论》全文如下：

> 为民所誉，则有名者也；无誉，无名者也。若夫圣人，名无名，誉无誉，谓无名为道，无誉为大。则夫无名者，可以言有名矣；无誉者，可以言有誉矣。然与夫可誉可名者，岂同用哉？此比于无所有，故皆有所有矣。

---

① (清)严可均辑：《全晋文》卷一百六十七，北京：商务印书馆 1999 年版，第 1847 页。
② 《理学·佛学·玄学》，第 172—173 页。
③ 《汉魏两晋南北朝佛教史》(增订本)，第 130 页。

而于有所有之中,当于无所有相从,而与夫有所有者不同。同类无远而相应,异类无近而不相违。譬如阴中之阳,阳中之阴,各以物类自相求从。夏日为阳,而夕夜远与冬日共为阴;冬日为阴,而朝昼远与夏日同为阳;皆异于近而同于远也。详此异同,而后无名之论可知矣。凡所以至于此者何哉?夫道者,惟无所有也。自天地已来,皆有所有矣。然犹谓之道者,以其能复用无所有也。故虽处有名之域,而没其无名之象;由以在阳之远体,而忘其自有阴之远类。夏侯玄曰:"天地以自然运,圣人以自然用。"自然者,道也。道本无名,故老氏曰:强为之名。①

人们不难看到,对于本体,何晏之《无名论》用了很多道家的术语来表述,如"无誉""无名""道""大"等,其中最突出的则是"无所有"一词。

根据王晓毅先生的研究,将"无所有"一词作为哲学概念术语运用,并非何晏的创造,而首见于东汉时期的汉译佛经,用来表示佛教宗教哲学的基本概念"空"。为此,他在《儒释道与魏晋玄学形成》一书中共摘引了安世高所译《佛说大安般守意经》与支娄迦谶所译《道行经》的十一条有关经文。其中前经一条,后经十条。每条经文中都明确地用"无所有"来指代"空"。据此,他说:"这种翻译方法,无论是在安世高所译小乘佛教经典,还是在支娄迦谶所译的大乘佛教经典中,都是完全相同的。可以说,所有的汉代译经都是如此。"②

笔者要补充的是,不仅汉代所译佛经如此,西晋初所出之《放光般若经》,其经文中仍以"无所有"一词来表示"空"的概念。如该经《叹衍品》中称:

> 若法性中有所有者,不为摩诃衍;以法性无所有故,为摩诃衍。假令如、真际、不可思议体有所有者,亦不为摩诃衍;以如、真际、不可思议体无所有故,为摩诃衍。须菩提!若六波罗蜜有所有者,不为摩诃衍;以六波罗蜜无所有故,为摩诃衍,出过诸天、龙、阿须伦、世间人民上。若内外

---

① 转引自白欲晓之《何晏〈无名论〉辑佚辨疑——兼论何晏"贵无"说的特质与地位》,《中国哲学史》2013 年第 2 期,第 72 页。此文对清代严可均《全三国文》从《列子·仲尼篇》张湛注中所辑佚的《无名论》通过辨疑,进行了考订。

② 王晓毅著:《儒释道与魏晋玄学形成》,北京:中华书局 2003 年版,第 58—60 页。

空及有无空有所有者,不为摩诃衍;以内外空及有无空无所有故,为摩诃衍,出过诸天、阿须伦、世间人民上。若三十七品及十八法有所有者,不为摩诃衍;用三十七品及佛十八法无所有故,为摩诃衍,出过诸天、阿须伦、世间人民上。须菩提！若八辈地法、须陀洹法、斯陀含法、阿那含法、阿罗汉法、辟支佛法、阿惟三佛法、佛法有所有者,不为摩诃衍;用八辈法从须陀洹至佛法无所有故,为摩诃衍,出过诸天、阿须伦、世间人民上。须菩提！若八辈从须陀洹、斯陀含、阿那含、阿罗汉、辟支佛、阿惟三佛、佛有所有者,不为摩诃衍;用种性从须陀洹上至佛无所有故,为摩诃衍,出过诸天、阿须伦、世间人民上。须菩提！若诸天、阿须伦、世间人民有所有者,不为摩诃衍;用诸天、阿须伦、世间人民无所有故,为摩诃衍,出过其上。须菩提！若有菩萨摩诃萨从初发意乃至佛坐,中间诸可所作发意以来有所有者,不为摩诃衍;用菩萨摩诃萨初发意以来乃至佛坐,无所有故,为摩诃衍,出过诸天、阿须伦、世间人民上。①

在这里,无论是法性、如、真际、六波罗蜜,还是三十七品及佛十八法,乃至佛法、佛,都是"无所有",亦即都是"空"。

上述例证充分地说明了玄学的产生、发展,也从当时所译出的佛经之中,尤其是般若经那里汲取了充分的营养。

王晓毅先生根据何晏在《无名论》中使用包括"无所有"在内的多种本体论术语和近乎言不尽意的论述,提出由此"可以窥见中国传统的宇宙生成论在印度佛教缘起性空学说的刺激下向玄学本体论演变的思想轨迹"②。更进一步,他认为,"何晏早期的宇宙哲学在佛教的影响下出现了既不同于传统也不同于佛教的本体论变形。但是这种从事物自身思考存在和完善之内在依据的新思路,却启发了王弼本体论哲学的形成"③。最终,他总结说:

总之,来自印度的佛教哲学曾在汉魏之际影响了玄学本体论的形成,这是历史上中国文化与相当水平的外来文化第一次在哲学深层的思

---

① 《中华藏》第7册《放光般若经》卷五《叹衍品》,第60页中—61页上。
② 《儒释道与魏晋玄学形成》,第62页。
③ 《儒释道与魏晋玄学形成》,第64页。

想碰撞。碰撞中产生的思想火花,点燃了魏晋玄学的思想火焰,从而照亮了一个新的文化时代——从滞重到空灵的时代。①

"来自印度的佛教哲学"在当时就是指大乘般若理论。

王晓毅先生还深入研究了元康时期大乘般若学对于玄学的"某种反作用"。他逐一考察了玄学贵无论、崇有论与自生独化论三大流派与佛教之间在社会交往和学术思想方面的不同程度的联系,结论是:

> 这一时期佛教般若学并未参与玄学理论的主体建构,但佛教般若学毕竟影响了玄学的思维方式。人们常说中国文化是儒释道的融合,曹魏西晋时期佛教所起的作用,主要是思想方法。②

其次,我们来审视玄学对于般若理论的推动。

在两汉之际到东汉末年的佛教初传时期,中国佛教思想的表现只有当时所译经典本身的内容,而且在基本概念上还需采用比附中国传统道、儒思想观念的办法,舍此无他。而进入曹魏特别是西晋之后,由于当时所译出的佛经已经达到了相当的数量,中土僧侣信众对于佛教义理、思想的理解开始逐步系统化,除继续从所译经典本身的内容来领会佛教义理、思想之外,讲经说法乃至撰写义疏,也开始逐渐成为融会、传播佛教义理、思想的重要方式,而讲经说法等活动又反过来进一步推动了佛经的翻译活动。前述朱士行在洛阳向信众讲《道行经》,然后感觉义理未尽,遂西行求法的事迹就是魏晋时期这方面情况表现的典型例子,《放光般若经》得以译出乃是朱士行西行的成果。《放光般若经》译出后,对于大乘般若理论的研习、阐释、弘扬,渐成风气。这种风气的出现,一方面,就佛教本身的历史发展要求而言,它表明当时的中国佛教僧众已经开始自己的独立思考与融会贯通的尝试;另一方面,就社会文化思想发展的历史背景而言,则是般若经所表现的思想契合了当时玄学的兴起和发展。这种契合的表现正如道安、鸠摩罗什的高足僧叡所言:

> 自慧风东扇,法言流咏已来,虽曰讲肆,格义迂而乖本,六家偏而不

---

① 《儒释道与魏晋玄学形成》,第65页。
② 《儒释道与魏晋玄学形成》,第263—275页。

即。性空之宗,以今验之,最得其实。①

寥寥数语,概括了魏晋之时佛学特别是般若理论在玄学影响下所呈现的面貌。所谓"讲肆",或称"讲次",又谓讲舍、讲堂,亦指讲论肄习。说明在当时的般若学说的讲经说法活动中,或者"以经中事数,拟配外书,为生解之例"②,亦即引用外书《庄子》《老子》之名词用语来注释般若之"空"理,对应而互解,偏重文句,此谓之"格义";或者以《庄子》《老子》之义理来阐释般若之"空"理,注重义理,只求意趣而不拘于文字,由此出现了"六家(七宗)"。汤用彤先生亦说:"因此而《般若》各家,盖即不受《老》《庄》之影响,至少亦援用《老》《庄》之名辞。"③无论格义还是六家,产生的原因其实是相同的,思想方法也是一致的,甚或可以说,六家就是格义的另外一种表达形式。正如僧叡后来总结所说:"恢之以格义,迂之以配说。"④

以下我们就以支遁为例,从他的讲经说法、著述、思想以及行为举止等方面来说明玄学对于大乘般若学的深刻影响与有力推动。

支遁,本姓关,字道林,以字行世,后从师改姓,世称支公、林公、支道人。陈留(今河南开封)人,或谓河东林虑(今河南林州)人,生于西晋愍帝建兴二年(314年),卒于东晋废帝太和元年(366年),早年即流寓江南。根据《高僧传》卷四本传的记载,其家庭世代崇信佛教,对其影响甚深。年轻时即隐居会稽之余杭山,"深思《道行》之品,委曲《慧印》之经",深入研究般若诸经,颇有独到见解。二十五岁时出家,逐渐成为当时著名的般若学者。

在讲经说法阐释般若学思想方面,支遁善清谈,发挥淋漓而不拘于章句。"每至讲肆,善标宗会,而章句或有所遗。""宗会"者,总和、集大成也。其清谈颇为名士所激赏,如谢安即"闻而善之"。他对于玄学家们最为宗奉的《庄子》很有独到见解,曾注《庄子·逍遥游》篇,独抒己见,"群儒旧学,莫不叹服"⑤。

---

① 《出三藏记集》卷八《〈毗摩罗诘提经义疏〉序》,第311页。
② 《高僧传》卷四《竺法雅传》,第152页。
③ 《汉魏两晋南北朝佛教史》(增订本),第136页。
④ 《出三藏记集》卷五《喻疑》,第234页。
⑤ 《高僧传》卷四《支遁传》,第159—160页。

《世说新语·文学》记载:"《庄子·逍遥》篇,旧是难处,诸名贤所可钻味,而不能拔理于郭、向之外。支道林在白马寺中,将冯太常共语,因及《逍遥》。支卓然标新理于二家之表,立异义于众贤之外,皆是诸名贤寻味之所不得。后遂用支理。"①王羲之"素闻遁名,未之信,谓人曰:'一往之气,何足言。'……王故诣遁,观其风力。既至,王谓遁曰:'《逍遥》篇可得闻乎。'遁乃作数千言,标揭新理,才藻惊绝。王遂披衿解带,流连不能已","至晋哀帝即位,频遣两使,征请出都,止东安寺,讲《道行波若》,白黑钦崇,朝野悦服"。②

支遁又喜论辩。《世说新语·文学》记载:"有北来道人好才理,与林公相遇于瓦官寺,讲《小品》。……此道人语,屡设疑难,林公辩答清析,辞气俱爽。此道人每辄摧屈。"③本传记载:"讲《维摩经》,遁为法师,许询为都讲,遁通一义,众人咸谓询无以厝难,询设一难,亦谓遁不复能通,如此至竟两家不竭。"④《高僧传·于法开传》与《世说新语·文学》还记载有于法开与支遁争名辩论败后再遣弟子于法威攻难支遁一事:"于法开始与支公争名("与支道林争即色空义"⑤),后情渐归支,意甚不分,遂遁迹剡下。遣弟子出都,语使过会稽。于时支公正讲《小品》。开戒弟子:'道林讲,比汝至,当在某品中。'因示语攻难数十番。云:'旧此中不可复通。'弟子如言诣支公。正值讲,因谨述开意,往反多时,林公遂屈,厉声曰:'君何足复受人寄载来!'"⑥

在著述方面,除前述曾注《庄子·逍遥游》外,依据《高僧传》本传、《出三藏记集》卷八与卷十二以及《世说新语·文学》等记载,支遁还曾撰写过《安般注》、《本起四禅序并注》、《本业经注序》、《本业略例》、《即色游玄论》、《圣不辩知论》、《道行旨归》(又作《道行指归》)、《辩著论》、《释即色本无义》、《大小品对比要抄》、《辩三乘论》、《妙观章》、《般若台众僧集议节度序》、《切悟章》、《学道诫》(又作《道学诫》)、《支法护像赞》等,但大都已经佚失。仅从这

① 《世说新语校笺》卷上《文学》,第119—120页。
② 《高僧传》卷四《支遁传》,第160、161页。
③ 《世说新语校笺》卷上《文学》,第119页。
④ 《高僧传》卷四《支遁传》,第161页。
⑤ 《高僧传》卷四《于法开传》,第168页。
⑥ 《世说新语校笺》卷上《文学》,第125页。

些著作的题目来看,其内容当主要为般若学,其次是禅学。

前述,支遁的般若学思想为"即色"论,归为六家七宗之即色宗的代表人物。但由于其著述的佚失,已很难全面掌握他的般若学思想,我们现在只能从后人的著作中寻找片段点滴。

《世说新语·文学》中有:

> 支道林集《妙观章》云:"夫色之性也,不自有色,色不自有,虽色而空。故曰:'色即为空,色复异空。'"①

这是直接引自支遁著作中的论述,可能是有关即色义记载的最早的资料。其意是说,人们认识上的色,其性质是概念上的色,并非色自己构成的;既然不是自己构成的,那就是非色,也就是空。因此,认识到的色,也就肯定其为非色,为空;但色又异于空,因为既然由概念而认识到色,就说明空之外还有色。但需要说明的是,因为《妙观章》是支遁"集"的,其中肯定包括了他人的观点和说法,上述这段话究竟是不是支遁本人的认识,已经难以判断了。

后秦僧人僧肇所著《肇论·不真空论》中有:

> 即色者,明色不自色,故虽色而非色也。夫言色者,但当色即色,岂待色色而后为色哉?此直语色不自色,未领色之非色也。②

这段话分前后两层,前一层"即色者,明色不自色,故虽色而非色也"为僧肇所引支遁的般若学"即色"的观点,后一层是僧肇对于支遁这一观点的评论批判。僧肇这里所引支遁的观点与前面《世说新语·文学》所引支遁《妙观章》中的论述是一致的。而僧肇对于支遁"即色"观点的批判,也是分两层进行的:先批判说,色本身就是色,色有自相,岂能等待我们认识之后有了色的概念才出现色(当色即色,岂待色色而后为色哉)?接着又继续批判说,认为概念上的色并非色自己构成的这种理解固然是对的,但并没有真正领会到色正是因为其假有的性质才成其为非色的,也就是空(直语色不自色,未领色之非色也)。概而言之,僧肇对支遁观点的批判,一个是他认为,支遁把色看成概念化的结果,不理解色有自相,色与非色不同,色本身即是空;另一个是他认

---

① 《世说新语校笺》卷上《文学》,第121页。
② (东晋)僧肇著,张春波校释:《肇论校释》之《不真空论》,北京:中华书局2010年版,第40页。

为,支遁片面地认识色的性质,只理解了色的"非有"一面,而没有理解其还有"非无"的一面。

支遁的般若学思想在晋慧达之《肇论疏》卷上、唐元康之《肇论疏》卷上与隋吉藏之《中论疏》卷二(末)、日僧安澄之《中论疏记》卷三之末中也有片段转引,内容与上述大致相同,此不一一赘述。

在《出三藏记集》卷八中,保存有支遁《大小品对比要抄序》一文。顾名思义,这是他为自己所著《大小品对比要抄》写的序文。当时中国的佛教信众普遍都认为,《小品》般若是在佛陀去世后从《大品》之中抄出的。对这一传统观点,支遁在序文中表示了不同的看法。他认为,《般若经》在天竺有一"本品","本品"之文有六十万言;《大品》《小品》皆出自此"本品",《小品》出之在先,《大品》在后;二品繁简各异,互有缺失,"或《小品》之所具,《大品》所不载;《大品》之所备,《小品》之所阙";但无论《大品》《小品》,其所阐述的佛理都是一致的,并无大小之分,"明宗统一,会致不异","明其本一,故不并矣"。所以,支遁著《大小品对比要抄》,目的就是比对二品,"推考异同,验其虚实,寻流穷源,各有归趣……例玄事以骈比,标二品以相对,明彼此之所在,辩大小之有先……寻源以求实,趣定于理宗。是以考大品之宏致,验小品之总要,搜玄没之所存,求同异之所寄",达到"明乎小大之不异"。

序文的首段,是支遁对般若学说理解认识的一段很重要的理论阐述,语言中充满了玄学的意味,如段末谓:"是以诸佛因般若之无始,明万物之自然;众生之丧道,溺精神乎欲渊。悟群俗以妙道,渐积损以至无,设玄德以广教,守谷神以存虚,齐众首于玄同,还群灵乎本无。"[1]这正反映了那个时代的援玄入佛的历史特点。

支遁虽是一个佛教徒,但在行为举止上,又颇具名士风度。养马放鹤,优游山林,好吟诗文,善书草隶,且在士大夫之中交游甚广,与王濛、殷融、王洽、刘恢、殷浩、许询、郗超、孙绰、桓彦表、王敬仁、何次道、王文度、谢长遐、袁彦伯等一代名流,"皆著尘外之狎"[2],亦即结知音之交。其中,他与孙绰的关系

---

[1] 《出三藏记集》卷八《大小品对比要抄序》,第299—303页。
[2] 《高僧传》卷四《支遁传》,第159—161页。

尤为密切。孙绰曾作《道贤论》，将佛家七僧比为"竹林七贤"，称："此西竺七贤，比竹林七贤。以法护匹山巨源，法祖比嵇康，竺潜比刘伯伦，于法兰比阮嗣宗，竺法乘比王濬冲，于道邃比阮咸，支遁比向子期。凡此七贤匹于七僧，皆察其气概，较道量德，著其论文，盛传于时。"①其中以遁比之向子期，谓："支遁、向秀雅尚《庄》《老》。二子异时，风好玄同矣。"②认为支遁与向秀都酷爱《庄子》《老子》，二人虽不同时，但风采、爱好相一致。又作《喻道论》，云："支道林者，识清体顺，而不对于物。玄道冲济，与神情同任。此远流之所以归宗，悠悠者所以未悟也。"③其他的名士对支遁也有很高的评价。本传记载："郗超问谢安：'林公谈何如嵇中散。'安曰：'嵇努力裁得去耳。'又问：'何如殷浩。'安曰：'亹亹论辩，恐殷浩制支，超拔直上渊源，浩实有惭德。'郗超后与亲友书云：'林法师神理所通，玄拔独悟。实数百年来，绍明大法，令真理不绝，一人而已。'"④

支遁是一代般若学名僧，也可谓当时的玄学名士。正如汤用彤先生所说："支道林者，乃当时风气中之代表人物。"⑤从支遁的身上，我们可以充分看出两晋时期玄学对于大乘般若学的深刻影响。

## 第五节　活动在全国各地的河南籍僧人对般若学的贡献

晋室南迁之后，中国北方地区，十六国相继争战，长期处于战乱不息的状态，河南由于地理位置乃兵家必争之地，祸乱尤甚，民不聊生。在此状况下，有一批籍贯为河南的僧人，背井离乡，流离在全国各地，尤其是南方地区。他们不论身处何地，依然坚持自己的信仰，依然孜孜不倦地深入研究佛学义理。他们的活动，对当时的佛学思想，特别是大乘般若学的传播、发展，贡献甚大。

---

① 《续藏经》第 87 册《释氏蒙求》卷上，第 229 页上。
② 《高僧传》卷四《支遁传》，第 163 页。
③ 《高僧传》卷四《支遁传》，第 163 页。
④ 《高僧传》卷四《支遁传》，第 161 页。
⑤ 《汉魏两晋南北朝佛教史》(增订本)，第 152 页。

根据《高僧传》"义解篇"的记载,除上述支遁以外,东晋以后活动在全国各地的河南籍般若学者还有僧叡、道融、昙徽、昙戒、慧永、法通诸人①。这些人之中,僧叡、道融为鸠摩罗什的杰出弟子,列名"关中四圣"。关中四圣,又称关中四杰、关中四子。昙徽、昙戒、慧永为道安弟子。由僧叡自撰之《大品经序》中可知,他亦曾师事道安。

## 一、僧叡对般若学的贡献

僧叡,魏郡长乐(今河南安阳市东)人,约生于东晋永和七年至十一年(351—355年)间,卒于义熙十三年(417年)之后。②《高僧传》卷六本传谓其少年时即有出家之志,十八岁出家,依僧贤为师,"谦虚内敏,学与时竞",二十二岁即博通经论。尝听僧朗讲《放光经》,屡屡质疑问难,故而受到僧朗赞叹:"叡比格难,吾累思不能通,可谓贤贤弟子也。"僧朗为佛图澄弟子,佛学造诣很深,这说明年轻的僧叡在接受般若学时已颇具怀疑、批判的精神。二十四岁时游历各地,到处讲说,听众云集。常慨禅法未传,及罗什至长安后,即随受禅法,请罗什出《禅法要》,依之日夜修习精炼。皇族姚嵩③对他"深相礼贵",姚兴问其为人,嵩称"实邺卫之松柏"。于是姚兴召集公卿,观其才器。见叡风度从容,谈吐不凡,"兴大赏悦,即敕给俸恤吏力人舆",发放俸禄,配给侍从及车乘。还对嵩说:"(叡)乃四海标领,何独邺卫之松柏。"于是僧叡"美声遐布,远近归德"。④

本传称:"什所翻经,叡并参正。"就是说,在罗什的译经过程中,他均曾参

---

① 《高僧传》卷五尚有《法和传》,谓其为荥阳(今河南荥阳市)人,又记其"少与安公同学";而《出三藏记集》卷十五则记载法和为冀州(今河北冀州)人,"少与安公同师受学"。查道安为常山扶柳(今河北冀州境内)人,既然法和与道安少年同学,则他应为河北冀州人,《高僧传》记为荥阳人不确。不过,《出三藏记集》又记载法曾在洛阳活动过。

② 此据任继愈先生主编《中国佛教史》(第二卷),第450—451页。另,徐文明先生所著《僧叡的生卒年代与思想》[载《觉群·学术论文集》(第二辑),商务印书馆2002年版,第55—64页]一文考证,僧叡生于东晋永和十年(354年),卒于元熙二年(420年)。又,斯翰先生所著《僧叡生卒年考》(载《学术研究》1989年第3期,第49页)考证,僧叡生年为349年(东晋永和五年),卒年为418年,即后秦亡后一年。

③ 徐文明之《僧叡的生卒年代与思想》认为此处当为国主姚兴的弟弟姚崇。

④ 《高僧传》卷六《僧叡传》,第244页。

与订正。本传中记述了如下两个事例,说明僧叡之学识见解:

> 昔竺法护出《正法华经》。《受决品》云:"天见人,人见天。"什译经
> 至此,乃言:"此语与西域义同,但在言过质。"叡曰:"将非人天交接,两得
> 相见。"什喜曰:"实然。"其领悟标出,皆此类也。后出《成实论》,令叡讲
> 之。什谓叡曰:"此诤论中,有七变处文破《毗昙》,而在言小隐,若能不问
> 而解,可谓英才。"至叡启发幽微,果不谘什,而契然悬会。什叹曰:"吾传
> 译经论,得与子相值,真无所恨矣。"①

僧叡所建议改译之"人天交接,两得相见"一句现仍存《大藏经》中。由此一例
即可见其译文之典雅,才华之出众,也充分说明了僧叡深厚广博的佛学素养。

不仅如此,僧叡还一直保持着自己早年养成的怀疑、批判精神。由于僧
叡始终参与了罗什的译经工作,所以他对罗什的译经思想、精神最为熟悉。
他并不因罗什为师而为尊者讳,在为罗什的译本所撰序中,常常直言表达自
己的不同意见。如,对于罗什所译之《思益经》,僧叡说:

> 详听什公传译其名,翻覆展转,意似未尽。良由未备秦言,名实之变
> 故也。察其语意,会其名旨,当是"持意",非"思益"也。直以未喻"持"
> 义,遂用"益"耳。……旧名"持心",最得其实。②

僧叡在这里直言不讳地指出,因为罗什"未备秦言,名实之变"的缘故,遂将
"持意""持心"误译为"思益"。

对《大智度论》译本的文字、内容、繁简等,僧叡也有自己意见:

> 胡文委曲,皆如《初品》。法师以秦人好简,故裁而略之。若备译其
> 文,将近千有余卷。法师于秦语大格,唯译一往,方言殊好,犹隔而未通。
> 苟言不相喻,则情无由比。不比之情,则不可以托悟怀于文表;不喻之
> 言,亦何得委殊涂于一致。理固然矣。进欲停笔争是,则校竞终日,卒无
> 所成。退欲简而便之,则负伤手穿凿之讥。③

由这段记述可知:第一,僧叡对译本并不满意。他认为,这其中固然有"胡夏

① 《高僧传》卷六《僧叡传》,第245页。
② 《出三藏记集》卷八《〈思益经〉序》,第308页。
③ 《出三藏记集》卷十《〈大智释论〉序》,第387页。

既乖,又有烦简之异"的客观原因,但罗什作为一个外国人,由于"于秦语大格",缺乏对于汉语言、文化及思想的准确认识,所以"隔而未通",未能全面完整地表达出胡文原本的意蕴。第二,在翻译此论的过程中,他曾与罗什就译文发生过争论,"校竟终日,卒无所成",所提修改意见皆因罗什的坚持而未被采用。

在僧叡之前,中土僧人自觉在佛学上的水平低于天竺西域而来的僧人,罕有汉僧就佛学的义理问题向西僧表示异议的,僧叡无疑是首位对西僧提出不同的佛学观点的本土僧人,这表明此时汉僧的佛学造诣已经开始与西僧比肩。

僧叡为罗什的许多重要译籍都撰写了序,计有《〈小品经〉序》《〈大品经〉序》《〈法华经〉后序》《〈毗摩罗诘提经义疏〉序》《〈大智释论〉序》《〈中论〉序》《〈十二门论〉序》《〈思益经〉序》《〈维摩经〉序》《〈自在王(禅)经〉后序》《关中出〈禅经〉序》《〈成实论〉序》《〈百论〉序》等。晚年还著有《喻疑》①,是为僧叡现存的唯一的佛学论文。这些材料大多尚存于《出三藏记集》中,为我们研究其佛学思想尤其是大乘般若学思想提供了可靠的基本资料。

僧叡一生的学术经历非常丰富,而且能够与时俱进,不断地从新的译籍中吸取新的佛学义理。

僧叡早年接受的般若学思想来自大小品《般若经》。在师从道安之后,又以道安所传的般若学为兴趣之所在。前述道安立本无宗,僧叡对于道安的般若本无思想给予了极高的评价,谓"亡师安和尚凿荒涂以开辙,标玄指于性空,落乖踪而直达,殆不以谬文为阂也。亹亹之功,思过其半,迈之远矣"②,立以"性空"为宗,即道安之般若学的本质,"性空之宗,以今验之,最得其实"③。

道安去世之后,僧叡又长期追随罗什。罗什对于般若学的最大贡献就是译出了大乘中观的基本理论著作"四论"——《大智度论》(亦名《大智释论》《摩诃般若释论》《大智度经论》)、《中论》、《百论》与《十二门论》,第一次向

---

① 《出三藏记集》卷五云:"昔慧叡法师久叹愚迷,制此《喻疑》,防于今日。"(第 233 页)任继愈先生主编《中国佛教史》(第二卷)指其"误慧叡、僧叡为一人",认为《喻疑》为僧叡晚年所写。(第 452 页)

② 《出三藏记集》卷八《〈大品经〉序》,第 292 页。

③ 《出三藏记集》卷八《〈毗摩罗诘提经义疏〉序》,第 311 页。

中土系统地介绍印度大乘中观学派的理论与思想。这样,他所介绍的般若学就与早期传入中土的般若学有所不同,因为他以中观学的核心思想"中道实相"为基础,以抽象的哲学思辨方式来推导、阐释宇宙人生亦即世界的本质(真实相),谓其"毕竟空",从而使当时的汉人能够比较全面完整地认识般若学说,克服了之前包括六家七宗对般若思想理论理解的种种偏差。同时,罗什通过译经活动,组织、培养了一大批佛学人才,由此形成了一个义学流派,被人谓之"关河僧团",或称"关河之学""关河学派"。所谓"关河",即指关中。《史记·苏秦传》记苏秦说惠王曰:"秦四塞之国,被山带渭,东有关河,西有汉中……"①关,指函谷关;河,指黄河。关河学派在罗什的带领下主要研习"四论"及般若类经典,弘扬"四论"所反映的印度中观学派理论,从而推动了般若学研究的进一步深入发展。

僧叡就是从中观诸论之中加深了对般若意义的认识,在《〈大品经〉序》中,僧叡开篇即谈他当时的认识:

> 摩诃般若波罗蜜者,出八地之由路,登十阶之龙津也。夫渊府不足以尽其深美,故寄大以目之。水镜未可以喻其澄朗,故假慧以称之。造尽不足以得其崖极,故借度以明之。然则功托有无,度名所以立;照本静末,慧日以之生;旷兼无外,大称由以起。斯三名者,虽义涉有流,而诣得非心;迹寄有用,而功实非待。非心故以不住为宗,非待故以无照为本。本以无照,则凝知于化始;宗以非心,则忘功于行地。故启章玄门,以不住为始;妙归三慧,以无得为终。假号照其真,应行显其明,无生冲其用,功德葅其深。大明要终以验始,沤和即始以悟终。②

在《〈小品经〉序》中,僧叡又说:

> 般若波罗蜜经者,穷理尽性之格言,菩萨成佛之弘轨也。③

所谓"出八地之由路,登十阶之龙津",第八地为辟支佛地,出辟支佛地而入第九菩萨地,最终入第十佛地。而"穷理尽性之格言,菩萨成佛之弘轨",是说般

---

① 《史记》卷六十九《苏秦传》,第2242页。
② 《出三藏记集》卷八《〈大品经〉序》,第291—292页。
③ 《出三藏记集》卷八《〈小品经〉序》,第297页。

若对于成佛具有决定性的意义。所以他对中观诸论给予了很高的评价,这在他为诸论所作之序文中随处可见。

僧叡此时又回顾总结了罗什译出中观诸论前中土般若学发展的历史局限性:

> 然炉冶之功,微恨不尽,当是无法可寻,非寻之不得也。何以知之?此土先出诸经,于识神性空,明言处少,存神之文,其处甚多。《中》《百》二论,文未及此,又无通鉴,谁与正之?①

当时中夏的佛学研究之所以出现格义、配说之类的问题,未能准确地理解般若的精髓,并非中夏的佛学水平低,而是因为《般若》诸经先被译出,可依的阐释经论却未能及时随之而来。应当说,这个总结是客观、公允的。这也就是笔者前面所说罗什对于般若学发展的贡献之处。

除"四论"之外,罗什新译之《维摩诘经》《法华经》,对僧叡的影响也很大。在《〈毗摩罗诘提经义疏〉序》中,他称:"予始发心,启蒙于此,讽咏研求,以为喉襟。"②喉襟,喻纲领、要领。说明《维摩诘经》虽以般若为背景,也运用中道思维,但其借维摩居士之口所阐述的大乘菩萨之智慧解脱,旨在融通世间与出世间界限,要在人间实现"随其心净,则佛土净"③的思想对他的冲击是很大的,否则他不会明确声称"予始发心,启蒙于此"。

对于罗什重译的《法华经》,僧叡极为赞赏,将它定位为"诸佛之秘藏,众经之实体也",称该经"所兴既玄,其旨甚婉。自非达识传之,罕有得其门者。……八万四千法藏者,道果之原也",因为"诸华之中,莲华最胜",故而"荣曜独足以喻斯典"。④ 为了说明自己的评价无误,僧叡又将该经与《般若经》进行了对比:"至如《般若》诸经,深无不极,故道者以之而归;大无不该,故乘者以之而济。然其大略,皆以适化为本。应务之门,不得不以善权为用。权之为化,悟物虽弘,于实体不足。皆属《法华》,固其宜矣。寻其幽旨恢廓宏

---

① 《出三藏记集》卷八《〈毗摩罗诘提经义疏〉序》,第311—312页。

② 《出三藏记集》卷八《〈毗摩罗诘提经义疏〉序》,第311页。

③ 《中华藏》第15册《佛说维摩诘经》卷上《佛国品》,第834页中。

④ 《出三藏记集》卷八《〈法华经〉后序》,第306页。

邃,所该甚远。岂徒说实归本,毕定殊途而已耶。乃实大明觉理,囊括古今。"①依僧叡所言,他原来所接受、传译的大小品《般若经》,确实"深无不极""大无不该",但其不足在于以"适化为本""善权为用",仅仅适用于应化利生,所以"悟物虽弘,于实体不足"。而《法华经》则是"大明觉理,囊括古今",其地位显然高于《般若》诸经。

僧叡晚年,适逢法显与佛陀跋陀罗等译出六卷本《大般泥洹经》。《大般泥洹经》译出后,不少人怀疑其非"真本",因为经中所宣扬的涅槃佛性思想——"泥洹不灭,佛有真我。一切众生,皆有佛性。皆有佛性,学得成佛",人们之前闻所未闻。僧叡仔细地研习了此经,对其内容与思想非常推崇,由此而著《喻疑》一文,所谓"喻疑",其意就是消除对于《大般泥洹经》是否真本的怀疑。《喻疑》一文所阐述的主题就是在确认《大般泥洹经》的真实性基础之上进而对其所宣扬的涅槃佛性思想给予肯定和赞赏:

> 此经云:"泥洹不灭,佛有真我。一切众生,皆有佛性。皆有佛性,学得成佛。"佛有真我,故圣镜特宗,而为众圣中王。泥洹永存,为应照之本。大化不泯,真本存焉。而复致疑,安于渐照,而排跋真诲,任其偏执,而自幽不救,其可如乎? 此正是《法华》开佛知见。开佛知见,今始可悟,金以莹明,显发可知。而复非之,大化之由,而有此心,经言阐提,真不虚也。②

"阐提",梵文 *icchantika* 或 *ecchantika* 音译,又作一阐提、一阐低迦,原意为"正有欲求之人",指极欲、大贪、有大邪见、信不具足,断绝一切善根而无法成佛者,故又译作"断善根"。僧叡将目光注视涅槃佛性,就表明其佛教思想已开始从般若性空转向涅槃妙有。

由上述我们可以看出来,僧叡一生的佛学思想几经演变。对于他先后曾接受、赞赏与推崇的《般若经》《法华经》与《大般泥洹经》,僧叡认为:

> 今此世界以杂为名,则知本自离薄,本自离薄,则易为风波。风波易

---

① 《出三藏记集》卷八《〈法华经〉后序》,第306—307页。
② 《出三藏记集》卷五《喻疑》,第235页。

以动,不淳易为离,易动易离,故大圣随宜而进,进之不以一途,三乘杂化由之而起。三藏祛其染滞,《般若》除其虚妄,《法华》开一究竟,《泥洹》阐其实化,此三津开照,照无遗矣。但优劣存乎人,深浅在其悟,任分而行,无所臧否……①

其大意是说,三藏(这里指小乘经典)、《般若经》、《法华经》与《大般泥洹经》虽然都是佛说,但因为对象的根机利钝不一样,故佛陀所说之教的高下与深浅也是不一样的。这就有点教相判释的意味了。这里,僧叡将《般若经》《法华经》与《大般泥洹经》称为"三津"。"津"者,济渡处也。此文中,僧叡还说它们是"大法三门,皆有成证"②"大化三门,无极真体"③。

类似的诸经判释比较,僧叡还曾在其他的序文中多次发表过议论。例如,《〈小品经〉序》云:"《法华》镜本以凝照,《般若》冥末以解悬。解悬理趣,菩萨道也;凝照镜本,告其终也。……是以《法华》《般若》,相待以期终;方便实化,冥一以俟尽。论其穷理尽性,夷明万行,则实不如照;取其大明真化,解本无三,则照不如实。是故叹深则《般若》之功重,美实则《法华》之用征。"④又如,在《〈自在王经〉后序》中,又结合禅经而云:"此土先出方等诸经,皆是《菩萨道行》之式也。《般若》指其虚标,《勇伏》明其必制,《法华》泯一众流,《大哀》旌其拯济。虽各有其美,而未备此之所载。"⑤方等诸经即大乘经典,《勇伏》即《首楞严经》,《大哀》为《自在王经》别名。这说明僧叡已经具有初步的判教思想。

特别值得提出的是,在僧叡转入罗什门下之后,他还一直深深地怀念先师道安,充分肯定道安对于佛学发展的贡献。从现存的僧叡著述中,我们可以看到他多次忆及亡师。如在《〈大品经〉序》中,僧叡说:"执笔之际。三惟亡师'五失'及'三不易'之诲,则忧惧交怀,惕焉若厉。虽复履薄临深,未足喻

---

① 《出三藏记集》卷五《喻疑》,第234页。中华书局标点本将此段引文归为什公所云,当误,因为罗什并未看到法显等所译《大般泥洹经》。

② 《出三藏记集》卷五《喻疑》,第235页。

③ 《出三藏记集》卷五《喻疑》,第236页。

④ 《出三藏记集》卷八《〈小品经〉序》,第297—298页。

⑤ 《出三藏记集》卷八《〈自在王经〉后序》,第312页。

也。"①在协助罗什译经执笔之际,首先想到的是先师的翻译经验总结。又如前引谓"亡师安和尚凿荒涂以开辙"云云,即他认为道安之佛学有开创之功。在《喻疑》一文中,僧叡更回顾了佛教传入中土的历程,以此说明道安对佛学的历史性贡献:

> 昔汉室中兴,孝明之世,无尽之照,始得辉光此壤,于二五之照,当是像法之初。自尔已来,西域名人安侯之徒,相继而至,大化文言,渐得渊照边俗,陶其鄙倍。汉末魏初,广陵彭城二相出家,并能任持大照,寻味之贤,始有讲次。而恢之以格义,迂之以配说。下至法祖、孟详、法行、康会之徒,撰集诸经,宣畅幽旨,粗得充允,视听暨今。附文求旨,义不远宗,言不乖实,起之于亡师。②

其意是说,自佛教传入中国以来,虽有不断接续的佛经翻译与义理阐释,但能够做到"附文求旨,义不远宗,言不乖实"的较高水平则是始于先师道安。接下来,僧叡继续说:"究摩罗法师至自龟兹,持律三藏集自罽宾,禅师徒众寻亦并集关中。洋洋十数年中,当是大法后兴之盛也。"③联系前言,此话背后隐晦的深意当是他认为,罗什来关中后十数年间之所以能够取得很大的佛学成就,完全是基于"大法后兴之盛"的客观环境,而这个客观环境的形成则是建立在道安等前贤大德所奠定的基础之上。

## 二、道融、昙徽、昙戒、慧永、法通诸僧对般若学的贡献

道融,汲郡林虑(今河南林州市)人。《高僧传》卷六本传谓其十二岁出家,其师爱其神采,让他先学外典,过目能诵。及而立之年,才解英绝,穷究内外经书。闻罗什入关后,前往咨禀问法,罗什甚奇之,对秦主姚兴大加赞叹,说他是"奇特聪明释子"。姚兴遂敕其入逍遥园,参与罗什译场。翻译《中论》,始得两卷,即能讲说,"剖析文言,预贯终始"。罗什又让他阐述新译之

---

① 《出三藏记集》卷八《〈大品经〉序》,第292页。
② 《出三藏记集》卷五《喻疑》,第234页。
③ 《出三藏记集》卷五《喻疑》,第234页。

《法华经》,自己亲自听讲,听后评价极高,谓:"佛法之兴,融其人也。"①

隋吉藏所撰之《法华玄论》卷一记载,道融讲《法华经》时,创造了一种"九辙"之法,但其内容未见:"及罗什至长安,翻新《法华》竟,道融讲之,开为九辙。时人呼为九辙法师。九辙之文,今所未见。讲新《法花》始乎融也。"②唐湛然所撰之《法华文句记》卷八之四,记载有"九辙"的内容名目:一为昏圣相扣辙,指序品;次七辙指正宗分各品:涉教归真辙、兴类潜彰辙、述穷通昔辙、彰因进悟辙、赞扬行李辙、本迹无生辙、举因征果辙;最后为称扬远济辙,即指流通分。说明"九辙"就是从九个方面来分析、理解《法华经》文。但湛然却将"九辙法师"之名记在僧叡头上,称:"叡开九辙者。什译才毕,叡便讲之,开为九辙,时人呼为九辙法师。"③但在此书卷一上之中,湛然又说:"肇用融公九辙"④,使人无所适从。

本传还记述有一个道融破斥婆罗门外道的故事,说师子国有一婆罗门,此人"聪辩多学,西土俗书,罕不披诵,为彼国外道之宗",听说罗什在关中弘法,遂也来长安,要就佛法、外道与罗什一众进行辩论,"随有优者,即传其化"。当时关中的许多僧人都不敢出来应战。罗什鼓励道融出来与之论战,说:"此外道聪明殊人,角言必胜,使无上大道,在吾徒而屈,良可悲矣。若使外道得志,则法轮摧轴,岂可然乎。如吾所睹,在君一人。"这场辩论大会,秦主姚兴亲临现场,公卿皆会阙下,关中的僧众从四面八方纷纷赶来,"融与婆罗门拟相酬抗,锋辩飞玄,彼所不及。婆罗门自知辞理已屈,犹以广读为夸,融乃列其所读书,并秦地经史名目卷部,三倍多之"。此时,罗什嘲讽说:"君不闻大秦广学,那忽轻尔远来。"婆罗门这才彻底服输,顶礼融足。"像运再兴,融有力也。"⑤

道融后还彭城(今江苏徐州),经常讲说大乘经典不断,问道者逾千,门徒

---

① 《高僧传》卷六《道融传》,第 241 页。
② 《大正藏》第 34 册《法华玄论》卷一,第 363 页下。
③ 《中华藏》第 94 册《法华文句记》卷八之四《释提婆达多品》,第 506 页上—中。
④ 《中华藏》第 94 册《法华文句记》卷一上《释序品初》,第 267 页上。
⑤ 《高僧传》卷六《道融传》,第 241—242 页。

三百多人,使彭城成为传习般若学的一个中心。其著有《法华》《大品》《金光明》《十地》《维摩》等经之义疏,颇有成就,卒于彭城,年寿七十四。

昙徽,河内(今河南沁阳市)人。《高僧传》卷五本传记述:"年十二,投道安出家,安尚其神采,且令读书,二三年中,学兼经史,十六方许剃发。于是专务佛理,镜测幽凝,未及立年,便能讲说。虽志业高素,而以恭推见重。"后随道安在襄阳,又东下荆州,止上明寺。卒于东晋孝武帝太元二十年(395 年),世寿七十三。著有《立本论》九篇、《六识旨归》十二首,并行于世。①

昙戒,一名慧精,俗姓卓,南阳人。《高僧传》卷五本传记载:"居贫务学,游心坟典。后闻于法道讲《放光经》,乃借衣一听,遂深悟佛理,废俗从道,伏事安公为师。"博通三藏,诵经五十余万言,常日礼五百拜佛。世寿七十。②

慧永,俗姓潘,河内(今河南沁阳市)人。《高僧传》卷六本传记述:"年十二出家,伏事沙门竺昙现为师,后又伏膺道安法师。"在从学道安期间,素与慧远相约一起远赴岭南罗浮山。然慧远为道安所留,慧永遂先赴五岭,路过江西浔阳(今九江)时,被当地信众所留而居庐山西林寺,从学门徒越来越多。后慧远亦来庐山,遂有终焉之志。本传称慧永"耽好经典,善于讲说"。东晋安帝义熙十年(414 年)卒,世寿八十三。③

法通,俗姓褚,河南阳翟(今河南禹州市)人。据《高僧传》卷八本传的记载,他出生于官宦世家,以礼义相传。"年十一出家,游学三藏,专精方等,《大品》《法华》尤所研审。年未登立,便为讲匠,学徒云聚,千里必萃。"后到京师,先居庄严寺,后憩定林上寺。依旧勤奋弘法,前来问法学道者,又遍山满室,不少达官贵族亦亲往顶礼膜拜,僧俗弟子达七千余人,可见其名望之高。梁武帝天监十一年(512 年)示寂,春秋七十。④

---

① 《高僧传》卷五《昙严传》,第 202—203 页。
② 《高僧传》卷五《昙戒传》,第 204 页。
③ 《高僧传》卷六《慧永传》,第 232—233 页。
④ 《高僧传》卷八《法通传》,第 339—340 页。

# 第十一章
# 南北朝时期河南的佛教学派

南北朝中期之后，随着佛教经典传译渐趋完备，中国的佛教思想开始发展起来，出现了众多以探索、研究某门经论或某些经论的义理为中心的学派，他们对有关的经典进行不同的阐释，相互间辩论、争鸣。在中原河南，北魏统一的局面，尤其是孝文帝迁都洛阳，为佛学研究的迅速发展，为学派的诞生兴盛奠定了客观基础。

北魏早期诸帝虽信奉佛教，但偏重禅门而忽视义理。孝文帝即位后，特别是迁都洛阳之后，开始注重佛教义学，采取各种措施倡导义学，洛阳成为北方的佛教中心——不但是佛经翻译中心，也是佛教义学研习中心。此时的佛教义学研究，视线已从般若学转向地论学、涅槃学、成实学等，进而对多种经论同时进行深入研究。在当时的洛阳，讲说佛教经论、阐释佛教义理蔚然成风，各种学派纷纷在这里争取自己的一席之地,如《洛阳伽蓝记》记载,城东胡太后为母追福所建之秦太上君寺内,"常有大德名僧讲一切经,受业沙门亦有千数"①。"讲一切经",自然涉及各个学术流派;"受业沙门亦有千数",说明讲学的规模之大。城西之王南寺,"高祖数诣寺沙门论议",亦是一讲经说法之寺。②

洛阳佛学研究的兴起,促进了孝文帝一代北魏佛学研究的传播与开展。《魏书·释老志》记载,当时,沙门道顺、惠觉、僧意、惠纪、僧范、道弁、惠度、智诞、僧显、僧义、僧利等,"并以义行知重"③,就是说,这些人当时以研究佛学义理,亦即以义学而知名并为时人所看重。《续高僧传》卷六道登本传记述孝文帝屡邀道登去洛阳讲学,他征求同学法度的意见。法度为此评价了当时北魏的佛教义学发展状况,如是说:"此国道学如林,师匠百数,何世无行藏,何时无通塞?"④力劝他成行。这也说明了此时北朝佛教义学的兴盛。

宣武帝之时,北魏的佛学研究以洛阳为中心,继续深入发展。从孝、宣之时开始,直至东魏、北齐、北周以至隋,在中原河南,地论、成实诸学等都有比较系统的传承发展。

佛教学派的出现,显示当时的中土僧人已经开始对众多佛教经典进行深入、独立的研究、探索,由此进一步推动了佛教在中国的传播与发展,并为隋唐时期佛教宗派的产生奠定了基础。

## 第一节　地论学派

地论学是南北朝时期以研习、弘传《十地经论》(简称《地论》《十地论》)及其思想而形成的一个佛学流派。此派学者被称为地论师,但他们还往往兼习《涅槃》《华严》等经。地论学诞生于北魏之京师洛阳,流布整个北方地区,也传至南朝,自魏历北齐、北周以至隋,延绵不断,对隋唐佛教宗派的产生、发

---

① 《洛阳伽蓝记校笺》卷二《城东》,第88页。
② 《洛阳伽蓝记校笺》之《原序》,第3页。
③ 《魏书》卷一百一十四《释老志》,第3040页。
④ 《续高僧传》卷六《道登传》,第194页。

展影响深远。

## 一、《十地经论》概述

《十地经论》略称《十地论》,古印度僧人世亲著。世亲,音译作婆薮盘豆,南朝梁陈之真谛译有《婆薮盘豆法师传》,记述其事迹,其中称:"婆薮译为天,槃豆译为亲"①,所以中国古代不少佛教经论中将"婆薮盘豆"意译作"天亲"。玄奘之《大唐西域记》则将"婆薮盘豆"译为"伐苏畔度",其后所注并言:"唐言世亲。旧曰婆薮盘豆,译曰天亲,讹谬也。"②根据《大唐西域记》卷二、卷五等处记述,世亲为北印度健驮逻国人,佛去世后一千年左右出生,生活年代约当公元4世纪、5世纪间。世亲出家后初学说一切有部,后随其异母兄无著转习大乘,最终与无著共同成为古印度大乘瑜伽行派创始人。

关于世亲随无著转习大乘之事,《大唐西域记》卷五记载有一故事:

> 无著讲堂故基西北四十余里,至故伽蓝,北临殑伽河,中有砖窣堵波,高百余尺,世亲菩萨初发大乘心处。世亲菩萨自北印度至于此也,时无著菩萨命其门人,令往迎候,至此伽蓝,遇而会见。无著弟子止户牖外,夜分之后,诵《十地经》。世亲闻已,感悟追悔,甚深妙法,昔所未闻,诽谤之愆,源发于舌。舌为罪本,今宜除断。即执铦刀,欲自断舌。乃见无著住立告曰:"夫大乘教者,至真之理也。诸佛所赞,众圣攸宗。吾欲诲尔,尔今自悟。悟其时矣,何善如之! 诸佛圣教,断舌非悔。昔以舌毁大乘,今以舌赞大乘,补过自新,犹为善矣! 杜口绝言,其利安在?"作是语已,忽不复见。世亲承命,遂不断舌,旦诣无著,谘受大乘。于是研精覃思,制大乘论,凡百余部,并盛宣行。③

《十地经论》即世亲所制百余部大乘论之一。其内容系注释《十地经》(《华严经·十地品》早期之别译)经义之作,解说菩萨修行之十地阶位。此论在中国有汉、藏两种文字译本。汉文译本由菩提留支、勒那摩提主译,佛陀扇

---

① 《中华藏》第52册《婆薮盘豆法师传》,第427页下。
② 《大唐西域记校注(上)》卷五"阿逾陀国"条,第450页。
③ 《大唐西域记校注(上)》卷五"阿逾陀国"条,第455—456页。

多传语,翻译时间为北魏宣武帝永平元年(508年)四月至永平四年(511年)初夏。译出后,立即引起广泛关注。如吕澂先生所言:

> 《十地经论》一书的影响尤为广泛。晋宋以来,大乘学者都注意通经,那时除讲《大品》《维摩》《涅槃》之外,还讲《十地经》。这部经翻译过几次,因而很早就有人研究。但在一般人的心目中,《十地经论》既是印度菩萨世亲对《十地经》的解释,当然是最有权威的了。①

在叙述《十地经论》的内容之前,先解释一下"十地"。在佛法中,"十地"指菩萨的十种修行地位或阶位,又作"十住"。地,梵语 *bhūmi*,乃住处、生成之意,亦即住其位为家,并于其位持法、育法、生果。十地思想,西晋时就已传入中国,竺法护所译《渐备一切智德经》及之后鸠摩罗什所译《十住经》,都是论述十地思想的。佛教诸经论所载十地之名,并不一致,有五种之多,《十地经》所论为其一。其十地名,依《十地经论》中经曰:

> 一名欢喜地,二名离垢地,三名明地,四名焰地,五名难胜地,六名现前地,七名远行地,八名不动地,九名善慧地,十名法云地。②

欢喜地,又作初欢喜地、极喜地、喜地等,略作初地;离垢地,又作无垢地、净地、具戒地等;明地,又作发光地、有光地等;焰地,又作焰慧地;难胜地,又作极难胜地;现前地,又作现在地、目前地等;远行地,又作深行地、深入地等;不动地,又作色自在地、决定地等;善慧地,又作善根地;法云地,又作法雨地。

世亲解释此十地名称说:

> 何故十地初名欢喜乃至十名法云?成就无上自利、利他行。初证圣处,多生欢喜,故名欢喜地;离能起误心犯戒烦恼垢等,清净戒具足,故名离垢地;随闻、思、修等,照法显现,故名明地;不忘烦恼薪,智火能烧,故名焰地;得出世间智,方便善巧,能度难度,故名难胜地;般若波罗蜜行,有闻大智现前,故名现前地;善修无相行,功用究竟,能过世间二乘出世间道,故名远行地;报行纯熟,无相无间,故名不动地;无碍力说法,成就

---

① 《吕澂佛学论著选集》卷五《中国佛学源流略讲》,第 2648 页。
② 《中华藏》第 26 册《十地经论》卷一,第 699 页中。

利他行,故名善慧地;得大法身,具足自在,故名法云地。①

菩提留支所译之《深密解脱经》卷四中,亦有观世音菩萨与佛陀就十地及十一佛地名称意义的答问:

> 观世自在菩萨白佛言:"世尊! 世尊何故说初名欢喜地乃至佛地说名佛地?"佛言:"观世自在菩萨! 初离生死得出世间大利,清净胜妙,欢喜踊跃,是故初地名欢喜地;远离一切微细破戒障故,是故第二名离垢地;依无量智光明照曜,照诸三昧及闻持陀罗尼而得自在,能作光明,是故第三名光明地;智火炎炽,烧菩提分烦恼习垢,是故第四名为炎地;即彼菩提分方便修行,难胜得胜,是故第五名难胜地;正念思惟,诸有为行现前,证知诸法无相,是故第六名现前地;无间无断,无相正念,远入行近清净地,是故第七名远行地;无有诸相,自然修行,相不能动,是故第八名不动地;说一切法一切种智,无碍自在,得广大智,他不降伏,是故第九名善慧地;众生烦恼过患之身如虚空等,如来法身犹如大云覆众生界说法示现,是故第十名法云地;离一切无明微细习气,离一切境界智障习气,无障无碍,于一切法中而得自在,是故第十一名为佛地。"②

大乘佛法认为,菩萨修行过程,须经五十二种阶位,其中第四十一至五十之位即为十地。依世亲所说,修行十地相应对治十种障:

> 何故定说菩萨十地? 对治十种障故。何者十障? 一者凡夫我相障,二者邪行于众生身等障,三者暗相于闻思修等诸法忘障,四者解法慢障,五者身净我慢障,六者微烦恼习障,七者细相习障,八者于无相有行障,九者不能善利益众生障,十者于诸法中不得自在障。③

"障",障碍,覆蔽之义,谓障害涅槃、菩提,遮害出离之烦恼。十种障,就是十种扰乱身心、妨碍修行的烦恼,而修行十地的目的就是来克服这十种障碍。

在《深密解脱经》中,更在修行十地相应对治十种障时,一一列出了每障的二种无明:

---

① 《中华藏》第 26 册《十地经论》卷一,第 700 页上—中。
② 《中华藏》第 17 册《深密解脱经》卷四《圣者观世自在菩萨问品之一》,第 461 页上—中。
③ 《中华藏》第 26 册《十地经论》卷一,第 700 页上。

观世自在菩萨白佛言："世尊！世尊此诸地有几种无明几种障对？"佛言："观世自在！有二十二种无明、十一种障。观世自在！于初地中，执著人我、法我无明，恶道烦恼染相无明，迷没彼二是故名障；于二地中，微细过无明，种种业道无明，迷没彼二是故名障；于三地中，求欲法无明，满足闻持陀罗尼无明，迷没彼二是故名障；于四地中，爱三摩跋提无明，爱法无明，迷没彼二是故名障；于五地中，于世间正念思惟非一向背世间、非一向现世间无明，于涅槃正念思惟非一向背涅槃、非一向趣涅槃无明，迷没彼二是故名障；于六地中，不如实知有为行现前无明，多集诸相无明，迷没彼二是故名障；于七地中，微细相行无明，一向思惟方便无明，迷没彼二是故名障；于八地中，无自然无相无明，诸相不得自在无明，迷没彼二是故名障；于九地中，无量说法无量名句上上乐说智慧陀罗尼无明，乐说辩才自在无明，迷没彼二是故名障；于十地中大通无明，入微细密无明，迷没彼二是故名障；于佛地中，于一切境界极微细无明，他障无明，迷没彼二是故名障。观世自在！是名二十二种无明、十一种障说诸地差别。"①

## 二、《十地经论》对《十地经》内容的阐释

《十地经论》汉文译本共十二卷，卷一至卷三释十地之第一欢喜地，卷四释第二离垢地，卷五释第三明地，卷六释第四焰地，卷七释第五难胜地，卷八释第六现前地，卷九释第七远行地，卷十释第八不动地，卷十一释第九善慧地，卷十二释第十法云地。内容分为两部分，一部分为分段引述《十地经》经文，以"经曰"开头，另一部分是分段论释经义，以"论曰"开始。世亲之论释，几乎对《十地经》全部经文都进行了详细阐述，仅是省略了经中的重颂以及地与地之间承前启后的偈颂。

第一欢喜地。因欢喜地是其余诸地的基础，也是经论的重点，故而《十地经论》用了三卷的篇幅来进行论释。《十地经论》曰："十地法门初地所摄八

---

① 《中华藏》第 17 册《深密解脱经》卷四《圣者观世自在菩萨问品之一》，第 461 页中一下。

分:一、序分;二、三昧分;三、加分;四、起分;五、本分;六、请分;七、说分;八、校量胜分。"①其实,此八分中,真正阐述初地内容的仅为第七与第八两分,前六分所述的内容不限于初地,而是涉及诸地,通实全论。

序分的内容为解释宣说《十地经》法会之时(时间)、处(地点)以及与会之诸大菩萨名称等。经曰:"如是我闻:一时,婆伽婆成道未久第二七日,在他化自在天中自在天王宫摩尼宝藏殿,与大菩萨众,俱一切不退转,皆一生得阿耨多罗三藐三菩提,从他方佛世界俱来集会。"②婆伽婆,梵语音译,为诸佛通号之一,又作薄伽梵、婆伽梵等,意译作有大功德、众祐、世尊等,即具备大功德而为世所尊重恭敬者之意,亦即佛之尊称。诸经之首所谓"如是我闻,一时佛在……"中之"佛"字,即译自婆伽婆。他化自在天,又作他化乐天、他化自转天、化应声天,简称自在天、他化天、化他天、第六天等,为六欲天之第六天,此天假他所化之乐事以成己乐,亦即于他化之中得自在。

与会大菩萨众,经中共列举了三十八位菩萨名号,而以金刚藏菩萨为上首,由金刚藏为诸菩萨宣说十地行相。《十地经论》释曰:"时、处等校量显示胜故,此法胜故,在于初时及胜处说。"③宣说《十地经》法会的时间与地点殊胜,显示十地法门的殊胜。以金刚藏为上首,由其宣说十地行相,更强调了十地法门的殊胜:

> 何故唯金刚藏说? 一切烦恼难坏,此法能破,善根坚实犹如金刚,故不异名说。何故名金刚藏? 藏即名坚,其犹树藏,又如怀孕在藏,是故坚如金刚,如金刚藏。是诸善根,一切余善根中,其力最上,犹如金刚,亦能生成人天道行,诸余善根所不能坏,故名金刚藏。④

三昧分的内容为释说金刚藏承佛威神入菩萨大乘光明三昧定境。论释仅有一句:"入三昧者,显示此法非思量境界故。"⑤即说此十地法门境界极高,非一般的思考所能达到。

---

① 《中华藏》第 26 册《十地经论》卷一,第 695 页上。
② 《中华藏》第 26 册《十地经论》卷一,第 695 页上。
③ 《中华藏》第 26 册《十地经论》卷一,第 695 页下。
④ 《中华藏》第 26 册《十地经论》卷一,第 695 页下—696 页上。
⑤ 《中华藏》第 26 册《十地经论》卷一,第 696 页上。

加分的内容,释说诸多同名"金刚藏"之佛显现在金刚藏菩萨面前,为之加持。进一步强调金刚藏、光明三昧与十地法门的殊胜。

加持之相,"谓口、意、身加"①。口加,即同名"金刚藏"之佛加持金刚藏菩萨,使其增加辩才。意加,谓同名"金刚藏"之佛加持金刚藏菩萨,给予其真实无畏身,使其无障碍乐说辩才。身加,谓摩顶觉,即同名"金刚藏"之佛,不离本处,皆伸右手,以殊胜神力抚摸金刚藏菩萨头顶,增加其威力。

起分,释说金刚藏被同名"金刚藏"之佛摩顶之后,即出离三昧之精神入定状态。

本分,释说金刚藏向与会诸菩萨宣说十地之名目以及何故不请而说。前述菩萨十地对治十种障即此分内容之一。

请分的内容,就是以解脱月菩萨为首的大菩萨众乃至诸佛法王一起恳请金刚藏为大众宣讲十地之法。这一部分篇幅较长,以偈言为主,详细释说。

说分的内容,为金刚藏正式宣说十地法门之初地——欢喜地。按本论所释,说分中共说三事:一为住,二为释名,三为安住。

所谓"住",本论释曰:"住中有四种:依何身、为何义、以何因、有何相。彼心生时即住初地,是名为住,于中诸佛子善集善根。"②其中"彼心生时即住初地"一句最关键,依何身,即依何身生如是心即住初地;为何义,即为何义故生如是心即住初地;以何因,即以何因生如是心即住初地;有何相,即是心生时即住初地有何等相。

所谓"释名",本论曰:"云何说多欢喜,故示名欢喜,以何欢喜? 此地中菩萨欢喜复以何念?"③"多欢喜"是欢喜地的相状概括。"以何欢喜",分别而言,依本论释说有心喜、体喜、根喜三方面九种。"欢喜复以何念",谓诸种欢喜之心产生的原因。依本论所释,有两方面:"一念当得,二念现得。"④"当得",应当获得产生欢喜之心的境界;"现得",现已获得产生欢喜之心的境界。

① 《中华藏》第 26 册《十地经论》卷一,第 697 页下。
② 《中华藏》第 26 册《十地经论》卷二,第 713 页中。
③ 《中华藏》第 26 册《十地经论》卷二,第 715 页中。
④ 《中华藏》第 26 册《十地经论》卷二,第 715 页下。

所谓"安住",谓勤修善根安住于菩萨欢喜地。依本论所释,勤修善根可得三种成就:一为信心成就,二为修行成就,三为回向成就。所谓信心成就,就是信心增上(信增上),随所遇之事,皆能相信佛之教化,成就至上信心。所谓修行成就,就是日夜不停地集诸善根,永不休息,永不满足。所谓回向成就,就是求一切智地。

校量胜分的内容,就是释说校量胜。"云何校量胜?菩萨住此地中,胜声闻、辟支佛地。"①"胜"者,胜过,殊胜也。依本论所释,校量胜具体分为三种:一为愿胜,二为修行胜,三为果利益胜。

"愿胜",从发大愿的角度宣说十地境界的殊胜,初地菩萨所发大愿有十,唐代澄观谓:"今且依《梁论》略列:一供养愿、二受持愿、三转法轮愿、四修行二利愿、五成熟众生愿、六承事愿、七净土愿、八不离愿、九利益愿、十成正觉愿。"②关于发十大愿的意义,世亲阐述说:

> 何故唯说此十大愿?初愿功德行满足故。第二愿智慧行满足故。次五愿为教化众生故:一、以何身;二、以何心;三、何者众生;四、众生住何处;五、自身住何处能教化众生。后三愿显自身:一、得地校量胜故;二、得菩萨地尽校量胜故;三、得一切地尽究竟故。此三示现如实教化众生故。发诸大愿者,随心求义故。③

"修行胜",谓"悉知生起如是清净诸地法",成就清净诸地法,这是初地菩萨在修行方面的殊胜。

"果利益胜",亦即初地菩萨所证"果"之殊胜,依本论所释有四:一调柔果利益胜,二发趣果利益胜,三摄报果利益胜,四愿智果利益胜。

第二离垢地。论曰:"菩萨如是已证正位,依出世间道,因清净戒,说第二菩萨离垢地。此清净戒有二种净:一、发起净;二、自体净。"④菩萨在初地修学已证正位——出世间道,入第二地的修习内容则是清净戒,得守清净戒行,远

---

① 《中华藏》第 26 册《十地经论》卷三,第 721 页中。
② 《中华藏》第 85 册《大方广佛华严经疏》卷三十四,第 875 页上。
③ 《中华藏》第 26 册《十地经论》卷三,第 725 页上—中。
④ 《中华藏》第 26 册《十地经论》卷四,第 734 页中。

离烦恼垢染,亦即具足清净戒,不犯任何微过。此清净戒又分为发起净和自体净两种。发起净是说菩萨已具足初地,欲得入第二地应当发起、生长的净戒;自体净是说菩萨在发起净的基础之上,欲住于第二地,自身当具足之净戒。发起净者,有十种直心;自体净者,又有三种戒。

第三明地。住于此地之菩萨,依禅定而得智慧之光,并修闻、思、修三慧,使真理渐明,故谓之明地。本论曰:"依第三明地差别有四分:一、起厌行分;二、厌行分;三、厌分;四、厌果分。起厌行者,谓十种深念心;厌行者,观一切行无常乃至未入禅;厌者,四禅四空三摩跋提;厌果者,四无量等净深心应知。"①

厌,厌恶也。佛法将厌恶生存现象诸苦之无量过患而欲出离之善的精神作用称为"厌"。"起厌行"者应有十种深念心。此十种深念心是菩萨行第二地之后,欲得入明地时当起、应起之心。"厌行"有三种:一为修行护烦恼行,二为修行护小乘行,三为修行方便摄行。"厌"者,分四禅与四空三摩跋提两种。四禅,四种禅定。四空三摩跋提,又称四无色定三摩跋提、四无色三摩跋提,是四种无色界之禅定。"三摩跋提",梵语音译,又作三摩拔提、三摩钵底等,意译为等至、正定现前、正受。谓入定时,以定之力使身、心领受平等、安和之相。或谓定心而远离邪恶为之"正",无念无想而纳法在心为之"受"。"厌果",又分四无量、五神通两种。四无量,又作四无量心、四等心、四心,是佛菩萨为普度无量众生,令离苦得乐而所应具有的四种精神,本论谓之慈心、悲心、喜心、舍心。五神通,又作五通,"神",不可思议之意;"通",自由自在之意。五神通指菩萨修行至一定阶位所得五种超自然之能力:身通、天耳通、他心通、宿命智通、生死智通。

第四焰地。住于此地的菩萨,舍离前三地之分别见解,以智慧火烧烦恼薪,因此而悟智慧之本体,放阿含之光炎。即如本论所称:"摩尼宝生光明喻者,彼证智法明摩尼宝光中,放阿含光明,入无量法门义光明智处,普照示现,以是义故,此地释名为焰。"②本论曰:"第四焰地,依彼净三昧闻持如实智净显

---

① 《中华藏》第 26 册《十地经论》卷五,第 748 页上。
② 《中华藏》第 26 册《十地经论》卷六,第 764 页上。

示故。此地差别有四分：一、清净对治修行增长因分；二、清净分；三、对治修行增长分；四、彼果分。"①

所谓"清净对治修行增长因"者，也就是后面所言"清净分""对治修行增长分"之因，是说菩萨得第三地后欲入焰地当以何法得入。本论曰："谓十法明入。"②什么是"十法明"呢？依本论所释，即为十种理解佛法的智慧，菩萨以此十种理解佛法的智慧而得入焰地：一为思量众生界明入，二为思量世界明入，三为思量法界明入，四为思量虚空界明入，五为思量识界明入，六为思量欲界明入，七为思量色界明入，八为思量无色界明入，九为思量胜心决定信界明入，十为思量大心决定信界明入。

所谓"清净"者，就是获得佛法的智慧。那么如何获得佛法的智慧呢？"谓十种法智教化成熟故"③，就是有十种法智能够获得佛法的智慧：一为不退转心，二为于三宝中决定恭敬毕竟尽，三为分别观生灭行，四为分别观诸法自性不生，五为分别观世间成坏，六为分别观业有生，七为分别观世间涅槃，八为分别观众生世界业差别，九为分别观前际后际差别，十为分别观无所有尽。

所谓"对治修行增长"者，有两种：一为修行护烦恼染，二为修行护小乘。论释曰："何者护烦恼染？修行菩提分法故。"④"云何修行护小乘？不舍一切众生故，修行助菩提分法。"⑤"菩提分"，亦即"道品"，或称"觉支"，谓佛教为追求智慧，进入涅槃境界的修行方法，共三十七种，谓之三十七道品，循此三十七法修行，即可次第趋于菩提，故称"菩提分"。"助菩提分"，简而言之即为修行大乘佛法，不舍一切众生而皆度之。

所谓"彼果"者，即对治修行增长之果。

第五难胜地。难胜地为已得正智，难再超出之位；或谓住于此地菩萨已得出世间智，依自在之方便力救度难救众生，故名之难胜地。通俗地说，难胜地是说须经过极其艰难的修习才能够到达的境地。到达了这一境地，能令俗

---

① 《中华藏》第 26 册《十地经论》卷六，第 759 页上。
② 《中华藏》第 26 册《十地经论》卷六，第 759 页上。
③ 《中华藏》第 26 册《十地经论》卷六，第 759 页下。
④ 《中华藏》第 26 册《十地经论》卷六，第 760 页上。
⑤ 《中华藏》第 26 册《十地经论》卷六，第 761 页上。

谛有分别智和真谛无分别智同时俱起,使不相违而相应,成就真俗无碍,空有不二。依本论所释,第五地中分胜慢对治、不住道行胜与彼果胜三部分。

第六现前地。此地为真如净性显现之地,或谓此地为听闻般若而现前生起大智之地,故有此称。依本论所释,此地同第五地一样,也分为胜慢对治、不住道行胜及彼果胜三部分。

"胜慢对治",主旨为除掉慢心,"取染净法分别慢对治者,谓十平等法"①。菩萨以此十平等法,得入第六现前地。

"不住道行胜",主旨为"不住道"而殊胜。本论释说:"是菩萨如是观一切法相随顺得至者,得至不住道行胜故。不住道行胜者,不舍众生,过去、现在、未来大悲摄胜故,一切所知法中智净故,一切种微细因缘集观故,不住世间涅槃故。如经复以大悲为首,乃至观世间生灭故。"②世间生灭,一切诸法,由因缘和合而成,谓之缘起。上述论释中将"缘起"译为"因缘集",并称:"此因缘集有三种观世间应知:一成、答、相差别,二第一义谛差别,三世谛差别。"③成、答、相差别,论中又称为"有分次第因缘集观"④;第一义谛差别,经曰"三界虚妄,但是一心作",论曰"但是一心作者,一切三界唯心转故"⑤;世谛差别的建立又分(染)染依止观、因观、摄过观、护过观、不厌厌观与深观等六观。而(染)染依止观,论曰"因缘有分,依止一心",经曰"十二因缘分,皆依一心"⑥;因观再分为他因观和自因观;摄过观,即以烦恼道、业道、苦道等三道摄苦因苦果;护过观,说防护、断除一切身一时生过、自业无受报过与失业过等三种过患;不厌厌观,对种种微苦、粗苦心生厌离;深观有四种:分非他作自因生、非自作缘生、非二作但随顺生与非无因作随顺有。

"彼果胜",主旨为"不住道行之果胜",依论释有五种相:"一、得对治行胜及离障胜;二、得修行胜;三、得三昧胜;四、得不坏心胜;五、得自在力胜。"⑦

---

① 《中华藏》第 26 册《十地经论》卷八,第 774 页下。
② 《中华藏》第 26 册《十地经论》卷八,第 775 页上。
③ 《中华藏》第 26 册《十地经论》卷八,第 775 页中。
④ 《中华藏》第 26 册《十地经论》卷八,第 776 页上。
⑤ 《中华藏》第 26 册《十地经论》卷八,第 776 页上—中。
⑥ 《中华藏》第 26 册《十地经论》卷八,第 776 页中。
⑦ 《中华藏》第 26 册《十地经论》卷八,第 779 页中—下。

第七远行地。此地又称方便具足地、无相方便地。菩萨于此地能住于灭尽定中,出定入定,随念自由,远离世间及二乘的有相有功用,进入无相无功用行,故称为"远行"。"灭尽定",又作"灭受想定""灭尽三昧",为二无心定之一,即灭尽心、心所(心之作用)而住于无心位之定。"入定",入于禅定。"出定",入定之对称,即出于禅定。"有相",差别有形之事相,与"无相"对称,或谓具有生灭迁流之相者,亦称有相,又称有为法。"有功用",谓假借身、口、意而修习无相观,亦即不能任运修习无相观,尚需借方便加行者;反之,若不假借身、口、意而修行,任运自如者,称为"无功用"。

本论曰:"第七地中,有五种相差别:一乐无作行对治差别,二彼障对治差别,三双行差别,四前、上地胜差别,五彼果差别。"①

第八不动地。此地又称寂灭净地,或作无行无开发无相住,为菩萨不断生起无相之智慧,绝不为烦恼所动之觉位。或谓此地菩萨无相而又无功用,智能、功德都任运增进,不为烦恼所动,也不为功用所动,故称不动地。本论曰:"第八地中有七种相差别:一总明方便作集地分,二得净忍分,三得胜行分,四净佛国土分,五得自在分,六大胜分,七释名分。"②其中第七种相"释名"分,顾名思义就是释说此菩萨智地名称。依本论又分地释名与智者释名,解释为什么称不动地与为什么称不动菩萨。

第九善慧地。此地又作心自在地、无碍住等,为菩萨以无碍力说法,完成利他行,即智慧作用自在之觉位。本论释将九地分为法师方便成就、智成就、入行成就与说成就四个方面,解说教化众生成就一切之相。

所谓"法师方便成就",论释依他利益、自利益两方面而言,称菩萨进入此地而获得了为众生说法的所有能力。

所谓"智成就",是说此地菩萨"依何等法说法? 应知彼法净染不二"③,换言之,菩萨为众生说法,所应该具备的知晓各种法之性质的智慧。

所谓"入行成就",是说此地菩萨以智慧而完全知晓作为接受佛法之对象

---

① 《中华藏》第 26 册《十地经论》卷九,第 785 页中。
② 《中华藏》第 26 册《十地经论》卷十,第 794 页中。
③ 《中华藏》第 26 册《十地经论》卷十一,第 808 页上。

的有情众生的各种邪见烦恼之相状,交织繁茂,有如稠林。稠林,梵语之意译,谓茂密之森林。经中列出了众生之十一种稠林,本论分别一一释说。

　　所谓"说成就",谓"与众生解脱方便故""随其解脱而与因缘",①亦即针对众生的根机而给予其解脱方便。有三种相示现:一为智成就,二为口业成就,三为法师成就。智成就,亦称智业成就。"智成就者,随所知、随所依,此事说应知。何者随所知说? 解脱器得熟故,解脱体正度故,解脱差别以三乘差别故。……何者随所依说? 所说法对器故,随应度者授对治法故。"②意思是说,针对众生的根机而给予其解脱方便,菩萨以知法、知器而获得的智慧成就,此成就分随所知与随所依两方面,随所知指菩萨所知之三乘法、如来地法,随所依指菩萨能够因众生的根器而施以化度。口业成就,谓菩萨以口为众生说法所获得的成就,论释称:"口业成就者,菩萨以四无碍言音说法。"③四无碍,又称四解、四辩,为四无碍解或四无碍辩之略称。四无碍,是四种自由自在而无所滞碍的理解能力与语言表达能力,即法无碍、义无碍、辞无碍和乐说无碍。就理解能力而言,称为四无碍解;就语言表达能力而言,称为四无碍辩。这四种能力的本质是智慧,故又称四无碍智。法师成就,又称法师自在成就,谓宣说佛法的菩萨所获得的成就。论释称有四种表现:一为持成就,二为说成就,三为问答成就,四为受持成就。持成就的内容为十种陀罗尼:一为义陀罗尼,二为闻陀罗尼,三为智陀罗尼,四为放光陀罗尼,五为降伏他陀罗尼,六为供养如来布施摄取贫穷众生陀罗尼,七为于大乘中狭劣众生示教利益陀罗尼,八为不断辩才陀罗尼,九为无尽乐说陀罗尼,十为种种义乐说陀罗尼。陀罗尼,梵语音译,意译为总持、能持、能遮,即能够总摄忆持无量佛法而不忘失之念慧力。换言之,陀罗尼就是佛教的一种记忆术,这种记忆术能于一法之中持一切法,于一文之中持一切文,于一义之中持一切义,亦即由记忆一法、一文、一义而能联想一切之法,总持无量佛法而不散失;而且这种记忆术既能摄持各种善法,也能遮除各种恶法。菩萨以利益众生为目标,为教化

---

① 《中华藏》第 26 册《十地经论》卷十一,第 811 页下—812 页上。

② 《中华藏》第 26 册《十地经论》卷十一,第 812 页上—中。

③ 《中华藏》第 26 册《十地经论》卷十一,第 813 页上。

众生,必须得陀罗尼。因为具有了陀罗尼,才能不忘失无量佛法,才能在教化时无所畏惧,才能自由自在地说教。说成就、问答成就与受持成就,本论没有进行释说。

第十法云地。此地又作究竟地、最上住等,为菩萨得大法身、具自在力之觉位。或谓为菩萨得阿耨多罗三藐三菩提,大法灌顶,一生相续,作一切佛事之位。菩萨至此法云地,超过一切声闻独觉地,证得极净微妙解脱之智,大法智云含众德水,使无量功德充满法身,故称法云地。本论云:"此地中有八分差别:一、方便作满足地分;二、得三昧满足分;三、得受位分;四、入大尽分;五、地释名分;六、神通力无上有上分;七、地影像分;八、地利益分。"①

所谓"方便作满足地",即总结初地至第九地中修行所获得的智慧之业。有七种相:一、善修行,二、普遍随顺自利利他,三、令佛土净,四、教化众生,五、善解,六、无厌足,七、地尽至入。

所谓"得三昧满足",本论释为"离垢三昧等共眷属现前故。离垢三昧者,离烦恼垢故;而现在前者,不加功力自然现在前故"②。此离垢三昧复有九种三昧。

所谓"得受位",说此地菩萨成就具足诸相。论释称成就具足诸相可从六事——随何等座、随何等身量、随何等眷属、随何等相、随何等出处和随所得位可知。其中,随何等座,谓座处有十种相:生相——胜位三昧现前时,即有大宝莲花王生出;量相——周围广大无际,如无量三千大千世界;胜相——一切珍宝庄严排列;地相——超过一切世间境界;因相——由出世间善根所生;成相——由行诸法如幻性境界所成;第一义相——光明正观善照一切法界;功德相——胜过一切诸天所有境界;体相——以大琉璃摩尼宝为茎,不可量栴檀王为台,大玛瑙宝为须,阎浮檀金为叶等;庄严具足相——华身有无量光明,一切珍宝排列其内,无量宝网遍覆其上。随何等身量,谓尔时菩萨其身姝妙,与华座相称相适。随何等眷属,谓尔时菩萨眷属坐于大宝莲花王座眷属之中。随何等相,谓尔时菩萨升坐大宝莲花王座,十方一切世界皆大震动,皆

---

① 《中华藏》第26册《十地经论》卷十二,第821页中。
② 《中华藏》第26册《十地经论》卷十二,第822页上。

得见闻一切诸佛大会。随何等出处，谓尔时菩萨坐大莲花王座，两足下、两膝、脐轮、左右胁、两手、两肩、项背、面门、眉间及头顶均放出无量光明，悉照十方一切世界，随之于菩萨胸中有功德庄严金刚万字相，功德智慧现前。随所得位，依论释，诸如来佛智之光与尔时菩萨智慧之光迭互相知，平等摄受。就是说，第十地为菩萨大乘智位，菩萨为修行至此位，曾受无量百千万亿苦难，而得此智位后，增长无量功德智慧，入诸佛境界，具足佛之十力，成得位菩萨，或谓补处菩萨，即将圆满成佛，犹如转轮圣王之长子，具足王相。

所谓"入大尽"者，论释称有五种：一为智大，二为解脱大，三为三昧大，四为陀罗尼大，五为神通大。其中，智大又有七种，解脱大有十种，三昧大是指无量无边百千万阿僧祇三昧，陀罗尼大是指无量无边百千万阿僧祇陀罗尼，神通大是指无量无边百千万阿僧祇神通。

所谓"地释名"，就是解释第十地之所以称法云地的原因。论释称原因有三："是中地释名者有三种：一云法相似。以遍覆地，此地中闻法相似如虚空身遍覆故。二灭尘除垢相似法。此法能灭众生烦恼尘故。三度众生从兜率天退，乃至示大涅槃故，渐化众生故，如大云雨生成一切卉物萌芽故。"①第一，因为在此地所闻听的法犹如虚空之中的云能遍覆众生之身；第二，因为此地之法能灭除众生的一切烦恼尘垢；第三，因为此地之法犹如大云雨能滋润万物萌芽生长一样，可度化众生使之逐渐从兜率天至示现大涅槃。

所谓"神通力无上有上"，"无上"是比之众生神通力而言，"有上"是较之如来神通力所说。其意是说，第十地菩萨所具有的神通之力，超过其他众生而低于诸佛。依本论所释，神通力无上有上有六种相。

"地影像分"一节，论释以池、山、海、摩尼宝珠譬喻修行、上胜、难度能度大果、转尽坚固等四种功德的形式，对十地修行及其境界进行比较说明。

修行功德，论释谓依菩萨本愿力修行，一方面以四摄法而作利益众生之行（利他），另一方面作利益自身之行（自利），从而使自己的善根增长，得菩提智慧，譬如从阿耨大池中流出之四大河，最终至满足得一切种一切智智。"阿

① 《中华藏》第26册《十地经论》卷十二，第827页下。

耨"，梵语音译，为"阿耨达"之略称，意译为清凉，无热恼。阿耨大池，又称阿耨大泉、阿耨达池，相传此池为阎浮提四大河之发源地。

上胜功德，谓依一切智而渐次上行菩萨十地，而此菩萨十地因佛智而有差别，譬如依大地的缘故而有十大山王的差别。十大山王分别为雪山王、香山王、毗陀略山王、仙圣山王、由乾陀罗山王、马耳山王、尼民陀罗山王、斫迦婆罗山王、众相山王、须弥山王。因十大山依海而立，高出一切诸余小山，故称大山王。佛教以十大山王为宝山，比喻十地菩萨之修行：雪山王中聚集一切药草，取之不尽，能治众病，喻菩萨住在欢喜地中，此地聚集一切世间书论、技艺、文诵、咒术，以破无明，用之不竭。香山王中，遍满一切诸香，取之不尽，喻菩萨住在离垢地中，戒行威仪，功德妙香，遍熏一切。毗陀略山王，"毗陀略"，梵语音译，意为"种种持"，亦即此山由纯宝所成，持有种种诸宝，取之不尽，喻菩萨住在明地中，一切世间禅定、神通、解脱三昧三摩跋提，皆可贵如宝，不可穷尽。仙圣山王中，由纯宝所成，聚集着具有五种神通的神仙圣人，不可胜数，喻菩萨住在焰地中，如五通圣人，超出世间，而得大自在。乾陀罗山王，"乾陀罗"，梵语音译，意为"持双"，亦即此山由纯宝所成，诸夜叉、大鬼神聚集，不可胜数，喻菩萨住在难胜地中，如意神通，善巧自在。马耳山王，由纯宝所成，盛产一切花果，取之不尽，喻菩萨住在现前地中，说入因缘集观，化导众生，以证声闻之果。尼民陀罗山王，"尼民陀罗"，梵语音译，意为"持边"，亦即此山由纯宝所成，一切大力龙神皆住其中，不可胜数，喻菩萨住在远行地中，以种种方便智慧，化导众生，使证辟支佛果。斫迦婆罗山王，"斫迦婆罗"，梵语音译，意为"轮围"，亦即此山由纯宝所成，金刚轮所围，诸自在仙众皆住其中，喻菩萨住在不动地中，以所起一切菩萨自在道，说一切世间界差别，化诸菩萨众。众相山王，由纯宝所成，诸大威德之阿修罗众皆住其中，不可胜数，喻菩萨住在善慧地中，知一切众生逆顺行，说一切世间生灭相，巧摄众生，大力智行。须弥山王，"须弥"，梵语音译，意为"妙高"，亦即此山由纯宝所成，诸大威德天众皆住其中，不可胜数，比喻菩萨住在法云地中，具足如来十力，成就无畏，为众宣讲不共佛法，问答不可穷尽。

难度能度大果功德，谓因果相顺，以大海比喻十地，虽难度但能度，终可得菩提大智慧之果。大海有八种功德:一为易入功德,如大海逐渐深入;二为净功德,如大海不受死尸;三为平等功德,如万条江河汇入大海失其本名;四为护功德,如海水同一味道,无有差别;五为利益功德,如大海中聚集无量宝藏;六为不竭功德,如大海深广无量,永不竭尽;七为住处功德,如大海之中有许多大身众生存在;八为护世间功德,如大海一样,潮起潮落有时,能接受世间一切风暴雨水。

转尽坚固功德,以摩尼宝珠喻之。摩尼宝珠示现出八种功德:一是出功德,"选择而取以善观故",宝珠出自大海之中,经过很好的观察选择。二是色功德,"巧匠善治故",宝珠被能工巧匠精心雕琢。三是形相功德,"善转精妙故",宝珠的形象精妙,转动无碍。四是无垢功德,"善清净故",宝珠通身无垢,干净无比。五是明净功德,"善净光泽故",宝珠色泽光艳。六是起行功德,"善钻穿故,贯以宝缕故,置在琉璃高幢故",宝珠易于被钻穿,贯以宝绳,放置在琉璃高屋之上。七是神力功德,"放一切光明,遍照一切处故",宝珠能放出一切光明,普照一切地方。八是不护功德,"随王意雨众宝物,能与一切众生一切宝物。正智受位故,一切众生同善根藏故"。① 宝珠能随顺王意象降雨一样给一切众生降下一切宝物。比喻十地菩萨已得正智受位,自利利他,与一切众生同善根藏,达到了佛的境界。

"地利益分"一节是讲修行十地所显现、所带来的大利益。论释称:大利益有两种,一为生信功德,二为供养功德。生信功德是指相信此经教说,闻此集一切种一切智智功德,集法门所产生的功德——以佛之神力显现六种十八相动之法力。供养功德是说以佛之神力得法力之后,种种天花、天衣、天宝、天盖、天幡、天幢、天伎乐等,如雨而降;天音声赞叹一切智地,赞叹十地殊胜;如此十方一切世界,皆说十地法门,无数诸菩萨遍满十方虚空,皆来证十地法门,十地法门成了利益众生的无量法门。

以上即为《十地经论》的主要内容。

① 《中华藏》第 26 册《十地经论》卷十二,第 834 页中。

### 三、《十地经论》对《十地经》内容的发挥

《十地经论》译出后,影响颇为广泛。当时的大乘学者都注重通经,《十地经》就是他们讲论最多的经典之一。由于世亲在中国佛教僧众中名气很大,由世亲所著此论,自然被视为通解《十地经》的最权威的著述,上通般若,下开唯识,从而引起广泛的关注与高度的重视,研究与宣扬成一时之盛。

事实上,世亲所著此论阐释《十地》经文,提纲挈领,条分缕析,要言不烦。不仅对经文作了详细解释,更重要的是对经中的内容有许多发挥和创新,不但进一步丰富了《十地经》的思想,而且对以后大乘诸宗教义的形成影响很大。依笔者总结,《十地经论》对《十地经》内容的深入发挥与创新主要有以下三点。

第一,总别同异成坏六相。《十地经》中所提出的总别同异成坏六相,由世亲在《十地经论》中进行了初步而又关键的发挥,最终发展成为华严宗的重要教义之一——"六相圆融"。

总别同异成坏六相名称最早出现于东晋佛陀跋陀罗所译《五十华严》卷十九之《十地品》初地经文中,谓之"总相、别相、有相、无相、有成、有坏"。《十地经论》卷三的经文中则译为总相、别相、同相、异相、成相、坏相:

> 又发大愿:"所谓一切菩萨所行,广大无量,不杂诸波罗蜜所摄,诸地所净生诸助道法,总相、别相、同相、异相、成相、坏相,说一切菩萨所行如实地道,及诸波罗蜜方便业,教化一切,令其受行,心得增长故。广大如法界,究竟如虚空,尽未来际,尽一切劫数,行数增长,无有休息。"①

唐实叉难陀所译《八十华严》卷三十四之《十地品》中有关的这段经文为:

> 又发大愿:"愿一切菩萨行广大无量,不坏不杂,摄诸波罗蜜,净治诸地,总相、别相、同相、异相、成相、坏相,所有菩萨行皆如实说,教化一切,令其受行,心得增长。广大如法界,究竟如虚空,尽未来际、一切劫数,无有休息。"②

---

① 《中华藏》第 26 册《十地经论》卷三,第 722 页中—下。
② 《中华藏》第 13 册《大方广佛华严经》卷三十四,第 28 页中。

不难看出,上述所引两段经文文字上差别不大。特别是六相的名称完全一致,与早期《五十华严》的译语相比,《十地经论》和《八十华严》所译更加规范、准确,所以后来的学者们就采用了《十地经论》和《八十华严》的译语。

由上述所引两段经文的内容来看,总别同异成坏六相原是《华严经·十地品》中用以说明十大愿胜之第四大愿——修行二利愿——"一切菩萨所行"的,如《十地经论》中此经文之后世亲的论释所称:"彼菩萨行有四种:一、种种;二、体;三、业;四、方便。以此四种教化令其受行。……方便者如经总相、别相、同相、异相、成相、坏相故,说一切菩萨所行如实地道及诸波罗蜜方便业故。"①也就是说,总相、别相、同相、异相、成相、坏相是菩萨行之善巧方便中的说法。但世亲的论释并未停留于此,他进一步将表达菩萨行之方便教化的六相之内涵扩大,用以说明华严类佛典之十句式经文的关系,用以理解华严类佛典之十句式经文的内容。

《十地经论》卷一有一十句式经文曰:

> 又一切菩萨,不可思议诸佛法,明说令入智慧地故,摄一切善根故,善分别选择一切佛法故,广知诸法故,善决定说诸法故,无分别智清净不杂故,一切魔法不能染故,出世间法善根清净故,得不可思议智境界故,乃至得一切智人智境界故。②

针对此经文,世亲首先释说:

> 是中一切菩萨者,谓住信行地;不可思议诸佛法者,是出世间道品;明者,见智得证;说者,于中分别;入者,信乐得证;智慧地者,谓十地智。如本分中说,此是根本入。如经又一切菩萨,不可思议诸佛法明说令入智慧地故。此修多罗中说依根本入有九种入:一者摄入。闻慧中摄一切善根故,如经摄一切善根故。二者思议入。思慧于一切道品中智方便故,如经善分别选择一切佛法故。三者法相入。彼彼义中无量种种知故,如经广知诸法故。四者教化入。随所思义名字具足善说法故,如经善决定说诸法故。五者证入。于一切法平等智见道时中善清净故,如经无分

① 《中华藏》第 26 册《十地经论》卷三,第 722 页下。
② 《中华藏》第 26 册《十地经论》卷一,第 696 页中。

别智清净不杂故,菩萨教化众生即是自成佛法,是故利他亦名自利。六者不放逸入。于修道时中远离一切烦恼障故,如经一切魔法不能染故。七者地地转入。出世间道品无贪等善根净故,如经出世间法善根清净故,复有善根能为出世间道品因故。八者菩萨尽入。于第十地中入一切如来秘密智故,如经得不可思议智境界故。九者佛尽入。于一切智人智故,如经乃至得一切智人智境界故。是诸入,为校量智义,差别次第转胜,非根本入。①

释说将此十句经文归为两类,第一句说根本入,后九句则为说依此根本入而分别衍生的九种入,"是诸入,为校量智义,差别次第转胜,非根本入"。也就是说,此九种入是从考查修证佛智——一切智人智的过程或境界而分别言说的;在摄入、思议入、法相入、教化入、证入、不放逸入、地地转入、菩萨尽入与佛尽入等逐步修证的过程或境界中使佛智逐渐显现殊胜,因此并非根本入。

对经文逐句释说至此,本可以结束,但世亲又接着说:

> 一切所说十句中,皆有六种差别相门。此言说解释,应知除事,事者谓阴界入等。六种相者,谓总相、别相、同相、异相、成相、坏相。总者是根本入,别者余九入,别依止本满彼本故。同相者入故,异相者增相故,成相者略说故,坏相者广说故。如世界成坏。余一切十句中随义类知。②

世亲的这一段释说,引入六相概念,用以说明十句式经文,就具有了理论推衍与总结的意义。起首一句概括称"一切所说十句中,皆有六种差别相门",结尾一句又呼应称"余一切十句中随义类知",就是说,一切十句式经文,都具有六相的差别,都可以用六相义来进行分析、分解。紧接着,"此言说解释,应知除事,事者谓阴界入等",谓六相分析、分解是就菩萨十地修行的状况、状态、境界而言的,它不能够应用于事相、事法——阴界入(五阴、十八界、十二入),亦即因缘所生之一切有为法的分析、分解之中。"总者是根本入,别者余九入,别依止本满彼本故。同相者入故,异相者增相故,成相者略说故,坏相者广说故",其意是说,第一句所表达的根本入是十地修行的总的状况、状态和境界,亦即总相。一方面,后九句所分别表达的九种入相对于总相根本入而

---

① 《中华藏》第 26 册《十地经论》卷一,第 696 页下—697 页上。
② 《中华藏》第 26 册《十地经论》卷一,第 697 页上。

言，就是方面个别之相，亦即别相，别相分别入依止于总相根本入，同时又使总相根本入得以圆满具足。第一句所表达的根本入与后九句所分别表达的九种入，在"入"，亦即菩萨行的目标、方法上，从根本来说是相同一致的，因此，诸种入之间是因"入"而同相的关系。另一方面，后九句所分别表达的九种入毕竟在述说菩萨修行的具体内容上是不同的，但这种不同又不是任意的、没有联系的，而是表现出逐层递进、深入、增加的关系，这就是增相状态下的异相关系。"成相者略说故，坏相者广说故"，这两句较难理解，吕澂先生释说："第一句为成相（略相或合相），其余九句为坏相（广相或开相）。"①略者，概略也；合者，集合也；广者，广泛也；开者，敞开也。按吕澂先生的解释，之所以称第一句为成相，是因为它所表达的根本入是对于十地修行的总的状况、状态和境界的概略说明；之所以称其余九句为坏相，是因为这九句所述说的九种入是对于十地修行之诸地的具体状况、状态和境界的广泛说明。接着的一句"如世界成坏"，就令人难以理解了。既然前述不应将六相义应用于事相、事法的分析，那么又在这里提出"如世界成坏"，将六相之成、坏与世界联系起来，似有矛盾之处。也许世亲或多或少已经意识到六相义或可以用来分析世界。当然，这只是推测，但是，一个不争的历史事实是，在《十地经论》译出后，高僧大德们如隋代慧远，唐代智俨、法藏、澄观等在学习、领会《十地经论》之幽旨的基础上，正是沿着世亲的这个思路不断地进行思考探索，最终将六相义转变发展成六相圆融义——诸法皆具六相，六相圆融而不相碍。六相与十玄门之说，并称十玄六相，成为华严宗的重要教义。

第二，随顺世间智。佛教产生之前，人类为了抵御自然界对于人类的侵害，为了自身的繁衍、生存、发展、进步，已经发现和创造了许多知识。这些知识与佛教自身的教义、理论、思想究竟是一种什么关系呢？佛教又如何看待这些知识呢？《十地经论》卷七中，有这么一段经文：

> 是菩萨为利益众生故，善知世间所有书论印、算数、石性等论、治诸病方。所谓治干枯病、治颠狂病、治鬼著病、治蛊毒病等损害众生者，皆

---

① 《吕澂佛学论著选集》卷五《中国佛学源流略讲》，第 2738 页。

悉能治,谓咒药等。作论、经书、伎乐、戏笑、欢娱等事,国土、城邑、聚落、室宅、河泉、池流、园观、花果、药草、林树等,金银、琉璃、摩尼、真珠、珊瑚、琥珀、车璖、马瑙诸宝性等,日月星宿、地动、梦想吉凶入等遍身诸相,持戒行处、禅定、神通、四无量心、四无色定,凡诸不恼众生事,能利益安乐众生事,怜愍众生故,出渐令信入无上佛法故。①

为了更好地理解这段经文的意思,现将《八十华严》的这段经文也列于下:

> 佛子,此菩萨摩诃萨为利益众生故,世间伎艺靡不该习。所谓文字、算数、图书、印玺、地、水、火、风,种种诸论,咸所通达;又善方药,疗治诸病——颠狂、干消、鬼魅、蛊毒,悉能除断;文笔、赞咏、歌舞、伎乐、戏笑、谈说,悉善其事;国城、村邑、宫宅、园苑、泉流、陂池、草树、花药,凡所布列,咸得其宜;金银、摩尼、真珠、琉璃、螺贝、璧玉、珊瑚等藏,悉知其处,出以示人;日月星宿、鸟鸣地震、夜梦吉凶,身相休咎,咸善观察,一无错谬;持戒入禅,神通无量,四无色等及余一切世间之事,但于众生不为损恼,为利益故,咸悉开示,渐令安住无上佛法。②

两相比较,译文各有特色。整体而言,《八十华严》的译文较为顺畅,意思较为明确,理解较为容易。此段经文提出,五地菩萨为饶益众生,应当以善意了解世间的学术、知识、技艺,应当全面学习世间的学术、知识、技艺。原因是世间的学术、知识、技艺"不恼众生事,能利益安乐众生事,怜愍众生故,出渐令信入无上佛法故"。也就是说,世间的学术、知识、技艺并不损害众生,而且有益于众生,掌握世间的学术、知识、技艺,有助于度化更多的众生,引导众生逐渐信仰无上佛法。对此观点,世亲进行了发挥,给予了一段很长的论释:

> 随顺世间智者,染障对治。如经是菩萨为利益众生故,善知世间所有一切书论等。是中书等有四种障对治。四种障者:一、所用事中忘障。取与寄付闻法思义,作不作事、已作未作事、应作不应作事,此对治故书。二、邪见软智障。以因论、声论对治此二故论。三、所取物不守护障。此对治故印。四、取与生疑障。此对治故算数。数者,一一为二,二二为

---

① 《中华藏》第 26 册《十地经论》卷七,第 770 页中—下。
② 《中华藏》第 13 册《大方广佛华严经》卷三十六,第 46 页中—下。

四,如是等。算者,一纵十横,如是等。石性等论者,贫事障对治故。治诸病方者,四大不调众生毒相病障对治故。干枯、颠狂病者,四大不调相故。鬼著病等,是众生相蛊毒病者,亦四大不调,亦众生相病因及死因,此对治谓咒药等。日月星宿、地动、梦想、吉凶入等遍身诸相者,是中唯有日月等相见故,日等曜等摄故。入者,入八业果故,遍身诸相者,爱不爱果行故。持戒行处等者,是中持戒行处、禅定、神通、四无量心、四无色定等,如是次第破戒染、贪欲染、邪归依染、妄行功德染、妄修解脱染,如是次第说。如经石性等论乃至咒药等故,作论、经书、伎乐、戏笑、欢娱等者,忧恼障对治故。国土、城邑乃至药草、林树等者,此不喜乐障对治故。金银、琉璃乃至诸宝性等者,系闭等障此对治故。日月星宿乃至遍身诸相等者,所得报分过作恶因障此对治故。持戒行处乃至无色定者,五种染对治。何者五种染?破戒染乃至妄修解脱染故。此起世间智具四种相:一、异障中无障故。如经凡诸不恼众生事故。二、与无过乐。如经能利益安乐众生事故。三、发起清净。如经怜愍众生故出。四、所用清净。如经渐令信入无上佛法故。①

论释开头即提出:"随顺世间智者,染障对治。"短短一句话,反映了世亲善知、善待、善学世间学术、知识、技艺的态度。佛教崇尚智慧,所以世亲就把世间学术、知识、技艺称为"世间智",并提出"随顺世间智"。为什么要"随顺世间智"?因为它"染障对治"——人类为了消除自然界对自身的各种各样的障害的对治。接着,世亲比较详细地分析论述了各种世间智——文学、文字学、音韵学、艺术学、逻辑学、心理学、医药学、数学、建筑学、植物学、地理学、水利学与天文学等的染障对治作用。最后,世亲总结世间智"具四种相",也就是说,世亲提出应该从四个方面来看世间智的作用或功能:异障中无障、与无过乐、发起清净与所用清净。所谓"异障",当指世间的学术、知识、技艺。因为这些学术、知识、技艺不属于佛教的理论、思想、知识范畴之内,以佛教的眼光来看,是为"异障",但这种"异障"又很特别,它并不会引起众生的烦恼,相反还

---

① 《中华藏》第26册《十地经论》卷七,第770页下—771页上。

能够对治并消除损害众生的其他各种障害,以此而言它又不是"障",因为它没有表现出"障"之特性,这就是"异障中无障"。而"与无过乐""发起清净"与"所用清净"则是说世间智能够利益、安乐、慈悲众生,能够除去众生的染障,从而发起清净,产生清净,进而由此清净指引众生趋向佛法,追求佛智。这种阐释,会通了佛法与世法,显现了佛教的包容性。

唐代澄观在其《大方广佛华严经疏》卷三十八中,将上述世间智归为"五明"——依《八十华严》经文,"文字、算数"为声明。声明的作用是,"通治懦智障。言文字者,名句文身,即声论中法施设建立故;算数,即数建立故,又治取与生疑障"①,"图书、印玺、地、水、火、风,种种诸论,咸所通达"②,即当因明。因明的作用是,"咸通达者,正是明义种种论者:言论、尚论、诤论、毁谤论、顺正论、教道论等类非一故。地水火风即是诤论中摄,谓诸邪见计不同故;顺世外道,唯地为因,一切皆以微尘成故;水风二仙外道,以风水为因,世界水成故,风轮持故;事火外道,以火为因,火成熟故;图书、印玺即尚论,随世所闻故,又此图书亦正教量,即治所用事中忘障。论云:取与寄付,即事中障,闻法思义解中障。作不作、已作未作、应作不应作,皆业中障。印障亦是现量,又治所取物不守护障,玺即玉印"③。"善方药,疗治诸病",即医方明。医方明的作用,"即四大不调众生毒相病障对治故。善疗,能断,皆除断、方便断,已不生,故名为善;癞至蛊毒,病相病因,于中颠等内,四大鬼等外,众生蛊毒通二,有草、毒蛇等毒故。论经说,咒药等,即病因死因对治,即善方药摄"④。"文笔、赞咏、歌舞、妓乐、戏笑、谈说,悉善其事;国城、村邑、宫宅、园苑、泉流、陂池、草树、花药,凡所布列,咸得其宜;金银、摩尼、真珠、琉璃、螺贝、璧玉、珊瑚等藏,悉知其处,出以示人;日月星宿、鸟鸣地震、夜梦吉凶,身相休咎,咸善观察,一无错谬",是为工巧明。工巧明的作用,"文笔、赞咏即书算计度数印工业中书所摄故,韵属曰文,对词曰笔,显德为赞,寄情曰咏;次歌

---

① 《中华藏》第 85 册《大方广佛华严经疏》卷三十八,第 932 页上。
② 《中华藏》第 13 册《大方广佛华严经》卷三十六,第 46 页中。
③ 《中华藏》第 85 册《大方广佛华严经疏》卷三十八,第 932 页上—中。
④ 《中华藏》第 85 册《大方广佛华严经疏》卷三十八,第 932 页中。

至谈说，即音乐工业，悉善其事，通上二文，皆忧恼障对治；国城至其宜，即营造工业，草树华果亦兼营农工业，此即不喜乐障对治；金至示人，即生成工业，系闭障对治；日月至无错谬，即占相工业，是所得报分过作恶因障对治，谓皆由前世恶因，感此凶吉等故。日月五星以为七曜及二十八宿并上知天文，地震即下知地理，夜梦至休咎，即中知人情，鸟鸣即察鸟情，亦是人情所感，咸善无谬"①。"持戒入禅，神通无量，四无色等"，为内明。内明的作用，为"治五种染：一、持戒治破戒染；二、入禅治贪欲染；三、神通治邪归依染；四、无量治妄行功德染，谓治杀生祀祠求梵福故；五、四无色定治妄修解脱染"②。而对于世亲所谓"具四种相"的论释，澄观则解释说：

> 此起世智具四种相：一、异障中无障故，云但于众生不为损恼，事中不知名之为障，损恼生事复是事中异障，今无此捕猎等之异障；二、与无过乐，即为利益故，谓虽不恼令其染著，亦不为之；三、发起清净，即咸悉开示，谓能起助道之事；四、所用清净，即渐令安住无上佛法，谓用此得净故。③

第三，一切三界，唯心转故与因缘有分，依止一心。在《十地经论》中，经文提出：

> 是菩萨作是念：三界虚妄，但是一心作。……如来所说十二因缘分，皆依一心。④

这是《十地经》所提出的一个重要论点，对此世亲也作了深入发挥。

我们先来对比一下《十地经论》中此段经文与《五十华严》和《八十华严》中相应经文的异同。《五十华严》云：

> 又作是念：三界虚妄，但是一心作，十二缘分是皆依心。⑤

《八十华严》云：

> 佛子！此菩萨摩诃萨复作是念：三界所有，唯是一心。如来于此，分

---

① 《中华藏》第 85 册《大方广佛华严经疏》卷三十八，第 932 页中。
② 《中华藏》第 85 册《大方广佛华严经疏》卷三十八，第 932 页下。
③ 《中华藏》第 85 册《大方广佛华严经疏》卷三十八，第 932 页下。
④ 《中华藏》第 26 册《十地经论》卷八，第 776 页上一中。
⑤ 《中华藏》第 12 册《大方广佛华严经》卷二十一，第 259 页中。

别演说十二有支,皆依一心,如是而立。①

这三段译文差别不大,唯《十地经论》中的"十二因缘分"一词在《五十华严》译作"十二缘分",在《八十华严》中又译作"十二有支"。因缘分,或谓因缘有分、缘分、有支、有分,一般称因缘,为梵语之意译,谓一切诸法,皆因种种条件,和合而成立,此理即称缘起。亦即任何事物皆因各种条件之互相依存而发生变化,非有独立之自性,此有故彼有,此起故彼起,此无则彼无,此灭则彼灭。此为佛陀成道时对于现象界各种生起消灭之原因、条件所证悟的法则。而对于人生的一切现象来说,则有十二因缘构成一个完整的相依相待的缘起因果系列。缘起思想是佛学之根本教理,也是佛教异于其他各种宗教之最大特征。

这里所说的三界,指众生所居之欲界、色界、无色界,乃是迷妄之有情众生在生死轮回、生灭变化中流转,依其所处境界而划分的三个阶级。欲界是具有淫欲、食欲等有情所居之世界——此界上自第六他化自在天,中间包括人间四大洲,下至无间地狱;色界在欲界之上,为远离欲界之淫、食二欲但仍具有清净色质等有情所居之世界——此界中无有欲染,亦无女形,其众生乃至宫殿皆由化生,故尚有色质;无色界更在色界之上,唯有受、想、行、识而无物质之有情所居之世界——此界中无一物质之物,唯以心识住于深妙禅定之中。十二因缘,谓无明、行、识、名色、六处、触、受、爱、取、有、生、老死,各前者为后者生起之因,即"无明"为"行"之缘,"行"为"识"之缘,乃至"生"为"老死"之缘,是为众生在三界中生死流转、相依相待的一个完整缘起因果链条。

对于《十地经》所提出的上述重要论点,世亲分两段进行了阐释。

第一段:

经曰:是菩萨作是念:三界虚妄,但是一心作。

论曰:但是一心作者,一切三界唯心转故。云何世谛差别?随顺观世谛,即入第一义谛。此观有六种:一、何者是染染依止观;二、因观;三、摄过观;四、护过观;五、不厌厌观;六、深观。是中染依止观者,因缘有

---

① 《中华藏》第 13 册《大方广佛华严经》卷三十七,第 50 页上—中。

分,依止一心故。①

世亲所谓"一切三界唯心转故"与"因缘有分,依止一心故",是在《十地经》提出的论点的基础上,彻底地把世界、宇宙的本质定义为"三界唯心",把人生的一切现象(十二因缘)归结为"依止一心"。

本来,佛教的产生是由人生问题而起,关于世界、宇宙的本质问题,原始佛学并未涉及,其后发展起来的部派佛学以至最早兴起的大乘佛学般若学说,对此的解答也不甚明确。而对于人生一切现象(十二因缘)的问题,虽有缘起之理,十二因缘以无明为开端,但无明究竟如何产生? 来自何处? 十二因缘又究竟依止于什么? 亦不明了。但到了《十地经(论)》,无论是世界、宇宙的本质,还是人生一切现象(十二因缘)的根源,《十地经》文与世亲的论释都作了清晰、明白的回答:无论是世界、宇宙,还是人生的一切,都是"一心"的作用,都由"一心"而来,都依于"一心","心"如种子一样,是三界一切诸法产生的根本体。

第二段:

经曰:如来所说十二因缘分,皆依一心。所以者何? 随事贪欲共心生,即是识,事即是行,行诳心故名无明,无明共心生名名色,名色增长名六入,六入分名触,触共生名受,受已无厌足名爱,爱摄不舍名取,此有分和合生有,有所起名生,生变熟名老,老坏名死。

论曰:此是二谛差别,一心杂染和合因缘集观。②

这一段经文较长,其意是说,有情众生随其行业,即有贪欲随心而生起,贪欲生起即是"识""行",而"行诳心故名无明",即是说,是心行产生了无明。无明随心而起便有名色,而后有六入、有触、有受、有爱、有取、有有、有生、有老死等诸因缘有分。也就是说,十二因缘,从无明到老死的生死流转,都是依持于"一心"而次第出现的,更进一步说,世界诸法的生起、消灭,亦即缘起之理的根源都在于"心",都可以从"心"上得到解决。由此,众生的修行解脱之路

---

① 《中华藏》第 26 册《十地经论》卷八,第 776 页上—中。

② 《中华藏》第 26 册《十地经论》卷八,第 776 页中。

便引向到"心"的转化,舍此无他。而世亲对这段经文的释说很短,要理解其意思,还需要和第一段的释说结合起来。这里所谓的"二谛差别",是说真谛(第一义谛)与俗谛(世谛)的区别。在世亲看来,在十二因缘和合之中,所依之心体是真谛,性清净,而能依之因缘是俗谛,性杂染,这就是二者的差别。但十二因缘前后相继、相依相待,应将其看作一个"一心杂染和合"的集成过程。按第一段的释说,众生若能够这样正确地看,即"随顺观世谛,即入第一义谛",即所谓"染依止观者,因缘有分,依止一心故"。

世亲的论释较之《十地经》的内容有更进一步的发挥,他明确地将《十地经》所谓的"心"称为"阿黎耶识"或"阿梨耶识",有关的明确叙述在《十地经论》中达五处之多。

第一处,卷三:

是中因缘有三种:一、自相,从复有芽生,乃至于有。二、同相,谓生老病死等过。三、颠倒相,离我我所等。自相者有三种:一者报相,名色共阿黎耶识生。如经于三界地复有芽生,所谓名色共生故。名色共生者,名色共彼生故。二者彼因相,是名色不离彼依彼共生故。如经不离故。三者彼果次第相,从六入乃至于有。如经此名色增长已成六入聚。[1]

此段论释是讲由阿黎耶识,亦即由"心"产生了名色。文中的"彼"就是指代阿黎耶识。

第二处,卷八:

云何余处求解脱? 是凡夫如是愚痴颠倒,常应于阿梨耶识及阿陀那识中求解脱,乃于余处我我所中求解脱,此对治。如经是菩萨作是念:三界虚妄,但是一心作,乃至老坏名死故。[2]

卷八释第六地时,世亲针对经文所提"随顺观因缘集",谓"此因缘集有三种观门应知:一、成、答、相差别;二、第一义谛差别;三、世谛差别"。"因缘集"就是缘起。第一种观门"成、答、相差别",世亲又称之为"有分次第因缘集观",其中"有分",即因缘;"次第",相随、随顺之意。世亲释此观门时,说:"名色与识

---

[1] 《中华藏》第26册《十地经论》卷三,第727页中。
[2] 《中华藏》第26册《十地经论》卷八,第778页下。

共生故,识名色迭互相依故。"这里的"识"就是指阿黎耶识。第二观门"第一义谛差别",即世亲所释"一心作者,一切三界唯心转故"。第三观门"世谛差别",世亲又将其分为六观,其第一观为"染依止观",即世亲所释"因缘有分,依止一心故""此是二谛差别,一心杂染和合因缘集观"。在释完因缘集之三种观门之后,世亲又提出,还有二种异观,第一种异观称为大悲随顺观。大悲随顺观又分为四种,其第二种称"余处求解脱",其内容就是上面引文。这段引文的意思是说,凡夫因为愚痴颠倒,不知三界唯心之真谛,不于阿黎耶识及阿陀那识中求解脱,而于余处我所中求解脱。

其余三处明确叙述阿黎耶识的论释分别在卷八后部、卷十与卷十一处。

但不足的是,世亲的论释并没有对于阿黎耶识的性质——是杂染,还是清净,抑或是染净混杂——给出一个前后一致的说法。其多处阐释,不无矛盾之处。由此,造成了后来的地论学派内部各执一说,歧义纷争。

《十地经论》对《十地经》内容的全面阐释与发挥和创新,使《十地经论》成为南北朝时期译出的最重要的经论之一,它上承般若之学,下开瑜伽之宗,在佛教发展史上占有不可忽视的地位。

### 四、地论学派在河南的诞生与传承

《十地经论》译本甫出,即引起当时佛教界的重视,研习、弘传之风很快兴起,逐渐形成为一个佛教思想流派——地论学派,又称地论宗、地论家。

最早研习《十地经论》的是慧光、道宠,他们分别师承勒那摩提、菩提留支,然后又各自弘传,从而形成为地论学的两大派系。此两大派系,历史上通常称为南北两派,又称南北二道、南北道派。其中,勒那摩提—慧光一系传承为南道派,菩提留支—道宠一系传承为北道派。

以下先简要叙述慧光与道宠的行历。

慧光,俗姓杨,定州长芦(今河北沧州)人。《续高僧传》卷二十二本传记载:"年十三随父入洛,四月八日往佛陀禅师所从受三归。佛陀异其眼光外射如焰,深惟必有奇操也,苦邀留之,且令诵经。光执卷览文,曾若昔习,旁通博义,穷诸幽理,兼以剧谈谲诡,态出新奇,变动物情,时谈逸口。至于夏末,度而出家。"①《续高僧传》卷十六《佛陀传》亦记有慧光与佛陀初次相见的场景："时(佛陀)又入洛,将度有缘。沙门慧光年立十二,在天街井栏上反蹋蹀塠,一连五百,众人喧竞,异而观之。佛陀因见,惟曰:'此小儿世戏有工,道业亦应无昧。'意欲引度,权以杖打头,声响清澈,既善声论,知堪法器,乃问:'能出家不?'光曰:'固其本怀耳。'遂度之。"②两条材料所述有两点不同:一是其时慧光的年龄,一记为十三岁,一记为十二岁;二是佛陀测试慧光的方式,一是令其诵经,一是以杖打头。

其后慧光回本乡受具足戒,并学习律部,四年后即在当地开讲《僧祇律》。后再返洛阳,继续深入学习。

> 会佛陀任少林寺主,勒那初译《十地》,至后合翻,事在别传。光时预沾其席,以素习方言,通其两净,取舍由悟,纲领存焉。自此《地论》流传,命章开释,《四分》一部,草创基兹。其《华严》《涅槃》《维摩》《十地》《地持》等,并疏其奥旨,而弘演导。③

慧光第一次来洛阳时,从佛陀禅师出家。第二次再来洛阳时,因佛陀禅师去少林寺任寺主,遂又入勒那摩提门下,并参加了《十地经论》的翻译工作。因其"素习方言,通其两净",最终由他取舍、融通而将勒那与留支的译本合二为一,保存了经论的"纲领"亦即基本核心精神。此后,慧光即通过注疏、讲席,传播勒那传授给他的地论学说,发扬其思想,从而开创了地论学南道一派及四分律宗。

除上述经疏之外,慧光还著有《玄宗论》《大乘义律章》《仁王七诫》及《僧制十八条》等。北魏末年,慧光在洛阳任国僧都,亦即昭玄沙门都维那,为昭玄副职。后奉诏入邺,绥缉有功,转为国统,亦即昭玄寺沙门都统,昭玄之主官。终于邺城大觉寺,春秋七十。④ 根据近年出土的《魏故昭玄沙门大统[慧

① 《续高僧传》卷二十二《慧光传》,第 821 页。
② 《续高僧传》卷十六《佛陀传》,第 564 页。
③ 《续高僧传》卷二十二《慧光传》,第 822 页。
④ 《续高僧传》卷二十二《慧光传》,第 823 页。

光]法师[墓]志铭》记载,慧光逝世于东魏孝静帝元象元年(538年)三月。①

《大正藏》第八十五卷中保存有《华严经义记》残本一卷(卷一),为残存至今的慧光之著作,虽然篇幅不长,但也可以从中了解慧光的一些地论学观点。对此义记的思想,潘桂明之《中国佛教思想史稿》有一阐述:

> 据慧光《华严经义记》所述,可知他的地论学与华严学联系在一起,都属于真如(如来藏)缘起系统。慧光云:"《如来光明觉品》者,明如来意业教化,智行无碍,犹如光明也。开晓于缘,故名为觉……如来自体智行,随修人不同,彰位殊之异。"(《华严经义记》卷一,《大正藏》卷八五)在这里,他提出"如来"自体上的"智"和"行"两个概念,智是光明智慧、成佛之因;行是方便修行、成佛之果。这样就构成了如来法身体上的因果、智境统一。如来是什么?它是"此光所照中"的"世界实际相",故又名"妙实"。如来、真如、妙实、真性,在慧光那里是同义词,相当于如来藏佛性。因果、智境在真如体上的统一,相当于《起信论》"一心二门"的思维方式,而在修行上则有似于"复性"原理的运用,即所谓"以妙实应于方便","以德熟归本,还应于实";"既有实契于心,是以得真觉发中"。慧光认为,文殊菩萨最能体现《华严经》这种思想,所以说"就此菩萨中,初明文殊者,始证真性波若、根本妙慧故"(《华严经义记》卷一)。文殊"始发于妙实",却以方便净修梵行,为的是引导众生由世间而入出世间。②

道宠,俗姓张,名宾。少有才艺。《续高僧传》卷七本传记载,张宾出家前曾为高齐元魏之际著名国学大儒熊安生门下。壮年时,领徒众千余人,偶过赵州元氏县堰角寺,从寺索水,沙弥持与,以水中含几尘问之。张宾素不了解佛法,罔然无对,沙弥乃以水浇面。张宾大惭,乃散徒众即日于寺出家。因其聪明大博,未拘于常制即受具足戒。既而入西山广寻佛典进行研究,自叹入

---

① 赵立春:《邺城地区新发现的慧光法师资料》,《中原文物》2006年第1期,第69—76页。按慧光卒于元象元年(538年)、春秋七十推算,慧光出生于公元468年或469年,时当献文帝皇兴二年或三年。若此,慧光十二岁或十三岁入洛阳的时候为公元480年至482年,亦即太和四年至六年间,此时孝文帝尚未迁都洛阳。但《续高僧传》之《佛陀传》将叙述佛陀与慧光初见场景一事列在孝文帝南迁、定都伊洛并在少室山建少林寺之后。

② 《中国佛教思想史稿》(第一卷·下),第690页。

道之晚。之后，道宠又来到洛阳，投入菩提留支门下。

> 宠承斯问，便诣流支，访所深极，乃授《十地》，典教三冬，随闻出疏，即而开学，声唱高广，邺下荣推。……匠成学士堪可传道千有余人，其中高者，僧休、法继、诞礼、牢宜、儒果等是也。①

道宠入菩提留支门下后，菩提留支授其地论学说。在菩提留支的传授之下，道宠全面深入地掌握了其地论学说观点，既而亦通过著述、讲肆传播菩提留支的地论学说思想，随其学有成就者达千人之多，形成了地论学的北道一派，但其著述至今无存。

那么勒那摩提—慧光一系与菩提留支—道宠一系之传承为什么会被称为南北两道呢？吕澂先生在其《中国佛学源流略讲》中有一段叙述，引录如下：

> 上述两系，隋唐以来通称为南北两道。……但"南北二道"究竟指什么说的，后人就不甚清楚了。如湛然的《法华文句记》中说，所谓南北二道，乃是指从相州(邺都)通往洛阳的南北二道：道宠系散布在北道一带，慧光系散布在南道各地。但这一说法不甚可信。道宣《续高僧传·道宠传》说，由于两系传承不同，"故使洛下有南北两途，当现两说自此始也，四宗五宗亦自此始"。这明明认为《地论》之分为两派，在洛阳时就已经如此。相州之说与洛下之说，距离是很大的，相州是东魏的新都，迁都在永熙三年(公元五三四年)，而洛阳地方之讲《地论》，则是迁都前二十年的事，假若因讲《地论》不同而分派，应该在洛阳时就发生了，不待迟至二十年之后。所以从相州分派之说，与事实是有出入的。日人布施浩岳提出了这样一种解释：以为流支与摩提在洛阳异寺而居，流支住永宁寺，在洛阳城西第三门道北，摩提可能住白马寺，在西郊第二门道南。根据他们所住寺院一在御道南，一在御道北，因此有了南道、北道之说。这一解释，可供参考。②

按吕澂先生所列，佛教史上之所以称南北二道，通常有三种说法——相州之

---

说、洛下之说与御道之说。其实,根据道宣之《续高僧传》的说法,南北道派学说的不同,主要为"当现两说"与"四宗五宗"之异:

> 一说云,初,勒那三藏教示三人,房、定二士授其心法,慧光一人偏教法律。菩提三藏惟教于宠。宠在道北教罕宜四人,光在道南教凭、范十人,故使洛下有南北二途,当现两说,自斯始也,四宗五宗,亦仍此起。今则阙矣,辄不繁云。①

末句"今则阙矣,辄不繁云"是说,他虽然提出南北两道之不同在"当现两说"与"四宗五宗"的说法,但因缺乏有关材料,无法予以更多的说明。吕澂先生对道宣的说法有如下阐述:

> 地论师原来兼通《涅槃》,讨论过佛性问题。不过两系的著作,除南道的还略有残存外,北道的早已没有了。所以在这个问题上,仅能知道二家的主要区别在于:南道讲染净缘起是以法性(真如、净识)为依持,故与本有说(现果)有关系;北道讲染净缘起则以阿梨耶识为依持,同摄论师相近,认为无漏种子新熏,与佛性始有说(当果)有关系(道宣讲的"当",就是本有,"现"就是始有)。此外,在判教方面,南道的慧光及后来的慧远讲四宗:因缘宗(《毗昙》),假名宗(《成实》),不真宗(《般若》),真宗(《华严》《涅槃》《十地经论》)。认为不仅印度如此,中国也是如此。北道则讲五宗,特别抬高了《华严》地位,称之为法界宗。——以上就是从道宣记载中所见到的两家主要分歧所在。②

换言之,就是南北道派的分歧最主要是对第八识——阿梨耶识之真妄认识不同。南道派认为第八识即《楞伽经》之所谓如来藏,亦即《涅槃经》之所谓佛性,为真常净识(真识、真如净识),这即是主张佛性本有(现果)。同时又认为其余七识皆为妄识,其中阿陀那识尤为无明妄识,但妄识本无体,必依真识而立,即前七识以第八识为其本体;而真识之本体亦即真如,虽自性平等一味、不生不灭、非因非果,但却能随缘起灭,具有染净之别,所以能开展出一切万法,也即是说,妄识之所以产生,乃真识不守自性,随缘而起,故诸法依随真

---

① 《续高僧传》卷七《道宠传》,第246页。
② 《吕澂佛学论著选集》卷五《中国佛学源流略讲》,第2653—2654页。

如,如影随形,同时存在。由此而言,佛性虽然本有,但仍需精勤修行,离染显净,方可成佛。而北道派则认为佛性始有(当果),亦即第八识仍为无明之妄心,而非不生不灭之真如,须累世修习,始能得真如而成佛。

显然,南北道派的分歧根本在于学说认识上的差别。潘桂明先生亦说:"考察地论学南、北二道的分歧,大约有三个方面:依持说、佛性说、判教说,其中以佛性说为核心。"①与吕澂先生上述所说大体一致。

根据记载,地论学南北两派的传承大体如下:

南道派慧光门下弟子众多,主要有法上、道凭、昙遵、僧范、慧顺、灵询、道慎、昙衍、安廪、僧达等。

北道派道宠门下弟子没有南道派多,主要有僧休、法继、诞礼、罕宜、儒果、志念等。

以下先来叙述地论学南道一派曾在今河南境内活动过的传承人物的事迹。

慧光门下慧业最胜者为法上。法上,俗姓刘,朝歌(今河南淇县)人。《续高僧传》卷八本传述其行历:

> 五岁入学,七日通章。六岁随叔寺中观戏,情无鼓舞,但礼佛赞经,而声气爽拔,众人奔绕,倾渴观听。年登八岁,略览经诰,薄尽其理。九岁得《涅槃经》,披而诵之,即生厌世。至十二,投禅师道药而出家焉。因游相土,寻还汲乡,又往东都,栖遑务道。神气高爽,照晓词论,所在推之,咸谓"圣沙弥"也。后潜林虑上胡山寺,诵《维摩》《法华》,财决二旬,两部俱度。因诵求解,还入洛阳,博洞清玄,名闻伊洛。年暨学岁,创讲《法华》,酬抗疑难,无不叹服。……后值时俭,衣食俱乏,专意《涅槃》,无心饥冻。……乃投光师而受具焉,性戒凤成,不劳师导,勤勤谛理,无失寸阴。……夏听少林,秋还漳岸……既慧业有闻,众皆陈请,乃讲《十地》《地持》《楞伽》《涅槃》等部,轮次相续,并著文疏。……故时人语曰:"京师极望,道场法上。"斯言允矣。②

这说明,法上的活动区域一是在洛阳及其附近,二是在家乡豫北地区及河北

---

① 《中国佛教思想史稿》(第一卷·下),第689页。
② 《续高僧传》卷八《法上传》,第260—261页。

南部一带,他多次往来于洛、邺之间。其著作有《增一数法》四十卷,该书"并略诸经论所有名教,始从一法,十百千万,有若数林,实传持之要术也",又有《佛性论》二卷、《大乘义章》六卷,皆"文理冲洽,详略有闻",还撰《众经录》一卷。①

东魏、北齐二代,法上声望极高,地位极崇。历为统师,亦即任昭玄沙门统将近四十年,其中天保年间置昭玄十统的时候,文宣帝亲笔任命法上为大统,余为通统。文宣帝还敕其为戒师,为帝、后、皇族授菩萨戒。法上日用非常节俭,用供养之财在邺之西山创建合水寺,用于静修,至北周大象二年(580年)卒此。

法上的著述,在《大正藏》卷八十五中保存有《十地论义疏》残本两卷(卷一与卷三),可以从中认识法上的一些地论学观点。对此,潘桂明之《中国佛教思想史稿》有很深入的分析,谓其发扬了慧光的如来藏缘起思想,为后来华严学说的展开提供了颇有价值的思想资料。②

法上有弟子法存、融智、慧远等。有关法存、融智二人的记载不多,仅知法存原为道士,北齐天保中归于佛法,此人"明解时事,分略有据",法上曾提拔他为合水寺都维那,为法上做了很多接待事务。③ 融智住邺城太学寺,"解贯众师,道光二藏,学徒五百,负帙摩肩,常讲《涅槃》及《十地论》"④。

法上弟子中,慧业最胜者则为慧远,其事业存续由北齐而至隋初。慧远,俗姓李,敦煌人,后居上党之高都(今山西晋城市泽州县)。《续高僧传》卷八本传述其行历:幼年丧父,与叔同居。十三岁时往泽州东山古贤谷寺,从僧思禅师出家,初令诵经,随事训诲。十六岁时随湛律师来邺城求学,大小乘经论,无不博涉,而偏重大乘,以为道本。二十岁从法上受具足戒。之后从大隐(昙隐)习四分律五年,最终专师法上,研习经论七年,"回洞至理,爽拔微奥"。其间,慧远在邺都创讲《十地经论》,"一举荣问,众顷余席。自是长在讲肆,伏

---

① 《续高僧传》卷八《法上传》,第263页。
② 见《中国佛教思想史稿》(第一卷·下),第691—694页。
③ 《续高僧传》卷八《法上传》,第263页。
④ 《续高僧传》卷十《靖嵩传》,第337页。

听千余",而且随讲出疏,所出疏主要有《地持疏》五卷、《十地疏》七卷、《华严疏》七卷、《涅槃疏》十卷等,以至"负笈之徒,相喧亘道"。对于随其听讲的弟子,慧远情趣慈心,诲人不倦,"至于深文隐义,每丁宁频复,提撕其耳,惟恨学者受之不速,览者听之不尽,一无所惜也"。①

北周武帝灭法时,慧远曾独自挺身与武帝辩论,以身护法。其后,慧远潜于汲郡(今河南卫辉市)西山,勤道无倦,三年之间诵《法华》《维摩》等各一千遍,禅诵无歇。武帝死后,宣帝、静帝相继即位,灭法逐渐停止,慧远遂于静帝大象二年(580年)来少林寺为长讲。

隋文帝开皇之始,慧远重新落发,即名驰京师,"旧齿相趋,翔于雒邑,法门初辟,远近归奔,望气成津,奄同学市"。复为文帝所重,敕授为洛州沙门都。任职后,大力整顿僧纪,匡正佛法,使"徒侣肃穆,容止可观"。开皇五年至七年(585—587年)间,曾赴家乡及河北定州讲学弘法。晚年应诏赴西京长安,为文帝所立长安六大德之一,敕住大兴善寺。不久另建净影寺,移居专事讲学,"弘叙玄奥,辩畅奔流,吐纳自深,宣谈曲尽。于是四方投学,七百余人,皆海内英华,法轮前辙,望京趣寺,为法道场"。开皇十二年(592年)春,文帝又敕令慧远主持译场,刊定译经辞义。同年卒于净影寺,春秋七十。②

慧远一生著述丰富,据赖永海《中国佛教通史》综合历来研究成果所列,共有十六种之多,涉及当时北方所流行的主要佛教经论,至今在大藏经中尚存十一种。③ 其中最值得提出的是其《大乘义章》,依《续高僧传》卷八介绍:

> 《大乘义章》十四卷,合二百四十九科,分为五聚,谓教法、义法、染、净、杂也,并陈综义差,始近终远,则佛法纲要尽于此焉,学者定宗不可不知也。④

现存该书已不全,尚余四聚(缺第五杂法聚)二百二十二门,分为二十卷。从内容上看,它是一部佛教类书,类聚当时的佛书要目,加以辨析、详释、引证

① 《续高僧传》卷八《慧远传》,第 281、286 页。
② 《续高僧传》卷八《慧远传》,第 282—285 页。
③ 《中国佛教通史》(第三卷),第 305—306 页。
④ 《续高僧传》卷八《慧远传》,第 286 页。

赅博,义旨明晰,相当于佛教百科全书,为后来佛学家所重视,凡说明佛法术语,多引用之。但因慧远宗地论学南道派,其倾向表现亦很明显,潘桂明之《中国佛教思想史稿》在分析慧远之地论学派思想时,即多引述《大乘义章》卷三的有关内容。① 在慧远的那个时代,中国的大乘佛教宗派尚未大兴,而《大乘义章》一书能将这一时代之前汉地所接受的全部大乘佛法教义加以总结概括,诠显深义,对中国佛教的发展贡献可谓大矣!

需要指出的是,前述慧远之师法上亦著有《大乘义章》六卷,今已不存,两同名之书间似应有传继关系。可为佐证的是,法上所著之《增一数法》四十卷,"并略诸经论所有名教,始从一法,十百千万,有若数林,实传持之要术也",即将佛教术语依增数法而立,排列说明,而成辞书体裁。

因为慧远一生致力于讲学与研经,其弟子众多。《续高僧传》记其开皇时应诏赴西京长安后,"即陈讲议,服勤请益七百余人,道化天下三分其二"②,桃李满天下。恰如赖永海《中国佛教通史》所评价的:"正是通过大批的弟子,慧远为隋唐佛学的兴盛奠定了坚实的基础。"③

慧光弟子道凭,俗姓韩,平恩(今河北邱县)人。《续高僧传》卷八本传记其行历:

> 十二出家,投贵乡邵寺。初诵《维摩经》,自惟历览,日计四千四百言,一闻无忘,乃通数部。后学《涅槃》,略观远节,复寻《成实》,初得半文,便竖大义。聪明之誉,无美昔人,致使退迹闻风,咸思顶谒。七夏欲讲《涅槃》,惟曰:"文一释异,情理难资,恐兼虚课,谤法诚重。"八夏既登,遂行禅境,漳滏、伊洛,遍讨嘉猷。后于少林寺摄心夏坐,问道之僧披榛而至。闻光师弘扬戒本,因往听之,涉悟大乘,深副情愿。经停十载,声闻渐高,乃辞光通法,弘化赵魏,传灯之美,罕有斯焉。讲《地论》《涅槃》《华严》《四分》,皆览卷便讲,目不寻文,章疏本无,手不举笔,而开塞任情,吐纳清爽,洞会诠旨,有若证焉。故京师语曰:"凭师法相,上公文句,

---

① 《中国佛教思想史稿》(第一卷·下),第694—698页。
② 《续高僧传》卷十五,第550页。
③ 《中国佛教通史》(第三卷),第308页。

一代希宝。"斯言信矣。时人以其口辩方于身子也。以齐天保十年三月七日卒于邺城西南宝山寺,春秋七十有二。①

由"凭师法相,上公文句,一代希宝",可见道凭的才学与法上并列。但本传又称其"心缘口授杜于文相者,古今绝矣"②,由此看,他虽擅长讲说经论,似乎并不著述。

位于今安阳市西南三十公里的宝山东南麓之灵泉寺(即宝山寺)旧址,现尚存两处道凭的遗迹:一处为由道凭法师开凿于东魏孝静帝武定四年(546年)的石窟——"大留圣窟",又称"道凭石堂",在灵泉寺石窟中年代最早、规模最大;一处为道凭法师烧身塔——单层方形石质,建于北齐武成帝河清二年(563年),该塔雕刻之精,堪称一绝。道凭有弟子灵裕。

灵裕,俗姓赵,定州钜鹿曲阳(今河北曲阳县)人。《续高僧传》卷九本传记载,其少年时曾几次想出家,均未成。十八岁时悄然前往赵郡应觉寺出家,此应觉寺即前述道宠出家之堰角寺。二十岁时,听闻慧光名声,即前往邺都欲入其门下,但等到达邺都时,慧光刚去世七日,只好转投慧光弟子道凭学习《十地经论》。三年后赴定州受大戒(具足戒)。后南游漳滏(今河北邯郸一带),二十六岁时从昙隐学《四分律》,随闻寻记。二十九岁时回邺都后又依道凭,继续刻苦深入地研习《十地经论》。当时灵裕亦就学大统法上,因为法上地位崇高,名声极隆,"学者望风响附,用津傸幸。唯裕仗节专贞卓然,不偶伦类,但虑未闻所闻,用为翘结耳",因此法上对他钦而敬之。③

灵裕的研学兴趣极广,"专业《华严》《涅槃》《地论》《律部》,皆博寻旧解,穿凿新异,唯《大集》《般若》《观经》《遗教》等疏,拔思胸襟,非师讲授。又从安、游、荣等三师听《杂心义》,嵩、林二师学《成实论》","曾与诸僧共谈儒教,旁有讲席,参涉间闻,两听同散,竟以相闻覆述句义,并无一遗"。④ 其讲经说法,"因以导物为恒务矣,意存纲领,不在章句,致有前后重解,言义不同,忘筌

① 《续高僧传》卷八《道凭传》,第 258 页。其中京师语曰断为"凭师法相上公,文句一代希宝",误。
② 《续高僧传》卷八《道凭传》,第 259 页。
③ 《续高僧传》卷九《灵裕传》,第 311 页。
④ 《续高僧传》卷九《灵裕传》,第 311 页。

者会其宗归,循文者失其宏趣"①,"其讲悟也,始微终著,声气雄远,辩对无滞,言罕重宣。或一字盘桓,动移数日,或一上之中,便销数卷。及至后讲,更改前科,增减出没,乘机显晦,致学者疑焉"②。经过近十二年的刻苦学习研究,灵裕不但博通大小乘经论,而且还旁通世典儒籍,学问广博,盛名驰誉,"通儒开士积疑请决,艺术异能抱策呈解,皆顶受绝叹,言不写情,可谓坐镇雅俗于斯人矣"。当时邺下有谚语称"衍法师伏道不伏俗,裕法师道俗俱伏"③。

北周武帝灭佛时,灵裕潜形遁世,身着丧服,头系麻带,如丧考妣,誓言将一直等待佛法重兴。入隋,开皇三年(583年),相州(今河南安阳市)刺史樊叔略创弘讲会,延请诸僧说法,灵裕前往讲经,不负众望。叔略乃举其为都统,坚辞不就,后潜游燕、赵,五年行化,道振两河。开皇十一年(591年),灵裕应隋文帝之诏,步行入长安,敕住大兴善寺。文帝与大臣们屡次欲授其国统之位,灵裕都坚辞不就,表请回归相州宝山寺。原来,早在东魏孝静帝武定年间(543—550年),灵裕之师道凭即在邺城西南(今河南安阳市西南)宝山东南麓创建宝山寺,道凭后卒于此。灵裕为道凭弟子之后,除游化外,经常居于此处。北齐时,东安王(或作安东王)娄叡曾为施主,助灵裕扩建、重修了宝山寺。北齐亡后,因后周之灭佛,宝山寺遂遭毁坏荒废。开皇初,灵裕开始修复宝山寺,开皇九年(589年),灵裕又在寺西侧开凿石窟一所,名为"金刚性力住持那罗延窟",后俗称"大住圣窟"。窟内外石壁除雕刻佛像之外,还刊刻佛经多部,"别镂法灭之相"。文帝遂赠送厚礼,以助其营修宝山寺,并赐额"灵泉",自此,宝山寺改名为灵泉寺。灵裕后又住位于相州治西之演空寺。炀帝大业元年(605年)正月,终于演空寺,世寿八十八岁。④

灵裕自三十岁开始写作,一生著述丰富,涉猎广泛,章疏传记总百余卷,各有聚类。宗要可传。费长房称赞说:"裕即道凭法师之弟子也,轨师德量,善守律仪,慧解钩深,见闻弘博,兼内外学,为道俗师。性爱传灯,情好著述,

---

① 《续高僧传》卷九《灵裕传》,第311页。
② 《续高僧传》卷九《灵裕传》,第315—316页。
③ 《续高僧传》卷九《灵裕传》,第316页。
④ 《续高僧传》卷九《灵裕传》,第312—316页。

可谓笃识高行沙门。"①道宣也赞扬说："自东夏法流,化仪异等,至于立教施行,取信千载者,裕其一矣。"②评价极高。

慧光弟子昙遵,俗姓程氏,河北人。据《续高僧传》卷八本传记载,其少厌俗世,即从慧光出家,但其后有一次反复:受具戒前,又还俗入仕,北魏时曾任员外郎;二十三岁时,又决心离俗,再依慧光为师。之后潜心研习佛教经典十二年之久,"大乘顿教、法界心原,并披析义理,挺超时匠"。先是在洛阳一带讲经说法,后至齐、楚、晋、魏乃至燕、赵等地弘传道务。昙遵治学的特点是"谈述有续,而章疏阙焉",但日僧圆超所录之《华严宗章疏并因明录》中记载有他所述《华严疏》一部七卷。③ 昙遵七十岁时,举为国都,不久转任国统。后卒于邺下,时年八十有五。④ 有弟子昙迁。

昙遵之弟子昙迁,俗姓王氏,博陵饶阳(今河北饶阳县)人。《续高僧传》卷十八本传记载,其二十一岁时从定州贾和寺昙静律师出家。研习佛典,"猛励精勤,昏晓无倦"。因其优异的表现,即受具足戒。之后,先去五台山问道从师,又回邺下游学,历诸讲肆,专事大乘,从昙遵禀求佛法纲要。有齐之世,释教大兴,昙迁认为,"学为知法,法为修行,岂以荣利,即名为道?"遂隐居于今河南林州市西部之林虑山黄花谷中的净国寺,精研《华严经》《十地经论》《维摩经》《楞伽经》《地持经》《起信论》等。北周武帝灭齐废佛,昙迁避难金陵,获《摄大乘论》,以为至宝,遂以摄论为宗。隋初,昙迁北上赴彭城(今江苏徐州),"始弘《摄论》,又讲《楞伽》《起信》《如实》等论,相继不绝。《摄论》北土创开,自此为始也",成为北地摄论宗之始祖。⑤

慧光弟子僧范,俗姓李,平乡(今河北平乡县)人。《续高僧传》卷八本传记载,其出家前已是当地儒学大师,颇有名气。二十九岁时听《涅槃》而大悟,遂背儒入释,投邺城僧始而出家。初学《涅槃》,后在林虑山(位于今林州市西

---

① 《中华藏》第54册《三宝纪》卷十二,第313页下。
② 《续高僧传》卷九《灵裕传》,第318页。
③ 《大正藏》第55册《华严宗章疏并因明录》,第1133页上。
④ 《续高僧传》卷八《昙遵传》,第256页。
⑤ 《续高僧传》卷十八《昙迁传》,第659—662页。

部)修行,再去洛阳从献公研习《法华》《华严》,继而受学于慧光。以博通佛教诸经,并及教外儒墨百家之说而名闻一时。崔觐注《易》,宗景造历,均向其求教;大儒徐遵明、李宝顶等,皆来听其讲说义学,并受菩萨戒法;五众归之如市。游历齐魏各地,每次讲经说法,听众超过千人。讲《华严》《十地》《地持》《维摩》《胜鬘》等经论,各有疏记,而后"复变疏引经,制成为论"。天保六年(555年),卒于邺东大觉寺。春秋八十。①

慧光弟子慧顺,俗姓崔氏,为侍中崔光之弟,齐人。《续高僧传》卷八本传记载,其自幼习儒,兴趣广泛,长厌尘网,为居士在家修行。二十五岁时,闻知京师有慧光佛学造诣极深,即前往洛阳投慧光而出家。在慧光门下,"纂修地旨,倦无终食,岁纪相寻。证教两途,锐镜于心内;三持三聚,影现于神外。博见融冶,陶然有余。讲《十地》《地持》《华严》《维摩》,并立疏记"。近五十岁时,回本乡弘法,每次讲会,必有千余听众,名闻遐迩。仆射祖孝征敬崇其品质德行,奏为国都。七十二岁时终于邺下之总持寺。②

慧光弟子灵询,姓傅氏,渔阳(今北京密云县、天津蓟县一带)人。《续高僧传》卷八本传记载,其"少年入道,学《成实论》并《涅槃经》,穷其幽府。又于论中删要两卷,注而释之,盛行于世"。后来洛阳投慧光门下,研习十余年,博知群籍,尤擅长《维摩诘经》,著有《维摩经疏记》。北魏迁都漳邺之后,游历今河北各地,弘化四众。初为国都,东魏末为并州僧统。北齐初卒于晋阳,时年六十九。③

慧光弟子道慎,俗姓史,高阳(河北高阳)人。《续高僧传》卷八本传记载,其十四岁出家,受具足戒后去洛阳从慧光学习《十地经论》,后又从法上研修《涅槃经》。其讲经说法,"讲悟昏情,词无繁长,智者恐其言少,愚者虑其不多,五众爱重"。文宣帝请为国都。终于邺城定国寺,春秋六十有五。④

慧光弟子昙衍,俗姓夏侯,南兖州(今江苏扬州)人。《续高僧传》卷八本

---

① 《续高僧传》卷八《僧范传》,第 253—254 页。
② 《续高僧传》卷八《惠顺传》,第 257 页。
③ 《续高僧传》卷八《灵询传》,第 259—260 页。
④ 《续高僧传》卷八《道慎传》,第 264—265 页。

传记载,其十五岁时擢为州都公事,有空便听讲佛经。十八岁时举秀才,贡上邺都。听慧光讲经,"即禀归戒,弃舍俗务,专功佛理,学流三载,绩邻前达"。二十三岁时又投慧光出家,受具足戒。学习刻苦不懈,废寝忘食。后在齐、郑、燕、赵一带讲学不辍,常随其义学僧千余、居士近五百,王公重臣亦对其尊崇有加。其讲经说法的最大特点是摄繁为简,"披散词理,言尚寡要,故经文繁富者,则指摘一句,用摄广文。时人贵其通赡镕裁而简衷矣"。后任国都,道政管理有序。隋文帝开皇元年(581 年)三月,卒于洺州卢氏宅,时年七十有九。①

慧光弟子安廪,俗姓秦,寓居江阴之利成县。《续高僧传》卷七本传记载,其幼而聪颖,独悟不群,性好老庄,早达经史。二十五岁时出家,北入魏境,来今河南洛阳一带寻道问学,先从司州光融寺容公学习各种经论,后又至嵩高少林寺听慧光讲《十地经论》,并学习禅法。在魏境主要是洛阳附近地区活动时间长达十二年之久,曾讲《四分律》近二十遍,坚持弘扬大乘经论。梁泰清元年(547 年)来到建业,武帝敕住天安寺,讲《华严经》。梁灭陈兴,又为陈朝诸帝所尊崇:开国之初的武帝永定元年(557 年)即被请入内殿说法,并敕住耆阇寺;文帝时又请入昭德殿,开讲《大集经》;宣帝又于华林园内北面受道。卒于至德元年(583 年),世寿七十有七。②

慧光弟子僧达,俗姓李,上谷(今河北张家口市怀来县、宣化县、涿鹿县一带)人。《续高僧传》卷十六本传记其行历:十五岁出家,游学北代,即北魏京都(今大同),以听习为业。受具足戒后,专学律部,为孝文帝所重,"邀延庙寺,阐弘《四分》"。后来至洛阳,从勒那研学。不久,勒那即示寂,其在洛阳讲说《十地经论》,声名大噪,"令望归信,相次称谒"。之后又听慧光阐述《十地经论》,发明幽旨,遂从慧光受菩萨戒。由是,僧达之《地论》造诣达到很高的水平。曾南去今徐州一带弘通《十地经论》。其后,更受梁武帝之邀,渡江前往南京弘扬《十地经论》,被驸马引入皇宫之重云殿为武帝讲《十地经论》,"自昼通夜,传所未闻,连席七宵,帝叹嘉瑞,因从受戒,誓为弟子。下敕住同泰

---

① 《续高僧传》卷八《昙衍传》,第 270—271 页。
② 《续高僧传》卷七《安廪传》,第 236—237 页。

寺,隆礼供奉,旬别入殿,开示弘理,年移一纪,道怀有据"。还魏之后,被魏废帝中山王召入邺都传授菩萨戒。入齐,文宣帝特加殊礼,因性爱林泉,帝即为其在林虑山(位于今河南林州市西部)黄华岭下建洪谷寺,又改神武旧庙为定寇寺,敕其两处居住。僧达讲《华严》《四分》《十地》《地持》等,"虽无疏记,而敷扬有据,特善论议,知名南北,禅法一门,开世殊广"。梁武帝视其为"肉身菩萨",一直向北遥礼。北齐天保七年(556年)六月僧达终于洪谷山寺,春秋八十有二。文宣帝听说之后,举声大哭,六军同号,山林为动。①

以上所述即为地论学南道一派在今河南活动过的主要人物。

而北道一派传承,前引《续高僧传》之《道宠传》,谓其"匠成学士堪可传道千有余人,其中高者,僧休、法继、诞礼、罕宜、儒果等是也"。查僧传所载,罕宜、儒果二人唯见于上引。法继、诞礼二人除上引外,在《续高僧传》之《志念传》中亦被提及,但却是在邺都从道长法师学习《智论》。② 有关僧休的记载稍多一些,除《志念传》中与诞礼、法继一起在邺都师从道长法师学习《智论》而被提及之外,《续高僧传》卷十二《宝袭传》中又记僧休为雍州三藏,"齐末驰声,广于东土。周平齐日,隐沦本州";后佛法再兴,初应诏为菩萨僧,开皇七年召入京辇,住兴善寺;宝袭十八岁归依,"诵经为业,后听经论,偏以《智度》为宗,布响关东"云云。③《续高僧传》卷十五末"论曰"中又有"僧休洞精于《大论》"④一句,这些记述均未表现其对《地论》的研习。依《续高僧传》记载,志念亦为道宠弟子,其本传称,志念俗姓陈,冀州信都(今河北冀州市)人,"爰至受具,问道邺都。……又诣道宠法师学《十地论》,听始知终,闻同先览,于即道王河北,流闻西秦"⑤,由此说明,北道一派自道宠以下,除志念曾弘传过地论学之外,其余诸人研习、弘传地论学的情况已经不明。

《十地经论》翻译于河南洛阳,地论学也产生于洛阳,它是当时北朝佛教义学的主流,更由于南道一派的地论师中有多人曾长期担任僧官,更加重了

① 《续高僧传》卷十六《僧达传》,第571—572页。
② 《续高僧传》卷十一《志念传》,第371页。
③ 《续高僧传》卷十二《宝袭传》,第420—421页。
④ 《续高僧传》卷十五,第550页。
⑤ 《续高僧传》卷十一《志念传》,第371页。

地论学派在北朝佛教界的影响。

地论学派的学者在精研《十地经论》之时，除学习《华严经》之《十地品》外，为了开阔思路、加深理解，还必然对《华严经》整部经典的全部内容进行学习探讨，由此产生的一批有关《华严经》的研究成果，对于隋唐华严宗的成立贡献极大。

## 第二节　三论学派与智度学派

三论学派为当时以研习、弘传三论——《中论》《百论》与《十二门论》所形成的佛学流派，智度学派为研习《大智度论》而形成的佛学流派。因为从理论体系上来说，四论是一个整体，研习者往往在重点研习三论之时兼习《大智度论》，或以《大智度论》为研习中心而兼习三论，所以三论学派与智度学派又可以合称为四论学派。

印度中观学派系以龙树所著之《中论》为基础，宣扬空观的学派。该学派是印度大乘佛教早期的表现形式，由龙树及提婆创立，他们对般若思想进行了系统的提炼总结，其核心思想为中道实相，亦即以"二谛相即"来解释诸法实相。"二谛"即俗谛、真谛；"即"，不离，接近、靠近。该学派认为，俗谛乃由世俗的名言概念所获得的认识，并非诸法本质；而真谛乃是按照佛理而直觉现观证得的诸法之实相，此为诸法本质。从俗谛而言，因缘所生，一切皆有；从真谛而言，一切皆无，毕竟空。然世俗之有即毕竟空，毕竟空存在于世俗之有中；若不依俗谛，则不得第一义，不得第一义，则不得涅槃。由此该学派在理论上统一了性空和方便；在认识与方法上，统一了名言和实相、俗谛和真谛；在宗教实践上，统一了世间和出世间、烦恼和涅槃。该学派的基本理论著作为《中论》《百论》《十二门论》，谓之"三论"，加上《大智度论》，则合称"四论"。四论之中，龙树撰《中论》《十二门论》与《大智度论》，提婆撰《百论》。

前述四论是由鸠摩罗什在长安译出的。罗什在长安翻译四论的过程中，培养出了一大批颇有佛学造诣的弟子，由此形成了"关河学派"。董群先生所著《中国三论宗通史》即称它为"关河三论学派"①，但也有学者如潘桂明先生则将它定性为"关中般若学"②。其实两种称呼并不矛盾，因为龙树、提婆之三论(或四论)译出后在南北朝的流行，当属魏晋之后般若学说的思想、理论的延续发展与演变完善。

罗什去世后，关河僧团很快解体，时逢战乱，相当多的罗什弟子南下江左，但仍有部分留在北方，四论学的研习遂分为南北两部分。笔者以下叙述对四论学派发展有贡献的河南籍僧俗与在当时河南活动的四论派学者，共有僧叡、道融、周颙、昙鸾、静蔼、道判、志念、辩寂诸人。

僧叡无疑应当是最早的四论学者之一。有关僧叡的行历，前面已述，以下主要谈其对四论学派的贡献。

僧叡始终参与了罗什的四论翻译活动，并为每一论都撰写了序，给予很高的评价。

对《中论》，其《〈中论〉序》云：

> 以中为名者，昭其实也，以论为称者，尽其言也。实非名不悟，故寄中以宣之；言非释不尽，故假论以明之。其实既宣，其言既明，于菩萨之行，道场之照，朗然悬解矣。夫滞惑生于倒见，三界以之而沦溺；偏悟起于厌智，耿介以之而致乖。故知大觉在乎旷照，小智缠乎隘心。照之不旷，则不足以夷有无，一道俗；知之不尽，则未可以涉中途，泯二际。道俗之不夷，二际之不泯，菩萨之忧也。是以龙树大士，折之以中道，使惑趣之徒，望玄指而一变；括之以即化，令玄悟之宾，丧诣询于朝彻。荡荡焉，真可谓坦夷路于冲阶，敞玄门于宇内，扇慧风于陈枚，流甘露于枯悴者矣。……而今而后，谈道之贤，始可与论实矣。③

《中论》的主题就是阐释"中道"——"众因缘生法，我说即是空，亦为是假名，

① 董群著：《中国三论宗通史》，南京：凤凰出版社2008年版，第116页。
② 潘桂明：《晋宋之际思想界的状况——以〈喻疑〉为中心考察》，《苏州大学学报》(哲学社会科学版)2011年第1期，第56—63页。
③ 《出三藏记集》卷十一《〈中论〉序》，第400—401页。

亦是中道义"①。"道俗之不夷,二际之不泯,菩萨之忧也",就是说不消除佛道与世俗的对立,不泯灭生死与涅槃的分别,是菩萨的忧虑,之所以提出"中道"就是要破除二边。由于有了《中论》,从今而后,讲谈佛道的贤者,就可以开始阐述诸法实相了。

对于《十二门论》,僧叡之《〈十二门论〉序》称:

> 《十二门论》者,盖是实相之折中,道场之要轨也。十二者,总众枝之大数也;门者,开通无滞之称也;论之者,欲以穷其源尽其理也。若一理之不尽,则众异纷然,有惑趣之乖;一源之不穷,则众涂扶疏,有殊致之迹。殊致之不夷,乖趣之不泯,大士之忧也。是以龙树菩萨开出者之由路,作十二门以正之。正之以十二,则有无兼畅,事无不尽。事尽于有无,则忘功于造化;理极于虚位,则丧我于二际。然则丧我在乎落筌,筌忘存乎遗寄,筌我兼忘,始可以几乎实矣。几乎实矣,则虚实两冥,得失无际。冥而无际,则能忘造次于两玄,泯颠沛于一致,整归驾于道场,毕趣心于佛地。②

《十二门论》为《中论》之纲要书,立十二门以发挥大乘空观,故称"《十二门论》者,盖是实相之折中"。折中者,取正、调节,使之适中。所谓"正之以十二,则有无兼畅,事无不尽",以十二门来正本清源,就使有与无相互融通,并贯通于一切事物。

在《〈中论〉序》中,僧叡又说:

> 《百论》治外以闲邪,斯文袪内以流滞,《大智释论》之渊博,《十二门观》之精诣。寻斯四者,真若日月入怀,无不朗然鉴彻矣。③

既指出了四论各自的特色,又认识到它们之间的内在联系,把它们当作一个整体来看待。

对《大智度论》,僧叡更说:

---

① [印度]龙树造,青目释:《中论》卷六《观四谛品》,上海:上海古籍出版社 1994 年版,第 62 页上。

② 《出三藏记集》卷十一《〈十二门论〉序》,第 403—404 页。

③ 《出三藏记集》卷十一《〈中论〉序》,第 401 页。

其开夷路也,则令大乘之驾,方轨而直入;其辨实相也,则使妄见之

惑,不远而自复。其为论也,初辞拟之,必标众异以尽美;卒成之终,则举

无执以尽善。释所不尽,则立论以明之;论其未辨,则寄折中以定之。使

灵篇无难喻之章,千载悟作者之旨。信若人之功矣。①

评价非常之高。又云:

于《大智》二十万言,玄章婉旨,朗然可见。归途直达,无复惑趣之

疑,以文求之,无间然矣。②

一旦完全领会了《大智度论》的精神,即全面掌握了中观学的思想。说明僧叡

在四论之中,对《大智度论》情有独钟。

僧叡之四论学的思想,对四论学派的兴起和发展具有重要的意义。

早期的河南籍著名四论学者还有道融。前述道融事迹即说罗什翻译《中

论》,才得两卷,道融即能讲说,条分缕析,头头是道;阐述新译《法华》,又创造

性地开为九辙,为后来的学者树立了榜样。

周颙,字彦伦,汝南安城(今河南汝南县)人,生卒年不详,约当南朝宋、齐

之时。《南齐书》卷四十一本传记载,此人佛学造诣颇深,"泛涉百家,长于佛

理"。其先在益州萧惠开手下为官。还都后,因"宋明帝颇好言理,以颙有辞

义,引入殿内,亲近宿直。帝所为惨毒之事,颙不敢显谏,辄诵经中因缘罪福

事,帝亦为之小止"。③

周颙精通中观理论,著有《三宗论》。此书已佚,但在隋代吉藏所著《二谛

义》《中观论疏》及《大乘玄论》之中都曾提及。本传叙此书大要云:"立立假

名,立不空假名。设不空假名难空假名,设空假名难不空假名。假名空难二

宗,又立假名空。"④即以真、俗二谛之义,论述空假名、不空假名、假名空等三

宗之旨,其中空假名、不空假名二宗为成实学者之说,而假名空为周颙之说。

此书当是南北朝初期三论学派的重要著作,当时的名僧智林曾给予高度评

① 《出三藏记集》卷十《〈大智释论〉序》,第386页。
② 《出三藏记集》卷十《〈大智释论〉序》,第387页。
③ 《南齐书》卷四十一《周颙传》,第730、731页。
④ 《南齐书》卷四十一《周颙传》,第731页。

价。《高僧传》卷八本传记载,智林为道亮的弟子,"博采群典,特善《杂心》"。宋明帝之初,即受重视,住下京灵基寺,持续讲说经论,听者众多,所讲内容为"申明二谛义,有三宗不同"。周颙作《三宗论》,其主旨与智林所讲相似,智林遂致书周颙,称:

> 近闻檀越叙二谛之新意,陈三宗之取舍,声殊恒律,虽进物不速。如贫道鄙怀,谓天下之理,唯此为得焉,不如此非理也。是以相劝,速著纸笔。比见往来者,闻作论已成,随喜充遍,特非常重。又承檀越,恐立异常时,干犯学众。制论虽成,定不必出,闻之惧然不觉兴卧。此义旨趣,似非初开,妙音中绝,六十七载。理高常韵,莫有能传。贫道年二十时,便忝得此义,常谓借此微悟,可以得道,窃每欢喜,无与共之。年少见长安耆老,多云关中高胜,乃旧有此义。当法集盛时,能深得斯趣者,本无多人。既犯越常情,后进听受,便自甚寡。传过江东,略无其人。贫道捉麈尾以来,四十余年。东西讲说,谬重一时,其余义统,颇见宗录,唯有此途,白黑无人得者。贫道积年,乃为之发病。既病衰末命,加复旦夕西旋,顾惟此道从今永绝不言。檀越机发无绪,独创方外,非意此音,猥来入耳。
>
> 且欣且慰,实无以况。建明斯义,使法灯有终,始是真实行道,第一功德。①

于此可以看出周颙所著《三宗论》对于三论学派的学术意义。

昙鸾,又作昙峦,雁门(今山西代县)人,曾在京师洛阳研学活动。《续高僧传》卷六本传记载,其出家后,"内外经籍,具陶文理,而于四论、佛性,弥所穷研。读《大集经》,恨其词义深密,难以开悟,因而注解"②。"于四论、佛性,弥所穷研",即是对他的四论学造诣的高度评价。此僧后期归趣弥陀净土,但他的净土观念之中当融有中观思想。

静蔼,俗姓郑,荥阳人。《续高僧传》卷二十四有传,谓其"甫为书生,博志经史"。十七岁时,与友同游佛寺,观地狱图变,遂决志出家,往百官寺依和禅师剃发。受具足戒之后,又从景法师听讲《大智度论》,"一闻神悟,谓敞重幽,更习先解,便知滥述"。周行齐国境内,到处讲说,辞令详雅,理趣清新。后隐

---

① 《高僧传》卷八《智林传》,第309—310页。《广弘明集》卷二十四亦载有此书。
② 《续高僧传》卷六《昙峦传》,第187页。

居嵩岳,潜读佛典,遂通达三藏,"然于《大智》《中》《百》《十二门》等四论,最为投心所崇"。

闻有天竺梵僧硕学高行,西达咸阳,静蔼又从学十年,遂"达穷通之数,体因缘之理"。之后隐居终南山中,众多学侣依之,静蔼据林引众,讲说四论,颇有一套教学制度与教学方法:"其说法之规,尊而乃演,必令学侣袒立合掌,殷勤郑重,经时方遂,乃敕取绳床,围绕安设,致敬坐讫,蔼徐取论文,手自指摘,一偈一句,披释取悟。顾问听者所解云何,令其得意,方进后偈;傍有未喻者,更重述之。每日再讲,此法无怠。"

周武帝废佛时,静蔼曾上表理诉,未能纳谏。知大法必灭,遂携弟子四十多人入终南山深处,东西依岩附险造佛寺二十七所,为逃逸之僧提供庇护。周宣政元年(578年)七月,静蔼跌坐石上,自割其肉而死,世寿四十五。著有《三宝集》。①

上述静蔼从景法师学习《大智度论》,而从《续高僧传》等记载来看,静蔼又有弟子道判、智藏、道安等,亦以研习、弘传《大智度论》为主,由此形成智度学派师资相承的一系。但除道判外,智藏、道安未曾在河南境内活动。

道判,俗姓郭,曹州(今山东菏泽)人。十九岁出家。北齐乾明元年(560年)结伴二十一人从邺都出发,周游各地。后逢静蔼,遂依之从学。周武帝灭法后,随静蔼西奔入终南山隐居。"逃难岩居,不忘讲授。《中》《百》四论,日夜研寻,恂恂奉诲。"隋大业十一年(615年)卒,春秋八十有四。②

志念,前述为地论学北道一系道宠的弟子。其实他问道邺都之初,曾先从道长法师学习《智论》。"道长法师精通《智论》,为学者之宗,乃荷箱从听。经于数载,便与当席擅名,所谓诞礼、休、继等,一期俊列,连衡齐德。意谓解非满抱,终于盖棺,乃游诸讲肆,备探冲奥,务尽幽赜。"③其中"休"即僧休,"继"为法继。表明诞礼、僧休、法继与志念等都曾在邺都师从道长法师学习《智论》,弘传智论学,时当北齐天保年间。志念最后又曾从高昌国慧嵩法师

①《续高僧传》卷二十四《静蔼传》,第905—910页。
②《续高僧传》卷十二《道判传》,第407—408页。
③《续高僧传》卷十一《志念传》,第371页。

学习《毗昙》。其学有所成之后,即回家乡冀州弘法。志念讲经说法有一显著特点,就是"前开《智度》,后发《杂心》",即以《大智度论》沟通《杂心论》,如此"频弘二论,一十余年,学观霞开,谈林雾结"。入隋,志念弘法,依旧《智论》《杂心》并说。隋文帝杨坚第五子杨谅坐镇晋阳时,曾邀志念去晋阳,令他在大兴国寺宣扬正法,"先举《大论》,末演小乘",小乘即指毗昙《杂心》。其后,志念又回故乡弘法,与明空一起讲宣二论。

上述道长法师既精通《智论》,为学者之宗,说明其为智论师。道长,又作道场,《僧传》未列此人。《续高僧传》卷二十五《明赡传》记明赡出家后,"师密异其度,乃致书与邺下大集寺道场法师,令其依摄,专学《大论》"①。隋代慧影所著《大智度论疏》(亦称《述道安智度论解题》)卷二十四又记:"光律师弟子道场法师,后听留支三藏讲说,为被三藏小小瞋故,入嵩高山十年,读《大智度》。已出邑,欲讲此论。于时有一尼僧善乐读此论,故遂为檀越劝化,令此法师讲说。《智度》之兴,正在此人。"②由此记述可知,道场先为慧光弟子,后又从学菩提留支。因得罪留支,遂遁入嵩山,十年之间一心钻研《大智度论》。不久出洛阳,专讲《智论》。"精通《智论》,为学者之宗""《智度》之兴,正在此人",表明道场的智论学造诣很深,可惜其行实为《僧传》所不载。

辩寂,徐州人。《续高僧传》卷二十八本传云:"少以慧学播名,泛浪人世,游讲为业。末在齐都,专攻《大论》及《阿毗昙心》,未越周年,粗得通解。会武平末岁国破道亡,南适江阴,复师三论,神气所属,镜其新理。开皇更始,复返旧乡,桑梓仍存,友朋殂落。西入京室,复寻昔论,龙树之风,复由光远。"③说明辩寂是南北朝末期至隋朝前期的一位四论学者,早年在北齐邺都专攻《大智度论》及《阿毗昙心论》,并终其一生坚持弘传四论学说。

## 第三节　成实学派

成实学派是当时以研习、弘传《成实论》而形成的一个佛学流派,或谓之

① 《续高僧传》卷二十五《明赡传》,第935页。
② 《续藏经》第46册《大智度论疏》卷二十四《释第八十卷论》,第912页下。
③ 《续高僧传》卷二十八《辩寂传》,第1122页。

成论宗,其学者称成论师。

《成实论》又作《诚实论》,"成实"其义为成四谛之实,亦即成就四谛之意。《成实论》的撰者为古印度诃梨跋摩。诃梨跋摩为中印度人,约生于佛陀入灭后七百年至九百年间,初学小乘说一切有部教义,继而研习其他大小诸部,乃撰《成实论》,批判有部"诸法实有"理论,提倡"人法二空""诸法皆空",弘扬苦、集、灭、道四谛之理。根据《成实论》的论述,宇宙存在之各种现象皆为无实体之假象,最终归于空,而修如是观即可体解四谛之理,以八圣道灭除所有烦恼,最后达到涅槃。《成实论》之义理,亦小亦大,既网罗了部派佛教亦即小乘佛教的重要教说,又含有大乘佛教的见解,在佛教发展历史上被认为是由小乘空宗向大乘空宗过渡的重要著作。

鸠摩罗什于后秦弘始年间(399—416 年)在长安译出此论著,后又经其弟子昙影修治整理,区分为发、苦谛、集谛、灭谛和道谛等五聚(五部分)。历代流行本有十六卷本和二十卷本之分,前者为未修治整理本,后者为昙影修治整理本。《中华大藏经》与《大正藏》中所存《成实论》均为十六卷二百零二品,为未修治整理本。

《成实论》译出后,罗什门下弟子争相研习,竞作注疏,长安遂成为成实学的发源地。僧导撰《成实论义疏》,聚众阐述,后到寿春(今安徽寿县)弘传此论,形成成实学之"寿春系",流行于南方;而成实学在北方的传播,则是以彭城(今江苏徐州市)为中心,由居于该地白塔寺的僧嵩为先导者,谓之"彭城系"。

《魏书·释老志》记载,太和十九年(495 年)四月,孝文帝视察徐州白塔寺。他对诸王和侍官说:

> 此寺近有名僧嵩法师,受《成实论》于罗什,在此流通。后授渊法师,渊法师授登、纪二法师。朕每玩《成实论》,可以释人染情,故至此寺焉。①

孝文帝所说,即成实学在北方的学者之代际传承——僧嵩传僧渊,僧渊又传道登、慧纪。

---

① 《魏书》卷一百一十四《释老志》,第 3039—3040 页。

僧渊,《高僧传》卷八本传记其行历称:

> 本姓赵,颍川人,魏司空俨之后也。少好读书。进戒之后,专攻佛义。初游徐邦,止白塔寺,从僧嵩受《成实论》《毗昙》。学未三年,功逾十载,慧解之声,驰于遐迩。……昙度、慧记、道登并从渊受业。……并为魏主元宏所重,驰名魏国。渊以伪太和五年(481 年)卒,春秋六十有八。①

颍川,即今河南禹州市。依此记述,僧渊之弟子还有昙度。另,《高僧传》卷八有慧球传,谓慧球亦是僧渊弟子。②

僧渊的弟子道登,俗姓芮,东莞(今山东沂水)人。《续高僧传》本传记载,其先从徐州之僧药法师学习《涅槃》《法华》《胜鬘》诸经,后又师从僧渊研学《成实论》。"年造知命,誉动魏都,北土宗之。"孝文帝闻名,屡请其到京师洛阳去。道登当时则很想去"南国",因为他觉得那里义学比较发达,故对孝文帝的邀请非常犹豫,遂问同学法度:"此请可否?"法度为他讲了一番道理:

> 此国道学如林,师匠百数,何世无行藏,何时无通塞?十方含灵,皆应度脱,何容尽期南国?相劝行矣!

现在魏国的义学也很兴盛,高僧人数上百,况且十方的众生都应该被超度而解脱人世的生死苦难,为何一定要盼望着去南方呢?力劝道登成行。

> 登即受请,度亦随行。及到洛阳,君臣僧尼莫不宾礼。魏主邀登昆季,策授荣爵,以其本姓不华,改"芮"为"耐"。讲说之盛,四时不辍。末趣恒岳,以息浮竞,学侣追随,相仍山舍,不免谈授,遂终于报德寺焉,春秋八十有五,即魏景明年也。③

"魏主邀登昆季",是说孝文帝主动与道登称兄道弟,并赐其荣爵,帮他改姓氏,可见孝文帝的重视程度。而道登在洛阳开筵讲说成实学,一年四季不停。

《魏书·释老志》亦记载:

> 时沙门道登,雅有义业,为高祖眷赏,恒侍讲论。曾于禁内与帝夜

---

① 《高僧传》卷八《僧渊传》,第 303 页。
② 《高僧传》卷八《慧球传》,第 333 页。
③ 《续高僧传》卷六《道登传》,第 194—195 页。

谈,同见一鬼。二十年卒,高祖甚悼惜之,诏施帛一千匹。又设一切僧斋,并命京城七日行道。又诏:"朕师登法师奄至徂背,痛恒摧恸,不能已已。比药治慎丧,未容即赴,便准师义,哭诸门外。"缁素荣之。①

这里所记的"二十年"为孝文帝太和二十年(496年),而上引《续高僧传》则说道登卒于宣武帝景明年间(500—504年)。

僧渊的弟子慧纪,又作慧记,有关生平事迹记载甚少。《续高僧传》卷六有《法贞传》,记法贞为沙门道记弟子,住洛阳广德寺。汤用彤先生谓道记即为慧纪。② 弟子除法贞外,还有僧建、慧聪、道寂。

慧纪之弟子法贞,渤海东光(今河北东光县)人。《续高僧传》本传记其行历:

> 九岁出家,俊秀之声,不齐凡类,住魏洛下之居广德寺,为沙门道记弟子。年十一,通诵《法华》,意所不解,随迷造问;记谓曰:"后来总持者,其在尔乎!"及至年长,善《成实论》,深得其趣,备讲之业,卓荦标奇。在于伊洛,无所推下。与僧建齐名,时人目建为"文句无前",目贞为"入微独步"。贞乃与建为义会之友,道俗斯附,听众千人,随得偿施,造像千躯,分布供养。魏清河王元怿、汝南王元悦,并折腰顶礼,谘奉戒训。会魏德衰陵,女人居上,毁论日兴,猜忌逾积,嫉德过常,难免今世。贞谓建曰:"大梁正朝,礼义之国,又有菩萨应行风教,宣流道法,相与去乎? 今年过六十,朝闻夕死,吾无恨矣。"建曰:"时不可失,亦先有此怀。"以梁普通二年相率南迈。贞为追骑所及,祸灭其身,春秋六十一矣。③

依此记载,法贞自九岁出家至六十一岁南下,其间五十余年一直在洛阳活动。

慧纪之弟子僧建,清河(今河北清河县)人。《续高僧传》记其行历称:

> 沙弥之时,慧俊出类,及长成人,好谈名理。与慧聪、道寂、法贞等同师道记,少长相携,穷研数论,遂明五聚,解冠一方。常日讲众,恒溢千人,硕学通方,悦其新致,造筵谈赏,以继昼夜。虽乃志诲成人,而入里施

---

① 《魏书》卷一百一十四《释老志》,第3040页。
② 《汉魏两晋南北朝佛教史》(增订本),第468页。
③ 《续高僧传》卷六《法贞传》,第206—207页。

化。魏高阳王元邕丞相延请，累宵言散，用祛鄙吝。或清晨嘉会，一无逮者，辄云深恨不同其叙。故闻风倾渴者，遥服法味矣。后南游帝室，达于江阴，住何园寺。武帝好论义旨，敕集学僧于乐受殿以次立义。每于寺讲，成济后业，有逾于前。[1]

僧建与法贞一样，也是长期在洛阳活动，老年之后才南下。而他们的同学慧聪、道寂二人，其受业肯定是在洛阳，但之后究竟在哪里活动，并无明确记载。《续高僧传》仅述："慧聪立心闲豫，解行远闻。道寂博习多通，雅传师业。并终于魏土。"[2]

僧渊的弟子昙度，《高僧传》卷八有传。据此传所记，昙度并未在河南活动。

僧渊的弟子慧球，《高僧传》卷八亦有传。他十六岁出家，先在荆州、湘州学道、修禅，后到彭城从僧渊受《成实论》，三十二岁时又回到荆州，其后一直在荆楚之间活动。[3]

前述著名的地论学者灵询、灵裕亦曾学《成实论》。《续高僧传》卷八本传记灵询"少年入道，学《成实论》并《涅槃经》，穷其幽府"[4]。《续高僧传》卷九本传则记灵裕从嵩、林二师学《成实论》，并著有《成实抄》五卷。[5]

此外，根据《续高僧传》的记载，还有两位颇有学术造诣的成论学者值得提出，一为活动于南朝刘宋后期至萧梁前期的河南籍僧法宠，一为居于邺下的北齐僧道纪。

法宠，俗姓冯，南阳冠军人，后遭世难，寓居海盐。《续高僧传》卷五本传记："从道猛、昙济学《成实论》，二公雅相叹赏。日夜辛勤，不以寒暑动意。……又从庄严昙斌历听众经，探玄析奥，妙尽深极，高难所指，罕不倒戈，音吐蕴藉，风神秀举。"梁武帝非常看重他，"上每义集，以礼致之，略其年腊，敕常居坐首，不呼其名，号为'上座法师'。请为家僧，敕施车牛、人力、衣服、饮食，四时不绝。寺本陋小，帝为宣武王修福，下敕工人缮改张饰，以待宠焉，

---

① 《续高僧传》卷六《法贞传》，第207页。
② 《续高僧传》卷六《法贞传》，第207页。
③ 《高僧传》卷八《慧球传》，第333—334页。
④ 《续高僧传》卷八《灵询传》，第259页。
⑤ 《续高僧传》卷九《灵裕传》，第311、317页。

因改名为宣武寺也。门徒敦厚,常百许人"。于梁武帝普通五年(524年)卒,春秋七十四。①

道纪,不详其传承,《续高僧传》卷三十一本传称:"释道纪,未详氏族。高齐之初盛弘讲说,然以《成实》见知。门学业成,分部结众,纪用欣然,以教习之功成遗业也。"又记道纪曾告其属:"吾讲《成实》积三十载,开悟正道,望有功夫。"著有《金藏论》,"一帙七卷,以类相从,寺塔幡灯之由,经像归戒之本,具罗一化,大启福门"。②

## 第四节　涅槃学派

"涅槃",梵文 nirvāna(巴利文 nibbāna)之音译,又译作泥曰、泥洹、涅槃那等,意译为灭、灭度、寂、寂灭、无生、解脱、圆寂等,本意是指吹灭,或吹灭的状态,换言之即生命的结束;其后延伸谓燃烧烦恼之火灭尽,达于超越生死的菩提境地,亦即境界的超越,此乃佛教的终极实践目的。因为它体现了佛教的特质而被列为法印之一,称"涅槃寂静"。印度其他宗教虽亦有涅槃之说,但其意义与佛教迥然不同。

在佛教典籍之中,有"涅槃部"一类经典,专门记述佛陀入灭与入灭前后的情况,其中又有小乘与大乘之分。根据《出三藏记集》的记载,最早的汉译《涅槃经》为支谶所译《胡般泥洹经》,一卷,僧祐注其"今阙"。③在《开元录》中,此经记为《梵般泥洹经》,二卷,注云:"或一卷。初出,与《大般涅槃经》等同本,见朱士行《汉录》及《僧祐录》。旧云胡般,新改为梵。"也说明为"阙本"。④

西晋之后陆续有多部《涅槃经》译出,其中对后世产生较大影响的有两部:一是东晋义熙十四年(418年),法显和佛陀跋陀罗(觉贤)合译出《大般泥

---

① 《续高僧传》卷五《法宠传》,第150—152页。
② 《续高僧传》卷三十一《道纪传》,第1242—1243页。
③ 《出三藏记集》卷二《新集撰出经律论录》,第27页。
④ 《中华藏》第55册《开元录》卷一,第3页下。

洹经》六卷,后人称之为小本《涅槃经》,但该译本不是《涅槃经》的全译,只译了原经初分的前五品;二是北凉玄始十年(421 年),昙无谶译出《大般涅槃经》,四十卷,后人称之为北本《涅槃经》,简称北本,该译本首次将原经的全貌展现于中土僧俗面前。其后,至南朝刘宋元嘉年间(424—453 年),慧严、慧观与谢灵运等人依六卷本《大般泥洹经》,删定、整理了四十卷本《大般涅槃经》而成三十六卷本,修治后的三十六卷本《大般涅槃经》,被后人称为南本《涅槃经》,简称南本。

南北朝时期兴起的涅槃学派就是研习、弘传《大般涅槃经》及其思想而形成的一个佛学派别,其学者称涅槃师。

潘桂明先生所著《中国佛教思想史稿》认为,慧观和谢灵运等人删定成南本《大涅槃经》,开创了涅槃学的研究之风。① 而赖永海先生主编的《中国佛教通史》则说:"涅槃学派的传承,自从道生研究六卷《泥洹经》而首倡'阐提有佛性',此后顿悟、渐悟等思想此起彼伏,成为南北朝、隋唐时期非常盛行的学派。"②此两种意见各有一定道理,但就重视并研究《涅槃经》的时间先后而言,道生自然早于慧观、谢灵运等人,也许正是因为道生首倡"阐提有佛性",才引发了当时的佛学界对《涅槃经》的关注,才有慧观、谢灵运等人对《涅槃经》的修治。

其实,早期重视并研究法显之六卷本《泥洹经》的并非道生一人,僧叡亦曾经研习过《泥洹经》并著有《喻疑》一文。前述僧叡《喻疑》的出发点就是要消除当时的一部分人对《泥洹经》是否为真本的怀疑,并高度赞扬《泥洹经》所阐释的涅槃佛性思想:

> 今《大般泥洹经》,法显道人远寻真本,于天竺得之,持至扬都,大集京师义学之僧百有余人,禅师执本,参而译之,详而出之。此经云:"泥洹不灭,佛有真我。一切众生,皆有佛性。皆有佛性,学得成佛。"佛有真我,故圣镜特宗,而为众圣中王。泥洹永存,为应照之本。大化不泯,真本存焉。而复致疑,安于渐照,而排跋真诲,任其偏执,而自幽不救,其可

---

① 《中国佛教思想史稿》(第一卷·下),第633页。
② 《中国佛教通史》(第三卷),第18页。

如乎？此正是《法华》开佛知见。开佛知见，今始可悟，金以莹明，显发可知。而复非之，大化之由，而有此心，经言阐提，真不虚也。①

僧叡之所以能够很容易地接受《泥洹经》所阐释的涅槃佛性思想，与他一生中坚持怀疑、批判的精神，不断地汲取、接受佛学的新思想息息相关。正如他在《喻疑》中所言："大教兴世五十余年，言无不实，实无不益。益而为言，无非教也；实而为称，无非实也。实以如意为喻，教以正失为体。若能体其随宜之旨，则言无不深；若守其一照，则惑无不至。……故大圣随宜而进，进之不以一途，三乘杂化由之而起。"②所谓"随宜而进"，不就是与时俱进吗？

在《喻疑》中，僧叡将《般若经》的诸法性空思想与《泥洹经》的涅槃佛性进行了协调：

> 今疑《大般泥洹》者，远而求之，正当以一切众生皆有佛性，为不通真照。真照自可照其虚妄，真复何须其照？一切众生既有伪矣，别有真性为不变之本。所以陶练既精，真性乃发，恒以大慧之明，除其虚妄。虚妄既尽，法身独存，为应化之本。应其所化能成之缘，一人不度，吾终不舍。此义始验，复何为疑耶！若于真性法身而复致疑者，恐此邪心无处不惑。佛之真我尚复生疑，亦可不信佛有正觉之照，而为一切种智也。般若之明，自是照虚妄之神器，复何与佛之真我？法身常存，一切皆有佛之真性。真性存焉，学不越涯，成不乖本乎？而欲以真照无虚言，言而亦无，佛我亦无，泥洹是邪见也。但知执此照惑之明，不知无惑之性，非其照也。③

在僧叡看来，般若性空与涅槃佛性是佛学在不同领域内的阐释，其要说明与解决的问题不同。般若是要解决如何认识世界的问题，而涅槃佛性则是要解决如何认识人性的问题，"般若之明，自是照虚妄之神器，复何与佛之真我？""一切皆有佛之真性"，其义与道生所谓的"阐提有佛性"不是完全一样吗？

---

① 《出三藏记集》卷五《喻疑》，第235页。
② 《出三藏记集》卷五《喻疑》，第234页。中华书局标点本将此段引文全部归为什公所云，似误，笔者以为什公所云至"则惑无不至"即止。
③ 《出三藏记集》卷五《喻疑》，第237页。

可惜僧叡未能见到其后译出的四十卷本《大般涅槃经》与修治而出的三十六卷本《大般涅槃经》,因为涅槃佛性思想,正是僧叡推崇《大般泥洹经》的根本原因,而后出的两部《涅槃经》在这方面的阐释更全面。但即便如此,僧叡也应当对涅槃学派有一定的开创之功。

前述与慧观、谢灵运等一起修治南本《涅槃经》的慧严,俗姓范,豫州人,为河南籍涅槃学者。《高僧传》卷七本传谓:"年十二岁为诸生,博晓诗书,十六出家,又精炼佛理。迄甫立年,学洞群籍,风声四远,化洽殊邦。"听说罗什至关中,乃从罗什受学。有关他在罗什门下的活动,本传记载不详,仅说"访正音义,多所异闻"。后还止建康东安寺,甚为刘宋皇帝高祖、文帝所重。曾撰《无生灭论》及《老子略注》。关于其修治《涅槃经》的情况,本传称:"《大涅槃经》初至宋土,文言致善,而品数疏简,初学难以措怀。严乃共慧观、谢灵运等依《泥洹》本加之品目。文有过质,颇亦治改,始有数本流行。"本传结尾还记述了慧严修治《涅槃经》完成后所做一梦,可视为对其修治水平的评价:"严乃梦见一人,形状极伟,厉声谓严曰:'《涅槃》尊经,何以轻加斟酌?'严觉已惕然,乃更集僧,欲收前本。时识者咸云:'此盖欲诫厉后人耳,若必不应者,何容即时方梦。'严以为然。顷之,又梦神人告曰:'君以弘经之力,必当见佛也。'"元嘉二十年(443年)示寂,世寿八十一。①

昙斌,俗姓苏,南阳人,亦河南籍涅槃师。《高僧传》卷七本传记载:"十岁出家,事道祎为师。始住江陵新寺,听经论,学禅道,覃思深至,而情未尽达。夜梦神人谓斌曰:'汝所疑义,游方自决。'于是振锡挟衣,殊邦问道。初下京师,仍往吴郡。值僧业讲《十诵》,餐听少时,悟解深入。后还都从静林法师,谘受《涅槃》。……融治百家,陶贯诸部。"后还樊、邓(今湖北西北部、河南西南部一带),开筵讲说,四远名宾,负笈而至。刘宋孝武帝孝建初(454年)入京,止新安寺,讲《小品》《十地》,并申顿悟渐悟之旨。"时心竞之徒,苦相雠校,斌既辞惬理诣,终莫能屈。"刘宋元徽中(473—477年)卒于庄严寺,春秋六十有七。②

---

① 《高僧传》卷七《慧严传》,第260—263页。
② 《高僧传》卷七《昙斌传》,第290—291页。

道汪,俗姓潘,长乐(河南安阳)人,亦为河南籍涅槃学者。《高僧传》卷七本传称:"年十三投庐山远公出家。研综经律,雅善《涅槃》,蔬食数十余年。"后因战乱而去成都,南朝刘宋泰始元年(465年)卒。①

《续高僧传》卷二十七还记载有一涅槃师僧安。其本传称不知其为何地人,仅谓:"戒业精苦,坐禅讲解,时号多能。"记述其弘传涅槃学情况:"齐文宣时,在王屋山聚徒二十许人讲《涅槃》。"②

前述地论南北道派的分歧最主要是对第八识阿梨耶识之真妄认识不同。南道派认为第八识即《楞伽经》之所谓如来藏,亦即《涅槃经》之所谓佛性,为真常净识(真识、真如净识),此即主张佛性本有。而北道派认为佛性始有,亦即第八识仍为无明之妄心,而非不生不灭之真如,须累世修习始能得真如而成佛。由于这个原因,地论学派的学者亦需熟知《涅槃经》的内容,所以他们的学术经历之中往往要兼通涅槃学,这也为涅槃学派的发展增添了有生力量。

首先是南道派创始人慧光曾著有《涅槃经疏》,阐其奥旨,而弘演导。③

其次是慧光的弟子法上、道凭、僧范、灵询、道慎等。法上,"九岁得《涅槃经》,披而诵之,即生厌世","后值时俭,衣食俱乏,专意《涅槃》,无心饥冻。故一粒之米,加之以菜,一衣为服,兼之以草,练形将尽,而精神日进","既慧业有闻,众皆陈请,乃讲《十地》《地持》《楞伽》《涅槃》等部,轮次相续,并著文疏"。还著有《佛性论》二卷、《大乘义章》六卷等。④ 道凭,十二岁出家,初诵《维摩经》,"后学《涅槃》,略观远节"。"七夏欲讲《涅槃》,惟曰:'文一释异,情理难资,恐兼虚课,谤法诚重。'""弘化赵魏,传灯之美,罕有斯焉。讲《地论》《涅槃》《华严》《四分》,皆览卷便讲,目不寻文,章疏本无,手不举笔,而开塞任情,吐纳清爽,洞会诠旨,有若证焉。"⑤僧范,"年二十九,栖迟下邑,闻讲《涅槃》,辄试一听,开悟神府,理思兼通,乃知佛经之秘极也,遂投邺城僧始而出家焉。初学《涅槃经》,顿尽其致"。出游开化讲经,每法筵一举,听众千余,

---

① 《高僧传》卷七《道汪传》,第283—284页。
② 《续高僧传》卷二十七《僧安传》,第1041页。
③ 《续高僧传》卷二十二《慧光传》,第822页。
④ 《续高僧传》卷八《法上传》,第260—263页。
⑤ 《续高僧传》卷八《道凭传》,第258页。

可谓当时明匠。讲诸部经论,各有疏记;"复变疏引经,制成为论,故《涅槃》《大品》等并称'论'焉"。① 灵询,"少年入道,学《成实论》并《涅槃经》,穷其幽府"②。道慎,"入洛从光师学于《地论》,后禀上统而志《涅槃》"③。

然后是慧光的再传弟子慧远、灵裕等。慧远,师从法上。长期在邺之讲肆,伏听千余,随讲出疏,其中有《涅槃疏》十卷。"又自说云:初作《涅槃疏》讫,未敢依讲,发愿乞相,梦见自手造塑七佛、八菩萨像,形并端峙,还自缋饰,所画既竟,像皆次第起行。末后一像彩画将了,旁有一人来从索笔,代远成之。觉后思曰:'此相有流末世之境也。'乃广开敷之,信如梦矣。"④灵裕,师从道凭。"专业《华严》《涅槃》《地论》《律部》,皆博寻旧解,穿凿新异。"著有《涅槃疏》六卷。⑤

潘桂明先生说:"一般地说,北方地论师兼讲《涅槃经》,往往在判教时将《涅槃经》判为渐教而置于《华严经》之下。后来也正是由于地论师力量的不断壮大,北方涅槃师才逐渐削弱。"⑥

前述成实学派之道登,其学术经历中在从僧渊学究《成论》之前曾师徐州僧药研综《涅槃》《法华》《胜鬘》等。《高僧传》卷八之《僧渊传》中亦称"道登善《涅槃》《法华》"⑦。

洛阳作为北方佛教义学的研习中心,大德高僧在这里讲一切经,自然也包括讲《涅槃经》,弘传涅槃学说。《洛阳伽蓝记》记载,在洛阳城西融觉寺,"比丘昙谟最善于禅学,讲《涅槃》《华严》,僧徒千人"。⑧ 昙谟最,又称昙无最,俗姓董,武安(原属河南安阳,解放后划归河北邯郸)人。《续高僧传》卷二十四本传记载,"少禀道化,名垂朝野","后敕住洛都融觉寺,寺即清河文献王怿所立,廊宇充溢,周于三里。最善弘敷导,妙达《涅槃》《华严》,僧徒千人,常

---

① 《续高僧传》卷八《僧范传》,第 253—254 页。
② 《续高僧传》卷八《灵询传》,第 259 页。
③ 《续高僧传》卷八《道慎传》,第 264 页。
④ 《续高僧传》卷八《慧远传》,第 286—287 页。
⑤ 《续高僧传》卷九《灵裕传》,第 311、317 页。
⑥ 《中国佛教思想史稿》(第一卷·下),第 640 页。
⑦ 《高僧传》卷八《僧渊传》,第 303 页。
⑧ 《洛阳伽蓝记校笺》卷四《城西》,第 197 页。

业无怠。天竺沙门菩提留支见而礼之，号为'东土菩萨'。尝读最之所撰《大乘义章》，每弹指唱善，翻为梵字，寄传大夏，彼方读者皆东向礼之为圣人矣"。① 从来都是汉译天竺、西域东传过来的佛教经典，而此时却是由天竺来华的高僧将汉僧的佛学著作梵译传至西方并在西方受到追捧，虽仅此一例，但也足以说明当时中土的佛学已经达到了相当高的水平。

涅槃学在洛阳的影响是比较大的，连很多官僚士大夫都很精通《涅槃经》并善讲论，前述魏末之李同轨即是一例。《魏书》记载，李同轨"学综诸经，多所治诵，兼读释氏，又好医术"。永熙二年（533 年），他曾随出帝幸洛阳城东之平等寺听僧徒讲经说法，出帝敕其与僧众论难，往复可观，结果让出帝非常满意。兴和（539—542 年）中，李同轨奉命出使南朝萧梁，梁武帝萧衍"深耽释学，遂集名僧于其爱敬、同泰两寺，讲《涅槃》《大品》经，引同轨预席，衍兼遣其臣并共观听。同轨论难久之，道俗咸以为善"。② 在这样一场规模颇大的南朝皇家讲说佛经法会上，一位北朝来的使臣，竟能与各位名僧就《涅槃》《大品》经的义理问题反复论辩，并最终博得听众一致好评，可见其涅槃学造诣之深。

最后需要指出的是，当时涅槃学派南北所传，在风格上是有差别的。《续高僧传》卷六记载，北朝有僧昙准，魏郡汤阴人，"善《涅槃》《法华》，闻诸伊洛"，为北土著名的涅槃学者，"承（南朝萧）齐竟陵王广延胜道，盛兴讲说，遂南度，止湘宫寺"。③ 而根据《高僧传》卷八的记载，昙准之所以南度，是闻听南朝有僧宗"特善《涅槃》，乃南游观听"，颇有些学术交流观摩的意味。但到二人讲说涅槃学之时，"既南北情异，思不相参。（昙）准乃别更讲说，多为北土所师"。④ 所谓"南北情异，思不相参"，昙准之讲说"多为北土所师"，似是南北涅槃学派在阐释的重点、思维的方式，甚至讲说的方法上，均有所不同。

---

① 《续高僧传》卷二十四《昙无最传》，第 899—900 页。
② 《魏书》卷三十六《李顺传》，第 848—849 页。
③ 《续高僧传》卷六《昙准传》，第 196 页。
④ 《高僧传》卷八《僧宗传》，第 328 页。

## 第五节  毗昙学派

南北朝时期以研习与弘传《阿毗昙心论》及其他小乘说一切有部毗昙论书之思想所形成的佛学流派,谓之毗昙学派。佛教史上,其学者往往被称为毗昙师、数家。

毗昙,阿毗昙之简称。前述安世高的禅数之学时,已对毗昙的概念、内容、意义进行了简要的介绍。当时安世高已经译出了不少说一切有部的毗昙论书,除前述《安般守意经》《阴持入经》之外,还有《阿毗昙五法经》(《阿毗昙五法行经》)、《七法经》(《阿毗昙七法行经》)、《阿毗昙九十八结经》等。①

《阿毗昙心论》则是印度小乘佛教中说一切有部的核心论书,作者法胜。对于此书的价值,吕澂曾说:

> 推原佛说的九分毗昙,现已不可得见,从它派生出来的各种毗昙,现亦零落不全,而且异义纷披,很难得其真相。幸而现存《阿毗昙心论》一书,实际具备九分毗昙的雏形,并还兼采各论的精要,它实是一种毗昙提纲之作,极可珍贵。

又说:

> 《心论》在内容上和形式上都达到上乘地步,它之能驰誉全印度,并影响于后世的毗昙并不是偶然的。②

《阿毗昙心论》的汉译者为僧伽提婆。《高僧传》卷一本传称:"僧伽提婆,此言众天,或云提和,音讹故也。本姓瞿昙氏,罽宾人。入道修学,远求明师,学通三藏,尤善《阿毗昙心》,洞其纤旨。常诵《三法度论》,昼夜嗟味,以为入道之府也。"③前秦建元(365—384 年)中来到长安。

在长安,提婆即应道安的同学法和之请,开始译《阿毗昙八犍度论》(简称《阿毗昙》)。道安很支持提婆翻译毗昙论书,保存在《出三藏记集》中的《〈阿

---

① 《出三藏记集》卷二《新集撰出经律录》,第 24、26 页。
② 《吕澂佛学论著选集》卷五《中国佛学源流略讲》,第 2891、2894 页。
③ 《高僧传》卷一《僧伽提婆传》,第 37 页。

毗昙〉序》即为《阿毗昙八犍度论》所作。该序称：

> 佛般涅槃后。迦旃延(义第一也)以十二部经浩博难究，撰其大法为一部，八犍度四十四品也。其为经也，富莫上焉，邃莫加焉。要道无行而不由，可不谓之富乎？至德无妙而不出，可不谓之邃乎？富邃洽备故，故能微显阐幽也。其说智也周，其说根也密，其说禅也悉，其说道也具。周则二八用各适时，密则二十迭为宾主，悉则昧净遍游其门，具则利钝各别其所。以故为高座者所咨嗟，三藏者所鼓舞也。其身毒来诸沙门，莫不祖述此经，宪章鞞婆沙，咏歌有余味者也。然乃在大荒之外，葱岭之表，虽欲从之，末由见也。以建元十九年，罽宾沙门僧迦禔婆，诵此经甚利，来诣长安，比丘释法和请令出之。佛念译传，慧力、僧茂笔受，和理其指归。自四月二十日出，至十月二十三日乃讫。①

其后，因战乱提婆与法和一起东去洛阳。在洛阳，"四五年间，研讲前经，居华稍积，博明汉语，方知先所出经，多有乖失。法和慨叹未定，乃更令提婆出《阿毗昙》及《广说》众经"②。即对原出之《阿毗昙八犍度论》及他人所译之《广说》(即《鞞婆沙论》)等众经重新进行了校勘、修订。其后，提婆应慧远之邀，南下庐山。东晋太元十六年(391年)，慧远请提婆重译《阿毗昙心论》及《三法度论》，慧远对二论的译出非常重视，亲自为序。二论译出后，以慧远为首的庐山僧团即开始研习。东晋隆安元年(397年)，提婆来游京师，即在王珣所建精舍中开讲《阿毗昙心论》。当时，名僧毕集，"提婆宗致既精，词旨明析，振发义理，众咸悦悟"③。这是毗昙学在中土的首次讲说弘传。南朝刘宋元嘉十一年(434年)，僧伽跋摩等于建康长干寺译《杂阿毗昙心论》(略称《杂心论》)，此论为《阿毗昙心论》之注释书。《杂心论》之出，又为毗昙学派发展增添了理论基础。

慧远为《阿毗昙心论》所作之序，重点在评述此论的地位与介绍此论的内容：

---

① 《出三藏记集》卷十《〈阿毗昙〉序》，第376—377页。
② 《高僧传》卷一《僧伽提婆传》，第37页。中华书局标点本《出三藏记集》未在此处"广说"二字上标注书名号，当误，《广说》为《鞞婆沙论》之略称，此处前四行文中之"广说"即标有书名号。
③ 《高僧传》卷一《僧伽提婆传》，第38页。

《阿毗昙心》者,三藏之要颂,咏歌之微言,管统众经,领其宗会,故作者以心为名焉。有出家开士,字曰法胜,渊识远鉴,探深研机,龙潜赤泽,独有其明。其人以为《阿毗昙经》源流广大,难卒寻究,非赡智宏才,莫能毕综,是以探其幽致,别撰斯部。始自《界品》,讫于《问论》,凡二百五十偈,以为要解,号之曰心。……又其为经,标偈以立本,述本以广义。先弘内以明外,譬由根而寻条,可谓美发于中,畅于四肢者也。发中之道,要有三焉:一谓显法相以明本,二谓定己性于自然,三谓心法之生,必俱游而同感。俱游必同于感,则照数会之相因;己性定于自然,则达至当之有极;法相显于真境,则知迷情之可反。心本明于三观,则睹玄路之可游。然后练神达思,水镜六府,洗心净慧,拟迹圣门。寻相因之数,即有以悟无,推至当之极,每动而入微矣。①

慧远评价《阿毗昙心论》是"三藏之要颂,咏歌之微言,管统众经,领其宗会",与吕澂说《阿毗昙心论》为"毗昙提纲之作",其意完全一致。依慧远所说,《阿毗昙心论》的内容主要有三:"一谓显法相以明本,二谓定己性于自然,三谓心法之生,必俱游而同感。"说明《阿毗昙心论》主旨以解明法相为根本,以便人们通过准确了解法相来真正领会佛法的教义,由此"法相显于真境,则知迷情之可反","反"者,返也,由认识法相而脱离迷情引发智慧。

毗昙学派的兴起,北方自道安始,南方则起于慧远,这是有其时代背景的。赖文海先生即称:

> 毗昙学在长安的流行,是般若学盛行的时代,"六家七宗"等格义学说漫延着整个佛教界。但是,亦有佛教学者对这种现象表示反对,如道安等。在"格义"这种不求甚解的风气下,要想正本清源,以佛教本身的名相来诠释佛法,就必须反求钻研于佛家名相自身。所以,注重法义分析的毗昙论典,受到道安的重视。……道安晚年译经,多为一切有部之学;当时,正始玄风盛行,道安意识到"格义"佛教的危害性,从而强调毗昙的作用与地位。……道安对毗昙的重视,几乎到了认为不习毗昙,无

---

① 《出三藏记集》卷十《〈阿毗昙心〉序》,第378—379页。

以读经的地步。……慧远受到道安重视毗昙学的教示,对于后至中土传译毗昙论典的译经僧、义学僧大为礼遇。……毗昙学由于慧远的弘扬,始自北方转盛于江南。①

显然,毗昙学派的兴起具有转变格义佛学的历史责任。

北朝毗昙学派最著名的学者为慧嵩。根据《续高僧传》卷七本传的记载,慧嵩,高昌国人。其宗族皆通华夏文化。"嵩少出家,聪悟敏捷,开卷辄寻,便了中义,潜蕴玄肆,尤玩《杂心》,时为彼国所重。"其兄为博士,王族推崇,雅重儒林,但不信佛法,慧嵩遂以《毗昙》一偈化解其疑惑,可见毗昙学造诣。北魏末年,"高昌王欲使释门更辟,乃献嵩并弟,随使入朝,高氏作相,深相器重"。慧嵩来到中原之后,从智游论师听讲《毗昙》《成实》。智游生平不详,仅知当时很有名望,世称英杰。慧嵩受具足戒之后,便学有所成,"开判经诰,雅会机缘,乃使锋锐勍敌,归依接足",往来于邺、洛之间,弘传毗昙思想。高昌国屡请他回国弘法,他执意不回,家族遂遭灭门之灾。进入北齐天保年间,法上受文宣帝器重,但慧嵩以慧学腾誉为傲,频频以佛法义理问难法上。最终被迫至徐州任僧统,在彭、沛一带大弘毗昙,江表、河南等地都远慕其声教。天保年间卒于徐州。② 又,《续高僧传》卷十一《志念传》记载:"有高昌国慧嵩法师,统解小乘,世号'毗昙孔子',学匡天下,众侣尘随。"③有弟子志念、道猷、智洪、晃觉、散魏等。

志念,据《续高僧传》卷十一本传的记载,其爱至受具,问道邺都。先从道长法师学《智论》,又从道宠法师学《十地论》,最终才从慧嵩研习《毗昙》。"成名猷上,皆博通玄极,堪为物依",后来其学术成就超过了慧嵩的大弟子道猷。之后,志念回家乡冀州弘法。前述志念讲经说法有一突出特点,即"前开《智度》,后发《杂心》",以《大智度论》沟通《杂心论》,如此"频弘二论,一十余年"。北周灭法之后,志念隐居避难,仍深入钻研小论《毗昙》。入隋,佛法重兴,志念遂再次出家。在隋,志念弘法,依旧二论并开。无论其在晋阳大兴国

① 《中国佛教通史》(第三卷),第239—240页。
② 《续高僧传》卷七《慧嵩传》,第246—247页。
③ 《续高僧传》卷十一《志念传》,第371页。

寺,还是再返故乡,均同时讲宣《智度》《杂心》。大业四年(608年)卒于故乡,时年七十四。①

志念的毗昙学造诣,由本传所述一事可见:

> 至如《迦延》本经,传谬来久,《业犍度》中,脱落四纸,诸师讲解,曾无异寻。念推测上下,悬续其文,理会词联,皆符前作;初未之悟也,后江左传本,取勘遗踪,校念所作,片无增减,时谓不测之人焉。撰《迦延》《杂心论》疏及广钞各九卷,盛行于世。②

《迦延》即《迦旃延阿毗昙》,此书由古代西北印度说一切有部论师迦旃延子所造,故名,为《阿毗昙八犍度论》之简称,前述由提婆等在长安译出。此书至唐又由玄奘重译,谓之《阿毗达磨发智论》,简称《发智论》。志念所得《八犍度论》之"业犍度"中脱落四纸,志念依"业犍度"前后文义,根据自己的理解体悟而将缺失部分一一补述出来。后来,由江南传来《八犍度论》全本,校对志念所补遗文,完全相符。于此可见志念对于毗昙学经论与思想的娴熟与把握。

当时的人们对志念弘传毗昙学的水平给予了很高的评价,本传谓其:"阐开《心论》,遂骋垂天之翼,弘盖世之功,俯仰应机,披图广论。名味之聚,缘重之识,卷舒复古之下,立废终穷之前。大义千有余条,并为轨导。"③因其影响广泛,从学者络绎不绝,本传中有两处记载描述有关情景:"受学者数百人,如汲郡洪该、赵郡法懿、漳滨怀正、襄国道深、魏郡慧休、河间圆粲、浚仪善住、汝南慧凝、高城道照、洛寿明儒、海岱圆常、上谷慧藏,并兰菊齐芳,踵武传业,关河济洽,二十余年"④,"由是门人慕义,千计盈堂,遂使义窟经笥,九衢同轨,百有余日,盛启未闻"⑤。前一记载十余人之中,河南籍学者占有三分之一。

北齐之时,邺都还有一位很有成就的毗昙师靖嵩。靖嵩,俗姓张,涿郡固安(今河北固安)人。《续高僧传》卷十本传记述:"十五出家,有同学靖融早达经论,通该小大,尤究《杂心》,每以佛宗深要,曲流委示。嵩神气俊越,聪悟天

---

① 《续高僧传》卷十一《志念传》,第371—374页。

② 《续高僧传》卷十一《志念传》,第372页。

③ 《续高僧传》卷十一《志念传》,第372页。

④ 《续高僧传》卷十一《志念传》,第372页。

⑤ 《续高僧传》卷十一《志念传》,第373页。

机,随览义门,覆疏陶练,重以心计不测,返以问融,融无以对也,乃告曰:'卿稚齿末学,彻悟若斯,可往京邺,必成济器。'及登冠受具,南游漳辇。"①

靖嵩到邺都之后,投太学寺融智法师。融智为法上弟子,精通涅槃与地论二学,靖嵩从学数年,颇有成就。其后靖嵩"以行要肇基,必先戒约,乃诣云、晖二律师所博求明诲,涉问二载,薄镜宗条。唯有小乘,未遑详阅,遂从道猷、法诞二大论主面受《成》《杂》两宗,谘诹幽奥,纂习余烈。数百僧徒,各启龙门,人分凤翼,及嵩之位席,上经五遍,旁探《婆沙迦延》《舍利弗》等,妙通文理,屡动恒神"②。《婆沙迦延》即《阿毗昙毗婆沙论》,因其系注释迦旃延子所造《阿毗达磨发智论》之论,故又称《婆沙迦延》;此论广明法义,备列诸种异说,为小乘佛教教理之集大成者。《舍利弗》即《舍利弗阿毗昙论》,内容系解释小乘诸法之名义,并加以分类组织。由此可以看出,靖嵩所学既博又深。齐琅琊王器重靖嵩,为弘扬毗昙学,"每于肇春,广延学侣,大集邺都,特开法座,奉嵩为法主,进励学徒。因尔导悟成津,弥逢凉燠,传芳接武,响誉东河"③。

周武灭法,靖嵩遂与同学法贵等三百余僧南达江左,受到陈宣帝的隆重迎接。建业之僧正请靖嵩与法贵对弘毗昙小论,他们的讲宣,"神理流畅,赡勇当时",颇受信众欢迎,"学侣相延,数过五百,晷漏分业,茂绩新奇"。④

在南方陈朝期间,靖嵩又获真谛所译《阿毗达磨俱舍释论》(略称《俱舍论》),此论为小乘佛教教理之集大成,《大毗婆沙论》之纲要书,对于理解小乘佛教及大乘佛教之基础价值甚大,世亲所著。其毗昙学方面的著述,有《杂心疏》五卷,流行于世,为时所宗。卒于隋大业十年(614年),春秋七十有八。⑤

成实学派彭城系僧嵩、僧渊、慧纪诸僧对毗昙学的经典与思想亦颇有研究。《高僧传》卷八僧渊本传记其"进戒之后,专攻佛义。初游徐邦,止白塔寺,从僧嵩受《成实论》《毗昙》。学未三年,功逾十载,慧解之声,驰于遐迩"。

---

① 《续高僧传》卷十《靖嵩传》,第337页。
② 《续高僧传》卷十《靖嵩传》,第338页。
③ 《续高僧传》卷十《靖嵩传》,第338页。
④ 《续高僧传》卷十《靖嵩传》,第338页。
⑤ 《续高僧传》卷十《靖嵩传》,第338—339页。

又记慧纪从渊受业,通数论。① 数论即毗昙。

前述南朝刘宋后期至萧梁前期的河南籍成论学者法宠在从道猛、昙济学《成实论》后,又曾从长乐寺僧周学通《杂心》及《法胜毗昙》,《法胜毗昙》即《阿毗昙心论》。

著名地论师灵裕亦曾"从安、游、荣等三师听《杂心义》",著有《毗昙抄》五卷。②

涅槃学者昙斌学术兴趣广泛,初听僧业讲《十诵》,后从静林法师咨受《涅槃》,又就法珍研访《泥洹》《胜鬘》,晚则从法业受《华严》《杂心》。"既遍历众师,备闻异释,乃潜思积时,以穷其妙。融冶百家,陶贯诸部。于是还止樊邓,开筵讲说,四远名宾,负帙皆至。"③

前述四论学者辩寂,其学术兴趣亦有毗昙学,早年曾在齐之邺都专攻《大论》与《阿毗昙心论》。④

## 第六节　摄论学派

南北朝时期研习与弘传《摄大乘论》(包括《摄大乘论释》)及其思想而形成的一个佛学流派,称为摄论学派,其学者谓之摄论师、摄大乘师。在南北朝诸学派中,摄论学派兴起最晚。

《摄大乘论》为大乘瑜伽行派唯识学的基本著作,由印度无著所造。而《摄大乘论释》则是《摄大乘论》的注释书,由印度世亲所著。真谛之弟子慧恺著有《〈摄大乘论〉序》,评价二论说:

> 此论乃是大乘之宗旨,正法之密奥。妙义云兴,清词海溢。深固幽远,二乘由此迷坠;旷壮该含,十地之所宗学。如来灭后将千一百余年,弥勒菩萨投适时机,降灵俯接,忘己屈应,为阿僧伽法师广释大乘中义。

① 《高僧传》卷八《僧渊传》,第303页。
② 《续高僧传》卷九《灵裕传》,第311、317页。
③ 《高僧传》卷七《昙斌传》,第290页。
④ 《续高僧传》卷二十八《辩寂传》,第1122页。

阿僧伽者,此言无著法师,得一会道,体二居宗,该玄鉴极,凝神物表,欲敷阐至理,故制造斯论。唯识微言,因兹得显,三性妙趣,由此而彰,冠冕彝伦,舟航有识,本论即无著法师之所造也。法师次弟婆薮盘豆,此曰天亲,道亚生知,德备藏性,风格峻峙,神气爽发,禀厥兄之雅训,习大乘之弘旨。无著法师所造诸论,词致渊玄,理趣难晓,将恐后生,复成纰紊,故制释论,以解本文。笼小乘于形内,挫外道于笔端,自斯已后,迄于像季,方等圆教,乃盛宣通。①

"广释大乘中义""唯识微言,因兹得显,三性妙趣,由此而彰",为《摄大乘论》的基本内容。所谓"唯识"与"三性",是真谛所译《摄大乘论》论述唯识学的两个重要议题。"唯识"即指"阿黎耶识",它是世界及一切事物的本原,"此界无始时,一切法依止;若有诸道有,及有得涅槃","诸法依藏住,一切种子识;故名阿黎耶,我为胜人说"②,其意是说,从无始以来,阿黎耶识就是世间一切法的总依据,若无阿黎耶识,就没有世间一切法。"三性"则是指关于一切现象之自相的三种形态:分别性、依他性与真实性。"此应知相,略说有三种:一、依他性相;二、分别性相;三、真实性相"③。而"笼小乘于形内,挫外道于笔端",则是《摄大乘论释》的主要目的。

《摄大乘论》三次汉译:第一次由北魏时期的佛陀扇多译出,二卷;第二次由南朝梁、陈之时的真谛译出,三卷;第三次由唐代玄奘译出,亦是三卷。《摄大乘论释》亦汉译三次:第一次由真谛所译,凡十二卷,一说十五卷;第二次由隋代达摩笈多等于开皇中所译,凡十卷;第三次由玄奘于贞观末年所译,凡十卷。摄论学派所宗《摄大乘论》及《摄大乘论释》均为真谛译本。

摄论学派兴起于南方,由真谛及其弟子所形成。真谛的弟子很多,主要有慧恺、法泰、曹毗、道尼、僧宗、法准、慧旷等人,均各有所成。

摄论学派北传并影响中原河南,主要归功于昙迁、靖嵩二人。前述昙迁为地论学南道一派昙遵的弟子,他隐居河南林州西部林虑山黄花谷之净国寺

---

① 《中华藏》第 29 册《〈摄大乘论〉序》,第 763 页中。
② 《中华藏》第 29 册《摄大乘论》卷上,第 754 页上。
③ 《中华藏》第 29 册《摄大乘论》卷上,第 760 页上。

时，即"尝寻《唯识论》"，此处所谓之《唯识论》，当是指北魏菩提留支所译《大乘唯识论》（玄奘所译《唯识二十论》之同本异译），根据周武灭法后，昙迁避逃江左，栖扬都道场寺时，即"与同侣谈《唯识》义"的记述来看，昙迁当时已经寻到了《唯识论》并进行了深入的研习。昙迁第一次看到真谛所译《摄大乘论》是在金陵的桂州刺史蒋君之宅，一见欢喜，"以为全如意珠"。①

获得《摄大乘论》，对昙迁的学术研究帮助很大，"虽先讲《唯识》，薄究通宗，至于思构幽微，有所流滞。今大部斯洞，文旨宛然，将欲弘演未闻，被之家国"②。原先对于唯识思想认识有所滞碍之处，现在均依《摄大乘论》的内容而能够豁然开朗，于是决心要将新的前所未闻的唯识思想弘传给信众。

隋兴之后，昙迁返回北方，到达彭城后，"始弘《摄论》，又讲《楞伽》《起信》《如实》等论，相继不绝。《摄论》北土创开，自此为始也"③。

昙迁门下不乏河南籍弟子。如静凝，汴州人，《续高僧传》卷二十八本传记载，静凝早年即随昙迁学《十地经论》，后又从学《摄大乘论》，"备尝幽显，常乐止观，掩关思择。缘来便讲，唱吼如雷，事竟退静，状如愚叟，世间之务，略不在言。人不委者，谓为庸劣，同住久处，方知有道"。后来随昙迁入京，仁寿二年（602 年）奉敕送舍利于杞州（今河南杞县）。④ 说明静凝学术颇有成就。

靖嵩接触《摄大乘论》也是在周武灭法避难江南之时。本传记："有天竺三藏，厥号亲依，赍《摄》《舍》二论远化边服。初归梁季，终历陈朝，二十余年，通传无地，虽云译布，讲授无闻。唯嵩独拔玄心，玩味兹典，才有讲隙，便诣沙门法泰谘决疑义，数年之中精融二部。"亲依即真谛。这是靖嵩首次依真谛译本而从真谛之弟子法泰学习《摄大乘论》及《俱舍论》。由于靖嵩继续刻苦研习佛学，"自《佛性》《中边》《无相》《唯识》《异执》等论四十余部，皆总其纲要，剖会区分"。⑤

开皇十年（590 年），靖嵩返回北方，住彭城崇圣寺，大开讲肆。"于是常

---

① 《续高僧传》卷十八《昙迁传》，第 661 页。
② 《续高僧传》卷十八《昙迁传》，第 661—662 页。
③ 《续高僧传》卷十八《昙迁传》，第 662 页。
④ 《续高僧传》卷二十八《静凝传》，第 1122—1123 页。
⑤ 《续高僧传》卷十《靖嵩传》，第 338 页。

转法轮,江淮通润,遂使化移河北,相继趋途,望气相奔,俱谙《摄论》。"说明靖嵩晚年弘传,主要是摄论学说。"嵩学资真谛,义寔天亲,思逸言前,韵高传后,大乘极旨,于是乎通。自此领匠九州,垂章四海。撰《摄论疏》六卷,《杂心疏》五卷。又撰《九识》《三藏》《三聚戒》《二生死》等玄义,并流于世,为时所宗。"①

昙迁与靖嵩均在彭城弘传摄论学,说明隋代彭城是北方摄论学的传播重镇。南北朝之摄论学派虽然兴起较晚,传至北方更晚,但至隋唐依然活跃,法将辈出。唐玄奘弘瑜伽唯识,将《摄论》汇入《成唯识论》援引十一部论之一以后,摄论学派方告式微,直至最终合并于法相宗。

---

① 《续高僧传》卷十《靖嵩传》,第338—339页。

# 第十二章
# 南北朝时期河南的禅学

孙昌武先生在其《中国佛教文化史》一书中说：

"禅"与"慧"传统上形成中国佛教修持的两个重点。"禅"本来是一种修行实践，不属理论范畴。但在中土环境下，佛教教理中却形成专门的禅学，在发达的佛教义学中也是重要构成部分。①

南北朝时期的河南，除前述佛教义学所形成的学派流行之外，禅学特别盛行。

## 第一节　南北朝之前禅学的状况

禅学，无论大、小乘，传来中土河南的时间都很早，确切

---

① 孙昌武著：《中国佛教文化史》第二册，北京：中华书局 2010 年版，第 931 页。

年代虽不可考,但谓其与汉译佛经同时而来当不谬。

前述《四十二章经》为首部译为汉文的佛经,其中就已经有一些禅学思想。其开篇即云:"尔时,世尊既成道已,作是思惟,离欲寂静,是最为胜,住大禅定,降诸魔道,今转法论度众生。"①这是汉语中第一次出现"禅定"一词,具有历史性的意义。

经中又有:"慎无视女人,若见无视,慎无与言。……意殊当谛惟观,自头至足自视内,彼身何有?唯盛恶露诸不净种!以释其意。"②表现的是不净观思想。

又有:"佛问诸沙门:'人命在几间?'对曰:'在数日间。'佛言:'子未能为道。'复问一沙门:'人命在几间?'对曰:'在饭食间。'佛言:'子未能为道。'复问一沙门:'人命在几间?'对曰:'呼吸之间。'佛言:'善哉!子可谓为道者矣!'"③体现的正是数息观"知身危脆"④的思想。

根据《出三藏记集》《高僧传》和《续高僧传》等早期的可信的佛教史传的记载,我们可以看出中土禅学发展的脉络:最初是禅学经典的传入,亦即禅经的传译,使禅学有了文本意义上的存在;进而是对禅经论述的思想、理论的领悟,这表现在早期诸家对于禅经的注释与禅学理论的授受;同时又有禅法的修行实践亦即习禅活动。

慧皎在其《高僧传·习禅篇》中称:

> 自遗教东移,禅道亦授。先是世高、法护译出禅经,僧先、昙猷等,并依教修心,终成胜业。故能内逾喜乐,外折妖祥。摈鬼魅于重岩,睹神僧于绝石。及沙门智严躬履西域,请罽宾禅师佛驮跋陀更传业东土。玄高、玄绍等,亦并亲受仪则。出入尽于数随,往返穷乎还净。其后僧周、净度、法期、慧明等,亦雁行其次。⑤

慧皎所述,表达了如下意见:

---

① 《中华藏》第 34 册《佛说四十二章经》,第 577 页中。
② 《中华藏》第 34 册《佛说四十二章经》,第 571 页下。
③ 《中华藏》第 34 册《佛说四十二章经》,第 572 页中。
④ 《中华藏》第 25 册《大智度论》卷二十二《释初品中八念之余》,第 493 页中。
⑤ 《高僧传》卷十一,第 426—427 页。

第一，"自遗教东移，禅道亦授"，说明慧皎认为，禅学是随着佛教同时传入东土的。

第二，"先是世高、法护译出禅经"，说明慧皎认为，禅学传入后，最早的活动是译出禅经，而译经的代表人物为安世高与竺法护。

第三，"僧先、昙猷等，并依教修心，终成胜业"，说明慧皎认为，僧先、昙猷等人为最早的一批禅法修行实践者。僧先，《高僧传》卷十一有僧光传，僧光即僧先，当系传抄之误。① 本传称：僧光，又称帛僧光、昙光，未详何许人。"少习禅业。晋永和初，游于江东，投剡之石城山。"在此处禅修五十余年，逝于晋太元末，春秋一百一十岁。② 昙猷，《高僧传》卷十一与《神僧传》卷二均有传。《高僧传》本传谓：竺昙猷，或云法猷，敦煌人。"少苦行，习禅定。后游江左，止剡之石城山，乞食坐禅。……后移始丰赤城山石室坐禅。"太元末卒于山室。昙猷本传的结尾，还记载了两位当时的习禅僧："时又有慧开、慧真等，亦善禅业。入余姚灵秘山，各造方丈禅龛，于今尚在。"③

第四，"及沙门智严躬履西域，请罽宾禅师佛驮跋陀更传业东土。玄高、玄绍等，亦并亲受仪则"，说明慧皎认为，在早期的禅学发展中，罽宾禅师佛驮跋陀亦是一位非常重要的人物。佛驮跋陀应智严之请东来传播禅学、禅法，玄高、玄绍均为其弟子。

第五，"出入尽于数随，往返穷乎还净"，说明慧皎认为，佛驮跋陀所传禅法仍为数息观。

第六，"其后僧周、净度、法期、慧明等，亦雁行其次"，说明慧皎认为，僧周、净度、法期、慧明等人为僧先、昙猷之后的一批习禅僧。

上述慧皎所述，大致勾勒了中土早期禅学的发展轨迹。笔者在慧皎所述的基础上，进一步补充史料，试图将北朝之前禅学的发展轨迹叙述得更清晰一些。

---

① 僧先，中华书局标点本《高僧传》卷十一本传作僧光，"习禅篇"末论曰中作僧先，校注中又称"三本、金陵本'先'作'光'"。《中华藏》亦如此。

② 《高僧传》卷十一，第 402 页。《高僧传》卷五亦有一僧先（"晋飞龙山释僧先"），与道安为好友，虽亦"得志禅慧"（第 195 页），但事迹不符。

③ 《高僧传》卷十一，第 403—405 页。

如前所述,禅经传译中最早为小乘禅经。而小乘禅经的传译是从安世高翻译《安般守意经》开始的,这一史实可以看作是中国禅学的嚆矢,安世高也因此成为将禅学传入中土的第一人。《安般守意经》所论述的小乘禅法为数息观,这是佛教最古老的禅法之一。除此之外,根据《出三藏记集》与《开元录》的有关记载,安世高当时所译的禅经还有《阴持入经》、大小《十二门经》、《五十校计经》、《禅行法想经》、《禅行三十七经》、《大道地经》、《八正道经》、《人本欲生经》等。《阴持入经》的主要内容与思想前面已述,此不赘言。下面简要介绍一下其余禅经的内容。

大小《十二门经》已佚①,但据《出三藏记集》中所保存的道安撰《〈十二门经〉序》与《〈大十二门经〉序》可知,《十二门经》的内容为讲十二门禅定,"十二门者,要定之目号,六双之关径也。定有三义焉:禅也,等也,空也。用疗三毒,绸缪重病"②。十二门禅定分四禅、四等与四空三类,其中,四禅又称四定、四静虑,指用以治惑而生诸功德之四种根本禅定,亦即指色界天中之初禅、第二禅、第三禅与第四禅。四等,谓慈、悲、喜、舍,是为佛菩萨为普度无量众生,令离苦得乐所应具有的四种精神,故又作四无量、四无量心、四等心。四空,又作四空处,谓无色界之空无边处、识无边处、无所有处与非想非非想处,指超离色法(物质)羁绊系缚之四种境界,亦即指由思维四无色界所得之定,故又作四空定、四空处定、四无色。道安对修行十二门禅定给予了极高的评价,称:"圣人以四禅防淫,淫无遗焉;以四空灭有,有无现焉。"③更说:

> 行者挹禅海之深醴,溉昏迷之盛火,激空净之渊流,荡痴尘之秽垢,则皎然成大素矣。行斯三者,则知所以宰身也。所以宰身者,则知所以安神也。所以安神者,则知所以度人也。④

《五十校计经》又称《明度五十校计经》,现存,译出于桓帝元嘉元年(151

---

① 根据[日]落合俊典著(方广锠译)《写本一切经的资料价值》(《世界宗教研究》2000 年第 2 期,第 126—131 页)记述,近年,在日本河内长野市天野山金刚寺发现了写本《佛说十二门经》,即为已亡佚的安世高译《十二门经》。《十二门经》有《大十二门经》与《小十二门经》之分,此本相当于哪一种,现在还无法判断。

② 《出三藏记集》卷六《〈十二门经〉序》,第 251 页。

③ 《出三藏记集》卷六《〈大十二门经〉序》,第 253 页。

④ 《出三藏记集》卷六《〈十二门经〉序》,第 252 页。

年）。此经按《开元录·入藏录》的分类，当为大乘经，后来被编入《大方等大集经》而为《十方菩萨品》。其内容是佛陀为诸菩萨讲如何以五十校计来对治人们因六情而生的一百零八种烦恼，从而获得佛智。

佛言："人能校计六情为一切得十方佛智慧。"

…………

佛言："人有百八爱令痴欲，校计得黠者，有五十校计，知五十校计中细微罪便得黠。"诸菩萨问佛："何等为五十校计？"佛言："五十校计者谓从心本起。"①

"校计"，本意为比较、核算、计较，这里则谓缜密细致思考，亦即正思审虑。但经中所提出"菩萨行道要当数息校计"②"行安般守意校计"③"菩萨独处一处，当坐行禅数息相随止观还净"④等，是为通过小乘禅法——行数息、安般之禅而获得佛之智慧。

《禅行法想经》与《禅行三十七经》两经均现存，篇幅都很小。《禅行法想经》，全经不足三百字，专门讲述"若以弹指间思惟死想，念有身皆死，是为精进行禅"⑤，亦即述非身想白骨观法。《禅行三十七经》又称《禅行三十七品经》，其内容顾名思义即专门阐述三十七品之禅行。如关于行八正道之禅，经中如是而言：

佛言诸比丘："若弹指间惟行正见，以知古、知始、知终、知内、知外、知苦、知习、知尽、知道、知佛、知法、知众、知学，行事如六合，所习、所取欢乐变失及其归趣，知不贪之德，是为正见。为精进行禅，为如佛教，不是愚痴食人施，何况多行者，撮取其要。若弹指间惟行正思，为思出家，思不诤、思不煞。若惟行正语，不妄语、不两舌、不恶口、不形笑。若惟行正命，不以贪生活，不恚生活，不以痴生活。若惟行正业，不杀、不盗窃、不邪淫。若惟行正治，以修治四意断之事。若惟行正念，以受行四意止。

① 《中华藏》第 23 册《佛说明度五十校计经》卷上，第 87 页中—88 页上。
② 《中华藏》第 23 册《佛说明度五十校计经》卷上，第 89 页中。
③ 《中华藏》第 23 册《佛说明度五十校计经》卷上，第 91 页上。
④ 《中华藏》第 23 册《佛说明度五十校计经》卷上，第 93 页中。
⑤ 《中华藏》第 36 册《禅行法想经》，第 199 页上。

亦惟行正定,以思念四禅事。事皆同如上说,其弹指间功德如是,何况多行者。是故可念行八正道。"①

《大道地经》,或无"大"字,现存。《出三藏记集》卷二引道安所言,云:"《大道地经》者,《修行经》抄也。外国所抄。"②卷十又有道安所撰《〈道地经〉序》,比较详细地说明了《大道地经》的来源及其主要内容:

> 昔在众祐,三达遐鉴,八音四辩,赫奕敷化,识病而疗,声典难算。至如来善逝而大训绝,五百无著迁而灵教乖。于是有三藏沙门,厥名众护,仰惟诸行,布在群籍;俯愍发进,不能悉洽。祖述众经,撰要约行,目其次序,以为一部二十七章。其于行也,要犹人首与,可终身戴,不可须臾下;犹气息与,可终身通,不可须臾闭。息闭则命殒,首下则身殪。若行者暂去斯法,奸究之匿入矣。

> 有开士世高者,安息王元子也。禅国高让,纳万乘位,克明俊德,改容修道。越境流化,爰适此邦,其所传训,渊微优邃。又析护所集者七章译为汉文,音近雅质,敦兮若朴,或变质从文,或因质不饰。皇矣世高,审得厥旨。

> 夫绝爱原、灭荣冀、息驰骋,莫先于止;了痴惑、达九道、见身幻,莫首于观。大圣以是达五根,登无漏,扬美化,易顽俗,莫先于止,靡不由兹也。真可谓盛德大业,至矣哉! 行自五阴,尽于成坏,则是苦谛漏尽之迹也。《神足章》者,则是禅思五通之要也。《五十五观》者,则是四非常度三结之本也。③

众护,梵文音译僧伽罗刹,又作僧伽罗叉,依道安所述,其为天竺须赖国人,"佛去世后七百年生此国。出家学道,游教诸邦,至揵陀越土,甄陀罽贰王师焉。高明绝世,多所述作,此土《修行经》《大道地经》,其所集也"④。据上述,众护所撰《大道地经》二十七章,而安世高仅译出七章。根据现存的《大道地

---

① 《中华藏》第 36 册《佛说禅行三十七品经》,第 408 页上。
② 《出三藏记集》卷二《新集撰出经律论录》,第 24 页。
③ 《出三藏记集》卷十《〈道地经〉序》,第 367 页。
④ 《出三藏记集》卷十《〈僧伽罗刹经〉序》,第 373 页。

经》,这七章分别为:散种章、知阴慧章、随应相具章、五阴分别现止章、五种成败章、神足行章与五十五观章。① 其内容依道安上述总结主要为阐述止观法门,与《安般守意经》内容相互交涉颇多。如,《安般守意经》卷上云:"行息以得定,不复觉气出入,便可观。一当观五十五事,二当观身中十二因缘也。"② 但经中并未说明应当观察的五十五事究竟有哪些内容。而在《大道地经》中则明确地说明"行道者当为五十五因缘自观身",并逐一列出了当观五十五身之"譬如"。③

《八正道经》与《人本欲生经》两经现亦存,其中前者篇幅很小。《八正道经》列举八邪道与八正道之名,并逐一阐明谛见、谛念、谛语、谛行、谛受、谛治、谛意、谛定等八正道之内容。④《人本欲生经》的内容则系佛为阿难说十二因缘、四谛、五阴、七识住、八解脱等法。⑤ 两经为佛弟子指明修行之路径。

安世高当时在洛阳传译禅经,从学者甚多,蔚为空前。陈慧之《〈阴持入经〉序》记述:"(安侯)宣敷三实,光于京师,于是俊乂云集,遂致滋盛,明哲之士,靡不羡甘。"⑥康僧会之《〈安般守意经〉序》谓:"(安清)译安般之秘奥,学者尘兴,靡不去秽浊之操,就清白之德者也。"⑦东晋之谢敷亦在其所撰《〈安般守意经〉序》中称:"于时俊乂归宗,释华崇实者,若禽兽之从麟凤,鳞介之赴虬蔡矣。"⑧

在安世高传译禅经过程中,有严佛调从学并撰《沙弥十慧章句》,敷宣安氏之所未深说部分:"夫十者数之终,慧者道之本也,物非数不定,行非道不度。其文郁郁,其用亹亹,广弥三界,近观诸身。"⑨此种"数"得"慧",据"慧"以"观"的修行,也正是安氏《安般守意经》所阐释的主旨,说明严佛调得安氏真传。

---

① 《中华藏》第 51 册《道地经》,第 399 页中—407 页上。
② 《中华藏》第 36 册《佛说大安般守意经》卷上,第 109 页中。
③ 《中华藏》第 51 册《道地经》,第 407 页中—408 页上。
④ 《中华藏》第 34 册《佛说八正道经》,第 241 页中—242 页上。
⑤ 《中华藏》第 33 册《佛说人本欲生经》,第 556 页中—564 页中。
⑥ 《中华藏》第 36 册《〈阴持入经〉序》,第 129 页中。
⑦ 《出三藏记集》卷六《〈安般守意经〉序》,第 244 页。
⑧ 《出三藏记集》卷六《〈安般守意经〉序》,第 247 页。
⑨ 《出三藏记集》卷十《〈沙弥十慧章句〉序》,第 369 页。

特别值得提出的是,安氏弟子严佛调所译之经中,有《(菩萨)内(习)六波罗蜜经》一部,文字不多,但内容颇为别致。此经先被道安定为失译经,但后出之《三宝纪》《内典录》与《开元录》又记译者为严佛调。①

此经篇幅不长,仅一卷,云:

佛言:"欲学菩萨道者,当从此始:一数、二随、三止、四观、五还、六净。"佛言:"一数为檀波罗蜜。数息者,神得上天,为布施身中神,自致得须陀洹、斯陀含、阿那含、阿罗汉、辟支佛,得作佛,是为内檀波罗蜜,为布施得度。"佛言:"二相随为尸波罗蜜。意与心相随俱出入,不邪念意不转为不犯道禁,是为内尸波罗蜜,为不犯道禁得度。"佛言:"三止为羼提波罗蜜。意欲淫怒嗔恚,能忍不为,口欲甘肥美味,身欲得细滑,自制意能忍不受,是为内羼提波罗蜜,为忍辱得度。"佛言:"四明观为惟逮波罗蜜。内观三身体,外观万物,皆当坏败无有常存,不复贪心,向道念无为,常分别不懈怠,是为内惟逮波罗蜜,为精进得度。"佛言:"五还为禅波罗蜜。断六入还五阴。何谓六入?色入眼为衰,声入耳为衰,香入鼻为衰,味入口为衰,细滑入身为衰,多念令心衰,是为六入,亦为六衰,亦为五阴。何谓五阴?色阴、痛痒阴、思想阴、生殊阴、识阴,是为五阴。还身守净,断求念空,是为内禅波罗蜜,而守一得度。"佛言:"六净为般若波罗蜜。知人、万物皆当消灭,意不净向生死爱欲断,心净洁智慧成就,是为内摩诃般若波罗蜜,从黠慧得度。"……佛言:"檀为布施,尸为持戒,羼为忍辱,惟逮为精进,禅为弃恶,般若为黠慧,波罗为从生死得度,蜜为无极。是为六波罗蜜。"

问曰:"何以故,正有六波罗蜜?"佛言:"用人有淫怒嗔恚愚痴故。行布施为除恶贪,持戒为除淫怒,忍辱为除嗔恚,精进为除懈怠,一心为除乱意,智慧为除愚痴。用欲去六事故,作是六波罗蜜。"

…………

佛语阿难:"汝曹为道,常当晓了知定诸垢浊秽,清净自然不起不灭,悉断诸根,诸根断已,不得复生。为道者,当发平等,广度一切,施立法

---

① 《出三藏记集》卷三《新集安公失译经录》,第104页;《中华藏》第54册《三宝纪》卷四,第193页中;《中华藏》第54册《内典录》卷一,第467页上;《中华藏》第55册《开元录》卷一,第9页下。

桥,当令一切得入法门,广作唱导。……本无之中持法,当使如来求道,当在于心。心意不正,道亦不生。立行当于本无之中,垢浊以除,内外清净,从净见明,以致自然已现是空之净,净而复净,空而复空,空无所有,是乃为道。道之本无,无所倚著,……自然而立,清净为本,空空之空故曰泥洹。于有而无所有故为有,于无而不无是为无,于得而无所得是为得也。"①

此经的特殊之处有二:

其一,以前述亲光菩萨与道安所言的三分科经方法来考察《内六波罗蜜经》的结构,并无序分,流通分似亦不完整。

该经开篇即述"佛言"云云,唯在经末一段开始有"佛语阿难"四字,似说明经中与佛陀对话的提问者为阿难。该经结尾列十位菩萨名号:"第一发意菩萨、第二持地菩萨、第三应行菩萨、第四生贵菩萨、第五修成菩萨、第六行登菩萨、第七不退转菩萨、第八童真菩萨、第九了生菩萨、第十补处菩萨",与前面正宗分经文并无任何联系,似属流通分的内容,但流通分一般应述听法的弟子赞叹经法之功德、表明修持利益的内容,如"闻佛所说,皆大欢喜,信受奉行"或"佛说是已,皆欢喜受"等,而该经结尾也并无此类语句。

其二,更重要的是,依上述经文所述,小乘安般禅法中的数、随、止、观、还、净等守意六事与大乘般若修行中的檀波罗蜜、尸波罗蜜、羼提波罗蜜、惟逮波罗蜜、禅波罗蜜与般若波罗蜜分别一一等同相配,为此,经中在六波罗蜜的名称之前都加了一个"内"字而成内檀波罗蜜、内尸波罗蜜、内羼提波罗蜜、内惟逮波罗蜜、内禅波罗蜜与内般若波罗蜜。上述之后,经中又阐释六波罗蜜产生的原因,谓:"用欲去六事故,作是六波罗蜜。"六波罗蜜,实是依附于安般六事,用安般六事为六波罗蜜提供一种内修的保障,反映了偏于小乘禅法思想的立场。更进一步,经中又以六波罗蜜对应身、眼、耳、鼻、口、意等六根,并逐一阐释,如此所说可谓独家,在其他的佛经中是没有的。

该经结尾大谈"本无"与"净""空",谓:"为道者,当发平等,广度一切,施立法桥,当令一切得入法门……空空之空故曰泥洹。"分明又是大乘的思想。

---

① 《中华藏》第24册《佛说菩萨内习六波罗蜜经》,第335页上—336页上。

在小乘与大乘禅经传入中土之初,严佛调译出《内六波罗蜜经》,企图运用安般六事将六波罗蜜内化,以强化自我的完善,反映了当时的佛教信徒试图调和、沟通小乘与大乘禅学的尝试与努力。

安氏的弟子中,又有南阳韩林、颍川皮业与会稽陈慧等,其中,韩林和皮业都是中原河南人氏。其后,康僧会又从韩林、皮业和陈慧受学,与陈慧共同为《安般守意经》注解经义,进行阐释。这一段三代五人传承明确,《出三藏记集》卷六有康僧会所撰《〈安般守意经〉序》,其中称:“会见南阳韩林、颍川皮业、会稽陈慧,此三贤者,信道笃密,执德弘正,炳炳进进,志道不倦。余从之请问,规同矩合,义无乖异。陈慧注义,余助斟酌。非师不传,不敢自由也。”①“规同矩合,义无乖异”“非师不传,不敢自由”,说明韩、皮、陈、康他们的传承皆谨遵其师所传授的内容,不敢妄加增减。

有学者转换研究视角,“重新审读早期禅籍注疏,根据注家对修行方法和修行次第的理解和诠释之准确度,来衡度其实际修证之可能性。并据此以《安般守意经》之相关注疏为中心,考察康僧会等早期注家在理解和解释数息观的修行方法时存在的种种问题和疑点,指出其中关于修行次第的论述不甚明确,间或有错乱之处,对于一些基本的技术要点的理解也不甚确切”,因此认为,早期注家亦即早期禅学的传承人物实际习禅的可能性不大。② 此观点是否成立,值得商榷。前述《安般守意经》之内容时,曾指出安氏在经中提出“坐禅”一词,并云:“坐禅数息,即时定意,是为今福;遂安隐不乱,是为未来福;益久续复安定,是为过去福也。坐禅数息,不得定意,是为今罪;遂不安隐乱意起,是为当来罪;坐禅益久,遂不安定,是为过去罪也。亦有身过、意过,身直数息不得,是为意过;身曲数息不得,是为身过也。坐禅自觉得定意,意喜为乱意,不喜为道意”③,述说的应即是习禅的实践过程。

大乘禅经的传入时间稍晚于小乘禅经。支谶所译的《般舟三昧经》与《首楞

---

①　《出三藏记集》卷六《〈安般守意经〉序》,第 244 页。

②　宣方:《汉魏两晋时期中国佛教对禅修次第的认识——以〈安般守意经〉之注疏为中心的考察》,发表于 2001 年 10 月由台湾中华禅净协会主办的第三届海峡两岸禅学学术研讨会。

③　《中华藏》第 36 册《佛说大安般守意经》卷下,第 119 页下—120 页上。

严经》，就是两部大乘禅经。这两部大乘禅经所论述的大乘禅法为"般舟三昧"与"首楞严三昧"。从学支谶大乘禅经、禅观的有支亮（纪明），从业支亮的又有支谦（恭明）。这是大乘一系禅学的传承。但其后，这一系禅学式微而不彰。

早期传译禅经者，除安世高、支谶之外，还有西晋之竺法护，影响也很大。

根据《出三藏记集》卷二的记载，法护所译禅经为数不少，其中《修行经》（又称《修行道地经》），纂集众经所说有关瑜伽观行之大要，为一部很重要的大乘禅经。在鸠摩罗什入关之前，中土已盛行讲究此经。

《修行道地经》现行本共七卷三十品，品名依次为：集散、五阴本、五阴相、分别五阴、五阴成败、慈、除恐怖、分别相、劝意、离颠倒、晓了食、伏胜诸根、忍辱、弃加恶、天眼见终始、天耳、念往世、知人心念、地狱、劝悦、行空、神足、数息、观、经学地、无学地、无学、弟子三品修行、缘觉与菩萨。从第二品《五阴本品》开始，即论述禅观、禅法，一直到第三十品《菩萨品》结束。在《菩萨品》中，指明了大乘佛法、禅法的目的和意义：

> 菩萨积功累德，欲度一切，视之如父，视之如母，视之如子，视之如身，等而无异。为五道人勤苦无量，不以为剧。虽历五道生死之患、地狱之苦、饿鬼之毒、畜生之恼、天上世间终始之厄，心不回动；行大慈悲，四恩无厌，救济十方勉众想念。①

但此经文体亦不符亲光菩萨与道安所言之三分科经结构。故印顺大师说：

> 《修行道地经》卷七，是"弟子三品修行品第二十八"。依《出三藏记集》（卷二），竺法护所译的，《修行经》七卷，二十六品；《三品修行经》一卷，"安公云：近人合大修行经"。可见这本是不同的，但合而为一，已经太久了！前六卷是《修行道地经》，第七卷是《三品修行经》。虽译者都称之为经，其实《修行道地》是论书中的"观行论"；《三品修行》是分别三乘修行的论典，最好是恢复为原来的二部。②

印顺大师的这段话表达了两个观点，一是，现存的《修行道地经》其实是《修行经》与《三品修行经》合而为一的。二是，《修行经》与《三品修行经》其

---

① 《中华藏》第51册《修行道地经》卷七《菩萨品》，第333页上—中。
② 印顺著：《华雨集》（下）之《读"大藏经"杂记》，北京：中华书局2011年版，第176页。

实都是论书,前者为论书中的"观行论",后者是分别三乘修行的论书。论书在经律论三藏之中不属于经,这就是其结构为什么不符合三分科经的原因。前述安世高所译《道地经》为其部分异译。

禅经的最初传译和禅观的最初传承,无论大、小乘,都是从中原河南起始的。因此可以说,中土禅学的发生之地就是河南。

前述魏晋时期,大乘般若学流行。在这种背景下,一些佛教学者开始试图用般若思想来审视安氏的禅数之学,其中最早者为东晋之谢敷。

谢敷曾为《安般守意经》注义并序,其所撰《〈安般守意经〉序》现保存在《出三藏记集》卷六。在序文中,谢氏提出了"无慧乐定"与"乘慧入禅"两个概念,分别用以说明世间之禅定与出世间之三乘(无著、缘觉、菩萨)禅定,其中的"慧"即指般若。谢氏称:

> 若乃制伏粗垢,拂划漏结者,亦有望见贸乐之士,闭色声于视听,遏尘想以禅寂,乘静泊之祯祥,纳色天之嘉祚。然正志荒于华乐,昔习没于交逸,福田矜执而日零,毒根迭兴而罪袭。是以轮回五趣,亿劫难拔,婴罗欲网,有剧深牢。由于无慧乐定,不惟道门,使其然也。
>
> 至于乘慧入禅,亦有三辈:或畏苦灭色,乐宿泥洹,志存自济,不务兼利者,为无著乘。或仰希妙相,仍有遣无,不建大悲,练尽缘缚者,则号缘觉。菩萨者,深达有本,畅因缘无。达本者有有自空,畅无者因缘常寂。自空故不出有以入无,常寂故不尽缘以归空。住理而有非所缚,非缚故无无所脱。苟厝心领要,触有悟理者,则不假外以静内,不因禅而成慧。故曰阿惟越致,不随四禅也。若欲尘翳心,慧不常立者,乃假以安般,息其驰想……故开士行禅,非为守寂,在游心于玄冥矣。①

阿惟越致,梵语 *avinivartaniya* 音译,不退、不退转之义。由所证得之菩萨地不再退转,则至必能成佛之位。这就是说,凡心有得于佛法要义,接触"有"之事物即能觉悟空理者,则不须借助外在的修持来寂静内心,亦不须依赖禅定方能成就智慧。故谓阿惟越致之境界并不随四禅而得。禅定的作用不过是在

---

① 《出三藏记集》卷六《〈安般守意经〉序》,第246页。

欲尘遮蔽了本心,令智慧不能恒常显现时,借助安般来止息妄想的驰骋而已。因此,菩萨修习禅定,并非只是为了保持寂静的状态,而是要达到能游心于般若的空境。

显然,谢氏对于《安般守意经》的注解,是要把般若之"慧"的观念引入安氏的禅学、禅法,其旨趣已经异于安氏弟子陈慧和康僧会。前述早期安氏弟子严佛调译《(菩萨)内(习)六波罗蜜经》,试图用安般六事内化六波罗蜜,以小乘禅学为主来沟通、调和大乘禅学;而谢氏所为,虽亦是沟通、调和二乘,但其路径恰恰与严氏相反。严氏的努力没有引起任何历史反响,唯为我们后人留下一部小经;而谢氏的工作,则有道安继其后。

道安承安氏禅数之学,曾为《安般守意经》《大小十二门经》《人本欲生经》等作注、序,以期继续传承安氏之小乘禅学思想。如他所说:"安宿不敏,生值佛后,又处异国,楷范多阙。仰希古列,滞而未究,瘝瘵忧悸,有若疾首。每惜兹邦禅业替废,敢作注于句末。虽未足光融圣典,且发蒙者,傥易览焉。"①但道安的这种继承,绝非一成不变,他是企图以般若思想来重构安氏小乘禅学、禅观,一方面简化其禅法修行,另一方面提升其理论色彩。其《安般注序》即称:

> 安般者,出入也。道之所寄,无往不因;德之所寓,无往不托。是故安般寄息以成守,四禅寓骸以成定也。寄息故有六阶之差,寓骸故有四级之别。阶差者,损之又损之,以至于无为;级别者,忘之又忘之,以至于无欲也。无为故无形而不因,无欲故无事而不适。无形而不因,故能开物;无事而不适,故能成务。成务者,即万有而自彼;开物者,使天下兼忘我也。彼我双废者,守于唯守也。故《修行经》以斯二法而成寂。得斯寂者,举足而大千震,挥手而日月扪,疾吹而铁围飞,微嘘而须弥舞。②

与前述康僧会所撰《〈安般守意经〉序》中详述六阶(即六事)、四禅的内容相比较,道安之注序的重点在论述般若空观的过程——"损之又损之"与"忘之又忘之"以至于"无为"与"无欲";由"无为"与"无欲"而缘起"无形而不因"

---

① 《出三藏记集》卷六《〈十二门经〉序》,第253页。
② 《出三藏记集》卷六《安般注序》,第244—245页。

"无事而不适"的"开物""成务"之大用;最终成就般若境界之"寂"而得神通。

道安重构小乘禅学的具体手段就是引"智"入"禅"。"智"者,即大乘般若之智慧。这可以从道安为《人本欲生经》所作之注序中作一观察:

> 四谛所鉴,鉴乎九止;八解所正,正乎八邪。邪正则无往而不恬,止鉴则无往而不愉。无往而不愉,故能洞照傍通;无往而不恬,故能神变应会。神变应会,则不疾而速;洞照傍通,则不言而化。不言而化,故无弃人;不疾而速,故无遗物。物之不遗,人之不弃,斯禅智之由也。故经曰:"道从禅智,得近泥洹。"岂虚也哉! 诚近归之要也。①

"九止",即谓九有情居——有情众生之身心所居的九处住所,又称九居。其意是说,用四谛来明照有情栖居的九止,用八正道来纠正众生的八邪。当达到八邪被纠正,九止被明照的境界之后,即可生"无往而不愉"与"无往而不恬"的缘起,由此而有了"洞照傍通""神变应会"的神通大用。道安的这段阐述,最核心、最突出、最关键的在"禅智"二字,因为之前只有"禅数",而"道从禅智,得近泥洹"。将"禅数"提升为"禅智",表明道安要把小乘禅学融会于大乘般若学之中。

一般认为,道安之后,佛教禅经的传译和禅观的传承似乎中断了,以至于慧远发出感叹:"每慨大教东流,禅数尤寡,三业无统,斯道殆废。"②

在禅法实践方面,《高僧传》卷十一专列"习禅"一门,记载中土早期的修行禅法者,其中正传二十一人,附见十一人。慧皎上述之僧先、昙猷、智严、玄高、僧周、净度、法期、慧明均在其中。

三十二位习禅僧中列第一的,亦即最早的习禅僧为"晋江左竺僧显"。传谓:

> 竺僧显,本姓傅氏,北地人。贞苦善戒节,蔬食诵经,业禅为务。常独处山林,头陀人外。或时数日入禅,亦无饥色。时刘曜寇荡西京,朝野崩乱。显以晋太兴之末,南逗江左。复历名山,修己恒业。后遇疾绵笃,

---

① 《出三藏记集》卷六《〈人本欲生经〉序》,第249—250页。
② 《出三藏记集》卷九《庐山出〈修行方便禅经〉统序》,第344页。

乃属想西方,心甚苦至。见无量寿佛,降以真容,光照其身,所苦都愈。①

"刘曜寇荡西京",时在西晋愍帝建兴元年(313 年)十一月。由此判断,僧显的生活年代当在西晋中至东晋初,约 3 世纪后期至 4 世纪前期。

翻检《高僧传》的记载,还有早于僧显的习禅僧,而且是在中原河南修行禅法。卷十《诃罗竭传》云:

> (诃罗竭)多行头陀,独宿山野。晋武帝太康九年(288 年)暂至洛阳……至晋惠帝元康元年(291 年),乃西入,止(洛阳)娄至山石室中坐禅。……至元康八年(298 年)端坐从化……②

"头陀",梵文之意译,为信徒苦行之一,后世一般指巡历山野而能耐艰苦之行脚修行,或特指乞食之行法。

三十二位习禅僧中的僧周也曾在河南嵩山坐禅修行:

> 释僧周,不知何人。性高烈,有奇志操。而韬光晦迹,人莫能知。常在嵩高山头陀坐禅。魏虏将灭佛法,周谓门人曰:"大难将至。"乃与眷属数十人,共入寒山,山在长安西南四百里。③

此记载表明,僧周为北魏前期之人,先在嵩山头陀坐禅,后因太武帝灭佛,与眷属又逃入长安西南四百多里之寒山。

后秦姚兴弘始三年(401 年),鸠摩罗什入长安,开始其译经活动。在罗什所译经典中,禅经占有相当的部分。但有关的具体情况,《出三藏记集》《三宝纪》与《开元录》等经录中的记载颇不一致。

依笔者考证,罗什所译禅经共有六部,现存五部,一部在《出三藏记集》问世时已阙本。计:

《持世经》四卷(或三卷);

《禅秘要法经》三卷(或二卷、四卷,或云一卷);

《坐禅三昧经》三卷;

《禅法要解》二卷;

---

① 《高僧传》卷十一《竺僧显传》,第 401 页。
② 《高僧传》卷十《诃罗竭传》,第 370 页。
③ 《高僧传》卷十一《僧周传》,第 414 页。"嵩高"一词后,其校注称:"三本、金陵本无'高'。"

《思惟要略法》一卷；

《十二因缘观经》一卷，此经阙本。①

《持世经》，一名《法印经》，四卷，与法护《持人菩萨所问经》同本异译。此经内容系持世菩萨问佛：云何菩萨能知诸法实相，亦善分别一切法章句？

---

① 《出三藏记集》卷二（第49—51页）记罗什所出禅经有：《持世经》四卷，或三卷。《十二因缘观经》一卷，阙本。《禅法要解》二卷，或云《禅要经》。《禅经》三卷，一名《菩萨禅法经》，与《坐禅三昧经》同。《禅法要》三卷，弘始九年闰月五日重校正。《三宝纪》卷八（《中华藏》第54册，第250页上—下、第251页中）记罗什所译禅经为：《持世经》四卷，第二出，与法护《持人菩萨所问经》本同译异名。《禅经》三卷，一名《菩萨禅法经》，与《坐禅三昧经》同，弘始四年正月五日出。《禅秘要经》三卷，或无"经"字，或云一卷。《禅法要经》三卷，先译，弘始九年重校正，僧叡制序。《阿兰若习禅法经》二卷，或无"经"字，与《坐禅三昧经》同本异出。《禅要经》二卷，一名《禅法要解》。《十二因缘观经》一卷。《思惟要略法经》一卷，或无"经"字。《开元录》卷四（《中华藏》第55册，第71页下—72页中）记罗什所译禅经有：《持世经》四卷，一名《法印经》，或三卷，第三出，与法护《持人经》等同本。《禅秘要经》二卷，或云《禅秘要法》，无"经"字，或四卷，与支谦等出者同本，第二出。《坐禅三昧经》三卷，一名《菩萨禅法》，初出，或直云《禅法要》，或云《阿兰若习禅法》，三名同是一本，弘始四年正月五日出，至九年闰月五日重校正。《禅法要解》二卷，或云《禅要经》，初出。《思惟要略法》一卷，或云《思惟要略法经》，或直云《思惟经》，第二出。分析此三条史料记载：第一，《出三藏记集》中无《思惟要略法经》与《禅秘要经》的记载，而后出之《三宝纪》《开元录》有此两经的记载，说明僧祐著书时未能见到这两部译经。第二，《出三藏记集》中，将《禅经》与《禅法要》分为二经，同时说明：《禅经》"一名《菩萨禅法经》，与《坐禅三昧经》同"；《禅法要》，"弘始九年闰月五日重校正"。《三宝纪》中，仍将《禅经》与《禅法要（经）》记为二经，但对二经的说明，《禅经》较《出三藏记集》之说明后多"弘始四年正月五日出"一句；《禅法要（经）》则将"弘始九年闰月五日重校正"简化为"弘始九年重校正"，少"闰月五日"四字，同时在此句前加"先译"一句，后加"僧叡制序"一句。此外又记载罗什译出《阿兰若习禅法经》，并说明它"与《坐禅三昧经》同本异出"。既然罗什已经译出了《坐禅三昧经》（即《禅经》《菩萨禅法经》），怎么还会同本再译出一次呢？费长房的著录似有悖常情！《开元录》中，列罗什译出《坐禅三昧经》，并说明此经"一名《菩萨禅法》，初出，或直云《禅法要》，或云《阿兰若习禅法》，三名同是一本，弘始四年正月五日出，至九年闰月五日重校正"。这就是说，依智昇意见，《坐禅三昧经》与《禅经》《禅法要（经）》《菩萨禅法（经）》《阿兰若习禅法（经）》等均同为一经，弘始四年正月五日出，至（弘始）九年闰月五日重又校正。《出三藏记集》卷九保存有《三宝纪》所记"僧叡制序"，谓之《关中出〈禅经〉序》（第342—343页），其文曰："鸠摩罗法师以辛丑之年十二月二十日，自姑臧至长安。予即以其月二十六日从受禅法。既蒙启授，乃知学有成准，法有成修。……寻蒙抄撰《众家禅要》，得此三卷，初四十三偈，是鸠摩罗罗陀法师所造，后二十偈，是马鸣菩萨之所造也。其中五门，是婆须蜜、僧伽罗叉、沤波崛、僧伽斯那、勒比丘、马鸣、罗陀禅要之中，抄集之所出也。六觉中偈，是马鸣菩萨修习之以释六觉也。初观淫、恚、痴相及其三门，皆僧伽罗叉之所说也。息门六事，诸论师说也。菩萨习禅法中，后更依《持世经》，益《十二因缘》一卷，《要解》二卷，别时撰出。……出此经后，至弘始九年闰月五日，重求检校，惧初受之不审，差之一毫，将有千里之降。详而定之，辄复多有所正，既正既备，无间然矣。"文中的"辛丑之年"即弘始三年（401年）。按罗什弟子僧叡所说，其师弘始三年十二月二十日至长安，自己以十二月二十六日从受禅法，"寻蒙抄撰《众家禅要》"。"寻"者，顷刻、不久也，"弘始四年正月五日出"禅经，正合乎此义。后至弘始九年闰月五日重又校正"先译"之禅经。僧叡所制之序不仅佐证了智昇的意见，而且说明《坐禅三昧经》当时还称《众家禅要》。汤用彤先生之《汉魏两晋南北朝佛教史》（增订本）（第167页）已指出此点。

云何得念力亦转身成就不断之念,乃至得无上菩提？佛陀随问开示,答下列法门：五阴、十八性、十二入、十二因缘、四念处、五根、八圣道分、世间出世间、有为无为法,并说过去诸佛本事。

《禅秘要法经》,或称《禅秘要法》《禅秘要(经)》,三卷。其内容记述坐禅时,调心、调息、观法等要法,主要在阐释白骨观法。如经中佛陀对阿难所言："此经名禅法秘要,亦名白骨观门,亦名次第九想,亦名杂想观法,亦名阿那般那方便,亦名次第四果想,亦名分别境界。如是受持,慎勿忘失","我灭度后,若有比丘、比丘尼、式叉摩尼、沙弥、沙弥尼、优婆塞、优婆夷,若有欲学三世佛法,断生死种,度烦恼河,竭生死海,免爱种子,断诸使流,厌五欲乐,乐涅槃者,学是观"。①

《坐禅三昧经》,或名《禅经》《菩萨禅法(经)》《阿兰若习禅法(经)》《禅法要(经)》《众家禅要》等,三卷。此经系诸家禅要之纂集,旨在阐明五门禅之法,并论说大小二乘综合性之禅观。据罗什弟子僧叡之《关中出〈禅经〉序》述："寻蒙抄撰《众家禅要》,得此三卷,初四十三偈,是鸠摩罗罗陀法师所造,后二十偈,是马鸣菩萨之所造也。其中五门,是婆须蜜、僧伽罗叉、沤波崛、僧伽斯那、勒比丘、马鸣、罗陀禅要之中,抄集之所出也。六觉中偈,是马鸣菩萨修习之以释六觉也。初观淫、恚、痴相及其三门,皆僧伽罗叉之所撰也。息门六事,诸论师说也。"②《高僧传》卷六之《僧叡传》亦记："(罗)什后至关,因请出《禅法要》三卷。始是鸠摩罗陀所制,末是马鸣所说,中间是外国诸圣共造,亦称《菩萨禅》。叡既获之,日夜修习,遂精炼五门,善入六净……"③

《禅法要解》,或称《禅要经》,二卷。此经旨在解说菩萨习禅之要法,初叙净观、不净观,次叙除五盖修四禅之相,次说明慈、悲、喜、舍等四无量心,及四空定、四谛观之修习;并述心专正、质直、惭愧等十事,及四如意足、五神通之法。

《思惟要略法》,或称《思惟要略法经》,一卷。此经述说大乘禅观之大要,

河南佛教史稿

---

① 《中华藏》第34册《禅秘要法经》卷下,第723页上。
② 《出三藏记集》卷九《关中出〈禅经〉序》,第342页。
③ 《高僧传》卷六《僧叡传》,第244页。

略述四无量观法、不净观法、白骨观法、观佛三昧法、生身观法、法身观法、十方诸佛观法、观无量寿佛法、诸法实相观法、法华三昧观法等十种观法。此经最早曾由安世高译出过，后佚失。

上述五部禅经所阐述的禅观、禅法主要就是五门禅。五门禅，为息止惑障所修之五种观法，又作五停心观、五观、五念、五停心、五度门、五度观门等。依《坐禅三昧经》所言：

> 若多淫欲人，不净法门治；若多瞋恚人，慈心法门治；若多愚痴人，思惟观因缘法门治；若多思觉人，念息法门治；若多等分人，念佛法门治。
>
> 诸如是等种种病，种种法门治。①

其意是说：淫欲(谓对女色、钱财等贪求的欲望)多的人应修不净观，瞋恚(谓怨愤、恼怒的情绪)多的人应修慈心观亦即慈悲观，愚痴多的人应修因缘观，思觉(谓心绪不宁、精神不集中)多的人应修念息观亦即数息观，等分(谓贪嗔痴三心一起而起)多的人应修念佛观，此即为五门禅法。

因此，罗什译出上述禅经之后，习禅者日多，当时最流行的禅法就是五门禅。

此外，罗什所译之《大智度论》卷十七有《释禅波罗蜜品》，内容亦有关大乘禅法，此不赘述。

综观罗什所译禅经，多系汇集诸家禅要，包括大、小乘禅，这说明，罗什在长安所传的禅学，博采为其特点，庞杂也为其缺点。② 正因为这样，罗什的禅学也就没有师承，不讲源流，缺失宗旨，而佛家又很讲究师承、源流、宗旨。所以罗什的禅学就为其他禅师所诟病。例如，慧观就批评说：

> 禅典要密，宜对之有宗。若漏失根原，则枝寻不全；群盲失旨，则上

① 《中华藏》第51册《坐禅三昧经》卷上，第583页下—584页上。

② 赖鹏举所撰《关河的禅法——中国大乘禅法的肇始》(载台湾《东方宗教研究》第5期，1996年10月出版，第95—112页)将罗什所传译之禅经、禅法分为两大部分：一是西域诸师所有的禅法，谓之"传统禅法"；二是没有说明传自何师的"菩萨禅法"，并认为："传统禅法"并非得自师承，而是如僧叡所言"抄撰众家禅要"而来。"菩萨禅法"，虽然菩萨所行禅法的内容在罗什之前即已出现，但中国禅学上第一次出现"菩萨禅法"的专有名词及撰述此禅法的专书则始于罗什；且菩萨禅法的内容或与罗什出身的中亚禅法有关，或为罗什在译出某大乘经论后再以增益传统禅法而成，如此看来所谓的菩萨禅法便带有浓厚的罗什个人色彩，与印度的禅法没有太大的关联。

慢幽昏，可不惧乎! 若能审其本根，冥训道成，实观会古，则万境齐明，冲途豁尔而融，体玄象于无形。然后知凡圣异流，心行无边。然弃本寻条之士，各以升降小异，俱会其宗，遂迷穴见。偶变其津涂，昏游长夜，永与理隔，不亦哀哉!……于诸法藏，开托教文，诸贤遂见，乃有五部之异。是化运有方，开彻有期。五部既举，则深浅殊风，遂有支派之别。既有其别，可不究本，详而后学耶?①

关于禅法的经典要义深密，必须有传承传授，才能得其宗旨。如果失去了传承的根源与宗旨，就会使禅法传授支离不全，使就学者盲目自以为是。而如果学习禅法知道传承根源，就会明了境界，融会贯通，懂得不同的人修行也是不一样的。那些放弃了对于禅法传承本源的追求，只知道找寻禅法具体之条不同的人，只能如长夜昏游，永远也得不到正确的禅观、禅法。依禅家之说，禅法是分为五部的(指小乘禅法)，五部各有深浅，分别针对不同的人，就学者应当首先知道这些区别的内容和区别的根源，然后再决定自己如何学习。

慧观是佛驮跋陀罗的弟子。佛驮跋陀罗即慧皎上述之罽宾禅师佛驮跋陀。据《高僧传》记载，佛驮跋陀，意译觉贤，此人系古印度迦维罗卫国(今尼泊尔境内)人。族姓释迦，三岁丧父，五岁复丧母，其后即度为沙弥，曾师从西域著名大禅师佛大先(佛驮先)，受具戒之后，修业精勤，博学群经，以禅、律驰名。其后与同学共游罽宾。有后秦僧人智严西至罽宾，亦从佛大先咨受禅法。智严欲邀罽宾高僧流化东土，僧众一致向他推荐佛驮跋陀，佛大先亦对他说:"可以振维僧徒，宣受禅法者，佛驮跋陀其人也。"②于是，在智严的力邀之下，佛驮跋陀舍众辞师，历时三年，经海路来到中土，因听说罗什在长安译经说法，即往从之。起初两人关系尚融洽，共论法相，振发玄微，多所悟益，什每有疑义，必共咨决。佛驮跋陀在长安大弘禅业，四方风闻而至。佛驮跋陀之禅学传承有序③，与罗什所传禅学不同，因此双方渐生芥蒂。最终，受罗什及其门下的排挤，佛驮跋陀及其弟子被迫离开长安南下到庐山慧远处。在庐

---

① 《出三藏记集》卷九《〈修行地不净观经〉序》，第346—347页。
② 《高僧传》卷二《佛驮跋陀罗传》，第70页。
③ 参见《胡适文集4》之《胡适文存三集》卷四《禅学古史考》，第234—235页。

山,佛驮跋陀应慧远之请译出《修行方便禅经》二卷十七品。此经又称《禅经修行方便》《不净观经》《修行方便论》等;梵名《庾伽遮罗浮迷》,译言《修行道地》。① 慧远为《修行方便禅经》写有《庐山出〈修行方便禅经〉统序》,此序现保存在《出三藏记集》卷九中。在此序中,慧远列出了佛驮跋陀之禅学传承,也批评了罗什。② 以后,佛驮跋陀又去了江陵、建康,一直在江南活动。

虽然罗什和佛驮跋陀在中土均传译了禅经,而且罗什所译禅经之数比佛驮跋陀还多,但罗什仅仅传译了禅经,介绍了禅观。对此,罗什的高足僧叡就有自己的看法,他早年游历各地,经常感叹说:"经法虽少,足识因果,禅法未传,厝心无地。"③认为从理论上理解因果之说比较容易,但不知禅法,就无法在行为上进行修习以控制心念的活动,实现去染达净。他从学罗什之后,首先就是请出《禅法要》三卷,"既获之,日夜修习,遂精炼五门,善入六净"④。此时,僧叡通过修习实践对于禅法之意义就有了更深刻的认识,在其所撰《关中出〈禅经〉序》中,他首先说:

> 禅法者,向道之初门,泥洹之津径也。此土先出《修行》、大小《十二门》、大小《安般》,虽是其事,既不根悉,又无受法,学者之戒,盖阙如也。⑤

认为禅法是学佛的基本方式,是达到涅槃的必由之途。中土原先所译出的《修行道地经》、大小《十二门经》、大小《安般守意经》等,虽然都属于禅法的经典,但既不明究竟,又缺乏传授的方法,初学者修习应有之戒,也都没有。接着又说:

> 夫驰心纵想,则情愈滞而惑愈深;系意念明,则澄鉴朗照而造极弥密。心如水火,拥之聚之,则其用弥全;决之散之,则其势弥薄。故论云:"质微则势重,质重则势微。"如地质重故势不如水,水性重故力不如火,火不如风,风不如心。心无形故力无上,神通变化,八不思议,心之力也。

---

① 《出三藏记集》卷二《新集撰出经律论录》,第54页。
② 《出三藏记集》卷九《庐山出〈修行方便禅经〉统序》,第343—345页。
③ 《高僧传》卷六《僧叡传》,第244页。
④ 《高僧传》卷六《僧叡传》,第244页。
⑤ 《出三藏记集》卷九《关中出〈禅经〉序》,第342页。

> 心力既全，乃能转昏入明，明虽愈于不明，而明未全也。明全在于忘照。
> 照忘然后无明非明，无明非明，尔乃几乎息矣。几乎息矣，慧之功也。故
> 经云："无禅不智，无智不禅。"然则禅非智不照，照非禅不成。大哉禅智
> 之业，可不务乎！①

人心之活动如水火，会日益加深人们的世俗情欲，唯有通过禅定修习才能控
制妄心活动，得明照万法之用；但此明照虽胜于不明，终不究竟，必须忘却
"照"（能照、所照）实现无明、非明才是妄念之究竟止息；而能究竟止息妄念乃
是智慧（般若）之功。

这里，僧叡继道安之后，再一次提出了"禅智"一词。较之道安所云"经
曰：'道从禅智，得近泥洹'"，僧叡所曰"经云：'无禅不智，无智不禅'"，显然
使禅定与智慧（般若）的关系更进一步，实现了完全融合，即所谓"禅非智不
照，照非禅不成"，二者缺一不可。最终，僧叡发出了"大哉禅智之业"的感叹。

其实，僧叡之师罗什，在融会小乘禅定与大乘般若方面也做了大量的工
作。前述罗什所传禅学之博采，大、小乘禅并蓄，即为实践之例证；而在认识
上，罗什亦是明确的。其云：

> 出家凡有三法：一持戒，二禅定，三智慧。持戒能折伏烦恼，令其势
> 微；禅定能遮，如石山断流；智慧能灭，毕竟无余。②

其义理与僧叡上述完全一致。

与罗什不同的是，佛驮跋陀在传译禅经、禅观的同时，还传授禅法的修习
实践。《高僧传》卷十一中所记玄高、法期等人均为佛驮跋陀一系的习禅僧，
这也是中土最早的脉络清晰的习禅传承系统。

罗什和佛驮跋陀来中土传授禅学之后，使中土南北各地学禅之风又重新
开始发展起来，正如道宣所言：

> 自释教道东，心学唯鲜，逮于晋世，方闻睿公，故其序云："慧理虽少，
> 足以开神达命。禅法未传，至于摄缘系想，寄心无地。"时翻《大论》，有涉
> 禅门，因以情求，广其行务。童寿弘其博施，乃为出《禅法要解》等经。自

---

① 《出三藏记集》卷九《关中出〈禅经〉序》，第342—343页。
② 《大正藏》第38册《注维摩诘经》卷三《弟子品》，第358页下。

斯厥后,祖习逾繁……①

罗什和佛驮跋陀的禅学,虽然当时影响很大,但因为战乱、割据,主要还是在关中地区和南方地区流行,较少及于中原河南。

迄至北魏统一北方,由于种种原因,禅学对北魏统治者影响甚大,进而影响到一般僧众。《洛阳伽蓝记》卷二"崇真寺"条记载有一个流行于洛阳的发生于胡太后时的故事:

> 崇真寺比丘惠凝,死一七日还活,经阎罗王检阅,以错名放免。

> 惠凝具说过去之时,有五比丘同阅。一比丘云是宝明寺智圣,坐禅苦行,得升天堂。有一比丘是般若寺道品,以诵四十卷《涅槃》,亦升天堂。有一比丘云是融觉寺昙谟最,讲《涅槃》《华严》,领众千人。阎罗王云:"讲经者心怀彼我,以骄凌物,比丘中第一粗行。今唯试坐禅、诵经,不问讲经。"其昙谟最曰:"贫道立身已来,唯好讲经,实不谙诵。"阎罗王敕付司。即有青衣十人送昙谟最向西北门。屋舍皆黑,似非好处。有一比丘是禅林寺道弘,自云教化四辈檀越,造一切经,人中金象十躯。阎罗王曰:"沙门之体,必须摄心守道,志在禅诵,不干世事,不作有为。虽造作经像,正欲得它人财物;既得它物,贪心即起;既怀贪心,便是三毒不除。具足烦恼。"亦付司,仍与昙谟最同入黑门。有一比丘是灵觉寺宝明,自云出家之前,尝作陇西太守,造灵觉寺成,即弃官入道;虽不禅诵,礼拜不缺。阎罗王曰:"卿作太守之日,曲理枉法,劫夺民财,假作此寺,非卿之力,何劳说此!"亦付司,青衣送入黑门。太后闻之,遣黄门侍郎徐纥依惠凝所说,即访宝明寺。城东有宝明寺,城内有般若寺,城西有融觉、禅林、灵觉三寺。问智圣、道品、昙谟最、道弘、宝明等,皆实有之。……自此以后,京邑比丘,悉皆禅诵,不复以讲经为意。②

以今天眼光看此故事,当属无稽之谈,但当时之人肯定深信不疑。能在都城洛阳广泛流行,以至引起胡太后的重视,可见其社会影响之大,"自此以后,京

---

① 《续高僧传》卷二十一,第 809 页。
② 《洛阳伽蓝记校笺》卷二《城东》,第 76—77 页。

邑比丘,悉皆禅诵,不复以讲经为意",就是这种影响的结果。这就为河南禅学、禅法的发展、盛行奠定了社会基础。

在河南发展、盛行的禅学、禅系主要是勒那摩提、佛陀禅师和菩提达摩所分别传授的大小乘禅学、禅系。

## 第二节 勒那摩提、佛陀禅师与僧稠的禅学

勒那摩提,前述为地论学南道派之创始人,但史载说他"尤明禅法"①,就是说也很精通禅学,在禅法上的造诣非常深。《续高僧传》卷七《道宠传》记载:

> 初,勒那三藏教示三人,房、定二士授其心法,慧光一人偏教法律。②

"心法"即禅法;"房、定二士",房即道房,定,现在已不知何许人。勒那摩提在把地论学与律学传承给慧光的同时,把自己的禅法传授给了道房与定二人。

佛陀禅师,又称跋陀禅师。《续高僧传》卷十六本传记载:

> 佛陀禅师,此云觉者,本天竺人。学务静摄,志在观方。……遂至魏北台之恒安焉。时值孝文敬隆诚至,别设禅林,凿石为龛,结徒定念,国家资供,倍加余部……后随帝南迁,定都伊洛,复设静院,敕以处之。而性爱幽栖,林谷是托,屡往嵩岳,高谢人世。有敕就少室山为之造寺,今之少林是也,帝用居处。四海息心之俦闻风响会者,众恒数百。③

《魏书·释老志》也记载:

> 又有西域沙门名跋陀,有道业,深为高祖所敬信。诏于少室山阴,立少林寺而居之,公给衣供。④

佛陀的弟子也是慧光、道房。《续高僧传》卷十六本传称:

> 时(佛陀)又入洛,将度有缘。沙门慧光年立十二,在天街井栏上反

---

① 《续高僧传》卷一《菩提流支传》,第16页。
② 《续高僧传》卷七《道宠传》,第246页。
③ 《续高僧传》卷十六《佛陀传》,第563—564页。
④ 《魏书》卷一百一十四《释老志》,第3040页。

蹋躞堵,一连五百,众人喧竞,异而观之。佛陀因见,惟曰:"此小儿世戏有工,道业亦应无昧。"意欲引度,权以杖打头,声响清彻,既善声论,知堪法器,乃问:"能出家不?"光曰:"固其本怀耳。"遂度之……又令弟子道房度沙门僧稠,教其定业。自化行东夏,唯此两贤得道记之……①

"定业",亦即禅学。令弟子道房度沙门僧稠,教其定业,说明佛陀传授给弟子道房的就是禅学。

根据赖永海主编的《中国佛教通史》的考证,认为跋陀(佛陀)与勒那摩提实为一人。②

道房无传,有关生平不详,但其弟子僧稠则是北朝北魏至北齐时期对中原河南禅学发展非常有影响的禅师,光大了佛陀的禅学。

《续高僧传》卷十六本传述其行历:

> 释僧稠,姓孙,元出昌黎,末居巨鹿之瘿陶焉。性度纯懿,孝信知名,而勤学世典,备通经史。征为太学博士,讲解坟索,声盖朝廷。……时年二十有八,投巨鹿景明寺僧寔法师而出家。落发甫尔,便寻经论,悲庆交并,识神厉勇,因发五愿,所谓财法通辩,及以四大,常敬三宝,普福四恩。
>
> 初,从道房禅师受行止观,房即跋陀之神足也。既受禅法,北游定州嘉鱼山,敛念久之,全无摄证,便欲出山诵《涅槃经》。忽遇一僧,言从泰岳来,稠以情告,彼遂苦劝修禅,慎无他志,由一切含灵皆有初地味禅,要必系缘,无求不遂;乃从之,旬日摄心,果然得定。常依涅槃圣行四念处法,乃至眠梦觉见都无欲想。岁居五夏,又诣赵州嶂洪山道朋禅师受十六特胜法,钻仰积序,节食鞭心,九旬一食,米唯四升,单敷石上,不觉晨宵,布缕入肉,挽而不脱。或煮食未熟,摄心入定,动移晷漏,前食并为禽兽所啖。又常修死想,遭贼怖之,了无畏色,方为说诸业行,皆摧其弓矢,受戒而返。尝于鹊山静处,感神来娆,抱肩筑腰,气嘘项上,稠以死要心,因证深定,九日不起。后从定觉,情想澄然,究略世间全无乐者,便诣少林寺祖师三藏,呈己所证。跋陀曰:"自葱岭已东,禅学之最,汝其人矣。"

---

① 《续高僧传》卷十六《佛陀传》,第564—565页。

② 《中国佛教史》(第三卷),第272页。

乃更授深要,即住嵩岳寺。①

僧稠先从僧寔法师出家,后从道房受行止观亦即学习禅法。在修入禅境之后,又去少林寺见祖师跋陀,跋陀一方面高度评价了僧稠所证深定,一方面更授其"深要",使之禅学百尺竿头更进一步,以至达到了中土的最高境界。

古汉语"寔"通"实",故郭朋先生之《中国佛教思想史》认为,此僧寔即《续高僧传》卷十六有传所载之僧实。② 按《续高僧传》卷十六僧实本传,其为咸阳灵武人,俗姓程氏,二十六岁时出家,从道原法师,太和末(499年)跟随道原来洛阳,"因遇勒那三藏,授以禅法",很受勒那摩提的青睐。其后,僧实"寻师问道,备经循涉,虽三学通览,偏以九次调心,故得定水清澄,禅林荣蔚。……有声京洛"。西魏之宇文泰对他非常看重,大统(535—551年)中授其为昭玄统,"言为世宝,笃志任持,故有法相之宜兴,俗务之宜废,发谈奏议,事无不行"。北周武帝保定三年(563年)卒于京师大追远寺。③ 依此行历,僧实为一代禅学名僧,亦师从勒那摩提,与道房同门。若僧稠从其出家,当受禅法,但上引僧稠本传与僧实本传中并无这方面的任何叙述,故僧寔与僧实似不应为同一人。

僧稠以后又去怀州(今河南沁阳)西王屋山、青罗山、马头山等处修习禅法,孝明帝闻其名声,曾三次召请,都没有出山,于是朝廷就将供养物资送往山中。永熙元年(532年),孝武帝又于尚书谷中为僧稠建立禅室,集徒供养。后来,僧稠又北去定州之常山(位于今河北定州市、曲阳县一带),在大冥山弘传禅法,奉信归戒者非常之多,威望日高,声名大震于燕赵之境。

入齐,天保二年(551年),文宣帝即下诏请僧稠赴邺都:

久闻风德,常思言遇。今敕定州,令师赴邺,教化群生,义无独善。希即荷锡,暂游承明,思欲弘宣至道,济斯苦壤。至此之日,脱须还山,当任东西,无所留絷。④

---

① 《续高僧传》卷十六《僧稠传》,第573—574页。
② 《中国佛教思想史》(上卷),第658页。
③ 《续高僧传》卷十六《僧实传》,第591—592页。
④ 《续高僧传》卷十六《僧稠传》,第575页。

僧稠起初还是不想出山,但经不住文宣帝的"苦相敦喻,方遂允请"①。来到邺都的时候:

> 帝躬举大驾,出郊迎之。稠年过七十,神宇清旷,动发人心,敬揖情物,乘机无坠。帝扶接入内,为论正理,因说三界本空,国土亦尔,荣华世相,不可常保,广说四念处法。帝闻之,毛竖流汗,即受禅道,学周不久,便证深定。尔后弥承清诲,笃敬殷重,因从受菩萨戒法,断酒禁肉,放舍鹰鹞,去官畋渔,郁成仁国。又断天下屠杀,月六年三,敕民斋戒,官园私菜,荤辛悉除。帝以他日告曰:"道由人弘,诚不虚应。愿师安心道念,弟子敢为外护檀越,何如?"稠曰:"菩萨弘誓,护法为心。陛下应天顺俗,居宗设化,栋梁三宝,导引四民,康济既临,义无推寄。"即停止禁中四十余日,日垂明诲,帝奉之无失。②

后来僧稠"以道化须布,思序山林",要求回去:

> 帝以陵阜回互,诣谒或难,天保三年,又敕于邺城西南八十里龙山之阳为构精舍,名云门寺,请以居之,兼为石窟大寺主。两任纲位,练众将千,供事繁委,充诸山谷。并敕国内诸州别置禅肆,令达解念慧者就为教授,时扬讲颂,事事丰厚。③

云门寺所在之"邺城西南八十里龙山之阳",即今安阳县西南之善应镇龟盖山南麓。

更有甚者,文宣帝为了讨好僧稠,曾打算废除佛教义学的弘传讲说而尽习僧稠之禅法,但遭到僧稠的坚决反对:

> 帝曰:"佛法大宗,静心为本。诸法师等徒传法化,犹接嚣烦,未曰阐扬,可并除废。"稠谏曰:"诸法师并绍继四依,弘通三藏,使夫群有识邪正、达幽微,若非此人,将何开导?皆禅业之初宗,趣理之弘教,归信之渐,发蒙斯人。"④

---

① 《续高僧传》卷十六《僧稠传》,第575页。
② 《续高僧传》卷十六《僧稠传》,第576页。
③ 《续高僧传》卷十六《僧稠传》,第576页。
④ 《续高僧传》卷十六《僧稠传》,第576页。

僧稠说:讲授义学的法师,目的在于宏通三藏,使众生识邪正、达幽微,这正是禅业的初步阶段。没有他们的讲说,如何启蒙开导众生悟解佛理、归信佛教呢?

由上所述可知,在文宣帝的强力支持之下,僧稠之禅法、禅学的发展达到了异常兴盛的程度,正如道宣所评价的那样——"高齐河北独盛僧稠"①。

僧稠所修禅法的主要内容是什么呢?依上述,其先"常依涅槃圣行四念处法",之后又受"十六特胜法"。

"涅槃圣行",当指《涅槃经·圣行品》。昙无谶所译《大般涅槃经》之"圣行品"第七之二云:

> 菩萨摩诃萨圣行者,观察是身,从头至足,其中唯有发毛、爪齿……脾肾、心肺、……骨髓、浓血、脑胲、诸脉。菩萨如是专念观时,谁有是我?我为属谁?住在何处?谁属于我?复作是念:骨是我耶,离骨是耶?菩萨尔时,除去皮肉,唯观白骨,复作是念:骨色相异。所谓青黄赤白及以鸽色,如是骨相,亦复非我。何以故?我者,亦非青黄赤白及以鸽色。菩萨系心作是观时,即得断除一切色欲。复作是念:如是骨者,从因缘生。依因足骨以拄踝骨,依因踝骨以拄髀骨,……依因腰骨以拄脊骨,依因脊骨以拄肋骨;复因脊骨上拄项骨,……依因颔骨以拄牙齿,上有髑髅;复因项骨以拄髆骨,依因髆骨以拄臂骨,……依因掌骨以拄指骨。菩萨摩诃萨如是观时,身所有骨,一切分离。得是观已,即断三欲:一形貌欲,二姿态欲,三细触欲。……是菩萨于是一一诸光明中见有佛像。见已即问:如此身者,不净因缘和合共成,云何而得坐起、行住、屈伸、俯仰、视瞬、喘息、悲泣、喜笑,此中无主,谁使之然?作是问已,光中诸佛忽然不现。复作是念,或识是我,故使诸佛不为我说。复观此识:次第生灭,犹如流水,亦复非我。复作是念:若识非我,出息入息,或能是我?复作是念:是出入息。直是风性,而是风性,乃是四大。四大之中,何者是我?地性非我,水火风性亦复非我。复作是念:此身一切,悉无有我,唯有心风因缘和合,示现种种所作事业。……是故此身如是不净,假众因缘和

① 《续高僧传》卷二十一,第811页。

合共成,而于何处生此贪欲? 若被骂辱,复于何处而生瞋恚? 而我此身三十六物,不净臭秽,何处当有受骂辱者? 若闻其骂,即便思惟,以何音声而见骂耶? 一一音声不能见骂,若一不能,多亦不能,以是义故,不应生瞋。若他来打,亦应思惟,如是打者,从何而生? 复作是念:因手刀杖及以我身故得名打,我今何缘横瞋于他,乃是我身自招此咎,以我受是五阴身故。……我若不忍,心则散乱,心若散乱,则失正念,若失正念,则不能观善不善义,若不能观善不善义,则行恶法,恶法因缘,则坠地狱、畜生、饿鬼。菩萨尔时作是观已,得四念处,得四念处已,则得住于堪忍地中。菩萨摩诃萨住是地已,则能堪忍贪欲、恚、痴,亦能堪忍寒热、饥渴、蚊虻、蚤虱、暴风、恶触、种种疾疫、恶口骂詈、挝打楚挞,身心苦恼,一切能忍。①

"四念处",前面在叙述安世高之《安般守意经》内容时已说过,它为三十七道品之一科,其中又包括身念处、受念处、心念处、法念处等四种修行。这四种修行的方法均需集中心念于一点,防止杂念妄想生起,以求得真理,换言之,即以自相、共相,依次观照身、受、心、法四境。自相,乃四境各别之自性,如人之身体,为地、水、火、风四大种所造;而共相则为诸法共通之性,即一切法皆具有非常、苦、空、非我之性。观照身、受、心、法四境,可知色身不净、感受是苦、识心无常、诸法无我,依次对治净、乐、常、我等四颠倒之观法,也就是对治人们对于人间的留恋执著之杂念妄想。上述所引《涅槃经·圣行品》之经文,就是对这四种修行过程的详细叙述。"念",意思为慧观、智慧之观法;"处",谓观照四境所生起之慧观"念"能止于其处、定于其处、住于其处。四念处之修行法门在原始佛教经典中即有论述,如《中阿含经》卷二十四之《念处经》中,就一一阐述了身念处、觉念处(即受念处)、心念处、法念处。《长阿含经》卷十《三聚经》与《增一阿含经》卷十一中亦有阐述,因此,四念处是佛教最古老的修行方法之一。

"十六特胜法",前面在叙述安世高之《安般守意经》内容时也已说过。它是与四念处相联系之慧观,为安般禅法中最为殊胜的十六种观法。这十六种

---

① 《中华藏》第 14 册《大般涅槃经》卷十二《圣行品第七之二》,第 123 页中—124 页中。

观法的名称、顺序、解释,诸经论说法不一。隋之智颉所撰《法界次第初门》卷上之《十六特胜初门》记载为:一知息入、二知息出、三知息长短、四知息遍身、五除诸身行、六受喜、七受乐、八受诸心行、九心作喜、十心作摄、十一心作解脱、十二观无常、十三观出散、十四观离欲、十五观灭、十六观弃舍。① 而根据鸠摩罗什所译之《成实论》卷十四《出入息品》的记载,则为念息短、念息长、念息遍身、除诸身行、觉喜、觉乐、觉心行、除心行、觉心、令心喜、令心摄、令心解脱、随无常观、随断观、随离观、随灭观。② 无论何种说法,十六特胜法的修行,要而言之,是通过调适人们的呼吸长短、次数,以除人心之散乱浮躁,敛心而入正定意境以达觉悟解脱。

所以,僧稠所修禅法是源自原始佛教、大小乘共修的禅学法门。僧稠的习禅以种种苦行为主要手段,通过四念处法、十六特胜法的修习,最终达到"究略世间全无乐者"③。这种禅法没有太多的理论色彩和深奥的哲理背景,实践性很强,入道容易,修习的层次分明清楚,观照、对治的目标、对象明确,很适合普通僧尼与一般信众的口味,自然群众基础广泛,得以流行。

## 第三节 菩提达摩、慧可一系的禅学

在佛陀—道房—僧稠一系禅学盛行河南黄河以北地区之时,菩提达摩一系禅学也逐渐在中原河南发展、兴盛起来。

菩提达摩,又称菩提达磨。《续高僧传》卷十六本传记载其为"南天竺婆罗门种"④;《楞伽师资记》亦载昙林《序》作"西域南天竺国,是大婆罗门国王第三之子"⑤;而《洛阳伽蓝记》卷一又说其为"波斯国胡人"⑥。昙林据说为达摩弟子,所说似较准确,故晚出各书,基本依道宣与昙林之说。《续高僧传》本

---

① 《中华藏》第 97 册《法界次第初门》卷上《十六特胜初门》,第 772 页上—中。
② 《中华藏》第 49 册《成实论》卷十四《出入息品》,第 214 页上—中。
③ 《续高僧传》卷十六《僧稠传》,第 574 页。
④ 《续高僧传》卷十六《菩提达磨传》,第 565 页。
⑤ 《大正藏》第 85 册《楞伽师资记》,第 1284 页下。
⑥ 《洛阳伽蓝记校笺》卷一《城内》,第 13 页。

传谓达摩："神慧疏朗,闻皆晓悟,志存大乘,冥心虚寂,通微彻数,定学高之。"①说明达摩非常精通大乘禅学。

南朝刘宋末约明帝至顺帝间,达摩从印度泛海到达宋境南越,即今广州南海。在南朝宋、齐、梁之江南地区活动过一段时间之后,北来至魏之都城洛阳。《洛阳伽蓝记》卷一"永宁寺"条记载:

> 时有西域沙门菩提达摩者……来游中土,见金盘炫日,光照云表,宝铎含风,响出天外,歌咏赞叹,实是神功。自云年一百五十岁,历涉诸国,靡不周遍;而此寺精丽,阎浮所无也。极佛境界,亦未有此。口唱南无,合掌连日。②

洛阳永宁寺始建于孝明帝熙平元年(516 年),基本建好在神龟二年(519 年)年中左右,由此可以推断,达摩来到北魏都城洛阳,瞻礼永宁寺、塔,当在神龟二年年中之后至永熙三年(534 年)二月塔遭雷电起火而毁之前的十四五年间。《洛阳伽蓝记》中有关达摩的记载还有一条:"修梵寺有金刚,鸠鸽不入,鸟雀不栖。菩提达磨云得其真相也。"③

达摩先在嵩山、洛阳及其周围地区弘传其禅学定法,但其传授很不顺利,"于时合国盛弘讲授,乍闻定法,多生讥谤"④,当时魏境对于达摩所传的定法禅学,以前闻所未闻,初闻之时,讥议毁谤很多。其间达摩还曾去过邺下游化,但最终"灭化洛滨"⑤,亦即卒于洛河(洛水)地区。

有关达摩的卒年,说法不一。据唐中期所出之菩提达摩碑文记载为梁武帝大同二年(536 年,东魏天平三年)十二月⑥;陈垣先生《释氏疑年录》卷二列举宋时有关达摩卒年有五说,亦确定为梁大同二年;胡适先生《菩提达摩考》依《续高僧传》之《慧可传》所载"达磨灭化洛滨,可亦埋形河涘……后以天平

---

① 《续高僧传》卷十六《菩提达磨传》,第 565 页。
② 《洛阳伽蓝记校笺》卷一《城内》,第 13 页。
③ 《洛阳伽蓝记校笺》卷一《城内》,第 58 页。
④ 《续高僧传》卷十六《菩提达磨传》,第 565 页。
⑤ 《续高僧传》卷十六《菩提达磨传》之标题为"齐邺下南天竺僧菩提达磨传",说明达摩曾在邺下活动过;卷十六《僧可传》,第 567 页。
⑥ 纪华传:《菩提达摩碑文考释》,《世界宗教研究》2002 年第 4 期,第 19—29 页。

之初,北就新邺,盛开秘苑",则认为达摩死于东魏天平(534—537年)以前①;汤用彤先生亦说达摩"以天平年(公元534至537年)前灭化洛滨"②;印顺法师认为"达摩入灭,大约在530年顷"③;而吕澂先生则说"约在公元五二九年顷,达磨死了"④。但无论如何,达摩仅活到东魏之时,肯定未入北齐一代。《续高僧传》本传标题"齐邺下南天竺僧菩提达磨传"中所谓"齐"字,当误。而达摩卒地和葬地,据菩提达摩碑文记载,终于洛州禹门,茔葬于熊耳山吴坂⑤,为目前所知唯一说。《乾隆一统志》卷一百七十五记载,其葬处在陕州州城东一百里熊耳山西之空相寺。⑥ 达摩的弟子中最著名者为道育、慧可,"有道育、慧可,此二沙门年虽在后,而锐志高远。初逢法将,知道有归,寻亲事之,经四五载,给供谘接。感其精诚,诲以真法"⑦。道育、慧可二人之中,尤以慧可成就最大,他继承了达摩的衣钵,将达摩一系的禅学、禅法发扬光大,最终发展成为中国的禅宗。

在中国佛教历史上,从印度传来的禅系、禅法,均有其理论依据,亦即以某种经典或某些经典为其所据之理论。达摩禅学的理论依据即四卷《楞伽经》。《续高僧传》卷十六《僧可传》记载:

> 初,达磨禅师以四卷《楞伽》授可,曰:"我观汉地,唯有此经。仁者依行,自得度世。"⑧

《楞伽经》汉译本有四种,现存三种,皆收入《中华大藏经》第十七册中,分别为刘宋本《楞伽阿跋多罗宝经》(四卷)、北魏本《入楞伽经》(十卷)和唐本《大乘入楞伽经》(七卷)。达摩所授四卷《楞伽》即《楞伽阿跋多罗宝经》。《楞伽阿跋多罗宝经》系南朝刘宋文帝元嘉二十年(443年)由印度中天竺僧

---

① 陈垣撰:《释氏疑年录》卷二,北京:中华书局1964年版,第38页;《胡适文集4》之《胡适文存三集》卷四《菩提达摩考》,第259页。

② 《汉魏两晋南北朝佛教史》(增订本),第432页。

③ 印顺著:《中国禅宗史》,南昌:江西人民出版社2007年版,第3页。

④ 《吕澂佛学论著选集》卷五《中国佛学源流略讲》,第2656页。

⑤ 纪华传:《菩提达摩碑文考释》,《世界宗教研究》2002年第4期,第19—29页。

⑥ 《乾隆一统志》卷一百七十五《寺观》,第27页。

⑦ 《续高僧传》卷十六《菩提达磨传》,第565页。

⑧ 《续高僧传》卷十六《僧可传》,第568页。

人求那跋陀罗译出。

以下我们来简要了解一下《楞伽阿跋多罗宝经》的内容和探讨达摩选择《楞伽阿跋多罗宝经》为其禅学的理论依据的原因。

先释《楞伽阿跋多罗宝经》名称之含义。"楞伽",南天竺海滨之山名;"阿跋多罗",梵音,"入"之义,经名意谓佛陀入楞伽山所说之宝经。

此经理论色彩浓重,采用多家佛教学派之学说,结合如来藏思想与唯识阿赖耶识思想,宣说世界万有皆心(如来藏及其受"无始虚伪恶习所熏"形成的识藏)所造,或曰显现,人们认识作用的对象不在外界而在内心。有情众生之所以能够成佛,其内在根据是因为他们皆有如来藏自性清净心。重点开阐性、相二门,详示五法(相、名、分别、正智和如如)、三种自性(缘起自性、妄想自性、如如自性)、八识(眼识、耳识、鼻识、舌识、身识、意识、末那识、阿赖耶识)和二种无我(人无我、法无我)诸法门,谓"是名五法、三种自性、八识、二种无我,一切佛法悉入其中"①,为代表后期大乘佛教思想的经典之一。

为什么达摩会选择《楞伽阿跋多罗宝经》,亦即四卷《楞伽》作为自己所传禅学、禅法的理论依据呢? 大致有两个原因:

其一,受本地学术思想的影响。

达摩为南天竺人,四卷《楞伽》也产生于南天竺。在印度佛教发展历史上,南天竺一直是一个很重要、很活跃的地区,此处是大乘佛教创始人龙树菩萨的诞生之地,龙树所开创的中观般若缘起性空学说即源出于此地。所以达摩深受南天竺佛学思想的影响,以南天竺所出大乘经典作为自己禅法的理论依据是很自然的事情。

其二,四卷《楞伽》的内容较好地契合了达摩的禅学思想与禅法实践。

一方面,四卷《楞伽》的所有理论阐述均围绕"心"来展开,谓"五法、三种自性、八识、二种无我,一切佛法悉入其中"。以"无""去妄想""觉""唯心所现""二谛""三种无等义""四门法义""五门相对义"等为要点,其旨趣就是为求自证圣智之境界者说。凡立志修学大乘菩萨道者,当依佛陀教导,常独处、

---

① 《中华藏》第 17 册《楞伽阿跋多罗宝经》卷四,第 614 页上。

闲静,观察自觉,不由他悟,善离分别见,则入如来地,如是修行,即称自证圣智行相。《续高僧传》卷二十七《法冲传》中记:"其经本是宋代求那跋陀罗三藏翻,慧观法师笔受,故其文理克谐,行质相贯,专唯念惠,不在话言。于后达磨禅师传之南北,忘言忘念,无得正观为宗,后行中原……领宗得意者,时能启悟。"①从经本"专唯念惠(慧),不在话言"到达摩"忘言忘念,无得正观为宗""领宗得意",也说明了四卷《楞伽》与达摩禅法思想的契合关系。

另一方面,除了上述这些理论上的阐述,四卷《楞伽》也从佛教诸派之学说叙述了宗教体验,亦即涉及禅法修习实践的一些问题,叙述的这些问题也很符合达摩禅法修习的做法。如,该经卷二谓佛告大慧菩萨:

> 有四种禅。云何为四?谓:愚夫所行禅、观察义禅、攀缘如禅、如来禅。云何愚夫所行禅?谓声闻、缘觉、外道修行者,观人无我性;自相共相,骨锁无常,苦、不净相,计著为首;如是相不异观,前后转进,想不除灭,是名愚夫所行禅。云何观察义禅?谓人无我、自相、共相,外道自他,俱无性已,观法无我彼地相义,渐次增进,是名观察义禅。云何攀缘如禅?谓妄想二:无我妄想、如实处不生妄想,是名攀缘如禅。云何如来禅?谓入如来地,行自觉圣智相三种乐住,成办众生不思议事,是名如来禅。②

又如该经卷三称:

> 佛告大慧:"一切声闻、缘觉、菩萨,有二种通相,谓宗通及说通。大慧!宗通者,谓缘自得胜进相,远离言说文字妄想,趣无漏界自觉地自相,远离一切虚妄觉想,降伏一切外道众魔。缘自觉趣光明晖发,是名宗通相。云何说通相?谓说九部种种教法,离异不异、有无等相,以巧方便随顺众生,如应说法令得度脱,是名说通相。"③

对于这些涉及禅法修习的经文,吕澂先生在《中国佛教源流略讲》中有一段简要的解说:

---

① 《续高僧传》卷二十七《法冲传》,第1079页。
② 《中华藏》第17册《楞伽阿跋多罗宝经》卷二,第582页上。
③ 《中华藏》第17册《楞伽阿跋多罗宝经》卷三,第595页下。

《楞伽经》本来不是专讲禅法的书，但是涉及到禅法一些问题。在四卷本的卷二中，分禅为四种：一、"愚夫所行"，指二乘禅，观"人无我（人我空）"；二、"观察义"，指大乘禅，观"法无我（法我空）"；三、"攀缘如"，禅观法无我还是从消极方面说，此则从积极方面观"诸法实相"；四、"如来禅"，指"自觉智境"，即佛的内证境界。又在卷三中，讲到"说通"和"宗通"；"说通"指言教，"宗通"指内证的道理。又在卷一中，还提到"离念"的主张，从而也有"离"的渐顿问题，涉及渐悟、顿悟。这些说法，都是与禅法有关的。①

那么，达摩的禅学思想、禅法内容是什么呢？《续高僧传》卷十六达摩本传中有如下一段记载，即是其禅学思想、禅法内容的总结：

> 如是安心，谓壁观也；如是发行，谓四法也；如是顺物，教护讥嫌；如是方便，教令不著。然则入道多途，要唯二种，谓理行也，借教悟宗，深信含生同一真性，客尘障故，令舍伪归真；凝住壁观，无自无他，凡圣等一，坚住不移，不随他教，与道冥符，寂然无为，名理入也。行入四行，万行同摄。初报怨行者：修道苦至，当念往劫，舍本逐末，多起爱憎，今虽无犯，是我宿作，甘心受之，都无怨对。经云："逢苦不忧，识达故也。此心生时，与道无违，体怨进道故也。"二随缘行者：众生无我，苦乐随缘，纵得荣誉等事，宿因所构，今方得之，缘尽还无，何喜之有？得失随缘，心无增减，违顺风静，冥顺于法也。三名无所求行：世人长迷，处处贪著，名之为求。道士悟真，理与俗反，安心无为，形随运转。三界皆苦，谁而得安？经曰："有求皆苦，无求乃乐也。"四名称法行：即性净之理也。磨以此法开化魏土，识真之士从奉归悟，录其言诰，卷流于世。②

道宣所记的这段文字其实来自达摩的弟子昙林录其师的《略辩大乘入道四行》（含序）而有所删节省略。为了更好地了解达摩的禅学思想、禅法内容，也把昙林所记录出。其序云：

> 如是安心，如是发行，如是顺物，如是方便，此是大乘安心之法，令无

---

① 《吕澂佛学论著选集》卷五《中国佛学源流略讲》，第 2655 页。
② 《续高僧传》卷十六《菩提达磨传》，第 565—566 页。

错谬。如是安心者,壁观;如是发行者,四行;如是顺物者,防护讥嫌;如是方便者,遣其不著。

正文云:

未(应为"夫")入道多途,要而言之,不出二种:一是理入,二是行入。理入者,谓借教悟宗,深信含生、凡圣同一真性,但为客尘妄覆,不能显了。若也舍妄归真,凝住辟(应为"壁")观,自他、凡圣等一,坚住不移,更不随于言教,此即与真理冥状,无有分别,寂然无(为),名之理入。行入者,所谓四行,其余诸行,悉入此行中。何等为四行?一者报怨(行),二者随缘行,三者无所求行,四称法行。

云何报怨行?修道行人,若受苦时,当自念言:我从往昔无数劫中,弃本逐末,流浪诸有,多报怨憎,违害无限。今虽无犯,是我宿殃,恶业果熟,非天非人,所能见与,甘心忍受,都无怨诉。经云:"逢苦不忧。"何以故?识达本故。此心生时,与理相应,体怨进道,是故说言报怨行。

第二,随缘行者:众生无我,并缘业所传,苦乐齐受,皆从缘生。若得胜报、荣誉等事,是我过去宿因所感,今方得之。缘尽还无,何喜之有!得失从缘,心无增减,喜风不动,冥顺于通,是故说言随缘行。

第三,无所求行者:世人长迷,处处贪著,名之为求。智者悟真,理将俗反,安心无为,形随运转,万有斯空,无所愿乐,功德黑暗,常相随逐,三界久居,犹如火宅,有身皆苦,谁得而安?了达此处,故于诸有,息想无求。经云:"有求皆苦,无求乃乐。"判如无求,真为道行(是故说言无所求行)。

第四,称法行者:性净之理,因之为法,理此(应为"此理")众相斯空,无染无著,无此无彼。经云:"法无众生,离众生垢故;法无有我,离我垢故。"智若能信解此理,应当称法而行。法体无悭于身命,则行檀舍施,心无吝惜,达解三空,不倚(不)著,但为去垢,摄(化)众生,而无取相。此为自(利),复(能利)地(应为"他"),亦能庄严菩提之道。檀度既尔,余五亦然,为除妄想,修行六度。而无所行,是为称法行。①

---

① 《大正藏》第85册《楞伽师资记》,第1285页上—中。

对比上述两段记载,尽管文字多少不一,但内容是完全一致的。意思是说,"安心"("壁观")、"发行"("四法")、"顺物"("教护")、"方便"("教令")这些都是修禅入道的各种途径,但归纳起来,只有理入和行入两种。

理入,即借经典教义,领悟自证圣智境界,深信一切有情众生同具真如佛性,只是由于客观世界的尘埃障碍,才使得真性无法显现;倘若舍弃妄想,回归真理,一意壁观,坚定不移,不必他人教导,达到无自无他,凡圣等一,即与自身所具有的佛性相契合,体悟到个体精神与佛道无有分别,安静无为,这就实现了"理入"。"理入"的核心就是"壁观"——安心壁观、凝住壁观。

行入,即"发行",有"四法",或称"四行"——四种"行入"的方法:抱怨、随缘、无所求与称法。"抱怨"行入者,谓修道之人,要自我认识到,自己今天所得到的苦果——恶业果报成熟,既非天给,亦非他人所给,全是自己从前宿殃所致;通过安心苦修,使内心达到怨尤、爱憎全无,甘心情愿地忍受一切,这就是"抱怨"行。"随缘"行入者,谓要认识到人生于世间,一切都是缘,一切得失、苦乐、荣辱皆从缘生,均为宿因、缘业所致,缘尽一切全无,个人无法做主选择,只能一切随缘;通过修行,使心性达到得失随缘,无喜无忧,寂然安静,无增无减,顺乎佛法,这就是"随缘"行。"无所求"行入者,谓要认识到贪著、有所求是人生一切痛苦的根源;通过修习,使内心摆脱贪著,安心无为,对一切都无所求,这就是"无所求"行。"称法"行入者,即要与"法"相称,而"法"就是"性静之理"——"深信含生、凡圣同一真性"。换言之,"称法"行总说前面三行的修习实践都应在认识"性静之理"的前提下进行,都应以安心壁观、凝住壁观的方式修行。所以,"称法"实际上是对前三行理论与实践上的指导和总结,而以与"性静之理"相称来进行"行入",无疑就是以"理入"为基础,这种"行入",自利、利他,庄严菩提之道,为大乘之"法"。

简而言之,达摩禅法内容完全可以用"壁观"两字概括。那么究竟什么是"壁观"呢?或者说"壁观"的含义是什么呢?学者们的观点大致有三种:

一谓心如墙壁。就是在修行的时候,要安心,把心凝住。唐代僧人宗密即说:"达摩以壁观教人安心,外止诸缘,内心无喘,心如墙壁,可以入道。"①汤用彤先生也说:"达摩所修大乘禅法,名曰壁观。……壁观者喻如墙壁,中直不移,心无执著,遣荡一切执见。"②

二谓面壁观想。胡适先生即说:"所谓'壁观',并非专门打坐,乃面壁之后,悟出一种道理来。"③吕澂先生亦说:"达磨提出的壁观方法,也有其来源。印度瑜伽禅法的传授南北本有不同,南方禅法通用十遍处入门,开头是地遍处,这就有面壁的意味。——因为修地遍处观地的颜色,必须先画成一种标准色的曼陀罗(坛),作为观想的对像。从此产生幻觉,对一切处都看成这种颜色。我国北方的土壁就是一种标准的地色,当然可以用它代替曼陀罗。达磨的'面壁',或者即为这种方法的运用亦未可知。"④

三谓以白壁譬喻真识。持此观点的是周叔迦先生,他说:"壁观是对中观的空观而言,以白壁譬喻真识之有。"⑤

浅见以为,既然"壁观"就是安心,就是凝住,那么心如墙壁与面壁观想无非就是从主客两方面来认识理解罢了。

对上述达摩的禅学思想、禅法内容,潘桂明有两段总结,一说:

> 概观达摩禅的"理入""行入",本质上是在如来藏佛性思想指导下的一种头陀苦行,是理悟与实践并重的禅法。

又一说:

> 客观地说,达摩禅的特色,在于以深奥理论为指导,展开高度自觉的实践。它既是一种哲理的"禅学",又是一种实践的"禅法"。⑥

这两段总结是正确的。前述《续高僧传》卷二十七《法冲传》记载所称"其经本……专唯念惠,不在话言。于后达磨禅师传之南北,忘言忘念,无得正观为宗……领宗得意者,时能启悟",亦是对达摩禅学宗旨的一个精辟总结。

① 《中华藏》第 80 册《禅源诸诠集》卷二,第 13 页下。
② 《汉魏两晋南北朝佛教史》(增订本),第 434 页。
③ 胡适著:《禅学指归》,西安:陕西师范大学出版社 2008 年版,第 17 页。
④ 《吕澂佛学论著选集》卷五《中国佛学源略讲》,第 2660—2661 页。
⑤ 周叔迦著:《周叔迦佛学论著集》(上集),北京:中华书局 1991 年版,第 17 页。
⑥ 《中国佛教思想史稿》(第一卷·下),第 571、575 页。

以下叙述达摩的两位弟子道育与慧可的事迹。

道育,又作惠育,无传,行历不详。唯《续高僧传》卷十六之《达磨传》和卷二十七之《法冲传》中各有一条关于道育的记载。

第一条,《达磨传》记载:

> 有道育、慧可,此二沙门年虽在后,而锐志高远。初逢法将,知道有归,寻亲事之,经四五载,给供谘接。感其精诚,诲以真法……①

第二条,《法冲传》记载:

> 今叙师承,以为承嗣所学,历然有据。达磨禅师后,有慧可、惠育二人。育师受道心行,口未曾说。②

这两条材料联系起来看,说明道育确实得到了达摩禅学的真传——"受道心行,口未曾说"。"心行"亦即前述的安心壁观;"口未曾说"即重在内证自证、忘言忘念、寂然无为。正因为"口未曾说",所以道育的活动没有为后世留下任何文字资料,传承不明。

慧可,又作惠可,亦作僧可,俗姓姬氏,虎牢(今河南荥阳市汜水镇)人。《续高僧传》卷十六本传谓其"外览坟素,内通藏典。末怀道京辇,默观时尚,独蕴大照,解悟绝群",即精通内外典籍,学识造诣很高。"年登四十,遇天竺沙门菩提达磨游化嵩洛,可怀宝知道,一见悦之,奉以为师,毕命承旨。"据后出之佛家史籍称,慧可为访达摩为师,曾终夜立于雪中,至天明仍不许入,乃以刀自断左臂,以示求道至诚。但《续高僧传》本传所载,谓其"遭贼斫臂,以法御心,不觉痛苦,火烧斫处,血断帛裹,乞食如故,曾不告人",此记载当是最可信的。本传又载,慧可随达摩"从学六载,精究一乘,理事兼融,苦乐无滞。而解非方便,慧出神心……"③所谓"一乘",又称"南天竺一乘",即指以四卷《楞伽》为代表的南天竺大乘禅学、禅法,四卷《楞伽经》卷四有偈称:"而有种种法,唯说一乘法,是则为大乘"④,即为例证。达摩逝世后,慧可"亦埋形河

---

① 《续高僧传》卷十六《菩提达磨传》,第 565 页。
② 《续高僧传》卷二十七《法冲传》,第 1079 页。
③ 《续高僧传》卷十六《僧可传》,第 567—569 页。
④ 《中华藏》第 17 册《楞伽阿跋多罗宝经》卷四,第 609 页中—下。

涘",即隐居于河洛一带修行,同时也为道俗讲学,传授达摩禅法。本传记述:当时"道俗来仪,请从师范。可乃奋其奇辩,呈其心要,故得言满天下"①,但其时亦有"魏境文学多不齿之"②,也就是鄙视、瞧不起慧可的说法。

东魏天平之初(534年)迁都邺城之后,慧可也到邺下,"盛开秘苑",传授达摩的禅法,但"滞文之徒,是非纷举",也就是有一些学者不能理解他的学说,时常与之发生争辩,传授并不顺利。而其他禅系对慧可的活动更进行了各种各样的攻击乃至打击,手段无所不用其极。本传记载:

> 时有道恒禅师先有定学,王宗邺下,徒侣千计,承可说法,情事无寄,谓是魔语,乃遣众中通明者来殄可门。既至闻法,泰然心服,悲感盈怀,无心返告。恒又重唤,亦不闻命,相从多使,皆无返者。他日遇恒,恒曰:"我用尔许功夫开汝眼目,何因致此?"诸使答曰:"眼本自正,因师故邪耳。"恒遂深恨,谤恼于可,货赇俗府,非理屠害,初无一恨,几其至死,恒众庆快……③

门下拥有弟子千人的道恒禅师,先是污蔑慧可所说之法为"魔语",又派得意弟子去慧可讲席与之诘难,企图从理论上殄灭慧可的说法,但这些弟子听了慧可的说法之后,个个心悦诚服,反倒不满道恒所说。于是道恒恼羞成怒,最后竟然贿赂、勾结官府,无端对慧可治罪,致慧可差点死去。本传还记载,慧可和林法师曾先后遭"贼"斫臂④,恐怕也是其他派系的报复之举。

慧可所传禅学思想、禅法内容是什么呢? 前述,达摩以四卷《楞伽》授慧可,并说:"我观汉地,唯有此经。仁者依行,自得度世。"这说明,慧可的禅学思想、禅法内容当师承达摩。《续高僧传》本传中保存有慧可答向居士来信时所写的一首偈语,共五句,亦可窥慧可之禅学思想。其云:

> 说此真法皆如实,与真幽理竟不殊。
>
> 本迷摩尼谓瓦砾,豁然自觉是真珠。

---

① 《续高僧传》卷十六《僧可传》,第567页。
② 《续高僧传》卷二十七《法冲传》,第1079页。
③ 《续高僧传》卷十六《僧可传》,第567页。
④ 《续高僧传》卷十六《僧可传》,第568—569页。

无明智慧等无异，当知万法即皆如。

愍此二见之徒辈，申词措笔作斯书。

观身与佛不差别，何须更觅彼无余。①

"如实"，"如"即真如，"实"即实相；"摩尼"，宝珠之音译。这五句偈语中，第四句不涉思想。第二句为一比喻，喻达摩所谓"含生同一真性，客尘障故，令舍伪归真"。余第一、三、五句为说明慧可禅法思想之内容，重点更在"无明智慧等无异，当知万法即皆如"与"观身与佛不差别，何须更觅彼无余"两句上。这两句与达摩"无自无他，凡圣等一"的含义无异，与《楞伽》的主旨相符。而且，这说明慧可的禅法思想与达摩、《楞伽》确为一系，这一系亦可称为"楞伽宗"，胡适先生曾作《楞伽宗考》，谓："菩提达摩教人持习《楞伽经》，传授一种坚忍苦行的禅法，就开创了楞伽宗，又称为'南天竺一乘宗'。"②又在《〈楞伽师资记〉序》中说："楞伽宗托始于菩提达摩……慧可以下，承袭此风，就成为'楞伽宗'，又称为'南天竺一乘宗'。"③但慧可本传又多处记载："可乃奋其奇辩，呈其心要，故得言满天下，意非建立，玄籍遐览，未始经心"，"承可说法，情事无寄"，"可专附玄理"，④说明慧可在传播达摩之禅法时，在保持达摩禅学、禅法基本思想和基本内容不变的同时，既不拘泥于《楞伽》经文，语言自由发挥，又不固守坐禅程序，强调直指心源，风格与达摩大不相同。

据《续高僧传》本传中记载，慧可晚年，"流离邺、卫，亟展寒温，道竟幽而且玄，故末绪卒无荣嗣"⑤，意思是说，因为慧可所传禅法幽玄，最后竟落得没有什么弟子。但道宣在其后又说：有那禅师，原"居东海讲《礼》《易》，行学四百。南至相州，遇可说法，乃与学士十人出家受道。……那自出俗，手不执笔及俗书，唯服一衣一钵，一坐一食。以可常行，兼奉头陀，故其所往，不参邑落"。又有慧满，"旧住相州隆化寺。遇那说法，便受其道，专务无著，一衣一食。但畜二针，冬则乞补，夏便通舍，覆赤而已"。"那、满等师常赍四卷《楞

---

① 《续高僧传》卷十六《僧可传》，第568页。

② 《禅学指归》，第148页。

③ 《禅学指归》，第207页。

④ 《续高僧传》卷十六《僧可传》，第567—568页。

⑤ 《续高僧传》卷十六《僧可传》，第568页。

伽》以为心要,随说随行,不爽遗委",并明确地说,"斯徒并可之宗系"。①

除道育、慧可之外,达摩的弟子还有僧副和昙林。

僧副,《续高僧传》卷十六本传记述:

> 释僧副,姓王氏,太原祁县人也。弱而不弄,鉴彻绝群,年过小学,识成大量,乡党称奇,不仁者远矣。而性爱定静,游无远近,裹粮寻师,访所不逮。有达磨禅师善明观行,循扰岩穴,言问深博,遂从而出家。义无再门,一贯怀抱,寻端极绪,为定学宗焉。后乃周历讲座,备尝经论,并知学唯为己,圣人无言。②

昙林,《续高僧传》中无传,但《慧可传》中所记之"林法师"当是此人:

> 时有林法师在邺盛讲《胜鬘》,并制文义。每讲人聚,乃选通三部经者,得七百人,预在其席。及周灭法,与可同学,共护经像。……后林又被贼斫其臂,叫号通夕,可为治裹,乞食供林。林怪可手不便,怒之,可曰:"饼食在前,何不可裹?"林曰:"我无臂也,可不知耶?"可曰:"我亦无臂,复何可怒?"因相委问,方知有功,故世云"无臂林"矣。③

从以上记载来看,僧副、昙林确是达摩的弟子,他们在河南从达摩出家。僧副后到南方活动。先在金陵,受到梁武帝的礼遇,住开善寺;以后随西昌侯萧渊藻去四川,再回金陵,仍住开善寺,最终卒于该寺。昙林曾在洛阳、今河南北部与河北南部一带活动。

以上所述,即为北朝时期影响中原河南的两大佛教禅系:佛陀—道房—僧稠一系禅法和达摩—慧可一系禅法。对于僧稠禅学与达摩禅学,道宣在其《续高僧传》"习禅"篇末评论中说:

> 高齐河北独盛僧稠……宝重之冠,方驾澄、安,神道所通,制伏强御。致令宣帝担负,倾府藏于云门,冢宰降阶,展归心于福寺,诚有图矣,故使中原定苑,剖开纲领。……有菩提达摩者,神化居宗,阐导江、洛,大乘壁观,功业最高,在世学流,归仰如市。然而诵语难穷,厉精盖少,审其(所)

---

① 《续高僧传》卷十六《僧可传》,第 569 页。
② 《续高僧传》卷十六《僧副传》,第 559 页。
③ 《续高僧传》卷十六《僧可传》,第 568—569 页。

慕,则遣荡之志存焉,观其立言,则罪福之宗两舍。……然而观彼两宗,
即乘之二轨也。稠怀念处,清范可崇;摩法虚宗,玄旨幽赜。可崇则情事
易显,幽赜则理性难通。①

这段话,先是评价僧稠之禅法,接着评价达摩之禅法,最后则是比较僧稠、达
摩二宗。

对于僧稠,道宣的评价极高,赞誉不绝,谓其"方驾澄、安",也就是声誉超
过佛图澄、道安,"致令宣帝担负,倾府藏于云门,冢宰降阶,展归心于福寺"而
其禅法"河北独盛""神道所通","故使中原定苑,剖开纲领"。对于达摩之禅
法,道宣也承认其"大乘壁观,功业最高",并以他所处之唐初的景象来看,已
相当发达——"在世学流,归仰如市"。但道宣话锋一转,又批评说达摩的禅
法"诵语难穷,厉精盖少",意思是说这种禅法,语言高深莫测,让人无绪,难以
究竟,所以精通者极少。紧接着,道宣又说,根据他的理解,达摩禅法的旨趣
就是志在遣荡,罪福两舍。"遣荡",遣除、荡涤一切执见,即谓达摩的"安心壁
观";"罪福两舍",谓舍去罪福,心不滞于罪福,既不作恶获罪,亦不行善祈福,
做到怨尤全无,得失随缘,摆脱贪著,安心无为,亦即指达摩的"四行"。比较
僧稠、达摩二宗,道宣则认为:此二宗禅法,分别代表大、小乘,犹如佛法之二
轨。僧稠禅法之"四念处"法,依次观照身、受、心、法四境,可知色身不净、感
受是苦、识心无常、诸法无我,对治净、乐、常、我,步骤清楚,修法规范,显了可
见,使人易于循序渐进,遵崇践行;而达摩禅法为大乘虚宗,安心壁观,自证自
悟,以无所得心悟入实相,义理深奥幽眇,使人无法把握,难以专精,不易通
达。道宣的比较评价之言,依然暗含褒贬之意。虽然达摩禅法后来转化为最
具有中国特色的佛教宗派——禅宗,但其初传而来的一百多年间,即从北魏
中期以至唐初道宣之时,因为理论色彩浓重,修习唯安心壁观而无步骤次第
可言,与当时社会实际需要、民族文化、传统心理,与一般信众的理论素养、证
悟能力都存在相当的差距,所以非难、批评之声一直不断。连达摩的弟子慧
可在每次说法结束之后自己也说:"此经四世之后变成名相,一何可悲!"②

① 《续高僧传》卷二十一,第 811 页。
② 《续高僧传》卷十六《僧可传》,第 569 页。

# 第十三章
# 魏晋南北朝时期河南流行的佛教信仰

## 第一节　净土信仰的发展

中国的佛教净土信仰，滥觞于东汉时期。东汉之安世高与支谶分别在洛阳译出的《无量寿经》《大乘方等慧要经》与《无量清净平等觉经》《阿閦佛国经》《般舟三昧经》等经典，最早向中国民众介绍了佛教净土，阐述了净土信仰。进入魏晋南北朝时期，随着为数众多的有关净土信仰的佛典的翻译、传播，社会各阶层对于净土与净土信仰的内容有了更多的认识和理解，在此基础上，净土信仰开始兴起并流行起来。

### 一、净土信仰佛典在河南的翻译

我们先来看一下魏晋南北朝时期中原河南地区有关净

土和净土信仰佛典的翻译情况。

首先是关于弥陀净土经典在河南的翻译情况。一般认为,在弥陀净土经典中,最重要的为《无量寿经》《观无量寿经》与《阿弥陀经》,谓之"净土三部经",还有一部经论,称《无量寿经论》,亦很有影响。此"三经一论"是后来净土宗主要依据的经典。

据各种经录记载,《无量寿经》汉译本在中国共有十二种,五存七缺。其中魏晋南北朝时期译有八种,二存六缺。这二存之中,在河南译出的有一部,为曹魏时康僧铠于嘉平四年(252年)在洛阳所译的《无量寿经》二卷,这也是现存五部译本中的流行本。六缺之中,在河南译出的也是一部,为曹魏时白延于甘露三年(258年)在洛阳所译的《无量清净平等觉经》,二卷。

《观无量寿经》《阿弥陀经》均没有在河南译出过。

《无量寿经论》,世亲造,全称《无量寿经优婆提舍愿生偈》,又称《无量寿优婆提舍经论》《往生净土论》《往生论》《净土论》《愿生偈》等。本论为唯一由印度僧人撰述的净土经论,由北魏之菩提流支在洛阳译出,其后昙鸾又为之作注,称《往生论注》。《无量寿经论》《往生论注》均受到后人重视。

关于弥勒信仰经典的译出,一般认为,以弥勒为主角的《弥勒经》共有五种,其中魏晋南北朝译出四种,分别为:

刘宋沮渠京声译《佛说观弥勒上生兜率天经》,一卷;西晋竺法护译《佛说弥勒下生经》,一卷;东晋时译《佛说弥勒来时经》,一卷,失译人名;姚秦鸠摩罗什译《佛说弥勒下生成佛经》一卷、《佛说弥勒大成佛经》一卷。但这几部经的译出地均不在河南。

关于维摩信仰经典的译出,前述《维摩诘经》在中国先后共七译,其中魏晋南北朝时期有五译。这五译之中,在河南洛阳发生的有两译,一为西晋竺法护,一为西晋竺叔兰。

竺法护所译《维摩诘经》的记载,《出三藏记集》卷二中有三处:《新集撰出经律论录》中记载:竺法护译出"《维摩诘经》,一卷,一本云《维摩诘名解》"[1]。

---

[1] 《出三藏记集》卷二《新集撰出经律论录》,第33页。

属当时有其经。又记载:竺法护译出"《删维摩诘经》,一卷。祐意谓先出《维摩》烦重,护删出逸偈"①,列为已阙。《新集条解异出经录》又记载:"竺法护出《维摩诘经》,二卷;又出《删维摩诘》,一卷。"②第一条与第三条所记《维摩诘经》卷数不同。

《三宝纪》卷六记载:竺法护译出"《维摩诘所说法门经》,一卷。太安二年四月一日译,是第三出。与汉世严佛调、吴世支谦出者,大同小异,见聂道真录"③。《内典录》卷二记载:竺法护译出"《维摩诘所说法门经》,一卷。太安二年四月一日译,第三出。与汉世严佛调、吴世支谦出者,大同小异,见聂道真录"④。此两书记载仅一字之差,与《出三藏记集》的记载相比较,提出了一个新的经名,明确了译经时间为西晋惠帝太安二年(303年)。《开元录》卷二记载:竺法护译出"《维摩诘所说法门经》,一卷。太安二年四月一日译,第四出,见聂道真录。祐录直云《维摩诘经》;祐录又有《删维摩诘经》,祐云意谓先出《维摩》繁重,护删出逸偈也"⑤,这就是说,竺法护所译《维摩诘经》在隋唐时称《维摩诘所说法门经》,之前南朝时又曾称《维摩诘经》,一卷,译经时间为太安二年(303年)四月一日。译经地点,三书均未明说,根据中唐道液所撰集之《净名经关中释抄》卷上记载,为河南洛阳。⑥

竺法护除译出《维摩诘所说法门经》外,还有一《删维摩诘经》,按僧祐的解释,这是《维摩诘经》的一个删略简本。

竺叔兰所译《维摩诘经》的记载,《出三藏记集》中亦有三处:卷二记载:"《异维摩诘经》三卷……晋惠帝时,竺叔兰以元康元年译出。"⑦又记载:"竺叔兰出《维摩诘》,二卷。"⑧卷十三竺叔兰本传记载:"以晋元康元年译出《放

---

① 《出三藏记集》卷二《新集撰出经律论录》,第39页。
② 《出三藏记集》卷二《新集条解异出经录》,第68页。
③ 《中华藏》第54册《三宝纪》卷六,第219页上。
④ 《中华藏》第54册《内典录》卷二,第484页中。
⑤ 《中华藏》第55册《开元录》卷二,第30页中。
⑥ 《大正藏》第85册《净名经关中释抄》卷上,第503页上。
⑦ 《出三藏记集》卷二《新集撰出经律论录》,第44页。
⑧ 《出三藏记集》卷二《新集条解异出经录》,第68页。

光经》及《异维摩诘》十余万言。"①这三处记载中的第一条与第二条有两点不同，一是卷数，二是经的名称。为什么不同，僧祐没有予以说明。

《三宝纪》卷六记载：西域沙门竺叔兰于洛阳译出"《异毗摩罗诘经》，三卷。元康六年，第五出，与汉世严佛调、吴世支谦、竺法护、罗什等所译本，大同小异。或二卷"②。这条记载解释了卷数不一的问题，明确了译经地点，但又提出了一个新的经名，而且译出时间从元康元年（291 年）变为元康六年（296 年）。《内典录》卷二记载："《异毗摩罗诘经》，三卷。……惠帝世，西域沙门竺叔兰，并于洛阳出。"③译出时间又成惠帝世。《开元录》卷二记载竺叔兰所译经二部五卷："《异毗摩罗诘经》，三卷。祐云：《异维摩诘经》，或作'思'字，或二卷，元康六年译，第三出，与佛调、支谦等所出本同文异，见道祖、僧祐二录；《首楞严经》二卷。元康元年出……"后面又记载："以晋惠帝元康元年，与无罗叉出《放光经》，后于洛阳自出《异毗摩诘》等经二部。既学兼梵晋，故译义精允。"④这就是说，竺叔兰所译《维摩诘经》在隋唐时称为《异毗摩罗诘经》，之前南朝时又称《异维摩诘经》。此经当时有三卷本，也有二卷本。译出地点为河南洛阳。译出时间，按《开元录》记载，一说惠帝元康六年（296 年）译出，一说在与无罗叉译出《放光经》之后自出。《放光经》是元康元年（291 年）五月十五至十二月二十四在陈留仓垣水南寺译出的，元康六年就是其后。但智昇的记载也有一点问题：上述记载既说竺叔兰与无罗叉出《放光经》之后"自出《异毗摩诘》等经二部"，又说所译二部经之一《首楞严经》为元康元年出，显然是有矛盾的。故《出三藏记集》《内典录》所云元康元年出经也为一说。抑或，在印刷术发明之前，书籍借抄写而传播，"元"与"六"因字形相近而抄写混淆。

西晋时在河南洛阳由竺法护和竺叔兰译出的两部《维摩诘经》，今均已不存。从历史的影响来看，这两部《维摩诘经》之所以佚失，其原因似与译文质

① 《出三藏记集》卷十三《竺叔兰传》，第 520 页。
② 《中华藏》第 54 册《三宝纪》卷六，第 221 页下。
③ 《中华藏》第 54 册《内典录》卷二，第 486 页下。
④ 《中华藏》第 55 册《开元录》卷二，第 34 页上、下。

量有关。因为译文质量不高,必然会使读者不容易接受,因而无法广为流传,时间一久,终遭阙佚的命运。

关于阿閦佛信仰的经典,历史上凡有三译,前述支谶所译《阿閦佛国经》为初译,译出时间为东汉桓帝建和元年(147 年),为现存净土诸经中最古老者。第二译为东晋支道根所出,称为《阿閦佛刹诸菩萨学成品经》,已失传。《开元录》卷三记载:"《阿閦佛刹诸菩萨学成品经》,二卷。太康年出,第二译。与汉支谶译者大同小异,见竺道祖《晋世杂录》。……沙门支道根……以成帝咸康元年乙未译《阿閦佛刹》等经二部。《长房》等录并云《阿閦佛经》,太康年译。其太康年在西晋武帝代,与咸康相去向六十年,同是一人两朝出经者,恐时太悬也。此应传写差误,多是咸康耳。"①卷十四又记载:"《阿閦佛刹诸菩萨学成品经》,三卷。东晋沙门支道根译。第三译。右一经与《第六不动如来会》同本,前后三译,二存一阙。"②第三译为唐菩提流志所译《大宝积经·不动如来会》,《开元录》卷十一记载:"(大宝积经)《第六不动如来会》,二卷。大唐三藏菩提流志新译。第三译。右新译重本与旧《阿閦佛国经》等同本异译,当第十九卷及二十卷。"③

## 二、河南净土信仰的兴起与流行

魏晋南北朝时期河南净土信仰的发展,大致可分为两个阶段,魏晋为前一阶段,北朝为后一阶段。

魏晋时期为净土信仰兴起的初期阶段,现存史料较少,当是此时信仰虽起,但信仰人数估计不多。史籍中可见当时河南弥陀净土信仰材料的最早时间为西晋之时。道宣之《集神州三宝感通录》卷下记载:

> 阙公则者,赵人,恬放萧然,惟勤法事。晋武时死于洛邑,同志为设会于白马寺。其夕转经,空中闻唱萨声,仰视一人,形器光丽,曰:"我是阙公则也,生西方安乐界,与诸上人来此听经。"合堂惊出,咸共见之。时

① 《中华藏》第 55 册《开元录》卷三,第 52 页中。
② 《中华藏》第 55 册《开元录》卷十四,第 304 页上。
③ 《中华藏》第 55 册《开元录》卷十一,第 224 页下。

卫士度,汲郡苦行居士,师于则。母亦笃信,常饭僧。日将中,忽空中下钵,正落母前,乃则钵也,有饭盈满,香气充堂,皆得饱满,七日不饥。①

道世之《法苑珠林》卷四十二《感应缘》也记载:

> 晋阙公则,赵人也。恬放萧然,唯勤法事。晋武之世,死于洛阳。道俗同志,为设会于白马寺中,其夕转经,宵分闻空中有唱赞声。仰见一人,形器壮伟,仪服整丽,乃言曰:我是阙公则,今生西方安乐世界,与诸菩萨共来听经。合堂惊跃,皆得睹见。时复有汲郡卫士度,亦苦行居士也,师于公则,其母又甚信向,诵经长斋。家常饭僧,时日将中,母出斋堂与诸尼僧逍遥眺望,忽见空中有一物下,正落母前,乃则钵也,有饭盈焉,馨气充勃。阖堂萧然,一时礼敬。母自分行斋,人食之皆七日不饥。此钵犹云尚存此土。度善有文辞,作《八关忏文》,晋末斋者尚用之。晋永昌中死,亦见灵异。有浩像者作《圣贤传》,具载其事,云度亦生西方。②

两条史料记载的是同一件事情。事实上,这两条史料均来自已亡佚的南朝齐之王琰所著《冥祥记》。③ 文中所说"生西方安乐世界","生西方"即往生西方极乐世界,反映的就是弥陀净土信仰。其中卫士度为阙(阎)公则的弟子,汲郡(今河南卫辉市)人,西晋时的佛经翻译家、般若学者;阙(阎)公则虽为赵人,但死于洛阳,法事亦作于洛阳。我们从上述事例的记叙中可以窥见西晋之时河南的弥陀净土信仰。

还有一个事例,就是前述活动在南方的河南陈留籍僧人支遁曾写有《阿弥陀佛像赞并序》,文曰:

> 夫六合之外,非典籍所摸,神道诡世,岂意者所测? 故曰:人之所知,不若其所不知。每在常,辄欲以所不能见,而断所未能了。故令井蛙有坎宅之矜,凭夷有秋水之伐,故其宜矣。余游大方,心倦无垠,因以静眼,复申诸奇丽。佛经纪西方有国,国名安养,迥辽迥邈,路逾恒沙。非无待

---

① 《中华藏》第 60 册《集神州三宝感通录》卷下,第 1006 页中一下。
② 《法苑珠林校注》卷四十二,第 1326 页。
③ 《鲁迅辑录古籍丛编》第一卷《古小说钩沉·第三集·冥祥记》,北京:人民文学出版社 1999 年版,第 329—330 页。

者,不能游其疆;非不疾者,焉能致其速。其佛号"阿弥陀",晋言"无量寿"。国无王制斑爵之序,以佛为君,三乘为教。男女各化育于莲花之中,无有胎孕之秽也。馆宇宫殿,悉以七宝,皆自然悬构,制非人匠。苑囿池沼,蔚有奇荣。飞沉天逸于渊薮,逝寓群兽而率真。阊阖无扇于琼林,玉响自嗜于箫管。冥霄贾华以阆境,神风拂故而纳新。甘露征化以醴被,蕙风导德而芳流。圣音应感而雷响,慧泽云垂而霈清。觉父喻予而贵言,真人冥宗而废玩。五度凭虚以入无,般若迁知而出玄。众妙于兹大启,神化所以永传。别有经记以录其懿云:此晋邦五末之世,有奉佛正戒,讽诵《阿弥陀经》,誓生彼国、不替诚心者,命终灵逝,化往之彼,见佛神悟,即得道矣。遁生末踪,悉厕残迹,驰心神国,非所敢望。乃因匠人图立神表,仰瞻高仪,以质所天。咏言不足,遂复系以微颂。其词曰:

王猷外厘,神道内绥。皇矣正觉,寔兼宗师。泰定轸曜,黄中秀姿。恬智交泯,三达玄夷。启境金方,缅路悠迟。迁彼神化,悟感应机。五度砥操,六慧研微。空有同状,玄门洞闱。咏歌济济,精义顺神。玄肆洋洋,三乘诜诜。藏往摹故,知来惟新。二才孰降,朗滞由人。造化营域,云构峨峨。紫馆辰峙,华宇星罗。玉闱通方,金墉启阿。景倾朝日,艳蔚晨霞。神堤回互,九源曾深。浪无筌忘,鳞罕饵淫。泽不司虞,骇翼怀林。有客驱徒,两埋机心。甘露敦洽,兰蕙助声。化随云浓,俗与风清。花蕊霄散,灵飘扫英。琼林嗜响,八音文成。珉瑶沉灿,芙蕖晞阳。流澄其洁,蕊播其香。潜爽冥萃,载扬来翔。孕景中葩,结灵幽芳。类诸风化,妙兼于长。万轨一变,同规坐忘。①

《阿弥陀佛像赞并序》是支遁的代表作之一,通过对以阿弥陀佛为中心的西方极乐净土——安养国各方面情景的精彩细致描绘,说明支遁不仅非常熟悉有关弥陀净土记载的佛经,而且表达了他驰心彼处神国,渴望往生弥陀净土的宏愿。对于这段文字的内容,近年有学者认为,它"所描绘的可能是一幅早期的无量寿经变图景"②,并进行了详细注解,以期引起学界重视。

① 《中华藏》第63册《广弘明集》卷十五,第81页上—下。
② 施萍婷:《支道林〈阿弥陀佛像赞并序〉注释》,《敦煌研究》2010年第1期,第28—31页。

魏晋后期,道安与慧远分别倡导、弘扬净土信仰,由此,各种净土信仰开始流传起来。

道安倡导、弘扬的是弥勒净土信仰。《高僧传》卷五道安本传记载:

> 安每与弟子法遇等,于弥勒前立誓,愿生兜率。后至秦建元二十一年(385年)正月二十七日,忽有异僧,形甚庸陋,来寺寄宿。寺房既迮,处之讲堂。时维那直殿,夜见此僧从窗隙出入,遽以白安,安惊起礼讯,问其来意,答云:"相为而来。"安曰:"自惟罪深,诅可度脱?"彼答云:"甚可度耳,然须臾浴圣僧,情愿必果。"具示浴法。安请问来生所往处,彼乃以手虚拨天之西北,即见云开,备睹兜率妙胜之报,尔夕,大众数十人悉皆同见。安后营浴具,见有非常小儿,伴侣数十,来入寺戏。须臾就浴,果是圣应也。①

符坚曾遣使送道安结珠弥勒像等,道安每讲会法聚,辄罗列这些尊像。②《出三藏记集》卷十保存有道安所撰之《〈僧伽罗刹经〉序》,其中叙述僧伽罗刹"寻升兜术,与弥勒大士高谈彼宫,将补佛处贤劫第八"③。同卷之《〈婆须蜜集〉序》,虽未详作者,自序文内容观之,当是道安所撰,其中又云婆须蜜菩萨大士"集斯经已,入三昧定,如弹指顷,神升兜术。弥妒路、弥妒路刀利及僧伽罗刹适彼天宫,斯二三君子,皆次补处人也。弥妒路刀利者,光炎如来也。僧伽罗刹者,柔仁佛也。兹四大士集乎一堂,对扬权智,贤圣默然,洋洋盈耳,不亦乐乎!"④这些都说明道安对于弥勒净土情有独钟。

同卷又有《昙戒传》,对道安与其弟子于弥勒像前立誓,愿生兜率之事亦有记述:

> 释昙戒……废俗从道,伏事安公为师。……后笃疾,常诵弥勒佛名不辍口,弟子智生侍疾,问何不愿生安养,戒曰:"吾与和上等八人,同愿生兜率。和上及道愿等皆已往生,吾未得去,是故有愿耳。"言毕,即有光

① 《高僧传》卷五《道安传》,第183页。
② 《高僧传》卷五《道安传》,第179页。
③ 《出三藏记集》卷十《〈僧伽罗刹经〉序》,第374页。
④ 《出三藏记集》卷十《〈婆须蜜集〉序》,第375页。

照于身,容貌更悦,遂奄尔迁化……①

"安养"即弥陀净土。

《高僧传》卷五所记僧辅也应该是与道安一起于弥勒前立誓愿生兜率者。本传称:邺人僧辅,"学通诸论,兼善经法,道振伊洛,一都宗事"。后值西晋饥乱,与道安等隐于濩泽。后又憩荆州上明寺,"单蔬自节,礼忏翘勤,誓生兜率,仰瞻慈氏"。②

慧远倡导、弘扬的是弥陀净土信仰。《高僧传》卷六慧远本传记载:

> 彭城刘遗民、豫章雷次宗、雁门周续之、新蔡毕颖之、南阳宗炳、张莱民、张季硕等,并弃世遗荣,依远游止。远乃于精舍无量寿像前,建斋立誓,共期西方。乃令刘遗民著其文曰:"惟岁在摄提格,七月戊辰朔,二十八日乙未。法师释慧远,贞感幽奥,宿怀特发。乃延命同志息心贞信之士,百有二十三人,集于庐山之阴,般若台精舍阿弥陀像前,率以香华敬荐而誓焉。惟斯一会之众。夫缘化之理既明,则三世之传显矣;迁感之数既符,则善恶之报必矣。推交臂之潜沦,悟无常之期切;审三报之相催,知险趣之难拔。此其同志诸贤,所以夕惕宵勤,仰思攸济者也。盖神者可以感涉,而不可以迹求。必感之有物,则幽路咫尺;苟求之无主,则眇茫河津。今幸以不谋而佥心西境,叩篇开信,亮情天发,乃机象通于寝梦,欣欢百于子来。于是云图表晖,影侔神造,功由理谐,事非人运。兹实天启其诚,冥运来萃者矣,可不克心重精叠思以凝其虑哉。然其景绩参差,功德不一,虽晨祈云同,夕归攸隔。即我师友之眷,良可悲矣,是以慨焉。胥命整衿法堂,等施一心,亭怀幽极。誓兹同人,俱游绝域。其有惊出绝伦,首登神界,则无独善于云峤,忘兼全于幽谷,先进之与后升,勉思策征之道。然复妙觐大仪,启心贞照,识以悟新,形由化革。借芙蓉于中流,荫琼柯以咏言。飘云衣于八极,泛香风以穷年。体忘安而弥穆,心超乐以自怡。临三涂而缅谢,傲天宫而长辞。绍众灵以继轨,指太息以

---

① 《高僧传》卷五《昙戒传》,第204页。
② 《高僧传》卷五《僧辅传》,第195—196页。

为期。究兹道也,岂不弘哉。"①

和道安立誓往生弥勒净土相比,参与慧远立誓往生弥陀净土的人更多。这些人,一部分为慧远的弟子,亦有慧远的同门,其中有不少河南籍的人士。如慧永,河内(今河南沁阳)人,《高僧传》卷六本传谓其"厉行精苦,愿生西方"②。上述引文,很大部分是他们立誓时的誓文,表达了他们一心向往西方极乐世界的愿景。

北朝时期,河南的佛教净土信仰——弥勒信仰、弥陀净土信仰与维摩诘信仰逐渐地发展并流行起来,有关的资料与实物很多。这些资料与实物大体可分为两部分,一部分是传世文献所记,一部分是传世的各种造像(其中石刻造像居多,如石窟造像、摩崖造像与造像碑)与其题记。以下我们就通过这些资料与实物来考察北朝时期净土信仰在河南的流行情况。

首先是弥勒信仰的流行。

先看石窟造像的表现情况。古阳洞是洛阳龙门石窟之中开凿最早的洞窟,也是造像内容最丰富、造像题记保存最多的洞窟。我们先以它为例来进行考察。贺玉萍先生所著《北魏洛阳石窟文化研究》一书第八部分的题记汇录中共列出古阳洞之造像题记九十七条,其中明确称所像为弥勒的有二十六条,计:《长乐王丘穆陵亮夫人尉迟造弥勒像记》(太和十九年,495 年)、《高楚造弥勒像记》(太和廿二年,498 年)、《北海王元祥造弥勒像记》(太和廿二年,498 年)、《游激校尉司马解伯达造弥勒像记》(太和年间,477—499 年)、《云阳伯郑长猷造弥勒像记》(景明二年,501 年)、《比丘惠感造弥勒像记》(景明三年,502 年)、《尹爱姜等二十一人造弥勒像记》(景明三年,502 年)、《广川王祖母太妃侯造弥勒像记》(景明三年,502 年)、《广川王祖母太妃侯造弥勒像记》(景明四年,503 年)、《清信女贾元婴造弥勒像记》(景明四年,503 年)、《比丘惠乐造弥勒像记》(景明四年,503 年)、《魏僧通等造像题记》(永平三年,510 年)、《比丘尼法庆造弥勒像记》(永平三年,510 年)、《黄元德弟王奴等造弥勒像记》(永平四年,511 年)、《比丘尼法兴造弥勒像记》(永平四年,511 年)、《刘洛真兄弟造弥勒像记》(延昌元年,512 年)、《张师伯等十四人造弥勒像记》(延昌三年,514 年)、《法贵造像记》(延昌四年,515 年)、《比丘惠荣造弥勒像记》(熙平二年,517 年)、《武卫将军赫连儒造像记》(神龟元年,518 年)、《罗辉造弥勒像记》(神龟二年,519 年)、《比丘知因造弥勒像记》(神龟三年,520 年)、《赵阿欢等三十五人造弥勒像记》(神龟三年,520 年)、《为父母造弥勒尊像记》(正光年间,520—525 年)、《僧贤造像记》(孝昌元年,525 年)与《佛弟子长孙僧济造弥勒像记》(东魏天平二年,535 年)。①

另外,还有六条题记,文中说明所造并非弥勒像,但造像者发愿之中却又专门提及弥勒,如《高思乡等造释迦文像记》云:

> 正始元年十/一月四日清/信女高思/乡为亡子/符四品巨/生妻杨/
>
> 保胜为亡者/造释迦文像/一区愿使亡者/上生天上值/遇弥勒佛②

其余五条题记分别为《比丘慧成造石像记》(太和廿二年,498 年)、《比丘尼惠智造释迦像记》(永平三年,510 年)、《杜永安造无量寿佛记》(神龟二年,519 年)、《比丘尼僧达造释迦像记》(孝昌元年,525 年)与《安定王为女夫闾散骑造观世音像记》(约东魏天平二年至三年间,535—536 年)。③

九十七铺造像之中,造弥勒像有二十六铺之多,占四分之一强;九十七条题记之中,发愿涉及弥勒净土信仰的有三十二条,近乎三分之一。而且上述这些造像主的身份不一,代表广泛。其中既有皇族高官,亦有一般官员,还有普通僧尼、下层民众;既有家庭个体,亦有佛教民间社团集体。从古阳一洞即可窥见北朝河南弥勒净土信仰深入、普遍情况之一斑。

《八琼室金石补正》卷十二与卷十三分别收录有龙门山造像(题记)二十三段与九十八段。所谓龙门山即指今龙门石窟,我们再来考察龙门石窟这一百二十一段造像题记。其中明确提及所造为弥勒像的题记共有二十一条:《丘穆陵亮夫人题记》(即《长乐王丘穆陵亮夫人尉迟造弥勒像记》,太和十九

---

① 《北魏洛阳石窟文化研究》第八部分《题记汇录》,第 255—258、262—268、274、288 页。

② 《北魏洛阳石窟文化研究》第八部分《题记汇录》,第 258 页。

③ 《北魏洛阳石窟文化研究》第八部分《题记汇录》,第 255、263、268、274、289 页。

年,495年)、《高慧题记》(即《高楚造弥勒像记》,太和廿二年,498年)、《北海王元详题记》(即《北海王元祥造弥勒像记》,太和廿二年,498年)、《司马解伯达题记》(即《游激校尉司马解伯达造弥勒像记》,太和年间,477—499年)、《郑长猷题字》(即《云阳伯郑长猷造弥勒像记》,景明二年,501年)、《比丘惠感题记》(即《比丘惠感造弥勒像记》,景明三年,502年)、《广川王太妃侯为夫造像》(即《广川王祖母太妃侯造弥勒像记》,景明三年,502年)、《广川王太妃侯自造弥勒像记》(即《广川王祖母太妃侯造弥勒像记》,景明四年,503年)、《王史平吴合曹人题字》(正始二年,505年)、《比丘法转题记》(正始四年,507年)、《□泉寺道众题记》(永平元年,508年)、《尼法文法隆等题记》(永平二年,509年)、《尼法庆题记》(即《比丘尼法庆造弥勒像记》,永平三年,510年)、《比丘法兴题记》(即《比丘尼法兴造弥勒像记》,永平四年,511年)、《张□伯十四人题记》(即《张师伯等十四人造弥勒像记》,延昌三年,514年)、《比丘惠荣题记》(即《比丘惠荣造弥勒像记》,熙平二年,517年)、《罗辉题字》(即《罗辉造弥勒像记》,神龟二年,519年)、《比丘知因题字》(即《比丘知因造弥勒像记》,神龟三年,520年)、《尼法照题记》(正光四年,523年)、《比丘尼僧□题记》(即《僧贤造像记》,孝昌元年,525年)、《沙门惠诠等题记》(建义元年,528年)。①

此外,还有五条题记说明所造并非弥勒像,但造像者发愿之中专门提及弥勒:《杨小妃题记》(正始三年,506年)、《太中大夫安定王元燮题记》(正始四年,507年)、《杜永安题记》(即《杜永安造无量寿佛记》,神龟二年,519年)、《尼僧达题记》(即《比丘尼僧达造释迦像记》,孝昌元年,525年)、《宋景妃题记》(孝昌三年,527年)。②

一百二十一条题记之中,发愿涉及弥勒净土信仰的有二十六条,占五分之一强。由此也可以看出北朝河南弥勒净土信仰的普及状况。

再看弥勒信仰在佛教造像碑上的表现情况。传世的河南最早的一批佛教造像碑雕造于北魏宣武帝景明、正始年间（500—508 年），弥勒造像就出现在这些造像碑上。如现藏于辉县百泉碑廊的"皇甫德造像碑"，景明二年（501年）雕造，莲瓣形背屏式形制，碑之背面上部即刻有交脚弥勒菩萨。又如雕造于正始二年（505 年）的"尚齐八十人造像碑"，亦为莲瓣形背屏式形制，现藏美国圣路易斯美术馆。其背面上部即刻一以交脚弥勒菩萨为中心的坐佛带。而至北齐时期，传世的众多造像碑上，仍多有弥勒造像。如现存于偃师商城博物馆之北朝洛阳著名寺院平等寺之"韩永义造像碑""崔永仙造像碑""僧道略造像碑"与"冯翊王高润造像碑"，雕造于天统三年至武平三年（567—572年），其碑上均刻有弥勒造像，其中"冯翊王高润造像碑"之碑阳碑额与碑阴碑额两处都刻弥勒与二胁侍菩萨造像。这说明，自孝文帝迁都洛阳之后至北齐末年，弥勒净土信仰一直盛行于河南民间。

关于弥陀净土信仰的流行，前述道安、罗什之高足僧叡就非常虔诚地信仰弥陀净土。《高僧传》卷六本传记述：

> 初叡善摄威仪，弘赞经法，常回此诸业，愿生安养，每行住坐卧，不敢正背西方。后自知命尽，忽集僧告别，乃谓众曰："平生誓愿，愿生西方，如叡所见，或当得往，未知定免，狐疑成不。但身口意业，或相违犯，愿施以大慈，为永劫法朋也。"于是入房洗浴，烧香礼拜，还床向西方合掌而卒。是日同寺咸见五色香烟，从叡房出……①

僧叡的净土信仰在净土宗史上也颇有影响。唐法照之《净土五会念佛诵经观行仪》卷中即记述："昔长安叡法师、慧崇、僧显、慧通，近至后周实禅师、西河鸾法师等数百人，并生西方。"②其中"西河鸾法师"即谓上述昙鸾。

前述四论学派学者昙鸾在洛阳皈依弥陀净土信仰的转变过程也颇有戏剧性。

昙鸾早期"于《四论》《佛性》，弥所穷研。读《大集经》，恨其词义深密，难以开悟，因而注解。文言过半，便感气疾，权停笔功，周行医疗"，因而感到生命的重要性："命惟危脆，不定其常，《本草》诸经，其明正治。长年神仙，往往

---

① 《高僧传》卷六《僧叡传》，第 245 页。
② 《大正藏》第 85 册《净土五会念佛诵经观行仪》卷中，第 1244 页中。

间出,心愿所指,修习斯法。果克既已,方崇佛教,不亦善乎!"听说江南有陶隐居者,"方术所归,广博弘瞻,海内宗重,遂往从之"。当梁武帝问他来南朝的目的是什么的时候,昙鸾回答说:"欲学佛法,恨年命促减,故来远造陶隐居,求诸仙术。"①陶隐居其实是一道家,昙鸾既笃信佛法,又追求道家仙术以求生命长久。从陶隐居那里,昙鸾得道家仙方十卷。返回北土魏境后,在洛阳遇到了菩提留支法师。于是他们两人之间发生了一段很有趣的对话:

> 鸾往启曰:"佛法中颇有长生不死法,胜此土仙经者乎?"留支唾地曰:"是何言欤!非相比也。此方何处有长生不死法?纵得长年,少时不死,终更轮回三有耳。"即以《观经》授之,曰:"此大仙方,依之修行,当得解脱生死也。"鸾寻顶受,所赍仙方,并火烧之,自行化他,流靡弘广。②

"三有"谓欲界、色界、无色界。六道众生,各随所作善恶之业,即感善恶之报;因果不亡,故名为"有"——欲有、色有、无色有;与"三界"同义,"有"系因迷而得的迷果,三界即是迷界,故称"三有"。菩提留支在洛阳授昙鸾以《观经》,亦即《观无量寿经》,并对他说:"这是一个大仙方,你依此仙方修行,就可以解脱生死。"昙鸾顶礼受持,并将从南方带回的道家仙方烧掉,从此不但自己依照《观经》修行,而且还到处弘扬《观经》之弥陀净土信仰,并撰有著述。

昙鸾对于北朝弥陀净土信仰的发展,贡献是非常大的。虽然他皈依弥陀净土信仰之后的活动地域主要在今山西地区,但本传谓其声誉"名满魏都",著述"广流于世",③说明他的影响至少达于河南西、北部,而著作流行于魏境之内。

我们再来考察一下北朝时期洛阳地区弥陀净土信仰的流行情况。《北魏洛阳石窟文化研究》一书第八部分共汇录洛阳地区石窟造像题记三百零七条,其中明确称所造像为阿弥陀佛(无量寿佛)的有十二条,计:《清信女造像记》(龙门石窟0632龛,神龟元年,518年)、《杜永安造无量寿佛记》(古阳洞南壁,神龟二年,519年)、《公孙合妻公孙迴姬造无量寿佛像记》(火烧洞南

---

① 《续高僧传》卷六《昙鸾传》,第187—188页。
② 《续高僧传》卷六《昙鸾传》,第189页。
③ 《续高僧传》卷六《昙鸾传》,第189页。

壁,正光三年,522年)、《清信优婆夷李氏造无量寿像记》(魏字洞南壁,正光四年,523年)、《周天盖造无量寿像记》(魏字洞南壁,孝昌二年,526年)、《丁辟耶造无量寿像记》(魏字洞南壁,孝昌二年,526年)、《孙妙憙造无量寿像记》(魏字洞南壁,孝昌二年,526年)、《清信女黄法僧为亡姚造无量寿像记》(莲花洞北壁,孝昌三年,527年)、《段桃树造无量寿像记》(古阳洞北壁,永熙二年,533年)、《西天极乐佛造像记》(谢家庄石窟,西魏大统三年,537年)、《比丘道敬造像记》(巩义石窟后坑268龛下,北齐天统二年,566年)、《弟子□雅造阿弥陀像记》(路洞北壁,武平三年,572年)。①

说明所造虽非阿弥陀佛(无量寿佛)像,但发愿中要托生西方妙乐国土亦即西方极乐世界的题记还有十四条:《比丘惠合造释迦像记》(老君洞西壁,正始五年,508年)、《比丘尼法庆造弥勒像记》(古阳洞北壁,永平三年,510年)、《比丘尼惠智造释迦像记》(古阳洞北壁,永平三年,510年)、《黄元德弟王奴等造弥勒像记》(古阳洞西壁,永平四年,511年)、《佛弟子代妙姬造像记》(古阳洞西壁,延昌二年,513年)、《比丘尼道□造释迦像记》(火烧洞南壁,正光五年,524年)、《清信女宋景妃造释迦佛像记》(莲花洞北壁,孝昌三年,527年)、《杨大昇造像记》(巩义石窟第五窟门道,东魏天平三年,536年)、《清信士佛弟子□造像记》(巩义石窟第五窟外壁,天平三年,536年)、《比丘尼道显造释迦像记》(普泰洞南壁,天平四年,537年)、《崔宾先造像记》(巩义石窟后坑崖,北齐天保二年,551年)、《沙弥道荣造像记》(巩义石窟后坑崖,天保二年,551年)、《比丘惠育造像记》(巩义石窟后坑崖,天保二年,551年)、《梁弼造像记》(巩义石窟第一窟外壁,天保八年,557年)。② 两项合计约占总题记数的十二分之一强。由此可见北朝时期河南弥陀净土信仰的普及情况。

关于维摩诘信仰,由于史料的缺乏,魏晋时期的情况不详。但从北魏以迄齐、周,在北方的僧众与上层社会中,维摩诘信仰已经相当普遍,由此推测,

---

① 《北魏洛阳石窟文化研究》第八部分《题记汇录》,第266、268、272、275—277、284、291、297—298页。

② 《北魏洛阳石窟文化研究》第八部分《题记汇录》,第261—263、265、272、277、289—291、293—295页。

至晚从十六国时起,维摩诘信仰就开始兴起。

根据《高僧传》《续高僧传》记载,当时,众多僧人讲说、诵读、注疏《维摩诘经》,如慧静、慧光、道辩、僧范、昙遵、惠顺、灵询、法上、昙迁、灵裕等,他们当时在中原河南活动时都曾宣传过维摩诘信仰:

慧静,"少游学伊洛之间,晚历徐兖……诵《法华》《小品》,注《维摩》《思益》……多流传北土,不甚过江"①。慧光,"其《华严》《涅槃》《维摩》《十地》《地持》等,并疏其奥旨,而弘演导"②。道辩,"但注《维摩》《胜鬘》《金刚般若》,《小乘义章》六卷,《大乘义》五十章及《申玄照》等行世"③。僧范,"讲《华严》《十地》《地持》《维摩》《胜鬘》,各有疏记;复变疏引经,制成为论"④。昙遵,"后少觉有疾,便坐诵《维摩》《胜鬘》,卷了命终,卒于邺下,时年八十有五"⑤。惠顺,"讲《十地》《地持》《华严》《维摩》,并立疏记"⑥。灵询,"虽博知群籍,而擅出《维摩》,兼有疏记"⑦。法上,"后潜林虑上胡山寺,诵《维摩》《法华》,财浃二旬,两部俱度。因诵求解,还入洛阳,博洞清玄,名闻伊洛"⑧。昙迁,"遂窜形林虑山黄花谷中净国寺,蔬素覃思,委身以道,有来请问,乍为弘宣。研精《华严》《十地》《维摩》《楞伽》《地持》《起信》等,咸究其深赜"⑨。灵裕,"自年三十,即存著述。初,造《十地疏》四卷,《地持》《维摩》《波若》疏各两卷……《往生论》《上、下生》《遗教》等诸经各为疏记……"⑩

在孝文帝迁都洛阳之后,上层社会之中,从皇帝到皇族,再到大臣,崇信、讲说、诵读、注疏《维摩诘经》也蔚然成风。关于上层社会崇信、讲说、诵读、注疏《维摩诘经》的情况,可以从以下三个事例中窥见:

例一,宣武帝讲说《维摩诘经》。《魏书·世宗纪》记载:

---

① 《高僧传》卷七《慧静传》,第 270 页。
② 《续高僧传》卷二十二《慧光传》,第 822 页。
③ 《续高僧传》卷六《道辩传》,第 194 页。
④ 《续高僧传》卷八《僧范传》,第 254 页。
⑤ 《续高僧传》卷八《昙遵传》,第 256 页。
⑥ 《续高僧传》卷八《惠顺传》,第 257 页。
⑦ 《续高僧传》卷八《灵询传》,第 259 页。
⑧ 《续高僧传》卷八《法上传》,第 260 页。
⑨ 《续高僧传》卷十八《昙迁传》,第 661 页。
⑩ 《续高僧传》卷九《灵裕传》,第 317 页。

（永平二年十一月）己丑，帝于式乾殿为诸僧、朝臣讲《维摩诘经》。①

是为宣武帝讲说《维摩诘经》。此事，唐之法琳所撰《辩正论·十代奉佛篇》中亦有记载：

> 魏世宗宣武皇帝，讳恪，于式乾殿为诸僧、朝臣讲《维摩经》。喜怒不形，雅爱经史，尤长释义。②

例二，皇族诵读《维摩诘经》。《辩正论·十代奉佛篇》记载：

> 魏淮阳王尉、魏河东王苟、魏东阳王丕、魏淮南王他。尉、苟、丕、他并容貌壮伟，大耳秀眉。四十年中三长月六守斋，持戒无替。于时诵《维摩经》，造法王寺。年耆望重，负杖来朝。然丕又声气高朗，博记国事，问无不知。及享宴之际，恒居端坐。每与王公、学士、大德、名僧研味佛理，抗音大言，谓众人曰："佛教冲洽，非儒、墨者所知。"③

例三，大臣讲说、注疏《维摩诘经》。《魏书·崔光传》记载：

> （崔光）崇信佛法，礼拜读诵，老而愈甚，终日怡怡，未曾恚忿。……每为沙门朝贵请讲《维摩》《十地经》，听者常数百人，即为二经义疏三十余卷。识者知其疏略，以贵重为后坐疑于讲次。④

与弥勒信仰、弥陀净土信仰一样，维摩诘信仰在民间各阶层的表现形式亦主要是造像以建功德，这一点在龙门石窟中也非常突出。根据张乃翥先生的勘察统计，龙门石窟中以《维摩诘经》为题材的维摩变造像，现存一百二十九铺。数量之多，堪称国内石窟之最。他还说，若考虑普泰洞、火烧洞的损毁，推测原应多于此数。⑤ 龙门石窟的维摩变造像，大致有这么几个特点：

其一，建造时间。龙门石窟的维摩变造像，始于孝文帝迁洛前后，盛于宣武、孝明二世，而东魏、北齐虽有继作，然已退居极次要的地位。按张乃翥先生的说法，龙门的维摩变造像活动正与北朝对石窟的经营沿着平行的曲线发展。

---

① 《魏书》卷八《世宗纪》，第 209 页。
② 《中华藏》第 62 册《辩正论》卷三《十代奉佛篇上》，第 498 页中。
③ 《中华藏》第 62 册《辩正论》卷四《十代奉佛篇下》，第 516 页下。
④ 《魏书》卷六十七《崔光传》，第 1499 页。
⑤ 张乃翥：《龙门石窟维摩变造像及其意义》，《中原文物》1982 年第 3 期，第 40—45 页。

其二,表现内容。《维摩诘经》共十四品,如果将该经的每一品内容都用经变图画的形式表现出来,大体上可以绘出十四幅之多。但在龙门石窟现存的维摩变造像中,以《维摩诘经》第五品《文殊师利问疾品》为主题的造像数量最多,表现形式为维摩与文殊对坐说法,大多刻在龛内主尊背光的两侧,或龛外上方龛楣的左右侧角。张乃翥先生认为,这是因为在《问疾品》中,佛经通过文殊前往问疾时与维摩的论辩,极力烘托了维摩居士那能言善辩、法力无边的精神逸致,突出了这一居士人物在佛法面前的优越地位,因而在魏晋以来盛行玄学清谈的社会条件下,它就更能适应门阀士族阶级的精神需要。

其三,艺术形象。在龙门石窟,从古阳洞早期造像开始,维摩居士无一不被描绘为褒衣博带、麈尾在握的形象。褒衣博带,即宽袍阔带,为汉族服装,乃古代儒生装束。麈尾,南宋人吴曾所撰《能改斋漫录》卷二"麈尾"条载:"释藏《音义指归》云:'名苑曰:鹿之大者曰麈。群鹿随之,皆看麈所往,随麈尾所转为准。'今讲僧执麈尾拂子,盖象彼有所指麾故耳。"①这是说麈尾乃僧人之物。其实,魏晋以降,麈尾亦为当时士人所喜爱见重,执掌麈尾成为一种身份、做派的标志。所以,维摩的褒衣博带、麈尾在握的形象,乃是按照当时社会生活中典型的门阀士族阶级人物的标准塑造出来的,也是当时士人心目中理想人物所表现出的超然不凡、仪态雍容气质的化身。究其根源,正如张乃翥先生所说,它是迁都洛阳前后北朝统治集团在民族融合的过程中,朝着汉化方向急剧发展这一历史现象在宗教艺术中的突出反映。

何剑平先生还注意到龙门石窟的一些维摩变造像中出现了维摩诘"侍女"的形象,他说:"由于'侍女'形象的加入,维摩诘这一宗教形象有了现实生活的意义,或具有摹拟北魏上层人物生活的情况,这是维摩大士进入社会生活的一个先兆。"他还说:龙门石窟的"维摩诘造像是以附属像或侍协像的表现形式出现的,它除了与释迦主像搭配外,还与无量寿佛、弥勒佛、观音菩萨等主像搭配。"②

关于阿閦净土信仰,与上述弥勒信仰、弥陀净土信仰与维摩信仰流行、兴

---

① (宋)吴曾撰:《能改斋漫录》卷二,上海:上海古籍出版社1979年版,第36页。
② 何剑平著:《中国中古维摩诘信仰研究》,成都:巴蜀书社2009年版,第183页。

盛的情景相比,北朝民众对此净土信仰显得颇为冷漠,似乎忽略了阿閦净土信仰的存在。现存的北朝各种石刻造像及造像题记,鲜有阿閦净土信仰的踪影。关于这种现象产生的原因,圣凯法师多有论述。①

最后,特别值得提出的是,由于当时多种净土信仰流传,一些僧人虽然信仰净土,但并不像道安、昙戒、慧远那样专心于某种净土,最典型的莫如慧光。《续高僧传》本传记载:"光常愿生佛境,而不定方隅,及气将欲绝,大见天宫来下,遂乃投诚安养,溘从斯卒。"②"常愿生佛境,而不定方隅",说明慧光的净土信仰观念比较开放,只要是"佛境",即可往生,没有"方隅"之限。还有北齐僧真玉一例。《续高僧传》本传记述:"(真玉)生来结誓,愿终安养,常令侍者读经,玉必跪坐,合掌而听。忽闻东方有净莲华佛国,庄严世界,与彼不殊,乃深惟曰:'诸佛净土,岂限方隅?人并西奔,一无东慕,用此执心,难成回向。'便愿生莲华佛国,晓夕勤到,誓不久留。"③真玉之"诸佛净土,岂限方隅"与慧光之"常愿生佛境,而不定方隅"如出一辙。

而在民间,相当一部分普通民众更是多种净土信仰混合在一起,如《比丘尼惠智造释迦像记》即云:

> 永平三年十一月廿九日,比丘尼惠智为七世父母所生父母造释迦像一区。愿使托生西方妙乐国土,下生人间公主、长者,永离三途;又愿生平安遇,与弥勒俱生莲华下三会说法。一切众生普同斯愿。④

一篇造像发愿文中,虔诚地提出两愿:一愿"托生西方妙乐国土",又愿"与弥勒俱生莲华下三会说法"。类似的题记俯拾皆是。

兴盛于北朝时期的佛教造像碑,是形象反映当时民间佛教信仰情况的实物例证。现存河南博物院、雕造于北齐武平三年(572 年)的"佛时寺四面造像碑",其上的造像可谓人物繁多,琳琅满目:碑身正面上层一龛内雕交脚弥勒与二弟子四菩萨,中层一龛内雕释迦佛与二弟子二菩萨,下层一龛内雕阿

---

① 圣凯:《四大净土比较研究》,戒幢佛学教育网。
② 《续高僧传》卷二十二《慧光传》,第 823 页。
③ 《续高僧传》卷六《真玉传》,第 213 页。
④ 《北魏洛阳石窟文化研究》第八部分《题记汇录》,第 263 页。

弥陀佛与四弟子二菩萨。背面上龛内刻佛传故事"九龙浴太子",其中还有手持净瓶的观音菩萨;中龛内刻思惟菩萨与二弟子二菩萨;下龛内刻释迦、多宝二佛并坐。左侧面上龛内雕弥勒、观音双尊结跏趺坐,两旁侍立二胁侍菩萨;中龛普贤菩萨与二弟子二菩萨,普贤结跏趺坐于六牙白象上;下龛无量寿佛与二弟子二菩萨,主尊结跏趺坐。右侧面上龛内刻维摩经变;中龛内刻涅槃变;下龛内刻药师佛与四菩萨①。这座造像碑上的造像表现,几乎囊括了当时所有的佛教信仰,既有前述的诸净土信仰,又有下面将要叙述的法华信仰。

## 第二节　北朝时期河南法华信仰的兴起

### 一、法华信仰的经典基础——《法华经》

法华信仰是佛教信徒基于《法华经》的内容所产生的信仰。广义上说,法华信仰亦是一种净土信仰。

《法华经》是大乘的重要经典之一,一般谓其全称《妙法莲华经》。为什么以"法华""妙法莲华"为名,鸠摩罗什的弟子僧叡曾解释说:

> 法华经者,诸佛之秘藏,众经之实体也。以华为名者,照其本也;称芬陀利者,美其盛也。所兴既玄,其旨甚婉;自非达识传之,罕有得其门者。夫百卉药木之英,物实之本也;八万四千法藏者,道果之原也,故以喻焉。

> 诸华之中,莲华最胜,华尚未敷,名屈摩罗;敷而将落,名迦摩罗;处中盛时,名芬陀利。未敷喻二道,将落譬泥洹,荣曜独足以喻斯典,至如般若诸经,深无不极,故道者以之而归;大无不该,故乘者以之而济;然其大略,皆以适化为大;应务之门,不得不以善权为用。权之为化,悟物虽弘,于实体不足,皆属法华,固其宜矣。寻其幽旨,恢廓宏邃,所该甚远,岂徒说实归本,毕定殊涂而已耶?乃实大明觉理,囊括古今。②

简而言之,"妙法",意为该经所说一乘实相之理为微妙无上之深奥教法;"莲

---

① 《河南佛教石刻造像》,第276—283页。
② 《中华藏》第15册《妙法莲华经》之《〈妙法莲华经〉后序》,第596页上。

华"即莲花,莲花乃花、果同时,以此比喻《法华经》之妙法系权实一体。其实,依世亲所造法华经论,举出《法华经》之十七种异名,以显示该经之微妙与不可思议,如"无量义经""大方广经""一切诸佛大巧方便经""说一乘经""能生一切诸佛经"等,而"妙法莲华经"之名仅为其一。

学者们根据《法华经》的有关内容认为,《法华经》起源是比较早的,在1世纪前后即已形成,此时正当大乘产生的初期。但初期《法华经》并不完备,以后随着印度大乘佛教的不断发展而逐步增加其内容,最终完成于1世纪末或2世纪初,①经历了百年左右的完善过程。

根据《开元录》的记载,《法华经》"前后六译,三存三阙"②。三阙译本为:《(正)法华三昧经》六卷,吴支彊良接译;《萨芸芬陀利经》六卷,西晋竺法护译;《方等法华经》五卷,东晋支道根。③ 三存译本为:《妙法莲华经》八卷二十八品,或七卷,姚秦鸠摩罗什译;《正法华经》十卷,或云《方等正法华(经)》,或七卷,西晋竺法护译;《(添品)妙法莲华经》七卷二十七品,或八卷,隋阇那崛多与达摩笈多译。④

《中华大藏经》中收藏有鸠摩罗什所译《妙法莲华经》(七卷二十八品)、竺法护所译《正法华经》(十卷二十七品)与阇那崛多共笈多所译《添品妙法莲华经》(七卷二十七品)。⑤ 三个译本中,历代学者与佛教徒公认罗什所译《妙法莲华经》的水平最高,因而后世流行最广,影响也最大。唐之道宣作《〈妙法莲华经〉弘传序》即说:"三经重沓,文旨互陈。时所宗尚,皆弘秦本,自余支品、别偈,不无其流。"⑥

《法华经》的主旨是"会三归一"。"会"者,会合、会通;"三"者,三乘,即声闻乘、缘觉乘、菩萨乘;"归"者,归入、趣向;"一"者,一乘,即菩萨乘,亦即佛乘。大乘佛教认为,佛陀一生演说正法,无论就演说之时间先后而言,亦或就

---

① 参见高振农:《〈法华经〉在中国的流传概述》,弘善佛教网;潘桂明、吴忠伟著:《中国天台宗通史》,南京:凤凰出版社2008年版,第20页。

② 《中华藏》第55册《开元录》卷十四,第307页中。

③ 《中华藏》第55册《开元录》卷十四,第307页上—中。

④ 《中华藏》第55册《开元录》卷十一,第234页上。

⑤ 《中华藏》第15册《目录》。本册中还保存有《萨昙分陀利经》一卷,署"失译,附西晋录"。

⑥ 《中华藏》第15册《妙法莲华经》之《〈妙法莲华经〉弘传序》,第507页下。

演说之对象根性而言,均有方便说、究竟说之分。在方便说中,佛陀提出了声闻乘与缘觉乘。声闻乘,亦即四谛法门,以观苦、集、灭、道四谛之理而出离生死达到涅槃为修习目标;缘觉乘,又称辟支佛乘,亦即十二因缘法门,以观十二因缘之理而知人生痛苦根源,以期于一向一果中入于涅槃。而究竟说中,佛陀提出的是菩萨乘,亦即佛乘,以悲智六度法门为乘,运载众生,总越三界三乘之境,达无上菩提大般涅槃彼岸。三乘之中,声闻、缘觉二乘系应未熟之机根而设,唯佛乘是真实圆满的,故最终声闻、缘觉二乘趣归佛乘,三乘会通为一乘,此即为"会三归一"。如经中所言:"初说三乘引导众生,然后但以大乘而度脱之。何以故?如来有无量智慧力无所畏诸法之藏,能与一切众生大乘之法,但不尽能受。……以是因缘,当知诸佛方便力故,于一佛乘分别说三。"①其中"但不尽能受"是说众生因为根机的差异,起初无法一下子完全理解并接受大乘之法。在这种情况下,佛陀只能以浅显易懂的譬喻方便权说三乘,以此诱导众生,但最终仍然要以一乘真实佛法来度脱众生。

《法华经》为达"会三归一"的主旨,不仅以莲华比喻而立经名,而且以"开权显实"的方法来进行阐释。"开"者,开拓、开辟、打开;"权"者,权说、权设、权宜、方便、譬喻;"显"者,显示、显现、显明;"实"者,实相、真实,亦即一佛乘、一切种智。如经中所云:"知诸众生有种种欲,深心所著,随其本性,以种种因缘、譬喻言辞、方便力而为说法。……如此皆为得一佛乘、一切种智故。"②这里所谓的"随其本性,以种种因缘、譬喻言辞、方便力而为说法"即为"开权",而"一佛乘、一切种智"即为所显之实相。以"开权显实"而达"会三归一",就是开三乘之权说,显一乘之实相,亦或曰会通三乘之方便,归入一乘之真实。在这方面,《法华经》堪称善于利用浅显譬喻阐明大乘法门重要观点,帮助信众了解深奥玄妙佛法义理的典范。全经二十八品中,处处使用譬喻,其中最为人们所熟知的,即"法华七喻":"火宅喻",又作"三车喻",出自经中《譬喻品》;"穷子喻",出自经中《信解品》;"药草喻",出自经中《药草喻品》;"化城喻",出自经中《化城喻品》;"衣珠喻",出自经中《五百弟子授记品》;"髻珠

---

① 《中华藏》第 15 册《妙法莲华经》卷二《譬喻品》,第 523 页中。
② 《中华藏》第 15 册《妙法莲华经》卷一《方便品》,第 515 页上。

喻",出自经中《安乐行品》;"医子喻",出自经中《如来寿量品》。

《法华经》除"会三归一"主旨之外,还有很多重要的思想,如"开近显远""开迹显本"之佛陀观,菩萨行与一切众生皆当成佛,以及随应众生机缘差别而显示相应化身而为说法救度的观念,都深深地吸引了中国古代的民众。

在大乘佛教看来,《法华经》的作用是非常大的。依经中佛陀所言:

> 此经能救一切众生者,此经能令一切众生离诸苦恼,此经能大饶益一切众生,充满其愿。如清凉池能满一切诸渴乏者,如寒者得火,如裸者得衣,如商人得主,如子得母,如渡得船,如病得医,如暗得灯,如贫得宝,如民得王,如贾客得海,如炬除暗;此《法华经》亦复如是,能令众生离一切苦、一切病痛,能解一切生死之缚。①

因此,在大乘佛教诸经典中,《法华经》的地位非常高。经中《药王菩萨本事品》有佛陀的一段评价,称:

> 譬如一切川流江河诸水之中,海为第一;此《法华经》亦复如是,于诸如来所说经中,最为深大。又如土山、黑山、小铁围山、大铁围山及十宝山,众山之中须弥山为第一;此《法华经》亦复如是,于诸经中最为其上。又如众星之中,月天子最为第一;此《法华经》亦复如是,于千万亿种诸经法中,最为照明。又如日天子能除诸暗,此经亦复如是,能破一切不善之暗。又如诸小王中,转轮圣王最为第一;此经亦复如是,于众经中最为其尊。又如帝释,于三十三天中王;此经亦复如是,诸经中王。又如大梵天王,一切众生之父;此经亦复如是,一切贤圣学无学,及发菩萨心者之父。又如一切凡夫人中,须陀洹、斯陀含、阿那含、阿罗汉、辟支佛为第一;此经亦复如是,一切如来所说,若菩萨所说,若声闻所说,诸经法中最为第一,有能受持是经典者,亦复如是,于一切众生中亦为第一。一切声闻、辟支佛中,菩萨为第一;此经亦复如是,于一切诸经法中最为第一。如佛为诸法王,此经亦复如是,诸经中王。②

---

① 《中华藏》第15册《妙法莲华经》卷六《药王菩萨本事品》,第583页上。
② 《中华藏》第15册《妙法莲华经》卷六《药王菩萨本事品》,第582页下—583页上。

在《提婆达多品》中亦有与"诸经中王"相类似的评价——"诸经中宝"①。

道宣亦说:"自汉至唐六百余载,总历群籍,四千余轴,受持盛者,无出此经。"②由此可见《法华经》影响之大。

正因为《法华经》的影响之大,从南北朝时期开始,基于《法华经》的内容所产生的法华信仰开始发展起来。法华信仰的表现较多,主要有多宝佛信仰与观音信仰。

## 二、多宝佛信仰

多宝佛,又作宝胜佛、大宝佛、多宝如来。其事迹见于《法华经》卷四《见宝塔品》。多宝佛为东方宝净世界之教主,过去无量千万亿劫前已经灭度。依娑婆世界释迦摩尼世尊所称,此佛行菩萨道时,即已作大誓愿,谓其成佛灭度之后,以神通愿力,凡十方国土诸佛宣说《法华经》时,必全身不散如入禅定一般安详自在地坐于宝塔内之狮子座上,从地涌出而示现于诸佛面前,赞叹《法华经》,为《法华经》之真实不虚义作证明。

多宝所坐之佛塔为七宝之塔,由种种无价宝物庄严装饰——在塔的四周,有五千栏杆,有千万龛室,还有亿万璎珞、宝铃悬挂其上;塔之四面皆发出多摩罗跋栴檀香气味,遍满整个世界;塔上的幡盖,以七种宝物合成,高耸可达四大天王的宫殿。从三十三天降下如雨一般的曼陀罗花来供养此塔,十方世界千万亿众,皆用其所有的华香、璎珞、幡盖、伎乐来供养此塔,恭敬、尊重、赞叹此塔。

在十方世界百千亿那由他恒河之沙数那么多的国土宣说《法华经》来教化众生的诸佛,都是释迦摩尼佛的分身化现之佛。为满足十方分身诸佛欲见多宝如来法相,释迦摩尼世尊遂召集他们来娑婆世界本处供养多宝如来宝塔。当所分身诸佛悉已来集,释迦摩尼世尊即以右手指开启七宝佛塔门户。此时,所有在场的四众不但看到了佛身完整的多宝如来安坐于宝塔之中狮子

---

① 《中华藏》第15册《妙法莲华经》卷四《提婆达多品》,第555页上。
② 《中华藏》第15册《妙法莲华经》之《〈妙法莲华经〉弘传序》,第508页上。

座上,也听到了多宝如来发出的催促释迦摩尼佛赶快宣说《法华经》的言语,莫不慨叹这从未有过的景象!纷纷以各种天宝、天花散在多宝、释迦二佛身上。

多宝如来在宝塔中,将他所坐的狮子座让出一半,并说:"释迦摩尼佛!你可以坐到这个狮子座上。"于是,释迦摩尼就进入多宝佛塔之中,结跏趺坐于半座之上。这时,大众看见两位如来并排结跏趺坐在七宝塔内的狮子座上,这显示诸佛皆为成就度化众生而示现于世间。此时,释迦摩尼佛不但以神通之力令大众全部安住于虚空之中,而且又以洪亮的声音普告四众说:"谁能在此娑婆世界中广说《妙法莲华经》?现在正当此时。因为我不久将入涅槃,我想把这部《妙法莲华经》嘱托于有缘之众生!"其意在劝说后世众生当于佛灭度之后,继续受持、读诵、演说、书写《法华经》,充分表现了大乘对《法华经》的重视。正如《见宝塔品》末之偈言所称:

告诸大众,我灭度后,谁能护持,读说斯经?

今于佛前,自说誓言,其多宝佛,虽久灭度,以大誓愿,而师子吼。

多宝如来,及与我身,所集化佛,当知此意。

诸佛子等,谁能护法?当发大愿,令得久住。

其有能护,此经法者,则为供养,我及多宝。

此多宝佛,处于宝塔,常游十方,为是经故,亦复供养,诸来化佛。

庄严光饰,诸世界者,若说此经,则为见我,多宝如来,及诸化佛。

诸善男子,各谛思惟,此为难事,宜发大愿。

……若佛灭后,于恶世中,能说此经,是则为难。

……于我灭后,若自书持,若使人书,是则为难。

……佛灭度后,于恶世中,暂读此经,是则为难。

……我灭度后,若持此经,为一人说,是则为难。

……于我灭后,听受此经,问其义趣,是则为难。

……于我灭后,若能奉持,如斯经典,是则为难。

我为佛道,于无量土,从始至今,广说诸经,而于其中,此经第一,若有能持,则持佛身。

诸善男子,于我灭后,谁能受持,读诵此经?今于佛前,自说誓言。

此经难持,若暂持者,我则欢喜,诸佛亦然。

如是之人,诸佛所叹,是则勇猛,是则精进,是名持戒,行头陀者,则为疾得,无上佛道。

能于来世,读持此经,是真佛子,住纯善地。

佛灭度后,能解其义,是诸天人,世间之眼。

于恐畏世,能须臾说,一切天人,皆应供养。①

以上即为多宝佛信仰的经典依据。那么北朝时期河南民间多宝佛信仰的表现情况与流行情况如何呢?

笔者统计了八十余通传世的河南北朝时期的佛教造像碑,其上有多宝佛造像的有下列十七通:

牛伯阳造像碑,原存地不详,北魏宣武帝景明元年(500 年)雕造,其背面顶部刻释迦、多宝二佛并坐。

张难扬造像碑,出土地不详,景明四年(503 年)雕造,其背面顶部刻释迦、多宝二佛并坐。

道晗造弥勒像碑,出土于荥阳,孝明帝孝昌元年(525 年)雕造。其碑阴顶部并列雕五龛。中龛内多宝、释迦二佛并坐,施无畏与愿印。

释迦多宝造像碑,原存地沁阳,节闵帝普泰元年(531 年)雕造。其正面雕释迦、多宝二佛并坐,施触地印。以释迦、多宝二佛为造像碑之主题材,河南现存北朝造像碑中仅此一例。

道俗九十人造像碑,原存地沁阳,东魏孝静帝武定元年(543 年)雕造。其碑阴之碑额处浅浮雕一尖楣圆拱龛,内刻释迦、多宝二佛并坐。

杜氏等造像碑,出土于禹州,武定八年(550 年)雕造。其碑阴之碑身上下雕两龛,上龛内刻释迦、多宝二佛并坐。

北周村造像碑,原存地荥阳,北魏晚期至东魏时造立。其碑阳之碑额正中一圆拱形龛,内刻释迦、多宝二佛并坐。

---

① 《中华藏》第 15 册《妙法莲华经》卷四《见宝塔品》,第 553 页中—554 页上。

赵庆祖造像碑,出土于洛阳,北齐文宣帝天保五年(554年)雕造。其碑阳之碑身造像三层,上层并列三龛,中龛内释迦、多宝二佛并坐;中层造像中又刻有一宝塔,内有释迦、多宝二佛并坐。

刘碑寺造像碑,现位于登封,天保八年(557年)雕造。其碑阴之碑额处一尖楣圆拱龛内有释迦、多宝二佛并坐,座侧有二弟子,其外又各雕一辟支佛,其下刻二供养菩萨。

洛阳四面造像碑,早年于洛阳征集,北齐时造,为一佛道合一像碑。碑之右侧面上部一圆拱形龛内刻释迦、多宝二佛并坐,两侧各有一弟子一菩萨。

佛时寺四面造像碑,原存浚县,此地曾属滑县。武平三年(572年)雕造。其碑阴之下龛内刻释迦、多宝二佛并坐,施禅定印。

宋始兴造像碑,原存登封,武平七年(576年)造立。其碑阴之碑额正中有一龛,内刻释迦、多宝二佛并坐。碑阳之碑身正中雕一大龛,龛上部有二飞天簇拥一覆钵式七宝塔,塔身上有两小龛,内各一坐佛,似亦为释迦、多宝二佛。

嵩阳书院造像碑,出土地不详,现存登封,北齐时造立。其右侧面下龛内为释迦、多宝二佛并坐像。

丁朗俊造像碑,出土于新郑,北齐时雕立。其碑身下部正中雕一大龛,龛上方中央刻一以莲瓣为座的七宝塔,塔上菩提树枝叶茂密,塔左右立释迦、多宝二佛,手指宝塔,二佛旁各有弟子、菩萨五身。

北齐四面造像碑,原存地不详,北齐时所造。碑阳之碑身上下雕三龛,中龛由双株菩提树组成,内刻释迦、多宝二佛并坐,裙褶繁缛重叠。龛柱外立二弟子。

陈光四面造像碑,出土于禹州,北齐时所造。其右侧面龛内刻释迦、多宝二佛并坐。

灵山寺四面造像碑,原在淇县,北齐时所造。其右侧面下龛内为释迦、多宝二佛并排结跏趺坐像。

上述十七通造像碑上有关多宝佛信仰的造像绝大多数表现为释迦、多宝二佛并坐。而从雕造的时间上来看,自北魏宣武帝景明年间一直延续到北齐末年;从所在的地域来看,涉及今河南中部、西部、北部诸地。这说明北朝一

## 三、观音信仰

观音,观世音之简称。在大乘佛教中,观音是一位"菩萨"。其名号又作光世音菩萨、观自在菩萨、观世自在菩萨、观世音自在菩萨、现音声菩萨等,别称救世菩萨、圆通大士等。之所以称"观世音",是说世上之众生凡遇苦难,诵其名号,其即时观其音声而前往拯救;又称"观自在",是说其处于理事无碍之境,观达自在。

在中国民众对于佛教的了解之中,观音大概属于最为人们所熟悉的菩萨之一。"菩萨"乃是大乘佛法之救世宏愿的笃行者,世人之所以非常熟悉观音,就是因为他是一位以慈悲救济众生为本愿、随时随地解救众生于危难困苦之中的菩萨,其身上尤为凸显了菩萨的救世精神,民众由此对他产生了强烈、真挚而诚笃的信仰。正如孙昌武先生所说:"从一定意义说,观音在中国民众心目中的地位不下于甚至超越佛陀。流传广远而又十分普及的观音信仰乃是中国民众佛教信仰的典型体现。"①

根据学者们的研究,观世音信仰起源于古代南印度海滨地区。孙昌武先生说:"比较谨慎合理的推测是,观音信仰起源于南印海滨地区,本是具有海上守护神品格的菩萨。在后来关于他的传说中,也有不少海上救护的故事。"②李利安先生亦说:"自古相传的在印度大陆南端解救'黑风海难'和'罗刹鬼难'的信仰,成为观音信仰的主要来源。"③

现存汉译佛教经典中,最早出现"观音"名号的佛经为《成具光明经》,译者为后汉支曜。《出三藏记集》卷二记载:"《成具光明经》,一卷,或云《成具光明三昧经》,或云《成具光明定慧经》。右一部,凡一卷。汉灵帝时,支曜译出。"④《高僧传》中,《成具光明经》记为《成具定意(经)》⑤,《中华大藏经》中

---

① 《中国佛教文化史》第二册,第795页。
② 孙昌武著:《中国文学中的维摩与观音》,北京:高等教育出版社1996年版,第78页。
③ 李利安著:《观音信仰的渊源与传播》,北京:宗教文化出版社2008年版,第76页。
④ 《出三藏记集》卷二《新集撰出经律论录》,第27页。
⑤ 《高僧传》卷一《支曜传》,第11页。

记为《佛说成具光明定意经》。该经在罗列诸来听佛说法的"明士"中，最后一位名"观音"①。但这位"观音"是否就是我们现在正在考察的观世音菩萨，因经中没有叙述其任何言行事迹，所以无法确定。此外，《中华大藏经》中又有失译附后汉录之《大方便佛报恩经》，其卷一所列菩萨名号中，第一名位即是"观世音菩萨"②。但根据方一新先生等从语汇、语法两方面的考辨，《大方便佛报恩经》的"时代不会早于东晋"③。此经中仍未有观世音菩萨的事迹。曹魏时期，康僧铠在河南译出《无量寿经》，经中云：

> 佛告阿难："彼国菩萨皆当究竟一生补处，除其本愿为众生故，以弘誓功德而自庄严，普欲度脱一切众生。阿难！彼佛国中诸声闻众身光一寻，菩萨光明照百由旬。有二菩萨最尊第一，威神光明普照三千大千世界。"阿难白佛："彼二菩萨其号云何？"佛言："一名观世音，二名大势至。是二菩萨于此国土修菩萨行，命终转化生彼佛国……"④

观世音菩萨事迹的记述在《无量寿经》中开始出现。依现存的资料来看，把观世音的事迹首次比较完整地介绍到汉地的当属西晋之竺法护所译《正法华经》。据《出三藏记集》卷八所保存的《〈正法华经〉记》与《〈正法华经〉后记》两文记载：

> 太康七年八月十日，燉煌月支菩萨沙门法护手执胡经，口宣出《正法华经》二十七品，授优婆塞聂承远⑤、张仕明、张仲政共笔受，竺德成、竺文盛、严威伯、续文承、赵叔初、张文龙、陈长玄等共劝助欢喜。九月二日讫。天竺沙门竺力、龟兹居士帛元信共参校，元年二月六日重覆。又元康元年，长安居士孙伯虎以四月十五日写素解。⑥

> 永熙元年八月二十八日，比丘康那律于洛阳写《正法华品》竟。时与清戒界节优婆塞张季博、董景玄、刘长武、长文等手执经本，诣白马寺对，

① 《中华藏》第 20 册《佛说成具光明定意经》，第 586 页下。
② 《中华藏》第 22 册《大方便佛报恩经》卷一，第 571 页上。
③ 《东汉疑伪佛经的语言学考辨研究》，第 335 页。
④ 《中华藏》第 9 册《佛说无量寿经》卷下，第 604 页上—中。
⑤ 此处所引为中华书局标点本《出三藏记集》，而李利安之《观音信仰的渊源与传播》一书将"授优婆塞聂承远"一语后断为句号(第 200 页)，如此两者意思就不一样了。
⑥ 《出三藏记集》卷八《〈正法华经〉记》，第 304 页。

与法护口校古训,讲出深义。以九月大斋十四日,于东牛寺中施檀大会,讲诵此经,竟日尽夜。无不咸欢,重已校定。①

两条史料中涉及当时的几个年号,先予以厘清:"太康"为晋武帝司马炎年号,共十年(280—289年),"太康"之后改元"太熙",太熙元年(290年)四月武帝薨,惠帝司马衷即位,当月即改元"永熙",次年(291年)正月改元"永平",至三月又改元"元康"。

由上述两条史料记载可知,《正法华经》的翻译工作前后历时五年:太康七年(286年)八月十日开始,法护手执胡经,口宣晋言,由聂承远、张仕明、张仲政共笔受,至九月二日初步译出《正法华经》,其时劝助者有竺德成、竺文盛、严威伯、续文承、赵叔初、张文龙、陈长玄等;(太熙)元年(290年)二月六日,又由天竺沙门竺力、龟兹居士帛元信等对初译之经本进行了"重覆"亦即复译校订;永熙元年(290年)八月二十八日,比丘康那律在洛阳书写出《正法华经》后,与张季博、董景玄、刘长武、长文等手执经本去白马寺面见法护,进行重校修订;九月大斋十四日,在东牛寺施檀大会上开始向僧众讲诵已经重新校订过的《正法华经》;元康元年(291年)四月十五日,长安居士孙伯虎又写出"素解"亦即书写出经解。五年之久的初译、复译校订、重校修订、讲诵弘传乃至写出经解的过程中,参与人员二十名之多,其中既有天竺、西域的沙门,又有汉地的居士信众,说明《正法华经》的翻译工作当时还是非常认真细致的。

在《正法华经》中有《光世音普门品》,以一品之篇幅专门讲述光世音菩萨的功德威神形象。经中说:

> 若有众生遭亿百千姟困厄患难苦毒无量,适闻光世音菩萨名者,辄得解脱,无有众恼,故名光世音。

又说:

> 其光世音威神功德、智慧境界巍巍如是,其闻名者,所至到处终不虚妄,不遇邪害,致得无上道德果实,常遇诸佛真人菩萨高德正士,不与逆人,无反复会。若闻名执持怀抱,功德无量不可称载。

---

① 《出三藏记集》卷八《〈正法华经〉后记》,第304页。

又说：

> 虽供养此无限菩萨，不如一归光世音，稽首作礼，执持名号，福过于
> 彼，况复供养？虽复供养六十二亿江河沙数诸菩萨等，执持名号计此二
> 福，亿百千劫不可尽极，终不相比，是故名曰光世音。

又说：

> 光世音菩萨游诸佛土而普示现若干种形，在所变化，开度一切，是故
> 族姓子，一切众生咸当供养光世音。①

汉译《正法华经》之《光世音普门品》的出现，在中国古代观音信仰的传播与发展历史上无疑具有非常重要的意义，因为它第一次向汉地信众完整地介绍了观音的形象事迹，不但把观音救苦救难的威神功德一一展现在信众面前，而且又教导信众如何获得观音的救度。李利安先生总结说：

> 竺法护所译《光世音普门品》已形成一个相当完整的观音救难信仰
> 体系，所以，可以说此经的翻译基本完成了观音救难信仰的经典输入。
> 此后其他经典中的有关救难说教以及后秦和隋代该经的重译，都只是对
> 这部最主要的观音救难信仰经典的进一步完善。②

根据孙昌武先生的研究，在法护译出《正法华经》之后、罗什译出《妙法莲华经》之前，已先后连续地出现了《光世音应验记》《续光世音应验记》与《系观世音应验记》三书，"为研究这一时期观音信仰提供了相当集中的资料"，"表明当时观音信仰已经广泛流行"。孙昌武先生说："竺法护初出《法华经》是在晋太康七年（286 年）。而现存观音传说有年代记载最早的是《光世音应验记》里关于竺长舒的，事情发生在晋元康年间（291—299 年），即距《法华经》译出仅十年左右。"据孙昌武统计，三部《应验记》中共有八十六个观音传说故事，其中"以僧侣为主人公的二十八条"，二十八条之中"大部分是一般僧侣或无名道人"；其他关于俗人的传说中，"困苦无告的一般百姓是这些故事的重要主人公"。总之，这些观音故事"把民众推上了表现舞台的中心"。孙昌武先生还统计："这八十六个故事背景在北方的占五十个，南方的三十个，

---

① 《中华藏》第 15 册《正法华经》卷十《光世音普门品》，第 726 页上—727 页中。
② 《观音信仰的渊源与传播》，第 203 页。

外国的三个,还有三个地点不明。尽管记录故事的三位作者都是南方士人,但大部分传说却是关于北方的。这是因为当时北方在少数族劫夺杀戮之下,民众的苦难更为深重,观音信仰也更为普及。"①河南属北方区域,当时的观音信仰情况自然由此可见一斑。

仅从名称上来看,根据《出三藏记集》的记载,魏晋以后所出有关观世音的经典还有不少。如卷二《新集撰出经律论录》中有:《光世音大势至受决经》,一卷,竺法护译;《观世音受记经》,一卷,昙无竭译;《观世音观经》,一卷,沮渠京声译;《观世音忏悔除罪咒经》,一卷,法意译。卷四《新集续撰失译杂经录》中又有:《观世音求十方佛各为授记经》一卷、《观世音所说行法经》一卷、《光世音经》一卷、《请观世音经》一卷、《观世音成佛经》一卷等。② 其中,《光世音大势至受决经》与《观世音受记经》为一经二人异出;《光世音经》"出《正法华经》,或云《光世音普门品》",显系单本别行。③ 同时还有一些关于观世音的"伪经"产生,其中最具代表性的是《高王观世音经》与《观世音三昧经》,有关此二伪经的情况,孙昌武先生之《中国佛教文化史》多有论述。④ 大量观世音经典的涌现(包括"伪经"),正反映了那个时代观音信仰发展的需求。

在南北朝时期观音信仰的发展中,影响最大的是鸠摩罗什译出的《妙法莲华经》。此经在《出三藏记集》卷二中记为《新法华经》,七卷,弘始八年(406年)夏于长安大寺译出⑤。经中卷七有《观世音菩萨普门品》,全品记述无尽意菩萨向佛陀请教观世音的威神形象。

首先,无尽意菩萨问佛陀:"世尊! 观世音菩萨以何因缘名观世音?"佛陀答曰:

> 善男子! 若有无量百千万亿众生受诸苦恼,闻是观世音菩萨,一心

---

① 《中国佛教文化史》第二册,第806—809页。

② 《出三藏记集》卷二《新集撰出经律论录》,第39、56、61、63—64页;卷四《新集续撰失译杂经录》,第128、184页。

③ 《出三藏记集》卷二《新集撰出经律论录》,第73—74页;卷四《新集续撰失译杂经录》,第128页。

④ 《中国佛教文化史》第二册,第546—549、812—815页。

⑤ 《出三藏记集》卷二《新集撰出经律论录》,第49页。

称名,观世音菩萨即时观其音声皆得解脱。若有持是观世音菩萨名者,设入大火,火不能烧,由是菩萨威神力故。若为大水所漂,称其名号即得浅处。若有百千万亿众生,为求金、银、琉璃、车磲、马瑙、珊瑚、琥珀、真珠等宝入于大海,假使黑风吹其船舫、飘堕罗刹鬼国,其中若有乃至一人称观世音菩萨名者,是诸人等皆得解脱罗刹之难。以是因缘,名观世音。①

"若有无量百千万亿众生受诸苦恼,闻是观世音菩萨,一心称名,观世音菩萨即时观其音声皆得解脱。"这就是佛陀对观世音菩萨之威神功德的总评价。佛陀因此告诉无尽意菩萨:

无尽意!观世音菩萨摩诃萨,威神之力巍巍如是。若有众生多于淫欲,常念"恭敬观世音菩萨"便得离欲;若多嗔恚,常念"恭敬观世音菩萨"便得离嗔;若多愚痴,常念"恭敬观世音菩萨"便得离痴。无尽意!观世音菩萨有如是等大威神力,多所饶益,是故众生常应心念。②

佛陀进一步对无尽意菩萨说:

若复有人受持观世音菩萨名号,乃至一时礼拜供养,是二人福正等无异于百千万亿劫不可穷尽。无尽意!受持观世音菩萨名号,得如是无量无边福德之利。③

接着,无尽意菩萨又问佛陀:"世尊!观世音菩萨,云何游此娑婆世界?云何而为众生说法?方便之力,其事云何?"佛陀又回答说:

善男子!若有国土众生应以佛身得度者,观世音菩萨即现佛身而为说法;应以辟支佛身得度者,即现辟支佛身而为说法;应以声闻身得度者,即现声闻身而为说法……应以长者身得度者,即现长者身而为说法;应以居士身得度者,即现居士身而为说法;应以宰官身得度者,即现宰官身而为说法;应以婆罗门身得度者,即现婆罗门身而为说法;应以比丘、比丘尼、优婆塞、优婆夷身得度者,即现比丘、比丘尼、优婆塞、优婆夷身而为说法……应以天、龙、夜叉、乾闼婆、阿修罗、迦楼罗、紧那罗、摩睺罗

---

① 《中华藏》第15册《妙法莲华经》卷七《观世音菩萨普门品》,第588页中—下。
② 《中华藏》第15册《妙法莲华经》卷七《观世音菩萨普门品》,第589页上。
③ 《中华藏》第15册《妙法莲华经》卷七《观世音菩萨普门品》,第589页上。

伽、人非人等身得度者,即皆现之而为说法。①

因此,佛陀告诉无尽意菩萨:

> 无尽意! 是观世音菩萨成就如是功德,以种种形游诸国土,度脱众
> 生。是故汝等应当一心供养观世音菩萨。是观世音菩萨摩诃萨,于怖畏
> 急难之中能施无畏,是故此娑婆世界皆号之为施无畏者。②

最后,无尽意菩萨全面知悉了观世音威神功德,非常感动,对佛陀说:"世
尊! 我今当供养观世音菩萨。"当即解下自己脖颈上价值连城的宝珠璎珞,就
要送给观世音,而观世音坚辞不受。此时,佛陀劝说观世音菩萨接受无尽意
菩萨的供养。于是观世音菩萨就收下宝珠璎珞,并将其分作二分,一分供奉
释迦牟尼佛,一分供奉多宝佛塔。③

以下又为五言偈语,长达一百多句,此不赘引。

关于鸠摩罗什翻译此经的缘起,其弟子僧叡有一议论说明:

> 经流兹土,虽复垂及百年,译者昧其虚津,灵关莫之或启;谈者乖其
> 准格,幽踪罕得而履。徒复搜研皓首,并未有窥其门者。秦司隶校尉左
> 将军安城侯姚嵩拟韵玄门,宅心世表,注诚斯典,信诣弥至。每思寻其
> 文,深识译者之失。既遇鸠摩罗法师为之传写,指其大归,真若披重霄而
> 高蹈,登昆仑而俯盼矣。于时听受领悟之僧八百余人,皆是诸方英秀、一
> 时之杰也。④

其意是说,之前的译本,亦即指法护所译之《正法华经》,文辞艰涩,使人无法
理解,甚至难以入门。因此姚嵩又请鸠摩罗什重译并讲解此经。当时听鸠摩
罗什讲解此经而得领悟的高僧竟有八百余人。

的确,上述经文与法护《正法华经》之《光世音普门品》的经文相比较,词
义比较通顺,文意也比较流畅,但僧叡的议论亦有其门户师承之私心,所谓
"经流兹土,虽复垂及百年,译者昧其虚津,灵关莫之或启;谈者乖其准格,幽

---

① 《中华藏》第 15 册《妙法莲华经》卷七《观世音菩萨普门品》,第 589 页中—下。
② 《中华藏》第 15 册《妙法莲华经》卷七《观世音菩萨普门品》,第 589 页下。
③ 《中华藏》第 15 册《妙法莲华经》卷七《观世音菩萨普门品》,第 589 页下—590 页上。
④ 《中华藏》第 15 册《妙法莲华经》之《〈妙法莲华经〉后序》,第 596 页中。

踪罕得而履。徒复搜研皓首,并未有窥其门者",未免言过其实!

在鸠摩罗什译出《妙法莲华经》后不久,东晋佛驮跋陀又译出五十卷《大方广佛华严经》,其《入法界品》叙述善财童子在普贤菩萨指引之下遍求"法界"之"善知识",参问"云何学菩萨行,修菩萨道"。其中所访的一位即观世音菩萨。观世音为说大悲法门光明之行,谓:

> 我已成就大悲法门光明之行,教化成就一切众生。常于一切诸佛所住,随所应化普现其前。或以惠施摄取众生,乃至同事摄取众生,显现妙身不思议色摄取众生,放大光网,除灭众生诸烦恼热,出微妙音而化度之。威仪说法,神力自在,方便觉悟,显变化身,现同类身,乃至同止摄取众生。善男子! 我行大悲法门光明行时发弘誓愿,名曰摄取一切众生。欲令一切离险道恐怖、热恼恐怖、愚痴恐怖、系缚恐怖、煞害恐怖、贫穷恐怖、不活恐怖、诤讼恐怖、大众恐怖、死恐怖、恶道恐怖、诸趣恐怖、不同意恐怖、爱不爱恐怖、一切恶恐怖、逼迫身恐怖、逼迫心恐怖、愁忧恐怖。①

其后,在畺良耶舍译出的《佛说观无量寿经》中,观世音又以阿弥陀佛的左侍菩萨身份出现。经中叙述念佛行者以十六观法忆念弥陀之身相及极乐净土相,得以往生西方,其第十观即为观观世音菩萨真实色身相。

在北凉昙无谶译出的《悲华经》中,又有宝藏佛为观世音授记之记述:

> 汝劝天人及三恶道一切众生,生大悲心,欲断众生诸苦恼故,欲断众生诸烦恼故,欲令众生住安乐故。善男子! 今当字汝为观世音。②

北魏菩提留支所译《深密解脱经》中,亦记述观世自在菩萨请世尊说十地差别、有几种清净、摄此诸地有几种分,而佛为他广说大乘波罗蜜了义法门。

从以上佛教经典的记述中我们不难看出,观音的角色面貌是多样的。依于君方先生的分析,从中"至少可以识别出三种明确独立的信仰:第一种是以《法华经》刻画的周遍法界大悲救世怙主为信仰对象,第二种是以净土经典中出现的阿弥陀佛主要胁侍为信仰对象,第三种是以《华严经》中普陀洛迦岛圣地的尊者为信仰对象——密教经典通常认定观音居于普陀洛迦岛。这三种

---

① 《中华藏》第 12 册《大方广佛华严经》卷四十三《入法界品之七》,第 516 页下—517 页上。
② 《中华藏》第 16 册《悲华经》卷三《诸菩萨本授记品第四之一》,第 153 页上。

信仰传统各自独立发展"①。但就南北朝时期河南民间观音信仰的实践活动来看,一般民众信仰观音就是因为他是菩萨度世精神的典型代表,而且对于有苦难的个体来讲,他的大慈大悲与救苦救难又是随时随地及时显现的,所以于君方所谓的"三种明确独立的(观音)信仰"其实只存在于不同经典阐释之中,而这些经典所阐释的观音的不同形象在民众眼里最终是叠加复合的。

下面我们以现存的北朝时期的观音刻经来考察其时河南民间社会观音信仰流行的实际状况。在现存的河南北朝佛教石刻中,共有三通观音刻经:

第一通观音刻经为博爱青天河摩崖观音刻经,刻于北魏宣武帝永平二年(509年)二月。青天河摩崖位于博爱县丹河河谷内东侧一山腰部绝壁上,面临丹河,距河面30多米高。因摩崖所处位置险峻,直到20世纪末至21世纪初方显于世。摩崖高120厘米,宽150厘米,线刻,内容以一尊男相观世音立像为中心,像之左侧刻《妙法莲华经·普门品第廿四》之序首一发愿文,发愿文叙述四千将士历时九十天修筑当时晋豫官道——丹道的艰难情景及道路修通后的祝愿,右侧刻参与施工的军队各级将领名单。观世音菩萨头戴花蔓冠,冠中刻一佩莲瓣形背光的立佛,冠两边的宝缯斜出飘下。面相微侧向右凝视前方,鼻高目深,唇上有微髭。体形修长,长颈削肩,颈佩桃形项饰。上身坦露,宽大的帔帛绕肩在腹前穿璧环下垂至膝际后上扬,一条穿左肘形成环形后回绕沿体侧下垂,一条绕右臂向外飘扬。右手执莲苞下垂,左手持扶尘屈肘于左胸前,两腕均戴手镯。下着长裙,衣裙微飘,裙褶处繁复重叠,跣足立于覆莲座上,脚趾向外。身后有素面圆形头光和莲瓣形背光。上有帏幔装饰的屋形华盖,华盖四角饰山花焦叶和下垂的幡带。所刻《妙法莲华经·普门品第廿四》之序首内容为:

> 妙法莲华经普门品第廿四/尔时,无尽意菩萨即从座起,偏袒右肩,合掌向佛,而作是言:"世尊,/观世音菩萨以何因缘名观世音?"佛告无尽意菩萨:"善男子,若有/无量百千万亿众生受诸苦恼,闻是观世音菩萨,一心称名,观世音菩萨/即时观其音声皆得解脱。"

---

① 于君方著:《观音——菩萨中国化的演变》,北京:商务印书馆2012年版,第42页。

与现存于《中华大藏经》第十五册之鸠摩罗什所译《妙法莲华经》卷七《观世音菩萨普门品》比对,除"第廿四"现为"第二十五"之外,其余完全一致。

这通摩崖观音刻经虽然只刻出了《妙法莲华经·普门品》的卷首部分,但却是目前发现的有确切记年的时代最早的观音刻经,而且纯粹由修筑官道的军队之各级将领发愿进行的,尤为罕见。

第二通观音刻经在一造像碑上。此碑称"释迦造像碑",原存沁阳,现藏河南博物院。莲瓣形背屏式形制,高 130 厘米,宽 75 厘米。在此碑之背面上端刻一莲瓣形小龛,高 29 厘米。内雕一观世音立像,头戴宝冠,宝缯斜出而下,帔帛绕肩外飘,两手执物,但已剥蚀不清,下着长裙,跣足而立。龛以下刻《观世音经》,正书三十四行,满行四十六字,第一行标题"观世音经",正文有部分文字已剥蚀不清。《观世音经》即《妙法莲华经·观世音菩萨普门品》,南北朝时期观音信仰流行,人们遂将其从《妙法莲华经》中抄出而独立成篇。此刻经起首部分与上述青天河摩崖观音刻经相同,但所刻内容完整。

该碑无雕造纪年,王景荃先生根据正面造像风格,认为应雕造于北魏普泰元年(531 年)以后,如果此《观世音经》与造像同期而刻,当是目前发现的最完整的早期刻经之一。但也有学者依刻经文字书体认为是唐代所刻。①

第三通观音刻经亦在一造像碑上。此碑称"杜氏等造像碑",出土于禹州,现藏禹州博物馆。螭首扁体式形制,高 175 厘米,宽 39 厘米。东魏武定八年(550 年)雕造。该碑碑阴之碑身下部中刻《佛说高王观世音经》片段。前述此经为"伪经",现存诸本繁简不一,但全文均不长,以《大正藏》收录本最为流行。其主要内容,一是救苦灭罪之神咒,如经中称"大神咒""大明咒""无上咒";二是宣扬读诵此经之功德;三是罗列诸佛、诸菩萨之名号。经尾有偈语称:"愿以此功德,普及于一切;诵满一千遍,重罪皆消灭。"②此碑拓片上残留经文即与《大正藏》收录本经文一致。

三通观音刻经,即可以充分地反映北朝时期河南的观音信仰情况,一是持续时间长,二是流行广泛,三是渗入社会的各个阶层之中。

---

① 《河南佛教石刻造像》,第 134 页。

② 《大正藏》第 85 册《佛说高王观世音经》,第 1425 页中—1426 页上。

# 第十四章
# 魏晋南北朝时期河南创建的佛教寺院

魏晋南北朝时期,河南佛教寺院的创建有了新的发展,达到了一个高潮。特别是北朝之时,北魏迁都洛阳之后,河南各地,特别是洛阳及其附近地区佛教寺院的创建如雨后春笋;东魏至北齐一代,河南北部地区的佛教寺院建设又呈现繁荣景象。

## 第一节 魏晋南北朝时期洛阳创建的佛寺

魏晋南北朝时期之曹魏、西晋和北魏迁都之后,洛阳都是当时的都城,所以洛阳在魏晋南北朝时期,佛教寺院的发展尤为突出,表现尤为繁盛。

## 一、曹魏、两晋时期洛阳创建的佛寺

有关曹魏、两晋之时洛阳的佛教寺院创建情况,由于年代久远,史料缺乏,所知甚少。《魏书·释老志》有一段记载,可以帮助我们了解一些当时的情况:

> 魏明帝曾欲坏宫西佛图。外国沙门乃金盘盛水,置于殿前,以佛舍利投之于水,乃有五色光起,于是帝叹曰:"自非灵异,安得尔乎?"遂徙于道东,为作周阁百间。佛图故处,凿为蒙汜池,种芙蓉于中。……自洛中构白马寺,盛饰佛图,画迹甚妙,为四方式。凡宫塔制度,犹依天竺旧状而重构之,从一级至三、五、七、九。世人相承,谓之"浮图",或云"佛图"。晋世,洛中佛图有四十二所矣。①

从这段记载可知:一、曹魏时,在都城洛阳皇宫西边曾有一佛寺。笔者前述这座佛寺大概汉末即已存在。明帝曹叡打算予以拆除,但由于外国和尚作法显现灵异,遂迁移至道东重建,并扩大了规模。二、中国内地第一所佛寺白马寺创建之时,即同时依"天竺旧状"修建了佛塔。佛塔层级以奇数为准。以后内地创建佛寺即同时建塔,佛塔之名"浮图""佛图"遂成佛寺之代称。三、西晋之时,都城洛阳有佛寺四十二所。

关于晋世有四十二所佛寺的记载,也见于《洛阳伽蓝记》。该书《原序》称:

> 至晋永嘉,唯有寺四十二所。②

卷四亦记载:

> 宝光寺,在西阳门外御道北。有三层浮图一所,以石为基,形制甚古,画工雕刻。(隐士赵逸见而叹曰:"晋朝石塔寺,今为宝光寺也。"人问其故,逸曰:"晋朝四十二寺,尽皆湮灭,唯此寺独存。"③

又,唐之法琳所撰《辩正论》卷三《十代奉佛篇》记载:

---

① 《魏书》卷一百一十四《释老志》,第3029页。
② 《洛阳伽蓝记校笺》之《原序》,第1页。
③ 《洛阳伽蓝记校笺》卷四《城西》,第174页。

晋世祖武皇帝，龙颜奇伟，盛明革运，大弘佛事，广树伽蓝；晋惠帝，归心妙道，契意玄宗，仍于洛下造兴圣寺，供养百僧。晋敏（愍）帝，笃意冥感，远降神仪，仍于长安造通灵、白马二寺。

右西晋二京，合寺一百八十所……僧尼三千七百余人。①

以上史料，为我们提供了有关西晋一代洛阳佛寺情况的两个数字。笔者以为，《魏书·释老志》与《洛阳伽蓝记》所记四十二所寺院当是指西晋中期之前洛阳的佛寺数量。而《辩正论》所载一百八十所，当为洛阳、长安二京在西晋末年的合计数字。西晋时，长安的地位不如洛阳，故一百八十所佛寺，洛阳似应当占半数以上。这就表明，晋末，佛教在洛阳已经有了较快的发展。

两晋之时洛阳佛寺可知其名称或知其位置者很少。除白马寺外，还有如下十二处：

其一为石塔寺。前述隐士赵逸所说。

其二为兴圣寺。前述晋惠帝所造。

其三为太康寺。北魏时为京兆人杜子休宅。②

其四为大市寺。《高僧传》卷十有《安慧则传》，安慧则之名前即注为"晋洛阳大市寺"③。

其五为满水寺。《高僧传》卷九记晋惠之末，衡阳太守南阳滕永文在洛，寄住满水寺。④

其六为沙门法始所建之寺。据《比丘尼传》卷一记，晋愍帝建兴中，法始于洛阳宫城西门立寺。

其七为竹林寺。《比丘尼传》卷一记，净捡尼从西域沙门智山受沙弥尼十戒后，与同其志者与洛阳宫城西门共立此寺。

其八为（城）东寺。《比丘尼传》卷一记，东晋废帝太和中，道馨尼住洛阳东寺，但道馨其传名曰"洛阳城东寺道馨尼"⑤。

① 《中华藏》第62册《辩正论》卷三《十代奉佛篇上》，第492页中。
② 《洛阳伽蓝记校笺》卷二《城东》，第83页。
③ 《高僧传》卷十《安慧则传》，第372页。
④ 《高僧传》卷九《耆域传》，第365页。
⑤ 《比丘尼传校注》卷一，第1、25页。

其九为东牛寺。《出三藏记集》卷八记,《正法华经》译出后,"于东牛寺中施檀大会,讲诵此经,竟日尽夜"①。

十为磐鹪山寺。《高僧传》卷十有《犍陀勒传》,犍陀勒之名前即注为"晋洛阳磐鹪山"。传曰:"犍陀勒者,本西域人,来至洛阳积年。……后谓众僧曰:'洛东南有槃鹪山,山有古寺庙处,基墌犹存,可共修立。'众未之信,试逐检视。入山到一处,四面平坦,勒示云:'此即寺基也。'即掘之,果得寺下石基。后示讲堂僧房处,如言皆验,众咸惊叹,因共修立,以勒为寺主。寺去洛城一百余里。"②

十一为愍怀太子浮图。《水经注》卷十六记述:"昔汉明帝梦见大人,金色,项佩白光。以问群臣,或对曰:西方有神名曰佛,形如陛下所梦,得无是乎? 于是发使天竺,写致经像,始以榆櫴盛经,白马负图,表之中夏。故以白马为寺名。此榆櫴后移在城内愍怀太子浮图中,近世复迁此寺。"③愍怀太子名司马遹,为西晋武帝司马炎之孙,晋惠帝司马衷之子。

十二为北魏太尉府前砖浮图。《洛阳伽蓝记》卷二记述,北魏时有隐士赵逸,自云晋武时人,晋朝旧事,多所记录。"步兵校尉李澄问曰:'太尉府前砖浮图,形制甚古,犹未崩毁,未知早晚造?'逸云:'晋义熙十二年刘裕伐姚泓,军人所作。'"④"义熙"为东晋安帝司马德宗的年号。

此外,《高僧传》卷十有《诃罗竭传》,诃罗竭之名前注"晋洛阳娄至山",传曰:"至晋惠帝元康元年(291 年),乃西入,止娄至山石室中坐禅。"⑤此娄至山石室虽不能断定为佛寺,但确是坐禅修行之处。

## 二、《洛阳伽蓝记》所记述的北魏时期洛阳的佛寺

北魏孝文帝迁都洛阳之后,洛阳地区的佛寺创建进入一个高潮阶段,呈现出一幅繁盛景象。有关情景有流传至今的《洛阳伽蓝记》全面予以记述。

---

① 《出三藏记集》卷八《〈正法华经〉后记》,第 304 页。
② 《高僧传》卷十《犍陀勒传》,第 369 页。
③ 《水经注校证》卷十六《谷水》,第 399 页。
④ 《洛阳伽蓝记校笺》卷二《城东》,第 83 页。
⑤ 《高僧传》卷十《诃罗竭传》,第 370 页。

《洛阳伽蓝记》,北魏人杨衒之所著,成书于东魏孝静帝时。杨衒之或作阳衒之、羊衒之,生卒年代不详,北平(今河北满城)人,曾任抚军府司马、秘书监、期城郡太守、奉朝请等职。根据《洛阳伽蓝记》自序云:东魏孝静帝武定五年(547年),杨衒之出行,又来到洛阳,当时正值北魏孝武帝永熙(532—534年)兵乱之后不久,洛阳一片破烂衰败的景象:

> 城郭崩毁,宫室倾覆,寺观灰烬,庙塔丘墟。墙被蒿艾,巷罗荆棘。野兽穴于荒阶,山鸟巢于庭树。游儿牧竖,踯躅于九逵,农夫耕老,艺黍于双阙。……京城表里,凡有一千余寺,今日寥廓,钟声罕闻。①

回忆当年:

> 逮皇魏受图,光宅嵩洛,笃信弥繁,法教愈盛。王侯贵臣,弃象马如脱屣,庶士豪家,舍资财若遗迹。于是昭提栉比,宝塔骈罗;争写天上之姿,竞摹山中之影。金刹与灵台比高,广殿共阿房等壮。岂直木衣绨绣,土被朱紫而已哉!②

两相对比,天壤之别,令杨氏生出无限感慨:"《麦秀》之感,非独殷墟,《黍离》之悲,信哉周室!"③《麦秀》《黍离》均为感慨家国破亡之痛的诗歌。前者典出《史记·宋微子世家》,谓箕子朝周,过故殷墟,感慨宫室毁坏,已生禾黍,乃作《麦秀之诗》以歌咏之。《黍离》,本为《诗·王风》之篇名,悯恤宗周之诗。周大夫行役,至于宗周,过故宗庙宫室,已经尽为禾黍,彷徨不忍离去而作此诗也。

杨氏恐后世无传,故撰《洛阳伽蓝记》。根据《洛阳伽蓝记》卷五的记载,当时京师洛阳城内外共有佛寺一千三百六十七所,如果再加上京师郭外诸寺,当一千三百八十多所。到孝静帝天平元年(534年)迁都邺城时,洛阳还有佛寺四百二十一所。杨氏声明:

> 然寺数最多,不可遍写,今之所录,止大伽蓝;其中小者,取其详世谛

---

① 《洛阳伽蓝记校笺》之《原序》,第1—2页。
② 《洛阳伽蓝记校笺》之《原序》,第1页。
③ 《洛阳伽蓝记校笺》之《原序》,第2页。

事,因而出之。先以城内为始,次及城外;表列门名,以远近为五篇。①

这就是杨氏撰写《洛阳伽蓝记》的目的及写作方法和写作内容。

以下笔者依《洛阳伽蓝记》的记载,并参考其他史料,逐一简要叙述北魏时期洛阳的佛教寺院。

**卷一《城内》：**

1.永宁寺。《洛阳伽蓝记》谓该寺孝明帝熙平元年(516 年)灵太后胡氏所立。"在宫前阊阖门南一里御道西。"②但《续高僧传》记载,其"在宫前阊阖门南御道之东"③。一西一东,难以辨正。而根据现代考古勘查结果,永宁寺遗址在北魏宫城南门基址西南约一公里处④,与《洛阳伽蓝记》的记载基本吻合,《续高僧传》所记有误。

永宁寺中最主要的建筑是永宁寺塔。塔高九层。其高度,《洛阳伽蓝记》记"举高九十丈。有刹复高十丈,合去地一千尺"⑤。《魏书·释老志》记"高四十余丈"⑥,《水经注》记"自金露槃下至地四十九丈"⑦,按北魏后期时每尺折合今 29.58 厘米计算,"举高九十丈"当为 266 米多,"去地一千尺"当为 295 米多,以当时的技术水平和建筑能力,似难以完成;而高四十余丈或四十九丈,则为 120 多米至 140 多米,可能达到。因此,《洛阳伽蓝记》关于永宁寺塔高度的记述,显属文学夸张语言。

《洛阳伽蓝记》是这样描述永宁寺塔的壮丽景象的：

浮图有九级,角角皆悬金铎,合上下有一百二十铎。浮图有四面,面有三户六窗,户皆朱漆。扉上有五行金铃,其十二门二十四扇,合有五千四百枚。复有金环铺首。殚土木之功,穷造形之巧,佛事精妙,不可思

---

① 《洛阳伽蓝记校笺》之《原序》,第 2 页。
② 《洛阳伽蓝记校笺》卷一《城内》,第 11 页。
③ 《续高僧传》卷一《菩提流支传》,第 14 页。
④ 中国科学院考古研究所洛阳工作队：《汉魏洛阳城初步勘查》,《考古》1973 年第 4 期,第 198—208 页。
⑤ 《洛阳伽蓝记校笺》卷一《城内》,第 11 页。
⑥ 《魏书》卷一百一十四《释老志》,第 3043 页。
⑦ 《水经注校证》卷十六《谷水》,第 398 页。

议,绣柱金铺,骇人心目。至于高风永夜,宝铎和鸣,铿锵之声,闻及十余里。①

塔北有一所佛殿,形式如太极殿,其中安置金像、绣珠像、金织成像和玉像等二十余躯,高者丈八,作功奇巧,冠于当世。僧房楼观有一千余间。院墙如宫墙一般。寺院四面各开一门,南门楼三重,高二十丈,形制似皇宫端门。外国所献佛经佛像,皆放在此寺之中。

《洛阳伽蓝记》记述禅宗达摩祖师初来洛阳看见永宁寺的景象,称:

> 时有西域沙门菩提达摩者,波斯国胡人也。起自荒裔,来游中土,见金盘炫日,光照云表,宝铎含风,响出天外,歌咏赞叹,实是神功。自云年一百五十岁,历涉诸国,靡不周遍;而此寺精丽,阎浮所无也。极佛境界,亦未有此。口唱南无,合掌连日。②

孝明帝孝昌二年(526年)中,大风吹落永宁寺塔刹上的宝瓶,复命工匠更铸新瓶。永安三年(530年),尔朱兆囚庄帝于此寺。孝武帝永熙三年(534年)二月,永宁寺塔遭雷击起火烧毁,火经三月不灭。

《偃师县志》(1992年版)卷二十八第一章有"北魏永宁寺遗址"条,根据考古勘查,对永宁寺遗址记述非常详细,特引录如下:

> 永宁寺是北魏时期洛阳城内最宏伟最豪华的一座皇家寺院,在我国佛教史上和古建筑史上都居重要位置。该寺建于北魏熙平元年,位于汉魏故城西南隅。其遗址在今陇海铁路与310国道交叉处路南。

> 永宁寺遗址南北长约300米,东西宽约200米。据古籍载,寺院四周筑有围墙,四面各开一门,南门最大,门楼3重,东、西两门类似南门,门楼为2重。北门无门楼,似乌头门。寺内僧房楼观达1000多间。寺院北部有佛殿一所,形如太极殿(皇宫正殿),除有21躯大型金像外,还有当时外国献来的佛经、佛像。

> 寺内中心有一木塔,建在一座约百米见方的夯土基础之上。据记

---

① 《洛阳伽蓝记校笺》卷一《城内》,第11—12页。
② 《洛阳伽蓝记校笺》卷一《城内》,第13页。

载,塔为四方形,共 9 层,塔高 136.71 米,这是中国建筑史上仅有的,比被称为世界建筑史上的著名杰作之一的山西应县佛宫寺释迦塔高一倍,而且年代也早 500 年。

木塔的第一层,每面 9 间,皆设 3 门 6 窗。塔刹上装饰有大小"容二十五斛"的鎏金铜质宝瓶,瓶下又装有鎏金铜质承露盘 11 重,盘的周围皆悬挂鎏金铜铎(大铃),塔的四角有四道铁锁,自塔刹引向塔座,每道铁锁上都饰有"大小如瓮"的鎏金铎,并在上下 9 层的四角各悬挂有鎏金铎,总计各种铜铎 130 枚。

木塔底层用 124 根 50 厘米见方的方柱构成,柱下垫以础石,分作 5 圈排列,组成方形柱网。第 5 圈即最外圈为"檐柱",每面 10 根,共 36 根。第 4 圈为"明柱",每面平均 8 根,实有 28 根。第 3 圈"内柱",每面 6 根,实有 20 根。第 2 圈"内柱",共 12 根。第 1 圈"中心柱"16 根,组成坚固的中心柱网。在"檐柱"的四角内外各增置 1 柱,以增加木塔四角的强度。"檐柱"之间筑有土墙,厚 1.10 米,外涂朱红,内施彩绘。墙内外皆铺有坚硬的白石灰地面。在考古勘查中,根据残墙及白石灰地面的现状,找到了 3 门 6 窗的位置。在第 4 圈"明柱"以内,均以土坯垒砌,形成了一座土坯与木柱混合砌成的实心体。实心体面阔 20 米,留有残高 3 米多。在实心体的东、西、南三面明柱之间的土坯壁上,砌有 5 个弧形龛。龛宽 1.80 米。塔基实心体的北面,不见弧形龛,但有残柱,很可能是支撑木梯的支柱。在塔基的中心部位下部,发现有"地宫"遗迹,但未见遗存。

永宁寺木塔,于北魏永熙三年二月雷电所击而焚毁。今遗址上可见一高大的土丘,即永宁寺塔的座基。发掘得知,木塔的基座为正方形,长宽各约 38.2 米,高 2.2 米,内为夯土,四壁用青石镶包,从外面看,好像一座青石台基。台基的表面是一层坚实的三合土硬面,四周还装有望柱、栏板、螭首等。这些石质建筑装饰品,可惜早被破坏,仅残存部分遗物。台基四周均设"漫道",供人上下。

在永宁寺的考古发掘中,还发现了许多生动逼真的泥塑佛像,为研究美术雕塑史提供了十分珍贵的资料。①

又据《洛阳市志》记载：

北魏永宁寺遗址出土彩绘品 1560 余件,多数为手工雕塑而成。其种类繁多,既有塔心实体诸龛所供神像、塔心实体壁面所贴影塑像、供养人像,也有像座、龛饰和其他饰件。仅就塑像来说,依其形体大小可分为大型、中型、小型、影塑像四类。头像有两类,一为菩萨、飞天等,另一类为世俗供养人,有文武官员和男女侍仆、侍卫武士等。塑像形象写实,体态匀称,身材修长,神采奕奕,代表了北魏时期泥塑的最高水平。②

2.建中寺。节闵帝普泰元年(531 年)由尚书令、乐平王尔朱世隆所立。位于西阳门内御道北延年里。

此处本是宦官刘腾的住宅,"屋宇奢侈,梁栋逾制,一里之间,廊庑充溢。堂比宣光殿,门匹乾明门。博敞弘丽,诸王莫及也"。后被没收而赐给高阳王元雍。建明元年(530 年)尔朱世隆为(尔朱)荣追福,题以为寺。"以前厅为佛殿,后堂为讲室。金花宝盖,遍满其中。"③

3.长秋寺。尼寺④,宦官刘腾所立。刘腾初为长秋令卿,因以为寺名。在西阳门内御道北一里延年里。

中有三层浮图一所,金盘灵刹,曜诸城内。作六牙白象负释迦在虚空中。庄严佛事,悉用金玉,作工之异,难可具陈。四月四日,此像常出,辟邪、师子导引其前。吞刀吐火,腾骧一面。彩幢上索,诡谲不常。奇伎异服,冠于都市。像停之处,观者如堵。迭相践跃,常有死人。⑤

4.瑶光寺。尼寺。宣武帝所立。在阊阖城门御道北,东去千秋门二里。

---

① 偃师县志编纂委员会编:《偃师县志》卷二十八《文物》第一章"古遗址",北京:生活·读书·新知三联书店 1992 年版,第 682—683 页。

② 《洛阳市志》第十七卷《民族宗教志》,郑州:中州古籍出版社 1999 年版,第 107 页。

③ 《洛阳伽蓝记校笺》卷一《城内》,第 40—41 页。卷二"景宁寺"条谓:太保司徒公杨椿居景宁里,分宅为寺,以里名之,谓景宁寺。又称:"椿弟慎,冀州刺史;慎弟津,司空。并立性宽雅,贵义轻财,四世同居,一门三从,朝贵义显,未之有也。普泰中,为尔朱世隆所诛,后舍宅为建中寺。"(第 112 页)与此处记载不同。杨勇先生校笺云:"城内亦有建中寺,亦普泰中尔朱世隆所立,此寺殆即彼寺也。"(第 116 页)

④ 《洛阳伽蓝记校笺》卷四"王典御寺"条称:"时阉官伽蓝皆为尼寺。"(第 171 页)

⑤ 《洛阳伽蓝记校笺》卷一《城内》,第 44 页。

寺内有五层佛塔一座,高五十丈,"仙掌凌虚,铎垂云表,作工之妙,埒美永宁"①。讲殿和尼房有五百余间。寺内珍木香草,不可胜言。为后妃、嫔御奉佛学道的地方。据《魏书·皇后列传》记载:孝文废皇后冯氏终于此寺;宣武高皇后为尼后即居此寺,"丧还瑶光佛寺,嫔葬皆以尼礼"②。永安三年(530年),尔朱兆入洛阳,纵兵大掠,时有秀容胡骑数十人,入寺淫秽,自此以后,瑶光寺声誉颇受讥讪。

5.景乐寺。尼寺。太傅清河文献王元怿所立。在阊阖门南,御道东,西面正对着永宁寺。

寺内佛像雕刻巧妙,冠绝一时。堂庑周环,曲房连接,轻条拂户,花蕊被庭,环境十分幽静。六斋之日,常设女乐,"歌声绕梁,舞袖徐转;丝管寥亮,谐妙入神"③。因是尼寺,男人不得进入。有幸得以进入观看的,以为到了天堂。文献王死后,寺禁稍宽,百姓出入,无复限碍。后来,元怿之弟、汝南王元悦又予以整修,还在寺内进行各种戏法表演:

> 召诸音乐,逞伎寺内。奇禽怪兽,舞抃殿庭,飞空幻惑,世所未睹,异端奇术,总萃其中。剥驴投井,植枣种瓜,须臾之间皆得食。士女观者,目乱睛迷。④

建义年间(528年)之后,因京师屡有乱兵,这些戏法表演也就停止了。

6.昭仪尼寺。由宦官等所立。位于东阳门内一里御道南。

> 寺有一佛二菩萨,塑工精绝,京师所无也。四月七日常出诣景明。景明三像,恒出迎之。伎乐之盛,与刘腾相比。⑤

7.愿会寺。位于昭仪寺池之西南。中书侍郎王翊舍宅所立。

> 佛堂前生桑树一株,直上五尺,枝条横绕,柯叶傍布,形如羽盖;复高五尺,又然。凡为五重,每重叶椹各异,京师道俗,谓之神桑。观者成市,

---

① 《洛阳伽蓝记校笺》卷一《城内》,第46页。
② 《魏书》卷十三《皇后列传》,第332、337页。
③ 《洛阳伽蓝记校笺》卷一《城内》,第51页。
④ 《洛阳伽蓝记校笺》卷一《城内》,第51页。
⑤ 《洛阳伽蓝记校笺》卷一《城内》,第53页。

施者甚众。帝闻而恶之,以为惑众,命给事中黄门侍郎元纪伐杀之。其日云雾晦冥,下斧之处,血流至地。见者莫不悲泣。①

8.光明寺。位于愿会寺南之宜寿里内,原为苞信县令段晖宅第。

地下常闻钟声,时见五色光明,照于堂宇,晖甚异之。遂掘光所,得金像一躯,可高三尺,并有二菩萨。跌坐上铭云:"晋太始二年五月十五日侍中中书监苟勖造。"晖遂舍宅为光明寺。②

9.胡统寺。尼寺。灵太后父亲之叔伯姊妹所立。位于永宁寺南一里许。

宝塔五重,金刹高耸,洞房周匝,对户交疏,朱柱素壁,甚为佳丽。其寺诸尼,帝城名德,善于开导,工谈义理,常入宫与太后说法。其资养缁流,从无比也。③

10—11.修梵寺、嵩明寺。修梵寺在青阳门内御道北,嵩明寺在修梵寺西。两寺"并雕墙峻宇,比屋连甍,亦是名寺也"。其中,"修梵寺有金刚,鸠鸽不入,鸟雀不栖。菩提达磨云得其真相也"。④

12.景林寺。在开阳门内御道东。其寺:

讲殿叠起,房庑连属。丹槛炫日,绣桷迎风,实为胜地。寺西有园,多饶奇果。春鸟秋蝉,鸣声相续。中有禅房一所,内置祇洹精舍;形制虽小,巧构难比……⑤

13.般若寺。仅知在城内,具体位置及寺之状况不详。⑥

**卷二《城东》:**

14.明悬尼寺。彭城武宣王元勰所立。位于建春门外石桥南。寺内有三层佛塔一座,"未加庄严"。⑦

15.龙华寺。由保卫皇宫的羽林、虎贲等军士所立。位于建春门外阳渠南。寺之状况不详。

① 《洛阳伽蓝记校笺》卷一《城内》,第53—54页。
② 《洛阳伽蓝记校笺》卷一《城内》,第54页。
③ 《洛阳伽蓝记校笺》卷一《城内》,第57页。
④ 《洛阳伽蓝记校笺》卷一《城内》,第58页。
⑤ 《洛阳伽蓝记校笺》卷一《城内》,第60页。
⑥ 《洛阳伽蓝记校笺》卷二《城东》,第76页。
⑦ 《洛阳伽蓝记校笺》卷二《城东》,第70页。

16—25.璎珞寺、慈善寺、晖和寺、通觉寺、晖玄寺、宗圣寺、魏昌寺、熙平寺、崇真寺、因果寺。此十寺均在建春门外御道北之建阳里。里内居住士庶二千余户,信崇三宝,故十寺之众僧刹养,均由百姓所供。

十寺之中,宗圣寺内有佛像一躯:

> 举高三丈八尺;端严殊特,相好毕备,士庶瞻仰,目不暂瞬。此像一出,市井皆空,炎光辉赫,独绝世表。妙伎杂乐,亚于刘腾。城东士女,多来此寺观看也。①

崇真寺,该寺有"比丘惠凝,死一七日还活,经阎罗王检阅,以错名放免",轰动京师。因惠凝称阎罗王检阅之时云"今唯试坐禅、诵经,不问讲经",遂"自此以后,京邑比丘,悉皆禅诵,不复以讲经为意"。②

魏昌寺,尼寺,宦官、瀛州刺史李次寿所立。位于建阳里东南角,临东石桥。李次寿,名坚,次寿为其字。《魏书》卷九十四有传,称:"高宗初,因事为阉人。文明太后临朝,稍迁至中给事中,赐爵魏昌伯。"魏昌寺之名当由此而来。关于魏昌寺的状况,《洛阳伽蓝记》没有记述。但李次寿此人,"高祖迁洛,转被委授,为太仆卿,检课牧产,多有滋息。世宗初,出为安东将军、瀛州刺史,本州之荣,同于王质。所在受纳,家产巨万"③。这么一个家产万贯的宦官,其所立佛寺当不会太差。

26.景兴尼寺。位于上述石桥南道。亦由宦官等所共立。

> 有金像辇,去地三丈,施宝盖,四面垂金铃七宝珠,飞天伎乐,望之云表。作工甚精,难可扬榷。像出之日,常诏羽林一百人举此像。丝竹杂伎,皆由旨给。④

27.灵应寺。建阳里东为绥民里,绥民里东有崇义里,该寺即在崇义里内。原为京兆人杜子休宅院,地形显敞,门临御道。

> 时有隐士赵逸,云是晋武时人。晋朝旧事,多所记录。正光初,来至

---

京师,见子休宅,叹息曰:"此宅中朝时太康寺也。"时人未信,遂问寺之由绪。逸云:"龙骧将军王濬平吴之后,始立此寺。本有三层浮图,用砖为之。"指子休园中曰:"此是故处。"子休掘而验之,果得砖数十万,兼有石铭,云:"晋太康六年,岁次乙巳,九月甲戌朔,八日辛巳,仪同三司襄阳侯王濬敬造。"……子休遂舍宅为灵应寺。所得之砖,还为三层浮图。①

28.庄严寺。在东阳门外一里御道北之东安里。寺之状况不详。

29.秦太上君寺。秦太上君为胡太后母亲之封号,此寺系胡太后为母追福而立,因以为名。寺在东阳门外二里御道北之晖文里。据杨勇校笺,该寺建于熙平初。另据《魏书·刘腾传》记载,寺由宦官刘腾主持修营。②

> 中有五层浮图一所,修刹入云,高门向街,佛事庄饰,等于永宁。诵室禅堂,周流重叠,花林芳草,遍满阶墀。常有大德名僧讲一切经,受业沙门亦有千数。③

30.正始寺。宣武帝正始年间(504—508年)由百官集资所立,因以为名。位于东阳门外御道南之敬义里。

> 檐宇精净,美于景林。众僧房前,高林对牖,青松绿柽,连枝交映。多有枳树,而不中食。(有石碑一枚,背上有侍中崔光施钱四十万,陈留侯李崇施钱二十万,自余百官各有差,少者不减五千已下。后人刊之。)④

31.平等寺。广平武穆王元怀舍宅所立。位于青阳门外二里御道北之孝敬里。

> 堂宇宏美,林木萧森,平台复道,独显当世。寺门外金像一躯,高二丈八尺,相好端严,常有神验,国之吉凶,先炳祥异。⑤

永熙元年(532年),孝武帝元脩(称帝前为平阳王,广平武穆王少子)始造五层佛塔一座,诏中书侍郎魏收等为寺撰写碑文,至二年(533年)二月土木毕工,帝率百官作万僧会。

---

① 《洛阳伽蓝记校笺》卷二《城东》,第83页。
② 《魏书》卷九十四《刘腾传》,第2027页。
③ 《洛阳伽蓝记校笺》卷二《城东》,第88页。
④ 《洛阳伽蓝记校笺》卷二《城东》,第93页。
⑤ 《洛阳伽蓝记校笺》卷二《城东》,第101页。

乾隆《偃师县志》记载：

> 魏平等寺，在今义井铺。毓侗按：《金石录》："寺，魏广平怀所立。"《伽蓝记》："青阳门外御道北孝敬里有平等寺。"北齐冯翊王、高润又增修殿宇，有平等寺碑，今在偃师义井铺后田。中土人俗，呼冯翊王为冯王，庙名义井禅寺，即魏平等寺也。①

《偃师县志》（1992 年版）亦称平等寺："寺址在今南蔡庄乡义井铺附近。"②

后世，平等寺因其有北齐时先后所立四通造像碑保存至今而著名，但保存至今的造像碑历史上被移动至寺里碑村南农田中，并不在寺内原处，故关于平等寺寺址的具体地点已不详。上述清《偃师县志》说平等寺在义井铺，而今版《偃师县志》则说平等寺寺址在南蔡庄乡义井铺附近。李献奇认为，平等寺的位置在义井铺村东北 130 米。③ 段鹏琦认为，平等寺故址可能在义井村南某地，而不应延及村东、村北或村东北某地。④ 而王景荃则称平等寺在南蔡庄乡寺里碑村。⑤ 众说纷纭。义井（铺）与南蔡庄、寺里碑现均为首阳山镇所属行政村，三村之间的位置为：义井（铺）村在寺里碑村南，南蔡庄村则在此二村以东。首阳山镇系 1993 年由南蔡庄乡更名而来，而南蔡庄乡民国时称义井（铺）乡。欲求平等寺之确切地点，最终仍需依赖进一步实地调查和有关实物资料的出土。⑥

平等寺在北魏末年的战乱之中基本未遭破坏，或所遭破坏不大。段鹏琦根据上述保存至今的四通北齐造像碑碑文记载研究认为：

> 终东魏、北齐之世，洛阳平等寺不但香火延续不断，而且始终是同皇室（或者说是同当时的政治形势）密切相关的一座著名寺院。由于有北齐末年高润的修寺举动，迎来寺院的再度兴旺，即使北齐灭亡后，北周朝廷不再予以扶持，洛阳平等寺恐怕也能继续维持相当长一个时期。可

---

① （清）汤毓侗修，（清）孙星衍纂：《偃师县志》，成文出版社据清乾隆五十三年刊本影印，1976年版，第 280—281 页。
② 《偃师县志》（1992 年版）卷二十八《文物》第四章"石窟、造像"，第 724 页。
③ 李献奇：《北齐洛阳平等寺造像碑》，《中原文物》1985 年第 4 期，第 89—97 页。
④ 段鹏琦：《洛阳平等寺碑与平等寺》，《考古》1990 年第 7 期，第 632—637 页。
⑤ 《河南佛教石刻造像》，第 240 页。
⑥ 段鹏琦：《洛阳平等寺碑与平等寺》，《考古》1990 年第 7 期，第 632—637 页。

见,此寺之彻底毁亡,应发生在北周武帝灭佛时。①

32.景宁寺。太保司徒公杨椿所立。在青阳门外三里御道南之景宁里。孝文帝迁都洛阳,杨椿居景宁里,遂分部分宅院为寺。以里名为寺名。此寺"制饰甚美,绮柱珠帘"②。

33.宝明寺。位于青阳门外三里御道北之孝义里西北角苏秦冢旁。寺之状况不详。

34.归觉寺。位于孝义里东边洛阳小市北之殖货里。

> 里有太常民刘胡,兄弟四人,以屠为业。永安年中,胡煞猪,猪忽唱乞命,声及四邻,邻人谓胡兄弟相殴斗,而来观之,乃猪也。即舍宅为归觉寺,合家人入道焉。普泰元年,此寺金像生毛,眉发悉皆具足。③

所谓"太常民",是指隶属于太常机构专门为之服务的杂户。北魏之太常寺下有廪牺署,掌牧六牲,以供祭祀,刘胡即是此署的杂户,其地位低于一般民户。

**卷三《城南》:**

35.景明寺。景明年间(500—504 年)宣武帝元恪所立,以年号为名。在宣阳门外一里御道东。

> 其寺东西南北方五百步,前望嵩山、少室,却负帝城。青林垂影,绿水为文,形胜之地,爽垲独美。山悬堂观,一千余间。复殿重房,交疏对霤,青台紫阁,浮道相通。虽外有四时,而内无寒暑。房檐之外,皆是山池,竹松兰芷,垂列阶墀,含风团露,流香吐馥。至正光年中,太后始造七层浮图一所,去地百仞。是以邢子才《碑文》云"俯闻激电,旁属奔星"是也。妆饰华丽,侔于永宁。金盘宝铎,焕烂霞表。寺有三池,葭蒲菱藕,水物生焉。或黄甲紫鳞,出没于蘩藻;或青凫白雁,沉浮于绿水。碾硙舂簸,皆用水功。伽蓝之妙,最得称首。时世好崇福,四月七日,京师诸像,皆来此寺。尚书祠部曹录像凡有一千余躯。至八日,以次入宣阳门,向

---

① 段鹏琦:《洛阳平等寺碑与平等寺》,《考古》1990 年第 7 期,第 632—637 页。
② 《洛阳伽蓝记校笺》卷二《城东》,第 112 页。
③ 《洛阳伽蓝记校笺》卷二《城东》,第 115 页。

阊阖宫前受皇帝散花。于时金花映日,宝盖浮云,幡幢若林,香烟似雾。梵乐法音,聒动天地。百戏腾骧,所在骈比。名僧德众,负锡为群。信徒法侣,持花成薮。车骑填咽,繁衍相倾。时有西域胡沙门见此,唱言佛国。①

36.大统寺。在景明寺西之利民里。寺之具体状况不详。清人陆增祥所编《八琼室金石补正》中收有孝明帝正光二年(521年)八月和正光三年(522年)七月该寺僧人慧荣两次在龙门石窟造像的题记。从题记的内容来看,两次造像均为个人所为,正光三年第二次造像时,其身份已为"大统寺大比丘"②。

37.招福寺。大统寺南有三公令史高显洛宅。

每夜见赤光行于堂前,如此者非一。向光明所掘地丈余,得黄金百斤,铭云:"苏秦家金,得者为吾造功德。"显洛遂造招福寺。③

38—39.秦太上公寺(西寺、东寺)。位于大统寺东、景明寺南一里,有东、西两寺。西寺,为胡太后所立;东寺,为皇姨(胡太后之妹)所建。

秦太上公为胡太后父亲之封号,胡太后姊妹并为父追福,因以名之。时人号为双女寺。

并门邻洛水,林木扶疏,布叶垂阴。各有五层浮图一所,高五十丈。素彩画工,比于景明。至于六斋,常有中黄门一人监护,僧舍俦施供具,诸寺莫及焉。④

据《魏书·刘腾传》记载,此寺是由宦官刘腾主持修营的。⑤

40.报德寺。《洛阳伽蓝记》称:"报德寺,高祖孝文皇帝所立也。(为冯太后追福。)在开阳门外三里。"⑥寥寥数语,并未显示出此寺的规模与豪华。但"高阳王寺"条中有时人对话,赞扬洛阳城内之名胜,其中称:"若言川涧,伊洛峥嵘;语其旧事,灵台《石经》;招提之美,报德景明……"⑦

---

① 《洛阳伽蓝记校笺》卷三《城南》,第124—125页。
② 《八琼室金石补正》卷十三,《石刻史料新编》第1辑第6册,第4201页。
③ 《洛阳伽蓝记校笺》卷三《城南》,第131页。
④ 《洛阳伽蓝记校笺》卷三《城南》,第131页。
⑤ 《魏书》卷九十四《刘腾传》,第2027页。
⑥ 《洛阳伽蓝记校笺》卷三《城南》,第135页。
⑦ 《洛阳伽蓝记校笺》卷三《城南》,第156页。

又，《北史》卷十九《彭城王勰传》记载：

> 景明、报德寺僧鸣钟欲饭，忽闻勰薨，二寺一千余人皆嗟痛，为之不食，但饮水而斋。①

又，《魏书·释老志》亦记载：

> 先是，于恒农荆山造珉玉丈六像一。（永平）三年冬，迎置于洛滨之报德寺，世宗躬观致敬。②

由此可以看出，孝文帝为其祖母冯太后所立之报德寺，在当时洛阳城内并不一般，当属可与宣武帝所立景明寺相提并论的著名寺院，既如此，其规模与壮丽程度恐亦不亚于景明寺。

根据《魏书·文成文明皇后冯氏传》记载，孝文帝与其祖母冯太后关系非常亲密。孝文帝出生之后，即由冯太后"躬亲抚养"；即位之后，于承明元年（476 年），尊冯太后为太皇太后。曾下诏称："朕以虚寡，幼纂宝历，仰恃慈明，缉宁四海，欲报之德，正觉是凭，诸鸷鸟伤生之类，宜放之山林。其以此地为太皇太后经始灵塔。"于是罢鹰师曹，以其地为报德佛寺。③ 此为太和初年之事，说明最初的报德寺建于平城。迁都之后，又在洛阳重建了报德寺，以满足其长期纪念祖母的心愿。根据《佛祖统纪》卷三十九记载，此寺开建于太和二十一年（497 年）。④ 北魏末年，迁都邺城之后，洛阳尚余四百二十一寺，报德寺仍在。龙门石窟西山南部下层之路洞窟内北壁下层保存有东魏武定七年（549 年）报德寺比丘法相所造像龛及题记，是为佐证。⑤

41—43. 文觉寺、三宝寺、宁远寺。开阳门御道东有汉国子学堂，堂前犹存一些汉魏石经碑，孝文帝题为劝学里。三寺均在此里内，"周回有园，珍果出焉"⑥。

---

① 《北史》卷十九《献文六王·彭城王勰》，北京：中华书局 1974 年版，第 707 页。
② 《魏书》卷一百一十四《释老志》，第 3041 页。
③ 《魏书》卷十三《文成文明皇后冯氏传》，第 328 页。
④ 《佛祖统纪校注》卷三十九《法运通塞志》，第 879 页。
⑤ 顾彦芳：《龙门所见〈洛阳伽蓝记〉中人物造像述论》，《敦煌学辑刊》2001 年第 2 期，第 68—75 页。
⑥ 《洛阳伽蓝记校笺》卷三《城南》，第 135 页。

44.承光寺。具体位置不详。"承光寺亦多果木,柰味甚美,冠于京师。"①

45.正觉寺。位于劝学里东之延贤里内。由尚书令王肃所立。

王肃原为南朝萧齐之秘书丞,太和十八年(494年)归顺北魏。其时孝文帝正新营洛邑,多所造制,而肃博识旧事,大有裨益。孝文帝甚重之,常呼王生,延贤里之名,即因肃而立之。王肃造正觉寺,是为了安置前妻。《洛阳伽蓝记》称:

> 肃在江南之日,聘谢氏女为妻,及至京师,复尚公主。其后谢氏入道为尼,亦来奔肃;见肃尚主,谢作五言诗以赠之。其诗曰:"本为箔上蚕,今作机上丝;得路逐胜去,颇忆缠绵时?"公主代肃答谢云:"针是贯线物,目中恒任丝;得帛缝新去,何能纳故时?"肃甚有愧谢之色,遂造正觉寺以憩之。②

46—47.龙华寺③、追圣寺。龙华寺又称龙花寺,为广陵王元羽所立;追圣寺为北海王元详所立。元羽与元详皆孝文帝弟,献文帝子。两寺并在报德寺之东。

> 法事僧房,比秦太上公。京师寺皆种杂果,而此三寺,园林茂盛,莫之与争。④

元羽之子元恭即位前常住龙华寺。⑤ 元详在龙门石窟之古阳洞北壁上层刻有造像龛并发愿文,时间为太和二十二年(496年)。与此龛邻近还有比丘慧乐为元详所造一弥勒像龛并发愿文,时间在宣武帝景明四年(503年)。从发愿文内容来看,慧乐原是一贫民,元详度其为僧。古阳洞南壁中层,又有元

---

① 《洛阳伽蓝记校笺》卷三《城南》,第135页。
② 《洛阳伽蓝记校笺》卷三《城南》,第135—136页。
③ 《洛阳伽蓝记校笺》卷二有"龙华寺"条,其中谓"宿卫羽林、虎贲等所立也。在建春门外阳渠南"(第72页)。此处又有龙华寺,当为同名两寺。
④ 《洛阳伽蓝记校笺》卷三《城南》,第143页。
⑤ 《洛阳伽蓝记校笺》卷二"平等寺"条中记:"建明二年,长广王从晋阳赴京师,至郭外,世隆以长广本枝疏远,政行无闻,遍禅与广陵王恭。恭是庄帝从父兄也。正光中为黄门侍郎,见元义秉权,政归近习,遂伴哑不语,不预世事。……恭常住龙华寺,至时世隆等废长广而立焉。"(第101页)又,《魏书》卷十一《前废帝元恭纪》记:"正光二年,正常侍,领给事黄门侍郎。帝以元叉擅权,遂称疾不起。久之,因托喑病。……王既绝言,垂将一纪,居于龙花寺,无所交通。"(第273页)

详一家之供养僧比丘法生为孝文皇帝及元详母子所造一像龛并发愿文,完工时间与比丘慧乐造像龛同年同月同日。①

48.菩提寺。为西域胡人所立,在慕义里。寺之状况不详。

49.高阳王寺。原为高阳王元雍之宅,位于津阳门外三里御道西。元雍被尔朱荣害死后,家人舍宅第为寺。此宅第极尽豪华:

> 正光中,雍为丞相……贵极人臣,富兼山海,居止第宅,匹于帝宫。白殿丹槛,窈窕连亘,飞檐反宇。缪綟周通。……其竹林鱼池,侔于禁苑,芳草如积,珍木连阴。②

50.崇虚寺。在城西③,即汉之濯龙园。有关此寺,记述甚少,仅称:"高祖迁京之始,以地给民,憩者多见妖怪,是以人皆去之,遂立寺焉。"④

实际上,在孝文帝迁都洛阳之前,平城即有一崇虚寺,是为道教坛祠。据《魏书·释老志》记载,始光初,嵩山道士寇谦之奉道书《录图真经》献太武帝拓跋焘。当时朝野对寇谦之所献《录图真经》的内容,"若存若亡,未全信也"。而大臣崔浩"独异其言,因师事之,受其法术"。经崔浩的极力游说,拓跋焘"乃使谒者奉玉帛牲牢,祭嵩岳,迎致其余弟子在山中者。于是崇奉天师,显扬新法,宣布天下,道业大行"。同时在平城东南郊外按照寇谦之所献真经上说的规模形制建造天师道场,重坛五层,六时礼拜,月设厨会数千人。这个道场是五层重坛,谓之"静轮天宫"或"静轮宫"。真君三年(442年),拓跋焘还亲至此道坛,登受符书。自后北魏诸帝即位即如之。静轮宫初建之时,整个平城居舍尚稀,而到太和中期,里宅已经建到了静轮宫周围,人神混杂,无法清静神道。太和十五年(491年)秋,孝文帝下诏将静轮宫之道坛迁移于"都南桑干之阴,岳山之阳,永置其所。给户五十,以供斋祀之用,仍名为崇虚

---

① 顾彦芳:《龙门所见〈洛阳伽蓝记〉中人物造像述论》,《敦煌学辑刊》2001年第2期,第68—75页。

② 《洛阳伽蓝记校笺》卷三《城南》,第155—156页。

③ 《洛阳伽蓝记》卷三述城南佛寺,而列崇虚寺在城西,诸本皆然,但又有学者认为"城西"二字必有误。杨勇校笺:"今按诸刻及文字皆不误,衔之云在城西者,盖继城南之后,先作提引,令全书前后连贯,而有线索可循也。此地理为书之义例,读者可勿疑。"(第161页)

④ 《洛阳伽蓝记校笺》卷三《城南》,第161页。

寺"①。《魏书·高祖纪》亦记载:"(太和十五年八月)戊戌,移道坛于桑干之阴,改曰崇虚寺。"②且《魏书·释老志》在记载上述孝文帝迁移道坛的诏书之后,接着称:"迁洛移邺,踊如故事。其道坛在南郊,方二百步,以正月七日、七月七日、十月十五日,坛主、道士、哥人一百六人,以行拜祠之礼。……武定六年,有司执奏罢之。"③

因此,洛阳城南之崇虚寺并非佛教寺院,当为道教坛祠。

**卷四《城西》:**

51.冲觉寺。太傅清河王元怿舍宅所立。在西明门外一里御道北。

元怿为孝文帝第五子,有名行。宣武帝死后,受遗诏辅翼孝明幼帝。太后以怿名德茂亲,体道居正,事无大小,多咨询之。是以熙平、神龟之际,势倾人主。

> 第宅丰大,逾于高阳。西北有楼,出凌云台,俯临朝市,目极京师,古诗所谓"西北有高楼,上与浮云齐"者也。楼下有儒林馆、延宾堂,形制并如清暑殿。土山钓台,冠于当世。斜峰入牖,曲沼环堂。树响飞嘤,阶丛花药。④

元怿死后,为其追福,又在寺内建五层浮图一座,营造与瑶光寺塔相似。

52.宣忠寺。侍中司州牧城阳王元徽舍宅所立。在西阳门外一里御道南。⑤ 寺之具体状况不详,但元徽既是皇子,其宅邸肯定有相当规模,装饰亦应不俗。

53.王典御寺。位于宣忠寺东,由宦官王桃汤所立。

> (时阉官伽蓝皆为尼寺,唯桃汤所建僧寺,世人称之英雄。)门有三层

---

① 《魏书》卷一百一十四《释老志》,第3051—3055页。
② 《魏书》卷七下《高祖纪》,第168页。
③ 《魏书》卷一百一十四《释老志》,第3055页。由引文中云"迁洛移邺,踊如故事。其道坛在南郊……",说明崇虚寺应在城南,前述杨勇之结论值得商榷。况杨勇所称"衔之云在城西者,盖继城南之后,先作提引,令全书前后连贯,而有线索可循也",为何《洛阳伽蓝记》卷一《城内》结尾未列卷二《城东》之寺院、卷二结尾未列卷三《城南》之寺院、卷四《城西》结尾也未列卷五《城北》之寺院亦作提引,而令全书前后连贯,有线索可循?
④ 《洛阳伽蓝记校笺》卷四《城西》,第163页。
⑤ 《洛阳伽蓝记校笺》卷四《城西》,第167页。

浮屠一所,工逾昭仪。宦者招提,最为入室。至于六斋,常击鼓歌舞也。①

54.白马寺。汉明帝所立,为佛入中国之始。寺在西阳门外三里御道南。

寺上经函,至今犹存,常烧香供养之。经函时放光明,耀于堂宇,是以道俗礼敬之,如仰真容。浮图前柰林蒲萄,异于余处,枝叶繁衍,子实甚大。柰林实重七斤,蒲萄实伟于枣,味并殊美,冠于中京。帝至熟时,常诣取之。或复赐宫人,宫人得之,转饷亲戚,以为奇味。得者不敢辄食,乃历数家。京师语曰:"白马甜榴,一实直牛。"②

55.宝光寺。位于西阳门外御道北。寺里有石基三层浮图一座,形制甚古,画工雕刻。

隐士赵逸见而叹曰:"晋朝石塔寺,今为宝光寺也。"人问其故,逸曰:"晋朝四十二寺,尽皆湮灭,唯此寺独存。"……园中有一海,号咸池。葭菼被岸,菱荷覆水,青松翠竹,罗生其旁。京邑士子,至于良辰美日,休沐告归,征友命朋,来游此寺。雷车接轸,羽盖成阴。或置酒林泉,题诗花囿,折藕浮瓜,以为兴适。③

56.法云寺。西域乌场国沙门昙摩罗所立。位于宝光寺西,两寺一墙之隔,大门并列。此寺工制甚精:

佛殿僧房,皆为胡饰。丹素炫彩,金玉垂辉。摹写真容,似丈六之见鹿苑;神光壮丽,若金刚之在双林。伽蓝之内,花果蔚茂,芳草蔓合,佳木被庭。……西域所赍舍利及佛牙经像,皆在此寺。④

以下记述颇值得注意:

京师沙门好胡法者,皆就摩罗受持之。戒行真苦,难可揄扬。秘咒神验,阎浮所无。(咒枯树能生枝叶,咒人变为驴马,见之莫不忻怖。)⑤

昙摩罗所带来的"秘咒神验"之佛法,与前述十六国时之佛图澄"善诵神咒,能

---

① 《洛阳伽蓝记校笺》卷四《城西》,第171页。
② 《洛阳伽蓝记校笺》卷四《城西》,第171—172页。
③ 《洛阳伽蓝记校笺》卷四《城西》,第174页。
④ 《洛阳伽蓝记校笺》卷四《城西》,第176页。
⑤ 《洛阳伽蓝记校笺》卷四《城西》,第176页。

役使鬼物"①,与菩提流支"兼工咒术""密加诵咒""莫测其神"②,显然均属杂密之类。杂密者,密宗初期之形态,以咒术作为宣扬佛法、守护教徒、消除灾障之用。

57.灵仙寺。出西阳门外四里御道南,有洛阳大市,周回八里。市南有皇女台,汉大将军梁冀所造,犹高五丈余,景明中(500—504 年),比丘道恒立此寺于其上。寺之具体状况不详。

58.开善寺。位于洛阳大市北之阜财里内,原为京兆人韦英宅邸。英卒后其妻梁氏不治丧而改嫁,但仍居英宅,英之鬼魂,白日来扰,梁氏惶惧,遂舍宅为寺。

59.河间寺。洛阳大市西有延酤里。延酤里以西,张方沟以东,南临洛水,北达芒山,其间东西二里,南北十五里,并名为寿丘里,是皇族居住的地方,民间号称王子坊。皇族们争修园宅,互相夸竞,其中河间王元琛之宅最为豪华。经过河阴之役,众位元姓皇族被歼灭殆尽,他们的府第宅院多改为佛寺。寿丘里内,佛寺排列相望,宝塔凌云高耸。其中元琛之宅就成为河间寺。

> 四月初八日,京师士女,多至河间寺。观其廊庑绮丽,无不叹息,以为蓬莱仙室,亦不是过。入其后园,见沟渎寒产,石磴礁嶢,朱荷出池,绿萍浮水,飞梁跨阁,高树出云,咸皆唧唧;虽梁王兔苑,想之不如也。③

60.追先寺。亦在寿丘里内。原为侍中尚书令东平王元略之宅。建义元年(528 年)元略死,嗣王元景式舍宅为寺。名追先者,当为追念先人也。寺之具体状况不详,略既为宗室子弟,宅邸当有一定规模。

61.融觉寺。清河文献王元怿所立,在闾阖门外御道南。

> 有五层浮图一所,与冲觉寺齐等。佛殿僧房,充溢一里。(比丘昙谟最善于禅学,讲《涅槃》《花严》,僧徒千人。天竺国胡沙门菩提流支见而礼之,号为"菩萨"。)④

---

① 《高僧传》卷九《佛图澄传》,第 345 页。
② 《续高僧传》卷一《菩提流支传》,第 16 页。
③ 《洛阳伽蓝记校笺》卷四《城西》,第 180 页。
④ 《洛阳伽蓝记校笺》卷四《城西》,第 197 页。

62. 大觉寺①。广平王元怀舍宅所立。在融觉寺西一里许。

北瞻芒岭，南眺洛汭，东望宫阙，西顾旗亭；神皋显敞，实为胜地。是以温子昇碑云："面水背山，左朝右市"是也。怀所居之堂，上置七佛，林池飞阁，比之景明。至于春风动树，则兰开紫叶；秋霜降草，则菊吐黄花。名僧大德，寂以遣烦。永熙年中，平阳王即位，造砖浮图一所。是土石之工，穷精极丽。诏中书舍人温子昇以为文也。②

63. 永明寺。在大觉寺东。宣武帝永平二年（509 年）诏建③，专门接待外国沙门。

（时佛法经像，盛于洛阳，异国沙门，咸来辐辏，负锡持经，适兹乐土。世宗故立此寺以憩之。）房庑连亘，一千余间。庭列修竹，檐拂高松，奇花异草，骈阗阶砌。百国沙门，三千余人。④

64. 宜年里内景皓所立之寺。永明寺西有宜年里，里内有陈留王元景皓宅第。景皓"夙善玄言道家之业，遂舍半宅，安置佛徒"，亦即舍半宅而为寺。《洛阳伽蓝记》中未载寺名，笔者暂以宜年里内景皓所立之寺记之。此寺是当时洛阳城内传播大乘经典的重地：

演唱大乘，数部并进，京师大德，超、光、瞠、荣四法师，三藏胡沙门菩提流支等咸预其席，诸方伎术之士，莫不归赴。时有奉朝请孟仲晖者，武威人也。……志性聪明，学兼释氏，四谛之义，穷其旨归。恒来造第，与沙门论议，时号为玄宗先生。晖遂造人中夹苎像一躯，相好端严，希世所有。置皓前厅须弥宝坐。永安二年（529 年）中，此像每夜行绕其坐，四面脚迹，隐地成文。于是士庶异之，咸来观瞩。由是发心者，亦复无量。永熙三年（534 年）秋，忽然自去，莫知所之。⑤

65. 禅林寺。在城西，具体位置及状况不详。《洛阳伽蓝记》卷二在叙述崇

---

① 《洛阳伽蓝记校笺》卷三"报德寺"条中记在城南开阳门外三里御道东有劝学里，里内即有一寺称大觉寺，与此处大觉寺当为同名两寺。
② 《洛阳伽蓝记校笺》卷四《城西》，第 199 页。
③ 《佛祖统纪校注》卷三十九《法运通塞志》，第 880 页。
④ 《洛阳伽蓝记校笺》卷四《城西》，第 200 页。
⑤ 《洛阳伽蓝记校笺》卷四《城西》，第 201 页。

真寺时提到该寺。

66.灵觉寺。在城西,具体位置及状况不详。《洛阳伽蓝记》卷二在叙述崇真寺时提到该寺。

67.王南寺。在城西,具体位置不详。《洛阳伽蓝记·原序》中记述:"迁京之始,宫阙未就,高祖住在金墉城。城西有王南寺,高祖数诣寺沙门论议,故通此门,而未有名,世人谓之'新门'。时王公卿士常迎驾于新门。"①说明此寺在当时的洛阳还是颇有名气的,规模也不小。

**卷五《城北》:**

68.禅虚寺。在大夏门外御道西。状况不详。

69.凝玄寺。尼寺②,为宦官济州刺史贾璨所立。在广莫门外一里御道东之永平里。孝文帝迁京之初,贾璨在此建宅,值母亡,舍以为寺。此寺:

> 地形高显,下临城阙,房庑精丽,竹柏成林,实是净行息心之所也。

王公卿士,来游观为五言者,不可胜数。③

70.崇立寺。具体位置及状况均不详。《洛阳伽蓝记》卷五仅记:"神龟元年(518年)十一月冬,太后遣崇立寺比丘惠生向西域取经,凡得一百七十部,皆是大乘妙典。"④

**郭外诸寺:**

北邙山上有冯王寺⑤、齐献武王寺。京东石关有元领军寺、刘长秋寺。嵩高中有闲居寺、栖禅寺、嵩阳寺、道场寺;上有中顶寺;东有升道寺。京南关口有石窟寺、灵岩寺。京西瀍涧有白马寺⑥、照乐寺。

以上《洛阳伽蓝记》共记述了八十余寺。这些佛寺的创建者,大多是皇

---

① 《洛阳伽蓝记校笺》之《原序》,第3页。

② 《洛阳伽蓝记校笺》卷四"王典御寺"条称:"时阉官伽蓝皆为尼寺。"(第171页)

③ 《洛阳伽蓝记校笺》卷五《城北》,第209页。

④ 《洛阳伽蓝记校笺》卷五《城北》,第209页。关于此寺,杨勇之《洛阳伽蓝记校笺》无校笺说明;范祥雍之《洛阳伽蓝记校注》仅校云:"《御览》立作灵。"(第252页)周祖谟之《洛阳伽蓝记校释》则称:"'崇立',《御览》引作'崇灵'。案本书所记佛寺无'崇立''崇灵'之名。卷二有'崇真寺',卷三有'崇虚寺',此或为'崇虚'之误。"(第181—182页)

⑤ 《洛阳伽蓝记校笺》卷一"永宁寺"条亦记载有该寺,谓"芒山冯王寺"。

⑥ 《洛阳伽蓝记校笺》卷四《城西》中记载有白马寺,这里又在"郭外诸寺"条中记载有白马寺,位于京西瀍涧,还称"如此之寺既郭外,不在数限"(第244页),似当时洛阳有两个白马寺。

帝、皇子、宗室、外戚,还有文武官员(其中宦官更是突出的角色),亦有普通民众(包括一般的僧人),还有来自西域的胡僧,说明当时社会的各个阶层都积极参与了佛寺的修建活动。由皇帝、皇子、宗室、外戚修建的寺院,规模巨大,建筑雄伟,装饰豪华,环境优美;宦官所造寺院一般也都非常精美;而西域胡僧所建的佛寺则表现了自己的鲜明特色。

除《洛阳伽蓝记》所记上述寺院外,根据《魏书》《出三藏记集》《续高僧传》等著作的有关记载,当时洛阳可知名字的佛寺还有:

1.阿育王寺。《魏书·释老志》记:"于后百年,有王阿育,以神力分佛舍利,役诸鬼神,造八万四千塔,布于世界,皆同日而就。今洛阳、彭城、姑臧、临淄皆有阿育王寺,盖承其遗迹焉。"①这是最早的有关洛阳阿育王寺的记载。贺玉萍所著《北魏洛阳石窟文化研究》一书,在前人研究、辨析的基础上,对刻于偃师水泉石窟、已漫漶残泐之摩崖碑记《洛阳造像记》又进行了新的辨析,认定该碑开头"洛州□□王寺造铜像三区……"当为"洛州阿育王寺造铜像三区……",为《魏书·释老志》的记载提供了佐证,并认为该寺位于当时的洛阳城外。②

2.崇训佛寺。《魏书》卷十一记:"夏四月辛巳,齐献武王与废帝(元恭)至邙山,使魏兰根慰谕洛邑,且观帝之为人。兰根忌帝雅德,还致毁谤,竟从崔㥄议,废帝于崇训佛寺,而立平阳王脩为帝。"③

3.广德寺。《续高僧传》卷六《法贞传》记:"释法贞……九岁出家,俊秀之声,不齐凡类,住魏洛下之居广德寺,为沙门道记弟子。"④

4.净土寺。《增订唐两京城坊考》卷五记载:"大云寺,本后魏净土寺。隋大业四年,自故城徙建阳门内。贞观三年,复徙此坊。天寿二年改大云,会昌中废。"⑤

5.北邙寺。孝文帝朝之外戚冯熙所建。《魏书·冯熙传》记载:"……信

① 《魏书》卷一百一十四《释老志》,第3028页。
② 《北魏洛阳石窟文化研究》,第62—63、286页。
③ 《魏书》卷十一,第278页。
④ 《续高僧传》卷六《法贞传》,第206页。
⑤ (清)徐松撰,李健超增订:《增订唐两京城坊考》卷五,西安:三秦出版社1996年版,第408页。

佛法,自出家财,在诸州镇建佛图精舍,合七十二处……其北邙寺碑文,中书侍郎贾元寿之词。高祖频登北邙寺,亲读碑文,称为佳作。"①其位置不详,依寺名当在北邙山上。

此外,位于洛阳城南十三公里处香山西坳的香山寺,根据《乾隆一统志》卷二百七记载:"香山寺,在洛阳县西南二十五里。后魏熙平元年建。龙门十寺,观游之胜,香山为首。"②定为北魏时期所建的佛寺。但《华严经传记》卷一在记述唐代高僧日照卒后的情况称:"圣母闻之,深加悲悼,施绢千匹,以充殡礼。道俗悲慕,如丧所亲,香华辇舆,瘗于龙门山阳、伊水之左。门人修理灵龛,加饰重阁,因起精庐其侧,扫洒供养焉。后因梁王所奏请,置伽蓝,敕内注名为'香山寺'。"③这说明,唐时,后魏熙平年间在此处所建的寺院已不存。安葬日照之后,门人为洒扫供养,于墓侧起精庐。其后因梁王武三思的奏请,方才置伽蓝,敕名"香山寺"。

龙门石窟官网之"龙门风光—香山寺"称:

> 香山寺位于十三朝古都洛阳城南 13 公里处的香山西坳,与世界文化遗产——龙门石窟西山窟区一衣带水,隔河相望,与龙门石窟东山窟区和白园一脉相连,并肩邻立。
>
> 香山因盛产香葛而得名。香山寺微始(原文如此)建于北魏熙平元年(516 年),唐垂拱三年(687 年),印度来华高僧地婆诃罗(日照)葬于此,为安置其遗身重建佛寺。天授元年(690 年),武则天在洛阳称帝,建立武周王朝,梁王武三思奏请,敕名"香山寺",并重修该寺……

但"龙门石窟世界文化遗产园区管理委员会"官网的《龙门概况—龙门文化》栏目中有一篇未注明作者的连载文章《龙门古寺史迹拾零》则称:

> 香山寺始建于何时?唐人的诗文碑铭中未见记载,认为香山寺建于后魏的说法以宋陈振孙为最早,《洛阳县志》亦同意此说。清汤右曾在《重修香山寺记》中对此说作了进一步肯定:"考郡、县志皆不详寺兴废所

---

① 《魏书》卷八十三上《冯熙传》,第 1819 页。
② 《乾隆一统志》卷二百七《寺观》,第 35 页。
③ 《大正藏》第 51 册《华严经传记》卷一,第 155 页上。

由，宋陈振孙为公（白居易）作年谱，谓寺在龙门山，后魏熙平元年（516年）建。按熙平元年明帝初改元，母胡太后幼得佛经大义，立寺建刹甚众。《北史·明帝纪》熙平二年，皇太后幸伊阙石窟寺。郦道元生其时，注《水经》亦谓伊阙镌石开轩、高甍架峰，并曰伊阙、曰龙门、曰香山，本同一地。意者石窟寺乃其先所命名，故未有以深考。陈氏博采诸家传记，审定详确，其言有据。依则寺之创于熙平其信然欤……"

笔者以为香山寺建于后魏熙平元年说证据不足，大有可怀疑之处。

其一，熙平元年胡太后即使"立寺建刹甚众"，也未必能说明当时在伊阙山建立了香山寺。

其二，北魏明帝熙平二年胡太后所幸之伊阙石窟寺，非香山寺，系今龙门西山之古阳洞，开凿于孝文帝太和十七年（493 年）。

其三，汤文将龙门与香山概念相混，二者内涵不同，亦非一地。如明《方舆纪要》所载："阙塞山在洛阳南三十里，一名阙山，一名钟山。山东曰香山，西曰龙门。"龙门可作为东西两山之统称，但香山则专指东山，未见有统指者。东山称香山之谓较后，查唐代以前的古籍文献，未有如是之称者。

其四，香山寺的创建和命名，当与印度高僧地婆诃罗（日照）的敕葬地、及"山产香葛"的说法有关。

唐法藏《华严经传记》卷一云："地婆诃罗，唐言日照……以永隆初岁，言届京师……以垂拱三年（687 年）十二月二十七日，无疾而卒于神都魏国东寺……圣母闻之，深加悲悼……香花辇舆，瘗于龙门山之阳、伊水之左，门人修理灵龛，加饰垂阁，因起精庐其侧，洒扫供养焉。后因梁王所奏，请置伽蓝，敕内注名为'香山寺'，危楼切汉，飞阁凌云，石像七龛，浮图八角，架亲游幸，具题诗赞云尔。"文中的"龙门山之阳、伊水之左"系指龙门东山南端，可谓香山之阳。既未如此称者，大概龙门东山当时还未有以"香山"称之。《名胜志》云"洛阳香山产香葛"，苏颋《唐河南龙门天竺寺碑》亦云"山有香兮泉道蒙"（该天竺寺位于东山），因山产香葛而使香气缭绕，故称"香山"。香山寺之命名，可能与此背景有关。龙门东山正式称"香山"大约在香山寺命名之后。

其五,上由"门人修理灵龛,加饰垂阁,因起精庐其侧"之句,说明这里原是一座废弃的旧寺院,后因梁王奏"请置伽蓝",才被敕名为"香山寺"的。废寺原建于什么时候时间不明,况且废寺和香山寺之间亦没有直接的继承关系。武三思封梁王是在武周天授元年(690年),久视元年罢梁王之名,香山寺的建置时间当在公元690—700年之间。

据以上五点,香山寺建于后魏熙平元年之说不足为据。

唐代香山寺寺院的方位,大致在今龙门东山南端洛阳轴承厂疗养院一带,已有人对遗址作过试掘(温玉成:《洛阳龙门香山寺遗址的调查与试掘》,《考古》1986年第1期)。

所以,今天的香山寺其并非始建于北魏时期。

《洛阳伽蓝记》称:其时洛阳"东西二十里,南北十五里。户十万九千余。……寺有一千三百六十七所"①。据此计算,平均八十户人家有一所佛教寺院。至孝静帝天平元年(534年)迁都邺城时,尚余四百二十一所。

## 三、《洛阳伽蓝记》之"郭外诸寺"在后世史书、方志中的记载

上述《洛阳伽蓝记》所记"郭外诸寺",有一些在后世的史书、方志中仍有记载。现记述如下:

1.冯王寺。乾隆《偃师县志》卷四记载:"冯王寺在北邙山。《伽蓝记》:北邙山上有冯王寺。"②根据《偃师县志》(1992年版)卷三十三的记载,冯王寺遗址在今偃师邙岭乡东蔡庄南。③

2.闲居寺。位于登封太室山南麓峻极峰下,法王寺西一里许,现称嵩岳寺。当地群众俗称"大塔寺",谓嵩岳寺塔为"大塔"。

唐李邕撰有《嵩岳寺碑》,比较全面地记述了闲居寺亦即嵩岳寺自北魏创建以迄唐代的盛衰兴废历史:

---

① 《洛阳伽蓝记校笺》卷五,第244页。
② 《偃师县志》(乾隆版)卷四《陵庙记》,第276页。
③ 《偃师县志》(1992年版)卷三十三《宗教》第5章"佛教",第840页。

嵩岳寺者,后魏孝明帝之离宫也。正光元年榜"闲居寺",广大佛刹,殚极国财。济济僧徒,弥七百众;落落堂宇,逾一千间。藩戚近臣,逝将依止;硕德圆戒,作为宗师。及后周不祥,正法无绪;宣皇悔祸,道叶中兴。明诏两京,光复二所,议以此寺为观,古塔为坛。八部扶持,一时灵变,物将未可,事故获全。隋开皇五年,隶僧三百人。仁寿一载,改题"嵩岳寺",又度僧一百五十人。逮豺狼恣睢,龙象凋落,天宫坠构,劫火潜烧,唯寺主明藏等八人,莫敢为尸,不暇匡补。且王充西拒,蚁聚洛师,文武东迁,凤翔岩邑,夙承羽檄,先应义旗,挽粟供军,悉心事主。及傅奕进计,以元嵩为师,凡曰僧坊,尽为除削。独兹宝地,尤见褒崇,实典殊科,明敕荐及,不依废省。有录勋庸,特赐田碾四所。代有都维那惠果等,勤宣法要,大壮经行,追思前人,仿佛旧贯。①

不过,李邕所述嵩岳寺原为"后魏孝明帝之离宫"有误。孝明帝元诩为世宗宣武帝元恪之第二子,继承其父帝位。根据《魏书·冯亮传》的记载,逸士冯亮奉世宗之命,曾参与了闲居寺的建造,为工程的设计、施工主要负责人之一:

> 冯亮,字灵通,南阳人……少博览诸书,又笃好佛理。……亮性清净,至洛,隐居嵩高。……
>
> ……亮既雅爱山水,又兼巧思,结架岩林,甚得栖游之适,颇以此闻。世宗给其工力,令与沙门统僧暹、河南尹甄琛等,周视嵩高形胜之处,遂造闲居佛寺。林泉既奇,营制又美,曲尽山居之妙。②

《嵩书》的记载纠正了李邕所述之误:

> 嵩岳寺在法王寺西一里许。元魏宣武帝于永平二年令冯亮与沙门统僧暹、河南尹甄琛等同视嵩山形胜之处,创兴土木。本离宫也,孝明帝正光元年,榜闲居寺,广大佛刹,殚极国财,僧徒济济弥七百众;堂宇落落逾一千间,可谓盛矣。后周,断废佛法,欲以寺为观,以塔为坛,未果。至隋开皇五年,始改题嵩岳寺,又度隶僧徒四百五十人。未几,兵乱焚毁。

---

① 《全唐文》卷二六三《嵩岳寺碑》,第 2673 页下—2674 页上。
② 《魏书》卷九十《冯亮传》,第 1931 页。

唐兴,重为修复,特赐田碾四所。①

但是,《嵩书》的记载,大概是为了简略,把开皇、仁寿两次度僧和仁寿改题嵩岳寺统记为开皇时的事情,又产生了新的误会。

景日昣之《说嵩》也记载:

> 度涧而西,望浮图透岭际,曰嵩岳寺。寺故元魏宣武离宫也。建于永平二年,诏冯亮与沙门统僧暹、河南尹甄琛视形胜处创兴焉。有凤阳殿、八极殿。明帝正光时,榜闲居寺。广大佛刹,殚极国财,僧徒七百众,堂宇逾千间。建有十五层塔,发地四铺,陵空八相,方丈十二,户牖数百。东有七佛殿,西有定光佛堂。隋开皇年改题嵩岳寺,置舍利塔,高僧辈出。唐时武后扈从高宗幸嵩,以寺为行在所,造无量寿殿,置镇国金铜像于内。中宗因魏八极殿址造西方禅院,复于南辅山,曰古灵台,顶上为大通禅师造十三级浮屠。②

北魏时期,闲居寺颇有名气。《魏书》卷十六《京兆王传》记载:

> 正光五年秋,灵太后对肃宗谓群臣曰:"隔绝我母子,不听我往来儿间,复何用我为?放我出家,我当永绝人间,修道于嵩高闲居寺。先帝圣鉴,鉴于未然,本营此寺者正为我今日。"欲自下发。肃宗与群臣大惧,叩头泣涕,殷勤苦请。灵太后声色甚厉,意殊不回。③

"先帝圣鉴,鉴于未然,本营此寺者"一句说明,闲居寺是由世宗所修,为皇家寺院。

作为京师洛阳地区的著名佛寺,自然也是高僧居住的地方。前述北魏至北齐时期对中原河南禅学发展影响巨大的僧稠就曾经住过嵩岳寺。《续高僧传》卷第十六本传记述:

> 初,(僧稠)从道房禅师受行止观,房即跋陀之神足也。……稠以死要心,因证深定,九日不起。后从定觉,情想澄然,究略世间全无乐者,便诣少林寺祖师三藏,呈己所证。跋陀曰:"自葱岭已东,禅学之最,汝其人

---

① 《嵩书》卷三,《嵩岳文献丛刊》第一册,第47页。
② 《说嵩》卷三,《嵩岳文献丛刊》第三册,第54—55页。
③ 《魏书》卷十六《京兆王传》,第405页。

矣。"乃更授深要,即住嵩岳寺。①

唐代,武则天和高宗每幸嵩山,都以此寺为行宫,还曾赐镇国金佛像;中宗时又造十三层浮图。当此之时,嵩岳寺达到了它历史上最辉煌的时期。宋、元以后,嵩岳寺日渐衰落,至明傅梅著《嵩书》之时,已"荒凉不堪吊也"②。

据《登封市志》卷四记载:

> 自金元之后,嵩岳寺开始走向衰落,寺院豪华的建筑基本毁尽,唯嵩岳寺塔独存。到共和国成立时,嵩岳寺的建筑仅存清代重建的山门、大雄殿、伽蓝殿和白衣殿。1982年,国家投资17万元对嵩岳寺全部殿堂进行了大规模整修,1982年至1986年国家文物局又投资从上到下对大塔进行了全面整修。③

关于嵩岳寺塔,《登封市志》记述:"建于北魏正光四年(523年),是中国现存最古老的砖塔,结构和造型都有独特风格,是中国古塔建筑中的罕例,是一座极有研究价值的古代建筑。"④

又称:

> 嵩岳寺塔位于登封市区北4公里处的嵩山南麓嵩岳寺内。根据塔内地宫发现的正光四年(523年)的释迦石像知,塔建于北魏孝明帝正光四年,是中国现存最早的砖塔。1961年3月4日,该塔被国务院公布为第一批全国重点文物保护单位。嵩岳寺塔为单层密檐式砖塔,塔的平面为十二边形,塔整个外形呈抛物线形,不仅具有巍峨挺拔之雄,而且具有婉转柔和之秀,设计艺术水平极高。嵩岳寺塔高36.8米,底层直径10.6米,内径5米余,壁体厚2.5米。塔之外部,由基石、塔身、15层密檐和宝刹组成。基台随塔身砌作十二边形,台高85厘米,宽160厘米。塔前砌长方形月台,基台以上为塔身,高359厘米,塔身中部砌一周腰檐,把它分为上下两段,下段为素壁,四面辟门。上部为全塔最好装饰,也是最重要的部

---

① 《续高僧传》卷十六《僧稠传》,第574页。
② 《嵩书》卷三,《嵩岳文献丛刊》第一册,第47页。
③ 《登封市志》卷四《文物古迹》,第217页。
④ 《登封市志》卷四《文物古迹》,第217页。

位。东、西、南、北四面与腰檐以下通为券门,门额做双伏双券,其面作尖拱形,拱尖饰三个莲瓣,券角饰有对称的外券旋纹,拱尖左右的壁面上各嵌入石铭一方,字多剥蚀。十二转角处,各砌出半隐半露的倚柱一根,外露部分呈六边形。柱头饰火焰宝珠与覆莲,柱下砌出平台及覆盆状柱础。除辟门之四面外,其余八面倚柱之间,各造佛龛一个,龛下部有基座,正面两个并列的壸门内,各雕一尊狮子,全塔共雕 16 尊狮子。塔身之上,是 15 层叠涩檐,叠涩檐间的塔壁上均辟有门窗。每面正中砌筑板门二扇,门上皆有尖拱门楣,楣角呈卷云形。多数门楣下施有垂幔,有的两扇门板紧闭着,有的则一扇稍开。门两边各辟一"破子棂窗",每窗多为四根窗棂。唯有第 10 层因壁面狭小,仅一门一窗。密檐之上,为塔刹,通高474.5厘米。塔刹自下而上由基座、覆莲、须弥座、仰莲、七重相轮及宝珠等组成,皆为青灰条砖平顺垒砌后砍制而成。全塔外部,都敷以白灰皮装饰。1982 年到 1986 年,国家拨款对嵩岳寺塔进行了全面整修。1985 年对嵩岳寺塔地宫进行挖掘清理,共发现北魏造像一尊,唐代文物70 余件。该塔全部是用青砖和黄土泥垒砌而成,青砖的体积很小,但质地细密坚固,历经近 1500 年风雨侵蚀而不酥不碱,坚韧如初,是建筑史上的奇迹。①

除嵩岳寺大塔之外,该寺现尚有山门、大雄殿、伽蓝殿和白衣殿,均为清代建筑。山门为三开间悬山式建筑,1982 年拆除原山门并前移后重建。大雄殿为三开间硬山建筑,内供明代玉雕阿弥陀佛像一尊。伽蓝殿和白衣殿皆为三开间硬山建筑。院内立八棱石经幢一通,为唐代遗物;有一石函,高 1 米,四面雕天王神怪线刻画,函座四周刻 12 乐伎人,为唐代作品;还有唐碑及唐代塔铭各一,清代碑碣亦有多通。

2010 年 8 月 1 日,联合国教科文组织第 34 届世界遗产大会审议通过,将中国登封"天地之中"历史建筑群列为世界文化遗产。遗产总共八处十一项,嵩岳寺塔为其中一处。

---

① 《登封市志》卷四《文物古迹》,第 256—257 页。

3.嵩阳寺。洪亮吉之《登封县志》转引《魏嵩阳寺碑》及《河南府志》记载称:

> 《魏嵩阳寺碑》:大德生禅师以此山先来未有塔庙,禅师将欲接引四生,卜兹福地,创立神场。北靠高峰,南临广陌,西带浚涧,东接修林,于太和八年岁次甲子创造伽蓝,筑立塔殿。

> 《河南府志》:《嵩阳寺碑》东观天平二年刻,石碑末书,唐麟德元年从嵩阳观移会善寺。盖寺自隋大业已改为观。唐营奉天宫。至五代周改道院为书院,宋时称盛,至今不改,仍存"嵩阳"之名,非复寺观之旧,其事遂千古矣!①

《说嵩》记述:

> (奉天)宫,故嵩阳寺也,寺建于元魏,司空裴衍尝为寺主。浮屠大者,高数十仞。笕东涧水,绝溪引入檐除。僧徒多至数百人。时拓跋佞佛,孽后统内姬时命车驾。梵宇之胜,甲于中土。迄唐麟德改寺为观,移碑于会善。②

这说明,嵩阳寺由生禅师创立于北魏孝文帝太和八年(484 年),后改为道观,再改为书院,但至今仍以"嵩阳"为名,谓之嵩阳书院。由佛寺改为道观的时间,上述《登封县志》转引《河南府志》的记载为隋大业年间(605—617 年),而《说嵩》则记为唐麟德年间(664—665 年)。《说嵩》所记时间有误,同书卷十四即称"寺自隋大业已改为观"③,与《河南府志》所载相同。由道观改为书院的时间在五代之后周。《登封市志》卷四记载:"此寺隋改为嵩阳观,五代改为太乙书院,宋更名嵩阳书院。"④

嵩阳寺的历史虽然短暂,仅存在一百二十余年,但由生禅师的弟子伦、艳法师于东魏天平二年(535 年)所立之《魏嵩阳寺碑》却保存至今,此碑之碑身正面下部刻有题铭,谓《中岳嵩阳寺碑铭序》,其文曰:

> 有大德沙门生禅师,游三空以归真,泛法流而御世,控三车而徽踪,

---

① 《登封县志》卷十二《伽蓝记》,第 343—344 页。
② 《说嵩》卷三,《嵩岳文献丛刊》第三册,第 47 页。
③ 《说嵩》卷十四,《嵩岳文献丛刊》第三册,第 278 页。
④ 《登封市志》卷四《文物古迹》,第 223 页。

秉常乐而偯轨。隐显无方,沉浮崧岭。道风远被,德香普熏。乃皇帝倾心以师资,朝野望风而屈膝。此山先来未有塔庙,禅师将欲接引四生,永辞沸镬,拯拔群品,远离炎炉。卜兹福地,创立神场。当中岳之要害,对众术之枢外。乃北靠高峰,南临广陌,西带浚涧,东接修林。于太和八年岁次甲子创造伽蓝,筑立塔殿,布置僧房,略深梗概,王公卿士,咸发布向之心;凡厥庶民,并欣喜舍之志。司空公裴衍昔在齐都,钦承师德,愿归中国,为寺檀主。本愿既从,云归表节。禅师乃构千善灵塔一十五层,始就七级,缘差中止,而七层之状远望则迢亭巍峨,仰参天汉;近视则□鬼俨巍,旁魄绝望。自佛法光兴,未有斯壮也。禅师指麾,成之匪日。禅师背后,虽复名工巧匠,无能陟其崄峭。禅师大弟子沙门统伦、艳二法师,并妙思渊赜,神智难量,继轨四依⋯⋯与诸同志以师遗功成兹洪业。分稟徐砖,更罩两塔,并各七层,仰副师愿。殊特妙巧,剬创秀出。塔殿宫室,星罗棋布。内外图写,本生垩日。十方尊仪,无量亿数。□金为相,裁玉成豪。瑰碧煜烁,丹彩绚燿。色焕□□,光辉宇宙。异类众多,罔知厝绪。龛房禅室,侧□环绕。径阁通门,前后楼榭。墙廓重复,苑衍逶迤。规而有楷,矩而有则。沟溜笕泉,四殖甘果。柳裛长条,松擎圆盖。池荷焰灼,翠叶红辉。微波碧澈,潺流灒漱。异禽驯兽,饮啄相鸣。硕学名贤,踵武相望。引眆清诵,列馆法言。洪钟一扣,应真四集。呗响八飞,香烟似雾。虔礼禅家,六时靡辍。方为众生万劫之灵场,八辈十方三世之苑囿也。天平二年四月八日,伦、艳二统乃刊石树碑,雕饰尊像,赞贻嘉福,显彰圣仪。高足大沙门统遵法师忘怀体道,戒珠皎洁,仁智明敏,器宇汪庠。开妙思于三空之表,显真如于四忍之外。接引群生,舟航巨海。率诸邑义缮立天宫,整修严丽。兼造白玉象一龛,眷属侍御,剖厥镌磨,妙匠精巧,三十二满,八十好圆,色掩耀灵,光晖夜兔。以诸胜善,仰资皇帝圣历无穷,国境宁泰;太后德被苍海,永保仁龄。预舍一豪,同登我净。若见若闻,等一常乐。傍尽边尘,后穷来际,咸钟此福。①

---

① (清)叶封撰:《嵩阳石刻集记》卷上,《嵩岳文献丛刊》第二册,郑州:中州古籍出版社2003年版,第7—8页。

此碑文详述了北魏至东魏时期,嵩阳寺在生禅师及其弟子伦、艳二法师的主持之下建设的情况,为我们描绘了当时嵩阳寺的幽雅环境与繁盛景象,"自佛法光兴,未有斯壮也",真可谓辉煌一时!

此碑文中提到了"司空公裴衍",说他为嵩阳寺之"檀主",也就是施主,说明他对嵩阳寺的创建支持很大。上述《说嵩》之引文中,也说到"司空裴衍",说他"尝为寺主"。裴衍,《魏书》有传,原为南齐官僚,宣武帝景明二年(501年)北来魏国,后在北讨葛荣时军败而死,赠司空。此人笃信佛法,本传中记载,裴衍还在南齐之时,就非常敬仰生禅师,发愿归北之后要为嵩阳寺檀主。来到洛阳后,北魏授其通直郎,他"欲辞朝命,请隐嵩高",宣武帝批准了他的请求。他在嵩山隐居修行了十余年,到宣武帝末年才出山。① 他与嵩阳寺的亲密关系大概就是在此时发展起来的。

今天,在世界文化遗产中国登封"天地之中"历史建筑群中,嵩阳书院为其一,而嵩阳书院的前身就是嵩阳寺。

4.道场寺。遗址在嵩山,具体位置今已不可考,北魏时建寺。前述冯亮"延昌二年(513年)冬,因遇笃疾,世宗敕以马舆送令还山,居崧高道场寺。数日而卒"②。洪亮吉之《登封县志》转引《河南府志》记载称:"《河南府志》:道场寺,今不可考。冯亮尝营闲居寺,后退居道场寺,则二寺当相近。或以为实一寺者,非也。"③《说嵩》亦记述:"《北史》:冯亮既营闲居,退居道场寺,手执《孝经》以终。道场寺当附近闲居,故嵩刹无有传道场者,而亦无别迹可考。"④两记载均属推测之言。

5—7.中顶寺、升道寺、栖禅寺。洪亮吉之《登封县志》卷十二"后魏中顶三寺"条引《河南府志》记载,谓"中顶、升道、栖禅在嵩顶上"。又称:"《伽蓝记》有两栖禅寺,一在山上,一在山下,皆不可确指。五代晋有峻极寺,疑即后魏中顶寺也。"⑤

---

① 《魏书》卷七十一《裴衍传》,第1574—1575页。
② 《魏书》卷九十《逸士传》,第1931页。
③ 《登封县志》卷十二《伽蓝记》,第343页。
④ 《说嵩》卷三,《嵩岳文献丛刊》第三册,第55页。
⑤ 《登封县志》卷十二《伽蓝记》,第344—345页。

洪亮吉所引存在两个问题:第一,谓中顶、升道、栖禅三寺均在嵩顶上。而在《洛阳伽蓝记》中,此三寺的位置是这样表述的:"嵩高中有闲居寺、栖禅寺、嵩阳寺、道场寺。上有中顶寺。东有升道寺。"①显然升道、栖禅二寺并不在嵩顶上。第二,谓《伽蓝记》中记载有两栖禅寺,查《洛阳伽蓝记》,并无两栖禅寺。

《说嵩》卷一记述:"有寺创于北魏,曰双林。《伽蓝志》曰中顶。迄唐,逮晋宋兴焉,易名峻极。则天福间赐额者也。"②此记载将中顶寺与北魏时在嵩山地区所建另一寺院双林寺相混淆。

## 第二节 魏晋南北朝时期洛阳之外的地方创建的佛寺

### 一、曹魏、两晋时期洛阳以外地方创建的佛寺

曹魏、两晋时期,除前述洛阳创建的佛教寺院之外,河南的其他地方也创建了一些佛教寺院,根据史籍可考的有:

1.孟津负图寺。《孟津县志》卷三记载:"负图寺在城西北五里。相传龙马负图之□□□□图。晋天竺僧佛图澄西来,住锡于此。□□□□□曰'河图寺',梁武帝改曰'龙马寺',唐高宗麟德中改曰'兴国寺',寻易今名。"③卷八又记载:"浮屠澄,西域人。怀帝永嘉中来洛,能以神咒役使鬼物,石勒敬事之。尝寓孟津,创寺曰'佛屠'。至唐高宗麟德四年改名'负图'。"④《洛阳市志》卷十七谓负图寺"位于孟津县老城乡雷河村旁。始建于东晋穆帝永和四年(348年)。"⑤

2—3.陈留水南寺和水北寺。位于陈留仓垣。⑥ 根据《出三藏记集》卷七

---

① 《洛阳伽蓝记校笺》卷五《城北》,第244页。
② 《说嵩》卷一,《嵩岳文献丛刊》第三册,第8页。
③ (清)徐元灿、赵擢彤等纂修:《孟津县志》卷三《寺观》,成文出版社据清康熙四十八年、嘉庆二十一年刊本影印,1976年版,第142页。
④ 《孟津县志》卷八《仙释》,第239页。
⑤ 《洛阳市志》卷十七《民族宗教志》,第102页。
⑥ (唐)李吉甫撰《元和郡县图志》(中华书局1983年版)卷七《汴州·开封县》:"长垣故城,一名仓垣城,在县北二十里。汉陈留太守所理。"(第176页)

《〈放光经〉记》记载，竺叔兰、无罗叉等曾在此处翻译、考校朱士行从西域求得的《放光般若经》。

4.南阳弥陀寺。位于南阳府城。《大明一统志》卷三十载："弥陀寺，在府城。东晋永昌初建，本朝洪武初重建。"①永昌为东晋初元帝司马睿之年号。《南阳宗教文化》记述："佛教传入南阳始于东晋元帝末、明帝初年间（永昌年间），即 322 年左右。明嘉靖《南阳府志》：'弥陀寺在城东延曦门外（今南阳市书院中学），晋永昌三年创建。'弥陀寺为佛教在南阳最早的寺院……"②

5.汲县熙安寺。《乾隆一统志》卷二百记载："熙安寺，在汲县东北。东晋建。"③现已不存。

6.宜阳云盖寺。《宜阳县志》记载："云盖寺，在岳顶麓。晋咸宁二年（276年）建，旧名益云，后改今名。"④

7.修武灵泉寺。《怀庆府志》卷五记载："灵泉寺，在狗泉陂西半里许。相传为西晋时建。"⑤

## 二、登封少林寺

今天的登封市，北魏时属洛州，为京师洛阳的管辖之地。前述《洛阳伽蓝记》所载郭外诸寺，有一些就位于今天的登封市。除《洛阳伽蓝记》所载之外，北魏时期登封之地还创建有不少佛寺，其中后世最著名、最有影响的就是少林寺。

少林寺是在北魏迁都洛阳之后不久建立的。根据《魏书·释老志》记载：

> 有西域沙门名跋陀，有道业，深为高祖所敬信。诏于少室山阴，立少

① 《大明一统志》卷三十《南阳府·寺观》，文渊阁四库全书（电子版），上海：上海人民出版社，香港：迪志文化出版有限公司，1999 年版，第 14 页。
② 《南阳宗教文化》，第 3 页。此书第 59 页又记载镇平有宝林寺，"西晋泰始元年（265 年）属魏文帝司马炎皇家寺院，'八王之乱'中宝林寺惨遭兵焚，数年后暴乱平息，湖广荆山人士马公克让到此，解囊重建伽蓝、观音、大佛殿等，并请香严寺高僧月岩禅来弟子明惺和尚任住持"。言之凿凿，不知孰是孰非？
③ 《乾隆一统志》卷二百《卫辉府二·寺观》，第 14 页。
④ （清）谢应起等修，（清）刘占卿等纂：《宜阳县志》卷五《寺》，成文出版社据清光绪七年刊本影印，1968 年版，第 377 页。
⑤ 《怀庆府志》，第 207 页。

林寺而居之,公给衣供。①

这是正史中有关少林寺创建的明确记载。跋陀,《续高僧传》卷十六有传,谓之佛陀禅师。根据此传记载,跋陀为印度僧人,在北魏迁都洛阳之前,游历至平城,受到孝文帝的礼遇,曾为之设禅林、建石窟,由国家供养。孝文帝迁都洛阳时,跋陀又随之来到洛阳。在洛阳,孝文帝又为跋陀建立了"静院",供其禅修。但跋陀性爱幽静,向往林谷,曾屡屡去中岳嵩山,躲避尘世。因此,孝文帝又下诏为跋陀在少室山北麓建寺,因寺处于少室山丛林之中,故名少林寺。在当时,少林寺是属于皇寺之列的,全部衣食费用由官府供给。

《嵩书》卷三记载:

> 少林寺在县西北二十五里,少室北麓,五乳峰之限。后魏孝文太和中建,沙门跋陀自西域来,诏有司于此寺处之。乃于寺西台造舍利塔、翻经堂。周建德中,灭法废寺。大象中,即兴复之,寻改名陟岵寺。隋高祖受禅,特令寺名仍旧。开皇中,诏赐少林寺柏谷屯地一百顷。大业末,寺为盗焚,独塔存焉。王世充僭号洛邑,立戍柏谷,将图梵宫。寺僧志操、惠玚、昙宗等率众擒世充侄仁则,献之于唐。时太宗为秦王,赐书慰奖,仍赐柏谷地四十顷、水磨一具。既一天下,尽废伪主寺观,此寺特蒙置立。历太宗、高宗、武后朝,屡被恩宠。玄宗开元中,御书碑额七字,命镌刻文皇手书于寺中,裴漼作文记之。历代相继修营,今独完好。②

洪亮吉之《登封县志》卷十二记载:

> 后魏少林寺。唐裴漼寺碑:少林寺者,后魏孝文所立也。沙门跋陀自西域来,太和中诏有司于此寺处之,净供法水,取给公府,乃于寺西台造舍利塔,塔后造翻经台。周建德中废毁。大象中,于两京各立一寺,因孝思所置,以陟岵为名。洛中陟岵即此寺也。隋开皇中,诏柏谷坞屯地一百顷赐少林寺。太宗赐四十顷,水碾一具。武德中,寺有白雀见。贞观中,白雀复瑞。咸亨中,御飞白书,题金寺波若碑,永淳中,御札又飞白

---

① 《魏书》卷一百一十四《释老志》,第 3040 页。
② 《嵩书》卷三《寺院》,《嵩岳文献丛刊》第一册,第 47—48 页。

书,一"飞"字题寺壁。垂拱中,有冬竹抽笋。塔院后复有藤生。

…………

旧志:在县西北二十五里五乳峰下,前对少室,如翠屏端立,形势绝佳。《魏书》曰:跋陀自西来,有道业,深为孝文所敬,诏于少室山阴立少林寺以居之。与裴漼碑说异。寺有紧那罗殿,明初建有廓然堂,明万历间(1573—1620 年),巡抚、都御史蔡汝楠建。最后为藏经阁,即毗卢阁,一名千佛阁,明慈圣太后撤伊王府殿材,凿山为基,于万历戊子(1588 年)建。雍正十三年(1735 年)奉敕重修。①

《登封县志》注意到了《魏书》的记载与裴漼碑说不同。按《魏书》的记载,少林寺是孝文帝专门为跋陀所建,而裴漼碑说则是跋陀自西域来后,孝文帝诏有司于少林寺处之,也就是说将跋陀安排在少林寺居住。

和《嵩书》《登封县志》相比较,《登封市志》叙述少林寺的历史沿革最为详细。其中记述初创阶段的历史称:

少林寺创建于北魏太和十九年(495 年)。时天竺(印度)高僧跋陀经西域至北魏,因其精通佛法,深受孝文帝的崇(宠)信,于是在少室山阴为之建造少林寺。因寺院坐落于少室山阴的丛林之中,故名。跋陀在少林寺传法,得到了北魏王朝的鼎力相助,全部衣食费用由官府供给。跋陀在寺西创舍利塔,其后建翻经堂,从事翻译佛经和传法活动,闻风而来的求业者,数以百计。跋陀在少林寺传授小乘禅学,得法者以慧光、僧稠、道房等为最。跋陀之后,僧稠、慧光在少林寺传承其法。南朝刘宋末年,南天竺高僧菩提达摩航海来到中国,初达宋境,北魏孝明帝时北渡长江来到魏都洛阳,在嵩山少林寺收徒传法。相传其曾在少林寺北五乳峰上的山洞中面壁九年。达摩在嵩山传法时收慧可、道育等为徒,传授印度佛教大乘禅宗。达摩传法,不立文字,以壁观为修身之法,并以四卷《楞伽》作为传法经典。后达摩被称为禅宗初祖,少林寺也被誉为禅宗祖庭。达摩之后,慧可得其法,被称为禅宗二祖。达摩在嵩山授徒传禅之

---

① 《登封县志》卷十二《伽蓝记》,第 345—347 页。

后,佛教大乘禅宗逐渐在嵩山少林寺开始传衍。南北朝时佛、道二教盛行,到北周之时"僧侣半天下","食之者众,生之者寡"。在此情况下,北周武帝……于建德中下令"断佛、道二教","率土伽蓝,咸从废毁"。对于得到封建王朝大力支持的少林寺来说,灭法的影响也是不可避免的,寺院被废,僧众也流散或隐匿山林。北周静帝大象年间(579—580 年),恢复佛、道二教,佛教从此再兴。复教后,遁迹山林及还俗的少林寺僧大多又回到了少林寺。北周王朝在西安和洛阳两京各立一寺,洛京的寺院即少林寺。因"孝思"父母之故,周静帝将少林寺更名为陟岵寺。北周大象中,又从沙门中选择道业灼然者 120 人为菩萨僧,置于寺中,其中包括惠远法师、洪遵律师等著名高僧。①

《登封市志》还记述说,隋王朝建立后,陟岵寺即恢复少林寺原名。文帝时期,少林寺出现了山林学徒皈依者众的局面,开皇中,皇帝又赐少林寺良田百顷。隋大业末年(617 年),天下大乱,少林寺第一次被焚,整个寺院被烧得仅剩一座孤塔。

《登封市志》把唐以后少林寺的历史分为兴盛的唐宋时期、鼎盛的元明时期、衰落的清代民国时期和现代重兴四个时期。

唐初,在李世民与王世充之间的征战之中,少林寺十三武僧执王世充之侄王仁则归唐有功,获李世民颁赏,少林寺由此获得李唐王朝的鼎力支持,不仅以武勇闻名,而且从此走向兴盛。各代帝王不断巡幸少林、封赐少林。五代后周世宗废佛,显德年间(954—960 年),少林寺曾被废。北宋,随着禅宗地位的上升,禅宗初祖达摩在少林寺传法的故事广泛流行,又由于《传灯录》《五灯会元》等对少林寺及达摩的推崇,少林寺成为佛教信徒敬仰之地。在少林寺西北 2 公里、传说为达摩面壁之地的五乳峰下,僧人们建立了规模仅次于少林寺的初祖庵。达摩传法和面壁的故事也成为宋代文人讴歌的内容,苏东坡、黄庭坚、文彦博等人都曾以此题诗作词,蔡京、蔡卞等也都留碑于少林寺。金代,少林寺仍是极具影响的佛教寺院,作为禅宗祖庭,统领禅宗,当世名僧,

---

① 《登封市志》卷四《文物古迹》,第 203、205 页。

一时云集。

　　元代，少林寺达到了空前的昌盛。昭慈皇后乃马真称制第四年（1245年），北方禅宗领袖福裕主持少林寺"大作资戒会"，并总领全国佛教。福裕入主少林寺之后，将嵩山诸寺归于少林门下，成为其分院，对它们大加修葺，使包括少林寺在内的整个嵩阳诸寺金碧辉煌，香客如云。元王朝对少林寺及其僧人恩宠备至，福裕不仅被授以执掌全国佛教都僧省的最高僧官都总统一职，圆寂后还被封为"晋国公"，这是少林寺历史上唯一被封为"国公"的僧人。除福裕外，元代少林寺的多位住持及名僧均受到皇帝的"恩宣"。当时，少林寺除有分院之外，还有一大批下院。据至元二年（1336年）所铸钟铭上的记载，少林寺下院二十二所，分布在方城、信阳、灵宝、卢氏、永宁等地。此外，福裕还在内蒙古和林、河北燕蓟、陕西长安、山西太原和河南洛阳建造了五座少林寺。元朝的少林寺，是一个拥有众多分院、下院和别院的广大佛寺。元末，战乱又使少林寺遭受重创，殿宇毁坏，寺僧逃散。

　　明初，少林寺逐渐得以恢复，寺院建筑相继得到重建与修复，又开始了一个兴盛的阶段。和元朝一样，明代的少林寺同样受到帝王和官府的恩宠和支持。明初之时，河南府及县府之僧人管理机构僧纲司与僧会司的掌印人基本由少林寺僧充任。少林寺的住持均由朝廷礼部或祠部任命。明肃皇太后曾在少林寺建造了规模宏敞、华丽无比的毗卢阁，并命工匠精刻藏经；万历皇帝也曾发诏书保护少林寺藏经。明代还是少林武术发展的一个极盛时期，形成了独特、完整的少林武术体系。少林棍法首先扬名于世，少林拳法也得到了快速发展。少林僧兵奉朝廷之命南征北战，镇压农民起义，抵御倭寇入侵，更使少林寺名冠天下。明代少林寺的修缮建设也颇盛。在少林寺现存的古代碑刻中，明代碑刻超过一半；在塔林中的229座古塔中，已知的明塔占140座以上。

　　崇祯后期，天下大乱，少林寺失去了昔日的辉煌，也从禅门净地成为铁甲金戈的战场。从明末清初开始，少林寺逐渐衰落。康熙五年（1666年），少林寺住持海宽圆寂后，少林寺历史上传承了数百年的钦命住持制度被终止，标志着少林寺在政治上失去了封建王朝的支持。对于少林武术，清王朝采取了压制的态度，寺僧习武由公开转为隐蔽，直至清末，但民间的传播却相当广泛。在寺院建设上,顺治时,少林寺曾进行过一次整修,力图恢复因战乱损毁的殿堂,但为时很短。雍、乾之时,少林寺曾迎来了一个较大规模的整修时期。嘉庆之后,少林寺再没有进行过大的整修,寺院建筑损坏严重。

民国时期,由于战乱匪患,少林寺继续走向没落。民国17年(1928年),军阀石友三一把火将少林寺法堂、天王殿、大雄宝殿等十八座建筑及二代秦槐、汉柏、魏碑、典籍等化为灰烬,这是少林寺历史上继隋末大火之后被烧得最为惨重的一次,所有精华尽遭浩劫。焚烧之后,少林寺到处是残垣断壁,僧徒星散,元气大伤,走入历史的低谷。

中华人民共和国成立之后,1951年、1954年、1959年,政府三次拨款维修了少林寺的千佛殿和塔林。1963年6月,少林寺被河南省人民政府公布为第一批省级重点文物保护单位,1963年至1964年,政府又拨款重建了被焚毁的初祖庵千佛阁。"文化大革命"中,少林寺受到严重冲击,诸多佛像和匾额等被毁。1974年,政府为了保护和利用少林寺这一优秀文化遗产,组织实施了中华人民共和国成立后首次整修少林寺工程,清理了1928年被焚后留下的堆积如山的残砖碎瓦、灰烬泥土,修复了十余通断折的碑刻及金代大铁钟、地藏王像等文物,还落架大修了损毁严重的山门。1979年,河南省政府决定对少林寺进行全面修复。这次修复共投资五百多万元,历时十年之久,先后翻修了千佛殿、白衣殿等十座建筑,重建了天王殿、大雄宝殿、紧那罗殿、客堂、禅堂等十一座殿宇,还修复了初祖庵殿堂及塔林的石塔。1989年至2005年,少林寺院又筹资数百万元,重建了钟楼、鼓楼、法堂、库房等多座建筑。至此,少林寺殿堂基本修复完毕,重现了昔日繁盛的景象。少林寺的宗教活动,自1978年改革开放之后,也重新逐渐兴盛起来。1980年,香港中原影业公司在少林寺实地拍摄古装功夫片《少林寺》,电影公映后,不仅在中国,而且在世界上都掀起了少林武术热和旅游浪潮,少林寺名扬海内外。2003年至2005年,国家实施了有史以来规模最大的一次少林寺景区拆迁改造与绿化美化工程。由此,少林寺成为全国最著名的旅游景区之一。①

---

① 《登封市志》卷四《文物古迹》,第205—207页。

少林寺,实际包括了少林寺院、塔林、初祖庵、二祖庵、达摩洞等几部分。

少林寺院即少林寺常住院,为住持僧及众执事僧主持佛事活动和起居的地方,是寺院的中心院落。塔林,位于少林寺院西 500 米的少溪河北岸。这里古塔密布如林,故称"塔林"。塔林乃少林寺历代僧人的墓地,古塔造型多样,形制不一,大小不同,层级不等,现存唐、宋、金、元、明、清古塔二百二十九座①,另有现代塔四座。塔林是我国现存规模最大、数量最多、跨越朝代也最多的一处古塔群,是综合研究我国砖石建筑和雕刻艺术的宝库。除塔林之外,在少林寺院及周边还散存着十五座唐、五代、元、明、清古塔。初祖庵,又名面壁庵,位于少林寺院西北约 2 公里的五乳峰下,是北宋时期少林寺僧为纪念禅宗初祖达摩面壁修行而专门创建的一座小型寺院。1996 年,初祖庵与塔林一起由国务院公布为第四批全国重点文物保护单位。2010 年联合国教科文组织审议通过的世界文化遗产中国登封"天地之中"历史建筑群中,少林寺常住院、塔林和初祖庵作为 1 处 3 项列于其中。

二祖庵,位于少林寺院西南约 4 公里、少室山钵盂峰上,为佛徒纪念二祖慧可所修建。达摩洞,在初祖庵后面的五乳峰上,为一天然石洞,相传为达摩当年面壁九年之处。洞前立有明代所建石坊。

2013 年,少林寺被国务院公布为第七批全国重点文物保护单位。

### 三、北朝时期登封创建的其他佛寺

1.会善寺。该寺位于太室山南麓积翠峰下,坐北朝南,左右均为山岭,两条小溪从其两边流下,周围树木茂密,风景秀丽。《嵩书》卷三记述:

> 会善寺在嵩岳寺西五里许。本北魏孝文帝离宫也。魏亡,为澄觉禅师精舍。至隋开皇中,赐名会善寺。唐兴,大加增饰,有《窣堵波琉璃坛记》称,"岁成,具戒者盈千,日受洁供者数百",可谓一时之盛矣。朱梁初,营宫阙,撤佛殿,材木辇致汴京,寺废坏者六十余载。宋开宝初,有僧奉言、全审者,同心发愿,募化重修,渐复旧观。金、元至今,代有补葺,不

---

① 此数字为《登封市志》卷四的记载,而《全国重点文物保护单位》(Ⅱ)(北京:文物出版社 2004 年版)记为 228 座。

甚荒落。寺右一泉,冷冷流于阶下,仅供僧汲,至山门而隐,亦一奇也。①

又载:

> 戒坛院在会善寺西二百步许,积翠峰下,古称会善寺戒坛院,非另一
> 寺也。其坛名琉璃坛,唐、宋时,天下僧尼受戒于此。有四石刻天王像立
> 四隅,未圮,其余栋柱陛砌,石雕鬼神、山水之形,今俱卧荆棘中矣。②

叶封《嵩山志》记载:

> 会善寺,在邢家铺东北积翠峰下,本北魏孝文帝离宫。魏亡,为澄觉
> 禅师精舍。隋开皇中,赐名会善寺。详宋王著碑。乃岳神受戒于元珪禅
> 师处也。寺有怪松,今亡。寺西有戒坛院、琉璃坛。③

又载:

> 琉璃坛,在会善寺西,戒坛院前,唐禅师一行、律师玄同创造,以为受
> 戒之所。沙门乘如请抽白马诸寺奉律僧,洒扫讲律者也。又唐僧赵州从
> 谂,少往嵩山琉璃坛纳戒;五代僧贞峻,曾于嵩山会善寺、戒坛院纳法,即
> 此。今坛已圮,阶柱遗石犹存,雕镂甚工。有唐道安禅师碑,广平宋儋撰
> 兼书,雷轰两截,字甚模糊。④

《说嵩》记述:

> 会善寺,在积翠峰下,北魏文帝离宫也。恭陵王施作福田,为澄觉禅
> 师精舍。隋开皇间,赐名会善寺。唐时增饰,有窣渚波、琉璃坛。朱梁毁
> 废。宋开宝兴焉。殿中梵王为四面像四佛浃背同跏,各有侍者,亦属臂
> 合掌。今僧撤旧基拓之,殿宇廊庑及石版之置,迥非旧基矣。当撤毁时,
> 甃棌间各有木识,载施主姓名年月,墨迹犹厘。染纸一束,印金刚咒,略
> 有霉蚀而未毁,盖胜国成化间物也。烟楮之寿如此,亦异矣。
>
> 西为戒坛,律师一行所建,亦名五佛正思惟戒坛。思惟者,以佛在贝

---

① 《嵩书》卷三《寺院》,《嵩岳文献丛刊》第一册,第47页。

② 《嵩书》卷三《寺院》,《嵩岳文献丛刊》第一册,第91页。

③ (清)叶封、焦贲亨撰:《嵩山志》卷八《形胜六》,《嵩岳文献丛刊》第二册,郑州:中州古籍出版社2003年版,第91页。

④ 《嵩山志》卷八《形胜六》,《嵩岳文献丛刊》第二册,第94页。

多树下思惟,即三花义也。唐代宗时,诏白马寺僧洒扫奉律于此。……今坛久颓敝,惟余四天王神柱,碟础镂鬼神山水,绘甚工致。

…………

戒坛于古为大刹,门趾南岭,复叠而上,坛当其中。西南垒间,犹有宋儋道安碑在焉,而碑半瘗于土。①

《登封市志》称:

关于会善寺的创建年代,有两种记载:据宋代王著《重修会善寺碑》载,北魏孝文帝时(471—499年)在此建造离宫。魏亡,离宫成为澄觉禅师精舍,成为佛教场所,隋开皇中,赐名"会善寺"。又清《会善寺记》载:"会善寺者,于法窟之渊源也,始于汉,盛于魏。"然此说与傅梅《嵩书》、叶封《嵩山志》及景日昣所撰《说嵩》所载皆不符,故不可信。②

据《登封市志》记载,唐代是会善寺最为鼎盛的时期,为当时僧众受戒中心。禅宗北宗七祖普寂曾以会善寺为传法基地;南宗慧能弟子净藏也在此寺传法;著名天文学家僧一行于此寺出家修行,又与元同律师在此建琉璃戒坛。五代后梁时,寺废坏六十余载。宋太祖开宝年间,募资重兴,渐复旧观。金代时亦有补葺。元代又重建大殿。明末之后,寺院衰落,到中华人民共和国成立时,仅存山门、大殿和厢房。2004年至2005年,文物部门投资四百多万元对会善寺进行大规模整修,使古刹面貌一新。③

寺院现分为西院和东院两部分。西院为常住院,东院为斋堂院。

寺西约300米处有一行禅师与元同律师所建的琉璃戒坛遗迹,戒坛毁于五代,现仅存唐代残缺石柱两根。寺西半里许的山坡上,还有中国现存唯一一座唐代八角形单檐仿木结构砖塔,它是唐代会善寺高僧净藏禅师的墓塔,故名净藏禅师塔。寺外东南500米处又有清代所建一座嵩山地区唯一的琉璃塔和两座楼阁式砖塔。寺院还有十余品碑刻、造像、塔铭,颇有名气。如东魏之《中岳嵩阳寺碑》唐代移此,还有北齐《会善寺碑》,唐《道安禅师碑》《会善

---

① 《说嵩》卷三,《嵩岳文献丛刊》第三册,第57—58页。
② 《登封市志》卷四《文物古迹》,第215页。
③ 《登封市志》卷四《文物古迹》,第215—216页。

寺戒坛记》等,均有较高的书法艺术价值和历史文献价值。

1988 年,国务院公布净藏禅师塔为全国重点文物保护单位;2001 年,国务院公布会善寺为全国重点文物保护单位。2010 年 8 月,会善寺又成为世界文化遗产登封"天地之中"历史建筑群中的一处。

2.永泰寺。位于登封市西二十里太室山西麓子晋峰下,坐东朝西,面对少林寺。《嵩书》卷三记载:

> 永泰寺在县西北二十里,太室之右足。后魏正光二年,孝明帝之妹出家为尼,敕为置此,本名明练寺。周武时废,隋开皇中重加修复,又度尼若干人。唐贞观三年,议尼寺居山,虑恐非人侵扰,敕令移额于偃师。至神龙二年,嵩岳寺僧道莹奏请重修,追荐故永泰公主,改名永泰寺。记称:"檐宇四绕,回廊复周;蹬道凌虚,悬阶数匝;倚山临水,亦名刹也。"今寺废将尽,有石幢、石兽数事,雕镂精巧,近代所无。①

傅梅是明万历三十五年(1607 年)任登封知县的,说明那时永泰寺废毁将尽,仅剩少量石幢、石兽而已。

洪亮吉之《登封县志》引释靖彰《永泰寺碑》和《旧志》的记载,与《嵩书》完全相同。

《登封市志》关于永泰寺沿革的记载更为详细:

> 永泰寺坐落在太室山西麓子晋峰下,面向西。据《唐永泰寺碑》载,寺建于北魏孝明帝正光二年(521 年),因孝明帝的妹妹永泰公主出家为尼而建,初名明练寺。又传梁武帝之女明练也曾出家于此寺称尼总持,然此说出于明万历四年(1576 年)《重修永泰寺总持各记》碑,不足信。北周建德二年(573 年)武帝废佛、道二教,寺被废弃。隋开皇年间(581—600 年)恢复寺院,仁寿二年(602 年)建舍利塔于此。唐贞观三年(629 年),因僧尼居于深山,恐受歹人侵扰,将寺院迁徙至偃师县平川地区。唐中宗神龙二年(706 年),嵩岳寺都维那僧道莹奏请朝廷说,嵩山明练寺依山带水,环境幽雅,且不受外界干扰,适合比丘尼居住。于是朝廷同意

---

① 《嵩书》卷三《寺院》,《嵩岳文献丛刊》第一册,第48页。

将寺院迁回原址,并重建寺院。同时,因此寺为永泰公主出家之地,赐名为"永泰寺",并建门楼、浴室、食堂、藏经阁、七级宝塔、四十斤大铜钟等,极为壮丽。……明清以后虽屡有重修,但损毁严重。清末之后寺院严重废毁,仅存天王殿、中佛殿、大雄殿、皇姑楼等,且破损严重。1994年至1998年,居士屈玉荣女士多方筹资八百多万元,对永泰寺进行全面扩修,重修了原有殿堂,新建了众多殿堂、楼阁,使永泰寺与原貌相比有了很大改变。①

从上述记载看,唐中宗之所以赐名重修之明练寺为"永泰寺",是应僧道莹之请。这个"僧道莹之请"的内容究竟是什么呢?《嵩书》说是为"追荐故永泰公主",《登封市志》说是"因此寺为永泰公主出家之地"。记述的两个"之请"其实是有区别的。因为历史上,不仅孝明帝之妹为永泰公主,唐中宗之七女李仙蕙也称永泰公主。李仙蕙初封称永泰郡主,大足(701年)时,其夫在宫廷政治斗争中为武则天所杀后,李仙蕙亦死。中宗复位后,追赠李仙蕙为永泰公主。所以,笔者揣测,僧道莹之请,当是"追荐故永泰公主"。洪亮吉之《登封县志》所引释靖彰《永泰寺碑》称"神龙二载,有嵩岳寺僧道莹请为永泰公主置寺,以永泰为名",所引《旧志》称"唐神龙二年追荐故永泰公主,改名永泰寺"之说,与《嵩书》的说法一致。

永泰寺是中国现存始建年代最早的尼僧寺院,也是嵩山现存寺院中唯一的尼僧寺院。永泰寺内的建筑虽系重新修建,但寺内与周边的古塔、石刻却有较高的文物价值。在寺外东北半里许的山坡台地上有一建于唐早期的永泰寺塔。唐塔西南部,又有金代均庵主塔,塔后壁镶嵌有《嵩山永禅寺均庵主塔记》塔铭,记载了金大安、明昌年间的一些史实。唐塔东北还有明末所建肃然无为普同之塔,为圆形喇嘛式砖塔。2001年,永泰寺塔被国务院公布为全国重点文物保护单位。

3.刘碑寺。原名碑楼寺,位于登封东南20公里之大冶镇西刘碑村东北,坐北朝南。《嵩书》记述:

① 《登封市志》卷四《文物古迹》,第217页。

碑楼寺在县东四十里平原之上。内有豫州刘刺史碑,石恶字泐,逸其名矣。寺前二里许,有聚落,古名刘碑村,盖以此也。又一断碑,文不可读,后仅存天宝八年等数字,乃知寺为唐人所建也。①

《嵩书》所述有两点不确:一称因造像碑石恶字泐,逸刘刺史名;二称刘碑寺为唐人所建。

刘刺史碑的碑阴之铭文中有"然笃信佛弟子刘碑,河涧人也"云云,碑阳之残存题记中一则又记"阳大像主前敕授豫州刺史刘碑",可知"刘碑"为一人名,是立此碑的为首者(大像主),即所谓"刘刺史",何来"逸其名"之说?洪亮吉之《登封县志》记载:"寺碑:北齐天保八年丁丑立。《河南府志》:寺在登封东四十里石淙东原上。内有豫州刘刺史碑,今其地名刘碑。"②既然寺碑立于北齐天保八年(557年),寺院的创建或早于碑立时间,或因碑兴寺,但时间绝不会晚至唐代。

《登封市志》记述:

刘碑寺,原名碑楼寺,位于登封东部大冶镇西刘碑村东北。北齐文宣帝天宝八年(557年),豫州刘刺史并诸刘姓人氏在此刻立一通高大的造像碑,后又为碑建立了碑楼,因名"碑楼寺"。后因碑皆为刘姓所立,当地群众俗称其为"刘碑寺"。碑前的两个村庄因碑而名"西刘碑"和"东刘碑"。旧时,因读音之误加上碑在村庄的北面,亦称"北楼寺"。③

这个记述中所谓"豫州刘刺史并诸刘姓人氏在此刻立一通高大的造像碑,后又为碑建立了碑楼,因名'碑楼寺'。后因碑皆为刘姓所立,当地群众俗称其为'刘碑寺'"两句,根据刘刺史碑上所刻铭文、供养人题名与残存的题记,也有两点不确:其一,造像碑碑阴下部所刻之供养人题名近三百四十位,其中刘姓尚不足五十人,何来"皆为刘姓所立"?其二,上述引碑阴之铭文与碑阳之残存题记知刘碑为一人名,是立碑的大像主,故当地俗称之"刘碑寺",当因刘碑立碑建寺;而且刘碑立碑建寺时的身份为"前敕授豫州刺史",而非

---

① 《嵩书》卷三《寺院》,《嵩岳文献丛刊》第一册,第49页。
② 《登封县志》卷十二《伽蓝记》,第349页。
③ 《登封市志》卷四《文物古迹》,第218页。

时任豫州刺史。

刘碑寺的历史沿革不见著述,唯造像碑之碑座正面左边有框刻题记曰:"都总首王甫元吉□崇德,副首张德闰。时天圣四年丙寅岁重建",说明刘碑寺在北宋仁宗天圣四年(1024年)时曾进行过重修。寺内现存硬山式青砖灰瓦顶建筑多系清末重修。民国时,寺院保存尚完整,但已成为佛道杂居,寺庙合一的场所。造像碑立于佛祖殿内。由于碑体高大,顶着屋顶,不便观赏,1940年重修时曾将屋顶起架增高,并建楼梯可达二层棚顶观赏。"文化大革命"中,寺院建筑部分被毁,造像碑也多有损毁。

4.在孙寺。遗址位于登封城东南告成镇之蒋庄。《嵩书》记述:"在孙寺在县东南四十里蒋庄。古碑犹存。碑阴刻大齐河清三年(564年)岁在甲申敬造,惜文字剥落殆尽,不可读矣。"①《登封县志》载:"北齐在孙寺:寺碑:大齐河清三年岁在甲甲(申)敬造。《河南府志》:在登封东四十里蒋庄,有碑。"②《登封市志》称:"寺见《嵩书》。寺原存有河清三年造像碑,寺及碑早已毁无存。"③

5.龙华寺。遗址位于登封城东南告成镇测影台(即观星台、测景台)左,与测影台紧邻。《嵩书》记述:"龙华寺在告成镇测景台之东,齐武平元年(570年)建。"④《登封县志》载:"北齐龙华寺:《河南府志》:告成测影台左有龙华寺,齐武平元年(570年)创建。"⑤《登封市志》记载:"龙华寺在城东20公里告成北门外,测景台左边,和测景台紧邻。寺建于北齐武平元年(570年),寺早已倒塌,民国时尚存正殿残墙、两个铁人及铁制香炉,现已不知去向,据《金石考》载,测景台东龙华寺有北齐尊圣陀罗尼经幢。"⑥

6.双林寺。《登封县志》卷十二记载:"后魏双林寺,《释氏通鉴》:傅大士问嵩头陀修道之地。嵩指嵩山双梼树,即今双林寺也。景日昣《说嵩》:后魏

① 《嵩书》卷三《寺院》,《嵩岳文献丛刊》第一册,第49页。
② 《登封县志》卷十二《伽蓝记》,第349页。
③ 《登封市志》卷四《文物古迹》,第224页。
④ 《嵩书》卷三《寺院》,《嵩岳文献丛刊》第一册,第49页。
⑤ 《登封县志》卷十二《伽蓝记》,第349页。
⑥ 《登封市志》卷四《文物古迹》,第221页。

有双林寺,善会大士倚双梼树,夜则行道,昼则力作,创双林以居。"①《登封县志》所引《说嵩》一句在该书卷二十一,此句前尚有"双林寺在嵩顶"②。清叶封、焦贲亨之《嵩山志》亦记载:"双林寺,北魏善惠大士于嵩山之顶,因双梼树创寺而居,称双林大士。"③《登封市志》卷四谓双林寺建寺于北魏,"在嵩山峻极峰",转引"据叶封《嵩山志》载,北魏善惠大士居嵩山创双林寺以居,久废,仅存其名"④。

上述记载均将登封双林寺的创建归于"傅大士""善会大士""善惠大士"或"双林大士"。这些称呼均指一人——傅弘。根据《续高僧传》卷二十六、《神僧传》卷四、《善慧大士语录》卷四与《景德传灯录》卷二十七本传有关记载,傅弘本名傅翕,南朝齐梁陈之时(当北魏孝文帝末至北齐后主初)东阳乌伤(今浙江义乌)双林乡人,字玄风,号善慧。又称善慧大士、傅大士、鱼行大士、双林大士、东阳大士、乌伤大士等。二十四岁时,遇胡僧嵩头陀(名达摩)点化,遂入乌伤之松山双梼树下结庵修行,自称"双林树下当来解脱善慧大士"。其日常营作,夜归行道,苦行七年,自谓得首楞严定,兼通儒道典籍。后营造双梼树间之佛殿及九重砖塔,并在此处写经律千余卷,是即松山双林寺。去世后弟子葬之于双林山顶。⑤ 傅翕一生均在江南活动,与河南(包括登封)无任何关系。上引登封地方文献所述,显系附会之谈,不足为凭。

## 四、北朝时期偃师创建的佛寺

偃师在地理上靠近洛阳,而历史上所谓的"汉魏洛阳故城",其地就在今洛阳市东十五公里之偃师市与孟津县交界处。因此,北魏时洛阳佛教兴盛,偃师自然也在其范围之内。

---

① 《登封县志》卷十二《伽蓝记》,第348—349页。
② 《说嵩》卷二十一,《嵩岳文献丛刊》第三册,第442页。
③ 《嵩山志》卷六《形胜四》,《嵩岳文献丛刊》第二册,第70页。
④ 《登封市志》卷四《文物古迹》,第224页。
⑤ 《续高僧传》卷二十六《慧云传附傅大士传》,第1007—1008页;《中华藏》第62册《神僧传》卷四《傅弘传》,第401页上—下;《续藏经》第69册《善慧大士语录》卷四;《中华藏》第74册《景德传灯录》卷二十七《婺州善慧大士传》,第340页下—342页上。

《偃师县志》(1992 年版)称:"北魏杨衒之所著《洛阳伽蓝记》记载 70 所最著名的佛寺中,在今偃师境内就达 52 所",并一一列出了这五十二所寺院的名称:

城内的永宁、修梵、嵩明、领曹、照仪(尼寺)、胡统、景林、司农;城东的明悬(尼寺)、龙华、璎珞、宗圣、崇真、魏昌(尼寺)、慈善、晖和、通觉、晖玄、熙平、因果、景兴(尼寺)、灵应、庄严、秦太上君、正始、平等、景宁、宝明、归觉;城南的景明、大统、招福、秦太上公(东西二寺)、报德、大觉、三宝、宁远、承光、正觉、龙华、追圣、归正、菩提、高阳王;城北的凝圆寺及京东的元领军寺、刘长秋寺;北邙山的冯王寺、齐献武王寺以及京南关口的石窟寺、灵岩寺等。①

对照《洛阳伽蓝记》之记载,《偃师县志》所列五十二寺的名称并不完全相符:城内之领曹、司农与城南之归正三寺,《洛阳伽蓝记》中未见;城内之照仪与城北之凝圆二寺,在《洛阳伽蓝记》中分别为昭仪、凝玄。

除上述寺院之外,根据《偃师县志》《洛阳市志》的有关记载,北朝时在偃师创建的佛寺可知的还有:

1.崇圣寺。遗址位于今缑氏乡缑氏村。乾隆《偃师县志》记载:"崇圣寺:在县西南缑氏保。《(河南)通志》:魏武平间创建。元至正十一年、明洪武二十一年修。"②《偃师县志》所引在清《河南通志》卷五十。《偃师县志》(1992年版)转引顺治《偃师县志》有关寺、观、亭、阁记载又称:"崇圣寺:在县西南缑山保,魏武平年间创建,元至正十一年(1351 年)里人朱六老施财,寺僧刊大德镇督修,明洪武二十一年(1388 年)寺僧印祥募化重修。"③"武平"为北齐后主高纬年号,《河南通志》所记与《偃师县志》所引朝代有误。该寺在民国 11 年(1922 年)尚有住僧三人。④ 今已不存。

2.普救寺。遗址位于今南蔡庄乡石桥村。根据乾隆《偃师县志》记载:"普救寺在县石桥保。《续(河南)通志》:孝昌三年张钦建。"⑤而《偃师县志》

---

① 《偃师县志》(1992 年版)卷三十三《宗教》,第 838 页。
② 《偃师县志》(乾隆版)卷四《陵庙记》,第 277 页。
③ 《偃师县志》(1992 年版)卷二十八《文物》,第 730 页。
④ 《偃师县志》(1992 年版)卷三十三《宗教》,第 839 页。
⑤ 《偃师县志》(乾隆版)卷四《陵庙记》,第 277 页。

（1992年版）转引顺治《偃师县志》有关寺、观、亭、阁记载谓："普救寺：在治西南石桥保。孝昌三年（北魏，527年）建。张钦僧和南民人谢山玉重修。"①该寺在民国11年（1922年）尚有住僧九人。② 1966年被毁。③ 在普救寺内，原有一造像龛，由一块巨石雕凿而成，形若小庙，建造年代不详。普救寺被毁时，移至石桥村学校西门外。该龛整体高1.55米，宽1.34米；龛深0.65米，高1.16米，宽0.95米。龛上计刻小龛70余个，小龛内造像多为一佛二菩萨、一佛二弟子或一佛二菩萨二弟子，少量龛楣及近侧雕有飞天，或龛下有博山炉和蹲狮。龛上题记剥蚀严重，文字大都无可辨认。龛内正面右侧刻有"堪主王道仁为祖父母卅七年供养"字样，左壁依稀辨认出"敬造观世音石像二百六十尊"字样。④

3.灵岩寺。该寺遗址位于今缑氏镇东南约2公里的唐僧寺村（原名聂村、林村）北，北距玄奘故里陈河村4公里左右。《洛阳市志》卷十七记载：

> 相传此寺初创于北魏时期，原名灵岩寺。隋代大业年间（605—617年），幼年的玄奘曾多次到此寺聆听佛学。玄奘"西天取经"返回后，被誉为大善大德之人。人们为了弘扬他坚毅卓绝的精神，故改名为"兴善寺"。唐太宗曾赐给该寺土地40顷，并敕令对该寺进行重修。……明万历年间，又改名"唐僧寺"。⑤

《偃师县志》（1992年版）卷二十八有"唐僧寺遗址"条，谓唐僧寺位于县城东南缑氏乡王庄村：

> 原名灵岩寺，玄奘于隋大业末年在此出家。玄奘西天取经归来，时人以其历尽千辛万苦取回真经，乃无量之善德善事，遂将灵岩寺易名为"兴善寺"。玄奘圆寂后，后人为纪念这位大唐高僧，又将兴善寺改名为"唐僧寺"。⑥

---

① 《偃师县志》（1992年版）卷二十八《文物》，第730页。
② 《偃师县志》（1992年版）卷三十三《宗教》，第839页。
③ 《偃师县志》（1992年版）卷二十八《文物》，第723页。
④ 《偃师县志》（1992年版）卷二十八《文物》，第723—724页。
⑤ 《洛阳市志》第十七卷《民族宗教志》，第103页。
⑥ 《偃师县志》（1992年版）卷二十八《文物》，第683页。

据当地老人回忆,唐僧寺原来规模宏伟,殿宇壮观。清末,寺内尚保存古建筑数十间,殿堂内外还竖立石碑百余通。寺东有和尚院,住禅师及僧徒。寺内后院有古柏百余株,郁郁苍苍,遮天蔽日。寺北墙外即为嵩洛古道,道北为和尚墓地。依此不难想见当年唐僧寺香火隆盛的盛况。

其后,由于战乱浩劫、年久失修,唐僧寺的建筑多遭破坏,连百余通石碑也仅余十方。20世纪90年代以来,唐僧寺逐步得到修复。1996年,中国佛教协会会长赵朴初曾提议将唐僧寺更名为"玄奘寺",并亲题"玄奘寺"匾额。

4.后魏废寺。根据乾隆《偃师县志》记载,该寺遗址"在县西四十里汤王庙东,大魏石佛像碑在寺故址前"①,今已不存。

## 五、北朝时期河南其他地方创建的佛寺

根据有关史料、史迹,北朝时期,今天的河南全境到处都有佛寺兴建,显示出佛教的流行、兴盛已深入至社会与民间之中。现将除上述洛阳、登封及偃师之外的河南其他地方在北朝时期所创建的佛寺列叙如下:

1.孟津紫岩寺。《孟津县志》卷三记载:"紫岩寺在城西二十里山半,以山色纯赤故名。叠嶂光□,下瞰黄流,旋折而登,老桧大数围。梁武帝天监中(502—519年)严子陵建。"②

2.洛宁圣水寺。据《洛宁县志》记载,该寺"在大宋里。魏太和中(477—499年)建,有明洪武年间(1368—1398年)重修碑记。又万历间(1573—1620年)重修"③。

3.洛宁洪福寺。据《洛宁县志》记载,该寺"在上王召村。据残碑所载,创建于梁普通八年(527年),明宣德、成化、正德年皆重修"④。

4.宜阳龙潭寺。该寺位于宜阳县城西四十公里处张坞乡程屋村西南,坐南向北,因寺之西南有一黑龙潭而得名。根据寺内现存明代弘治元年(1488

---

① 《偃师县志》(乾隆版)卷四《陵庙记》,第280页。
② 《孟津县志》卷三《寺观》,第142页。此严子陵当非东汉著名隐士严子陵。
③ (民国)贾毓鹗等修,(民国)王凤翔等纂:《洛宁县志》卷二《寺观》,成文出版社据民国六年铅印本影印,1968年版,第247—248页。
④ 《洛宁县志》卷二《寺观》,第252—253页。

年)《重修龙潭寺暨会禅寺碑记》载,该寺"迨至(北周)天和元年(566年)已显胜迹",可知该寺当创建于北朝北周天和元年之前。但有当地学者认为,龙潭寺很可能始建于北魏孝文帝时期(471—499年),建寺年代与少林寺同期。①该寺明清两代曾多次重修,寺内现存大殿的梁架和斗拱都具有金元时代的工艺特点。寺外西边有一和尚圆寂塔。文物工作者在东厢房柱子下发现一北周石柱础,上为覆莲花形,正中一圆形榫槽,下为方座,四周刻有"天和三年(568年)岁次……骠骑大将军"等字样,字迹较模糊,但尚可辨。

5.宜阳千佛寺。《宜阳县志》记载:"千佛寺(在)城东二十五里,其地为苑里,即今苗马村村南。石壁多镌佛像,故名。大魏天平五年(538年)建。"②

6.伊阳乾明寺。伊阳,汝阳之旧称。《乾隆一统志》卷一百七十记载:"乾明寺,在伊阳县南现山之麓。北齐天保中(550—559年)建,敕名'弥陀寺'。后唐曰'天成寺',宋改今名。"③

7.汝州法行寺。位于汝州市内东南塔寺街,创建于北魏,具体年代已不可考。关于法行寺的创建,《全国重点文物保护单位》(Ⅴ)谓:"法行寺原名法华寺,建于北魏,史书载:'宝志,齐梁高僧,世称宝公或志公。金城朱氏子,先在汝州,曾传法华经。名其寺曰法华寺。'"④此说恐不确。宝志,本作保志,尊称志公,为南朝齐梁时的名僧。因宝志一生行迹奇异,诸多神变,身后亦屡显灵异,于后世影响深广,故传说极多。但关于宝志的生平,最早的记述当是陆倕奉梁武帝之命为宝志所写的《志法师墓志铭》,其次是慧皎在《高僧传》中为宝志所写的传记。因为陆倕约当宝志四十五岁时出生,慧皎又比陆倕晚约近二十七年出生;宝志圆寂后十二年陆倕去世,陆倕去世后又二十八年慧皎圆寂,差不多算是同时代的人。⑤ 所以,陆倕所制铭辞与慧皎所撰传记当为最早、最可信之记载。《志法师墓志铭》谓:

① 孙钦良:《(河洛春秋——宜阳篇)千年龙潭寺 深山藏五奇》,洛阳新闻网;申利超、宋会杰:《龙潭寺——达摩坐禅传法地》,2011年5月10日《洛阳日报》,第9版。

② 《宜阳县志》卷五《寺》,第378页。

③ 《乾隆一统志》卷一百七十四《寺观》,第22页。

④ 国家文物局编:《全国重点文物保护单位》(Ⅴ),北京:文物出版社2008年版,第665页。

⑤ 《观音——菩萨中国化的演变》,第205页。

法师自说姓朱名宝志,其生缘桑梓莫能知之。齐故特进吴人张绪、兴皇寺僧释法义并见法师于宋太始初出入钟山,往来都邑,年可五六十岁,未知其异也。齐宋之交,稍显灵迹。……天监十三年即化于华林园之佛堂。先是忽移寺之金刚出置户外,语僧众云:"菩萨当去耳。"后旬日无疾而殒。①

《高僧传》述:

释保志,本姓朱,金城人。少出家,止京师道林寺,师事沙门僧俭为和上,修习禅业。至宋太始初,忽如僻异。居止无定,饮食无时,发长数寸,常跣行街巷。执一锡杖,杖头挂剪刀及镜,或挂一两匹帛。齐建元中,稍见异迹,数日不食,亦无饥容。与人言语,始若难晓,后皆效验。时或赋诗,言如谶记。京土士庶,皆共事之。

齐武帝谓其惑众,收驻建康。明旦人见其入市,还检狱中,志犹在焉。……建康令吕文显以事闻武帝,帝即迎入,居之后堂。一时屏除内宴,志亦随众出。既而景阳山上,犹有一志,与七僧俱,帝怒遣推检,失所在。……志后假武帝神力,见高帝于地下,常受锥刀之苦,帝自是永废锥刀。

…………

志多去来兴皇、净名两寺。及今上龙兴,甚见崇礼。先是齐时多禁志出入,今上即位,下诏曰:"志公迹拘尘垢,神游冥寂。水火不能燋濡,蛇虎不能侵惧。语其佛理,则声闻以上,谈其隐伦,则遁仙高者。岂得以俗士常情,空相拘制,何其鄙狭一至于此。自今行道来往,随意出入,勿得复禁。"志自是多出入禁内。天监五年(506年)冬旱,雩祭备至,而未降雨。志忽上启云:"志病不差,就官乞治。若不启百,官应得鞭杖,愿于华光殿讲《胜鬘》请雨。"上即使沙门法云讲《胜鬘》,讲竟,夜便大雪。志又云:"须一盆水,加刀其上。"俄而雨大降,高下皆足。

……志知名显奇四十余载,士女恭事者数不可称。至天监十三年

---

① (清)刘名芳撰:《宝华山志》卷七《志法师墓志铭》,《中国佛寺史志汇刊》第一辑第41册,明文书局根据清乾隆释圣性原刊本影印,1980年版,第253—254页。

(514年)冬,于台后堂谓人曰:"菩萨将去。"未及旬日,无疾而终。尸骸香软,形貌熙悦。临亡然一烛,以付后阁舍人吴庆,庆即启闻,上叹曰:"大师不复留矣,烛者将以后事属我乎。"因厚加殡送,葬于钟山独龙之阜,仍于墓所立开善精舍。敕陆倕制铭辞于冢内,王筠勒碑文于寺门。①由上述这些最原始的记载可知,宝志的活动地域一直在江南一带,根本就没有来中原河南活动过。

《洛阳伽蓝记》卷四"白马寺"条记载:"有沙门宝公者,不知何处人也。形貌丑陋,心识通达,过去未来,预睹三世。发言似谶不可解,事过之后,始验其实。"②其行迹虽与保志极为相似,但形貌丑陋。有学者研究认为,此宝公似与齐梁之保志非是一人。至北宋,因欲尊显之,有诏避讳而称宝公,后世遂志公、宝公二称兼行,而北魏之宝公遂与梁之保志混而为一,故后世多以宝志称之,间有称保志者。③

中华人民共和国建立初期,寺院被拆,仅存法行寺塔及几通石碑。法行寺塔为九层密檐式砖塔,塔身下部第一层为唐代特有的方塔形建筑风格,上部第二至第七层为八边形密檐式,系宋金时期重修所建,第八至第九层虽仍是八边形密檐,但又经清初重修。此塔集中了唐宋金三个时期的建筑形式、建筑工艺,为中国建筑史提供了一个实物依据。2006年,法行寺塔被国务院公布为第六批全国重点文物保护单位。

8.汝州风穴寺。位于汝州市东北嵩山支脉少室山南麓山峦之中,距市区9公里。寺东南山侧有穴,每每将风,穴辄先鸣,既而风作,岩木震撼,故山名风穴山,寺也随之俗称风穴寺。

关于风穴寺的始建年代,有两种说法。《十三朝古都洛阳》一书称:"风穴寺最早建于东汉初平元年(190年),原名香积寺。但毁于董卓之乱,北魏重建,是我国最古老的佛寺之一。"④但作者并没有注明所据。

---

① 《高僧传》卷十《保志传》,第394—397页。
② 《洛阳伽蓝记校笺》卷四《城西》,第172页。
③ 崔小敬:《南朝僧宝志考略》,《觉群·学术论文集》(第三辑),北京:宗教文化出版社2004年版,第419页。
④ 金涛编著:《十三朝古都洛阳》,长春:吉林文史出版社2010年版,第71页。

明正德《汝州志》卷四记载:"白云寺,俗呼风穴寺。在州东北二十里风穴山内。始于后魏,再兴于隋唐。"①谓其始建于北魏时期。

该寺隋代改名为千峰寺,唐代曾进行过扩建,易名白云寺。五代以至明、清,风穴寺都曾进行过较大规模的修葺和增建。寺内现存最古老的建筑为唐开元二十六年(738年)建造的七祖塔。此塔由唐玄宗赐名,供奉天台宗七祖贞禅师的舍利,故又名贞禅师塔。该塔为九层方形密檐式砖塔,外廓呈梭形曲线,造型优美,比例匀称,是全国迄今保存完好的六座唐塔之一。

寺内碑碣林立,上自五代时后汉乾祐三年(950年)的《风穴千峰白云禅院记》,下至宋、元、明、清碑刻,或记事,或赋诗,真、草、隶、篆,各体俱备。寺院内还有一尊明正德十五年(1520年)所铸铁佛。寺外有一塔,称奎光塔,与寺内制高点望州亭遥相呼应。

寺院周边的山坡上还分布着上下两处塔林,现有元、明、清各代寺塔八十四座②,数量仅次于登封少林寺和山东长清灵岩寺塔林,位居中国第三。

1988年,风穴寺及其塔林被国务院公布为第三批全国重点文物保护单位。

9.郏县开元寺。《大明一统志》卷三十记载:"开元寺,在郏县治东。后魏建,唐改胜法寺。"③现已不存。

10.荥阳大海寺。遗址位于今荥阳市区人民广场一带,三一〇国道从其旁边穿过。20世纪50年代及1976年3月,曾在此先后出土一批石刻造像共四十余件,以北魏孝昌元年(525年)"道晗造像碑"为最早,余皆为唐代造像。后又在广场周围进行的文物调查中发现有隋唐以来的水井、灰坑与陶瓷片、砖瓦等,说明这是一处隋唐之前的佛教寺院遗址。而根据"道晗造像碑"判断,大海寺应建于北魏孝昌元年(525年)之前。"道晗造像碑"高1.35米,宽0.98米,厚0.44米,属大型造像碑。这种大型造像碑多为寺院供奉之物,并且

---

① (明)承天贵编辑:《汝州志》卷四《寺观》,上海古籍书店据明正德刻本影印,1963年版,第10页。

② 见河南省汝州风穴寺官网之"古寺简介",但该网站"风穴古建"中又记为83座,而《全国重点文物保护单位》(Ⅱ)谓寺院周围分布有唐、元、明、清和近代砖塔146座(第381页)。

③ 《大明一统志》卷三十一《寺观》,第44页。

能供奉如此之大的石刻造像,也绝非一般的小型寺院或无名寺院。故不难看出,大海寺应是当时洛阳周边著名的寺院。据有关资料记载:大海寺原名代海寺,传说观音菩萨北行度人,移居荥阳,多次显圣救人,并以荥阳护城河河水随南海上潮示人,故名。隋大业年间,荥阳郡守李渊因其子李世民感染目疾,祈于该寺,病愈之后,李渊遂造石弥勒像一尊。李世民即位后,扩建该寺,使之规模宏大,故名大海寺。有唐一代,大海寺盛极一时,这不仅从碑刻文献记载中有所反映,而且可以从1976年出土的唐代石刻造像中得到最直接的实物证据。这批唐代石刻造像时间跨度大约涵盖武周、盛唐、中唐和晚唐四个阶段,说明唐代是大海寺的辉煌时期。北宋时,大海寺虽已难达唐之极盛,但正常的佛事活动仍在进行。后几经兴衰,至明清时期毁灭。①

11.开封建国寺。该寺遗址位于开封市旧城区中心,唐时为相国寺。关于该寺历史沿革,北宋宋敏求所著《东京记》记载:

> (相国寺)本北齐大建国寺,后废。唐为郑审宅,因病舍为招提坊。神龙二年,僧惠云建为寺。延和元年,睿宗以旧封相王,因改为相国寺。②

北宋王瓘所著《北道刊误志》记载:

> 大相国寺,唐延和元年立今额(本北齐大建国寺,后废。唐为歙州司马郑审之宅,因疾施为招提坊,复置寺。睿宗以旧封相王,改曰"相国",事具《汴州记》。一云郑景之宅)。至道中增修(《修寺记》,宋白撰),太宗御题额(《手额记》,吕夷简撰)。③

明李濂之《汴京遗迹志》记述:

> 相国寺,在县治东,本北齐建国寺,天保六年创建,后废。唐为郑审宅园,睿宗景云初,游方僧慧云睹审后园池中有梵宫影,遂募缘易宅,铸弥勒佛像高一丈八尺。值睿宗以旧封相王,初即位,因赐额为相国寺。④

《乾隆一统志》卷一百五十也称:

---

① 王景荃、杨杨:《大海寺道晗造像碑及相关问题研究》,《中原文物》2013年第2期,第71—76页。
② 《事物纪原》卷七"相国寺"条,第368页。
③ (宋)王瓘撰:《北道刊误志》,北京:中华书局1991年版,第8页。
④ (明)李濂撰,周宝珠、程民生点校:《汴京遗迹志》卷十《寺观》,北京:中华书局1999年版,第151页。

大相国寺在府治东。北齐天保六年始建,名曰"建国"。唐睿宗改为"相国寺"。宋至道二年重建,题寺额曰"大相国寺"。……金章宗、元世祖、明太祖相继重修。成化二十年,改名"崇法"。崇祯十五年河水淤没。本朝顺治十六年,巡抚贾汉复重建,仍名"大相国寺"。岁久倾圮,乾隆三十一年巡抚阿思哈奏请重修。①

由这些记述可知,建国寺始建于北朝之北齐天保六年(555年),但当时并不出名,以至后来荒废,寺址又成为官员之宅。唐代再次兴建,称相国寺,至北宋成为皇家寺院,盛极一时。

12.开封独居寺。该寺遗址位于今开封旧城区东北隅,现仅存一北宋时所建八角十三层琉璃砖塔,俗称"铁塔"。关于该寺的创建与历史,《汴京遗迹志》卷十称:

> 开宝寺,旧名独居寺,在上方寺之西,北齐天宝十年创建。唐开元十七年,玄宗东封还,至寺,改曰封禅寺。宋太祖开宝三年,又改曰开宝寺,重起缭廊朵殿,凡二百八十区。②

13.杞县洪福寺。《乾隆一统志》卷一百五十记载:该寺"在杞县南六十里。东魏武定五年(547年)建"③。现已不存。

14.淇县石佛寺。该寺在淇县东北十一公里处高村镇之石佛寺村。民国初年,著名金石学家顾燮光曾到当地访古调查,后依调查著《河朔访古新录》。该书卷六记述顾氏所见当时石佛寺的景象:"县东北十八里石佛寺村石佛寺,魏永熙二年建。有石佛像,高八尺余,广三尺余,背刻题名及小佛像,盖田迈等所造,虽无年月,然以刻工审之,知为魏刻。有残幢,卧于西庑墙下,字迹模糊,无年月可寻,然亦宋刻也。"④20世纪90年代,文物部门拨款与当地群众集资对寺院进行了重修,成为当地远近闻名的佛教圣地。顾氏所述的田迈等所造石佛像是该寺最古老的遗物,也是该寺的镇寺之宝。2013年,田迈等所

---

① 《乾隆一统志》卷一百五十《寺观》,第33页。
② 《汴京遗迹志》卷十《寺观》,第156页。
③ 《乾隆一统志》卷一百五十《寺观》,第34页。
④ 《河朔访古新录》卷六,《石刻史料新编》第二辑第12册,第8915页上。

造石佛像碑被国务院公布为第七批全国重点文物保护单位。

15.淇县封崇寺。遗址在淇县高村镇北五公里之浮山上。浮山山体狭长，山势低缓，最高处海拔仅一百八十多米，附近群众也称其为"佛山"或"伏山"。封崇寺即建于此山。

《河朔访古新录》卷六记述："县北三十五里浮山（县志云"峰峦秀逸，洞壑清幽"）封崇寺，魏永熙二年建。山门外有穹碑树立……盖永熙二年兴建，至武定元年八月功就……为河朔魏碑之冠。……寺内东隅有唐开元二十七年兴建至三十年正月改为天宝元年尊胜陀罗尼经幢，西隅有宋熙宁五年十月尊胜陀罗尼经幢。"①说明封崇寺至民国初年时遗址尚在，但现在当地已基本无人知晓该寺。②

因为顾氏所记之"穹碑"的雕造与封崇寺的兴建同时，故该碑的发愿文题记中还专门描绘了初建时期寺院建筑的宏伟与僧侣云集修行的情景：

> 眷兹一山皆共嘉力其峻壁草悬遥崖叠□□□□□□□山□至如宝
> 塔五层则浮空曜曓金棠百刃则无日承天□□□□□□□□□雀离之
> 高妙矣又真仪应伪一时辟龛室神光照烂则□□太清□空隐玥无复等级
> 威神相好不可思议复即石以柘玄基目木而架□□启长廊而交映接户牖
> 以相经堂庑霞舒阶墀绮合云生枌向风出蘙轩花□秀美□开七净泉流藻
> 注鸿沣八解虽谢菩提吉祥之胜地方同竹园伽蓝□妙哉于□名僧德众烟
> 集如林栖息岁藏之门优游正定之路结漏永消……③

此被顾氏称之为"河朔魏碑之冠"的"穹碑"，已在 20 世纪 20 年代被军阀断为两截，偷运至天津，辗转货卖，最终流落海外。④

16.浚县佛时寺。遗址在浚县城区东北十八公里之善堂镇酸枣庙村村南，

① 《河朔访古新录》卷六，《石刻史料新编》第二辑第 12 册，第 8915 页上。
② 刘春有、李雪婷：《震古烁今的浮山魏碑》，2013 年 3 月 21 日《鹤壁日报》，第 1 版；李雪婷：《浮山魏碑价值巨大令人赞叹》，2013 年 3 月 29 日《鹤壁日报》，第 2 版。
③ 钟稚鸥、马德鸿：《东魏〈邑义五百余人造像碑〉考释》，《故宫博物院院刊》2009 年第 3 期，第 128 页。
④ 《河朔访古新录》卷六，《石刻史料新编》第二辑第 12 册，第 8915 页上；《河朔访古新录附河朔金石目》卷五，《石刻史料新编》第二辑第 12 册，第 8982 页上；《河朔访古新录·序》，《石刻史料新编》第二辑第 12 册，第 8887 页上。

因寺院里有几株酸枣树,当地群众俗称为"酸枣庙",村由此得名。关于佛时寺的创建年月,从现存石碑和有关方志上都没有确切记载,而现存的建筑物,均是清末重修的,唯有寺院东南隅有一座造于北齐武平三年(572年)的四面造像碑,其碑身正面刻有上、中、下三个佛龛,下佛龛之下两侧有造像题记曰:"比丘法敬|比丘惠弁|阿弥陀大像|主朱子雅|妻萧侍|佛时|寺主汲景|弟道顶|",说明佛时寺至晚创建于北齐武平年间。历史上,酸枣庙村曾属滑县。①

近年,"新浪博客"有署名刘会喜所发网文《浚县佛时寺的辉煌与荒谬》,称此寺无名,所谓"佛时寺"之名是错误的,问题出在对上引造像碑题记的断句理解:

> 《重修滑县志·金石录》在收录《□□□年白马坡佛时寺四面造像碑》碑文后加有按语:"年月寺名皆不可考。后人因题名内有'侍佛时'三字,与下'寺主'二字相近,遂误名为佛时寺。"我同意其观点。在此将造成误名的一句话录出:"阿弥陀大像主朱子雅妻萧侍佛时寺主汲景弟道慎……"这句话断句的确有些困难,但同书收录《开皇二年隆教寺四面造像碑》,文中多处出现"×××侍佛时"和"寺主×××",可见上句"侍佛时"与"寺主"不能连读,更不能舍头去尾,把"佛时寺"连读,作为寺名。

此文所谈意见不无道理。但即使寺院无名,其创建于北齐之时应当无疑。

17.修武百家岩寺。位于修武县方庄镇韩庄村桑湾自然村,又名百岩寺、柏岩寺、崇明寺,俗名竹林寺。北齐时,高僧稠法师在天门瀑布东侧结茅而居,修建百家岩寺。根据唐玄宗天宝八载(749年)所刻《百家岩寺碑》记述,"以其岩平易可容百室,故命之曰'百家'也"②。

《怀庆府志》卷五记载:"崇明寺,在县东北百家岩,今呼为百岩寺者是。创于北齐,至石晋,稠禅师益大之。元至元中重建。寺北有石室,唐杜鸿渐有碑记,权德舆有百岩禅师碑铭。又,五里源亦有此寺,中有唐代石幢。又,元、明碑记,《县志》均遗,详见《金石》。"③这里所谓的"唐杜鸿渐有碑记",即指上

---

① 周到、吕品:《河南浚县造象碑调查记》,《文物》1965年第3期,第31—38页。
② 《全唐文》卷三六四《百家岩寺碑》,第3695页上。
③ 《怀庆府志》卷五《建置·祠庙》,第207页。

述《百家岩寺碑》。但关于此碑的作者,说法不一,宋赵明诚之《金石录》卷七作"崔巨撰,崔倚正书"①。而《怀庆府志》卷二十七《金石·修武》又载:"又寺记:崔禹锡撰,刘轸行书。"②所谓"五里源亦有此寺,中有唐代石幢",据"新浪博客"所载署名文小化所发网文《焦作市修武县崇明寺》称:

> 崇明寺,位于河南省焦作市修武县五里源乡五里源村……为百家岩寺的下院。
>
> 崇明寺建成后,因其位于修武县城去百家岩的必经之处,凡善男信女、文人骚客,慕名前往百家岩的,无不先到崇明寺或先礼佛,或作小憩,又因这里风景绝佳,由此崇明寺遂成一处名胜。……崇明寺在元至正年间(1341—1368 年)、明成化年间(1465—1487 年)、明嘉靖二年(1523年)均有修葺。据清道光《修武县志·寺观附》记载,百家岩寺曾一度倾废,其僧众皆居于五里源之崇明寺,可见当时崇明寺规模之盛。……此寺在日伪时期被彻底拆除,用于修建炮楼和碉堡。上世纪 60 年代初,五里源公社在原崇明寺的废址上修建了卫生院,古寺的碑刻也散落各处。十一届三中全会后,宗教政策得到落实,当地信众开始筹划重建崇明寺。90 年代后期,信众集资购买了乡卫生院后院作为安放佛像之所,原碑刻文物也逐渐被找回。

唐武则天垂拱二年(686 年),有获嘉清信女张氏游百家岩寺,在此地投崖殉身饲兽,母朱四娘遂为其建五级浮图于寺西南之崖上,故又名孝女塔。根据《怀庆府志》所载《百岩寺浮图铭》记述,此塔始建于唐垂拱三年(687 年),至如意元年(692 年)功毕。③ 现存建筑为金代重建,谓之百家岩寺塔。该塔是目前河南省保存的唯一的一座大型楼阁式金塔,塔内部结构风格及斗之耳、平、欹比例关系等均具有明显的承宋(塔)启元(塔)特征,是研究宋、金、元塔嬗递关系的珍贵资料。1986 年该塔被公布为第二批河南省文物保护单位,

---

① (宋)赵明诚撰:《金石录》卷七,《石刻史料新编》第一辑第 12 册,台北:新文丰出版公司 1982年版,第 8842 页下。

② 《怀庆府志》卷二十七《金石·修武》,第 910 页。

③ 《怀庆府志》卷二十七《金石·修武》,第 911—913 页。

2006 年又被国务院公布为第六批全国重点文物保护单位。

18.修武净影寺。或称静影寺,位于今焦作市修武县西北部西村乡影寺村,距市区 40 公里左右。始建于北朝,最晚当魏齐之际。初名贤谷寺,隋时又有景净寺之名,宋以后始名净影寺,历史上又有洪谷寺、宝岩寺、金灯寺、金门寺等别称,当地现简称影寺。此寺为慧远出家学法及归骨之地。《续高僧传》记载:"(慧远)十三辞叔,往泽州东山古贤谷寺。时有华阴沙门僧思禅师,见而度之。"①又记载:"释灵璨,怀州人,远公之门人也。……后为远公去世,众侣无依,开皇十七年下敕补为众主,于净影寺传扬故业,积经年稔。……仁寿末年,又敕送于泽州古贤谷景净寺起塔,即远公之生地也。"②其后历代多有高僧在此修行,五代著名画家荆浩、金代最著名的诗人元好问和文学家赵秉文也都曾在此隐居。2004 年,焦作市有关部门在保留旧寺遗址的基础上,恢复重建净影寺。寺院内还保存有明清碑刻。

19.沁阳广福寺。遗址在沁阳市。据保存在河南省博物院的"宋显伯造像碑"上所刻发愿文记述:"邑社宋显伯等卅余人……今在野王城内广福寺建砖……其寺也房堂……杂树蔚茂人居四面星罗……响风驰遏迩……"由此可知该造像碑最初建在野王县城内之广福寺。野王县即今沁阳之古地名。该碑造立于北齐天保三年(552 年),说明广福寺在此之前已经存在,而且当时规模相当大。

20.焦作圆觉寺。遗址在今焦作市解放区王褚街道新店村北部偏东处。历史上,新店村所在地属修武县,1946 年后划归焦作。民国《修武县志》卷三记载:"圆觉寺在县西四十五里新店。"③1996 年在此处出土一北齐时期的造像碑,碑座正面刻有造像题记一方,正书,除个别字迹残泐之外,余皆完好,其中云:"大齐皇建□年岁次辛□二月丁丑朔廿八日甲辰秦村□觉寺□子五十五人等敬造释迦硕像一区仰为皇帝陛下……"由此可知圆觉寺应创建于此造

---

① 《续高僧传》卷八《慧远传》,第 281 页。
② 《续高僧传》卷十《灵璨传》,第 359—360 页。
③ (民国)蕉封桐修,(民国)萧国桢纂:《修武县志》卷三《寺观》,成文出版社根据民国 20 年铅印本影印,1976 年版,第 148 页。

像碑雕造之前。该寺至民国年间香火尚盛,20世纪40年代初被毁。

21.安阳修定寺。遗址位于今安阳市区西北35公里之安阳县磊口乡清凉村西侧、清凉山南麓。其创建过程及至唐朝开元之前的历史,《大唐邺县修定寺传记》有比较详细的记述。依此《传记》,修定寺由沙门僧猛所立,创建于北魏太和十八年(494年)。僧猛俗姓张,少游邺境,唯工弋猎。因打猎所见感动而觉悟,遂于此地山谷中结构草庐,潜心修行,誓求真觉,长达十余年。至太和十八年(494年),孝文帝下诏为之立寺,并以此谷四面山势,状类城埠,因此而赐额天城寺。东魏时,著名高僧法上居此寺,兴和三年(541年)大将军、尚书令高澄改天城寺为城山寺。北齐建立后,天保元年(550年)文宣帝到此礼谒法上,进受菩萨戒,布发于地,令法上践之,见寺前二水合流,遂又改名为合水寺,并封方十里,禁止打猎砍柴,派官兵驻扎巡逻。北周武帝灭法时,寺院遭毁灭。隋代佛法重兴,开皇二年(582年)下敕予以重修恢复,并改称为修定寺,封疆赒给,同于北齐之时。唐初武德年间,寺院又曾一度被废,但至贞观十年(636年),唐太宗为皇后祈福,又下敕全面修复寺院,仍名修定寺。①

但该寺的创建还有另外一说。《三宝纪》卷十二记载:"上所服素纳袈裟,一钵三衣外,更无积聚,诸受请供,感世利财,起一山寺,名为合水。山之极顶造兜率堂,常愿往生,觐睹弥勒。四事供养,百五十僧。"②《续高僧传》卷八亦记述:北齐名僧法上"敕住相州定国寺,而容德显著,感供繁多。所得施利,造一山寺,本名合水,即邺之西山,今所谓修定寺是也。山之极顶造弥勒堂,众事庄严,备殚华丽,四事供养,百五十僧"③。依此记述,修定寺为法上所造,创建时间当在北齐时期。

清末,修定寺尚存三进院落。以后殿宇渐毁,唯塔独存。

修定寺塔为单层方形浮雕砖塔,通高20米左右,初建于北齐天保元年(550年),唐代重修,现存塔身浮雕砖皆为唐代所制,故后世谓之唐塔。塔基

① 吴钢主编:《全唐文补遗》第三辑《大唐邺县修定寺传记》,西安:三秦出版社1996年版,第304页上—305页上。
② 《中华藏》第54册《三宝纪》卷十二,第313页下。
③ 《续高僧传》卷八《法上传》,第262页。

平面呈八角形，下为束腰须弥座。塔身其上用菱形、矩形、三角形、平行四边形等不同形状的浮雕砖三千七百七十五块嵌砌而成，面积达三百多平方米。浮雕图案为各种人物、动物、花卉等，计有佛、弟子、菩萨、天王、力士、武士、僧人、侍女、飞天、童子、伎乐、青龙、白虎、猛狮、大象、天马、巨蟒、莲花等，多达七十二种。每一面的浮雕均设计为一幅雍容华丽的幔帐构图，帐头上雕彩铃、华缨、彩带等装饰。从总体来看，塔身呈橘红色，古朴而不失其秀丽。塔身南壁下部中央开拱券式塔门，全部由青石雕刻而成，门额与门楣为一整石，雕三世佛造像龛，两侧雕阿难、迦叶、胁侍菩萨与天王像，雕刻手法与造像形式均具唐代特点。塔刹为红、黄、绿三彩构件，在阳光的映衬下光彩夺目。

修定寺塔以雕砖饰面，在全国绝无仅有，是佛教艺术珍品，具有很高的历史价值和艺术价值。1982年被国务院公布为第二批全国重点文物保护单位。

22.安阳灵泉寺。灵泉寺遗址位于安阳市西南约三十公里之安阳县善应镇太行山支脉宝山的东麓，坐北朝南，依山而建，周围有宝山、悬壁山、岚峰山、鸡冠山、虎头山、覆釜山、马鞍山、矿窟山等八山环峙。

灵泉寺由地论学派南道系慧光大师的弟子道凭法师创建，年代为东魏孝静帝武定四年(546年)，因居宝山之阴，初名宝山寺。

至今道凭所造窟洞尚存大留圣窟。道凭之后，其弟子灵裕曾较大规模地营建宝山寺，施主为东安王娄叡。《续高僧传》记载："(灵裕)后还邺下，与诸法师连座谈说。齐东安王娄叡致敬诸僧，次至裕前，不觉怖而流汗，退问知其异度，即奉为戒师。宝山一寺，裕之经始，叡为施主，倾撒金贝。"[①]

根据张固也先生的研究，在隋开皇十一年(591年)宝山寺改名为灵泉之前，寺名还曾称"慈润"，美之曰"大慈"。[②]

自北齐灭亡又遭周武灭法，使始建不久的宝山寺遭受了灭顶之灾。唐初高僧、灵裕的弟子慧休之《记德文》记述："灵泉道场，自齐[亡]之后，堂阁朽

① 《续高僧传》卷九《灵裕传》，第312页。
② 张固也：《唐初高僧慧休记德文考释》，《文献》2008年10月第4期，第35—44页。

坏,水泉枯竭,荆棘荒[芜],累经岁捻。"①描绘的正是这种惨景。当时连灵裕本人也只得"引同侣二十余人居于聚落,夜谈正理,昼读俗书"②,以避法难。

隋初,宝山寺始得初步修复。当时灵裕活动于燕赵,"五年行化,道振两河"③,使宝山寺再次声名鹊起。开皇十一年(591年),灵裕法师应诏至京师西安,被隋文帝封为国统。灵裕固辞归邺,文帝"送绫锦衣服、绢三百段,助营山寺。御自注额,可号灵泉,资送优洽,有逾常准"④。

灵泉寺现存宋绍圣元年(1094年)所立《有隋相州天禧镇宝山灵泉寺传法高僧灵裕法师传并序碑》则称隋文帝赐额灵泉,"盖取八山之泉、师之上字合以为称,圣意欲存师名之不朽耳"⑤。从此,宝山寺改名为灵泉寺。灵裕归寺之后大兴土木,使寺院的规模进一步扩大,当此之际,灵泉寺盛极一时,成为当时"河朔第一古刹"。

有唐一代,灵泉寺又出现过两位高僧,分别是慧休法师与元林禅师。

慧休在隋初对灵泉寺的恢复有再造之功,"躬自开剪,招引僧徒"⑥。他在邺中传授佛法,门徒众多,《续高僧传》本传称其"驰名冀都,击响河、渭,抱帙横经,肩排日谒,结疑怀签,踵接登堂"⑦。玄奘出家后北游时曾从学于慧休。⑧

元林禅师居灵泉寺六十年,据陆长源所撰《唐故灵泉寺元林禅师神道碑(并序)》记述,元林禅师"声振两河,教被千里","景龙三年(709年),敕追与僧元散同为翻译大德","腾声洛下,独步邺中"⑨。此时,灵泉寺佛事兴盛依旧,与西北百里的清凉山修定寺及漳河以北的响堂寺并称为北方三大佛教圣地。其后会昌法难再次打击了灵泉寺,据灵泉寺现存唐代双石塔之西塔东外

---

① 周绍良、赵超主编:《唐代墓志汇编续集》贞观〇四九《慈润寺故大慧[休]法师灰身塔》,上海:上海古籍出版社2001年版,第37页。

② 《续高僧传》卷九《灵裕传》,第312页。

③ 《续高僧传》卷九《灵裕传》,第313页。

④ 《续高僧传》卷九《灵裕传》,第314页。

⑤ (清)武亿辑:《安阳县金石录》卷七《有隋相州天禧镇宝山灵泉寺传法高僧灵裕法师传并序》,《石刻史料新编》第一辑第18册,第13886页下。

⑥ 《唐代墓志汇编续集》贞观〇四九《慈润寺故大慧[休]法师灰身塔》,第37页。

⑦ 《续高僧传》卷十五《慧休传》,第533页。

⑧ 《大慈恩寺三藏法师传》卷一,第9页。

⑨ 《全唐文》卷五一〇《唐故灵泉寺元林禅师神道碑(并序)》,第5186页下—5187页上。

壁安阳县令郑傥之题记所述,至懿宗咸通年间(860—874 年)时,灵泉寺仍"寂无人烟",一片衰败景象。

宋、金、元时期,灵泉寺有一定的恢复,建灵裕塔,重修元林塔,立灵泉寺山主智公塔与玉峰庵主宣公塔等。明清时,灵泉寺诸殿、碑均得到重修,有关情况均记载在现存于寺内的《重建宝山灵泉禅寺并观音阁碑记》《重修地藏王菩萨殿碑记》《重修灵泉寺碑记》与《重修三佛殿碑记》上。

清末,灵泉寺之中轴线上尚有三进院落。民国初年,渐成废墟,寺僧绝迹。

寺院遗址上现存唐代双石塔,为两座单层叠涩密檐方形塔,由青石构件垒砌,保存基本完好。西塔塔身东外壁上刻有唐懿宗咸通年间安阳县令郑傥等人的题记。[1] 著名古建专家罗哲文先生对此双石塔评价很高,称"此双塔是现存众多的双塔中年代最早者,且雕刻精美,堪称一绝"[2]。

在寺院西侧宝山之山坡上还有灵泉寺现存最早的道凭法师烧身塔,建于北齐武成帝河清二年(563 年)。道凭法师烧身塔亦为双石塔,单层,东西并列,坐北朝南,相距 3 米左右,造型大体相同,平面都呈正方形。西塔通高 2.22 米,造型稳定。其基台高 0.93 米,由下大上小两块素面方石垒筑。基台以上为塔身,宽 0.53 米,高 0.45 米,用整块青石雕成。东、西、北三面为实壁,素面,亦无门窗。南壁正中开一拱门,门高 0.31 米,宽 0.2 米,进深 0.33 米,门额略呈火焰尖拱状,门两侧刻方形倚柱,柱础呈覆莲状,柱头雕莲瓣三片,门楣上横列镌刻楷书题铭"宝山寺大论师凭法师烧身塔",右侧(东侧)上下题"太齐河清二年三月十七日"。塔身中心有室,室内南北长 0.33 米,东西宽 0.25 米,平顶,室之地面下凿 0.3 米深,当为放置道凭骨灰或舍利处。塔身以上叠涩出檐两层,上为塔顶,高 0.44 米。再上为塔刹,高 0.4 米。刹座四面浮雕卷叶状花纹,上置卷叶纹方斗及相轮三层,最高处为宝珠。东塔在塔门形制和塔顶花纹上与西塔略有区别,塔身无题铭,塔心室内地面未下凿。[3]

---

① 河南省古代建筑保护研究所(执笔:杨宝顺):《河南安阳灵泉寺唐代双石塔》,《文物》1986 年第 3 期,第 70—81 页;游人题诗与县令郑傥等人题记载在《安阳县金石录》卷四。

② 赵文龙主编:《文化古都——安阳》,郑州:河南科学技术出版社 2010 年版,第 159 页。

③ 杨宝顺、孙德萱、卫本峰:《河南安阳宝山寺北齐双石塔》,《文物》1984 年第 9 期,第 43—44 页。

23.安阳云门寺。云门寺遗址位于灵泉寺东南约五公里之善应镇龟盖山南麓,今小南海石窟附近,始建于北齐天保年间,是文宣帝为高僧僧稠专门所建:

> 帝以陵阜回互,谍谒或难,天保三年,又敕于邺城西南八十里龙山之阳为构精舍,名云门寺,请以居之,兼为石窟大寺主。两任纲位,练众将千,供事繁委,充诸山谷。①

北齐之时的龙山就是今天的龟盖山。

关于初建时寺院的规模及云门寺名称的来历,《续高僧传·僧稠传》有如下记载:

> 初敕造寺,面方十里,令息心之士问道经行。稠曰:"十里太广,损妨居民,恐非远济,请半减之。"敕乃以方五里为定。使将作大匠纪伯邕缔构伊始,邕集诸乡邑,问此地名,忽闻空中大声答曰:"山林幽静,此处本号云门。"重问所由,了无一人知者。帝闻异之,因从空响焉……②

即便是"方五里",寺院的规模还是相当宏大的。当时,对于云门寺,文宣帝可谓照顾得无微不至:

> 即敕送钱绢被褥,接轸登山,令于寺中置库贮之,以供常费。稠以佛法要务,志在修心,财利动俗,事乖道化,乃致书返之。帝深器其量也,敕依前收纳,别置异库,须便依给,未经王府。尔后诏书手敕,月别频至,寸尺小缘,必亲言及。又敕侍御徐之才、崔思和等送诸药饵,观僧疾苦。帝常率其羽卫,故幸参觐……③

一言以蔽之,"寺宇僧供,劳赐优渥"④,云门寺因此而成为当时皇家的第一寺院。

乾明元年(560年),僧稠去世,其时文宣帝已死,继任之废帝敕遣襄乐王前往宣慰,并施物五百段,送千僧供于云门,以崇追福。至孝昭帝皇建二年

---

① 《续高僧传》卷十六《僧稠传》,第576页。
② 《续高僧传》卷十六《僧稠传》,第578页。
③ 《续高僧传》卷十六《僧稠传》,第576—577页。
④ 《续高僧传》卷十六《僧稠传》,第579页。

（561年），僧稠的弟子昙询等奏请为僧稠起塔，下诏曰："故大禅师德业高迥，三宝栋梁，灭尽化终，神游物外。可依中国之法阇毗起塔，建千僧斋，赠物千段，标树芳迹，示诸后代。"又敕右仆射魏收为制碑文，为僧稠所起砖塔位于寺院之西北。① 僧稠可谓生前备受尊崇，身后极尽哀荣，云门寺也随之声名显赫。根据《安阳县金石录》卷二记载，一年之后的太宁二年（562年），云门寺僧法懃去世，云门寺又在寺院附近龙岩为之起塔。② 云门寺为高僧起塔的做法对周边寺院肯定产生了一定的影响，灵泉寺为道凭所建之烧身塔即在僧稠墓塔建成两年之后、法懃墓塔建成一年之后。北齐灭亡之后以至唐初，有关云门寺的变迁，道宣在《续高僧传》中有一简要记述：

> 齐灭周废，以寺赐大夫柳务文。文又令其亲辛俭守，当将家入住，有神怒曰："何敢陵犯须陀洹寺！"而俭未几便卒。隋初兴复，奄同初构，六时禅忏，著声寰宇。大业之末，贼所停营，房宇孑遗，余皆焚荡。余以贞观初年陟兹胜地，山林乃旧，情事惟新。触处荒凉，屡兴生灭之叹；周睇焚烬，频噎《黍离》之悲。③

说明云门寺在唐之贞观初年已经衰败不堪了。

24.安阳定国寺。《乾隆一统志》卷一百五十七记载："定国寺，在安阳县东北韩陵山。东魏高欢所建。有温子升旌功碑。"④《续高僧传》卷八记载，北齐高僧法上敕住相州定国寺。⑤ 现已不存。

25.林州洪谷寺。洪谷寺遗址位于林州市城区西南15公里合涧镇西的洪谷山山谷之中。太行山绵延千里，像一条青色的巨龙，蜿蜒盘踞在豫、晋、冀三省大地上，它绵亘林州西部的一段约一百八十里，被总称为南太行林虑山，洪谷山为其一峰。这里，山环水绕，群峰壁立，绿茵如盖；其间一道深谷，长年溪流不断；谷底有三级瀑布，山水断跌而下，仿佛一卷长纱；春季黄华溢彩，秋季枫叶火红，自然景色秀丽雄奇。唐末五代著名画家、北方全景山水画派创

---

① 《续高僧传》卷十六《僧稠传》，第577页。
② 《安阳县金石录》卷二《法懃禅师塔铭》，《石刻史料新编》第一辑第18册，第13835页。
③ 《续高僧传》卷十六《僧稠传》，第579页。
④ 《乾隆一统志》卷一百五十七《寺观》，第6页。
⑤ 《续高僧传》卷八《法上传》，第262页。

始人荆浩就曾隐居于此,躬耕自食,号洪谷子。

洪谷寺创建于北齐初年,是文宣帝为当时著名的南道派地论师僧达所建。《续高僧传》卷十六记载:

> 暨齐文宣,特加殊礼,前后六度归崇十善。达性爱林泉,居闲济业,帝为达于林虑山黄华岭下立洪谷寺,又舍神武旧庙造定寇寺,两以居之。①

历史上,洪谷寺曾经名噪一时。先后有众多僧人云游挂锡,其中不乏著名高僧,如唐之义泓、乾寿,元之公禅师,其事迹记载均见之于寺院遗址所留碑刻。近代,洪谷寺寂灭无闻,原有建筑早已不复存在,其规模、形制亦无文献记载,唯余东魏之千佛洞石窟、唐之洪谷寺塔、摩崖石塔、三尊真容像支提龛铭碑与金至明代之塔林,还有历代其他一些碑刻。

1978年,河南省拨款修葺了洪谷寺塔。近年,当地又开始重建洪谷寺。洪谷寺遗址上留存的大缘禅师摩崖石塔(含附近碑碣)与三尊真容像支提龛铭碑、千佛洞石窟与洪谷寺塔、洪谷寺塔林分别于1963年、1986年与2000年被公布为河南省第一批、第二批与第三批文物保护单位。2013年,洪谷寺塔与千佛洞石窟又被国务院公布为第七批全国重点文物保护单位。

26.汤阴西明寺。《乾隆一统志》卷一百五十七记载:该寺"在汤阴县西南。北齐武平二年(571年)建"②。现已不存。

27.济源长兴寺。清雍正《河南通志》卷五十记载:"长兴寺,在济源县城北一里许。齐河清四年建,明洪武十五年重修。"③《怀庆府志》卷五亦记载:"长兴寺,在县北一里。北齐河清四年建,明洪武十五年修。"④现已不存。

28.济源盘谷寺。位于济源市城区北之克井镇大社村北的太行山南麓盘谷口,距市区约15公里,依山而建,以谷为名。该寺创建于北魏太和三年、南朝齐建元元年(479年),距今已有1500余年的历史。《乾隆一统志》卷一百六十一记载:"盘谷寺,在济源县盘谷山北。齐建元元年建。"⑤《怀庆府志》卷

---

① 《续高僧传》卷十六《僧达传》,第571页。
② 《乾隆一统志》卷一百五十七《寺观》,第6页。
③ 《河南通志》卷五十《寺观》,第11页。
④ 《怀庆府志》卷五《建置·祠庙》,第204页。
⑤ 《乾隆一统志》卷一百六十一《寺观》,第9页。

五亦记载:"盘谷寺,在县北二十里盘谷山。北齐建元元年建,明洪武十年修。"①

历史上,盘谷寺因唐代韩愈和清代乾隆两人及他们所写的诗文而闻名遐迩。

盘谷寺由于年久失修,破烂不堪。1989 年曾全面进行整修,基本上恢复了原貌。

29.卫辉香泉寺。遗址位于卫辉市太公泉镇西北部霖落山中,东南距卫辉市区 20 公里左右,始建于北齐天保七年至天保十年(556—559 年)间,创建人为那连提黎耶舍,其为北天竺乌场国人。《续高僧传》卷二本传记载:

> 天保七年届于京邺。文宣皇帝极见殊礼,偏异恒伦。耶舍时年四十……文宣礼遇隆重,安置天平寺中,请为翻经三藏。殿内梵本千有余夹,委舍翻之,敕送于寺,处以上房。为建道场,供穷珍妙,别立厨库,以表尊崇。……未几授昭玄都,俄转为统。所获供禄,不专自资,好起慈惠,乐兴福业。设供饭僧,施诸贫乏,狱囚系畜,咸将济之。市廛闹所,多造义井,亲自漉水,津给众生。又于汲郡西山建立三寺,依泉旁谷,制极山美。又收养厉疾,男女别坊,四事供承,务令周给。②

此记载也见于其他一些佛教史籍,如《开元录》《贞元新定释教目录》等。依上述记载,北齐天保七年(556 年)那连提黎耶舍来到邺都,受到文宣帝的礼遇,先从事译经活动,其后不久即被任命为僧官。任僧官后,用所获的供禄乐兴各种福业,其中特别在汲郡西山中建立起了三座佛寺,收治麻风病人,男女患者分别病房,保证生活、医疗供给。汲郡西山即今卫辉之霖落山。所谓"三寺",有专家曾于 20 世纪 80 年代初两度实地考察,看到现场香泉河谷把霖落山岭分隔为东、西两崖,两崖巅上各有大片建筑废墟,东崖低处山丘上另有小片建筑废墟,故判断认为:

> 据寺院遗址现场景观及《卫辉府志》的木刻画《香泉寺全景》看来,道

---

① 《怀庆府志》卷五《建置·祠庙》,第 204 页。
② 《续高僧传》卷二《那连提黎耶舍传》,第 34—35 页。

宣所谓"西山三寺"并非三所独立的寺院,其实是一所寺院有三个建筑群。①

这所寺院就是香泉寺。近年,当地恢复重建香泉寺,仍在清代和民国的两崖遗址上分建为东、西两寺。从现存史料来看,香泉寺初建之时,似不称"香泉"。《续高僧传》卷二十一有僧伦、慧方二人之传,传名均标为"唐卫州霖落泉",汲郡在北周时改为卫州,隋炀帝时复改卫州为汲郡,唐高祖时又复为卫州。此"霖落泉"似即指香泉寺。又,《续高僧传》卷十六昙询本传记载:"(昙询)年二十二方舍俗事,远访岩隐,游至白鹿山北霖落泉寺,逢昙准禅师而蒙剃发。"②此"霖落泉"似亦即香泉寺。

30.陕州五张寺。《陕县志》卷二十一保存有庾信所撰北周《陕州宏农郡五张寺经藏碑》文,称:"五张者,张元高子兄弟五人舍宅为寺,故以为名。"③庾信,字子山,南阳新野人,北周孝闵帝时任宏农郡守,为当时名宦,"为政简静,吏人安之,有文集二十卷"④。

31.陕县空相寺。空相寺位于陕县西李村乡境内熊耳山下。原名定林寺,因达摩葬此,建有灵塔,又称达摩大师塔院。

关于空相寺的创建年代,陕县人民政府网称:

> 空相寺古称定林寺,俗称西山寺、熊耳寺,又名达摩塔院。位于河南三门峡市陕县西李村乡境内,距三门峡市区53公里,距陕县县城70公里。寺院始建于东汉永平元年(58年),距今已有1900多年的历史,是与我国第一古刹"白马寺"同一时期建造的佛门圣地,其历史比少林寺早400多年。寺院鼎盛时期规模宏大,香火极旺,僧众多达800余人,房屋400余间,占地160余亩。曾与嵩山少林寺、洛阳白马寺、开封相国寺被誉为中州四大名寺,是三门峡市极其珍贵的历史、人文、文化遗产。

---

① 梁章池、赵文明:《关于中国"疠人坊"起源的考证及其遗址现场的考察》,《中国麻风皮肤病杂志》1985年第00期,第76页。

② 《续高僧传》卷十六《昙询传》,第597页。

③ (民国)欧阳珍修,(民国)韩嘉会等纂:《陕县志》卷二十一《金石》,成文出版社据民国25年铅印本影印,1968年版,第771页。

④ 《陕县志》卷十四《职官》,第402页;卷十五《名宦》,第462页。

该网称空相寺创建于永平元年(58年)显属不确。东汉明帝遣使西域求法返回的时间为永平十年(67年),前述《洛阳市志》所定白马寺的建寺时间最早也在永平十一年(68年),而空相寺创建时间竟然比白马寺还早十年,岂不怪哉?

空相寺官网自述则称:

> 空相寺古称定林寺,碑刻记载上在唐代前后称作"达摩塔院"。建于东汉永平年间,与白马寺建造时间前后,距今已经有一千九百多年的历史,是中国较早的寺院之一。

虽仍持创建于东汉永平年间的观点,但并未明确为哪一年。

民国《陕县志》中共有三处记载涉及空相寺:卷三《山岳》谓:"熊耳山,在县城东一百三十五里。……《一统志》云:陕州东熊耳山,乃达摩葬处。其塔尚存,今山腰有古寺,颇幽雅。"①此处所谓"古寺",当指空相寺;卷二十一《金石》中有《圆觉空观菩提达摩初祖大师事略记》碑刻文,其中称:"迨至太和十九年岁次丙辰十月五日,祖在洛阳禹门千圣寺端然而逝,寿一百五十岁。其年十二月二十八日葬熊耳西山,建塔于定林寺之吴坂。"②卷二十五亦记载:"空相寺,县东一百里七里社熊耳山西。即初祖达摩葬处。"③并无空相寺创建于东汉永平年间的记载。《乾隆一统志》卷一百七十五记载:"空相寺,在州城东一百里熊耳山西。即初祖达摩葬处。"④《河南通志》卷五十记载:"空相寺,在州城东一百里七里社熊耳山西。即初祖达摩葬处。"⑤亦均未提及空相寺的创建年代。

但由达摩逝于洛阳禹门而葬于熊耳山空相寺,可说明该寺在当时已有名气,创建亦应有一段时日,或与少林寺同一时期。

空相寺因达摩葬地而闻名,成为与少林寺并称的两大禅宗圣地,前者为

---

① 《陕县志》卷三《山岳》,第113页。
② 《陕县志》卷二十一《金石》,第770页。此文所谓达摩逝于太和十九年(495年)时间不确,此文前又有署名梁武帝所作《南朝菩提达摩大师颂并序》一文,文中即称达摩逝于梁大同二年(536年)十二月。有关达摩卒年问题,后再述及。
③ 《陕县志》卷二十五《庙寺》,第994页。
④ 《乾隆一统志》卷一百七十五《寺观》,第27页。
⑤ 《河南通志》卷五十《寺观》,第33页。

禅宗祖莛,后者是禅宗祖庭。

据中国文物信息网所载,2004 年 2 月,空相寺护法居士在绿化寺院挖树坑时,从地下挖出一通唐碑。此碑形制为弧首扁体式,未见碑座,距地表仅 1.5 米。碑文竖行直书,共 26 行,满行 44 字。碑首双行小篆刻:"汾阳王置寺表","王"字残缺,可以看出此碑是由一块旧碑重新磨平后刻制的。碑阳所刻记述唐安史之乱后,郭子仪率兵收复长安,又继续东征,路过定林寺时,因其为达摩葬地,有达摩遗塔,"三百余年,灵验不绝,为远近所知,自经圣代,未蒙旌异,臣往年曾到塔院,亲礼圣迹",所以心发至愿,倘达摩禅师福佑他克复东都洛阳,"俾被氛殄灭,国步再安,必当上闻,特加崇饰"。之后郭子仪果然一举收复洛阳。大历七年(772 年),汾阳郡王郭子仪上书唐代宗,报告前情,称:"今若缄默,有负曩诚,臣子之情,伏希圣察。特望天恩,加达摩禅师谥号,并赠寺额、塔额,度柒僧庶,上资景福,下遂愚衷。"代宗恩准了郭子仪的请求,赐达摩大师谥号"圆觉",寺为"空相之寺",塔为"空观之塔",并御题塔、寺两额。宣宗大中九年(855 年)夏,郭子仪之嫡长孙郭琪至永宁县任县令,上任伊始,听说其祖曾上表皇帝乞赐达摩谥号,并赠寺额、塔额及重修寺院的功德,即赴空相寺,从空观之塔的塔室内找到当年珍藏的上奏旧章、帝赐批答等,遂于大中十二年(858 年)九月在寺内立此汾阳王置寺表碑,叙述事情经过,并将上奏旧章、帝赐批答等一一刻上。碑阴刻"敕赐空相寺常住地土"之四至。汾阳王置寺表碑是最早记载空相寺历史的珍贵实物,其出土为研究空相寺兴衰、禅宗渊源、郭子仪与空相寺的关系等提供了极具历史价值的文字资料。

唐代以后,有关空相寺的历史兴衰,记载不多,保存在寺内的几通碑刻弥足珍贵。其一为达摩造像碑与南朝达摩碑。前者最早立石于东魏元象元年(538 年),碑正中刻达摩大师站像,单线条阴刻,形象逼真,头罩祥光,宽袍大袖,立意简刻,用笔流畅,是中国最早的达摩造像。碑右上侧刻四句偈语"航海西来意,金陵语不契,少林面壁功,熊耳留只履",概括了达摩的生平。碑左上侧刻"魏元象元年传法主持寿庵立石",中部又刻有"主持宗还重立",说明现存此碑为后世复制重立;后者碑题为"菩提达摩大师颂并序",据说为南朝梁武帝所撰,梁大同二年(536 年)所立,内容为歌颂达摩丰功伟绩。《陕县志》卷二十一保存有碑刻全文,文后有县志撰者评论,称此碑"书法瘦硬,确是六朝笔迹"。此碑现已风化剥蚀,寺内尚有元明清三块复制碑。另,前述《陕县志》此卷中还保存有亦于魏元象元年立石之《圆觉空观菩提达摩初祖大师事略记》碑刻文,著者亦为"传法主持寿庵",而且文后也有"航海西来意,金陵语不契,少林面壁功,熊耳留只履"四句偈语。难道此《圆觉空观菩提达摩初祖大师事略记》最初曾为达摩造像碑上的部分内容,后世复制重立时遗漏?《圆觉空观菩提达摩初祖大师事略记》文中,述有唐开元以后之事,县志撰者评论称:"此既云魏元象元年立石,何以能知唐开元以后事? 显系后人追记或伪托。望熟于禅宗掌故者考焉。"①

其二为记录明清时期修葺空相寺的碑刻,计有:明洪武二十八年(1395年)所立"重修菩提达摩大师塔铭并序"碑、景泰五年(1454年)所立菩提达摩圆觉大师碑(内容与南朝达摩碑文完全一致)、嘉靖四十二年(1563年)所立"重修空相寺转角楼记"碑、清康熙十一年(1672年)所立《重修熊耳山空相寺记》、雍正十一年(1733年)所立《重修熊耳山空相寺碑记》等。

清乾隆、道光年间,对空相寺也有修葺。晚清以至民国,寺院殿堂房屋,相继倾倒拆毁,空相寺逐渐衰败。新中国成立后,由于种种原因,寺僧星散,最终空相寺成一片废墟,除达摩塔和上述几通残碑之外,连一块完整的砖瓦都没有留下。1994年,空相寺作为达摩祖师示寂圣地被批准开放。2001年,空相寺开始重建,至今,已完成山门、释迦殿、达摩殿、钟鼓楼、观音殿、达摩塔、达摩墓等设施建设和绿化工程,初具规模。

32.长葛禅静寺。遗址位于今长葛市老城镇附近。清雍正六年(1728年),当地农民耕地时发现一造像碑,无碑座,碑体保存完好,高250厘米,宽84厘米,厚28厘米。碑文除个别字外,其余清晰可辨,碑题为"禅静寺刹前铭 敬史君之碑",后人称其为"禅静寺造像碑",又称"敬史君碑"。根据碑文所刻纪年,知其雕造于东魏孝静帝兴和二年(540年),立于当时的禅静寺前。后寺毁碑没。乾隆十四年(1749年),碑被移立于当时的陉山书院,建亭保护

---

① 《陕县志》卷二十一《金石》,第769—771页。

至今。今老城一中即隄山书院旧址。①

33.项城鹿苑寺。《乾隆一统志》卷一百七十记载:"鹿苑寺,在项城县南南顿街。梁武帝建,有碑记。"②现已不存。

34.鹿邑福寿寺。《乾隆一统志》卷一百五十四记载:"福寿寺,在鹿邑县北。北齐武平四年(573年)建。"③现已不存。

35.宁陵黄冈寺。《乾隆一统志》卷一百五十四记载:"黄冈寺,在宁陵县西南三十里。后魏大定二年间(建)。"④现已不存。

36.淅川龙巢寺。《乾隆一统志》卷一百六十六记载:"龙巢寺,在淅川县东三十里。后魏太和中建龙巢于此,故名。今其骨尚存。"⑤《南阳宗教文化》称:"北魏太和(477—499年)初年,淅川马蹬西南建立龙巢寺。"⑥

37.镇平中兴寺。该寺坐落在镇平县杨营镇贾庄村西南约五百米处,俗称登禅寺、登山寺。

关于该寺的创建时间,网上所载文章多以讹传讹,沿袭已久。例如,南阳佛文化网上有两篇介绍中兴寺的文章(南阳菩提:《千年古刹——中兴寺古今》,高光:《千年古刹——中兴寺古今情况介绍》)称:中兴寺始建于"北魏元年(386年)";又称"据考证,魏文帝曾带领文武群臣于中兴寺设禅,为国民祈福,并亲自登禅祭拜而得名'登禅寺'。据《高僧传》卷七:'帝远敕令迎请蜀僧道汪为中兴寺寺主,敕中兴寺僧道温为京城寺主,孝武帝也曾整肃中兴寺。'"连《南阳佛教文化》这样的专著亦人云亦云:"中兴寺,又名登禅寺,灵泉寺,位于镇平县杨营镇贾庄村西南500米处。始建于北魏元年(386年)。魏文帝曾

---

① 长葛市志编纂委员会编:《长葛市志》第二十五编《旅游、饮食、服务》,郑州:中州古籍出版社2010年版,第585页;长葛县志编纂委员会编:《长葛县志》第十九篇《文化、文物》,郑州:中州古籍出版社1992年版,第565页;李仁清编:《中国北朝石刻拓片精品集》,郑州:大象出版社2008年版,第360页。但《中国北朝石刻拓片精品集》记载此碑厚26厘米。

② 《乾隆一统志》卷一百七十《寺观》,第27页。

③ 《乾隆一统志》卷一百五十四《寺观》,第39页。

④ 《乾隆一统志》卷一百五十四《寺观》,第39页。但北魏并无"大定"年号,待考。

⑤ 《乾隆一统志》卷一百六十六《寺观》,第26页。

⑥ 《南阳宗教文化》,第3页。

亲自登禅祭拜,敕蜀僧道汪为中兴寺寺主,敕中兴寺僧道温为京城寺主。"①

这些说法之谬误显而易见:第一,公元386年,为北魏太祖道武帝拓跋珪之登国元年,何来"北魏元年"? 第二,魏文帝为曹魏开国皇帝曹丕,出生于187年(丁卯年),逝世于226年(丙午年),既然中兴寺始建于北魏,何以有"魏文帝曾带领文武群臣于中兴寺设禅为国民祈福"之事? 第三,翻检《高僧传》,卷七有《宋蜀武担寺释道汪传》,其中称:"(刺史张)悦还都,具向宋孝武述(道)汪德行,帝即敕令,迎接为中兴寺主。(道)汪乃因悦固辞以疾,遂获免。"②不知上述所据《高僧传》"帝远敕令迎请蜀僧道汪为中兴寺寺主,敕中兴寺僧道温为京城寺主,孝武帝也曾整肃中兴寺"文从何而来?

"百度贴吧·杨营吧"有一网名为"西河闲人也"者,自称"自90年中师毕业任教于杨营乡,出于对文史知识的偏好和对名胜古迹的热爱,前后去过中兴寺旧址数十次。……翻阅、摘抄了一些相关的历史资料,走访了附近村落许多老年人。……特意把一部分可信度较高,影响较大的整理记述出来……以免以讹传讹,贻误后人"。现将这位不知真实姓名的年轻教师的帖子转录如下:

中兴寺,又名灯禅寺,位于镇平县杨营乡贾庄村西南一处高地上。……

中兴寺始建于南北朝时期的西魏大统三年,是南阳地区修建最早的寺院之一。寺中保存的西魏造像碑更是闻名遐迩,在学术界和宗教界有广泛影响,是研究南北朝历史、镇平地望以及古代雕刻艺术和书法发展史不可多得的实物资料。该碑早在1963年就被定为河南省重点文物保护项目。

岁月的沧桑使这座距今近1500年的古寺湮没在历史的风尘中。早年这里只留下具有明清建筑风格的三间大殿和残缺的造像碑,破破落落地兀立在荒烟野草中……近十年来,随着经济的繁荣和国家文物古迹保护政策的落实,在各方面的努力下,千年古刹得以陆续重建,形成了相当规模。方圆

---

① 《南阳佛教文化》,第59页。
② 《高僧传》卷七《道汪传》,第283页。

百里的善男信女前来顶礼膜拜,成为镇平境内重要的佛事活动中心。……

关于寺院名称。这座寺院,当地群众俗称"登山寺",他的大名"中兴寺"反而使用频率不高。那么"登山"从何说起呢?这里方圆数十里没有大山,即使古代地貌与现在稍有差异,会有一些小的土山丘陵,可是把寺院命名为"登山",也没有什么深厚、高雅的意义。"登山",应该是"灯禅"二字误传而来。

禅宗是汉传佛教的重要流派……初唐的六祖慧能是禅宗的集大成和真正创立者。北宋景德年间的高僧道原撰写的《景德传灯录》,是研究我国禅宗发展史的重要典籍。该书明确阐述:禅宗每以灯来比喻禅法。禅法传承如同灯灯相续而无终绝,故将记录禅法传承之书称为"传灯录"。宋代大儒沈静明也有类似论述:自六祖慧能始,禅宗更以灯喻佛法智慧,传灯意味着传法。"一灯能除千年暗,一智能灭万年愚。"灯灯相传、光明不断,即是禅宗要旨。这些重要论述,就是"灯禅寺"名字由来的最好注解。……该寺称"灯禅寺"时,应当是一座佛教禅宗的寺院。……民间口传之误,就把深奥的佛学名词"灯禅",变成了通俗的、容易为群众接受的大白话"登山"。

……该寺在西魏大统年间初建时称"中兴寺"是确定无疑的。这在造像碑碑文中有明确记述……北魏分裂为东魏和西魏后,都自称是大魏正统,互相攻伐,在河南一带战事不断。镇平当时属西魏领土,并且是与东魏和南朝相邻的东南边境,是战略防御要地和战争前沿,距中兴寺东南二三十里的镇平侯集镇马圈城遗址,是史籍中有明确记载的南北朝著名城邑,南朝和北朝多次在这里进行大规模的战争,就是一个明证。据造像碑碑文可知,中兴寺附近当时有一座军事城叫固城,镇守固城的大都督白实率领"固城上下村邑、诸郡守人、都督戍主、十州武义等,共崇斯福,为国主大王造中兴寺石像"……

至于又名"灯禅寺",……应当是中兴寺历经变乱荒废,在唐代以后某一个时期重建时新起的名称。根据沈静明的论述,以灯喻禅法的理论自禅宗六祖始,而六祖慧能的生活年代是初唐,所以"灯禅寺"的命名有明显的时代特征。下限不可确定，但上限不会早于初唐。……

现在可以见到的碑文，除了西魏造像碑，还有元代庚子年重建时的碑文以及大清咸丰十年所立《典成上人辛苦功德碑》。文献记载有明清两朝的《南阳府志》《镇平县志》。在这些碑文和文献中，有称中兴寺的，有称灯禅寺的，有称登禅寺的，有称云泉寺的，也有称灵泉寺的。指的是同一座寺院，但称谓不一。……

关于西魏造像碑。中兴寺留存至今最有价值、最古老的文物就是这通西魏大统三年的造像碑。雕刻佛像线条劲健流畅、生动有致，碑铭字体遒劲雄浑，楷书中带隶意，是典型的魏碑书风。该碑是迄今南阳地区发现的唯一一通雕像，碑铭保存基本完好，且经元、明、清和民国历代屡有修葺记录的造像碑，具备了年代久远、雕造精美、历史意义重大、保存完整、传承有绪等特点，在"文物南都盛"的南阳堪称古碑之冠冕。

……该碑……记载了立碑的具体时间：大统三年，岁次戊午，四月己丑，朔八日丙申。也就是538年（当为537年——笔者）的农历四月初八日，佛祖诞辰……该碑的作者在碑文中也有显示，是当时的南阳郡功曹宗达。

笔者以为，此记述当比较可信。依据寺内现存的西魏造像碑，中兴寺创建于西魏大统三年（537年）。事实上，《南阳佛教文化》在书中另一处也说："西魏大统二年（537年）镇平贾庄建中兴寺（灵泉寺）。"①不过这里又将大统三年误为大统二年。

---

① 《南阳佛教文化》，第3页。

# 第十五章
# 南北朝时期河南凿造的石窟、摩崖造像

一般而言,中国古代的佛教寺院依建筑材料大致可分为两类:一类是以砖木为原料,在地面上建设殿、塔、堂、房,形成一个建筑群体,是为人们所熟知的佛教寺院;另一类则是在山崖石壁之上开窟,形成一组洞窟,是为石窟寺院,或称窟寺、窟院,一般谓之石窟。当然,还有一些寺院,既有砖木建筑,又有石窟建筑,二者结合之中,一部分仍以石窟为主体,周围依附的砖木建筑供驻锡僧人之行香栖居,依然可归为窟寺一类;另一部分则以砖木建筑为主体,石窟仅作禅静修行之处,这些寺院则属一般佛寺。除此之外,还有直接在山崖的壁面上刻石造像,置佛像于露天或浅龛之中,谓之摩崖造像。摩崖造像多数以群组形式出现,很多时候与石窟并存。

在历史的长河中,砖木结构的一般佛寺极易遭天灾人祸的破坏,唯余遗址,能留存至今的,全赖后世的反复重建维修。而石窟、摩崖虽经风化侵蚀,或经崩塌掩埋,但还是比较容易存在下来的。那些当初既有砖木建筑又有石窟、摩崖的佛寺,能传至今天的,无一例外都是其石窟或摩崖部分。

石窟首见于印度,如西印度德干高原之阿旃陀石窟、奥兰加巴德石窟。而根据中国古代西行高僧的记述,佛陀时代就有许多石窟。如东晋法显之《佛国记》记载,在摩竭提国之小孤石山:

> 山顶有石室,石室南向,佛坐其中。天帝释将天乐般遮弹琴乐佛处。帝释以四十二事问,佛一一以指画石,画迹故在。此中有僧伽蓝。①

又记:

> 到耆阇崛山。未至头三里,有石窟,南向,佛本于此坐禅。西北三十步,复有一石窟,阿难于中坐禅,天魔波旬化作雕鹫,住窟前恐阿难。佛以神足力隔石舒手摩阿难肩,怖即得止。鸟迹、手孔今悉存,故曰雕鹫窟。山窟前有四佛坐处,又诸罗汉各各有石窟坐禅处,动有数百。②

石室亦即石窟。在《佛国记》中,有关石窟的记载还有多处。由上述记载来看,石窟最初主要是供僧人们坐禅之用。其后,随着佛教的传播、发展,石窟不仅仅作为僧众的禅思修行之地,还成为信徒礼拜供养的场所,由此就形成后世石窟的两种基本形制——禅窟与礼拜窟。禅窟,梵语音译作“毗诃罗”,意为僧众经常止住起卧之房舍。礼拜窟,梵语音译作“支提”,积集、积聚之义。世尊荼毗③时,曾积聚很多香柴,此为支提之名的起因,其后于佛陀灵迹等堆积砖土而营造之,谓世尊的无量福德积集于此,即称支提。支提所指非一,如塔庙、方坟等,而用于礼拜供养的石窟,因其处亦佛陀之福德积聚,故称支提。支提窟与毗诃罗窟在形制上的主要区别在于前者有中心塔柱,以供信徒礼拜之用。

随着印度佛教传入中国,石窟也开始在华夏大地诞生发展。我国最早凿

---

① (晋)法显著,郭鹏注译:《佛国记注译》,长春:长春出版社1995年版,第91页。

② 《佛国记注译》,第96页。

③ 荼毗,巴利语音译,又作阇维、阇毗、耶旬等,意译为焚烧、烧身,即火葬。

建的石窟在今新疆地区,位于新疆拜城县东南约 60 公里的克孜尔石窟,就是我国开凿时间最早、地理位置最西的大型石窟群。公元 4 世纪之后,也就是十六国与南北朝时期,石窟这种佛教建筑形式经由甘肃河西走廊传到中原内地,并形成一个又一个凿建高潮,出现了敦煌莫高窟、大同云冈石窟、天水麦积山石窟等一批著名石窟。在北魏孝文帝迁都洛阳之后,原以平城(今山西大同)为中心的雕佛造像之风南移河南,以洛阳为中心的中原地区便开始了历史上规模空前的佛教造像活动。最著名的就是在洛阳附近南部的伊水两岸崖壁上出现的一个新的大型石窟、摩崖群——龙门石窟。

## 第一节　洛阳龙门石窟

### 一、洛阳龙门石窟的概况与创建时间

龙门石窟位于洛阳市南郊伏牛山北麓,离城区约 13 公里,这里香山和龙门山两山东西对峙,伊水从中缓缓北流,远望犹如一座天然的门阙,所以古称"伊阙"。《水经注》卷十五《伊水》谓:"伊水又北入伊阙,昔大禹疏以通水。两山相对,望之若阙,伊水历其间北流,故谓之伊阙矣。"[①]《元和郡县图志》卷五《河南府》记述:"初,炀帝尝登邙山,观伊阙,顾曰:'此非龙门邪? 自古何因不建都于此?' 仆射苏威对曰:'自古非不知,以俟陛下。' 帝大悦,遂议都焉。"[②]

从隋唐之东都洛阳城的营建来看,洛阳宫之端门和外郭城的定鼎门正对着伊阙。而封建帝王们又常自比为"龙",因而就将这正对着皇宫的天然门户改称为"龙门"了。不过,旧的名称有时仍被后代引用,如宾阳洞外著名的唐贞观十五年(641 年)大书法家褚遂良书写的《伊阙佛龛之碑》就是一例。

龙门石窟自北魏孝文帝时开凿以来,历经四百余年的营造,使大小窟洞、像龛如蜂巢一般密布于伊水东西两山的峭壁上,南北绵延长达 1 公里,蔚为壮观。现存已经编号的窟龛总数达 2345 个,碑刻题记 2840 余块,佛塔 50 余座,

---

① 《水经注校证》卷十五《伊水》,第 377—378 页。
② 《元和郡县图志》卷五《河南府》,第 130 页。

大小造像 10 万多尊,其中最大的佛像高达 17.14 米,最小的仅有 2 厘米。窟龛造像及造像题记之多,均居全国石窟之首。可以说,龙门石窟是一所精深庞大、蕴含丰厚的石刻艺术宝库,代表了中国古代石刻艺术的最高峰,充分体现了古代河南劳动人民的聪明智慧与艺术造诣。

在龙门石窟的营造史上,大规模的开窟造像活动主要有两次。第一次为北魏孝文、宣武与孝明三帝时期,有三十五年左右。这个时期的开窟造像全部在西山,洞窟有古阳洞、宾阳中洞、皇甫公窟、火烧洞、魏字洞、普泰洞、莲花洞、慈香窟、地花洞、路洞等。第二次为唐太宗、高宗、武则天与玄宗四帝时期,有一百一十年左右。这个时期的开窟造像,前期在西山,自武则天时转移到东山,最有代表性的洞窟有宾阳南洞、宾阳北洞、药方洞、赵客师洞、唐字洞、潜溪寺、敬善寺、清明寺、奉先寺、净土堂、龙华寺、极南洞、看经寺、擂鼓台三洞、高平郡王洞等。这些唐窟中,有一些洞窟开凿于北魏,而造像则完成于唐,如宾阳南洞和宾阳北洞。

关于龙门石窟的具体创建年代,至今研究者众说纷纭。多数研究者均以古阳洞的开凿,作为整个龙门石窟群创建的标志,确定了古阳洞的开凿时间就有了龙门石窟的具体创建年代。大家公认,古阳洞南北两壁上层有序排列的八大龛是该洞窟雕造最早的佛龛,但对于八大龛的具体开凿时间,则有不同的意见:有依据北壁之《比丘慧成为亡父始平公造像记》铭文之"太和二年"(478 年)说,有依据南壁之《新城县功曹孙秋生、刘起祖二百人等造像记》铭文之"太和七年"(483 年)说,有依据北壁《长乐王丘穆陵亮夫人尉迟为亡息牛橛造弥勒像记》铭文之"太和九年"(485 年)说,有认为《比丘慧成为亡父始平公造像记》之"太和二年"的"二"前残泐一"十"字的太和十二年(488 年)说,有认为《新城县功曹孙秋生、刘起祖二百人等造像记》之"太和七年"的"七"字前脱漏一"十"字的太和十七年(493 年)说,还有认为《长乐王丘穆陵亮夫人尉迟为亡息牛橛造弥勒像记》之"太和九年"的"九"字前脱漏一"十"字的太和十九年(495 年)说,等等。其中,太和十七年说居主导地位,例如,《洛阳市志》即持此说,称:"北魏迁都洛阳后,一批支持孝文帝迁都的王公贵族、高级官吏在龙门祈福禳灾,发愿造像,揭开了龙门开窟造像的序幕。据古阳洞现存的造像题记载,龙门开窟造像,便始于该洞,其年代当在北魏孝文帝太和十七年,或太和十七年以前。"①1993 年,龙门石窟研究所即依太和十七年说而召开了"龙门石窟开凿 1500 周年国际学术研讨会"。近年,有中外学者著文,对太和十七年说予以否定。日本学者上原和认为,"古阳洞的始凿年代,无疑是可以追溯到后壁正面造出释迦三尊的太和七年"。国内刘景龙先生著文,从考古学上对窟龛的叠压关系,因地质构造裂隙致造像记不能顺畅写、刻而出现字间空格,以及极少漏刻、已补现象进行了研究,提出古阳洞新城县功曹孙秋生造像龛题记为太和七年无误,否定了太和十七年说;并进一步认为,龙门石窟的开凿起始时间应在太和初年或之前,因为太和二年已完成的比丘慧成为亡父始平公造像龛是古阳洞造像最早的纪年龛。② 但无论如何,龙门石窟大规模的开凿,则始于孝文帝迁都洛阳之后。

## 二、北朝时期龙门石窟凿造的洞窟、造像及题记③

1.古阳洞。如上所述,古阳洞是龙门石窟开凿最早的一座洞窟。不仅如此,它还是造像内容最丰富、造像题记保存最多的洞窟,也是北魏皇室造像最集中的一个重要洞窟。

古阳洞位于龙门西山南段中部,是由自然溶洞扩凿而成,洞进深 11.55 米④,宽 6.9 米,最高处 11.1 米左右,窟顶无莲花藻井,地面呈马蹄形。有学者认为,古阳洞就是《洛阳伽蓝记》卷五中所记之"京南关口有石窟寺、灵岩寺"中的石窟寺。⑤《洛阳市志》亦称:"古阳洞北魏时称'石窟寺'。"⑥清末光绪年间,道教徒将洞内主像释迦牟尼涂改成太上老君的形象,讹传老子曾在这儿练丹,所以古阳洞又叫"老君洞"。

① 《洛阳市志》卷十五《白马寺志·龙门石窟志》,第 150 页。
② [日]上原和,于冬梅、赵声良译:《龙门石窟古阳洞开凿的年代(上)——对现行的北魏孝文帝迁洛以后营建说谬误之纠正》,《敦煌研究》2006 年第 6 期,第 13—34 页;刘景龙:《龙门石窟开凿年代研究》,《石窟寺研究》2010 年 00 期,第 62—73 页。
③ 参阅《洛阳市志》卷十五。
④ 《北魏洛阳石窟文化研究》称古阳洞"进深 13.50 米"(第 22 页)。
⑤ 顾彦芳:《龙门所见〈洛阳伽蓝记〉中人物造像述论》,《敦煌学辑刊》2001 年第 2 期,第 69 页。
⑥ 《洛阳市志》卷十五《白马寺志·龙门石窟志》,第 160 页。

古阳洞内正壁亦即西壁正中雕一佛二菩萨。主佛为释迦牟尼，高肉髻，面相略长而丰满，右侧残，胸平颈直；身着褒衣博带式袈裟，衣褶层叠，呈直平阶梯式，内穿僧却崎①；双手施禅定印；头光三圈，内圈为莲瓣，中间七佛，外圈刻飞天，每圈之间以联珠纹相间，红色火焰纹身光直达窟顶，结跏趺坐于方形台座之上。该像风化剥蚀较甚。佛座两侧各圆雕一狮子，左侧完好。左右两侧菩萨像保存较完整，分别为观音菩萨与大势至菩萨，头戴莲花宝冠，颈饰、服饰相同，分别提净瓶拿摩尼宝珠，仪态从容，姿态优美。净瓶之下有正始二年（505年）与正始三年（506年）的造像小龛，说明正壁大像完工不晚于505年。

南北两壁对应雕凿三列大龛，形制、大小相似。南上层八龛均为尖拱形龛，内刻坐佛或莲花童子，配以缠枝卷草纹、莲花等。尖拱下有二龙翘首于柱头，二龙身合体构成龛上部之圆拱额，左右有束腰莲柱，其下有力士托重，柱头为覆莲，有的还配以飞天、化佛、供养菩萨等。龛内雕一佛二菩萨。主佛身着袒右肩袈裟，施禅定印，有的胸前还刻有"卍"字，结跏趺坐于平台座上。头光或三重，或五重，内层刻莲瓣，中间刻千佛、化佛、飞天或供养菩萨；身光为火焰纹，外侧刻伎乐天人等。二胁侍菩萨头均残。佛座上一般刻摩尼宝珠、供养人、狮子、二龙及忍冬纹等。八龛中五龛有题记，其中南壁第二、第三龛分别为比丘法生与孙秋生的题记，北壁第一、第二、第三龛分别为比丘慧成、魏灵藏与杨大眼的题记。南北两壁中层一排大龛是在完成上层大龛之后向下扩凿的，其共同特征是八龛中有六龛为盝顶龛，内刻飞天、供养菩萨、莲花童子、天幕等。其中南壁盝顶龛内刻一完整的佛传故事。此龛内主尊为释迦、多宝二佛对坐。其余龛内主尊均为交脚弥勒，面部残，着菩萨装，施说法印，坐于平台之低座上。头光一般为三重，内层莲瓣，中层坐佛、飞天，身光饰以坐佛、飞天、火焰纹。二弟子体形较矮小，面向弥勒。二菩萨身材修长，多

① 僧却崎，梵语音译，为僧尼法服之一。《大唐西域记校注（上）》卷二《印度总述·衣饰》称："沙门法服，唯有三衣及僧却崎、泥缚些那。……僧却崎（原注：唐言掩腋。旧曰僧祇支，讹也）。覆左肩，掩两腋，左开右合，长裁过腰。"（第176页）又《大唐西域记校注（上）》卷一《缚喝国·提谓城及波利城》记载："二长者将还本国，请礼敬之仪式，如来以僧伽胝方叠布下，次郁多罗僧，次僧却崎（原注：旧曰僧祇支，讹也）。"注释称：僧却崎"义为覆膊衣或掩腋衣，系长方形衣片"。（第122、124页）

数已残,部分有头光、身光,未刻头光的头顶上或刻有供养菩萨、飞天等。南北两壁下层一排大龛未最后完工,南壁仅刻出二龛,北壁刻出三龛。南壁龛饰盝顶,内容基本同上,龛内刻一佛二弟子二菩萨,主尊着褒衣博带式袈裟,施禅定印。北壁龛或饰盝顶,或饰尖拱,龛饰为北魏时所刻,而龛内造像有唐代所刻优填王像并千佛。

古阳洞四壁、窟顶,雕满了小佛龛,琳琅满目,精巧华丽;大小造像,清癯秀美,具有一定的时代特征。所表现的礼佛活动、建筑样式、龛楣装饰等,又为研究北魏时期的社会、政治、经济、文化提供了重要资料。

特别值得提出的是,古阳洞内的造像题记保存最多,有八百多个,其中有纪年的为一百一十个左右。据《洛阳市志》所列龙门石窟《北魏造像题记目录辑要》,总计 72 号造像题记中,在古阳洞内的就有 36 号①,占一半之多。其中有不少书法艺术珍品。经近代学者康有为、方若等收集选取:位于北壁、题于太和十九年(495 年)之《长乐王丘穆陵亮夫人尉迟为亡息牛橛造弥勒像记》,位于北壁、题于太和二十年(496 年)之《一弗为亡夫张元祖造像记》,位于北壁窟门上方、题于太和二十二年(498 年)之《比丘慧成为亡父始平公造像记》,位于北壁上层、题于太和二十二年(498 年)之《北海王元详造像记》,位于北壁下层、题于太和年间之《司马解伯达造像记》,位于窟顶中心、约题于太和末至景明年间之《北海王国太妃高为孙保造像记》,位于窟门上南侧、题于景明二年(501 年)之《云阳伯郑长猷为亡父母等造像记》,位于南壁、题于景明三年(502 年)之《新城县功曹孙秋生、刘起祖二百人等造像记》,位于北壁、题于景明三年(502 年)之《邑主高树、解佰都三十二人等造像记》,位于北壁下层西侧、题于景明三年(502 年)之《比丘惠感为亡父母造像记》,位于窟顶部南侧、题于景明三年(502 年)之《广川王祖母太妃侯为亡夫贺兰汗造像记》,位于窟顶近窟门处、题于景明四年(503 年)之《邑主马振拜等三十四人为皇帝造像记》,位于窟顶、题于景明四年(503 年)之《广川王祖母太妃侯造像记》,位于南壁中层第二龛、题于景明四年(503 年)之《比丘法生为孝文皇

---

① 《洛阳市志》卷十五《白马寺志·龙门石窟志》,第 235—237 页。

帝并北海王母子造像记》，位于北壁西侧、约题于景明元年至正始三年间之《邑主仇池杨大眼为孝文皇帝造像记》，位于西南隅上方、题于正始四年(507年)之《安定王元燮为亡祖等造像记》，位于南壁主佛南侧、题于熙平二年(517年)之《齐郡王元祐造像记》，位于北壁上层、无题记纪年之《比丘道匠造像记》和位于北壁、无题记纪年之《陆浑县功曹魏灵藏、薛法绍造像记》等十九品，加上位于慈香窑内主佛佛座南侧地表上、题于神龟三年(520年)之《比丘尼慈香、慧政造像记》一品共二十品定名而成《龙门二十品》。

康有为先生之《广艺舟双辑》中，对魏碑有"十美"——魄力雄强、气象浑穆、笔法跳跃、点画峻厚、意态奇逸、精神飞动、兴趣酣足、骨法洞达、结构天成、血肉丰美——之赞誉，而对魏碑之《龙门二十品》约而分之，则又称其有沉着劲重、端方峻整、峻骨妙气与峻荡奇伟之数体，"总而名之，皆可谓之'龙门体'也"。①

龙门体亦即魏碑体，这是一种介于汉晋隶书与唐代楷书之间具有独特风格的新书体。此书体字体风格多样，富于变化，不拘法则：点画形态丰富多变，有浓厚的隶意，横画起笔先竖向写，而竖画起笔又先横向写，字形面貌明显地受刻凿工具的影响，显现出方整峻厉的风格，异体众多，随意增删笔画，章法上字字独立，无明显呼应和连贯。《龙门二十品》代表了我国北朝书法艺术的时代风格，在中国书法史上具有极其重要的地位。

2.宾阳中洞。太和十七年(493年)，孝文帝迁都洛阳。北魏皇室、贵族又继续在龙门凿石窟、造佛像。到宣武帝时，进行了更大规模的营造活动。《魏书·释老志》记载：

> 景明初，世宗诏大长秋卿白整准代京灵岩寺石窟，于洛南伊阙山，为高祖、文昭皇太后营石窟二所。初建之始，窟顶去地三百一十尺。至正始二年中，始出斩山二十三丈。至大长秋卿王质，谓斩山太高，费功难就，奏求下移就平，去地一百尺，南北一百四十尺。永平中，中尹刘腾奏为世宗复造石窟一，凡为三所。从景明元年至正光四年六月已前，用功

---

① (清)康有为著，崔尔平校注：《广艺舟双楫注》，上海：上海书画出版社1981年版，第172、189页。

八十万二千三百六十六。①

宣武帝为其父母高祖孝文皇帝和文昭皇太后做功德而下令按照大同灵岩寺石窟(云冈石窟)的样式所营造的石窟即为宾阳洞。起初计划开凿两洞,后宣武帝应宦官刘腾所奏为自己又加了一洞,即宾阳中洞、南洞、北洞。三洞由宦官白整、王质、刘腾相继主持,开凿历时二十四年,用工达八十余万。后因发生宫廷政变以及主持人刘腾病故等原因,仅仅完成了宾阳中洞一所,南洞和北洞半途停顿,以后到初唐时才完成了主要造像。

宾阳洞位于龙门西山北部,在北魏时称灵岩寺。② 明清之际始称宾阳洞,因此洞坐西向东,面临初升的太阳,"宾阳"为"寅宾出日"之义,亦即"恭敬导引将出之日"。典出《尚书·尧典》:"分命羲仲,宅嵎夷,日旸谷。寅宾出日,平秩东作。"孔颖达疏:"令此羲仲恭敬导引将出之日。"《洛阳市志》卷十五称:"宾阳洞之称始于明清之际,是以清代顺治年间(1644—1661 年)洛阳县令武攀龙《重修宾阳洞碑记》'寻为宾阳,盖取寅宾出日之义'为据。"③

宾阳中洞规模宏大,布局严整,雕刻艺术精湛,是龙门石窟之中魏窟最重要的代表。

洞窟窟楣为火焰纹券尖楣拱,中间有兽头,两端为二龙首反顾,拱端下立一石柱,现仅存南侧,柱头高 1.52 米。柱头下部似古希腊爱奥尼亚式柱头,中间为一朵大莲花,上部为柱帽,此为龙门石窟所仅有的。洞口外两侧分别雕一四阿式仿木结构之屋形龛,龛内有力士一身。南侧力士破损严重,北侧力士头戴菩萨式宝冠,左手紧握金刚杵,右手五指张开于胸前,两腿叉开,身躯向洞口倾斜。窟门高 6.9 米,宽 3.74 米,厚 2.2 米,门道南北壁面各有三层浮雕,上层各有一飞天,中层各有两身供养菩萨,下层分别是释迦的两个护法天王——四头四臂的大梵天位于南壁,一头四臂的帝释天位于北壁,门道顶部雕两朵莲花。以上造像均有程度不同的损坏。

---

① 《魏书》卷一百一十四《释老志》,第 3043 页。

② 《洛阳市志》卷十五称"宾阳洞在北魏时称'灵严寺'"(第 163 页),误。《洛阳伽蓝记》卷五谓"京南关口有石窟寺、灵岩寺",此灵岩寺即宾阳洞。

③ 《洛阳市志》卷十五,第 163 页。

洞内平面为马蹄形,穹隆顶,高9.3米,宽11.4米,进深9.85米①,是一佛殿窟。所谓佛殿窟,因其使用功能是供僧尼礼拜集会、讲经说法、说戒受忏之用,与寺院佛殿相同,故名。佛教石窟的演变,由支提窟发展至佛殿窟,中心柱所代表的塔的形象已完全消失,而这种转变可以说是佛教石窟从印度文化向汉文化转变的重要标志。

窟室内正壁与南北两壁上,各雕一组佛像,反映的是过去、现在、未来三世佛题材。

正壁主佛为释迦牟尼佛。高肉髻,面相椭圆,眉呈弧形,中间饰白毫相,面容和蔼慈祥,嘴角微翘,略带微笑。身着褒衣博带式袈裟。右手向上伸五指,掌心向前;左手向下屈三指伸两指,手心向外。结跏趺坐于方形台座上。头光三重:内为莲瓣,中为同心圆三圈,外为忍冬一周。头光外又有火焰纹身光,直达窟顶。佛座两侧各有一狮子,体形浑圆,相向而立。释迦佛北侧为弟子迦叶,南侧为弟子阿难。迦叶双手合十立于圆台座上,形象老成持重;阿难双手执一圆形物于胸前,望之活泼聪慧。二弟子两侧为文殊、普贤二菩萨。

南北两壁上分别为一佛和二菩萨。佛立于圆台覆莲座上,服饰、手势与头光均同正壁主尊;左右二胁侍菩萨亦同正壁二菩萨像饰。佛与菩萨体态修长,表情温和,神采飘逸,是北魏晚期风行的"秀骨清像"的典型代表。南北两壁右菩萨头现分别藏于日本大阪市立美术馆与日本东京国立博物馆。在南北两壁佛、菩萨头光间,还有成组的供养天人,形态各异。

洞窟地面正中刻甬道直通正壁主佛,两侧对称浮雕大朵莲花,莲花之间刻漩涡状水波纹,间以小莲花、水鸟和在水中嬉戏的童子,表示为莲花宝池。窟顶中央雕刻重瓣大莲花构成的莲花宝盖,莲花周围环绕八身伎乐天与二供养天人,伎乐天手持不同的乐器,供养天人手托果盘,他们衣带飘扬,迎风翱翔在莲花周围,散花奏乐,姿态优美动人。窟顶的莲花宝盖和窟室地面的莲花宝池一起极好地烘托了窟内的宗教气氛。

前壁之南北两侧,自上而下刻有四层精美的大型浮雕,分别为维摩变、佛

---

① 《北魏洛阳石窟文化研究》称"宾阳中洞进深12米"(第21页)。

本生故事、帝后礼佛图和十神王像。维摩变,雕刻的是维摩居士与文殊菩萨的对坐问法图;佛本生故事,分别表现了萨埵那太子舍身饲虎和须达拏太子布施济众的情节;帝后礼佛图,以写实的手法,分别刻画了孝文帝和文昭皇后礼佛的情景,反映了当时宫廷的佛事活动,表现了佛教徒虔诚、严肃、宁静的心境,造型准确,制作精美,代表了当时生活风俗画的高度发展水平,艺术价值和历史价值都非常高;十神王像则是佛教中的十位护法神王——风神王、龙神王、河神王、树神王、狮子神王、山神王、珠宝神王、火神王、象神王和鸟神王的像,是中国现存的年代最早的佛教神王雕刻。可惜的是,维摩变与佛本生故事浮雕已残缺不全,而更令人愤怒的是,帝后礼佛图早已在20世纪的三四十年代被盗往美国,现在分别陈列在美国纽约大都会博物馆和美国堪萨斯州纳尔逊艺术博物馆,这是近代以来帝国主义侵略、掠夺中国的铁证。

当时,北魏政权还设有专门的营造、管理皇家帝室石窟开凿的机构,《徐法智墓志》中记载的"石窟署""营福署"即是。鲁迅《〈徐法智墓志〉考》谓:"'石窟署',盖立于景明初,专营石窟","……营福署,是署所掌不可考,要亦系于释教,置于伊阙"。①

3.火烧洞。火烧洞位于古阳洞上侧之半山腰处,是北魏时期开凿规模较大的洞窟,其开凿年代在北魏孝明帝正光三年(522年)之前。相传火烧洞曾被雷火所击,故名,但实际系人为破坏,其破坏当发生在北魏时期。②

火烧洞窟楣呈尖拱火焰状,中间为三宝瓶莲花图案,上两侧对称刻东王公、西王母分别乘龙、凤形象,周围绕以流云及莲花化生童子。窟口为方形,门高4.5米,深0.6米,门楣两侧有下垂的帷幕。门口两侧拱端之下刻有二力士,头顶有屋檐装饰,北侧力士及头顶屋檐已崩毁,南侧力士可见瞪眼怒目,左手持金刚杵,右手握拳上举。

窟内平面呈略长之马蹄形,窟顶近于穹隆形,宽9.5米,深12米,高10米。

窟内正壁亦即西壁原造像为一佛二弟子二菩萨,均已毁,仅能见主佛施

---

① 《鲁迅全集》第八卷《集外集拾遗补编·〈徐法智墓志〉考》,第76—78页。
② 《洛阳市志》卷十五,第168页。

禅定印,结跏趺坐。二弟子二菩萨仅见轮廓。佛座下层有北魏时所刻的方形帷幕龛,内刻一佛二弟子二菩萨,两侧有二狮子,仅留残肢。左弟子两侧有几个北魏时所刻的小龛,龛形为尖拱、盝形两种,龛内造像多已剥落。右弟子与主佛间有王妃胡智所造方形帷幕像龛像,保存较好。龛楣饰坐佛、供养菩萨,龛内刻一佛二菩萨,还有二狮子,下部中间为题记,两侧为供养人、力士。题记中题名侍佛的有元善见、元敬悊等。元善见为胡智之子,后为皇帝,即东魏孝静帝。王妃龛下还有两个正光四年(523 年)所造龛,龛内主佛均为释迦。

因火烧洞破坏严重,南壁、北壁及窟前壁仅下部部分区域保存有一些北魏末期开凿的小龛,其中纪年多为正光。唐代曾对火烧洞进行了大规模的补凿,刻有优填王像龛、弥勒像龛与千佛龛。

4.魏字洞。魏字洞位于西山中部,因窟内有多块北魏孝明帝正光、孝昌年间的造像题记而得名,是北魏较典型的中型洞窟。

魏字洞窟口外壁剥落,南北两侧各有一力士,南侧力士已残没,仅余一手臂,北侧力士轮廓清晰。力士北侧有一造像碑,碑体上有唐代造像龛;碑侧又有两个北魏时所刻像龛。

窟内平面为横长方形,窟顶近平,宽 5.7 米,深 4.3 米,高 4.3 米。

正壁亦即西壁设坛,坛基高 0.95 米,宽 3.92 米,深 1.05 米,坛上造一佛二弟子二菩萨五尊像。主尊为释迦牟尼佛,身着褒衣博带式袈裟,左手施如愿印,右手残,结跏趺坐,宽大的衣裙覆盖佛座。头光内饰莲瓣,中饰放射性直线条,外为同心圆。身光由忍冬纹、火焰纹、联珠纹等组成,直抵窟顶。二弟子侍立于低圆台座上,头残;二菩萨头亦残。佛座底部刻一层双瓣莲花,两侧为对称二狮子,狮头反顾。主佛左右侧均有唐代所造像龛。

南北两壁开龛。北壁正中雕凿一方形帷幕大龛,帷幕上下各有二三十身坐佛,居中一铺首,下为盝拱龛,龛内两侧饰飞天、维摩变及"王位相让"、涅槃变等佛传故事,还有供养菩萨,以圆形纹相间。龛内造像为一佛二弟子二菩萨。主佛头为后人重修,左脚未雕出,头光同正壁主佛。二弟子头残。佛座前刻一完整莲花。龛外两侧各有一怒目力士。大龛西侧近正壁菩萨处从上至下有五个像龛。第一龛仅有凿痕。第二尖拱龛内刻释迦、多宝并坐,二佛外侧各一菩萨。第三帷幕龛内雕一观音二弟子二菩萨,本龛题记纪年为正光四年(523年)四月,是为本洞窟最早的题记。第四帷幕盝拱龛,内刻交脚弥勒菩萨坐狮子座,两侧二弟子二菩萨胁侍,题记纪年为正光四年(523年)九月。第五帷幕尖拱龛,饰卷草纹、供养比丘,龛额为二龙头,龛内刻一佛二弟子二菩萨,题记纪年为孝昌二年(526年)。

南壁正中刻一方形帷幕盝拱大龛,与北壁对称。龛饰坐佛、飞天、维摩变及"王位相让"之佛传故事。龛内造像为一佛二弟子二菩萨。主佛头与双手均残,结跏趺坐于高方台座上,头光、身光同正壁。二弟子头亦残,右菩萨崩毁。佛座前亦有一朵莲花。龛外两侧力士头均残,有火焰宝珠形头光。大龛下有二龛,一龛为北魏时所造,盝拱形,内刻一佛二弟子二菩萨二力士,另一龛为唐代所造。大龛西侧与正壁南侧菩萨之间从上至下有六个像龛。第一龛为盝拱形龛,内刻一佛二菩萨,主佛结跏趺坐。第二龛为帷幕尖拱龛,内刻一佛二弟子二菩萨,题记记主佛为无量寿佛,纪年为孝昌二年(526年)。第三龛龛内造像同第二龛,题记纪年亦为孝昌二年(526年)。第四龛龛内刻一佛二弟子二菩萨及二狮子。第五龛为方形帷幕龛,内刻一观音二弟子二菩萨,题记纪年亦为孝昌二年(526年)。第六龛为帷幕尖拱龛,内刻一佛二弟子二菩萨。大龛东侧雕七个像龛,造像内容基本同西侧。

窟顶雕为莲花藻井,中心为莲蓬,外围饰以单瓣莲、双瓣莲、忍冬纹、飞天等。

魏字洞南北两壁龛内所刻有层次的佛传故事及丰富多变的装饰图案,均为龙门石窟北魏时期浮雕中的优秀作品,其正壁完整的主佛头像与宾阳中洞内正壁主佛头像一样,为现存所仅有。

5.地花洞。地花洞位于西山南部中层,开凿于北魏孝明帝时期。

地花洞窟口外壁上部分崩塌,风化严重。窟门宽0.88米,深0.1米。窟内平面近似正方形,穹隆顶,宽1.54米,深1.4米,高1.52米。窟顶前半部塌损,后半部可见莲瓣。窟内地面正中雕一莲花,四角浮雕图案。

窟内三壁设坛,造像题材为三世佛。正壁主佛高肉髻,脸型瘦长,鼻短小,眼与嘴大,耳朵为浅浮雕,颈颔无明显区分,左手伸五指下指脚心,右手上举于胸前,着褒衣博带式袈裟,衣裙覆盖坛基。头光三层:内饰同心圆,外饰忍冬纹。身光亦三层:内饰平行弧线,中饰忍冬纹,外刻火焰纹。主佛左右胁侍分别为一弟子一菩萨一供养比丘,左侧弟子、菩萨风化严重,右侧菩萨头残,二供养比丘为浅浮雕。弟子头光圆形素面,菩萨头光火焰宝珠形,比丘头光莲瓣形。北侧弟子、菩萨及供养比丘上方刻维摩变,南侧有文殊及比丘像。坛基正中刻一香炉置莲花座上,两侧有狮子,风化较重。

南北两壁造像均为一佛二菩萨。南壁主佛头饰、服饰均同正壁主佛,头光亦同正壁,施禅定印。二菩萨头残,双手合十。北壁主佛胸以上剥蚀不清,头光同正壁。左菩萨残,右菩萨头残,双手合十。

6.皇甫公窟。皇甫公窟位于古阳洞南上方,又称石窟寺窟。它是由王公贵族以宾阳中洞为模式,统一规划,一次开凿完工,是至今保存较好的佛殿窟。根据现存刻在洞窟门外的造像碑记载,该窟凿竣于北魏孝明帝孝昌三年(527 年)九月,是胡太后之舅父、太尉皇甫度的功德窟。

皇甫公窟窟檐为仿木构佛殿,脊两端有鸱尾,正中立一金翅鸟,已残。檐下有一尖拱火焰纹,上饰七佛。拱门两侧有龙头,北侧已残。拱角下方分别刻束腰莲花倚柱。门楣两侧上方各刻一伎乐天人,分持不同乐器,其内又刻一莲花化生童子,周围饰以忍冬纹、卷云纹。

窟门高 2.54 米,宽 1.97 米,深 0.8 米。两侧各有一力士,南侧已残,仅余轮廓,可见有椭圆形头光。南侧力士之南有造像碑,高 2.53 米,螭龙碑首,圭形碑额上篆书刻"太尉公皇甫公石窟碑"。

窟内平面近似马蹄形,平顶,窟高 4.5 米,宽 7.25 米,深 6.3 米。

正壁亦即西壁设坛,坛基高 1.07 米,宽 4.76 米,深 1.3 米,坛上造像七尊。正中为主佛释迦牟尼,头残,着褒衣博带式袈裟,结跏趺坐。头光内为莲瓣,中为同心圆,外为忍冬纹;舟形大背光内饰同心圆,中由莲花、莲叶、莲蓬、忍冬纹与供养菩萨组成,外刻火焰纹。两侧分别为一弟子、一菩萨立像,再外侧又各有一半跏坐菩萨。弟子头均残,双手合十,圆形头光;菩萨头均被凿,宝珠形头光;半跏坐菩萨坐于枝叶茂盛之菩提树下,南侧菩提树上方有四身半身供养比丘,北侧菩提树上方有六身半身供养比丘。

南北两壁雕凿大龛。北壁为一尖拱大龛。龛饰七佛,施禅定印,结跏趺坐。龛额为二龙头。龛内造像六身,主尊为释迦、多宝二佛对坐,二弟子并列在中间,二菩萨在外。右侧佛无头,左侧佛风化严重。头光同正壁主佛,身光中层为化生童子、忍冬纹等。

南壁为一方形帷幕大龛。龛额正中为五身结跏坐佛,两侧各一立佛。下边为维摩经变,画面前刻有飞天、供养菩萨,菱形格内又刻莲花化生童子。龛内造像五身,主尊为交脚弥勒菩萨,二弟子二菩萨分列两侧。左侧弟子被凿,其余造像头残。弟子、菩萨间亦刻有维摩变。

窟顶中央高浮雕重瓣大莲花,周围绕以忍冬纹,外围又有八身伎乐天持不同乐器作向主佛飞翔状。地面雕刻三重瓣六朵莲花,以参道间开,花间饰以卷草纹。甬道两侧饰莲花与联珠纹,四周沿壁面刻莲瓣。

皇甫公窟内最有价值的是南北两壁下部的两幅礼佛图。北壁为太后、皇帝礼佛图,图高 0.67 米,宽 1.6 米,其中共十五人。东起前三个人为比丘,前两比丘持香钵正俯身向香炉内添香,第三位是年长的高僧,左手托钵作前导;第四人为一老妇,头饰华丽,身穿长裙大袖,左手持一莲蕾,徐步向前;第八人为一青年男子,头戴笼冠,身穿宽袍大袖的长袍,右手托钵,左手也持一莲蕾,其身后还有一男童为他提衣摆。这老妇与青年男子无疑是胡太后和孝明皇帝。在他们周围簇拥着一群宫女,或擎华盖,或持羽葆,虔诚严肃,徐徐而行,似乎意味着礼佛仪式即将开始。南壁当是窟主皇甫度夫妇的礼佛图,高 0.72 米,宽 2.24 米,画面中央雕有一由力士顶托的大莲花熏炉,东西各有一组礼佛人正在向中央行进。东面一组六人,西面一组十一人,为首均为一比丘。在西面一组中,第一至第四皆为男礼佛者,头戴高帽,应是礼佛的主人,侍从随后,或持华盖,或为主人提衣裙,形体均比主人略小。这两幅礼佛图有着很高的艺术价值,是我们了解一千五百年前北魏时期宫廷生活的重要作品,其中北壁的太后、皇帝礼佛图,用写实的手法把人物的年龄、性格、身份、气质都刻画得淋漓尽致,有专家认为可与晋代的《洛神赋图》和唐代的《武后行从图》媲美。当宾阳中洞两幅帝后礼佛图被盗凿后,皇甫公窟中的礼佛图便是龙门石窟现存最大、最完整的礼佛图,尤显珍贵。

7.普泰洞。普泰洞位于西山中部偏南,南临赵客师洞,旧称十四窟,因有北魏节闵帝普泰元年(531年)的造像题记而得名。

洞窟口崩毁,窟口上左右有唐代所刻坐佛、观音及一佛二菩萨像龛,均有不同程度的残损。窟楣为尖拱火焰纹。窟门外两侧各有一未雕刻完成的力士,南侧仅雕出大致轮廓,北侧仅留出位置,被唐代所刻观音像占据。观音像外侧有一螭首造像碑,碑身有北魏所刻帷幕龛,龛内造像为一佛二菩萨,下层中间刻题记,两侧为供养比丘及供养人。此像龛右侧有一盝拱形龛,龛饰维摩变故事、坐佛、飞天,龛内刻交脚弥勒与二弟子二菩萨,台座下刻二狮子、二力士等。

窟门为长方形,高1.67米,宽1.15米,甬道长0.86米。窟内平面为方形,穹隆顶,宽5.14米,深4.93米,高3.15米,正壁设坛,南北两壁各雕一大龛。

正壁坛上雕一佛二弟子二菩萨。主尊为释迦牟尼,高肉髻,面长圆,颈长胸平,披褒衣博带式袈裟,双手被凿,结跏趺坐,无头光,舟形素面身光。弟子圆形头光,菩萨宝珠形头光。主佛左侧弟子与菩萨间有一龛,帷幕形龛饰,内刻二观音像,为普泰元年(531年)造。

北壁所雕大龛为方形帷幕盝拱龛。帷幕正中刻七身坐佛,下为维摩变故事,二菱形格内各刻供养天人及莲花童子,菱形格之间刻三排坐佛及供养菩萨,盝拱正中有一铺首,两侧为对称的"王位相让"佛传故事。拱身两侧又有对称的三层像龛,像龛内所刻内容不同,有涅槃变,又有交脚弥勒,亦有一佛二菩萨,还有一佛二弟子二菩萨等。大龛龛内造像为一佛二弟子二菩萨,主尊头饰肉髻,着褒衣博带袈裟,左手下伸,右手上举;二弟子双手合十侍立。

南壁所雕大龛亦为方形帷幕盝拱龛,正中饰一铺首,龛饰有坐佛、供养菩萨、维摩变、供养天人、听法比丘及莲花童子等。龛内雕一佛二弟子二菩萨,主尊头为后人复修,结跏趺坐,弟子、菩萨剥蚀严重。龛外有二力士,造像未完成。在正壁右菩萨与南壁大龛之间上下雕有三龛,上龛为盝拱形,饰有维摩变、坐佛、莲花童子等,龛内造像为一佛二弟子二菩萨,其下中间为题记,两旁刻供养人;中龛为尖拱火焰形,龛内造像亦为一佛二弟子二菩萨;下龛为塔形,龛内造像为一佛二菩萨,其下是供养比丘与供养人。

前壁窟门上方有龛饰一样的三个尖拱龛,仅一龛造像完整,主佛为释迦、多宝对坐。窟顶高浮雕莲花藻井,两侧有二飞天相对翱翔。

8.路洞。路洞位于西山南部下层,为北魏晚期开凿的中型洞窟,至北齐时方才完工,洞窟内现可见的题记纪年有东魏武定七年(549 年)与北齐武平三年(572 年)等。

窟口北侧上方崩塌。窟门高 2.5 米,宽 1.85 米,甬道深 0.45 米。窟楣为火焰尖拱状,拱端双龙相对,拱形上立一金翅鸟,南北两侧各有一力士,南侧力士头残,北侧力士已不存。窟门内甬道南侧刻一供养比丘,身着袈裟,双手持幡盖,表情虔诚。

窟内平面为方形,穹隆顶,高 4.2 米,宽 4.26 米,深 5.27 米。正壁亦即西壁下部设坛,坛上雕一佛四弟子二菩萨。主尊头残,双手亦残,身着褒衣博带式袈裟,结跏趺坐于叠涩式方形台座上,衣裙覆盖台座。头光内为双莲瓣,中为忍冬纹,外为同心圆;舟形大背光呈平行弧线直达窟顶。左侧弟子已不存,右侧弟子头被凿,左侧菩萨剥蚀不清。主尊右侧,刻十一身比丘,双手合十,下跪作供养状。正壁右侧有一花瓶,从瓶内引出莲茎、莲叶、莲蕾与莲花,造型精美。坛基上,正中一香炉,已残损,左右各一狮子,两侧饰帷幕、流苏。

南北两壁上下分四层造像。最上层均为一佛二菩萨,位于菩提树下。主尊结跏趺坐,施禅定印。第二层均为佛殿式龛。殿堂显现正侧三面,为带台阶栏杆的歇山顶式,雕凿精细,为整个龙门石窟所仅有,是研究北魏建筑的宝贵资料。第三层为对称列龛。龛饰基本相同,龛两侧有菩提树、莲花及其他花草纹样。龛内一佛二弟子二菩萨,残损严重,佛头多已不存,主尊均施禅定印,结跏趺坐,背光饰双瓣莲花及忍冬纹等。南壁龛下有一方整崖面,雕刻供养人像,排列整齐,服饰、姿态统一,手持莲花或莲蕾。最下层雕刻神王像,多剥蚀不清。

特别值得提出的是南壁内侧佛殿式龛中的一铺降魔变作品。这铺降魔变浮雕风化较重,但构图尚能看清:画面正中善跏坐之主佛,袈裟宽大,下摆覆盖佛座,左手抚膝,右手手印不明。主佛上部,众魔鬼手持各种武器,或长矛,或利斧,张牙舞爪地向主佛袭来。佛座下方,有地神从地下涌出,双臂上举,两手承托起佛之双足。这铺降魔变为龙门石窟所仅有,弥足珍贵。以往学者对此作品多以释迦降魔名之,2001年,王振国著文提出:此降魔变中的主角不是释迦,而是《法华经》之《化城喻品》中的十六王子之一智积①,增添一说。张善庆亦著文认为:相比其他石窟寺同期降魔变作品,它的独特之处在于增加了地神证言的情节,创造性地引入地神图像,它是5世纪中期到8世纪中期中国内地其他石窟寺降魔变作品基本未曾涉及的内容。而且,和古代印度中亚地区的降魔变相比,该地神图像没有完全遵循佛传经典,而是依照《金光明经》的记载,借用了早期呈托举姿势男性化的地神造型。②

窟顶中央刻莲花藻井,周围刻满佛头像,大多已剥落。

路洞窟内设计规整,题材丰富,雕饰精致,表明该窟的造像者为贵族官僚。

9.莲花洞。北魏之时,除皇室、贵族及官僚在龙门开窟造像之外,一般官吏、民众与僧尼的造像热情也很高,他们根据自己财力的大小,或者在已开凿的洞窟之内见缝插针地雕造佛龛,或者以一己之力开凿小洞窟乃至小像龛,莲花洞与慈香窑就是这方面的两个代表。

莲花洞窟位于西山中部上方崖壁上,又名伊阙洞,因洞顶凸雕有一朵大莲花图案而得名。莲花是佛教象征的名物,意喻出淤泥而不染,因此,佛教石窟洞顶藻井多以莲花为饰。但莲花洞窟顶所雕莲花之大,实属罕见,雕刻之精美,堪称杰作。莲花洞开窟造像的时间在北魏孝明帝正光二年(521年)之前。

莲花洞窟门近方形,高4.6米,宽4.65米,甬道长0.8米。窟楣浮雕尖拱火焰纹饰,正中一铺首。窟门上部接尖拱火焰处,有双龙浮雕,龙口向外。窟门外南侧力士头残,右手持金刚杵,左手置胸前,身体侧向窟口,立于长方形台座上。窟外北壁崖面上,有唐代所刻佛经一篇,明人又在其上刻"伊阙"二字。窟门甬道南壁上有数个像龛,多为唐刻,亦有北魏所刻。

洞窟内平面近似长方形,穹隆顶,高5.9米,宽6.22米,深9.78米。洞内共五尊造像,分布于正壁及南北两壁。主尊释迦牟尼赤足立于低莲台座上,

---

① 参阅王振国:《龙门路洞几个问题的讨论》,《中原文物》2001年第2期,第64—75页。

② 参阅张善庆:《论龙门石窟路洞降魔变地神图像》,《中原文物》2009年第1期,第73—76页。

头被凿,双手残,身着褒衣博带式袈裟。头光内为双莲瓣,外为同心圆;舟形大背光内外饰火焰纹,中间为对称的平行弧线,尖端直达窟顶。弟子迦叶与阿难分列左右两侧,迦叶头被凿,阿难头残损,头光均为火焰宝珠形。

二胁侍菩萨分立南北两壁,头均残。北壁菩萨东侧至窟口处造像龛密集,有纪年的造像题记甚多,可见的有北魏孝昌三年(527年)、武泰元年(528年)、普泰二年(532年)、太昌元年(532年)等。还有北魏之造像碑至唐代被磨平后又刻上佛经,其中一纪年为武则天久视元年(700年)。南壁菩萨东侧至窟口,则上下雕三列大龛,每列四龛,但并不十分规整。龛饰基本相似,方形帷幕内多为尖拱火焰纹饰,此外还饰有变形莲花、十字交叉莲瓣、龙头、凤头、流云、伎乐、飞天、维摩、文殊及听法比丘、供养人图案等。龛内主尊多为释迦牟尼结跏趺坐像,也有释迦、多宝对坐像,还有佛传故事。南壁上的北魏造像碑也有一些至北齐、唐代时被磨平后又凿龛造像。

窟顶高浮雕之莲花藻井,直径达3.6米,厚度为0.35米,中间为莲蓬,外层为莲瓣、忍冬纹。藻井南北两侧各有三身供养天人环绕飞翔。

莲花洞是继古阳洞之后,又一个造像活动延续时间长、内容丰富的洞窟,洞内所雕主尊释迦牟尼立像与弟子迦叶手持锡杖,为龙门石窟的少有之作。

10.慈香窑。慈香窑位于莲花洞北侧、老龙窝上方崖壁上,竣工于北魏孝明帝神龟三年(520年),因该洞窟为比丘尼慈香所开造而得名。

慈香窑窟外壁无雕饰,窟内平面呈马蹄形,穹隆顶,高1.7米,宽2米,深2.2米。

窟洞内三壁设坛,正壁坛上雕一佛二弟子二菩萨五尊造像,主佛释迦牟尼,头残,着褒衣博带式袈裟,施禅定印,结跏趺坐于高方台座上。头光内饰莲瓣,中为同心圆,外饰七佛,身光为火焰纹。二弟子双手合十侍立于低莲台座上,右侧头残。左菩萨头亦残。弟子、菩萨头光均为圆形。壁面上部雕维摩变故事,主佛下部南侧又有神龟三年(520年)比丘尼慈香造像题记,这是《龙门二十品》中唯一在古阳洞之外的一品。佛座两侧刻二正面狮子,胸前鬣毛向两侧平行分开,左侧头残。

北壁与南壁坛上各造像五尊,前者主佛为释迦牟尼,后者主佛为交脚弥勒菩萨,二弟子二菩萨侍立两侧,上方浅浮雕千佛像。释迦佛与弥勒菩萨头均残。释迦佛着褒衣博带式袈裟,头光同正壁主佛;弥勒上身袒,下束裙,头光内同心圆,外七佛。

窟顶刻莲花藻井,六身供养天人围绕四周。

慈香窑为龙门石窟中北魏小型窟的代表,它造像内容丰富,雕饰精巧华丽,又有竣工绝对年代的记载。

综上所述,整个龙门石窟在北魏政权迁都洛阳之后至其灭亡的近四十年时间里,一共雕造出了约占龙门石窟总数三分之一的窟龛数量,由此可以想象当年这里的开窟造像活动是多么的繁盛!

## 第二节　北魏时期洛阳龙门石窟周边地区凿造的石窟与摩崖造像

北魏时期,整个洛阳地区的开窟造像活动非常普遍。偃师水泉石窟窟门外南侧崖壁上方有一摩崖碑刻,比较详细地记录了当时洛阳地区"五县内"的石窟、造像分布情况,碑文经贺玉萍先生释读如下:

> 洛州阿育王寺造铜像三区各长三尺金度色并佛 辇 舆造石窟一区中置一万佛造一千五百龙华像一区/□州钵侯山西北大狂水南谷三里造五千佛堂一区当皆城东北四里造一千五百龙华像一区/梁州项城东北三里造万佛三区浮图一区延酥堆上千佛天宫一区/新城山伊水西小水南等二里造千佛天宫一区小水北二 里 在黑山中造五百华胜佛一区/郏州山西□头五里田侯谷中造一千五百龙华像陆浑川长城西小水北谷(应为"各")一里造千佛天宫一区/造一千五百龙华像一区七里涧造一千五百龙华像一区造十六王子行像十六区五县内/合大小像三万八千一十六区佛经一千卷/①

洛阳地区五县之内的开窟造像,依上述碑记所载,至少有十处之多。而

---

① 《北魏洛阳石窟文化研究》第八部分"题记汇录",(序号208)《洛阳造像记》,第286页。其中小括号一处引自陈隆文之《洛阳偃师水泉石窟摩崖碑记释地》(《文物》2011年第6期,第44页)。

且题材多样,贺玉萍先生分析说:

> 比如万佛与千佛造像,这是石窟造像中较为普遍的内容,邑社造像对此更为热衷。一千五百龙华像则源于弥勒下生信仰,据记载弥勒菩萨将于佛陀入灭后五十七亿六千万年,下生于人间,在龙华树下成道、说法度众。千佛天宫这类造像叙述了弥勒上生此天时之情景,这是往生弥陀净土之外的另一种往生思想。五百华胜佛的造像取材于《佛说佛名经》,五百华胜佛信仰流行于当时社会上流阶层。十六王子像是佛教造像中少见的一种题材,是佛出家时,在好城有十六位王子,皆随佛一起出家为沙弥,以后十六王子宣讲《法华经》,皆成佛道。①

刘景龙先生将上述碑记所反映的石窟造像情况之时段定为太和二年(478 年)②。若此,说明早在北魏迁都洛阳之前,洛阳地区五县的开窟造像活动方兴未艾。迁都之后,由于龙门石窟经皇室、贵族大规模地开凿,更起了示范带动作用,社会各阶层纷纷仿效,民间开龛、造像的活动更蜂拥而起,在京师洛阳周围的龙门山、周山、崤山、嵩山、万安山等处,或开凿洞窟,或就崖造像,遍地开花。北魏灭亡之后,尽管洛阳已不再是都城,其城内的佛寺已经失去了昔日的繁华,但洛阳龙门石窟周边地区民间开窟造像活动在皇家洞窟营造工程中辍、转移或终止之后,仍然余波未止。

时至今日,在洛阳龙门石窟周边地区如巩县、义马、新安、吉利、偃师、宜阳、嵩县、渑池、伊川、孟津、新密、荥阳,乃至博爱、泌阳等地,依然保存着大量北魏时期开凿的石窟与摩崖造像。这些石窟造像大多直接受龙门石窟造像的影响,甚至可以说它们是龙门石窟的子窟,现分述如下。

1.巩县石窟。巩县石窟又称巩义大力山石窟寺,位于今巩义市东北南河渡镇寺湾村,距市区 10 公里左右,地处伊洛河北岸、邙山东段之大力山下。根据现存镌刻在第四窟东壁上方 119 龛之下的唐高宗龙朔二年(662 年)的《后魏孝文帝故希玄寺之碑》记载,孝文帝迁都洛阳以后,在这里"创建伽蓝",谓之"希玄寺"。其后,宣武帝景明年间(500—504 年),开始在寺后临山崖面处

---

① 贺玉萍:《洛阳水泉石窟摩崖碑刻的新发现》,2009 年 3 月 31 日《光明日报》,第 12 版。
② 刘景龙:《龙门石窟开凿年代研究》,《石窟寺研究》2010 年 00 期,第 62—73 页。

开凿石窟,这是北魏皇家在开凿龙门石窟之后以国家之力开凿的又一个石窟。以后东魏、西魏、北齐、北周等整个北朝时期以至隋、唐、宋各代,一直都在此凿窟造像。唐初,希玄寺改称"净土寺",宋时又改称"石窟寺"。《乾隆一统志》卷一百六十三记载:

> 净土寺,在巩县东北。一名石窟寺,亦名石佛寺。后魏景明间建,凿石为佛像,与窟连。佛相庄严,唐宋题咏甚多。[①]

寺院现存清同治年间重修的大殿、东西禅堂和山门等建筑十间,寺后石窟群落背依大力山,面临洛河,自西向东排列 120 余米,有洞窟五个,全部是北魏时开凿的,千佛龛一个,唐代所造,摩崖大佛三尊,造像总数达七千七百四十多尊。造像题记一百八十余品,其中北朝题记四十九品:北魏一品,东魏十二品,西魏三品,北齐三十一品,北周二品。[②] 巩县石窟与云冈石窟、龙门石窟被人合称为"拓跋魏三窟",虽然其规模不及云冈石窟和龙门石窟宏大,但因其雕凿时间晚于云冈石窟和龙门石窟,在雕造艺术上更臻成熟,在石窟的整体构思及艺术造型上有着自己突出的特点。

石窟的五个洞窟内,有四个有中心方塔柱,这显然是以云冈二期开凿的石窟为模式,但凿造排列得更加整齐有序。

第一窟是五个洞窟中最大的一窟,也是巩县石窟精华之所在。窟门面南,门外东西两侧各雕一尊力士,高 3.4 米,力士像上方还雕有佛、菩萨、罗汉。窟内平面为方形,宽、深及高均为 6 米左右,中心方柱边宽 2.8 米左右。[③]

中心柱四面各雕一佛龛,龛内雕一佛二弟子二菩萨。佛像背光刻火焰纹,两侧又有对称的飞天、化生和莲花;正面佛座两侧各有一狮子,蹲伏披毛,形象逼真;西柱面佛龛上的两个伎乐飞天雕刻尤为精美,一个弹琵琶,一个吹横笛,生动活泼,栩栩如生。

窟内四壁分上下四层布置,上边第一层,上部边缘雕刻莲花、化生、童子,与庐帐间隔排列,下边是一条垂帐纹,共同组成了一层帐形的装饰带;其下第

---

① 《乾隆一统志》卷一百六十三《寺观》,第 36 页。
② 周国卿编著:《巩县石窟北朝造像全拓》,北京:国家图书馆出版社 2008 年版,第 111—113 页。
③ 《北魏洛阳石窟文化研究》记第 1 窟面积为 6 平方米(第 27 页),显然有误。

二层,遍刻排列整齐的千佛,共十五行,其衣着样式多达十余种,占壁面高度约一半;第三层,除前壁外,其余三壁各刻四个并列佛龛,龛楣及两侧均装饰有飞天、莲花、忍冬与火焰等花纹图案。东壁和西壁的北端佛龛内,分别雕刻经变故事维摩变与涅槃变。前者画面表现维摩居士与文殊菩萨相向而坐,维摩舒眉垂目,眼光略向下视,挥扇说法,一副胸有成竹、泰然自若的神态,帐外偷听的僧人个个眉飞色舞,又有仙女散花,更渲染了这个激动人心的场面;后者表现释迦牟尼圆寂后,他的七个弟子守灵时的情景,可惜释迦像已被帝国主义列强窃去,空留佛弟子们围榻稽首,痛不欲生。东壁南端佛龛内刻释迦与多宝并坐像。最下一层,浮雕神兽、神王、伎乐等。伎乐含情注目,分别手执阮咸、横笛、排箫、羯鼓、箜篌、箫、法螺等乐器,正在专心演奏,形象传神。四壁这些美观而又庄重的华丽装饰,使进入洞窟的人感觉好像身处一个挂满帷幔的佛塔里面,处处充满了肃穆的宗教气氛。

窟门内两侧壁面上还有绝美的浮雕——帝后礼佛图。画面分为三层上下排列,横幅展开。东侧以比丘为前导,以皇帝为中心,后随文武大臣、王公贵戚;西侧以比丘尼为先行,以皇后为中心,其后嫔妃贵妇依次排列,前呼后拥,相对而行,就好像两排并行而进的庞大的礼佛队伍正在缓缓进入神圣的佛塔,肃穆虔诚地去观礼佛祖的真容。这组帝后礼佛图浮雕,构图协调,简练生动,刻技细腻,造型逼真,形象地反映了皇室的宗教活动,充分表现了当时中原工匠巧夺天工的雕刻技艺,为我国古代石刻艺术中罕见的杰作。

第二窟,除东壁一龛为东魏作品外,其余十龛开凿于唐代。中心方柱正面亦即南面上下排列三龛。最下一龛较大,内有一佛二弟子二菩萨二力士,分别立于莲花与莲蓬之上。龛楣雕七佛与飞天。

第三、第四窟从形制、布局到艺术风格与第一窟大体相同,但比第一窟小一些,也都雕有帝后礼佛图,刻工之精,如出一人。

第五窟为五窟之中最小的一窟,窟内平面近似正方形,唯四壁中部微向外凸,无中心柱。

千佛龛为唐代高宗乾封年间(666—668年)所造,刻有小佛九百九十九尊,加上中间的一尊较大的坐佛,恰巧是一千尊,故名"千佛龛"。

1982 年,巩县石窟被国务院公布为第二批全国重点文物保护单位。

2.义马鸿庆寺石窟。鸿庆寺石窟位于义马市东郊 7 公里常村镇(2005 年义马市乡镇区划调整,撤销常村镇,改设为东区街道办事处)石佛村,地处秦岭支脉崤山之东南麓。这里群山绵亘,沟壑纵横,南北山地间有一东西走向的谷地,涧河即由西向东沿谷地穿过,蜿蜒曲折,石窟即开凿在涧河呈"几"字形转弯处的北岸白鹿山崖壁之上,依山势高下而凿,南北横向排列,坐西向东,三面临水。过去,鸿庆寺石窟所在地属渑池县,故曾称渑池鸿庆寺石窟。据义马市人民政府官网介绍:

> (鸿庆寺石窟)位于石佛村。石窟背依白鹿山,南临涧河水,开凿于北魏晚期,距今已有 1500 余年历史。鸿庆寺原名"三圣庙",唐圣历元年(698 年),武则天巡幸该寺,改名为"鸿庆寺"。历经沿革,寺院建筑已不复存在。尚存洞窟 5 个,有佛龛 46 个,大小造像 120 余尊,浮雕佛传故事 4 幅。在河南省其规模仅次于龙门、巩县石窟。1963 年,被公布为第一批省级文物保护单位。该石窟布局紧凑、规制严整、窟内浮雕技法娴熟,是中原地区中小型石窟的典范。其中的"降魔变"浮雕是国内发现同类作品中最大的一幅,有着较高的历史、艺术和科学价值。罗哲文等许多国家文物专家对石窟给予高度评价,赞誉其是"中州文明、华夏之光,石刻精华、文物珍宝"。2000 年,确定为国家级重点文物保护单位。

而《北魏洛阳石窟文化研究》一书则称:"鸿庆寺原名大德寺。武周圣历元年(698 年)安乐公主亲临,观此佛境,遂改其名为'鸿庆寺'。"①

河南省古代建筑保护研究所 1985 年 10 月曾对鸿庆寺石窟进行过系统调查:"经发掘探明原有洞窟六个,其中两个没于土中,南端的一个已风化,相邻的一个洞窟内的造像也已风化殆尽,从残洞中掘得两块造像残石。现存的四个洞窟,门皆向东,计造佛龛 46 个,大小佛像 120 余尊,浮雕佛传故事 4 幅,碑碣 8 通。按自北向南顺序编号,为一、二、三、四窟。"②

---

① 《北魏洛阳石窟文化研究》,第 27 页。

② 河南省古代建筑保护研究所(执笔:陈平):《鸿庆寺石窟》,《中原文物》1987 年第 4 期,第 21—29 页。

第一窟,窟前部石壁早已坍塌,今之前壁与门窗为近人补修。窟内平面基本呈方形,有中心方塔柱。南北两壁均长 6.1 米,东西两壁均长 5.9 米;中心柱南北面宽 2.93 米,东西面宽 2.74 米。

窟之正壁亦即西壁,高 5 米左右,其上浮雕分上下两层。下层开四个尖拱形龛,高、宽均 1.1 米左右,龛内造像已不存。上层两端刻天幕龛,中间刻佛传故事"降魔变"。

南端之天幕龛为方形,四根立柱撑起天幕,帏幔饰垂麟、三角形流苏。幔楣有兽衔帐坠,已残,帐坠饰节状缨串下垂近地。龛内天幕上雕一立佛,面部稍残,右臂已失;高肉髻,双目微闭,面容安详,神情肃穆;有圆形头光。其左侧刻二罗汉,右侧刻二菩萨、二罗汉,菩萨与一罗汉头已失。北端之天幕龛形制与南端相同。龛内主尊亦为一立佛,头部已毁,手施无畏与愿印。左右有四罗汉、二菩萨、一供养人。除一罗汉尚存头外,其余罗汉、菩萨头部亦毁。菩萨姿态优美,供养人高髻、着袍、执花,雍容华贵。两天幕间浮雕的大型"降魔变"佛传故事图,为国内现存的同类题材作品中最大的一幅。画面中心原有一龛,已被盗毁,龛右侧有一株枝叶繁茂、树干挺拔的菩提树,树周围群魔乱舞,向菩提攻击。十几个魔鬼布满画面,他们面目狰狞,或猴头人身,或牛首人身,或竖发裸身,使用各种手段进行围攻、恫吓,企图破坏释迦太子的修行——或托山下压,或手挽长蛇,或手托巨龟,或口吐毒气,或喷火吐雾,或张弓拉箭,或举棒执盾,或持大刀长矛,或骑猛虎怪兽,无所不用其极。最下部还有三个妖媚魔女姐妹,正搔首弄姿。释迦太子既不为威力所摄,亦不为美色所动,最终降伏群魔,悟道而得正觉,场景很有感染力,令人震撼。该浮雕之气势、构思、布局、场面、手法,无不尽善,堪称北魏时期变相雕刻艺术的典范。

南壁东端有浮雕画面,被砌砖挡住。壁上浮雕亦分两层。下层开四龛,东边一龛已残,龛高 1.5 米左右,宽 1.1 米左右,皆为尖拱形,滚边式龛楣。龛内造像为一佛二菩萨,多已剥蚀。有的龛下中央刻一博山炉,两侧各立一供养人。龛与龛之间饰有图案,已模糊不清。上层东段雕释迦多宝二佛并坐于莲花座上,右侧佛头已佚,左侧佛头表层风化,衣饰模糊。二佛两侧各有一胁侍菩萨立于莲座,左菩萨头已佚,右菩萨头与头光表层风化。二佛与菩萨造像之下,残迹可辨有莲花与人物,人物或全身,或半身,或俯首捧物,或屈肢下拜,似为佛传故事。上层西段刻佛传故事"犍陟吻别"与礼佛图。菩提树后,山峦起伏,树下,一菩萨半结跏于束腰圆座上,左足踏莲花座,白马犍陟前肢曲卧引颈吻菩萨左足。表现了太子逾城出家在山里坐于菩提树下思维,白马眷恋主人依依不舍,刻画细致入微。菩萨头戴宝冠,圆形头光上有带茎莲花伸出。三排礼佛人,面向菩萨,侍者头梳丫髻,手举华盖,主人或戴笼冠,或戴小冠,衣服均已剥蚀。

北壁浮雕亦分上下两层。下层四龛,西边两龛已坍塌。上层东段造像风化。上层西段刻佛传故事"出城娱乐",画面所涂土红色仍清晰可见。"出城娱乐"图中主体部位有一座高大的城楼。城墙正面有门,门上有仿木构单檐四阿顶门楼,面阔三间。正脊及翼角微微翘起,巨大的鸱尾向内弯曲,鸱尾内沿与正脊浑然一体,颇具北朝建筑特色。城门右侧城墙向前凸出,城墙右侧建有城门和二层楼阁式门楼,门楼仍为四阿式屋顶,脊角翘起,鸱尾高耸,轻盈秀丽。城墙蜿蜒远伸,城内情景雕刻已残,仅见有四层叠涩台基、侍立人物及茂密的菩提树丛等;城内外左右两侧及前方亦有菩提树丛,间有十余个人物,有男有女,或躬身侍立,或坐于树下,门前方一人形象高大,头戴高冠,身披圆领大衣,昂首而立,当是释迦太子。整个图画表现的是太子厌烦了宫廷生活,要出城游玩,父王令人打扫街道,选派德高望重的老臣陪同出游的情节。画面层次分明、动静适宜,不但故事场面生动,而且所描绘的恢宏雄壮的城池是研究中国古代建筑的宝贵资料。

中心柱正面亦即东面,下部残存一组浅浮雕画面,仅能见画面中间一博山炉,左侧一鹿,右侧一形象模糊之奔兽;柱面上部为青砖所砌,中部嵌一明代碑石。背面亦即西面下层刻一尖拱形龛,内雕一佛二弟子二菩萨,风化严重,主尊轮廓显示为倚坐姿势,似有背光,弟子仅显躯干,菩萨尚能辨识头冠、衣饰。此龛上部有浮雕,但模糊不清,仅能辨识主尊为坐佛,两侧刻供养人,左右均为两排,尚可识近二十身,多数手擎华盖。南北两面已全部风化脱落。

第二窟,窟前壁亦早坍塌,后世以青砖砌门,门高2米。窟内平面为方形,边长3.4米左右,顶部剥落,残存瓦棱状条纹。

西壁亦即正壁,正中雕一尖拱形大龛,高 1.78 米,宽 1.7 米。龛柱头为覆莲,上有同心圆纹饰,右柱已残,左柱中间有刻字。龛内造像为一佛二弟子二菩萨,头已佚。主尊体形较瘦,臂已残,着垂领式袈裟,结跏趺坐于方台座上,衣纹剥蚀,可见有舟形身光。弟子、菩萨像大半已毁,不可识,仅见有圆形、桃形头光。龛外左侧刻一长方形凹槽,内减地刻一身供养菩萨立于莲台上,有圆头光,右手持带茎莲花,左手作捧物状,侧身微曲面佛。莲台下有各样纹饰。再下有供养人两排,人物之间以条带区隔。龛外右侧亦有供养菩萨一身,因剥蚀难以辨认。

南壁正中亦雕一尖拱形大龛,大小与正壁之龛相似。龛楣正中雕饰已残,楣脚作卷云纹与双层覆莲。龛内造像亦同正壁,头皆佚。主尊结跏趺坐于方台座上,施禅定印,体形、衣饰同正壁主尊,圆形头光内饰莲花,火焰纹身光。二弟子着大袖袈裟,双手合十,足踏莲台。二菩萨双臂皆残,桃形头光,足踏莲台。

北壁壁面雕饰大部脱落,形制不可辨识。中间可见一坐佛,头、手皆无,衣饰可见少许。

东壁,亦即窟门一边,门上方有一尖拱形小龛,内刻一佛二菩萨,佛结跏趺坐,右侧菩萨合十立于莲台之上,左侧菩萨仅存轮廓痕迹。

第三窟,前壁坍落,亦是后人以青砖筑一门二窗。窟内平面为圆角长方形,南北长 5.4 米,东西长 3.7 米,窟顶大部崩落,残留少许莲花与流苏纹饰。

正壁原为一佛二弟子二菩萨五尊式造像布局。主尊为坐佛,自左肩至右肘以上部分残断,后人以泥补塑。右侧弟子像已崩坏,其余弟子、菩萨或风化,或残缺。

南壁之东部部分画面被砌砖所堵,可见部分为一长方形天幕龛,龛幔上有莲花化生童子,又有两飞天相对而舞。龛内造像主尊为交脚弥勒,右臂已残,左手作降魔印,双腿表层已风化。其两侧有二胁侍菩萨,头与身体大部分已经剥落。西部下层坍塌,观其痕迹应为释迦、多宝二佛对坐。西部上层的西段浅浮雕思惟菩萨,身后为菩提树,部分残蚀不清。

南壁至正壁壁面空隙处雕二十七个佛龛,龛形多样,有尖拱龛、圆拱龛、圭楣龛、帷幔龛及凸字龛等；大小不一，最大者高 0.5 米、宽 0.55 米，最小者仅高 0.04 米、宽 0.034 米。龛内或雕一立佛，或雕一坐佛，或雕一佛二菩萨。这二十七个小佛龛当为后雕之作品。

北壁之东部造像已崩塌，中部雕一坐佛，左手作无畏印，右臂残断。

第四窟，洞口已下陷成不规则半圆形。窟内平面近方形，边长 1.9 米左右。窟顶微呈穹隆式，正中刻重瓣莲花，外绕一周飞天，部分雕刻已风化。

正壁，正中有一龛。龛内造像五尊，主尊为坐佛，头佚，尖拱形身光从内至外分为莲花、忍冬与火焰纹三重。佛两侧四胁侍像皆残，唯存头光或宝冠痕迹。龛外两侧刻有十余身供养人，其中有比丘、妇女，姿态各异，形象生动。

南壁，正中雕一尖拱形龛，龛额上刻七佛。龛内造像三尊，主尊上部表层风化，下部残，可见高肉髻，削肩，作禅定印。左侧菩萨躯体表层模糊，右侧菩萨仅存躯体底痕。龛外右侧刻一思惟菩萨，坐于菩提树下，风化较甚。

北壁风化剥蚀严重，主尊已完全剥落，唯见底部轮廓。

鸿庆寺石窟的开凿年代，史书无确切记载，从窟龛形制、造像题材与布局、形象与服饰及装饰图案等方面可以认定其开创时代不晚于北魏景明年间（500—504 年）。①

2001 年，义马鸿庆寺石窟被国务院公布为第五批全国重点文物保护单位。

3.新安西沃石窟。西沃石窟原位于新安县县城北 40 公里西沃乡西沃村东、黄河南岸的垂直峭壁上，背靠青要山，面向黄河，下临黄河水面约 10 米，分东、西两区，相距 15 米左右。东区仅一摩崖佛龛，长方形龛无任何雕饰，龛内高浮雕一立佛，高 1.97 米，高肉髻，外着褒衣博带式袈裟，施无畏印，跣足立于圆台上。像龛无纪年题记，从其造型与服饰判断，当为北魏晚期的作品。自此立佛龛往西，便是西区，由摩崖浮雕与洞窟两部分组成。

摩崖浮雕位于洞窟东侧上方，有高浮雕仿木结构的方形楼阁式塔四座，屋形与塔形千佛龛各一区，还有方形帷幔龛、圆拱尖楣形龛等。

一号塔在崖面最东端，二号、三号、四号塔依次西列，四号塔未完成。四

---

① 河南省古代建筑保护研究所（执笔：陈平）：《鸿庆寺石窟》，《中原文物》1987 年第 4 期，第 21—29 页。

塔间距离分别为 0.4 米、0.1 米、0.75 米,高度分别为 2.2 米、0.92 米、2.03 米、0.95 米。四塔分别为七层或三层,塔身宽度由下而上逐渐递减,每层塔檐刻出瓦垄,塔顶由覆钵、多层相轮与宝珠等构成塔刹。一号、二号、三号塔每层塔身正面开一至三个不等的佛龛,龛形有圆拱形、圆拱形附尖拱形龛楣与方形帷幔龛三种。造像或一佛,或一佛二菩萨,或三佛,或二佛并坐。佛均为坐姿,坐于方座、莲花座或坛基之上;多施禅定印,个别施说法印;服饰亦分多种。菩萨服饰基本相同。

一号、二号塔基部之间有一块突出的岩石,上凿一牛鼻形孔。

二号塔下有一方题记,字多剥落,仅少量可识,有"□□元年""王进达"等。三号塔下亦有题记,剥蚀严重,不可辨识。

塔形千佛龛位于三号、四号塔之间,上下六层,每层雕七至十个不等,共五十一龛。塔形为方形单层,顶部有由山花蕉叶、覆钵、相轮与宝珠组成的塔刹,塔身正中开圆拱尖楣小龛,内雕一施禅定印之坐佛。

屋形千佛龛主要位于崖面最西端,上下八层,共三十九龛。另在塔形千佛龛上还有一层屋形龛。龛形相同,上部均刻出鸱尾、正脊、垂脊与瓦垄。龛内所雕坐佛同塔形千佛龛中的坐佛。在一号、二号塔塔基之间,还有一较大的屋形龛,龛内雕一佛二菩萨。

方形帷幔龛位于二号与三号塔间上方,上下共两龛。在方形帷幔中间再开一圆拱尖楣形龛,内雕一坐佛,龛外两边各雕一菩萨,其头上有华盖。

圆拱尖楣形龛横列于三号、四号塔间最上方,共五龛。除龛外无方形帷幔外,龛形、龛内造像均同于方形帷幔龛中的圆拱尖楣形龛。

洞窟共两个,凿于摩崖浮雕的西侧下方,东西并列,东窟较大,为一号窟,西窟为二号窟。

一号窟为佛坛窟。崖壁在此处向里凿进约 0.17 米,形成一高 1.64 米、宽 1.55 米的平整崖面,窟即开凿于此。窟门为圆拱形,北向,高 1.2 米,宽 0.9 米,厚 0.3—0.4 米。尖拱形门楣饰火焰纹,涡角两端各凿一牛鼻形孔。门外两侧有对称的长方形浅龛,内各浅浮雕一力士,侧身面向窟门。窟内平面呈方形,宽 1.56 米,深 1.58 米。窟内环东、南、西三壁下部设一坛,高约 0.11—0.14 米,宽约 0.27—0.51 米,坛上高浮雕造像。正壁即南壁雕一佛二弟子二菩萨,主尊结跏趺坐于方座上,下部衣纹作八字形覆于座前上部,有舟形身光与圆形头光;弟子侍立左右,双手合十立于圆莲台,有圆形头光;菩萨分立于壁角,足踏圆莲台,有桃形头光;佛座前下部正中有一博山炉,两侧双狮相向。东西两壁各雕一立佛和二胁侍菩萨,立佛亦有舟形身光与圆形头光,菩萨跣足立于双层覆莲座上。在东西两壁南端转角处上方,还分别浅浮雕小千佛龛两排,龛形为圆拱形,龛楣为尖拱形,龛内均刻一坐佛。东壁小千佛龛下还刻有两排五身供养人像。窟内高 1.5 米,穹隆形窟顶浅浮雕一宝盖。中心为一莲花;外绕四身飞天;靠进窟门处还有一莲花化生童子,面向主尊,合十供养。飞天外有宝山、天花与云纹环绕;再外为一圆环,环外周饰莲瓣;最外为三角形垂幛系珠悬垂于窟壁上方。

在窟门的东、西门壁与门内转角处东侧、西侧之北壁上共刻有五段造像题记。其中东门壁所刻题记记述,该窟是由邑主王进达、杜显宗等二百人发愿修造的,“建功孝昌之始,郊就建义之初”①,即动工于孝明帝孝昌初年(525年),竣工于孝庄帝建义初年(528年)。西门壁刻题记一则,门内东侧北壁刻题记两则,西侧北壁刻题记一则,均为邑义成员姓名,总数二百余人。

二号窟位于一号窟西 0.4 米处,为敞口长方形,北向,窟外壁立面雕饰,底平面外缘处凿有两个牛鼻形孔。窟内宽 0.97—1 米,深 0.53—0.58 米,高0.95米;正壁底部设坛,高约 0.14—0.18 米,宽约 0.15 米,坛上浮雕造像;窟顶为平顶,中部并刻两朵莲花。正壁即南壁上开一盝顶帷幔龛,龛梁上刻十六个圆拱尖楣形小龛,内各有一坐佛,龛梁之左右角又各刻四身供养比丘,面向主尊。帷幔下刻一佛二弟子四菩萨,主尊结跏趺坐。东壁浅浮雕供养人像五排二十七身,面向主尊,双手合十。西壁壁面上刻一造像碑,螭首,圭形额,但额面无字,碑文题记正书,记述该窟由邑老韩法胜、邑老杨众兴②与邑正王进达

---

① 河南省古代建筑保护研究所(执笔:陈平):《河南新安西沃石窟勘测报告》,《文物》1997 年第10 期,第 73 页;《北魏洛阳石窟文化研究》第八部分“题记汇录”,《邑主王进达二百人等造像记》(序号171)将“建”作“逢”,第 280 页。

② 《北魏洛阳石窟文化研究》第八部分“题记汇录”,《三十四人等造像记》(序号 181)中将“邑老”作“邑先”,第 282 页。

等三十四人修造,完工时间为北魏节闵帝普太(泰)元年(531年)四月。此题记书体风格与摩崖二号塔下题记相同,故摩崖二号塔下题记所识"□□元年"当为普泰元年;而"王进达"为一人名,亦见于一号窟,诸题记中六见其名,名称为都邑主、邑主、邑正。

由上述,我们可以判断,整个西沃石窟开凿于北魏孝昌初至普泰初,历时约六年,而王进达可能是该工程的组织者。从诸题记中,我们还可以看到,西沃石窟为当时民间佛教团体邑义集体所凿造,由题记中所见邑义内部名称有都邑主、邑主、邑正、檀越主、都维那、维那、邑老、邑母、邑子等。

前述各处牛鼻形孔为古栈道遗迹,其作用在于拉纤挽船。除牛鼻形孔外,遗迹还有栈道顶部残痕及方形壁孔,这些遗迹与三门峡古栈道遗迹基本相同。残存的栈道顶部痕迹位于洞窟下方,连成水平一线,今在对岸或立于河中船上清晰可见。牛鼻形孔高度稍有落差,根据部分牛鼻形孔凿处打破窟龛及题记,可确认它们凿于石窟建成之后,当在隋唐时期。牛鼻形孔内纤绳磨痕很深,且有几个中梁已被拉断,说明使用时间很长。因此,西沃石窟在中国古代黄河漕运史上占有重要的地位。

西沃石窟是在1975年开山修路时被发现的。1984年洛阳市文物普查中才被命名,遂引起学者们的注意。它是黄河中下游岸边唯一一处北魏石窟,它的发现,为我国石窟寺艺术研究增添了一项新资料,为确认北魏石刻佛像形式建立了年代学上的依据。1986年,新安西沃石窟被确定为河南省第二批重点文物保护单位。20世纪90年代,由于修建小浪底水库,石窟所处的位置将被淹没,经国家文物局批准,省文物局、省古代建筑保护研究所的工作人员先于1995年4月对石窟进行了全面勘测,后于1997年7月将石窟整体切割,搬迁至百里之外的新安县铁门镇之千唐志斋博物馆内,并进行了复原。1999年正式对外开放。

4.吉利万佛山石窟。万佛山石窟位于今洛阳市吉利区(原孟县吉利乡)与济源市交界处之柴河村北面的山岭上,东临八里庙村,西濒柴河水库,石窟依山崖而建。

万佛山石窟旧分上下两个寺院,原有上山门、下山门、大佛殿、二佛殿、老君殿等木结构建筑。"文革"时期，开山取石，两寺荡然无存。上寺区域现有摩崖露天大佛龛、莲花洞、双窟，下寺区域现有锣鼓洞和神游洞。大佛龛面东依山而凿，其余洞窟东西排列，皆坐北朝南。

大佛龛为一佛二菩萨造像。主尊为释迦立佛，其上身残毁，但身躯残块大部分尚存，佛头亦存放在双窟之右窟内。佛头高 0.8 米，高肉髻，面相较丰满，五官因风化而残损，但额间"白毫"相圆孔清晰。残留双腿与跣足高 1.16 米。据佛头与腿脚尺寸推测，立佛高度当为 5 米左右。立佛身着褒衣博带式袈裟，下摆衣褶流畅有序，跣足所立为覆莲座，莲瓣雕刻挺拔生动，高 0.29 米。座下方崖面依稀可见有浮雕香炉、狮子与莲花化生等。二菩萨上身亦残无，左菩萨残高 1.56 米，右菩萨残高 0.61 米。一佛二菩萨之间的崖壁上，还刻有供养比丘。

大佛龛东邻为莲花洞。该窟洞口与窟顶坍塌，残存洞口左侧过道深 0.58 米，窟内残高 2.6 米，进深 2.69 米，宽 3 米。洞内东、北、西三壁下部设矮坛，坛上造像为一坐佛二弟子二菩萨二坐佛二菩萨二力士。正壁亦即北壁主尊为现在世释迦牟尼佛，结跏趺坐于坛中央高台座上，着褒衣博带式袈裟，头、手已残，圆形头光，内重绽莲，莲瓣形背光，内侧饰上下排列之高浮雕小坐佛，外侧饰火焰纹。东、西壁分别为未来佛弥勒与过去佛燃灯，风化残甚，皆结跏趺坐，衣饰与头光、背光同释迦佛相似。二弟子、四菩萨风化、破坏严重，尤以头、手为甚。弟子为圆形头光，菩萨为莲瓣形头光。左侧力士尚存下半身，右侧力士已无痕迹。值得注意的是，在二弟子身后两侧，各浮雕有二形体高大的供养者，皆发髻高耸，帔帛长裙，有圆形头光，手持长梗莲花，面朝释迦佛前行，当为供养菩萨。若非其头光，极易让人误为女性供养人。二弟子上方、释迦佛两侧刻维摩文殊变相，场面丰富，人物众多。

莲花洞东侧则为一组双窟。左窟洞口高 1.5 米，宽 0.9 米，窟楣作尖拱状，两端浮雕龙形。洞口外两侧各高浮雕一力士，高 1.2 米，莲瓣形头光，头侧向洞口，赤膊坦胸，下着长裙，张口咆哮。洞窟过道深 0.42 米，窟内深 1.58 米，宽 1.4 米，高 1.65 米。窟内东、北、西三壁下部设坛，高 0.36 米，坛上造像为一坐佛二弟子二菩萨二坐佛二菩萨。其中，正壁主尊为现在世释迦牟尼佛，结跏跌坐于高台座上,着褒衣博带式袈裟,下摆衣纹覆盖台座,头、手已残,圆形头光,内重绽莲,莲瓣形背光,内饰火焰纹。正壁下部坛的崖面中央刻一莲花香炉,两侧为二供养比丘和二狮子。西壁雕过去世燃灯佛,亦结跏趺坐,衣饰与头光、背光似释迦佛。东壁为未来世交脚弥勒菩萨。燃灯佛与弥勒菩萨之头、手亦残。东、西两壁下部坛的崖面上刻礼佛图,画面人物众多,场面壮观。二弟子圆形头光,四菩萨莲瓣形头光,其形体大都遭到不同程度的自然风化与人为破坏。二弟子上方刻有供养比丘,再上方浮雕二飞天。洞口内上方两侧又有凌空翱翔的飞天,中为莲花化生。洞口内两侧上下刻五列供养人像。窟顶有莲花藻井,莲蓬被清末道教信徒涂改为阴阳鱼构成的太极图。右窟洞口高 1.65 米,宽 1.05 米,窟楣亦作尖拱状,过道深 0.35 米,窟内深 2.05 米,宽 1.85 米,高1.83米。右窟之形制、造像组合与礼佛图安排同左窟,但窟内造像风化严重,唯洞口外两侧所雕力士保存尚好。据村中老人介绍,在双窟和莲花洞上方的崖壁上本有千佛龛,密密麻麻排列着上千尊佛,"文化大革命"中因开山取石而被炸毁。

自大佛龛往西数十米为锣鼓洞。该洞已坍塌过半,其窟内平面呈正方形,边长 4.3 米,有中心柱,柱之平剖面边长 1.9 米,当为支提窟。中心柱正面亦即南面残高 1.45 米,其上浮雕依稀可见,上方为帏幔流苏,稍下尚存小佛,结跏趺坐,还有莲花化生、胡跪供养天人,莲花化生左侧刻有"神日和□"四字题记。

锣鼓洞西数米则为神游洞,此处位于石窟群西端,地势低下,因洞口题"神游洞"三字及当地人传说而得名。洞口高 1.15 米、宽 0.78 米,过道深 0.36 米,窟内深 1.49 米、宽 1.62 米、高 1.76 米。窟内东、北、西三壁下部亦设坛,坛上造像亦为一坐佛二弟子二菩萨二坐佛二菩萨,均风化严重。正壁主尊现在世释迦佛结跏趺坐,但东、西壁之未来佛、过去佛则呈倚坐,亦即善跏趺坐相,此类坐式的三世佛组合实属罕见。二弟子上方浮雕有半跏坐之思惟菩萨,洞口内上方有维摩文殊变相。正壁下部坛的崖面中央刻一夜叉双手擎托香炉,两侧各一添香比丘、狮子,再外为持幡比丘。东、西二壁下部坛之崖面上亦刻礼佛图,保存完好,人物形象栩栩如生,雕刻精美,较之双窟,堪称上乘之作。

洞口内侧还刻有三层礼佛图。

万佛山石窟是龙门石窟周围诸多中小型石窟中相当有历史价值与艺术价值的一处,其特色鲜明:第一,该石窟群的窟形除锣鼓洞为支提窟外,其余莲花洞、双窟、神游洞均为毗诃罗窟,两种基本石窟形制兼而有之;第二,该石窟群中除锣鼓洞、大佛龛外,其余洞窟内的造像均为三世佛题材式,为其他石窟所无;第三,该石窟群中拥有多铺礼佛图,其画面之广,仅次于巩县石窟寺;第四,造像手法多近乎圆雕,增强了佛像的艺术效果。因此,宫大中先生称万佛山石窟为"龙门石窟的'卫星窟'"。①

关于礼佛图所表现的内容,宫大中先生判断皆是"帝后礼佛图",②而贺玉萍先生则认为全部是"义邑礼佛图"。③

万佛山石窟在史籍与方志中没有记载,不闻于世。根据宫大中先生的记述,1956 年 8 月新乡专署派人调查后,石窟才披露于世,但未引起文物考古与美术史专家们的重视。④ 其后继续遭到损坏,"文革"破坏尤甚,窟洞皆被碎石泥土湮没,几至被人遗忘。1992 年,柴河村村民将大部分被湮没的残破窟龛造像又清理挖掘出来,经过维修、加固,方引起社会各界的关注,逐渐为人们所认识。2000 年,河南省人民政府将其确定为省级文物保护单位后,得到了较好的保护。2013 年,石窟又被国务院公布为第七批全国重点文物保护单位。

5.偃师水泉石窟⑤。汉魏洛阳故城正南方有大谷关,为当时拱卫京师的八关之一。水泉石窟位于大谷关北,北距汉魏故城 20 公里,西距龙门石窟约 23 公里。这里为一东西走向的万安山山口峡谷,小沙河由南而至东北注入伊河,石窟即雕凿于沙河东岸之万安山断崖上,坐东朝西,背山面水,今属偃师市寇店乡水泉村。

---

① 宫大中:《龙门石窟的"卫星窟"——万佛山石窟》,《中原文物》1993 年第 4 期,第 24—26、34 页。

② 宫大中:《龙门石窟的"卫星窟"——万佛山石窟》,《中原文物》1993 年第 4 期,第 24—26、34 页。

③ 《北魏洛阳石窟文化研究》,第 79—84 页。

④ 宫大中:《龙门石窟的"卫星窟"——万佛山石窟》,《中原文物》1993 年第 4 期,第 24—26、34 页。

⑤ 参见刘景龙、赵会军编著:《偃师水泉石窟》,北京:文物出版社 2006 年版;温玉成:《洛阳市偃师县水泉石窟调查》,《文物》1990 年第 3 期,第 72—77 页。

水泉石窟现存洞窟一座,系就天然溶洞开龛造像,洞窟内正(东)壁中间尚存有一溶洞自然裂隙,从底部直至窟顶。石窟岩层崩裂严重,窟前原有木结构檐宇,年久已残毁。窟门为敞口式,无券面雕饰,宽、高均约 6 米,甬道深约 3 米。

窟门外北侧崖壁上有摩崖像龛六个。上方一个盝顶龛最大,龛顶左右上角刻飞天,龛楣上下排列十尊坐佛,下垂帷幔。龛内分为三部分,中间以柱相隔。正中刻交脚弥勒,背光两侧刻文殊、维摩对坐问疾。左右各一胁侍菩萨立像。此龛下方并列三个小龛,南侧两龛为尖拱楣圆拱龛,龛内均一佛二菩萨,一佛结跏趺坐禅定,一佛结跏趺坐施说法印。另一龛为四注顶屋形龛,龛檐下又为尖拱楣圆拱龛,龛楣装饰两只凤鸟翅翼,构图巧妙;龛内亦造一佛二菩萨,主尊结跏趺坐。此四龛虽无题记,但从造像形式上看,当为北魏宣武帝及孝明帝时的作品。第五龛从现存残迹看,当时仅凿出大形,因近年维修时浇注墙体时被压盖大半,容易被人忽略。最下一龛为圆券龛,龛内雕一佛二菩萨并立于一株三出的莲花座上。龛下有造像题记,其纪年为唐玄宗先天二年(713 年)。

窟门外南侧崖壁上方有摩崖碑刻一通,碑刻南侧又有三个小像龛。摩崖碑刻之碑首为圆形,上刻盘龙;碑残高 2.1 米,残宽 0.68 米。因岩体滑动,碑面已左右错为两段。碑文剥蚀相当严重,经学者们的努力辨识,目前已明确辨认的字数为 537 个,贺玉萍先生将其定名为《洛阳造像记》。① 其内容分为两部分,前一部分历数北魏太和之时洛阳地方"五县内"造像的情况,有关内容前面已述;后一部分则记述比丘昙覆开凿水泉石窟的因缘:

> 大魏太和拾三年比丘昙覆……归山自静于京南太谷之北面私力崇营□□□□□为皇帝陛下皇太后敬造石……②

因此,该造像记具有很高的史料价值。

窟室平面略呈长方形,深约 11 米,宽约 6.5 米,顶高约 7 米,内部很不规

---

① 《北魏洛阳石窟文化研究》,第 60—61 页。
② 《北魏洛阳石窟文化研究》第八部分"题记汇录",(序号 208)《洛阳造像记》,第 286 页;《偃师水泉石窟》,第 27 页《碑刻题记》。

整,壁面上部与窟顶基本无雕刻,地面亦未整修,高低不平。

窟内正(东)壁壁面上仅雕并列两尊立佛像。右侧亦即北侧立佛高 4.7 米,头上髻部残缺,面相方圆,额中有白毫相,穿双领下垂式袈裟,两臂屈置胸前,手均残,似作说法印,跣足立于仰莲台上。左侧亦即南侧立佛腹部以上全部残毁,就残留部分来看,南侧立佛之形体较北侧立佛略大一些。贺玉萍称:"两佛并立布局为北魏石窟所罕见。"①但《偃师水泉石窟》一书认为:"水泉石窟二佛并立于一壁的特殊布局显然是溶洞正壁巨大裂隙所致。"②

北壁 2 米以上壁面岩体崩塌破碎,无雕刻,下部有编号龛三十一个,其中较大者五个。最大的是第十五龛,龛形为圆拱,龛楣饰七个饕餮口衔璎珞相连组成的图案。龛内造像为一佛二菩萨,主尊头部残,穿双领下垂式通肩袈裟,施说法印,结跏趺坐。莲花头光外周刻小坐佛十三尊,身光饰火焰纹。佛座两侧各有一狮子蹲踞,雄伟有力。温玉成推断此龛雕造于北魏孝昌至普泰间(525—532 年)。③ 第九龛亦为圆拱龛,龛楣饰五个饕餮口衔璎珞,两端为两朵莲花。龛内造像亦为一佛二菩萨,素面背光,佛座两侧亦有二狮子,造型同第十五龛。温玉成认为此龛雕造时代当为北魏晚期。④ 第十九龛为圆拱龛,龛内造像为释迦、多宝二佛并坐。龛下正中一博山炉,两侧各跪坐二供养人,后随一狮,左狮已风化。右侧有残记一方。温玉成谓此龛属东西魏间之作。⑤ 而《偃师水泉石窟》一书则认为上述三龛,"龛形、雕凿手法、主尊服饰相近,如出于同一工匠之手,均属北魏晚期风格"⑥。位于壁面西部的第二十五龛,浅刻成屋形,龛内造像为一佛二菩萨,均残损严重。龛下有一方西魏大统三年(537 年)的造像题记。其右邻的第三十龛,上有屋顶,可见屋面正脊、鸱尾与垂脊,檐下又有舟形龛;龛内为双足踏于莲台上的交脚弥勒与二胁侍菩萨;舟形龛外两侧对称排列七佛小圆拱龛。龛下有一方北魏永熙三年(534

① 《北魏洛阳石窟文化研究》,第 25 页。

② 《偃师水泉石窟》,第 25 页。

③ 温玉成:《洛阳市偃师县水泉石窟调查》,《文物》1990 年第 3 期,第 72—77 页。

④ 温玉成:《洛阳市偃师县水泉石窟调查》,《文物》1990 年第 3 期,第 72—77 页。

⑤ 温玉成:《洛阳市偃师县水泉石窟调查》,《文物》1990 年第 3 期,第 72—77 页。

⑥ 《偃师水泉石窟》,第 17 页。

年)的造像题记。龛下还浅浮雕一排六身人物,作伎乐。其余较小的各个佛龛,其内造像或一佛二菩萨,或一坐佛,或一立佛,或释迦、多宝二佛并坐。

南壁壁面是窟内龛像最集中的地方,龛像编号达七十八个之多。龛形多种多样,主要为屋形龛、帐形龛与圆拱龛,甚至屋形龛内再有屋形龛,或者再套尖拱楣圆拱龛等,仅不同形式的屋形龛就达二十五个之多。第十九龛为南壁上最大的一龛,通高 1.93 米,位于壁面的中心。根据其位置、规模,可判断它为南壁最早雕造的像龛。其圆拱形龛楣上饰七个莲花组成的饕餮衔璎珞,龛内有一佛二菩萨,三像头部均已毁失。主尊头光为莲花,身光为火焰纹,其间饰十七朵莲蕾于十七尊化佛。佛座两侧的狮子皆回首向外,尾巴贴身上举,形象生动。下部龛口两侧有方龛,内刻男女供养人,分别由比丘引领作礼拜供奉状。第七龛为屋形龛,屋檐两侧各挂十四个铃铎,帐帷垂于两边;帐内又有尖拱楣圆拱龛,龛楣上及左右围以九个坐佛小龛。龛内造像为一佛二菩萨,佛座两侧有双狮。龛下正中一力士双手托举的博山炉,两侧各有五身供养人组成的行列。龛下左右又各有一龛,内刻一立像,或为供养人。与此龛相仿的第十四龛,其形制稍大。屋檐两端挂铃铎十八个,帐帷垂于两边。帐内尖拱楣圆拱龛内亦刻一佛二菩萨,佛座两侧亦有双狮,正中亦有力士托举博山炉,炉两侧则跪坐男女供养人。龛上有七个圆拱小龛,龛内一坐佛;两侧又各一帐形龛,分别刻男女供养人立像。第四十六龛虽然不大,但龛内造像内容比较特殊:一坐佛居左,一菩萨立于佛之右侧。第五十七龛龛外两侧人物为力士形象,是水泉石窟中唯一出现护法力士的像龛。第五十三、五十四两龛为双龛形制,每龛内均一佛二菩萨,两龛中间各有一供养人,两龛外侧又各有一狮子,作蹲踞状。第四十七龛龛内造像为释迦、多宝二佛并坐,两侧各一胁侍菩萨;佛座两侧、菩萨之下有双狮,佛座正中博山炉又有二供养比丘。左侧比丘身后有造像题记一方,纪年为北魏节闵帝普泰元年(531 年)。第二十二、四十二、七十四龛均有造像题记,第七十四龛的题记中可见纪年,为孝庄帝永安二年(529 年)。

水泉石窟的甬道比较短浅。北壁面像龛编号二十九个。壁面上部有两龛,以下密布二十六个小龛与一片千佛龛,下部还有三个像龛与另一片千佛龛。位于北壁上部靠外位置的第八龛是甬道诸龛中最大的一龛,此龛盝形龛楣中间为一坐佛,两边刻八身飞天,左右上角有乘象普贤与乘狮文殊。檐下垂帐幔。龛内主尊为交脚弥勒,莲花头光周饰七身坐佛,身光饰火焰纹。主尊左右两侧有文殊、维摩对坐。对坐位置与通常文殊居右、维摩居左不同,此种维摩变相的格局颇为少见。龛两侧有胁侍菩萨立像,其下有力士托举。龛下刻题记云"石窟主昙覆、敬念造",字迹清晰。再次说明水泉石窟确是由比丘昙覆主持营造的。

与第八龛相邻的第九龛为一尖拱楣圆拱龛,龛周边围绕二十六个小佛龛。龛楣浮雕保存完好,关于浮雕的内容,学者们的意见不同。刘景龙先生等认为它所表现的是佛传故事:

> 左侧起,可见摩耶夫人入蓝毗尼园、树下诞生、步步生莲、指天指地、九龙浴太子、阿私陀仙人占相,以及山中修行等。将众多佛传情节组织在龛楣雕饰中,构思奇巧,殊为难得。①

但贺玉萍先生则认为它所表现的是罕见的龙树菩萨故事。龙树,古代印度著名的佛教大师,开创性空的中观学说,开大乘佛教思想之先河,是大乘佛教历史上的主要论师,其著作甚多,有"千部论主"的称誉,其中以《中论》及《大智度论》最为著称。姚秦之鸠摩罗什译有《龙树菩萨传》(一卷),叙述龙树自出生、求道至成道的事迹。贺玉萍先生说,这七个故事场景,"大致按龙树出生至成道时间顺序,从左向右分别为树下诞生、师徒传承、因龙成道、术士占相、龙宫得道、化南天竺王、雪山访道。浮雕采用全景式铺陈手法,各场景间没有明显的界限,与佛本行故事极其相仿,很容易使人产生误断"②。贺玉萍进一步指出:

> 在第九龛龛楣尖拱顶部,"因龙成道"上面,雕刻一个上小下大的四方城,城顶有一立佛。这是坛城形象,为大曼荼罗。③

坛,梵语之意译,又称坛场、坛城,音译作"曼陀罗""曼荼罗""满荼逻"等。印

---

① 《偃师水泉石窟》,第15页。
② 《北魏洛阳石窟文化研究》,第65页。
③ 《北魏洛阳石窟文化研究》,第68页。

度修密法时,为防止魔众侵入,而画圆形、方形之区域,或建立土坛,有时亦于其上画佛、菩萨像,表示诸佛聚集或轮圆具足,由此构成了后世坛城的基本框架,演变出多种形式和类别的曼陀罗。印度之密宗起源于古吠陀典籍,以咒术密法为表现特色,其后流行于民间各阶层。佛教在长期发展过程中,逐渐渗入了民间信仰,对此等咒术密法加以摄取,以为宣扬佛法、守护教徒、消除灾障之用,古来谓之杂密,亦即初期密教。至公元 7 世纪后期,真正的密教方始开展,已有经有教,有轨有仪,发展为纯正密宗(纯密)。水泉石窟存在坛城形象,显然是密宗信仰的表现,不过北魏之时的密宗尚为杂密阶段。贺玉萍认为,杂密造像在敦煌莫高窟、大同云冈石窟及四川一带石窟中都有发现,然而在洛阳地区石窟中一直未有发现,为石窟研究所困惑。而水泉石窟中坛城的发现,证明了杂密造像的确存在于北魏洛阳地区。[①] 除第九龛龛楣尖拱顶部出现的坛城为杂密造像外,贺玉萍还由北壁第三十龛下方之题记中所提到的"虚空藏菩萨"而分析判断出该窟之造像亦为杂密造像。[②]

甬道北壁面诸像龛间共有题记八方,其中第二十四、二十五龛下的题记中有孝明帝熙平二年(517 年)的纪年。

关于水泉石窟的年代,温玉成先生认为:"水泉石窟开凿于孝文帝迁都洛阳之后的太和十几年,完工于景明、正始间,略晚于龙门古阳洞,早于莲花洞。"[③]贺玉萍先生则"据洞窟内题记推断,该窟建造时间当在熙平二年"[④]。而刘景龙先生等认为:"石窟中造像的北朝纪年……基本上勾勒出水泉石窟建造的年代框架。"[⑤]依其观点,水泉石窟建造的年代在北魏熙平二年(517 年)至西魏大统三年(537 年)间。

水泉石窟是龙门石窟周边诸石窟中比较重要的一处石窟寺遗址,虽仅有一窟,规模不大,但造像内容丰富,艺术水平较高。

2013 年,偃师水泉石窟被国务院公布为第七批全国重点文物保护单位。

---

① 《北魏洛阳石窟文化研究》,第 69—70 页。
② 《北魏洛阳石窟文化研究》,第 70—72 页。
③ 温玉成:《洛阳市偃师县水泉石窟调查》,《文物》1990 年第 3 期,第 73 页。
④ 《北魏洛阳石窟文化研究》,第 25 页。
⑤ 《偃师水泉石窟》,第 24 页。

6.宜阳虎头寺石窟。虎头寺石窟位于宜阳县城东 12 公里苗村南虎头山山脚下,山崖因形状似虎头而得名,寺随山名而称虎头寺,窟则因寺而得名虎头寺石窟。① 又因石窟内有近千尊佛像,故当地又称其千佛寺。

石窟背依虎头山,因山崖环拱而从东北至西南渐呈弧形分布,全长约 30 米,现存一个窟洞、一个千佛壁。窟洞位于东北一边,面向西北。窟口外北侧有石碑两通,凿于崖壁上,高约 2.1 米,碑首螭龙盘绕,圭形碑额处有佛龛,龛下碑身隐约可见有字迹。窟洞内平面略呈方形,穹隆顶,高 2.5 米,深、宽各 3 米。窟内所雕佛像为一佛二弟子二菩萨,还有两身力士,共七尊造像,受损严重。

石窟南面系悬崖峭壁,高约 10 米,上伸下收,向前倾斜 30 度左右,似房檐,可避风雨。此处即为摩崖造像千佛壁。崖面上现有千佛龛七百七十四个,左右排列整齐,集中在高约 5.6 米、宽约 4.8 米的范围之内。每龛内一佛,佛像高约0.12米,宽约 0.08 米。在千佛龛中间偏下处,雕有一大佛龛,龛内造像三尊,主尊为释迦牟尼佛。

大佛龛下方刻题记一方。题记正中刻一夜叉双手托举摩尼珠,夜叉左右两侧为供养人像,像两边则分别刻发愿文与供养人题名。夜叉左右的供养人像分别为三排,带榜题,除右侧后一排刻四像五榜题外,右侧前两排与左侧三排每排均刻三像三榜题。发愿文中有"佛弟子程伯起等……敬造释迦摩尼像一区"字句,末尾又有"大魏正光□年七月十五日讫"②,贺玉萍先生根据拓片、照片,认为□当为"元"字,并认为"讫"字表明正光元年(520 年)是石窟的修成时间,其开凿要在魏明帝神龟年间或在更早的熙平年间。③ 在千佛壁左上方有东西排列的两龛,其中西边一龛为五尊像式,残破严重,贺玉萍先生发现"该龛残留有题记为'熙平二年马射'"④。

依贺玉萍先生的研究:

---

① 贺玉萍从该石窟题记的记载中判断北魏时虎头山称北山,虎头寺石窟应得名于北魏以后。见《北魏洛阳石窟文化研究》,第 95 页。

② 《北魏洛阳石窟文化研究》第八部分"题记汇录",(序号 105)《虎头寺题记》,第 269 页。

③ 《北魏洛阳石窟文化研究》,第 95 页。

④ 《北魏洛阳石窟文化研究》,第 97 页。

该面崖壁上的造像大体分为两期完成。第一期应为岩壁正中的释迦摩尼像龛和其下侧的题记。……该项工程由当地一个较大的义邑主程伯起发起,联络其他义邑共同出资完成的。参与这项工程的义邑主有11人,维那13人,邑子49人。……

千佛龛当为第二期工程,是由邑主程伯起和另外一个邑主杨龙举共同组织的。在这期工程中,杨龙举所起的作用更为重要或者其所在的义邑势力更大……该工程参与的邑子众多,持续的时间较长,至最后也未全部完工。现有千佛龛774个,分为三类:一是带有标明供养人籍贯、身份、姓名的像龛;二是无榜题的像龛;三是无榜题且未完成的像龛。由此可见,程伯起、杨龙举等发起建造千佛像龛初,主要通过义邑的影响,藏资请匠人开凿一批像龛,凡出资者都有榜题,并且多刻了些像龛,预留着边框,待后加入者随时添刻名字即可。由于千佛龛工程巨大,加入的邑子并没有达到预期的人数,所以就留下了一些没有榜题的预留龛和没有雕造成的像龛。从整体上看,第二期工程最终未达到预先设计的效果。[①]

1986年,宜阳虎头寺石窟被确定为河南省第二批重点文物保护单位。

7.嵩县铺沟石窟。铺沟石窟位于嵩县东北田湖镇铺沟村村南,地处九皋山、西岩山和陆浑岭之间,属丘陵和河谷平川地带,西高东低,伊水从南向北流过。石窟背依西岩山南岭崖壁,坐西向东,东邻伊水,洛栾快速路从窟群边通过,南距嵩县35公里,北离洛阳市60公里。

石窟原有八个洞窟,北边因洛栾公路扩建而埋没地下两个,现存六个,自北至南分别编号为第一窟、第二窟、第三窟、第四窟、第五窟、第六窟。

前五窟集中于北边,自上而下错落毗连,窟门呈方形,大都损毁,上部凿有小方洞,原来似有窟檐。窟内高1.55—1.7米,宽1.15—1.6米,深1.1—1.7米,平面基本为方形,多为穹隆顶。窟内壁下设坛,坛上造像,五窟内造像基本相似,正壁刻一佛二弟子二菩萨,主尊为释迦佛,面部丰满而稍长,两肩平齐,皆着双领通肩袈裟,衣纹流畅而多褶,有火焰纹背光,阴线刻飞天、伎乐;

---

① 《北魏洛阳石窟文化研究》,第95—96页。

左右两壁分别刻弥勒、千佛龛,还有涅槃变、维摩变等。五窟之中,第二窟较大,正壁主佛高1.5米,南壁弥勒高1米,北壁雕千佛龛——共八排佛像,每排五尊,总四十尊,排列整齐,每排间刻供养人姓名。因石质粗糙,五窟中的许多造像风化剥落,尤其壁下接近地面部分更是风化殆尽,唯顶部莲花藻井及壁上部的造像保存尚好。

第六窟当地俗称"六郎窟",为六个洞窟中最大者,窟内平面亦近方形,穹隆顶,高5米,宽6.6米。窟内壁下亦设坛,正壁坛上刻佛像一尊,高1.8米,左右两壁亦雕交脚弥勒及千佛龛,因窟顶常年浸水,佛像侵蚀殆尽。

铺沟石窟原有多处题记,因石质差,风化严重,尽皆漫漶,故其确切开凿年代已难以确定。从现存的窟龛形制和造像题材、组合、风格及装饰来看,该石窟系北魏迁都洛阳之后所开凿,为北魏中后期中小型石窟的典型代表。

1986年,铺沟石窟被公布为河南省第二批重点文物保护单位。

8.渑池石佛寺石窟。石窟位于县城西北约20公里的坡头乡西的山涧中,山涧大致南北向,当地百姓称该地为"佛爷沟"。

石窟现存窟龛四个,三个在山涧西侧,分别编号为一号、二号、三号;一个在东侧,为四号。一号窟为一摩崖立佛,通高6米,文献和碑刻资料称之为"丈八石佛"。二号窟为佛殿窟,窟内平面近方形,正、左、右三壁上部各刻一尖形龛,正壁龛内为五尊像,左、右壁龛内分别为三尊像,但此三壁三龛式造像布局比较少见,题材已非"三世佛",三壁主尊均为菩萨装弥勒坐像。三壁尖形龛下方均为圆拱立佛龛。三壁尖形龛两侧及上方、窟顶、前壁等处刻造圆拱千佛小龛,总数有百余个。三号窟离地面3米多,平面近方形,正壁有一圆拱空龛,估计为僧房窟。四号窟位于崖壁上,高不可攀,为一圆拱空龛。石窟前现存一佛殿遗迹,当为一废毁寺院。窟前还有元、明、清石碑七通。关于渑池石佛寺石窟的开凿年代,众说纷纭。比较通行的说法为北齐,主要根据一号窟摩崖造像和二号窟内造像的风格特征而推定;一说为唐代,其依据为一号窟摩崖造像左侧曾有唐代"大中二年"刻字;一说为元代。近年,杨超杰先生撰文,通过对石窟造像的艺术分析,以及对石窟所存明代碑刻的分析,认为其当属北周时期开凿的石窟。①

9.伊川石佛寺石窟。石窟位于伊川县城西北鸦岭乡石佛寺村北之山崖上,又称鸦岭石窟。现存两个洞窟,坐东向西。

南窟洞较小,洞口高 1.65 米,窟内高 2 米。正壁雕坐佛一尊,两侧各侍立一菩萨,还刻有小龛像,布局不规则;南壁有一壁龛,内有坐佛一尊,菩萨两身分侍左右;穹隆顶,线刻简单花纹装饰。

北窟洞较大,高 5 米,宽 4.5 米,深 6 米,正壁雕坐佛一尊,身高 1.5 米,左右菩萨造像各一;正壁南端有一壁龛,内有坐佛一尊;南壁又有两壁龛,内有立佛一尊;北壁有大坐佛一尊,左右各有一侍立菩萨。窟门口有明代万历四十六年(1618 年)碑碣一通,字迹多不清,似为重修之碑记。

该石窟的造像无论从面目、刀法、衣纹上看,应雕造于北魏时期。有后世重修、重塑之痕迹。

10.伊川吕寨石窟。吕寨石窟位于伊川县城东 25 公里酒后乡吕寨村北不远处的半山腰中,西临伊水,背靠山坡,坐东向西,由南向北排列为三窟。

南窟为一禅窟,距地面高约 15 米。中间一窟最大,窟内高 2.1 米,宽 4 米,深 2 米,内有三佛造像,周围刻有三十四尊小佛像。正壁主尊右侧菩萨造像十分优美。北窟,窟内高 1.9 米,宽 1.8 米,深 1.5 米。正壁雕一佛二菩萨,周围有多个小佛龛;主尊下方有礼佛图,为一人一侍一榜题排列,与万佛山石窟的礼佛图形式一样,当为邑义集体造像,可惜漫漶严重;南壁刻有弥勒下生变相。

该石窟的造像,无论从刀法、面目、衣纹上看,均具北魏晚期特征。

11.孟津谢家庄石窟。石窟原位于孟津县煤窑乡谢家庄东南不远的横水河东岸之崖壁上,因该地属小浪底水利枢纽工程淹没区,遂搬迁至孟津县城内。

石窟原坐东朝西,平面略呈梯形,前部已经毁去。依贺玉萍先生记述,石窟"后壁宽 3.80 米,高 1.66 米,南北两壁宽 1.70 米,前壁宽 4.60 米"②。窟内正、左、右三壁上各开一佛龛,龛内雕佛与胁侍菩萨像。正壁主尊结跏趺坐于

① 杨超杰:《河南渑池石佛寺石窟调查》,《中原文物》2010 年第 5 期,第 17—21、38 页。
② 《北魏洛阳石窟文化研究》,第 25 页。

河南佛教史稿

狮子座上,身高 0.9 米,座高 0.6 米,头部已残,身着双领袈裟。龛楣上方刻"香花供奉"四字,再上刻反映礼佛活动画面。贺玉萍先生认为,此画面"以连环画形式表现了莲花供奉佛事活动的整个过程":

第一场景,最左侧有两侍从牵两匹马,两名贵族正准备上马出发。第二场景,三位乘马贵族高冠褒衣,前面有侍者牵马,后有侍者擎掌伞盖,人物形体表现十分谦恭,侍者所擎伞盖为当时十分流行的四方形伞盖。第三场景,两位贵族已至礼佛场地,前面一位贵族已经下马恭立,后面贵族正欲下马。三位比丘合掌迎接。第四场景,为三尊跏趺而坐佛陀行像。①

关于石窟的开凿时间,贺玉萍先生经过辨认残存题记,并依史料记载,认为是大统三年(537 年)。当时西魏军队占领洛阳,由民间邑社"本教"凿造石窟,因而奉西魏"大统"年号;而东魏占领洛阳时,把题记上的"大统三年"篡改为"天平四年"。②

贺玉萍先生还总结了该石窟的艺术风格,认为"该石窟造像具备了东西魏时期石窟造像过渡变化的典型特征,充满了在表达信仰前提下的新的艺术情绪"③。

12.新密香峪寺造像佛龛。香峪寺造像佛龛位于新密市尖山风景区管理委员会国公岭村下寺沟,为东魏孝静帝天平年间(534—537 年)时凿造。有关造像佛龛的具体情况不详。

2009 年 6 月,香峪寺造像佛龛被郑州市人民政府公布为市级第二批文物保护单位。

13.荥阳王宗店石窟。王宗店石窟位于荥阳市崔庙镇王宗店村北约 1 公里的一处浅石山的崖壁之上,仅一窟洞,开凿于北齐后主天统四年(568 年)。窟门高约 1.22 米,窟内高约 1.72 米、宽约 1 米、深约 1.25 米,窟内雕刻造像七尊,居中为阿弥陀佛,赤脚立于莲花之上,座下两童子,旁边有阿难、迦叶二弟子和文殊、普贤二胁侍菩萨。菩萨前刻青狮、白象,两边刻二力士等。造像上

---

① 《北魏洛阳石窟文化研究》,第 92—93 页。
② 《北魏洛阳石窟文化研究》,第 89 页。
③ 贺玉萍:《孟津谢家庄石窟开凿时间及艺术分析》,《中原文物》2008 年第 6 期,第 87 页。

方还线刻有飞天及瑞禽等。所饰彩绘,多已剥蚀。窟门外上方,摩刻有"都邑主宋市荣伏波将军"等百余位地方官员与宋氏族人捐建者的题名。该石窟造像对研究北齐时期的造像艺术具有重要价值。

1987 年 5 月,王宗店石窟被荥阳县人民政府公布为县级文物保护单位。

14.博爱青天河摩崖。青天河摩崖由北魏摩崖和隋唐摩崖造像组成,位于博爱县寨豁乡青天河景区丹河河谷内。该河谷内东侧有一座酷似天然大佛的山峰,叫二横山,又称大佛山,北魏摩崖即位于此山腰部绝壁上,面临丹河,距河面 30 多米高。摩崖因所处位置险峻,直到 20 世纪末至 21 世纪初方显于世。

摩崖面积高 1.2 米,宽 1.5 米,线刻,中心为一尊男相观世音立像,两侧为题记,刻于北魏宣武帝永平二年(509 年)二月。由于摩崖之上有一檐石,保护崖面不受雨水侵蚀,崖面前几无立足之地,加之长期无人知晓,免受人为破坏,方使其历经一千五百余年而完好无损。

观世音菩萨头戴花蔓宝冠,冠中刻一佩莲瓣形背光的立佛,冠两边的宝缯斜出飘下。面相微侧向右凝视前方,鼻高目深,唇上有微髭。体形修长,长颈削肩,颈佩桃形项饰。上身袒露,宽大的帔帛绕肩在腹前穿璧环下垂至膝际后上扬,一条穿左肘形成环形后回绕沿体侧下垂,一条绕右臂向外飘扬。右手执莲苞下垂,左手持扶尘屈肘于左胸前,两腕均戴手镯。下着长裙,衣裙微飘,裙褶处繁复重叠,跣足立于覆莲座上,脚趾向外。身后有素面圆形头光和莲瓣形背光。上有帏幔装饰的屋形华盖,华盖四角饰山花焦叶和下垂的幡带。

题记全文共四百三十二字,一字不缺,魏碑体,略带隶书遗意,字形隽秀,为留传魏碑之上品。其中在像之左侧所刻为《妙法莲华经·普门品第廿四》之序首一启及发愿文。经文与现存于《中华大藏经》第十五册之鸠摩罗什所译《妙法莲华经》卷七《观世音菩萨普门品》比对,除"第廿四"现为"第二十五"之外,其余完全一致。发愿文云:

> 佛弟子清信士建等,庸软忝处朝末,猥蒙所遣,通治丹道卅二难。从南至北,造作垂讫,会遇此难。其侧有自然石堪,可造灵容,遂发微心,刊造观世音像一区,并注《观世音经》序首一启。欲令路人憩息之暇,因生

礼诵,敬拜赞读,靡不感悟。经云"福不唐捐",可谓妙旨之明验。后愿斯道坚固,永无亏损,使行士驰途坦然无碍,所愿如是。其道以大魏永平元年冬十有一月建,功至二年春二月成讫。凡用夫四千,其日九旬。

南无观世音菩萨消伏一切毒害,行人见者宜发菩提心。①

像之右侧刻各级将领职衔姓名。

青天河北魏摩崖虽然很小,但其历史价值却非常大:其一,此摩崖线刻观世音和《妙法莲华经》是国内目前已知最早的佛经与佛像相结合的石刻;其二,题记内容真实、准确地记录了当时修筑丹道的情况,是研究北魏时期交通历史的宝贵资料。

2006年,青天河摩崖被国务院公布为第六批全国重点文物保护单位。

15.方城、泌阳佛沟摩崖造像。该摩崖造像位于方城县东南小史店镇与泌阳县北部象河乡之毗邻处,其准确位置当在小史店镇境内。小史店镇东南之林场村与象河乡西边之庞庄相距不足3公里,这里为伏牛山与桐柏山交会的余脉,属浅山丘陵地区。在林场村南、庞庄村西有一山峦,海拔200多米,方城谓之香山,泌阳谓之婆子山,摩崖造像即在此山北麓。方城对外称其为方城佛(爷)沟石刻,泌阳对外称其为泌阳婆子山石刻。实际上,方城当地群众对"香山"之名知者甚少,泌阳当地群众不称其"婆子山石刻",而称其佛沟石刻。

石刻的重新发现,始于20世纪70年代方城县的一次地名普查。人们为追寻佛爷沟名称的来历走进山中,在香山北麓密林遮蔽的山坡上,才发现了此处摩崖造像。在村民的记忆里,此地松柏深处曾有古刹香山寺,现香山寺已荡然无存,但崖下尚依稀可看到有建筑遗迹,周围有散乱的素面砖瓦。

摩崖造像镌刻于半山腰处的南北两块自然巨石上,颇为壮观。南石较高,北石较矮,两石相邻,其间距仅0.3米左右。

南石高约3.6米,宽2.7米,厚1.5米;北石高3.1米,宽3.3米,厚2.5米。据统计,两石总计刻凿佛像三十二龛一百三十八尊,其中南石十八龛六十六尊,北石十四龛七十二尊。佛像最高1.4米左右,最低约0.2米,由于山石主要

---

① 此句在像之右侧首行。

成分为砂岩,易剥蚀,部分佛像已漫漶不清。

南石四壁环刻造像。南壁造像分上下两层,上层并列雕两个尖拱龛,右龛稍大,内雕宝冠佛结跏坐于束腰须弥座上,右手屈肘上举,左手下垂。左龛内雕一佛结跏坐于仰莲座上,头残,施禅定印。下层靠右为三个尖拱形龛,中龛稍大,共同组成一佛二弟子造像。中龛内雕弥勒倚坐于束腰须弥座上,面残,右手上举于胸侧,左手下垂抚膝上。左右两小龛内所刻二弟子,双手合十而立。下层靠左近边缘雕一方形小龛,从龛形看应与东壁龛相连。龛内造像三身,右边两身剥蚀不清,左边一身肩披帛带,双手下垂在身侧紧握。此龛下方有一龛形浅槽,未施工。

东壁满雕龛像,上层雕一尖拱形大龛,左右雕两个圆拱形小龛。大龛内为一佛,头残,结跏趺坐于方形束腰须弥座上,裙裾覆搭座前,衣纹及手印均剥泐不清。二小龛内各雕一弟子,双手合十而立。左弟子龛下有一方形小龛,内雕一主尊与二胁侍,形象及衣饰已剥泐不清。中层为上下排列的两个横长方形龛,两龛内容完全相同,每龛造像三组,每组均为一主尊及二胁侍。最下层造像多剥蚀不清,从中间图像可看出有二小鬼在推磨,应属地狱变内容。

西壁上部似有题记,但已漫漶不清。上层雕一尖拱龛,龛内无像。中层左龛雕一佛二菩萨二弟子,居于“山”字形龛内。主尊通高约 0.68 米,高肉髻,面相丰圆饱满,颈饰三道蚕纹,右手屈肘上举置胸际,左手下垂扶膝,结跏趺坐于束腰高座上,座前覆搭裙裾,束腰处饰莲苞。主尊左右两侧分别雕普贤、文殊菩萨,结跏趺坐在白象与狮子背上。画面的主题应是华严三圣。在主尊与菩萨间身后又刻有二弟子双手合十而立。左龛内雕一佛二弟子,主尊及左弟子残损严重。下层为竖长方形浅龛,内雕十六罗汉,分四层交错排列,每层四尊,个别已残毁。造像面部多剥泐不清,手势各异。

北壁,正中偏上雕观世音菩萨及二比丘,无龛。观音通高 1.4 米,为该处摩崖造像中最大者,十二臂,头戴高冠,冠前刻化佛,面相方圆。上身袒,结跏趺坐于仰莲须弥座上。除两臂合十于胸前,两臂平置于腹前外,其余八臂分置于头顶、肩际和腰部,施不同手印。二弟子恭立于佛座两侧。

北石南、西、北三壁造像,东壁被土埋没,无雕刻。南壁造像分三部分,顶部一斜长大龛内雕坐佛三尊,头部均残,双手在胸前合十,结跏趺坐于方形台座上。其下部有五龛,每龛内一像,为一佛二弟子二菩萨。中间较大的舟形龛内主尊结跏趺坐于束腰须弥座上,螺髻,袒胸。左右两小龛内二弟子头残,双手合十,恭立于莲花座上,其外侧两个稍大的尖拱龛内,左刻普贤骑象,右刻文殊骑狮,均面侧向主尊,其下方分别刻狮奴、象奴。此龛主题亦应是华严三圣。菩萨头部近年被盗。该壁面右半部自上而下雕坐佛五排,每排数目不等,共十四身,均有莲瓣形背光,结跏趺坐于莲花座上,应与北石西壁雕刻内容一致。西壁自上而下雕五层长方形龛,每层龛内雕坐佛数量不等,共三十九身,皆有莲瓣形背光,结跏趺坐于仰莲座上。此壁三十九身与南壁十四身共同组成五十三佛。北壁上端一排刻供养人像十身,其中男性三身、女性七身,多剥泐不清。

在摩崖造像东南角10米左右,还有三处利用自然石块雕造的龛像,每石上雕一浅龛,内雕造像不同。其中一"山"形石上雕一佛二弟子,高约1米,头均残,衣纹剥泐不清,跣足立于莲座上。另两处为道教造像。

摩崖造像东南角10余米处还有一处禅窟,面北,正对着摩崖造像。该窟利用一块天然巨石开凿而成,窟高1.15米,宽1米,深1.57米,窟口呈尖拱形,上方有三个圆形孔眼,应为搭建檐棚所凿。窟内平面约呈方形,在靠近后壁处起一平台,高约0.2米,在靠近左壁处也起一平台,高约0.3米。从窟内面积和形制看,当为供坐禅用的禅窟。

近年,在距佛沟摩崖造像西南约1.5公里处新发现一尊十二臂观音造像。该像雕刻在一长约8米、高约3.4米、厚约2.5米的天然巨石上。像高约1.15米、宽约0.9米、座高约0.85米、宽约1.05米,造型与前述南石北壁之十二臂观音相同。此外,泌阳县象河乡后周庄北关山的崖壁上,亦刻凿有佛教造像。象河乡东接之下碑寺乡石灰窑村缸窑湾西还有佛教石窟,据称均为北魏遗留。

方城、泌阳佛沟摩崖造像未见著录,有关其雕造时间说法不一。《楚风汉韵——南阳》一书认为"从雕像风格看,其造像年代为唐代以前"①。《南阳宗

---

① 李义祥主编:《楚风汉韵——南阳》,郑州:河南科学技术出版社2011年版,第98页。

教文化》谓"北魏(420—534)年间,方城县小史店出现摩崖造像"①。1986年河南省人民政府批准方城佛沟摩崖造像为第二批文物保护单位时,确定的年代为北朝至唐。2006年河南省人民政府公布泌阳婆子山摩崖造像为第四批文物保护单位时,确定的年代为北魏至宋。而王景荃先生通过实地考察,根据造像题材与造像风格认为:方城佛沟摩崖造像,是豫西南地区唯一一处佛教密宗造像,也是"南襄隘道"上的一处重要的佛教遗迹,该处摩崖造像的雕造,应与"南襄隘道"有关。他说:

> 佛沟摩崖造像有可能是北宋时期经此道由中原南下的信众或高僧所造,或者说是为在此开凿运河的河工祈福禳灾所造,无论何种原因,此处摩崖造像当是中原佛教南传过程中留下的历史见证。方城佛沟摩崖造像虽无造像记年,也无文献记载,但从造像题材、造像形式和风格看,应属北宋时期作品,并非"北魏时代所镌刻"。造像中的十二臂观音,是密宗造像中常见的题材。由此可见,佛沟摩崖造像是河南除龙门石窟外仅见的一处五代至北宋时期的密宗摩崖造像,是研究唐代密宗在中原的传播和密宗造像的宝贵资料。②

## 第三节　北朝后期豫北地区凿造的石窟与摩崖造像

北魏末永熙三年(534年),大丞相渤海王高欢拥立孝静帝元善见,自洛阳迁都邺城,建立东魏,东魏之后又有北齐,也以邺城为国都。北齐隆化元年(577年)北周武帝攻陷邺城,灭北齐。邺城作为东魏、北齐之国都历时四十余年,当时的邺都,不仅是北方的政治中心,也是北方的佛教中心。

前述,邺城遗址在今河北最南端之临漳县,毗邻河南豫北地区,邺城之佛

---

① 《南阳宗教文化》,第3页。
② 王景荃、杨扬:《中原佛教南传之路上的重要遗存——方城佛沟摩崖造像再研究》,"2009年中国重庆大足石刻国际学术研讨会暨大足石刻列入《世界名录遗产》十周年纪念会"宣读论文,河南省博物院网。在此文之前,王景荃曾发表《方城佛沟摩崖造像调查与研究》(《中原文物》2009年第1期,第66—74页),两文关于方城佛沟摩崖造像的内容及造像时期的判断有不同。关于"南襄隘道",王景荃说:"指今河南省南阳盆地与湖北襄樊之间的古代著名道路。"

教兴盛,也直接影响到河南的豫北地区,如安阳、林县、淇县、鹤壁等地,这里属太行山东南麓。

1.鹤壁五岩寺石窟。此石窟开凿在鹤壁市五岩山南麓之崖壁上。五岩山,古称苏门山,位于鹤壁市老市区西北8公里处太行山北麓,因山有五谷,突起五峰,故曰五岩。由于此地偏僻,五岩寺石窟不为世人所知,也不见于方志典籍,20世纪80年代初,鹤壁市博物馆在文物普查中,才重新发现。

五岩寺石窟依山势在200余米的山崖上由东向西分五处(区)开凿。第一区坐北向南,有五个窟龛,其中最大一窟,平面呈马蹄形,穹窿窟顶,高1.27米,深0.7米,宽0.74米。尖拱形门楣,上浮雕花绳帷幔,内雕一佛二弟子二菩萨与一供养比丘。本尊身着褒衣博带式袈裟,结跏趺坐,二弟子与二胁侍菩萨跣足而立。左侧弟子与菩萨间线刻跪姿供养比丘。窟内有兴和四年(542年)造窟铭记二则。第二龛位于第一窟左上角,内雕一佛,结跏趺坐。第三龛位于第二龛东,高度、龛形与造像均同第二龛。第四龛又位于第三龛东,内雕一佛二弟子。第五龛位于第一龛右邻,内雕一佛二弟子,佛结跏趺坐,呈禅定相,佛座下有护法蹲狮一对,龛外两边又各雕一力士。龛下有东魏孝静帝兴和四年(542年)之造像题记,其最后一行镌刻有"五岩寺石窟铭"等字。

第二区位于一区西约40米的悬崖之上,南向,上下共雕三层六龛,大小为0.3—0.4米,均为半圆拱形龛门,龛楣为尖拱形。龛内造像除一龛内为二尊坐佛之外,其余均为一佛二弟子。有两龛有题记,其中纪年分别为东魏孝静帝武定五年(547年)与武定七年(549年)。

第三区系在二区西30多米的崖壁上凿出一横长方形的平面,其上造三个南向佛龛。三龛大小不一,大龛高约0.5米,小者仅约0.14米。小龛内刻一菩萨立像,其余两龛内刻一佛二弟子。

第四区位于三区西约40米处,共有十九个佛龛。十九龛中,有十七龛内刻一佛二弟子,余一龛雕两尊佛像侧身相向盘坐,一龛本尊为菩萨像。部分龛边有题记。

第五区位于四区上部和西侧,共八个窟龛,其中一龛,高2米,仅雕出龛形即废弃。其余七窟龛中,有两龛刻一佛二弟子,一龛刻一佛二菩萨,一龛刻一佛二弟子四菩萨二供养人,一龛刻四立佛。还有一龛刻像十三尊,本尊为佛坐像;一窟内雕像十三尊,本尊则为菩萨坐像。七窟龛之大小差别很大:仅有的一窟高约 1.41 米,大龛高 1 米,而小龛仅高 0.28 米。部分龛边有题记。

上述五区共有佛龛四十一个,造像一百五十四尊,护法狮子二十四对,发愿文题记十二则。窟龛的形制特点、装饰布局、造像风格大体相似,应系同一个时期所营造。十二则发愿文题记中能辨认出年号的为十则,最早的为孝静帝兴和四年(542 年),最晚的为孝静帝武定七年(549 年),这一阶段应为五岩寺石窟的开凿时期。由于石窟的窟龛规模较小,当非王公贵族、高官显宦所造,而是当地僧众、百姓等为祈福禳灾、广植功德而开凿的民间窟龛。值得注意的是,虽然此石窟开凿于北朝晚期,但其中的个别造像却身着齐膝僧衣,是为早期造像的服饰特点。[1]

2.淇县前嘴石窟。"前嘴"或作"前咀",当地又称武公祠石窟、千佛洞,位于淇县城区西北 18 公里的黄洞乡前嘴(前咀)村东武公祠西,坐北向南,面对寺丰水库。

窟门高 1.11 米、宽 0.86 米,门楣上部两侧凿有洞眼,原来可能装有前檐。洞口外两侧各雕一力士,赤膊饰帛,腰系战裙,跣足而立,肌肉隆起,筋骨毕露,显得勇猛刚健。

窟内平面近于方形,盝顶,高 2.1 米,宽 1.87 米,深 1.83 米。正壁中部雕一大佛龛,龛内雕一佛二弟子二菩萨。本尊为释迦牟尼佛,头残,头顶螺髻,肩宽而圆,双手残缺,但尚能看出右手前伸、左手下垂屈指的姿态,身着通肩大衣,衣服紧贴身,结跏趺坐于长方形须弥座上,衣纹褶叠规整覆于座前。有圆形头光,周围饰莲花。须弥座未加雕饰,形制古朴。两侧弟子头亦残,后有圆形头光,身着袈裟,双手置于胸前,跣足而立。弟子外侧的菩萨已残。龛的上部与左右壁面遍刻小佛龛,共有一千零四十三身,每龛内一坐佛,部分已残蚀。南壁原来也雕有小佛龛,大都剥落。龛间多刻有供养人姓名,如"邑子郭相周"。

---

① 河南省文物研究所、鹤壁市博物馆(执笔:杨焕成):《鹤壁五岩寺石窟》,《中原文物》1989 年第 2 期,第 75—81、96 页。

窟顶藻井并雕八瓣莲花,靠后壁两角雕二力士,裸体,着犊鼻裤,双手按膝,昂首半蹲,似在用力支撑窟顶;外边两角则刻两枝荷叶。四角之间刻四组飞天,每组三个,皆戴花冠,肩披帔帛,腰系长裙,双手或拱于胸前,或奉供果礼佛,形体窈窕,衣饰飘洒。

从造型风格与雕刻手法来看,该窟应为北朝晚期的作品。有学者推断其为东魏孝静帝兴和二年(540年)前后雕造。① 因附近有水库,石窟常年浸泡在水中,只有枯水期才露出水面,窟内潮湿而阴冷。离此洞窟不远处的断崖下还有一处佛龛,崖面上共有两个佛龛,一个仅有线刻轮廓,另一个内雕一佛二菩萨像。由于反复为水库的水浸泡,佛龛上面结了一层厚厚的水碱,但从衣饰依稀可辨为北朝之造像。龛的下方有一大块平整石壁,有"邑子赵仪宝、邑子□□□"等字,若能将其表面水碱清理,或可确定前嘴石窟的具体开凿年代。

1986年,前嘴石窟被确定为河南省第二批重点文物保护单位。

3.安阳小南海石窟。小南海石窟,又称北齐石窟,位于安阳市西南25公里之安阳县善应镇龟盖山南麓,面临洹水,因距自然山泉小南海不远,故称小南海石窟。石窟规模不大,仅有西、中、东三窟,均为北齐天保年间(550—559年)建造,一般认为中窟年代最早,东窟、西窟次之。依李裕群先生研究,三窟之中主尊造像题材相同,均为正壁一坐佛二弟子,左右壁一立佛二菩萨,构成了三壁三佛组合,三佛均为释迦、弥勒与无量寿佛。中窟与东窟壁面有浅浮雕,西窟为素壁。中窟的内容最为丰富,雕刻也最为精美。②

中窟,坐北朝南,窟前原有木构建筑,现已毁。窟门高1.02米、宽0.65米,下有门槛,门两侧各浮雕一护法神王立像。拱形门楣,雕饰十分华丽:楣端浮雕两只回首相顾的金翅鸟,楣间又有青龙两条,楣正中雕一火焰宝珠,两龙伸爪作戏珠状,楣两侧为二螭缠枝垂首,口衔帏幔。窟门外上方崖面镌刻《镂石班经题记》,右侧崖面还镌刻有《华严经偈赞》与《大般涅槃经·圣行品》,在窟

① 吕品、耿青岩:《淇县现存的石窟和造像碑》,《中原文物》1986年第1期,第26—34页。
② 李裕群:《关于安阳小南海石窟的几个问题》,《燕京学报》1999年5月,新6期,第161—181页。

门外左上方、左侧力士下方与右侧力士下方又新发现有三则题记。① 由《镂石班经题记》的内容可知,此窟天保元年(550 年)由灵山寺僧方法师与故云阳公子林等率诸邑人始建,天保六年(555 年)僧稠禅师重莹修成。② 镌刻的石经字体苍劲,是研究北齐书法的宝贵资料。

窟内平面大致呈方形,进深 1.34 米,宽 1.19 米,高 1.78 米,覆斗状窟顶,莲花藻井。窟内造像均为高浮雕,其后又附以浅浮雕。

正壁(北壁)通壁雕一佛二弟子像。主尊释迦佛结跏趺坐,手作禅定印,后有举身舟形火焰背光,背光上部正中尖拱处刻一单层方形宝塔,其两旁为两个腾空飞舞的天人,分别用手承托莲状塔座,背光上部左右两侧也各有飞天两身。佛座正面上层雕托基力士,下层正中为宝炉,两侧各有一蹲狮。依李裕群先生考释,壁面上浅浮雕所表现的题材分为两部分:其一,释迦佛左侧下方为僧稠供养像,其上方画面表现的是弗沙佛度释迦菩萨故事,典出《大智度论》卷四。其二,释迦佛右侧画面分为五个情节,自下而上展开,表现"舍身闻偈"故事,典出《涅槃经》卷十四《圣行品》。③

左壁(西壁)刻一佛二菩萨立像。主尊无量寿佛头部已残缺,后镌刻火焰纹尖拱状头光,头光纹饰丰富,身着宽袖长衣,跣足立于覆钵状莲座上。壁面上浅浮雕观无量寿佛经变的内容。依李裕群先生考释,其内容所表现的是一幅完整的十六观经变画,其中有文字可识读的榜题九则:一、日想观,有一轮日,日中有一黑子。二、水想观,有一堆波浪状画面,表现水。三、地想观,有一块方地,其上一人五体投地作礼拜状。四、树想观,有一参天大树,树顶上有一庑殿建筑,榜题"七宝台口口树"。五、八功德水想观,有一池塘,与一水渠相连,榜题"八功德水"。六、总想观,有一参天大树,树上有一庑殿顶楼阁,榜题"五百宝楼"。七、花座想观,从污泥中生出一莲叶,莲叶内有一摩尼宝珠。八、想像观,此观无浅浮雕画面可作对应,以西壁之一佛二菩萨造像比定。九、遍观一切色想观,此观为观西壁之主尊无量寿佛。十、观世音菩萨色

① 李裕群:《关于安阳小南海石窟的几个问题》,《燕京学报》1999 年 5 月,新 6 期,第 161—181 页。
② 《八琼室金石补正》卷二十一,《石刻史料新编》第一辑第 6 册,第 4326 页上。
③ 李裕群:《关于安阳小南海石窟的几个问题》,《燕京学报》1999 年 5 月,新 6 期,第 161—181 页。

河南佛教史稿

真实身观,此观为观观世音菩萨,则西壁主尊之左侧菩萨即为观世音菩萨。十一、大势至菩萨色身观,此观为观大势至菩萨,则西壁主尊之右侧菩萨即为大势至菩萨。十二、普想观,此观尚难与壁面浅浮雕相对应,或即莲花、小鸟画面,抑或即两只展翅飞翔的大雁画面。十三、杂想观,有一顶有肉髻的巨佛立像,手似施禅定印,头上有一莲叶。十四、上辈生观,由三个画面组成:其一,一宝台上坐一人,榜题"上品上生"。其二,一莲台上坐一人,榜题"上品中生"。其三,一盛开莲花内坐一人,榜题"上品下生"。十五、中辈生观,画面上榜题"中品上生"者为一莲台上有一人五体投地作礼拜状。榜题"中品中生中品下生"者均为一莲花,其上人物已不可辨。十六、下辈生观,亦由三个画面组成,但仅榜题"下品往生":一莲台上坐一人,双手合十,为下品上生,后面有莲蕾两朵,内各有一人,为下品中生与下品下生者。李裕群先生说:

> 这是目前国内发现最早的石刻十六观题材。整个画面布局紧凑,主题突出,并且巧妙地运用浅浮雕与造像相结合的手法,使其成为一个宏大的场面。①

右壁(东壁)造像形制与西壁大体相同,主尊为弥勒佛。造像后的壁面上也满布内容丰富的佛教题材浅浮雕,包括弥勒为众说法图及隶书"弥勒为众说法"题记等。前壁亦即门楣处与门内两侧,遍刻人物、花卉图案。其中门楣处刻一幅由佛、供养比丘与供养人组成的长条形图画,内容包括维摩诘与文殊说法场景;门内两侧刻莲花化生图案。

西窟,坐东朝西,窟内平面略呈方形,面积略大于中窟,进深约 1.76 米,宽约 1.36 米,窟高约 1.76 米,窟顶为覆斗式。窟门作拱券形,门楣正中刻一莲花,两旁各有一青龙,下雕两只金翅鸟。窟门两侧各刻一守门人,守门人之上又各有一倒立的裸体虎头人身强梁。窟内正壁(东壁)正中高浮雕释迦佛,面部已毁,身着双领下垂式袈裟,结跏趺坐于长方形台座上,后有舟形背光与莲形头光。左右二弟子,面部均毁,衣饰尚清晰,双手合十,跣足而立。左右两壁各镌刻一佛二菩萨立像三尊。窟门外左侧壁面上,用减地法浅雕出供养人

---

① 李裕群:《关于安阳小南海石窟的几个问题》,《燕京学报》1999 年 5 月,新 6 期,第 161—181 页。

像一组,竖十行,横八排,总计八十尊,每像高约 0.15 米,刻工精湛细腻。

东窟,位于中窟以东约 500 米处的洹水北岸摩崖上,窟门南向,毁坏严重。窟内平面呈正方形,进深 1.29 米,高 1.67 米,覆斗状顶。窟内正壁(北壁)正中高浮雕释迦佛,结跏趺坐,左右两侧为弟子。最下层的壁脚处雕有小龛十个,每龛内刻一小坐佛。东西两壁各刻立像三尊,均有圆形头光。依李裕群考释,西壁面上亦刻有十六观经变画,但画面极为简略,且内容不全,可以考定的题材共有十观。①

为了加强保护,现已在中、西窟前围起院墙,并于 1999 年年底将东窟迁至中窟院内。② 1963 年,小南海石窟被批准为河南省文物保护单位;2001 年,被国务院公布为第五批全国重点文物保护单位。

4.安阳灵泉寺石窟。灵泉寺石窟位于安阳县西南善应镇之太行山支脉宝山的东南麓,在小南海石窟的西北处,两石窟相距不远。

前述灵泉寺由地论学派南道系慧光大师的弟子道凭法师创建于东魏孝静帝武定四年(546 年)。历史上,灵泉寺曾经盛极一时,但近代终成废墟,除遗址上的唐代双石塔、一些明清碑刻及寺院西侧山坡上的道凭法师烧身双石塔之外,唯寺院东西两侧之岚峰山与宝山石灰岩断壁上的窟龛基本完整地保存下来。

大留圣窟与大住圣窟是灵泉寺石窟中最著名的两个窟洞,雕刻内容最丰富。

大留圣窟位于寺院东侧约 0.5 公里的岚峰山西麓断崖上,为道凭法师的禅窟。一般认为,它开凿于灵泉寺创建之时——东魏武定四年(546 年),是灵泉寺石窟中年代最早、规模最大的窟洞。大留圣窟门前,原刻有东魏时的窟名及开凿年代题记,现已不存。但李玉珉先生根据窟内坐佛与神王像之风格,认为大留圣窟凿于北齐。③

大留圣窟坐东向西,宽 3.78 米,高 3.5 米,深 4.44 米。窟内现有坐佛三

---

① 李裕群:《关于安阳小南海石窟的几个问题》,《燕京学报》,1999 年 5 月,新 6 期,第 161—181 页。

② 李裕群:《关于安阳小南海石窟的几个问题》,《燕京学报》,1999 年 5 月,新 6 期,第 161—181 页;河南省安阳古代建筑保护研究所(执笔:杨宝顺):《河南安阳灵泉寺石窟及小南海石窟》,《文物》1988 年第 4 期,第 1—14、20 页;《文化古都——安阳》,第 158 页。

③ 李玉珉:《宝山大住圣窟初探》,(台北)《故宫学术季刊》1998 年第 16 卷第 2 期,第 1—52 页。

尊,三佛躯体雄浑高大,雕琢光洁柔美,可惜头部均毁失。正面亦即东面为卢舍那佛,身着双领下垂式袈裟,结跏趺坐于束腰须弥座上,后有舟形火焰纹背光与圆形头光。北面为阿弥陀佛,姿态、衣着、背光与卢舍那佛大体相同,右手已失,左手前伸施与愿印,亦结跏趺坐于须弥座上。南面为结跏趺坐之弥勒佛,姿态、衣着、背光亦与卢舍那佛相仿。北面与南面佛座下各刻有四个小拱龛,每龛内雕一神王造像,分别似为象、山、鱼、珠、树、风、火等,形象端庄古朴。

由于灵泉寺石窟地处深山,常年为山洪冲刷,许多洞窟被泥沙淤塞和乱石掩盖。大留圣窟因其历史久远,堵塞的程度最为严重。20世纪80年代前期,河南省古代建筑保护研究所进行全面调查时,经过清理、发掘,才使之原貌重新出现于世人的面前。

灵泉寺石窟的窟龛之中最多的是塔龛——摩崖灰身塔,数量达一百五十余座。① 灰身塔为亡故佛教僧侣或信佛居士的墓塔,在中国古代佛教历史上,烧身塔又称灰身塔、碎身塔、散身塔、支提塔、像塔、影塔、寿塔等,是为亡故僧侣或信徒所起的墓塔。一般而言,墓塔为立体形制,是以砖石为材质的建筑物,如前述道凭之烧身塔,如少林寺、风穴寺塔林中的塔。但在灵泉寺遗址东西两侧之岚峰山、宝山的山间,却有大量的摩崖灰身塔——在崖壁上刻龛,龛内雕塔,塔身上镌刻亡故者坐像,形成一种立面形制的墓塔。灵泉寺遗址周围大量的摩崖灰身塔聚而成为另一种形态的塔林,如考古学家宿白先生就直称灵泉寺石窟为"宝山塔林",古建专家罗哲文先生也说:"像宝山灵泉寺这样用石刻浮雕出的塔林尚属罕见,其数量之多、年代之早、雕刻艺术之精美,也是塔林之仅有。"②

对于灵泉寺摩崖灰身塔的研究,河南省古代建筑保护研究所经过考古调查有专著《宝山灵泉寺》与论文《河南安阳宝山灵泉寺塔林》出版发表。此外,中央美术学院研究生王中旭的硕士学位论文《河南安阳灵泉寺灰身塔研究》

---

① 河南省古代建筑保护研究所(执笔:杨宝顺):《河南安阳宝山灵泉寺塔林》,《文物》1992年第1期,第1—13、30页。

② 《文化古都——安阳》,第159—160页。

也对灵泉寺摩崖灰身塔形制特点、演变与塔林的形成进行了专门的研究。①

1963 年,灵泉寺石窟被批准为河南省文物保护单位;1996 年,被国务院公布为第四批全国重点文物保护单位。

5.林县洪谷寺千佛洞石窟。洪谷寺千佛洞石窟位于林州市城区西南 15 公里的合涧镇西部之洪谷山谷内,坐北面南,处于崖壁中间,始凿于北齐武平五年(574 年),后于洪谷寺之兴建。

石窟在洪谷寺东北崖山腰上,窟洞外有高石台阶。窟内平面呈马蹄形,内外共雕大小佛像一百二十八个,最大的高约 2.8 米,最小的仅高 0.16 米,洞外东崖壁上刻有赞佛偈语,年代为"大齐武平五年(574 年)八月"。窟内嵌砌有唐高宗乾封元年(666 年)所刻佛经,又有北宋哲宗元祐五年(1090 年)摩刻。

千佛洞石窟,唐时称龙华浮屠,石窟坐北面南,洞外以青石砌作单层塔龛,东西长 3.97 米,檐高 2.67 米,门楣上两侧檐下分嵌两方造像题记,东侧题记为:"大齐武平五年于洪谷寺东四百余步,名山之侧,遂造大石像一躯,并二菩萨、阿难、迦叶等。"西侧一方刻有比丘僧员操于唐乾封元年(666 年)敬造的龙华浮图一所,并《观音金光明经》一偈、《无量义经》半篇,写经言于石。后壁中间雕阿弥陀佛,高 2.78 米,头手均残,身着袈裟,结跏趺坐在束腰莲座上,旁立二弟子,头手皆残。外侧为二胁侍菩萨,头残,颈饰项圈,袒胸,披长帛,赤足立于束腰莲座上。大佛上顶部浮雕二飞舞的供养人,头束高髻,袒胸着裙,手捧供果。大佛头东侧后壁刻有"张商英结缘来此"七字,为宋元祐五年(1090 年),时任开封府尚书右仆射的张商英游此题书。西壁右侧上部嵌砌唐刻《金刚经》二方,下边一方前刻《金刚经》,后刻《无量义经》半篇,东壁南侧上方刻《金刚经》,下一方前为《妙法莲华经》,后刻《金光明经》,洞内其余壁面刻有一百多尊小化生佛,多坐于莲座上。洞门拱券面上凿三龛,中龛较大,为阿弥陀佛,两侧为阿难、迦叶二弟子,外侧为胁侍菩萨。

洞外东崖壁上刻"天上天下无如佛,十方世界亦无比,世间所有我尽见,

---

① 河南省古代建筑保护研究所:《宝山灵泉寺》,郑州:河南人民出版社 1991 年版;王中旭:《河南安阳灵泉寺灰身塔研究》,中央美术学院 2003 级硕士学位论文,第 9—26、41—43 页。

一切无有如佛者。大齐武平五年八月建”,记载了千佛洞的初凿年代,此题记为隶书,是林州市境内至今发现最早的石刻。

1986年,洪谷寺千佛洞石窟被河南省公布为文物保护单位。2013年,洪谷寺塔与千佛洞石窟被国务院公布为第七批全国重点文物保护单位。

6.沁阳窄涧谷太平寺石窟。石窟位于沁阳市城区西北约25公里的紫陵镇神农山西支脉悬谷山之峭壁上。其地先以谷为名,称窄涧谷,金代称“真谷山”,明清时称“悬谷山”。这里峰峦环列,危崖垂覆,灵泉鸣玉,幽谷深奇。北魏时在此兴建寺院,并在寺北崖壁上开窟造像。寺初称“开化寺”,后易名“太平寺”,又名“真谷寺”“贞谷寺”“悬谷寺”等,经历代维修扩建,至民国年间才废圮。遗址位于悬谷谷底,虽残垣断壁,但布局清晰完整,基址上散存有大量碑刻及石雕构件。

据《文化沁阳》记述:北魏孝文帝延兴三年(473年),为纪念太上皇南巡怀州,开始摩崖造像。隋、唐时期此地继续开龛造像,并达到鼎盛,五代及宋、金、明、清等时期又摩刻《金刚经》,续造窟龛。现存三窟六龛,一座摩崖唐塔,一处摩崖刻经,造像题记八方,宋、金时期的游人题记多处,分布在东西长不足三百米的悬崖之上,世号“小龙门”。①

窟龛编号自西向东排列。一号龛高1.45米、宽1.43米,内刻一佛二菩萨。龛下有造像题记,高0.5米,宽1米。向东约1米许为二号龛,高0.93米,宽0.89米,距地面3.1米。内雕一佛二菩萨,主尊为阿弥陀佛,结跏趺坐于须弥座上,有项光三道:一、二道间刻植物花纹,二、三道间刻宝珠。观世音与大势至菩萨分侍两侧,龛下题记侵蚀难辨。

二号龛向东30多米为三号龛,为谷内最大的摩崖造像龛,高3.38米,宽1.26米,距地面4.4米,龛楣为单莲瓣形。龛内高浮雕一药师佛,像高2.37米,溜肩,头饰螺纹高肉髻,面目丰阔,身着掩襟袍服,腰系宽带,衣纹简练,左手捧药钵置于胸前,右手斜执锡杖,杖头如意状,上刻一小佛,跣足而立于有两层仰莲之莲台座上。像龛西上方有题记,谓造像成于唐咸通二年(861年),龛

① 邓宏礼著:《文化沁阳》,北京:科学出版社2011年版,第305、307页。

西又有元延祐三年(1316 年)所刻题记。三号龛西峭壁为南北向,面东摩刻《金刚般若波罗蜜经》,高 2.68 米,宽 2.44 米。经文楷书阴刻,圆润大方。其左下方,又线刻金刚像图,线条流畅细腻,人物栩栩如生。据落款,文图镌刻于五代后晋天福三年(938 年)。

三号龛东为一号窟。窟内宽 3.26 米,进深 2.84 米,窟内有台无像,为僧人坐禅之处。禅洞东有一南北向短石墙,石墙正中开拱门。门东又一像龛,龛高 3 米,宽 2.3 米,深 0.6 米,未完成,仅雕一佛二菩萨雏形。过拱门约 2 米,为二号窟,亦称千佛洞。

千佛洞坐北面南,洞门高 1.74 米、宽 0.94 米,门壁厚 0.62 米;①窟内平面呈长方形,穹隆顶,高 2.23 米,宽 3.26 米,深 2.84 米;①窟内地面刻出圆形莲花砖,藻井顶亦精雕细刻,可惜剥落殆尽。洞内北、东、西三壁下部中央各雕一大像龛,北壁龛内为一坐佛二弟子二菩萨,东、西两壁龛内均为一佛二菩萨。除此以外,窟内四壁遍刻小千佛龛,上下十三排,龛高 0.1 米、宽 0.08 米,一龛一像。其中,东壁造像二百三十八尊,西壁造像二百二十五尊,南壁造像二百五十四尊,北壁造像二百九十五尊。窟内造像实数总计为一千零一十二尊,另有比丘二十五尊、石狮六只、熏炉三个。② 特别值得提出的是,尊尊佛像旁边均镌刻有佛名,不同名号者达七百五十多尊,谓之"刻名千佛",这在我国古代佛教石窟造像中是绝无仅有的,为佛教门派研究提供了珍贵的资料。窟洞外上方,又凿出一高 2 米、宽 1.33 米的像龛,龛内造像未就,似为一佛一菩萨;东边壁上刻有隋代窄涧谷太平寺残碑,记述隋时重修太平寺的情况,八分书体,文字古朴,字迹不清。千佛洞右侧还有《唐窄涧谷僧肃然造像记》。

《文化沁阳》称:

> 据相关石刻资料和造像形体特征,千佛洞的开凿时间当在隋代以前。温玉成先生认为"当作于北魏末至北齐年间"。③

---

① 此数据引自《文化沁阳》(第 309 页),《北魏洛阳石窟文化研究》则记为"高约 2.6 米,进深约 3 米,宽约 3.5 米"(第 28 页)。

② 此造像数字为《文化沁阳》所记(第 309—310 页)。

③ 《文化沁阳》,第 311 页。所引温玉成文出自河南省文物考古学会编辑之《河南文物考古论集》,郑州:河南人民出版社 1996 年版,第 510 页。

四号、五号龛位于千佛洞东 6 米许,两龛并列,间距约 0.14 米,龛形、大小相同,为方形,边长 0.62 米。四号龛内刻释迦坐像,迦叶、阿难分侍两侧,其外又有文殊、普贤二菩萨。主尊所坐莲座与弟子、菩萨所立莲座由莲梗连为一体。五号龛内刻一佛二菩萨与二力士,系华严三圣加力士。两龛下有唐代之造像记。

从四号、五号龛东去约 5 米,为摩崖唐塔——"唐僧肃然禅师影塔"。影塔之形体轮廓为线刻,少部分着浮雕。塔距地面 2.77 米,塔身高 3.36 米,宽 1.33 米,为密檐亭式结构。塔身正中凿出高 0.9 米、宽 0.63 米、深 0.1 米的拱形塔门。门两边线刻昂首云龙,交头于门楣,门前刻出台阶三级。门额上刻叠涩出檐九层,檐上为庑殿顶。塔脊正中饰顶楼,楼上刻饰仰俯莲座加宝瓶、宝珠及火焰头组成的塔刹。塔刹两挑角上饰宝瓶,下刻风铎。影塔上方有高 0.5 米、宽 0.6 米的造塔题记一方,字迹已不清。清《河内县志》记为《唐故□和尚肃公影塔记》,题记时间为唐大历七年(772 年)。

从肃然影塔又东去约 20 米,峭壁间突出一巨石,其上开凿六号龛。龛距地面 1.76 米,高 1.55 米,深 0.12—0.15 米,呈扇面状,上宽 1.82 米,龛顶为壶门莲瓣形,莲瓣宽 0.67 米。龛内刻一佛二菩萨,主尊头饰波纹低肉髻,结跏趺坐于莲座上,左手扶膝,右手握拳;文殊、普贤菩萨侍立于两侧莲台上。龛之左上角有题记,亦字迹不清。

从六号龛下至天然二层台,再向东南百余米至三号窟。窟内基本为方形,进深 3.3 米,正中石台上圆雕一明末清初隐居在此处修行的禅师坐像,雕造时间为道光年间。

1963 年,窄涧谷太平寺石窟被河南省公布为文物保护单位,当时公布的名称是"窄涧谷太平寺摩崖",时代定为隋、唐、五代;2003 年,被国务院公布为第七批全国重点文物保护单位,时代定为南北朝至清。

7.天宁寺及其摩崖大佛。在豫北平原的东部,有两座秀丽的青山——大伾山①和浮丘山,山不高,海拔仅有 135.3 米和 101.5 米,但名气很大,相传当

---

① 《全国重点文物保护单位》(Ⅱ)中"大伾山"作"大丕山"。

年大禹治水曾登临此山,《尚书·禹贡》篇记载:大禹导河,"东过洛汭,至于大伾",历代称之为"禹贡名山"。大伾山佛道寺庙甚多,其中以天宁寺及其摩崖大佛创建时间最早,也最为著名。天宁寺初称大伾山寺,始建于北魏太和年间(477—499年),明代改称现名。大佛开凿于北齐,完成于唐初,依山而凿,高达21.33米,为倚坐式弥勒造像,是中原地区年代最早、造型最大的摩崖大佛。摩崖大佛附近,现存历代石刻碑铭三百余块,其中由马去非撰写的、立于五代后周显德六年(959年)七月的《黎阳大伾山寺准敕不停废记》碑,尤显珍贵。此碑完整记录了当时周世宗颁诏废佛,对佛寺存废的有关规定以及大伾山寺存废的处理结果。

碑文先叙说大伾山寺历史悠久,"寺内有缺□碑铭载,相续日月,俨三十二相,亦四五百年"。又记叙朝廷有关政策:"今皇帝均临区宇,子视黎元,虑一夫不耕,天下有馁者;一妇不织,天下有寒者。向乃颁行天命,条贯僧居,有敕额者存,无敕额者废。"再记述大伾山寺无敕额,当废,又因历史久远,经当地官员、僧众努力,得以存留的全过程:"兹寺也,询诸耆老,唯曰大伾。盖前古之寺名,非近年之敕额,如斯敷列,胡免废停。我主公都尉指命僧徒,缮录铭记,阅其状迹,颇历光阴,遽为奏陈,却获依旧。"①

据浚县人民政府网记述:

> 天宁寺历史悠久。元代以前,天宁寺名大伾山寺,坐西向东。明代始称天宁寺,改为坐北向南。清道光年间又改为原坐向。现有殿宇30余间,占地面积2600余平方米。道光间建山门5间,门额横书"天宁寺"三字。门前是平台,台下有"七十二磴",系登山石阶。石阶两旁的地下曾出土东晋时期的石雕狸羊一对(现存河南省博物馆)。
>
> 天宁寺现今的布局为东西南北相交的"十"字形。东为正门,内塑"哼哈"二将。南为地藏殿,北为天藏殿,殿内原塑四天王像。中院南北为厅,系禅林僧舍,西为藏经阁。阁建于明万历三年(1575年),面阔5间,进深3间。高约2丈,分两层,宏伟壮观。阁顶用各色琉璃瓦砌成饰

---

① 《全唐文》卷八六〇《黎阳大伾山寺准敕不停废记》,第9017页上—下。

纹图案,古朴端庄。阁内原存藏经 6053 卷,1949 年移交平原省,现存新乡市博物馆。阁内重塑观音像一躯,高 4 米,俗称"千手千眼佛"。观音像左右各 6 只手:最上两手托日月,依次左持拐尺,右握金印;两手胸前合掌;左持弓,右拈箭;左拿青杨枝,右拿净水瓶;最下两手下垂,造像生动精致。

穿过藏经阁,便是大佛楼。大佛楼是东西轴线上的最后一座建筑物,高 7 丈许,倚崖而建,与崖顶齐,高峻巍峨。内坐依崖凿就之大石佛,高 8 丈许,"八丈佛爷七丈楼"传为奇谈。明末张肯堂修《浚县志》载:"石勒以佛图澄之言,崖石为佛像,高寻丈,以镇河。拓跋魏覆以重阁,元末毁于兵。"明正统十年(1445 年)重建(即今之大佛楼),以后历代屡有重修。

大石佛是一躯善跏趺坐式大型弥勒佛像。面庞方颐,丰满适中。目平视,唇紧闭,挺两肩,表情庄重。左手覆膝,右手曲肘前举,示无畏印。坐四方墩,脚踩仰莲,脚面平直,五趾平齐。《准敕不停废记碑》载:大石佛"首簇连珠,肩偎合壁"。今大石佛系螺髻发式,披双领下垂式五彩方格袈裟。

大石佛凿于十六国后赵主石勒时期,距今已有 1600 余年历史。据《浚县志》载,大石佛系依佛图澄之言而凿。佛图澄是天竺高僧,晋永嘉四年(310 年)来中国传教,以幻术骗取后赵主石勒信任。东晋大兴二年(319 年),石勒建都襄国(今河北邢台西南),疆域辖今河南、山西、陕西等地,为十六国中疆域最大的国家。佛图澄借助石勒势力,大兴佛寺。黎阳是后赵重邑,兴佛寺当在其列。

大石佛俗称镇河将军。当时,古黄河流经大伾山之东,水患频仍,为害黎阳甚烈。人民苦于水患,却又无力抗拒。"凿大石佛以镇河",迎合了广大人民的夙愿。凿石佛是一件浩大工程,后赵时期是不可能全部完成的。大伾山东崖有明代卢象升题大石佛诗:

孤山突兀起层峦,石壁菩提玉掌寒。

拂磴苍虹千岁老,襟流匹练几回湍。

禅光若共林光隐,法界应同下界宽。

应是巨灵曾劈处,芙蓉觌面切云看。

1984 年 4 月,国内一些专家莅浚考察大佛,一致认定,浚县大石佛是"全国最早、北方最大"的一躯大型摩崖造像。

大石佛北侧前院为罗汉殿,面阔 3 间,进深 3 间,正中置木雕佛龛,龛内盘坐泥塑佛像一尊,两侧为十八罗汉。院东侧建钟楼,内悬明景泰四年(1453 年)铸铁钟一口。钟高 1.8 米,口径 1.2 米,重 5000 余斤,钟身铸铭文。中为大雄殿,崇祯十七年(1644 年)重修。面阔 11 米,进深 7 米,滚脊顶,殿前有拜厦。殿内供"三世佛",故称"三尊佛殿"。佛高 3 米,像后绘背光。殿内两侧墙壁上画有 24 诸天。殿后为水陆阁。天宁寺规模宏大,历史悠久,为浚县价值很高的古建筑群。新中国成立后,党和政府对天宁寺的保护工作十分重视。1956 年,省文化局拨款维修天王殿、罗汉殿、大佛楼。1977 年,修葺大佛楼房顶。

文中所述大石佛凿立于十六国后赵石勒时期,系依佛图澄之言而凿一说不确。

2001 年,大伾山摩崖大佛及石刻由国务院公布为第五批全国重点文物保护单位。

# 第十六章
# 北朝时期河南的佛教造像碑

　　所谓佛教造像碑,是指中国古代镌刻佛像与佛教图案、文字的一类碑型刻石。它是中国古代的佛教信徒在石窟、摩崖造像之外创造的又一种表达自己虔诚信仰的石刻造像形式。

　　王景荃先生主编的《河南佛教石刻造像》一书中说:"通常所谓的石刻造像是相对于石窟造像而言的,主要指石窟造像以外的用天然石材雕造的佛教造像,它包括背屏式造像、造像碑、单体造像等。"①依王景荃的定义,所谓背屏式造像是指带有莲瓣形背光的造像;造像碑是在石窟开凿影响下出现的一种造像形式,就其碑体形式可分为四阿顶方柱体、方形扁体、螭首扁体、镶嵌于墙体上的横长方形卧式造像

---

　　① 《河南佛教石刻造像》,第6—8页。

碑、千佛碑等;单体造像是指以圆雕形式雕造的单身佛、菩萨造像,多见于唐代以后的石刻造像。

笔者以为,莲瓣形背屏式造像其实也应属造像碑之一种。《说文》释"碑"为"竖石也",背屏式造像从形状上看就是一块竖石,完全符合《说文》的释义。所以本文叙述中所说的造像碑,亦包括了莲瓣形背屏式造像。

佛教造像碑,兴盛于北朝时期。在北魏孝文帝迁都洛阳之后,雕佛造像之风即由以平城(今山西大同)为中心南移至以河南洛阳为中心,除前述石窟、摩崖造像之外,那些雕造容易、移运便利、可以单独供养的石刻造像碑,也就在河南民间广泛地流行起来。

## 第一节　北朝时期河南佛教造像碑流行概况

### 一、佛教造像碑的形制及其演变

佛教造像碑全形似碑,在其上开龛造佛像,并常铭刻发愿文题记,说明造像的缘由,同时还有造像者的姓名、籍贯、官职等,有时还线刻供养人的像。

关于造像碑碑体的形制,专家们的分类有所不同。上述王景荃先生将造像碑从碑体形式上分为四阿顶方柱体、方形扁体、螭首扁体、横长方形卧式造像碑与千佛碑等。杨泓先生认为,造像碑大致分为"扁体碑形"与"四面体柱状"两类,以前一类为多。所谓的"扁体碑形",又分为"有碑额""无碑额"两种。[①] 李静杰先生将造像碑分为扁平状与方柱状两大类,其中扁平状碑据顶部形制又分为屋形顶小碑、平顶碑、拱顶碑、蟠螭顶碑、盝顶碑与圭形顶碑等六种,方柱状碑据侧面形状与特征也分为三种。[②] 王静芬先生所著《中国石碑:一种象征形式在佛教传入之前与之后的运用》一书,对造像碑形制的差别与分类似乎不大重视,仅说:"佛教造像碑形状和尺寸多样,不同于传统中国石碑,造型样式并没有受到严格规定。"又说:造像碑"多数是平整的石块,厚

---

① 《中国大百科全书(考古学)》之《造像碑》(杨泓),北京:中国大百科全书出版社1986年版,第639页。

② 李静杰:《佛教造像碑分期与分区》,《佛学研究》1997年00期,第34—51页。

度不同。柱状的碑被称为'四面像碑',是平面碑板的另一种形式"①。

佛教造像碑的细部,大致有碑首、碑顶、碑额、碑身(碑体)、碑阳(正面)、碑阴(背面)、碑侧(侧面)和碑趺(碑座)等部位,但并不是所有的造像碑都具有这些细部。在佛教造像碑中,碑阳多雕刻主要的龛像,有的碑阴和碑侧也有像龛,但多是供养人像与题名。

关于北朝时期河南佛教造像碑碑体形制的演变,王景荃先生颇有研究,先发表有《试论北朝佛教造像碑》一文,后主编出版有《河南佛教石刻造像》一书,均叙述甚详。在书中,他说:

> (背屏式造像)是河南早期石刻造像的主要形式,自北魏景明年间一直延续到北魏末年(500—534年)。在这35年间,河南的石刻造像主要流行背屏式一佛二菩萨三尊造像,且多分布在河南北部地区,黄河以南较为罕见。由于造像形式比较统一,多为一佛二菩萨三尊造像,因而形成了具有鲜明地方特点的河南派造像。……随着北魏王朝的衰败,这种背屏式造像逐渐被具有明显汉民族特点的造像碑所替代。②

在文中,他说:

> 从中国现存的造像碑看,早期的造像碑有其固定的造型,即形似塔节的四方体造像碑,碑体较小,四面雕凿像龛,故有"四面石造像"或"四面造像龛"之称。这种碑对后世造像碑形体的影响极大,可视为北齐的四方柱体造像碑的鼻祖。③

在书中,他又说:

> 方形扁体造像碑是北魏晚期开始出现的一种造像形式……这种造像碑形是由塔节式造像碑演变而来,碑体变四方柱体而为四方形扁体,由于碑体的变化,决定了造像碑只能以正面雕像为主,其余三面造像为辅,使主题更加突出。……这种四方形扁体碑与北魏时期的塔节式造像

---

① 王静芬著,毛秋瑾译:《中国石碑:一种象征形式在佛教传入之前与之后的运用》,北京:商务印书馆2011年版,第109、107页。

② 《河南佛教石刻造像》,第6页。

③ 王景荃:《试论北朝佛教造像碑》,《中原文物》2000年第6期,第36页。

碑一样,多置放于寺院的重要位置,成为寺院的装饰性建筑……

随着佛教造像汉化的推进,中国的传统文化也较多地融入到佛教造像艺术中去,不仅造像风格和雕刻内容具有中国传统的审美情趣,其造像形式也在向中国化转变。就石刻造像而言,早期的那种背屏式造像、四方体或扁方体的造像碑逐渐被中国魏晋时期用于记事的螭首扁体碑所替代。如果说早期的四方柱体造像碑还带有印度支提塔的某些特征的话,那么,这种螭首扁体碑可称为完全中国化了的造像碑。在北朝中期的东魏、北齐时代十分流行,且雕刻极为精美。它由碑首、碑身、碑趺组成,碑首呈半圆形,也有极少的圭形,均有雕刻精美的螭龙盘绕,多为六螭缠绕在一起,龙首向下,口衔碑身两侧。碑首中间或镌额铭,或雕像龛。碑身以正面像龛为主,碑阴及两侧或刻造像记,或雕千佛龛,也有线刻佛传故事和供养人像者。方形碑趺上多为浅浮雕的神王像,内容极为丰富。这种螭首造像碑始自北魏晚期,盛行于东魏、西魏、北齐、北周,成为北朝晚期的一种主要的造像碑形式……

与此同时,长方形扁体造像碑在北魏时代出现,碑体为长方形,其厚度较四方形扁体碑更薄。它是借鉴了中国汉代传统的记事碑的造型来进行雕像刻记的一种形式,因碑体较薄,故只能在正面雕龛造像,其余三面或减地线刻供养人像,或刻造像题记。……除此之外,北魏至北齐时代还出现一种横长方形造像碑,这种碑仅在碑之正面中间位置雕刻造像,造像周围刻造像记文,或以线刻表现……由于这种横长方形造像碑为单面雕刻且无法单独树立,多镶嵌于寺院的墙壁或塔壁上,成为信徒对佛主表达虔诚心愿的一种简单的方式。

北朝晚期还出现一种四阿形屋顶式扁体造像碑,虽然数量很少,但作为造像碑的一种形式,也是十分重要的。碑体造型由北齐时豫北地区流行的四阿式方柱体变为四阿式扁体……①

王静芬先生的著作则将初期的佛教造像碑从内容上分为"单龛像碑"与

---

① 《河南佛教石刻造像》,第7—8页。

"千佛碑",然后说：

> 从公元六世纪525年到575年，佛教造像碑的发展进入了成熟阶段。早期的类型诸如单龛造像碑和千佛碑仍然延续，但是形式上趋于重复……这时期在风格和图像上的创新表现主要见于纪念性的复式造像碑，笔者将其分为两大类型。第一类型由单一主龛发展而来，包括多样题材。第二类型由千佛主题发展而成，开多个佛龛表现不同的佛教神祇，展示崭新的信仰重点和佛教教义的发展。佛教造像碑的最大发展莫过于增强其作为纪念性石碑的功能，并由强调造像转移为强调铭文。[①]

中国碑刻的历史非常悠久，但碑刻形式为佛教信徒们所利用而雕造出造像碑，则是较晚的事情。宋代赵明诚之《金石录》记载有十六国时期前赵政权刘曜之光初五年(322年)的"伪赵浮图澄造像碑"[②]，这是见于著录的年代最早的一通佛教造像碑，但此碑的样式不明。现存最早的有明确纪年的佛教造像碑是保存于日本书道博物馆的北魏孝文帝延兴二年(472年)之"黄□相造像碑"。此碑为四阿顶方体造像碑，由方形碑座、方柱体碑身、汉四阿式屋顶碑首组成，高约0.4米，四面凿龛，内雕一坐佛，龛楣刻七佛，龛像简洁。

专家们公认，佛教造像碑的出现，是在石窟造像的影响之下出现的。王景荃先生说：

> (早期的形似塔节的四方体造像碑)，它来源于十六国时期的造像石塔……这种造像塔的原型，是源于印度建在石窟内的一种佛塔，称为"支提"，多置于石窟的后部，塔前有一个较大的场所，为僧众举行礼佛集会之用。这种形式传到中国后，多放置在石窟的中央，形成石窟寺的中心塔柱，四面雕像，它不仅可供僧众礼佛，还可起到对石窟顶部的支撑作用。信士们为了单独供养和雕刻方便，便将这种造像形式借用于石窟寺之外，形成一种有别于石窟中心塔柱的造像碑。这种新的造像形式一经出现，便受到那些既对佛祖有虔诚之心，却又没有雄厚经济实力开窟造

---

① 《中国石碑：一种象征形式在佛教传入之前与之后的运用》，第108、212页。
② 《金石录》卷二，《石刻史料新编》第一辑第12册，第8808页下。

像的信徒们的欢迎。①

王静芬先生在其著作的第三章"北魏佛教造像碑的起源"中说：

北魏新都(指洛阳)的地理位置使它和汉文化可以直接接触,汉文化中使用碑碣的传统历史悠久。其结果就是,龙门最早的洞窟古阳洞中,首次使用浮雕的石碑来刊刻佛教造像题记。②

在王静芬先生看来,古阳洞所见碑刻的使用,揭示了佛教造像碑形成的过程,是北魏造像碑兴起的先兆。③

## 二、北朝时期河南佛教造像碑的分布及其产生背景

关于河南佛教造像碑的发生、发展的状况,王静芬先生说：

河南是造像碑的主要产地,约有四十块碑留存并有记录,其中不包括大量已破损的石碑碑片。这些佛教石碑大多来自洛阳和郑州地区。已知的地点包括登封少林寺、荥阳(郑州附近)大海寺、偃师以及洛阳平等寺。很多造像碑起初都被安置在寺院内。有些寺院,譬如少林寺,则成为附近地区佛教雕刻品和纪念碑(特别是后来被舍弃者)的收集地。在该省的北部,渭河流域沿岸的很多城市都曾经出土过造像碑,包括获嘉、新乡、汲县、淇县、浚县和新郑;河南中部的襄县(或襄城县)和西部的洛宁县也有发现。在安徽的西北部、与河南接壤的亳县咸平寺也存在一批与河南流派相关的造像碑。④

这段叙述有两处地理上的错误。一处是将河南北部的获嘉、新乡、汲县、淇县和浚县等地列为渭河流域沿岸,实际上这些地方属卫河流域。卫河是河南省海河流域最大的河流,发源于山西陵川县,流经河南博爱、焦作、武陟、修武、获嘉、辉县、新乡、卫辉、浚县、滑县、汤阴、内黄、清丰、南乐等地,入河北省大名县。卫河的主要支流有淇河、汤河、安阳河等,淇河是卫河最大的支流,发

---

① 王景荃:《试论北朝佛教造像碑》,《中原文物》2000年第6期,第37页。
② 《中国石碑:一种象征形式在佛教传入之前与之后的运用》,第96—97页。
③ 《中国石碑:一种象征形式在佛教传入之前与之后的运用》,第104页。
④ 《中国石碑:一种象征形式在佛教传入之前与之后的运用》,第148—149页。

源于山西省陵川县,经辉县、林州、鹤壁、淇县,在浚县刘庄入卫河;汤河发源于鹤壁市,经汤阴、安阳,于内黄县西元村汇入卫河;安阳河发源于林州,经安阳县于内黄县入卫河。另一处是将新郑的位置列为河南北部,实际上新郑位于河南中部地区,郑州附近。

王景荃先生所主编的《河南佛教石刻造像》一书,对河南佛教石刻造像的分布及其产生背景有一详细的叙述。他说:

> 河南佛教石刻造像是在石窟造像的影响下开始盛行的,与石窟造像一样多分布在位于太行山南麓的豫北地区,包括辉县、淇县、浚县、焦作、沁阳、新乡、修武等地;以洛阳为中心的豫西地区,包括偃师、洛阳、新安等地;以及以登封为中心的嵩岳地区,包括登封、巩义、荥阳、郑州、新郑、禹州、襄城等地。豫北、豫西以及嵩岳山区丰富的天然石灰岩材质,为那些无力开窟造像而又崇仰佛教的信众提供了便利条件。[1]

该书将河南佛教石刻造像的分布大致划分为三个地区:豫北地区、豫西地区和嵩岳地区。同时,该书依据河南现存雕刻年代最早的几件造像如皇甫造德像、张难扬造像、阎勋之造像均雕刻于北魏宣武帝景明年间,并且均出自黄河以北的辉县而提出:北魏孝文帝迁都洛阳,在河南的佛教造像中,石窟造像最早开始于黄河南岸的洛阳龙门,而石刻造像则从黄河以北的辉县最先发端。该书认为,这是因为辉县是北魏迁洛南渡黄河前驻跸之地,同时也是宣武帝之母高氏殉难之地。"因此,可以说景明年间的石刻造像多集中在辉县与孝文昭皇后高氏之死不无关系。于是,从辉县开始的石刻造像之风很快辐射豫北大地,河南现存和流失海外的大部分北魏造像,均出自豫北地区。"

该书进一步说:北魏迁都洛阳之后,京都洛阳成为当时我国佛教的中心,由于皇室崇奉佛教,以洛阳为中心的豫西地区开始了大规模的开窟造像活动。在开窟造像活动的影响下,民间的石刻造像也随之兴盛起来。"然而,豫西地区和嵩岳地区的北魏石刻造像不像豫北地区盛行的背屏式造像那么气势雄伟,多为体量较小的背屏式造像和造像碑,虽然数量较少,但却不乏精品

---

[1] 《河南佛教石刻造像》,第2页。

出现。"东魏迁都邺城后,佛教中心也由洛阳移于邺城周围,迨至北齐都邺,在北齐皇室开窟造像的影响下,紧邻齐都的河南北部地区也开始了大规模的开窟造像活动,在豫北大地上一度出现了开窟造像的盛况。"然而,民间石刻造像受连年战争的影响,却逐渐衰退,北魏时盛行的背屏式造像在此时不再出现,取而代之的是螭首扁体造像碑和庑殿式四面柱体造像碑。……尤其是北齐时在豫北出现的庑殿式四面柱体造像碑,碑体高大且四面雕龛造像,完全仿照北魏以来石窟中的中心塔柱的形式……此种形式的造像碑在豫北地区一直延续到隋代。"东魏、北齐之时的豫西地区,虽然开窟造像活动逐渐衰退,"但石刻造像却较前期有所发展。东魏时代在嵩岳地区出现的螭首扁体造像碑,是早期造像碑的代表,现存登封嵩阳书院的东魏天平二年的嵩阳寺伦统碑被称为'释氏造碑之始'。这种中国传统的碑体造型,成为此后造像碑的定制。特别是北齐时代,造像碑不仅雕龛造像,还注重装饰,螭首造像碑成为石刻造像的主要形式,不仅数量较多,且碑体高大,气势雄伟,出现了一大批造像碑精品"①。

根据现存的造像碑,北朝时期河南凿造佛教造像碑的地区有郑州市、登封市、巩义市、荥阳市、新郑市、洛阳市、偃师市、孟津县、洛宁县、禹州市、长葛市、襄城县、镇平县、新乡市、获嘉县、卫辉市、辉县市、淇县、浚县、安阳县、汤阴县、滑县、焦作市、修武县、博爱县、沁阳市等二十多个县市,就连豫东的扶沟县、太康县也报告在当地农村发现了北魏、东魏时期的造像碑。②

北朝时河南的上述地区,民间立碑造像蔚然成风,遗存至今的北朝佛教造像碑依然为数甚多。《河南佛教石刻造像》一书即收录八十多通。这个数字肯定不是现存的全部数量,但由此已经可想见北朝时期河南立碑造像之盛况。

当时河南之所以会出现立碑造像蔚然成风的情景,根本原因在于北朝时期佛教已经广泛地传播到社会的各个角落,深入地渗透到民众的各个阶层。但就具体原因而言,立碑造像是一种便捷、易行的奉佛兴功德活动。开窟造

---

① 《河南佛教石刻造像》,第2—4页。
② 郝万章、张桂云、李运宽:《扶沟县出土北魏韩小文造像碑》,《华夏考古》1998年第1期,第58—60页;太康县文化馆:《太康县发现东魏造像碑》,《中原文物》1980年第1期,第55页。

像与摩崖造像,受到地理区位的限制,且所费不赀;而立碑造像,取材方便,花费较少。在造像题材上和造型风格上,立碑造像可以做到与石窟造像相似,甚至内容更丰富。因为像碑体形较小,不但可以雕造得更精细,而且移运便利。立碑者将造像碑就近放置在当地的寺院之中,或立于当地街衢、交通要冲之地,既能时时供养,对佛主表达自己的虔诚心愿,从而在精神上得到极大的慰藉,又能使旁观者从碑上所刻的各种佛之造像、佛传故事中领悟到佛教的教义,从而起到潜移默化的宣传教育作用。

王静芬先生说:

> 在北魏统治时期,佛教实际上成为国家宗教并迅速渗透北方村落。北魏政权强有力的统治政策使得乡村地区的社会和经济生活得到恢复,在此情况下,本土的祭祀仪式和习俗得到新生,中国石碑被选用为纪念新出现的佛教信仰的形式。佛教造像碑最初兴盛的区域正是北魏直接管辖的地区,这一现象并不意外。整个公元六世纪,佛教造像碑在北方被广泛地使用,以表达炽热的宗教信仰。这一信仰为不同社会和种族的人群所共同信奉。当人们对佛教的理解成熟以后,佛教开始在中国独立发展,当然同时从印度和中亚吸收新的教义。佛教造像碑的内容不仅能反映佛教教理的发展,同时也能反映各地在宗教仪式和艺术形式风格上的取向。临近六世纪末期,佛教造像碑恢复传统石碑的形式——即比起图像而言佛教更多依靠铭文来传达其内容——预告了隋唐帝国政权的统一。这种艺术形式的消亡意义重大,它标志着佛教已经整体融入中国社会文化。①

王静芬先生的总结说明了北朝佛教造像碑流行的历史意义。

## 第二节　河南各地现存的北朝佛教造像碑

本节主要依据前人的金石著述、现代学者有关石刻造像的专著(如王景

---

① 《中国石碑:一种象征形式在佛教传入之前与之后的运用》,第14—15页。

荃先生主编的《河南佛教石刻造像》、李仁清先生所著的《中国北朝石刻拓片精品集》)、方志及有关研究论文(如日本学者石松日奈子所著的《北魏河南石雕三尊像》),择要叙述河南各地现存的北朝佛教造像碑。

## 一、现存的北魏、东魏及西魏的佛教造像碑

1.牛伯阳造像碑。原存地不详,现藏日本大阪市立美术馆。莲瓣形背屏式,高164.8厘米。景明元年(500年)雕造,为已知河南现存最早的佛教造像碑。

正面雕一佛二菩萨。本尊结跏趺坐,高肉髻,面部浑圆饱满,溜肩平胸,着双领下垂式袈裟,衣裾满覆双腿,右手施无畏印。菩萨头结高髻,双手胸前握莲蕾,跣足而立。莲瓣形背屏分数层雕刻,隔以连珠纹:内层浅浮雕莲瓣;其外周刻八尊禅定坐佛;外层有六身伎乐天人,持不同乐器;最外边缘处为细波状火焰纹,顶部一莲花化生。菩萨头部与本尊间还各有一禅定坐佛。本尊所坐台座前面中刻夜叉托举之博山炉,左右各一供养比丘,其外又各有三身供养人像,旁刻题名。背面顶部刻释迦、多宝二佛并坐,下刻供养人像,旁有题名。最下部为造像题记。两侧面上部刻升龙,下部亦刻供养人像。四足方形碑座上缘饰莲瓣一周。正面中刻夜叉托举之博山炉,两侧各一供养比丘,其外侧至两侧面与背面刻供养人像,像旁均有题名。①

2.皇甫德造像碑。出土于辉县,现藏辉县百泉碑廊。形制为莲瓣形背屏式,主尊颈部以上残缺,残高73厘米,宽68厘米。景明二年(501年)雕造。

正面雕一佛二菩萨。主尊结跏趺坐,头、颈部已不存,溜肩平胸,身穿双领下垂式通肩大衣,右手施无畏印,左手握衣襟。菩萨手捧花蕾侍立两侧。背面上部残存造像为交脚弥勒菩萨与半跏思惟菩萨。其下有供养人像四层。最下部为发愿文。两侧面上刻升龙,下刻供养人像。长方形佛座前面中刻一夜叉托举之博山炉。两侧分别为供养人像,像旁均有题名。

3.张难扬造像碑。又称"张难扬等八十人造像碑""下张村合邑八十人造像碑"。出土地不详,早年由新乡市博物馆征集,现藏河南博物院。形制为莲

---

① [日]石松日奈子著,刘永增译:《北魏河南石雕三尊像》,《中原文物》2000年第4期,第48—60页;《河南佛教石刻造像》,第522页。其高度依《河南佛教石刻造像》为146.8厘米。

瓣形背屏式,高 140 厘米,宽 90 厘米,厚 33 厘米,景明四年(503 年)雕造。

正面雕一佛二菩萨。本尊结跏趺坐,高肉髻,面相清癯,削肩平腹,双手施无畏与愿印,身着双领下垂式通肩大衣,裙裾覆于座上。胁侍菩萨头戴花瓣式宝冠,双手捧花蕾恭敬侍立。佛身后之莲瓣形背光雕刻精美,繁而不乱。头光为高浮雕莲花,其外一周浅浮雕坐佛九尊,再外一周刻飞天六身,周缘为火焰纹。佛与菩萨间各有一供养人。其上方各有榜题。佛座前正中刻博山炉,两侧各一供养人,亦有榜题。背面顶部刻释迦、多宝二佛并坐。其下刻有题记,余处满刻供养人像,像旁有题名。两侧面上部刻升龙,下部刻结满果实之忍冬纹。

王景荃先生根据造像碑之造像形式、风格推知该碑原存地应在辉县张村。①

4.阎勋之造像碑。又称"邑子七十二人造像碑"。原存辉县常村乡沿村,现藏河南博物院。形制为莲瓣形背屏式,有长方形碑座。碑身损毁严重,残高 182 厘米,宽 91 厘米。景明四年(503 年)雕造。

正面雕一佛二菩萨立像。主尊高髻,面相清癯,长颈削肩,右手施无畏印。头光内层饰莲瓣;其外周刻七佛,已失三尊;再外刻伎乐飞天,存右侧三身;最外饰火焰纹。二菩萨均被凿。佛之右侧刻一供养人与仆人像,有榜题。长方形碑座前刻两龙,龙首相对。碑阴上部刻发愿文,下面刻供养人像九排,均有题名,多为阎姓邑子。两侧面上刻一龙,下刻装饰花纹。下端刻供养人像,有题名。

5.尚齐八十人造像碑。现藏美国圣路易斯美术馆(St Louis Art Museum)。其发愿文开头云"大魏正始二年……司州汲郡汲县崇义乡白善刚东大尚村合邑仪维那尚齐八十人等造就",其中之"司州汲郡汲县",即今卫辉市,为该碑原存地。莲瓣形背屏式形制,背屏上部残缺,残高 188 厘米。

正面雕一佛二菩萨立像。主佛高肉髻,面相瘦长,削肩长颈,着双领下垂式通肩袈裟,衣纹如阶梯状排列,右手施无畏印。菩萨立于莲花狮子座上。背屏雕饰繁缛:内层为莲瓣;其外周刻七尊禅定坐佛,间饰团花;再外左右分

① 《河南佛教石刻造像》,第 35 页。

别刻二飞天,其中上部二飞天相拥上端夜叉托举之博山炉,下部二飞天手捧供物,飞天下方又有莲花化生。背面上部刻一以交脚弥勒菩萨为中心的坐佛带,中部刻发愿文,下部刻供养人像。基台前中部刻夜叉托举之博山炉,左右有狮子与人身兽首神王。

6.王毛郎造像碑。又称"山阳村造像碑"。原存辉县吴村乡山阳村,现藏河南博物院。形制为莲瓣形背屏式,高 219 厘米,宽 118 厘米,厚 26 厘米。熙平二年(517 年)雕造。

正面雕一佛二菩萨跣足立像。主尊阿弥陀佛,高肉髻,面部残,右手施无畏印,衣着俨然南朝士大夫形象,潇洒飘逸。左、右侧之观世音、大势至菩萨面部亦残,所立莲座置于卧狮背上。背光雕刻华丽繁缛:内层为莲瓣;其外为主尊尖桃形头光,内里环刻七尊禅定坐佛,尖端处刻二龙交缠,龙上有一童子;再外层刻六身乘云演奏的伎乐飞天,上边尖端处又刻一夜叉托举博山炉;最外层饰火焰纹。背面上部刻一盝顶帐形龛,内有弥勒菩萨。龛左有榜题。龛左右侧各刻一组礼佛图,剥蚀严重。龛上刻一株龙华树,枝叶繁茂,叶如羽翼,果似茄形,上有鳞状纹。龛顶两侧各有一神人托举一圆,内各刻金乌、蟾蜍,寓意日、月。龛下正中竖刻一行六个尖楣圆拱小龛,内各一禅定佛。小龛两侧刻供养人像,均有题名,多为王姓邑子。两侧面上刻一龙,龙首向下。下部刻供养人像,有题名。

7.孔惠超造像碑。出土地不详,开封市博物馆征集、收藏。莲瓣形背屏式,下有碑座。高 206 厘米,最宽处 97 厘米,厚 15.5 厘米。熙平二年(517 年)雕造。

正面雕一佛二菩萨立像。本尊肉髻较低,面相长方,显秀骨清像之貌。双手分施无畏印、触地印。佛座上两佛足间与外侧刻有三个圆形莲花图案。莲瓣形背屏内层饰莲瓣;其外刻九尊禅定坐佛;再外层顶端刻一禅定坐佛,左右各刻四身飞天,其中上两身为供养天人,下六身为伎乐天人;第四层仅露上部,顶端亦刻一禅定坐佛,左右各一飞天;最外层饰火焰纹。背面上部线刻三间屋形龛,中龛内刻交脚弥勒,施说法印。左右龛内刻二供养菩萨。龛外两侧刻二供养人。龛上有四身飞天,最上端刻一禅定坐佛。龛下部上下刻十排造像。最上一排居中刻一夜叉托举博山炉;左刻礼佛图一组,前有榜题两行,后有造像题记一方,多残渊不清;右刻礼佛图两组,有榜题。以下八排刻供养人,旁有题名。最下一排刻太子须大拏施象之佛本生故事。两侧面下刻蹲狮,其上有环形忍冬缠枝,再上有一升龙。长方形碑座正面中刻夜叉托举博山炉,两侧刻供养比丘与供养人,有题名。

8.交脚弥勒造像碑。出土于偃师义井乡(今首阳山镇)小湾村,现藏洛阳古代石刻艺术馆。莲瓣形背屏式形制,通高34.4厘米,宽19.5厘米,厚9.2厘米。

正面刻一佛二菩萨。主尊弥勒交脚坐于高台座上,下有一半身力士双手托举双足;头戴花冠,冠前正中饰一禅定坐佛;右手施无畏印,左手抚膝。头光内刻禅定坐佛五尊,其外莲瓣形背光内饰卷草纹。菩萨跣足而立。弥勒双足外各有一供养人。背面中部刻一尖楣圆拱龛。龛内一佛二菩萨,本尊禅定而坐,菩萨双手胸前握莲蕾侍立。龛外两侧与上部刻禅定坐佛二十一尊,龛楣上方左右各刻二听法比丘。方形束腰须弥座下有四足踏床。碑上未刻纪年。王景荃根据造像题材与艺术风格认为其年代应在太和十八年至神龟三年(494—520年)之间。①

9.东新庄造像碑。原在修武县郇封镇东新庄村西南之石奶奶庙中,现存东新庄,当地民众称之为"石奶奶像""奶奶碑"。近代以来,曾两次被盗,均被追回。现村民用砖将其砌实于屋内,仅露碑之正面。形制为莲瓣形背屏式,上部残断为三块,经粘合后尚有少许缺失,高218厘米,宽106厘米,厚16厘米。

正面雕一佛二菩萨立像。主尊头残,今人以水泥补之,与身躯极不协调。肩部以下为原状。躯体瘦削,平胸削肩,右手施无畏印,左手下垂握善锁。菩萨头部亦残,今人亦以水泥补之并彩绘。菩萨与主尊间分别刻有忍冬纹装饰、供养比丘与莲花化生、供养飞天、供养人,有榜题。背屏装饰分为四层,间以条带:内层为莲瓣;第二层为卷草纹;第三层环刻禅定坐佛,两侧下方各刻一供

① 《河南佛教石刻造像》,第56页。

养飞天;第四层身光大部与头光重叠,上部尖端显露处有一曲龙与两龙首,身光外饰火焰纹。背面因垒砌,仅见上部线刻有坐佛及飞天,下部刻佛传故事。

关于雕造时间,王景荃先生认为,从造像形式及风格特征来看,应刻于正始至正光年间(504—525 年)。①

10.西明寺造像碑。原存地不详,现存新乡县翟坡镇小宋佛村西明寺。当地历史上称其为"石佛",清乾隆《新乡县志》卷十九云:"石佛在县西南三十里宋佛村。宋时有石佛高丈余,黄河泛涨,浮水至此而止,遂建西明寺。"②形制为莲瓣形背屏式,通高 410 厘米,最宽 160 厘米,厚 37 厘米。

正面雕一佛二菩萨立像。造像颈部以上残缺,今人修复时,用水泥重塑,与身躯不协调。本尊身体修长,施无畏印。菩萨立于狮子承托之仰莲台上。莲瓣形背光以平面减地浅浮雕技法雕刻,繁缛华丽:内层头光内圈为重莲瓣,中圈刻十三尊禅定坐佛,外圈有十三身供养天人,上部两身共同托一盛开莲花。头光外舟形身光下部内圈紧挨本尊上臂处各刻一飞天,外圈刻禅定坐佛七尊,身光上部刻二天人共托博山炉。外层饰火焰纹。碑阴上部线刻一帷幔,其下有一佛二菩萨。本尊高肉髻,面相方长,施无畏与愿印,结跏趺坐。菩萨跣足所立莲台下之莲茎与佛座相连。造像右侧有五身比丘,雕刻技法不同。比丘上部刻供养天人两身。造像左侧仅上方有一身尚未雕成之飞天,余皆空白。右下部刻有元大德八年(1304 年)题记,说明元时曾对造像进行过修刻。造像下端为长方形台座,正面与两侧面刻造像题记和题名,大部分被凿毁,仅少数可识。

关于其雕造年代,文献均无记载。王景荃先生认为时间不晚于熙平年间(516—518 年)③。该碑命运多舛。20 世纪 30 年代,三佛首被盗。"文革"中,又被推倒断为三截。其后当地群众将其埋藏于地下,直至 90 年代,在文物部门动员下,才重新发掘出土。经专业人员粘接修复,重立于小宋佛村西北之

---

① 《河南佛教石刻造像》,第 77 页。
② (清)赵开元纂修:《新乡县志》卷十九《名迹上》,成文出版社据清乾隆十二年石印本影印,1976 年版,第 663 页。
③ 《河南佛教石刻造像》,第 61 页。

西明寺大殿内。2000年,被河南省公布为文物保护单位;2006年,被国务院公布为第六批全国重点文物保护单位。

　　11.吴晏子造像碑。原埋在淇县高村镇石佛寺村石佛寺废墟中,20世纪90年代初出土,当时已断为两截。90年代末被盗,下落不明,仅余碑座。莲瓣形背屏式,高159厘米,宽63厘米,背屏厚10厘米。神龟元年(518年)雕造。

　　正面为一佛二菩萨立像。本尊扁平肉髻,面相丰满,右手残缺。菩萨均残缺。背屏上部左右对称各刻三身供养天人,正中两身托一宝塔。背面图像线刻。上部刻一龙华树,树叶似羽翼,结有茄形果实,枝上有两只凤鸟啄食果实。树下刻一五边垂拱屋形龛,边拱之菱形格内刻十二尊禅定坐佛。边拱上方两侧各刻一神人双手举一圆轮赤足奔跑。左圆轮内有蟾蜍,右圆轮内有三足乌,分别象征月、日。龛内刻交脚弥勒,衣饰繁缛,左右手分施触地印、无畏印。龛右侧刻一供养人。其外侧一禅定坐佛,左右各有一侍立比丘。龛左侧为造像题记。下部上下刻三排供养人像,残存十余身,有榜题,可识不多。左侧面仅存二供养人像。右侧面上部刻二供养天人,下部刻一菩萨,左侧有题记。碑座正面中刻博山炉,两侧各一比丘,有榜题。其外又刻供养人像,左两组,右三组,亦有榜题,部分残漶不清。

　　12.田迈造像碑。与吴晏子碑同属石佛寺遗物,现仍存寺院大殿内。莲瓣形背屏式形制,有碑座,通高331厘米,宽110—128厘米,厚18.5—34厘米。

　　正面雕一佛二菩萨跣足而立。主尊肉髻扁平,面相长方,施无畏与愿印。袈裟紧贴身躯,稀疏流畅的衣纹颇有"曹衣出水"之韵味。背屏上部雕刻内容丰富:主尊头光内饰双重莲瓣,头光上中刻一长佛坛,坛上刻一排七尊禅定坐佛,多宝、释迦二佛并坐于坛上。二佛间有一菩提树。环绕佛坛与二佛有飞天七身,上方三身飞天同托一宝塔,塔之上半截残缺,下半截塔身上可见两个小龛,龛内各一禅定坐佛。二菩萨上方,各有一株从主尊身后伸出的菩提树,树上方、飞天下方各有一龙,屈身向内回首,口吐莲花化生。背面为平面减地阴线刻。上部一龙华树,叶如羽翼,果似茄形。两只迦陵频伽鸟昂首站立树枝上。树下刻一五边垂拱屋形龛。边拱菱形格内刻十二尊禅定佛。拱顶外侧,左右分刻一飞天、比丘。左右边拱上方各有一神人双手抱一圆轮呈奔跑状。圆轮内分别有蟾蜍、三足乌,象征日、月。龛内一交脚弥勒,施无畏印,跣足踏一地神。地神两侧各一狮子。龛两边各刻供养人像三组,有榜题。龛下方有一方形空白,似为造像题记所留。其左右与下方刻上下八排供养人像,约百人,多剥蚀不清。左侧面上部刻一倒首龙,口衔忍冬内卷形成图案。其下刻多组礼佛图。右侧面上部亦刻一四足倒首龙,其下亦为忍冬图案。又其下刻一小龛,内似有一半跏思惟菩萨。再其下有一组礼佛图与两个供养人像。方形碑座上部雕成圆形莲台,下部为四方形基座,正面左刻题名六列,右刻礼佛图两组。

碑上无纪年。《河朔访古新录》卷六云:"县东北十八里石佛寺村石佛寺,魏永熙二年建。有石佛像,高八尺余,广三尺余,背刻题名及小佛像,盖田迈等所造。虽无年月,然以刻工审之,知为魏刻。"①与前述吴晏子造像碑中所刻供养人题名对照,至少有吴晏子、吴和贵二人重名,当系同一人两次参与造像活动。由此判断,该碑的雕造时间与吴晏子造像碑雕造年代相距不会很远。

2013 年被国务院公布为第七批全国重点文物保护单位。

13. 娄根村造像碑。现在辉县市百泉镇楼(娄)根村,莲瓣形背屏式形制,有碑座,通高 203 厘米,宽 98 厘米。

正面造像为一佛二菩萨,头部均残毁,跣足而立。可见主尊高肉髻,施无畏与愿印。头光内分两层阴线刻出,内层为双重莲瓣,外层为环列禅定七佛;两肩后分别刻一株莲花,生长出多枝莲花、荷叶,向上穿插于七佛之间;头光外边沿环刻莲花缠枝。莲花缠枝之外的背光中环刻火焰纹,其中又有三身伎乐飞天。背面上部刻山林,其间一株菩提树,树下一四阿顶房屋,内有一佛,跣足立于覆莲座上。屋两边各刻两身供养人像,损渺不清。屋下刻十列供养人像,每列人数不等,旁有榜题,多不可识。两侧面上部各刻一龙,其下饰卷草纹。碑座素面无饰。

该碑雕造年代无考,王景荃先生根据其造像风格,认为系北魏晚期河南北部流行样式,应雕于北魏熙平至永熙年间(516—534 年)。②

---

① 《河朔访古新录》卷六,《石刻史料新编》第二辑第 12 册,第 8915 页上。
② 《河南佛教石刻造像》,第 80 页。

14.翟兴祖造像碑。出土于偃师南蔡庄乡宋湾村,后移入偃师商城博物馆保存。形制为方形扁体式,首、趺均佚,高 111 厘米,宽 40 厘米,厚 11 厘米。正光四年(523 年)雕造。有学者根据出土地望、结合《洛阳伽蓝记》与碑上题名的官职,推测当是宝明寺遗物,孝静帝迁邺后被遗弃而淹没地下。①

碑阳上下分三层雕刻。上层一帐形龛。龛楣两端对称刻一供养天人。龛内高浮雕释迦佛与二弟子二菩萨。释迦结跏趺坐,高肉髻,面相方圆,施无畏与愿印。两侧弟子分别为阿难、迦叶。菩萨面相清癯,含睇微笑。龛下一细颈鼓腹瓶内插盛开莲花,两侧分别一蹲狮。中层为造像发愿文,魏碑书体,用笔在隶楷之间。下层上下线刻三排长条界格,每排八个,内刻一供养人,旁有题名。碑阴线刻造像分两部分。上部分正中刻一佛结跏趺坐,施禅定印。坐佛左下侧刻一尖拱龛,龛内一禅定佛;右下侧刻一莲花化生佛。禅定、化生二佛两侧各有一菩提树,顶部枝叶交集,树上流云片片,树间鸟儿飞翔。树外显示有树木丛生、山峦起伏。左山上题"檀特山树主清信女温姬供养",右山上题"此檀特山树主施深愿",表现太子须大拏在檀特山苦修成道的场景。下部分刻上下七排近五十身供养人像,多为男性,旁有题名。左侧面上下线刻七层造像。最上层为一思惟菩萨半跏趺坐于菩提树下。以下各层为供养人像、礼佛图,女性居多,部分有题名。右侧面上下线刻八层造像。最上层亦刻一思惟菩萨。第二层刻一单檐歇山顶房屋,内悬挂一钟,一比丘在旁作撞钟状。以下各层刻供养人像、礼佛图,亦女性居多,大多有题名。

全碑共刻各类人物一百二十余人,布局有序,构图简练,雕刻精细,形象逼真,宛如一幅具有极高艺术价值的素描画卷。

15.刘根造像碑。清光绪年间出土于洛阳城东韩旗屯村,先为私人收藏,后入河南省博物馆(今河南博物院)。横长方形扁体式形制,高 39 厘米,宽 144 厘米,厚 16 厘米。正光五年(524 年)雕造。

正面雕刻横分为三部分。中部减地阴线刻释迦说法图,左右侧分别刻造像发愿文记与供养人题名。图中主尊结跏趺坐,高肉髻,面相清秀,施说法

① 李献奇:《北魏正光四年翟兴祖等人造像碑》,《中原文物》1985 年第 2 期,第 21—26 页。

印。其上部置华盖,前后各有两幡带从华盖中垂下。左右各刻二供养菩萨,菩萨身后各有听法人六身,听法人后面为山石树木。王景荃释左菩萨身后六人为六弟子,右菩萨身后为六外道仙人,其中头梳螺形高肉髻者为辟支佛;并说这是河南佛教造像中较早出现的辟支佛形象,对东魏、北齐的造像产生了积极影响,成为北齐造像题材的主要内容。① 左侧造像文记末谓"大魏正光五年岁次甲辰五月庚戌朔三十日己卯造讫佛弟子刘根卌一人等敬造刊记",其中"刘根"二字系铲去他字后加刻的,铲痕可见。文记中又有"敬造三级砖浮图一区"语句,说明该碑当系镶嵌在刘根一众捐资所造砖塔上的铭记。② 右侧题名中为首者分别为侯刚、乞伏宝与元衍,《魏书》中均有传。③ 该碑出土后造有二赝品,一在开封市博物馆,一在日本某大学资料馆。赝品石材较薄,刻线较粗,题纪缺"董珍"一行。

16.道晗造弥勒像碑。又称"道晗造像碑""大海寺弥勒造像碑"等。出土于荥阳大海寺遗址,后藏河南博物院。形制为方形扁体式,高135厘米,宽98厘米,厚44厘米。孝昌元年(525年)雕造。

碑阳雕尖楣圆拱形大龛。龛楣上方两侧各刻八身弟子、菩萨作听法状。龛梁两端刻二龙回首,口吐莲花化生;龛楣浅浮雕坐佛七尊,施禅定印;龛柱亦有装饰。龛内为一佛二弟子二菩萨。主尊弥勒交脚而坐,施无畏与愿印。其身后减地刻头光、背光,装饰繁缛,有莲瓣、供养天人、莲花化生、火焰纹等。背光外侧左右分别刻文殊与维摩诘,旁有听法比丘数人。弟子与菩萨跣足而立。菩萨座下各有一比丘,左侧榜题"邑师道晗"。龛柱外又各有一扭身怒目力士。力士下各刻二侍佛比丘,均有榜题。碑阴顶部二龙交缠,其下并列五龛。中龛为盝顶帐形,盝顶分为五菱形格,中格内为博山炉,左右格内为莲花化生,最外两格内为供养比丘。龛内多宝、释迦二佛并坐,施无畏与愿印。其余四龛,自左至右分别刻"九龙浴太子"佛传故事、跣足立佛、思惟菩萨与"阿

① 《河南佛教石刻造像》,第90页。

② 周到:《刘根造像》,《河南文博通讯》1978年第3期,第41—43页。

③ 《魏书》卷九十三《侯刚传》,第2004—2006页;卷八十六《乞伏保传》,第1883页;卷十九上《阳平王新成传附元衍传》,第442页。

育王施土"佛传故事。五龛之下中间刻造像题记。题记两边各刻四供养人，以下刻四排八十身供养人像，均有题名。左碑侧顶部帷幔下有两组雕刻。左侧浅浮雕一菩提树，左右各一比丘坐于榻上，依榜题分别在诵经、坐禅；右侧为一屋形龛，屋顶两旁各刻供养菩萨与弟子二身，龛内一坐佛施禅定印。其下并列刻供养菩萨七身，又其下刻供养人像五排，均有题名。右碑侧亦是顶部帷幔下分两组造像。左侧为一覆钵顶塔，塔刹两旁各有供养菩萨与弟子三身，塔身刻尖楣圆拱龛，内有一佛倚坐，施说法印；右侧为佛传故事"释迦诞生"。其下部雕刻同左碑侧。[1]

17.赵安香造像碑(附：扈豚造像碑、扈文显造像碑、禅定佛造像碑)。1980年出土于郑州须水公社(今须水镇)西岗大队红石坡的一处寺庙基址。原藏郑州市博物馆，后调入河南博物院。形制为莲瓣形背屏式，缺底座，高95厘米，宽58厘米，厚8厘米。

碑顶高浮雕两交尾螭龙，碑身正面刻一佛二菩萨。主尊一说为释迦佛[2]，一说为阿弥陀佛[3]。结跏趺坐，高肉髻，面相清瘦，大耳长颈，两肩削窄，作说法相。头光内饰莲瓣，头光外环列五尊禅定坐佛，其外满刻火焰纹。两侧观世音与大势至菩萨立于仰莲上。背面减地阴线刻佛传故事"白马吻别"。画面上，一供养人立于悉达多太子之随从车匿旁边，两侧有榜题；太子身后又一供养人，亦有榜题。两侧面各刻二身供养人，有榜题。从造像风格来看，为北魏时期作品。与其同时同地出土的还有三件小型造像碑，现藏郑州市博物馆。

第一件形制为方形扁体式，首身座一体，高34厘米，宽17厘米，厚8.5厘米。正光二年(521年)雕造，后人称为"扈豚造像碑"。碑首为五脊四阿式庑殿顶。碑身正面与左右侧面刻帐形龛，正面龛内为一佛二菩萨，左侧面龛内为交足弥勒，右侧面龛内为倚坐弥勒。背面上部刻发愿文记，书写朴拙；中部刻一排八个供养人题名；下部刻八身供养人像。碑座四周减地线刻，正面中

---

① 王景荃、杨杨：《大海寺道晗造像碑及相关问题研究》，《中原文物》2013年第2期，第71—76页。
② 郑州市博物馆(执笔：于晓兴)：《郑州市发现两批北朝石刻造像》，《中原文物》1981年第2期，第16—19页。
③ 《河南佛教石刻造像》，第113页。

间为博山炉,两侧各一供养人像,有题名;左右侧面各二供养人像,亦有题名;背面刻五身供养人像,均有题名。从造像题记与题名姓氏来看,似扈姓家族所造。

第二件形制为莲瓣形背屏式,有座,通高 26.5 厘米,座高 7.5 厘米。孝昌三年(527 年)雕造,后人称为"扈文显造像碑"。碑正面雕一佛,高肉髻,面相方圆,大耳贴面,着双领下垂式大衣,施无畏与愿印,结跏趺坐于方形台座上。座下又有一刻有壶门的方座。壶门两侧刻二题名。背面为造像题记,从内容看,系扈文显为已故妻室儿女所造。

第三件形制亦为莲瓣形背屏式,通高 27 厘米,座高 7 厘米。后人谓之"禅定佛造像碑"。碑正面雕一佛,高肉髻,双手袖于衣内,禅定坐于束腰须弥座上,裙裾覆搭座前。无纪年,从造像风格及雕刻手法看,与扈文显碑属同期作品。

18.阿弥陀佛造像碑。原存沁阳王召乡南住村一废弃寺院内,后移至河内石苑(沁阳市博物馆),现藏河南博物院。莲瓣形背屏式形制,上部莲瓣自右斜向左部分残失。台座右角亦残缺。残高 121 厘米,宽 90 厘米,厚 23 厘米。

正面刻一佛二菩萨立像,头部均残。本尊阿弥陀佛手施无畏与愿印。因莲瓣残失,头光与背光仅存少许,可见为阴线刻:内层为莲瓣,其外刻忍冬纹,再外刻飞天,最外为火焰纹。三尊像间各刻一长茎莲花,上有禅定坐佛。菩萨所立覆莲座由夜叉托举。背面线刻佛传故事"初转法轮"。左右侧面残缺。仅见右侧面上部刻忍冬纹,下部有三帐形龛,龛内各一禅定佛;左侧面下部存两禅定佛,形象同右侧面。台座正面刻供养人像及造像题记,背面及两侧面亦刻供养人像及榜题,多剥蚀不清。王景荃先生判断其年代为正光至孝昌年间(520—527 年)。①

19.韩小文造像碑。1991 年出土于扶沟县韭园镇十里店村。高 175 厘米,上宽 43.5 厘米,下宽 46 厘米,上厚 7 厘米,下厚 8.5 厘米。永安二年(529 年)雕造。

正面为造像,背面为题记。正面造像分上中下三龛,龛内均为一佛二菩萨,主尊为释迦佛。上龛内释迦端坐,高肉髻,裙褶繁缛,覆盖台座;右手掌向

---

① 《河南佛教石刻造像》,第 118 页。

外平放于胸前,左手放于左膝上,中指、食指均向外下指,其余三指内握。背光上呈锐角,内饰火焰纹,圆形头光内刻九莲瓣。左右二菩萨分别为文殊、普贤,均头盘发髻,立于圆形矮台上。背光两侧刻维摩诘经变。中龛内造像与上龛同,唯龛楣为一垂幔,由两侧二龙之龙爪提起,龙首向外,龙口各衔一璎珞下垂。下龛内造像与中龛同,龛楣亦为垂幔。楣两侧相对各立一弟子,方面大耳。下龛下边,中刻一半身力士,袒胸鼓腹,顶托宝珠,两手扶持,力士两侧各立一狮子,狮后又各站一护法天王。背面题记上部为发愿文,魏碑体,字有界格;下部为题名,三列,每列七至十行不等。①

20.田延和造像碑。出土于淇县城关,现藏河南博物院。莲瓣形背屏式形制,碑座佚。高96厘米,宽44厘米,厚10厘米。其材质为白色大理石,较为少见。

正面雕一佛二菩萨。本尊阿弥陀佛跣足而立,高肉髻,面相丰腴,着褒衣博带式大衣,施无畏与愿印。头后以剔地起凸技法刻莲瓣纹头光,周饰缠枝忍冬纹,上部正中刻盛开莲花;背光用压地隐起的刀法刻阴线火焰纹。足下踏二龙,龙首屈颈外伸,口衔莲台,二菩萨立于莲台上。背面用减地平钑手法雕刻。上部为交脚弥勒,施无畏与愿印。火焰纹背光左右各刻一供养比丘,内侧有榜题,背光上边半环刻菩提树枝。下部上下刻五排供养人像,有三十余身,有榜题。

该碑无雕造纪年。有专家以其风格与田迈碑基本相同,谓可能是北魏末期的作品。② 王景荃先生则断为正光五年至永熙三年(524—534 年)间作品。③

21.弥勒三尊菩萨造像碑。出土于孟津县平乐公社(现平乐镇)翟泉村,现存洛阳博物馆。莲瓣形背屏式形制,高81厘米,宽42厘米。

正面雕三尊菩萨立像。本尊弥勒头戴三叶宝冠,面相圆润,脸带微笑,施

---

① 郝万章、张桂云、李运宽:《扶沟县出土北魏韩小文造像碑》,《华夏考古》1998 年第 1 期,第 58—60 页。

② 吕品、耿青岩:《淇县现存的石窟和造像碑》,《中原文物》1986 年第 1 期,第 26—34 页。

③ 《河南佛教石刻造像》,第 121 页。

无畏与愿印。头光内刻莲瓣,莲瓣外左右各一枝缠枝忍冬,忍冬上部交会处有一朵盛开莲花。菩萨头戴莲花宝冠,面相、装束同本尊,均一手握莲蕾,一手持善锁。佛座前中刻博山炉,炉两侧各有一护法狮子,昂首翘尾。侧面与背面无雕饰。

碑上无题记。根据其样式、雕刻手法等可断为北魏晚期雕造。①

22.释迦多宝造像碑。原存沁阳柏香镇伏背村,后移至河内石苑(沁阳市博物馆),现藏河南博物院。莲瓣形背屏式形制,上部断失,断处整齐,有榫眼,说明原系两石连接而成。残高 131 厘米,宽 97 厘米,厚 14 厘米。北魏普泰元年(531 年)雕造。

正面雕释迦、多宝二佛并坐,头部残,头光内饰双重莲瓣。两肩削窄,右手屈肘胸前,手部残损,左手下垂,施触地印。两佛间饰莲花。两侧侍立二弟子,二弟子外侧又有二菩萨,头均残。菩萨上方刻菩提树枝叶,其间各有一飞天。主尊座下一横长方形帷幔龛,内刻七佛结跏趺坐,施禅定印。七佛两侧各有一护法力士,双手紧握金刚杵,杵上一蛇缠绕。最下层又一横长方形龛,龛内正中刻博山炉,两侧为供养人。背面上部阴线刻一佛二菩萨。主尊结跏趺坐,施说法印。佛座前正中一博山炉,两侧各一狮子。菩萨外侧各有一组礼佛图。左侧礼佛主人为男性,右侧为女性,均有榜题。下部中刻造像发愿文记;左右侧上下各刻供养人像四排。以释迦、多宝二佛为造像之主题材,在河南现存北朝造像碑中仅此一例。

23.释迦造像碑。原存沁阳柏香镇南寻村,后移至河内石苑(在今沁阳市博物馆内),现藏河南博物院。形制为莲瓣形背屏式,高 130 厘米,宽 75 厘米,厚 17 厘米。

正面雕一佛二菩萨,头部残。主尊右手施无畏印,左手握衣襟,结跏趺坐,裙裾覆搭座前。座前中刻一夜叉头顶博山炉,炉两侧各一狮子,姿态不一。菩萨头上部各刻一莲花化生。主尊头后高浮雕莲瓣三重为头光,其外身光内刻莲花化生,身光外左右分别刻"白马吻别"与"乘象入胎"佛传故事。画

---

① 《河南佛教石刻造像》,第 123 页。

面布局紧凑,人物栩栩如生。背面上端刻一莲瓣形小龛,内有观世音立像。小龛以下刻正书《观世音经》,文字已部分剥蚀不清。

该碑无雕造纪年。王景荃先生认为,根据正面造像风格看,应雕造于北魏普泰以后;其上《观世音经》是目前发现的最完整的早期石刻经之一。①

24.四面佛造像碑。现存汤阴任固镇白龙村之龙泉寺内。形制为正方形柱体式,身座一体,顶部不规则。通高270厘米,每面宽约80厘米。

该碑四面均雕释迦牟尼立像,高约185厘米。20世纪30年代,像头被帝国主义分子盗走,现存像头系后来复制,颇不协调。像有头光与背光,身着通肩下垂式袈裟,施无畏印,跣足立于莲花须弥座上。左侧有题记。碑阳与左右碑侧之背光边饰火焰纹,内环周浮雕十九尊禅定坐佛;碑阴之背光亦边饰火焰纹,中间浮雕八身飞天,内环周雕十一尊禅定坐佛。碑座四周分三层刻约一百六十尊化佛,或坐或立,姿态各异。该碑佛像衣纹采用"浅阶梯式",组成向下垂簇的稀疏适度的弧线,形制罕见。碑上无纪年,依佛身、衣纹线条、书体、刻工判别,当为北魏石刻。2008年,被河南省公布为第五批文物保护单位。②

25.三尊佛造像碑。原存博爱县金城乡白马沟村观音寺大佛殿内,后被砌入寺院墙体内,1984年文物普查时重新发现,后移入博爱县博物馆,为国家一级文物。形制为莲瓣形背屏式,高263厘米,宽112厘米,厚15厘米。

正面雕一佛二菩萨跣足立像。主尊高肉髻,面相饱满圆润,表情沉静恬然,双手施无畏与愿印。二菩萨面相与主尊同。主尊与菩萨间各线刻一弟子,双手合十于胸前,亦跣足而立。主尊之头光内层刻双重莲瓣,中层刻五道光环,外层刻禅定七佛。头光上方与左右各刻一伎乐天人,头光之外满刻火焰纹与云雷纹。背面与两侧面无雕饰。碑座分两层雕刻:上层为圆形覆莲座,环刻覆莲八瓣;下层为方形台座,正面中刻一夜叉托举博山炉,两侧各刻一护法狮子。其余三面无刻。

碑上无纪年。王景荃先生根据碑之形制、造像风格、雕刻内容等,推断雕

---

① 《河南佛教石刻造像》,第134页。
② 汤阴县人民政府史志办公室编:《汤阴风物民俗志》,北京:光明日报出版社2009年版,第72页。

刻年代应在北魏永熙年间(532—534 年)或东魏早期。①

26.赵见惕造像碑。原存地不详,现藏美国旧金山亚洲艺术博物馆(The Asian Art Museum)。形制为莲瓣形背屏式,通高 170 厘米。永熙二年(533年)雕造。

正面雕一佛二菩萨立像。主佛高肉髻,面相方圆,右手施无畏印。菩萨有桃心头光,戴宝冠,佩项饰,立于仰莲狮子座上。佛与菩萨间饰以莲花荷叶。背屏刻饰细密繁缛:内层为莲瓣;其外周刻七尊禅定坐佛;再外刻六身飞天,上部两身簇拥夜叉扛托之博山炉,下部四身或持供物,或持乐器,身下有云朵;上部尖端处又有一禅定坐佛,左右各一供养天人;最外为火焰纹。背面上起第一、二层线刻禅定佛并飞天,第三、四层线刻维摩诘经变,最下一层是供养人像。

特别值得提出的是,该碑之维摩诘经变,不像之前的造像碑那样仅刻出维摩诘、文殊对坐造像,而是表现出更多的情景。根据王惠民的研究,该碑所刻维摩诘经变,将《维摩诘经》的内容"入画 5 品,有榜题 8 方,当表示有 8 个画面"。其中,第三层右侧刻帷屋,内坐维摩诘,右手持扇,维摩诘前方有一榜题"此是维摩诘托疾方丈室时";维摩诘身后刻一主二仆,站姿,前面榜题"此是诸大国王来听法时";左侧刻文殊半坐,右手执如意,前方榜题"此是文殊师利问疾□□□时"。这三个画面表现《维摩诘经》"问疾品第五"的内容。文殊身后刻一居士(维摩诘)与一弟子(舍利弗)立像,面对面作交谈状,地面有水波纹、莲花等图案,前方与文殊像间有双行榜题"此是维摩诘见舍利弗,我见释迦牟尼佛土清净时",这是现存最早的表现"佛国品第一"的画面。第四层中刻香炉,右侧(维摩诘下方)有两个画面:前面有一天女立像,裙带向后飘飞,表示从空中飞来,天女前有一形象较小者面向天女胡跪,题记"此是天女将……",表现"香积佛品第十"的内容;后面画面为二菩萨坐于狮子座,其前有一人坐在地面,双手合十,作迎接状,题记"此是诸大菩萨坐师子座时",表现"不思议品第六"的内容。左侧(文殊下方)有六比丘围绕一房屋,最前方有

---

① 《河南佛教石刻造像》,第 138 页。

一人胡跪,双手持花,文殊前面有花朵落下至下层前面比丘身上,此画面前面题记"此是舍利弗□天女教化□时",后面题记"此是世人□□□□□□□□时",这两个画面表现"观众生品第七"的内容。① 基座正面中刻夜叉扛托之博山炉,左右有供养人六身,旁有榜题。

27.司徒永孙造像碑。传原存地为新乡县,现藏日本东京国立博物馆。莲瓣形背屏式形制,高125.5厘米。

正面雕一佛二菩萨立像。主佛高肉髻,面相方圆,双唇轻启,微露笑容,着双领下垂式袈裟,双手分施无畏印与触地印。菩萨戴宝冠,侍立莲座上。菩萨与主佛间线刻菩提树与莲花化生。背屏刻饰简单:主佛圆形头光内高浮雕盛开莲花;其外线刻环刻八身飞天,其中上两身簇拥一禅定坐佛,下六身伎乐天人手持乐器正在演奏,身下有白云;外缘刻火焰纹。背面上部线刻维摩诘经变。两侧面上刻倒龙,下刻供养人像。

碑上无纪年。王景荃判断其雕造于北魏末永熙年间(532—534 年)。②

28.邑义五百余人造像碑。现立于美国纽约大都会博物馆(Metropolitan Museum of Art)萨克勒大厅,与龙门石窟宾阳洞的礼佛图比邻。北魏永熙二年(533 年)开始雕造,至东魏武定元年(543 年)完成。在金石著述中,该碑又称"魏寺主赫连子悦率邑义五百人造像碑""武猛从事汲郡山阳李道赞率邑义五百人造像碑"等。原在淇县高村镇北浮山封崇寺遗址。据有关文献记载,封崇寺创建于东魏永熙二年(533 年),元至正元年(1341 年)曾重修,至民国初,寺已颓毁,但该碑仍在。早在清咸丰、同治间,该碑即有拓本流传,但鲜见于著述。民国初年,顾燮光先生在河朔一带访古调查时,发现该碑并进行了拓印。其后,顾氏在其所著《河朔访古随笔》中首次著录该碑并给予了极高评价,称"魏寺主赫连子悦率邑义五百人造象一碑且为河朔之冠"③。之后,在《河朔访古新录》中,他又对该碑作了详细描述:

① 王惠民:《西方净土变形式的形成过程与完成时间》,《敦煌研究》2013 年第 3 期,第 76—85 页。

② 《河南佛教石刻造像》,第 528 页。

③ 顾燮光撰:《河朔访古随笔》卷上,《石刻史料新编》第二辑第 12 册,台北:新文丰出版公司 1979 年版,第 8870 页下。

县北三十五里浮山(《县志》云"峰峦秀逸,洞壑清幽")封崇寺,魏永熙二年建,山门外有穹碑树立,高三丈余,广三尺余,厚尺余,盖永熙二年兴建,至武定元年八月功就,武猛从事汲郡□□率邑义五百人造象碑也。……雕刻精细,花纹秀美,为河朔魏碑之冠。以永熙二年至武定元年计之,盖十二易寒暑,想见制作之精。碑中题名有寺主赫连子悦者,曾为郑州刺史,《北史》有传,作宦有清名……①

顾氏现场调查后不久,该碑即遭噩运,故顾氏在上述叙述结尾处又专门注曰:

按:《武猛从事造象碑》民国十八年被军人移运至天津,已研为二矣。己巳冬日注。

己巳年为公历 1929 年(民国 18 年)。次年夏,顾氏又在《河朔金石目》中再次注明:"此碑已被军人移至天津,业已中断,近闻已外输矣。惜哉!庚午夏日燮光注。"②时任故宫博物院院长马衡先生亦记述:"以余所知者,(《河朔访古新录》)第八卷(笔者注:当为第六卷)中所录淇县浮山封崇寺之《魏武猛从事五百人等造像碑》,顾君叹为河朔魏碑之冠者,已于民国十四年(补注中谓为十八年,误)为强有力者截而为二,潜徙以去,展转货卖,流落海外。"③所幸国家图书馆、北京大学和中山大学图书馆等尚保存有拓本,为后人研究提供了机会。其中,中山大学图书馆收藏有两个拓本,一为清咸丰、同治年间,一为民国初年。民国初年拓本除两侧失拓外,碑阳、碑阴俱全,高、广均较国家图书馆及北京大学所藏拓本更为完整,其上还有一"鼎梅审定"篆字阳文印,顾氏字鼎梅,说明此拓本为当年顾氏所藏。

该碑形制为螭首扁体式,首身座均有。据顾氏所记,碑首原为穹形,但现碑碑首从右边顶斜至左边下部缺失,已不见顶部形状。碑残高 308 厘米,宽112 厘米,厚 30 厘米,而顾氏当年记其"高三丈余,广三尺余,厚尺余",由此可知碑之损坏程度。关于碑上的雕刻,顾氏记述如下:

---

① 《河朔访古新录》卷六,《石刻史料新编》第二辑第 12 册,第 8915 页上。

② 《河朔金石目》卷五,《石刻史料新编》第二辑第 12 册,第 8982 页上。

③ 马衡:《河朔访古新录·序》,《石刻史料新编》第二辑第 12 册,第 8887 页上。

碑额佛象,一旁侍四尊者。上层雕二狮对舞及其他人物;中层园林屋宇,最下刻小佛象二列凡二十区;下层刻记,正书,书体朴茂,左方泐数十字。碑跌长方形,四面刻人物各类。碑阴额佛象已剥蚀,下刻小佛象凡二十七列共四百三十二尊,象旁题名共四百三十二人。左右侧亦如之。雕刻精细,花纹秀美,为河朔魏碑之冠。①

近年,有学者发表《东魏〈邑义五百余人造像碑〉考释》一文,在综合前人信息资料的基础上,根据中山大学图书馆馆藏碑拓,对该碑之造像组合、题名及铭文进行了比较详细的叙述。所述大要如下:

全碑图文内容可分为五层,上螭首,下碑座,中有主次三层造像,造像下为题记。

螭首为双龙环绕之释迦佛半身像。螭首右边已毁,但释迦像完好无损,清瘦挺直。佛座下有二婆娑仙人。螭首之龛下有一华盖,华盖下有二供养人面对博山炉而跪,左右均有榜题。炉由二力士托扛,旁有二狮子。供养人两侧有二老人手舞足蹈,其外侧立二手持法器的力士。碑阳中间一层刻维摩诘经变,为该碑造像之主要题材。画面上,正中为菩提双树,树顶左上方有灵芝,左右各二身飞天;右上方则是桂树、吴刚、玉兔、寒蟾等。树下文殊、维摩诘对坐:文殊端坐于圆顶帐形龛内的莲座上,面相年轻,单手举于胸前,作演说状,手持如意;维摩诘示老人相,半跏于方顶帐形龛内,手持麈尾。经变图下刻供养人像龛,上下两层,每层十组,内均为一主一侍,旁有榜题。其中地位最高者为"寺主镇东将军林虑太守赫连子悦",此人《北齐书》有传。史书有记载的还有"平东将军魏德令范伯丑"。供养人像龛下为题记,字体以方笔为主,字形端正朴实。题记下面有一线刻图。画面上山川重叠,树木繁茂,男女老少共二十六人。有的手拿权竿,正在采摘果实;有的手舞足蹈,正在娱乐;还有八人合骑在一头大象上。另有牛羊牲畜夹杂其间,梅花鹿、老虎纵身下山,呈现出五谷丰登、六畜兴旺、自然和谐的场面。碑阴与左右碑侧亦刻供养人像龛。碑阴竖列二十七排,共四百三十二龛;左右碑侧上各有一佛龛,其下

---

① 《河朔访古新录》卷六,《石刻史料新编》第二辑第12册,第8915页上。

是横四排、竖二十九排供养人像龛。一龛一题名,题名总数超过五百人。碑座四面是四幅图像。正面两位是珠神王和风神王,两神王间刻有七身人物造像,中间尖顶龛内释迦结跏趺坐,两侧有二胁侍,龛两侧又有二力士和四菩萨,下有三个托座力士和两只伏狮。背面是树神王和山神王,左右两侧另有四神王,共刻八位神王。碑座边刻莲花与忍冬纹饰。①

该碑之维摩诘经变图与前述赵见憘碑一样,亦表现了更多的情景。将《维摩诘经》的内容,"入画 5 品:弟子品第三(听法)、问疾品第五(对坐)、不思议品第六(狮子座)、观众生品第七(天女散花)、香积佛品第十(倒饭),其中倒饭一景似乎是最早见于此"②。

29.嵩阳寺造像碑。雕造于东魏天平二年(535 年),为河南现存最早的螭首扁体造像碑。通高 370 厘米,其中身高 212 厘米,身宽 111.5 厘米,身厚 29 厘米。③ 景日昣《说嵩》记述:

> 中岳嵩阳寺碑,东魏隶书,曰"中岳嵩阳寺碑"。铭序共九百五十六字,东魏天平二年刻石,无撰书姓名,笔法颇含风致。嵩自启母诸阙汉篆外,唐以前书最少,此其冠也。碑上截刻佛相,雕镂层叠,佛像隆起。余地镌平文刻于下截,当碑四分之一。其字之上方,又刻空方六寸许,深入二寸许,规制亦迥异后代也。北齐诸碑,俱仿此式。碑末正书三十字,曰"大唐麟德元年岁次甲子九月景午朔十五日庚申,从嵩阳观移来会善寺立"。寺自隋大业已改为观,唐避世祖讳,"丙"字易为"景"字。碑之移在营奉天宫时,立于会善寺佛殿东楹。久无剥蚀,尚得完好。今康熙四十八年己丑岁重修佛殿,更移立于寺西之戒坛。④

碑阳,碑首呈半圆形,雕六螭缠绕,两龙爪向上拱托一摩尼宝珠,其下为圭形碑额。碑额中央阳刻二竖行篆书额铭:"嵩阳寺伦统碑"。圭形上部三角

---

① 钟稚鸥、马德鸿:《东魏〈邑义五百余人造像碑〉考释》,《故宫博物院刊》2009 年第 3 期,第121—130 页。

② 王惠民:《西方净土变形式的形成过程与完成时间》,《敦煌研究》2013 年第 3 期,第 76—85 页。

③ 以下所述造像碑尺寸均采用《河南佛教石刻造像》记载。若《河南佛教石刻造像》中无记载而采用其他记载者,或《河南佛教石刻造像》的记载与其他记载不同者,予以注出。

④ 《说嵩》卷十四,《嵩岳文献丛刊》第三册,第 278 页。

内凿一圆孔,孔上方刻一朵盛开莲花。碑身上半部为造像,损毁严重。正中刻一尖楣圆拱形大龛,内刻一佛二菩萨,外两侧刻二弟子二力士。主尊结跏趺坐,头残,两肩瘦削,右手施说法印。头光、身光内依稀可见有精美花卉图案。所坐台座上可见褶纹繁缛的裙裾分四层满覆。龛上正中刻两株缠枝菩提树,依稀可见有伎乐天人、裸体天人等。龛下中刻博山炉,两侧有狮子,已凿毁。狮子外侧各刻二身神王,左侧神王已毁,右侧二神王依所持物可知为珠神王与风神王。最下沿并列刻一排七小龛,每龛内一坐佛,已残损不清。碑身下半部上边正中凿一方形凹槽,其余刻隶书《中岳嵩阳寺碑铭序》,尚有部分文字可识。

碑阴之圭形碑额处刻一方形龛。内刻一佛二菩萨,损毁严重,可见主尊结跏趺坐,施说法印。座前正中一博山炉,两旁各一狮子。碑身雕千佛龛,上下十二层,上十一层每层八龛,最下一层六龛,龛形为尖楣圆拱。上十一层龛内均一禅定坐佛,最下层龛内则为一佛二菩萨。龛旁均有佛名。两侧面满刻变形龙纹。

碑趺上沿抹角呈斜面,饰花卉。四面减地浮雕图像。正面分五方形格,居中格内刻花卉,两侧格内各刻一力士,最外两格内各刻一狮子。背面五格,居中格内刻一花瓶;其两边格内各刻二神王,有三神王可辨认,分别为山神王、象神王与龙神王。两侧面均分三格,中格内为宝瓶,左右格内各一神王,可辨认左侧面两神王分别为珠神王与风神王,右侧面两神王残缺已无法辨认。

王景荃先生高度评价该碑,谓其"集审美与功用于一体,体现了外来艺术与中国固有的审美观念的完美结合,可看出佛教艺术完全中国化的演变过程。……对其后的造像碑雕刻产生积极的影响,成为北朝晚期乃至隋唐佛教造像的又一重要载体。碑座上的神王像,虽然在北魏晚期的石窟中多有雕刻,但雕刻于造像碑座,最早见于该碑。是东魏、北齐造像碑的一大特点"[1]。

嵩阳寺在隋大业时改为道观后,该碑仍留原处。唐麟德元年(664年),高宗欲封禅中岳嵩山,在嵩阳观建奉天宫,该碑影响修建,遂被移立于会善寺。

---

[1]《河南佛教石刻造像》,第152页。

先置寺内佛殿东楹,清康熙四十八年(1709年)重修佛殿时,又移立寺西琉璃戒坛处。2005年登封市文物局将该碑移回嵩阳书院,专门修建碑亭保护。

30.七尊佛龛碑。原存地不详,现藏瑞士苏黎世瑞特保格博物馆(Rietberg Museum)。形制为方形扁体,右上角残缺,残高103厘米,宽84厘米,厚18厘米。天平三年(536年)雕造。

碑阳雕一大型帷帐龛,龛左上角有一龙,口吐莲花化生,旁刻一踞跪供养人,右上角缺失。龛内刻一佛二弟子二菩萨二力士。主佛头呈波浪式发纹,面相方圆饱满,施无畏与愿印,结跏趺坐在方形须弥座上,衣褶繁缛,覆搭座上。座两侧各雕一立狮。菩萨戴花冠,双手胸前握莲蕾。力士双手握拳,凸鼻暴目,弓步而立。碑阴刻造像题记。左侧面刻莲花、荷叶;右侧面上刻一菩萨半跏坐于菩提树下思维;下刻山峦起伏,林木茂盛,野兽行走其间。

1963年在郑州二中曾发现一件天平二年(535年)的造像碑,现藏河南博物院。二碑形制、大小、雕刻内容以及残缺形状均相同。王景荃认为,二者相较,七尊佛龛碑雕刻娴熟,具有很强的立体感,人物面部饱满圆润,肌肉富于弹性,衣服纹饰洒脱自然,而天平二年碑在雕刻技法上逊色很多。"不难看出,天平二年造像碑显系后人根据天平三年七尊佛龛碑所仿刻,由此可知,七尊佛龛碑的原存地亦应在河南。"[①]

31.中兴寺造像碑。现存于镇平杨营乡贾庄村西南中兴寺院内,形制为圭首扁体式,碑座佚。高134厘米,宽82厘米。西魏大统三年(537年)雕造。

圭形碑首正中刻一龛,碑身刻造像记。龛内雕一佛二弟子二菩萨。主尊释迦佛结跏趺坐,衣着复褶垂于座前。二弟子侍立佛后左右两侧。二菩萨位于佛前左右两侧。龛内上部正中刻一摩尼宝珠;两侧各二身飞天,分上下两层,折体飞向宝珠。造像记基本可识,内容主要记述西魏振远将军、步兵校尉、前河北太守、镇固城大都督、周城县开国男白寔(字双城)率固城上下村邑、诸郡守人、都督戎主等为国主大王雕造中兴寺石像的事迹,还记载有当时南阳、新野、顺阳三郡太守、县令、刺史、别驾、都督、校尉、将军等文武官员六

---

① 《河南佛教石刻造像》,第529页。

十二人向中兴寺捐施田地和物资的情况,为研究西魏的行政、军事建制、管辖区域提供了宝贵的实物资料。其中的地名、职官多有未见于《魏书》与《北史》之记载,可补史料之不足。1963 年,该碑被河南省公布为文物保护单位。"文革"中遭破坏,损毁严重。

32.**敬史君碑**。又称"禅静寺造像碑"。原立长葛老城镇禅静寺前,后寺毁碑没。清雍正六年(1728 年)农民耕地时发现。乾隆十四年(1749 年)移立于陉山书院,建亭保护,并在碑阴刻跋。今老城一中即陉山书院旧址。此碑形制为螭首扁体式,首身一体。通高 250 厘米,宽 84 厘米,厚 28 厘米。① 雕造于东魏兴和二年(540 年)。

碑首六螭盘绕垂于两侧。碑阳,碑额雕一圆拱形龛,龛楣刻两株菩提树。龛内主尊为释迦佛,结跏趺坐,裙裾交错相叠,覆搭于座面。左右两侧侍立二弟子二菩萨,后边还有二飞天。龛下正中为博山炉,炉两侧各一狮子,狮子两侧共刻九身供养人。碑身正面刻发愿文,其碑铭为"禅静寺刹前铭 敬史君之碑"。一碑而有两个碑题并合而为一,尤显独特。碑文共 1265 字,内容丰富,主要记述敬史君(名显儁)的生平、履历和功德。敬显儁,北齐显宦,《北齐书》《北史》均有传。此碑文字可与正史相互佐证,比照校勘,补正史之不足。后人著有多篇考证文章,如唐长孺先生著《跋敬史君碑》,依碑阴题名者的姓氏类别而论及魏晋南北朝世族之兴衰演变,又从题名中多敬姓一事论及敬显儁以宗主身份到颍州为刺史之事实。高敏先生也依题名而论及此碑所反映的东魏、北齐时的僧官制度问题。② 碑阴,碑首中部有一圆拱形空白,原似应刻题额或开龛造像。碑身刻供养人题名。中部偏下靠右有一方清人题跋,为乾隆年间移碑时所刻。两侧面均为浮雕夔龙纹图案。

该碑最为后人称道的是其魏碑书法。后人评价北朝文字刻石,以北魏、东魏最精,前者以北魏正光三年(522 年)之《张猛龙碑》为首,后者即以该碑

---

① 《长葛市志》第二十五编《旅游、饮食、服务》,第 585 页;《长葛县志》第十九篇《文化、文物》,第 565 页;《中国北朝石刻拓片精品集》,第 360 页。但《中国北朝石刻拓片精品集》记载此碑厚 26 厘米。

② 高敏:《从〈金石萃编〉卷 30〈敬史君碑〉看东魏、北齐的僧官制度》,《南都学坛》2001 年第 2 期,第 14—17 页。

为代表。碑文用笔圆柔,字体扁而匀称,圆润含蓄,舒畅流利,洋溢着峻厚洒脱之美,上承魏体之精华,下开唐楷之先声,是中国古代书法艺术由魏碑向唐楷转型之过渡时期的代表作。碑阴中部清人题跋评价"书则自晋趋唐,为欧褚前驱",所言甚是。杨守敬、康有为及沈曾植等也都曾给予高度评价。北朝精品碑版很多,以造像记来说,当数洛阳"龙门二十品"。而书法界公认,该碑是"龙门二十品"之外的品外之品。其拓片曾于 1973 年赴日本展览。1963年,被河南省公布为第一批重点文物保护单位。"文革"中,碑额上的释迦佛、蟠龙的头部与碑身部分文字被破坏。改革开放后,地方政府与省文物部门两次拨款进行修缮保护。2013 年,被国务院公布为第七批全国重点文物保护单位。

33.李氏合邑造像碑。又称"李显族造像碑"。关于其出土地,《校碑随笔》说在直隶正定。① 《河朔新碑目》否定了《校碑随笔》意见,谓其出土滑县。② 据《重修滑县志》记载,清光绪年间出土于滑县城北康李村,当时移置村旁佛寺内,民国初又运至城内第一高等小学校大门西壁下。③ 20 世纪 50 年代移入新乡市博物馆,现藏河南博物院。形制为螭首扁体式,首身一体,方形碑趺。高 146 厘米,宽 67 厘米,厚 17 厘米。兴和四年(542 年)雕造。

碑阳,碑首呈半圆形,六螭盘绕。圭形碑额处开一尖楣圆拱龛。内有一佛结跏趺坐,施无畏与愿印。龛左右均有榜题。碑身刻发愿文,其内容非常丰富,反映在法华思想的熏陶下,李氏合邑居民同发洪愿,不断地从事各项佛教及兴福活动。碑阴,碑额处亦刻一尖楣圆拱龛。龛内为交足弥勒与二胁侍菩萨。弥勒面相方圆,施无畏与愿印。龛左右均有榜题。碑身上下刻六排供养人题名,有一百五十余人。碑左右侧面亦刻供养人题名。

34.道俗九十人造像碑。又称"邑义九十人造像碑"。关于该碑原存地,清

---

① (民国)方若撰:《校碑随笔》卷四,《石刻史料新编》第二辑第 17 册,台北:新文丰出版公司 1979 年版,第 12462 页上。

② 顾燮光撰:《河朔新碑目》卷上,《石刻史料新编》第三辑第 35 册,台北:新文丰出版公司 1986 年版,第 556 页下。

③ (民国)王蒲园等纂:《重修滑县志》卷十九《金石》,成文出版社据民国 21 年铅印本影印,1968 年版,第 2108—2109、2113—2114 页;王蒲园纂:《滑县金石志》卷一《李氏合邑造像碑》,《石刻史料新编》第三辑第 29 册,台北:新文丰出版公司 1986 年版,第 22 页下—24 页上。

《河内县志》记载当时在河内北孔村庙中。① 河内县即今沁阳县,北孔村今属王曲乡。近代一些金石著作对该碑多有著录。② 后新乡市博物馆征集,现藏河南博物院。形制为螭首扁体式,首身一体,方形碑趺,高200厘米,宽80厘米,厚22厘米。武定元年(543年)雕造。

碑首六螭盘绕。碑阳,碑额与碑身造像连为一体。碑额处刻维摩诘经变。碑身正中刻一尖楣圆拱大龛。龛梁两端上卷,被龛楣外侧所刻一龙之龙口衔住,龙之外侧又各线刻一伎乐天人。龛内一佛结跏趺坐,高肉髻,面相饱满,施无畏与愿印。左右龛柱外各有一弟子一菩萨跣足而立。主尊座前中刻博山炉,下有莲花化生托举。炉外侧各刻一蹲坐狮子与一跣足而立的力士。碑阴,碑额处浅浮雕一尖楣圆拱龛,内刻释迦、多宝二佛并坐。碑身造像上下分五列。上三列线刻佛传故事,共十二幅,均有榜题,云"太子得道诸天送刀与太子时""定光佛入国□□菩萨花时""如童菩萨赍银钱与玉女买花""摩耶夫人生太子九龙吐水洗""想师瞻□太子得想时""黄羊生黄羔白马生白驹""此婆罗门妇即生恨心要婆罗门乞好奴婢□□时""三年□□婆罗门妇□时""五百夫人皆送太子向檀毒山辞去时""随太子乞马时""婆罗门乞得马时""太子值大水得度时"等,皆言佛始生成道之事也。第四列中刻发愿文。③ 其左侧刻二礼佛图,右刻二供养比丘。最下列刻九身供养人像。两侧面各上下刻六列十八身供养人像,均有榜题。

35.张永乐造像碑。新郑出土,现藏河南博物院。螭首扁体式形制,首身一体,座佚,通高97厘米,宽47厘米,厚13厘米。雕造于武定元年(543年)。

碑阳,碑首六龙盘绕,圭形碑额处有一尖拱龛。龛楣、龛柱以线刻两株菩提树装饰。龛内一佛二菩萨。主尊交足弥勒,高肉髻,面残,施禅定印。菩萨

---

① (清)袁通纂修,(清)方履籛编辑:《河内县志》卷二十《金石》,成文出版社据清道光五年刊本影印,1976年版,第713、716页。

② 《金石续编》卷二,《石刻史料新编》第一辑第4册,第3034—3035页;《河朔访古新录》卷十,《石刻史料新编》第二辑第12册,第8927页上;《河朔金石目》卷七,《石刻史料新编》第二辑第12册,第8992页上。

③ 《河内县志》卷二十《金石》,第713—714页。《河南佛教石刻造像》一书所载十二幅佛传故事画的榜题与此有个别字不同。

双手合十,跣足而立。碑身中部刻一圆拱形大龛,内有一佛二菩萨。主尊结跏趺坐,高肉髻,面相方圆,施无畏与愿印,头光内浮雕双重莲瓣纹和放射性线条。佛身两侧各刻三条竖行线于头光与佛座之间,以衬托主尊。二菩萨跣足立于佛座下两侧涌出之长梗莲座上。龛下中刻博山炉,由莲花化生托举,炉两侧各一力士。龛周围正书刻四方造像题记,其中龛上与碑首间一方,龛左两方,龛右一方。

碑阴,碑首中部圭形额面上竖行刻楷书"皇帝万岁"四字。碑身上部为发愿文记。碑身下部被明嘉靖年间时当地民众修整改刻,记述当时重修古寺前殿情况,原来是否有造像或文字,已不知。碑侧两面上部线刻二龙戏珠,下刻牡丹纹饰。左侧面中部边沿处有一竖长方块高于周围平面,上有"邑中正张伏□"字样,书体与发愿文相同,说明碑侧原来应刻有造像人题名,现有纹饰为后世改刻。

36.杜氏等造像碑。出土于禹州,现藏禹州博物馆。[1] 形制为螭首扁体式,高175厘米,宽39厘米,厚23厘米。[2] 武定八年(550年)雕造。

碑首六螭盘绕。碑阳,碑身上下雕二龛。上龛上部悬绣幔,绣幔两侧各有五身比丘。龛内一铺五尊,着菩萨装,结跏趺坐。两侧胁侍站立。下龛为尖楣圆拱龛,内有一佛二弟子二菩萨,头部均残。龛下正中为博山炉,两侧各有一狮子与供养菩萨。最下部刻发愿文,大部剥蚀不清。碑阴,碑身亦上下雕两龛。上龛由两侧双株菩提树交会而成,龛楣正中一博山炉,两侧各一飞天,龛内刻释迦、多宝二佛并坐。菩提树干外各立二侍者。下龛由两侧单株菩提树交会而成,龛顶装饰繁缛,正中上下有二博山炉,又有多身飞天,龛内雕降魔变。龛下刻《佛说高王观世音经》片段,经文两侧与碑身左右边沿刻题记、题名,亦大部剥蚀不清。两侧面上下刻三尖楣圆拱龛,龛内主尊结跏趺坐,着菩萨装,样式各异。两侧各立二侍者。右侧面龛上部为博山炉,左侧面龛上部为一圆形空白。侧面之下部与左右边沿刻像主、供养人题名。

---

① 此据李仁清《中国北朝石刻拓片精品集》所述(第404页),但网上一些博文谓该碑现藏许昌博物馆。

② 《中国北朝石刻拓片精品集》,第404页。

37.北周村造像碑。又称"北朝周氏造像碑",原存于荥阳城关镇北周村龙泉寺内①,后保存于荥阳市文物保护所(现荥阳市博物馆)。螭首扁体式,首身一体,通高228厘米,其中碑身高118厘米,宽89厘米,厚20厘米。

碑阳,半圆形碑首六螭盘绕。碑额正中并排刻两株菩提树,树冠相连成一圆拱形龛,内刻释迦、多宝二佛并坐。碑身雕一大帐形龛。龛楣饰帷幔,龛柱下有托柱力士。龛柱外侧上部各刻一龙,口衔流苏垂下。龛内有一佛二菩萨,局部有修凿改刻痕迹。主尊结跏趺坐覆莲座。菩萨身后隐约可见有二弟子轮廓,似以浅浮雕所刻。主尊座下一力士双手托举博山炉,两侧各有一狮子,其外又有一力士。碑阴,碑额处刻两株菩提树,树下阴线刻对坐思惟菩萨。碑身自上而下刻四排供养人像,有榜题。两侧面与碑阴一样,亦刻四排供养人像,有榜题,少数可识。碑趺上檐环刻覆莲。覆莲下线刻神王坐像八躯。正面正中为一莲座博山炉,两侧各一神王,背面与左右侧面各二神王。根据其特征,可识别正面为蛇神王、珠神王,右侧面为山神王、树神王,背面为花神王、风神王,左侧面不清。根据造像风格,该碑应为北魏晚期至东魏时所造立。②

2009年被郑州市人民政府公布为第二批文物保护单位。

38.小訾殿造像碑。又称"明公造像碑"。原存巩义回郭镇小訾殿村,后移至巩县石窟寺院内保存。螭首圭形扁体式,首身一体,碑高220厘米,宽79厘米,厚20厘米。因长期自然风化,剥蚀严重,造像多模糊不清。

碑阳,碑首四龙盘绕。碑额刻一帐形龛。龛楣为帷帐,帏幔下为圆拱龛。内有一佛结跏趺坐,施说法印。两侧各一凿槽,似应为二胁侍,不知何时何故被凿。碑身上层并列刻两盝顶龛,内各有一佛二菩萨。主尊结跏趺坐,裙褶繁缛。二菩萨双手合十,跣足而立。中层长方形减地凹面内刻一尖楣圆拱龛,龛柱、龛梁已凿毁,内有一佛二弟子,龛柱外又各有一菩萨。主尊结跏趺

① 荥阳文物志编纂委员会:《荥阳文物志》,郑州:中州古籍出版社2011年版,第138页。《河南佛教石刻造像》谓其原存于荥阳市峡窝乡北周村龙泉寺旧址,其说有误:第一,峡窝乡(现峡窝镇)无北周村,而城关镇有北周村、南周村;第二,峡窝镇已于2004年调整建制划归上街区。

② 《荥阳文物志》,第138页。

坐,二弟子袖手而立。二菩萨外侧线刻长茎莲花,其上方各线刻一飞天。下层左右各刻一尖楣圆拱小龛,内各一佛,雕刻一精一粗。双龛之间和上下处刻供养人题名。碑阴,碑首中部之圭形碑额刻隶书三行:"九山万世明公显灵传"。碑身左侧中下部竖刻四拱形龛。上层一龛内刻一佛二菩萨,剥蚀严重。依稀可辨主尊结跏趺坐,施说法印。二菩萨跣足而立。龛下中刻一夜叉托举博山炉,两侧各一狮子,左外侧又有一供养人,右外侧有二供养人。中层一龛,其内雕刻与上层龛同。下层并列二龛,龛内均为一佛一菩萨,跣足而立。王景荃先生依据其形制与造像风格认为应刻于东魏时期。①

## 二、现存的北齐、北周的佛教造像碑

1.刘子瑞造像碑(附:刘绍安造像碑、刘绍安造菩萨像碑、刘陆造像碑)。出土于新郑小乔乡,现藏河南博物院。横长方形扁体式形制,高 29 厘米,宽 47 厘米,厚 9 厘米。雕造于北齐天保三年(552 年)。

正面中部雕一尖楣圆拱龛,内有一佛二菩萨。主尊结跏趺坐,面相方圆,丰满圆润,施说法印。佛座上部覆搭裙裾,下部环饰覆莲。龛外刻发愿文,云:

> 维大齐天保三年三月中,乡豪都督刘子瑞,领军人向逐州城打吴贼,路中见浮图,遂发洪愿:使军人平安至舍,造三级浮图一区。今得成就,中有石像一区,咸仪具足,全容丽妙,与日月齐光。仰愿皇祚永隆,四海宁晏。身命延长,无诸患苦,存亡眷属,咸同兹福。又愿边地众生,俱登彼岸。
>
> 父刘绍安、兄刘马翼、弟刘伏宝、弟刘蛮虏、弟刘景明、弟刘陆虎

由此可知,乡豪都督刘子瑞在天保三年奉命领军去逐州攻打吴贼,路途中见一佛塔,遂发洪愿:若能获胜保军人平安归来,愿造三级佛塔。后果如其愿,遂与父、兄、弟等共造佛塔一座,又刻此碑,以还凤愿。

与该碑同时同地出土的还有三碑,一称刘绍安造像碑,一称刘绍安造菩萨像碑,一称刘陆造像碑。

---

① 《河南佛教石刻造像》,第 180 页。

刘绍安造像碑通高 59 厘米，宽 25 厘米，厚 9 厘米。雕造于北齐天保十年（559 年）。现藏河南博物院。刘绍安造菩萨像碑与刘陆造像碑体量甚小，皆为 28 厘米高。前者雕造于北齐天统二年（566 年），后者造立于天统五年（569 年）。均现藏郑州市博物馆。

刘绍安造像碑为螭首扁体式形制，首身一体，碑首六螭盘绕。碑阳，碑额处圭形龛内刻禅定坐佛。碑身正中雕一尖楣圆拱形龛，龛楣两侧刻菩提树枝。内刻一佛二弟子二菩萨二辟支佛。主尊面相方圆，施无畏印，结跏趺坐。菩萨、辟支佛跣足立于长茎莲座上。主尊座前中刻博山炉，两侧各一跽跪供养人，最外侧伏卧狮子。碑阴，碑额处刻三行九字："像主刘绍安刊石记愿"。碑身未有发愿文，仅左侧边沿上下刻纪年。左右两侧面上下两排刻供养人像六身，左四右二，像旁均有题名：刘子瑞、刘蛮房、刘景明、刘陆虎、刘马翼、刘伏宝。从前述刘子瑞碑可知，此六人为刘绍安之子。说明该碑为刘绍安合家所造像碑。碑趺为长方形，上沿抹角，正面正中减地线刻一博山炉。左右侧各刻三身供养人像，六人之中，三人为童子，五人刘姓。

刘绍安造菩萨像碑为圆雕单体菩萨造像，有碑座，像座一体。菩萨头戴宝冠，颈有项饰，面相清秀，两眼微睁，面露微笑，帔帛绕肩，下着长裙，外又着短裙。左手屈肘至胸侧，手中似持莲蕾；右手屈肘下垂，手提善锁。手腕戴双环手镯。跣足立于覆莲座上。方形碑座正面与两侧面刻造像题记，正面为"清信士佛弟子刘绍安侍佛时、妻菀侍佛时、妻高侍佛时"；左侧面刻纪年；右侧面刻题名。

刘陆造像碑形制为莲瓣形背屏式。正面刻一佛二菩萨。主尊高肉髻，面相饱满，右手施无畏印，左手自然放于腿上，结跏趺坐。主尊座前正中一博山炉，两侧各蹲坐一狮子。背面刻发愿文。从内容上看，该碑系刘陆为自己小家庭所造。文中之"刘陆"，似即刘子瑞、刘绍安碑中的"刘陆虎"，为刘绍安之第六子。

上述四件石刻具有非常重要的历史、艺术价值。

首先，它反映了北齐一代河南新郑地方的一个豪族家庭笃信佛教而不断造像的历史。从天保三年（552 年）至天统五年（569 年）的十八年间，刘绍安与其六个儿子一而再、再而三地进行石刻造像活动,说明其时佛教信仰已经深入到河南的民间基层之中,也说明在当时河南社会民众之中,造像已成风气。

其次,它反映了北齐一代佛教石刻造像形制、题材与技法的多样性。就形制而言,四通石刻造像完全不同,既有卧式,又有螭首式、背屏式,还有立体式。因其形制不同,用途也不同。卧式单面的石刻造像用于镶嵌在寺院墙壁上或佛塔壁上,而小型螭首式、背屏式与立体式则用于家庭供奉之用。就题材而言,四通石刻造像中既有一佛二菩萨三组合,又有一佛二弟子二菩萨二辟支佛七组合,还有单体造像。就技法而言,四通石刻造像中除常用的浮雕(浅浮雕、高浮雕)技法之外,刘绍安造菩萨像还运用了圆雕技法。圆雕又称立体雕,它是艺术在雕件上的整体表现,能使观众形成艺术形象的整体感。刘绍安造菩萨像是河南现存唯一一件北朝时期的圆雕菩萨造像,弥足珍贵。

2.宋显伯造像碑。原存在沁阳,《金石续编》有著录。[1] 20世纪50年代初征集入新乡市博物馆,现藏河南博物院。形制为螭首扁体式,首身一体,碑身下部残缺,残高98厘米,宽59厘米,厚20厘米。天保三年(552年)造立。

碑首六螭盘绕。碑阳,碑身上部正中雕一尖楣圆拱龛。龛内刻一佛二菩萨。主尊结跏趺坐,高肉髻,面相方圆,施无畏与愿印。龛两侧与龛下正书刻发愿文。其中云"邑社宋显伯等卅余人……今在野王城内广福寺建砖□□□宫宇华丽奇状罕譬雕容见□□□□□金仪重见尔其寺也房堂□□□□杂树蔚茂人居四面星罗□□□□□响风驰遥迩……",说明该碑最初建在野王县城内之广福寺。野王县即沁阳之古地名。碑阴,碑额处正中刻一圆拱龛,内刻禅定坐佛,两侧有榜题。碑身上部横列阳刻篆书"邑社曹思等石像之碑",下部刻题名三排,末行刻纪年。两侧面上部正中刻圆拱小龛,内有一禅定坐佛,龛两侧及龛下有榜题。

3.赵庆祖造像碑。中华人民共和国成立前出土于洛阳,现藏洛阳古代石刻艺术馆。形制为螭首扁体式,下部龛像不全,似残断。高126厘米,宽68厘米,厚18厘米。天保五年(554年)雕造。

---

① 《金石续编》卷二,《石刻史料新编》第一辑第4册,第3039页上。

碑首六螭盘绕。碑阳,碑额处雕一尖拱形龛,内刻弥勒菩萨倚坐,足踏莲台。莲台下左右各伸一莲花,上立胁侍。龛外左侧有榜题。碑身造像三层。上层并列三龛,间以菩提树。中龛内释迦、多宝二佛并坐,二佛间和两侧分别侍立二弟子与二菩萨。右龛内为观世音与二辟支佛、二菩萨①。左龛又分为两小龛,右小龛内为释迦苦修像,结跏趺坐,施禅定印,座下一踞跪供养人。左小龛内一菩萨,半跏趺坐。② 中层刻维摩诘经变。维摩与文殊间又置一圆丘形香积饭。香积饭又作香饭,谓众香国香积佛之饭。③ 香积饭周围有十余身比丘,其中一人在敲钟。香积饭前又刻一宝塔,内有释迦、多宝二佛并坐。下层雕一大龛。龛楣刻十身伎乐天人。龛内有一佛二弟子二菩萨二辟支佛二力士。左右碑侧上下各四小龛。左侧四龛内均刻一佛二菩萨,右侧四龛内有三龛刻一佛二菩萨,一龛刻一佛二弟子。碑阴,碑额处刻造像发愿文。文中有"遂于龙门赵村建立真容"一句,说明其与龙门石窟关系密切。碑阴下部刻供养人题名,上下共六列,有一百七十余人。

4.刘碑寺造像碑。现位于登封刘碑寺佛祖殿内,又名"刘碑"。形制为螭首扁体式,首身一体,通高398厘米。其中碑身高203厘米,宽144厘米,厚45厘米。在河南省现存造像碑中,体量最为高大。天保八年(557年)雕造。

碑首六螭盘绕。碑阳,碑额正中处雕一尖楣圆拱龛,内雕一佛二弟子二菩萨,主尊结跏趺坐。座下中刻博山炉,二供养比丘踞坐两旁,二狮子蹲坐其外侧。碑身左右分三列雕刻。中列上下二龛。上龛由两株菩提树组成一圆拱龛,龛内雕半跏坐思惟菩萨。龛楣两树间有一供养天人,座下刻起伏山林,反映释迦出家修行的情景。下龛为一尖楣圆拱形龛,为碑之主龛。龛柱上饰火焰宝珠,下饰覆莲座。左柱下部残存榜题"阳大像主前敕授豫州刺史刘碑",右柱也残存榜题。龛内雕一佛二弟子二菩萨,主尊结跏趺坐,施说法印。龛柱外侧各刻一辟支佛,面相丰满,跣足而立。龛下正中雕博山炉。其左右各刻一供养人及侍从、童子,外侧各刻一持戟神王,最外侧各刻一蹲坐狮子。

---

① 此为王景荃所释,《洛阳石刻撷英》释主尊为一菩萨,两旁为二弟子二菩萨(第36页)。
② 此为王景荃所释,《洛阳石刻撷英》释左小龛内为地藏菩萨(第36页)。
③ 《中华藏》第15册《维摩诘所说经》卷下《香积佛品》,第858页上。

左列三龛均为帐形龛。上龛内刻一佛二弟子二菩萨。主尊结跏趺坐,右手作说法印。座下正中有博山炉,两边各刻一扛托力士托举主尊宝座。中龛龛楣上部刻四身莲花化生。龛内雕一佛二弟子二菩萨。主尊结跏趺坐,裙裾覆座,施无畏与愿印。主尊座下中刻博山炉,两边各刻一扛托力士托举佛座。下龛龛形损坏较重,内刻维摩诘手持麈尾端坐,旁立二弟子。龛下左右刻三身供养人。右列三龛的排列、龛形及龛内所雕内容分别与左列对应像龛相同,唯下龛内刻文殊和二弟子,与左列下龛内维摩诘对坐论法。龛左外刻一供养菩萨侍立,其上刻一莲花化生,其下刻二供养人,龛下有听法弟子数人。

碑阴,碑额处刻一尖楣圆拱龛,内有释迦、多宝二佛并坐,座侧有二弟子。其外各雕一辟支佛,其下刻二供养菩萨。龛下正中刻夜叉扛托博山炉,左右各一供养比丘。在夜叉和比丘间各刻有一竖长条形,似为榜题所留。外侧有狮子,已残泐不清。碑身上部并列雕七尖楣圆拱龛,龛间饰花卉,龛内各一佛,龛柱处有供养菩萨,共七佛八菩萨,均结跏趺坐。七佛之下中刻博山炉,两侧各刻一供养比丘。其外两旁各雕四个竖长方形龛,龛内各有一跣足而立的供养菩萨。碑身下部刻刘碑造像铭及造像主题名。

碑侧两面,上部各雕一龛,龛下有六龙交缠的变形龙纹。左侧面尖拱龛楣由两株菩提树组成,龛内有一佛二菩萨立像,主尊施无畏与愿印。右侧面为尖楣圆拱龛,龛楣上方刻二飞天,龛内有一佛二弟子立像,主尊右手施无畏印。龛左边框刻榜题。

碑趺上沿周刻覆莲瓣。正面及两侧面雕十二个竖长方龛,其中正面六个,左右侧各三个。每个龛内又刻一尖楣圆拱龛,内有一神王,刚健凶猛,姿态各异。因持物不清,难以确定名号。正面左边有框刻题记,纪年"天圣四年丙寅岁",说明刘碑寺在北宋仁宗天圣四年(1024年)曾进行过重修。后面减地线刻山林射猎图,表现佛传故事"睒子本生"。左上角有"岁在丁丑"刻字,乾隆以前拓本中"天保八年"等字不损。

该碑为河南佛教造像碑之精品。其均匀对称的构图,华丽的龛楣装饰,多种服饰样式的并用,刻写精美的书法艺术与多种艺术手法的运用,成就了

河南佛教史稿

一座艺术丰碑。① 2006 年,刘碑寺碑被国务院公布为第六批全国重点文物保护单位。

5.姜篡造像碑(附:马寄造像碑、洛阳四面造像碑)。又称"姜篡为亡息元略造老君像碑"。清乾隆年间出土于偃师董家村,现藏偃师商城博物馆。螭首扁体式,首身一体,无座,高 70 厘米,宽 45 厘米,厚 8 厘米。② 天统元年(565 年)雕造。

碑阳,半圆形碑首上六螭盘绕。碑额处由龙腿组成一小龛,内刻一像结跏趺坐。碑身上部左右两侧各刻一菩提树冠,二树相接处雕一兽头,形成一尖拱大龛。龛内刻三像,均有圆形头光。主尊头戴道冠,着道衣,面有胡须,结跏趺坐于须弥座上,座上置三足几案。二胁侍两手置胸前握笏板,跣足而立。碑身下部正中雕一力士扛托的博山炉,炉两侧各一狮子,外侧又各有一供养人,有榜题。碑阴,碑身满刻造像发愿文,书体笔力雄健,方正端雅,为唐欧阳询书体之前驱。

从造像发愿文中所称"敬造老君像壹躯、左右二侍"可知,该碑当为道教造像碑,碑身正面上部龛内所刻主尊为老君。而且,从碑额与碑身上的像龛中所雕造像的服饰、相貌可知,他们也确是道教的神灵。但另一方面,像龛中又充满了佛教的气息,如菩提树、莲花、博山炉、力士、狮子、须弥座,以及人物的头光、结跏趺坐等。而且发愿文中,佛教用语比比皆是,如"优填""阎浮""胜因""六尘""八难""十方""龙华""三途""苦海六道"等。这是该碑最为特殊的地方。北朝时期佛教鼎盛,其造像之发达不能不影响道教,此碑即为佛道合一的石刻造像之实物例证。偃师商城博物馆还保存有一通与该碑相类似的道教造像碑,称孟阿妃造像碑,雕造于北齐武平七年(576 年)。此外,洛阳古代石刻艺术馆还藏有两通北齐时期雕造的佛道合一造像碑,分别称马寄造像碑与洛阳四面造像碑。

马寄造像碑早年在洛阳附近征集③,螭首四方柱形形制,无座,高 165 厘

---

① 王景荃:《刘碑寺造像碑研究》,《中原文物》2006 年第 2 期,第 78—87 页。
② 《洛阳石刻撷英》所记载的尺寸为高 78 厘米、宽 33 厘米、厚 13 厘米。
③ 《洛阳石刻撷英》谓其 1949 年前于洛阳出土(第 50 页)。

米,宽44厘米,厚35厘米。碑首作十二龙交蟠。碑阳圭形碑额处刻"道民大都宫主马寄"八字。碑身上下刻三龛。上龛为屋形,歇山顶,脊两边各刻一天人①,檐下饰人字拱五铺,龛柱外各刻一菩提树,龛内刻一主尊四胁侍。主尊结跏趺坐,有头光,戴高冠,执麈尾,左手放于面前三足几上。中龛龛形同上龛,屋脊上饰云朵。龛内主尊亦结跏趺坐,面前置三足几,头戴高冠,右手持如意,左手扶几。左侧一弟子一胁侍,右侧一胁侍。两侧龛柱外各立一供养人。下龛正中刻博山炉,由二力士扛托,两侧有狮子、力士。龛下刻供养人题名十余人,字迹剥蚀严重。碑阴无雕饰。② 右侧碑首及碑身下端各凿有一圆形浅洞。上浅洞下面刻一屋形龛,屋檐上刻二飞天,龛内为一主尊二胁侍,主尊亦戴高冠,执麈尾,结跏趺坐。左侧上部亦刻屋形龛,龛内造像同右侧龛,龛外两侧各有一供养人。龛下题名剥蚀不清。关于雕造时间,王景荃先生从内容和风格上判断应为北齐时所作。③

洛阳四面造像碑亦早年于洛阳征集,四方柱体形制,碑首、碑跌已佚,碑身高140厘米,宽43厘米,厚42厘米。碑阳上部雕帷幔龛,龛楣装饰繁缛,内刻一佛二弟子二菩萨。主尊戴高冠,善跏趺坐,足踏莲台。帷幔龛下为长方形龛,内刻维摩变。下龛为尖楣圆拱龛,内有一佛二弟子四菩萨。主尊施无畏与愿印。龛下刻博山炉、力士。碑阴刻造像题记,剥蚀无识。左右侧面上下均雕三龛。左侧上龛方形,左半边刻一主尊三胁侍,主尊戴道冠,右侧一胁侍,左侧二胁侍。造像身后刻幡五条,一人持幡杆,幡叶飘扬于造像之上。右上角一飞天,其下一供养人躬身跪拜。右下角有三农人持锄耕作,疑为佛传故事"树下观耕"。中为尖楣圆拱龛。龛楣与龛柱、龛梁装饰繁缛。龛内主尊为站立菩萨,两侧各有一弟子一天王。龛外两侧上下各刻三小龛,上两小龛内各一禅定坐佛,下小龛内各一蒙披袈裟的坐禅僧。下龛亦为尖楣圆拱龛,龛楣上方刻六比丘头像,龛内刻一佛二弟子二菩萨。主尊戴冠,冠前中饰化

---

① 《洛阳石刻撷英》谓"上龛作屋形,歇山式顶,中央左侧倒立一金翅鸟,右侧为一盛开仰莲"(第50页)。

② 《洛阳石刻撷英》谓其碑阴刻上下九列题名(第50页)。

③ 《河南佛教石刻造像》,第327—328页。

佛。右侧上部由两旁双菩提树构成一圆拱形龛,枝叶交会成龛楣,正中刻一禅定坐佛。龛内释迦、多宝二佛并坐,两侧各有一弟子一菩萨。中龛内主尊为半跏趺坐菩萨,两侧各二胁侍恭立。龛上方与左右侧刻佛经故事。上方表现的似"牧女献糜",不过佛经中记载所献为牛乳,而此处是挤取鹿乳。左侧表现的是"舍身饲虎";右侧刻一树,一人抱树上爬,树下置水缸,一人立于缸旁向爬树者招手,含义不明。下为尖楣圆拱龛。龛楣上方正中一铺首口衔楣尖,两侧各一飞天。龛内刻一佛二弟子四菩萨。主尊双手相握,结跏趺坐。龛下中刻一炉,两侧各有一狮子和二供养人。

王景荃先生认为,该碑造像形象与马寄碑相似,亦应是佛道合一的像碑。类似的石刻造像多见于北齐时代,故该碑应为北齐时所造。①

6.鲁思明造像碑。出土于新乡耿黄乡鲁堡村百官寺遗址,后移存新乡市博物馆,现藏河南博物院。形制为螭首扁体式,首身一体。碑身下部残缺,仅存碑首与碑身上半部,故又称"大齐半截碑"。残高200厘米,宽116厘米,厚31厘米。天保九年(558年)雕造。

碑首六螭盘绕,左半部残缺。碑阳,碑额处有一圭形龛,龛内造像已不存,龛外两侧各线刻一胁侍菩萨,跣足而立。龛下阳文隶书刻"上为皇帝陛下"六字。碑身上部减地线刻供养人像三排,上一排左右对刻四组,下两排对刻六组。下部刻发愿文。碑阴,碑额处雕一尖楣圆拱形大龛,龛内造像残毁严重,依稀可见为一佛二力士,主尊结跏趺坐,二力士跣足弓步立于卧狮上。碑身与两侧面遍刻供养人像,多有题名,因剥蚀多不能识。

该碑珍贵之处,一是线刻供养人像精细,是北朝石刻造像线画的精品;二是题记书法方雅,结构严谨,字体疏朗,行笔遒劲,为北齐一代隶书楷模。

7.高海亮造像碑。1957年出土于襄城县城西汝河西岸之孙庄东,后调入河南省博物馆(今河南博物院)。② 螭首扁体式,碑座已佚,高108厘米,宽57厘米,厚8厘米。③ 天保十年(559年)雕造。

① 《河南佛教石刻造像》,第361页。
② 周到:《河南襄县出土的三块北齐造像碑》,《文物》1963年第10期,第13—17页。
③ 《中国北朝石刻拓片精品集》中记为高131厘米,宽66厘米,厚9厘米。

碑首雕四螭缠绕。碑阳,碑额处有一帐形龛,内刻弥勒与二胁侍菩萨。弥勒面相方圆,施无畏与愿印,半跏趺坐。碑身中部刻一尖楣圆拱龛,内有一佛二辟支佛二菩萨二弟子二力士。主尊结跏趺坐,高肉髻,面相方圆,施无畏与愿印,裙褶繁缛,覆搭于座上。辟支佛位于主尊座后,仅显现半身。菩萨、弟子、力士均跣足立于长茎覆莲座上。主尊座前正中有一夜叉扛托之博山炉,从炉下伸出的长莲梗与菩萨等所立覆莲座相连。炉两侧各一供养人,最外侧又各一蹲坐狮子。龛上部左右刻维摩诘经变。碑阴,碑首减地浮雕"太子逾城出家"佛传故事。碑身上部刻发愿文,书体雄奇方劲,笔画丰厚健美。下部刻供养人题名。①

8.张伏惠造像碑。与上碑同时同地出土,现藏河南博物院。② 长方形扁体式。高131厘米,宽65厘米,厚9厘米。天统四年(568年)雕造。

碑阳,顶端呈方形,上部浅浮雕帷幔,均匀下垂五条幡带。上刻题名,多为比丘尼。帷幔之下雕两列三层六龛,间以方格。上层两龛为尖楣圆拱龛,内刻一佛二弟子二菩萨二辟支佛。右龛内主尊弥勒倚坐,右手施无畏印,左手自然下垂放于腿上,足踏莲台。左龛内造像与右龛同,唯弥勒半跏趺坐。中层两龛为帐形龛。右龛内刻一佛二弟子四菩萨。主尊释迦佛结跏趺坐,施无畏与愿印。左龛内刻一佛二弟子二菩萨二辟支佛二婆薮仙人。主尊释迦佛形象同右龛。婆薮仙人身材矮小,立于二菩萨前。下层两龛为尖楣圆拱龛,左、右龛龛楣上分别刻听法弟子六人与八人,龛内均有一佛二弟子二菩萨二供养人。主尊为无量寿佛,结跏趺坐。右龛无量寿佛施无畏与愿印,座两侧各有一站立狮子;左龛无量寿佛左手置于腿上,右手置于胸前似握经卷。以上各龛左右边框与龛间竖隔梁上均有榜题。碑下部中刻边饰莲花忍冬之博山炉,两侧有狮子,右狮子外还有一供养人,像旁边框上亦有榜题。碑阴,上部刻发愿文,隶书。下部及碑两侧面均刻供养人题名。

9.张啾鬼造像碑。与上两碑同时、同地出土,现藏河南博物院。横长方形

① 《中国北朝石刻拓片精品集》将刻"太子逾城出家"与刻发愿文一面视为碑之正面,余者未作任何介绍。

② 周到:《河南襄县出土的三块北齐造像碑》,《文物》1963年第10期,第13—17页。

扁体式,单面雕刻,高 53 厘米,宽 137 厘米,厚 11 厘米。天统五年(569 年)雕造。

碑刻以文字为主。碑身中部靠上雕一尖楣圆拱龛,龛楣上方两侧对称刻供养天人,龛柱下饰圆形柱础,龛梁正中饰束腰莲花。龛内有一佛二菩萨。主尊弥勒戴冠,宝缯垂肩,袒上身,下着裙,交足而坐。龛下边饰覆莲。龛下又并排有三尖楣圆拱龛,中龛内一夜叉托举博山炉,两侧龛内分别为一狮子。龛左侧刻发愿文。

值得注意的是,上述三碑,雕造时间虽然前后达十年之久,但从供养人题名来看,有些人两次甚至三次参加了造像活动。其中三次者为张噉鬼,两次者有高海亮、张惠超、张伏恭、张海珍、张阿黑、张伏兴、赵文景、张甑、比丘尼僧照、比丘尼僧炳等,由此可见当时民间佛教发展的兴盛情况。

10.圆觉寺造像碑。出土于焦作新店村圆觉寺旧址,现存该村火神庙。形制为背屏式,通高 110 厘米,上宽 80 厘米,下宽 75 厘米,厚 10—12 厘米。北齐皇建时期(560—561 年)雕造。

正面雕一佛二弟子。主尊头光内饰双重莲瓣,身光饰火焰纹。面相丰圆,施弥陀定印,结跏趺坐在圆形束腰叠涩须弥座上,座下又有长方形基座。基座两侧各伸出一向上昂起的龙头,口衔带茎莲花,其上跣足而立二弟子。长方形基座正面满刻发愿文,楷体。背面阴线刻一佛二菩萨。主尊结跏趺坐,面部方圆,施说法印,衣褶满覆。菩萨胸部以上已不存,跣足而立。

尽管该碑有明确纪年,但王景荃先生认为:“其正面的造像不论其造像形式,还是雕刻内容以及雕刻技法,都与北齐时期的造像相去甚远,更多的则表现出唐代造像风格。另外,主尊座下刻有造像记的长方形台座,比整体造像的厚度多出几厘米,并且造像背屏有明显的减地刻痕,造像背面的线刻一佛二菩萨像之左右菩萨上部,因重刻而毁坏,因此可以看出,这是一件利用北齐时期的造像重新雕刻的造像。北周灭齐后,尽毁齐地佛像,此像恐毁于此时。唐时又利用该像残石,重新刻出正面佛像,使之成为一件造像上同时出现两种时代风格的造像。"①

11.北周千佛造像碑。原存洛宁县河底镇牛曲村千佛寺,现藏河南博物院。庑殿顶扁体式形制,顶身座以榫铆组合一体。通高244厘米,其中碑身高184厘米,宽70厘米,厚20厘米。雕造于北周保定五年(565年)。

碑首为仿木建筑的九脊四阿式庑殿顶。正面碑身上部凿一尖楣圆拱大龛。龛楣装饰华丽繁缛。龛两外侧各雕一菩提树,枝叶交会于龛楣之上。龛内有一佛二弟子二菩萨二辟支佛。② 主尊结跏趺坐,高肉髻,面相饱满圆润,施无畏与愿印,头光内饰莲瓣,外刻缠枝莲花。二菩萨分别为大势至与观世音。主尊座下刻二供养比丘,其外侧各有一苍龙。龛下浅雕一横长方形龛,内中刻博山炉,两侧各有力士、狮子。碑身下部刻发愿文,文中有"清信佛弟子□□□□□□□兄弟三人等"字句,故又称"兄弟三人造像碑"。文记左右及下方刻题名,不知何时何故被全部凿去。其下另有明代所刻"重修千佛寺石碑记"。背面与两侧面满刻排列整齐的小龛,每龛内有一禅定坐佛,共一千零六身。佛像虽小,仍可见其高肉髻,手施禅定印。背面左右下角减地线刻两礼佛图,表现夫妻共同礼佛的情景。长方形碑座上沿周饰覆莲。

据王景荃先生调查,北周时期河南现存的佛教造像碑仅此一通。③ 该碑"将北魏以来流行的竖长方形扁体造像碑碑身、北齐时流行的四方柱体造像碑碑首以及东魏造像碑中千佛龛式的造像形式融为一体"④,雕刻技法多种,刻工细腻,形象生动,保存完好,弥足珍贵。1998年2月,《中华五千年文明艺术展》在美国纽约古根海姆博物馆开幕,引起轰动,展览的标识即该碑。

12.少林寺北齐造像碑。又称"少林寺董丑造像碑"。1976年被发现于少林寺后和尚墓地,现存少林寺碑廊。莲瓣形背屏式形制,身座一体,通高79厘米,宽43厘米,厚30厘米。天统二年(566年)雕造。

正面雕一佛二菩萨立像。主尊阿弥陀佛面部剥蚀不清,大耳垂肩,两肩

---

① 《河南佛教石刻造像》,第224页。
② 《洛阳石刻撷英》记为一佛二弟子四菩萨(第52页)。
③ 《河南佛教石刻造像》,第230页。
④ 《河南佛教石刻造像》,第18页。

宽平,腹部凸起,右手施无畏印。菩萨头部皆残,跣足而立。左菩萨左手握净瓶,右手提善锁,右菩萨双手自肘部以下残缺。左侧面上部无饰,下部刻供养人题名。右侧面与背面无刻。碑座正面刻发愿文,左右侧面刻供养人题名。

历史上,少林寺还曾有其他的北朝时期造像碑,如《中国石碑:一种象征形式在佛教传入之前与之后的运用》一书中就引有日本与西方学者常盘大定、关野贞和沙畹的著作中所载的一通少林寺北齐造像碑。从照片看,形制为螭首扁体式,碑之首、身、趺均有,正面为造像,背面刻造像记与题名。① 而王景荃说:董丑造像,是少林寺现存唯一一件较为完好的北齐造像,其体量较大,造像主多达三十五人之多,应为寺院或宗教聚集场所礼拜供养,有可能就是少林寺内供奉之物。但他又说,该碑造像风格有别于中原地区同时代的造像,在河南现存的北齐造像中很难找到他例,因此,这件造像的来源还有待进一步考证。②

13.平等寺造像碑(韩永义造像碑、崔永仙造像碑、僧道略造像碑、冯翊王高润造像碑)。平等寺为北朝时洛阳著名的寺院之一,遗址在今偃师首阳山镇义井村、寺里碑村附近。平等寺初建于北魏,北齐时又重加修茸,造像碑就是此时先后所造,共四通,立于寺内。北周武帝灭佛后,平等寺被废。不知何时,四碑被移置他处。至1984年前,四碑一直半埋于寺里碑村南边农田中。由于埋在地下的部分无从所知,地上部分又因长期自然风化与人为损害,故有关资料欠详,所录碑文也多有错讹。1984年,偃师进行文物普查,对四碑进行了挖掘、清理并照相、摹拓,取得了完整资料,四碑的全貌才得以完全为世人所知。近年,又将它们移至偃师商城博物馆保存。

四碑形制皆为螭首扁体式,首身一体,碑首六龙盘绕,造型各异,方座、龟座各二。其中纪年最早的为"平等寺邑主韩永义等造像碑",高300厘米,宽107厘米,厚29厘米,方座;造于天统三年(567年)。第二通称"平等寺崔永仙等人造像碑",高275厘米,宽107厘米,厚24厘米,龟趺;无纪年,王景荃谓

---

① 《中国石碑:一种象征形式在佛教传入之前与之后的运用》,第221页。
② 《河南佛教石刻造像》,第234页。

其为天统三年至天统五年(567—569年)雕造。① 第三通称"平等寺僧道略造像碑",又称"邑师比丘僧道略等三百人造像碑",高275厘米,宽100厘米,厚24厘米,龟趺;造于武平二年(571年)。第四通称"平等寺冯翊王高润造像碑",高324厘米,宽115厘米,厚26厘米,②方座;造于武平三年(572年)。有关各碑具体情况如下:

韩永义造像碑:碑阳,碑额刻一尖楣圆拱龛。由龛下题记"弥勒菩萨"可知龛内善跏趺坐者为弥勒,左右侍立二菩萨。碑身上部并列刻六尖楣圆拱龛,龛内各有一禅定坐佛,结跏趺坐,或作禅定印,或施无畏印。龛下自左至右题名"毗婆尸佛、尸叶佛、毗叶罗佛、拘留孙佛、拘那含佛、迦叶佛"。中部刻一大屋形帷帐龛,龛楣饰垂幔,龛柱下有莲花柱础。龛内有一佛二弟子二菩萨。本尊释迦佛结跏趺坐,施说法印。龛左右侧均有榜题。龛下中间线刻博山炉,两侧各有一供养人像与一神王像,均有榜题,神王榜题分别为"迦毗罗神王"与"那罗延神王"。碑身下部刻发愿文。文中有"在于定光像背,敬造七佛宝堪(龛)……"一句,此所谓"定光像"恐指《洛阳伽蓝记》中所记平等寺门外之二丈八尺金像(铜像),若然,则该碑当时立于寺门外铜像后。文前、文后刻供养人题名。碑阴与碑趺无雕饰。左右碑侧刻变形龙纹,与刘碑寺碑相同。

崔永仙造像碑:碑阳,碑额并列雕两龛。左龛龛楣由两菩提树构成,上有飞天三身,内雕佛传故事"九龙浴太子"。右龛为方形帷帐龛,内雕佛传故事"乘象返宫"。左龛下两侧各有一小圆拱龛,内刻一坐禅僧。碑身造像分三层:上层正中为一尖楣圆拱龛,内刻一佛二菩萨,头、手均残。龛左右又有对称二小龛,屋形龛内趺坐文殊,帷帐龛内箕踞维摩诘,为维摩诘经变。三龛下中刻博山炉,两侧各有一狮子。中层正中雕一方形帷帐龛,内刻弥勒与二菩萨。弥勒善跏趺坐,足踏莲台。龛外左右对称雕二小龛,内刻"太子树下思惟",均有榜题,左侧大部可识,右侧已剥蚀。下层正中方形龛内刻护法神阿修罗,六臂外伸,最下两臂分举日、月,蹲坐,两腿呈弓形,其间刻二童子相对

① 《河南佛教石刻造像》,第258—259页。
② 《洛阳石刻撷英》所记载的尺寸为高315厘米、宽116厘米、厚28厘米。

而坐,似在嬉戏。阿修罗胸前刻博山炉,两侧方形小龛内分立二弟子二天王,天王一手握剑,一手持金刚杵。右龛侧有榜题,字迹剥落。碑阴,碑额右侧雕长方形龛,内刻一佛二菩萨,剥蚀严重。左侧刻三方形圆拱龛,呈品字形,内均刻一佛二菩萨,形象模糊不清。碑身上部两层刻八尖楣圆拱龛,内均为一佛二菩萨。主尊结跏趺坐,或施禅定印,或施说法印。下部正中为一尖楣圆拱形大龛,内有一佛二弟子二菩萨。龛外两侧刻"太子树下思惟"。龛下正中刻一莲花,花上有一兽头,两侧的四个方形小龛内分别刻二力士与二雄狮。左右碑侧刻供养人题名。

僧道略造像碑:碑阳,碑额正中雕尖楣圆拱龛,龛楣上饰三个兽面,龛柱下各有一夜叉承托。龛内为一佛二菩萨,头、手皆残。龛左右刻供养人姓名。碑身上部为并列二帷幔龛,帷幔装饰华丽繁缛。龛内均为一佛二弟子二菩萨,头部均残,衣饰、姿态基本同。两龛间刻供养人题名,左右亦有榜题。两龛之下刻一长方形龛,正中刻三力士托举之博山炉,两侧分别为狮子、力士。碑身下部刻发愿文。碑阴,碑额正中雕尖楣圆拱龛,内有一佛二菩萨。主尊弥勒菩萨善跏趺坐,座前有莲花足踏,两侧为蹲狮。碑身上部并列二方形帷帐龛,帷帐装饰华丽。龛中均为一佛二弟子二菩萨,姿态、衣饰与正面上部二龛造像相似。二龛下长方形龛内正中为一夜叉扛托之博山炉,两侧蹲坐狮子与力士。龛左右皆有榜题。下部刻题名可辨姓名者六十余人。加上正面的近三十人,全碑可辨认姓名者百人左右。左右碑侧各刻数个小龛,左侧三个,右侧四个,龛内造像均为一佛二菩萨,主尊释迦佛结跏趺坐。左侧最下龛内佛座两旁各刻一狮子。龛下有榜题。右侧上龛佛座两旁各刻一狮子;第二龛下有榜题;第三龛下中刻博山炉,两侧为狮子,龛左榜题中有"武平七年"纪年,龛下亦有榜题;第四龛右、下亦有榜题,其中亦有"武平七年"纪年。发愿文中纪年为武平二年(571年),碑侧榜题中又有武平七年(576年)纪年,说明此碑初造于武平二年,五年之后又有人利用侧面空白处再次造像。其中"韩叔子"之名,碑阴、碑侧两见,说明其人参与了两次捐资造像活动。

冯翊王高润造像碑:碑阳,碑额正中刻一尖楣圆拱龛,内雕一佛二菩萨。主尊弥勒施无畏印,善跏趺坐。碑身上部为一长方形帷帐龛。龛楣浅浮雕作盝顶形,正中刻一迦陵频伽鸟,顶饰各种纹饰。内刻七佛并排结跏趺坐,分别作禅定印或无畏印。座两侧侍立二菩萨。龛下正中刻博山炉。左侧依次为一比丘、四供养人、一神王;右侧依次为一比丘、三供养人、一神王。下部原有造像铭记,已风化剥蚀。碑阴,碑额处刻一尖楣圆拱龛,内刻一佛二菩萨。主尊弥勒善跏趺坐,施无畏印。龛之左右篆书榜题"齐冯翊王""高润之碑"四字。碑身遍刻发愿文,总计一千四百字左右,可辨识者约九百字,主要内容叙述北魏末年洛阳频遭战火惨状,以及平等寺兴废变迁情况,并详细叙述了平等寺的位置,特别是描述了"相好端严,常有神验,国之吉凶,先炳祥异"①的原寺门外高二丈八尺之金像由寺外移入寺内,可与《洛阳伽蓝记》相印证。

高润,字子泽,神武皇帝(高欢)之第十四子,文襄(澄)、文宣(洋)、孝昭(演)、武成(湛)四帝之爱弟,天保初封冯翊王,位高爵显,《北齐书》有传。碑文中关于高润官职的记述,可正《北齐书》本传之误。②

1963 年,上述四通造像碑被列为河南省文物保护单位。

14.佛时寺四面造像碑。原存于浚县善堂镇酸枣庙村村南佛时寺遗址。历史上,此地曾属滑县,《重修滑县志》记述:"佛时寺四面造像碑在城北二十五里白马坡酸枣庙村佛时寺。"③1963 年该碑被河南省公布为第一批文物保护单位。1964 年秋,中央文化部曾调该碑拟运往日本东京展览,因故未就,留存北京,后运回河南省博物馆(现河南博物院)收藏。形制为四阿顶式方柱体形,通高 232 厘米,宽 55 厘米,厚 51 厘米。武平三年(572 年)雕造。

碑首为九脊单檐歇山式屋顶。碑身为方柱体,四边雕成六棱形龛柱,其上缠绕菩提树,柱头饰火焰宝珠,柱础饰覆莲。每面雕上下三龛。碑阳,上龛龛楣刻四身供养天人,龛内刻一佛二弟子四菩萨。主尊弥勒佛施无畏与愿印,交足而坐,足踏莲花。座前正中博山炉由夜叉扛托,两侧又各有一夜叉单手上举承托弥勒足下的莲花。其外又各有一供养比丘。菩萨前刻二伏地狮

---

① 《洛阳伽蓝记校笺》卷二,第 101 页。

② 《北齐书》卷十《冯翊王润传》,第 139—140 页;李献奇:《北齐洛阳平等寺造像碑》,《中原文物》1985 年第 4 期,第 89—97 页。

③ 《重修滑县志》卷十九《金石》,第 2106 页。

子。龛楣之上平面处与龛下两侧有题记。中龛龛楣刻伎乐天人四身,内刻一佛二弟子二菩萨。主尊释迦佛似施无畏与愿印,结跏趺坐。座下正中有二夜叉平托一博山炉,两侧各有一夜叉单手上举承托释迦须弥座,其外又各一蹲狮。弟子、菩萨前各一供养人。龛下两侧刻题记。下龛龛楣中央刻一兽首口衔华绳,两侧各有二飞天手攀华绳。龛内刻一佛四弟子二菩萨。主尊阿弥陀佛施无畏与愿印,结跏趺坐。座后左右各伸出一龙首,口衔三枝长茎莲花,为弟子、菩萨所立之座。佛座前中刻博山炉,两旁各一供养人。弟子、菩萨座前各一狮子、一力士。龛下两侧亦刻题记。碑阴剥蚀严重,题记不识。上龛龛楣左右各刻一莲花化生,龛内表现佛传故事"九龙浴太子"。中龛龛楣刻供养天人四身,龛内刻思惟菩萨与二弟子二菩萨。主尊座前中有博山炉,两侧有二供养比丘。下龛龛楣刻四身手握华绳的飞天,龛内为释迦、多宝并坐,施禅定印。佛座前正中有博山炉,两侧有二供养人、二蹲狮。左侧面上龛龛楣刻四身供养天人,龛内为弥勒、观世音双尊结跏趺坐,施无畏与愿印,两侧二胁侍菩萨。座前中刻博山炉,旁有供养人。菩萨座下则有扛托夜叉。中龛龛楣刻六身莲花化生,龛内为普贤菩萨与二弟子二菩萨。普贤结跏趺坐在六牙白象上。下龛龛楣刻四身供养天人,龛内为无量寿佛与二弟子二菩萨。主尊施无畏与愿印,结跏趺坐。座前正中为博山炉,左右各一供养人、一蹲狮。座之左右各伸出一龙首,口衔长梗莲蓬,为弟子、菩萨所立。三龛下之两侧均有题记。右侧面上龛内刻维摩经变。龛下正中有博山炉,两侧各二供养比丘。中龛内刻涅槃变。龛上方两侧各有一飞天,龛下中刻博山炉,两侧各二供养比丘。下龛内刻药师佛与四菩萨。主尊施无畏与愿印,结跏趺坐。外侧二菩萨所立莲座下有夜叉托举。龛上部正中一莲花化生,两旁各有一供养菩萨。主尊座下正中有博山炉,两旁各二供养比丘。三龛下之两侧亦均有题记。方形碑座上沿抹成斜面,正面刻发愿文。

该碑造像题材丰富,构思新奇,刻工精细,堪称北齐造像碑之典范。

15.延兴造像碑。禹州博物馆征集,现藏河南博物院。形制为横长方形扁体式,高81.5厘米,宽118厘米,厚22.5厘米。武平三年(572年)雕造。

碑身中部一"凸"字形龛,龛内雕一尖楣圆拱龛,尖楣圆拱龛正上方刻二身舞伎与二身伎乐天人。龛内有一佛二弟子二菩萨。主尊结跏趺坐,头残,两手从肘部残缺。菩萨头亦残,跣足立于从主尊座下伸出的长梗莲座上。主尊座下有二夜叉坐于铺首形鼎上,扛托一博山炉。鼎两侧各有一狮子,狮首上方有摩尼宝珠。尖楣圆拱龛外两侧各有一竖长方形龛,其内上部有一伎乐天人,手持琵琶作弹奏状。下部有一神王,其中左神王右手持戟,右脚抬起踏在夜叉身上;右神王左手持戟,右手握剑扛肩,立于羊背上。龛左刻供养人题名,剥蚀严重,多不能识。龛右刻发愿文,可辨认者亦不多,唯开头纪年可识。

16.宋始兴造像碑。原存登封会善寺,为该寺供奉之物,现藏河南博物院。形制为螭首扁体式,首身一体,碑跌佚。通高148厘米,其中碑身高99厘米,宽62厘米,厚19厘米。武平七年(576年)造立。

碑首六龙盘绕。碑阳,碑额处一尖楣圆拱龛,龛楣正中饰莲花,龛柱顶饰火焰宝珠。龛内弥勒佛倚坐,右手残缺,左手抚膝,跣足踏莲台。左右龛柱上阴刻榜题。碑身正中雕一大帐形龛,帷幔上饰三束悬铃流苏,龛内一佛二菩萨二力士。主尊释迦佛结跏趺坐。佛座下部两边各刻一方形龛,内有一供养人。力士扭腰斜胯、鼓腹跣足侍立。龛左右边框上各刻一行题记。佛龛上部刻二飞天,簇拥一覆钵式七宝塔,塔身可见两小龛,内各有一坐佛。佛龛下部刻一长方形龛,中刻一夜叉扛托的博山炉,两侧各有一供养比丘、狮子。碑阴,碑额正中有一尖楣拱形龛。龛楣中刻火焰宝珠,内刻释迦、多宝并坐,龛柱刻题记。碑身上部刻发愿文,文中纪年除"大齐"二字外余皆剥蚀不清。碑身下部刻供养人题名。左右侧面刻比丘尼题名。

17.嵩阳书院造像碑(附:贾伏光造像碑、四面造像碑)。出土地不详,现存登封嵩阳书院先圣殿东侧。形制为螭首扁体式,首身一体,碑跌佚,碑身下部斜向断裂,以水泥粘接,左下角残缺。残高165厘米,宽69厘米,厚25厘米。

碑首八龙盘绕。碑阳,碑额处刻尖楣圆拱龛,龛楣顶端饰花瓣,其上两龙爪拱托一火焰宝珠,内雕一佛二菩萨。主尊弥勒施说法印,倚坐方形座上,足踏莲花。碑身上部雕一帷帐龛,帷帐占近半高度,上刻各种饰物。内有一佛二弟子二菩萨。主尊结跏趺坐,高肉髻,施说法印。座前正中有博山炉,两侧各有一供养人与狮子。龛下刻造像碑铭。碑阴,碑额上刻圆拱龛,龛上正中有一火焰宝珠,内刻一佛二弟子。主尊结跏趺坐,左手斜放腿上,右手抚膝。碑身无刻饰。两侧面均上下雕二龛。左侧面为圆拱龛。上龛由两菩提树构成龛柱、龛楣,内有一佛二菩萨,主尊半跏趺坐,施说法印。下龛龛楣上方刻二飞天,内亦为一佛二菩萨,主尊结跏趺坐。两龛下均有题记,已剥蚀不清。右侧面为尖楣龛,龛楣上方左右各刻一飞天。上龛内刻一佛二菩萨立像。下龛内刻释迦、多宝并坐像。

该碑因残断及剥蚀严重,碑铭与题记均不可识,故难以确定其造立年代。从碑体造型、龛楣装饰、造型题材等方面看,应为北齐时期雕造。

嵩阳书院现存还有两通北齐时期的造像碑,一称贾伏光造像碑,一称四面造像碑,出土地均不详。贾伏光造像碑形制为横长方形扁体式,高60厘米,宽98厘米,雕造于武平六年(575年)。四面碑形制为方柱体,碑首、碑跌已佚,仅存碑身。残高69厘米,宽39厘米,厚32厘米。

贾伏光造像碑正面中上部雕圆拱龛。龛楣似长虹,楣两端饰忍冬纹,内刻一佛二菩萨立像。主尊剥蚀严重,仅见有头光,施无畏与愿印,立于圆莲台上。菩萨手擎荷叶而立。龛下方无雕饰。龛左刻发愿文。龛右刻供养人题名,可识的四十余名题名中多是女性。发愿文与题名书体宽博,带有隶书笔意,极类刘碑寺造像碑。

四面造像碑剥蚀严重。碑阳为一尖楣圆拱龛。龛楣装饰繁缛,龛梁下依稀可见有五个兽头,龛柱上端饰火焰宝珠。龛楣上沿左右刻一半身龙,龙首向外。龛楣上部刻三身飞天。龛内刻一佛二弟子二菩萨二力士,主尊结跏趺坐,弟子位于主尊身后,仅露半身。力士手持金刚杵。佛座束腰处左右各伸出一条半身龙,龙头向下。座前一博山炉。碑阴亦雕尖楣圆拱龛,大小、龛楣及龛上部雕饰与碑阳同。龛内亦雕一佛二弟子二菩萨二力士,形象、装束亦与碑阳基本相同。唯主尊作半跏思维状;二力士未持法器;左力士所立之座由一夜叉四肢着地背托,右力士下部残缺。左右侧面均雕一帐形龛。左龛为平帐顶,帐幔占一半高度,上有各种纹饰,内刻一佛二弟子二菩萨。右龛为半圆形,帐幔大小、装饰与龛内造像同左龛。两龛下部雕刻残缺。无纪年,从造像形式、题材及风格看,当属北齐时雕造。

18.丁朗俊造像碑。又称"薛店造像碑",出土于新郑市薛店乡南枣岗村,后入县文物保管所,现藏河南博物院。形制为螭首扁体式,出土前中间已残为两段,首身一体,无碑座,高 100 厘米,宽 47 厘米,厚 15 厘米。

碑首六螭盘绕。碑阳,碑额处刻一佛二弟子。主尊弥勒半跏坐,左足踏莲花。佛座下波涛汹涌,隐约可见一海兽在游动。碑身下部正中雕一大圆拱龛,龛楣似长虹。龛内释迦佛结跏趺坐,施无畏与愿印,裙裾覆座。左右各侍立弟子、菩萨、辟支佛与力士,表情或谦恭、或和善、或严肃、或怒目圆睁。座下中刻博山炉,两边各有狮子。龛上方中央刻一以莲瓣为座的七宝塔,顶呈起脊式屋顶状,身上分四龛,内各有一禅定坐佛。塔上菩提树枝叶茂密。宝塔左右立释迦、多宝二佛,手指宝塔。二佛旁各有弟子、菩萨五身。碑阴,碑额处刻榜题,碑身上下刻题名,有二十余人。左碑侧三层造像,上层为二飞天,中层刻供养比丘四人,下层刻一菩萨二比丘。右碑侧三层造像中,上层并排两圆拱小龛,内各有一修行比丘,旁立一比丘;中层刻一佛二弟子,座前有二供养人跽跪;下层龛内刻二思惟菩萨半跏坐于菩提树下。无纪年,风格明显属北齐时期的造像特征。

19.造像刊经碑。早年征集于洛阳,现存洛阳古代石刻艺术馆。形制为方形扁体式,碑首佚,高 130 厘米,宽 59.5 厘米,厚 17 厘米。

碑阳上部雕一长方形帷帐龛,帷幔饰各种纹饰,两侧各有一天人手执垂缨。龛内刻一佛二弟子二菩萨,头面均残。主尊结跏趺坐,双手均残,裙裾四层满覆座之上部;头后周饰莲瓣与头光五重,身光与背光相连。龛下有界格两层,上五下三,上下中格内均刻博山炉,余上四格内各刻一跪拜供养比丘,下两格内刻雄狮。碑阴与左右侧面满刻佛经,有二千五百余字。经辨识,经文为北魏菩提留支所译《佛说不增不减经》,此经仅一卷,内容为世尊应舍利弗之问,谓轮回于六道三界四生中的众生界无增无减,强调众生界即如来藏,与法身义同名异。即一法界是如来智慧境界、第一义谛、法身。法身为烦恼所缠、往来于生死海时,名之为众生;厌世间苦而修菩提行时,名之为菩萨;离一切烦恼、住彼岸清净法中时，名之为如来。① 虽然篇幅很小，但在佛教如来藏思想史上极为重要。

关于雕造年代，《洛阳石刻撷英》断为北魏。② 王景荃先生则认为是北齐时的作品："在造像碑上刻经，多见于北齐时期。此碑是目前发现的时代较早的刻经碑，所刻经文也比较完整，可谓是北齐刻经碑的代表作品。"③

20. 寺沟造像碑。清末出土于偃师山化乡寺沟村孟氏家族祠堂，遂立于祠堂院内，祠堂后改为村办小学。20 世纪 90 年代末遭盗窃，被凿成数块外运。后虽追回，修复后仍未恢复原貌。现藏偃师商城博物馆。形制为螭首扁体式，首身一体，碑趺佚，通高 328 厘米④，宽 110 厘米，厚 28 厘米。

碑首六龙伏绕。碑阳，碑额处刻一龛。龛楣为覆钵式宝塔，塔身上开三小龛，内各一坐佛，塔两侧各有一飞天双手托举宝塔。龛内雕一佛二弟子二菩萨。碑身上下三层造像。上、中二层各并列三龛。上层三龛为拱形龛。中龛内刻一佛二弟子二菩萨，主尊施说法印。左龛内刻一佛一弟子，主尊结跏趺坐。主尊座下有方形小龛，内刻三跽跪供养人。右龛内刻一坐佛。其左上方刻一屋形龛，龛内靠右一人袖手而立，龛下方刻一斜梯直通龛内，梯下有二跽跪供养人。中层中龛内刻一佛二弟子二菩萨。主尊双手扶膝，结跏趺坐。左右两龛均为尖楣圆拱龛。左龛内为一佛二菩萨立像，主尊施无畏与愿印。右龛内刻一力士。⑤ 下层为一大尖楣圆拱龛。龛楣上方左右各刻四身飞天。龛内刻一佛二弟子二缘觉二菩萨二力士。主尊座前中刻博山炉，两侧有狮子，外侧又各有四身供养人。碑阴，碑额刻两株菩提树构成的尖拱龛，内刻二思惟菩萨。碑身刻隶书碑文，风化无识。两侧面所刻造型与手法与刘碑寺造像碑同，上下三角形纹，中间变形龙纹。

关于其雕造时间，王景荃先生说：《河南省志·文物志》及《偃师文物志》

① 《中华藏》第 24 册《佛说不增不减经》，第 270—272 页。
② 《洛阳石刻撷英》，第 34 页。
③ 《河南佛教石刻造像》，第 364 页。
④ 《洛阳石刻撷英》记为高 300 厘米（第 31 页）。
⑤ 《洛阳石刻撷英》谓右龛内为一立佛（第 31 页）。

均认为是北魏雕造,但从造像风格看,该碑应雕刻于北齐时代无疑。[1] 1986 年被公布为河南省文物保护单位。

21.常岳造像碑。又称"常岳等邑义百余人造像""常岳百余人造像碑"。得于孟津平乐镇翟泉村,原存孟津县文管所,后移至洛阳古代石刻艺术馆,现藏河南博物院。方形扁体式形制,碑座佚,高 104 厘米,宽 85 厘米,厚 21 厘米。

碑阳,最上方刻帷幔,其下雕上下两层佛龛。上层并列三帐形龛,龛柱共用,龛内刻一佛二弟子二菩萨,头部均残泐不清。中龛主尊弥勒善跏趺坐,足踏莲花座。左龛主尊为一立佛。右龛主尊观世音跣足而立。下层并列三尖楣圆拱龛,龛间以菩提树相隔,主尊七佛通为一铺,间以胁侍菩萨,均跣足立于覆莲座上。在左右最外侧胁侍菩萨的外边转向碑侧面处,又各刻一护法天王,手持宝剑。龛下中刻博山炉,左右各一护法狮子。两侧为供养人像,旁刊有榜题。碑阴,刻发愿文与题名。右侧面上下刻二拱形小龛,龛内均为一佛二菩萨。上龛仅刻出轮廓;下龛内主尊施无畏与愿印,结跏趺坐。

因造像题记中无纪年,故造立时间前人说法不一。《补寰宇访碑录》列为北齐[2],《八琼室金石补正》从避讳用字的角度认为"决非齐刻无疑,书兼隶法,当是北魏人手笔"[3],王景荃先生根据碑阴造像题材及艺术风格判断为北齐[4]。

22.北齐四面造像碑。原存地不详,现藏新安千唐志斋博物馆。螭首四面体形制,首身一体,无碑趺,高 143 厘米,宽 37 厘米,厚 24 厘米。

碑首六螭盘绕。碑阳,碑额无龛像。碑身上下雕三龛。上龛为尖楣圆拱龛,内刻一佛二弟子二辟支佛二菩萨。主尊结跏趺坐,高肉髻,施无畏与愿印,衣纹繁叠。中龛为圆拱龛,由双株菩提树组成。内刻释迦、多宝二佛并坐,裙褶繁缛重叠。龛柱外立二弟子。下龛为尖楣圆拱龛,内刻一主尊二弟

① 《河南佛教石刻造像》,第 297 页。
② (清)赵之谦纂集:《补寰宇访碑录》卷二,《石刻史料新编》第一辑第 27 册,台北:新文丰出版公司 1982 年版,第 20212 页下。
③ 《八琼室金石补正》卷十六,《石刻史料新编》第一辑第 6 册,第 4244 页下。
④ 《河南佛教石刻造像》,第 309 页。

子二菩萨。主尊胸部以上残泐严重,从装束看,当为菩萨。座下正中刻博山炉,两侧有狮子。碑阴之造像记,因陈列靠墙太近,无法辨识。左侧面上下雕三龛。上龛为尖楣圆拱龛,龛楣上方左右各刻一飞天,龛内刻一佛二弟子。主尊弥勒头残,似施无畏与愿印,交足而坐,足踏莲花。中龛为帐形龛,内刻维摩诘与二弟子。下龛为两菩提树交会而成的圆拱龛,内刻一佛二弟子二菩萨立像。右侧面上下亦雕三龛。上龛由菩提树组成,内刻一思惟菩萨,半跏趺坐,座前一人匍匐于地,左侧一菩萨侍立,右侧站立二比丘一力士,其上有一龙。中龛为帷幔龛,内刻一佛二菩萨二弟子。下龛为方形龛,内刻一佛二弟子立像,主尊施无畏与愿印。

王景荃先生根据碑之造型、雕刻内容及艺术风格断为北齐时所造。[1]

23.陈光四面造像碑。出土于禹州,现藏河南博物院。形制为螭首四面体,高168厘米,宽33.5厘米,厚20.5厘米。

碑首六螭盘绕。碑阳,碑额处刻一菩萨立像,施无畏与愿印。碑身中部刻一圆拱形龛。龛上刻四身伎乐天人,分持不同乐器演奏;其上刻维摩诘经变;最上为莲瓣、流苏装饰的帷幔。龛内一佛二弟子二菩萨二缘觉。主尊阿弥陀佛结跏趺坐,高肉髻,施无畏与愿印,衣褶繁缛细密。弟子侍立主尊与菩萨间,仅显上半身。二菩萨分别为大势至与观音,与缘觉菩萨均跣足立于仰莲座上,座下有莲茎与主尊须弥座相连。主尊座下中刻博山炉,其下有夜叉托举。炉两侧各一狮子一力士。碑身下部刻发愿文,剥蚀不清。碑阴,碑身上部刻一尖楣圆拱龛,内有一佛二弟子二缘觉。主尊弥勒倚坐,施无畏与愿印。龛下刻供养人题名,均为陈氏邑子。左右侧面上部均雕一圆拱龛。左侧龛内刻佛传故事"阿育王施土";右侧龛内刻释迦、多宝二佛并坐,一施无畏与愿印,一两手袖于衣内。龛下均刻供养人题名,多剥蚀不清。因题记剥蚀,故造立年代不明。王景荃先生从形制、龛楣装饰、造像题材及书体情况等方面判断为北齐时雕造。[2]

24.周荣祖造像碑。出土地不详,原存新乡市博物馆,现藏河南博物院。

---

① 《河南佛教石刻造像》,第332页。
② 《河南佛教石刻造像》,第318页。

形制为螭首扁体式,首身一体,碑趺佚。高 160 厘米,宽 72 厘米,厚 27 厘米。

弧形碑首六螭缠绕。碑阳,碑额处有一圆拱龛,龛楣线刻两飞天,龛内刻一佛二弟子二菩萨,主尊作禅定印。碑身以减地平雕技法刻三排佛经故事。上排刻盝顶帷帐龛,龛楣框格内刻十身飞天。龛内以立柱将画面分为三幅,中幅内弥勒居中交脚而坐。左右两幅画面基本相同,均有一菩萨双手合十面向中间弥勒踞跪,其身后一伎乐天人持乐器演奏,左右幅内外侧分别有一鸟首人身者或马面人身者作舞蹈状。表现弥勒在兜率天宫说法的欢乐场面。中排内建筑围绕,右侧阁内坐交脚弥勒,对面释迦乘马而来,一飞天在马前导引,侍者持华盖紧随马后;左侧门内有一人跑出,中间一倚杖老人坐于阁前藤座上,表现释迦太子出四门遇见老人的情景。下排画面为峰峦起伏、树木茂密的山路上,右侧一人乘马前行,侍者于马后持华盖;稍后有释迦乘马车而来,头上亦有华盖,左侧上方有三人分别吹不同乐器,下方又有二人在路旁面向右侧来者下跪,双手合十作欢迎状,又一人随后急步趋前作迎接状。左右侧面各刻两幅佛传故事。左上部表现释迦太子长大后在王宫中听歌赏舞,下部表现田园日常生活。右上部表现释迦为菩萨时骑金翅鸟游历人间,下部表现摩耶夫人梦见菩萨入胎的情景。碑阴,碑额处有一圆拱龛,内刻一佛二弟子二菩萨。龛下正中博山炉,左右各一供养比丘,龛左还有一女性供养人像,旁有榜题。碑身遍刻发愿文。

该碑虽无明确纪年,但据其发愿文中所云"天保年中诸邑等共发善心,兴立此意,即舍家珍,造钟一口……从尔迄今,然□至武平年中,合邑等孝行曾臣□,挺义门之训,为存亡父母……又愿造石碑像壹区"[1],可判断造于北齐武平年间(570—576 年)。

25.灵泉寺北齐刻经碑(司徒公娄叡华严经碑、华严八会碑)。安阳灵泉寺北齐刻经碑共两通,分别称"司徒公娄叡华严经碑"与"华严八会碑"。约清嘉庆初重新出土,20 世纪 20 年代初立于寺东南山坡上灵裕法师塔侧。90 年代中期学者现场调查时,其仍在寺院遗址东南侧山坡上,但已倒伏在地。2003

---

① 《河南佛教石刻造像》,第 304 页。

年,当地文物部门将其重新竖起,并修建碑亭予以保护。①

清武亿所撰《安阳县金石录》对二碑已有著录。书中,前者称"大方广佛华严经碑",定为北齐太(大)宁、河清间所刻,书云:"(碑)存,正书,无年月,在治西宝山。案:碑新出土,字画无损灭。正面题:'大方广佛华严经菩萨明难品第六'。下书:'寺檀越主司徒公……东安王娄叡……'"后者被称"大乘妙偈碑",定为隋代所刻,书云:"(碑)存,八分书,在治西灵泉寺。"②其后,《八琼室金石补正》记载时,即引用《安阳县金石录》所述,但碑名则分别称"司徒公娄叡华严经碑"与"佛会说发愿文及大乘妙偈碑"。③《校碑随笔》也有记载,但方若将"大方广佛华严经菩萨明难品第六"列为唐刻,"大乘妙偈"审为(北)齐刻。④ 近年,李仁清、李裕群的专著、论文,均将它们定为北齐作品。⑤

两碑形制均为螭首扁体式。首身一体,有碑座。前碑通高230厘米,宽98厘米,厚28厘米。⑥ 后碑高211厘米,宽91.5厘米,厚25.5厘米。⑦

华严经碑,碑首雕六螭盘绕。碑阳,碑额处雕尖楣圆拱形龛。楣面刻火焰纹,龛柱为八角束莲形,柱础与柱头均为覆莲式。龛内有一佛二菩萨。主尊头残,身体丰满,双手亦残,从残迹看,似施说法印,结跏趺坐。龛上方刻"毗卢舍那佛",龛外左侧刻"普贤菩萨",右侧刻"文殊师利"。碑阴,碑额处阴刻七佛名称,竖写,七列,从右至左分别为毗婆尸佛、尸弃佛、毗叶罗佛、拘楼孙佛、拘那含牟尼佛、迦叶佛、释迦牟尼佛。碑身,四边有抹角。碑阳刻经

① 李裕群:《灵泉寺北齐娄叡〈华严经碑〉研究》,《考古学报》2012年第1期,第63—82页。

② 《安阳县金石录》卷二,《石刻史料新编》第一辑第18册,第13835页下—13836页上、13839页上。

③ 《八琼室金石补正》卷二十一、卷二十二,《石刻史料新编》第一辑第6册,第4332页下、4352页下。

④ 《校碑随笔》卷四,《石刻史料新编》第二辑第17册,第12462页下、12463页下。

⑤ 《中国北朝石刻拓片精品集》;李裕群著:《北朝晚期石窟寺研究》,北京:文物出版社2003年版;李裕群:《灵泉寺北齐娄叡〈华严经碑〉研究》,《考古学报》2012年第1期,第63—82页。

⑥ 李裕群:《灵泉寺北齐娄叡〈华严经碑〉研究》,《考古学报》2012年第1期,第63—82页。《中国北朝石刻拓片精品集》中称此碑为《大方广佛华严经(碑)》,记高为226厘米,宽为97厘米,厚为23厘米。

⑦ 李裕群:《灵泉寺北齐娄叡〈华严经碑〉研究》,《考古学报》2012年第1期,第63—82页。《中国北朝石刻拓片精品集》中称此碑为《北齐刻经碑》,记高为213厘米,宽为90厘米,厚为23厘米。另,李仁清与李裕群所述此碑之碑阳、碑阴相反。

文,有界格,竖书,字体间有魏碑体与楷书之意。首行题:"大方广佛华严经菩萨明难品第六。寺檀越主、司徒公、使持节都督瀛冀光岐丰五州诸军事、瀛冀光岐丰五州刺史、食常山郡幹、东安王娄叡、东安郡君杨。"第二行开始经文,所刻内容为东晋天竺僧佛驮跋陀罗所译《大方广佛华严经·菩萨明难品第六》,始于"尔时文殊师利菩萨问觉首菩萨言",终于"尔时贤首菩萨以偈答曰:文殊法常尔,法王唯一(法)",该品剩余经文又继续转刻于碑右侧面。因风化严重,经文字迹已多漫漶不清。首行左侧抹角边亦有题名。左侧面及碑阴均无文字。①

华严八会碑,碑首六螭盘绕。碑阳,碑额处尖楣圆拱龛,龛楣面上有火焰纹,八角束莲龛柱,柱础、柱头均为覆莲式。龛内有一佛二菩萨。主尊头残,身体丰满,左手施与愿印,右手残,结跏趺坐。菩萨跣足立于仰覆莲台上,莲台与主尊莲座束腰处所伸莲茎相连。碑阴,碑额处左右篆刻阳文六列,每列三字:"佛吼心/藏大乘/妙偈刊/石千记/怖见闻/益法住"。碑身四面均刻经文偈语,有界格,分上下两段。上段为华严八会说偈语,均为五言,每会仅节选十六句。碑阳下段为《六十华严》中的四言偈语,出自《净行品》;碑阴下段为七言偈语,分两节,第一节出自《六十华严》之《如来升兜率天宫品》,第二节出自萧齐天竺僧昙摩伽陀耶舍所译《无量义经·德行品》,未完部分转刻至碑之左侧面。碑之右侧面为碑阳所刻五言偈语的接续。

关于两碑雕造时间,李裕群先生认为:"娄叡《华严经碑》的镌刻年代可以确定在河清三年(564 年)正月至三月初二间。说明娄叡奉灵裕为师,成为宝山寺施主伊始,便出巨资助营佛寺,镌刻经碑了。《华严八会碑》也为北齐雕刻,大小形制相似,也应与娄叡有关,不排除同时镌刻的可能性。"②

26.灵山寺四面造像碑。原在淇县西北灵山寺,20 世纪 80 年代运至县城摘心台公园保存。形制为四阿顶式方柱形,碑趺佚。高 105 厘米,宽 46 厘米,厚 36 厘米。碑首为九脊四阿式屋形顶。碑身每面应雕三层龛像,但上层龛像

---

① 李裕群之《灵泉寺北齐娄叡〈华严经碑〉研究》中先说"左侧面及碑阴均无文字",后又说:"背面及右侧面残留一点文字,为《华严经》卷三十二《佛小相光明功德品》。"似有矛盾之处。

② 李裕群:《灵泉寺北齐娄叡〈华严经碑〉研究》,《考古学报》2012 年第 1 期,第 63—82 页。

均已残毁。所余两层,正面与右侧面保存完整,背面剥蚀严重,左侧面泐灭。

正面现存上下两龛均为方形龛。上龛内刻涅槃变,生动表现了释迦涅槃时十六弟子悲痛欲绝的情景。龛下正中刻博山炉,两侧各刻三身供养比丘。下龛内刻阿弥陀净土变。龛上部并列刻七佛,皆结跏趺坐作禅定印。七佛两侧又各有一手托供物从天而降的天人。龛下横刻三个方形龛,中龛内正中刻一人首怪兽,两边各一相向昂首蹲坐的狮子。边龛内各刻二神王。右侧面现存上下两龛亦为方形龛,上龛内表现太子须大拏入山苦修的佛传故事。下龛内上部刻释迦、多宝二佛并排结跏趺坐,两侧有二弟子二菩萨。下部上层中刻博山炉,两侧为二供养人;中层刻释迦十大弟子并列结跏趺坐;下层刻二狮子,后有宝相花,外侧又有力士。背面剥蚀严重,隐约可见上龛内似表现"释迦出游",下龛内似表现"阿育王施土"。该碑无造像题记,其人物面相丰腴而稍长,摆脱了北朝早期"瘦骨清像"的传统,从整体风格来看,似为北齐时期的作品。[①]

27. 浚县四面造像碑。原存地不详,现藏浚县博物馆。方柱体形制,碑首佚,碑身上部残,方形碑趺。残高189厘米,宽54厘米,厚37厘米。

碑阳上下雕三龛,上龛内刻一佛二菩萨,主尊颈部以上缺失,施禅定印,结跏趺坐。二菩萨前各有三弟子与一鹿。中龛内正中偏右处刻一立佛,面向左侧,一手握衣襟,一手托钵。头后空中浮一摩尼宝珠,身后有一弟子一菩萨跟随。佛前有三童子,一童子四肢伏地,一童子立其背上向佛递土,一童子在其后推扶。龛左内侧一人面佛而立,手持莲花屈肘前伸供献给佛,身后有二随侍。表现了"小儿施土"与"善慧仙人买花供佛"两个佛传故事。下龛上层刻五身伎乐人演奏,下层刻一人牵狮,一人立狮背,余五人分别进行动作表演与乐器演奏,表现演出场景。龛下线刻四组礼佛图,每组三人,一主二仆。碑阴剥蚀严重,龛像多不能识。从残存可见,上部为一大龛,内刻一佛二弟子二菩萨。佛座前有二婆薮仙人手持供物相向而坐,其左右还各有一力士。下部龛内刻维摩诘经变。左侧面残存三方形龛。上龛内一佛二弟子二菩萨。中龛刻阿修罗手托日月,身下二龙交缠吐云,右侧龙首下一佛结跏趺坐在山巅,

---

① 吕品、耿青岩:《淇县现存的石窟和造像碑》,《中原文物》1986 年第 1 期,第 26—34 页。

山中动物行走,山前两个圆形龛内各一坐禅僧。下龛刻阿弥陀净土变。龛下刻礼佛图两组,形象同于碑阳。下刻发愿文与供养人题名,剥蚀严重,已不能识。右侧面亦三龛,其内分别刻佛传故事,上龛为"乘象入胎",中龛为"释迦涅槃",下龛为"牧女献糜"。龛下刻供养人题名,亦多不能识。碑座上沿抹角,面上线刻忍冬纹。座之四面各有一圆拱小龛,内刻一禅定坐佛。该碑无明确纪年,从造像风格上判断,应为北齐时雕造。

28.嘉禾屯造像碑。20世纪70年代发现于焦作嘉禾屯村,现藏焦作市博物馆。方形扁体式形制,平顶抹角,碑座佚。高127厘米,宽63厘米,厚12.5厘米。

碑阳上下雕两龛,上龛为尖楣圆拱龛,下龛为尖拱龛。上龛龛楣正中浅刻一化佛,施禅定印,结跏趺坐。龛梁两端刻回首龙头,口内含宝珠。龛柱上下饰覆莲,中部束腰饰仰覆莲。龛柱外各立一株菩提树,在楣尖之上交会,枝叶满布碑额。龛内有一佛二弟子二菩萨。主尊高肉髻,右手屈肘上举,左手下垂,双臂已残,结跏趺坐。从两侧龛柱下部向内各伸出一龙首,每个龙首口衔三枝莲花。其中一枝伸至须弥座侧,上坐一禅定化佛;另外两枝上伸,为弟子、菩萨跣足站立的莲台。下龛龛柱为两枝莲枝,莲枝上部向内弯曲交会又形成龛梁与尖拱。尖拱处刻一莲花化生,龛梁上莲枝分茎上伸又刻四身莲花化生。莲枝龛柱外侧各紧贴一株菩提树,树之枝叶在楣拱处莲枝上伸的分茎间穿插,形成龛楣。龛内有一佛二弟子。主尊弥勒菩萨倚坐,左手抚膝,右手上举施说法印。碑阴刻发愿文,尚残存个别字迹可识。王景荃先生认为,该碑是一件具有浓厚北齐风格的作品。[①]

29.千佛造像碑。原存焦作恩村乡墙南村藏梅寺遗址,现藏焦作市博物馆。扁体式形制,半圆形碑首,无碑座。通高155厘米,宽76厘米,厚15厘米。

碑阳满刻圆拱形小佛龛,上下二十三层,排列整齐。正中处有一较大佛龛,横占三个、竖占两个小佛龛的位置。佛龛总数近三百七十个。每龛内均刻一禅定坐佛,较大龛内的坐佛可见着双领下垂式袈裟,施禅定印,结跏趺坐。碑左上角边缘刻一只鹿,旁有"佛子"等字。碑阴亦满刻佛龛,雕刻布局

---

① 《河南佛教石刻造像》,第348页。

与碑阳基本相同。左右侧面亦刻佛龛,但龛形较大,上下为九层,除最上层为单龛外,其余八层为双龛。因碑身右下端残损一角,故右侧面之佛龛尚余八层。左侧面下端刻有题记。

千佛题材,反映大乘佛教的思想。但王景荃认为,由于碑身正中雕有一较大的佛龛,其中的主尊禅定坐于莲花座上,且碑首处刻有鹿的形象,其旁又有"佛子"榜题,故其千佛题材另有含义,可能与鹿有关系。他以为《杂宝藏经》卷一《莲花夫人缘》所记故事内容与此处雕刻内容基本相同,反映了信众对于辟支佛果位的向往。崇奉辟支佛,始于东魏盛于北齐,该碑应是北齐遗物。①

30.兴隆寺四面造像碑。原存沁阳柏香镇冯桥村兴隆寺(龙王庙)内,1975年迁至河内石苑(在沁阳市博物馆内)。形制为庑殿顶方柱体式,庑殿顶之四角已被凿掉。因其四面开龛,整体造型犹如一座刻满佛像的方塔,故俗称"千佛塔"。碑通高160厘米,宽53厘米,厚53厘米。

碑身四面均上下雕三龛,有程度不同的剥蚀。碑阳,上龛内有一立佛三童子。立佛左手屈肘于胸,右手持钵伸向三童子。三童子一跪伏于地,一立其背上双手捧物施向佛钵,一推扶身后。龛外右边刻一佛,一手屈肘握一束花,面左立于莲座上;左边刻一菩萨,一手持一枝莲花伸向右侧。榜题"定光佛"。中龛内刻一佛,龛外刻二菩萨。主尊施无畏与愿印,结跏趺坐,衣纹繁缛重叠。菩萨外各有一供养比丘。下龛内有一立佛,施无畏与愿印。龛外上方两侧各有一小圆拱龛,内有一菩萨,左右分别榜题观世音菩萨、大势至菩萨。龛外下方两侧各有一供养比丘。碑阴,上龛内刻弥勒倚坐像。龛外上部刻二飞天,下部刻二供养比丘。中龛刻维摩诘经变。下龛内刻一佛二菩萨,龛外两侧又刻二菩萨。主尊施无畏与愿印,结跏趺坐。龛下中刻博山炉,两侧为蹲狮。右侧面,上龛内刻"白马吻足"佛传故事。中龛与下龛内均为一佛二菩萨。中龛主尊施无畏与愿印,下龛主尊施禅定印。左侧面三龛内均刻一佛二菩萨,主尊施无畏与愿印,结跏趺坐。碑上无年款,但其形制和造像风格与前述佛时寺四面碑基本一致,亦应属北齐时期的作品。

---

① 《河南佛教石刻造像》,第344—345页。

# 附　录

## 关于平顶山香山寺的创建年代及
## 观音信仰中国化的转变

　　位于平顶山市新城区北 3 公里之巴山山脉香山峰顶,全称香山大普门禅寺。历史上因行政区划归属之变迁,曾称"汝州香山寺"或"宝丰香山寺"。

　　关于香山寺的创建,平顶山当地学者任学先生著《香山寺历史文化研究》,征引九种明清方志之十条文献资料与八通香山寺碑刻资料来论证香山寺的初创年代,得出的结论是香山寺建于东汉。而且他经过分析断定,香山寺建寺的具体年份为东汉灵帝光和四年(181 年)。①

　　另一位平顶山当地学者王宝郑先生也在网上发表《河南平顶山市香山寺观音大士塔解读》一文,对香山寺创建年代发表了自己的意见,称:

　　　　1987 年由平顶山市地方史志办公室编纂内部出版发行的《平顶山概况》说:"寺院始建何时,已不可考,相传唐代已经存在。"随着香山寺日益受到重视,研究日渐繁荣,逐渐形成了春秋说、东汉末年说、北魏说、唐代说及最新的东汉光和四年(181 年)说,这些说法的根据主要是历代碑刻

---

① 任学著:《香山寺历史文化研究》,郑州:黄河水利出版社 2004 年版,第 19—20 页。

资料和明清方志文献。春秋说是以明正德《汝州志》、明万历《汝州志》和清道光《汝州全志》为代表，皆以妙善与楚庄王的传说为依据。此传说为佛家因缘故事，不是史实，不足为据。北魏说认为，和香山寺渊源密切的白雀寺内有北魏永平四年、武平四年两块造像残碑和北齐天宝四年、十年两块碑碣，可以认定香山寺始建于北魏。唐代说以清顺治《河南通志》和清嘉庆《重修一统志》为代表，缺乏证据，大约是根据时存宋塔寺溯而推之所得。东汉说又分为东汉后期说和东汉光和四年说，东汉后期说以碑刻文献和明清方志文献及水平求法的佛教发端史为依据，进行适度推演而得。东汉光和四年说是在此基础上，结合东汉建寺环境和条件，包括东汉佛教状况、人文地理状况及寺塔建筑模式等方面，推导所得。笔者认为东汉后期说时间范围过大，而光和四年说又过于具体，缺乏确凿依据，不足取信，作为最后的考证结果，宜虚不宜实，当模糊处之，鉴于香山寺应适度晚于白马寺建寺之时，应以东汉末年更为恰当。塔与寺不分，有寺必有塔，塔之初建时间也应是东汉末年。

既如此，笔者不揣浅陋，也想对任学先生所征引的、王宝郑先生所提到的方志文献与碑刻资料作一比较分析，进一步探求香山寺的创建时间。

先分析方志文献。照录《香山寺历史文化研究》一书所引九种方志十条文献如下：

(1) 明天顺《大明一统名胜志·河南卷》云：

> 香山旧名火珠山，大悲菩萨证道之所也，唐时寺塔尚存。

(2) 明正德《汝州志》卷四《寺观》云：

> 在(宝丰)县东南二十五里父城保，大龙山小龙山之中，上有玉峰塔。世传大悲菩萨乃楚庄王之女修炼成佛之所，灵骨至今葬于塔下。

(3) 明嘉靖《河南通志》卷六《山川》云：

> 香山，在宝丰县东南二十里，旧名火珠山，上有二峰，东曰大龙山，西曰小龙山，相传大悲观音证道之所，唐时寺塔并存。

(4) 明万历《汝州志》卷一《寺观》云：

> 香山寺，在(宝丰)县东南二十五里父城保大龙山小龙山之中，上有

玉峰塔。世传大悲菩萨乃楚庄王之女修炼成佛之所,灵骨至今葬于塔下。

(5)清顺治《河南通志》卷二十《寺观》云:

香山寺,在宝丰县东龙山上,内有古塔,唐时建。

(6)清嘉庆《重修一统志·河南卷》云:

香山寺,在宝丰县东龙山,内有古塔,唐时建。

(7)清道光《汝州全志》卷七《仙释》云:

大悲菩萨,相传父城楚庄王第三女也,讳曰妙善……庄王封为大悲菩萨,且命建香山寺。其寺汉、唐、宋、元皆奉敕修。

(8)清道光《汝州全志》卷九《寺观》云:

香山寺,《河南通志》载,相传慈云大士证道处,唐时寺塔并存。

(9)1994年版《平顶山市志》第五十九篇《文物胜迹·名胜》云:

香山寺,唐时寺塔并存,宋、金、元、明均有修建或重建。

(10)1996年版《宝丰县志》第二十一编《文化艺术·古建筑》云:

香山寺,东汉末创建,历经宋、金、元、明、清,屡遭战乱,几经破坏,多次修复,香火未断。①

分析上引文献:第一,比对(2)明正德《汝州志》与(4)明万历《汝州志》的记述文字,除(2)明正德《汝州志》少"香山寺"三字外,两者完全一样,说明后者照抄前者。故(4)明万历《汝州志》的记述可以排除之。

第二,(2)明正德《汝州志》的记述,前半部言香山寺位置,未涉及创建时间;后半部称"世传大悲菩萨乃楚庄王之女修炼成佛之所",罔顾史实,楚庄王乃春秋五霸之一,其生活年代尚早于佛教创始者乔达摩·悉达多(释迦牟尼),谓香山寺乃其女修炼成佛之所,完全是无稽之谈!故(2)明正德《汝州志》的记述对判断香山寺的创建时间无用。

第三,比对(5)清顺治《河南通志》与(6)清嘉庆《重修一统志·河南卷》的记述文字,两者仅差一"上"字,说明也是后者抄录前者。故可以将(6)清嘉庆《重修一统志·河南卷》的记述也排除之。

---

① 《香山寺历史文化研究》,第2—3页。

第四，比对(9)1994年版《平顶山市志》与(3)明嘉靖《河南通志》的记述文字，前者前一句"香山寺，唐时寺塔并存"抄自后者，后一句"宋、金、元、明均有修建或重建"未涉及创建时间。故(9)1994年版《平顶山市志》亦可排除之。

第五，比对(1)明天顺《大明一统名胜志·河南卷》与(3)明嘉靖《河南通志》的记述，后者文字当是前者的扩充，故(1)明天顺《大明一统名胜志·河南卷》亦可不予考虑。

第六，(7)与(8)两条资料分别来自《汝州全志》的卷七与卷九。(7)之资料言楚庄王封第三女妙善为大悲菩萨，且命建香山寺，显为无稽之谈，而(8)称《河南通志》载云云，比对内容，所言《河南通志》当指(3)明嘉靖《河南通志》，故(7)与(8)之《汝州全志》亦应排除之。

因此，仅余(3)明嘉靖《河南通志》、(5)清顺治《河南通志》和(10)1996年版《宝丰县志》三志的记述可供后人判断香山寺创建问题之用。三志之中，明嘉靖《河南通志》与清顺治《河南通志》两志的记述均未谈及香山寺的创建时间。前者云"相传大悲观音证道之所，唐时寺塔并存"——说明香山寺、塔可能建于唐代之前，至唐时寺、塔都还存在；后者曰"内有古塔，唐时建"——只说香山寺之塔系唐代所建，没有说寺之创建时间。唯《宝丰县志》记述最为明确，称该寺自"东汉末创建，历经宋、金、元、明、清，屡遭战乱，几经破坏，多次修复，香火未断"①。但笔者奇怪的是，《宝丰县志》的记载在叙述香山寺"历经"过程之时，谓东汉末创建之后，接着就是宋、金、元、明、清，中间缺魏晋南北朝与隋唐两个很长的历史阶段，不知是撰者粗心遗漏，还是另有其他什么原因。

再分析碑刻资料。照录八通碑刻资料如下：

第一通碑——元符三年(1100年)九月《香山大悲菩萨传》碑载：

> 昔道宣律师居终南山灵感寺行道，梵行感致，天神给侍左右。师一日问天神曰："我闻观音大士于此土有缘，不审灵踪显发何地最胜？"天神

---

① 《宝丰县志》第二十一编第八章"文物古迹"，第693页。前录任学所引文字与此稍有不同。

曰:"观音示现无方,而肉身降迹,惟香山因缘最为胜。"妙师曰:"香山今在何处?"天神曰:"嵩岳之南香山,即菩萨成道之地。"(天神述观音香山证道之事)……(庄王)久乃归国,重建梵宇,增度僧尼,敬奉三宝,出内库财,于香山建塔……律师又问:"香山宝塔今复如何?"天神曰:"塔已久废,今但土浮图而已。"①

第二通碑——成化十五年(1479 年)三月《重修宝丰县香山大普门禅寺碑》载:

> 嵩岳之南……香山也。在昔,大悲观音修行成道之地,自隋、唐、宋、元历代重建不已。

第三通碑——明正德六年(1511 年)十二月《香山寺修造记》碑载:

> 香山,世传为大悲菩萨妙善公主肉身示现之地,山之有寺,滥觞于此,历汉、唐、宋久之不废。

第四通碑——明正德六年(1511 年)十二月《重修香山普门禅寺记》碑载:

> 香山普门禅寺,余审考之县志,询诸故老,而有以知之所从来久远矣。盖创自春秋楚庄王之时,历汉、唐、宋、元皆奉敕修造。

第五通碑——明隆庆五年(1571 年)三月《重修香山寺禅林记》碑载:

> 香山禅寺,创自春秋楚庄王之时,历汉、唐、宋、元屡经兵火,随兴随废皆有。

第六通碑——明万历三十九年(1611 年)十二月《敕赐香山禅寺创建白衣观音九老阁记》碑载:

> (宝)丰东南二十五里有香山寺,盛于唐、晋、魏、隋、齐、梁之间,复滋漫于今矣。

第七通碑——清康熙十一年(1672 年)三月《重修香山寺碑记》载:

> 尝见广舆记,知香山寺为观音大士证果所,历汉、唐、宋以还,敕修数次。

第八通碑——清康熙三十六年(1697 年)十月《重修大雄宝殿记》碑载:

---

① 此碑文由任学所引,笔者照录,与后面所引碑文文字上有所不同。以下七通碑文均是照录任学所引。

此香山众化心设,始于汉、魏,盛于梁、唐,历宋、元、明千有余年。

分析上引资料:第一通碑谓春秋之楚庄王重建梵宇,增度僧尼,敬奉三宝,出内库财于香山建塔云云,与公认佛教两汉之际方开始传入中国的史实不符,当不足为信。第四通、第五通碑谓香山寺"创自春秋楚庄王之时",与第一通碑一样,属无稽之谈,不足为信。第六通碑称"盛于唐、晋、魏、隋、齐、梁之间",连朝代顺序此类基本常识都不清,可见撰者学识水平之低下。故记述难为信史。第三通碑既然明言妙善公主为观音之肉身,而妙善公主为楚庄王之女,与第一通碑内容相同,当不足为信;但又曰"山之有寺,滥觞于此",若因观音信仰发展而建寺,当在观音信仰传入中国之后,而观音信仰传入中国是汉、魏以后的事情,后文将叙及此问题。第二通碑所述,虽称"在昔,大悲观音修行成道之地",但未说大悲观音之肉身即为妙善公主,又曰"自隋、唐、宋、元历代重建不已",可理解为该碑撰者认为香山寺建于隋之前,而隋之前,有汉,有魏晋,有南北朝,并未明确。第七通碑称"历汉、唐、宋以还",说明撰者认为香山寺建于(东)汉。第八通碑称"始于汉、魏,盛于梁、唐,历宋、元、明千有余年",说明撰者认为香山寺创建于汉、魏之际。

因此,八通碑刻资料中,仅有第七、第八两通碑刻资料明确香山寺创建于东汉之时或汉魏之际。

关于香山寺的规模,《宝丰县志》记述称:

香山寺坐北向南,占地约6万平方米。寺后悬崖峭壁,怪石嶙峋。寺前坡势稍夷,自山腰四大天王殿至山门间,有石阶120级。寺院建筑,规模宏大、布局合理。八角九级大悲观音大士塔雄踞中央,铜钟悬挂,碑碣林立,崇台峻阁,雕梁画栋,梵宇峥嵘,气象森严,集中体现了中国传统建筑的艺术特色。寺西南隔塔林,占地40余亩,有历代僧尼舍利砖塔47座,石塔30余座。全盛时期,有殿堂楼阁20余处,斋寮僧舍200余间。每年二月十五日,即大悲菩萨成佛日为香火大会,远近善男信女崇敬朝拜;后每月初一、十五均成大会,四方游客云集,香火经久不衰。[①]

---

① 《宝丰县志》第二十一编第八章"文物古迹",第693页。

历史上,香山寺主要部分依据香山山峰圆润的天然地理形势,一直保持着以塔为中心、四面配以殿堂的曼荼罗式布局形式。整体分布上横跨三座山峰,呈现出以香山为中心,以东西大小龙山为两翼,前出山脚的格局。根据寺内现存的碑刻记载,宋、金、元、明、清时期,香山寺的规模不断扩大。其间,虽几次遭兵火焚毁,但屡毁屡修,兴盛依旧。北宋熙宁元年(1068年),神宗敕令修香山寺观音大士塔。绍圣四年(1097年),哲宗颁旨划定香山寺四至并立《四至公据》碑。金大定二十五年(1185年),世宗之女唐国公主与驸马都尉、上护军广平郡开国侯乌林答天赐,捐资重修香山观音禅院,并刻立《重建汝州香山观音禅院记》碑叙其事。其碑称,唐国公主游历香山寺,赞叹香山“富有佳气,虽在人间不接尘境”;记载当时“以大士遗身在塔,灵应殊胜,岁卒于春二月,诸方之人不远千里而来,敬礼者数以万计”;重修之后的香山寺,“焕然一新,有倍于初”。此碑至今仍屹立在香山寺观音大士塔的东北角,在香山寺诸碑刻中最为高大气派。元至元十五年(1278年),根据香山寺僧玉峰妙鉴禅师奏请,朝廷又颁旨,刻立《香山寺地界公据》碑,进一步确定了香山寺的四至范围。明正德六年(1506年)刻立的《香山寺修造记》碑记载,天顺二年(1458年)英宗应香山寺住持觉慧禅师奏请,敕赐“香山大普门禅寺”匾额之后,“山以寺而益显,每岁仲春之望,香火大开,四方来游者先期云集,数以万计,悉仰山灵而起敬,非前代创建可拟”。明末崇祯元年至二年(1628—1629年),重修观音大士塔,三年(1630年),由崇祯元年状元刘若宰撰文并书丹《重修香山寺观音大士塔碑记》记叙此事。清初,重修香山寺,顺治十三年(1656年),大学士范文程又撰《香山大悲观世音菩萨大普门禅寺重修碑记》记述。香山寺最盛时,拥有土地山林达两万多亩,僧徒上千人,有下院十六处,分布在宝丰、鲁山、郏县、方城、密县等地,是豫西南地区的佛教中心。清末以降,香山寺渐趋衰落,但至20世纪50年代,尚存部分明清所建殿堂。“文化大革命”中,香山寺惨遭浩劫,除观音大士塔和十几通碑碣之外,余皆无存。

观音大士塔,为八角九层楼阁式砖石塔。前述方志记述中所称玉峰塔,或称唐时尚存塔,或称唐时所建塔即现存塔之前身。清雍正《河南通志》(此志《香山寺历史文化研究》未征引)卷五十记载:

香山寺，在宝丰县东南三十里龙山上。内有古塔，唐时创建，宋熙宁元年重修。①

观音大士塔通高33米，轮廓呈抛物线形，如一圆锥体，细腻纤细，灵动秀美。但细观此塔，门窗零落，寥寥无几，且无规律。当地学者实地观察研究认为：宋代修建时，此塔门窗应设置整齐，开门多雕饰花丽，艺术精湛，与真实木楼阁门相比几欲乱真，后世维修，堵封甚多，所遗一二，但仍可见宋代原貌。塔身第一层南面辟门，可入塔登顶。塔身第二层与第三层外壁八面雕有壁龛五排，龛内雕坐佛，佛像形态各异，姿态万千，或简单，或复杂，或愿与相，或无畏相，等等，尽显宋代雕刻技艺之精美。经当地学者实地观察统计，壁龛共三百零四个，其中千手千眼观音菩萨像计三十五尊，塔刹由铁制九重相轮和仰月组成。② 1986年，观音大士塔被列入河南省第二批文物保护单位名录。

在中国古代佛教的四大菩萨（观音、地藏、文殊、普贤）信仰之中，观音菩萨信仰的人数最多，法门修持最盛，有关的感应故事也最流行。而在观音化现的传说之中，妙善公主的事迹也是信众们最为熟悉的。

在香山寺中观音大士塔下的券洞中，现保存有一元重刊宋之《大悲菩萨传》碑，其碑文完整、生动地叙述了汉化观音菩萨之俗身妙善在当地出生成长、出家修行、得道证果的佛教传说故事。

《大悲菩萨传》原碑刻立于北宋元符三年（1100年），碑文由当时出守汝州的蒋之奇撰写，宋代大书法家蔡京书丹。关于碑文内容的来历，据蒋之奇自己在碑文尾部说：

> 元符二年，仲冬晦日，余出守汝州，而香山实在境内。住持沙门怀昼，遣侍僧命予至山，安于正寝，备蔬膳，礼貌严谨。乘闲，从容而言：此月之吉，有比丘入山，风貌甚古，三衣蓝缕。问之，云居于长安终南山，闻香山有大悲菩萨，故来瞻礼。乃延馆之。是夕，僧绕塔行道达旦已。已乃遣方丈谓昼曰：贫道昔在南山灵感寺古屋经堆中，得一卷书，题曰《香山大悲菩萨传》，乃唐南山道宣律师问天神所传灵应神妙之语，叙菩萨应

---

① 《河南通志》卷五十《寺观》，第26页。
② 王宝郑：《河南平顶山市香山寺观音大士塔解读》，搜狐博客。

化之迹,藏之积年。晚闻京西汝州香山,即菩萨成道之地,故跋涉而来。冀获瞻礼,果有灵踪在焉。遂出传示昼。昼自念住持于此久矣,欲求其传而未之得。今是僧实携以来,岂非缘契? 遂录传之。翌日,既而欲命僧话,卒无得处。乃曰:日已夕矣,彼僧何诣? 命追之,莫知所止,昼亦不知其凡耶圣耶! 因以其传为示。予读之,本末甚详,但其语或俚俗,岂义常者少文而失天神本语耶? 然至菩萨之言,皆卓然奇特,入理之极谈。予以菩萨之显化香山若此,而未有碑记此者,偶获本传,岂非菩萨咐嘱,欲予撰著乎? 遂为纶(论)次,刊灭俚辞,采菩萨实语著予(于)篇。①

按蒋之奇的说法,《大悲菩萨传》的内容来源于唐道宣律师在长安终南山灵感寺行道,因德行圆满而与天神的沟通对话,由弟子义常记录成传。至宋,一终南山比丘携传来汝州香山,再由当时香山寺住持怀昼抄录。之后,怀昼邀请蒋氏过目,蒋氏予以润色,又由蔡京书丹,刻立于香山寺内。至元至大元年(1309 年),此碑历经两百年的风雨侵蚀,已损坏严重,时任香山寺住持福满翻刻重刊。"文化大革命"时,此碑遭人为破坏,致部分文字缺损。碑现立于观音大士塔底券洞内,成为香山寺的镇寺之宝。该碑高 2.22 米,宽 1.46 米,楷书,四十九行,满行七十八字。

《大悲菩萨传》碑文很长,开篇即称:

……(道宣律)师一日问天神曰:"我闻观音大士于此土有缘,不审灵踪显发何地最胜?"天神曰:"观音示现无方,而肉身降迹惟香山因缘最为胜妙。"师曰:"香山今在何处?"天神曰:"嵩岳之南二百余里,有三山并列,其中为香山,即菩萨成道之地。山之东北,乃往过去有国王名庄王,有夫人名宝德。王心信邪,不重三宝。王无太子,惟有三女,大者妙颜,次者妙音,小者妙善。三女之中,二女已嫁,唯第三者资禀绝异。方娠之夕,夫人梦吞明月,及将诞育,六种震动,异香满宫,光照内外。国人骇

---

① 《汝州香山大悲菩萨传碑》,豆丁网。该文称:"摘录于陈树刚主编的《宝邑碑铭》一书,陈树刚校勘。"《观音——菩萨中国化的演变》也附录有《大悲菩萨传》碑文,但两者文字不完全相同,此处引录采用豆丁网所载。2009 年年初,由河南平顶山宝丰书画研究院与香山寺共同编辑整理的《香山大悲菩萨传》由文物出版社出版,该书中所印《大悲菩萨传》碑文系整理由北京大学图书馆保存的拓于 20 世纪 30 年代的《香山大悲菩萨传》碑拓片,惜笔者未能见到此书。

异,谓宫中有火。是夕降生,不洗而净,梵相端严,五色祥云覆盖其上。

国人皆曰:我国殆有圣人出世乎! 父王奇之,名曰妙善。①

这就把位于嵩岳之南二百余里的汝州香山之地定位为汉化观音菩萨肉身降迹之地。碑文中间还讲到,在香山修行的妙善,用自己的手、眼治愈了父王因不敬三宝、毁灭佛法而遭报应所患上的怪疾。而当国王夫妇入山见到失去双手、双眼的苦行僧竟然是自己的女儿之时,满心忏悔,皈依佛法,此时妙善现其真形,为千手千眼大悲观音,随即,妙善又复还本身。这就又把人们熟知的庄严观音与千手观音联系起来。

至南宋孝宗隆兴年间(1163—1164 年),江西僧石室祖琇所撰《隆兴释教编年通论》再次记述了这个化身妙善得道证果于汝州香山的传说故事:

宣又问:菩萨处处化身,岂应独在香山耶? 神曰:今震旦境内,唯香山最殊胜。山在嵩岳之南二百里,今汝州香山是也。②

另,明代曹洞宗僧觉连所集《销释金刚科仪会要注解》一书中,也收录有这个故事。因此,如于君方女士在其所著《观音——菩萨中国化的演变》中所言:"我们应可确定 1100 年蒋之奇所撰的《大悲菩萨传》是后来所有同类作品的源头。"③既然此碑文为唐代以来在中国广为流传的妙善观音得道证果于香山故事的最早文本,那就自然确立了汝州香山寺作为汉化观音原生地的历史地位。

述及至此,笔者意犹未尽,再赘言几句。

第一,蒋氏所撰《大悲菩萨传》的内容当时就已经被人所疑问。北宋末、南宋初之文人朱弁著有《曲洧旧闻》,其中记述了蒋之奇在汝州任内撰写《大悲菩萨传》之事,全文如下:

蒋颖叔守汝日,用香山僧怀昼之请,取唐律师弟子义常所书天神言大悲之事,润色为传。载过去国庄王,不知是何国,王有三女,最幼者名妙善,施手眼救父疾。其论甚伟。然与《楞严》及《大悲》《观音》等经,颇

---

① 《汝州香山大悲菩萨传碑》,豆丁网。

② 《续藏经》第 75 册《隆兴释教编年通论》卷十三,第 176 页中。

③ 《观音——菩萨中国化的演变》,第 303 页。

相函矢。《华严》云："善度城居士鞞瑟眡罗颂大悲为勇猛丈夫，而天神言妙善化身千手眼以示父母，旋即如故。"而今香山乃是大悲成道之地，则是生王宫以女子身显化。考古德翻经所传者，绝不相合。浮屠氏喜夸大自神，盖不足怪，而颖叔为粉饰之，欲以传信后世，岂未之思耶！①

朱弁的记述中对蒋氏提出了批评。批评的原因就在于朱弁认为，蒋氏所撰之传的内容与佛经"颇相函矢"。"函矢"，典出《孟子·公孙丑上》"矢人唯恐不伤人，函人唯恐伤人"，比喻相互矛盾。朱弁还特别问道：你蒋之奇这种为之粉饰的做法，难道是想让编造的故事流传后世以为信史吗？朱氏为江西婺源人，生于神宗元丰中。先到京师，后随晁说之到晁之故乡河南新郑，又成为晁氏侄女婿，居于新郑之溱水、洧水之间偏于洧水的地方。居洧期间，朱氏游历了嵩山，还去过禹县、密县、许昌、洛阳等地，肯定了解了蒋氏撰《大悲菩萨传》一事。而且，朱氏居洧期间，时当宣和年间，距蒋氏撰《大悲菩萨传》时间不长，情况当了解得比较准确、详细。所以朱氏的质问绝不是无的放矢，恰恰抓住了问题的关键。无可否认的就是，蒋氏撰《大悲菩萨传》所塑造的观音化身形象，因为迎合了当时社会民众的心理，所以流传越来越广，影响越来越大，不但在当地形成了民间香火大会，而且还使后世当地方志撰者、有关香山寺碑刻撰者也将此事记入，例如前引九种方志之十条文献中就有五种六条记述此事，八通碑刻中也有五六通记述此事。

第二，从古代印度观音信仰到完全中国化的观音信仰，经历了一个很长的历史时期。根据李利安先生的研究，西晋时期，观音信仰开始正式从印度传入中国。当时，传入中国的观音信仰有很多不同的成分，但占主流的则是救难型观音信仰。到东晋南北朝时，印度观音信仰在向中国大规模输入和广泛传播的同时，也开始了中国化的最初步伐，并由此而得以在中国社会中更深刻、更广泛地发展，从而开始植根于中国的文化之中，中国人在此时所选择的观音信仰主要还是救难系统的观音信仰。7世纪之后，佛教之密教体系在印度正式建立，密教经典随即大量传入中国，其中就包括了大批密教的观音

---

① （宋）朱弁撰：《曲洧旧闻》卷六《蒋颖叔大悲传》，北京：中华书局2002年版，第169—170页。

信仰经典。密教经典传入中国的时间自盛唐开始,延续至北宋。在密教中,观音的形象与显教有重大的区别,在显教中,观音的形象以庄严宏伟相为主,同时也可以化现为一般众生的形象。而在密教中,观音的形象以怪异、奇相显现,最著名的就是千手千眼、十一面、八臂等等。①

在观音信仰中国化的过程中,还有一个性别的转变问题。因为在印度观音信仰中,观音是男身。观音信仰传入中国之后,起初依然是男身显现。这种情况一直延续了很长的历史时间。于君方说:

> 随着十世纪白衣观音的创作,观音菩萨呈现中国女性化的外貌。经过一段时间之后,"鱼蓝观音"(或"马郎妇观音")、"南海观音"和"观音老母"等新的女性观音像也出现于其他各地,然后这些新的造像就如同水月观音和白衣观音,逐渐名闻全国。②

这即是说,观音的性别由男身转变为女身的时间是在 10 世纪的时候完成的。但仅仅有这种性别的转变还不够,所以于君方又说:

> 宋代开始流行的《楞严经》中,观音化现为三十二身,其中六种为女性:比丘尼、优婆夷、皇后、公主、贵妇及童女。然而,观音在中国并非仅以如此身份不明确的女性出现,事实上,这位菩萨之所以能在中国成功地本土化及女性化,有一项关键因素,也就是中国人透过各种神话与传说,设法将这位超越时空限制、超越历史的观音菩萨,转变为具有不同中国姓名,且在中国历史上若干明确时间、地点出现的观音。只有透过这个方法,观音才能符合中国神祇的典型,因为在中国……即使是神话中的人物也会变成历史文化的英雄,而被奉为中国文明化过程的始祖。③

简而言之,观音信仰中国化的过程,进行了两个转变:一个是性别的转变,由男身而变为女身;另一个是身份的转变,由超越时空限制的不确定身份的神而变为具有姓名、生日、籍贯、眷属乃至性格等明确的生平事迹的"人"。

而蒋之奇撰《大悲菩萨传》塑造出的观音化身形象,既完成了上述第一个

---

① 见《观音信仰的渊源与传播》第 7 章、第 8 章、第 9 章有关章节。
② 《观音——菩萨中国化的演变》,第 267 页。
③ 《观音——菩萨中国化的演变》,第 296—297 页。

转变,同时也完成了第二个转变。正如于君方所说:

> 蒋之奇所作碑文中叙述的传说极为重要。这个故事将妙善公主当成遍及整个佛教的观音菩萨,借此让原本不属于任何地方、只出现在神话中的菩萨,变成了一个在河南出生、死亡的真实女性。同时,它也使华中香山这个真实的地点成为一处圣地。如杜德桥所说,妙善传说出现后,自明代开始,戏曲、小说以及最重要的《香山宝卷》,使这个故事流传得更广。最后,中国社会各阶层及男女两性,主要是透过故事中这位意志坚强、勇敢拒婚的孝女,而开始认识观音。①

第三,笔者在本书开头曾论证佛教传入中国的时间在公元前后、两汉之际,上面又谈到,观音信仰正式传入中国开始于西晋之时,至北宋才最终完成其中国化的过程。

由此笔者认为,如若香山寺的创建基于观音信仰,那么作为汉化观音原生地的香山寺,其创建历史就不大可能早在东汉末年,而似应定位于两晋南北朝时期;抑或香山寺创建于东汉末年,到观音信仰传入中国之后,因其地名因缘附会,遂逐渐被信徒视为大悲观音证道之所,亦不无可能。

2013年,香山寺大悲观音大士塔及碑刻被国务院公布为全国重点文物保护单位。

---

① 《观音——菩萨中国化的演变》,第303页。

# 参考资料

## 一、正 史

[1]司马迁.史记[M].北京:中华书局,1959.

[2]班固.汉书[M].北京:中华书局,1962.

[3]范晔.后汉书[M].北京:中华书局,1965.

[4]陈寿.三国志[M].北京:中华书局 1959.

[5]房玄龄,等.晋书[M].北京:中华书局,1974.

[6]萧子显.南齐书[M].北京:中华书局,1972.

[7]魏收.魏书[M].北京:中华书局,1974.

[8]李百药.北齐书[M].北京:中华书局,1972.

[9]魏徵,等.隋书[M].北京:中华书局,1973.

[10]李延寿.北史[M].北京:中华书局,1974.

[11]刘昫,等.旧唐书[M].北京:中华书局,1975.

[12]欧阳修,宋祁.新唐书[M].北京:中华书局,1975.

[13]袁宏.后汉纪[M]//两汉纪:下册.张烈,点校.北京:中华书局,2002.

[14]杨晨.三国会要[M].北京:中华书局,1956.

[15]杜佑.通典[M].王文锦,王永兴,等点校.北京:中华书局,1988.

[16]司马光.资治通鉴[M].北京:中华书局,1956.

## 二、内　典

[1]中华大藏经[M].北京:中华书局,1984-2004.

[2]大正新修大藏经[M/OL].台北:中华电子佛典协会(CBETA),2009.

[3]卍新纂续藏经[M].厦门:闽南佛学院太虚图书馆馆藏.

[4]龙树.中论[M].青目,释.上海:上海古籍出版社,1994.

[5]四十二章经[M].尚荣,译注.北京:中华书局,2010.

[6]僧肇.肇论校释[M].张春波,校释.北京:中华书局,2010.

[7]法显.佛国记注译[M].郭鹏,注译.长春:长春出版社,1995.

[8]释慧皎.高僧传[M].汤用彤,校注.北京:中华书局,1992.

[9]释宝唱.比丘尼传校注[M].王孺童,校注.北京:中华书局,2006.

[10]释僧祐.出三藏记集[M].苏晋仁,萧鍊子,点校.北京:中华书局,1995.

[11]僧祐.弘明集[M].刘立夫,胡勇,译注.北京:中华书局,2011.

[12]杨衒之.洛阳伽蓝记校注[M].范祥雍,校注.上海:上海古籍出版社,1978.

[13]杨衒之.洛阳伽蓝记校释[M].周祖谟,校释.上海:上海书店出版社,2000.

[14]杨衒之.洛阳伽蓝记校笺[M].杨勇,校笺.北京:中华书局,2006.

[15]道宣.续高僧传[M].郭绍林,点校.北京:中华书局,2014.

[16]释道世.法苑珠林校注[M].周叔迦,苏晋仁,校注.北京:中华书局,2003.

[17]玄奘,辩机.大唐西域记校注[M].季羡林,等校注.北京:中华书局,2000.

[18]慧立,彦悰.大慈恩寺三藏法师传[M].孙毓棠,谢方,点校.北京:中

华书局,2000.

[19]志磐.佛祖统纪校注[M].释道法,校注.上海:上海古籍出版社,2012.

[20]赞宁.宋高僧传[M].范祥雍,点校.北京:中华书局,1987.

[21]王华权,刘景云.一切经音义三种校本合刊索引[M].徐时仪,审校.上海:上海古籍出版社,2010.

## 三、总集、文集、诗集

[1]萧统.文选[M].李善,注.北京:中华书局,1977.

[2]严可均.全后汉文[M].北京:商务印书馆,1999.

[3]严可均.全晋文[M].北京:商务印书馆,1999.

[4]严可均.全北齐文[M].北京:商务印书馆,1999.

[5]董诰,等.全唐文[M].北京:中华书局,1983.

[6]吴钢.全唐文补遗[M].西安:三秦出版社,1996.

[7]曾枣庄,刘琳.全宋文[M].上海:上海辞书出版社,合肥:安徽教育出版社,2006.

## 四、笔记小说

[1]徐震堮.世说新语校笺[M].北京:中华书局,1984.

[2]王瓘.北道刊误志[M].北京:中华书局,1991.

[3]吴曾.能改斋漫录[M].上海:上海古籍出版社,1979.

[4]朱弁.曲洧旧闻[M].北京:中华书局,2002.

[5]高承.事物纪原[M].金圆,许沛藻,点校.北京:中华书局,1989.

[6]宋翔凤.过庭录[M].梁运华,点校.北京:中华书局,1986.

[7]王利器.新语校注[M].北京:中华书局,1986.

## 五、方志、墓志、金石志

[1]郦道元.水经注校证[M].陈桥驿,校证.北京:中华书局,2007.

[2]李吉甫.元和郡县图志[M].北京:中华书局,1983.

［3］乐史.太平寰宇记［M］.王文楚,等点校.北京:中华书局,2007.

［4］纳新.河朔访古记［M/OL］.文渊阁四库全书(电子版).上海:上海人民出版社,香港:迪志文化出版有限公司,1999.

［5］大明一统志［M/OL］.文渊阁四库全书(电子版).上海:上海人民出版社,香港:迪志文化出版有限公司,1999.

［6］李濂.汴京遗迹志［M］.周宝珠,程民生,点校.北京:中华书局,1999.

［7］侯大节.明万历卫辉府志［M］.郑州:中州古籍出版社,2010.

［8］承天贵.汝州志［M］.影印明正德刻本.上海:上海古籍书店,1963.

［9］徐恕,王继洛.嘉靖郑州志［M］.张惠民,刘子荣,校注.郑州:中州古籍出版社,2002.

［10］大清一统志［M/OL］.文渊阁四库全书(电子版).上海:上海人民出版社,香港:迪志文化出版有限公司,1999.

［11］孙灏.河南通志［M］.影印清雍正刻本.扬州:江苏广陵古籍刻印社,1987.

［12］阿思哈,嵩贵.续河南通志［M］.影印清乾隆刻本.扬州:江苏广陵古籍刻印社,1987.

［13］刘名芳.宝华山志［M］//中国佛寺史志汇刊:第一辑.影印清乾隆释圣性原刊本.台北:明文书局,1980.

［14］徐松.增订唐两京城坊考［M］.李健超,增订.西安:三秦出版社,1996.

［15］谢应起,刘占卿,等.宜阳县志［M］.影印清光绪七年刊本.台北:成文出版社,1968.

［16］卢以治,等.续荥阳县志［M］.影印民国13年铅印本.台北:成文出版社,1968.

［17］贾毓鹗,王凤翔,等.洛宁县志［M］.影印民国6年铅印本.台北:成文出版社,1968.

［18］王蒲园,等.重修滑县志［M］.影印民国21年铅印本.台北:成文出版社,1968.

［19］欧阳珍,韩嘉会,等.陕县志［M］.影印民国25年铅印本.台北:成文出

版社,1968.

[20]袁通,方履篯.河内县志[M].影印清道光五年刊本.台北:成文出版社,1976.

[21]蕉封桐,萧国桢.修武县志[M].影印民国 20 年铅印本.台北:成文出版社,1976.

[22]徐元灿,赵擢彤,等.孟津县志[M].影印清康熙四十八年、嘉庆二十一年刊本.台北:成文出版社,1976.

[23]洪亮吉,陆继萼,等.登封县志[M].影印清乾隆五十二年刊本.台北:成文出版社,1976.

[24]汤毓倬,孙星衍.偃师县志[M].影印清乾隆五十三年刊本.台北:成文出版社,1976.

[25]赵开元.新乡县志[M].影印清乾隆十二年石印本.台北:成文出版社,1976.

[26]王昶.金石萃编[M]//石刻史料新编:第一辑.台北:新文丰出版公司,1982.

[27]陆耀遹.金石续编[M]//石刻史料新编:第一辑.台北:新文丰出版公司,1982.

[28]陆增祥.八琼室金石补正[M]//石刻史料新编:第一辑.台北:新文丰出版公司,1982.

[29]赵明诚.金石录[M]//石刻史料新编:第一辑.台北:新文丰出版公司,1982.

[30]毕沅.中州金石记[M]//石刻史料新编:第一辑.台北:新文丰出版公司,1982.

[31]武亿.安阳县金石录[M]//石刻史料新编:第一辑.台北:新文丰出版公司,1982.

[32]赵之谦.补寰宇访碑录[M]//石刻史料新编:第一辑.台北:新文丰出版公司,1982.

[33]顾燮光.河朔访古新录[M]//石刻史料新编:第二辑.台北:新文丰出

版公司,1979.

　　[34]顾燮光.河朔访古随笔[M]//石刻史料新编:第二辑.台北:新文丰出版公司,1979.

　　[35]方若.校碑随笔[M]//石刻史料新编:第二辑.台北:新文丰出版公司,1979.

　　[36]王蒲园.滑县金石志[M]//石刻史料新编:第三辑.台北:新文丰出版公司,1986.

　　[37]顾燮光.河朔新碑目[M]//石刻史料新编:第三辑.台北:新文丰出版公司,1986.

　　[38]郑州市图书馆文献编辑委员会.嵩岳文献丛刊[M].郑州:中州古籍出版社,2003.

　　[39]武亿.偃师金石遗文记[M]//先秦秦汉魏晋南北朝石刻文献全编:二.北京:北京图书馆出版社,2003.

　　[40]李煦.乾隆荥阳县志[M]//郑州志.刘岳,程莉,校点.郑州:中州古籍出版社,2006.

　　[41]李述武,张九钺.乾隆巩县志[M]//郑州志.程莉,杨扬,校点.郑州:中州古籍出版社,2008.

　　[42]黄本诚.乾隆新郑县志[M]//郑州志.郑锺琪,张捷,王宇,校点.郑州:中州古籍出版社,2008.

　　[43]布颜,杜琮.怀庆府志[M].校注本.郑州:中州古籍出版社,2013.

　　[44]洛阳市文物工作队.洛阳出土历代墓志辑绳[M].北京:中国社会科学出版社,1991.

　　[45]偃师县志编纂委员会.偃师县志[M].北京:生活·读书·新知三联书店,1992.

　　[46]长葛县志编纂委员会.长葛县志[M].郑州:中州古籍出版社,1992.

　　[47]邵文杰.河南省志·文物志[M].郑州:河南人民出版社,1993.

　　[48]泌阳县地方史志编纂委员会.泌阳县志[M].郑州:中州古籍出版社,1994.

[49]宝丰县史志编纂委员会.宝丰县志[M].北京:方志出版社,1996.

[50]洛阳地方志编纂委员会.洛阳市志:第十五卷[M].郑州:中州古籍出版社,1996.

[51]洛阳地方志编纂委员会.洛阳市志:第十七卷[M].郑州:中州古籍出版社,1999.

[52]黄叔璥.中州金石考[M]//历代碑志丛书:第14册.影印顾氏金石舆地丛书本.南京:江苏古籍出版社,1998.

[53]周绍良,赵超.唐代墓志汇编续集[M].上海:上海古籍出版社,2001.

[54]何锡爵,徐杜.康熙郑州志[M].孙玉德,校注.郑州:中州古籍出版社,2002.

[55]登封市地方志编纂委员会.登封市志[M].郑州:中州古籍出版社,2008.

[56]汤阴县人民政府史志办公室.汤阴风物民俗志[M].北京:光明日报出版社,2009.

[57]《长葛市志》编纂委员会.长葛市志[M].郑州:中州古籍出版社,2010.

[58]常维华,陈万卿.荥阳文物志[M].郑州:中州古籍出版社,2011.

## 六、近现代著作

[1]曹凌.中国佛教疑伪经综录[M].上海:上海古籍出版社,2011.

[2]蔡宏.般若与老庄[M].成都:巴蜀书社,2001.

[3]陈扬炯.中国净土宗通史[M].南京:凤凰出版社,2008.

[4]陈垣.陈垣集[M].北京:中国社会科学出版社,1995.

[5]陈垣.释氏疑年录[M].北京:中华书局,1964.

[6]程千帆.史通笺记[M].北京:中华书局,1980.

[7]杜继文.佛教史[M].南京:江苏人民出版社,2006.

[8]董群.中国三论宗通史[M].南京:凤凰出版社,2008.

[9]邓宏礼.文化沁阳[M].北京:科学出版社,2011.

［10］方一新,高列过.东汉疑伪佛经的语言学考辨研究［M］.北京:人民出版社,2012.

［11］广中智之.汉唐于阗佛教研究［M］.乌鲁木齐:新疆人民出版社,2013.

［12］郭朋.中国佛教思想史［M］.北京:社会科学文献出版社,1994.

［13］河南省文物局.河南文化遗产［M］.北京:文物出版社,2011.

［14］河南省古代建筑保护研究所.宝山灵泉寺［M］.郑州:河南人民出版社,1991.

［15］河南省文物考古学会.河南文物考古论集［M］.郑州:河南人民出版社,1996.

［16］贺玉萍.北魏洛阳石窟文化研究［M］.开封:河南大学出版社,2010.

［17］何剑平.中国中古维摩诘信仰研究［M］.成都:巴蜀书社,2009.

［18］胡适.禅学指归［M］.西安:陕西师范大学出版社,2008.

［19］洪修平.禅宗思想的形成与发展［M］.南京:江苏人民出版社,2011.

［20］黄忏华.中国佛教史［M］.北京:东方出版社,2008.

［21］季羡林.季羡林文集［M］.南昌:江西教育出版社,1995-1998.

［22］贾发义.净土信仰与中古社会［M］.北京:中国社会科学出版社,2012.

［23］金涛.十三朝古都洛阳［M］.长春:吉林文史出版社,2010.

［24］康有为.广艺舟双楫注［M］.崔尔平,校注.上海:上海书画出版社,1981.

［25］梁启超.饮冰室文集点校［M］.吴松,等点校.昆明:云南教育出版社,2001.

［26］梁其姿.麻风:一种疾病的医疗社会史［M］.朱慧颖,译.北京:商务印书馆,2013.

［27］李崇峰.中印佛教石窟寺比较研究:以塔庙窟为中心［M］.北京:北京大学出版社,2003.

［28］李富华,何梅.汉文佛教大藏经研究［M］.北京:宗教文化出版社,2003.

［29］李利安.观音信仰的渊源与传播［M］.北京:宗教文化出版社,2008.

[30]李仁清.中国北朝石刻拓片精品集[M].郑州:大象出版社,2008.

[31]李炜.早期汉译佛经的来源与翻译方法初探[M].北京:中华书局,2011.

[32]李义祥.楚风汉韵——南阳[M].郑州:河南科学技术出版社,2011.

[33]李裕群.北朝晚期石窟寺研究[M].北京:文物出版社,2003.

[34]刘淑芬.中古的佛教与社会[M].上海:上海古籍出版社,2008.

[35]刘景龙,赵会军.偃师水泉石窟[M].北京:文物出版社,2006.

[36]高永坤,吕劲松,余扶危.洛阳石刻撷英[M].北京:国家图书馆出版社,2011.

[37]吕澂.吕澂佛学论著选集[M].济南:齐鲁书社,1991.

[38]镰田茂雄.简明中国佛教史[M].郑彭年,译.力生,校.上海:上海译文出版社,1986.

[39]镰田茂雄.中国佛教通史:第一卷[M].关世谦,译.高雄:佛光出版社,1985.

[40]镰田茂雄.中国佛教通史:第二卷[M].关世谦,译.高雄:佛光出版社,1986.

[41]镰田茂雄.中国佛教通史:第三卷[M].关世谦,译.高雄:佛光出版社,1986.

[42]镰田茂雄.中国佛教通史:第四卷[M].关世谦,译.高雄:佛光出版社,1993.

[43]鲁迅.鲁迅全集[M].北京:人民文学出版社,2005.

[44]鲁迅.鲁迅辑录古籍丛编[M].北京:人民文学出版社,1999.

[45]赖永海.中国佛教通史[M].南京:江苏人民出版社,2010.

[46]欧阳哲生.胡适文集[M].北京:北京大学出版社,1998.

[47]潘桂明.中国居士佛教史[M].北京:中国社会科学出版社,2000.

[48]潘桂明,吴忠伟.中国天台宗通史[M].南京:凤凰出版社,2008.

[49]潘桂明.中国佛教思想史稿[M].南京:江苏人民出版社,2009.

[50]钱穆.中国文化史导论[M].修订本.北京:商务印书馆,1994.

[51]全国重点文物保护单位:Ⅱ[M].北京:文物出版社,2004.

[52]全国重点文物保护单位:Ⅴ[M].北京:文物出版社,2008.

[53]任继愈.中国佛教史:第一卷[M].北京:中国社会科学出版社,1981.

[54]任继愈.中国佛教史:第二卷[M].北京:中国社会科学出版社,1985.

[55]任继愈.中国佛教史:第三卷[M].北京:中国社会科学出版社,1988.

[56]任继愈.汉唐佛教思想论集[M].北京:人民出版社,1998.

[57]任学.香山寺历史文化研究[M].郑州:黄河水利出版社,2004.

[58]饶宗颐.饶宗颐史学论著选[M].上海:上海古籍出版社,1993.

[59]孙昌武.中国文学中的维摩与观音[M].北京:高等教育出版社,1996.

[60]孙昌武.中国佛教文化史[M].北京:中华书局,2010.

[61]孙昌武.北方民族与佛教:文化交流与民族融合[M].北京:中华书局,2015.

[62]释法海.白马寺与中国佛教[M].成都:四川辞书出版社,1996.

[63]尚永琪.胡僧东来——汉唐时期的佛经翻译家和传播人[M].兰州:兰州大学出版社,2012.

[64]圣凯.晋唐弥陀净土的思想与信仰[M].北京:中国社会科学出版社,2009.

[65]汤用彤.理学·佛学·玄学[M].北京:北京大学出版社,1991.

[66]汤用彤.汉魏两晋南北朝佛教史[M].增订本.北京:北京大学出版社,2011.

[67]释太虚.太虚大师全书[M].北京:宗教文化出版社,北京:国家图书馆文献缩微复制中心,2005.

[68]童玮.二十二种大藏经通检[M].北京:中华书局,1997.

[69]魏道儒.中国华严宗通史[M].南京:凤凰出版社,2008.

[70]魏道儒.华严学与禅学[M].北京:宗教文化出版社,2011.

[71]王青.魏晋南北朝时期的佛教信仰与神话[M].北京:中国社会科学出版社,2001.

[72]王景荃.河南佛教石刻造像[M].郑州:大象出版社,2009.

[73]王建光.中国律宗通史[M].南京:凤凰出版社,2008.

[74]王静芬.中国石碑:一种象征形式在佛教传入之前与之后的运用[M].毛秋瑾,译.北京:商务印书馆,2011.

[75]王晓毅.儒释道与魏晋玄学形成[M].北京:中华书局,2003.

[76]谢重光,白文固.中古僧官制度史[M].西宁:青海人民出版社,1990.

[77]谢重光.中古佛教僧官制度和社会生活[M].北京:商务印书馆,2009.

[78]徐文明.中土前期禅学思想史[M].北京:北京师范大学出版社,2004.

[79]许抗生,李中华,陈战国,等.魏晋玄学史[M].西安:陕西师范大学出版社,1989.

[80]许抗生.佛教的中国化[M].北京:宗教文化出版社,2008.

[81]余太山.两汉魏晋南北朝与西域关系史研究[M].北京:商务印书馆,2011.

[82]余太山.早期丝绸之路文献研究[M].北京:商务印书馆,2013.

[83]余敦康.魏晋玄学史[M].北京:北京大学出版社,2004.

[84]于君方.观音——菩萨中国化的演变[M].北京:商务印书馆,2012.

[85]印顺.中国禅宗史[M].南昌:江西人民出版社,2007.

[86]印顺.印顺法师佛学著作全集[M].北京:中华书局,2009.

[87]印顺.华雨集[M].北京:中华书局,2011.

[88]杨光才,崔德锐,等.南阳宗教文化[M].北京:宗教文化出版社,2010.

[89]张弓.汉唐佛寺文化史[M].北京:中国社会科学出版社,1997.

[90]张践.中国古代政教关系史[M].北京:中国社会科学出版社,2012.

[91]张曼涛.现代佛教学术丛刊[M].北京:北京图书馆出版社,2005.

[92]张雪松.中华佛教史:汉魏两晋南北朝佛教史卷[M].太原:山西教育出版社,2014.

[93]张同标.中印佛教造像源流与传播[M].南京:东南大学出版社,2013.

[94]赵文龙.文化古都——安阳[M].郑州:河南科学技术出版社,2010.

[95]周叔迦.周叔迦佛学论著集[M].北京:中华书局,1991.

[96]周叔迦.周叔迦佛学论著全集[M].北京:中华书局,2006.

[97]周国卿.巩县石窟北朝造像全拓[M].北京:国家图书馆出版社,2008.

[98]邹清泉.虎头金粟影——维摩诘变相研究[M].北京:北京大学出版社,2013.

[99]中国大百科全书:考古学[M].北京:中国大百科全书出版社,1986.

## 七、论　文

[1]白欲晓.何晏《无名论》辑佚辨疑——兼论何晏"贵无"说的特质与地位[J].中国哲学史,2013(2):67-74.

[2]陈隆文.洛阳偃师水泉石窟摩崖碑记释地[J].文物,2011(6):44-48.

[3]陈平.鸿庆寺石窟[J].中原文物,1987(4):21-29.

[4]陈平.河南新安西沃石窟勘测报告[J].文物,1997(10):64-74,82.

[5]崔小敬.南朝僧宝志考略[M]∥觉群·学术论文集:第三辑.宗教文化出版社,2004:419.

[6]常青.龙门药方洞的初创和续凿年代[J].敦煌研究,1989(1):38-44.

[7]杜斗城.关于敦煌人宋云西行的几个问题[J].社会科学,1982(2):85-88.

[8]段鹏琦.洛阳平等寺碑与平等寺[J].考古,1990(7):632-637.

[9]宫大中.龙门石窟的"卫星窟"——万佛山石窟[J].中原文物,1993(4):24-26,34.

[10]顾彦芳.龙门所见《洛阳伽蓝记》中人物造像述论[J].敦煌学辑刊,2001(2):68-75.

[11]高敏.从《金石萃编》卷30《敬史君碑》看东魏、北齐的僧官制度[J].南都学坛,2001(2):14-17.

[12]郝春文.东晋南北朝时期的佛教结社[J].历史研究,1992(1):90-105.

[13]郝春文.东晋南北朝佛社首领考略[J].北京师范学院学报,1991(3):49-58.

[14]郝万章,张桂云,李运宽.扶沟县出土北魏韩小文造像碑[J].华夏考古,1998(1):58-60.

[15]贺玉萍.孟津谢家庄石窟开凿时间及艺术分析[J].中原文物,2008(6):

85-87.

[16]贺玉萍.洛阳偃师水泉石窟摩崖碑记释读[J].文物,2009(11):73-74.

[17]贺玉萍.洛阳水泉石窟摩崖碑刻的新发现[N].光明日报,2009-03-31(12).

[18]贾志宏.龙门石窟药方年代考[J].河南中医,1989(6):21.

[19]纪华传.菩提达摩碑文考释[J].世界宗教研究,2002(4):19-29.

[20]姜广振.《世说新语》与般若学六家七宗[J].绥化学院学报,2014(12):21-23.

[21]刘春有,李雪婷.震古烁今的浮山魏碑[N].鹤壁日报,2013-03-21(1).

[22]刘贵杰.僧叡思想研究[J].中华佛学学报,1990(3):237-260.

[23]刘景龙.龙门石窟开凿年代研究[J].石窟寺研究,2010(00):62-73.

[24]李雪婷.浮山魏碑价值巨大令人赞叹[N].鹤壁日报,2013-03-29(2).

[25]李文生.龙门石窟药方洞考[J].中原文物,1981(3):59-61.

[26]李文生.我国石窟中的优填王造像——龙门石窟优填王造像之早之多为全国石窟之最[J].中原文物,1985(4):102-106.

[27]李文生,孙新科.龙门石窟佛社造像初探[J].世界宗教研究,1995(3):42-50.

[28]李献奇.北魏正光四年翟兴祖等人造像碑[J].中原文物,1985(2):21-26.

[29]李献奇.北齐洛阳平等寺造像碑[J].中原文物,1985(4):89-97.

[30]李玉珉.宝山大住圣窟初探[J].故宫学术季刊,1998,16(2):1-52.

[31]李裕群.关于安阳小南海石窟的几个问题[J].燕京学报,1999(新6):161-181.

[32]李裕群.灵泉寺北齐娄睿《华严经碑》研究[J].考古学报,2012(1):63-82.

[33]李中翔.鸿庆寺石窟保护研究[J].中原文物,2003(1):70-76.

[34]李静杰.佛教造像碑分期与分区[J].佛学研究,1997(00):34-51.

[35]兰天.《四十二章经》版本考释[J].人文杂志,2003(5):151-154.

[36]梁章池,赵文明.关于中国"疠人坊"起源的考证及其遗址现场的考

察[J].中国麻风皮肤病杂志,1985(00):73-77.

[37]吕品,耿青岩.淇县现存的石窟和造像碑[J].中原文物,1986(1):26-34.

[38]赖鹏举.关河的禅法——中国大乘禅法的肇始[J].东方宗教研究,1996(5):95-112.

[39]曼石.龙门石刻药方[J].中药与临床,2010(4):43.

[40]孟楠.中原西行求法第一人——朱士行[J].新疆大学学报,1993,21(1):54-65.

[41]潘桂明.般若学六家七宗述论[J].佛学研究,2003(00):134-151.

[42]潘桂明.晋宋之际思想界的状况——以《喻疑》为中心考察[J].苏州大学学报,2011(1):56-63.

[43]潘桂明.论僧叡的佛学贡献[J].佛学研究,2005(1):88-107.

[44]乔志敏.新郑发现南北朝造像碑[J].中原文物,1992(1):103-104,107.

[45]落合俊典.写本一切经的资料价值[J].方广锠,译.世界宗教研究,2000(2):126-131.

[46]上原和.龙门石窟古阳洞开凿的年代(上)——对现行的北魏孝文帝迁洛以后营建说谬误之纠正[J].于冬梅,赵声良,译.敦煌研究,2006(6):13-34.

[47]石松日奈子.北魏河南石雕三尊像[J].刘永增,译.中原文物,2000(4):48-60.

[48]邵殿文.药方洞石刻药方考[J].中原文物,1993(4):49-57.

[49]孙修身,赵玉安,席延昭.河南省巩义市慈云寺调查记述[J].敦煌研究,1999(3):20-29.

[50]施萍婷.支道林《阿弥陀佛像赞并序》注释[J].敦煌研究,2010(1):28-31.

[51]申利超,宋会杰.龙潭寺——达摩坐禅传法地[N].洛阳日报,2011-05-10(9).

[52]斯翰.僧叡生卒年考[J].学术研究,1989(3):49.

[53]太康县文化馆.太康县发现东魏造像碑[J].中原文物,1980(1):55.

[54]唐嘉,宋筱清.中国比丘尼合法性的确立——尼净捡受戒考[M]//中国佛学:总第三十期.北京:中华书局,2011:68-79.

[55]万方.关于龙门石窟药方洞药方的几个问题[J].湘潭师范学院学报,1989(6):74-78,90.

[56]温玉成.洛阳龙门香山寺遗址的调查与试掘[J].考古,1986(1):40-43.

[57]温玉成.洛阳龙门双窑[J].考古学报,1988(1):101-131.

[58]温玉成.洛阳市偃师县水泉石窟调查[J].文物,1990(3):72-77.

[59]吴晶.《宋云惠生行纪》文本构成新证[J].西域研究,2011(3):9-13.

[60]王永平.北魏孝文帝崇佛之表现及其对佛教义学之倡导[J].学习与探索,2010(1):207-214.

[61]王惠民.西方净土变形式的形成过程与完成时间[J].敦煌研究,2013(3):76-85.

[62]王中旭.河南安阳灵泉寺灰身塔研究[D].北京:中央美术学院,2006.

[63]王振国.龙门路洞几个问题的讨论[J].中原文物,2001(2):64-75.

[64]王景荃.试论北朝佛教造像碑[J].中原文物,2000(6):36-45.

[65]王景荃.刘碑寺造像碑研究[J].中原文物,2006(2):78-87.

[66]王景荃.方城佛沟摩崖造像调查与研究[J].中原文物,2009(1):66-72.

[67]王景荃,杨杨.大海寺道晗造像碑及相关问题研究[J].中原文物,2013(2):71-76.

[68]汪维辉.从语言角度论一卷本《般舟三昧经》非支谶所译[M]//语言学论丛:第35辑.北京:商务印书馆,2007:303-322.

[69]夏毅辉.北朝皇后与佛教[J].学术月刊,1994(11):65-73.

[70]徐文明.僧叡的生卒年代与思想[M]//觉群·学术论文集:第二辑.北京:商务印书馆,2002:55-64.

[71]于茂世.释源祖庭慈云寺[N].大河报,2007-09-20,21,24,25,26,27.

[72]于晓兴.郑州市发现两批北朝石刻造像[J].中原文物,1981(2):16-19.

[73]颜洽茂,卢巧琴.失译、误题之经年代的考证——以误题曹魏昙谛译

《昙无德羯磨》为例[J].浙江大学学报,2009,39(5):178-185.

[74]颜尚文.北朝佛教社区共同体的法华邑义组织与活动——以东魏《李氏合邑造像碑》为例[J].佛学研究中心学报,1996(1):167-184.

[75]颜尚文.法华思想与佛教社区共同体——以东魏《李氏合邑造像碑》为例[J].中华佛学学报,1997(10):233-247.

[76]颜世明.宋云、惠生行记研究[J].青海民族大学学报,2016(4):105-131.

[77]杨超杰.河南渑池石佛寺石窟调查[J].中原文物,2010(5):17-21,38.

[78]杨宝顺,孙德萱,卫本峰.河南安阳宝山寺北齐双石塔[J].文物,1984(9):43-44.

[79]杨宝顺.河南安阳灵泉寺唐代双石塔[J].文物,1986(3):70-81.

[80]杨宝顺.河南安阳灵泉寺石窟及小南海石窟[J].文物,1988(4):1-14,20.

[81]杨宝顺.河南安阳宝山灵泉寺塔林[J].文物,1992(1):1-13,30.

[82]杨焕成.鹤壁五岩寺石窟[J].中原文物,1989(2):75-81,96.

[83]杨维中."六家七宗"新论[J].陕西师范大学学报,2002,31(1):24-29.

[84]钟稚鸥,马德鸿.东魏《邑义五百余人造像碑》考释[J].故宫博物院院刊,2009(3):121-130.

[85]周到.河南襄县出土的三块北齐造像碑[J].文物,1963(10):13-17.

[86]周到,吕品.河南浚县造象碑调查记[J].文物,1965(3):31-38.

[87]周到.刘根造像[J].河南文博通讯,1978(3):41-43.

[88]赵立春.邺城地区新发现的慧光法师资料[J].中原文物,2006(1):69-76.

[89]赵天恩.中国古代麻风史概述[J].中国麻风皮肤病杂志,2011,27(1):73-74.

[90]张雅静.北魏豫北佛教造像碑研究[D].北京:中国艺术研究院,2004.

[91]张固也.唐初高僧慧休记德文考释[J].文献,2008(4):35-44.

[92]张乃翥.龙门石窟维摩变造像及其意义[J].中原文物,1982(3):40-45.

［93］张成渝,张乃翥,张成岱.略论龙门石窟新发现的阿育王造像［J］.敦煌研究,2000(4):21-26.

［94］张善庆.论龙门石窟路洞降魔变地神图像［J］.中原文物,2009(1):73-76.

［95］中国科学院考古研究所洛阳工作队.汉魏洛阳城初步勘查［J］.考古,1973(4):198-208.

# 后 记

　　笔者自有志于中国佛教历史研究以来,已有二十余年。前期曾在马佩先生的主持下,承担了《玄奘研究》一书的部分撰写。其后将课题定为河南佛教历史研究,但因俗事繁忙,加之懒散,所以虽有思考而写作缓慢。2008 年年底离开管理岗位之后,自由时间充裕,即开始专心撰写,终至 2015 年上半年完成拙稿,9 月交大象出版社审阅。2017 年 2 月中旬,卢海山编审与王大卫编辑百忙之中,亲临开封与笔者会面,对拙稿提出了很多宝贵而中肯的修改意见,本人获益良多。笔者费时三月专心修改,删减了部分佛经内容的阐述,增加了佛学与魏晋玄学关涉的内容,修改了有关佛教传入与般若经典流行情况的叙述,充实了佛学学派发展流行的内容,还调整了相关的章节目录等,较前改观很大。2018 年 2 月底,卢海山编审与王大卫编辑再次提出一些修改意见,笔者从 3 月中旬开始,针对有关问题,历时一月再次进行修改。对于卢海山编审与王大卫编辑的真诚帮助,笔者特别心存感激,在此谨向尊敬的卢海山、王大卫二位先生致以深深的谢意!

　　笔者好友王刘纯先生对于拙稿的出版始终关心备至,在这里也谨向他表示衷心的感谢!

我的博士生孔伟在紧张的学习之处抽空帮我查对了有关注释,也对其表示感谢!

最后,还要感谢我的妻子。四十余年来,完全仰赖她辛勤操持家务,方为本人的工作、教学与写作提供了良好的生活条件,创造了温馨的家庭环境。

张德宗于大梁宋城雅居